Arlett Großmann
Verfahrenspraxis EPÜ und PCT
7. Auflage

Verfahrenspraxis EPÜ und PCT

Übersichten · Praxistipps · Entscheidungspfade

Begründet von

Dr. rer. nat. Leopold Gruner
European Patent Attorney, Patentanwalt

und

Dr. rer. nat. Arlett Großmann
European Patent Attorney, Patentanwältin

fortgeführt und bearbeitet von

Dr. rer. nat. Arlett Großmann
European Patent Attorney, Patentanwältin

7. Auflage

Carl Heymanns Verlag 2023

Bibliografische Information der Deutschen Nationalbibliothek
Die Deutsche Nationalbibliothek verzeichnet diese Publikation in der Deutschen
Nationalbibliografie; detaillierte bibliografische Daten sind im Internet über
http://dnb.d-nb.de abrufbar.

ISBN 978-3-452-30068-3

www.wolterskluwer.de

Alle Rechte vorbehalten.
© 2023 Wolters Kluwer Deutschland GmbH, Wolters-Kluwer-Str. 1, 50354 Hürth.

Das Werk einschließlich aller seiner Teile ist urheberrechtlich geschützt. Jede Verwertung
außerhalb der engen Grenzen des Urheberrechtsgesetzes ist ohne Zustimmung des Verlages
unzulässig und strafbar. Das gilt insbesondere für Vervielfältigungen, Übersetzungen,
Mikroverfilmungen und die Einspeicherung und Verarbeitung in elektronischen Systemen.

Verlag und Autor übernehmen keine Haftung für inhaltliche oder drucktechnische Fehler.
Umschlagkonzeption: Martina Busch, Grafikdesign, Homburg Kirrberg
Druck und Weiterverarbeitung: Wydawnictwo Diecezjalne i Drukarnia w Sandomierzu, Sandomierz,
Polen

Gedruckt auf säurefreiem, alterungsbeständigem und chlorfreiem Papier.

Vorwort zur 7. Auflage

Auch die letzte Auflage des Werkes hat sich großer Beliebtheit erfreut, so dass hiermit dem Wunsch nach einer aktualisierten Auflage 7 nachgekommen wird.

In diesem Jahr finden

- die neue Gebührenordnung 2022,
- die neue Version der Richtlinien für die Prüfung im EPA und
- die letztjährlichen Amtsblätter des EPA

Berücksichtigung in der Neuauflage.

Für alle Teilnehmer der Europäischen Eignungsprüfung sei nochmals explizit auf das Kapitel „Nützliches zur Europäischen Eignungsprüfung" verwiesen. Es ist ratsam die Timeline durchzugehen und sicherzustellen, dass man mit den aktuellen Neuerungen im EPÜ vertraut ist.

Nach der vierten Auflage des Werkes, die ich vollständig allein aktualisiere, freue ich mich um so mehr über Austausch und Feedback zum Buch - von Ideen für neue Tabellen bis hin zu möglichen Fehlern. Senden Sie dafür bitte eine Email an **bookreview@pateum.com**.

München, August 2022   Dr. Arlett Baltzer (geb. Großmann)

Vorwort zur 1. Auflage

Die Europäische Eignungsprüfung (EQE) aber auch schon die Vorprüfung zur Europäischen Eignungsprüfung (Pre-EQE), mit denen die Bewerber zeigen sollen, ob ihre Fähigkeiten und Kenntnisse genügen, um Anmelder vor dem Europäischen Patentamt vertreten zu können, stellt jährlich viele Prüflinge vor die gleichen Fragen:

Wie und wo fange ich an zu lernen?

Welchen zeitlichen Rahmen muss ich für die Vorbereitung auf die einzelnen Prüfungsaufgaben einplanen und mit welchen Materialien lerne ich am effektivsten?

Bei der Entwicklung einer ersten Lernstrategie wird den Prüflingen schnell bewusst, dass es gilt einer wahrlichen Informationsflut Herr zu werden. Von den Bewerbern wird in der Prüfung verlangt, das Europäische Patentübereinkommen, die Richtlinien für die Prüfung im Europäischen Patentamt, die zahlreichen Amtsblätter des EPA, die Rechtsprechung der Beschwerdekammern des EPA, den Vertrag über die internationale Zusammenarbeit (PCT), den Applicant´s Guide der WIPO und einiges mehr zu kennen.

Wir haben zu Beginn unserer Vorbereitungen einmal alle Seiten addiert, die man mindestens lesen sollte, um gut vorbereitet an der EQE teilzunehmen. Wir zählten über 10.000 Seiten!

Sicherlich kann man sämtliche Literatur mit in die Prüfung nehmen, löst man zur Vorbereitung allerdings erste Probeklausuren, wird schnell klar, dass man diese im vorgegebenem zeitlichen Rahmen nur bewältigen kann, wenn man sich perfekt in seinen Unterlagen auskennt. Wer in der Prüfungssituation beginnt sich mit dem Aufbau der Richtlinien für die Prüfung im Europäischen Patentamt zu beschäftigen, wird die EQE nicht erfolgreich absolvieren können.

Auch uns stellte sich irgendwann die Frage, wie man diese Menge an Informationen nicht nur durcharbeiten, sondern auch für sich sinnvoll und übersichtlich aufarbeiten kann. Vor allem ist bei Prüfungsvorbereitung zu bedenken, dass sowohl die Pre-EQE als auch die EQE nicht nur aus Rechtsfragen bestehen. Für die Hauptprüfung sind zusätzlich die Teile A bis C und für die Vorprüfung der Anspruchsanalyseteil vorzubereiten. Hat man es also geschafft, die oben genannte Literatur zu bewältigen, muss man sich mit den anderen Prüfungsteilen beschäftigen und zusätzlich sein erworbenes Wissen durch Lösen zahlreicher Rechtsfragen anwenden und vertiefen.

Bei der Vorbereitung auf die (Pre-)EQE wurde uns bewusst, dass es unheimlich hilfreich wäre, ein Handwerkszeug zur Verfügung zu haben, was den Einstieg in das Lernen erleichtert.

Daraufhin haben wir begonnen, zunächst für uns, tabellarische Übersichten über alle wichtigen Verfahrensabläufe im Europäischen- und PCT-Verfahren zusammenzustellen. Es sind Tabellen entstanden, aus denen für jeden Verfahrensgang die notwendigen Voraussetzungen, die einschlägige Norm und die zu erbringende Handlung mit der dazugehörigen Frist, Nachfrist und der Rechtsfolge sowie dem anzuwendendem Rechtsbehelf entnehmbar sind. Dabei haben wir den Regelfall in den Übersichten von den zahlreichen Spezialfällen und Ausnahmen in den Endnoten bewusst getrennt, um die Übersichtlichkeit beizubehalten. Die vorliegenden Tabellen sind dabei nicht nur durch Lesen der genannten Literatur entstanden, sondern wurden ganz explizit durch Sachverhalte ergänzt, die uns bei der Beantwortung verschiedener Rechtsfragen bei der Prüfungsvorbereitung immer wieder als mögliche Schwerpunkte aufgefallen sind.

Ergänzt werden diese Tabellen durch Formulierungshilfen für die Prüfungsteile A (Anspruchssatz/Beschreibung ausarbeiten), B (Bescheidserwiderung) und C (Einspruch). Des Weiteren haben wir auch für diese Teile in kurzer präziser Art die aus unserer Sicht hilfreichen Punkte für die Prüfung zusammengefasst.

Das so entstandene Werk soll also als Basis für die Vorbereitung auf die Vorprüfung und die Europäische Eignungsprüfung verstanden werden. Mit Hilfe der Formulierungsvorschläge für die Prüfungsteile A bis C soll den Bewerbern eine Vorlage bereitgestellt werden, mit denen sie sich direkt auf das Üben alter Klausuren konzentrieren können ohne vorher Übersichten beispielsweise über Anspruchskategorien oder bevorzugte Formulierungen zusammenstellen zu müssen. Mit Hilfe der tabellarisch zusammengestellten Verfahrensabläufe der Verfahren vor dem Europäischen Patentamt und im PCT kann die Lösung der Rechtsfragen direkt angegangen werden. Die Tabellen bieten einen schnellen Rückgriff auf die einschlägigen Normen, wodurch die Bewerber schließlich fallbezogen und zielorientiert ihr Wissen vertiefen können. Somit kann man sich schnell mit der Art und Weise der Fragenstellung vertraut machen und wird innerhalb kurzer Zeit erste Erfolge verzeichnen können. Der Prüfling lernt also bereits beim Üben der Rechtsfragen alle wichtigen Verfahrensschritte und die dazu einschlägigen Normen kennen.

Darüber hinaus sind wir der Auffassung, dass das Werk auch nach der bestandene EQE im alltäglichen Kanzleibetrieb ein gutes Nachschlagewerk sowohl für Patentanwaltsfachangestellte als auch Patentanwälte darstellt. Es hilft, auf dem neuesten Stand hinsichtlich neuer Regelungen im geltenden Recht zu bleiben, ohne oben genannte Literatur andauernd von neuem durcharbeiten zu müssen.

Für uns war das vorliegende Werk sowohl bei der Vorprüfung zur EQE als auch bei der Europäischen Eignungsprüfung selbst enorm hilfreich. Wir hoffen, damit auch anderen Bewerbern ein gutes Hilfsmittel an die Hand zu geben, mit der die Vorbereitung auf die Prüfungen und die Prüfungen selbst wesentlich erleichtert wird.

Bei der Erstellung dieses Werkes waren wir beide offensichtlich noch keine ausgebildeten Patentanwälte mit langjähriger Berufserfahrung. Nichtsdestotrotz oder gerade deshalb, hoffen wir ein Buch anzubieten, was nah an den Anforderungen der (Pre-)EQE und dem, was Bewerber für die Vorbereitung benötigen, liegt.

Uns ist es ein großes Anliegen, das Werk ständig zu verbessern und weiter zu entwickeln. Wir würden uns sehr über Meinungen, Kritiken und Anregungen freuen. Mögliche Fehler, Verbesserungsvorschläge, Wünsche für weitere Übersichten und Anderes können an uns […] gerichtet werden.

München, Mai 2016

Dr. Leopold Gruner

Dr. Arlett Großmann

Benutzerhinweise

Checklistenprinzip
Handlungsanweisungen oder Voraussetzungen, die kummulativ erfüllt sein müssen, damit eine positive Rechtsfolge eintritt bzw. eine Handlung(-skette) initiiert wird, sind in einer Checkliste durch die Aufzählungszeichen „1)", „2)", etc. dargestellt. Anstriche verdeutlichen, dass unterschiedliche Ereignisse eine Handlung(-skette) initiieren bzw. erforderlich machen.

Glossar
Für eine bessere Auffindbarkeit und um Doppelungen zu vermeiden, sind wiederkehrende Begriffe im Glossar aufgeführt und definiert.

Rechtsquellen

Europäisches Patentübereinkommen (EPÜ)
Artikel und Regeln, die sich auf das Europäische Patentübereinkommen (EPÜ) beziehen werden mit „**Art.**" für Artikel und „**R.**" für Regel abgekürzt und idR ohne den Zusatz „EPÜ" zitiert. Absätze eines Art. oder einer R. werden mit einer arabischen Ziffer in runder Klammer benannt, mit dem Zusatz „a)", „b)", „c)", etc. oder „S." wird auf einen bestimmten (Ab-)Satz innerhalb des Abschnittes verwiesen, z.B. „**Art.6(1)** oder **R.14(1) S.2**".

Gebührenordnung des EPA
Auf Artikel (Art.) der Gebührenordnung des EPA wird mit dem Vermerk „GebO" folgendermaßen verwiesen: z.B. Art.2(1) Nr.14a GebO.

Richtlinien für die Prüfung im Europäischen Patentamt
Die Richtlinien (RiLi) für die Prüfung im Europäischen Patentamt werden idR ohne einen Verweis auf diese zitiert, indem mit einem Großbuchstaben auf den jeweiligen Teil und mit einer römischen Zahl auf das entsprechende Kapitel verwiesen wird. Gegebenenfalls wir mit einer nachfolgenden arabischen Zahl der genaue Absatz innerhalb eines Kapitels angegeben, z.B. „A-III oder F-IV,2.3".

Amtsblätter des EPA
Amtsblätter des EPA werden mit der Abkürzung „ABl.", an die sich das Jahr der Erscheinung und die Seitenzahl oder der entsprechende Artikel („A"), oder der Verweis auf eine Sonderausgabe („S") anschließen, gekennzeichnet durch eine arabische Zahl, zitiert. Handelt es sich um einen Beschluss des Präsidenten oder den Beschluss des Verwaltungsrats kann die Abkürzung „BdP" bzw. „BdV" vorangestellt sein, z.B. „ABl.2011,396 oder ABl.2015,A29 oder BdP ABl.2007S3,128".

Rechtsprechung der Beschwerdekammern des EPA
Auf die Rechtsprechung der Beschwerdekammern des EPA wird idR mit dem Verweis „RBK" und einer römischen Zahl für den jeweiligen Teil auf den Bezug genommen wird, gefolgt von einem Großbuchstaben mit dem auf das entsprechende Kapitel verwiesen wird, zitiert. Gegebenenfalls wird mit einer nachfolgenden arabischen Zahl der genaue Absatz innerhalb eines Kapitels angegeben, z.B. „RBK I.A.1.1".

Entscheidungen der Beschwerdekammern des EPA
Einzelne Entscheidungen werden mit dem gängigen Aktenzeichen bezeichnet. Je nachdem von welcher Beschwerdekammer sie stammen bezeichnet „T" Entscheidungen der technischen Beschwerdekammer, „J" Entscheidungen der juristischen Beschwerdekammer und „G" Entscheidungen und Stellungnahmen der Großen Beschwerdekammer über Vorlagefragen, gefolgt von der jeweiligen fortlaufenden Nummer und dem Jahr der Einreichung, getrennt durch einen / zitiert, z.B. „T146/82, J15/06 oder G3/03".

Leitfaden für Anmelder des EPA
Auf den „Leitfaden für Anmelder - Teil 1" wird mit der Abkürzung „LF" hingewiesen. Der „EURO-PCT Leitfaden" trägt den Zusatz „LF-PCT". Beide Angaben enthalten außerdem die entsprechende Randnummer als arabische Zahl, auf die Bezug genommen wird, bspw. „LF,30 oder LF-PCT,233".

Nationales Recht zum EPÜ
Das Nationale Recht zum EPÜ wird mit dem Vermerk „NatR" zitiert, an den sich das jeweilige Kapitel bzw. die Tabelle optional mit dem Vermerk „Tabelle" und der dazugehörigen römischen Ziffer anschließt. Optional ist zusätzlich die Seitenzahl angegeben, z.B. „NatR Tabelle IV oder NatR VII, 233".

Vertrag über die internationale Zusammenarbeit auf dem Gebiet des Patentwesens (PCT)
Artikel und Regeln, die sich auf den Vertrag über die internationale Zusammenarbeit auf dem Gebiet des Patentwesens (PCT) und die dazugehörige Ausführungsordnung beziehen werden mit „**Art.**" für Artikel und „**R.**" für Regel abgekürzt und dem Zusatz „**PCT**" zitiert.

Absätze eines Art. werden mit einer arabischen Ziffer in runder Klammer benannt, mit dem Zusatz „a)", „b)", „c)", etc. oder „i)", „ii)", „iii)" etc. wird auf einen bestimmten Absatz innerhalb des Abschnittes verwiesen, z.B. **„Art.3(4)ii) PCT"**. Absätze einer R. werden mit einer arabischen Ziffer, getrennt durch einen Punkt benannt, der Zusatz mit dem auf einen bestimmten Absatz innerhalb des Abschnittes verwiesen wird, ist analog zu den Artikeln, z.B. **„R.12.1(b)i) PCT"**.

PCT Newsletter
Rundschreiben der WIPO werden mit „PCT-NL" abgekürzt, dem sich der Monat und das Jahr der Bekanntmachung sowie die Seitenzahl anschließen; z.B. „PCT-NL 4/2015,8".

PCT Applicant's Guide
Auf den PCT Applicant's Guide wird mit der arabischen Zahl für das jeweilige Kapitel und das Unterkapitel, getrennt durch einen Punkt, verwiesen. Trägt diese Quelle keinen Zusatz, so bezieht diese sich immer auf den Teil die internationale Phase des Applicant´s Guides betreffend, ist der Zusatz nP vorhanden, bezieht sich die Quelle auf den Teil die nationale Phase des Guides betreffend, z.B. 5.055 oder 3.001nP. Arabische und/oder römische Ziffern verweisen ggf. auf Abschnitte innerhalb des jeweiligen Unterkapitels. Der Zusatz „Annex" verweist auf einen Anhang des Applicant´s Guides, gefolgt von der jeweiligen Bezeichnung des Anhangs, z.B. Annex L.

Beispiele

Als Beispielaufgabe soll die Prüfungsfrage 4 aus der Vorprüfung zur Europäischen Eignungsprüfung (Pre-EQE) 2019 dienen, die folgendermaßen lautet:

Heute, am 25. Februar 2019, reicht Didier beim EPA eine europäische Patentanmeldung EP-D ein. Didier hat seinen Wohnsitz in Belgien.
Geben Sie für jede der Aussagen 4.1-4.4 auf dem Antwortblatt an, ob die Aussage wahr oder falsch ist:

4.1 Falls Didier die Anmeldung auf Niederländisch einreicht, muss er innerhalb von zwei Monaten nach Einreichung der Anmeldung eine Übersetzung in einer der Amtssprachen des EPA vorlegen.
4.2 Didier kann die Recherchengebühr im Mai 2019 entrichten, wenn er die Weiterbehandlung beantragt.
4.3 Wenn Didier keine Ansprüche einreicht, weder bei der Einreichung noch innerhalb der vom EPA in einer Mitteilung mit der Aufforderung zur Beseitigung dieses Mangels gesetzten Frist, kann Didier wirksam die Weiterbehandlung beantragen und die Ansprüche einreichen.
4.4 Um wirksam eine europäische Patentanmeldung einzureichen, kann Didier eine Bezugnahme auf eine früher eingereichte Anmeldung einreichen, die folgende Angaben enthält: i) den Anmeldetag der früheren Anmeldung, ii) das Aktenzeichen der früheren Anmeldung, iii) das Anmeldeamt, bei dem die frühere Anmeldung eingereicht wurde, und iv) einen Hinweis, dass diese Bezugnahme die Beschreibung und etwaige Zeichnungen ersetzt.

Zur Lösung der Aufgabe ist es ratsam, sich zunächst klar zu machen, welches Verfahrensstadium in der jeweiligen Aufgabe abgefragt wird und welche weiteren Kernaussagen von Bedeutung sein könnten. Hier ist unstritten, dass es sich um das **Einreichen einer ePa (mit Bezugnahme)** handelt. Als Kernpunkte sind die **Spracherfordernisse**, **Recherchengebühr**, **Ansprüche** & die **Formalerfordernisse** zu benennen.

<u>Teilfrage 4.1</u>
Gefragt ist nach den Spracherfordernissen bei der Einreichung einer ePa, folglich ist es ratsam, in diese Tabelle zu schauen [**S.93**]. Im rot markierten Teil kann abgelesen werden, dass die Amtssprachen des EPA DE, EN und FR sind, aber eine Einreichung auch in anderen Sprachen möglich ist, also auch in Niederländisch. Aus der Spalte „Frist", ist zu entnehmen, dass in diesem Fall eine Übersetzung innerhalb von 2 Monaten einzureichen ist. Die gleichen Informationen wären auch der Tabelle „Formalprüfung" [**S.99**] zu entnehmen, siehe dazu auch Teilfrage 4.2. Folglich diese Antwort WAHR:

<u>Teilfrage 4.2</u>
Gefragt ist, ob das Nichtzahlen einer Recherchengebühr für eine ePa durch den Rechtsbehelf der Weiterbehnadlung geheilt werden kann. Auskunft gibt die Tabelle zur Formalprüfung einer ePa [**S.99**]. Ferner kann die Frist, innerhalb welcher noch Weiterbehandlung beantragt werden kann, aus der Tabelle zur „Weiterbehandlung" [**S.183**] entnommen werden. Die Antwort auf diese Frage lautet demnach WAHR:

Teilfrage 4.3

Gefragt ist, ob auch nach Mitteilung des EPA nicht eingereichte Ansprüche zu einer ePa nach wirksamen Einlegen der Weiterbehandlung noch einreichbar sind. Auch dazu kann die Tabelle „Formalprüfung" [S.99] herangezogen werden. Daraus geht hervor, dass dies nicht möglich ist. Die Aussage ist somit FALSCH:

Teilfrage 4.4

Gefragt ist nach den Anmeldevoraussetzung bei der Einreichung einer ePa mit Bezugnahme. Aus der Tabelle „Einreichen einer ePa mit Bezugnahme" [S. 94] lassen sich direkt die Erfordernisse für die Zuerkennung eines AT ablesen. Diese stimmen mit den Angaben in der Aufgabe überein. Folglich ist die Aussage WAHR:

Quellen

Ausführungsordnung zum Vertrag über die internationale Zusammenarbeit auf dem Gebiet des Patentwesens	ab 1. Juli 2020 geltende Fassung
Gebührenordnung (Europäische Gebühren)	ab 1. April 2022 geltende Fassung
Leitfaden zum europäischen Patent - Anmeldung eines europäischen Patents	21. Auflage, 01. Oktober 2021
Euro-PCT-Leitfaden: PCT-Verfahren im EPA	15. Auflage, Januar 2022
EPÜ - Europäisches Patentübereinkommen	17. Auflage, November 2020 (online ständig aktualisiert) vom 5. Oktober 1973 in der Fassung der Akte zur Revision von Artikel 63 EPÜ vom 17. Dezember 1991 und der Akte zur Revision des EPÜ vom 29. November 2000 (inkl. ABl. EPA 2001, Sonderausgabe Nr. 4, S. 55)
Nationales Recht zum EPÜ	21. Auflage, März 2022
PCT Applicant's Guide	ab 18. August 2022 geltende Fassung
Rechtsprechung der Beschwerdekammern des EPA	10. Auflage, Juli 2022
Richtlinien für die Prüfung im Europäischen Patentamt	Ausgabe März 2022
Vertrag über die internationale Zusammenarbeit auf dem Gebiet des Patentwesens (PCT)	unterzeichnet in Washington am 19. Juni 1970, geändert am 28. September 1979, am 3. Februar 1984 und am 3. Oktober 2001

Inhaltsverzeichnis

Vorwort V
Benutzerhinweise IX
Quellen XII
Abkürzungsverzeichnis XV

Teil A – Anspruchssatz 1
Patentierbarkeit – Erfordernisse des EPÜ 3
Erläuterung der Erfordernisse des EPÜ 3
   Ausnahmen von der Patentierbarkeit 3
   Neuheit 5
   Erfinderische Tätigkeit 11
   Gewerbliche Anwendbarkeit 12
   Offenbarung, Ausführbarkeit 12
   Klarheit der Ansprüche 14
   Einheitlichkeit 15
   Art und Form der Ansprüche 17
   Anspruchskategorien 18
   zulässige Kombination unabhängiger Ansprüche ... 19
   spezielle Anspruchskategorien 20
   Computergestützte Anspruchskategorien 22
   Medizinische/biotechnol. Anspruchskategorien ... 25
   DOs & DON´Ts in Anspruchsformulierungen 27
Aufbau einer Patentschrift 33
   Prüfungsumfang in einzelnen Verfahrensschritten ... 35
Analyse des Mandantenbriefes 36
Formulierungsvorschlag 37

Teil B – Bescheidserwiderung 41
Recherchenbericht 42
   Einwände 42
Neuheit 42
Erfinderische Tätigkeit 45
   Aufgabe-Lösungs-Ansatz 45
Mangelnde Offenbarung 47
Klarheitseinwand 48
Uneinheitlichkeitseinwand 48
Änderung der Anmeldeunterlagen 49
   Basis für Änderungen 50
   Änderung der Beschreibung 51
   Änderung der Zeichnungen 51
   Änderung der Ansprüche 51
Formulierungsvorschlag 54

Teil C – Einspruch 61
Einspruchsschrift 63
Einspruchsgründe 63
Zeitrang der Ansprüche 66
Prioritätsrecht, Wirksamkeit 66
   Voraussetzung für die Wirksamkeit 66
   Änderungen und Erlöschen des Prioritätsrechts ... 68
Analyse/Auslegung der Ansprüche 69
Unzulässige Änderungen 69
Mangelnde Ausführbarkeit 70
Mangelnde Klarheit 70
Ausnahmen von der Patentierbarkeit 70
Mangelnde Neuheit 71
Mangelnde erfinderische Tätigkeit 72
Mangelnde gewerbliche Anwendbarkeit 73

Änderungen durch Patentinhaber 73
   Kategoriewechsel nach Patenterteilung 75
   Merkmalsverschiebung nach Patenterteilung 75
Formulierungsvorschlag 76

Teil D I – Übersicht zum EPÜ 87
Übersicht Europäische Anmeldung · PCT-Anmeldung ... 88
   Staaten des EPÜ 89
Einreichung einer ePa 91
Einreichung einer Anmeldung mit Bezugnahme 93
Einreichung einer Teilanmeldung (TA) 95
Weiterleitung der ePa 97
Eingangsprüfung 97
Formalprüfung 99
   Biologisches Material 105
   Sequenzprotokoll 106
   Ausstellungspriviläg 107
   Erfindernennung 108
Prioritätsrecht 111
   Wirksame Inanspruchnahme einer Priorität 111
   Inanspruchnahme einer Priorität 112
   Ändern/Berichtigen/Zurücknehmen 113
   Fallbeispiele 114
   Recherchenergebnisse einreichen 115
Änderungen und Berichtigungen 117
   Nachreichen fehlender Teile 119
   Berichtigungen von Fehlern 121
Erteilungsverfahren 125
   Recherchenbericht 127
   Erweiterter Europäischer Recherchenbericht .. 129
   Sachprüfung 130
   R.71(3)-Mitteilung 133
   Erteilung und Zurückweisung 135
Veröffentlichung der ePa 137
   Veröffentlichung der europäischen Patentschrift ... 138
   Dokumentenartencodes 139
Benennung von Vertrags-/Erstreckungs-/
   Validierungsstaaten 141
Einspruch 143
   Einspruchsgründe 143
   Verfahrensbeteiligte 143
   Einreichung eines Einspruches 145
   Formalprüfung des Einspruchs 147
   Anträge 149
   Verfahrensablauf 151
   Beendigung des Einspruchs 155
   Kostenverteilung 157
Beschränkung-/Widerrufsverfahren 159
   Materialrechtliche Prüfung 160
   Entscheidung 161
   Unterschiedliche Anspruchssätze für verschiedene
   VStaaten 161
Beschwerde 163
   Beschwerde - Antrag (formelle Erfordernisse) .. 165
   Materielrechtliche Prüfung der Beschwerde 167
   Beendigung der Beschwerde 168
   sonstige Anträge in Beschwerde 169
Große Beschwerdekammer 171
Mündliche Verhandlung (MV) 173

MV als Videokonferenz	175
Anträge - MV	176
Beweisaufnahme	177
Vortragsberechtigter in der MV	177
Beweismittel und Beweiswürdigung	179
Zulässige Beweismittel	180
Beispiele von Beweismitteln	181
Einwendungen Dritter	183
Rechtsbehelfe	185
Weiterbehandlung	185
Wiedereinsetzung	186
Antrag auf Entscheidung	187
Umwandlungsantrag	187
Rechtsverzichtserklärung (Zurücknahme/Verzicht)	189
Akteneinsicht	191
Rechtsübergänge und Lizenzen	193
Rechte aus Anmeldung / Patent	195
Anmeldung durch Nichtberechtigten	197
Einreichung neuer Anmeldung durch Berechtigten	199
Arten der Einreichung	200
Online-Einreichung	201
Spracherfordernisse	202
Vertretung	205
Unterschriftenerfordernisse	207
Gebühren	209
Fälligkeit	209
10-Tage-Sicherheitsregel	209
Gebühren – Gebührenordnung – ePa	210
Jahresgebühren	215
Möglichkeiten der Einzahlung · Stundung	217
Gebührenermäßigung	219
Gebührenanrechnung	220
Rückerstattung von EPA-Gebühren	223
Fristen	229
Fristberechnung	229
Fristverlängerung	229
Fristauslösende Ereignisse	230
Unterbrechung	233
Aussetzung	235
Beschleunigung des Verfahrens	236
Fristenberechnung - allgemein	238
Fristenberechnung - Jahresgebühren	239
Fristenberechnung - Veröffentlichung	242
Kalender	243
Verfahrensabschnitte und Organe des EPA	245
Befangenheit	249
Nationale Erfordernisse bei Einreichung und Eintritt in nat. Phase vor den Vertragsstaaten	250

Teil D II – Übersicht zum PCT ... 253

Übersicht PCT-Anmeldung	254
Verlauf des PCT-Verfahrens	255
Einreichung einer iPa	256
Weiterleitung der iPa	259
Mängelbeseitigung	260
Priorität	263
Nachreichen fehlender Teile/Einbeziehen d. Verweis	264
Internationale Recherche und ISR	266
Erfordernisse und Anträge	267
Einwände	268
Reaktion des Anmelders	270
Veröffentlichung	271
Nach-/Zusatzveröffentlichungen	272
Rechtsübergänge und Lizenzen	272
Ergänzende internationale Recherche und SISA	273
SIS-Anträge	274
SIS-Stellungnahme	275
Einleitung nat. Phase vor Bestimmungsamt (DO)	276
Internationale vorläufige Prüfung und IPER	277
Mängelbeseitigung	278
Verfahren und Anträge	279
Einwände der IPEA	281
IPER	282
Einleitung nat. Phase vor ausgewähltem Amt (EO)	282
Vorläufige Berichte zur Patentfähigkeit	284
Änderungen und Berichtigung im PCT-Verfahren	285
Allgemeine Vorschriften des PCT	286
Rechtsbehelfe (Wirkung auf Bestimmungsämter oder ausgewählte Ämter)	287
Rechtsbehelfe (Wirkung auf PCT-Phase)	288
Rechtsverzicht (Zurücknahme/Verzicht)	289
Vertretung im PCT-Verfahren	290
Vertretungsbefugnis · Unterschrift · Vollmacht	291
Gebührenzahlung und Rückerstattung	292
Rückerstattung von PCT-Gebühren	295
Fristen (Verlängerung · Versäumnis)	296
Fristenberechnung - Veröffentlichung	297

Teil D III – Übersicht zum Euro-PCT ... 299

Eintritt in EP-Phase	301
Mindesterfordernisse	302
weitere Erfordernisse	303
Beschleunigung der EP-Phase	307
Ergänzende Europäische Recherche	309
Uneinheitlichkeit bei Eintritt in EP-Phase	311
Gebühren – EURO-PCT	312
Formulierungsvorschlag Rechtsgutachten	314

Nützliches für die EQE-Vorbereitung ... 317

Timeline	319
Konfliktmatrix	330
Checkliste	333

Staatenübersicht (intern. Verträge) ... 334

Glossar ... 343

Konkordanzliste ... 350

Artikel- und Regelverzeichnis ... 353

Stichwortverzeichnis ... 358

Abkürzungsverzeichnis

Folgende Abkürzungen werden verwendet:

+	...	Rechtsfolge bei Erfüllung aller Erfordernisse
–	...	Rechtsfolge bei vorliegen zumindest eines Mangels
!	...	Beachte Hinweis
	...	Praxistipp
✓	...	zulässig
✗	...	unzulässig
+10Tage	...	Die „10-Tages-Regel" für die Zustellungsfiktion gemäß R.126(2) EPÜ ist anzuwenden
30M-Frist	...	Frist für den Eintritt in nat./reg. Phase einer iPa [Art.22, 39 PCT]
ABl.	...	Amtsblatt des EPA
ABVEP	...	Ausführungsbestimmungen zu den Vorschriften über die europäische Eignungsprüfung
AL	...	albanisch/ albanisches Patentamt
AN	...	Arbeitnehmer
APro	...	Anerkennungsprotokoll (Protokoll über die gerichtliche Zuständigkeit und die Anerkennung von Entscheidungen über den Anspruch auf Erteilung eines EP-Patents)
AD	...	internationales Anmeldedatum
AG	...	Arbeitgeber
AO	...	Ausführungsordnung
AOEPÜ	...	Ausführungsordnung des EPÜ
APO	...	Australisches Patentamt
Art.	...	Artikel
AT	...	Anmeldetag – aber auch österreichisch/österreichisches Patentamt
AU	...	australisches Patentamt
Auff.	...	Aufforderung
BA	...	bosnisch/Patentamt von Bosnien und Herzegowina
Bd	...	Beschluss des
BdP	...	Beschluss des Präsidenten des EPA
BdV	...	Beschluss des Verwaltungsrates
BE	...	belgisch/belgisches Patentamt
best	...	bestimmt/bestimmend
BF	...	beschwerdefähige Entscheidung nach Beantragung und Ergehen der R.112(2)-Mitteilung [Art.106(1)]
BG	...	bulgarisch/bulgarisches Patentamt
biol.	...	biologisch
BK	...	Beschwerdekammer
BR	...	brasilianisches Patentamt
bspw.	...	beispielsweise
BudaV	...	Budapester Vertrag über die Hinterlegung von Mikroorganismen für die Zwecke von Patentverfahren
CA	...	kanadisches Patentamt
CH	...	Eidgenössisches Institut für geistiges Eigentum
CHF	...	Schweizer Franken
CL	...	chilenisches Patentamt
CN	...	chinesisch/chinesisches Patentamt
CY	...	zypriotisches Patentamt
CZ	...	tschechisch/techisches Amt für gewerblichen Rechtsschutz
DE	...	deutsch/Deutschland
dh	...	das heißt
DK	...	dänisch/Patent- und Markenamt Dänemark

DO	...	Bestimmungsamt (*Designated Office*) = Bestimmungsamt für das kein IPER beantragt worden ist
EBV	...	Einspruchsbeschwerde
ED	...	Datum/Tag des Eingangs
EE	...	estnisch/estnisches Patentamt
eESR	...	ergänzender europäischer Recherchenbericht [Art.153(7)] *(Supplementary European Search Report, SESR)*
EESR	...	Erweiterter Europäischer Recherchenbericht [R.62] *(Extended European Search Report)*
EG	...	ägyptisches Patentamt
EGMR	...	Europäischer Gerichtshofs für Menschenrechte
eig.	...	eigentlich
EMRK	...	Konvention zum Schutze der Menschenrechte und Grundfreiheiten / Europäische Menschenrechtskonvention
EN	...	englisch
EO	...	ausgewähltes Amt (*Elected Office*) = Bestimmungsamt für das ein IPER beantragt worden ist
EP	...	europäisch
EPA	...	Europäisches Patentamt
ePa	...	europäische Patentanmeldung
EPÜ	...	Europäisches Patentübereinkommen
EPÜAO	...	Ausführungsordnung zum Übereinkommen über die Erteilung europäischer Patente
EQE	...	European qualifying examination; EEP - Europäische Eignungsprüfung; EEQ - Examen européen de qualification
erfind.	...	erfinderisch(e)
ES	...	spanisch/spanisches Patentamt
ESOP	...	Stellungnahme zur europäischen Recherche
ESR	...	Europäischer Recherchenbericht
ET	...	Tag der Einreichung
ev	...	eventuell
FI	...	finnisch/finnisches Patent- und Registrierungsamt
FIPS	...	Russisches Patentamt (*Federal Institute of Industrial Property*)
Form	...	Formblatt des EPA
FR	...	französisch/Frankreich/französisches Patentamt
G	...	Aktenzeichen einer Entscheidung der Großen Beschwerdekammer
GB	...	britisches Amt für geistiges Eigentum (IPO)
GBK	...	Große Beschwerdekammer
GbrM	...	Gebrauchsmuster
GebO	...	Gebührenordnung des EPA
Gen.	...	Generation einer Teilanmeldung
ggf.	...	gegebenenfalls
ggü	...	gegenüber
GR	...	griechisch/griechisches Patentamt
HR	...	kroatisch/kroatisches Patentamt
HU	...	ungarisch/ungarisches Patentamt
IB	...	Internationales Büro
IE	...	irisch/irisches Patentamt
iHv	...	in Höhe von
idR	...	in der Regel
IL	...	israelisches Patentamt
IN	...	indisches Patentamt
inkl.	...	inklusive
innerh.	...	innerhalb
internat.	...	international
IPEA	...	mit der internationalen vorläufigen Prüfung beauftragte Behörde (derzeit AT, AU, BR, CA, CL, CN, EG, EP, ES, FI, IL, IN, JP, KR, RU, SE, SG, TR, UA, US, XN, XV) [1]
iPa	...	internationale Patentanmeldung
IPC	...	Internationale Patentklassifikation
IPE	...	Internationale vorläufige Prüfung
IPER	...	Internationaler vorläufiger Prüfbericht

IPRP	...	Internationaler vorläufiger Bericht über die Patentierbarkeit
IS	...	Internationale Recherche – aber auch isländisch/isländisches Patentamt
ISA	...	Internationale Recherchenbehörde (derzeit AT, AU, BR, CA, CL, CN, EG, EP, ES, FI, IL, IN, JP, KR, RU, SE, SG, TR, UA, US, XN, XV) [1]
IT	...	italienisch/italienisches Patentamt
iVm	...	in Verbindung mit
J	...	Aktenzeichen einer Entscheidung der Juristischen Beschwerdekammer
JG	...	Jahresgebühr
JP	...	japanisch
JPO	...	Japanisches Patentamt
jur.	...	juristisch
KIPO	...	Koreanisches Patentamt
KMU	...	Kleine[s] und mittlere[s] Unternehmen
KR	...	koreanisch
LF	...	Der Weg zum europäischen Patent – Leitfaden für Anmelder
LF-PCT	...	Euro-PCT-Leitfaden: PCT-Verfahren im EPA
LT	...	litauisch/litauisches Patentamt
LU	...	luxemburgisches Patentamt
LV	...	lettisch/lettisches Patentamt
M	...	Monat[e]
MC	...	monegassisches Patentamt
mögl.	...	möglich
Mitt.	...	Mitteilung
MK	...	mazedonisch/mazedonisches Patentamt
mndl.	...	mündlich
MT	...	maltesisch/maltesisches Patentamt
MV	...	mündliche Verhandlung
NatR	...	Broschüre »Nationales Recht zum EPÜ«
nat.	...	national
NL	...	niederländisch/niederländisches Patentamt
NO	...	norwegisch/norwegisches Patentamt
n.v.	...	nicht vorgesehen
P	...	Präsident
PA	...	Patentanspruch
PatentS	...	Patentschrift
PCT	...	Vertrag über die internationale Zusammenarbeit auf dem Gebiet des Patentwesens
PCT-NL	...	Newsletter der WIPO
PI	...	Patentinhaber
PIZ	...	andere zuständige Behörde eines Vertragsstaates, wenn das Recht dieses Staates es gestattet
PLT	...	Patent Law Treaty
PL	...	polnisch/polnisches Patentamt
PT	...	Prioritätstag – aber auch portugiesisch/portogiesisch Patentamt
R	...	Aktenzeichen für Anträge auf Überprüfung durch Große Beschwerdekammer
R.	...	Regel
RiLi	...	Richtlinien zur Prüfung im EPA
Rn.	...	Randnummer
RO	...	Anmeldeamt (Receiving Office)
RO	...	rumänisch/Rumänisches Staatliches Amt für Erfindungen und Marken
ROSPATENT	...	Russisches Patentamt
RS	...	serbisch/Patentamt von Serbien und Montenegro
RU	...	russisch/russisches Patentamt
SA	...	Sonderausgabe
SE	...	schwedisch/Schwedisches Patent- und Registrieramt
SG	...	Singapurer Patentamt

SI	...	slovenisch/slowenisches Patentamt
SIPO	...	Chinesisches Patentamt
SISA	...	Ergänzende Internationale Recherchenbehörde (derzeit AT, EP, FI, RU, SE, SG, TR, UA, XN, XV) [1]
SK	...	slowakisch/slowakisches Amt für gewerblichen Rechtsschutz
SP	...	Streitpatent
StdT	...	Stand der Technik
T	...	Aktenzeichen einer Entscheidung der Technischen Beschwerdekammer
TA	...	Teilanmeldung[en]
techn.	...	technisch
TR	...	türkisch/türkisches Patentamt
UA	...	ukrainisches Patentamt
urspr.	...	ursprünglich
USPTO	...	Patent- und Markenamt der Vereinigten Staaten von Amerika
VAA	...	Vorschriften über das automatische Abbuchungsverfahren beim EPA
vAw	...	von Amts wegen
VEP	...	Vorschriften über die europäische Eignungsprüfung für zugelassene Vertreter
Veröff.	...	Veröffentlichung
VGBK	...	Verfahrensordnung der Großen Beschwerdekammer des EPA
vgl.	...	vergleiche
VLK	...	Vorschriften über das laufende Konto beim EPA
Vss./ Vorauss.	...	Voraussetzung
VOBK	...	Verfahrensordnung der Beschwerdekammern des EPA
VStaaten	...	Vertragsstaaten
VT	...	Veröffentlichungstag
VV	...	PCT-Verwaltungsvorschriften
W	...	Woche[n]
WB	...	Weiterbehandlung
WE	...	Wiedereinsetzung
WIPO	...	Weltorganisation für geistiges Eigentum
WO/IPEA	...	schriftlicher Bescheid der IPEA
WO-ISA	...	schriftlicher Bescheid der Internationalen Recherchenbehörde
WTO	...	Welthandelsorganisation
XN	...	Nordisches Patentinstitut (umfasst DK, IS, NO)
XV	...	Visegrad-Patentinstitut (umfasst CZ, HU, PL, SK)
Z	...	Zusatzpublikation
Zentr. Prot.	...	Zentralisierungsprotokoll (Protokoll über die Zentralisierung des europäischen Patentsystems und seine Einführung)

---

[1]   Stand Oktober 2020

Teil A
Anspruchssatz

Struktur · Kategorien · Formulierungsvorschläge

EPÜ 2000

Artikel 52[38],[39]
Patentierbare Erfindungen
(1) Europäische Patente werden für Erfindungen auf allen Gebieten der Technik erteilt, sofern sie neu sind, auf einer erfinderischen Tätigkeit beruhen und gewerblich anwendbar sind.
(2) Als Erfindungen im Sinne des Absatzes 1 werden insbesondere nicht angesehen:
a) Entdeckungen, wissenschaftliche Theorien und mathematische Methoden;
b) ästhetische Formschöpfungen;
c) Pläne, Regeln und Verfahren für gedankliche Tätigkeiten, für Spiele oder für geschäftliche Tätigkeiten sowie Programme für Datenverarbeitungsanlagen;
d) die Wiedergabe von Informationen.
(3) Absatz 2 steht der Patentierbarkeit der dort genannten Gegenstände oder Tätigkeiten nur insoweit entgegen, als sich die europäische Patentanmeldung oder das europäische Patent auf diese Gegenstände oder Tätigkeiten als solche bezieht.

[38] Geändert durch die Akte zur Revision des EPÜ vom 29.11.2000.
[39] Siehe hierzu Entscheidungen GBK G1/98, G1/03, G2/03, G3/08 (Anhang I).

Artikel 53[40],[41]
Ausnahmen von der Patentierbarkeit
Europäische Patente werden nicht erteilt für:
a) Erfindungen, deren gewerbliche Verwertung gegen die öffentliche Ordnung oder die guten Sitten verstoßen würde; ein solcher Verstoß kann nicht allein daraus hergeleitet werden, dass die Verwertung in allen oder einigen Vertragsstaaten durch Gesetz oder Verwaltungsvorschrift verboten ist;
b) Pflanzensorten oder Tierrassen sowie im Wesentlichen biologische Verfahren zur Züchtung von Pflanzen oder Tieren. Dies gilt nicht für mikrobiologische Verfahren und die mithilfe dieser Verfahren gewonnenen Erzeugnisse;
c) Verfahren zur chirurgischen oder therapeutischen Behandlung des menschlichen oder tierischen Körpers und Diagnostizierverfahren, die am menschlichen oder tierischen Körper vorgenommen werden. Dies gilt nicht für Erzeugnisse, insbesondere Stoffe oder Stoffgemische, zur Anwendung in einem dieser Verfahren.

[40] Geändert durch die Akte zur Revision des EPÜ vom 29.11.2000.
[41] Siehe hierzu Entscheidungen der GBK G3/95, G1/98, G1/03, G2/03, G1/04, G2/06, G1/07, G2/07, G1/08, G2/08 vom 19.02.2010 (Anhang I).

EPÜAO

Regel 26[34]
Allgemeines und Begriffsbestimmungen
(1) Für europäische Patentanmeldungen und Patente, die biotechnologische Erfindungen zum Gegenstand haben, sind die maßgebenden Bestimmungen des Übereinkommens in Übereinstimmung mit den Vorschriften dieses Kapitels anzuwenden und auszulegen. Die Richtlinie 98/44/EG vom 6. Juli 1998[35] über den rechtlichen Schutz biotechnologischer Erfindungen ist hierfür ergänzend heranzuziehen.
(2) "Biotechnologische Erfindungen" sind Erfindungen, die ein Erzeugnis, das aus biologischem Material besteht oder dieses enthält, oder ein Verfahren, mit dem biologisches Material hergestellt, bearbeitet oder verwendet wird, zum Gegenstand haben.
(3) "Biologisches Material" ist jedes Material, das genetische Informationen enthält und sich selbst reproduzieren oder in einem biologischen System reproduziert werden kann.
(4) "Pflanzensorte" ist jede pflanzliche Gesamtheit innerhalb eines einzigen botanischen Taxons der untersten bekannten Rangstufe, die unabhängig davon, ob die Bedingungen für die Erteilung des Sortenschutzes vollständig erfüllt sind,
a) durch die sich aus einem bestimmten Genotyp oder einer bestimmten Kombination von Genotypen ergebende Ausprägung der Merkmale definiert,
b) zumindest durch die Ausprägung eines der erwähnten Merkmale von jeder anderen pflanzlichen Gesamtheit unterschieden und
c) in Anbetracht ihrer Eignung, unverändert vermehrt zu werden, als Einheit angesehen werden kann.
(5) Ein Verfahren zur Züchtung von Pflanzen oder Tieren ist im Wesentlichen biologisch, wenn es vollständig auf natürlichen Phänomenen wie Kreuzung oder Selektion beruht.
(6) "Mikrobiologisches Verfahren" ist jedes Verfahren, bei dem mikrobiologisches Material verwendet, ein Eingriff in mikrobiologisches Material durchgeführt oder mikrobiologisches Material hervorgebracht wird.

[34] Siehe hierzu Entscheidungen GBK G1/98, G2/06, G2/07, G1/08 (Anhang I).
[35] Siehe ABl. EPA 1999, 101.

Regel 27
Patentierbare biotechnologische Erfindungen
Biotechnologische Erfindungen sind auch dann patentierbar, wenn sie zum Gegenstand haben:
a) biologisches Material, das mithilfe eines technischen Verfahrens aus seiner natürlichen Umgebung isoliert oder hergestellt wird, auch wenn es in der Natur schon vorhanden war;
b)[36] unbeschadet der R.28(2) Pflanzen oder Tiere, wenn die Ausführung der Erfindung technisch nicht auf eine bestimmte Pflanzensorte oder Tierrasse beschränkt ist;
c)[37] ein mikrobiologisches oder sonstiges technisches Verfahren oder ein durch diese Verfahren gewonnenes Erzeugnis, sofern es sich dabei nicht um eine Pflanzensorte oder Tierrasse handelt.

[36] Geändert durch Beschluss des Verwaltungsrats CA/D 6/17 vom 29.06.2017 (ABl. EPA 2017, A56), in Kraft getreten am 01.07.2017..
[37] Siehe hierzu Entscheidungen der GBK G 2/07, G 1/08 (Anhang I)

Regel 28[38]
Ausnahmen von der Patentierbarkeit
(1) Nach Art.53 a) werden europäische Patente insbesondere nicht erteilt für biotechnologische Erfindungen, die zum Gegenstand haben:
a) Verfahren zum Klonen von menschlichen Lebewesen;
b) Verfahren zur Veränderung der genetischen Identität der Keimbahn des menschlichen Lebewesens;
c)[39] die Verwendung von menschlichen Embryonen zu industriellen oder kommerziellen Zwecken;
d) Verfahren zur Veränderung der genetischen Identität von Tieren, die geeignet sind, Leiden dieser Tiere ohne wesentlichen medizinischen Nutzen für den Menschen oder das Tier zu verursachen, sowie die mithilfe solcher Verfahren erzeugten Tiere.
(2) Nach Art.53 b) werden europäische Patente nicht erteilt für ausschließlich durch ein im Wesentlichen biologisches Verfahren gewonnene Pflanzen oder Tiere.

[38] Geändert durch BdV CA/D 6/17 vom 29.06.2017 (ABl.2017,A56), in Kraft getreten am 01.07.2017.
[39] Siehe hierzu Entscheidung GBK G2/06 (Anhang I).

Regel 29
Der menschliche Körper und seine Bestandteile
(1) Der menschliche Körper in den einzelnen Phasen seiner Entstehung und Entwicklung sowie die bloße Entdeckung eines seiner Bestandteile, einschließlich der Sequenz oder Teilsequenz eines Gens, können keine patentierbaren Erfindungen darstellen.
(2) Ein isolierter Bestandteil des menschlichen Körpers oder ein auf andere Weise durch ein technisches Verfahren gewonnener Bestandteil, einschließlich der Sequenz oder Teilsequenz eines Gens, kann eine patentierbare Erfindung sein, selbst wenn der Aufbau dieses Bestandteils mit dem Aufbau eines natürlichen Bestandteils identisch ist.
(3) Die gewerbliche Anwendbarkeit einer Sequenz oder Teilsequenz eines Gens muss in der Patentanmeldung konkret beschrieben werden.

Rechtsprechung

G2/06 — R.28(c) verbietet die Patentierung von Ansprüchen auf Erzeugnisse, die zum Anmeldezeitpunkt ausschließlich durch ein Verfahren hergestellt werden konnten, das zwangsläufig mit der Zerstörung der menschlichen Embryonen einhergeht, aus denen die Erzeugnisse gewonnen werden, selbst wenn dieses Verfahren nicht Teil der Ansprüche ist.

G3/08 — Der beanspruchte Gegenstand ist für die Zwecke des Art.52(2) unabhängig vom Stand der Technik zu betrachten. Unter diesem Gesichtspunkt ist ein Anspruch auf eine Tasse eindeutig durch Art.52(2) von der Patentierbarkeit ausgeschlossen. Ob der Anspruch auch noch das Merkmal aufweist, dass die Tasse mit einem bestimmten Bild versehen ist, ist unerheblich.

G2/12 — 1. Der Ausschluss von im Wesentlichen biologischen Verfahren zur Züchtung von Pflanzen in Art.53 b) wirkt sich nicht negativ auf die Gewährbarkeit eines Erzeugnisanspruchs aus, der auf Pflanzen oder Pflanzenmaterial wie Pflanzenteile gerichtet ist
2.a) Die Tatsache, dass die Verfahrensmerkmale eines Product-by-process-Anspruchs, der auf Pflanzen oder Pflanzenmaterial gerichtet ist, bei denen es sich nicht um eine Pflanzensorte handelt, ein im Wesentlichen biologisches Verfahren zur Züchtung von Pflanzen definieren, steht der Gewährbarkeit des Anspruchs nicht entgegen.
2.b) Die Tatsache, dass das einzige am Anmeldetag verfügbare Verfahren zur Erzeugung des beanspruchten Gegenstands ein in der Patentanmeldung offenbartes im Wesentlichen biologisches Verfahren zur Züchtung von Pflanzen ist, steht der Gewährbarkeit eines Anspruchs nicht entgegen, der auf Pflanzen oder Pflanzenmaterial gerichtet ist, bei denen es sich nicht um eine Pflanzensorte handelt.

Patentierbarkeit – Erfordernisse des EPÜ

B-XI, 3.6, G-I, 1

Bei der Ausarbeitung einer Patentschrift und eines gewährbaren Anspruchssatzes müssen zwei Arten von Schutzhindernissen beachtet werden, die absoluten und die relativen Schutzhindernisse, damit der erfindungsgemäße Gegenstand schutzfähig. [G-I, 1]

Absolute Schutzhindernisse (Vorliegen einer Erfindung)

Zunächst muss geprüft werden, ob eine Erfindung iSv Art.52(1) vorliegt. Damit eine Erfindung iSd EPÜ patentfähig ist, muss diese

1) **technischen Charakter** aufweisen [**Art.52(1)**; T154/04],
2) nicht von der Patentierbarkeit ausgeschlossen [**Art.52(2)**] und
3) nicht unter eine Ausnahme der Patentierbarkeit [**Art.53, R.28, R.29**] fallen.

Relative Schutzhindernisse (Qualität einer Erfindung)

Genügt eine Erfindung dem Erfindungsbegriff des EPÜ, so ist folgend die Qualität der Erfindung zu prüfen, wobei

1) die **Neuheit** [**Art.54**, G-VI],
2) die **Erfinderische Tätigkeit** [**Art.56**, G-VII],
3) die **Gewerbliche Anwendbarkeit** [**Art.57**, G-III]

zu beurteilen sind.

weitere im EPÜ vorgeschriebene Patentierbarkeitsvoraussetzungen:

1) **Einheitlichkeit** der Erfindung (eine erfinderische Idee) [**Art.82**, F-V]
2) ausführbare **Offenbarung** des Erfindungsgegenstands [**Art.83**, F-III]
3) **Klarheit** des Erfindungsgegenstands und Stützung durch Beschreibung [**Art.84**, F-IV,4 und 6]
4) zulässige Kombination unabhängiger Ansprüche [**R.43(2)**]

Erläuterung der Erfordernisse des EPÜ

Ausnahmen von der Patentierbarkeit

Art.52(2) und Art.53

Ausschluss von der Patentierbarkeit („Nichterfindungen")

Erfindung, die sich **ausschließlich** bezieht auf [**Art.52(2), (3)**]
a) Entdeckungen, wissenschaftliche Theorien und mathematische Methoden
b) ästhetische Formschöpfungen
c) Pläne, Regeln, Verfahren für gedankliche Tätigkeiten, Spiele oder geschäftliche Tätigkeiten sowie Computerprogramme (ausgenommen computerimplementierte Erfindungen, Rn.A-108)
d) Wiedergabe von Informationen (auf Benutzeroberflächen)

Offensichtlichkeitsprüfung: Prüfung sollte unabhängig vom StdT erfolgen [G3/08]

Einzelne Merkmale, die für sich genommen von Patentierbarkeit ausgeschlossen wären, können dennoch einen techn. Beitrag liefern und sind deshalb für die erfinderische Tätigkeit zu berücksichtigen [T208/84]

Recherchenbericht: bezieht sich Anmeldegegenstand nur teilweise auf einen nicht patentfähigen Gegenstand [**Art.52(2)**], so wird ggf. nur ein teilweiser ESR oder eESR erstellt [**R.63(2)**; Rn.DI-88]

Art.52(2), (3)
G-II, 3

Ausnahmen von der Patentierbarkeit

Erfindung, bei denen **nur ein** Merkmal
a) sittenwidriger Gegenstand [2] [**Art.53(a)**] (= keine gewerbliche Verwetung der Erfindung);
b) Pflanzensorten/Tierrassen und zugehörige **Züchtung**sverfahren [3] [**Art.53(b)**]
c) **medizinisches Verfahren** am lebenden menschlichen/tierischen Körper [4] [**Art.53(c)**; Rn.A-113/123]
  - chirurgische Behandlung,
  - therapeutische Behandlung,
  - diagnostische Verfahren (hierfür muss Anspruch vier Schritte gleichzeitig aufweisen [G1/04]; **Rn.A-116**)
d) **Screening**verfahren für potentielle Arzneimittel [**Rn.A-122**]
e) **Biotechnologische Erfindungen**, die durch R.28 ausgenommen sind [**Art.53(a), R.28**]
  - Verfahren zum Klonen von Menschen [**R.28a)**],
  - Verfahren zur Veränderung der menschlichen Keimbahn [**R.28b)**],
  - Verwendung menschlicher Embryonen [**R.28c)**] T2221/10, T1441/13 und **Erzeugnisse**, die am AT/PT ausschließlich durch Zerstörung menschlicher Embryonen herstellbar sind (auch dann, wenn Verfahren nicht Teil des Anspruchs ist) [G2/06],
  - Qualzüchtungen von Tieren ohne wesentlichen medizinischen Nutzen [**R.28d)**].

Art.53 und R.28
G-II, 4

Ausklammern nicht patentierbarer Ausführungsformen durch urspr. **nicht-offenbarte Disclaimer** zur Herstellung der Patentfähigkeit zulässig [G1/03, G2/03].

---

[2] unzureichend: [1] gesetzliches Verbot in einem/allen VStaaten oder [2] bloße Möglichkeit des Missbrauchs [T866/01].
[3] zulässig sind [1] mikrobiologische Verfahren und mit diesen gewonnene Erzeugnisse [**Art.53(b) S.2**] und [2] Erzeugnisse, hergestellt nach einem derartigen Verfahren [G2/12, G2/13].
[4] **Art.53c)** ist eng auszulegen [T385/86]; Erzeugnisse für medizinsche Verfahren sind patentierbar.

EPÜ 2000

Artikel 54[42],[43]
Neuheit

(1) Eine Erfindung gilt als neu, wenn sie nicht zum Stand der Technik gehört.

(2) Den Stand der Technik bildet alles, was vor dem Anmeldetag der europäischen Patentanmeldung der Öffentlichkeit durch schriftliche oder mündliche Beschreibung, durch Benutzung oder in sonstiger Weise zugänglich gemacht worden ist.

(3) Als Stand der Technik gilt auch der Inhalt der europäischen Patentanmeldungen in der ursprünglich eingereichten Fassung, deren Anmeldetag vor dem in Absatz 2 genannten Tag liegt und die erst an oder nach diesem Tag veröffentlicht worden sind.

(4) Gehören Stoffe oder Stoffgemische zum Stand der Technik, so wird ihre Patentierbarkeit durch die Absätze 2 und 3 nicht ausgeschlossen, sofern sie zur Anwendung in einem in Art.53c) genannten Verfahren bestimmt sind und ihre Anwendung in einem dieser Verfahren nicht zum Stand der Technik gehört.

(5)[44] Ebenso wenig wird die Patentierbarkeit der in Absatz 4 genannten Stoffe oder Stoffgemische zur spezifischen Anwendung in einem in Art.53c) genannten Verfahren durch die Absätze 2 und 3 ausgeschlossen, wenn diese Anwendung nicht zum Stand der Technik gehört.

[42] Geändert durch die Akte zur Revision des EPÜ vom 29.11.2000.
[43] Siehe hierzu Entscheidungen/Stellungnahmen der GBK G2/88, G6/88, G1/92, G3/93, G1/98, G2/98, G3/98, G2/99, G1/03, G2/03, G2/08 vom 19.02.2010 (Anhang I).
[44] Siehe hierzu die Mitteilung des EPA über die Unzulässigkeit der schweizerischen Anspruchsform infolge der Entscheidung G2/08 der GBK (ABl.2010, 514).

Artikel 55
Unschädliche Offenbarungen

(1) Für die Anwendung des Art.54 bleibt eine Offenbarung der Erfindung außer Betracht, wenn sie nicht früher als sechs Monate vor Einreichung der ePa erfolgt ist und unmittelbar oder mittelbar zurückgeht:

a)[45] auf einen offensichtlichen Missbrauch zum Nachteil des Anmelders oder seines Rechtsvorgängers oder

b) auf die Tatsache, dass der Anmelder oder sein Rechtsvorgänger die Erfindung auf amtlichen oder amtlich anerkannten Ausstellungen im Sinn des am 22. November 1928 in Paris unterzeichneten und zuletzt am 30. November 1972 revidierten Übereinkommens über internationale Ausstellungen zur Schau gestellt hat.

(2) Im Fall des Absatzes 1 b) ist Absatz 1 nur anzuwenden, wenn der Anmelder bei Einreichung der europäischen Patentanmeldung angibt, dass die Erfindung tatsächlich zur Schau gestellt worden ist, und innerhalb der Frist und unter den Bedingungen, die in der Ausführungsordnung vorgeschrieben sind, eine entsprechende Bescheinigung einreicht.

[45] Siehe hierzu Entscheidungen der GBK G3/98, G2/99 (Anhang I).

EPÜAO

Regel 25[33]
Ausstellungsbescheinigung

Der Anmelder muss innerhalb von vier Monaten nach Einreichung der europäischen Patentanmeldung die in Art.55(2) genannte Bescheinigung einreichen, die

a) während der Ausstellung von der Stelle erteilt wird, die für den Schutz des gewerblichen Eigentums auf dieser Ausstellung zuständig ist;

b) bestätigt, dass die Erfindung dort tatsächlich ausgestellt worden ist;

c) den Tag der Eröffnung der Ausstellung angibt sowie, wenn die Erfindung erst nach diesem Tag offenbart wurde, den Tag der erstmaligen Offenbarung; und

d) als Anlage eine Darstellung der Erfindung umfasst, die mit einem Beglaubigungsvermerk der vorstehend genannten Stelle versehen ist.

[33] Siehe hierzu Entscheidungen GBK G3/98, G2/99 (Anhang I).

Rechtsprechung

G1/92 1. Die chemische Zusammensetzung eines Erzeugnisses gehört zum Stand der Technik, wenn das Erzeugnis selbst der Öffentlichkeit zugänglich ist und vom Fachmann analysiert und reproduziert werden kann, und zwar unabhängig davon, ob es besondere Gründe gibt, die Zusammensetzung zu analysieren.
2. Derselbe Grundsatz gilt entsprechend auch für alle anderen Erzeugnisse.

G1/03
G2/03 Ein Disclaimer, der keinen technischen Beitrag leistet und während des europäischen Erteilungsverfahrens zugelassen wird, ändert die Identität der Erfindung im Hinblick auf Art.87(1) nicht. Daher ist seine Aufnahme auch bei der Abfassung und Einreichung einer ePa zulässig, ohne dass dadurch das Prioritätsrecht aus der früheren Anmeldung berührt wird, die den Disclaimer nicht enthält.

G1/16 Bei der Klärung der Frage, ob ein durch die Aufnahme eines nicht offenbarten Disclaimers geänderter Anspruch nach Art.123(2) EPÜ zulässig ist, kommt es darauf an, dass der Disclaimer eines der in Nummer 2.1 der Entscheidungsformel von G 1/03 genannten Kriterien erfüllt. Die Aufnahme eines solchen Disclaimers darf keinen technischen Beitrag zu dem in der ursprünglichen Fassung der Anmeldung offenbarten Gegenstand leisten. Insbesondere darf der Disclaimer nicht für die Beurteilung der erfinderischen Tätigkeit oder der ausreichenden Offenbarung relevant sein oder werden. Der Disclaimer darf nicht mehr ausschließen, als nötig ist, um die Neuheit wiederherzustellen oder einen Gegenstand auszuklammern, der aus nichttechnischen Gründen vom Patentschutz ausgeschlossen ist.

T206/83 Ein Dokument enthält keine ausreichende Offenbarung eines chemischen Stoffes, wenn es zwar seine Formel und die Verfahrensschritte zu seiner Herstellung nennt, aber der Fachmann weder dem Dokument noch seinem allgemeinen Fachwissen entnehmen kann, wie er sich die notwendigen Ausgangs- oder Zwischenprodukte verschaffen kann. Angaben, die erst durch eine umfassende Recherche gefunden werden können, sind nicht dem allgemeinen Fachwissen zuzurechnen.

T167/84 Merkmale, die denen einer Vorveröffentlichung im Sinne des Art.54(3) äquivalent sind, gehören nicht zu deren "Gesamtinhalt (whole contens).

T26/85 1. Art.54 ist so auszulegen, daß das, was den StdT bildet, nur dann als der Öffentlichkeit zugänglich gemacht gelten kann, wenn die dem Fachmann vermittelte Information so vollständig ist, daß er die technische Lehre, die Gegenstand der Offenbarung ist, unter Zuhilfenahme des von ihm zu erwartenden allgemeinen Fachwissens ausführen kann. Bei der Beurteilung der Neuheit der zu prüfenden Erfindung gegenüber dem Stand der Technik muß deshalb in Fällen, in denen sich die Bereiche eines bestimmten Parameters überschneiden, geprüft werden, ob es der Fachmann aufgrund der technischen Gegebenheiten ernsthaft in Betracht ziehen würde, die technische Lehre des bekannten Dokuments im Überschneidungsbereich anzuwenden. Kann dies mit einiger Wahrscheinlichkeit bejaht werden, so ist auf mangelnde Neuheit zu schließen. [...]

T160/92 1. Die Lehre einer vorveröffentlichten Zusammenfassung eines japanischen Patentdokuments gehört für sich genommen auch ohne das entsprechende Originaldokument prima facie zum Stand der Technik und kann als solche der Anmeldung zu Recht entgegengehalten werden, wenn nach Aktenlage nichts ihre Gültigkeit als Stand der Technik in Frage stellt. Wenn ein Verfahrensbeteiligter die Gültigkeit dieser Lehre als Stand der Technik unter Berufung auf die Lehre des Originaldokuments bestreiten will, trägt er die Beweislast. [...]

T952/92 1. Unabhängig vom Mittel der Offenbarung (schriftliche oder mündliche Beschreibung, Benutzung in Form von Verkauf usw.) sind bei der Zugänglichkeit im Sinne des Art.54(2) zwei getrennte Stufen zu unterscheiden: die Zugänglichkeit des Offenbarungsmittels selbst und die Zugänglichkeit von Informationen, die sich daraus erschließen und herleiten lassen. [...]

Patentierbarkeit – Erfordernisse des EPÜ

Neuheit
Art.52(1) iVm Art.54

Zur Beurteilung der Neuheit einer Erfindung ist zunächst der relevante **StdT vor dem AT** zu ermitteln und dieser auf **Merkmalsidentität** ggü der Erfindung zu prüfen. Der für eine ePa relevante StdT ist in **drei Kategorien** [Rn.A-8&10] zu unterteilen und zu beurteilen.

Beweislast für fehlende Neuheit trägt derjenige, der den Einwand geltend macht [T82/90], **Ausnahme**: Auswahlerfindungen [T990/96], Product by Process [T205/83] und Verwendung atypischer Parameter zur Definition des Erfindungsgegenstandes [T1920/09].

Stand der Technik
G-IV

allgemeine Voraussetzungen

1) **Zeitpunkt der Offenbarung**

   Offenbarungsgehalt des StdT liegt vor wirksamen Datum des Erfindungsgegenstandes (dh vor AT/PT der ePa [5]) [T205/91]
   Anmeldung mit identischem AT bzw. PT ist kein StdT [T123/82]

2) **öffentliche Zugänglichkeit** („zwei Stufen"-Prüfung) [T952/92]   **Rn.A-40ff**

   a) öffentliche Zugänglichkeit der Offenbarung (bei schriftl. Offenbarung genügt bloße Möglichkeit der Kenntnisnahme)
      kein offensichtlicher Missbrauch iSv **Art.55(1) a)** (dh keine Geheimhaltungsvereinbarung [6])
      keine Ausstellung auf amtlich anerkannter Messe iSv **Art.55(1) b)** [Rn.DI-49]

   b) Information muss sich daraus (unmittelbar und eindeutig) erschließen und herleiten lassen [7]

3) **Ausführbarkeit der Offenbarung**   **Rn.A-62ff**

   nur, wenn Offenbarung eines Dokuments (ggf. mithilfe allgemeinen Fachwissens) ausführbar ist, so ist diese neuheitsschädlich [T206/83, T26/85, T491/99; G-IV, 2, G-VI, 4]
   Negativbeispiel: chem. Verbindung ohne nacharbeitbares Herstellungsverfahren im StdT [G-VI,4]

vorveröffentlichter StdT
Art.54(2)

StdT ist für Neuheitsprüfung und Prüfung auf erfind. Tätigkeit relevant, sofern:
1) durch schriftliche/mündliche Beschreibung, Benutzung oder in sonstiger Weise öffentlich zugänglich,
2) Veröff. vor wirksamen Datum des Erfindungsgegenstandes (dh vor AT bzw. PT der ePa)

nachveröffentlichter StdT
Art.54(3), G-IV,5.1

StdT ist nur für die Neuheitsprüfung relevant, sofern
1) StdT ist **bei Veröff. anhängige** ePa, EP-Patent oder Euro-PCT-Anmeldung [8] [J5/81]
   (außer Priounterlagen oder Zusammenfassung, **Art.85**)
   Ursprungsschrift in Fremdsprache maßgebend; auch wenn Übersetzung fehlerhaft [**Art.54(3)**, G-IV,5.1]
2) AT bzw. PT des StdT liegt vor wirksamen Datum des Gegenstandes (dh vor AT/PT der ePa)
   Verlust des PT nach Veröff. irrelevant = „**Versteinerungstheorie**" [G-IV, 5.1.1];
3) Veröff. an oder nach wirksamen Datum des Erfindungsgegenstands (dh an bzw. nach AT/PT der ePa)
   kein StdT nach Art.54(3) ist eine Anmeldung, die **trotz Erledigung** [9] veröff. wird [J5/81, G-IV,5.1.1]

zwischenveröffentlichter StdT

Relevanz der Quelle ist abhängig vom wirksamen Datum des Erfindungsgegenstandes (dh AT oder PT), wobei Veröff. des StdT zwischen einem beanspruchten PT und AT der ePa

unschädliche Offenbarung
Art.55(1)
G-V

a) **offensichtlicher Missbrauch** [Art.55(1)(a), T173/83]
   - ohne Genehmigung in Schädigungs**absicht** [10] UND/ODER entgegen Geheimhaltungsvereinbarung,
   - in Kenntnis seiner Nichtberechtigung unter Inkaufnahme eines Nachteils, oder
   - unter Verletzung eines Vertrauensverhältnisses.

   Beweislast liegt beim Anmelder [T173/83]

b) **Ausstellung im Rahmen amtlich oder amtlich anerkannter Messe** (=Ausstellungsprivileg) [Art.55(1)(b)]
   - Einreichung ePa binnen 6 M nach Schaustellung [11] [Art.11 PVÜ iVm Art.55(1)b)];
   - Vorlage Ausstellungsbescheinigung binnen 4 M nach ET der ePa [Art.55(2), R.25];
   - anerkannte Messen werden jährlich in April-Ausgabe des ABl. veröff.; für 2019: ABl.2019,A45.

   Achtung: Das Ausstellungsprivileg begründet **keine Ausstellungspriorität**, so dass Offenbarungen im Zeitraum zwischen Ausstellung und Anmeldung schädlich sind [T382/07]

---

[5] Beachte: Verschiebung des AT durch Nachreichen fehlender Teile [R.56(2)] oder Verlust Priorecht bei ungenügender Mängelbeseitigung [S.111].
[6] Vertrag in Schriftform ist nicht zwingend erforderlich [T830/90].
[7] wörtliche Stützung ist allerdings nicht erforderlich [T667/08].
[8] vorausgesetzt, Anmeldung [1] in EP-Phase eingetreten und [2] in EPÜ-Amtssprache veröff. [Art.11(3), 45(1) PCT iVm Art.153(5), R.165; G-IV,5.2].
[9] Anmeldung, die [1] aktiv zurückgenommen wurde, [2] als zurückgenommen gilt oder [3] zurückgewiesen wurde.
[10] kein Missbrauch ist vorzeitige Veröff. einer Patentanmeldung durch Regierungsbehörde infolge Versehens, da keine Schädigungsabsicht [T585/92].
[11] keine „echte Frist" iSd EPÜ, Schließtag des EPA: Fällt der letzte Tag auf einen Schließtag des EPA, so verlängert sich die Frist nicht nach R.134.

12	**Quellen**	als StdT kommen verschiedenste Quellen in Betracht, herangezogen werden können z.B.:
13	**Akteneinsicht**	Akte ist ab Veröff. für jedermann öffentlich zugänglich (dh mit Veröff. der ePa gelten Bestandteile als StdT)
		▪ Vergleichsversuche
		▪ Priodokument
		▪ Niederschriften einer MV
14	**Bezugsdokument**	Dokument, dessen Lehre durch ausdrücklichen Verweis auf genauere Informationen zu bestimmten Merkmalen, ganz oder teilweise Bestandteil des verweisenden „Hauptdokuments" und somit StdT nach **Art.54(2)** oder **Art.54(3)** ist [G-IV,5.1].
	G-IV, 8	Querverweis zwischen Dokumenten: Rn.A65
15	**Biologisches Material**	**Komplexe biochemische Stoffe** gelten nur dann als öffentlich zugänglich, wenn (1) deren Zusammensetzung eindeutig feststeht und (2) eine Probe davon durch Fachleute angefordert werden kann [T128/92]
16	**Disclaimer**	Negatives technisches Merkmal zum Ausklammern einer spezifischen Ausführungsform von einem allgemeinen Merkmal (z.B. zur Abgrenzung ggü StdT) [G1/16].
	S.27, Rn.A-129	ändert Prioritätsrecht nicht, wenn er keinen technischen Beitrag leistet [G1/03; G2/03; T175/03]
17	**Fachwissen, allgemeines**	Information, die schon gewisse Zeit vor dem AT der ePa zumindest den Fachkreisen bekannt war [T766/91].
		Beleg nur erforderlich, wenn Behauptung, etwas sei allgemeines Fachwissen, bestritten wird [T534/98]
		Quellen:
		▪ Übersichtsartikel [T309/88];
		▪ Handbücher [T171/84] und auf darin bezuggenommene weiterführende Artikel [T206/83];
		▪ ausnahmsweise Angaben in Patentschriften oder naturwissenschaftlichen Veröff, wenn Erfindung auf gänzlich neuem Forschungsgebiet liegt, das Lehrbüchern noch nicht entnehmbar ist [T51/87].
	G-VII, 3.1	unzureichend: einzelne Veröffentlichung (z.B. eine Patentschrift, ein Fachartikel) [T475/88]
18	**Fachwissen, notorisches**	= techn. Merkmal eines Anspruchs, dass offenkundig bzw. unstreitig bekannt ist
		kein schriftlicher Beleg erforderlich: für Einwand fehlender erfind. Tätigkeit muss kein druckschriftlicher StdT beigefügt werden [T1242/04, T1411/08]
	B-VIII, 2.2.1	
19	**Fehler in Dokumenten des Standes der Technik**	bleiben bei Neuheitsprüfung **unberücksichtigt**, wenn
		i) sofort ersichtlich, dass Offenbarung in relevantem Dokument des StdT fehlerhaft ist, und
		ii) erkennbar ist, was die einzig mögliche Berichtigung wäre [T206/83]
	G-IV, 9	bei Widerspruch zwischen Dokument und dessen Zusammenfassung, hat Dokument Vorrang [T243/96]
20	**Firmenunterlagen**	**firmeninternes Wissen** gehört nicht zum StdT [T1001/98, T1247/06]
		Produktdatenblatt = typisches, von Firma herausgegebenes Dokument, das nicht für Öffentlichkeit bestimmt (anders als Betriebsanleitung, Artikel in (Fach)Zeitschriften, Werbung) [T37/96] und beinhaltet andere Infos als Werbung [T184/11]
21	**Gebrauchsmuster**	nationales GebrM oder Gebrauchszertifikat ist ab Tag der Eintragung StdT nach Art.54(2) [T355/07]
22	**Internet-Offenbarung**	Voraussetzung: Ermittlung des VeröffTags über "zwei-Schritt-Prüfung" [ABl.2009,456]
		1) ist VeröffTag korrekt angegeben
		▪ Belege aus Internet-Archiven mit hoher Reputation zulässig [T286/10]
		▪ vergebene Zeitstempel bei Wiki-Seiten; Foren oder Blogs [G-IV,7.5.3.3],
		▪ Indexierungsdaten von Suchmaschinen [T1961/13],
		▪ ungenügend als Nachweis ist im URL-Code integriertes Erstellungsdatum [T373/03],
		2) unmittelbarer und eindeutige Zugänglichkeit an diesem Tag [T1553/06]
		i. über öffentliche Suchmaschine zugänglich, und
		ii. ausreichend lang zugänglich unter dieser Internetadresse.
		ob Webseite passwortgeschützt oder Gebührenzahlung erforderlich, ist irrelevant [ABl.2009,456].
		kein strengerer **Beweismaßstab** [T286/10]; kein völlig zweifelsfreier und lückenloser Nachweis im Prüfungs-/Einspruchsverfahren erforderlich [G-IV,7.5.2]
		zulässig: Inhalt/Datum von Online-Publikationen namhafter und vertrauenswürdiger Verlage (zB Fachzeitschriften; Printmedien); Blogeintrag; Wiki-Seiten.
		unzulässig: E-Mail, auch wenn unverschlüsselt [T2/09]; kurzlebige Internetadressen
	G-IV,7.5	**Problemfälle:** bloßes Internetarchiv

Patentierbarkeit – Erfordernisse des EPÜ

implizite Offenbarung

Implizites Merkmal muss sich unmittelbar und eindeutig aus der Offenbarung ergeben [T823/96], ggf. unter Zuhilfenahme eines Wörterbuchs [T652/01]; Merkmal ist nur dann implizit offenbart, wenn für den Fachmann sofort erkennbar, dass nichts Anderes als das angeblich implizit offenbarte Merkmal gemeint ist [T95/97]

G-VI,6   Beispiele: **Verfahren, das zwangsläufig zu Erzeugnis führt**, das als solches nicht beschrieben ist [T666/89]

klinische Studie

vorveröffentlichte klinische Studie ist voller StdT

nicht neuheitsschädlich [T158/96] oder erfind. Tätigkeit in Frage stellend [T715/03] ist **bloße Erklärung** (Dokument) ein Wirkstoff werde für eine spezifische Therapie klinisch erprobt, sofern nicht das Endergebnis (techn. Wirkung) klinischer Studie offenbart ist.

Auf den ersten Blick unterliegt jeder Beteiligte einer klinischen Studie der **Geheimhaltung** [T152/03]

mündliche Offenbarung
(flüchtige Offenbarung)

Quellen:
- direktes Gespräch
- Vortrag, Präsentation und auf mündlicher Offenbarung beruhende Dokumente
- MV, wenn öffentlich (Einspruch, EBV, Beschwerden nach Veröff. der ePa und GBK) [**Art.116(4)**]

dass ein **wesentliches Merkmal** verschwiegen wird, ist unwahrscheinlich [T86/95]

Unschädliche mündliche Offenbarung:
- Vortrag mit Geheimhaltungsvereinbarung
- abgeschlossener **Fachvortrag vor unkundigem Publikum** gilt nicht als Veröff. [T877/90; T809/95]

Nachweis:
- auf mündlicher Offenbarung beruhende Dokumente (z.B. Handout, Skript, Tagungsband) oder
- unabhängig voneinander erfolgte Notizen mind. zweier Teilnehmer [T1212/97]
  [eine Erklärung des Referenten zum Inhalt der Präsentation ist nicht ausreichend, T667/01]

G-IV, 7.3   **Beweislast** liegt beim Einsprechenden [T348/94] und **Beweismaß** ist hoch (zweifelsfrei) [T2003/08].

offenkundige Vorbenutzung

Voraussetzung: [T1081/01]
1) Gegenstand selbst ist öffentlich zugänglich [12], und/oder
2) theoretische Möglichkeit zur Analyse und Reproduzierbarkeit genügt (dh jemand hat unmittelbaren und eindeutigen Zugang und hätte so vom Gegenstand selbst Kenntnis nehmen können) [T84/83],
3) Personenkreis muss das Wesen der Erfindung nicht unmittelbar verstehen [T877/90],
4) keine Geheimhaltungsvereinbarung.

Beweislast trägt Angreifer und strengerer **Beweismaßstab** des „lückenlosen Nachweis", wenn Beweismittel für PI kaum/ gar nicht zugänglich [T472/92; T2010/08; RBK I.C.3.5.2.b); III.G.4.3.2]; Prospekte, öffentliche Poster...

5W-Fragen: ausreichende Substantiierung unter Angabe konkreter Umstände zwingend: Was? Wo? Wann? Wie? Durch wen? der Öffentlichkeit zugänglich gemacht worden ist [T93/89]

ausreichend:	unzureichend:
- Einzelverkauf/Vermietung genügt [T482/89; T1022/99; T1682/09]	- Erzeugnis befindet sich nur auf nicht frei zugänglichem Gelände [T254/88, G-IV, 7.2.3]
- öffentliche Testversuche [T84/83]	
- Erzeugnis selbst öffentlich zugänglich [G1/92]	

G-IV, 7.2

Patentdokument

„gesamter Inhalt" gilt als StdT [T167/84] (außer Zusammenfassung [**Art.85**, T246/86] und Priodokument):
i) Beschreibung, Zeichnungen, Patentansprüche,
ii) Merkmale, auf die ausdrücklich verzichtet wurde (ausgenommen Disclaimer, die nicht ausführbare Ausführungsformen ausschließen),
iii) **Bezugsdokument** (Merkmale anderer Dokumente, auf die ausdrücklich verwiesen wird, T153/85)
iv) ausdrücklich **zitierter StdT** („background art") [T628/07]

Anspruchsrückbezüge: spezifische Merkmalskombination, die nur über abhängige Ansprüche offenbart ist, gehört nicht zum Offenbarungsgehalt, wenn PatentS dazu keine Beispiele/Ausführungsformen offenbart [42/92]

als Art.54(3):   nur ePa oder iPa mit Bestimmung für EP, die am VT noch anhängig ist; sonst Wirkung nur als Art.54(2)-Dokument [J5/81] (außer Zusammenfassung [**Art.85**, T246/86] und Priodokument)

als Art.54(2):   nat. Patentanmeldung erst mit Veröff. im Patentblatt; Zustellung des Erteilungsbeschlusses zu einer noch nicht veröff. nat. Anmeldung genügt nicht [T877/98]

Beachte: Anmeldung mit identischem AT bzw PT ist kein StdT nach Art.54(2) oder (3) [T123/82]

G-IV,5.1   **»Versteinerungstheorie«:** Verzicht des/Zurücknahme des/nachträglich unwirksamer Prioanspruch ändert nichts an der Wirkung als Art.54(3)-Dokument (Wirkung: *ex nunc*); aber: Wirkung *ex tunc* für betreffende ePa

#	Stichwort	Inhalt
28	Prioritätsdokument	Abschrift der früheren Anmeldung, von der eine Prio beansprucht wird (**nicht Inhalt einer Anmeldung**);
		Priounterlagen werden in Akte zur ePa aufgenommen und sind somit erst nach Veröff. der ePa durch Akteneinsicht jedermann zugänglich [Art.128(3)] und StdT nach Art.54(2); insbesondere relevant, wenn frühere Anmeldung nicht veröff. wurde.
29	Produkt/Erzeugnis	Struktur und Zusammensetzung **vorbenutzer Erzeugnisse** sind offenbart, wenn diese am AT/PT [G1/92]:
		1) mit bekannten Analysetechniken unmittelbar und eindeutig analysierbar [T952/92]
		erforderlicher Zeitaufwand ist irrelevant [T390/88];
		außer erforderliche Manpower immens und aus wirtscahftl. Gründen unwahrscheinlich [T461/88]
		2) ohne unzumutbaren Aufwand reproduzierbar ist
		nicht inhärente Merkmale, die nur in Wechselwirkung mit äußeren Faktoren entstehen, sind kein StdT [T472/92 zur Bedruckbarkeit eines Erzeugnisses]
		Produkt eines StdT-Verfahrens ist implizit auch offenbart [T12/81; 666/89]
30	Querverweis zwischen Dokumenten des Standes der Technik G-IV, 8	Offenbarung einer Vorveröffentlichung („Hauptdokument") umfasst eine andere Veröffentlichung („Bezugsdokument") ganz oder teilweise, wenn [T153/85]
		1) „Hauptdokument" durch ausdrücklichen Hinweis zur genaueren Information bestimmter Merkmale auf ein zweites Dokument verweist und
		2) Bezugsdokument am VeröffTag des Hauptdokuments öffentlich zugänglich ist
		<u>Beispiele:</u> Fachartikel und Ergänzungsmaterial/Anhang; Patentschrift mit Bezugnahme
31	Standard, Normen G-IV, 7.6	**Endgültige** Standards und Normen als Definition von Eigenschaften und Qualitätsvorgaben für Erzeugnisse, Verfahren und Dienstleistungen gehören grundsätzlich zum StdT nach Art.54(2). **ausgenommen**: private Normungsgremien, die endgültige Standards nur gegen Geheimhaltungsvereinbarung aushändigen.
		Vorlage von Dokumenten an Normungsgremium (besteht zumeist aus Fachleuten) zur Festlegung/Weiterentwicklung eines Standards **ohne Geheimhaltungsvereinbarung** gilt als schriftliche oder mündliche Offenbarung iSv **Art.54(2)** [T738/04]
		Ob ausdrückliche Geheimhaltungsvereinbarung besteht, muss im Einzelfall auf der Grundlage der Dokumente geprüft werden, die eine solche Verpflichtung belegen sollen [T273/02; T738/04].
32	Urkunde(n)	alle schriftlichen Unterlagen, die gedanklichen Inhalt durch Schriftzeichen/Zeichnungen verkörpern, also auch öffentliche Druckschriften [T314/90] **UND** dienen als Beweis für **[1]** den Umfang der Zugänglichkeit einer Information und **[2]** deren Zeitpunkt [T795/93].
33	Verkauf Rn.A26	Einzelverkauf ohne Geheimhaltungsvereinbarung genügt als offenk. Vorben. [T482/89; T1022/99; T1682/09];
		Produktzusammensetzung ist ebenfalls offenbart, sofern Produkt analysierbar [T897/07]
34	Werbeprospekt	ist interessierten Kreisen ohne Geheimhaltungspflicht öffentlich zugänglich [T804/05];
		Verbreitung (öffentliche Zugänglichkeit) erfolgt unmittelbar nach Druckdatum [T743/89, T146/13]
35	wissenschaftliche Arbeit	Bacholer-, Master-, Diplom-, Magisterarbeiten und Promotionen ist StdT, insbesondere, wenn sich ein Verweis auf diese Arbeit in anderer Veröff. findet [T151/99; T538/09]
36	Zeichnungen	Merkmal nur offenbart, wenn dessen Struktur und Funktion deutlich aus Zeichnung ableitbar [T169/83]
		Merkmal ist nicht offenbart, wenn im Widerspruch zur Beschreibung [T56/87]
37	zufällige Offenbarung („accidental disclosure")	Vorwegnahme ist zufällig und kein StdT, wenn diese [G1/03; G2/03]:
		1) unerheblich für beanspruchte Erfindung, weil Lösung einer ganz anderen Aufgabe [T161/82],
		2) vom Fachgebiet weitab liegt.
38	Zusammenfassung	Zusammenfassung eines Dokuments stellt ab Veröff. einen vollwertigen StdT dar [T243/96]; aber
		fehlerhafte Zusammenfassung ≠ StdT; bei Widerspruch zwischen Dokument und dessen Zusammenfassung, hat Dokument Vorrang [T77/87; T243/96]
		Inhalt der Zusammenfassung eines Art.54(3)-Dokuments wird nicht berücksichtigt [G-IV,5.1]
39	zwangsläufiges Ergebnis („inevitable result")	zwangsläufige Verfahrensprodukte/-wirkungen (explizit nicht genannte) sind mit offenbart [G2/88]
		<u>Beispiel:</u> ■ zwangsläufiger Reinheitsgrad durch ein Verfahren [T728/98 chem. Verbindung; T1039/09 bei Milch]
		■ Wirkung, die sich zwangläufig bei Verfahrensdurchführung einstellt [T423/09]

---

[12] Benutzungshandlungen: Anbieten, Inverkehrbringen, Gebrauchen, Herstellen – bloße Möglichkeit der Kenntnisnahme genügt (Gegenstand kann vom Fachmann analysiert und reproduziert werden) [G1/92]

Patentierbarkeit – Erfordernisse des EPÜ

Öffentliche Zugänglichmachung
StdT ist alles, was vor AT bzw. PT der ePa der Öffentlichkeit durch schriftliche oder mündliche Beschreibung, durch Benutzung oder in sonstiger Weise zugänglich gemacht worden ist [Art.54(2)]

Beweislast	Derjenige, der es behauptet [T160/92]	40
Zugänglichmachung	theoretische Möglichkeit von einer Info Kenntnis zu nehmen [T444/88]; irrelevant ist, ob jemand tatsächlich von der Zugänglichkeit des Dokumentes wusste, oder tatsächlich davon Kenntnis genommen hat [T381/87]	41
	nachträglicher **Wegfall der Zugänglichkeit** ist irrelevant	

Öffentlichkeit wenn mindestens ein einziges Mitglied der Öffentlichkeit [RBK I.C.3.3] 42
1) sich Zugang zu einer Info verschaffen kann,
2) diese Info verstehen kann [13],
3) keiner Geheimhaltungsverpflichtung unterliegt [T1081/01].

„keine" Öffentlichkeit:
- firmeninternes Wissen [T1001/98; T1247/06]
- firmeneigenes Personal [T1085/92]
- Personen, die in besonderer Beziehung zum Informationsgeber stehen [T1081/01]
- bloße Aufnahme eines Dokuments in Archiv einer Bibliothek (ohne Katalogisierung oder andere Vorbereitung zur Kenntnisnahme) [T314/99]

keine Geheimhaltungspflicht **Geheimhaltungsverpflichtung** ist zu unterscheiden: 43
(Vertraulichkeitsverhältnis)
1) ausdrückliche (vertragliche) Vereinbarung
2) stillschweigende (implizite) Vereinbarung
3) Ablauf zeitlich begrenzter Verpflichtung erfordert gesonderte Handlung für tatsächliche Zugänglichmachung [T1081/01, T842/92]

Beweislast für das Fehlen einer Geheimhaltungspflicht trägt der Angreifer

Beispiele:
- gemeinsame Forschungs- & Entwicklungsvereinbarung [T1085/92],
- Auftragsentwürfe [T541/92],
- Joint-Venture-Verträge [T472/92],
- Verkaufsverhandlungen über nicht patentierte oder zu entwickelnde Produkte,
- anbahnende Geschäftsbeziehungen [T634/91],
- Vertrauliche Unterretfrdung mit (potentiellem) Vertragspartner über Entwurf, Herstellung und Vermarktung [T246/00],
- „vertraulich" gekennzeichnete Unterlagen,
- Notar [T1553/06],
- beteiligte Mediziner eines medizinischen Verfahrens [T906/01]

Ausführbarkeit des StdT
StdT ist nur dann neuheitsschädlich, wenn darin enthaltene Lehre nacharbeitbar [T1437/07]

Voraussetzung Gegenstand eines Dokuments ist nur dann öffentlich zugänglich, wenn [T26/85] 44
1) darin enthaltene Info so vollständig ist, dass
2) diese Info zusammen mit allgem. Fachwissen zum maßgeblichen Zeitpunkt dieses Dokuments [14]
G-VI,4 3) nacharbeitbar ist und zum offenbarten Gegenstand führt.

Chemische Verbindung **erforderliche Angabe:** 1) Name/Formel und 45
2) ein funktionierendes Herstellungs- und Abtrennungsverfahren und
3) Ausgangs-und Zwischenverbindung [T206/83]

bloße Namensangabe der Verbindung ist unzureichend [T719/12]

Zweite medizinische Indikation therapeutische Wirkung muss glaubhaft erzielt worden sein [T491/08] 46
nachträgliche Heilung des Offenbarungsmangels durch Beweisvorlage unzulässig [T609/02]

---

[13] abgeschlossener Vortrag vor **unkundigem Publikum** (Nichtfachmann) gilt nicht als Veröff. [T877/90; T809/95].
[14] für **vorveröff. Dokumente** = VeröffDatum; für **nachveröff. Dokumente** = AT bzw. frühester wirksamer PT [Art.54(3); G-VI,3].

EPÜ 2000

Artikel 56[46]
Erfinderische Tätigkeit
Eine Erfindung gilt als auf einer erfinderischen Tätigkeit beruhend, wenn sie sich für den Fachmann nicht in naheliegender Weise aus dem Stand der Technik ergibt. Gehören zum Stand der Technik auch Unterlagen im Sinn des Art.54(3), so werden diese bei der Beurteilung der erfinderischen Tätigkeit nicht in Betracht gezogen.

[46] Siehe hierzu Entscheidungen/Stellungnahmen der GBK G2/98, G3/98, G2/99, G1/03, G2/03 (Anhang I).

Artikel 57[48]
Gewerbliche Anwendbarkeit
Eine Erfindung gilt als gewerblich anwendbar, wenn ihr Gegenstand auf irgendeinem gewerblichen Gebiet einschließlich der Landwirtschaft hergestellt oder benutzt werden kann.

[47] Siehe hierzu Entscheidungen der GBK G1/03, G2/03, G1/04 (Anhang I).

Artikel 82[77]
Einheitlichkeit
Die europäische Patentanmeldung darf nur eine einzige Erfindung enthalten oder eine Gruppe von Erfindungen, die untereinander in der Weise verbunden sind, dass sie eine einzige allgemeine erfinderische Idee verwirklichen.

[77] Siehe hierzu Entscheidung/Stellungnahme GBK G1/91, G2/92, G1/11 (Anhang I).

Artikel 83[78]
Offenbarung der Erfindung
Die Erfindung ist in der europäischen Patentanmeldung so deutlich und vollständig zu offenbaren, dass ein Fachmann sie ausführen kann.

[78] Siehe hierzu Entscheidung/Stellungnahme GBK G2/93, G2/98 (Anhang I).

Artikel 84[79]
Patentansprüche
Die Patentansprüche müssen den Gegenstand angeben, für den Schutz begehrt wird. Sie müssen deutlich und knapp gefasst sein und von der Beschreibung gestützt werden.

[79] Siehe hierzu Entscheidungen/Stellungnahme GBK G2/98, G1/03, G2/03, G1/04, G2/10, G3/14 (Anhang I).

EPÜAO

Regel 43[63]
Form und Inhalt der Patentansprüche
(1) Der Gegenstand des Schutzbegehrens ist in den Patentansprüchen durch Angabe der technischen Merkmale der Erfindung anzugeben. Wo es zweckdienlich ist, haben die Patentansprüche zu enthalten:
a) die Bezeichnung des Gegenstands der Erfindung und die technischen Merkmale, die zur Festlegung des beanspruchten Gegenstands der Erfindung notwendig sind, jedoch in Verbindung miteinander zum Stand der Technik gehören;
b) einen kennzeichnenden Teil, der mit den Worten "dadurch gekennzeichnet" oder "gekennzeichnet durch" beginnt und die technischen Merkmale bezeichnet, für die in Verbindung mit den unter Buchstabe a angegebenen Merkmalen Schutz begehrt wird.
(2) Unbeschadet des Artikels 82 darf eine europäische Patentanmeldung nur dann mehr als einen unabhängigen Patentanspruch in der gleichen Kategorie (Erzeugnis, Verfahren, Vorrichtung oder Verwendung) enthalten, wenn sich der Gegenstand der Anmeldung auf einen der folgenden Sachverhalte bezieht:
a) mehrere miteinander in Beziehung stehende Erzeugnisse,
b) verschiedene Verwendungen eines Erzeugnisses oder einer Vorrichtung,
c) Alternativlösungen für eine bestimmte Aufgabe, sofern es unzweckmäßig ist, diese Alternativen in einem einzigen Anspruch wiederzugeben.
(3) Zu jedem Patentanspruch, der die wesentlichen Merkmale der Erfindung wiedergibt, können ein oder mehrere Patentansprüche aufgestellt werden, die sich auf besondere Ausführungsarten dieser Erfindung beziehen.
(4) Jeder Patentanspruch, der alle Merkmale eines anderen Patentanspruchs enthält (abhängiger Patentanspruch), hat, wenn möglich in seiner Einleitung, eine Bezugnahme auf den anderen Patentanspruch zu enthalten und nachfolgend die zusätzlichen Merkmale anzugeben. Ein abhängiger Patentanspruch, der sich unmittelbar auf einen anderen abhängigen Patentanspruch bezieht, ist ebenfalls zulässig. Alle abhängigen Patentansprüche, die sich auf einen oder mehrere vorangehende Patentansprüche beziehen, sind soweit wie möglich und auf die zweckmäßigste Weise zusammenzufassen.
(5) Die Anzahl der Patentansprüche hat sich mit Rücksicht auf die Art der beanspruchten Erfindung in vertretbaren Grenzen zu halten. Die Patentansprüche sind fortlaufend mit arabischen Zahlen zu nummerieren.
(6) Die Patentansprüche dürfen bei der Angabe der technischen Merkmale der Erfindung nicht auf die Beschreibung oder die Zeichnungen Bezug nehmen, es sei denn, dies ist unbedingt erforderlich. Insbesondere dürfen sie keine Formulierungen enthalten wie "wie beschrieben in Teil ... der Beschreibung" oder "wie in Abbildung ... der Zeichnungen dargestellt".
(7) Sind der europäischen Patentanmeldung Zeichnungen mit Bezugszeichen beigefügt, so sollen die in den Patentansprüchen angegebenen technischen Merkmale mit denselben, in Klammern gesetzten Bezugszeichen versehen werden, wenn dies das Verständnis des Patentanspruchs erleichtert. Die Bezugszeichen dürfen nicht zu einer einschränkenden Auslegung des Patentanspruchs herangezogen werden.

[63] Siehe hierzu Entscheidungen GBK G2/03, G1/04 (Anhang I).

Regel 44
Einheitlichkeit der Erfindung
(1) Wird in einer europäischen Patentanmeldung eine Gruppe von Erfindungen beansprucht, so ist das Erfordernis der Einheitlichkeit der Erfindung nach Art.82 nur erfüllt, wenn zwischen diesen Erfindungen ein technischer Zusammenhang besteht, der in einem oder mehreren gleichen oder entsprechenden besonderen technischen Merkmalen zum Ausdruck kommt. Unter dem Begriff "besondere technische Merkmale" sind diejenigen technischen Merkmale zu verstehen, die einen Beitrag jeder beanspruchten Erfindung als Ganzes zum Stand der Technik bestimmen.
(2) Die Entscheidung, ob die Erfindungen einer Gruppe untereinander in der Weise verbunden sind, dass sie eine einzige allgemeine erfinderische Idee verwirklichen, hat ohne Rücksicht darauf zu erfolgen, ob die Erfindungen in gesonderten Patentansprüchen oder als Alternativen innerhalb eines einzigen Patentanspruchs beansprucht werden.

Rechtsprechung

G1/91 Die Einheitlichkeit der Erfindung (Art.82) gehört nicht zu den Erfordernissen, denen ein europäisches Patent und die Erfindung, die es zum Gegenstand hat, bei Aufrechterhaltung in geändertem Umfang nach Art. 102(3) zu genügen hat. Dementsprechend ist es im Einspruchsverfahren unbeachtlich, wenn das europäische Patent in der erteilten Fassung oder nach Änderung dem Erfordernis der Einheitlichkeit nicht entspricht.

G2/92 Ein Anmelder, der es bei einer uneinheitlichen Anmeldung unterläßt, auf eine Aufforderung der Recherchenabteilung nach R.46(1) weitere Recherchengebühren zu entrichten, kann diese Anmeldung nicht für einen Gegenstand weiterverfolgen, für den keine Recherchengebühren entrichtet wurden. Der Anmelder muß vielmehr eine Teilanmeldung für diesen Gegenstand einreichen, wenn er dafür weiterhin Schutz begehrt.

T470/91 1. Eine auf neue Zwischenprodukte und neue Endprodukte gerichtete Erfindung ist einheitlich, wenn die mit der Zielrichtung auf die Endprodukte bereitgestellten Zwischenprodukte durch Beisteuerung eines wesentlichen Strukturelements zu den Endprodukten mit diesen in hinreichend engem technischem Zusammenhang stehen und die Ordnungsfunktion von Art.82 gewahrt ist.

2. Dies gilt auch dann, wenn die Zwischenprodukte zwei Gruppen von Verbindungen mit unterschiedlichen Grundstrukturen angehören [...], denn durch die Zielrichtung der Zwischenprodukte auf die Endprodukte können die den Zwischenprodukten zugrundeliegenden Teilaufgaben zu einer einheitlichen Gesamtaufgabe zusammengefaßt werden.

Erfinderische Tätigkeit

Art.52(2) iVm Art.56

Voraussetzung

G-VII, 1

relevanter StdT sind alle Art.54(2)-Dokumente

ist Erfindungsgegenstand neu, so darf er sich für Fachmann nicht in naheliegender Weise aus StdT ergeben

ist techn. Effekt Teil der zu lösenden Aufgabe, so muss dieser über den gesamten beanspruchten Bereich erfüllt sein [G1/03]

Naheliegen

G-VII, 4

Eine Erfindung ist naheliegend, wenn sie sich für einen Durchschnittsfachmann in dem betreffenden techn. Gebiet ohne Weiteres aus den öffentlich zugänglichen Informationen (StdT nach Art.54(2)) ableiten lässt.

Kombinationserfindung: Gruppe techn. Merkmale die durch funktionelle Wechselwirkung untereinander einen kombinatorischen techn. Effekt ergeben, der anders ausfällt als die Summe der technischen Wirkungen der Einzelmerkmale (Synergieeffekt) – z.B. Kombinationspräparat („Kit-of-Parts") [T9/81]

Teilaufgaben: bloße Aneinanderreihung von Merkmalen, keine funktionelle Wechselwirkung verschiedener Merkmale untereinander

Alternativlösung: zu lösende objektiv techn. Aufgabe ist identisch mit nächstliegendem StdT [T92/92]; Alternativlösung muss keine - wesentliche oder graduelle - Verbesserung ggü dem StdT darstellen [T588/93].

Verbot der rückschauenden Betrachtung (ex-post-facto-Analyse) [G-VII,8]

Maßstab zur Beurteilung

Fachmann iVm mit StdT nach Art.54(2)

Durchprobieren
(„try and see")

RBK I.D.7.2

Situation, in der Fachmann bereits gedankliche Vorauswahl aus bekannten Gruppe von Verbindungen getroffen hat und die gewünschte Wirkung nur noch mithilfe von Routineversuchen ermittelt hat [T1364/08]

Beispiel: Gen- und Biotechnologie

Fachmann
(„skilled person")

Fachmann hat bei der Beurteilung erfind. Tätigkeit und Ausführbarkeit **denselben Wissensstand** [T60/89].

Fachmann ist erfahrener Mann der Praxis (Durchschnittsfachmann) [G-VII, 3]
- der über durchschnittliche Kenntnisse und Fähigkeiten verfügt,
- der über allgemein üblichen Wissensstand auf dem betreffenden techn. Gebiet unterrichtet ist,
- der zu allem, was zum StdT gehört, Zugang hatte,
- der über die normalen Mittel und Fähigkeiten für routinemäßige Arbeiten und Versuche verfügte.

Team von Fachleuten mit Sachkenntnissen auf verschiedenen Fachgebiete zulässig [T141/87, T99/89], wenn
- Teilaufgaben, dh zu lösendes Problem ersichtlich ein 2. Fachgebiet berührt [T424/90]
- zuständiger Fachmann erkennt, die Lösung auf 2. Fachgebiet zu finden [T164/92]
- gebietsübergreifende Entwicklung üblich [T223/92 - Genetik; T222/86 - Lasertechnologie; T147/02]

StdT auf **Nachbargebiet** ist zu berücksichtigen, wenn dieses:
- übergeortnetes allgemeines Gebiet betrifft
- die Lösung allgemeiner techn. Aufgaben betrifft = Allgemeinwissen [T195/84]
- gleiche oder ähnliche Probleme/Aufgabenstellung betrifft [T176/84; T1910/10]
- ähnliche Randbedingungen und funktionelle Konzepte vorherschen [T1910/10 - Kfz- vs. Flugzeugtechnik]

Relevanz fachfremder **Gegenstände des täglichen Lebens** ist im Einzelfall zu prüfen [T1043/98], Indizien:
- bereits Anregungen im einschlägigen Fachgebiet [T349/96]
- Üblichkeit im alltäglichen Leben [CD-Spieler: JA T234/96; Sportgeräte: NEIN T1043/98]

G-VII, 3

Sprache eines Dokuments (StdT) ist nicht entscheidend [T426/88]

Nicht-Fachmann

Designer [T877/90]

sekundäre Indizien
(Bonus-Effekt)

G-VII, 10

- unerwartete Wirkung/Vorteile durch spezifische Auswahl,
- Überwindung eines techn. Vorurteils [G-VII, Anlage]
- überraschender techn. Effekt; Bonuseffekt (präzise Beschreibung erforderlich) [T181/82, RBK I.D.10.8],
- langes Bedürfnis bzw. vergebliche Versuche (Zeitfaktor), wirtschaftlicher Erfolg [T109/82, RBK I.D.10.4],
- mehrere Schritte erforderlich

negative Indizien

G-VII, Anlage

- billigende Inkaufnahme vorhersehbarer Nachteile, die mit Verschlechterung des StdT verbunden ist [T119/82; T155/85]
- routinemäßige Erprobung oder Anwendung normaler Entwicklungsverfahren
- willkürliche Auswahl aus einer Fülle möglicher Lösungen im StdT [T72/95; T939/92]
- aus Mangel an Alternativen lag zum AT eine "**Einbahnstraßen- Situation**" vor
- einfache Extrapolation oder Interpolation

55	**Vergleichsversuche** („comparitive test") G-VII, 11	vorgelegte Versuchsdaten zu überraschenden Effekten, die als Anzeichen für erfind. Tätigkeit dienen Versuche müssen ggü nächstliegendem StdT erfolgen [T197/86; T234/03], z.B. müssen Vergleichsverbindungen größtmögliche Strukturnähe ggü Erfindungsgegenstand besitzen. werden veröffentlicht und durch Akteneinsicht zugänglich
56	**Alternative Lösung**	(späterer) Versuch, dieselbe techn. Aufgabe auf einen anderen nicht naheliegenden Weg zu lösen [T92/92]
57	**Äquivalente**	alternatives Lösungsmittel, das Fachmann automatisch mitliest; nur maßgebend für die Bewertung der erfind. Tätigkeit, nicht für die Neuheit [T517/90] Voraussetzung: 1) unterschiedliche Ausführungsart, 2) dieselbe Funktionsart (dh dasselbe Prinzip auf dieselbe Weise angewandt), 3) qualitativ identische Gesamtwirkung (Ergebnis).
58	**Auswahlerfindung** G-VII, 12, **Rn.B-5**	„gezielte" Auswahl nicht ausdrücklich erwähnter Einzelelemente, einer Teilmenge bzw eines Teilbereichs aus einer größeren vorbekannten Menge im nächstliegenden StdT (**Konzept der Individualisierung**) Voraussetzung: 1) Auswahl aus **[1]** mehreren Listen; **[2]** einem Parameterbereich oder **[3]** Gruppe von Gegenständen 2) kein Hinweis im StdT 3) unerwarteter techn. Effekt [15], der über den gesamten beanspruchten Bereich gilt [T939/92]
59	**Zwischenprodukt**	Zu ermitteln ist der Abstand zum „zwischenproduktnahen" und "produktnahen" StdT [T65/82]; weißt ein neues Endprodukt ggü bekannten Endprodukten eine verbesserte Wirkung auf, so ist auch das Zwischenprodukt des neuen Endprodukts erfinderisch [T18/88].

Gewerbliche Anwendbarkeit

Art.52(1) iVm Art.57, R.42(1)(f), G-III

60		**Grundprinzip:** ausschließliche Rechte werden nur als Gegenleistung für eine **vollständige Offenbarung der Erfindung** gewährt, wobei auch Erfindungsverwertung anzugeben ist [T1452/06].
61	**Voraussetzung** G-III, 1	1) Erfindungsgegenstand muss auf irgendeinem gewerblichen Gebiet herstellbar oder benutzbar sein Ausnahme: ▪ bloße Forschungsergebnisse [T870/04], ▪ Perpetuum mobile (Artikel/Verfahren, die angeblich physikalischen Gesetzen trotzen) [T541/96], ▪ Anwendung ausschließlich im privaten, persönlichen Bereich [T74/93]. 2) **Ausdrückliche Angabe** von Art und Weise gewerblicher Anwendbarkeit in der ePa zwingend, ausgenommen gewerbliche Anwendbarkeit ist sofort ersichtlich [F-II,4.9] für **Gensequenzen** muss gewerbl. Anwendbarkeit in ePa stets konkret offenbart sein [R.29(3), T898/05] **Potentielle Anwendbarkeit** des Anspruchsgegenstandes genügt, wenn diese [T1450/07]: 1) für Fachmann plausibel offenbart ist, 2) durch Nachveröffentlichungen bestätigt wird, und 3) eine klare Grundlage für eine industrielle Anwendung bietet. Beachte: mögliche gewerblich Anwendbarkeit von Gegenständen, die nach Art.52(2) von Patentierung ausgeschlossen sind, begründet dennoch keine Patentierbarkeit [G-III, 3].

Offenbarung, Ausführbarkeit

Art.83, F-III

62	**Voraussetzungen** F-III, 3	1) eindeutige **Identifizierbarkeit** [16] des Anspruchsgegenstandes durch ▪ Beschreibung/Ansprüche/Zeichnungen [17] [T14/83] ▪ in der Anmeldung zitierten StdT [18] [T288/84] (insbesondere Bezugsdokumente [T267/91; Rn.B43]) ▪ allgemeines Fachwissen am PT ▪ nachveröffentlichte Dokumente bei nur abstrakt offenbarter Erfindung [T994/95]

---

[15] der für die Auswahl auftretende techn. Effekt kann auch derselbe sein, wie im vorbekannten Bereich, nur in unerwartetem Ausmaß [G-VII,12].
[16] offensichtlicher Fehler ist unschädlich [G11/91]; **kein Offenbarungsmittel:** Zusammenfassung [**Art.85**], Priobeleg [T260/85]; Parallelanm. [J16/13].
[17] Zeichnung ist gleichwertiges Offenbarungsmittel [T169/83]; Merkmal in Zeichnung ist nicht offenbart, wenn im Widerspruch zur Beschreibung [T56/87].
[18] wenn Anspruchsgegenstand bloße Weiterbildung des urspr. in Anmeldung zitierten StdT und Merkmal in Anmeldungsbeispielen realisiert.

Patentierbarkeit – Erfordernisse des EPÜ

2) **Ausführbarkeit** jedes Teils/Merkmals des Anspruchsgegenstandes [T994/95; T1404/05], dh
   - **maßgeblicher Zeitpunkt** ist AT bzw. PT [T1173/00]
   - kein Widerspruch zu physikalischen Gesetzen [T541/96] (z.B. Perpetuum mobile)
   - wissenschaftliche Erklärung (z.B. Mechanismus) ist irrelevant [T1164/11]; aber **Kausalzusammenhang** zwischen Maßnahmen und techn. Wirkung erforderlich [T943/13]
   - **beste Ausführungsform** muss nicht angegeben sein
   - wenigstens **ein Weg zur Ausführung** muss aufgezeig sein [R.42(1)e], T292/85]
     Ausführungsbeispiel ist nicht erforderlich [T561/96; T1437/07], aber: **breite Merkmale** sollten durch mehrere Beispiele gestützt sein; **breite Ansprüche** sollten durch mehrere alternative Ausführungsformen gestützt sein [F-III,1]
   - **Verschweigen** notwendiger Einzelheiten ist ein Offenbarungsmangel [T219/85]
   - Fachmann kann beschriebene Lehre durch routinemäßiges Experimentieren/Analysieren auf beanspruchte, aber nicht ausdrücklich beschriebene Bereiche ausdehnen [F-IV,6.3]

3) **Wiederholbarkeit** des Ergebnisses (gewisse Fehlertoleranz ist zulässig, sofern ein Prüfungsverfahren zur Aussonderung fehlerfreier Teile verfügbar)
   - Wiederholbarkeit des (einzigen) Ausführungsbeispiels nicht nötig, wenn Anmeldung alternativ einen Weg zur Ausführung mit angestrebter Wirkung offenbart [T281/86; T293/97]
   - Wiederholbarkeit zwingend, wenn techn. Wirkung ein funkt. Merkmal des Anspruchs [G1/03]
   - erfolgreiche Ausführung ist nicht zufallsbedingt („trial-and-error") [T38/11]
     Herumexperimentieren nur in gewissen Grenzen zulässig, z.B. bei unerforschten Gebieten oder Vorliegen großer techn. Schwierigkeiten [T226/85; T409/91].

F-III, 3

Beurteilungsmaßstab	Fachmann iVm mit dem Inhalt der urspr. Offenbarung der ePa	63
Beweislast	Erteilungsverfahren: Beweislast liegt beim Anmelder [F-III, 1]	64
F-III, 4	Einspruch: Beweislast liegt zunächst beim Einsprechenden (z.B. Vorbringen von Versuchen)	

Bezugsdokumente [19]   Dokument, dessen Lehre durch expliziten Querverweis auf genauere Informationen zu bestimmten Merkmalen, ganz oder teilweise Bestandteil der ePa ist; **Sprache** dieses Dokuments ist irrelevant [T920/92]   65

Voraussetzungen: [T737/90]
1) Eindeutige Bezeichnung des Bezugsdokuments [T737/90] und in Bezug genommener Teile [T689/90] in der Anmeldung
2) Bezugsdokument ist der Öffentlichkeit am AT der ePa zugänglich, oder
3) Bezugsdokument liegt dem EPA (bzw. RO bei PCT-Anmeldung) am AT vor [20] und wird der Öffentlichkeit spätestens am Tag der Veröff. der ePa zugänglich

Merkmalsaufnahme in Anspruch zulässig, wenn dieses eindeutig zur Erfindung gehört und nicht willkürlich aus zusammengehöriger Merkmalskombination isoliert ist [T6/84]

F-III, 8   erfindungswesentliche Gegenstände dürfen und sollten im Erteilungsverfahren explizit in die Beschreibung aufgenommen werden – insbesondere bei kurzlebigen (Werbe-)Schriften [T211/83]

Biologisches Material   öffentliche Zugänglichkeit des eingesetzten biologischen Materials muss gewährleistet sein, durch vollumfängliche Beschreibung in Erfindung, so dass ein Fachmann diese ausführen kann **UND/ODER** Hinterlegung des biologischen Materials unter uneingeschränkter Zugänglichkeit der Öffentlichkeit [R.31, F-III,6.2]   66

Hinterlegung entfällt, wenn biol. Material durch schriftliche Beschreibung eindeutig nacharbeitbar offenbart ist, auch dann, wenn Ausführung mühsamer als bloße Vermehrung hinterlegten biol. Materials [T223/92].

Hinterlegung biologischen Materials – Erfordernisse [R.31(1)]:
1) formelle Erfordernisse [S.105]
2) Bezugnahme auf Hinterlegung
   - Angaben zur Klassifikation des biol. Materials und morphologische/biochemische Kennzeichen
   - Angabe der Hinterlegungsstelle und Eingangsnummer hinterlegter Kultur
   - Vorlage der von der Hinterlegungsstelle ausgestellten Empfangsbestätigung beim EPA

alternativ **Umwandlung** urspr. für anderen Zweck erfolgter Hinterlegung in Hinterlegung nach R.31 [T39/88].

Offenbarung unzureichend, wenn Erfindung nur nach wiederholter Anfrage bei Hinterlegungsstelle und mittels erheblich aufwendigerer Verfahren nachgearbeitbar, als von Hinterlegungsstelle empfohlen [T418/89].

---

[19] **Beachte:** Bezugsdokument ist bei Eintritt in nat. Phase nicht Teil des zu übersetzenden Texts der ePa [**Art.65**; T276/99].
[20] Aufnahme in Akte, z.B. direkt mit Einreichung der ePa oder als Priobeleg [**Rn.A-28**], wodurch automatische Veröff erfolgt [**Art.128(4)**].

Teil A – Anspruchssatz

67	**Fachmann**	ist stets **ein und derselbe**, dh gleicher Wissensstand [T60/89] und gleiche Auslegung von Ansprüchen wie bei erfind. Tätigkeit [T967/09]
		ergänzt Offenbarung, erkennt und berichtigt Fehler durch allgemeines Fachwissen [21] [T206/83]
		aber, entscheidende Offenbarungslücke ist nicht durch allgemeines Fachwissen behebbar [T2305/11]
		allgemeines Fachwissen = Nachschlagewerke und allgemeine Literatur (zB Lexika, Fachbuch) [T171/84]
		Beweislast trägt derjenige, der sich darauf beruft [T475/88]
	S.11	**Sprache** eines Dokuments (StdT) ist nicht entscheidend [T426/88]
68	**Fehler**	Fachmann kann Fehler durch allgemeines Fachwissen erkennen und berichtigen [T206/83]
		fehlerhaft angegebene Messmethode für essentielle(n) Parameter ist Offenbarungsmangel [T1250/01]
69	**nicht ausführbare Varianten** F-III,5.1	im Anspruch sind einzelne, nicht ausführbare Ausführungsformen unschädlich, solange Patentschrift Kriterien zu deren Identifizierung angibt (zB Markushgruppe, Bereichskombination) [G1/03]

Klarheit der Ansprüche
Art.84, F-IV

70	**Voraussetzung**	Die Anmeldung muss einen oder mehrere Patentansprüche enthalten [**Art.78(1) c)**], die:
		1) den Gegenstand angeben, für den Schutz begehrt wird,
		2) deutlich und knapp gefasst sind,
		3) von der Beschreibung gestützt sind.
	F-IV,1	Kein Einspruchsgrund nach Art.100 [G1/91] und kein Nichtigkeitsgrund iSv Art.138
71	**Form und Inhalt der Ansprüche**	1) **zweiteilige Anspruchsfassung** [**R.43(1)**]
		i) Oberbegriff (Angabe aller Merkmale, die zum nächstliegenden StdT gehören)
		ii) kennzeichnender Teil (Merkmale, die dem nächstliegenden StdT durch Erfindung hinzugefügt werden)
		2) **einteilige Anspruchsfassung** (Gliederung nach Merkmalen)
		<u>unabhängige Ansprüche</u>: umfassen die wesentlichen Merkmale der Erfindung
		<u>abhängige Ansprüche</u>: umfassen besondere Ausführungsformen der Erfindung
		• muss Bezugnahme auf den Anspruch enthalten, dessen sämtliche Merkmale er einschließt [**R.43(4)**],
	F-IV,2.2	• können auf Ausbildungen des Oberbegriffs oder des kennzeichnenden Teils beziehen [F-IV,3.6]
72	**Anspruchskategorien** S.18 ff; F-IV,3.1	1) körperliche Gegenstände (Erzeugnis, Legierung, Mittel, Stoff/Stoffgemisch, Vorrichtung)
		2) Tätigkeiten (Verfahren, Verwendung), in die die Verwendung von etwas Gegenständlichem zur Verwendung in einem Verfahren einbezogen ist
73	**Anzahl der Ansprüche**	Anspruchsanzahl muss insgesamt knapp gefasst sein [**Art.84**; T246/91] und orientiert sich an Art der jeweiligen Erfindung [**R.43(5)**; T596/97]
	F-IV,5	Anzahl **trivialer Ansprüche** sollte vernünftig sein [T596/97]
74	**Reihenfolge der Ansprüche** F-IV,4.24	Ansprüche müssen auch in ihrer Gesamtheit deutlich sein
		breitester Anspruch sollte zuerst angeordnet sein
75	**Stützung durch Beschreibung**	Umfang eines Anspruchs darf nicht über den Umfang des Anmeldegegenstands hinausgehen, dh Beschreibung, Zeichnungen und Beitrag zum StdT [T409/91]
	F-IV, 6	**alles** was in den Anmeldeunterlagen offenbart ist (offensichtliche Abwandlungen, Äquivalente, Verwendungsmöglichkeiten), kann und darf Gegenstand der Ansprüche sein

---

[21] kein Fachwissen: **[1]** Patentliteratur und Fachartikel [T766/91]; **[2]** Angaben, die erst durch umfangreiche Recherche auffindbar [T206/83]

Patentierbarkeit – Erfordernisse des EPÜ

Einheitlichkeit
Art.82, R.44, F-V

Voraussetzung
Anmeldung darf nur eine einzige Erfindung ODER eine untereinander verbundene Gruppe von Erfindungen betreffen, die eine einzige allgemeine erfind Idee verwirklichen (dh eine techn Wechselbeziehung zwischen den Erfindungen durch **besondere techn. Merkmale** = „verbindende Klammer" ist zwingend [**R.44**]).

Einzelmerkmale: eine bloße Aneinanderreihung von Merkmalen muss nicht uneinheitlich sein [F-V,6]

gleicher Maßstab in Recherchen- und Sachprüfung für **PCT- und EP-Verfahren** [F-V,1, **Art.150(2)** iVm **R.13.1 PCT**]

Kein Einspruchsgrund nach Art.100 [G1/91] und kein Nichtigkeitsgrund iSv Art.138

Ansprüche
unabhängiger Anspruch: mehrere unabhängige Patentansprüche gleicher Kategorie zulässig [**R.43(2)**] UND/ODER mehrere unabhängige Patentansprüche verschiedener Kategorie [**S.18**; Rn. **A-88***ff*]
- Zuordnung zu unterschiedlichen IPC-Klassen zulässig [F-V,1]
- ggf. Uneinheitlichkeit bei mehreren Alternativen innerh. eines unabhängigen Anspruchs [**R.44(2)**, F-V,3]

abhängiger Anspruch: Einwand mangelnder Einheitlichkeit ggü abhängigen Ansprüchen a priori unzulässig, da deren gemeinsame allgemeine Idee der Gegenstand des unabhängigen Patentanspruchs ist,
außer: Gegenstand des unabhängigen Anspruchs ist selbst nicht patentfähig.

„unechte" Unteransprüche: Anspruch, der sich auf einen unabhängigen Anspruch (Merkmalskombination A+B) bezieht, aber nicht all dessen Merkmale aufweist (z.B. nur A oder A+C), ist ein unabhängiger Anspruch [**R.43(4)**];
Beispiel: „*Vorrichtung nach Anspruch 1, wobei Merkmal A durch Merkmal B ersetzt ist*"

Anspruchskategorien [**S.18**; Rn. **A-88***ff*]

Uneinheitlichkeit a priori oder a posteriori
a priori: Uneinheitlichkeit von vornherein, wenn mehreren Alternativen auf den ersten Blick (dh vor Ermittlung des StdT und nur anhand der Beschreibung) **völlig unterschiedliche (Teil-)Aufgaben** bzw Ideen zugrundeliegen [F-V,4.1].

a posteriori: Uneinheitlichkeit im Nachhinein, dh mehrere Alternativen sind miteinander nicht mehr verknüpft, da:
1) die ursprünglich „verbindende Klammer" mehrerer Alternativen bzw. eines Einzelvertreters daraus durch den (recherchierten) StdT **bekannt oder naheliegend** sind, und
2) einzelne Alternativen zwar gemeinsame, aber bereits bekannte (Teil-)Aufgabe, nur über unterschiedliche, nicht (mehr) zusammenhängende Wege lösen (**keine einheitlich neue Idee**).

W4/96, W6/98, F-V,4.2

F-V,4

unabhängiger Anspruch	A	Recherche →	~~A~~	A ist nicht patentfähig
A=Befestigungsmittel allgem				weil Befestigungsmittel bereits bekannt
abhängige Ansprüche	A¹ A²		A¹ A²	A¹ und A² lösen bekannte
A¹=Nagel A²=Schraube				Aufgabe über alternative Wege

während Recherche
Erstellung eines teilweisen Recherchenberichts und Auff. zur Zahlung weiterer Recherchengebühr [1.390 € pro weiterer Erfindung] binnen **2 M^+10Tage** [**Art.92, R.64(1)** bzw **R.164(1)/(2)** iVm Art.2(1) Nr.2 GebO] [22]

F-V,6 **Abhilfe:** Einreichen einer Teilanmeldung [**Art.76, R.36, S.95**]

während Sachprüfung
Nichtzahlung weiterer Recherchengebühren gilt als Verzicht auf weitere Ansprüche UND es ergeht eine Auff. zur Beschränkung auf eine Erfindung [**R.62a(2), R.63(3)** bzw **R.164(2)c**]; G2/92];

bei Nichtreagieren des Anmelders auf diesen Einwand (durch Änderung der Ansprüche oder überzeugende Argumente), wird ePa zurückgewiesen [**Art.97(2)**].

F-V,7 Beachte: Im weiteren Verfahren vorgenommene Änderungen der Ansprüche dürfen sich nicht auf nicht recherchierte Gegenstände beziehen [**R.137(5)**, H-II,6.2]

Zwischen-/ Endprodukt
Zwischenprodukt ist Endprodukt einer Vorstufe bzw Ausgangsprodukt; **einzige erfinderische Idee** gegeben, wenn:
1) Zwischenprodukt ein wesentliches Strukturelement des Endprodukts darstellt [T110/82; W35/91] UND
2) Endprodukt unmittelbar oder mittelbar daraus hergestellt wird [T35/87; T470/91].

verschiedene Zwischenprodukte zur Herstellung desselben Endprodukts sind nebeneinander beanspruchbar, sofern sie das gleiche wesentliche Strukturelement besitzen [F-V,3].

F-V,2.2.2.4

Alternativen
F-V,2.2.2.2 Beanspruchung gleichwirkender und daher untereinander austauschbarer Bestandteile in mehreren (un)abhängigen Ansprüchen oder innerhalb eines (un)abhängigen Anspruchs (als „ODER"-Verknüpfung)

---

[22] **Rückerstattung:** wird ggf. auf Antrag des Anmelders zurückgezahlt, wenn nachträglich Einheitlichkeit bejaht [R.64(2), R.164(1)/(2), C-III,3.3].

EPÜ 2000

Artikel 53[40],[41]
Ausnahmen von der Patentierbarkeit

Europäische Patente werden nicht erteilt für:

a) Erfindungen, deren gewerbliche Verwertung gegen die öffentliche Ordnung oder die guten Sitten verstoßen würde; ein solcher Verstoß kann nicht allein daraus hergeleitet werden, dass die Verwertung in allen oder einigen Vertragsstaaten durch Gesetz oder Verwaltungsvorschrift verboten ist;

b) Pflanzensorten oder Tierrassen sowie im Wesentlichen biologische Verfahren zur Züchtung von Pflanzen oder Tieren. Dies gilt nicht für mikrobiologische Verfahren und die mithilfe dieser Verfahren gewonnenen Erzeugnisse;

c) Verfahren zur chirurgischen oder therapeutischen Behandlung des menschlichen oder tierischen Körpers und Diagnostizierverfahren, die am menschlichen oder tierischen Körper vorgenommen werden. Dies gilt nicht für Erzeugnisse, insbesondere Stoffe oder Stoffgemische, zur Anwendung in einem dieser Verfahren.

[40] Geändert durch die Akte zur Revision des EPÜ vom 29.11.2000.
[41] Siehe hierzu Entscheidungen der GBK G3/95, G1/98, G1/03, G2/03, G1/04, G2/06, G1/07, G2/07, G1/08, G2/08 vom 19.02.2010 (Anhang I).

Artikel 69[61],[62]
Schutzbereich

(1) Der Schutzbereich des europäischen Patents und der europäischen Patentanmeldung wird durch die Patentansprüche bestimmt. Die Beschreibung und die Zeichnungen sind jedoch zur Auslegung der Patentansprüche heranzuziehen.

(2) Für den Zeitraum bis zur Erteilung des europäischen Patents wird der Schutzbereich der europäischen Patentanmeldung durch die in der veröffentlichten Anmeldung enthaltenen Patentansprüche bestimmt. Jedoch bestimmt das europäische Patent in seiner erteilten oder im Einspruchs-, Beschränkungs- oder Nichtigkeitsverfahren geänderten Fassung rückwirkend den Schutzbereich der Anmeldung, soweit deren Schutzbereich nicht erweitert wird.

[61] Geändert durch die Akte zur Revision des EP ÜV vom 29.11.2000. Das Protokoll über die Auslegung des Art.69 EPÜ (s. Seite 632) ist gemäß Art.164(1) Bestandteil des Übereinkommens.
[62] Siehe hierzu Entscheidungen der GBK G2/88, G6/88 (Anhang I).

Artikel 82[77]
Einheitlichkeit

Die europäische Patentanmeldung darf nur eine einzige Erfindung enthalten oder eine Gruppe von Erfindungen, die untereinander in der Weise verbunden sind, dass sie eine einzige allgemeine erfinderische Idee verwirklichen.

[77] Siehe hierzu Entscheidung/Stellungnahme GBK G1/91, G2/92, G1/11 (Anhang I).

Artikel 83[78]
Offenbarung der Erfindung

Die Erfindung ist in der europäischen Patentanmeldung so deutlich und vollständig zu offenbaren, dass ein Fachmann sie ausführen kann.

[78] Siehe hierzu Entscheidung/Stellungnahme GBK G2/93, G2/98 (Anhang I).

Artikel 84[79]
Patentansprüche

Die Patentansprüche müssen den Gegenstand angeben, für den Schutz begehrt wird. Sie müssen deutlich und knapp gefasst sein und von der Beschreibung gestützt werden.

[78] Siehe hierzu Entscheidungen/Stellungnahme GBK G2/98, G1/03, G2/03, G1/04, G2/10, G3/14 (Anhang I).

EPÜAO

Regel 43[63]
Form und Inhalt der Patentansprüche

(1) Der Gegenstand des Schutzbegehrens ist in den Patentansprüchen durch Angabe der technischen Merkmale der Erfindung anzugeben. Wo es zweckdienlich ist, haben die Patentansprüche zu enthalten:

a) die Bezeichnung des Gegenstands der Erfindung und die technischen Merkmale, die zur Festlegung des beanspruchten Gegenstands der Erfindung notwendig sind, jedoch in Verbindung miteinander zum Stand der Technik gehören;

b) einen kennzeichnenden Teil, der mit den Worten "dadurch gekennzeichnet" oder "gekennzeichnet durch" beginnt und die technischen Merkmale bezeichnet, für die in Verbindung mit den unter Buchstabe a angegebenen Merkmalen Schutz begehrt wird.

(2) Unbeschadet des Art.82 darf eine europäische Patentanmeldung nur dann mehr als einen unabhängigen Patentanspruch in der gleichen Kategorie (Erzeugnis, Verfahren, Vorrichtung oder Verwendung) enthalten, wenn sich der Gegenstand der Anmeldung auf einen der folgenden Sachverhalte bezieht:

a) mehrere miteinander in Beziehung stehende Erzeugnisse,

b) verschiedene Verwendungen eines Erzeugnisses oder einer Vorrichtung,

c) Alternativlösungen für eine bestimmte Aufgabe, sofern es unzweckmäßig ist, diese Alternativen in einem einzigen Anspruch wiederzugeben.

(3) Zu jedem Patentanspruch, der die wesentlichen Merkmale der Erfindung wiedergibt, können ein oder mehrere Patentansprüche aufgestellt werden, die sich auf besondere Ausführungsarten dieser Erfindung beziehen.

(4) Jeder Patentanspruch, der alle Merkmale eines anderen Patentanspruchs enthält (abhängiger Patentanspruch), hat, wenn möglich in seiner Einleitung, eine Bezugnahme auf den anderen Patentanspruch zu enthalten und nachfolgend die zusätzlichen Merkmale anzugeben. Ein abhängiger Patentanspruch, der sich unmittelbar auf einen anderen abhängigen Patentanspruch bezieht, ist ebenfalls zulässig. Alle abhängigen Patentansprüche, die sich auf einen oder mehrere vorangehende Patentansprüche beziehen, sind soweit wie möglich und auf die zweckmäßigste Weise zusammenzufassen.

(5) Die Anzahl der Patentansprüche hat sich mit Rücksicht auf die Art der beanspruchten Erfindung in vertretbaren Grenzen zu halten. Die Patentansprüche sind fortlaufend mit arabischen Zahlen zu nummerieren.

(6) Die Patentansprüche dürfen bei der Angabe der technischen Merkmale der Erfindung nicht auf die Beschreibung oder die Zeichnungen Bezug nehmen, es sei denn, dies ist unbedingt erforderlich. Insbesondere dürfen sie keine Formulierungen enthalten wie "wie beschrieben in Teil … der Beschreibung" oder "wie in Abbildung … der Zeichnungen dargestellt".

(7) Sind der europäischen Patentanmeldung Zeichnungen mit Bezugszeichen beigefügt, so sollen die in den Patentansprüchen angegebenen technischen Merkmale mit denselben, in Klammern gesetzten Bezugszeichen versehen werden, wenn dies das Verständnis des Patentanspruchs erleichtert. Die Bezugszeichen dürfen nicht zu einer einschränkenden Auslegung des Patentanspruchs herangezogen werden.

[63] Siehe hierzu Entscheidungen/Stellungnahme GBK G2/03, G1/04 (Anhang I).

Regel 44
Einheitlichkeit der Erfindung

(1) Wird in einer europäischen Patentanmeldung eine Gruppe von Erfindungen beansprucht, so ist das Erfordernis der Einheitlichkeit der Erfindung nach Art.82 nur erfüllt, wenn zwischen diesen Erfindungen ein technischer Zusammenhang besteht, der in einem oder mehreren gleichen oder entsprechenden besonderen technischen Merkmalen zum Ausdruck kommt. Unter dem Begriff "besondere technische Merkmale" sind diejenigen technischen Merkmale zu verstehen, die den Beitrag jeder beanspruchten Erfindung als Ganzes zum Stand der Technik bestimmen.

(2) Die Entscheidung, ob die Erfindungen einer Gruppe untereinander in der Weise verbunden sind, dass sie eine einzige allgemeine erfinderische Idee verwirklichen, hat ohne Rücksicht darauf zu erfolgen, ob die Erfindungen in gesonderten Patentansprüchen oder als Alternativen innerhalb eines einzigen Patentanspruchs beansprucht werden.

Protokoll über die Auslegung des Art.69 EPÜ

Artikel 1
Allgemeine Grundsätze

Art.69 ist nicht in der Weise auszulegen, dass unter dem Schutzbereich des europäischen Patents der Schutzbereich zu verstehen ist, der sich aus dem genauen Wortlaut der Patentansprüche ergibt, und dass die Beschreibung sowie die Zeichnungen nur zur Behebung etwaiger Unklarheiten in den Patentansprüchen anzuwenden sind. Ebenso wenig ist Art.69 dahingehend auszulegen, dass die Patentansprüche lediglich als Richtlinie dienen und der Schutzbereich sich auch auf das erstreckt, was sich dem Fachmann nach Prüfung der Beschreibung und der Zeichnungen als Schutzbegehren des Patentinhabers darstellt. Die Auslegung soll vielmehr zwischen diesen extremen Auffassungen liegen und einen angemessenen Schutz für den Patentinhaber mit ausreichender Rechtssicherheit für Dritte verbinden.

Artikel 2
Äquivalente

Bei der Bestimmung des Schutzbereichs des europäischen Patents ist solchen Elementen gebührend Rechnung zu tragen, die Äquivalente der in den Patentansprüchen genannten Elemente sind.

[1] Die Neufassung des Protokolls, angenommen vom Verwaltungsrat der Europäischen Patentorganisation durch Beschluss vom 28. Juni 2001 (siehe ABl. EPA 2001, Sonderausgabe Nr. 4, S. 55), wurde mit Artikel 3 (2) Satz 2 der Revisionsakte vom 29. November 2000 Bestandteil dieser Revisionsakte.

Anspruchskategorien

Art und Form der Ansprüche
Zahl der Ansprüche hat sich in vertretbaren Grenzen zu halten und ist fortlaufend zu nummerieren [R.43(5)]

F-IV,2 und F-IV,,3,4

Nr.	Art	Definition	Norm	Formulierungsbeispiel	Baumdarstellung der Anspruchsarten
83	**unabhängiger Anspruch** („independent claim") F-IV,2.2; F-IV,3.4	Anspruch, der alle wesentlichen Merkmale eines Erfindungsgegenstands enthält **einteilige Form** [23]: Auflistung aller erfindungswesentlichen Merkale (unter Angabe der Beziehung zueinander) bei: • Kombination bekannter gleichberechtigter Merkmale • Weglassen/Ersetzen von Merkmalen ggü. StdT **zweiteilige Form** [24]: bestehend aus „Oberbegriff" (Merkmale, die aus StdT bekannt sind) und „kennzeichnendem Teil" (Merkmale als klare Abgrenzung/Verbesserung ggü. StdT)	Art.84, R.43(3)	*einteilig:* „Gegenstand umfassend: - Merkmal A, - Merkmal B, - Merkmal C, …" *zweiteilig:* „Gegenstand umfassend Merkmal A und B, **dadurch gekennzeichnet, dass** …" ODER „Gegenstand umfassend Merkmal A und B, **gekennzeichnet durch** …"	① A + C ② A + B ③ A + B + **C** ④₁ A₁ + B + C ④² A₂ + B + C ⑤ A₁ + **B₁** + C ⑥ A₍₂₎ + B + **C₂** ⑦ A + D unabhängige Ansprüche / abhängige Ansprüche / mehrfach abhängige Ansprüche / „unechter" abhängiger Anspruch
84	**unabhängiger Anspruch mit Bezugnahme** („independent claim containing a reference") F-IV,3.8	Anspruch, der alle wesentlichen Merkmale eines Erfindungsgegenstands enthält und auf (un)abhängigen Anspruch unterschiedlicher Kategorie verweist	R.43(3), (4) bzw. R.6.4 PCT	„Verfahren zur Herstellung des *Erzeugnisses nach Anspr 1*" ODER „Vorrichtung zur Verwendung in dem *Verfahren nach Anspr 1*, dadurch gekennzeichnet …"	
85	**abhängiger Anspruch** („dependent claim") F-IV,3.4	Anspruch, der auf einen (un)abhängigen Anspruch derselben Kategorie verweist und all dessen Merkmale mit einbezieht und zusätzliche(s) Merkmal(e) einführt (**besondere Ausführungsart**)	R.43(3)	„Gegenstand nach Anspruch 1, wobei …"	
86	**mehrfach abhängiger Anspruch** („multiple dependent claim") F-IV,3.4	Anspruch, der auf mehr als einen Anspruch verweist und all deren Merkmale mit einbezieht und zusätzliche(s) Merkmal(e) einführt (**besondere Ausführungsart**) **Fall 1:** auf (un)abhängige Ansprüche derselben Kategorie **Fall 2:** auf (un)abhängige Ansprüche unterschiedlicher Kategorie [F-IV,3.8]	R.43(3)	*Fall 1:* „Gegenstand nach einem der Ansprüche 2 bis 3, wobei …" ODER „Gegenstand nach einem der vorgenannten Ansprüche, wobei …" *Fall 2:* „Verwendung nach Anspruch X unter Einsatz des *Erzeugnisses nach einem der Ansprüche 1 bis Y*."	
87	**„unechter" abhängiger Anspruch** [25] („false dependent claim")	Anspruch, der sich auf einen (un)abhängigen Anspruch (z.B. Merkmalskombination A+B) bezieht, aber nicht all dessen Merkmale aufweist (z.B. nur A oder A+C), ist ein unabhängiger Anspruch (**Alternativlösung**)	Art.84	„Vorrichtung nach Anspruch 1, wobei Merkmal A durch Merkmal B ersetzt ist." ODER PA1: auf geschlossene Formulierung („bestehend aus", Rn.A134) gerichtet, aber PA2: auf offene Formulierung („umfassend", Rn.A143) gerichtet	

---

[23] aus dem StdT bekannte Merkmale nach R.43(1)a) müssen als solche klar aus Beschreibung hervorgehen [T170/84].
[24] bei klarer Abgrenzung ggü. dem StdT [T13/84].
[25] solche Ansprüche sind aus Klarheitsgründen als unabhängige Ansprüche umzuformulieren.

Teil A – Anspruchssatz

allgemeine Anspruchskategorien
Art.82, R.43(2)

grundsätzlich nur zwei Anspruchskategorien: **[1]** körperliche Gegenstände (Erzeugnisse [26]) und **[2]** Tätigkeiten (Verfahren [27])

Anspruchskategorie	Anspruchsformulierungen	Beispiele	Formulierungsbeispiel
Stoff (absoluter Stoffschutz)	Gegenstand, der durch seine Strukturformel und/oder zusätzliche Stoffparameter wie Schmelzpunkt, Hydrophilie, NMR-Kopplungskonstanten oder Herstellungsverfahren (Product-by-Process-Ansprüche) zur Präzisierung definiert ist. [T12/81]	• chemische Verbindungen (Salze, Enantiomere) • Kristalle • Proteine/DNA/Zellen/Viren [28]	„Verbindung X der allgemeinen Formel A_nB_m, wobei A ausgewählt ist aus A^1, A^2 und A^3, wobei n eine ganze Zahl im Bereich von 1-x"
Stoffgemisch („composition of matter")	Gemische von mindestens zwei Komponenten, das durch Zahlenbereich. [29]	• Arzneimittel • Kunststoffzusammensetzungen • Legierungen	„Zusammensetzung enthaltend Stoff A und Stoff B"
Vorrichtung („apparatus")	Gegenstand, der aus mehreren Einzelteilen besteht, die zu einer funktionellen Einheit verbunden sind.	Maschine zur Durchführung von Herstellungs-/Arbeitsverfahren	„Vorrichtung zum..., aufweisend die folgenden Komponenten"
zweckgebundener Erzeugnisanspruch („functional claim")	Stoff, der durch funktionelle oder zweckgebundene Merkmale mit einer spezifischen Funktion, Eigenschaft oder Verwendung verknüpft ist.	• erste medizinische Indikation • zweite medizinische Indikation	„Stoff X zur Verwendung in der Behandlung von Y"
Zwischenprodukte („intermediates")	Erzeugnis, das als Vorstufe zur Weiterverarbeitung bestimmter Stoffe dient	Endprodukt eines vorgelagerten Verfahrens	siehe Stoff
Arbeitsverfahren („working method")	techn. Tätigkeit, wobei definierte Arbeitsschritte unter Einwirkung auf ein Substrat vollzogen werden, ohne dass dabei das behandelte Objekt verändert wird	• Trocknungs-, Ordnungs-, Mess-, Trennverfahren • Diagnose- oder Analyseverfahren	„Verfahren zum Trocknen/Aufreinigen von Stoff X, umfassend folgende Schritte ..."
Analogieverfahren [30] („analogy process")	Verfahren, bei dem strukturell ähnliche Ausgangsstoffe mit einem bekannten Verfahren zu strukturell ähnlichen Produkten umgesetzt werden.	Schmieden, Stanzen, Fräsen, Sintern	„Verfahren zur Herstellung von Stoff X, das folgende Verfahrensschritte umfasst" a) Lösen eines Ausgangsstoffs b) Zugabe von ...
Herstellungsverfahren („process of manufacture")	techn. Tätigkeit, die auf die Herstellung eines Erzeugnisses/Stoff gerichtet ist		
Verwendung („use claim")	Tätigkeit, die auf Verwendung eines (bekannten) Erzeugnisses/Stoffes zur Erzielung einer (neuen) bestimmten technischen Wirkung gerichtet ist. [31] F-IV,4.16	Zweite nichtmedizinische Verwendung Rn.A-107	„Verwendung des Erzeugnisses X für einen bestimmten Zweck..." ODER „Verwendung des Erzeugnisses X zur Herstellung von ..."

körperliche Gegenstände (Erzeugnisse) [26] | Tätigkeiten (Verfahren) [27]

Schutzbereich gestaffelt nach Anspruchskategorien [Art.69]:

Erzeugnis/Vorrichtung > Product-by-Process > Kit-of-Parts/System > 1. Medizinische Indikation > 2. Medizinische Indikation > **Verfahren** > (zweckgebundenes Verfahren) > **Verwendung**

---

[26] körperlicher Gegenstand, bei dem technische Merkmale physikalische Parameter oder ggf. ein technisches Ergebnis (funktionelles Merkmal) sind [G2/88].
[27] eine Tätigkeit, bei dem die technischen Merkmale die physischen Schritte sind, die die Tätigkeit definieren [G2/88].
[28] **Voraussetzung:** dieser natürlich vorkommende oder synthetisch erzeugte Stoff ist neu und dieser in der Natur „nur" entdeckte bzw. synthetisch erzeugte Stoff weist eine technische Wirkung auf [G-II,3.1].
[29] **Fehlergrenzen** sind zu berücksichtigen; sind keine Fehlergrenzen angegeben, ist der Maximalfehler für die letzte angegebene Stelle aus der Rundungskonvention abzuschätzen (1,5 ≤ 2 ≤ 2,49) [T175/97; G-VI,8.1].
[30] patentfähig, wenn im Produkt mit überraschendem technischem Effekt entsteht [T119/82].
[31] Verwendung eines Verfahrens zu einem bestimmten Zweck ist nichts Anderes als dass Verfahren selbst [T684/02].

Anspruchskategorien

	zulässige Kombination unabhängiger Ansprüche (unbeschadet Art.82 darf eine ePa nur in Ausnahmefällen mehr als einen unabhängigen Anspruch in der gleichen Kategorie aufweisen) – **Beweislast** trägt der Anmelder [T56/01]								R.43(2), F-IV,3.2
91	unabhängiger Anspruch 1	+	unabhängiger Anspruch 2	+	unabhängiger Anspruch 3	+	unabhängiger Anspruch 4	+	unabhängiger Anspruch 5
	Stoff/Stoffgemisch X	+	**Verfahren** zu seiner Herstellung	+	Verfahren unter Einsatz von Stoff/Stoffgemisch X	+	**Verwendung** von Stoff X		
	Erzeugnis	+	Verfahren zu seiner Herstellung	+	eigens zu dessen Durchführung entwickelte(s) Mittel/Vorrichtung [W32/88] [32]				
	Verfahren zur Herstellung eines (bekannten) Erzeugnisses	+	neue Zusammensetzung, enthaltend dieses Erzeugnis [33]	+	Verwendung der hergestellten Erzeugnisse				
92	**Ausnahmen für die eine ePa mehr als einen unabhängigen Patentanspruch der gleichen Kategorie aufweisen darf, R.43(2)**								
	a) mehrere miteinander in Beziehung stehende Erzeugnisse [R.43(2) a)]								
	Erzeugnis/Stoff X	+	Zusammensetzung, enthaltend Stoff X	+	Verwendung des Erzeugnisses/ Stoffs [34]	+	Verfahren seiner Weiterverarbeitung [34]		
	Erzeugnis	+	System, enthaltend das Erzeugnis [35]						
	Stoff X	+	Verfahren zu seiner Herstellung	+	Verfahren zu seiner Herstellung	+	weitere (nicht-)medizinische Verwendung von Stoff X [36]		
	Zwischenprodukt(e) [37]	+	Verfahren zur Herstellung dieser Zwischenprodukte [37]	+	Medikament enthaltend Stoff X	+	Endprodukt(e)		
				+	Verfahren zur Weiterverarbeitung zum Endprodukt				
	Gen [38]	+	Wirtsorganismus	+	Protein [38]	+	Medikament	+	weitere (nicht-)medizinische Verwendung des Proteins [38]
	computergestütztes Verfahren	+	computerlesbares Medium, umfassend Software für dieses Verfahren	+	Vorrichtung/System mit computerlesbaren Medium für das Verfahren	+	Software auf einem Medium zur Ausführung des Verfahrens	+	Datenträgersignal, das die Software überträgt
93	**b) Verschiedene Verwendungen eines Erzeugnisses [R.43(2) b)]**								
	zweite (nicht-)medizinische Verwendung von Stoff X	+	weitere (nicht-)medizinische Verwendung von Stoff X [39]						
94	**c) Alternativlösungen [R.43(2) c)]** (= „unterschiedliche oder sogar sich gegenseitig ausschließende Möglichkeiten zur Lösung einer best. Aufgabe" [T56/01])								
	Verfahren zur Herstellung von A über den Weg X	+	Verfahren zur Herstellung von A über Weg Y						

---

[32] auch einheitlich, wenn Mittel selbst auch ein Verfahren [W40/92]; **uneinheitlich:** wenn Herstellungsverfahren das nach dem Herstellungsverfahren erhalte Erzeugnis ist [T492/91].

[33] es genügt, wenn eine Komponente dieser Zusammensetzung einer generischen Formel für beanspruchten Stoff X und dessen Weiterverarbeitung/Verwendung nicht identisch sind [W29/88].

[34] auch einheitlich, wenn die jeweiligen Strukturbereiche einer generischen Formel für beanspruchten Stoff X und dessen Weiterverarbeitung/Verwendung nicht identisch sind [W29/88].

[35] Erzeugnis und System müssen zur Lösung funktionell zusammenwirken, wobei Erzeugnis kein austauschbarer Bestandteil des Systems sein darf [T671/06]; z.B. Stecker und Steckdose.

[36] Einheitlichkeit iVm einem Anspruch auf ein Arzneimittel, das diesen Stoff X enthält (erste medizinische Indikation) anerkannt in W13/89.

[37] »Zwischenprodukt« ist Zwischen- oder Ausgangsprodukt. Herstellungsverfahren muss zumindest offenbart sein [T57/82]; **einzige erfinderische Idee** gegeben, wenn **[1]** Zwischenprodukt ein wesentliches Strukturelement des Endprodukts darstellt [T110/82; W35/91] UND **[2]** Endprodukt unmittelbar oder mittelbar daraus hergestellt wird [T35/87; T470/91; F-V,3].

[38] **Voraussetzung:** sowohl Gen als auch Protein sind neu [W32/91] und dieser natürlich vorkommende Stoff weist eine technische Wirkung auf.

[39] Erzeugnis zur pharmazeutischen Verwendung und nicht therapeutische (kosmetische und diätetische) Verwendungen [T36/83; T200/86].

Teil A – Anspruchssatz

Spezielle Anspruchskategorien (alphabetisch sortiert)

	Gegenstand	Anspruchsformulierungen für	Norm	Anspruchskategorie	Fomulierungsbeispiel	Zulässigkeit
95	**Ästhetische Formschöpfung** G-II,3.4	Erzeugnis mit ausschließlich nicht techn. Merkmalen, die im Wesentlichen subjektiv zu beurteilen sind	Art.52(2)(b)	Erzeugnis	„Gemälde", „Skulptur"	X [40]
96	**Durchgriffsanspruch** [41] („Reach-Through Claim") F-III,9	Erzeugnis/Verfahren/Verwendung, welche erst noch aufgefunden werden muss und daher auf zukünftige Erfindungen gerichtet; aufgabenhaft definierter (noch nicht entwickelter) Stoff als „neuartiges Forschungswerkzeug" für Vorfeldforschung, der lediglich funktionell durch seine Wirkung auf Moleküle definiert ist	G2/88	verschiedene Kategorien	"Agonist/Antagonist von Polypeptid X [optional: wie durch das Screening-Verfahren nach Anspruch A identifiziert] **zur Verwendung bei der Behandlung der Krankheit Y**" ODER "Verfahren umfassend: a) Ein Screeningverfahren zur Ermittlung von Substanzen/ Verbindungen b) **Weiterverarbeitung** der ermittelten Substanz zu einem Erzeugnis."	X [42]
97	**Entdeckung** G-II,3.1	bloßes Auffinden einer vorher unbekannten Eigenschaft/ eines neuen Stoffes/Mikroorganismus oder eines (Reaktions-)Mechanismus	Art.52(2)(a)	Erzeugnis	„DNA/Protein gemäß SEQ.-Nr. …"	X [43]
98	**Geschäftliche Tätigkeit** G-II,3.5 („Business methods")	nichttechnisches Verfahren, das nur Schritte zur Verarbeitung/ Erzeugung von Informationen mit rein administrativem, versicherungsmathematischem und/oder finanziellem Charakter aufweist T931/95	Art.52(2)(c)	Verfahren	"Verfahren zur Steuerung eines Pensionsprogramms durch Verwalten mindestens eines angeschlossenen Kontos" [T931/95] ODER "Automatisches Auktionsverfahren"	(X) [44]
99	**Informationswiedergabe** G-II,3.7	**gesamter Gegenstand** betrifft nur Übermittlung kognitiver Informationen (dh „was" ist dargestellt [45]; z.B. Zeichen, Bewegung) **an einen Nutzer** unter Verwendung einer Darstellungsart (dh „wie" ist dargestellt [46]; z.B. visuell, akustisch, haptisch) ohne Berücksichtigung der techn. Mittel zur Informationsübermittlung (d.h. „womit" ist dargestellt). **Computergestützte Informationswiedergabe [Rn.A-108ff]**	Art.52(2)(d)	Erzeugnis	"Verfahren zum Sortieren von Informationen, die in einem Datenspeichersystem gespeichert sind, umfassend folgende Schritte: a) Definieren einer Sortieranweisung b) Bestimmen eines Relevanzparameters für jede Information c) Ausführen einer Bewegung mind einer Information von einer Ausgangsposition zu einer Zielposition." angelehnt an T1143/06	(X) [47]

[40] **patentierbar: [1]** Formschöpfung, die techn. Merkmale aufweist (z.B. „Kunstwerk hergestellt nach einem best. *Verfahren*"); **[2]** techn. Verfahren zur Erzielung einer Formschöpfung (z.B. Drucktechnik) [G-II,3.4].

[41] gekennzeichnet durch **[1]** Screening-Schritt und **[2]** davon abhängige weitere Herstellungsschritte.

[42] da Anmelder ansonsten ein unerschlossenes Forschungsgebiet reservieren könnte [T1063/06 (ABl.2009, 516)].

[43] bei Nachweis technischer Wirkung kann Stoff/Mikroorganismus patentierbar sein; ebenso „Verwendung eines Gens bei der Herstellung eines Polypeptids/in der Gentherapie" [G-II,3.1].

[44] **patentierbar:** Verfahren in Kombination mit technischen Mitteln „*Automatisches Auktionsverfahren, dass in einem Servercomputer durchgeführt wird, umfassend …*" [T258/03 (ABl.2004, 575)]; in USA patentierbar. **techn Beitrag:** sich dynamisch verändernde Darstellung eines internen Zustands (z.B. Betriebsmodus, techn Bedingung oder Ereignis), die Nutzer veranlasst, mit dem System zu interagieren, z.B. um techn Fehlfunktionen zu vermeiden [T528/07]; **nichttechn. Beitrag:** statische/vorgegebene Information zu techn Eigenschaften oder potenziellen Zuständen von Systemen, die Nutzer lediglich bei nichttechn Aufgaben unterstützt [G-II,3.7].

[45] Form und Anordnung der Informationsübermittlung; **techn Beitrag:** Informationsdarstellung ruft beim Nutzer eine physiologische Reaktion hervor und **[1]** erleichtert ständige und/oder geführte Mensch-Maschine-Interaktion [T928/03] oder **[2]** ermöglicht dem Nutzer, eine techn Aufgabe auszuführen [T643/00 oder bildunterstütztes Chirurgieverfahren]; **nichttechn Beitrag:** Informationsdarstellung ruft beim Nutzer nur eine psychologisch oder anders subjektiv induzierte Wirkung hervor [G-II,3.7, T1567/05].

[46] **patentierbar:** **[1]** Einsatz techn Mittel zur Informationswiedergabe (z.B. Computerbildschirm) oder **[2]** Set, bestehend aus Erzeugnis und Gebrauchsanweisungen oder Referenzinformationen zur Bewertung erzielter Ergebnisse.

[47] **nicht patentierbar,** wenn gesamter Gegenstand nur nichttechn Merkmale aufweist;

Anspruchskategorien

Spezielle Anspruchskategorien (alphabetisch sortiert)

	Gegenstand	Anspruchsformulierungen für	Norm	Anspruchskategorie	Fomulierungsbeispiel	Zulässigkeit
100	**Kit-of-Parts** G-VII,7	Kombinationserzeugnis, wobei (bekannte) Bestandteile räumlich nebeneinander beansprucht werden, wobei die einzelnen Bestandteile durch eine zielgerichtete Verwendung in funktionellem Zusammenhang zueinanderstehen. T9/81 Voraussetzung: **[1]** neuer synergistischer Effekt und **[2]** als Gemisch unbekannt	Art.54(4) RBK I.C.7.1.3	Erzeugnisanspruch	„Erzeugnis, enthaltend Stoff X und Stoff Y als Kombinationspräparat Anwendung in …" ODER „Kit, umfassend: a) ein erstes Gefäß enthaltend Komponente X und Komponente Y b) ein zweites Gefäß enthaltend Komponente Z…"	✓
101	**Legierung**	Gemisch von mindestens zwei Komponenten, von denen zumindest eine ein Metall ist, die durch Mengenbereiche definiert ist		Erzeugnisanspruch	„Legierung aufweisend die folgenden Komponenten mit einem Gehalt von …Gew.%"	✓
102	**Mathematische Methoden** G-II,3.3	rein abstrakte oder intellektuelle Methoden mathematische Methode zur Datenverarbeitung [Rn.A-112]	Art.52(2)(a)	Verfahren	„Modellierung/numerische Simulation eines Vorgangs"	(✗) [48]
103	**Omnibus-Anspruch** B-III,3.2.1	Ansprüche, bei denen sich einzelne/alle technische[n] Merkmale auf Bezugnahmen des Offenbarungsgehalts der Anmeldung stützen [T150/82]		verschiedene Kategorien	„Erzeugnis/Verfahren/Verwendung wie der Beschreibung und den Figuren zu entnehmen." ODER „… Merkmal A nach Figur 1"	✗
104	**Process-limited-by-Product** (Erzeugnis-beschränkter Verfahrensanspruch)	Herstellungsverfahren, der nur diejenigen Verfahrensschritte abdeckt, aus denen ausschließlich Erzeugnis mit Erzeugnismerkmal x hervorgeht	T5/90	Herstellungsverfahren	„Verfahren zur Herstellung eines Erzeugnisses mit dem Erzeugnismerkmal X durch die Schritte Y und Z"	✓
105	**Product-by-Process** (herstellungsabhängiger Stoffanspruch) F-IV,4.12	Stoff, dessen strukturelle Parameter (teilw.) unbekannt sind, so dass dieser nicht strukturell vom StdT abgegrenzbar ist, aber durch mindestens ein Verfahrensmerkmal seines **[neuen]** Herstellungsverfahrens definierbar ist – gewährt absoluten Stoffschutz [T20/94]	T20/94 RBK II.A.7ff.	Erzeugnisanspruch	„[neuer] Stoff X erhältlich durch/direkt erhalten durch/hergestellt durch das [neue] Verfahren Y…" [49] ODER „[neues] Erzeugnis Y, enthaltend Stoff X, wobei Stoff X aus dem Konzentrat Z erhalten/gewonnen wird"	(✓) [50]
106	**System**	Kombinationserzeugnis, wobei einzelne (unabhängige) Einheiten derart in einem funktionellen Zusammenhang zueinander stehen, dass sie eine Aufgabe lösen.		Erzeugnisanspruch	„System X zumindest umfassend …"	✓

[48] **zulässig [Art.52(3)]**: **[1]** Gegenstände, die nach dieser Methode entworfen wurden oder **[2]** computerimplementierte Erfindungen, die sich im Wesentlichen auf mathematische Algorithmen stützen [T1326/06]; **erfinderische Tätigkeit**: Merkmal ist zu berücksichtigen, wenn es in Verfahren auf eine physikalische Erscheinung angewandt wird **UND** bei dieser eine Veränderung hervorruft [T1814/07, ABl.2003, 352].

[49] Vorzugsweise „*erhältlich durch*…", denn dies unterstreicht, dass das Verfahren Y nur eine Art ist, den Stoff X herzustellen.

[50] **Neuheit [Art.54]**: Stoff muss an sich neu sein – Stoff, der nach einem bekannten Verfahren hergestellt wird, kann nicht neu sein, selbst wenn neue spezifische Eigenschaft oder Wirkung gefunden, **aber** Erzeugnis ist nicht automatisch neu, weil es durch neues Verfahren hergestellt [T150/82], **Beweislast** vorliegender Neuheit trägt der Anmelder/PI [T205/83].

Teil A – Anspruchssatz

107

Gegenstand	Anspruchsformulierungen für	Norm	Anspruchskategorie	Fomulierungsbeispiel	Zulässigkeit
Zweite nicht medizinische Verwendung [51] F-IV,3.9; G-II,3.6	weitere **nicht therapeutische** Verwendung eines bekannten Stoffs/Verfahrens für einen definierten (bisher nicht bekannten) Zweck, der auf einer dem Stoff/Verfahren immanenten Eigenschaft basiert **Neuheit**: techn. Wirkung sollte als funktionelles techn. Merkmal im Anspruch genannt sein [G2/88]. **Erfinderische Tätigkeit**: auch Berücksichtigung benachbarter Gebiete [T176/84; T11/81]. G-VI, 7.2	G2/88, G6/88 RBK I.C.8.1	Verwendung	„[neue] Anwendung der [alten] Verbindung X als **kosmetisches Erzeugnis**/zur Bekämpfung von Schädlingen" [T36/83] ODER „[neue] Verwendung des [alten] Stoffs X als ... in einem Stoffgemisch/ Verfahren **zur kosmetischen Faltenbehandlung**" ODER „[neue] Verwendung des [alten] Erzeugnisses X zur Herstellung von ..."	✓ Art.53c), 54(1)
		T1179/07 RBK I.C.8.1.3	zweckgebundener Verfahrensanspruch	„[neue] Verwendung eines [alten] Verfahrens zum [neuen] Zweck der Herstellung des Verfahrensprodukts ..." [T210/93]	(✗) [52]

Computergestützte Anspruchskategorien

108

Gegenstand	Anspruchsformulierungen für	Norm	Anspruchskategorie	Fomulierungsbeispiel	Zulässigkeit
Computerimplementierte Erfindung („CIE")	Erfindung, zu deren Ausführung programmierbare Vorrichtungen/Mittel [53] eingesetzt werden, wobei mind. ein Merkmal ganz/teilweise **durch Computerprogramm(e)** realisiert wird. ABl.2007,594 Voraussetzungen für techn. Charakter: 1) in System/Verfahren eingebettet (Implementierung) (kann so zur Steuerung techn Vorrichtungen/Verfahren dienen) 2) Mittel/Erfindung ist auf einen ganz spezifischen Zweck funktional begrenzt [T1227/05] 3) bewirkt tatsächliche Ausführung techn Schritte 4) techn Beitrag zur Lösung konkreter techn Aufgabe (dh mindestens ein Merkmal bewirkt einen techn Effekt) Fallunterscheidung: Fall 1: **sämtliche Verfahrensschritte** werden vollst durch programmierbare Mittel ausgeführt F-IV,3.9.1 Fall 2: **einzelne Verfahrensschritte** werden durch programmierbare Mittel ausgeführt, andere durch herkömmliche physische Mittel (z.B. Sensor/Auslöser) [53] F-IV,3.9.2	Art.52(2)(c) und (3) G3/08	verschiedene Kategorien	*Anspr.1:* **Computergestütztes Verfahren** [54], *umfassend die Schritte A, B ...* *Anspr.2:* **Vorrichtung/System** *umfassend Mittel zur Ausführung von Schritt A* [55] *(z.B. computerlesbares Medium) und Mittel zur Ausführung von Schritt B* [53] *(z.B. Prozessor)* ODER **Vorrichtung/System** *umfassend ein Bauelement, das so angepasst/konfiguriert ist* [53], *dass es das Verfahren/ die Schritte des Verfahrens nach Anspr. 1 ausführt* ... *Anspr.3:* **Computerprogramm** *(Software) umfassend das Computerprogramm zur Durchführung des Verfahrens* [53] ... *Anspr.4:* **Computerlesbares Medium** *(Datenträger) umfassend das Computerprogramm zur Durchführung des Verfahrens nach Anspr. 1* Ansprüche dürfen **keine Programmlisten** aufweisen [Art.84, F-IV,3.9]	✓ [G3/08]

Achtung: keine Neuheit bei Verwendung bekannter Verbindung zur bekannten Herstellung eines bekannten Produkts; außer Herstellungsverfahren ist neu [T1855/06].

[51] Schutzumfang für Verfahrensanspruch ist derselbe wie für Verwendungsanspruch [T210/93], sodass Kriterien aus G2/88, G6/88 auf zweckgebundenen Verfahrensanspruch keine Anwendung finden [RBK I.C.1.3]; T1179/07].
[52] technische Mittel müssen im unabhängigen Anspruch stehen, wenn diese zur Ausführung wesentlich sind [**Art.84**; F-IV,3.9.2]; **Anwendungsgebiete:** Medizin-, Messtechnik, Optik, Elektromechanik, Fertigung.
[53] ist Gegenstand des Verfahrensanspruchs neu und erfinderisch, so gilt dies idR auch für Gegenstände der übrigen Ansprüche bzw. Anspruchskategorien [F-IV,3.9.1].
[54] Vorrichtungsmerkmal der Formulierung "*umfassend Mittel zu*" oder "*so angepasst/konfiguriert, dass*" versteht sich als Mittel, das eigens zur Durchführung der relevanten Schritte/Funktionen konzipiert wurde und nicht nur dafür geeignet ist [T410/96].

Anspruchskategorien

	Wiedergabe von Informationen			Art.52(2)(d) und (3)
109	**computergestützte Informationswiedergabe** **gesamter Gegenstand** betrifft Übermittlung kognitiver Informationen (dh „was" ist dargestellt [56]; z.B. Zeichen, Bewegung) **an einen Nutzer** unter Verwendung einer Darstellungsart (dh „wie" ist dargestellt [57]; z.B. visuell, akustisch, haptisch) ohne Berücksichtigung der techn. Mittel zur Informationsübermittlung (d.h. „womit" ist dargestellt) Beispiele: ▪ Bildersuche und -abfrage [T643/00] ▪ bildunterstütztes Chirurgieverfahren [T1749/06] ▪ Erzeugung eines 3D-Effektes G-II,3.7	verschiedene Kategorien	Art.52(2)(d) und (3)	„Führungsanzeigevorrichtung, wobei mindestens ein Element einer Vielzahl von Elementen über eine Steuereinheit von einem Nutzer gesteuert wird, umfassend: a) ein Mittel zur Überwachung des zu steuernden Elements, b) ein Mittel zum **Anzeigen einer Führungsmarkierung** um ein zweites Element, wobei ein Teil der Führungsmarkierung im Anzeigebereich richtungsgenau angezeigt wird, selbst wenn das zweite Element aus dem Anzeigebereich heraustritt." angelehnt an T928/03 (✓) [58]
110	**Benutzeroberflächen** („user interface") Mischung aus Merkmalen für Informationswiedergabe an einen Nutzer [Rn.A109] und **Dateneingabe durch diesen Nutzer** (z.B. Texteingabe, Befehlseingabe) als Erwiderung auf diese Informationswiedergabe durch eine Mensch-Maschine-Interaktion, wodurch beim Nutzer eine Leistungsverbesserung resultiert G-II,3.7.1	Erzeugnis	Art.52(2)(d) und (3)	„System umfassend a) eine Anzeigevorrichtung und b) einen im System eingebundenen Browser und Server, wobei eine Vielzahl von Bildschirmen angezeigt werden, die den Verlauf eines Verfahrens in Echtzeit graphisch darstellen, und wobei eine Vielzahl von Bildschirmen angezeigt werden, die **eine Eingabe des Nutzers erfordern**." angelehnt an T690/11 (✓) [59]
111	**Daten- und Signalstruktur** („funktionelle Daten") funktionelle Information, die in einem Speichermedium enthalten ist und techn. Merkmale eines Systems bzw. Schritte eines Verfahrens umfasst, in dem sie implementiert ist, wobei durch Übermittlung dieser Information **auf das techn. System** eine verbesserte Verarbeitung, Speicherung, Weitergabe von Informationen resultiert Beispiele: ▪ Synchronisation codierter Bildzeilen G-II,3.6.3	verschiedene Kategorien	T1194/97	„System/Verfahren zum Erfassen einer Codierung in Daten, umfassend: a) einen Lesekopf zum Lesen aufgezeichneter Daten, b) ein Mittel zur Auswahl eines Datenabschnitts, c) ein Mittel zum Bewegen des Lesekopfs zum ausgewählten Datenabschnitt, und d) ein Mittel, das anhand von Parametern die Codierung in dem ausgewählten Datenabschnitt erkennt." angelehnt an T1194/97 (✓) [60]

---

[56] **techn Beitrag**: sich dynamisch verändernde Darstellung eines internen Zustands (z.B. Betriebsmodus, techn Bedingung oder Ereignis), die Nutzer veranlasst, mit dem System zu interagieren, z.B. um techn Fehlfunktionen zu vermeiden [T528/07]; **Glaubhaftmachung der techn Wirkung**: Unterstützung des Nutzers ist bei der Ausführung der techn Aufgabe objektiv, zuverlässig und ursächlich mit dem Merkmal verknüpft; **kein techn. Beitrag**: statische/vorgegebene Information zu techn Eigenschaften oder potenziellen Zuständen von Systemen, die Nutzer lediglich bei nichttechn Aufgaben unterstützt [G-II,3.7].

[57] Form und Anordnung der Informationsübermittlung; **techn Beitrag**: Informationsdarstellung ruft eine **physiologische Reaktion beim Nutzer** hervor und [1] erleichtert ständige und/oder geführte Mensch-Maschine-Interaktion [T928/03] oder [2] ermöglicht dem Nutzer, eine techn Aufgabe auszuführen [T643/00, T928/03]; **kein techn Beitrag**: Informationsdarstellung ruft **beim Nutzer nur psychologische** oder anders subjektiv induzierte Reaktion hervor [G-II,3.7, T1567/05].

[58] patentierbar, wenn übermittelte Informationen und/oder die Darstellungsart der Informationen einen techn. Beitrag leisten.

[59] erzielte Wirkung beim Nutzer darf nicht nur von subjektiven Fähigkeiten und Vorlieben des Nutzers abhängen (z.B. Wirkung nur bei best. Nutzergruppen).

[60] **kein techn Beitrag**: bloße Datensammlung auf einer logischen Ebene.

112 Mathematische Methoden zur Datenverarbeitung
technischer Zweck muss angegeben sein [T1227/05]

Art.52(2)(a) und (3)

Gegenstand	Anspruchsformulierungen für	Norm	Anspruchskategorie	Fomulierungsbeispiel	Zulässigkeit
Kodierungsverfahren	Verfahren zum Verschlüsseln/Entschlüsseln oder Signieren von elektronischen Daten, das sich wesentlich auf mathematische Algorithmen stützt	**Art.52(2)(a)** T1326/06	Verfahren	Computergestütztes Verfahren zur Parameterbestimmung bei einem Kodier- oder Signaturverfahren **durch Berechnen** des Wertes E mittels der folgenden Schritte	(✓) [61]
Simulationsverfahren	Verfahren zum Entwerfen eines Erzeugnisses mit mathematischen Schritten, das der materiellen Herstellung als Zwischenschritt vorausgehen	**Art.52(2)(a)** T1227/05 G1/19	Verfahren	<u>Anspr.1</u>: **Verfahren** zum (numerischen) Entwerfen/Simulieren eines Erzeugnisses [...], umfassend die Schritte: a) Bestimmen des Parameters P, b) **Berechnen** des Vektors V gemäß der Gleichung E, c) Ausrichten eines Elements E^1 auf einem Element E^2 gemäß dem berechneten Vektor V. <u>Anspr.2</u>: **Vorrichtung zum Durchführen** des Simulationsverfahrens nach Anspr. 1 <u>Anspr.3</u>: **Erzeugnis** erhalten durch ein Verfahren nach Anspr. 1	

[61] **spezifische Zweckangabe** ist zwingend erforderlich, da nur dann techn Charakter bejaht werden kann [T1227/05]; **erfind. Tätigkeit:** Merkmal ist zu berücksichtigen, wenn es in Verfahren auf eine physikalische Erscheinung angewandt wird und bei dieser eine Veränderung hervorruft [T1814/07, T641/00]; **nicht patentierbar:** bloße Erhöhung von Geschwindigkeit und Effizienz durch Einsatz verbesserter mathematischer Algorithmen [T1227/05].

Anspruchskategorien

medizinische und biotechnologische Anspruchskategorien

	Gegenstand	Anspruchsformulierungen für	Norm	Anspruchskategorie	Fomulierungsbeispiel	Zulässigkeit
113	**Behandlungsverfahren** („Method-of-Treatment") G-II,4.2.1	therapeutisches oder chirurgisches Behandlungsverfahren **am lebenden Körper** von Menschen oder Tieren; unabhängig davon, wer dieses Verfahren durchführt [G1/07] i) dem Erhalt des Lebens/der Gesundheit dient ii) einen invasiven Schritt umfassen	**Art.53(c)**	Verwendung	„*Verwendung der Substanz X zur therapeutischen/chirurgischen Behandlung/Diagnose der Erkrankung Y …*"	(x) [62]
				Verfahren	„*Verfahren zur Verringerung/Inhibierung der Funktionalität von Protein Y in einer Zelle oder einem Organismus, umfassend die Applikation der Verbindung X in einer physiologisch wirksamen Konzentration …*"	(x) [63] **Art.53c**
114	**Behandlung, nicht medizinisch** G-II,4.2.1	Verfahren zur Behandlung (des menschlichen oder tierischen Körpers) **nur** für nicht medizinische Zwecke (z.B. Kosmetik, Tätowierung), indem ein chemischer Stoff/Stoffgemisch [64] appliziert wird.	G2/88 T144/83 RBK I.B.4.4.2 b)	Verfahrensanspruch	„*Verfahren zur **Verbesserung der körperlichen Erscheinung** eines Säugetiers (Menschen), bei dem Stoff X in einer appetitzügelnden Dosis oral verabreicht wird, bis ein kosmetisch vorteilhafter Gewichtsverlust eingetreten ist.*"	✓
				Verwendung	„*Verwendung von Stoff X als kosmetisches Erzeugnis*" [T36/83] „*Verwendung von Stoff X zur Behandlung der Krankheit Y bei Pflanzen*" [G2/88]	✓
115	**chirurgische Verwendung** bekannter Geräte G-II,4.2.1	Verwendung eines bekannten Instruments zu chirurgischen Zwecken	RBK I.C.7.2.4 h)	zweckgebundener Erzeugnisanspruch	„*[altes] Erzeugnis X zur [neuen] Verwendung bei der Behandlung der Krankheit Y …*" [T1099/09] ODER „*[neue] Verwendung der [alten] Vorrichtung X zur Behandlung der Krankheit Y …*" [T138/02]	x [65]
116	**Diagnostizierverfahren** G-II,4.2.1.3	Datenerfassungsverfahren **am lebenden Körper** von Menschen oder Tieren, dass nachstehend genannten Schritte umfasst [66]: i) **Untersuchungsphase** mit Datenermittlung ii) **Datenvergleich** der Daten mit Normwerten, iii) Abweichung zum Normwert **feststellen,** iv) Zuordnung zu bestimmten Krankheitsbild	**Art.53c** [67], [G1/04, G1/07]	Verfahren	„*Verfahren zur Erfassung einer Eigenschaft am menschlichen Körper, umfassend die Schritte:* a) *Einwirkung einer Substanz auf den Körper,* b) *Bestimmung körperlicher Parameter, beeinflusst durch die Substanz,* c) *Parametervergleich ggü Nichtsubstanzeinwirkung,* d) *Auswertung und Indikation ..*"	(x) [68]

[62] **zulässig: [1]** Verfahren am toten Körper; **[2]** invasive Techniken, die in nicht medizinischer, kommerzieller Umgebung routinemäßig an unkritischen Körperstellen angewendet werden (z.B. Tätowieren, Piercen, Haarentfernung mittels Bestrahlung) [G-II, 4.2.1.1]; **[3]** therapeutischer Zweck, bei dem Gerät am, lebenden Körper eingesetzt wird, wenn zwischen den am Behandlungsverfahren und der vom Gerät auf den Körper ausgeübten therapeutischen Wirkung kein funktioneller Zusammenhang besteht [G-II, 4.2.1.2; T245/87].

[63] gilt auch für computerimplementierte chirurgische Behandlungsverfahren; **zulässig: [1] medizinische Vorrichtungen,** Computerprogramme für Behandlungsverfahren [G-II,4.2.1] und **[2]** „*Verfahren für kosmetischen Zweck unter Verwendung von Stoff X*"; **Praxistip:** Anspruchsformulierung für geplante US-Nachanmeldungen bereits in nat. oder EP-Phase in Beschreibung zur Stütze der Ansprüche im US-Verfahren aufnehmen.

[64] auch für chemische Stoff, die sowohl kosmetische als auch therapeutische Wirkung aufweisen, wenn der Anspruch nur auf die Anwendung "als kosmetisches Erzeugnis" beschränkt ist [T144/83; T36/83].

[65] da Gegenstand bei Verwendung nicht aufgebraucht wird und folglich zum selben oder anderen Zweck wiederverwendbar ist.

[66] zusätzliche, vorbereitende oder zwischengeschaltete Schritte bleiben unberücksichtigt [T1197/02; T143/04].

[67] zumeist kann nur Untersuchungsphase (Schritt i) techn Beitrag liefern [T1197/02].

[68] **zulässig** sind Verfahren, **[1]** am toten Körper, **[2]** an entnommen Körpergeweben/-flüssigkeiten, sofern diese demselben Körper nicht wieder zugeführt werden, **[3]** die nicht dem Erhalt des Lebens/der Gesundheit dienen und **[4]** die keinen invasiven Schritt umfassen, d.h. zur bloßen Messung/Aufzeichnung von Eigenschaften am Körper [G1/07].

Teil A – Anspruchssatz

	Gegenstand	Anspruchsformulierungen für	Norm	Anspruchskategorie	Formulierungsbeispiel	Zulässigkeit
117	**Erste medizinische Indikation** G-VI, 7.1	Stoff/Stoffgemisch, der/das im StdT bereits bekannt ist, aber **erstmalig als Arzneimittel** zur Anwendung in einem medizinischen Verfahren verwendet wird.	**Art. 53c), 54(4)** RBK I.C.7.1	zweckgebundener Erzeugnisanspruch	„Verbindung/Zusammensetzung X **zur Verwendung** als Arzneimittel…" ODER „Verbindung/Zusammensetzung X **zur Verwendung** in der Human- und/oder Veterinärmedizin…"	✓ **Art.54(5)**
118	**Zweite oder weitere medizinische Indikation** [69] G-VI, 7.1	Stoffe/Stoffgemische, die im StdT bereits als Arzneimittel bekannt sind, aber erstmalig zur Anwendung in einem medizinischen Verfahren für eine **spezifische medizinische Indikation** an einem daran erkrankten Patienten verwendet wird.	**Art. 53c), 54(5)** RBK I.C.7.2		„Verbindung/Zusammensetzung X zur Verwendung für die **Behandlung/Prophylaxe/Diagnose der Erkrankung Y …"** ODER „Verbindung/Zusammensetzung X zur Verwendung als **funktional definiertes Medikament** [z.B. Schmerz-/Hustenmittel]"	✓ **Art.54(5)**
119	**andere Darreichungsform** spezifische therapeutische Anwendung	bekanntes Arzneimittel zur Anwendung bei derselben Krankheit unter Verwendung **spezifischer Darreichungsform**.	**Art. 53c), 54(5)** **G1/83** RBK I.C.7.2.4 f	zweckgebundener Erzeugnisanspruch	„Stoff X zur Verwendung für die Behandlung/Prophylaxe der Erkrankung Y durch **dermale/intravenöse/perorale/subkutane Verabreichung"** ODER „**peroral zu verabreichendes** Mittel enthaltend Stoff X zum Anregen/Verstärken der Aktivität von …" [T143/94]	✓ **[70]** **G2/08**
120	**Dosierungsanleitung** („Dosage Regime") G-VI, 7.1.2	bekanntes Arzneimittel zur Anwendung bei derselben Krankheit unter Verwendung **definierter Menge** und unter Einhaltung eines **spezifischen Zeitplans** bei der Verabreichung.	**Art. 53c), 54(5)** **G2/08** ABl.2010,456 RBK I.C.7.2.4 e		„Stoff X zur Verwendung für die Behandlung/Prophylaxe der Erkrankung Y, wobei **70 mg** des Stoffes X [gemäß einem Therapieplan] **x-mal täglich** vor dem Essen/Schlafen… über einen Zeitraum von … verabreicht wird" [T1319/04]	✓ **G1/83**
121	**andere Patientengruppen**	bekanntes Arzneimittel zur Behandlung derselben Krankheit an Individuengruppe derselben Art, die sich physiologisch/pathologisch von der ersten Gruppe unterscheidet und daher immunologisch anders reagiert [T233/96].	**Art. 53c), 54(5)** **G1/83** RBK I.C.7.2.4 b		„Stoff/Zusammensetzung X zur Förderung von … bei einem jungen Patienten, der aufgrund von … an der Krankheit Y leidet" [T509/04]	✓ **G1/83**
122	**Screeningverfahren** (Nachweisverfahren) F-III, 9	Nachweisverfahren, wobei das Endprodukt anfangs nicht bekannt ist [T106/06].	**Art.54(5)**	Verfahren	„Screeningverfahren zur Ermittlung von Substanzen/Verbindungen, umfassend: a) Inkontaktbringen/Inkubieren einer Probe mit der zu untersuchenden Substanz, b) Ermitteln/Nachweis der Aktivität, c) Auswahl der Substanz, bei der Aktivität über x% beträgt"	✓
123	**Swiss-Type-Claim** (schweizerische Anspruchsform) G-VI, 7.1	Verwendung eines Stoffes/Stoffgemisches zur Herstellung eines Arzneimittels für eine bestimmte neue und erfinderische therapeutische Anwendung	**G1/83**	zweckgebundener Verfahrensanspruch	„Verwendung eines Stoffs X zur Herstellung eines Arzneimittels zur Behandlung der Krankheit Y" ODER „Verwendung des Stoffs X zur Herstellung einer Formulierung für die therapeutische Anwendung Z"	✗ **[71]**

[69] Schweizerische Formulierung „Verwendung der Verbindung X zur Behandlung der Erkrankung Y …" ist für ePa oder iPa mit AT/PT vor dem 29.01.2011 noch zulässig [**Art.53c**]; G2/08].
[70] In DE/CH nicht patentfähig, da Bestimmung des geeigneten individuellen Therapieplans für Patienten einschließlich Dosierung von Medikamenten prägender Teil der Arzttätigkeit [BGH X ZR 236/01 „Carvedilol II"].
[71] noch zulässig für alle ePa mit AT/PT vor dem 29.01.2011; mit Wegfall des EPÜ 2000 [G2/08] (ABl.2010,514)]; **aber:** nun zweckgebundener Stoffschutz für zweite/weitere medizinische Indikation erlaubt [**Art.54(5)**].

DOs & DON´Ts in Anspruchsformulierungen 27

DOs & DON´Ts in Anspruchsformulierungen (alphabetisch sortiert)

#	Gegenstand	Erklärung und Voraussetzungen	Norm	Formulierungsbeispiel	Zulässigkeit
124	**Alternativen** F-IV, 3.7	Unterschiedliche Lösungswege für dieselbe; alternative Komponenten einer Erfindung werden in einem „ODER"-Anspruch nebeneinander getrennt für sich allein beansprucht	Art.82; Art.84	„optional"; „oder"	(x)[72]
125	**aufgabenhaftes Merkmal** ("result to be achieved")	Rn.A-155 („zu erzielender techn Effekt"), F-IV,4.10			✓
126	**Bezugnahme auf Beschreibung oder Zeichnung** F-IV, 4.17	Verweis auf die Beschreibung oder Zeichnungen zur besseren Übersichtlichkeit/Klarheit des Anspruchs	R.43(6)	„DNA/Protein gemäß SEQ.-Nr. ..." „wie beschrieben in Teil ... der Beschreibung" ODER „wie in Abbildung ... der Zeichnungen dargestellt"	(x)[73]
127	**Bezugnahme auf andere Dokumente**	strukturelles Kennzeichen eines Merkmals, das nicht explizit in urspr. Anmeldeunterlagen beschrieben ist, sondern nur in einem anderen Dokument, auf das verwiesen wird	Art.83	„nähere Angaben zu Merkmal X sind der Anmeldung ... entnehmbar"	x [74]
128	**Bezugszeichen** [75] F-IV, 4.19	technische Merkmale sind zum besseren Verständnis des Anspruchs mit denselben Bezugszeichen gekennzeichnet wie in Zeichnungen angegebenen.	R.43(7)	„Komponente A (1) und Komponente B (2) sind formschlüssig miteinander verbunden..."	✓
129	**Disclaimer** [76] F-IV, 4.20, RBK II.E.1.7.2	negatives technisches Merkmal zum Ausklammern einer spezifischen Ausführungsform von einem allgemeinen Merkmal (z.B. zur Abgrenzung ggü StdT). Unterscheidung zwischen Disclaimern: 1) die in ursprünglicher Fassung der ePa offenbart sind 2) die in ursprünglicher Fassung der ePa nicht offenbart sind („**nicht offenbarter Disclaimer**") [77]	Art.123(2) Art.84 G1/03; G2/03; G1/16	„.... umfassend (Stoff-)Gruppe X, **ausgenommen** X_1" ODER „.... wobei X **nicht/kein** X_1 umfasst" ODER „frei von"; „nur"; „einzig"; „ohne"	✓
130	**Erzeugnismerkmal in Verfahrensanspruch** RBK II.A.3.7	Oberbegriff ist auf ein Verfahren gerichtet, wobei der kennzeichnende Teil strukturelle Merkmale eines Erzeugnisses aufweist	Art.83 T453/90	„Verfahren zur Herstellung von ... mit einer Vorrichtung, die folgende Merkmale aufweist"	(✓)[78]

[72] **ausgenommen:** Fachmann erkennt, dass Alternativlösungen sinnvolle/erfinderisch-gedankliche Austauschmittel sind (dh gemeinsame Eigenschaften/Aktivitäten und gemeinsames Strukturelement) **UND** Anzahl Alternativlösungen keine Unklarheit darstellt [**Art.84**] (z.B. Auslegungsschwierigkeiten) **UND** diese untereinander einheitlich sind [**Art.82**].

[73] **ausgenommen:** Bezugnahme ist für klare Charakterisierung des Merkmals im Anspruch unverzichtbar (**R.43(6)**, T150/82], z.B. bei außergewöhnlicher Form oder Angabe eines Messverfahrens [T1156/01].

[74] nachträgliche Aufnahme in Anspruch zulässig, wenn [1] Merkmal eindeutig in Bezug genommen und [2] Merkmal darin genau definiert und identifizierbar ist [T689/90]; aber willkürliches Herausgreifen von Einzelmerkmalen aus zusammengehöriger Kombination ist unzulässig [T6/84].

[75] Die Bezugszeichen dürfen nicht zu einer einschränkenden Auslegung des Patentanspruchs herangezogen werden [**R.43(7)**], sondern tragen nur zum klareren Verständnis bei [T237/84, **Art.84**].

[76] ändert Prioritätsrecht nicht, wenn er keinen technischen Beitrag leistet [G1/03; G2/03; ABl.2004,413, 448; T175/03].

[77] **zulässig:** [1] Wiederherstellung der Neuheit ggü Art.54(3)-Dokument; [2] Wiederherstellung der Neuheit ggü zufälliger Vorwegnahme in Art.54(2)-Dokument; [3] Entfernung eines Gegenstands aus nicht technischen Gründen zur Wiederherstellung Patentfähigkeit ggü Art.52-57 [G1/03; G2/03; G1/16]. **unzulässig:** [1] erforderliche Beschränkung durch positives urspr. offenbartes Merkmal formulierbar [**R.43(1)**]; [2] Ausklammern nicht funktionierender Ausführungsformen; [3] Disclaimer leistet techn. Beitrag, dh erfind. Tätigkeit begründet [H-V,4.1].

[78] zumindest dann zulässig, wenn Vorrichtungsmerkmale zur vollst. und klaren Definition des Verfahrens erforderlich sind [T453/90, T1046/05].

Teil A – Anspruchssatz

	Gegenstand	Erklärung und Voraussetzungen	Norm	Formulierungsbeispiel	Zulässigkeit
131	**fakultative Merkmale** („optional features") F-IV,4.9	Vorzugsvarianten, die andere Merkmale nur beispielhaft erläutern, so dass deren Aufnahme regelmäßig gegen Erfordernis der Knappheit verstoßen	Art.84, R.43	„*insbesondere*", „*vorzugsweise*", „*beispielsweise*"	(✗)[79]
132	**Fantasiebegriff** F-II,4.11	Weniger bekannte oder speziell neu gebildete technische Ausdrücke, dürfen nicht für Ausdrücke verwendet werden, die bereits eine feste Bedeutung haben, wenn dies zu Verwechslungen führen kann	Art.84		(✗)[80]
133	**funktionelle Merkmale** (Angabe des zu erzielenden Resultats) F-IV,6.5	Merkmal, das ein technisches Ergebnis definiert und den Gegenstand nur mittelbar durch technische Wirkung erläutert, und das ggf. Unterscheidungskraft besitzt, falls es sich auf stoffliche/technische Merkmale auswirkt Fall 1: Verfahrensschritte betreffend, **die Fachmann kennt** und ohne Weiteres ausführen kann, um zum Ergebnis zu gelangen Fall 2: Verfahrensschritte betreffend, **die durch zu erzielendes Ergebnis definiert** sind	T361/88 RBK II.A.3.4	„*wobei das Merkmal X dazu eingerichtet ist, dass ...*" ODER „*dadurch gekennzeichnet, dass das Merkmal X so ausgeführt ist, dass ...*"	(✓)[81]
134	**geschlossene Formulierung** F-IV,4.21	Vorhandensein zusätzlicher Komponenten ist ausgeschlossen; genannte Komponenten **müssen** sich exakt zu 100% ergänzen.	T759/91; T711/90	„*.... bestehend aus den Komponenten A, B und C*" ABER AUCH „*.... umfassend Komponente A in einem Bereich von ... bis ...*"[82] T2017/07	✓
135				„*.... im Wesentlichen bestehend aus ...*"	✗
135	**implizite Merkmale** F-IV,4.5.4	Merkmal, dessen Eigenschaften aus seiner Bezeichnung direkt und unmissverständlich abgeleitet werden können (dh einem Merkmal innewohnende Eigenschaft, die nicht aus sich selbst heraus zu verstehen, aber logisch zu erschließen ist)	Art.83	„*Gummi*" (= elastisches Material) „*zwingend enthalten*" (= Bereich von > 0%) „*Antischuppenshampoo*" (= Mittel zur Bekämpfung von Schuppen); „*Schmelztiegel*" (=Gefäß aus hitzebeständigem Material)	✓
136	**Marken, Handelsnamen, Typenbezeichnungen** F-IV,4.8	Erzeugnis/Merkmal, das auf eine Ware verweist, die lediglich über ihr Kennzeichen definiert ist, deren Aufbau/Zusammensetzung während der Patentlaufzeit allerdings variieren kann	Art.84	„*Persil*", „*UHU*", „*Cellophan*", „*Nylon*"	(✗)[83]
137	**Markush-Gruppe** F-V,2.2.2.2	Auswahl aus verschiedener, genau definierter und abschließend aufgezählter Alternativen die gemeinsame Eigenschaft/Wirkung aufweisen und ein wesentliches Strukturelement gemeinsam haben		„*Merkmal A **ausgewählt aus** der (Stoff-)Gruppe bestehend aus A_1, A_2 und A_3*"	✓

[79] nach Auffassung der Beschwerdekammern sind fakultative Merkmale zulässig, wenn diese keinen Klarheitsmangel herbeiführen [T1882/12].

[80] **zulässig:** sofern sie angemessen definiert sind und es keine entsprechenden, allgemein anerkannten Ausdrücke gibt.

[81] nur zulässig, wenn **[1]** Merkmal ohne Einschränkung der techn. Lehre anders nicht präziser umschreibbar **UND [2]** wenn die funktionellen Merkmale dem Fachmann eine ausreichend klare techn. Lehre offenbaren, die er mit zumutbarem Denkaufwand – wozu auch die Durchführung üblicher Versuche gehört – ausführen kann [T68/85].

[82] Bestandteil ist nicht in einer Menge enthalten, die außerhalb des definierten Bereichs liegen [T2017/07].

[83] nur zulässig, wenn Begriff international als beschreibender Standardausdruck akzeptiert **UND** feste Bedeutung hat (z.B. Styropor, Teflon, Bowdenzug, Caterpillarkette) [F-III,7].

DOs & DON'Ts in Anspruchsformulierungen

	Gegenstand	Erklärung und Voraussetzungen	Norm	Formulierungsbeispiel	Zulässigkeit
138	**Markush-ähnlich**	Auswahl aus verschiedener, noch nicht genau definierter aber abschließend aufgezählter Alternativen		„Stoff X, dadurch gekennzeichnet, dass er Deletionen, Insertionen oder Substitutionen enthält" **ODER** „Stoff X gebildet aus **zumindest einem** Element aus der Gruppe umfassend A, B, C und Mischungen daraus"	**x** [84]
139	**means-plus-function** („Arbeitsmittel") F-IV,4.13	Mittel (z.B. Hardware), das lediglich durch seine Funktion/Eigenschaft (z.B. Softwaremerkmale) definiert ist und ausschließlich zur Durchführung eines relevanten Schritts konzipiert wurde	Art.84	„Mittel zur Verwendung als ..., wobei das Mittel zumindest folgende gegenständliche Merkmale aufweist ..."	(✓) [85]
140	**Messmethoden/Messmittel** F-IV,4.18	Verfahren zur Ermittlung unbestimmter Parameter, die in Ansprüchen (zur Abgrenzung ggü StdT) verwendet werden	Art.83, Art.84	„Parameter X im Bereich von ... bis ..., **ermittelt nach** DIN EN..." **ODER** „Röntgenpulverdiffraktogramm, **gemessen mit** Cu-Kα1-Strahlung mit einer Wellenlänge von 0,15419 nm, umfassend Reflexe bei doppelten Beugungswinkeln 2Θ von ..."	(✓)
141	**negative Merkmale** [86] F-IV,4.20	bewusster Ausschluss bestimmter Eigenschaften von Stoffen, Komponenten in Zusammensetzungen oder Verfahrensschritte	Art.84	„ausgenommen Merkmal X..." **ODER** „Stoff X umfassend X^1, X^2 und X^4"	(✓)
142	**notorisch bekannte Merkmale**	aus dem StdT allgemein bekannte Merkmale (allgemeines Fachwissen)	Art.54, Art.56	„üblicherweise", „allgemein bekannt", „normalerweis"	**x** [87]
143	**offene Formulierung** F-IV,4.21	nicht notwendigerweise erschöpfende Aufzählung von Komponenten, so dass weitere Komponenten enthalten sein können		„... umfassend/aufweisend/enthaltend/beinhaltend/einschließend die Komponenten A, B und C"	✓
144	**Parameter** (Bereichsangabe) F-IV,4.11	nummerisch, durch eine Formel oder verbal (zB rechtwinklig) dargestellter Wert eines strukturellen/relativen Kennzeichens (z.B. messbare Eigenschaft, Raumkoordinaten); meist durch Bereichsangaben definiert **Zulässigkeitsvoraussetzungen:** 1) Gegenstand ist anders nicht hinreichend definierbar, 2) Parameter sind eindeutig nachweisbar durch offensichtlich bekannte Messverfahren oder durch Verfahren, die in der Beschreibung enthalten sind, 3) vollständige Angabe des Messverfahrens im Anspruch [88] 4) eindeutig Bereichsangabe im Anspruch [89].	Art.84	**geschlossener Bereich:** „... im Bereich von [einschließlich] 1 bis [einschließlich] 10", **ODER** „... im Bereich zwischen [größer] 1 und [kleiner] 10" [89] „... enthaltend Komponente A mit einem Anteil von maximal 5 Gew.-%, wobei die Komponente A zwingend enthalten ist" „spitzwinklig" [0° < α < 90°]; „stumpfwinklig" [90° < α < 180°] **offener Bereich:** „mehr als 1", „... mindestens 1", „... weniger als 10" [T129/88] „... enthaltend Komponente A mit einem Anteil von höchstens 5 Gew.-%"	✓ (**x**) [90]

[84] unzulässig, da Generierung unüberschaubarer Anzahl an Gegenständen, so dass Fachmann selbst erfinderisch tätig werden muss.
[85] **Problem:** ungewollte Erweiterung über den Inhalt der urspr. Offenbarung hinaus möglich, da alle Mittel, die zur Erzielung der gleichen Wirkung in den Schutzbereich einbezogen sind.
[86] nur zulässig, wenn Formulierung positiver Merkmale unmöglich **ODER** unverhältnismäßig starke Einschränkung des Schutzumfangs, z.B. als Abgrenzung ggü StdT (z.B. Neuheits-Disclaimer; G1/03, T4/80, T1050/93).
[87] Einwand fehlender erfinderischer Tätigkeit **ohne** druckschriftlichen StdT zulässig [T939/92; T1242/04].
[88] außer: [1] Beschreibung des Messverfahrens zu lang, [2] Messverfahren ist allgemeines Fachwissen oder [3] alle bekannten Methoden führen zum selben Ergebnis (innerh. der Messgenauigkeit) [T1156/01, F-IV,4.18].
[89] angegebene **Fehlergrenze** Δ ist für Ober-/Untergrenze stets zu berücksichtigen [T594/01], ist keine Fehlergrenze angegeben, bestimmt sich Maximalfehler für letzte angegebene Stelle aus der Rundungskonvention (3,45 ≤ 3,5 ≤ 3,54) [T175/97]; G-VI,8.1].
[90] zulässig, wenn in Beschreibung (zB durch Beispiele) eine praktische Obergrenze gesetzt ist [T129/88].

	Gegenstand	Erklärung und Voraussetzungen	Norm	Formulierungsbeispiel	Zulässigkeit
145	**positive Merkmale** F-IV,4.20	unmittelbar kennzeichnende Merkmale, die einen Gegenstand durch das **Vorhandensein** bestimmter technischer Elemente bzw. einer konkreten Anweisung charakterisieren	Art.84	„Stoff X als Lösungsmittel"	✓
146	**Programmlisten** F-II,4.12	Ausschnitt eines **Computerprogramms**, der in einer Programmiersprache abgefasst ist	Art.84		(✗)[91]
147	**Räumliche Anordnung von Elementen**	die räumliche Anordnung von Elementen liegt im Belieben des Fachmanns, so dass sich hieraus kein techn. Effekt ergibt	Art.84	„unten", „oben",	✗
		relative Orientierung einzelner Elemente in Bezug zueinander, so dass sich hieraus kein spezifischer techn. Effekt ergibt		„Merkmal X ist senkrecht/orthogonal in Längsrichtung zu Merkmal Y angeordnet"	✓
148	**relative Begriffe** F-IV,4.6	unpräzise und/oder unklare Merkmalsdefinition	Art.84	„dünn", „weit", „glatt", „transparent", „schneller"; „unten"; „oben" „stark"	(✗)[92]
149	**unbestimmte Formulierung** F-IV,4.7			„etwa", „ungefähr" oder „im Wesentlichen …"	(✗)[93]
150	**unwesentliches Merkmal** F-IV,4.3	Merkmale, die (iVm mit anderen Merkmalen) nicht zur Lösung der Aufgabe beitragen und deshalb bei Beurteilung erfinderischer Tätigkeit einer Kombination von Merkmalen nicht zu berücksichtigen sind [94] T37/82, T641/00, ABl.1984, 71	Art.84 iVm R.43(1)/(3) RBK I.D.9.5	„kontinuierliches oder quasi-kontinuierliches Heranführen"	✗
151	**unlogische/unsinnige Merkmalsformulierung**	Merkmal eines Anspruchs, das für sich dem Fachmann mit seinem allgemeinen Fachwissen eine klare, glaubhafte techn. Lehre vermittelt, dem aber aufgrund seiner Verwendung in der Beschreibung eine andere Bedeutung zugeordnet wird	Art.123(2) T1018/02	Eine „elektronische Kurznachricht" ist eine Information zum Speichern, nicht zum Lesen T1018/02	✗
152	**Verfahrensmerkmal im Vorrichtungsanspruch** („step-plus-function") F-IV,3.8	Oberbegriff ist auf ein Erzeugnis gerichtet, wobei Fall 1: ein Erzeugnismerkmal (zB physikalischer Parameter) von einem physischen Schritt oder Verfahrensparameter abhängig ist. Fall 2: Erzeugnis, das durch seine ausführende Funktion definiert ist.	Art.84 T227/91	„Erzeugnis für …, wobei dessen Schichtdicke von der wirksamen Pulsdauer des Lasers abhängig ist." ODER „Erzeugnis X (Protein) das zum Schneiden von Gegenstand A (DNA) geeignet ist, wobei [im Anschluss] ein Gegenstand Y (Gensequenz) in den geschnittenen Gegenstand A insertiert wird."	(✗)[95]

[91] **Anspruch** darf keine Programmliste aufweisen [**Art.84**, F-IV,3.9]; **Beschreibung** kann kleine Programmlisten aufweisen, aber Programmliste darf nicht einzige Offenbarungsgrundlage der Erfindung sein [F-II,4.12].
[92] insbesondere inakzeptabel, wenn dieser Ausdruck wesentlich für die Erfindung ist; **Ausnahme:** Begriff hat auf betreffendem Fachgebiet allgemein anerkannte Bedeutung, bspw. "Hochfrequenz" und diese Bedeutung ist beabsichtigt **ODER**, wenn Streichung zu Erweiterung des Gegenstands über ursprünglich offenbarten Inhalt der eingereichten Fassung hinausgeht [**Art.123(2)**].
[93] nur zulässig, wenn bestimmte Wirkung oder bestimmtes Ergebnis innerhalb gewisser Toleranzen erzielt werden können **UND** Fachmann weiß, wie er Toleranz erreicht.
[94] Es sind nur Anspruchsmerkmale zu berücksichtigen, die kausal zur Lösung der Aufgabe beitragen [T285/91]. **Beispiel:** Merkmal auf einem von Patentierbarkeit ausgenommenen Gebiet [**Art.52(2)/(3)**, G-II,3]; Streichung eines unwesentlichen Merkmals unter Erhalt der Prio möglich [T809/95].
[95] nur zulässig, wenn dies wegen nationaler Rechtserfordernisse eines oder mehrerer VStaaten zweckdienlich ist [T129/88]; **unzulässig**, wenn aufgabenhafte Formulierung [**Rn.A-149**].

DOs & DON´Ts in Anspruchsformulierungen

	Gegenstand	Erklärung und Voraussetzungen	Norm	Formulierungsbeispiel	Zulässigkeit
153	**wesentliche Merkmale** („essential feature") F-IV,4.5.2	alle Merkmale, die zur Erzielung einer technischen Wirkung unerlässlich sind, sodass die (objektiv) technische Aufgabe gelöst wird, **müssen** Teil der Ansprüche sein [T32/82]; zu fragen ist nach der erzielten technischen Wirkung dieses Merkmals [G-VII,5.2]	R.43(1)a), Art.84	„wesentlich ist, dass Vorhandensein von Merkmal X"	✓ [96]
154	**Wort „in"** F-IV, 4.15	setzt verschiedene Gegenstände (Erzeugnisse, Vorrichtungen) ODER Gegenstände und Tätigkeiten (Verfahren, Verwendung) ODER verschiedene Tätigkeiten in Relation zueinander	Art.84	„Verwendung von Stoff X als Bestandteil **in** einer Zusammensetzung…" „Zylinderkopf in einem Viertaktmotor" (= Untereinheit **in** Überbau)	✓ ✗ [97]
155	**zu erzielender Effekt** [98] ("result to be achieved") F-IV, 4.10	Merkmal das den Gegenstand durch die der Erfindung zugrundeliegende techn. Aufgabe bzw. das zu erzielende Ergebnis definiert	Art.84	„Vorrichtung/Verfahren geeignet für…/um ein [Problem] zu lösen"	(✗) [99]
156	**Zweckangaben** (Wort „zu" / „für") F-IV, 4.13	Verfahren/Mittel, das nicht nur zur Durchführung relevanter Schritte/Funktionen geeignet ist, sondern vielmehr eigens für diesen speziellen Zweck konzipiert wurde. BEACHTE: an sich nicht beschränkende Zweckangaben können beanspruchten Gegenstand/Merkmal implizit technische Merkmale verleihen, die der Abgrenzung ggü StdT dienen. **Vorrichtung:** Gegenstand muss nur für den angegebenen Zweck geeignet sein und stellt keine Beschränkung dar **Arbeitsverfahren:** Zweckangabe gilt als funktionelles Merkmal (techn. Wirkung) zur Definition eines Verfahrensschrittes, der Neuheit oder erfind. Tätigkeit begründen kann [T848/93] **Herstellungsverfahren:** Zweckangabe bedeutet, dass sich Verfahren nur zur angegebenen Verwendung eignet – stellt keinen Verfahrensschritt bzw. Beschränkung dar [T304/08]	Art.84	**Vorrichtung/Erzeugnis:** „Vorrichtung für…"; „Verfahren geeignet zum…"; „Mittel zur Verwendung als …" ODER „Behältnis für Heißgetränke" (=Material muss im Temperaturbereich von 50-100°C formstabil sein); „Hautpflaster" BZW **Arbeitsverfahren:** „Verfahren zum Trocknen/Aufreinigen von Stoff X, umfassend folgende Schritte …" BZW **Herstellungsverfahren:** „Verfahren zum Herstellen von…";	(✓) [100]

---

[96] Merkmal, das in Beschreibung als wesentlich für die Erfindung herausgestellt wird, muss auch Teil des Anspruchs sein [Art.84; T409/91] – vgl. "Tests" zur Beurteilung der Zulässigkeit von Änderungen [RBK II.A.3.2].

[97] unzulässig, da unklar, ob Untereinheit allein ODER in Kombination mit Überbau beansprucht; **Alternative:** Wort „**mit**" ist zwingende Kombination.

[98] **2-Punkt Prüfung:** **[1]** ist Effekt, der explizit im Anspruch auftaucht, ausführbar dargelegt [Art.83] UND **[2]** wird dieser Effekt über die gesamte Breite des Anspruchs erreicht [Art.56] [T0862/11].

[99] nur zulässig, wenn Erfindung nur auf diese Weise beschreibbar ODER anderweitig nicht genauer definierbar, ohne der Schutzbereich der Ansprüche über Gebühr einzuschränken UND Ergebnis durch Versuche oder Maßnahmen tatsächlich unmittelbar nachgewiesen werden kann, d.h. keine unzumutbaren Experimente erfordern (hierzu sollte Beschreibung Bestimmungsverfahren angeben) [T68/85].

[100] bei Anspruch auf Arbeitsverfahren sollte eine Zweckangabe nicht dahingehend interpretiert werden, dass sich Verfahren nur dazu eignet, sondern als Verfahrensschritt gelesen werden [T848/93].

EPÜ 2000

Artikel 78[71]
Erfordernisse der europäischen Patentanmeldung
(1) Die europäische Patentanmeldung muss [...]
b) eine Beschreibung der Erfindung;
c) einen oder mehrere Patentansprüche;
d) Zeichnungen, auf die sich die Beschreibung oder die Patentansprüche beziehen;
e) eine Zusammenfassung
enthalten und den Erfordernissen genügen, die in der Ausführungsordnung vorgeschrieben sind. [...]

[71] Geändert durch die Akte zur Revision des EPÜ vom 29.11.2000

Artikel 84[79]
Patentansprüche
Patentansprüche müssen den Gegenstand angeben, für den Schutz begehrt wird. Sie müssen deutlich und knapp gefasst sein und von der Beschreibung gestützt werden.

[79] Siehe hierzu Entscheidungen/Stellungnahme der GBK G2/98, G1/03, G2/03, G1/04, G2/10, G3/14 (Anhang I).

Artikel 85
Zusammenfassung
Die Zusammenfassung dient ausschließlich der technischen Information; sie kann nicht für andere Zwecke, insbesondere nicht für die Bestimmung des Umfangs des begehrten Schutzes und für die Anwendung des Art.54(3), herangezogen werden.

EPÜAO

Regel 30[40]
Erfordernisse ePas betreffend Nucleotid- und Aminosäuresequenzen
(1) Sind in der europäischen Patentanmeldung Nucleotid- oder Aminosäuresequenzen offenbart, so hat die Beschreibung ein Sequenzprotokoll zu enthalten, das den vom Präsidenten des EPA erlassenen Vorschriften für die standardisierte Darstellung von Nucleotid- und Aminosäuresequenzen entspricht. [...]

[40] Siehe den BdP des EPA, ABl.2011, 372, sowie die Mitt. des EPA, ABl.2013, 542

Regel 41
Erteilungsantrag (aktualisiertes Formblatt auf Internetseite des EPA veröff.)
(2) Der Antrag muss enthalten: [...]
b) die Bezeichnung der Erfindung, die eine kurz und genau gefasste techn. Bezeichnung der Erfindung wiedergibt und keine Fantasiebezeichnung enthalten darf; [...]

Regel 42[62]
Inhalt der Beschreibung
(1) In der Beschreibung
a) ist das technische Gebiet, auf das sich die Erfindung bezieht, anzugeben;
b) ist der bisherige Stand der Technik anzugeben, soweit er nach der Kenntnis des Anmelders für das Verständnis der Erfindung, die Erstellung des europäischen Recherchenberichts und die Prüfung der europäischen Patentanmeldung als nützlich angesehen werden kann; es sollen auch die Fundstellen angegeben werden, aus denen sich dieser Stand der Technik ergibt;
c) ist die Erfindung, wie sie in den Patentansprüchen gekennzeichnet ist, so darzustellen, dass danach die technische Aufgabe, auch wenn sie nicht ausdrücklich als solche genannt ist, und deren Lösung verstanden werden können; außerdem sind gegebenenfalls vorteilhafte Wirkungen der Erfindung unter Bezugnahme auf den bisherigen Stand der Technik anzugeben;
d) sind die Abbildungen der Zeichnungen, falls solche vorhanden sind, kurz zu beschreiben;
e) ist wenigstens ein Weg zur Ausführung der beanspruchten Erfindung im Einzelnen anzugeben; dies soll, wo es angebracht ist, durch Beispiele und gegebenenfalls unter Bezugnahme auf Zeichnungen geschehen;
f) ist, wenn es sich aus der Beschreibung oder der Art der Erfindung nicht offensichtlich ergibt, ausdrücklich anzugeben, in welcher Weise der Gegenstand der Erfindung gewerblich anwendbar ist. [...]

[62] Siehe hierzu Entscheidungen der GBK G1/03, G2/03 (Anhang I).

Regel 43[63]
Form und Inhalt der Patentansprüche
(1) Der Gegenstand des Schutzbegehrens ist in den Patentansprüchen durch Angabe der technischen Merkmale der Erfindung anzugeben. Wo es zweckdienlich ist, haben die Patentansprüche zu enthalten:
a) die Bezeichnung des Gegenstands der Erfindung und die technischen Merkmale, die zur Festlegung des beanspruchten Gegenstands der Erfindung notwendig sind, jedoch in Verbindung miteinander zum Stand der Technik gehören;
b) einen kennzeichnenden Teil, der mit den Worten "dadurch gekennzeichnet" oder "gekennzeichnet durch" beginnt und die technischen Merkmale bezeichnet, für die [...] Schutz begehrt wird.
(2) Unbeschadet des Art.82 darf eine ePa nur dann mehr als einen unabhängigen Patentanspruch in der gleichen Kategorie [...] enthalten, wenn sich der Gegenstand der Anmeldung auf einen der folgenden Sachverhalte bezieht:
a) mehrere miteinander in Beziehung stehende Erzeugnisse,
b) verschiedene Verwendungen eines Erzeugnisses oder einer Vorrichtung,
c) Alternativlösungen für eine bestimmte Aufgabe, sofern es unzweckmäßig ist diese Alternativen in einem einzigen Anspruch wiederzugeben.
(3) Zu jedem Patentanspruch, der die wesentlichen Merkmale der Erfindung wiedergibt, können ein oder mehrere Patentansprüche aufgestellt werden, die sich auf besondere Ausführungsarten dieser Erfindung beziehen.
(4) Jeder Patentanspruch, der alle Merkmale eines anderen Patentanspruchs enthält (abhängiger Patentanspruch), hat, wenn möglich in seiner Einleitung, eine Bezugnahme auf den anderen Patentanspruch zu enthalten und nachfolgend die zusätzlichen Merkmale anzugeben. Ein abhängiger Patentanspruch, der sich unmittelbar auf einen anderen abhängigen Patentanspruch bezieht, ist ebenfalls zulässig. Alle abhängigen Patentansprüche, die sich auf einen oder mehrere vorangehende Patentansprüche beziehen, sind soweit wie möglich und auf die zweckmäßigste Weise zusammenzufassen.
(5) Die Anzahl der Patentansprüche hat sich mit Rücksicht auf die Art der beanspruchten Erfindung in vertretbaren Grenzen zu halten. Die Patentansprüche sind fortlaufend und mit arabischen Zahlen zu nummerieren.
(6) Die Patentansprüche dürfen bei der Angabe der technischen Merkmale der Erfindung nicht auf die Beschreibung oder die Zeichnungen Bezug nehmen, es sei denn, dies ist unbedingt erforderlich. Insbesondere dürfen sie keine Formulierungen enthalten wie "wie beschrieben in Teil ... der Beschreibung" oder "wie in Abbildung ... der Zeichnungen dargestellt". [...]

[63] Siehe hierzu Entscheidungen der GBK G2/03, G1/04 (Anhang I).

Regel 46
Form der Zeichnungen
[...] (2) Die Zeichnungen sind wie folgt auszuführen:
a) Die Zeichnungen sind ohne Farben oder Tönungen in widerstandsfähigen, schwarzen, ausreichend festen und dunklen, in sich gleichmäßig starken und klaren Linien oder Strichen auszuführen.
b) Querschnitte sind durch Schraffierungen kenntlich zu machen, die die Erkennbarkeit der Bezugszeichen und Führungslinien nicht beeinträchtigen dürfen.
c) Der Maßstab der Zeichnungen und die zeichnerische Ausführung müssen gewährleisten, dass eine elektronische oder fotografische Wiedergabe auch bei Verkleinerungen auf zwei Drittel alle Einzelheiten noch ohne Schwierigkeiten erkennen lässt. Wird der Maßstab in Ausnahmefällen auf der Zeichnung angegeben, so ist er zeichnerisch darzustellen.
d) Alle Zahlen, Buchstaben und Bezugszeichen in den Zeichnungen müssen einfach und eindeutig sein. Klammern, Kreise oder Anführungszeichen dürfen bei Zahlen und Buchstaben nicht verwendet werden. [...]
f) Jeder Teil der Abbildung muss im richtigen Verhältnis zu jedem anderen Teil der Abbildung stehen, sofern nicht die Verwendung eines anderen Verhältnisses für die Klarheit der Abbildung unerlässlich ist.
g) [...] Für die Beschriftung der Zeichnungen sind lateinische und, soweit üblich, griechische Buchstaben zu verwenden.
h) Ein Zeichnungsblatt kann mehrere Abbildungen enthalten. Sollen Abbildungen auf zwei oder mehr Blättern eine einzige Abbildung darstellen, so sind die Abbildungen auf den einzelnen Blättern so anzuordnen, dass die vollständige Abbildung zusammengesetzt werden kann, ohne dass ein Teil der Abbildungen auf den einzelnen Blättern verdeckt wird. Die einzelnen Abbildungen sind auf einem Blatt oder auf mehreren Blättern ohne Platzverschwendung anzuordnen, eindeutig voneinander getrennt und vorzugsweise im Hochformat; sind die Abbildungen nicht im Hochformat dargestellt, so sind sie im Querformat mit dem Kopf der Abbildungen auf der linken Seite des Blattes anzuordnen. Sie sind durch arabische Zahlen fortlaufend und unabhängig von den Zeichnungsblättern zu nummerieren.
i) Bezugszeichen dürfen in den Zeichnungen nur verwendet werden, wenn sie in der Beschreibung und in den Patentansprüchen aufgeführt sind; [...]. Bezugszeichen für Merkmale müssen in der ganzen Anmeldung einheitlich sein.
j) Die Zeichnungen dürfen keine Erläuterungen enthalten. Wo es für das Verständnis unentbehrlich ist, können kurze Angaben wie "Wasser", "Dampf", "offen", "zu", "Schnitt nach A-B" eingefügt werden. Solche Angaben sind so anzubringen, dass sie im Fall der Übersetzung überklebt werden können, ohne dass die Linien der Zeichnungen verdeckt werden.
(3) Flussdiagramme und Diagramme gelten als Zeichnungen.

Regel 47
Form und Inhalt der Zusammenfassung
(1) Die Zusammenfassung muss die Bezeichnung der Erfindung enthalten.
(2) Die Zusammenfassung muss eine Kurzfassung der in der Beschreibung, den Patentansprüchen und Zeichnungen enthaltenen Offenbarung enthalten. Die Kurzfassung soll das technische Gebiet der Erfindung angeben und so gefasst sein, dass sie ein klares Verständnis des technischen Problems, des entscheidenden Punkts der Lösung der Erfindung und der hauptsächlichen Verwendungsmöglichkeiten ermöglicht. In der Zusammenfassung ist gegebenenfalls die chemische Formel anzugeben, die unter den in der europäischen Patentanmeldung enthaltenen Formeln die Erfindung am besten kennzeichnet. Sie darf keine Behauptungen über angebliche Vorzüge oder den angeblichen Wert der Erfindung oder über deren theoretische Anwendungsmöglichkeiten enthalten.
(3) Die Zusammenfassung soll aus nicht mehr als 150 Worten bestehen. [...]

Aufbau einer Patentschrift

Bestandteil nach R.42(2)	Erklärung	Formelles	
Bezeichnung der Erfindung („Titel") R.41(2)b), A-III,7, F-II,3	▪ kurze und genau gefasste technische Bezeichnung der Erfindung ▪ **unzulässig**: Eigennamen, Fantasienamen, das Wort „Patent", Handelsnamen, Marken, ungenaue Abkürzungen, Bezeichnungen wie "Verfahren", "Vorrichtungen", "Chemische Verbindungen" ohne weiteren Zusatz ▪ finale Bezeichnung bestimmt Prüfungsabteilung, Änderung von Amts wegen mögl. [ABl.1991, 224]	Eintragung ins PatReg erfolgt in Großbuchstaben [R.143(1)c)]	157
Technisches Gebiet R.42(1)a), F-II,4.2	Angabe des betreffenden technischen Gebietes dient zur Einordnung in einen allgemeinen Rahmen		158
Stand der Technik R.42(1)b), F-II,4.3	▪ Angabe des dem Anmelder bekannten nächstliegenden Stand der Technik, um Erfindung in Zusammenhang zu Bekannten zu bringen, unter Angabe der Fundstellen ▪ Zulässig, allgemeines Fachwissen zu zitieren, z.B. Messung eines Parameters ▪ in der Sachprüfung ermittelte Dokumente sollen in der letzten Fassung der Beschreibung gewürdigt werden, allerdings nur Dokumente die unabhängigen Ansprüche betreffen	WIPO-Standards ST.14, ST.3 und ST.16 [F-II, 4.3.1]	159
Technische Aufgabe R.42(1)c), F-II,4.5	▪ Aufgabe muss zur Erläuterung der Erfindung hilfreich sein ▪ Prüfer entscheidet über Notwendigkeit und kann auf Änderung/Streichung bestimmter Aufgaben unter Berücksichtigung von Art.123(2) bestehen [H-V,2.4]		160
Lösung der Aufgabe R.42(1)c), F-II,4.5	Angabe der Lösung gemäß den unabhängigen Patentansprüchen durch Wiedergabe des kennzeichnenden Teils oder Bezugnahme darauf oder durch Wiedergabe der inhaltlichen Lösungsmerkmale der jeweiligen Patentansprüche		161
Vorteile der Erfindung F-II,4.5	▪ Vorteile sind so anzugeben, dass zum St.d.T. zählende Erzeugnisse oder Verfahren nicht herabgesetzt werden		162
Ausführliche Beschreibung der Erfindung	▪ Erklärung der Erfindung, so deutlich und vollständig, dass ein Fachmann sie ausführen kann ▪ klar, deutlich (vermeiden von unnötigem Fachjargon) ▪ Fachausdrücke sind zulässig, ggf. genaue Definition erforderlich ▪ Feste Bedeutung von Worten darf nicht umdefiniert werden [F-II,4.11] ▪ Physikalische Größen als SI-Einheiten angeben, ▪ Kennzeichnung von eingetragenen Marken beachten, ▪ Bezugszeichen der Zeichnungen sind zu erklären und müssen zwingend mit Zeichnung übereinstimmen		163
Ausführungsbeispiel(e) R.42(1)e)	Angabe konkreter Beispiele, anhand derer ein Fachmann die Erfindung nachvollziehen kann (theoretisch und praktisch)		164

Patentansprüche
 	
 Art.78(1)c), Art.84 iVm R.43, F-IV
	Bedeutung: sie bestimmen den Schutzbereich des Patents [Art.69]
	 ▪ ein oder mehr Patentansprüche zwingend, um den Gegenstand, für den Schutz begehrt wird, klar und eindeutig wiederzugeben
	 ▪ müssen von der Beschreibung gestützt werden
	 ▪ Patentansprüche allein definieren den Schutzbereich
	 Arten von Patentansprüchen:
	    i) Unabhängiger Anspruch
	    ii) Abhängiger Anspruch
	    iii) Unechter unabhängiger Anspruch
	 Aufbau eines unabhängigen Anspruches:
	    i) Einteilige Form
	    ii) Zweiteilige Form [F-IV,2.2]
	       Oberbegriff (nächstliegender StdT) und **kennzeichnender Teil** (erfindungswesentliche Neuerung)
	 Chemische und mathematische Formeln sind erlaubt, Tabellen jedoch unzulässig
			165

166	**Zeichnungen** ("Figuren")
	
	Art.78(1)d) iVm R.42(1)d), R.46, A-IX, F-II,5
		kurze Beschreibung in der Beschreibung erforderlich [**R.42(1)(d)**]
		Arten von Zeichnungen:
		  i) technische Zeichnungen aller Art, z.B. Perspektivansichten, auseinander gezogene Darstellungen, Querschnitte, Schnittzeichnungen, Einzelzeichnungen mit verändertem Maßstab
		  ii) Flussdiagramme, Diagramme
		  iii) chemische und mathematische Formeln [A-IX, 11.1]
		  iv) Tabellen [A-IX, 11.2]
		  v) Fotographien, nur zulässig, wenn nicht als Zeichnung darstellbar [A-IX, 1.2]
		
		Erfordernisse:
		- Schwarz/Weiß-Darstellungen mit klaren Konturen
		- Abbildungen sind mit Abkürzung „Fig." zu kennzeichnen und zu nummerieren
		- Unnötiger Text in Abbildungen ist zu vermeiden, in Ausnahmefällen erlaubt, wenn er zur schnellen und einwandfreien Deutung der Abbildungen führt
		- Einreichung von **Farbzeichnungen** zulässig [T1544/08]
			elektronische Vervielfältigung muss mögl. sein [A-IX, 2.2]

167	**Sequenzprotokoll** R.30, A-IV,5, F-II,6	- als Anhang bildet Sequenzprotokoll letzten Teil der Anmeldung - bei Einreichung nach AT, muss Erklärung abgegeben werden, dass dieses nicht über ursprüngliche Offenbarung hinausgeht - sind Sequenzen bereits aus StdT bekannt, muss kein Sequenzprotokoll eingereicht werden, Bezugnahme auf Datenbank ausreichend [F-II,6.1, J8/11]	Einreichung in elektronischer Form, WIPO-Standard ST.25

168	**Zusammenfassung**
	
	Art.78(1)e), Art.85 iVm R.47
	F-II,2
		Bedeutung: Kurzer Abriss der Erfindung, der ausschließlich der techn. Information dient [**Art.85**] und nicht zur Offenbarung der Erfindung gehört [T246/86]
		
		Inhalt der Zusammenfassung:
		  i) Bezeichnung der Erfindung,
		  ii) technisches Gebiet,
		  iii) Kurzfassung der in der Beschreibung, der Patentansprüche und Zeichnungen, ggf. wichtigste chemische Formel,
		  iv) keine Behauptungen, Vorzüge, Anwendungsmöglichkeiten,
		  v) Abbildung der Zeichnung [F-II, 2.4].
		
		- Endgültige Fassung der Zusammenfassung wird vom Prüfer nach Recherche bestimmt und Anmelder zusammen mit Recherchenbericht mitgeteilt [**R. 66**, F-II,2.2 und 2.6]
		- Zusammenfassung kann nicht zur Bestimmung des Schutzumfangs herangezogen werden [**Art.85**]
			Kontrollliste für Prüfer [F-II,2.5 Anlage 1]
			
			| Erfindung ist | Zwingender Inhalt |
			|---|---|
			| Gegenstand | Identität, Verwendung; Aufbau, Struktur, Herstellungsverfahren |
			| chemische Verbindung | Identität (ggf. Struktur), Herstellungsverfahren, Eigenschaften, Verwendung |
			| Gemisch | Art, Eigenschaften, Verwendung; Hauptbestandteile (Identität, Funktion); falls von Bedeutung: Menge der Bestandteile; Zubereitung |
			| Maschine, Vorrichtung, System | Art, Verwendung; Aufbau, Struktur; Betrieb |
			| Verfahren oder Wirkungsweise | Art und kennzeichnende Merkmale; eingesetzte Materialien und Bedingungen; falls von Bedeutung: Erzeugnis; bei mehreren Schritten: Art und Zusammenhang |
			| Falls die Offenbarung Alternativen einschließt | Die Zusammenfassung muss die bevorzugte Alternative behandeln und die übrigen angeben, falls dies mit wenigen Worten möglich ist; andernfalls ist zu erwähnen, dass sie vorhanden sind und ob sie sich von der bevorzugten Alternative wesentlich unterscheiden |
				max. 150 Wörter WIPO-Standard ST.12

Aufbau einer Patentschrift

Prüfungsumfang in einzelnen Verfahrensschritten Kriterium \ Verfahrensschritt	Recherche	Sachprüfung	Einspruch	Beschränkung	PCT
Patentfähige Erfindung Art.52 und 53, G-II	✓ R.63-Einwand	✓ G-II	✓ Art.100 a), D-V,3	(✓)[101]	✓
Neuheit (keine Unterschiede zum StdT) Art.54; G-VI	✓	✓ G-VI	✓ Art.100 a), D-V,3	✗ H-IV,4.4.3	(✓)[102] IS: R.43bis(a)(i) PCT IPE: Art.33(2) PCT
Erfinderische Tätigkeit (keine technischen Unterschiede) Art.56; G-VII	✓	✓ G-VII	✓ Art.100 a), D-V,3	✗ H-IV,4.4.3	✓ IS: R.43bis(a)(i) PCT IPE: Art.33(3) PCT
Gewerbliche Anwendbarkeit Art.57; G-III	✓	✓ G-III	✓ Art.100 a), D-V,3	✗ H-IV,4.4.3	✓ IS: R.43bis(a)(i) PCT IPE: Art.33(4) PCT
Einheitlichkeit Art.82	✓ R.64-Einwand	✓ F-V	✗ G1/91	✗	✓ IS: Art.17(3) PCT IPE: Art.34(3) PCT
Anzahl unabhängiger Ansprüche R.43(2)	✓ R.62a-Einwand	✓ F-IV,3.2	✗[103] T263/05	✗	✓ IS: R.6.1a)
ausführbare Offenbarung Art.83, F-III	✓	✓ F-III	✓ Art.100 b), D-V,4	✗	
Klarheit der Ansprüche Art.84	✓ R.63-Einwand	✓ F-IV,4 und 6	(✗)[104] G3/14, D-V,5	✓[105] H-IV,4.4.1	✓ Art.6 PCT; IPE: R.66.2(a)(v) PCT ABl.4/2011,327
Unzulässige Änderung Art.123(2)/Art.76(1)	(✗)[106]	✓	✓ Art.100 c), D-V,6	✓ H-IV,4.4	✓ Art.19(2) PCT IPE: Art.34(2)b), R.66.2a)(iv) PCT
Unzulässige Erweiterung Art.123(3)	✗	✗	✓	✓ H-IV,4.4	--

---

[101] nur, wenn prima facie erkennbarer Verstoß.
[102] mündliche Offenbarungen werden lediglich erwähnt [**R.33.1a)/b) PCT**].
[103] **R.80** lässt es zu, einen erteilten unabhängigen Anspruch in mehrere unabhängige Ansprüche aufzuteilen, weil PI Anmeldung nicht mehr teilen kann und gezwungen wäre, einen potentiell zulässigen Gegenstand aufzugeben.
[104] Prüfung geänderter Ansprüche auf Klarheit nur bei Aufnahme von Merkmalen aus Beschreibung.
[105] bloße Klarstellung von Ansprüchen ist unzulässig, ausgenommen durch Beschränkung erforderlich [H-IV,4.4.1].
[106] ausgenommen, nach dem AT nachgereichte Ansprüche nach **R.50(1)** oder nachgereichte fehlende Teile nach **R.56** [S.97].

170 Analyse des Mandantenbriefes

Fragestellung beim Lesen	Schlüsselwörter	zu ziehende Erkenntnis
Welches **Fachgebiet** betrifft die Erfindung?	Betrifft, beschäftigt sich mit	einordnen des Erfindungsgegenstandes, erste Überlegung hinsichtlich Anspruchskategorie (Erzeugnis, Verfahren, Product-by-Process)
Welche **Gegenstände** sind **bereits bekannt**?	kommerziell erhältlich, handelsüblich, (allgemein, dem Fachmann) bekannt, standardisiert, genormt, generell	Definieren des Standes der Technik, ggf. für Oberbegriff eines unabhängigen Anspruchs von Bedeutung
Was ist die **subjektiv technische Aufgabe (Ziel)** der Erfindung?	Ziel war es, verbessert werden sollte	
Was ist der **Kern (Erfindungsgegenstand)** der Erfindung?	Verfahren zum, Produkt	Anspruchskategorie wählen
Welche **Vorteile** ergeben sich **gegenüber dem Stand der Technik**?	verbessert wurde, effektiver, ökonomischer, schneller	von Bedeutung zur Beurteilung der erfinderischen Tätigkeit
Welche **Merkmale** sind **essentiell** für die Erfindung?	Muss, in allen Fällen, essentiell, nur, erforderlich, notwendig, immer, sollte, zwingend	Neuheitsbeurteilung, Merkmale, die in unabhängigen Anspruch müssen
Welche **Merkmale** sind **fakultativ** für die Erfindung?	insbesondere, beispielsweise, wie, vorzugsweise, außerdem, geeignet, fakultativ, alternativ, geeignet, auch möglich, besseres Ergebnis erzielt, ausreichend gut, kann, optimal, vorteilhaft	Ausführungsformen, optionale Merkmale, die für abhängige Ansprüche geeignet sind
Welche Merkmale sind ungeeignet?	üblich, bekannt, normal, typisch, gewöhnlich, möglicherweise	
Welche **Merkmale/Merkmalskombinationen** zeigen/bewirken **überraschende Effekte**?	überraschend, unerwartet, unvorhergesehen, entgegen dem (allgemeinen) Fachwissen, Bereich von... bis...	Merkmal, die ebenfalls für unabhängigen Anspruch geeignet sind und mit hoher Wahrscheinlichkeit erfinderische Tätigkeit begründen
Welche **Merkmale** zeigen **keine technische Wirkung**?	ungeeignet, unverbessert, gleichbleibend, wirkungslos	wichtig hinsichtlich Beurteilung der Ausführbarkeit, ggf. darauf im Anspruchssatz verzichten, ev. generell unwirtschaftlich
Enthält das Schreiben **Hinweise auf weiter Erfindung(en)**?	alternativ, außerdem, weiteres Anwendungs-/Einsatzgebiet	von Bedeutung hinsichtlich der Einheitlichkeit der Erfindung **Art.82**
Welches **Schutzbegehren** hat der Mandant?	Kosten sparen	ökonomische Beurteilung, ggf. 15 Patentansprüche nicht überschreiten

Formulierungsvorschlag

(die grau kursiven Textpassagen in eckiger Klammer sind durch entsprechende Fakten zu ersetzen)

Abkürzungen	verwendete Abkürzungen	171
	Anspr. … Anspruch	
	St.d.T. … Stand der Technik	

Beschreibung		Art.78(1)(b)
Bezeichnung der Erfindung	Erzeugnis/Verfahren für …	

technisches Gebiet
R.42(1) a)

Die vorliegende Erfindung bezieht sich auf das [*Gebiet der …*] und betrifft ein [*Oberbegriff von Anspruch 1*] und ein [*Verfahren zum …*]. Des Weiteren betrifft die Erfindung [*Oberbegriff des weiteren unabhängigen Anspruchs*]

Stand der Technik
Erfordernis nach R.42(1) b)

[*Erzeugnisse/Verfahren für …*] werden üblicherweise zum […] verwendet.

ODER

[*Erzeugnisse*] werden üblicherweise eingesetzt, um […]

Ein Problem herkömmlicher/handelsüblicher [*Erzeugnisse/Verfahren für …*] ist […]

Dokument D1 offenbart ein [*Erzeugnisse/Verfahren/Verwendungen von … für …*] umfassend die

In Bezug auf die Verwendung von [*Erzeugnissen*] ist aus D1/allgemein bekannt, dass das [*Merkmal*] den [*Nachteil*] aufweist.

Im St.d.T. sind weitere [*Erzeugnisse/Verfahren/Verwendungen von … für …*] bekannt

Es besteht daher Bedarf an einem [*Erzeugniss/Verfahren zum …*]

Technische Aufgabe
Erfordernis nach R.42(1) c)

Der vorliegenden Erfindung liegt daher die technische Aufgabe zugrunde, ein (alternatives) [*Erzeugnisse/Verfahren/Verwendungen von … für …*] bereitzustellen.

Lösung der Aufgabe
Erfordernis nach R.42(1) c)

Erfindungsgemäß wird diese Aufgabe durch [*ein Erzeugnis/eine Vorrichtung/ein Verfahren für …*] gemäß Anspr. 1 gelöst, das [*kennzeichnende Merkmale des Anspr. 1*] aufweist.

Weitere vorteilhafte Ausgestaltungen sind in den Unteransprüchen angegeben.

Das erfindungsgemäße [*Erzeugnis/Verfahren*] für […] umfasst: [*Merkmale von Anspr. 1*]

Vorteil der Erfindung
Erfordernis nach R.42(1) c)

Ein Vorteil von [*Merkmal*] ist, dass […]

ODER

Aufgrund des Vorhandenseins von [*Merkmal*] ergibt sich der Vorteil, dass […].

Ausführungsformen

In einer bevorzugten Ausführungsform weißt das erfindungsgemäße [*Erzeugnis/Verfahren*] das [*Merkmal X*] auf. Das [*Merkmal X*] weißt den [*technischen Effekt*] auf und trägt so dazu bei [*Vorteil*].

Des Weiteren kann [*Merkmal X*] verwendet werden, um eine verbesserte/erhöhte [*technische Wirkung*] zu ermöglichen.

Das erfindungsgemäße [*Erzeugnis/Verfahren*] kann das [*Merkmal X*] aufweisen, um etwaige [*Nachteil*] zu unterbinden.

Die Erfindung bezieht sich daher auch auf […].

	Erfindungsgemäß umfasst das [*Merkmal X*] die Elemente [*X′, X″ ...*]

Überraschend haben die Erfinder gefunden, dass [*techn. Effekt*]. |
| **weitere Aufgabe**
(optional) | Ferner liegt der eingangs genannten [*Vorrichtung, Stoff, Verfahren etc.*] nach dem Oberbegriff des(der) weiteren unabhängigen Anspr. (Ansprüche) die Aufgabe zugrunde, [*Nennung der Aufgabe*]

Diese Aufgabe wird durch [*ein Erzeugnis/eine Vorrichtung/ein Verfahren für ...*] gemäß Anspr. X gelöst, indem [*kennzeichnende Merkmale des Anspr. 1*]

ODER

Diese Aufgabe wird bei der [*Vorrichtung, Stoff, Verfahren etc.*] gemäß dem Oberbegriff des unabhängigen Anspr. X dadurch gelöst, dass [*kennzeichnende Merkmale des unabhängigen Anspruchs*] |
| **Verwendung**
Erfordernis nach R.42(1) f) | In bevorzugten Ausführungsformen kann das [*Erzeugnis/Verfahren*] für [*Zweck*] verwendet werden. |
| **Ausführungsbeispiel(e)**
Erfordernis nach R.42(1) e) | Weitere Merkmale und Vorteile der vorliegenden Erfindung ergeben sich aus den nachfolgenden Zeichnungen und Ausführungsbeispielen anhand derer die Erfindung beispielhaft näher erläutert werden soll, ohne die Erfindung auf diese zu beschränken.

Beispiel 1:
Zur Herstellung von [...]. |

Patentansprüche (Beispiele)   R.43 iVm Art.78(1)(c)

Erzeugnis – Herstellungsverfahren - Verwendung

1. Erzeugnis zum [*Zweck*], enthaltend/umfassend:
    a) [*Merkmal 1*]
    b) [*Merkmal 2*]
    c) [*Merkmal 3*]
    dadurch gekennzeichnet, dass [...].

2. Erzeugnis nach Anspruch 1, wobei das [*Merkmal 1*] ausgewählt ist aus der Stoffgruppe X umfassend X′, X″ und X‴.

3. Verfahren zur Herstellung eines Erzeugnisses nach einem der vorstehenden Ansprüche, umfassend folgende Schritte:
    a) Mischen/Lösen/Eintauchen/Auftragen
    b) Erhitzen/Rühren
    c) Extraktion/Elution
    d) Ermitteln/Trocknen
    e) Berechnen von
    wobei die Schritte in der genannten Reihenfolge ausgeführt werden.

4. Verfahren nach Anspruch X, wobei [...].

Zusammensetzungen/ Legierung

1. Erzeugnis/Zusammensetzung/Legierung, das die folgenden Komponenten enthält:
    a) [*Komponente A*] mit einem Massen-/Volumenanteil im Bereich von [...] bis [...],
    b) [*Komponente B*] mit einem Massen-/Volumenanteil im Bereich von [...] bis [...],

2. Verfahren zur Herstellung der Zusammensetzung/Legierung definiert in Anspruch X, umfassend die folgenden Schritte
    a) Mischen der [*Komponente A*] und [*Komponente B*],
    b) Schmelzen der Mischung aus Schritt a)
    c) Kontaktieren/Beschichten von [...] mit der Schmelze aus Schritt b)

3. Verwendung der Zusammensetzung/Legierung definiert in Anspruch X zur Herstellung von [...].

4. Erzeugnis enthaltend/aufweisend eine Zusammensetzung/Legierung definiert in Anspruch X.

5. Beschichtetes Erzeugnis, erhältlich durch ein Verfahren nach Anspruch 2.

Formulierungsvorschlag

Verbindungen/Substanzen

1. Verbindung der allgemeinen Formel (I)

    $$Y-X-Z_n$$

    wobei X für [...] steht,

    wobei Y und Z unabhängig voneinander [...] sind

    wobei n eine ganze Zahl von [*1 bis X*] ist.

2. Zusammensetzung, umfassend zumindest eine Verbindung der Formel (I) nach Anspr. 1 und [*Komponente B*]

3. Verfahren zur Herstellung der Verbindung der Formel (I) nach Anspr. 1 umfassend die Schritte [...]

4. Verbindung nach Anspr. 1 zur Behandlung der Krankheit X.

Analyse-/Trennverfahren

1. Screeningverfahren/Nachweisverfahren zur Ermittlung [der Konzentration] der [*Komponente A*] in einem Stoffgemisch, umfassend die Schritte [...]
    a) Nachweisen der [*Komponente A*]
    b) Bestimmung der Konzentration der [*Komponente A*]

2. Verfahren zum (Auf)Trennen eines Stoffgemisches, enthaltend Komponente A

3. Zusammensetzung enthaltend die [*Komponente A*], [*Komponente B*] und [...]

4. Verwendung von [*Komponente A*] und [*Komponente B*] zur Herstellung/Stabilisierung/Anwendung von

5. Kit-of-Parts umfassend die folgenden Komponenten:
    a) [*Komponente A*]
    b) eine [*Komponente B*] ausgewählt aus

Computerimplementierte Erfindung

1. Computergestütztes Verfahren, umfassend die Schritte...
    a) Auswählen von Daten,
    b) Benachrichtigen der Anwendung, dass diese [...]
    c) Abschließen der Datenübertragung,
    d) Neusynchronisieren der Festschreibprozedur.

2. Datenverarbeitungssystem umfassend [*Mittel A, z.B. computerlesbares Medium*] zur Durchführung von Schritt a) des Verfahrens nach Anspr. 1

3. Computerlesbares Medium (Datenträger) mit Software zur Durchführung des Verfahrens...

4. Computerprogramm (Software) auf einem Datenträger zur Durchführung des Verfahrens...

UND

5. Vorrichtung zum [*Zweck*], umfassend:
    a) eine Messeinrichtung (Sensor), die dazu geeignet ist eine variable Größe von [...] zu bestimmen;
    b) eine Verarbeitungseinheit, die mit der Messeinrichtung verbunden ist und dazu geeignet ist, ein Signal zu erzeugen, dessen Intensität von der zu bestimmenden variablen Größe abhängt;
    c) eine Steuereinheit, die mit der Verarbeitungseinheit und einer Anzeigeeinheit verbunden ist und dazu geeignet ist [...]; und
    d) eine Anzeigeeinheit, die dazu geeignet ist, die von der Steuereinheit erhaltenen Daten anzuzeigen;

    dadurch gekennzeichnet, dass [...].

Zeichnungen

Teil B
Bescheidserwiderung

Aufbau · Formulierungsvorschläge

Recherchenbericht – Inhalt und Aufbau

1 Der ESR oder eESR enthält die recherchierten, für die Beurteilung der Patentierbarkeit, relevanten Dokumente (StdT) und eine schriftliche Stellungnahme des Prüfers, in der er die neuheitsschädlichen, für die erfinderische Tätigkeit und gewerblichen Anwendbarkeit relevanten und bekannten Merkmale analysiert und diskutiert (Patentierbarkeitsvoraussetzungen siehe Rn.A-2). Den genannten Dokumenten kommen dabei unterschiedliche Bedeutung zu, je nachdem auf welche Patentierbarkeitsvoraussetzung diese sich beziehen. Anhand der folgenden Klassifizierung werden die Dokumente eingestuft:

Kategorien von Dokumenten im Recherchenbericht [B-X,9.2]

2
X	Dokument, das vor dem AT der ePa veröffentlicht wurde und/oder eine ePa bzw. Euro-PCT mit früherem Zeitrang als die ePa und daher neuheitsschädlich ist [B-X,9.2.1].	
Y	Dokument, das vor dem AT der ePa veröffentlicht wurde und daher für erfind. Tätigkeit relevant ist [B-X,9.2.1].	
P	Zwischenliteratur („P, X"; „P, Y" oder „P, A") [B-X,9.2.4].	
O	Dokument, das keine schriftliche Offenbarung ist („O, X"; „O, Y" oder „O, A") [B-X,9.2.3].	
T	Dokument, das zum besseren Verständnis der Erfindung dient [B-X,9.2.5].	
A	Dokument, das allgemeinen StdT wiedergibt und Neuheit oder erfinderischen Tätigkeit nicht entgegensteht [B-X,9.2.2].	
E	nat. oder reg. Patentdokumente mit einem früheren AT oder PT als dem AT der recherchierten ePa, das aber nach dem AT veröffentlicht wurde und dessen Offenbarung neuheitsschädlich ggü der ePa wäre [**Art.54(1)**, B-X,9.2.6].	
D	Dokument, das in der ePa selbst genannt ist [B-X,9.2.7].	
L	Dokument, das aus anderen Gründen aufgeführt wird [B-X,9.2.8].	

Recherchenbericht – Einwände

3 Mit der Beantwortung des Recherchenberichtes soll auf folgende Einwände eingegangen und ggf. ein geänderter Anspruchssatz ausgearbeitet werden:
1) Herstellung der **Neuheit** ggü den zitierten Dokumenten durch Ändern des Anspruchssatzes [**Art.54**],
2) Beleg der **erfinderischen Tätigkeit** für den geänderten Anspruchssatz [**Art.56**],
3) *ggf.* Aufzeigen der **gewerblichen Anwendbarkeit** des Gegenstandes, der dem geänderten Anspruchssatz entspricht.

Dabei müssen die geänderten Ansprüche außerdem die Anforderungen hinsichtlich
1) Klarheit [**Art.84**],
2) Einheitlichkeit [**Art.82**] und
3) Ursprüngliche Offenbarung [**Art.123(2)** oder **Art.76(1)**] erfüllen.

Neuheit (=fotografischer Neuheitsbegriff) Art.52(1) iVm Art.54

4 Ein erfindungsgemäßer Gegenstand gilt als **nicht neu** ggü dem StdT nach **Art.54(2)** bzw **(3)**, wenn
1) alle Merkmale des erfindungsgemäßen Gegenstandes in ihrer Kombination (Merkmalsidentität) [T411/98],
2) eindeutig und unmittelbar in (ein und demselben) Dokument [T511/92],
3) für den Fachmann ausführbar offenbart sind [T206/83].

Nach dem „Whole content-Grundsatz" ist bei der Prüfung auf Neuheit folgendes zu berücksichtigen:
- der **gesamte** Offenbarungsgehalt einer älteren Anmeldung/Schrift,
- auch **funktionelle** und **nicht-technische** Merkmale,
- Offenbarung in **Zeichnungen** reicht grundsätzlich aus, wenn Struktur und Funktion des Merkmals aus Zeichnung erkennbar,
- auch der implizite Wortlaut von Ansprüchen,
- Merkmalskombinationen, auf die ausdrücklich verzichtet worden ist (z.B. durch einen Disclaimer)
- Überschneidungen mit dem StdT, die der Fachmann unter Berücksichtigung des allgemeinen Fachwissens ernsthaft in Betracht gezogen hätte [T666/89, G-VI,8 iii])

Grenzen dieses Grundsatzes
- Äquivalente werden nicht berücksichtigt [T517/90; RBK I.C.4.3, G-VI,2],
- willkürliche Kombinationen verschiedener Merkmale aus unterschiedlichen Ausführungsformen in ein und demselben Dokument, wenn diese Merkmalskombination in diesem Dokument selbst nicht aufgezeigt ist [T305/87]

Beweislast fehlender Neuheit trägt derjenige, der den Einwand geltend macht [T82/90], **Ausnahme: [1]** Auswahlerfindungen [T990/96], **[2]** Product-by-Process [T205/83] oder wenn **[3]** Unterscheidungsmerkmal implizites Merkmal oder Parameter ist.

Für **abhängige Ansprüche** gilt: Ist der Gegenstand eines unabhängigen Patentanspruchs neu, so ist auch der Gegenstand der von ihm abhängigen Ansprüche neu gegenüber dem zitierten Stand der Technik [B-III, 3.7].

Sachprüfung – Einwände

Auswahlerfindung („selection invention")

„gezielte" Auswahl nicht ausdrücklich erwähnter **Einzel**elemente, **einer** Teilmenge bzw **eines** Teilbereichs aus einer größeren vorbekannten Menge im nächstliegenden StdT, die zudem einen neuen oder verstärkten technischen Effekt aufweist (**Konzept der Individualisierung**) — 5

Beweislast vorliegender Neuheit trägt der Anmelder/PI [T990/96]

Überlappung mit StdT (z.B. Eckwert, Zwischenbereich, chem Formel) ist neuheitsschädlich [T666/89] [107]

1) **keine Auswahl aus einer Liste**
   ausgewählter Einzelgegenstand (A^1) aus einer (individualisierten) Liste (A^1, A^2, A^3) ist nicht neu [T12/81]

2) **Zwei-Listen-Prinzip** [RBK I.C.5.1]
   Eine individualisierte (konkretisierte) Merkmalskombination (z.B. A^1+B^3) ist neu, wenn [T12/81]:
   i) Kombination eine gezielte Auswahl von Merkmalen aus mind **zwei variablen Listen**/Gruppen ist,
   ii) jede Liste/Gruppe einen **gewissen Umfang** aufweist (z.B. A^1 bis A^4 und B^1 bis B^4).

   Beispiel:
   - chem Einzelverbindung aus einer allgemeinen Strukturformel, die mind zwei variablen Substituenten aufweist [T181/82],
   - Ausgangsstoffe zur Herstellung eines Endprodukts,
   - ein aus einer Liste ausgewählter Wirkstoff zur Behandlung einer aus einer Liste ausgewählten Krankheit [T47/07]

3) **Auswahl aus Parameterbereichen**
   Auswahl eines Teilbereichs aus größeren Zahlenbereich des StdT ist neu, wenn der Teilbereich [T261/15, T279/89]:
   i) eng gegenüber dem vorbekannten Bereich ist und
   ii) genügend Abstand von den Eckwerten des bekannten Bereichs und von konkreten im Stand der Technik offenbarten Beispielen hat.
      keine Bereichsüberlappung mit StdT; ausgenommen, wenn Gegenstand eindeutig nicht im Überscheidungsbereich auszuführen ist [T751/94];

   Ein im Teilbereich auftretender technischer Effekt allein verleiht keine Neuheit, kann aber Hinweis für Neuheit und nicht nur Ausschnitt des SdT sein.

   Fehlergrenzen sind zu berücksichtigen; sind keine Fehlergrenzen angegeben, ist der Maximalfehler für die letzte angegebene Stelle aus der Rundungskonvention abzuschätzen ($1,5 \leq 2 \leq 2,49$) [T175/97; G-VI,8.1].

   Beispiele - chemischer Auswahlerfindungen
   - Einzelverbindung gegenüber generischer Strukturformel [T85/87; T133/92]
   - Konkretisierung einzelner Substituenten eines polysubstituierten Stoffs [T7/86]
   - konkretes Paar an Ausgangsstoffen [T12/81; T181/82]
   - Enantiomer gegenüber Racemat [T296/87; T1048/92 [108]]
   - höherer Reinheitsgrad niedermolekularer chemischer Verbindung [T392/06, T803/01 [109], T112/00 [110]]
   - höherer Reinheitsgrad eines Proteins [T1336/04; T767/95; T90/03]

G-VI,8

Disclaimer

negatives technisches Merkmal zum Ausklammern einer spezifischen Ausführungsform eines allgemein gefassten Merkmals. Unterscheidung zwischen: — 6

1) ursprünglich **offenbarter Disclaimer**
   Disclaimer selbst nicht offenbart, der durch ihn ausgeklammerte Gegenstand aber aus ursprünglich eingereichter Fassung der ePa herleitbar, z. B. aus einer Ausführungsform [G1/16]

2) ursprünglich **nicht offenbarter Disclaimer** [H-V,4.1]
   weder Disclaimer selbst noch der durch ihn ausgeklammerte Gegenstand ist in der Anmeldung in der ursprünglich eingereichten Fassung offenbart [G1/03; G2/03; G1/16];

   ändert Prioritätsrecht nicht, wenn er keinen technischen Beitrag [111] leistet [T175/03]

   Fall 1: gewährbar nach G1/03; G2/03
   i) Wiederherstellung der Neuheit ggü 54(3)-Dokument,
   ii) Wiederherstellung der Neuheit ggü zufälliger Vorwegnahme in Art.54(2)-Dokument [112],
   iii) Entfernung eines Gegenstands aus nicht technischen Gründen zur Wiederherstellung Patentfähigkeit ggü Art.52-57.

RBK II.E.1.7.2

---

[107] ausgenommen Verfahren, das im Überschneidungsbereich eindeutig nicht ausführbar offenbart ist [T751/94].
[108] Frage ob Methoden zur Stoffauftrennung bekannt sind, gehört zur Prüfung auf erfind. Tätigkeit.
[109] Ausnahmefall, wenn nachweislich alle früheren Versuche, mittels herkömmlicher Reinigungsverfahren einen bestimmten Reinheitsgrad zu erzielen, fehlgeschlagen sind [T990/96].
[110] höherer Reinheitsgrad von Gemischen als Endprodukt und Lösungsmittel (=Ausgangsstoff).
[111] und somit beachtlich für die Beurteilung der erfind. Tätigkeit würde.
[112] offenkundig unerheblich und so weitab von Erfindung, dass Fachmann diese nicht berücksichtigt hätte [G1/03; G2/03]; **Beispiele:** weitabliegendes Fachgebiet [T608/96]; völlig andere techn. Aufgabe [T161/82]; gleiche Edukte in verschiedenen Reaktionen mit verschiedenen Produkten [T298/01].

Fall 2: gewährbar nach G2/10
  i) Anspruch umfasst eine Vielzahl spezifischer Ausführungsformen (zB Markush-Gruppe),
  ii) Gegenstand des Disclaimers ist in urspr. Fassung der Voranmeldung (singulär) als Ausführungsform der Erfindung offenbart (zB als (Vergleichs-)Beispiel oder Untergruppe „A = A^1, A^2, A^3"),
  iii) **verbleibender beanspruchter Gegenstand** ist
  - in urspr. Fassung der ePa explizit oder implizit, aber unmittelbar und eindeutig offenbart,
  - keine bloße Untergruppe des urspr. generisch Beanspruchten (A = $A^1, A^2, A^3 \rightarrow A^1$) [T615/95],
  - keine Zwischenverallgemeinerung.

Fall 3: nicht gewährbar
  i) erforderliche Beschränkung ist klarer und knapper durch positives urspr. offenbartes Merkmal formulierbar [**Art.84**; T4/80],
  ii) Ausklammern nicht funktionsfähiger Ausführungsformen [**Art.83**],
  iii) Disclaimer leistet einen techn Beitrag [113] oder heilt eine unzureichende Offenbarung [**Art.123(2)**].

7	**inhärente Merkmale**	Struktur und Zusammensetzung **vorbenutzer Erzeugnisse** sind offenbart, wenn diese am AT/PT [G1/92]: 1) mit bekannten Analysetechniken unmittelbar und eindeutig analysierbar [T952/92] erforderlicher Zeitaufwand ist irrelevant [T390/88]; außer erforderliche Manpower immens und aus wirtschaftl. Gründen unwahrscheinlich [T461/88] 2) ohne unzumutbaren Aufwand reproduzierbar ist **nicht inhärente Merkmale**, die nur in Wechselwirkung mit äußeren Faktoren entstehen, sind kein StdT [G1/92, T472/92] zur Bedruckbarkeit eines Erzeugnisses]
8	**Product-by-Process** F-IV,4.12	**Beweislast** vorliegender Neuheit trägt der Anmelder/PI [T205/83]; aber Begründung für Behauptung mangelnder Neuheit durch Prüfungsabteilung zwingend [T828/08]
9	**Reinheitsgrad** G-VI,7	Ein anderer Reinheitsgrad einer bekannten Verbindung, der mit herkömmlichen Mitteln erzielt werden kann, begründet keine Neuheit [T360/07]
10	**techn. Vorurteil** („teach away") G-VII, Anlage	Lehre im StdT, die Fachmann von Erfindung wegführt, kann erfind. Tätigkeit begründen (=**techn. Hindernis**) Vorurteil muss am PT bereits bestanden haben; nach PT entwickeltes Vorurteil, ist für Beurteilung erfind. Tätigkeit irrelevant [T341/94]; **Beweislast** trägt Anmelder/PI [T119/82]; hoher Beweismaßstab erforderlich [T1989/08]; einzelne Patentschrift genügt normalerweise nicht [T19/81].
11	**Zahlen-/Maßangaben** (Bereiche)	nummerisch, verbal (zB rechtwinklig) oder durch Formel dargestellter Wert eines Parameters Auslegung: - Formulierung „im Bereich von 1 bis 60" schließt Eckpunkte mit ein [T240/95], Formulierung „ca. 10" gilt als „$10 \pm \Delta$" [T1115/09], - angegebene **Fehlergrenze** Δ ist für Ober-/Untergrenze stets zu berücksichtigen [T594/01], - Rundungsfehler: ist keine Fehlergrenze angegeben, bestimmt sich Maximalfehler für letzte angegebene Stelle aus der Rundungskonvention ($3,45 \leq 3,5 \leq 3,54$) [T175/97; G-VI,8.1]. Ausgenommen, wenn Verfahren eindeutig nicht im Überscheidungsbereich auszuführen ist → nicht neuheitsschädlich [T751/94].
12	**Zusammenfassung**	Zusammenfassung eines Dokuments stellt ab Veröff. einen vollwertigen StdT dar [T243/96]; aber **fehlerhafte Zusammenfassung** ≠ StdT; bei Widerspruch zwischen Dokument und dessen Zusammenfassung, hat Dokument Vorrang [T77/87, T243/96] Inhalt der Zusammenfassung eines Art.54(3)-Dokuments wird nicht berücksichtigt [G-IV,5.1]
13	**Zusammensetzungen**	Punktoffenbarung einer **Legierung** ist als kleiner Bereich um die theoretische Angabe zu lesen, sofern keine Beweise für das Gegenteil vorliegen [T624/91].
14	**Zweckangaben** F-IV,4.13	**Vorrichtung:** Zweckangabe ist nur so auszulegen, dass Gegenstand für diese Verwendung geeignet sein muss. **Arbeitsverfahren:** Zweckangabe ist funktionelles Merkmal zur Definition eines Verfahrensschrittes [T848/93] **Herstellungsverfahren:** Zweckangabe ist nur so auszulegen, dass sich Verfahren für angegebene Verwendung eignet [T304/08]

---

[113] und somit beachtlich für die Beurteilung der erfind. Tätigkeit würde [T653/92].

Erfinderische Tätigkeit

Art.52(1) iVm Art.56, G-VII,5, RBK I.D.2

Ursprünglicher oder neuer Anspruch ist darauf zu prüfen, inwieweit dieser in seiner Gesamtheit erfinderisch ist. Dazu ist der **Aufgabe-Lösungs-Ansatz** (Problem-Solution-Approach, **PSA**) zu verwenden.

Aufgabe-Lösungs-Ansatz

1) Bestimmen des **nächstliegenden StdT** (closest prior art)

   nächstliegender StdT ist **eine Quelle nach Art.54(2)**, die den erfolgversprechendsten Ausgangspunkt für die Entwicklung des Erfindungsgegenstands darstellt und sollte

   a) dieselbe/ähnliche objektiv technische Aufgabe betreffen,
   b) auf ähnlichen Zweck/Wirkung gerichtet sein,
   c) dasselbe/verwandte technische Gebiet betreffen,
   d) meisten strukturellen/funktionellen Gemeinsamkeiten zur Erfindung aufweisen. T606/89

   - nächstliegender StdT ist eine Quelle in ihrer Gesamtheit oder eine einzelne Ausführungsform daraus
   - kommen mehrere Dokumente in Betracht ist erfinderische Tätigkeit ggf. mehrfach anhand des PSA zu prüfen

   G-VII,5.1

2) Bestimmen der **Unterschiede** zum nächstliegenden StdT durch Merkmalsvergleich mit Erfindungsgegenstand (distinguishing features):

   a) Bestimmung techn. und nicht-techn. Unterschiede unter
   b) Berücksichtigung struktureller und funktioneller Merkmale, **nicht-techn. Merkmale** müssen berücksichtigt werden, wenn sie die einzige logische Verbindung zwischen techn. Merkmalen bilden [T641/00, COMVIK-Ansatz].

   G-VII,5.2

3) Bestimmen der **technischen Wirkung** der ermittelten Unterscheidungsmerkmale ggü nächstliegenden StdT (technical effect)

   G-VII,5.2

4) Formulieren der **objektiv technischen Aufgabe** der Erfindung anhand technischer Wirkung (objective technical problem)

   ist techn. Effekt gleich dem des nächstliegenden StdT und lässt sich daher keine neue objektiv technische Aufgabe ausgehend vom nächstliegenden StdT formulieren, liegt die Aufgabe in der Bereitstellung einer **Alternativlösung** [T92/92, RBK I.D.4.5]

   Formulierungshinweise
   - Aufgabe darf keine techn. Lösungsmittel enthalten, da dies unweigerlich eine retrospektive Betrachtung (*ex-post-facto*) impliziert [T229/85]
   - techn. Wirkung kann nicht Teil der Aufgabe sein, da sie Teil der im Anspruch vorgesehenen Lösung ist [G1/03]
   - **Neuformulierung:** techn. Aufgabe muss nicht der ursprünglich in der Beschreibung formulierten Aufgabe entsprechen [T39/93]

   G-VII,5.2

5) **Could would approach** (obvious solution)

   a) **konnte** der Fachmann das Unterscheidungsmerkmal irgendwo im StdT nach Art.54(2) auffinden (gleiche oder zweite Quelle)
   wenn nein, so liegt erfind. Tätigkeit vor,
   wenn ja, so stellt sich die folgende Frage:

   b) **würde** der Fachmann mit dem StdT, aufweisend das Unterscheidungsmerkmal, zur Erfindung gelangen, weil der StdT ihn dazu veranlasst hat (durch expliziten Hinweis) die technische Aufgabe zu lösen/eine Verbesserung zu erzielen   T414/98, G-VII,6

   zu **bejahen**, wenn identische Wirkung(en) offenbart, gleicher Zweck oder selbes/verwandtes techn. Gebiet → Kombination der Dokumente liegt nahe und erfind. Tätigkeit ist zu verneinen

   zu **verneinen**, wenn Hindernisse im StdT, dh Abweichung zu vorgenannten Punkten → erfind. Tätigkeit liegt vor.

   G-VII,5.3

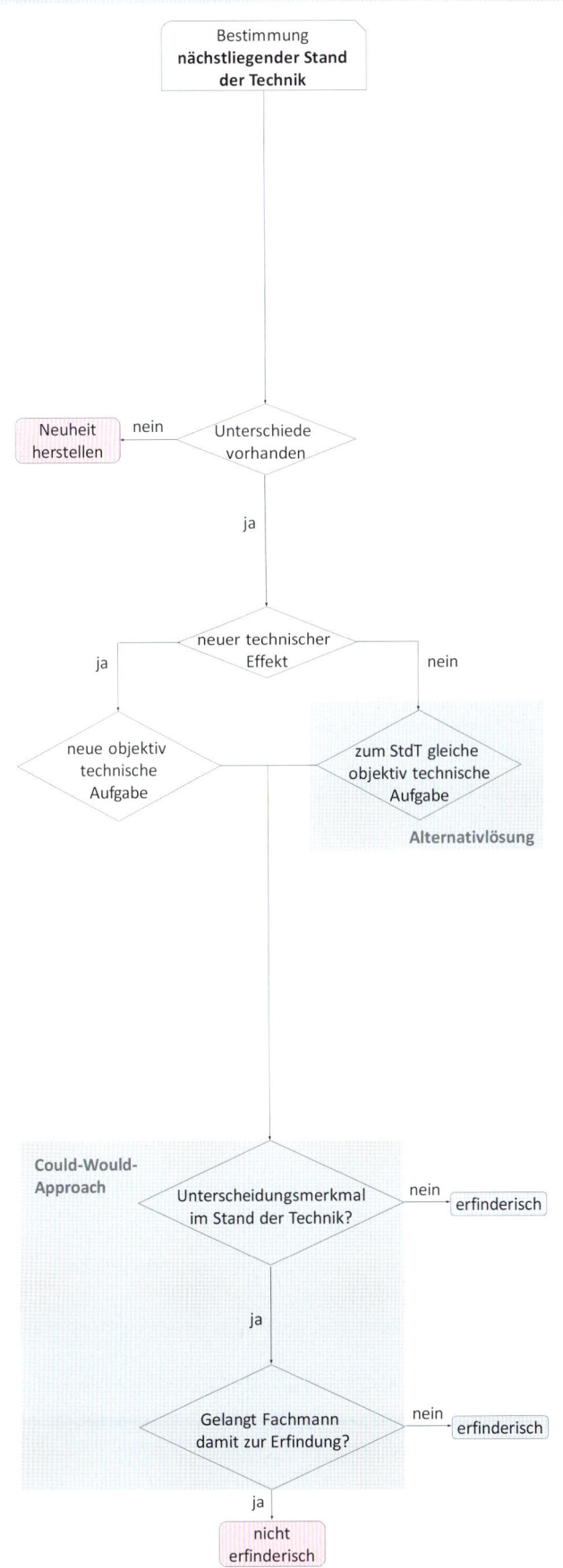

Fig.1: Schematischer Aufgabe-Lösungs-Ansatz.

16	**Alternativlösung**	objektiv zu lösende Aufgabe ist nicht neu [T92/92]
	RBK I.D.4.5	Alternativlösung muss keine (wesentliche/graduelle) Verbesserung ggü dem StdT darstellen [T588/93].
17	**Abhängiger Anspruch**	Nächstliegender StdT kann ein anderer sein als für den unabhängigen Anspruch
18	**Analogieverfahren**	Verfahren, bei dem strukturell ähnliche Ausgangsstoffe mit einem bekannten Verfahren zu strukturell ähnlichen Produkten umgesetzt werden.
		Ist **Produkt bereits bekannt** oder nur neue Modifikation eines bekannten Strukturteils, sollte dessen Zwischenprodukt oder das Verfahren nicht nur aus bekannten oder naheliegenden Merkmalen des StdT bestehen [T119/82].
19	**Aufgabe**	Leitet sich aus resultierenden techn. Wirkung der Unterscheidungsmerkmale ab
		Grundsätzlich kann **jede Wirkung** als Grundlage für Neuformulierung der Aufgabe dienen, sofern diese aus Anmeldung in urspr. eingereichter Fassung ableitbar ist [T386/89];
		neue Wirkung wird nur berücksichtigt, wenn diese für den Fachmann erkennbar in der ursprünglich gestellten Aufgabe impliziert ist oder zumindest mit ihr im Zusammenhang steht [T184/82];
		Wirkung als Teil der Aufgabe – Beruht erfind. Tätigkeit auf einer bestimmten techn. Wirkung, so muss sich diese **im gesamten beanspruchten Bereich** erzielen lassen [T939/92];
	G-VII,5.2	keine Berücksichtigung von **angeblichen Vorteilen**, die nicht hinreichend belegt sind [T20/81, T1027/08].
20	**Aufgabenerfindung**	Entdeckung einer unerkannten (nicht offensichtlichen) Aufgabe kann zu patentierbarem Gegenstand führen, auch wenn beanspruchte Lösung rückblickend einfach und an sich naheliegend ist [T2/83].
		keine Aufgabenerfindung, wenn Aufgabe vom Durchschnittsfachmann hätte gestellt werden können [T109/82], da Fachmann üblicherweise und routinemäßig Nachteile beseitigt und Verbesserungen erzielen will [T15/81; T532/88].
21	**Auswahlerfindung**	„gezielte" Auswahl nicht ausdrücklich erwähnter Einzelelemente, einer Teilmenge bzw eines Teilbereichs aus einer größeren vorbekannten Menge im nächstliegenden StdT, die mit einem **neuen oder verstärkten techn. Effekt** verbunden ist, dh:
		1) Auswahl aus **[1]** mehreren Listen; **[2]** einem Parameterbereich; **[3]** Gruppe von Gegenständen
		2) kein Hinweis im StdT
	G-VII, 12	3) unerwarteter techn. Effekt [114], der über den gesamten beanspruchten Bereich gilt [T939/92]
22	**Chemische Erfindungen**	Beruht techn. Aufgabe im Bereitstellen einer chemischen Verbindung mit einer bestimmten techn. Wirkung, so müssen im Wesentlichen alle beanspruchten Verbindungen diese angegebene techn. Wirkung aufweisen, damit erfind. Tätigkeit bejaht werden kann; **Beweislast** liegt beim Anmelder/PI [T939/92].
		Strukturell ähnlichen Verbindungen die erfind. Tätigkeit abzuerkennen, ist nur zulässig, wenn Fachmann aufgrund allgemeinen Fachwissens oder Hinweisen im StdT wusste, dass bestehende strukturelle Unterschiede keinen wesentlichen Einfluss auf Eigenschaften haben [T852/91]. Beim **Drug Design** wird davon ausgegangen, dass jede strukturelle Veränderung das pharmakologische Wirkprofil der Ausgangsstruktur verändert, sofern keine Korrelation zwischen Strukturmerkmalen und Wirkung nachgewiesen [T548/91; T2402/10].
		Zwischenprodukt ist erfinderisch, wenn es im Zuge eines erfinderischen (Mehrstufen)Verfahrens bereitgestellt oder weiterverarbeitet wird [T22/82; T648/88].
		bloße Bereitstellung **kristalliner Form** einer bekannten Verbindung ist nicht erfinderisch, solange kein technisches Vorurteil zu überwinden war und kein unerwrteter Effekt resultiert; da Verbesserung ggü amorphen Formen naheliegend und Fachmann mit entsprechenden Routineverfahren hierfür vertraut ist [T777/08].
23	**Fachmann** ("skilled person")	**Fachmann** ist ein erfahrener Mann der Praxis vor dem AT bzw. PT der ePa (Durchschnittsfachmann) [G-VII, 3]
		1) der über durchschnittliche Kenntnisse und Fähigkeiten verfügt,
		2) der über allgemein üblichen Wissensstand auf dem betreffenden techn. Gebiet unterrichtet ist,
		3) der zu allem, was zum StdT gehört Zugang hatte,
		4) der über die normalen Mittel und Fähigkeiten für routinemäßige Arbeiten und Versuche verfügte.
		Team von Fachleuten mit Sachkenntnissen auf verschiedenen Fachgebieten zulässig [T141/87, T99/89], wenn
		▪ Teilaufgaben, dh zu lösendes Problem berührt ersichtlich ein 2. Fachgebiet [T424/90]
		▪ zuständiger Fachmann erkennt, die Lösung auf 2. Fachgebiet zu finden [T164/92]
		▪ gebietsübergreifende Entwicklung üblich [T223/92 - Genetik; T222/86 - Lasertechnologie; T147/02]
	G-VII, 3	Der Fachmann hat bei der Beurteilung erfind. Tätigkeit und Ausführbarkeit denselben Wissensstand [T60/89].

---

[114] der für die Auswahl auftretende techn. Effekt kann auch derselbe sein, wie im vorbekannten Bereich, nur in unerwartetem Ausmaß [G-VII,12]

Sachprüfung – Einwände

Kombinationserfindung	Gruppe techn. Merkmale die durch funktionelle Wechselwirkung untereinander einen kombinatorischen techn. Effekt ergeben, der anders ausfällt als die Summe der technischen Wirkungen der Einzelmerkmale (**Synergieeffekt**) [T1054/05] (Unterschied zu bloßer Aggregation von Merkmalen);	24
	Bekanntsein einzelner/mehrerer Merkmale sagt nicht, ob deren Kombination naheliegend ist [T37/85];	
	StdT muss Hinweise für **Naheliegen der Gesamtkombination** aufzeigen [T388/89];	
	Bedarf es zur vollständigen Lösung der Aufgabe einer gezielten Auswahl aus einer Vielzahl an Entgegenhaltungen, liegt vermutlich erfind. Tätigkeit vor [T406/98];	
G-VII, 7	z.B. Kombinationspräparat (Kit-of-Parts) [T9/81]	
Teilaufgaben	bei Merkmalsgruppen, die in **keiner funktionellen Wechselwirkung** zueinanderstehen (Aggregation von Merkmalen) und mithin unterschiedliche Aufgaben lösen, ist **getrennt zu prüfen**, ob jede einzelne Merkmalsgruppe für sich erfind. ist [T389/86];	25
	zur Beurteilung erfind. Tätigkeit können **verschiedene Dokumente** als nächstliegender StdT genutzt werden [T130/89] und für jede Teilaufgabe wird auf den zuständigen Fachmann abgestellt [T32/81].	
Vergleichsversuche („comparitive test")	vorgelegte Versuchsdaten zu überraschenden Effekten, die als Anzeichen für erfind. Tätigkeit dienen	26
	Versuche müssen **ggü nächstliegendem StdT** erfolgen [T197/86; T234/04], z.B. müssen Vergleichsverbindungen größtmögliche Strukturnähe ggü Erfindungsgegenstand besitzen.	
	Grundsätzlich kann **jede Wirkung der Erfindung** (auch nachträglich) als Beleg für erfind. Tätigkeit dienen, solange diese in ursprünglich gestellter Aufgabe implizit enthalten ist oder im Zusammenhang mit ihr steht [T184/82, T386/89].	
	Aufnahme neu formulierter techn. Aufgabe in Beschreibung anhand von Vergleichsversuchen, die urspr. nicht offenbarte Wirkung belegen, unzulässig; Verstoß gegen Art.123(2) [G-VII,11; T13/84]	
G-VII, 11	werden veröffentlicht und durch Akteneinsicht zugänglich.	
Wirkung, technische	resultierende techn. Wirkung bestimmt ausgehend von den Unterscheidungsmerkmalen ggü. StdT	27
G-VII,5.2	**Aufgabe/Teilaufgabe** [Rn.B-19&25]	

mangelnde Offenbarung

Art.83, F-III

Beweislast	**Beweislast** bzw. zumindest deren Glaubhaftmachung liegt beim Anmelder [F-III,4]	28
	nachveröffentlichte Dokumente als Nachweis bei nur abstrakt offenbarter Erfindung zulässig [T994/95]	
	Anerkenntnis von Neuheit und erfinderischer Tätigkeit ist ein **Indiz für ausreichende Offenbarung** [T561/96]	
unzulässige Einwände	1) einzelne Ausführungsformen nicht ausführbar, sofern funktionsfähige Ausführungsformen anhand Offenbarung identifizierbar [G1/03],	29
	2) Fehlen von Einzelheiten, wenn diese aus allgemeinem Fachwissen bekannt [F-III,1],	
	3) Spezielles technisches Know-How des Fachmanns erforderlich [F-III, 5.3]	
Bezugsdokument	Angaben die lediglich durch Verweis auf ein anderes Dokument in Beschreibung enthalten sind, aber für die Erfüllung der Erfordernisse **Art.83** unerlässlich sind, können explizit in Beschreibung aufgenommen werden, da die Patentschrift hinsichtlich der wesentlichen Merkmale der Erfindung aus sich heraus, d. h. ohne Verweisung auf andere Dokumente, verständlich sein muss.	30
Durchgriffsanspruch	aufgabenhafte Definition einer chemischen Verbindung (bzw deren Verwendung), die nur funktionell durch die Wirkung auf ein anderes Molekül bestimmbar ist (z.B. unter Anwendung eines Screening-Verfahrens) ist **unzulässig**, da es sich dabei um eine Aufforderung an den Fachmann zur Durchführung eines unzumutbaren Forschungsprogramms handelt [T1063/06].	31
F-III, 9	Beschränkung auf tatsächlichen Beitrag zum StdT erforderlich.	
Rückbezüge in Ansprüchen	spezifische Merkmalskombination, die nur in separaten abhängigen Ansprüchen offenbart ist, gehört nicht zum Offenbarungsgehalt, wenn Patentschrift dazu keine Beispiele oder Ausführungsformen offenbart [T42/92]	32
Zeichnungen	Zeichnungen offenbaren	33
	• Merkmale auch ohne Beschreibung [T204/83],	
	• keine Abmessungen, die nur durch Nachmessen ermittelbar [T204/83],	
	• keine negativen Merkmale, die zur Abgrenzung ggü StdT dienen können [T170/87]	

Klarheitseinwand

Art.84, F-IV

34 unzulässige Einwände

unbestimmte Merkmale zulässig, wenn
1) sonst unnötige Einschränkung des Anspruchsumfangs
2) Nachprüfung möglich (ggf durch einfaches Herumexperimentieren) [T88/87, T860/93]
   - Nachweis durch allgemeines Fachwissen [Rn.A-17] oder
   - Nachweisverfahren explizit in Beschreibung angegeben
3) Merkmalsbedeutung aus Anspruch selbst verständlich

<u>Beispiele</u>: Materialeigenschaft als (offener) Zahlenbereich angegeben [T129/88]

relative Begriffe zulässig, wenn
- Bedeutung durch Offenbarung klar definiert [T378/02] [Rn.A-62],
- Nachweisverfahren muss nicht explizit in Beschreibung angegeben sein, wenn sich Begriffsbedeutung dem Fachmann erschließt [T860/93].

<u>Beispiele</u>: Materialeigenschaften (Wasserlöslichkeit)

funktionelle Merkmale zulässig, wenn
1) Merkmal ohne Einschränkung der techn. Lehre anders nicht präziser umschreibbar
2) funktionelles Merkmal offenbart dem Fachmann ausreichend klare techn. Lehre, die er mit zumutbarem Denkaufwand - wozu auch die Durchführung üblicher Versuche gehört - ausführen kann [T68/85]

allgemeiner Begriff, der breiten Anspruchsgegenstand definiert, ist kein Klarheitsmangel [T238/88]

35 begründeter Einwand

I) Fehlen wesentlicher Merkmale in unabhängigen Ansprüchen [115]
II) Zahl unabhängiger Ansprüche [R.62a, F-IV,3.3; H-II,5]

enthält ePa oder Euro-PCT-Anmeldung ungerechtfertigte Vielzahl unabhängiger Ansprüche so ergeht **Aufforderung zur Beschränkung der Ansprüche [R.62a(1)]**.

<u>Reaktion Anmelder</u>: Anpassung Anspruchssatzes oder begründete Gegenargumente [T56/01; F-IV, 3.3]

<u>Konsequenz bei Nichterfüllung</u>:
1) teilw ESR [R.63] und
2) Aufforderung nicht recherchierte Gegenstände zu streichen [R.62a(2)] UND entsprechende Beschreibungsanpassung [H-II,5].

<u>Reaktion Anmelder</u>:
Fall 1: Anmelder erfüllt alle Erfordernisse → Sachprüfung wird fortgesetzt
Fall 2: Anmelder erfüllt Erfordernisse nur teilweise → Auff zur Streichung nicht recherchierter Gegenstände [R.137(5)]
Fall 3: Anmelder erfüllt Erfordernisse nicht → Zurückweisung der ePa möglich [Art.97(2)]

Beweislast trägt der Anmelder [T56/01]

Uneinheitlichkeitseinwand

Art.82

36 während Recherche

<u>Mangelnde Einheitlichkeit</u>: Erstellung eines teilweisen Recherchenberichts und Auff. zur Zahlung weiterer Recherchengebühr [1.390 € pro weiterer Erfindung] binnen **2 M**$^{+10Tage}$ [Art.92, R.64(1) bzw R.164(1)/(2) iVm Art.2 Nr.2 GebO] [116];

F-V,6 <u>Abhilfe</u>: Einreichung einer TA [Art.76, R.36, S.95]

37 während Sachprüfung

Nichtzahlung weiterer Recherchengebühren gilt als Verzicht auf weitere Ansprüche UND es ergeht eine Auff. zur Beschränkung auf eine Erfindung [R.62a(2), R.63(3) bzw R.164(2) c); G2/92];

bei **Nichtreagieren** des Anmelders auf diesen Einwand (durch Änderung der Ansprüche oder überzeugende Argumente), wird ePa zurückgewiesen [Art.97(2)].

F-V,7 <u>Beachte</u>: Im weiteren Verfahren vorgenommene Änderungen der Ansprüche dürfen sich nicht auf nicht recherchierte Gegenstände beziehen [R.137(5), H-II,6.2]

---

[115] alle Merkmale, die Erfindung vom nächstliegenden StdT unterscheidet (techn. und nichttechnische Merkmale).
[116] **Rückerstattung**: wird ggf. auf Antrag des Anmelders zurückgezahlt, wenn nachträglich Einheitlichkeit bejaht [R.64(2), R.164(1)/(2), C-III,3.3].

Änderung der Anmeldung

Änderung der Anmeldeunterlagen

Bei Änderungen der Anmeldeunterlagen ist zu beachten, dass nicht beliebig geändert werden kann. Zunächst ist zu prüfen, ob für die **Änderung eine Basis** in dem gesamten Inhalt der Anmeldung oder Stammanmeldung in der ursprünglich eingereichten Fassung vorhanden ist. Des Weiteren muss die **Änderung gewährbar und zulässig** sein.

Recht auf Änderungen

Anmelder hat einmal das Recht auf Antrag die Beschreibung, Zeichnungen und Ansprüche von sich aus zu ändern [**Art.123(1)**], anschließend sind Änderungen nur noch mit Zustimmung der Prüfungsabteilung zulässig [**R.137(3)**]

Euro-direkt:
Änderungen der Anmeldung (Beschreibung, Zeichnung, Ansprüche) erst nach Erhalt des ESR [**R.137(1)**],
In Erwiderung auf den eESR oder von sich aus [**R.137(2)**, **Rn.DI-98**]

Euro-PCT:
von sich aus bei Eintritt in EP-Phase in Erwiderung auf WO-ISA, IPER oder SISR [**Art.123(1)**]; anschließend sind Änderungen nur noch mit Zustimmung der Prüfungsabteilung zulässig [**R.137(3)**]

[H-I]

Erfordernisse, formelle

1) Antrag auf Änderung,
2) Änderungen maschinell verfasst [**R.50(1)**, **R.49(8)**, **ABl.2013,603**],
3) Änderungen müssen gekennzeichnet und Basis in ePa angegeben werden [**R.137(4)**]
   ggf. Argumente, warum Änderungen unmittelbar und eindeutig aus urspr. Anmeldefassung ableitbar

Gewährbarkeit (sachliche Zulässigkeit)

Änderungen müssen folgenden inhaltlichen Erfordernissen entsprechen:
1) Gegenstand darf nicht über Inhalt der urspr. eingereichten Anmeldefassung hinausgehen [**Art.123(2)**];
2) keine Widersprüche zwischen Ansprüchen und Beschreibung/Zeichnungen [**Art.84**];
3) beanspruchte Gegenstände müssen einheitlich sein [**Art.82**, **Rn.A-76ff.**] [117],
4) geänderte Ansprüchen dürfen sich nicht auf nicht recherchierte Gegenstände beziehen [**R.137(5)**];
5) bei Berichtigung nach **R.139** muss der Fehler offensichtlich sein.

Beachte: Bei Streichung eines Gegenstands aus Anmeldung sollte Anmelder alle Erklärungen vermeiden, die als **Verzicht** ausgelegt werden können. Andernfalls kann dieser Gegenstand nicht wieder ins Verfahren aufgenommen werden [**J15/85**, **H-III,2.5**].

[H-IV, H-V]

Zulässigkeit

Der Inhalt der Anmeldung oder Stammanmeldung in der ursprünglich eingereichten Fassung darf nicht als „Reservoir" beliebiger Merkmalskombinationen verstanden werden [RBK II.E.1.6.1, T296/96]. Ob eine Änderung zulässig ist, ist mit dem **„Goldstandard"** zur Beurteilung von Zwischenverallgemeinerungen überprüfbar. Der früher angewendete **Wesentlichkeitstest** gilt seit neuester Rechtssprechung lediglich noch als Indiz dafür, ob eine Änderung mit Art. 123(2) in der Auslegung gemäß dem Goldstandard vereinbar ist. Gleiches gilt für den **Neuheitstest** [RBK II.E.1.3].

„Goldstandard" [H-IV,2.1; RBK II.E.1.3.1]
Mit Hilfe des „Goldstandards" kann beurteilt werden, ob eine Änderung mit Art.123(2) konform ist, insbesondere auch, ob eine **Zwischenverallgemeinerung** [RBK II.E.1.9] und ein **offenbarter Disclaimer** [RBK II.E.1.9, G2/10, G1/16] zulässig sind. Dafür sollte der Gegenstand
1) vom Fachmann [RBK II.E.1.3.2]
2) aus der Gesamtheit der Unterlagen in der ursprünglich eingereichten Fassung (zumindest implizit offenbart [RBK II.E.1.3.3])
3) unter Heranziehen des allgemeinen Fachwissens - objektiv und bezogen auf den AT -
4) unmittelbar und eindeutig zu entnehmen sein [G3/89, G11/91, G2/10].

Neuheitstest [H-IV,2.1, RBK II.E.1.3.7]
Der Neuheitstest spielt nach neuester Rechtssprechung zur Beurteilung des Art.123(2) keine Rollte mehr [T2537/10].

Wesentlichkeitstest (Dreipunkte-Test) [H-V,3.2.1, RBK II.E.1.4.4, T331/87]
Der Wesentlichkeitstests wird nach neuester Rechtssprechung maximal noch, zur Beurteilung der Gewährbarkeit einer Änderung herangezogen [RBK II.E.1.4.2] Danach ist das Ersetzen/Streichen eines Merkmals iSv **Art.123(2)** nur zulässig, wenn
1) das Merkmal in Offenbarung nicht als wesentlich (essentiell) hingestellt worden ist **Art.84**
2) das fehlende Merkmal als solches für die Funktion der Erfindung unter Berücksichtigung der technischen Aufgabe, die sie lösen soll, nicht unerlässlich ist **Art.83**
3) Ersetzen/Streichen dieses Merkmals keine wesentliche Angleichung anderer Merkmale erfordert. **Art.123(2)**

---

[117] wird nur im Erteilungsverfahren geprüft, nicht Gegenstand des Einspruchs-/Beschränkungsverfahrens.

Basis für Änderungen (alphabetisch sortiert)

43 Maßgebend für Änderungen ist immer die ursprüngliche eingereichte Fassung, nicht eine ggf. erforderliche Übersetzung in Amtssprache gem. **Art.14(2)** iVm **R.6(1)**, wenn ursprünglich eingereichte Fassung in einer Nichtamtssprache vorlag [**Art.70(2)**, T287/98].

Basis	Zulässigkeit
Ansprüche	können als Basis für Änderungen dienen, z.B. können abhängige Ansprüche in den zugehörigen unabhängigen Anspruch aufgenommen werden oder abhängige in unabhängige Ansprüche umgewandelt werden [H-V,3.2 und 7]
Ausführungsbeispiele	zulässig, ausgenommen nicht ausführbare [T81/87]
Beschreibung	zulässig
Bezeichnung	unzulässig, da nur zur technischen Information dienend, keine Aussage über Schutzumfang

Bezugsdokument, Querverweis [118]	Aufnahme von Merkmalen aus Bezugsdokument ist zulässig, wenn **[1]** die Anmeldung eine Anmeldung mit Bezugnahme [**Art.40**] ist oder **[2]** die Anmeldung zur genaueren Information über bestimmte Merkmale ausdrücklich auf ein anderes Dokument verweist [T153/85] [H-V,2.5 und H-IV,2.3.1]:
	
	Voraussetzungen für Merkmalsaufnahme
	1) kein Verstoß gegen Art.123(2), dh für Fachmann ist zweifelsfrei erkennbar, dass [T689/90]
	   a) für die Merkmale Schutz begehrt wird oder werden kann,
	   b) die Merkmale zur Lösung der erfindungsgemäßen tech. Aufgabe beitragen,
	   c) die Merkmale implizit eindeutig zur Beschreibung der Anmeldung [**Art.78(1) b)**] und damit zum Offenbarungsgehalt dieser Anmeldung [**Art. 123 (2)**] gehören,
	   d) die Merkmale im Bezugsdokument genau definiert und identifizierbar sind
	2a) Bezugsdokument ist der Öffentlichkeit am AT der ePa zugänglich, oder
	2b) Bezugsdokument liegt dem EPA (bzw. RO bei PCT-Anmeldung) am AT vor [119] und wird der Öffentlichkeit spätestens am Tag der Veröff. der ePa zugänglich [T737/90]
	
	Sprache des Bezugsdokuments ist irrelevant [T920/92]

Merkmal auf das ausdrücklich verzichtet ist	unzulässig [T61/85] (z.B. durch einen Disclaimer)
Nachgereichte Teile	zulässig, wenn Prio wirksam, da als ursprünglich offenbart geltend [**R.56(3)**, H-IV,2.2.2]

Nichtrecherchierte Gegenstände	unzulässig, wenn Basis nicht recherchierter Gegenstand [**R.137(5)**, H-II,6], weil
	   a) uneinheitliche Gegenstände [**Art.82**],
	   b) unzulässig viele unabhängige Ansprüche [**R.62a**],
	   c) unvollständige Recherche [**R.63**]

Parallelanmeldungen	unzulässig, da kein Bestandteil der urspr. Fassung der ePa [**Art.123(2)**, J16/13]
Prioritätsdokument	unzulässig, wenn Merkmal ausschließlich darin enthalten [**Art.123(2)**, H-IV,2.2.5, T260/85]
Sequenzprotokoll	zulässig, außer SeqProt wurde nachgereicht (gilt nicht als Bestandteil der Beschreibung [**R.30(2)**]) [H-IV,2.2.4]
Stand der Technik	Recherchierter Stand der Technik kann in Ausnahmen Basis für Änderungen sein, nämlich dann wenn es um die Aufnahme eines nicht offenbarten Disclaimers in den Anspruchssatz geht [H-V,4.1].
Zeichnungen	Zeichnung ist gleichwertige Offenbarungsquelle zu Beschreibung und Ansprüchen [T169/83] zulässig, aber Darstellungen in Zeichnungen können zufällig sein, Fachmann muss im Kontext der Beschreibung eindeutig und unmissverständlich erkennen, dass hinzugefügtes Merkmal das bewusste Ergebnis technischer Überlegungen ist, die zur Lösung der techn. Aufgabe angestellt wurden [H-V,6] Basis sind Zeichnungen, wie am AT eingereicht (z.B. auch urspr. eingereichte **Farbzeichnungen** [T1544/08]
Zusammenfassung	unzulässig, da Zusammenfassung nicht zur Beurteilung des Erfindungsgegenstandes dient und keine rechtliche Wirkung für Anmelder hat [**Art.85**, F-II,2.7, G3/89]

---

[118] **Formulierung:** "*In dieser Hinsicht wird Bezug genommen auf die Anmeldung [...], deren Inhalt hiermit in diese Anmeldung aufgenommen wird*".
[119] Aufnahme in Akte, z.B. direkt mit Einreichung der ePa oder als Priobeleg [Rn.58], wodurch automatische Veröff erfolgt [**Art.128(4)**].

Änderung der Anmeldung

Änderung der Beschreibung (alphabetisch sortiert)

Änderungen	Änderung, Weglassen und Hinzufügen von Text darf keine Unzulässige Änderung nach Art.123(2) sein	44
Beispiele hinzufügen H-V,2.2	nachträgliches Einfügen in Beschreibung unzulässig, nur als Beweismittel (z.B. Vergleichsversuch) zulässig gelangen in öffentlichen Teil der Akte und werden somit StdT nach Art.54(2)	45
Berichtigungen offensichtlicher Fehler [120]	Fehler und die vorzunehmende Berichtigung müssen sofort offensichtlich sein (zumindest nachdem darauf hingewiesen wurde)	46
	Fehler ist offensichtlich, wenn dieser für Fachmann mit allgemeinen Fachwissen aus urspr. Anmeldeunterlagen (Beschreibung, Ansprüche, Zeichnungen) unmittelbar erkennbar.	
	Berichtigung muss sich mithilfe allgemeinen Fachwissens (am AT) unmittelbar und eindeutig ergeben.	
Bezeichnung H-V,8	nicht Teil der Unterlagen, denen Anmelder zustimmen muss; Verantwortung liegt bei Prüfungsabteilung, [ABl.1991,224]; Änderung **nur mit Zustimmung** der Prüfungsabteilung zulässig	47
Bezugsdokument	Merkmalsaufnahme: Angaben die lediglich durch Verweis auf ein anderes Dokument in Beschreibung enthalten sind, aber für die Erfüllung der Erfordernisse Art.83 unerlässlich sind, können explizit in Beschreibung aufgenommen werden, da die Patentschrift hinsichtlich der wesentlichen Merkmale der Erfindung aus sich heraus, d.h. ohne Verweisung auf andere Dokumente, verständlich sein muss.	48
F-III,8	Bezugsdokument ist **bei Eintritt in nat. Phase** nicht Teil des zu übersetzenden Texts der ePa [**Art.65**, T276/99]	
technische Wirkung H-V,2.1	nachträgliche Klarstellung techn. Wirkung eines techn. Merkmals, das in urspr. Anmeldung eindeutig offenbart ist, ist zulässig, wenn diese für Fachmann ohne Weiteres herleitbar [**Art.123(2)**];	49
Nachtrag von StdT	nachträgliche Aufnahme **neu ermittelten StdT** in Beschreibung ist keine unzulässige Änderung iSv Art.123(2) [T11/82]	50
	Hinzufügen von **Vorteilen ggü StdT** ist zulässig, wenn diese aus urspr. Anmeldefassung ableitbar [T11/82]	
F-II, 4.3	nachträgliche Aufnahme allgemein **bekannter Nachweisverfahren** bestimmter Parameter oder **feststehende Begriffsdefinitionen** zulässig [F-II, 4.3].	
neue Seite einfügen	Führen Änderungen/Berichtigungen dazu, dass eine ganze neue Seite eingefügt wird, so kann diese z.B. als „1a"-Seite eingeführt werden [C-V, Anlage]	51
technische Aufgabe	zulässig: Neufassung der Aufgabe muss ohne Weiteres von einem Fachmann aus ePa in urspr. eingereichter Fassung ableitbar sein [**Art.123(2)**]; nicht im Widerspruch zu urspr. Aussagen der Erfindung stehen [**T115/89**]	52
	unzulässig: Neufassung der Aufgabe anhand von **Vergleichsversuchen**, die urspr. nicht offenbarte Wirkung belegen; Verstoß gegen Art.123(2) [G-VII,11; **T13/84**]	
H-V,2.4	alternativ: Aufgabe allgemeiner definieren oder Verzicht auf explizite Angabe der Aufgabe insgesamt	

Änderung der Zeichnungen

Zeichnungen nachreichen	Zweck: **Qualitätsverbesserung** für Veröff. [**R.68(1)**]; Berichtigung offensichtlicher Fehler [**R.139**]; Berichtigung Übersetzungsfehler [Art.14(2)],	53
	zulässige Änderungen: nur in Übereinstimmung mit Art.123(2)	
H-V,5	Zuständigkeit: Formalsachbearbeiter der Eingangsstelle prüft formell; Prüfungsabteilung prüft materiell	

Änderung der Ansprüche

Anzahl von Ansprüchen	F-IV, 5; **Rn.A-73**	54
Kategoriewechsel	Kategoriewechsel im Erteilungsverfahren stets zulässig, sofern resultierende Merkmalskombination ursprünglich offenbart ist [**Art.123(2)**]	55
	Kategoriewechsel nach Erteilung [Rn.C-68*ff*.]	
Merkmalsverschiebung	innerhalb eines Anspruchs zulässig, solange keine Änderung des Anspruchsgegenstands erfolgt [T16/86],	56
	Merkmalsverschiebung vom Oberbegriff in kennzeichnenden Teil zulässig [T96/89]	
nicht recherchierter Gegenstände	Änderungen dürfen sich nicht auf nicht recherchierte Gegenstände beziehen [**R.137(5)**]	57
	FALL 1: [1] Merkmal ist nicht („explizit") recherchiert UND [2] resultierende Merkmalskombination ist mit urspr. beanspruchter Erfindung uneinheitlich (dh Merkmal steht nicht in strukturellem/funktionellen Zusammenhang [T789/07])	
	FALL 2: auf R.62a-Mitt. (mehrere unabhängige Ansprüche) oder R.63-Mitt. (Unvollständige Recherche) hin nicht recherchierte Merkmalskombination [H-II,6].	

---

[120] **unentrinnbare Falle** bei Angriff nach Patenterteilung möglich (Konflikt zwischen **Art.123(2)/(3)**).

Teil B – Bescheidserwiderung

Änderung von Ansprüchen

	Art	Erklärung			Erfordernisse	Schutzbereich Art.69	Sachprüfung	Einspruch/Beschränkung
58	**Aufnahme** von Merkmalen H-V,3.2	A+B	→	A+B+**C**	resultierende Merkmalskombination ist: 1) ursprünglich offenbart [**Art.123(2)**] **UND** 2) recherchierter Gegenstand [**R.137(5)**] [121]	beschränkend	✓	✓
		Gegenstandsänderung durch Aufnahme eines Merkmals						
59	**Streichen von Teilen** innerhalb einer Liste H-V,3.3	A, ausgewählt aus A^1, A^2 und A^3	→	A, ausgewählt aus A^1 und A^3	Entsprechende Ausführungsformen (A^1, A^2, A^3) waren ursprünglich als Alternativen im Anspruch oder explizit als Ausführungsformen in Beschreibung offenbart	beschränkend	(✓) [122]	(✓) [122]
60	**Streichen** von Merkmalen H-V,3.1	A+B+**C**	→	A+B	Änderung muss „Goldstandard" [Rn. B-42] erfüllen T331/87 (ABl.1991,22); G2/98 (ABl.2001,413)	erweiternd	(✓)	(x) [123]
61	**Ersetzen** von Merkmalen H-V,3.1	A+B+**C**	→	A+B+**D**		einzelfallabhängig [124]	(✓)	(x) [123]
		Gegenstandsänderung durch Streichen eines Merkmals **UND** Aufnahme eines neuen Merkmals						
62	**Zwischenverallgemeinerung** (Konkretisierung) H-V,3.2.1; RBK II.E.1.9	A und A+B und A+B+C' und A+C	→	A+B+C	„Goldstandard" [Rn. B-42] muss erfüllt sein [RBK II.E.1.3.1, **Rn.C-26**] **UND** muss innerhalb konkreter Merkmalskombination ABC' bestehen kein struktureller **UND/ODER** funktioneller Zusammenhang	erweiternd	✓	x **Art.123(3)**
		verallgemeinertes Herausgreifen generischen Merkmals C aus Offenbarungsgehalt der ePa auf Basis spezieller Merkmalskombination ABC' zur Aufnahme in einen Anspruch						
63	**Offene in geschlossene Formulierung**	Gemisch **aufweisend** A, B, und C	→	Gemisch **bestehend** aus A,B und C	klar und knapp zu fassende negative Formulierung [**Art.84**], die nicht mehr ausschließen darf, als notwendig [**Art.123(2)**] G1/03	beschränkend	(✓) [125]	(✓)
		stellt Neuheit her, wenn StdT mindestens ein weiteres Merkmal aufweist						
64	**Kategoriewechsel**	in einer anderen Anspruchskategorie aufgestellt				fallabhängig	✓	S.75
65	**Neuformulierung** des Anspruchs	Gegenstandsänderung durch Neuformulierung des Anspruchs			resultierende Merkmalskombination ist: 1) ursprünglich offenbart [**Art.123(2)**] **UND** 2) recherchierter Gegenstand [**R.137(5)**] [121]		(✓)	(x) **Art.123(3)**

---

[121] **Fall 1:** **[1]** Merkmal ist nicht („explizit") recherchiert und **[2]** resultierende Merkmalskombination ist mit urspr. beanspruchter Erfindung uneinheitlich (d.h. Merkmal steht nicht in strukturellem/funktionellen Zusammenhang [T789/07]) oder **Fall 2:** auf R.62a-Mitt. (mehrere unabhängige Ansprüche) oder R.63-Mitt. (Unvollständige Recherche) hin nicht recherchierte Merkmalskombination [H-II,6].

[122] ausgenommen, Streichungen aus mehr als einer Liste [T12/81, ABl.1982,295].

[123] zulässig, wenn **[1]** Merkmal unwesentlich für Erfindung und deren Funktion und **[2]** keine wesentliche Angleichung verbleibender Merkmale erforderlich ist [H-V,3.1].

[124] engeres Merkmal → Neuheit [H-V,3.1].

[125] **unzulässig:** **[1]** erforderliche Beschränkung einfacher durch positives urspr. offenbartes Merkmal formulierbar [**R.43(1)**]; **[2]** Ausklammern nicht funktionierender Ausführungsformen; **[3]** Disclaimer leistet techn. Beitrag [H-V,4.1]; **unentrinnbare Falle** bei Streichung nach Patenterteilung (Konflikt zwischen **Art.123(2)** und **(3)**; H-V,3.5).

Änderung der Anmeldung

66	Neuformulierung eines Parameterbereichs	Festlegung eines „neuen" (engeren) Bereichs durch Kombination von Endpunkten urspr. offenbarter allgemeiner und engerer Bereiche **eines** Parameters [T2/81, T1511/07] A im Bereich von 10 – 90, bevorzugt 20 – 80, bes. bevorzugt 40 – 60 → A im Bereich 40 – 90	1) „neuer" Bereich muss eindeutig aus urspr. Anmeldung ableitbar und somit gestützt sein (z.B. Tendenz sichtbar) 2) resultierende Merkmalskombination weist einen (verstärkten) technischen Effekt auf	beschränkend	(✓)[127]	(✓)[127]
67		Verkleinerung allgemeiner Gruppen **Fall 1** Liste 1 Liste 2 A¹ B¹ A² B² A³ B³ ↑ A² + B³	bloße Verkleinerung jeder Liste durch Streichen individualisierter Merkmale, wobei Anspruchsgegenstand generisch bleibt T615/95	beschränkend	✓	✓
	Zwei-Listen-Prinzip [128]	„Singling out" = willkürliche Merkmalsvereinzelung innerhalb mind. **zweier Listen** **Fall 2** Liste 1 Liste 2 A¹ B¹ A² B² A³ B³ ↑ A² + B³	Merkmalskombination ist „willkürlich" durch: 1) Herausgreifen einer spezifischen Merkmalskombination, 2) aus mind. **zwei Listen** mit individualisierten Merkmalen, 3) jede Liste eine gewisse Länge hat (mind. 3 Individuen), 4) Merkmalskombination als solche urspr. nicht offenbart war T272/00		✗ Art.123(2)	✗ Art.123(2)
68	Festlegung neuer Bereiche mit Einzelwerten	Festlegung eines urspr. nicht offenbarten Bereichs auf Basis von Einzelwerten (z.B. für Gemische [T201/83]; Stoffeigenschaften [T343/90]) **Fall 1** A im Bereich 10 – 90 Beispiel mit A¹ = 70 → A im Bereich 70 – 90 **Fall 2** Bsp. 1 offenbart A¹ Bsp. 2 offenbart A² → A im Bereich A¹ – A²	1) Einzelwerte eines Parameters in ausgewählten Beispielen offenbart, 2) diese Einzelwerte des betreffenden Parameters sind nicht so eng mit anderen Merkmalen des Beispiels verbunden und maßgebend für techn. Wirkung	beschränkend	(✓) Art.123(2)	(✓) Art.123(2)
69	**nicht offenbarter Disclaimer** H-V,3.5; RBK II.E.1.7.2	weder Disclaimer selbst, noch der durch ihn ausgeklammerte Gegenstand ist in der Anmeldung in der ursprünglich eingereichten Fassung offenbart [G1/03; G2/03; G1/16] A + B + C → A + (B–B¹) + C	Ausklammern spezifischer Merkmale zur 1) Wiederherstellung der Neuheit ggü Art.54(3)-Dokument [R.43(1)] 2) Wiederherstellung der Neuheit ggü zufälliger Vorwegnahme in einem Art.54(2)-Dokument [129] 3) Entfernung eines Gegenstands aus nicht techn. Gründen zur Wiederherstellung Patentfähigkeit ggü **Art.52-57** [130]	beschränkend	(✓)[131] Art.123(2)	(✓)[131] Art.123(2)

Auswahlerfindungen [126] [G-VI,8, RBK I.C.6]

---

[126] Auswahlerfindungen erfüllen das Erfordernis der Neuheit, wenn die „gezielte" Auswahl nicht ausdrücklich erwähnter Einzelelemente, einer Teilmenge oder eines Teilbereichs aus einer größeren vorbekannten Menge oder einem größeren vorbekannten Bereich einen neuen oder verstärkten technischen Effekt induzieren.

[127] **zulässig**, wenn Bereiche aus derselben Liste für ein Merkmal stammen; **unzulässig**, wenn zwei Bereiche aus zwei Listen unterschiedlicher Merkmale kombiniert werden, die in der Wechselbeziehung zueinander stehen.

[128] Eine individualisierte (konkretisierte) Merkmalskombination, die die Auswahl von Merkmalen aus zwei bekannten Gruppen/Listen voraussetzt und nicht willkürlich ist, gilt nach StdT nach **Art.54(1)**, so dass diese Merkmalskombination dem Erfordernis der Neuheit genügt [T12/81, ABl.1982,296].

[129] offenkundig unerheblich und so weitab von der Erfindung, dass Fachmann diese nicht berücksichtigt hätte [G1/03; G2/03]; **Beispiele**: weitabliegendes Fachgebiet [T608/96]; völlig andere techn. Aufgabe [T161/82]; gleiche Edukte in verschiedenen Reaktionen mit verschiedenen Produkten [T298/01].

[130] bspw. um Ausschluss ggü Art.53(c) zu vermeiden [G1/07].

[131] **unzulässig**, wenn [1] erforderliche Beschränkung einfacher durch positives urspr. offenbartes Merkmal formulierbar [R.43(1)]; [2] Ausklammern nicht funktionierender Ausführungsformen; [3] Disclaimer leistet techn. Beitrag [H-V,4.1]; **unentrinnbare Falle** bei Streichung nach Patenterteilung (Konflikt zwischen **Art.123(2)/(3)**): H-IV,3.5).

Formulierungsvorschlag

(die grau kursiven Textpassagen in eckiger Klammer sind durch entsprechende Fakten zu ersetzen)

70 | **Abkürzungen** | verwendete Abkürzungen

ABl.	Amtsblatt des EPA
Abs.	Absatz
Anspr.	Anspruch
Art.	Artikel
PT	Prioritätstag
RiLi	Richtlinien für die Prüfung im EPA
veröff.	veröffentlicht
Verf.	Verfahren
(n)StdT	(nächstliegender) Stand der Technik

Annahmestelle
Europäisches Patentamt
D-80298 München

Betreff
Bescheidserwiderung

Nachgereichte Unterlagen
Auf den Bescheid gemäß Art.94(3) EPÜ werden hiermit neue Ansprüche 1-X eingereicht (Anlage 1), die die ursprünglich eingereichten Anspr. 1-Y ersetzen.

Anträge

1. **Anträge**

   Es wird beantragt, ein europäisches Patent auf der Grundlage der neuen Ansprüche zu erteilen.

   Hilfsweise wird eine mündliche Verhandlung gemäß Art.116 EPÜ beantragt.

   Die Prüfungsabteilung wird gebeten, die Anpassung der Beschreibung solange zurückstellen zu dürfen, bis Einigkeit über einen gewährbaren Anspruchssatz besteht.

   Des Weiteren wird ein Antrag auf beschleunigte Prüfung gemäß PACE-Programm gestellt (ABl. 2010, 352; RiLi E-VIII, 4.2).

Änderungen Erfordernis nach Art.123(2)

2. **Änderungen der Ansprüche (Art.123(2) EPÜ und R.137(4) EPÜ)**

   Grundlage der geänderten/neuen Ansprüche bildet die ursprünglich eingereichte Anspruchsfassung.

   Kategoriewechsel/Spezifizierung des Oberbegriffes

   Der Gegenstand des neuen Anspr. 1 bezieht sich nun auf [*ein Erzeugnis für/ein Verfahren zum/die Verwendung von*].

   Basis für den neuen Anspr. 1 bilden die ursprünglichen Anspr. 1 und 2 iVm Abs. [*000X*] vorletzter und letzter Satz der ursprünglichen Beschreibung.

   ODER

   Spezifizieren eines Merkmals (Klarstellung)

   In Anspr. 1 wurde [*Merkmal A*] durch die nähere Definition [*Merkmal A¹*] spezifiziert. Grundlage für den geänderten Anspr. 1 bildet Abs. [*000X*] Satz [*X*] der ursprünglichen Beschreibung.

   ODER

   Hinzufügen eines Merkmals

   Der geänderte Anspr. 1 basiert auf dem ursprünglich eingereichten Anspr. 1. In Anspr. 1 wurde das [*Merkmal A*] hinzugefügt. Dieses Merkmal ist in Abs. [*000X*] Satz [*X*] der ursprünglichen Beschreibung in Zusammenhang mit allen Ausführungsformen offenbart. Entsprechend erkennt der Fachmann unmittelbar und eindeutig, dass sie mit den Merkmalen des geänderten Anspr 1 kombiniert werden können.

Formulierungsvorschlag

ODER

Der neue Anspr. 1 basiert auf der Kombination der urspr. Anspr. 1 und 3, wobei das [*Merkmal A*] hinzugefügt ist.

Hinzufügen weiterer Merkmale

Zudem ist im geänderten Anspr. X das [*Merkmal A*] hinzugefügt. Basis hierfür bildet Abs. [*000X*], Satz X der ursprünglichen Beschreibung.

ODER

Ersetzen/Streichen eines Merkmals

In Anspr. X wurde das [*Merkmal A*] gestrichen. Die Streichung dieses Merkmals ist zulässig, da
- dieses Merkmal im Kontext der Beschreibung nicht als wesentlich dargestellt ist,
- es als solches für die Funktion des Erfindungsgegenstands nicht unerlässlich ist, weil [*Grund*]
- diese Streichung keine wesentliche Anpassung anderer Merkmale erfordert, da [*Grund*].

ODER

Hinzufügen eines Anspruchs

Anspr. 2 wurde neu hinzugefügt. Der Gegenstand des neuen Anspr. 2 ist dem Abs. [*000Y*] der ursprünglichen Beschreibung zu entnehmen.

ODER

Streichen eines Anspruchs

Der ursprünglich eingereichte Anspr. 3 ist im vorliegenden Anspruchssatz nicht mehr enthalten; die Anspruchsnummerierung und die Rückbezüge wurden entsprechend angepasst.

ODER

unveränderte Ansprüche

Die neuen Anspr. X-Y sind unverändert und basieren auf den ursprünglichen Anspr. A-B. Sie sind durch die Abs. [...] und/bis [...] in der ursprünglichen Beschreibung offenbart.

UND

Schlusssatz (optional)

Mithin erfüllt die neue Anspruchsfassung die Erfordernisse des Art.123(2) EPÜ [*und Art.76(1) EPÜ für Teilanmeldung*].

Berichtigung der Übersetzung

3. **Berichtigungen in der Beschreibung** (Art.14(2) EPÜ)

   Gemäß Art.14(2) wird hiermit beantragt, die Übersetzung der Beschreibung der europäischen Patentanmeldung mit der Anmeldung in der ursprünglich eingereichten Fassung in Übereinstimmung zu bringen.

   Basierend auf Abs. [*000X*] der Beschreibung der internationalen Patentanmeldung wurde in Abs. [*000X*] der Beschreibung die Formulierung „..." durch die Formulierung „..." ersetzt.

   ODER

   Abs. [*000X*] der Beschreibung der europäischen Patentanmeldung wird wie folgt geändert: „..." (*vgl.* Abs. [*000X*] der Beschreibung der internationalen Patentanmeldung, wie eingereicht)

Klarheit Erfordernis nach Art.84

4. **Klarheit der Ansprüche** (Art.84 EPÜ)

Streichen eines Anspruchs

Der Klarheitseinwand der Prüfungsabteilung bezog sich auf den ursprünglichen Anspr. X; dieser ist in der neuen Anspruchsfassung nicht mehr enthalten.

ODER

Streichen einer Formulierung

In Anspr. 1 wurde die beanstandete Formulierung „..." entfernt.

ODER

Teil B – Bescheidserwiderung

Spezifizierung	Der Begriff „..." wurde durch die Formulierung „..." ersetzt. Die neue Formulierung definiert klar [*die Anzahl/Dicke von ...*].

ODER

	Rein vorsorglich wurde in Anspr. X aufgenommen, dass das [*Merkmal*] mittels ... ermittelt werden kann.

ODER

wesentliches Merkmal	Der in Punkt 1 des Bescheids erhobene Einwand wegen Fehlen des wesentlichen [*Merkmal A*] wurde durch Hinzufügen dieses Merkmals in Anspr. 1 ausgeräumt. Somit enthält Anspr. 1 alle für den Gegenstand wesentlichen Merkmale.

ODER

Rückbezüge berichtigen	Der in Punkt 1 des Bescheids beanstandete Rückbezug wurde korrigiert. Anspr. X ist nun auf Anspr. 1 rückbezogen. Hierdurch ist klargestellt, dass beide Anspr. in Bezug zueinanderstehen, da Anspr. X gemäß der Beschreibung ausschließlich

  a) auf ein Erzeugnis/ein Stoffgemisch/eine Zusammensetzung enthaltend [*Gegenstand von Anspr. X*] gerichtet ist.

  b) ein Verfahren umfassend [*Gegenstand von Anspr. X*] als [...] gerichtet ist.

  c) die Verwendung von [*Gegenstand von Anspr. X*] definiert.

Schlusssatz [optional]	Somit sind die Erfordernisse von Art.84 EPÜ erfüllt.

Einheitlichkeit Erfordernis nach Art.82

5. Einheitlichkeit (Art.82, R.44 EPÜ)

argumentativ	Die Gegenstände der unabhängigen Anspr. verwirklichen die eine gemeinsame erfinderische Idee, nämlich

  a) Erzeugnisse bereitzustellen, die zur [*Verwendung als ... /Behandlung von ...*] geeignet sind.

  b) Verfahren und Erzeugnisse bereitzustellen, die zur Herstellung von [...] geeignet sind.

  c) die Verwendung von [*Gegenstand A*] und [*Gegenstand B*] als [...].

Folglich sind die unabhängigen Ansprüche einheitlich iSv Art.84.

ODER

Streichen eines Merkmals	Der in Punkt 1 des Bescheids erhobene Einwand wegen mangelnder Einheitlichkeit wurde durch Entfernung von Anspr. X ausgeräumt. Die einzige beanspruchte Erfindung ist nun ein [*Gegenstand/Verfahren zum ...*], wodurch das Erfordernis des Art.82 erfüllt ist.

ODER

Zwischenprodukt R.43(2) a)	Die beanspruchte Verbindung des geänderten Anspr. X ist ein Zwischenprodukt im Verfahren zur Herstellung der in Anspr. 1 beanspruchten Verbindung. Die Verbindung von Anspr. 1 und das Zwischenprodukt von Anspr. X stehen daher miteinander in Beziehung. Somit ist die Verwendung von mehr als einem unabhängigen Anspruch in der gleichen Kategorie zulässig (R.43(2) a)).
	Nach ständiger Rechtsprechung der Beschwerdekammern des EPA sind Zwischenprodukte mit ihren Endprodukten einheitlich, sofern sie das gleiche wesentliche Strukturelement aufweisen (*vgl.* T110/82; W35/91) und das Endprodukt unmittelbar oder mittelbar daraus hergestellt wird (*vgl.* T35/87; T470/91; RiLi F-V,2.2.2.4).
	Vorliegend ist die gesamte Struktur der Verbindung gemäß Anspr. X in der Verbindung nach Anspr. 1 enthalten. Schlussendlich sind die Gegenstände von Anspr. 1 und X auch einheitlich.

ODER

Formulierungsvorschlag

mehrere unabhängige Ansprüche

Anspr. 1 und Anspr. X sind unabhängige Ansprüche der gleichen Kategorie. Die Kombination mehrerer unabhängiger Ansprüche der gleichen Kategorie ist gewährbar, wenn es sich um

(1) mehrere miteinander in Beziehung stehende Erzeugnisse handelt [**R.43(2)a)**]. Der Fachmann erkennt aus der Beschreibung eindeutig, dass es sich bei [*Gegenstand von Anspr. 1*] und [*Gegenstand von Anspr. X*] um zwei Gegenstände handelt, die sich [gegenseitig ergänzen **ODER** zusammenwirken], da [...].

(2) verschiedene Verwendungen eines Erzeugnisses/einer Vorrichtung handelt [**R.43(2)b)**]. Dies ist vorliegend der Fall, da Anspr. 1 die Verwendung von [*Gegenstand angeben*] als [...] definiert, wohingegen sich Anspr. X auf dessen Verwendung als [...] bezieht.

(3) Alternativlösungen für eine bestimmte Aufgabe handelt [**R.43(2)c)**]. Vorliegend handelt es sich bei [*Gegenstand von Anspr. 1*] und [*Gegenstand von Anspr. X*] um zwei Alternativlösungen, die zur Lösung derselben technischen Aufgabe alle erforderlichen Merkmale enthalten. Da sich die Ansprüche jedoch auf unterschiedliche Gegenstände beziehen, wäre ein einziger Anspr. mit einem passenden Oberbegriff, der beide Ausführungsformen einschließt, unzweckmäßig. [Zudem würde ein solcher Versuch zu einem Offenbarungsproblem führen.]

Somit ist die Koexistenz der unabhängigen Anspr. 1 und X gewährbar iSv R.43(2).

Zwischen den Anspruchsgegenständen besteht auch ein technischer Zusammenhang, da sie dieselben besonderen technischen Merkmale iSv R.44(1) aufweisen, die sie ggü. dem nStdT abgrenzen. Dies sind die Merkmale [...]. Somit sind die Gegenstände der beiden unabhängigen Ansprüche auch einheitlich (Art.84).

ODER

Neuheit, Erfordernis nach **Art.52(1)** iVm **Art.54**

6. Neuheit (Art.54 EPÜ)

Einleitungssatz [optional]

In Punkt X des Bescheids wird die mangelnde Neuheit der Anspr. 1-X gegenüber D1 beanstandet. Keiner der in den Dokumenten D1-D2 explizit genannten Gegenstände und Ausführungsbeispiele fällt unter den Erfindungsgegenstand nach Anspruch 1.

allgemein

Der geänderte Anspr. 1 gemäß Hauptantrag betrifft [*ein Erzeugnis/ein Verfahren/die Verwendung von ...*] für ...

Ein solches [*Erzeugnis/ein Verfahren/die Verwendung von ...*] lässt sich gemäß den Ausführungen auf Seite ..., Zeilen ... bis ... der ursprünglichen Beschreibung regelmäßig an dem Merkmal A identifizieren, welches insbesondere in ... vorliegt.

Entgegenhaltung Dokument D1

D1 offenbart zwar [*ein Erzeugnis für /ein Verfahren zum /die Verwendung von*] mit den Merkmalen [*A*] und [*B*]

Allerdings offenbart D1 nicht, dass [*Merkmal C*]

Der Gegenstand des geänderten Anspr. 1 ist daher neu gegenüber dem Offenbarungsgehalt von D1.

Entgegenhaltung Dokument D2

D2 offenbart zwar [*eine Vielzahl von Verbindungen ...*]

Allerdings offenbart D2 nicht, dass [...]

Der Gegenstand des geänderten Anspr. 1 ist daher neu gegenüber dem Offenbarungsgehalt von D2.

ODER

Product-by Process

Anspr. X ist auf ein, durch sein Herstellungsverfahren definiertes, Erzeugnis gerichtet (product-by-process Anspr.). Gemäß T 205/83 erlangt ein solches Erzeugnis nicht automatisch dadurch Neuheit, dass es durch ein neues Verfahren hergestellt ist. Es muss an sich neu sein (T 248/85).

Vorliegend führen die in Anspr. X definierten Verfahrensschritte jedoch zu neuen Eigenschaften des Erzeugnisses, nämlich [*verbesserte technische Eigenschaft angeben*]. Diese Eigenschaft ist auf eine durch das Herstellungsverfahren bedingte neuartige Struktur des Erzeugnisses zurückzuführen. Als Beleg für die deutlichen Unterschiede in den Eigenschaften des Erzeugnisses ggü dem StdT fügen wir dem Schreiben Vergleichsversuche bei.

Sollte die Prüfungsabteilung weitere Angaben benötigen, wird um kurze Mitteilung gebeten.

D1 offenbart zwar ein Herstellungsverfahren mit den Schritten [...], allerdings offenbart D1 nicht [Schritt] des erfindungsgemäßen Herstellungsverfahrens. Eben dieser zusätzlicher/alternativer Verfahrensschritt führt zu einer Änderung in den Eigenschaften des Erzeugnisses

D2 offenbart zwar [*ein Erzeugnis*] mit den Merkmalen [...] allerdings ist D2 kein Erzeugnis zu entnehmen, dass eine [verbesserte technische Eigenschaft] aufweist.

Mithin ist das nach Anspr. X definierte Erzeugnis an sich neu gegenüber dem Offenbarungsgehalt von D1 und D2.

Schlusssatz [optional]

Da der Gegenstand des unabhängigen Anspr. 1 neu ist, ist auch der Gegenstand der von ihm abhängigen Anspr. 2 bis 4 neu gegenüber D1 und D2 [*vgl.* B-III, 3.7].

Erfinderische Tätigkeit; Erfordernis nach **Art.52(1)** iVm **Art.56**

7. Erfinderische Tätigkeit (Art.56 EPÜ)

Anmerkungen zum Erfindungsgegenstand [optional]

Durch den angepassten Anspr. 1 wird der erfindungswesentliche Kern der Anmeldung deutlich und klar herausgestellt. Der Kern der Erfindung beruht demnach in der Bereitstellung [*eines Erzeugnisses/einem Verfahren/der Verwendung von ...*] für ...

Fachmann [optional]
G-VII,3

Der hier zuständige Fachmann ist ein „..." mit mehrjähriger Erfahrung auf dem technischen Gebiet der „...".

Aufgabe-Lösungs-Ansatz nächstliegende StdT
G-VII,5.1

D1 wird als **nächstliegender Stand der Technik** (nStdT) angesehen, da D1 [*als einziges Dokument*]:

a) wie der Gegenstand von Anspr. 1 dasselbe technische Gebiet betrifft, nämlich [*Gebiet*] und/oder

b) wie der Gegenstand von Anspr. 1 [*ein Erzeugnis/ein Verfahren/die Verwendung von*] für denselben Zweck offenbart, nämlich zum/für... und/oder

c) eine ähnliche technische Aufgabe zugrunde liegt, nämlich [...]

d) gegenüber Anspr. 1 die meisten gemeinsamen Merkmale aufweist, nämlich [...]

Dagegen betrifft D2 [*ein Erzeugnis für/ein Verfahren zum/die Verwendung von*] und ist daher auf [*Zweck/Gebiet*] beschränkt.

Folglich ist D1 als nStdT anzusehen.

technische Unterschiede

Allerdings **unterscheidet** sich der Gegenstand von Anspr. 1 gegenüber D1 durch das wesentliche Merkmal [...].

technischer Effekt

Der **technische Effekt**, der sich aus diesem Unterscheidungsmerkmal ergibt, besteht darin, dass einerseits [*Effekt 1*] (*vgl.* Abs. [*00X*] Beschreibung) und andererseits [*Effekt 2*] (*vgl.* Abs. [*00Y*] Beschreibung)

Formulierungsvorschlag

ODER

Das Unterscheidungsmerkmal hat den **technischen Effekt**, dass [*Effekt*] (*vgl.* Abs. [*00X*])

ODER

Besonders **vorteilhaft** erlaubt dieses Unterscheidungsmerkmal, dass [*Effekt 1*]. Dies ist aus den Beispielen/der Tabelle X ersichtlich (*vgl.* Beispiele 1 bzw. Tabelle 1).

objektiv technische Aufgabe
G-VII,5.2

Ausgehend von D1 besteht die **objektiv technische Aufgabe** der Erfindung darin, [*ein Erzeugnis zum/Verfahren zur Herstellung von/Verwendung von ...*] bereitzustellen, welches den [*Vorteil*] aufweist.

D1 für sich genommen
(keine Hinweise im StdT)

D1 in Kombination mit dem allgemeinen Fachwissen

Die Lösung der Aufgabe gemäß Anspr. 1 ergibt sich nicht naheliegend aus D1.

D1 erkennt nicht, dass die Verwendung von [*Merkmal A*] zu dem [*techn. Effekt*] führt.

D1 enthält auch keinen Hinweis, der den Fachmann veranlasst hätte, die darin offenbarte Lehre in Richtung auf die vorliegende erfindungsgemäße Lehre weiterzuentwickeln oder abzuwandeln.

ODER

Zwar offenbart D1, dass [*Merkmal A*] den [*techn. Effekt 1*] aufweist (*vgl.* D1 Abs. [*00X*]), D1 lehrt jedoch nicht und gibt auch kein Hinweis, dass [*Merkmal A*] auch [*techn. Effekt 2*] aufweist.

Entsprechend hatte der Fachmann keinen Anlass, den Gegenstand von D1 in Richtung des [*Erzeugnis zum/Verfahren zur Herstellung von/Verwendung von ...*] gemäß Anspr. 1 abzuändern.

Could-Would-Approach
G-VII,5.3

D1 in Kombination mit D2

Fraglich könnte indes sein, ob der Fachmann, der D1 kannte, D2 zur Lösung der Aufgabe heranziehen würde.

D2 offenbart [*ein Erzeugnis/ein Verfahren/die Verwendung von*], dass das [*Merkmal A*] aufweist.

Variante 1
[verwandtes techn. Gebiet]

Der um die Lösung der objektiv technischen Aufgabe bemühte Fachmann könnte D2 auch in Betracht ziehen, da diese:

a) wie Anspr. 1 dasselbe technische Gebiet/ein Nachbargebiet betrifft, nämlich [*Gebiet*]

b) wie Anspr. 1 [*ein Erzeugnis/ein Verfahren/die Verwendung von*] für denselben Zweck offenbart, nämlich zum/für....

Aber selbst wenn der Fachmann ausgehend von D1 zur Lösung der Aufgabe D2 berücksichtigen könnte, würde er dies nicht tun, da D2 keine Hinweise enthält, dass [*Merkmal A*] zu dem vorteilhaften [*techn. Effekt 2*] führt.

Vielmehr entnimmt der Fachmann D2, dass [*Merkmal A*] ungeeignet ist für die Verwendung als [...]. Dies würde den Fachmann davon abhalten, D1 und D2 zu kombinieren, um zur vorliegenden Erfindung zu gelangen.

ODER

Jedoch stellt D2 keinen Zusammenhang zwischen [*Merkmal A*] und dem [*techn. Effekt 2*] her (bzw. stellte einen abweichenden Zusammenhang zwischen dem [*techn. Effekt 2*] und einem anderen [*Merkmal B*] her) und liefert daher keine Hinweise dafür, dass [...]

ODER

Variante 2
[entferntes techn. Gebiet]

D2 betrifft [*ein Erzeugnis/ein Verfahren/die Verwendung von*], dass das [*Merkmal A*] aufweist.

Zwar löst D2 das Problem [*techn. Effekt 1*], allerdings hatte der Fachmann keine Veranlassung, D1 mit D2 zu kombinieren, da D2 ein anderes technisches Gebiet betrifft, nämlich [*Gebiet*].

Unterstellt, der Fachmann würde die Dokumente doch kombinieren, würde diese Kombination nicht zum beanspruchten Gegenstand führen. D2 erwähnt zwar die Verwendung von [*Merkmal A*] in Verbindung mit [*Merkmal B*]. Allerdings enthält D2 keinen Hinweis auf [*techn. Effekt 2*]. Dieser wird in D2 nicht einmal untersucht.

Mithin sind der D2 keine Hinweise zu dem erfindungsgemäßen [*Erzeugnis/Verfahren*] entnehmbar, bei dem die Merkmale [*A*] und [*B*] derart vorteilhaft zusammenwirken, dass [...]

Somit hätte der Fachmann D2 nicht zur Lösung der objektiv technischen Aufgabe herangezogen.

Eine Kombination von D1 und D2 würde somit nicht zur vorliegenden Erfindung führen.

Schlusssatz — Der Gegenstand des neuen Anspr. 1 ist somit durch den StdT, insbesondere die Kombination von D1 und D2, für den Fachmann nicht nahegelegt.

[optional] — Folglich beruht der Gegenstand von Anspr. 1 gegenüber D1 allein und der Kombination von D1 und D2 auf einer erfinderischen Tätigkeit.

Da der Gegenstand des unabhängigen Anspr. 1 neu und nicht naheliegend ist, sind auch die Gegenstände der von ihm abhängigen Ansprüche 2 bis 4 neu und nicht naheliegend [*vgl.* RiLi G-VII,13].

Fazit [optional] — Im Ergebnis erfüllen die Ansprüche [*1-X*] alle Erfordernisse des EPÜ.

Unterschrift
Erfordernis nach **R.50(3)**

!

_____
Unterschrift

Anlage

Anlage:
neuer Satz von Patentansprüchen 1 bis ....

Teil C
Einspruch
Gründe · Aufbau · Formulierungsvorschläge

EPÜ 2000

Artikel 100[105]
Einspruchsgründe
Der Einspruch kann nur darauf gestützt werden, dass
a) der Gegenstand des europäischen Patents nach den Art.52 bis 57 nicht patentierbar ist;
b) das europäische Patent die Erfindung nicht so deutlich und vollständig offenbart, dass ein Fachmann sie ausführen kann;
c) der Gegenstand des europäischen Patents über den Inhalt der Anmeldung in der ursprünglich eingereichten Fassung oder, wenn das Patent auf einer Teilanmeldung oder einer nach Art.61 eingereichten neuen Anmeldung beruht, über den Inhalt der früheren Anmeldung in der ursprünglich eingereichten Fassung hinausgeht.

[104] Siehe hierzu Entscheidungen/Stellungnahmen GBK G3/89, G10/91, G11/91, G1/95, G2/95, G7/95, G1/99, G3/04.

Artikel 117[135],[136]
Beweismittel und Beweisaufnahme
(1) In Verfahren vor dem Europäischen Patentamt sind insbesondere folgende Beweismittel zulässig:
a) Vernehmung der Beteiligten;
b) Einholung von Auskünften;
c) Vorlegung von Urkunden;
d) Vernehmung von Zeugen;
e) Begutachtung durch Sachverständige;
f) Einnahme des Augenscheins;
g) Abgabe einer schriftlichen Erklärung unter Eid.
(2) Das Verfahren zur Durchführung der Beweisaufnahme regelt die Ausführungsordnung.

[133] Geändert durch die Akte zur Revision des EPÜ vom 29.11.2000.
[134] Siehe hierzu Entscheidungen/Stellungnahmen der GBK G3/89, G11/91, G4/95 (Anhang I).

EPÜAO

Regel 76[96]
Form und Inhalt des Einspruchs
(1) Der Einspruch ist schriftlich einzulegen und zu begründen.
(2) Die Einspruchsschrift muss enthalten:
a) Angaben zur Person des Einsprechenden nach Maßgabe der R.41(2) c);
b) die Nummer des europäischen Patents, gegen das der Einspruch eingelegt wird, sowie den Namen des Patentinhabers und die Bezeichnung der Erfindung;
c) eine Erklärung darüber, in welchem Umfang gegen das europäische Patent Einspruch eingelegt und auf welche Einspruchsgründe der Einspruch gestützt wird, sowie die Angabe der zur Begründung vorgebrachten Tatsachen und Beweismittel;
d) falls ein Vertreter des Einsprechenden bestellt ist, Angaben zur Person nach Maßgabe der R.41(2) d).
(3) Die Vorschriften des Dritten Teils der Ausführungsordnung sind auf die Einspruchsschrift entsprechend anzuwenden.

[96] Siehe hierzu Entscheidungen der GBK G9/91, G10/91, G1/95, G7/95, G4/97, G3/99, G1/04.

Rechtsprechung

G4/88 Ist beim europäischen Patentamt ein Einspruch anhängig, so kann er als zum Geschäftsbetrieb des Einsprechenden gehörend zusammen mit jenem Bereich dieses Geschäftsbetriebes an einen Dritten übertragen oder abgetreten werden, auf den sich der Einspruch bezieht.

G10/91 Die Einheitlichkeit der Erfindung (Art.82) gehört nicht zu den Erfordernissen, denen ein europäisches Patent und die Erfindung, die es zum Gegenstand hat, bei Aufrechterhaltung in geändertem Umfang nach Art.102(3) zu genügen hat. Dementsprechend ist es im Einspruchsverfahren unbeachtlich, wenn das europäische Patent in der erteilten Fassung oder nach Änderung dem Erfordernis der Einheitlichkeit nicht entspricht.

G2/98 Das in Art.87(1) für die Inanspruchnahme einer Priorität genannte Erfordernis „derselben Erfindung" bedeutet, dass die Priorität einer früheren Anmeldung für einen Anspruch in einer europäischen Patentanmeldung gemäß Art.88 nur dann anzuerkennen ist, wenn der Fachmann den Gegenstand des Anspruchs unter Heranziehen des allgemeinen Fachwissens unmittelbar und eindeutig der früheren Anmeldung entnehmen kann.

T222/85 1. Eine Mitteilung nach R.57(1), dass der Einspruch zulässig ist, ist keine Entscheidung der Einspruchsabteilung; die Absendung einer solchen Mitteilung steht einer späteren Verwerfung des Einspruchs als unzulässig nach R.56(1) nicht entgegen, etwa wenn die Zulässigkeit vom Patentinhaber im Einspruchsverfahren angefochten wird.
2. Das Erfordernis nach R.55(c), dass die Einspruchsschrift unter anderem "die Angabe der zur Begründung vorgebrachten Tatsachen und Beweismittel" enthalten muss, ist nur erfüllt, wenn sie vom Inhalt her geeignet ist, das Vorbringen des Einsprechenden objektiv verständlich zu machen.

T22/86 Ob ein Patentanspruch im Sinne von Art.84 "deutlich gefasst" ist, muss im Einspruchsverfahren nur dann geprüft werden, wenn der Patentinhaber Änderungen gemäß Art.102(3) vorgenommen hat. Andernfalls ist der Anspruch so hinzunehmen, wie er, ggfs. unter Heranziehen der Beschreibung und Zeichnungen, zu verstehen ist.

T536/88 1. Im angefochtenen europäischen Patent zitierte Dokumente sind im Prinzip nicht automatisch Gegenstand des Einspruchs-(beschwerde)verfahrens.
2. Ein im europäischen Patent als nächstkommender oder wesentlicher StdT angegebenes Dokument, von dem ausgehend die in der Beschreibung dargelegte technische Aufgabe verständlich wird, befindet sich aber im Einspruchs(beschwerde)verfahren, auch wenn es innerhalb der Einspruchsfrist nicht ausdrücklich aufgegriffen worden ist (im Anschluß an die Entscheidung T198/88 vom 3. August 1989, ABl.1991, 254).

T550/88 1. Ein älteres nationales Recht ist keine "europäische Patentanmeldung" im Sinne des Art.54(3) und gehört damit nicht zum StdT.
2. Um zulässig zu sein, muß die Einspruchsschrift darlegen, aus welchen rechtlichen und faktischen Gründen dem Einspruch stattgegeben werden soll. Wenn die einzigen in der Einspruchsschrift genannten Tatsachen und Beweismittel die vorgebrachten Einspruchsgründe aus rechtlichen Gründen nicht stützen können, ist der Einspruch unzulässig. Dies ist der Fall, wenn die zur Begründung der mangelnden Neuheit vorgelegten Tatsachen und Beweismittel nur auf ältere nationale Rechte zurückgehen.
3. Änderungen im Einspruchsverfahren, die lediglich aufgrund bestehender älterer nationaler Rechte vorgeschlagen werden, sind weder notwendig noch sachdienlich im Sinne der R.58(2) und daher nicht zulässig (in Abweichung von den Richtlinien C-III, 8.4 und der Rechtsauskunft 9/81 - 3.3.1, ABl. 981, 68).
4. Auf einen Einspruch hin vorgeschlagene Änderungen sind nicht statthaft, wenn der Einspruch unzulässig ist.

J22/86 1. Die schriftliche Beschwerdebegründung entspricht Art.108 nur, wenn sie ausführlich angibt, aus welchen Gründen der Beschwerde stattgegeben und die angefochtene Entscheidung aufgehoben werden soll. Enthält die Begründung diese ausführlichen Angaben nicht, so können die Anforderungen an die Zulässigkeit ausnahmsweise als erfüllt gelten, wenn bei Durchsicht der angefochtenen Entscheidung und der Begründung sofort zu erkennen ist, dass die Entscheidung aufgehoben werden soll.
2. Teilt der Anmelder auf die Mitteilung nach R.51(4) S.1 nicht innerhalb der vorgeschriebenen Frist von drei Monaten ausdrücklich mit, dass er mit der vorgeschlagenen Fassung nicht einverstanden ist, so findet R.51(4) S.2, wonach die Mitteilung der Prüfungsabteilung als nicht erfolgt gilt und die Prüfung fortgesetzt wird, keine Anwendung. (Im Anschluss an die Entscheidung J12/83 "unzulässige Beschwerde/Chugai Seiyaku", Nr.5, ABl. 1985,6.
3. Teilt der Anmelder auf die Mitteilung nach R.51(4) S.1 nicht innerhalb der vorgeschriebenen Frist von drei Monaten mit, dass er mit der vorgeschlagenen Fassung nicht einverstanden ist, und kommt er der Aufforderung zur Entrichtung der Erteilungs- und Druckkostengebühr und zur Einreichung einer Übersetzung der Ansprüche nicht nach, so gilt die Anmeldung bei Ablauf der Frist von drei Monaten sofort als zurückgenommen. Die Prüfungsabteilung ist daher nach Ablauf der Frist nicht befugt, eine Entscheidung zur Zurückweisung der Anmeldung nach Art.97(1) zu treffen.

Einspruchsschrift

Erforderliche Angaben
R.76(2)

»schriftlicher«, »begründeter«, »unterzeichneter« Antrag [EPO Form 2300E]
1) Angaben zur einsprechenden Person [132]
2) Patent-Nr. und Erfindungsbezeichnung, Name des PI und Bezeichnung
3) Umfang des Einspruchs sowie Einspruchsgründe mit Angabe der Tatsachen und Beweismittel

D-III, 6
4) Angaben zum Vertreter [133]

Umfang des Einspruchs
R.76(2) c)

Erklärung darüber, ob das Patent ganz (alle Ansprüche) oder teilweise (einzelne Ansprüche) angegriffen werden, muss in Einspruchsschrift enthalten sein.

Verbot der Vernichtung eines nicht angegriffenen unabhängigen Anspruchs: nachträgliche Erweiterung des Einspruchs durch Einsprechenden ODER EPA im Verfahren ist unzulässig [D-V, 2.1],

Einspruchsgründe
(Rechtsgrundlagen/Einwände für den Einspruch)

Einspruchsgründe
(abschließende Aufzählung)
Art.100

1) **Mangelnde Patentfähigkeit** [Art.100a) iVm Art.52-57]
   - keine Erfindung [Art.52(1), Art.52(2)]
   - nicht patentierbar [Art.53]
   - mangelnde Neuheit [Art.52(1), Art.54, 55]
   - mangelnde erfinderische Tätigkeit [Art.52(1), Art.56]
   - keine gewerbliche Anwendbarkeit [Art.52(1), Art.57]

   jeder Grund bildet eine eigene Rechtsgrundlage und ist daher gesondert geltend zu machen G1/95; G7/95; D-III,5

2) **Unzureichende Offenbarung** [Art.100b) iVm Art.83]
3) **Unzulässige Erweiterung** [Art.100c)]
   - ggü. ursprünglicher ePa bzw. TA [Art.123(2)]
   - ggü. Stammanmeldung bei TA [Art.76(1)]
   - ggü. früherer Anmeldung bei Neuanmeldung des wahren Berechtigten [Art.61(2) iVm Art.76(1)]

neue Einspruchsgründe müssen im Einspruch nicht berücksichtigt werden (in Beschwerde nur mit Zustimmung des PI) – Ermessensentscheidung [G10/91]

D-III,5

keine Einspruchsgründe

- **Uneinheitlichkeit** [Art.82, R.44; G1/91, D-V,2.2],
- **mangelnde Klarheit** [134] oder fehlende Stützung der Ansprüche durch Beschreibung [Art.84; T23/86, D-III,5]
  - Beispiele und Zeichnungen, die aus dem Anspruchsumfang herausfallen [T127/85]
  - Fehlen wesentlicher Merkmale im Anspruch, aber Angriff auf erfind. Tätigkeit [T156/91]
- Mängel von Form und Inhalt der Beschreibung und Zeichnungen [R.42, R.46, D-III,5]
- Formelle Mängel und Fehlrer im Erteilungsverfahren [Art.90, R.57, R.42, R.46, J22/86]
- Widerrechtliche Entnahme durch nichtberechtigten Patentinhaber [Art.60, Art.61]
- Fehlerhafte Erfinderbenennung [Art.81, R.19, R.21, D-III,5]
- Fehlerhafter Prioritätsanspruch [Art.87, Art.88, D-III,5]
- Fehlende Neuheit wegen eines älteren nationalen Rechts [T550/88, D-III,5]
- Fehlerhafte oder fehlende Hinterlegung biol. Materials [R.31]
- Mangelhafte oder unzutreffende Würdigung des StdT im Patent [T504/90]
- Unzureichende Anpassung der Beschreibung an Ansprüche [T138/91 iVm G1/84]

neue Einspruchsgründe
(verspätetes Vorbringen)

Grundsätzlich gilt der **Amtsermittlungsgrundsatz** [Art.114(1), R.81(1)]

Einspruchsabteilung muss zumindest Relevanz neuer Einspruchsgründe prüfen, wenn diese prima facie der Aufrechterhaltung entgegenstehen [G10/91, Art.114(1)]

Im **Beschwerdeverfahren** ist Einverständnis des Pateninhabers erforderlich [G10/91]

neuer Einspruchsgrund: mangelnde Neuheit bei substantiierter mangelnder erfind. Tätigkeit [G1/95; G7/95]

kein neuer Einspruchsgrund: mangelnde erfind. Tätigkeit bei substantiierter mangelnde Neuheit [T131/01]

---

[132] Einsprechendenstellung ist nicht übertragbar oder veräußerlich; ihr Übergang ist aber im Fall der Erbfolge und bei jeder Gesamtrechtsnachfolge, z.B. bei Verschmelzung jur. Personen, zuzulassen [G4/88]; EPA ist verpflichtet, Rechtswirksamkeit angeblicher Übertragung der Einsprechendenstellung auf neuen Beteiligten in allen Verfahrensstadien von Amts wegen zu prüfen [T1178/04].

[133] **Fehlende Vertretungsbefugnis:** Behandlung, wie bei fehlender Unterschrift [T665/89], Nachholung oder Genehmigung durch Vertretungsbefugten innerhalb zu best. Frist nach R.50(3)-Mitt.[+10Tage].

[134] Klarheitseinwand Art.84 kann aber greift bei [1] Aufnahme eines Merkmals aus der Beschreibung in Ansprüche oder [2] wenn Merkmale voneinander getrennt werden durch den PI [G3/14].

Tatsachen und Beweismittel

6 | **zulässige Beweismittel** |
- Beteiligtenvernahme [Art.117(1)a)]
- Einholen von Auskünften [Art.117(1)b)]
- Urkunden (Dokumente) [Art.117(1)c)]
- Zeugenvernahme [Art.117(1)d)]
- Sachverständigengutachten [Art.117(1)e)]
- Augenschein [Art.117(1)f)]
- Erklärungen unter Eid oder an eidesstatt (=Affidavit) [Art.117(1)g)]

alle **im Streitpatent als nächstkommender oder wesentlich zitierte Dokumente** sind autom. Beweismittel, auch wenn diese während Einspruchsfrist nicht ausdrücklich zitiert wurden [T198/88; T536/88; ABl.1991,254]

7 | **erforderliche Angaben für Beweisangebot** |
- Nennung der Tatsachen/Beweismittel in Einspruchsschrift zwingend [135]
- Angabe des Beweisthemas
- genaue Angabe der Fundstelle ist zwingend erforderlich (Bibliographie, ganzes Kapitel; T222/85; T545/91)
- Beleg für **allgemeines Fachwissen** nicht erforderlich, solange dieses nicht bestritten wird [T534/98]

8 | **Nichtberücksichtigung** | **Nichtberücksichtigung** von Tatsachen/Beweismitteln stellt idR wesentlichen Verfahrensmangel iSv **Art.117(1)** und **Art.113(1)** dar [T1098/07]

Sprache | **jede Sprache** zulässig [ggf. Übersetzung in eine EPÜ-Amtssprache nach Aufforderung]
Übersetzung auch nach Einspruchsfrist einreichbar [T94/84]

Substantiierung des Einspruchs
(rechtlich und faktische Gründe zur Untermauerung)

9 | **ausreichend** | hat Einsprechender das EP-Patent in vollem Umfang angegriffen, so genügt es, **für mindestens einen Anspruch** die Einspruchsgründe substantiiert geltend zu machen [T114/95]

Einspruchsbegründung muss nicht auf alle Merkmale des angegriffenen Merkmals eingehen, es genügt eine **Auseinandersetzung mit dem wesentlichen Gehalt** der Erfindung [T134/88]

erschöpfende Erörterung von allgem bekanntem Sachverhalt ist nicht erforderlich [T144/07]

Nachweis für allgem Fachwissen nur erforderlich, wenn Behauptung, dass etwas allgemeines Fachwissen ist, bestritten wird [T534/98]

Berücksichtigung von **verspätetem Vorbringen (neue Tatsachen/Beweismittel)** liegt im Ermessen der Einspruchsabteilung; nur, wenn diese *prima facie* der Patentfähigkeit ganz oder teilweise entgegensteht.

10 | **unzureichend** | **bloße Erklärung**, ein Beispiel des Patents sei nicht wiederholbar, ist unzureichend für Substantiierung mangelnder Offenbarung [T182/89]

Widersprüchliche Behauptungen ohne Beweismittel gehen zu Lasten des Einsprechenden [T219/83]

---

[135] Beweismittelvorlage auch nach Einspruchsfrist, da R.76(2)c) lediglich deren Angabe fordert [**R.83 S.2**; T538/89, D-IV,1.2.2.1].

Einspruchsschrift

Verspätetes Vorbringen

Einsprechender — verspätet vorgebrachte Tatsachen/Beweismittel oder neue Einspruchsgründe müssen nicht berücksichtigt werden [**Art.114(2)**] — 11

neue Argumente müssen berücksichtigt werden, wenn diese auf bereits eingebrachten Tatsachen/Beweismitteln/Einspruchsgründen basieren

neue Tatsachen/Beweise **in Reaktion auf Änderungen im Patent** sind verspätet, wenn nicht prima facie relevant; Einsprechender muss auf Art und Umfang der Änderungen vorbereitet sein [136] [E-III,8.6]

Patentinhaber — **Änderung des Patents** in Reaktion auf Einspruchsschrift ist kein verspätetes Vorbringen [E-III,8.6] — 12

Gewährbarkeit — 13
1. Bedeutung für die Entscheidung (Relevanzprüfung)
   neue Tatsachen/Beweise/Einspruchsgründe müssen Aufrechterhaltung des Patents prima facie entgegenstehen [T156/84]
   Anspruchsänderungen räumen Einwände zweifelsfrei aus, ohne selbst neue Einwände aufzuwerfen [T153/85]
2. Stand des Verfahrens
3. Gründe für die Verspätung

Rechtliches Gehör: Beteiligte müssen sich zu neuen Gründen äußern können [**Art.113(1)**]

Prüfungsumfang

Umfang der Prüfung — Prüfung ist auf angefochtenen Teil der Ansprüche beschränkt — 14

Ausnahmen:
- Einspruch auf unabhängigen Anspruch ist implizit auch auf dessen abhängige Ansprüche gerichtet [G9/91]
- Einspruch auf Verfahrensanspruch ist implizit auch auf **Product-by-Process**-Anspruch gerichtet [T525/96]

Prüfung der Einspruchsgründe

Einspruch ist keine Weiterführung des Prüfungsverfahrens

Einspruch ist grundsätzlich auf geltend gemachte Einspruchsgründe beschränkt

ausgenommen: Tatsachen liegen vor, die prima facie der Aufrechterhaltung des Patents ganz oder teilweise entgegenstehen [**Art.114(1)**, **R.81(1)**, G19/91]

- Tatsachen aus der Recherche/Prüfung
- Tatsachen aus anderen Einsprüchen, die als nicht eingelegt gelten oder unzulässig sind
- aus zurückgenommenen Einsprüchen
- Einwendungen Dritter
- verspätet vorgebrachte Gründe

Rechtliches Gehör: Beteiligte müssen sich zu neuen Gründen äußern können [**Art.113(1)**]

Grundlage der Prüfung — Abteilung ist an letzte vorgelegte oder gebilligte Fassung gebunden [D-VI,2.1]
- ursprünglich erteilte Fassung des Patents
- eingereichte Änderungen der Beschreibung, Patentansprüche oder Zeichnungen des PI im Einspruch

---

[136] **Ausnahmen: [1]** Patent enthält sehr viel abhängige Ansprüche oder **[2]** Änderungen umfassen die Aufnahme von Merkmalen aus Beschreibung [E-III,8.6].

Zeitrang der Ansprüche

15 Zur **Ermittlung des relevanten StdT** ggü dem SP muss für jede Merkmalskombination in den unabhängigen oder abhängigen Anspruch ein Zeitrang bestimmt werden. Eine Merkmalskombination kann aus

[1] einem einzelnen unabhängigen Anspruch oder

[2] aus einer Kombination von abhängigen (Unter-)Ansprüchen resultieren.

Einer Merkmalskombination kommt der Zeitpunkt als Zeitrang zu, zu dem diese erstmalig offenbart wurde. Enthält ein Anspruch lediglich eine Merkmalskombination, so steht diesem Anspruch nur ein Zeitrang zu. Enthält ein Anspruch Alternativen (dh mehrere Merkmalskombinationen), so können diesem Anspruch mehrere Zeiträge zufallen, wenn die Alternativen zu unterschiedlichen Zeitpunkten offenbart wurden.

Kriterien für die Bestimmung des Zeitrangs jeder Merkmalskombination:
1) Zeitpunkt der ersten Offenbarung dieser Merkmalskombination
2) Priorität wirksam: Anspruch steht für die Anwendung von Art.54(2)/(3) der PT als AT zu [**Art.89**]
3) Priorität unwirksam: Anspruch steht für die Anwendung von Art.54(2)/(3) der AT zu [**Art.80**]
4) unzulässige Erweiterung: Anspruch steht kein Zeitrang zu

16	unzulässige Erweiterung	Weist ein Anspruch eine unzulässige Änderung auf, so kommt diesem Anspruch **kein Zeitrang** zu (weder PT noch AT als wirksames Datum), er kann **nur** wegen eines Verstoßes gegen Art.123(2) angegriffen werden.
17	Alternativlösung	Bei einem Anspruch mit mehreren Alternativen kann jeder Alternative ein **eigener Zeitrang** zugeordnet werden [G2/98].
18	Mehrfachprioritäten	Jedem Gegenstand der Nachanmeldung kommt der Zeitrang der Anmeldung zu, in der dieser das erste Mal offenbart ist.
19	Teilanmeldung	TA erhält PT der Voranmeldung [**Art.76(1)** iVm **Art.4G PVÜ**] aber Inhalt der TA darf nicht über Inhalt der vorangehenden Anmeldung in der ursprünglich eingereichten Fassung hinausgehen [**Art.76(1) S.2**; G1/05, G1/06]

Prioritätsrecht, Wirksamkeit

20 <u>Wirkung des Prioritätsrecht:</u> ePa oder Anspruch steht für die Anwendung von Art.54(2)/(3) der PT als AT zu   **Art.89**

Voraussetzung für die Wirksamkeit

21	prioritätsbegründende Anmeldung	**Voranmeldung** ist Patent, GebrM ODER Gebrauchszertifikat mit Wirkung für PVÜ oder WTO [137]
22	Prioritätsfrist	Nachanmeldung muss binnen **12 M ab AT** der Voranmeldung erfolgt sein [138] [**Art.87(1)**]
23	Identität des Anmelders (≠Erfinderidentität)	Berechtigt ist nur „**derselbe Anmelder**" oder sein Rechtsnachfolger [139] [**Art.88(1)**, A-III,6.1, T5/05] Rechtsübergang der früheren Anmeldung oder des Prioritätsrechts muss **mind. 1 Tag vor Einreichung** der Nachanmeldung erfolgen und nach nationalem Recht wirksam sein [J19/87, A-III, 6.1]; Rechtsübergang/Übertragung des Prioritätsrechts muss schriftlich erfolgen [T62/05] <u>Nicht derselbe Anmelder:</u> Tochter-/Mutterfirma [T5/05]

---

[137] **priobegründend:** nat. Anmeldung, ePa, iPa und US-provisional [ABl.1996,81]; **Nicht anerkannt:** Prioritäten aus Geschmacksmustern/Designs/Modellen [J15/80; ABl.1981,213/546], Teilanmeldungen ODER Ausstellungsprioritäten [T382/07].

[138] Schicksal prioritätsbegründer Anmeldung nach ihrem AT bedeutungslos (bspw. zurückgenommen/zurückgewiesen/fallen gelassen) [**Art. 87(3)**].

[139] USA – Erfinder = Anmelder, daher Rechtsnachfolge bei Arbeitnehmererfindung zwingend erforderlich.

Zeitrang der Ansprüche

Identität der Erfindung

I) „erste Anmeldung der Erfindung"[140] [Art.87(3) und Art.87(4), F-VI,1.4]

1) keine noch frühere Anmeldung
2) desselben Anmelders
3) aus der Rechte bestehen geblieben sind

Kettenprioritäten unzulässig [T917/01], d.h. Inanspruchnahme der Priorität einer Anmeldung, die ihrerseits bereits eine Prio beansprucht

II) Nachanmeldung muss „**dieselbe Erfindung**"[141] sein [Art.87(1) iVm Art.88(4), G3/93, G2/98]

Prioprüfung = Neuheitsprüfung

Der Inhalt der Voranmeldung oder Stammanmeldung darf nicht als „Reservoir" beliebiger Merkmalskombinationen verstanden werden [RBK II.E.1.6.1, T296/96]. Ob eine Änderung zulässig ist, ist mit dem „**Goldstandard**" [Rn.B-42], zur Beurteilung von Zwischenverallgemeinerungen [RBK II.E.1.9] und **offenbarten Disclaimern** [RBK II.E.1.9, G2/10, G1/16], sowie dem **Offenbarungstest** überprüfbar. Der früher angewendete **Wesentlichkeitstest** gilt seit neuester Rechtssprechung lediglich noch als Indiz dafür, ob eine Änderung mit Art. 123(2) in der Auslegung gemäß dem Goldstandard vereinbar ist.

Offenbarungstest (modifizierter Neuheitstest) [RBK III.D.3.1.2, G2/98]

Der Gegenstand des Anspruchs gilt als in der Voranmeldung ursprünglich offenbart, wenn

1) alle Merkmale in ihrer **spezifischen Kombination**,
2) in der Voranmeldung **als Ganzes** (Beschreibung, Zeichnungen, Ansprüche [142])
3) **unmittelbar und eindeutig**, dh
   - unter Heranziehen des allgemeinen Fachwissens[143] [T136/95]
   - zumindest implizit (Wortlaut braucht nicht identisch zu sein [T81/87])
4) für den Fachmann **ausführbar offenbart** sind [T81/87].

Kriterien sind eng auszulegen [G2/98], dh

- generische Offenbarung (A), die mindestens zwei alternative Ausführungsformen (A^1, A^2) implizit einschließt, berechtigt nicht zu Prioanspruch für eine spezifische Ausführungsform, die weder explizit noch implizit offenbart ist [T30/01]
- zu lösende Aufgabe muss in beiden Anmeldungen dieselbe sein [T647/97]

zulässig ist jedoch das

- **Weglassen unwesentlicher Merkmale**, die in keinem erkennbar engen Zusammenhang mit der Aufgabe der Voranmeldung stehen [T809/95]

Nach dem „**Whole content-Grundsatz**" ist beim Offenbarungstest folgendes zu berücksichtigen:

- der **gesamte** Offenbarungsgehalt der Voranmeldung,
- ursprüngliches Schutzbegehren [T409/90]
- auch **funktionelle** und **nicht-technische** Merkmale,
- Offenbarung in **Zeichnungen**, wenn Struktur und Funktion des Merkmals erkennbar [T169/83],
- nicht nur der explizite Wortlaut von Ansprüchen,
- Merkmalskombinationen, auf die ausdrücklich verzichtet worden ist (z.B. durch einen Disclaimer)

Wesentlichkeitstest (Dreipunkte-Test) [H-V,3.2.1, RBK II.E.1.4.4, T331/87]

Der Wesentlichkeitstests wird nach neuester Rechtssprechung maximal noch zur Beurteilung der Gewährbarkeit einer Änderung herangezogen [RBK II.E.1.4.2] Danach ist das Ersetzen/Streichen eines Merkmals iSv **Art.123(2)** nur zulässig, wenn

1) das Merkmal ist in der Voranmeldung nicht als wesentlich (essentiell) hingestellt **Art.84**
2) das fehlende Merkmal als solches für die Funktion der Erfindung unter Berücksichtigung der technischen Aufgabe, die sie lösen soll, nicht unerlässlich ist **Art.83**
3) Ersetzen/Streichen dieses Merkmals keine wesentliche Angleichung anderer Merkmale erfordert. **Art.123(2)**

---

[140] keine „erste Anmeldung": noch frühere Anmeldung, die [1] für denselben Staat eingereicht wurde wie jüngere Anmeldung und [2] vor ihrer Veröff. zurückgenommen/zurückgewiesen/fallengelassen OHNE Überbleib von Rechten und [3] die noch nicht für Inanspruchnahme einer Priorität diente [Art.87(4), F-VI, 1.4.1, T255/91]; US-continuation und US-cip nicht priobegründend, aber US-provisional ist priobegründend [ABl.1996,81].

[141] derselbe Erfindungsgegenstand muss für Fachmann unter Heranziehung des allgem. Fachwissens unmittelbar und eindeutig aus der früheren Anmeldung als Ganzes (nicht nur Ansprüchen) entnehmbar sein [G2/98]; Priodokument muss nacharbeitbare Offenbarung enthalten [T193/95]; urspr. nicht offenbarter Disclaimer ändert Prioritätsrecht nicht, wenn er keinen techn. Beitrag leistet [G1/03, G2/03, ABl.2004,413, 448, T175/03, RBK II.D.3.1.2].

[142] keine Ansprüche in Prioanmeldung berührt Prioritätserfordernisse nach Art.88(4) nicht [T469/92]; weitgefasste Gegenstände (A) der Voranmeldung offenbaren nicht auch einen konkreten Gegenstand (z.B. umfasst A nicht automatisch A^1) der Nachanmeldung [T409/90].

[143] **ausgenommen** zur Vervollständigung einer ansonsten unvollständigen Lehre der Voranmeldung [T744/99].

Änderungen, die zum Erlöschen des Prioritätsrechts führen können

25 Disclaimer

zulässiger Disclaimer (dh urspr. offenbart oder leistet keinen techn. Beitrag) berührt das Priorecht aus früherer Anmeldung (die den Disclaimer nicht enthält) nicht [G1/03; G2/03 und G2/10]

Unterscheidung zwischen

1) ursprünglich **offenbarter Disclaimer**
   Disclaimer selbst nicht offenbart, der durch ihn ausgeklammerte Gegenstand aber aus ursprünglich Fassung der Voranmeldung herleitbar, z. B. aus einer Ausführungsform [G1/16]

2) ursprünglich **nicht offenbarter Disclaimer** [H-V,4.1]
   weder Disclaimer selbst noch der durch ihn ausgeklammerte Gegenstand ist in der Anmeldung in der ursprünglich eingereichten Fassung offenbart [G1/03; G2/03; G1/16];
   ändert Prioritätsrecht nicht, wenn er keinen technischen Beitrag [144] leistet [T175/03]

<u>Fall 1:</u> gewährbar nach G1/03; G2/03
   i) Wiederherstellung der Neuheit ggü 54(3)-Dokument,
   ii) Wiederherstellung der Neuheit ggü zufälliger Vorwegnahme in Art.54(2)-Dokument [145],
   iii) Entfernung eines Gegenstands aus nicht technischen Gründen zur Wiederherstellung Patentfähigkeit ggü Art.52-57.

<u>Fall 2:</u> gewährbar nach G2/10
   i) Anspruch umfasst eine Vielzahl spezifischer Ausführungsformen (zB Markush-Gruppe),
   ii) Gegenstand des Disclaimers ist in urspr. Fassung der Voranmeldung (singulär) als Ausführungsform der Erfindung offenbart (zB als (Vergleichs-)Beispiel oder Untergruppe „A = A^1, A^2, A^3"),
   iii) **verbleibender beanspruchter Gegenstand** ist
   - in urspr. Fassung der ePa explizit oder implizit, aber unmittelbar und eindeutig offenbart,
   - keine bloße Untergruppe des urspr. generisch Beanspruchten (A = A^1, A^2, A^3 → A^1) [T615/95],
   - keine Zwischenverallgemeinerung.

<u>Fall 3:</u> nicht gewährbar
   i) erforderliche Beschränkung ist klarer und knapper durch positives urspr. offenbartes Merkmal formulierbar [Art.84; T4/80],
   ii) Ausklammern nicht funktionsfähiger Ausführungsformen [Art.83],
   iii) Disclaimer leistet einen techn Beitrag [144] oder heilt eine unzureichende Offenbarung [Art.123(2)].

RBK II.E.1.7.2

26 Genus → Spezies

generische Offenbarung (Gattungsbegriff, A), die mindestens zwei alternative Ausführungsformen (A^1 und A^2) implizit einschließt, berechtigt nicht zu Prioanspruch für spezifische Ausführungsform (Spezies, A^1), die urspr. weder explizit noch implizit offenbart war [T30/01]

27 Spezies → Genus

spezifische Ausführungsform (Spezies, A^1) berechtigt nicht zu Prioanspruch für eine generische Offenbarung (Gattungsbegriff, A), die mindestens zwei alternative Ausführungsformen (A^1 und A^2) implizit einschließt [T194/84].

28 Merkmalskombinationen

Enthält die Nachanmeldung eine spezifische Merkmalskombination (A^1+B^3), die ursprünglich nicht offenbart war, so ist dies unzulässig [T1206/07, **Rn.B-67**]

29 Teilanmeldung

TA erhält PT der Voranmeldung [Art.76(1) iVm Art.4G PVÜ]

aber Inhalt der TA darf nicht über Inhalt der vorangehenden Anmeldung in der ursprünglich eingereichten Fassung hinausgehen [Art.76(1) S.2; G1/05, G1/06]

30 Teil-/Mehrfachprioritäten

Anmelder können für eine ePa mehrere Prioritäten gleicher ODER verschiedener PVÜ/WTO-Staaten beanspruchen [Art.88(2), T15/01, A-III,6.3], ausgenommen: Kettenprioritäten [T5/05].

Mehrfachprioritäten [Art.88(2)]: werden mehrere Prioritäten beansprucht, so kommt jeder Merkmalskombination der Nachanmeldung der Zeitrang der Voranmeldung zu, in der dieser das erste Mal offenbart ist.

Teilprioritäten [Art.88(3)]: ein Teilgegenstand, der in Voranmeldung offenbart ist, erhält als Zeitrang den PT; wohingegen dem überschießenden Teil nur der AT der Nachanmeldung zusteht.

Beispiel: Nachanmeldung umfasst mehrere Alternativen; zusätzlich das Herstellungsverfahren

Jede Merkmalskombination und jeder Teilgegenstand ist für sich hinsichtlich der Patentfähigkeit ggü dem StdT zu beurteilen, der für seine Priorität oder AT relevant ist.

31 unwesentliche Merkmale

Weglassen unwesentlicher Merkmale in Nachanmeldung, die in keinem erkennbar engen Zusammenhang mit der Aufgabe der Voranmeldung stehen ist zulässig [T809/95]

---

[144] und somit beachtlich für die Beurteilung der erfind. Tätigkeit würde [T653/92].

[145] offenkundig unerheblich und so weitab von Erfindung, dass Fachmann diese nicht berücksichtigt hätte [G1/03; G2/03]; **Beispiele:** weitabliegendes Fachgebiet [T608/96]; völlig andere techn. Aufgabe [T161/82]; gleiche Edukte in verschiedenen Reaktionen mit verschiedenen Produkten [T298/01].

Materiellrechtliche Einwände

Analyse/Auslegung der Ansprüche

Allgemeines

Vorgehensweise: [G2/88]
1) Bestimmung der Kategorie oder Art des Anspruchs [Rn.A-88],
2) Bestimmung technischer Merkmale, die seinen technischen Gegenstand ausmachen [Rn.A-124].

Merkmalsbestimmung:
Ein Patentdokument kann sein **eigenes Wörterbuch** darstellen [T500/01], so ist ein Patent mit der Bereitschaft auszulegen, es zu verstehen, und nicht es misszuverstehen [T190/90]

Im Prüfungs-/Einspruchsverfahren ist **Anspruch als strikte Definition** zu lesen [T1279/04]

allgemeine Grundsätze – Art.84 und hilfsweise Art.69 iVm dessen Auslegungsprotokoll [T1808/06]
- Merkmale sollten grds. auf die Bedeutung gelesen werden, die sie normalerweise im StdT haben, ausgenommen: ihnen wird durch die Beschreibung ausdrücklich bestimmte Bedeutung zugeordnet [T1321/04; F-IV,4.2],
- **keine unlogische** und **techn. unsinnige Auslegung** der Merkmale [T190/90],
- Merkmal, das für sich dem Fachmann mit allgemeinem Fachwissen eine klare, glaubhafte techn. Lehre vermittelt, darf durch Beschreibung **keine andere Bedeutung zugeordnet** werden [T1018/02],
- Bei der Beurteilung der Neuheit darf nicht alles in einen Anspruch hineingelesen werden, was in der Beschreibung auftaucht [Art.69, T1208/97].

fehlerhafte Angabe in Beschreibungseinleitung ist zur Anspruchsauslegung ungeeignet [T409/97]

relative Begriffe

mehrdeutige Begriffe („*dünn*", „*weit*", „*stark*") bleiben bei der Prüfung ggü StdT unberücksichtigt, wenn sie:
1) keine definierende Basis in der Beschreibung/Zeichnungen oder
2) keine allgemein anerkannte Bedeutung auf betreffendem Fachgebiet haben

F-IV, 4.6 andernfalls ist von der Definition in der Beschreibung auszugehen [T458/96]

unechter abhängiger Anspruch

abhängige Ansprüche, die gegenüber einem unabhängigen Anspruch ein Alternativmerkmal enthalten, sind selbst unabhängige Ansprüche und ist ggü dem Anspruch, auf den er rückbezogen ist, **nebengeordnet**

fakultative Merkmale

Ansprüche, die fakultative Merkmale aufweisen (z.B. „*bevorzugt* ...") sind zusätzlich als unabhängige Ansprüche anzugreifen.

Unzulässige Änderungen

Der Gegenstand eines EP-Patents darf nicht über den Inhalt der ursprünglich eingereichten Anmeldung hinausgehen [Art.123(2)]

Demnach muss die spezifische Merkmalskombination des Anspruchs einer (Nach-)Anmeldung der früheren ePa als Ganzes **unmittelbar** und **eindeutig** unter Heranziehung des allgemeinen Fachwissens entnehmbar sein [T948/97]. Dabei muss der Wortlaut der Ansprüche nicht identisch sein [T81/87, T184/84].

Verstoß gegen Art.123(2)

Weist ein Anspruch eine unzulässige Änderung auf, so kommt diesem Anspruch **kein Zeitrang** zu (weder PT noch AT als wirksames Datum), er kann **nur** wegen eines Verstoßes gegen Art.123(2) angegriffen werden.

Prüfung erfolgt anhand des **„Goldstandards"** [RBK II.E.1.3.1; Rn.B-42] zur Beurteilung von Zwischenverallgemeinerungen [RBK II.E.1.9, Rn.C-26] und dem **Offenbarungstest** [RBK II.D.3.1.2, Rn.C-24]

Lösungsvorschlag:
a) Merkmal A ersetzen durch engeres Merkmal A´, das von ursprünglichem Offenbarungsgehalt gedeckt
b) Entsprechendes Merkmal A streichen, wenn damit kein technischer Effekt verbunden ist

Verstoß gegen Art.76(1)
(Teilanmeldung)

TA ist eine neue, eigenständige und von der Stammanmeldung unabhängige Anmeldung [G1/05]
Der Gegenstand eines EP-Patents auf Basis einer TA darf nicht
1) über den Inhalt der ursprünglich eingereichten Anmeldung hinausgehen [Art.76(1) S.2] und
2) über den Inhalt der TA hinausgehen [Art.123(2), G1/05].

Mangelnde Ausführbarkeit
D-V,4

39 ePa muss Erfindung so deutlich und vollständig offenbaren, dass ein Fachmann sie ausführen kann [Art.83]

Anmeldung muss wenigstens ein Ausführungsbeispiel enthalten [R.42(1)e)], ausgenommen: breite Patentansprüche sollten durch mehrere Ausführungsbeispiele gestützt sein

1) **Ausführbarkeit**, dh nicht im Widerspruch zu physikalischen Gesetzen (z.B. Perpetuum mobile)
2) **Wiederholbarkeit** des Ergebnisses (gewisse Fehlertoleranz ist zulässig, sofern ein Prüfungsverfahren zur Aussonderung fehlerfreier Teile verfügbar)

Ist das einzige offenbarte Ausführungsbeispiel für den Erfindungskern nicht ausführbar, so liegt ein Offenbarungsmangel vor, ungeachtet dessen, ob eine andere Variante am AT ausführbar war [T1173/00].

Gelegentliches Misslingen unschädlich, wenn nur wenige Versuche notwendig, um den Fehlschlag in einen Erfolg zu verwandeln und dies keine erfind. Tätigkeit erfordert [T931/91].

Herumexperimentieren nur in gewissen Grenzen zulässig, z.B. bei unerforschten Gebieten oder Vorliegen großer techn. Schwierigkeiten [T226/85; T409/91].

Beweislast trägt der Einsprechende [T393/91, T406/91].

bloße Erklärung, ein Beispiel des Patents sei nicht wiederholbar, ist unzureichend für Substantiierung mangelnder Offenbarung [T182/89].

kein Mangel gem. **Art.100 b)** liegt vor, wenn wesentliches Merkmal zwar im Anspruch fehlt, aber in Beschreibung und/oder Zeichnungen offenbart ist, aber Einwand **mangelnder erfinderischer Tätigkeit** gegen zu breite Ansprüche möglich [T939/92].

Mangelnde Klarheit
D-V,5

40 **Kein Einspruchsgrund** [Art.84; T23/86]

Ein erteilter Anspruch bleibt so, wie er ist, auch wenn neue Tatsachen Unklarheit belegen [G3/14]

geänderte Ansprüche:

geänderte Ansprüche werden **nicht auf Klarheit geprüft**, wenn:
- erteilter abhängiger Anspruch in unabhängigen Anspruch aufgenommen wird,
- eine Ausführungsform eines erteilten abhängigen Anspruchs mit unabhängigem Anspruch in erteilten Fassung kombiniert wird,
- Textpassagen aus erteiltem Anspruch (unabhängig und abhängig) zur Einschränkung des Schutzumfangs gestrichen werden und dadurch bereits bestehender Verstoß gegen **Art.84** bestehen bleibt [T301/84],
- fakultative Merkmale aus erteilten Ansprüchen (unabhängig und abhängig) gestrichen werden

ausgenommen: bei Änderungen der Ansprüche auf Basis eines Merkmals aus der Beschreibung durch den PI im Einspruchsverfahren kann der Klarheitseinwand **Art.84** greifen [G3/14].

geänderte Ansprüche werden **auf Klarheit geprüft**, wenn:
- Merkmal aus Beschreibung aufgenommen wird,
- Merkmal aus abhängigem Anspruch aufgenommen wird, wenn dieses Merkmal mit anderen Merkmalen dieses abhängigen Anspruchs verbunden ist

Ausnahmen von der Patentierbarkeit
Art.52(2) und Art.53

41 **Ausschluss** von der Patentierbarkeit

Art.52(2)
G-II, 3

Erfindung die sich **ausschließlich** auf einen nicht patentfähigen Gegenstand bezieht [Art.52(3)]
a) Entdeckungen, wissenschaftliche Theorien und mathematische Methoden
b) ästhetische Formschöpfungen
c) Pläne, Regeln, Verfahren für gedankliche Tätigkeiten, Spiele oder geschäftliche Tätigkeiten
d) Computerprogramme (ausgenommen computerimplementierte Erfindungen, **Rn.A-108**)
e) Wiedergabe von Informationen (auf Benutzeroberflächen

Offensichtlichkeitsprüfung: Prüfung sollte unabhängig vom StdT erfolgen [G3/08]

Materiellrechtliche Einwände

Ausnahmen von der Patentierbarkeit — Erfindung die sich **ausschließlich** basieren auf 42
a) Sittenwidrige Gegenstände [**Art.53(a)**]
b) **Pflanzensorten oder Tierrassen** [**Art.53(b)**]
c) **Chirurgische, therapeutische oder diagnostische Behandlungsverfahren** des menschlichen oder tierischen Körpers [**Art.53(b)**; **Rn.A-113ff.**]
d) Screeningverfahren für potentielle Arzneimittel [**Rn.A-122**]
e) **Biotechnologische Erfindungen**, die durch Art.53(a) iVm R.28 ausgenommen sind
- Verfahren zum Klonen von Menschen
- Verfahren zur Veränderung der genetischen Identität der Keimbahn des Menschen
- Verwendung menschlicher Embryonen zu industriellen/kommerziellen Zwecken [T2221/10, T1441/13]
- Verfahren zur Veränderung genetischer Identität von Tieren, wodurch dem Tier Leiden ohne wesentlichen medizinischen Nutzen verursacht werden

Art.53
G-II, 4

Mangelnde Neuheit
Art.52(1) und Art.54

Ein erfindungsgemäßer Gegenstand gilt als **nicht neu** ggü dem StdT nach **Art.54(2)** bzw **(3)**, wenn 43
1) alle Merkmale des erfindungsgemäßen Gegenstandes in ihrer Kombination [T411/98],
2) eindeutig und unmittelbar in (ein und demselben) Dokument [T511/92],
3) für den Fachmann ausführbar offenbart sind [T206/83].

Bei der Beurteilung der Neuheit darf nicht alles in einen Anspruch hineingelesen werden, was in der Beschreibung auftaucht [T1208/97].
Beweislast für fehlende Neuheit trägt der Einsprechende [T219/83], **Ausnahme**: Auswahlerfindungen [T990/96], Product by Process [T205/83] und Verwendung atypischer Parameter zur Definition des Erfindungsgegenstandes [T1920/09].

Auswahlerfindung

1) **Auswahl aus einer Liste** 44
keine Neuheit, wenn der beanspruchte Gegenstand (A^1) lediglich eine Auswahl aus einer (individualisierten) Liste (A^1, A^2, A^3, A^4) ist [T12/81, G-VI,8 i)]

2) **Auswahl aus zwei Listen**
Eine individualisierte (konkretisierte) Merkmalskombination (z.B. A^1+B^3) ist neu, wenn [T12/81; G-VI,8 i)]:
i) Kombination eine gezielte Auswahl von Merkmalen aus mind **zwei variablen Listen**/Gruppen ist,
ii) jede Liste/Gruppe einen **gewissen Umfang** aufweist (z.B. A^1 bis A^4 und B^1 bis B^4).

Beispiel:
- chem Einzelverbindung aus einer allgemeinen Strukturformel, die mind zwei variablen Substituenten aufweist [T181/82],
- Ausgangsstoffe zur Herstellung eines Endprodukts,
- ein aus einer Liste ausgewählter Wirkstoff zur Behandlung einer aus einer Liste ausgewählten Krankheit [T47/07]

3) **Auswahl aus Parameterbereichen**
Auswahl eines Teilbereichs aus größeren Zahlenbereich des StdT ist neu, wenn der Teilbereich [T261/15, T279/89]:
i) eng gegenüber dem vorbekannten Bereich ist,
ii) genügend Abstand von den Eckwerten des bekannten Bereichs und von konkreten im Stand der Technik offenbarten Beispielen hat;

Ein im Teilbereich auftretender technischer Effekt allein verleiht keine Neuheit, kann aber Hinweis für Neuheit und nicht nur Ausschnitt des SdT sein.

Fehlergrenzen sind zu berücksichtigen; sind keine Fehlergrenzen angegeben, ist der Maximalfehler für die letzte angegebene Stelle aus der Rundungskonvention abzuschätzen [T175/97; G-VI,8.1].

Überlappung mit StdT (z.B. Eckwerte, Zwischenbereiche, chem Formeln) ist neuheitsschädlich [T666/89] [146]

Beispiele – chemischer Auswahlerfindungen
- Einzelverbindung gegenüber generischer Strukturformel [T85/87; T133/92]
- Konkretisierung einzelner Substituenten eines polysubstituierten Stoffs [T7/86]
- konkretes Paar an Ausgangsstoffen [T12/81; T181/82]
- Enantiomer gegenüber Racemat [T296/87; T1048/92 [147]]
- höherer Reinheitsgrad niedermolekularer chemischer Verbindung [T392/06, T803/01 [148], T112/00 [149]]
- höherer Reinheitsgrad eines Proteins [T1336/04; T767/95; T90/03]

---
[146] ausgenommen Verfahren, das im Überschneidungsbereich eindeutig nicht ausführbar ist [T751/94].
[147] Frage, ob Methoden zur Stoffauftrennung bekannt sind, gehört zur Prüfung auf erfind. Tätigkeit.
[148] Ausnahmefall, wenn nachweislich alle früheren Versuche, mittels herkömmlicher Reinigungsverfahren einen bestimmten Reinheitsgrad zu erzielen, fehlgeschlagen sind [T990/96].
[149] höherer Reinheitsgrad von Gemischen als Endprodukt und Lösungsmittel (=Ausgangsstoff).

45	Andere Formulierung	eine andere (Begriffs-)Formulierung alleine begründet keine Neuheit [T12/81]
		Offenbarung ist unabhängig von der gewählten physikalischen Einheit [T74/98]
46	allgemeines Fachwissen	allgemeines Fachwissen darf zur **Interpretation eines Einzeldokuments** herangezogen werden, auch, wenn es idR unzulässig ist, zwei Dokumente heranzuziehen [T288/90]
47	Bezugsdokument	Dokument, dessen Lehre durch ausdrücklichen Verweis auf genauere Informationen zu bestimmten Merkmalen, ganz oder teilweise Bestandteil des verweisenden „Hauptdokuments" angesehen werden muss, ist bei der Beurteilung der Neuheit zu berücksichtigen [G-IV,5.1].
48	funktionelle Merkmale	kann Neuheit verleihen, falls es sich auf stoffliche/technische Merkmale auswirkt (z.B. andere Bemessungsregel [T500/89])
49	Genus → Spezies G-VI,5	generische Offenbarung (Gattungsbegriff, A) ist nicht neuheitsschädlich für spezifisches Merkmal (Spezies, A^1 bzw. A^2) [T651/91], ausgenommen, Oberbegriff wird unter Berücksichtigung des allgemeinen Fachwissens nur in Bedeutung des speziellen Begriffs verstanden [T870/95]
50	nichttechnische Merkmale	nichttechnische Merkmale als solche leisten keinen technischen Beitrag und bleiben daher bei der Beurteilung der Neuheit und erfinderischer Tätigkeit nicht berücksichtigt [T154/04]
51	Parameter	Wird die Erfindung durch atypische Parameter definiert, so liegt die Beweislast beim Anmelder [T1920/09]
52	Product-by-Process	Produktanspruch, bei dem das Herstellungsverfahren eines Erzeugnisses genutzt wird, um dessen Eigenschaften zu definieren
		das Erzeugnis muss neu sein [T150/82] und dessen Herstellungsverfahren muss neu sein [T205/83]
	F-IV,4.12	Unterscheidet sich das Herstellungsverfahren ggü dem StdT lediglich in einem Schritt, der keine Änderung im Erzeugnis bewirkt, ist das Erzeugnis ebenfalls nicht neu [T250/83].
53	Spezies → Genus G-VI,5	spezifische Offenbarung (Spezies, A^1), z.B. in einem Ausführungsbeispiel des StdT ist neuheitsschädlich für generisches Merkmal (Gattungsbegriff, A), das mindestens zwei alternative Ausführungsformen (A^1 und A^2) implizit einschließt [T651/91].
54	Teilanmeldung, giftige („poisonous divisionals")	Voraussetzung: 1) prioritätsbegründende Voranmeldung offenbart spezifische Merkmalskombination (A+B+C^1), 2) Nachanmeldung offenbart generische Merkmalskombination (A+B+C) und wird mit dieser erteilt, nimmt allerdings für diese Kombination die Prio nicht wirksam in Anspruch, 3) TA dieser Nachanmeldung offenbart spezifische Merkmalskombination (A+B+C^1) und nimmt Prio der Voranmeldung wirksam in Anspruch, Rechtsfolge: so ist Gegenstand der TA als 54(3)-Dokument neuheitsschädlich für erteilte Nachanmeldung. Lösungsvorschlag: Einfügen eines urspr. nicht offenbarten Disclaimers zur Wiederherstellung der Neuheit ggü 54(3)-Dokument
55	überflüssiges Merkmal	keine Neuheit durch überflüssige Merkmale, die Anspruchsgegenstand nicht verändern [T917/94]
56	Wertunterschiede	Ganze Zahlen decken auch die dazugehörigen Dezimalstellen ab, die sich aus den Rundungsregeln für Dezimalstellen ergeben [T234/09]

Mangelnde erfinderische Tätigkeit

57		nicht-techn. Merkmale bleiben unberücksichtigt [T641/00]
58	Nächstliegender StdT	StdT, in dem Nachteile eines Gegenstands so offenkundig und bekannt sind, dass ein Fachmann nicht versucht hätte, diesen Gegenstand zu verbessern und weiterzuentwickeln, kann nicht nStdT sein [T1000/92].
		offensichtlich **mangelhafte Offenbarung** wird Fachmann idR gar nicht als nStdT berücksichtigen [T211/11]
59	Technische Wirkung	breite Ansprüche: Beruht erfind. Tätigkeit auf einer bestimmten technischen Wirkung, so muss sich diese im gesamten beanspruchten Bereich erzielen lassen [T939/92].
		Beweislast für eine nachträglich geltend gemachte techn. Wirkung liegt beim PI [T1180/00]
		Beweislast für eine behauptete Verbesserung der technischen Wirkung liegt beim PI [T1213/03]
60	Technischer Aufgabe	**angebliche Vorteile** ggü dem nStdT, die nicht hinreichend belegt sind, können bei Ermittlung der technischen Aufgabe nicht berücksichtigt werden [T20/81].
		Neuformulierung der technischen Aufgabe darf **nicht im Widerspruch** zu früheren Aussagen über den allgemeinen Zweck und Charakter der Erfindung stehen, die in der Anmeldung enthalten sind [T115/89]; insbesondere ist unzulässig, sich auf eine zuvor als unerwünscht und nutzlos bezeichnete Wirkung zu berufen und diese plötzlich als möglicherweise vorteilhaft darzustellen [T155/85].

Could-would-approach	**technische Möglichkeit** und Fehlen von Hindernissen sind nur notwendige Voraussetzungen für die Ausführbarkeit, sind aber nicht hinreichend, um das für Fachmann **tatsächlich Realisierbare** nahezulegen [T61/90].	61

mosaikartige Kombination von Dokumenten ist unzulässig [T2/81]

Betrachtung **mehrerer Dokumente** als Beleg für ein Vorurteil oder eine von der Erfindung wegweisende allgemeine Tendenz zulässig [T2/81]

StdT auf **Nachbargebiet** ist relevant, wenn (i) Nachbargebiet vor vergleichbare Probleme gestellt und (ii) vom Fachmann erwartet werden muss, dass er Kenntnisse vom Vorhandensein des anderen Fachgebiets hat [T176/84]

Mangelnde gewerbliche Anwendbarkeit

Grundprinzip: ausschließliche Rechte werden nur als Gegenleistung für eine **vollständige Offenbarung der Erfindung** gewährt, wobei auch Erfindungsverwertung anzugeben ist [T1452/06]. 62

Erfordernis gewerblicher Anwendbarkeit ist erfüllt, wenn eine **potentielle Funktion** des Anspruchsgegenstandes [T1450/07]:
1) für Fachmann plausibel offenbart ist,
2) durch Nachveröffentlichungen bestätigt wird, und
3) eine klare Grundlage für eine industrielle Anwendung bietet.

Änderungen durch Patentinhaber   R.80

PI kann den Einwänden des Einsprechenden mit Argumenten und/oder Änderungen der Ansprüche, Beschreibung, Zeichnungen begegnen, aber nur, sofern Änderungen **durch Einspruchsgründe veranlasst** sind (auch wenn dieser Grund durch Einsprechenden nicht explizit geltend gemacht wurde) [**R.80**; T323/05]. 63

Änderungen müssen Erfordernissen des EPÜ genügen [Art.101(3)(b)].

R.80 lässt es zu, einen erteilten unabhängigen Anspruch **in mehrere unabhängige Ansprüche aufzuteilen**, weil PI Anmeldung nicht mehr teilen kann und gezwungen wäre, einen potentiell zulässigen Gegenstand aufzugeben [T263/05].

Grundlage	**ursprünglich eingereichter Anmeldetext** (nur Beschreibung/Zeichnungen/Ansprüche) in der ursprünglich eingereichten Sprache [**Art.70, Art.14(2)**]	64
	eine **fehlerhafte Übersetzung** darf jederzeit berichtigt werden [**Art.70(2)** iVm **Art.14(2) S.2**]	
Zulässigkeit	Änderungen müssen folgenden inhaltlichen Erfordernissen entsprechen:	65
	1) **keine Erweiterung des Schutzbereichs** des EP-Patents [**Art.123(3)**];	
	▪ Verallgemeinerung eines Merkmals	
	▪ Merkmalsverschiebung innerhalb eines Anspruchs zulässig [**Rn.C-73**]	
	▪ Kategoriewechsel in Grenzen zulässig [**Rn.C-68ff.**]	
	2) **keine unzulässige Änderung:** Gegenstand darf nicht über Inhalt der urspr. eingereichten Anmeldefassung hinausgehen [**Art.123(2)** bzw **Art.76(2) S.2**];	
	3) **keine Widersprüche** zwischen Ansprüchen und Beschreibung/Zeichnungen [**Art.84**, G3/14];	
	4) geänderte Ansprüche dürfen sich nicht auf **nicht recherchierte Gegenstände** beziehen [**R.137(5)**];	
	5) bei Berichtigung nach **R.139** muss der Fehler offensichtlich sein.	
Unentrinnbare Falle („unescapable trap")	Konflikt zwischen **Art.123(2)** und **Art.123(3)**	66
	wurde im Erteilungsverfahren ein beschränkendes Merkmal in unabhängigen Anspruch aufgenommen, das in ursprünglicher Anmeldefassung nicht offenbart ist UND im Einspruch aufgrund Einwand aus Art.100c) iVm Art.123(2) zu streichen wäre, so ist dies nach Art.123(3) nicht zulässig, wenn Streichung mit Erweiterung des Schutzbereichs verbunden wäre [G1/93].	
	Konfliktlösung [G1/93]:	
	1) Beschränkung auf die Beispiele mit deren übrigen Bedingungen oder	
	2) Ausweich auf eine andere Ober-/Untergrenze eines zweiten engeren Teilbereichs, der innerhalb des Ganzen liegt [T2/81]	
H-IV,3.5	**Beispiel:** urspr. nicht offenbarte Bereichsgrenzen oder Disclaimer, der mehr ausnimmt als erforderlich	
Verspätetes Vorbringen	Verspätet eingereichte Änderungen des PI sind nur zulässig, wenn diese eindeutig gewährbar, dh folgende drei Kriterien erfüllt sein [T1273/04]:	67
	1) **Gewährbarkeit der Änderungen**, dh erfüllt Antrag Erfordernisse nach **Art.123(2), Art.84, R.137(5)** und ggf. **R.139** und kann daher eindeutig in das Verfahren eingeführt werden,	
	2) neu definierter Gegenstand ist **konvergente Weiterentwicklung** des Gegenstands, der die Grundlage des bisherigen Verfahrens gebildet hat, und	
	3) der Gegenstand der geänderten Ansprüche ist eindeutig **neu**.	

Teil C – Einspruch

EPÜ 2000

Artikel 123[143],[144]
Änderungen

(1) Die europäische Patentanmeldung oder das europäische Patent kann im Verfahren vor dem EPA nach Maßgabe der Ausführungsordnung geändert werden. In jedem Fall ist dem Anmelder zumindest einmal Gelegenheit zu geben, von sich aus die Anmeldung zu ändern.

(2) Die europäische Patentanmeldung und das europäische Patent dürfen nicht in der Weise geändert werden, dass ihr Gegenstand über den Inhalt der Anmeldung in der ursprünglich eingereichten Fassung hinausgeht.

(3) Das europäische Patent darf nicht in der Weise geändert werden, dass sein Schutzbereich erweitert wird.

[143] Geändert durch die Akte zur Revision EPÜ vom 29.11.2000.
[144] Siehe hierzu Entscheidungen der GBK G2/88, G3/89, G11/91, G1/93, G2/95, G2/98, G1/99, G1/03, G2/03, G1/05, G2/10, G3/14 (Anhang I).

EPÜAO

Regel 80[103]
Änderung des europäischen Patents

Unbeschadet der R.138 können die Beschreibung, die Patentansprüche und die Zeichnungen geändert werden, soweit die Änderungen durch einen Einspruchsgrund nach Art.100 veranlasst sind, auch wenn dieser vom Einsprechenden nicht geltend gemacht worden ist.

[103] Siehe hierzu Entscheidung der GBK G1/99, G3/14 (Anhang I).

Rechtsprechung

G2/88
I. Eine Änderung der Anspruchskategorie im Einspruchsverfahren ist nicht nach Art.12(3) zu beanstanden, wenn sie bei einer Auslegung der Ansprüche nach Art.69 und dem dazu ergangenen Protokoll nicht zu einer Erweiterung des Schutzbereichs der Ansprüche insgesamt führt. In diesem Zusammenhang kann das nationale Verletzungsrecht der Vertragsstaaten außer Betracht bleiben.

II. Werden erteilte Ansprüche, die auf "einen Stoff" und "ein diesen Stoff enthaltendes Stoffgemisch" gerichtet sind, so geändert, dass die geänderten Ansprüche auf die "Verwendung dieses Stoffes in einem Stoffgemisch" für einen bestimmten Zweck gerichtet sind, so ist dies nach Art.123(3) nicht zu beanstanden.

III. Ein Anspruch, der auf die Verwendung eines bekannten Stoffes für einen bestimmten Zweck gerichtet ist, der auf einer in dem Patent beschriebenen technischen Wirkung beruht, ist dahingehend auszulegen, dass er diese technische Wirkung als funktionelles technisches Merkmal enthält; ein solcher Anspruch ist nach Art.54(1) dann nicht zu beanstanden, wenn dieses technische Merkmal nicht bereits früher der Öffentlichkeit zugänglich gemacht worden ist.

G11/91
1. Eine Berichtigung der die Offenbarung betreffenden Teile einer europäischen Patentanmeldung oder eines europäischen Patents (der Beschreibung, der Patentansprüche oder der Zeichnungen) nach Regel 88, Satz 2 EPÜ darf nur im Rahmen dessen erfolgen, was der Fachmann aus der Gesamtheit dieser Unterlagen in ihrer ursprünglich eingereichten Fassung unter Heranziehung des allgemeinen Fachwissens - objektiv und bezogen auf den Anmeldetag - unmittelbar und eindeutig entnehmen kann. Eine solche Berichtigung hat rein feststellenden Charakter und verstößt daher nicht gegen das Erweiterungsverbot nach Art.123(2).

2. Der Nachweis dessen, was am Anmeldetag allgemeines Fachwissen des Fachmanns war, kann im Rahmen eines zulässigen Berichtigungsantrags mit jedem geeigneten Beweismittel erbracht werden.

T119/82
1. Die Wirkung eines Verfahrens zeigt sich im Ergebnis, d.h. im chemischen Bereich im Erzeugnis, mit allen ihm innewohnenden Eigenschaften und den Folgen seiner besonderen Herstellung, z.B. Qualität, Ausbeute und wirtschaftlichem Wert. Bekanntlich sind Analogieverfahren dann patentfähig, wenn sie zu neuen, erfinderischen Erzeugnissen führen, und zwar deshalb weil sich alle Merkmale des Analogieverfahrens nur von einer bisher unbekannten und unvorhersehbaren Wirkung ableiten lassen (Aufgabenerfindung). Ist jedoch die Wirkung ganz oder teilweise bekannt, ist also das Erzeugnis bekannt oder nur eine neue Modifikation eines bekannten Strukturteils, dann sollte die Erfindung, d.h. das Verfahren oder das Zwischenprodukt hierfür, nicht ausschließlich aus Merkmalen bestehen, die sich bereits zwangsläufig und aufgrund des Stands der Technik in naheliegender Weise von dem bekannten Teil der Wirkung ableiten lassen (vgl. auch "Zyklopropan"/ Bayer, T65/82, ABl.8/1983,327).

2. Eine Lösung ist nicht nur dann naheliegend, wenn der Fachmann alle Vorteile eines bestimmten Schrittes erkennen konnte, sondern auch dann, wenn ihm klar sein mußte, daß er angesichts der vorhersehbaren Nachteile oder mangels einer Verbesserung nicht in der vorgeschlagenen Weise handeln sollte, vorausgesetzt, er hat diese Folgen insgesamt tatsächlich richtig eingeschätzt.

3. Der Beschwerdeführer, der ein Vorurteil geltend macht, das den Fachmann von der angeblichen Erfindung abgehalten hätte, hat die Beweislast für ein solches Vorurteil.

T280/85
1. Für die Zwecke des Art.123(2) gehören Prioritätsunterlagen nicht zum "Inhalt der Anmeldung in der ursprünglich eingereichten Fassung", selbst wenn sie am selben Tag wie die europäische Patentanmeldung eingereicht worden sind.

2. Es ist nicht zulässig, aus einem unabhängigen Anspruch ein Merkmal zu streichen, das in der ursprünglich eingereichten Anmeldung durchweg als wesentliches Erfindungsmerkmal hingestellt worden ist, da dies gegen Art.123(2) verstößen würde.

T378/85
1. Nach der Patenterteilung ist ein Kategoriewechsel im Hinblick auf Artikel 123(3) EPÜ nur in Ausnahmefällen zulässig.

2. Betrifft das erteilte Patent ein Arbeitsverfahren, so stellt dessen nachträgliche Umwandlung in ein Vorrichtungspatent einen solchen Ausnahmefall dar, wenn der Schutzbereich (Art.69) des Verfahrenspatents die Vorrichtung zur Ausführung des Arbeitsverfahrens mit umfasst. Dazu ist es allerdings erforderlich, dass die Mittel zur Ausführung des Verfahrens im Verfahrenspatent so ausführlich und umfassend umschrieben sind, dass der Durchschnittsfachmann ohne besondere Überlegung in der Lage ist, in diesem Verfahrenspatent definierten technischen Lehre auch die zur Ausführung des geschützten Verfahrens geeignete Vorrichtung vollständig und eindeutig zu entnehmen.

T426/89
1. Ein auf ein "Verfahren zum Betreiben" eines Geräts gerichteter Anspruch ist nicht "deutlich gefaßt" (Art.84 EPÜ), wenn die Ansprüche in der Tat nur die Wirkungsweise des Geräts beschreiben.

2. Wird ein solcher Anspruch im Einspruchs(Beschwerde)-Verfahren als Sachanspruch klargestellt, so liegt kein (unzulässiger) Kategoriewechsel vor (vgl. T 378/86 - 3.2.2 vom 21. Oktober 1987 "Kategoriewechsel/MOOG", ABl. EPA 1988, 386).

T82/83
1. Nach Art.52(4) ist ein Anspruch nicht gewährbar, wenn er auch nur ein Merkmal enthält, das eine Tätigkeit oder eine Maßnahme (z. B. einen Verfahrensschritt) definiert, die ein "Verfahren zur ... therapeutischen Behandlung des menschlichen ... Körpers" darstellt (im Anschluss an Entscheidung T 820/92, ABl. EPA 1995, 113). Ob der Anspruch Merkmale umfasst, die auf einen an einem technischen Gegenstand ausgeführten technischen Vorgang gerichtet sind, ist für die Anwendung des Art.52(4) nicht rechtserheblich.

2. Eine im Einspruchsverfahren vorgeschlagene Änderung der Patentansprüche in Form eines Kategoriewechsels von einem "Verfahren zum Betreiben eines Geräts" zu einem "Gerät" ist nach Art.123(3) grundsätzlich nicht zulässig.

3. Enthält ein Patent in der erteilten Fassung nur Ansprüche, die bei richtiger Auslegung ein Verfahren zum Betreiben eines Geräts definieren, das eigentlich ein "Verfahren zur chirurgischen oder therapeutischen Behandlung des menschlichen oder tierischen Körpers" ist, und wird gegen dieses Patent Einspruch nach Art.52(4) eingelegt, so können die Art.52(4) und 123(3) in Verbindung miteinander insofern eine unentrinnbare Falle bilden, die unweigerlich zum Widerruf des Patents führt, als

a) das Patent nicht in der erteilten Fassung aufrechterhalten werden kann, weil die Ansprüche einen nach Art.52(4) von der Patentierbarkeit ausgeschlossenen Gegenstand definieren;

b) das Patent nicht in geändertem Umfang aufrechterhalten werden kann, weil die Ansprüche dann nur noch das Gerät definieren, aber keine Merkmale mehr enthalten, die das Betreiben des Geräts in einem Art.52(4) ausgeschlossenen therapeutischen Verfahren definieren, und eine Änderung der erteilten Ansprüche durch streichen dieser "Verfahrensmerkmale" gegen Art.123(3) verstößen würde (in Abgrenzung gegen die Entscheidungen T378/86, ABl. EPA 1988, 386 und T426/89, ABl. EPA 1992, 172).

Kategoriewechsel nach Patenterteilung

Kategoriewechsel nach Patenterteilung R.80 iVm **Art.123(3)**; H-V.7, RBK II.E.2.6
= nur zulässig, wenn sich Schutzumfang verkleinert [**Art.123(3)**] und ursprüngliche Offenbarung vorhanden [**Art.123(2)**]

Anspruch	Erzeugnis	Product-by-Process	Verfahren	Verwendung	Vorrichtung
Erzeugnis/Stoff „Erzeugnis E" oder „Mischung M enthaltend Stoff A"	--	(✓) [150] [T119/82]	✓ [151] process-limited-by-product [T5/90, T54/90]	✓ [152] [G2/88; ABl.1990, 93]	× [T352/04]
Product-by-Process „Zusammensetzung Z erhalten durch ..."	--		✓ [T423/89]		
Verfahren Fall 1: „Verfahren zur Herstellung von Erzeugnis E" Fall 2: „Verfahren unter Verwendung von Erzeugnis"	(✓) [153] [T378/86; T426/89]	× da Schutzbereich eines Erzeugnisanspruchs größer als Verfahrensanspruch [T20/94]	--	× Fall 1: „Verwendung von Erzeugnis E ..." [T98/85; T194/85] ✓ Fall 2: „Verwendung von Erzeugnis E in einem Verfahren ..." [154] [G5/83; T332/94]	(×) [155] [T82/93; T86/90]
Verwendung „Verwendung von Erzeugnis E"	× [T1635/09]		✓ [156] [T279/93]	--	✓
Vorrichtung				✓ [T134/95]	--

Merkmalsverschiebung nach Patenterteilung R.80 iVm **Art.123(3)**; H-V, 3, RBK II.E.2.5

innerhalb des Anspruchs	aus dem Oberbegriff	aus Unteranspruch	aus Beschreibung	aus Zeichnungen	aus Zusammenfassung	aus Priounterlagen
✓ Solange dies ohne Auswirkung auf Anspruchsbedeutung ist [T16/86]	✓ [157] [T96/89]	✓ [T49/89]	✓ [158] Solange dieses in funktionellem Zusammenhang offenbart	✓ [G11/91]	× [T246/86]	× [T260/85]

= Inhalt der Patentanmeldung in der ursprünglich eingereichten Fassung [G11/91; G2/95]

---

[150] keine Ansprüche in Prioanmeldung berührt Prioritätserfordernisse nach Art.88(4) nicht [T469/92]; **weitgefasste Gegenstände** (A) der Voranmeldung offenbaren nicht auch einen konkreten Gegenstand (z.B. umfasst A nicht automatisch A1) der Nachanmeldung [T409/90].

[151] **Ausnahmefall**, wenn nachweislich alle früheren Versuche, mittels herkömmlicher Reinigungsverfahren einen bestimmten Reinheitsgrad zu erzielen, fehlgeschlagen sind [T990/96].

[152] da erfindungsgemäße Verwendung eines Erzeugnisses/Stoffes/Stoffgemisches zumeist im Patent beschrieben, jedoch nicht ausdrücklich beansprucht [T264/09].

[153] **nur**, wenn urspr. Patentanspruch alle Erzeugnismerkmale in funktioneller UND struktureller Weise beinhaltet.

[154] **aber:** das beanspruchte Verfahren darf nur zu dem vorher beanspruchten Erzeugnis führen.

[155] **nur**, wenn urspr. Patentanspruch alle konstruktiven Erzeugnismerkmale in funktioneller Weise definiert [T426/89].

[156] zulässig für "Verwendung der Verbindung A in Herstellungsverfahren der Verbindung B" ggü "Herstellungsverfahren von B aus A".

[157] **zulässig:** wenn Begriffe im Oberbegriff zunächst verallgemeinert und dann im kennzeichnenden Teil wieder auf den urspr. offenbarten Gehalt eingeschränkt würden [**Art.123(3)**; T16/86].

[158] **zulässig:** auch wenn einzelnes Merkmal, urspr. nicht recherchiert, da sich R.137(4) auf nicht recherchierte Gegenstände bezieht, das unter den Anspruch fällt [T264/09].

Formulierungsvorschlag

(die grau kursiven Textpassagen in eckiger Klammer sind durch entsprechende Fakten zu ersetzen)

Abkürzungen	verwendete Abkürzungen

ABl.	…	Amtsblatt des EPA
An. X	…	Anlage X
Anspr. X	…	Anspruch X
AT	…	Anmeldetag
iSv	…	im Sinne von
iVm	…	in Verbindung mit
PT	…	Prioritätstag
RBK	…	Rechtsprechung der Beschwerdekammer des EPA
RiLi	…	Richtlinien für die Prüfung im EPA
SP	…	Streitpatent
veröff.	…	veröffentlicht
TA	…	Teilanmeldung
VT	…	Veröffentlichungstag
(n)StdT	…	(nächstliegender) Stand der Technik

Artikel und Regeln ohne nähere Gesetzesangabe sind solche des EPÜ 2000.

Annahmestelle
Erfordernis nach Art.99(1)

Europäisches Patentamt
D-80298 München

Betreff

Einspruch gegen EP... (An. 1)

Erfordernis nach R.76(2) a) iVm R.41(2) c)

Hiermit legen wir namens und im Auftrag unserer Mandantin [*Name; Anschrift; Telefon- & Faxnummer; Staatsangehörigkeit und Sitz/Wohnsitz*]

EINSPRUCH

Erfordernis nach R.76(2) b)

gegen das Europäische Patent [*Nummer*] (im Folgenden: „Streitpatent", SP) der Inhaberin [*vollständiger Name*] mit der Bezeichnung [*Titel*] ein.

Anträge
Erfordernis nach R.76(2) c)

Hauptantrag

Hilfsantrag [optional]

Es wird beantragt:

1. das SP mit Wirkung für alle benannten Vertragsstaaten des EPÜ im vollem Umfang zu widerrufen,

2. hilfsweise eine mündliche Verhandlung gemäß Art.116 EPÜ anzuberaumen.

Einspruchsgründe
Erfordernis nach R.76(2) c)

[optional]

Der Einspruch ist nach Art.100 a) bis c) EPÜ darauf gestützt, dass:

(a) der Gegenstand des SP nach Art.52-57 EPÜ nicht patentfähig ist, denn der Gegenstand sämtlicher Ansprüche 1-X ist nicht neu und/oder beruht nicht auf einer erfinderischen Tätigkeit,

(b) das SP die Erfindung nicht so deutlich und vollständig offenbart, dass ein Fachmann diese ausführen kann,

(c) der Gegenstand des SP gegenüber der ursprünglich eingereichten Fassung der Anmeldung unzulässig erweitert ist.

Prioritäten

keine Priorität

Es wurde keine Priorität nach Art.87(1) beansprucht. Das wirksame Datum ist daher der AT des SP, d.h. der TT.MM.JJJJ.

ODER

Prioritätsansprüche, Art.87(1)

Das SP wurde am TT.MM.JJJJ angemeldet und beansprucht die Priorität(en) des:
- ersten Priodokuments [*Nummer*], eingereicht am TT.MM.JJJJ,
- zweiten Priodokuments [*Nummer*], eingereicht am TT.MM.JJJJ.

[optional]

Die früheren Anmeldungen, deren Prioritäten in Anspruch genommen worden sind, wurden in [*Mitgliedstaaten der PVÜ/WHO*] eingereicht. Die Anmeldung des SP erfolgte innerhalb von 12 Monaten nach dem AT des frühesten Prioritätsdokuments. Somit scheinen die Voraussetzungen von Art.87(1) EPÜ erfüllt.

Formulierungsvorschlag

Zeiträge der Ansprüche

Wirksame Daten

Hieraus ergeben sich die wirksamen Daten wie folgt:

PT als wirksames Datum, Art.89, F-VI, 1.2

Ansprüche 1-[X]: AT des ersten/zweiten Priodokuments [Nummer] (TT.MM.JJJJ), da darin alle Merkmale dieser Gegenstände „unmittelbar und eindeutig" offenbart sind (vgl. G2/98).

AT als wirksames Datum, Art.80, F-VI, 1.1

Ansprüche [Y-Z]: AT des SP (TT.MM.JJJJ), da die Gegenstände der Anspr. [X-Y] des SP keinem der Priodokumente als Ganzes „unmittelbar und eindeutig" zu entnehmen sind, sondern erstmals in den Unterlagen der (Stamm-)Anmeldung offenbart sind (vgl. F-VI,2.2 und G2/98).

Priorität teilweise unwirksam

Anspruch [Y]: AT des SP (TT.MM.JJJJ). Zwar offenbart das Priodokument ganz allgemein [Merkmal A], das spezifische [Merkmal A¹] offenbart es jedoch nicht. Dieses ist erstmals bei Einreichung der (Stamm-)Anmeldung enthalten. Somit ist der Prioranspruch für Anspr. Y nicht wirksam (vgl. G3/93; G2/98).

ODER

Die spezifische Kombination von [Merkmale A] und [Merkmale B] in Anspr. Y ist im Priodokument nicht offenbart und wurde erst am AT des SP neu aufgenommen. Das wirksame Datum von Anspr. Y ist somit der AT des SP (TT.MM.JJJJ).

fakultative Merkmale

Anspruch [X]: AT des Priodokuments [Nummer] (TT.MM.JJJJ). Zwar weißt Anspr. X eine Änderung auf, allerdings handelt es sich bei dem Merkmal [„vorzugsweise /insbesondere"] um ein fakultatives Merkmal, welches keine Beschränkung des Schutzumfangs des Anspruchs bewirkt (vgl. F-IV, 4.9). Der Gegenstand von Anspr. X hat somit als wirksames Datum den (ersten) PT.

2 Alternativen

Anspruch [X] definiert zwei Alternativen, nachfolgend Alternative Xa und Xb genannt. Die erste ist die Kombination aus Merkmalen von Anspr. 1, 2 und X („Xa"); dia zweite die Kombination aus Merkmalen von Anspr. 1, 3 und X („Xb").

Nach G2/98 können Alternativen in Ansprüchen unterschiedliche Zeiträge aufweisen. Alternative Xb ist im Priodokument nicht offenbart. Diese Alternative wurde am AT von An. 1 (SP) neu eingefügt. Das wirksame Datum von Alternative Xb ist somit der AT des SP (TT.MM.JJJJ).

Tatsachen & Beweismittel Erfordernis nach R.76(2) c)

Tatsachen und Beweismittel

Der Einspruch ist gestützt auf die nachfolgenden Dokumente:

    An. 1 auf [DE/EN/FR], Streitpatent (SP)
    An. 2 auf [DE/EN/FR], veröffentlicht am TT.MM.JJJJ
    An. 3 auf [DE/EN/FR], veröffentlicht am TT.MM.JJJJ
    An. 4 auf [DE/EN/FR], veröffentlicht am TT.MM.JJJJ

Anwendung von EPÜ 2000

Sämtliche Anlagen, betreffend europäische Patentliteratur, wurden an bzw. nach dem 13.12.2007 eingereicht, so dass das EPÜ 2000 ausschließlich anzuwenden ist.

ODER

Anwendung von EPÜ 1973, H-III,4.2

An. X wurde am TT.MM.JJJJ und somit vor dem AT des SP eingereicht. Allerdings liegt der AT von An. X vor dem 13.12.2007, so dass hierauf das EPÜ 1973 anzuwenden ist (ABl.2003, SA Nr. 1, 202). Infolgedessen ist An. X gegenüber den Ansprüchen Y-Z des SP nur dann StdT gemäß Art.54(3) EPÜ, wenn die Anmelde- und Benennungsgebühr für die Vertragsstaaten entrichtet wurden, die auch für das SP benannt worden sind (Art.54(4) EPÜ 1973). Davon wird ausgegangen.

vorveröffentlichter StdT nach Art.54(2),

An. X wurde vor dem Zeitrang der Ansprüche [1-X] des SP veröffentlicht und ist somit gegenüber allen Ansprüchen StdT nach Art.54(2) EPÜ.

zwischenveröffentlichter StdT *F-VI, 2.4.1*	An. X ist eine [*Veröffentlichung / nationale Anmeldung*], die nach dem PT des Priodokuments, aber vor dem AT des SP veröffentlicht wurde. Da die Anspr. Y-Z die Priorität nicht wirksam in Anspruch nehmen, ist An. X ggü. Anspr. Y-Z des SP St.d.T. nach Art.54(2) EPÜ. ODER An. X ist eine [*ePa/Euro-PCT-Anmeldung*] die am TT.MM.JJJJ eingereicht und am TT.MM.JJJJ veröffentlicht wurde. Somit wurde An. X vor dem AT des Priodokuments eingereicht, aber zwischen dem PT des Priodokuments und dem AT des SP veröffentlicht. Somit ist An. X ggü. Anspr. [*1-X*] St.d.T. nach Art.54(3), aber ggü. Anspr. [*Y-Z*] voller St.d.T. nach Art.54(2).
nachveröffentlichter StdT *Art.54(3), G-IV,5.1*	An. X ist eine [*ePa/Euro-PCT-Anmeldung*] die am TT.MM.JJJJ veröffentlicht wurde und somit nach dem AT des SP. Allerdings [wurde An. X vor dem AT des SP eingereicht/beansprucht An. X wirksam die Priorität vom TT.MM.JJJJ (vor dem AT des SP)]. Damit ist An. X gegenüber den Ansprüchen Y-Z des SP St.d.T. gemäß Art.54(3) EPÜ. ODER An. X ist eine [*ePa/Euro-PCT-Anmeldung*] die am TT.MM.JJJJ eingereicht und am TT.MM.JJJJ veröffentlicht wurde. Somit wurde An. X nach dem AT der Priodokumente aber vor dem AT des SP eingereicht. Folglich ist An. X ggü. Anspr. [X] St.d.T. nach Art.54(3).
PCT-Anmeldung	An. X ist eine internationale Anmeldung, für die das EPA Bestimmungsamt ist. Diese Anmeldung hat die Wirkung einer vorschriftsgemäßen europäischen Anmeldung nach Art.153(2), wenn die in Art.153(5) genannten Erfordernisse erfüllt sind. Es wird angenommen, dass diese Erfordernisse erfüllt sind und dies im weiteren Verfahren nachgewiesen wird.
offenkundige Vorbenutzung *G-IV, 7.1*	An. X ist ein Beleg für die offenkundige Vorbenutzung von [*was?*] durch [*wen?*] am TT.MM.JJJJ [*wann?*]. Demnach erfolgte die offenkundige Vorbenutzung [*wie?*] und [*wo?*] (*vgl.* G-IV, 7.2). Für den lückenlosen Nachweis der offenkundigen Vorbenutzung (*vgl.* RGB III.G.4.3.2, T472/92, ABl.1998, 161) wird • die Vernehmung des Beteiligten [*Name*] angeboten (*vgl.* Art.117(1) a) EPÜ); • die Vorlage eines Prospekts angeboten (*vgl.* Art.117(1) c) EPÜ); • die Vernehmung des Zeugen [*Name*] angeboten (*vgl.* Art.117(1) d) EPÜ); • eine eidesstattliche Versicherung von [*Name*] nachgereicht (*vgl.* Art.117(1) g) EPÜ).
allgemeines Fachwissen *G-VII, 3.1*	An. X ist ein Artikel aus dem Lexikon/Handbuch/Enzyklopädie **oder** Übersichtsartikel der Fachzeitschrift [*Name*], der am TT.MM.JJJJ veröffentlicht wurde. An. X wurde zwar nach dem frühesten beanspruchten PT veröffentlicht, allerdings spiegelt An. X das einschlägige allgemeine Fachwissen im Zeitrang von Anspr.1 wieder. An. X dient daher zur Stützung bei der Argumentation in Bezug auf Neuheit oder erfinderische Tätigkeit (*vgl.* T 1110/03, RiLi G-VII, 3.1).
mündliche Offenbarung *B-VI, 2*	An. X ist die Übersicht/ein Auszug aus dem Tagungsband zur [*Konferenz/Messe*] zum Thema [...]. Dabei wurde dem Publikum der Gegenstand von Anspr. 1 des SP ohne Geheimhaltungsvereinbarung vorgestellt. An. X enthält die Zusammenfassung dieses Vortrags vom TT.MM.JJJJ. Gemäß RiLi G-IV, 7.4 wird die schriftliche Beschreibung als wahrheitsgetreue Wiedergabe der (früher erfolgten) mündlichen Offenbarung angesehen. Damit ist die schriftliche Offenbarung von An. X gegenüber Anspr. X St.d.T. nach Art.54(2) EPÜ. Zur Glaubhaftmachung, dass [*der Vortrag/die Zurschaustellung*] vor dem AT von An. X am TT.MM.JJJJ erfolgte, bieten wir die Zeugenaussage und/oder eine eidesstattliche Versicherung von [*Name*] an (*vgl.* Art.117(1) d) bzw. g) EPÜ).
Zusammenfassung eines *Art.54(3)-Dokuments*	An. X ist ein Art.54(3)-Dokument. Die Informationen der Zusammenfassung eines solchen Dokuments können für die Anwendung von Art.54(3) nicht berücksichtigt werden (*vgl.* Art.85)

Formulierungsvorschlag

Internet-Offenbarung
G-IV, 7.5

An. X ist ein Ausdruck der Internetseite [...], hochgeladen und veröffentlicht am TT.MM.JJJJ. Damit ist An. X gegenüber Anspr. X St.d.T. nach Art.54(2) EPÜ.

Zur Glaubhaftmachung, dass An. X seit dem TT.MM.JJJJ in dieser Form unverändert online verfügbar war, werden wir eine eidesstattliche Versicherung von ..., dem Eigentümer/Geschäftsführer des Unternehmens ... nachreichen (*vgl.* Art.117(1) g) EPÜ).

---

unzulässige Erweiterung, Erfordernis nach Art.100 c), Art.123(2) bzw. Art. 76(1)

Unzulässige Erweiterung (Art.100 c), 123(2))

[optional]

Der Gegenstand des SP geht über den Inhalt der ursprünglich eingereichten Fassung hinaus.

Für die Beurteilung einer unzulässigen Erweiterung sind die Teile der Anmeldeunterlagen heranzuziehen, die für die Offenbarung der Erfindung maßgebend sind, nämlich die Ansprüche, Beschreibung und Zeichnungen (*vgl.* G11/91; ABl.1993, 125).

Merkmal X/Anspruch X/Absatz [00X]

Anspr X/Absatz [00X] in der erteilten Fassung des SP umfasst die Merkmalskombination [...].

Hinzufügen von Merkmalen,
RBK II-E.1.3

Die Akteneinsicht hat ergeben, dass [*das Merkmal/der Anspruch/der Absatz*] erst nach dem Prioritätstag/im Erteilungsverfahren den Anmeldeunterlagen des SP hinzugefügt worden ist.

Das Hinzufügen dieser Änderung stellt dem Fachmann zusätzliche, relevante Informationen zur Verfügung, die den ursprünglich eingereichten Unterlagen nicht unmittelbar und eindeutig zu entnehmen sind (*vgl.* G1/93). Das hinzugefügte Merkmal leistet zum Gegenstand des Anspruchs auch einen technischen Beitrag (*vgl.* G1/93), nämlich [*techn Effeckt*].

Damit verstößt das Hinzufügen dieses Merkmals in Anspr. 1 gegen Art.123(2) und ist nach Art.100 c) zu beanstanden. Anspr. 1 hat kein wirksames Datum.

ODER

Auswahl aus generischer
Offenbarung (A →A¹)

In der ursprünglichen Anmeldung war ganz allgemein nur [*Merkmal A*] offenbart. Die spezifische Ausführungsform mit dem [*Merkmal A¹*] war weder explizit noch implizit offenbart. Weil die generische Offenbarung nicht als Basis für die Spezies dienen kann, verstößt die Änderung in Anspr. 1 gegen Art.123(2) (*vgl.* T30/01).

Verallgemeinerung spezifischer
Offenbarung (A¹ → A)

In der ursprünglichen Anmeldung war nur das spezifische [*Merkmal A¹*] offenbart. Die generische Ausführungsform mit dem [*Merkmal A*] war weder explizit noch implizit offenbart. Weil die spezifische Offenbarung eines Merkmals nicht als Basis für das Genus dienen kann, verstößt die Änderung in Anspr. 1 gegen Art.123(2) (*vgl.* T571/10).

ODER

Kette von Teilanmeldungen

Zwar war [*Merkmal A¹ / Anspruch / Absatz*] in der frühesten Anmeldung [*EP ...*] enthalten, allerdings ist dieses/dieser in der daraus abgeleiteten Teilanmeldung [*EP ...*] nicht enthalten.

Nach G1/06 ist Art. 76(1) EPÜ auch auf Teilanmeldung zu Teilanmeldung anzuwenden, sodass sich die gesamte Offenbarung einer Teilanmeldung unmittelbar und eindeutig aus dem Offenbarungsgehalt jeder vorangehenden Anmeldung [*EP ...*] in der ursprünglich eingereichten Fassung ableiten lassen muss.

Zwar erläutert die vorangehende Anmeldung [*EP ...*] das [*Merkmal A*], zu [*Merkmal A¹*] schweigt sie allerdings.

Bei dem Merkmal treten überdies besondere technische Effekte auf, nämlich [*techn Effekt*]. Somit leistest das hinzugefügte Merkmal zum Gegenstand [*des Anspruchs/der Anmeldung*] auch einen technischen Beitrag (*vgl.* G1/93).

Folglich ist das Merkmal [*des Anspruchs/Absatzes*] durch die ursprünglich eingereichte Fassung der vorangehenden Anmeldung nicht offenbart und somit neu.

Damit verstößt die Aufnahme dieses Merkmals in Anspr. X/Absatz [00X] gegen Art.76(1) EPÜ und ist nach Art.100 c) zu beanstanden. Anspr. X hat kein wirksames Datum.

ODER

Streichen/Ersetzen eines Merkmals, H-V, 3.1	Die Akteneinsicht hat ergeben, dass das [*funktionelle/strukturelle Merkmal A*] aus Anspr. 1 gestrichen/ersetzt worden ist. Allerdings weisen alle Beispiele dieses Merkmal auf. Somit ist für den Fachmann aus dem Offenbarungsgehalt des SP nicht unmittelbar und eindeutig erkennbar, dass das [*Merkmal A*] (1) unwesentlich und (2) nicht unerlässlich für die Funktion der Erfindung ist und dass (3) dessen Entfernen/Austausch keine Anpassung der übrigen Merkmale erfordert. Somit verstößt dessen Streichung/Ersetzen in Anspr. 1 gegen Art.123(2) EPÜ und ist somit nach Art.100 c) zu beanstanden (*vgl.* T331/87; RiLi H-V, 3.1).

ODER

Zwischenverallgemeinerung, H-V, 3.2.1, RBK II.E.1.9	Der erteilte Anspr. X umfasst die Merkmalskombination [*A+B+C*]. Die ursprünglich eingereichte Anmeldung offenbart allerdings nur die Merkmalskombinationen [*A+B*] und [A^1+B+C]. Für den Fachmann ist daraus nicht deutlich erkennbar, dass zwischen [*Merkmal A^1*] und den anderen Merkmalen B+C kein funktioneller oder struktureller Zusammenhang besteht. Die Gesamtoffenbarung rechtfertigt daher nicht die verallgemeinernde Isolierung von [*Merkmals A*] und dessen Aufnahme in Anspr. X. Folglich stellt die erteilte Merkmalskombination [*A+B+C*] eine unzulässige Zwischenverallgemeinerung dar (vgl. RiLi H-V, 3.2.1), sodass Anspr. 1 gegen [Art.123(2) bzw. Art.76(1) bei Teilanmeldungen] verstößt und ist somit nach Art.100 c) zu beanstanden.

ODER

neue Merkmalskombination	Die Merkmale [*A*] und [*B*] des Anspr. 1 sind zwar in der ursprünglichen Offenbarung des SP enthalten, aber ohne den geringsten Hinweis, dass diese in einem konkreten Zusammenhang zueinanderstehen. Die neu beanspruchte Merkmalskombination [*A+B*] generiert demnach einen Gegenstand, der ursprünglich nicht offenbart war (T1206/07). Damit verstößt die Merkmalskombination in Anspr. 1 gegen [Art.123(2) bzw. Art.76(1) bei Teilanmeldungen] und ist somit nach Art.100 c) zu beanstanden.

ODER

zweckgebundene Merkmale	Anspr. X weißt eine unzulässige Erweiterung auf. Zwar handelt es sich bei dem aufgenommenen Merkmal [*„geeignet für/um/zum…"*] um ein zweckgebundenes Merkmal, das nur eine mögliche Verwendung des [*Erzeugnisses / Verfahren*] zum [*Zweck*] angibt. Jedoch bewirkt diese Änderung, dass [*Erzeugnisse / Verfahren*] die zu dem angegebenen Zweck ungeeignet sind, vom Schutzumfang ausgenommen werden (*vgl.* F-IV,4.13). Das [*Erzeugnis / Verfahren*] ist nur mit [*Merkmal A*] offenbart und daher für diesen Zweck selbst ungeeignet.

ODER

Das [*Erzeugnis / Verfahren*] ist in dieser Merkmalskombination nur ganz allgemein offenbart, nicht speziell für diesen Zweck.

Damit verstößt die Aufnahme dieses Merkmals in Anspr. X gegen Art.123(2)/Art.76(1) und ist nach Art.100 c) zu beanstanden. Anspr. X hat kein wirksames Datum.

nicht offenbarter Bereich	Der Bereich [*… bis …*] in Anspr. 1 des SP ist ursprünglich nicht offenbart. Dieser Bereich darf auch nicht willkürlich aus dem breiten Bereich [*… bis …*]/den punktuellen Einzelwerten [*…,…*] der Beispiele abgeleitet werden. Damit verstößt der Bereich in Anspr. 1 gegen [Art.123(2) bzw. Art.76(1) bei Teilanmeldungen] und ist somit nach Art.100 c) zu beanstanden.

ODER

Auswahl aus zwei Listen („singling out"), RBK II-E.2.1.15	Anspr. 1 des SP definiert die individualisierte (konkretisierte) Merkmalskombination [A^1+B^3]. Die ursprünglich eingereichte Anmeldung offenbart allerdings nur zwei Listen, die mit den Merkmalen [A^1 bis A^4] und [B^1 bis B^6] einen gewissen Umfang aufweisen. Die individualisierte Merkmalskombination [A^1+B^3] offenbart das SP jedoch nicht. Somit stellt die Änderung in Anspr. 1 des SP eine unzulässige Erweiterung iSv [Art.123(2) bzw. Art.76(1) bei Teilanmeldungen] dar (*vgl.* T727/00, T1004/01).

ODER

nicht offenbarter Disclaimer H-V, 4.1	Anspruch X des SP weist einen Disclaimer auf, der in der ursprünglich eingereichten Fassung nicht enthalten war. Der Akteneinsicht ist zu entnehmen, dass dieser eingefügt wurde, um i) die Neuheit ggü einem Art.54(3)-Dokument wiederherzustellen; ODER ii) die Neuheit ggü einer „zufälligen Vorwegnahme" durch ein Art.54(2)-Dokument wiederherzustellen; ODER

Formulierungsvorschlag

iii) einen Gegenstand zu entfernen, der wegen Art.52 bis 57 EPÜ aus nicht technischen Gründen vom Patentschutz ausgeschlossen ist.

Allerdings schließt der Disclaimer mehr aus, als nötig ist, um die Neuheit wiederherzustellen, da [...]. Der Disclaimer leistet somit einen nicht zu vernachlässigenden technischen Beitrag.

Somit verstößt der ursprünglich nicht offenbarte Disclaimer gegen [Art.123(2) bzw. Art.76(1) bei Teilanmeldungen]. Anspr. X hat kein wirksames Datum.

Beschreibung/Zeichnungen

Hinzufügen von Merkmalen

Die Akteneinsicht hat ergeben, dass der letzte Satz von Absatz [00X] / die Figur [X] in ihrer gegenwärtigen Form in den ursprünglich eingereichten Unterlagen zum SP nicht offenbart ist.

Das Hinzufügen dieser Änderung stellt dem Fachmann zusätzliche, technisch relevante Informationen zur Verfügung, nämlich [*techn Effekt*] und leistet daher einen technischen Beitrag (*vgl.* G1/93).

ODER

Streichen von Merkmalen,

Die Akteneinsicht hat ergeben, dass der letzte Satz von Absatz [00X] in der erteilten Fassung nicht mehr enthalten ist.

Auch bei unverändertem und klarem Wortlaut der erteilten Patentansprüche kann die bloße Streichung einer wichtigen gewünschten Eigenschaft des erfindungsgemäßen Gegenstands in der Beschreibung zu einer unzulässigen Erweiterung des Schutzbereichs führen (*vgl.* T142/05). Der gestrichene Satz von Absatz [*00X*] beinhaltete genauso eine wichtige Eigenschaft, nämlich [*Eigenschaft*].

Somit ist die [*Beschreibung/Zeichnung*] des SP iSv Art.123(2) EPÜ unzulässig erweitert.

Teilanmeldung, Erfordernis nach Art.100 c), Art.76(1) S.2

Unzulässige Erweiterung (Art.100 c), 76(1))

Damit die Erfordernisse von Art.100 c) erfüllt sind, muss sich die gesamte Offenbarung des SP nicht nur unmittelbar und eindeutig aus der Anmeldung ableiten lassen, für welche das Patent erteilt worden ist, sondern auch aus dem Offenbarungsgehalt jeder vorangehenden Anmeldung in der ursprünglich eingereichten Fassung (*vgl.* G1/06). G1/05 und G1/06 sind zwar in Bezug auf Patentanmeldungen getroffen worden, gelten aber auch für erteilte Patente (*vgl.* RBK II-F,1.3.1).

mangelnde Neuheit, Erfordernis nach Art.100 a), 52(1), 54

allgemeiner Aufbau

Unabhängiger Anspruch 1 – mangelnde Neuheit gegenüber An. X

An. X offenbart [*ein Erzeugnis zum .../ein Verfahren zur Herstellung von .../die Verwendung von ...*], das die folgenden Merkmale/Schritte aufweist (*vgl.* An. X [01] und [02]):

Aus An. X ist auch bekannt, dass sich [*das Erzeugnis/das Verfahren/die Verwendung von*] für alle X eignet. Folglich eignet sich das Verfahren auch für X´.

ODER

Querverweis zwischen Dokumenten, G-IV,8

Zur genaueren Information über das Merkmal verweist An. X ausdrücklich auf An. Y, in der [*Merkmal A*] explizit offenbart ist. An. Y war auch am Veröffentlichungstag von An. X der Öffentlichkeit zugänglich. Somit ist [*Merkmal A*] durch ausdrückliche Bezugnahme auf An. Y als Bestandteil von An. X anzusehen (*vgl.* T153/85, RiLi G-IV, 8).

Somit offenbart An. X alle Merkmale von Anspr. 1 des SP. Anspr. 1 ist daher nicht neu gegenüber An. X (Art.52(1) iVm Art.54(2)).

ODER

implizites Merkmal, G-VI,2

Aus An. X, Abs. [00X] ergibt sich, dass das Merkmal X geeignet ist, den [*techn Effekt herbeizuführen*], was die Eignung als/für/zum ... impliziert (*vgl.* RiLi G-VI,2).

An. X offenbart daher alle Merkmale von Anspruch 1 des SP. Somit ist Anspr. 1 des SP nicht neu gegenüber An. X (Art.52(1) iVm Art.54(2)).

ODER

Teil C – Einspruch

Product-by-Process, F-IV,4.12

Anspr. X des SP betrifft ein durch sein Herstellungsverfahren definiertes Erzeugnis (RiLi F-IV,4.12). Ein solcher Anspruch erlangt keine Neuheit, wenn das Erzeugnis an sich nicht neu ist (*vgl.* T248/85).

An. X offenbart ein Erzeugnis, das dieselben Merkmale wie das Erzeugnis von Anspr. X aufweist.

ODER

An. X offenbart ein Verfahren mit den Schritten nach Anspr. 1 ausgenommen des Schrittes [...]. Dieser Unterschied im Verfahren bewirkt allerdings keinen Unterschied bei dem dadurch erhaltenen Erzeugnis (T 205/83). Belegt ist dies durch An. Y: [...]

Somit ist das Erzeugnis, das mit Hilfe von Anspr. 1 des SP erhalten werden kann, nicht unterscheidbar von dem Erzeugnis in An. X. Anspr. 1 ist nicht neu gegenüber An. X (Art.52(1) iVm Art.54(2) bzw. Art.54(3) EPÜ).

ODER

nicht offenbarter Disclaimer, H-V,4.1

Wie oben bereits festgestellt, offenbart An. X [*ein Erzeugnis zum .../ein Verfahren zur Herstellung von .../die Verwendung von ...*], das die folgenden Merkmale/Schritte aufweist: [...]

Zwar klammert der Disclaimer in Anspr. X des SP explizit [*Merkmal A^1*] aus, allerdings hat die Akteneinsicht ergeben, dass der Disclaimer ursprünglich nicht offenbart war. Der Disclaimer wurde im Erteilungsverfahren eingefügt:

a) um die Neuheit von Anspr. X gegenüber An. X, eingereicht am TT.MM.JJJJ und veröffentlicht am TT.MM.JJJJ, als vermeintliches 54(3)-Dokument wiederherzustellen. Allerdings hat die Akteneinsicht ergeben, dass die Merkmalskombination [*A+B+C*] erst nach dem Prioritätstag/im Erteilungsverfahren den Anmeldeunterlagen des SP hinzugefügt worden ist. Somit kommt dieser Merkmalskombination nicht der Prioritätstag als wirksames Datum zu, sondern der AT des SP. Schlussendlich ist An. X zumindest für diese Merkmalskombination StdT nach Art.54(2). Der ursprünglich nicht offenbarte Disclaimer ist folglich unzulässig.

ODER

b) um die Neuheit von Anspr. X gegenüber einer vermeintlich zufälligen Vorwegnahme durch An. X (Art.54(2)-Dokument) aus einem anderen technischen Gebiet wiederherzustellen. An. X betrifft allerdings dasselbe technische Gebiet, da [...]. Somit hätte der Fachmann An. X am AT des SP in Betracht gezogen, so dass es sich nicht um eine zufällige Vorwegnahme handelt. Der ursprünglich nicht offenbarte Disclaimer ist folglich unzulässig.

ODER

c) um einen Gegenstand aus nicht technischen Gründen zur Wiederherstellung der Patentfähigkeit ggü **Art.52-57** zu entfernen. Allerdings leistet der eingefügte Disclaimer einen techn Beitrag, da [*techn Effekt*]. Der ursprünglich nicht offenbarte Disclaimer ist folglich unzulässig.

An X offenbart alle Merkmale von Anspr. 1 des SP, sodass dieser nicht neu ggü. An. X ist (Art.54(2) bzw. Art.54(3)).

Bereichsüberlappung/punktuelle Vorwegnahme

An. X offenbart einen Wert von [...] / Bereich von [... bis ...], welcher in den beanspruchten Bereich von Anspr. 1 fällt. Der beanspruchte Gegenstand unterscheidet sich gegenüber An. X allerdings nicht durch ein neues technisches Element. Der Fachmann würde auch in diesem Bereich arbeiten, da dies gemäß An. X der bevorzugte Bereich ist (RiLi G-VI,8; T 26/85). Somit ist der Gegenstand von Anspr. 1 durch An. X neuheitsschädlich vorweggenommen.

ODER

keine Auswahlerfindung

Der Bereich von Anspr. X ist nicht neu gegenüber An. X, da er nicht den Erfordernissen von RiLi G-VI,8 (T 261/15; T 279/89) entspricht. Der Bereich ist nicht eng und hat nicht genügend Abstand den Eckwerten des bekannten Bereichs und von konkreten im Stand der Technik offenbarten Beispielen und er ist nicht zweckmäßig, da dieselbe Wirkung, nämlich [...] bereits aus An. X bekannt ist (Abs. [*00X*]).

abhängiger Anspruch – mangelnde Neuheit gegenüber An. X

Wie oben bereits dargelegt, offenbart An. X sämtliche Merkmale von Anspr. 1.

Aus An. X ist auch das [*Merkmal B*] bekannt. An. X beschreibt also auch alle Merkmale von Anspr. 2 in Rückbezug auf Anspr. 1 des SP.

Folglich ist Anspruch 2 nicht neu gegenüber An. X (Art.52(1) iVm Art.54(2) bzw. Art.54(3) EPÜ).

Formulierungsvorschlag

mangelnde erfind. Tätigkeit, Erfordernis nach Art.100 a), 52(1), 56
grau hinterlegte Textpassagen beziehen sich auf Auswahlerfindungen

[optional]	**unabhängiger Anspruch 1 – mangelnde erfinderische Tätigkeit gegenüber An. X iVm An. Y** Falls die Einspruchsabteilung der Auffassung sein sollte, dass Anspr. 1 neu ggü. An. X ist, wird folgend gezeigt, dass der Gegenstand von Anspr. 1 nicht erfinderisch ggü. An. X i.V.m. An. Y ist.
nächstliegender StdT, G-VII,5.1	An. X ist gegenüber Anspr. 1 der **nächstliegende StdT**, da es (das einzige Dokument ist, dass): a) dieselbe/ähnliche technische **Aufgabe** betrifft, nämlich [*Aufgabe*]; b) [*ein Erzeugnis/ein Verfahren/die Verwendung von*] für denselben/ähnlichen **Verwendungszweck** offenbart, nämlich zum/für [...]; c) [*ein Erzeugnis/ein Verfahren/die Verwendung von ...*] betrifft, das auf demselben technischen **Gebiet** liegt, nämlich [*Gebiet*]; d) ggü. dem Anspruchsgegenstand die **meisten gemeinsamen Merkmale** aufweist, nämlich [...].
Offenbarungsgehalt von An. X (wie Neuheitsangriff)	An. X offenbart [*ein Erzeugnis zum .../ein Verfahren zur Herstellung von .../die Verwendung von ...*], das die folgenden Merkmale/Schritte aufweist (*vgl. An. X, Seite x, Zeilen x-y*): a) [*Merkmal A*] b) [*Merkmal B*]
technischer Unterschied	Folglich **unterscheidet sich** der Gegenstand von Anspr. 1 des SP (strukturell/funktionell) von der Lehre in An. X lediglich durch [*Merkmal C*]. ODER Im **Unterschied** zu An. X schlägt das SP vor, das [*Merkmal C*] anstelle von [*Merkmal B*] zu verwenden.
technischer Effekt	Dieses Unterscheidungsmerkmal hat den **technischen Effekt**, dass [*techn Effekt im SP*] ODER Das SP offenbart keine andere **technische Wirkung**, weshalb [*Merkmal C*] anstelle von [*Merkmal B*] eingesetzt wird.
objektiv technische Aufgabe, G-VII,5.2	Ausgehend von An. X besteht die **objektiv technische Aufgabe** des SP darin, [*ein Erzeugnis zum .../ ein Verfahren zur Herstellung von .../ eine Verwendung von ...*] bereitzustellen, welches diesen technischen Effekt aufweist. ODER Ausgehend von An. X ist die **objektiv technische Aufgabe** des SP, [*ein alternatives Erzeugnis zum .../ ein alternatives Verfahren zur Herstellung von .../ eine alternative Verwendung von ...*] bereitzustellen.
Hinweis in An. X	**An. X in Kombination mit dem allgemeinen Fachwissen** An. X entnimmt der Fachmann keinen Hinweis zur Lösung der technischen Aufgabe.
Anreiz in An. X [optional]	Allerdings enthält bereits An. X für den Fachmann einen Anreiz, sich mit dieser Aufgabe zu beschäftigen, weil An. X in Abs. [*000X*] erörtert, dass a) Bedarf an einem [*Erzeugnis/Verfahren zum ...*] besteht, das einen [*Vorteil*] bietet. b) [*es von Vorteil/Nachteil*] wäre, wenn [...]. c) ein Problem darin besteht, dass bei [...].
	Der Fachmann muss hierzu lediglich [*Merkmal C*] ergänzen/integrieren, durch das der [*obengenannte techn. Effekt*] eintritt.

(Argumentationsstärke)

„Could/would approach", G-VII, 5.3

Anlass

Der Fachmann **könnte** hierzu An. Y konsultieren, da diese wie das SP ...

a) dasselbe technische Gebiet betrifft, nämlich [*Gebiet*] (siehe Abs. [000X]);
b) dieselbe technische Aufgabe zugrunde liegt, nämlich [*Aufgabe*] (siehe Abs. [000X]);

ODER

An. Y beschäftigt sich mit einem [*Erzeugnis/Verfahren zum ...*]. Folglich ist die Lehre für einen Fachmann, der an einem [*Erzeugnis/Verfahren gemäß SP*] arbeitet, für die Lösung der Aufgabe relevant (, auch wenn sie in einer Fachzeitschrift veröffentlicht wurde, *vgl.* T676/94 und RiLi G-VII, 3.1).

Das in An. Y offenbarte [*Erzeugnis/Verfahren zum ...*] weist dabei das [*Merkmal C*] auf.

Hinweise im StdT

Der Fachmann würde auch erwarten, dass An. Y in Kombination mit An. X die objektiv technische Aufgabe löst, da An. Y dem Fachmann auch lehrt, dass

a) das [*Merkmal C*] [*dazu geeignet ist/ dazu verwendet werden kann/ verhindert, dass ...*];
b) das [*Erzeugnis nach SP*] häufig/üblicherweise auch als [*Erzeugnis nach An. X*] bezeichnet wird.
c) bekannt ist, dass durch das [*Merkmal C*] der [*von An. X gewünschte technische Effekt*] eintritt/erzielt wird (*vgl.* An. Y, Seite y, Zeilen x-y).

technisches Hindernis

Somit besteht kein technisches Hindernis,

a) Merkmal 3 an Stelle von [*Merkmal X*] einzusetzen;
b) Merkmal 3 mit dem Gegenstand aus An. X zu kombinieren.

Fazit

Der Fachmann **würde** (nicht könnte) daher,

a) Merkmal 2 durch Merkmal 3 ersetzen,
b) Merkmal 3 aus An. Y mit dem [*Erzeugnis/Verfahren*] aus An. X kombinieren,

um zum Gegenstand von Anspr. 1 des SP zu gelangen.

Schlusssatz [optional]

Im Ergebnis beruht der Gegenstand von Anspr. 1 des SP gegenüber An. X iVm An. Y nicht auf einer erfinderischen Tätigkeit (Art.52(1), 56 EPÜ).

Teilaufgaben, G-VII, 6 und 7

abhängiger Anspruch Y – mangelnde erfind. Tätigkeit gegenüber An. X und An. Y

Anspr. Y ist abhängig von Anspr. X (dessen Gegenstand nicht erfinderisch gegenüber der Kombination von An. X und An. Y ist, siehe oben).

An. X ist gegenüber Anspr. Y aus demselben Grund wie für Anspr X der **nächstliegende StdT**.

technischer Unterschied

Anspr. Y **unterscheidet** sich gegenüber An. X in folgenden zwei Merkmalen:

a) [*Merkmal A*]
b) [*Merkmal B*]

technischer Effekt

Der technische Effekt von [*Merkmal A*] wurde bereits im Hinblick auf Anspr. 1 behandelt, siehe oben.

Demgegenüber bewirkt [*Merkmal B*], dass [*Effekt angeben*].

Allerdings wirken die Unterscheidungsmerkmale [*A*] und [*B*] nicht derart zusammen, dass sich ein kombinatorischer technischer Effekt (**Synergieeffekt**) ergibt. Es handelt sich somit um eine bloße Aneinanderreihung von Merkmalen (*vgl.* T389/86; T204/06) durch die eine Reihe von Teilaufgaben unabhängig voneinander gelöst werden soll (T130/89).

Weil dem so ist, ist für jede Teilaufgabe separat zu beurteilen, ob die die Teilaufgabe lösende Merkmalkombination in naheliegender Weise aus dem StdT herleitbar ist [vgl. RiLi G-VII, 6 und 7].

Formulierungsvorschlag

objektiv technische Aufgabe	Ausgehend von An. X besteht die **erste objektiv technische Teilaufgabe** darin, …
	Die Lösung der ersten technischen Teilaufgabe ergibt sich, wie oben ausgeführt, in naheliegender Weise gegenüber An. X i.V.m. An. Y.
	In Bezug auf [*Merkmal B*] besteht die **zweite objektiv technische Teilaufgabe** ausgehend von An. X darin, …
	Der Fachmann wäre motiviert gewesen, die zweite Teilaufgabe auf Basis von An. X zu lösen, weil es hier bereits heißt, dass
	a) Bedarf an einem [*Erzeugnis/Verfahren zum …*] besteht, das einen [*Vorteil*] bietet.
	b) [*es von Vorteil/Nachteil*] ist, wenn […]
	c) ein Problem darin besteht, dass bei […].
„Could/would approach", G-VII,5.3	Der Fachmann hätte An. Z zur Lösung der Aufgabe berücksichtigt, weil diese genau wie Anspr. Y
	a) dasselbe technische Gebiet betrifft, nämlich [*Gebiet*];
	b) dieselbe technische Aufgabe zugrunde liegt, nämlich
Hinweise im StdT	Die Lösung der zweiten Teilaufgabe ergibt sich in naheliegender Weise aus An. Z, wo das [*Merkmal B*] in Zusammenhang mit [*Effekt*] offenbart ist.
	Der Fachmann würde daher zur Lösung der zweiten technischen Teilaufgabe [*Merkmal B*] ohne Weiteres An. Z heranziehen.
Schlusssatz [optional]	Somit ist der Gegenstand von Anspr. 2 nicht erfinderisch gegenüber An. X i.V.m. An. Y bzw. An. Z.
Schlussformel	Aufgrund des oben Gesagten ist das SP in vollem Umfang zu widerrufen, da die Gründe des Art.100 a) iVm 52(1), 54, 56 EPÜ und Art. 100 c) iVm Art.123(2) EPÜ vorliegen.
Unterschrift Erfordernis nach D-III,3.4	! _____ Unterschrift
Anlagen	**Anlagen:** - Formblatt für den Einspruch (EPA-Formblatt 2300) - Annexe [*1 bis X*]

Teil D I
Übersicht zum EPÜ
Ablauf · Gebühren · Fristen

Teil D I – Übersicht zum EPÜ

Die Europäische Anmeldung (ePa)

1	**Gesetzliche Grundlage**	DE: Europäisches Patentübereinkommen (EPÜ) EN: European Patent Convention (EPC) FR: La Convention sur le brevet européen (CBE)
2	**Generelle Zuständigkeit**	EN: European Patent Office (EPO) DE: Europäisches Patentamt (EPA) FR: l'Office européen des brevets (l'OEB) Hauptsitz: München (DE) Zweigniederlassungen: Berlin (DE) Den Haag (NL), Wien (AT)
3	**Staaten**	38 Vertragsstaaten **[DII-9]** 2 Validierungsstaaten (BA, ME) 4 Erstreckungsstaaten (KH, MA, MD, TN)
4	**Verfahrensschritte**	Einreichung UND Eingangsprüfung **[S.91]** Formalprüfung **[S.99]** Erteilungsverfahren (Recherche, Sachprüfung) **[S.125]** Einspruch **[S.143]** Beschwerde **[S.163]** Beschränkungs-/Widerrufsverfahren **[S.159]**
5	**Zeitraum**	abhängig von Dauer Prüfungsverfahren und Dauer eir es eventuellen Einspruchs(beschwerde-)verfahrens Laufzeit EP-Patent: max. 20 Jahre ab AT [159] **[Art.63]**
6	**Resultat**	Europäisches Patent (EP-Patent; Bündelpatent), validierbar in den gewünschten Vertragsstaaten, woraus einzelne nationale Patente resultieren
7	**Recht auf das Patent**	Erfnder **[Art.60(1)S.1]** oder sein Rechtsnachfolger **[Art.60(1)S.1]** „first-to-file"-Prinzip: bei mehreren Erfindern steht das Recht demjenigen zu, dessen Anmeldung den frühesten AT hat **[Art.60(2)]**, grds. ist Anmelder der ePa **[Art.60(3)]** bzw. der im Register neu eingetragene Anmelder **[Art.60(3)** iVm **R.22(3)]** [160] berechtigt, das Recht auf das ePa geltend zu machen
8	**Verfahrensablauf**	(siehe Fig. 2)

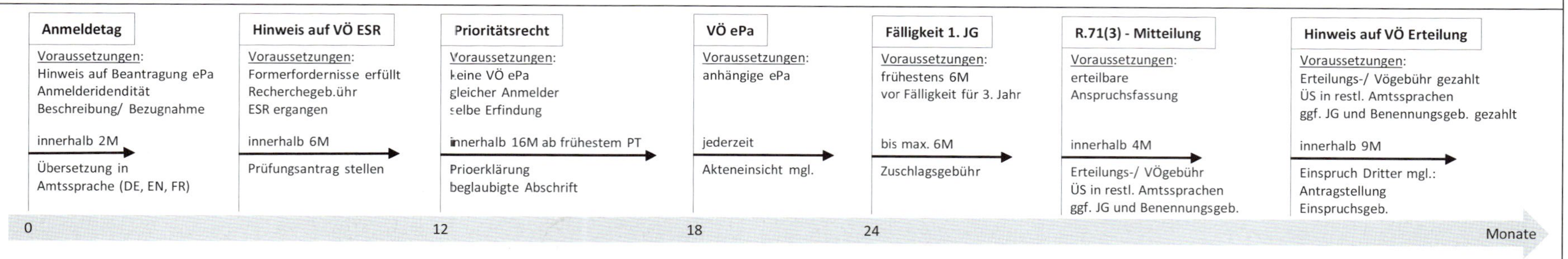

Verfahrensablauf (Fig. 2)

Anmeldetag	Hinweis auf VÖ ESR	Prioritätsrecht	VÖ ePa	Fälligkeit 1. JG	R.71(3) - Mitteilung	Hinweis auf VÖ Erteilung
Voraussetzungen: Hinweis auf Beantragung ePa Anmelderidentität Beschreibung/ Bezugnahme	Voraussetzungen: Formerfordernisse erfüllt Recherchegeb.ühr ESR ergangen	Voraussetzungen: keine VÖ ePa gleicher Anmelder selbe Erfindung	Voraussetzungen: anhängige ePa	Voraussetzungen: frühestens 6M vor Fälligkeit für 3. Jahr	Voraussetzungen: erteilbare Anspruchsfassung	Voraussetzungen: Erteilungs-/ VÖgebühr gezahlt ÜS in restl. Amtssprachen ggf. JG und Benennungsgeb. gezahlt
innerhalb 2M Übersetzung in Amtssprache (DE, EN, FR)	innerhalb 6M Prüfungsantrag stellen	innerhalb 16M ab frühestem PT Prioerklärung beglaubigte Abschrift	jederzeit Akteneinsicht mgl.	bis max. 6M Zuschlagsgebühr	innerhalb 4M Erteilungs-/ VÖgebühr ÜS in restl. Amtssprachen ggf. JG und Benennungsgeb.	innerhalb 9M Einspruch Dritter mgl.: Antragstellung Einspruchsgeb.
0		12	18	24		Monate

Fig.2: Verfahrensablauf im EPÜ.

[159] Verlängerung durch nat. Recht möglich: **[1]** Krieg oder **[2]** max. um 5 Jahre durch Antrag auf »Ergänzendes Schutzrechtszertifikat« (SPC) für Arzneimittel/Pflanzenschutzmittel mit gültiger Genehmigung **[Art.63(2)]**.
[160] bestreitet urspr. eingetragener Anmelder nachträglich den Rechtsübergang, so wird bis zum Nachweis der tatsächlichen Rechtslage der urspr. Registerstatus nicht wiederhergestellt [E-XIV,3], ggf. Aussetzung des Erteilungs- bzw. Einspruchsverfahrens bis zur Klärung [117/14].

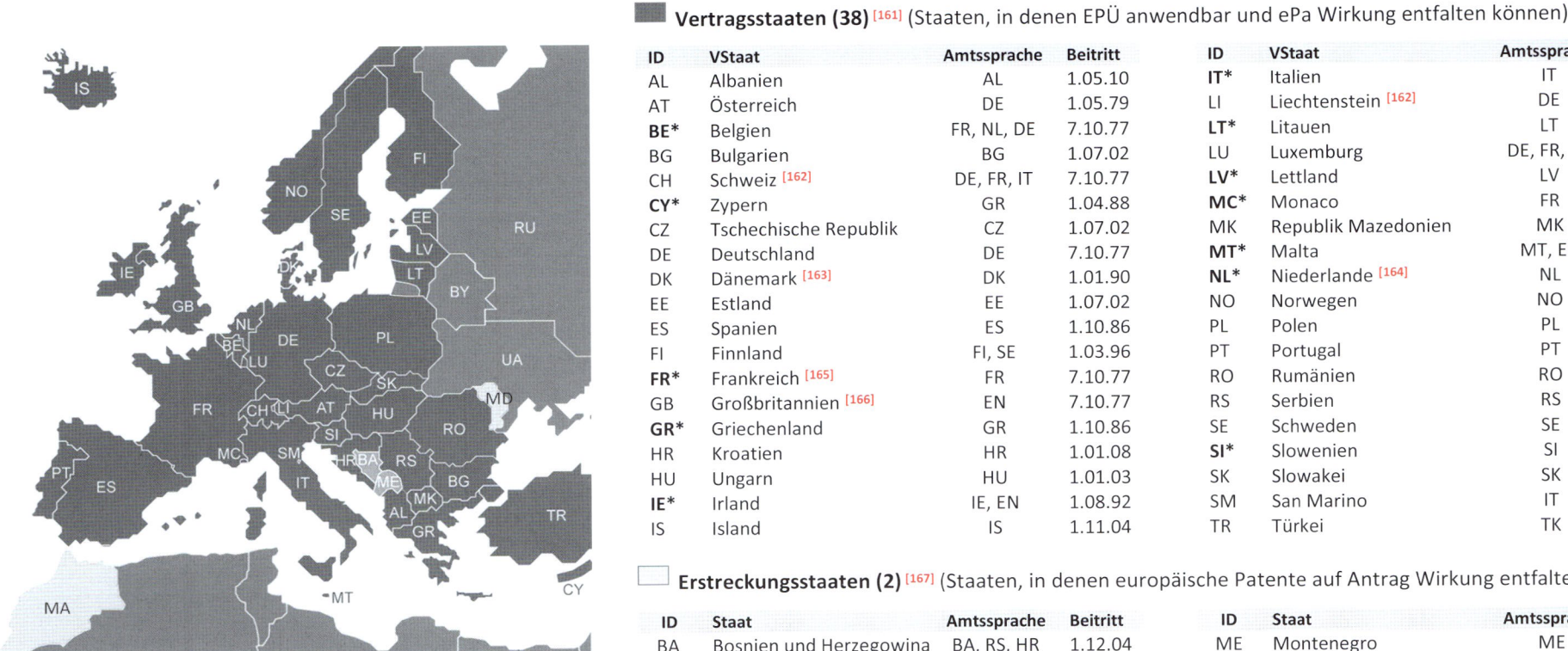

Staaten des EPÜ

■ Vertragsstaaten (38) [161] (Staaten, in denen EPÜ anwendbar und ePa Wirkung entfalten können)

ID	VStaat	Amtssprache	Beitritt	ID	VStaat	Amtssprache	Beitritt
AL	Albanien	AL	1.05.10	IT*	Italien	IT	1.12.78
AT	Österreich	DE	1.05.79	LI	Liechtenstein [162]	DE	1.04.80
BE*	Belgien	FR, NL, DE	7.10.77	LT*	Litauen	LT	1.12.04
BG	Bulgarien	BG	1.07.02	LU	Luxemburg	DE, FR, LU	7.10.77
CH	Schweiz [162]	DE, FR, IT	7.10.77	LV*	Lettland	LV	1.07.05
CY*	Zypern	GR	1.04.88	MC*	Monaco	FR	1.12.91
CZ	Tschechische Republik	CZ	1.07.02	MK	Republik Mazedonien	MK	1.01.09
DE	Deutschland	DE	7.10.77	MT*	Malta	MT, EN	1.03.07
DK	Dänemark [163]	DK	1.01.90	NL*	Niederlande [164]	NL	7.10.77
EE	Estland	EE	1.07.02	NO	Norwegen	NO	1.01.08
ES	Spanien	ES	1.10.86	PL	Polen	PL	1.03.04
FI	Finnland	FI, SE	1.03.96	PT	Portugal	PT	1.01.92
FR*	Frankreich [165]	FR	7.10.77	RO	Rumänien	RO	1.03.03
GB	Großbritannien [166]	EN	7.10.77	RS	Serbien	RS	1.10.10
GR*	Griechenland	GR	1.10.86	SE	Schweden	SE	1.05.78
HR	Kroatien	HR	1.01.08	SI*	Slowenien	SI	1.12.02
HU	Ungarn	HU	1.01.03	SK	Slowakei	SK	1.07.02
IE*	Irland	IE, EN	1.08.92	SM	San Marino	IT	1.07.09
IS	Island	IS	1.11.04	TR	Türkei	TK	1.11.00

☐ Erstreckungsstaaten (2) [167] (Staaten, in denen europäische Patente auf Antrag Wirkung entfalten können)

ID	Staat	Amtssprache	Beitritt	ID	Staat	Amtssprache	Beitritt
BA	Bosnien und Herzegowina	BA, RS, HR	1.12.04	ME	Montenegro	ME	1.3.10

☐ Validierungsstaaten (4) [167]

ID	Staat	Amtssprache	Beitritt	ID	Staat	Amtssprache	Beitritt
KH	Kambodscha	Khmer	1.3.18	MD	Republik Moldau	RO	1.11.15
MA	Marokko	Arabisch	1.3.15	TN	Tunesien	Arabisch	1.12.17

Fig.4: Vertrags-/Erstreckungs-/Validierungsstaaten (Quelle: epo.org).

* **fettgedruckt**: Staaten die aus PCT-Verfahren nur über EURO-PCT erreichbar sind [WIPO Annex B]

[161] mit Anmeldeantrag für ePa/EURO-PCT gelten alle Vertragsstaaten als benannt, die EPÜ im Zeitpunkt der Antragsstellung angehören [**Art.79(1)**].
[162] Benennung dieses Staates gilt als gemeinsame Benennung Schweiz/Liechtensteins [**Art.149(1)** iVm ABl.1980,407].
[163] ausgenommen Grönland und die Färöer.
[164] EPÜ anwendbar auf Sint Maarten, Curaçao, Bonaire, St. Eustatius und Saba, jedoch nicht auf Aruba.
[165] EPÜ anwendbar auf Gebiet der Französischen Republik einschließlich der Überseeterritorien.
[166] Austritt GB aus EU bleibt bzgl. EPÜ-Verfahren unberührt [ABl.2020,A19], [1] Hongkong: Antrag auf Registrierung/Erteilung 6 M nach Veröff. der ePa bzw. Euro-PCT [ABl.2009,546] und [2] Überseegebiete: Antrag auf Registrierung nach Erteilung des EP-Patents möglich [ABl.2018,A97].
[167] EPÜ, EPÜAO und GebO gelten nicht für Erstreckungs-/Validierungssysteme bzw. nur insoweit, als diese in nat. Rechtsvorschriften vorgesehen sind., EPÜ-Rechtsbehelfe (WE/WB/Umwandlung) & Beschwerde nicht zulässig [J14/00, J4/05, J22/10]; z.B. [1] bei nicht fristgerechter Entrichtung Erstreckungs-/Validierungsgebühr [A-III,12.2]; [2] Einreichung separater Patentansprüche/Beschreibung/Zeichnungen nach **R.138** [**H-III,4**].

EPÜ 2000

Artikel 14[11], [12]
Sprachen des EPA, europäischer Patentanmeldungen und anderer Schriftstück

(1) Die Amtssprachen des EPA sind Deutsch, Englisch und Französisch.

(2) Eine europäische Patentanmeldung ist in einer Amtssprache einzureichen oder, wenn sie in einer anderen Sprache eingereicht wird, nach Maßgabe der Ausführungsordnung in eine Amtssprache zu übersetzen. Diese Übersetzung kann während des gesamten Verfahrens vor dem EPA mit der Anmeldung in der ursprünglich eingereichten Fassung in Übereinstimmung gebracht werden. Wird eine vorgeschriebene Übersetzung nicht rechtzeitig eingereicht, so gilt die Anmeldung als zurückgenommen.

(3) Die Amtssprache des EPA, in der die europäische Patentanmeldung eingereicht oder in die sie übersetzt worden ist, ist in allen Verfahren vor dem EPA als Verfahrenssprache zu verwenden, soweit die Ausführungsordnung nichts anderes bestimmt. [...]

[11] Geändert durch die Akte zur Revision des EPÜ vom 29.11.2000.
[12] Siehe hierzu Entscheidungen GBK G6/91, G2/95, G4/08 (Anhang I).

Artikel 58[49]
Recht zur Anmeldung europäischer Patente

Jede natürliche oder juristische Person und jede Gesellschaft, die nach dem für sie maßgebenden Recht einer juristischen Person gleichgestellt ist, kann die Erteilung eines europäischen Patents beantragen.

[48] Siehe hierzu Entscheidungen GBK G3/99, G2/04 (Anhang I).

Artikel 70[64], [65]
Verbindliche Fassung einer europäischen Patentanmeldung oder eines europäischen Patents

(1) Der Wortlaut einer europäischen Patentanmeldung oder eines europäischen Patents in der Verfahrenssprache stellt in Verfahren vor dem EPA sowie in jedem Vertragsstaat die verbindliche Fassung dar.

(2) Ist die europäische Patentanmeldung jedoch in einer Sprache eingereicht worden, die nicht Amtssprache des EPAs ist, so ist dieser Text die ursprünglich eingereichte Fassung der Anmeldung im Sinne dieses Übereinkommens. [...]

[64] Geändert durch die Akte zur Revision des EPÜ vom 29.11.2000.
[65] Siehe hierzu Entscheidung GBK G1/10 (Anhang I).

Artikel 75[65]
Einreichung der europäischen Patentanmeldung

(1) Die ePa kann eingereicht werden:

a) [66] beim EPA oder

b) [67] vorbehaltlich des Art.76(1) bei der Zentralbehörde [...] oder bei anderen zuständigen Behörden eines VStaats, wenn das Recht dieses Staats es gestattet. Eine in dieser Weise eingereichte ePa hat dieselbe Wirkung, wie wenn sie an demselben Tag beim EPA eingereicht worden wäre.

(2) Absatz 1 steht der Anwendung der Rechts- und Verwaltungsvorschriften nicht entgegen, die

a) für Erfindungen gelten, die wegen ihres Gegenstands nicht ohne vorherige Zustimmung der zuständigen Behörden dieses Staats ins Ausland übermittelt werden dürfen, oder

b) bestimmen, dass Patentanmeldungen zuerst bei einer nationalen Behörde eingereicht werden müssen, oder die unmittelbare Einreichung bei einer anderen Behörde von einer vorherigen Zustimmung abhängig machen.

[65] Geändert durch die Akte zur Revision des EPÜ vom 29.11.2000.

[66] Siehe hierzu den BdP des EPA vom 03.01.2017 ABl.2017, A11 und die Mitt. des EPA vom 14.02 2018 ABl.2018, A18 und A27.

[67] Siehe hierzu die Mitt. des EPA vom 30.01.2018 über Änderungen bei den Einreichungsmöglichkeiten für ePas und iPas in Belgien (ABl.2018, A17).

Artikel 80[75], [76]
Anmeldetag

Der Anmeldetag einer europäischen Patentanmeldung ist der Tag, an dem die in der Ausführungsordnung festgelegten Erfordernisse erfüllt sind.

[75] Geändert durch die Akte zur Revision des EPÜ vom 29.11.2000.
[76] Siehe hierzu Entscheidung/Stellungnahme GBK G2/95, G4/98 (Anhang I).

Artikel 90[87], [88]
Eingangs- und Formalprüfung

(1) Das EPA prüft nach Maßgabe der Ausführungsordnung, ob die Anmeldung den Erfordernissen für die Zuerkennung eines Anmeldetags genügt.

(2) Kann ein Anmeldetag nach der Prüfung nach Absatz 1 nicht zuerkannt werden, so wird die Anmeldung nicht als europäische Patentanmeldung behandelt. [...]

[87] Geändert durch die Akte zur Revision des EPÜ vom 29.11.2000.
[88] Siehe hierzu Stellungnahmen der GBK G 4/98, G 1/02 (Anhang I).

EPÜAO

Regel 1
Schriftliches Verfahren

Im schriftlichen Verfahren [...] ist das Erfordernis der Schriftform erfüllt, wenn sich der Inhalt der Unterlagen in lesbarer Form auf Papier reproduzieren lässt.

Regel 2[1]
Einreichung von Unterlagen; Formvorschriften

(1)[2] Im Verfahren vor dem EPA können Unterlagen durch unmittelbare Übergabe, durch Postdienste oder durch Einrichtungen zur elektronischen Nachrichtenübermittlung eingereicht werden. Der Präsident des EPAs legt die näheren Einzelheiten und Bedingungen sowie gegebenenfalls besondere formale und technische Erfordernisse für die Einreichung von Unterlagen fest. Er kann insbesondere bestimmen, dass eine Bestätigung nachzureichen ist. Wird diese Bestätigung nicht rechtzeitig eingereicht, so wird die europäische Patentanmeldung zurückgewiesen; nachgereichte Unterlagen gelten als nicht eingegangen. [...]

[1] Siehe BdP des EPA vom 12.07.2007 über die zu benutzenden elektronischen Signaturen, Datenträger und Software und anderen Unterlagen (SA Nr. 3, ABl. 2007, A.5) sowie BdP des EPA vom 13.05.2020 über die Einreichung von Unterlagen bei telefonischen Rücksprachen & als Videokonferenz durchgeführten Rücksprachen & MV (ABl. 2020, A71).
Siehe BdP des EPA vom 20.02.2019 über die Einreichung von Patentanmeldungen und anderen Unterlagen durch Telefax (ABl. 2019, A18).
Siehe BdP des EPA vom 03.03.2021 über die elektronische Einreichung von Unterlagen (ABl. 2021, A20) und Mitteilung des EPA vom 03.03.2021 über die Einführung des neuen EPA-Einreichungsdienstes Online-Einreichung 2.0 (ABl. 2021, A21).
Siehe BdP des EPA vom 11.03.2015 über das Pilotprojekt zur Einführung neuer Einrichtungen zur elektronischen Nachrichtenübermittlung für Verfahren vor dem EPA (ABl. 2015, A28) und Bd Vizepräsidenten GD5 des EPA und Mitteilung des EPA vom 23.07.2020 über das Pilotprojekt zur Zustellung per E-Mail im Prüfungsverfahren (ABl. 2020, A89 und A90).
[2] Geändert durch BdVV CA/D 6/14 vom 15.10.2014 (ABl. 2015, A36), vom 14.09.2020 (ABl. EPA 2020 A107) und vom 26.12.2020 (ABl. EPA 2021, A5).
Siehe die Mitteilungen des EPA vom 30.03.2015 (ABl. 2015, A36), in Kraft getreten am 01.04.2015.

Regel 3[3]
Sprache im schriftlichen Verfahren

(1) Im schriftlichen Verfahren vor dem EPA kann jeder Beteiligte sich jeder Amtssprache des EPA bedienen. Die in Art.14(4) vorgesehene Übersetzung kann in jeder Amtssprache des EPA eingereicht werden. [...]

[3] Siehe hierzu Entscheidungen GBK G3/99 (Anhang I).

Regel 35[50]
Allgemeine Vorschriften

(1) Europäische Patentanmeldungen können schriftlich beim Europäischen Patentamt in München, Den Haag oder Berlin oder bei den in Artikel 75 Absatz 1 b) genannten Behörden eingereicht werden.

(2) Die Behörde, bei der die ePa eingereicht wird, vermerkt auf den Unterlagen der Anmeldung den ED dieser Unterlagen und erteilt dem Anmelder unverzüglich eine Empfangsbescheinigung, die zumindest die Nummer der Anmeldung, die Art und Zahl der Unterlagen und den Tag ihres Eingangs enthält.

(3) Wird die ePa bei einer in Art.75(1) b) genannten Behörde eingereicht, so unterrichtet diese Behörde das EPA unverzüglich vom Eingang der Anmeldung und teilt ihm insbesondere die Art der Unterlagen und den Tag ihres Eingangs, die Nummer der Anmeldung und gegebenenfalls jeden beanspruchten Prio.tag mit.

(4) Hat das EPA eine europäische Patentanmeldung durch Vermittlung der Zentralbehörde für den gewerblichen Rechtsschutz eines VStaats erhalten, so teilt es dies dem Anmelder unter Angabe des Tages mit, an dem sie bei ihm eingegangen ist.

[50] Siehe BDP des EPA vom 12.07.2007 über die Einreichung von Patentanmeldungen und anderen Unterlagen durch Telefax (SA Nr. 3, ABl. 2007, A.3) und über die zu benutzenden elektronischen Signaturen, Datenträger und Software zur elektronischen Einreichung von Patentanmeldungen und anderen Unterlagen (SA Nr. 3, ABl. 2007, A.5).
Siehe BdP des EPA vom 03.01.2017 (ABl. 2017, A11) und Mitteilung des EPA vom 03.01.2017 über die Erreichbarkeit der Annahmestellen des EPA (ABl. 2017, A12).
Siehe BdP des EPA über die elektronische Einreichung von Unterlagen und Prioritätsunterlagen (ABl. 2018, A45 und ABl. 2018, A93) und Mitteilungen des EPA (ABl. 2018, A46 und ABl. 2018, A94).

Regel 40[60]
Anmeldetag

(1) Der Anmeldetag einer europäischen Patentanmeldung ist der Tag, an dem die vom Anmelder eingereichten Unterlagen enthalten:

a) einen Hinweis, dass ein europäisches Patent beantragt wird;

b) Angaben, die es erlauben, die Identität des Anmelders festzustellen oder mit ihm Kontakt aufzunehmen;

c) eine Beschreibung oder eine Bezugnahme auf eine früher eingereichte Anmeldung. [...]

[60] Siehe hierzu Entscheidung/Stellungnahme GBK G2/95, G4/98 (Anhang I).

Einreichen einer ePa

Eingangsstelle; Formalsachbearbeiter Art.90(1) iVm R.55, A-II

		Norm	zu erbringende Handlung	Frist	Nachfrist	Rechtsfolge	Rechtsbehelf
10	**Anmelder** [168] A-II,2	Art.58	jede nat. oder jur. Person und jede Personengesellschaft [169] durch Einzelperson oder mehrere Personen [170] Art.58 bzw. 59			**+** Festlegung »Tag des Eingangs« (ET) auf den Unterlagen	**WB** (–), Art.121(4), R.135(2)
11	**Anmeldeamt** A-II,1	Art.75(1) iVm R.35(1)	beim EPA (München, Den Haag, Berlin, nicht Wien) [172] Art.75(1)a) bei nat. Zentralbehörde oder PIZ eines VStaats [173] Art.75(1)b)			UND unverzügliche Empfangsbescheinigung des EPA an Anmelder mit: [1] Anmeldenummer, [2] Art und Zahl der Unterlagen, [3] Tag des Eingangs R.35(2); A-II,3.1	**WE** (–), da ePa noch nicht anhängig [J3/80] [171] **Umwandlung** (–) Art.135(1)a
12	**Art der Einreichung** A-II,1	R.2(1)	schriftlich in Papierform oder auf elektr. Datenträger R.35(1) **unmittelbar** (ET: Tag des Einwurfs/Tag der Übergabe auch an Schließtagen) R.2(1) iVm ABl.1992,306 **per Post** (ET: Tag des Eingangs; keine Zustellung an Schließtagen) R.2(1) iVm ABl.1992,306 **per elektr. Nachrichtenübermittlung** [174] (Fax [175] oder Online) (ET: Tag vollständiger Übermittlung ans Anmeldeamt auch an Schließtagen) R.2(1) iVm ABl.2007S3,A.3 ODER ABl.2021,A42	am selben Tag	keine	mehrere Anmelder gelten als »gemeinsamer Anmelder« [170] Art.59, 118	ABER **Beschwerde** (+) nach R.112(2)-Entscheidung
13	**Erforderliche Angaben für AT** [176] A-II,4.1	Art.80 iVm R.40(1)	a) Hinweis auf Beantragung einer ePa R.40(1)a) (formlos möglich; Erteilungsantrag EPA Form 1001 empfehlenswert) b) Angaben zur Anmelderidentität [177] R.40(1)b) (Angabe zu einem Anmelder oder des Vertreters genügt) ODER c) Beschreibung ODER Bezugnahme auf frühere Anmeldung (keine Ansprüche und keine besonderen Formerfordernisse [R.1]) R.40(1)c)	am selben Tag	2 M ab R.55-Mitt. bzw Anmelderidentität von selbst bis 2 M nach ET ABER Neufestsetzung des AT R.55, A-II,4.1.4	**+** Zuerkennung des AT R.40(1) **–** kein AT zuerkannt und Anmeldung wird nicht als ePa behandelt Art.90(2), R.55 R.112(1)-Mitt.[BF] UND Rückzahlung bereits entrichteter Gebühren A-II,4.1.4	Art.106(1), R.112(2) ODER **Neueinreichung** (+)
14	**Sprache** A-VII,1.1	Art.14 iVm R.3(1)	jede Amtssprache (DE, EN, FR) ODER jeder beliebigen Sprache [178]	ggf. Übersetzung in eine Amtssprache binnen 2 M [179] nach ET Art.14(2), R.6(1)	2 M nach Auff. [+10T] Art.90(4), R.58 iVm R.57a)	**+** gewählte Amtssprache wird Verfahrenssprache ABER Wortlaut ePa in eingereichter Sprache ist »urspr. eingereichte Fassung« Art.14(3) iVm Art.70(1) & (2) UND R.112(1)-Mitt. [BF] **–** Anmeldung gilt als zurückgenommen Art.90(5) iVm Art.14(2) R.112(1)-Rechtsverlustmitt.	**WB** (–), Art.121(4), R.135(2) **WE** (+) Art.122(1), R.136(1) **Umwandlung** (+) Art.135(1)b); S.187

---

[168] **Vertretungszwang** für Anmelder ohne Sitz/Wohnsitz in EPÜ-VStaat, außer: Einreichung der ePa, d.h. inkl. aller zur Zuerkennung des AT erforderlichen Handlungen [Art.133(2); A-VIII,1.7]; Bestellung eines Vertreters [A-VIII,1.1].
[169] Recht auf EP-Patent steht nur Erfinder oder seinem Rechtsnachfolger zu [Art.60(1)]; vorbehaltlich des wahren Berechtigten [Art.61] gilt Anmelder als berechtigt, das Recht auf das EP-Patent geltend zu machen [Art.60(3)].
[170] mehrere Anmelder können gleiche oder verschiedene VStaaten benennen [Art.59]; verschiedene Anmelder einer ePa gelten vor dem EPA als »gemeinsamer Anmelder« [Art.118, A-II, 2].
[171] **unterbleibt Weiterleitung von nat. Zentralbehörde**: kann Umwandlungsantrag gestellt werden, da ePa/Ipa als zurückgenommen gilt [Art.135(1)a] iVm Art.77(3), A-II,1.7].
[172] **Ausnahme:** [1] offensichtlich geheimhaltungsbedürftig oder [2] EPÜ-VStaaten, die verlangen, dass ePa/Ipa als Erstanmeldung beim nat. Amt einzureichen ist: CY, BG, ES, FR, GR, IT, MT, PL, PT, SE, HU [Art.75(2), NatR II, 2+5].
[173] **Ausnahme:** [1] BE [ABl.2018, A17] und NL [NatR II, 2]; [2] Teilanmeldung und [3] Neuanmeldung zu Berechtigten [Art.61(1)b]) nur direkt beim EPA einreichbar; **Weiterleitung** ePa durch nat. Behörde an EPA nach Art.77 iVm R.35(3); **6 W** nach ET, wenn Gegenstand offensichtlich nicht geheimhaltungsbedürftig [R.37(1)a] ODER **4 M** nach ET, wenn geheimhaltungsbedürftig ODER **14 M** nach PT, wenn Prio. in Anspruch genommen wurde [R.37(1)b]); Einreichung weiterer Schriftstücke nur noch direkt beim EPA mgl.
[174] **Unzulässig:** Email, Diskette, Teletex, Telegramm, Fernschreiben o.ä. [ABl.2012,348].
[175] **mangelhafte Qualität:** binnen **2 M**[+10Tage] ab Mitt. ist Bestätigungsschreiben nachzureichen, sonst gilt Fax als nicht eingegangen [R.2(1), ABl.2019, A18, A-VIII,1.2]; keine Vollmachten und Priobelege [ABl.2019, A18].
[176] Prüfung durch Eingangsstelle [R.10(1) iVm Art.90(1)].
[177] erfüllt, wenn zweifelsfrei aus sämtlichen Angaben in eingereichten Unterlagen entnehmbar [J25/86]; bei mehreren Anmeldern genügt zweifelsfrei erkennbare Angabe zu einem Anmelder [A-II, 4.1.2].
[178] Beschreibung und Ansprüche sind in derselben Sprache einzureichen [J22/03]; **unterschiedliche Sprache (einzelner) Bestandteile** der ePa zulässig [T382/94] und sind durch Übersetzung in eine Sprache korrigierbar [J7/80].
[179] **Ausnahme:** [1] **1 M** nach Mitt. [+10T] über Antrag auf Akteneinsicht Dritter [Art.128(2)] ODER [2] bis Antrag auf vorzeitige Veröff. [Art.93(1)b)]. **Form**: gleiche Formvorschriften wie für Unterlagen der ePa [R.49(1), 50(1)].

EPÜ 2000

Artikel 14[11], [12]
Sprachen des EPA, europäischer Patentanmeldungen und anderer Schriftstück

(1) Die Amtssprachen des EPA sind Deutsch, Englisch und Französisch.

(2) Eine europäische Patentanmeldung ist in einer Amtssprache einzureichen oder, wenn sie in einer anderen Sprache eingereicht wird, nach Maßgabe der Ausführungsordnung in eine Amtssprache zu übersetzen. Diese Übersetzung kann während des gesamten Verfahrens vor dem EPA mit der Anmeldung, in der ursprünglich eingereichten Fassung in Übereinstimmung gebracht werden. Wird eine vorgeschriebene Übersetzung nicht rechtzeitig eingereicht, so gilt die Anmeldung als zurückgenommen.

(3) Die Amtssprache des EPA, in der die europäische Patentanmeldung eingereicht oder in die sie übersetzt worden ist, ist in allen Verfahren vor dem EPA als Verfahrenssprache zu verwenden, soweit die Ausführungsordnung nichts anderes bestimmt. [...]

[11] Geändert durch die Akte zur Revision des EPÜ vom 29.11.2000.
[12] Siehe hierzu Entscheidungen GBK G6/91, G2/95, G4/08 (Anhang I).

Artikel 58[49]
Recht zur Anmeldung europäischer Patente

Jede natürliche oder juristische Person und jede Gesellschaft, die nach dem für sie maßgebenden Recht einer juristischen Person gleichgestellt ist, kann die Erteilung eines europäischen Patents beantragen.

[48] Siehe hierzu Entscheidungen GBK G3/99, G2/04 (Anhang I).

Artikel 75[65]
Einreichung der europäischen Patentanmeldung

(1) Die ePa kann eingereicht werden:
a)[66] beim EPA oder
b)[67] vorbehaltlich des Art.76(1) bei der Zentralbehörde [...] oder bei anderen zuständigen Behörden eines VStaats, wenn das Recht dieses Staats es gestattet. Eine in dieser Weise eingereichte ePa hat dieselbe Wirkung, wie wenn sie an demselben Tag beim EPA eingereicht worden wäre.

(2) Absatz 1 steht der Anwendung der Rechts- und Verwaltungsvorschriften nicht entgegen, die wegen ihres Gegenstands
a) für Erfindungen gelten, die wegen ihres Gegenstands nicht ohne vorherige Zustimmung der zuständigen Behörden dieses Staats ins Ausland übermittelt werden dürfen, oder
b) bestimmen, dass Patentanmeldungen zuerst bei einer nationalen Behörde eingereicht werden müssen, oder die unmittelbare Einreichung bei einer anderen Behörde von einer vorherigen Zustimmung abhängig machen.

[65] Geändert durch die Akte zur Revision des EPÜ vom 29.11.2000.
[66] Siehe hierzu den BdP des EPA vom 03.01.2017 ABl.2017, A11 und die Mitt. des EPA vom 14.02.2018 ABl.2018, A18 und A27.
[67] Siehe hierzu die Mitt. des EPA vom 30.01.2018 über Änderungen bei den Einreichungsmöglichkeiten für ePas und iPas in Belgien (ABl.2018, A17).

Artikel 80[75], [76]
Anmeldetag

Der Anmeldetag einer europäischen Patentanmeldung ist der Tag, an dem die in der Ausführungsordnung festgelegten Erfordernisse erfüllt sind.

[75] Geändert durch die Akte zur Revision des EPÜ vom 29.11.2000.
[76] Siehe hierzu Entscheidung/Stellungnahme GBK G2/95, G4/98 (Anhang I).

Artikel 90[87], [88]
Eingangs- und Formalprüfung

(1) Das EPA prüft nach Maßgabe der Ausführungsordnung, ob die Anmeldung den Erfordernissen für die Zuerkennung eines Anmeldetags genügt.

(2) Kann ein Anmeldetag nach der Prüfung nach Absatz 1 nicht zuerkannt werden, so wird die Anmeldung nicht als europäische Patentanmeldung behandelt. [...]

[87] Geändert durch die Akte zur Revision des EPÜ vom 29.11.2000.
[88] Siehe hierzu Stellungnahmen der GBK G 4/98, G 1/02 (Anhang I).

EPÜAO

Regel 1
Einreichung von Unterlagen; Formvorschriften

Im schriftlichen Verfahren [...] ist das Erfordernis der Schriftform erfüllt, wenn sich der Inhalt der Unterlagen in lesbarer Form auf Papier reproduzieren lässt.

Regel 2[1]
Einreichung von Unterlagen; Formvorschriften

(1)[2] Im Verfahren vor dem EPA können Unterlagen durch unmittelbare Übergabe, durch Postdienste oder durch Einrichtungen zur elektronischen Nachrichtenübermittlung eingereicht werden. Der Präsident des EPAs legt die näheren Einzelheiten und Bedingungen sowie gegebenenfalls besondere formale und technische Erfordernisse für die Einreichung von Unterlagen fest. Er kann insbesondere bestimmen, dass eine Bestätigung nachzureichen ist. Wird diese Bestätigung nicht rechtzeitig eingereicht, so wird die europäische Patentanmeldung zurückgewiesen; nachgereichte Unterlagen gelten als nicht eingegangen. [...]

[1] Siehe BdP des EPA vom 12.07.2007 über die zu benutzenden elektronischen Signaturen, Datenträger und Software zur elektronischen Einreichung von Patent-anmeldungen und anderen Unterlagen (SA Nr. 3, ABl. 2007, A.5) sowie BdP des EPA vom 13.05.2020 über die geführten Rückspra-chen & als Videokonferenz durchgeführten Rücksprachen & MV (ABl. 2020, A71).
Siehe BdP des EPA vom 20.02.2019 über die Einreichung von Patentanmeldungen und anderen Unterlagen durch Telefax (ABl. 2019, A18).
Siehe BdP des EPA vom 03.03.2021 über die elektronische Einreichung von Unterlagen (ABl. 2021, A20) und Mitteilung des EPA vom 03.03.2021 über die Einführung des neuen EPA-Einreichungsdienstes Online-Einreichung 2.0 (ABl. 2021, A21).
Siehe BdP des EPA vom 11.03.2015 über das Pilotprojekt zur Einführung neuer Einrichtungen zur elektronischen Nachrichtenübermittlung für Verfahren vor dem EPA (ABl. 2015, A28) und Bd Vizepräsidenten GD5 des EPA und Mitteilung des EPA vom 23.07.2020 über das Pilotprojekt zur Zustellung per E-Mail im Prüfungsverfah-ren (ABl. 2020, A89 und A90).
[2] Geändert durch BdV CA/D 6/14 vom 15.10.2014 (ABl. 2015, A17), in Kraft getreten am 01.04.2015.
Siehe Mitteilungen des EPA vom 30.03.2015 (ABl. 2015, A36), vom 14.09.2020 (ABl. EPA 2020, A107) und vom 26.12.2020 (ABl. EPA 2021, A5).

Regel 3[3]
Sprache im schriftlichen Verfahren

(1) Im schriftlichen Verfahren vor dem EPA kann jeder Beteiligte sich jeder Amtssprache des EPA bedienen. Die in Art.14(4) vorgesehene Übersetzung kann in jeder Amtssprache des EPA eingereicht werden. [...]

[3] Siehe hierzu Entscheidungen GBK G3/99 (Anhang I).

Regel 35[50]
Allgemeine Vorschriften

(1) Europäische Patentanmeldungen können schriftlich beim Europäischen Patentamt in München, Den Haag oder Berlin oder bei den in Artikel 75 Absatz 1 b) genannten Behörden eingereicht werden.

(2) Die Behörde, bei der die ePa eingereicht wird, vermerkt auf den Unterlagen der Anmeldung den ED dieser Unterlagen und erteilt dem Anmelder unverzüglich eine Empfangsbescheinigung, die zumindest die Nummer der Anmeldung, die Art und Zahl der Unterlagen und den Tag ihres Eingangs enthält.

(3) Wird die ePa bei einer in Art.75(1) b) genannten Behörde eingereicht, so unterrichtet diese Behörde das EPA unverzüglich vom Eingang der Anmeldung, und teilt ihm insbesondere die Art der Unterlagen und den Tag ihres Eingangs, die Nummer der Anmeldung und gegebenenfalls jeden beanspruchten Prio.tag mit.

(4) Hat das EPA eine europäische Patentanmeldung durch Vermittlung der Zentralbehörde für den gewerblichen Rechtsschutz eines VStaats erhalten, so teilt es dies dem Anmelder unter Angabe des Tages mit, an dem sie bei ihm eingegangen ist.

[50] Siehe BdP des EPA vom 12.07.2007 über die Einreichung von Patentanmeldungen und anderen Unterlagen durch Telefax (SA Nr. 3, ABl. 2007, A.3) und über die zu benutzenden elektronischen Signaturen, Datenträger und Software zur elektronischen Einreichung von Patentanmeldungen und anderen Unterlagen (SA Nr. 3, ABl. 2007, A.5).
Siehe BdP des EPA vom 03.01.2017 über die Bestimmung der Annahmestellen des EPA (ABl. 2017, A11) und Mitteilung des EPA vom 03.01.2017 über die Erreichbarkeit der Annahmestellen des EPA (ABl. 2017, A12).
Siehe BdP des EPA über die elektronische Einreichung von Unterlagen und Prioritätsunterlagen (ABl. 2018, A45 und ABl. 2018, A93) und Mitteilungen des EPA (ABl. 2018, A46 und ABl. 2018, A94).

Regel 40[60]
Anmeldetag

(1) Der Anmeldetag einer europäischen Patentanmeldung ist der Tag, an dem die vom Anmelder eingereichten Unterlagen enthalten:
a) einen Hinweis, dass ein europäisches Patent beantragt wird;
b) Angaben, die es erlauben, die Identität des Anmelders festzustellen oder mit ihm Kontakt aufzunehmen;
c) eine Beschreibung oder eine Bezugnahme auf eine früher eingereichte Anmeldung.

(2) Eine Bezugnahme auf eine früher eingereichte Anmeldung nach Absatz 1 c) muss deren Anmeldetag und Nummer sowie das Amt, bei dem diese eingereicht wurde, angeben. Die Bezugnahme muss zum Ausdruck bringen, dass sie die Beschreibung und etwaige Zeichnungen ersetzt.

(3) Enthält die Anmeldung eine Bezugnahme nach Absatz 2, so ist innerhalb von zwei Monaten nach ihrer Einreichung eine beglaubigte Abschrift der früher eingereichten Anmeldung einzureichen. Ist diese Anmeldung nicht in einer Amtssprache des Europäischen Patentamts abgefasst, so ist innerhalb derselben Frist eine Übersetzung in einer dieser Sprachen einzureichen. Regel 53 Absatz 2 ist entsprechend anzuwenden.

[60] Siehe hierzu Entscheidung/Stellungnahme GBK G2/95, G4/98 (Anhang I).

Einreichen einer ePa

Einreichen einer Anmeldung mit Bezugnahme auf frühere Anmeldung
Art.75, R.40(1)(c) bis (3), A-II,4.1.3.1

		Norm	zu erbringende Handlung	Frist	Nachfrist	Rechtsfolge	Rechtsbehelf
15	Voraussetzung		1) früher eingereichte Patent-/GebrM-Anmeldung [muss nicht anhängig, nicht vom Anmelder, nicht Prioanmeldung sein] 2) muss am VÖ der ePa zugänglich sein [ABl.2019,A16]	»jederzeit«	–		–
16	Anmelder	**Art.58, R.40(1)b)**	jede nat. oder jur. Person und jede Personengesellschaft [180] [Anmelder muss nicht Anmelder früherer Anmeldung sein]		2 M ab ET ABER »von sich aus« aber: Neufestsetzung des AT	+ AT zuerkannt **R.40(1)** UND Bezugnahme ersetzt Beschreibung UND Zeichnungen (ggf. Ansprüche) **R.57c)**	
17	Anmeldeamt A-II,1	**Art.75(1), R.35(1)**	beim EPA (München, Den Haag, Berlin, nicht Wien) [181] **Art.75(1)a)** bei nat. Zentralbehörde oder beim PIZ [182] **Art.75(1)**	am Tag der Einreichung	–		
18	Art der Einreichung [S.200]	**R.40(1)a)**	schriftlicher Antrag in Papierform oder auf elektr. Datenträger (EPA Form 1001 unter Nummer 26.1 empfehlenswert) **R.35(1)**		2 M nach R.55-Mitt. +10Tage	– kein AT zuerkannt und Anmeldung nicht als ePa behandelt	WB (–) **Art.121(4), R.135(2)**
19	Erforderliche Angaben für AT	**Art.80 iVm R.40(1) c), R.40(2)**	1) AT und Aktenzeichen früherer Anmeldung (Patent/GebrM) 2) Anmeldeamt früherer Anmeldung 3) Hinweis, dass Bezugnahme Beschreibung und ggf. Zeichnungen ersetzt		**R.90(2), R.55** ABER Neufestsetzung des AT **R.56(2)**	**R.112(1)-Rechtsverlustmitt.**[BF] UND Gebührenrückerstattung, A-II,4.1.4	WE (+) in die Frist zur Mängelbeseitigung;
		R.40(3)S.1	4) beglaubigte Abschrift früherer Anmeldung [183]	2 M ab Einreichung **R.40(3)**	2 M nach R.55-Mitt. +10Tage, (ohne Verschiebung AT) A-II, 4.1.5		Beschwerde (+) **Art.106(1), R.112(2)**
		Art.90	5) *ggf.* Bezugnahme auf Ansprüche (Angabe auf Antrag) [184] **R.57c)**, H-IV, 2.3.1		2 M nach R.58-Mitt. +10Tage	– Anmeldung wird zurückgewiesen[BF] **Art.90(5)**	ODER
20	Sprache (Antrag und Abschrift) A-VII,1.2	**R.40(3)S.2**	jede Amtssprache (DE, EN, FR) ODER jede beliebige Sprache [185] **Art.14(2) iVm R.40(3) S.2**	ggf. Übersetzung in eine Amtssprache binnen 2 M nach ET [186] **R.40(3) S.2**	2 M nach R.58-Mitt. +10Tage **R.58 iVm R.57a)**	– Anmeldung gilt als zurückgenommen UND **R.112(1)-Rechtsverlustmitt.**[BF] **Art.90(5) iVm Art.14(2), R.112(1)**	Neueinreichung

---

[180] **Anmelder:** berechtigt Dritte zur Anmeldung ePa unter Bezugnahme auf eine frühere Anmeldung unter Erhalt eines gültigen AT.

[181] **Ausgenommen:** EPÜ-Vertragsstaaten, die nach nat. Recht verlangen, dass ePa/iPa beim nat. Amt einzureichen ist: BG, FR, GR, IT, PL, PT, SE, ES, HU, CY [**Art.75(2), NatR II, Ziffern 2 und 5**].

[182] **Weiterleitung der ePa** an EPA nach Art.77: **6 W** nach dem Tag der Einreichung, wenn offensichtlich nicht geheimhaltungsbedürftig [**R.37(1)a)**] ODER **4 M**, wenn geprüft werden muss, ob ePa geheimhaltungsbedürftig ODER **14 M** nach PT, wenn Prio. in Anspruch genommen wurde [**R.37(1)b)**]; **Ausgenommen:** BE und NL nur direkt beim EPA einreichbar [**NatR II, 2**].

[183] **entfällt**, wenn frühere Anmeldung ePa ODER PCT-Anmeldung beim EPA eingereicht [**R.53(2)**] iVm ABl.2009,486]. **TA:** EPA nimmt automatisch Abschrift zur Akte der TA [A-II, 4.1.3.1].

[184] **Alternativen: [1]** Bezugnahme auch auf Ansprüche; **[2]** Einreichen neuer Ansprüche am ET ODER **[3]** Einreichen neuer nach ET bis 2M nach R.58-Mitt. +10Tage [H-IV,2.3.1].

[185] **Zurücknahme:** liegt Übersetzung der früheren ePa beim EPA vor, wird diese gebührenfrei in Akte genommen; nicht fristgerechte Einreichung hat keine Auswirkung auf den Anmeldetag; **Gebührenermäßigung:** 30%-Ermäßigung der Anmeldegebühr bei Einreichung in zugelassener Nichtamtssprache [**Art.14(4)**] für KMUs, natürliche Personen und non-profit Organisationen mit Wohnsitz/Sitz in EPÜ-Vertragsstaat [**R.6(3)**]; **Bestandteile** der ePa können andere Sprache aufweisen und sind durch Übersetzung in eine Sprache korrigierbar [**J7/80**]. Beschreibung und Ansprüche müssen in derselben Sprache eingereicht werden [**J22/03**]; **Formvorschriften** identisch zu Unterlagen der ePa [**R.49(1), 50(1)**].

[186] **Ausgenommen: [1] 1 M** nach Mitt. über Antrag auf Akteneinsicht Dritter [**Art.128(2)**] ODER **[2]** bis zum Antrag auf vorzeitige Veröff. [**Art.93(1)b)**].

EPÜ 2000

Artikel 14[11],[12]
Sprachen des EPA, europäischer Patentanmeldungen und anderer Schriftstück

(1) Die Amtssprachen des EPA sind Deutsch, Englisch und Französisch.

(2) Eine europäische Patentanmeldung ist in einer Amtssprache einzureichen oder, wenn sie in einer anderen Sprache eingereicht wird, nach Maßgabe der Ausführungsordnung in eine Amtssprache zu übersetzen. Diese Übersetzung kann während des gesamten Verfahrens vor dem EPA mit der Anmeldung in der ursprünglich eingereichten Fassung in Übereinstimmung gebracht werden. Wird eine vorgeschriebene Übersetzung nicht rechtzeitig eingereicht, so gilt die Anmeldung als zurückgenommen.

(3) Die Amtssprache des EPA, in der die europäische Patentanmeldung eingereicht oder in die sie übersetzt worden ist, ist in allen Verfahren vor dem EPA als Verfahrenssprache zu verwenden, soweit die Ausführungsordnung nichts anderes bestimmt. [...]

[11] Geändert durch die Akte zur Revision des EPÜ vom 29.11.2000.
[12] Siehe hierzu Entscheidungen GBK G6/91, G2/95, G4/08 (Anhang I).

Artikel 76[68],[69]
Europäische Teilanmeldung

(1) Eine europ. TA ist nach Maßgabe der Ausführungsordnung unmittelbar beim EPA einzureichen. Sie kann nur für einen Gegenstand eingereicht werden, der nicht über den Inhalt der früheren Anmeldung in der ursprünglich eingereichten Fassung hinausgeht; soweit diesem Erfordernis entsprochen wird, gilt die TA als an dem AT der früheren Anmeldung eingereicht und genießt deren Prio.recht.

(2) In der europäischen TA gelten alle VStaaten als benannt, die bei Einreichung der TA auch in der früheren Anmeldung benannt sind.

[68] Geändert durch die Akte zur Revision des EPÜ vom 29.11.2000.
[69] Siehe hierzu Entscheidungen/Entscheidung GBK G4/98, G1/05, G1/06.

Artikel 72
Rechtsgeschäftliche Übertragung

Die rechtsgeschäftliche Übertragung der europäischen Patentanmeldung muss schriftlich erfolgen und bedarf der Unterschrift der Vertragsparteien.

Artikel 97[99],[100]
Erteilung oder Zurückweisung

(1) Ist die Prüfungsabteilung der Auffassung, dass die europäische Patentanmeldung und die Erfindung, die sie zum Gegenstand hat, den Erfordernissen dieses Übereinkommens genügen, so beschließt sie die Erteilung des europäischen Patents, sofern die in der Ausführungsordnung genannten Voraussetzungen erfüllt sind.

(2) Ist die Prüfungsabteilung der Auffassung, dass die europäische Patentanmeldung oder die Erfindung, die sie zum Gegenstand hat, den Erfordernissen dieses Übereinkommens nicht genügt, so weist sie die Anmeldung zurück, sofern dieses Übereinkommen keine andere Rechtsfolge vorsieht.

(3) Die Entscheidung über die Erteilung des europäischen Patents wird an dem Tag wirksam, an dem der Hinweis auf die Erteilung im Europäischen Patentblatt bekannt gemacht wird.

[99] Geändert durch die Akte zur Revision des EPÜ vom 29.11.2000.
[100] Siehe hierzu Entscheidungen der GBK G 10/93, G 1/10 (Anhang I).

EPÜAO

Regel 2[1]
Einreichung von Unterlagen; Formvorschriften

(1)[2] Im Verfahren vor dem EPA können Unterlagen durch unmittelbare Übergabe, durch Postdienste oder durch Einrichtungen zur elektronischen Nachrichtenübermittlung eingereicht werden. Der Präsident des EPAs legt die näheren Einzelheiten und Bedingungen sowie gegebenenfalls besondere formale und technische Erfordernisse für die Einreichung von Unterlagen fest. Er kann insbesondere bestimmen, dass eine Bestätigung nachzureichen ist. Wird diese Bestätigung nicht rechtzeitig eingereicht, so wird die europäische Patentanmeldung zurückgewiesen; nachgereichte Unterlagen gelten als nicht eingegangen. [...]

[1] Siehe BJP des EPA vom 12.07.2007 über die zu benutzenden elektronischen Signaturen, Datenträger und Software zur elektronischen Einreichung von Patentanmeldungen und anderen Unterlagen (SA Nr. 3, ABl. 2007, A.5) sowie BdP des EPA vom 13.05.2020 über die Einreichung von Unterlagen bei telefonischen Rücksprachen & als Videokonferenz durchgeführten Rücksprachen & MV (ABl. 2020, A71).
Siehe BdP des EPA vom 20.02.2019 über die Einreichung von Patentanmeldungen und anderen Unterlagen durch Telefax (ABl. 2019, A18).
Siehe BdP des EPA vom 03.03.2021 über die elektronische Einreichung von Unterlagen (ABl. 2021, A20) und Mitteilung des EPA vom 03.03.2021 über die Einführung des neuen EPA-Einreichungsdienstes Online-Einreichung 2.0 (ABl. 2021, A21).
Siehe BdP des EPA vom 11.03.2015 über das Pilotprojekt zur Einführung neuer Einrichtungen zur elektronischen Nachrichtenübermittlung für Verfahren vor dem EPA (ABl. 2015, A28) und BdP Vizepräsidenten GD5 des EPA vom 23.07.2020 über das Pilotprojekt zur Zustellung per E-Mail im Prüfungsverfahren (ABl. 2020, A89 und A90).
[2] Geändert durch BdV CA/D 6/14 vom 15.10.2014 (ABl. 2015, A17), in Kraft getreten am 01.04.2015.
Siehe Mitteilungen des EPA vom 30.03.2015 (ABl. 2015, A36), vom 14.09.2020 (ABl. EPA 2020, A107) und vom 26.12.2020 (ABl. EPA 2021, A5).

Regel 36[51]
Europäische Teilanmeldungen

(1)[52],[53] Der Anmelder kann eine TA zu jeder anhängigen früheren europäischen Patentanmeldung einreichen.

(2)[54] Eine TA ist in der Verfahrenssprache der früheren Anmeldung einzureichen. Sie kann, wenn Letztere nicht in einer Amtssprache des EPA abgefasst war, in der Sprache der früheren Anmeldung eingereicht werden; eine Übersetzung in der Verfahrenssprache der früheren Anmeldung ist innerhalb von zwei Monaten nach Einreichung der TA nachzureichen. Die TA ist beim EPA in München, Den Haag oder Berlin einzureichen.

(3) Die Anmeldegebühr und die Recherchengebühr sind für die Teilanmeldung innerhalb eines Monats nach ihrer Einreichung zu entrichten. Wird die Anmeldegebühr oder die Recherchengebühr nicht rechtzeitig entrichtet, so gilt die Anmeldung als zurückgenommen.

(4)[55] Die Benennungsgebühr ist innerhalb von 6M nach dem Tag zu entrichten, an dem im Europäischen Patentblatt auf die Veröffentlichung des europäischen Recherchenberichts zu der TA hingewiesen worden ist. R.39(2) und (3) ist anzuwenden.

[51] Siehe hierzu Entscheidungen GBK G1/05, G1/06, G1/09 (Anhang I).
[52] Geändert durch BdV CA/D 15/13 vom 16.10.2013 (ABl.2013, 501), in Kraft getreten am 01.04.2014.
[53] Siehe Mitteilung des EPA vom 08.01.2014 über europäische Teilanmeldungen – Änderung der Regeln 36, 38 und 135 EPÜ sowie des Artikels 2 (1) GebO (ABl. EPA 2014, A22, Korr. ABl. EPA 2014, A109).

[54] Geändert durch BdV CA/D 2/09 vom 25.03.2009 (ABl.2009, 296), in Kraft getreten am 01.04.2010.
[55] Geändert durch Beschluss des Verwaltungsrats CA/D 4/08 vom 21.10.2008 (ABl.2008, 513), in Kraft getreten am 01.04.2009.

Rechtsprechung

G1/05 Was Artikel 76 (1) EPÜ angeht, so kann eine Teilanmeldung, die zum Zeitpunkt ihrer Einreichung einen Gegenstand enthält, der über den Inhalt der früheren Anmeldung in der ursprünglich eingereichten Fassung hinausgeht, später geändert werden, damit der Gegenstand nicht mehr über diese Fassung hinausgeht, und zwar auch dann noch, wenn die frühere Anmeldung nicht mehr anhängig ist. Im Übrigen gelten für solche Änderungen dieselben Einschränkungen wie für Änderungen in anderen Anmeldungen (die keine Teilanmeldungen sind), die Wiedereinsetzung in den vorigen Stand.

G1/06 In the case of a sequence of applications consisting of a root (originating) application followed by divisional applications, each divided from its predecessor, it is a necessary and sufficient condition for a divisional application of that sequence to comply with Article 76(1), second sentence, EPC that anything disclosed in that divisional application be directly and unambiguously derivable from what is disclosed in each of the preceding applications as filed.

G1/09 In the case where no appeal is filed, a European Patent application which has been refused by a decision of the Examining Division is thereafter still pending within the meaning of Rule 25 EPC 1973 (Rule 36(1) EPC) until the expiry of the time limit for filing a notice of appeal.

Die Einreichung von Teilanmeldungen ist zulässig [G1/05] [188]

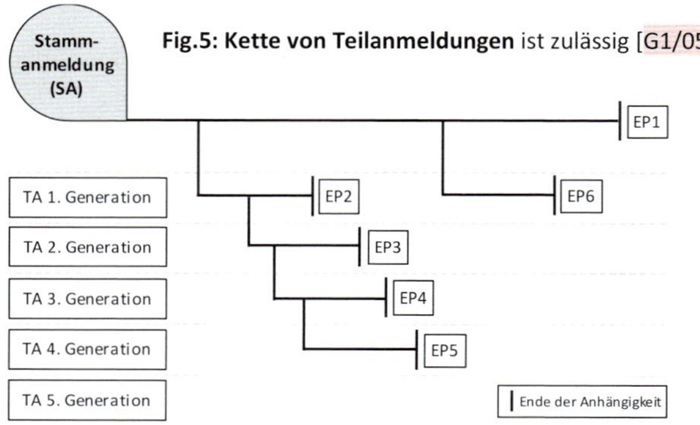

Fig.5: Kette von Teilanmeldungen

Stammanmeldung (SA)
TA 1. Generation — EP2
TA 2. Generation — EP3
TA 3. Generation — EP4, EP6, EP1
TA 4. Generation — EP5
TA 5. Generation
Ende der Anhängigkeit

Einreichen einer ePa

Einreichung einer Teilanmeldung (TA) [187]

Art.76 iVm R.36; A-IV, 1

		Norm	Erfordernis	Frist	Nachfrist	Rechtsfolge	Rechtsbehelf
21	**Voraussetzungen** A-IV, 1.1.1	Art.76 iVm R.36(1)	1) **anhängige** frühere ePa [188], [189] [materiellrechtl. Bedingung zur Einreichung einer TA] **Art.76(1), R.36(1); G1/09; J18/09** 2) **Inhalt der TA** darf nicht über Inhalt der (aller) früheren Anmeldung(en) in der urspr. eingereichten Fassung hinausgehen [190] **Art.76(1) S.2, G1/05, G1/06**	»jederzeit« **Anhängigkeit frühere ePa:** ▪ bis **1 Tag vor** [191] Hinweisveröff der Erteilung ePa; evtl. Feiertag ist irrelevant [J18/04] **Art.97(3), ABl.2002,112**	keine	+ TA erhält AT frühere ePa und genießt deren Prioritätsrecht [193] **Art.76(1) iVm Art.4G PVÜ** UND alle VStaaten der früheren ePa gelten als benannt (Nachbenennung nicht möglich, G4/98) **Art.76(2)**, A-IV,1.3.5 Veröff richtet sich nach AT/PT der Stammanmeld.; ist 18M-Frist abgelaufen, erfolgt Veröff unverzüglich **Art.93(1), 76(1)**	WB (–) da keine Frist iSv Art.121 versäumt WE (–) da »Anhängigkeit« keine Frist iSv Art.122 J10/01, J24/03
22	**Berechtigter** A-IV, 1.1.3		nur im EP-Patentregister eingetragener Anmelder [Rechtsübergang muss am ET ggü EPA wirksam sein, Art.72, R.22] Anmeldergemeinschaft: nur von **allen eingetragenen Anmeldern gemeinsam** [J2/01]	▪ **bei Zurückweisung** bis zum Ablauf der Beschwerdefrist [192] (2 M⁺¹⁰ᵀᵃᵍᵉ ab Entscheidungszustellung) **Art.108, G1/09** ▪ bis zum Zeitpunkt der **Zurücknahme** der ePa J20/12 ▪ bis zum letzten Tag einer **Frist** [danach tritt Zurücknahmefiktion ein] J4/11			
23	**Anmeldeamt** A-IV, 1.3.1	Art.76(1), R.36(2)	nur beim EPA in München, Den Haag, Berlin [194] **R.36(2) S.3**				
24	**Art der Einreichung** [S.200]	R.2(1)	in Papier per unmittelbarer Übergabe, Post, Fax ODER Online-Einreichung (OLF, Online.-E. 2.0) ABl.2021,A42			− keine Zulassung als TA, d.h. keine Anerkennung des AT und ggf. PT früherer ePa	WB (–) da von R.135(2) ausgenommen **WE (+)** T11/91 **Beschwerde (+)**
25	**Erforderliche Angaben für AT** A-IV, 1.3.2	R.41(2)(e)	1) Mindesterfordernisse nach Art.80, R.40(1) [DI-13] 2) Erteilungsantrag mit: a) Erklärung, dass ePa eine TA ist b) Nummer der Stammanmeldung c) Generation der TA	▪ binnen 6M-Nachfrist zur Zahlung der **Jahresgebühr** R.51(2) ABER ▪ nicht bei **Aussetzung** des Verfahrens gem. R.14(1) J20/05, G1/09	2 M nach R.58-Mitt.⁺¹⁰ᵀᵃᵍᵉ R.58 iVm R.57	Zurückzahlung bereits entrichteter Gebühren gem. R.36(3) & R.36(4)	
26	**Sprache** A-IV, 1.3.3, A-VII, 1.3	Art.76(1) R.36(2)	gleiche Verfahrenssprache wie frühere ePa **Art.36(2)S.1** ODER urspr. Nichtamtssprache früherer ePa **Art.36(2)S.2** [195] [empfohlen, um etwaige Informationsverluste zu vermeiden]	Übersetzung ODER beglaubigte Abschrift binnen **2 M** nach Einreichung der TA **Art.14(2) iVm R.36(2) S.2**		− Anmeldung gilt als zurückgenommen UND R.112(1)-Mitt.ᴮᶠ **Art.90(5) iVm Art.14(2)**	Art.106(1), R.112(2) ODER **Neueinreichung TA**

---

[187] **Doppelpatentierungsverbot** für ePa desselben Anmelders – ePa und TA nicht denselben Gegenstand beanspruchen [G1/05, G1/06].

[188] **frühere ePa** (Ursprungs-/Stammanmeldung) = **[1]** ePa; **[2]** ePa mit Bezugnahme [**S.94**, A-IV,1.1]; **[3]** andere TA [T1158/01]; **Euro-PCT-Anmeldung:** TA erst, wenn Stammanmeldung wirksam in EP-Phase eingetreten ist [Art.153(2); J18/09; E-IX, 2.4.1].

[189] **Kette von TA:** bei TA, die sich auf frühere TA beziehen, genügt es, wenn letztgenannte TA anhängig.

[190] Inhalt der TA muss aus jedem vorangehenden Kettenglied ableitbar sein [G1/06]; kann sich aber nicht auf fallengelassene Merkmale beziehen; frühere ePa und TA dürfen **dieselbe Beschreibung** haben [T441/92]; anderer Anspruchssatz zulässig [G1/05]; **Inhaltskontrolle** erfolgt im Prüfverfahren [C-IX,1.4].

[191] nicht mehr am Tag des Hinweises auf Erteilung im EP-Patentblatt, da dann nicht mehr anhängig [ABl.2002,112].

[192] **eingelegte Beschwerde: [1]** TA noch bis Ablauf 2M-Frist für Beschwerdebegründung einreichbar, auch wenn keine Begründung folgt [J23/13]; **[2]** TA während Beschwerde, da TA-Vorschriften anwendbar [J24/03; **R.100(1)**]; aber Beschwerde darf nicht offensichtlich unzulässig sein [T28/03].

[193] **Prioanspruch:** für SA beanspruchte Prio (nicht erloschen/zurückgenommen) gilt ohne erneute Prioerklärung auch für TA und jedes weitere »Kettenglied« einer TA [G1/05, G1/06; A-IV, 1.2.2]; **Abschrift/Übersetzung der Prioanmeldung** [**R.53(3)**] unnötig, wenn diese zur SA bereits vorliegt → automat. Zuraktennahme [BdP ABl.2007,B.2]; **Zurücknahme** des Prioanspruchs für TA mögl., auch einzelner Prios(klare und eindeutige Erklärung nötig [ABl.2004,591]).

[194] **Einreichen bei nat. Behörde** hat **keine** rechtliche Wirkung, **ABER:** entscheidet sich nat. Behörde zur Weiterleitung, so gilt TA erst am Tag des Eingangs der Unterlagen beim EPA als eingereicht [A-IV, 1.3.1].

[195] **früher: [1]** binnen 1M-Frist ab Mitt.⁺¹⁰ᵀ über Antrag auf Akteneinsicht Dritter [**Art.128(2)**] oder **[2]** spätestens mit Antrag auf vorzeitige Veröff. [**Art.93(1)(b)**].

Teil D I – Übersicht zum EPÜ

EPÜ 2000

Artikel 75[65]
Einreichung der europäischen Patentanmeldung

(1) Die europäische Patentanmeldung kann eingereicht werden:

a)[66] beim Europäischen Patentamt oder

b)[67] vorbehaltlich des Art.76(1) bei der Zentralbehörde für den gewerblichen Rechtsschutz oder bei anderen zuständigen Behörden eines Vstaats, wenn das Recht dieses Staats es gestattet. Eine in dieser Weise eingereichte ePa hat dieselbe Wirkung, wie wenn sie an demselben Tag beim EPA eingereicht worden wäre.

(2) Absatz 1 steht der Anwendung der Rechts- und Verwaltungsvorschriften nicht entgegen, die in einem Vstaat

a) für Erfindungen gelten, die wegen ihres Gegenstands nicht ohne vorherige Zustimmung der zuständigen Behörden dieses Staats ins Ausland übermittelt werden dürfen, oder

b) bestimmen, dass Patentanmeldungen zuerst bei einer nationalen Behörde eingereicht werden müssen, oder die unmittelbare Einreichung bei einer anderen Behörde von einer vorherigen Zustimmung abhängig machen.

[65] Geändert durch die Akte zur Revision des EPÜ vom 29.11.2000.
[66] Siehe hierzu den BdP des EPA vom 03.01.2017 ABl. EPA 2017, A11 und die Mitt. des EPA vom 14.02.2018 ABl. EPA 2018, A18 und A27.
[67] Siehe hierzu die Mitteilung des EPA vom 30.01.2018 über Änderungen bei den Einreichungsmöglichkeiten für ePa & iPa in Belgien (ABl. EPA 2018, A17).

Artikel 77[70]
Weiterleitung europäischer Patentanmeldungen

(1) Die Zentralbehörde für den gewerblichen Rechtsschutz eines Vertragsstaats leitet die bei ihr oder einer anderen zuständigen Behörde dieses Staats eingereichten europäischen Patentanmeldungen nach Maßgabe der Ausführungsordnung an das EPA weiter.

(2) Eine europäische Patentanmeldung, deren Gegenstand unter Geheimschutz gestellt worden ist, wird nicht an das EPA weitergeleitet.

(3) Eine europäische Patentanmeldung, die nicht rechtzeitig an das EPA weitergeleitet wird, gilt als zurückgenommen.

[70] Geändert durch die Akte zur Revision des EPÜ vom 29.11.2000.

Artikel 80[75],[76]
Anmeldetag

Der Anmeldetag einer europäischen Patentanmeldung ist der Tag, an dem die in der Ausführungsordnung festgelegten Erfordernisse erfüllt sind.

[75] Geändert durch die Akte zur Revision des EPÜ vom 29.11.2000.
[76] Siehe hierzu Entscheidung/Stellungnahme GBK G2/95, G4/98 (Anhang I).

Artikel 90[87],[88]
Eingangs- und Formalprüfung

(1) Das EPA prüft nach Maßgabe der Ausführungsordnung, ob die Anmeldung den Erfordernissen für die Zuerkennung eines Anmeldetags genügt.

(2) Kann ein Anmeldetag nach der Prüfung nach Absatz 1 nicht zuerkannt werden, so wird die Anmeldung nicht als ePa behandelt. [...]

[87] Geändert durch die Akte zur Revision des EPÜ vom 29.11.2000.
[88] Siehe hierzu Entscheidung/Stellungnahme GBK G4/98, G1/02 (Anhang I).

Artikel 135
Umwandlungsantrag

(1) Die Zentralbehörde für den gewerblichen Rechtsschutz eines Vstaats leitet auf Antrag des Anmelders oder Inhabers eines EP-Patents das Verfahren zur Erteilung eines nationalen Patents in den folgenden Fällen ein:

a) wenn die ePa nach Art.77(3) als zurückgenommen gilt;

b) in den sonstigen vom nationalen Recht vorgesehenen Fällen, in denen nach diesem Übereinkommen die ePa zurückgewiesen oder zurückgenommen worden ist oder als zurückgenommen gilt oder das EP- Patent widerrufen worden ist. [...]

EPÜAO

Regel 35[50]
Allgemeine Vorschriften

(1) ePas können schriftlich beim EPA in München, Den Haag oder Berlin oder bei den in Art.75(1) b) genannten Behörden eingereicht werden. [...]

(4) Hat das EPA eine ePa durch Vermittlung der Zentralbehörde für den gewerblichen Rechtsschutz eines Vstaats erhalten, so teilt es dies dem Anmelder unter Angabe des Tages mit, an dem sie bei ihm eingegangen ist.

[50] Siehe BdP des EPA vom 12.07.2007 über die Einreichung von ePa und anderen Unterlagen durch Telefax (SA Nr. 3, ABl. EPA 2007, A.3) & über die zu benutzenden elektronischen Signaturen, Datenträger und Software zur elektronischen Einreichung von ePa & anderen Unterlagen (SA Nr. 3, ABl. 2007, A.5). Siehe BdP des EPA vom 03.01.2017 über die Bestimmung der Annahmestellen des EPA, (ABl. 2017, A11) & Mitt. des EPA vom 03.01.2017 über die Erreichbarkeit der Annahmestellen des EPA (ABl. 2017, A12).

Siehe BdP des EPA über die elektronische Einreichung von Unterlagen & Prioritätsunterlagen (ABl. 2018, A45 & ABl. 2018, A93) & Mitt. des EPA (ABl. 2018, A46 & ABl. EPA 2018, A94).

Regel 37
Übermittlung europäischer Patentanmeldungen

(1) Die Zentralbehörde für den gew. Rechtsschutz eines Vstaats leitet ePa innerhalb der kürzesten Frist, die mit der Anwendung des nationalen Rechts betreffend die Geheimhaltung von Erfindungen im Interesse des Staats vereinbar ist, an das EPA weiter & ergreift alle geeigneten Maßnahmen, damit die Weiterleitung

a) innerhalb von 6 Wochen nach Einreichung der Anmeldung erfolgt, wenn ihr Gegenstand nach nationalem Recht offensichtlich nicht geheimhaltungsbedürftig ist, oder

b) innerhalb von 4M nach Einreichung oder, wenn eine Prio in Anspruch genommen worden ist, innerhalb von 14M nach dem Prioritätstag erfolgt, wenn näher geprüft werden muss, ob die Anmeldung geheimhaltungsbedürftig ist.

(2) Eine europäische Patentanmeldung, die dem EPA nicht innerhalb von vierzehn Monaten nach ihrer Einreichung oder, wenn eine Priorität in Anspruch genommen worden ist, nach dem Prioritätstag zugeht, gilt als zurückgenommen. Für diese Anmeldung bereits entrichtete Gebühren werden zurückerstattet.

Regel 40[59]
Anmeldetag

(1) Der AT einer ePa ist der Tag, an dem die vom Anmelder eingereichten Unterlagen enthalten:

a) einen Hinweis, dass es sich um eine europäische Patent beantragt wird;

b) Angaben, die es erlauben, die Identität des Anmelders festzustellen oder mit ihm Kontakt aufzunehmen;

c) eine Beschreibung oder eine Bezugnahme auf eine früher eingereichte Anmeldung. [...]

[59] Siehe hierzu Entscheidung/Stellungnahme GBK G2/95, G4/98 (Anhang I).

Regel 55
Eingangsprüfung

Ergibt die Prüfung nach Art.90(1), dass die Anmeldung nicht den Erfordernissen der R.40(1) a) oder c), (2) oder (3) S.1 genügt, so teilt das EPA dem Anmelder die Mängel mit und weist ihn darauf hin, dass die Anmeldung nicht als europäische Patentanmeldung behandelt wird, wenn diese Mängel nicht innerhalb von zwei Monaten beseitigt werden. Leistet der Anmelder dem Amt Folge, so wird ihm vom Amt zuerkannte Anmeldetag mitgeteilt.

Regel 56
Fehlende Teile der Beschreibung oder fehlende Zeichnungen

(1) Ergibt die Prüfung nach Art.90(1), dass Teile der Beschreibung oder Zeichnungen, auf die in der Beschreibung oder in den Patentansprüchen Bezug genommen wird, offensichtlich fehlen, so fordert das EPA den Anmelder auf, die fehlenden Teile innerhalb von zwei Monaten nachzureichen. Aus der Unterlassung einer solchen Aufforderung kann der Anmelder keine Ansprüche herleiten.

(2) Werden fehlende Teile der Beschreibung oder fehlende Zeichnungen nach dem Anmeldetag, jedoch innerhalb von zwei Monaten nach dem AT oder, wenn eine Aufforderung nach Absatz 1 ergeht, innerhalb von zwei Monaten nach dieser Aufforderung nachgereicht, so wird der Anmeldetag auf den Tag der Einreichung der fehlenden Teile der Beschreibung oder der fehlenden Zeichnungen neu festgesetzt. Das EPA unterrichtet den Anmelder entsprechend. [...]

(5) Erfüllt der Anmelder die in Absatz 3 a) bis c) genannten Erfordernisse nicht innerhalb der Frist nach Absatz 2, so wird der Anmeldetag auf den Tag der Einreichung der fehlenden Teile der Beschreibung oder der fehlenden Zeichnungen neu festgesetzt. Das EPA unterrichtet den Anmelder entsprechend.

(6) Innerhalb eines Monats nach der in Absatz 2 oder 5 letzter Satz genannten Mitteilung kann der Anmelder die eingereichten fehlenden Teile der Beschreibung oder fehlenden Zeichnungen zurücknehmen; in diesem Fall gilt die Neufestsetzung des Anmeldetags als nicht erfolgt. Das EPA unterrichtet den Anmelder.

Rechtsprechung

J12/82 2. Art.122(5) schließt die Wiedereinsetzung in den vorigen Stand nicht nur bei Versäumung der Frist aus, die in dem dort ausdrücklich genannten Art.94(2) festgesetzt ist, sondern auch bei Versäumung der Nachfrist nach R.85b, mit der die Frist für die Stellung des Prüfungsantrags verlängert wird.

J18/82 1. Art.122(5) schließt die Wiedereinsetzung in den vorigen Stand nicht nur bei Versäumung der Fristen aus, die in den dort ausdrücklich genannten Art.78(2) und 79(2) festgesetzt sind, sondern auch bei Versäumung der Nachfrist nach R.85a, mit der die übliche Frist für die Zahlung der Anmelde-, Recherchen- und Benennungsgebühren verlängert wird.

2. Die Begründung des WE-antrages im Vorliegen höherer Gewalt kann nur im Rahmen des Art.122 in Betracht gezogen werden.

Eingangsprüfung

Weiterleitung der ePa

zuständige nat. Behörde Art.77(1) iVm R.37, A-II,1.7

	Voraussetzung	Norm	Handlung	Frist [196]	Nachfrist	Rechtsfolge	Rechtsbehelf
27	ePa bei nat. Zentralbehörde ODER beim PIZ eingereicht [197] Art.75(1)b), R.35(1) Alt.2 ABER kein gesonderter Antrag des Anmelders erforderlich	Art.77(1) iVm R.37(1)	Weiterleitung ePa durch diese nat. Zentralbehörde an EPA innerhalb kürzester Frist [198]	a) binnen 6 W nach Einreichung R.37(1) a) ODER b) binnen 4 M nach ET bzw. 14 M nach PT, wenn Prüfung über Geheimhaltung R.37(1) b)	ePa die vor Ablauf von 14 M nach ET/PT beim EPA eingehen, müssen bearbeitet werden R.37(2)	**+** Mitt. EPA an Anmelder R.35(4) **−** Anmeldung gilt als zurückgenommen [199] UND bereits entrichtete Gebühren werden zurückgezahlt [A-X,10.2.6] Art.77(3) iVm R.37(2) UND R.112(1)- Rechtsverlustmitt.	WB (−); WE (−), weil Rechtsverlust nicht durch Fristversäumung des Anmelders verursacht J3/80; ABl.1990,92 ABER **Umwandlungsantrag (+)** Art.135(1) a), 137 iVm R.155, A-IV,6 ODER **Neueinreichung** R.112(1)

Eingangsprüfung

Eingangsstelle; Formalsachbearbeiter Art.90(1), R.10 iVm R.55

	Handlung	Norm	Erfordernisse	Frist	Nachfrist	Rechtsfolge	Rechtsbehelf
28	Behebung von Mängeln bei der Eingangsprüfung	Art.90(1) iVm R.55 A-II, 4.1.4	Mindesterfordernisse für Zuerkennung des AT R.40(1) iVm Art.80 a) Hinweis auf Beantragung einer ePa (Erteilungsantrag) b) Angaben zur Anmelderidentität [200] c) eine Beschreibung ODER Bezugnahme auf frühere Anmeldung; ABER: nicht Ansprüche R.55 S.1	2 M nach R.55-Mitt. +10Tage (außer Anmelderidentität) R.55 S.1 ODER binnen 2 M nach ET von sich aus R.55 S.1	nicht verlängerbar, da in der EPÜAO geregelte Frist	**+** Tag, an dem alle Mängel beseitigt sind, wird als AT zuerkannt [201] R.55 S.2, A-II, 4.1.5 **−** kein AT zuerkannt UND keine Behandlung als ePa Art.90(2) R.112(1)-Rechtsverlustmitt. BF	**Anmelderidentität:** WE (−) J12/82; J18/82 **sonstige Erfordernisse:** WE (+) A-II, 4.1.4 WB (−), da Anmeldung noch nicht anhängig ABER **Neueinreichung (+)**
29	**Nachreichen fehlender Teile** der Beschreibung [S.119] A-II, 5	Art.90(1) iVm R.56(1)	Nachreichen fehlender Teile der Beschreibung oder fehlender Zeichnungen	2 M nach Auff. +10Tage R.56(1) S.1 ODER 2 M nach AT von sich aus (letzte Möglichkeit fehlende Teile nachzureichen) R.56(2) S.1	1 M für Zurücknahme neuer Teile nach Mitt. R.56(6)	**−** Streichung der in R.56(1) genannten Bezugnahme R.56(4) ODER Verschiebung des AT auf Tag der Nachreichung, wenn keine Prio beansprucht R.56(5)	**WE (+)**; WB (−)

---

[196] **Fristberechnung analog EPÜ:** [1] Verlängerung wg. EPA-Schließtage [R.134(1)]. [2] Verlängerung wg. Störung der Postzustellung [R.134(2)] und [3] R.131(4) anwendbar.

[197] **Zwingend:** EPÜ-Vertragsstaaten, die nach nat. Recht verlangen, dass ePa/iPa als Erstanmeldung beim nat. Amt einzureichen ist: CY, BG, ES, FR, GR, IT, MT, PL, PT, SE, HU [Art.75(2), NatR II, Ziffern 2 und 5].

[198] **6 W** nach dem Tag der Einreichung, wenn Gegenstand offensichtlich nicht geheimhaltungsbedürftig ist [R.37(1)a)] ODER **4 M**, wenn weiter geprüft werden muss, ob PA geheimhaltungsbedürftig und, wenn eine Prio in Anspruch genommen worden ist, **14 M** nach dem Priotag. [R.37(1)b)]; **keine Weiterleitung:** wenn Gegenstand der ePa unter Geheimschutz [Art.77(2)].

[199] keine europäische TA [Art.76(1)] oder Neuanmeldung des Berechtigten einreichbar [Art.61(1)b)].

[200] keine Prüfung der [1] Anmeldeberechtigung, da nach Art.58 jede nat. ODER jur. Person zur Anmeldung berechtigt (materieller Anspruch) UND [2] Erfindernennung nach R.19 (formeller Anspruch); **Vertretung:** ungeachtet dessen müssen sich Anmelder, die weder Wohnsitz noch Sitz in einem EPÜ-VStaat haben, im laufenden Verfahren vor dem EPA vertreten lassen [Art.133(2)].

[201] AT legt Offenbarungsgehalt fest.

EPÜ 2000

Artikel 78[71]
Erfordernisse der europäischen Patentanmeldung

(1) Die europäische Patentanmeldung muss enthalten:
a) einen Antrag auf Erteilung eines europäischen Patents;
b) eine Beschreibung der Erfindung;
c) einen oder mehrere Patentansprüche;
d) die Zeichnungen, auf die sich die Beschreibung oder die Ansprüche beziehen;
e) eine Zusammenfassung
und den Erfordernissen genügen, die in der Ausführungsordnung vorgeschrieben sind.

(2)[72] Für die europäische Patentanmeldung sind die Anmeldegebühr und die Recherchengebühr zu entrichten. Wird Anmeldegebühr oder Recherchengebühr nicht rechtzeitig entrichtet, so gilt die Anmeldung als zurückgenommen.

[71] Geändert durch die Akte zur Revision des EPÜ vom 29.11.2000.
[72] Siehe hierzu Mitteilung des EPA, ABl. 2016, A20.

Artikel 90[87], [88]
Eingangs- und Formalprüfung

[...] (3) Ist der europäischen Patentamt einen Anmeldetag zuerkannt worden, so prüft das Europäische Patentamt nach Maßgabe der Ausführungsordnung, ob den Erfordernissen nach Art.14, 78, 81 und gegebenenfalls des Art.88(1) und des Art.133(2) sowie den weiteren in der Ausführungsordnung festgelegten Erfordernissen entsprochen worden ist.

(4) Stellt das EPA bei der Prüfung nach Absatz 1 oder 3 behebbare Mängel fest, so gibt es dem Anmelder Gelegenheit, diese Mängel zu beseitigen.

(5) Wird in bei der Prüfung nach Absatz 3 festgestellte Mängel nicht beseitigt, so wird die ePa zurückgewiesen, sofern dieses Übereinkommen keine andere Sanctions vorsieht. Betrifft der Mängel den Prioanspruch, so erlischt der Prioanspruch für die Anmeldung.

[87] Geändert durch die Akte zur Revision des EPÜ vom 29.11.2000.
[88] Siehe hierzu Entscheidung/Stellungnahme GBK G4/98, G1/02 (Anhang I).

EPÜAO

Regel 30[40]
Erfordernisse europäischer Patentanmeldungen betreffend Nucleotid- und Aminosäuresequenzen

(1) Sind in der ePa Nucleotid- oder Aminosäuresequenzen offenbart, so hat die Beschreibung ein Sequenzprotokoll zu enthalten, das den vom Präsidenten des EPA erlassenen Vorschriften für die standardisierte Darstellung von Nucleotid- und Aminosäuresequenzen entspricht.

(2) Ein nach dem AT eingereichtes Sequenzprotokoll ist nicht Bestandteil der Beschreibung.

(3) Hat der Anmelder nicht bis zum AT ein den Erfordernissen des Absatzes 1 entsprechendes Sequenzprotokoll eingereicht, so fordert ihn das EPA auf, ein solches Sequenzprotokoll nachzureichen und die Gebühr für verspätete Einreichung zu entrichten. Reicht der Anmelder das erforderliche Sequenzprotokoll nicht innerhalb von 2 M nach dieser Aufforderung unter Entrichtung der Gebühr für verspätete Einreichung nach, so wird die Anmeldung zurückgewiesen.

[40] Siehe hierzu den BdP des EPA, ABl. EPA 2011, 372, sowie die Mitt. des EPA, ABl. EPA 2013, 542

Regel 38[54]
Anmeldegebühr und Recherchengebühr

(1)[55] Die Anmeldegebühr und die Recherchengebühr sind innerhalb eines Monats nach Einreichung der europäischen Patentanmeldung zu entrichten.

(2) Die Gebührenordnung kann als Teil der Anmeldegebühr eine Zusatzgebühr vorsehen, wenn die europäische Patentanmeldung mehr als 35 Seiten umfasst.

(3) Die in Absatz 2 genannte Zusatzgebühr ist innerhalb eines Monats nach Einreichung der europäischen Patentanmeldung oder innerhalb eines Monats nach Einreichung der ersten Anspruchssatzes oder innerhalb R.40(3) zu entrichten, je nachdem, welche Frist zuletzt abläuft.

(4)[56] Die Gebührenordnung kann in Fall einer Teilanmeldung, die zu einer früheren Anmeldung eingereicht wird, die ihrerseits eine Teilanmeldung ist, als Teil der Anmeldegebühr eine Zusatzgebühr vorsehen.

[54] Geändert durch BdV CA/D 4/08 vom 21.10.2008 (ABl. EPA 2008, 513), in Kraft getreten am 01.04.2009.
[55] Siehe hierzu Mitteilung des EPA, ABl. EPA 2014, A31.
[56] Eingefügt durch BdV CA/D 15/13 vom 16.10.2013 (ABl. EPA 2013, 501), in Kraft getreten am 01.04.2014.
Siehe auch Mitteilung des EPA, ABl.2014, A22 (Korr. ABl.2014, A109).

Regel 41[60]
Erteilungsantrag

(1) Der Antrag auf Erteilung eines europäischen Patents ist auf einem vom EPA vorgeschriebenen Formblatt einzureichen.

(2) Der Antrag muss enthalten:
a) ein Ersuchen auf Erteilung eines europäischen Patents;
b) die Bezeichnung der Erfindung, die eine kurz und genau gefasste technische Bezeichnung der Erfindung wiedergibt und keine Fantasiebezeichnung enthalten darf;
c)[61] den Namen, die Anschrift, die Staatsangehörigkeit und den Staat des Wohnsitzes oder Sitzes des Anmelders. Bei juristischen Personen ist der Familienname vor den Vornamen anzugeben. Bei juristischen Personen und Gesellschaften, die juristischen Personen gemäß dem für sie maßgebenden Recht gleichgestellt sind, ist die amtliche Bezeichnung anzugeben. Anschriften sind gemäß den üblichen Anforderungen für eine schnelle Postzustellung an die angegebene Anschrift anzugeben und müssen in jedem Fall alle maßgeblichen Verwaltungseinheiten, gegebenenfalls bis zur Hausnummer einschließlich, enthalten. Gegebenenfalls sollen Fax- und Telefonnummern angegeben werden;
d) falls ein Vertreter bestellt ist, seinen Namen und seine Geschäftsanschrift nach Maßgabe von Buchstabe c;
e) gegebenenfalls eine Erklärung, dass es sich um eine Teilanmeldung handelt, und die Nummer der früheren europäischen Patentanmeldung.
f) im Fall des Art.61(1) b) die Nummer der ursprünglichen europäischen Patentanmeldung;
g) falls die Priorität einer früheren Anmeldung in Anspruch genommen wird, eine entsprechende Erklärung, in der der Tag dieser Anmeldung und der Staat angegeben sind, in dem oder für den sie eingereicht worden ist;
h) die Unterschrift des Anmelders oder Vertreters;
i) eine Liste über die dem Antrag beigefügten Anlagen. In dieser Liste ist die Blattzahl der Beschreibung, der Patentansprüche, der Zeichnungen und der Zusammenfassung anzugeben, die mit dem Antrag eingereicht werden;
j) die Erfindernennung, wenn der Anmelder der Erfinder ist.

(3) Im Fall mehrerer Anmelder soll der Antrag die Bezeichnung eines Anmelders oder Vertreters als gemeinsamer Vertreter enthalten.

[60] Die aktualisierte Version des Formblatts wird regelmäßig auf der Internetseite des EPA im ABl. EPA veröffentlicht.
[61] Siehe hierzu auch Entscheidung GBK G3/99 (Anhang I).

Regel 45
Gebührenpflichtige Patentansprüche

(1)[64] Enthält eine europäische Patentanmeldung mehr als fünfzehn Patentansprüche, so sind für den sechzehnten und jeden weiteren Patentanspruch Anspruchsgebühren nach Maßgabe der Gebührenordnung zu entrichten.

(2) Die Anspruchsgebühren sind innerhalb eines Monats nach Einreichung der ersten Anspruchssatzes zu entrichten. Werden die Anspruchsgebühren nicht rechtzeitig entrichtet, so können sie noch innerhalb eines Monats nach einer Mitteilung über die Fristversäumung entrichtet werden.

(3) Wird eine Anspruchsgebühr nicht rechtzeitig entrichtet, so gilt dies als Verzicht auf den entsprechenden Patentanspruch.

[64] Geändert durch BdV CA/D 2/08 vom 06.03.2008 (ABl.2008, 124), in Kraft getreten am 01.04.2008.

Regel 57
Formalprüfung

Steht der Anmeldetag einer europäischen Patentanmeldung fest, so prüft das EPA nach Art.90(3), ob
a)[73] eine nach Art.14(2), R.36(2) S.2 oder R.40(3) S.2 erforderliche Übersetzung der Anmeldung rechtzeitig eingereicht worden ist;
b) der Antrag auf Erteilung eines europäischen Patents den Erfordernissen der R.41entspricht;
c) die Patentansprüche nach Art.78(1) c) oder eine Bezugnahme auf eine früher eingereichte Anmeldung nach R.40(1) c), (2) und (3) enthält, die zum Ausdruck bringt, dass sie auch die Ansprüche ersetzt;
d) die Anmeldung eine Zusammenfassung nach Art.78(1) e) enthält;
e) die Anmeldegebühr und die Recherchengebühr nach R.17(2), R.36(3) oder R.38 entrichtet worden sind;
f) die Erfindernennung nach R.19(1) erfolgt ist;
g) gegebenenfalls den Erfordernissen der R.52 und 53 für die Inanspruchnahme der Priorität entsprochen worden ist;
h) gegebenenfalls den Erfordernissen des Art.133(2) entsprochen worden ist;
i) die Anmeldung den in R.46 und R.49(1) bis (9) und (12) vorgeschriebenen Erfordernissen entspricht;
j)[74] die Anmeldung den in R.30 vorgeschriebenen Erfordernissen entspricht.

[73] Geändert durch BdV CA/D 2/09 vom 25.03.2009 (ABl.2009, 296), in Kraft getreten am 01.04.2010.
[74] Geändert durch BdV CA/D 4/08 vom 21.10.2008 (ABl.2008, 513), in Kraft getreten am 01.04.2009.

Regel 58
Beseitigung von Mängeln in den Anmeldungsunterlagen

Entspricht die europäische Patentanmeldung nicht den Erfordernissen der R.57 a) bis d), h) und i), so teilt das EPA dies dem Anmelder mit und fordert ihn auf, die festgestellten Mängel innerhalb von zwei Monaten zu beseitigen. Die Beschreibung, die Patentansprüche und die Zeichnungen können nur insoweit geändert werden, als es erforderlich ist, um diese Mängel zu beseitigen.

Formalprüfung [202]

Eingangsstelle; Formalsachbearbeiter Art.90(3),(4) iVm R.57-R.60, A-III

Behebung von Mängeln bei der Formalprüfung von Anmeldeunterlagen einer ePa, ePa mit Bezugnahme nach R.40(1)c) ODER TA

Mangel	Norm	Erfordernis	Frist	Nachfrist	Rechtsfolge	Rechtsbehelf
Sprache [S.202] A-III,14 [ePa] A-IV,1.3.3 [TA]	Art.90(3) iVm R.57 a)	Übersetzung in eine Amtssprache (DE, EN, FR) Art.14(2), R.6(1) [ePa oder Euro-PCT] Art.14(2), R.40(3) S.2 [ePa mit Bezugnahme] Art.14(2), R.36(2) [TA] FORM: gleiche Vorschriften wie für alle Unterlagen der ePa R.49(1), 50(1), A-VIII,2.2	2 M nach Einreichung ePa ODER 1 M nach Mitt. über Antrag⁺¹⁰Tage auf Akteneinsicht Dritter ODER bis Antrag auf vorzeitige Veröff., Art.93(1)b) - zuerst ablaufende Frist -		– Anmeldung gilt als zurückgenommen UND R.112(1)-Mitt. Art.14(2) S.3 UND Rückerstattung Recherchengebühr Art.9(1) GebO	**WE (+)** Art.122(1), R.136(1) **WB (–)** Art.121(4), R.135(2) **Umwandlung (+)** Art.135(1)b)
Erteilungsantrag [203]	Art.90(3) iVm R.57 b)	1) »schriftlich« per Form 1001 [204] R.41(1) 2) zwingende Angaben R.41(2) a) Erteilungsgesuch [Art.78(1)a)] b) Bezeichnung der Erfindung [205] [A-III,7] c) Anmelderidentität (Name, Anschrift, etc.) d) Vertreter [A-III,2] e) ggf. Hinweis auf TA UND Nummer früherer ePa f) ggf. Nummer urspr. ePa, falls nach Art.61(1) b) g) ggf. Prioerklärung h) Unterschrift Anmelder oder Vertreter i) Liste über Anlagen (Seitenzahl Beschreibung; Ansprüche; Zeichnungen; Zusammenfassung) j) Erfindernennung, wenn Anmelder = Erfinder	am ET der ePa	2 M nach R.58-Mitt. ⁺¹⁰Tage Art.90(4), R.58 S.1 nicht verlängerbar	– Zurückweisung der Anmeldung UND R.112(1)-Rechtsverlustmitt. Art.90(5) UND Rückerstattung der Recherchengebühr Art.9(1) GebO	**WE (+)** Art.122(1), R.136(1) **WB (–)** Art.121(4), R.135(2) **Beschwerde (+)** Art.106
Ansprüche Art.78(1)c) [ePa] R.40(1) [mit Bezugnahme] A-III,15	Art.78(1)a) iVm R.41 A-III, 4	1) mind. ein Anspruch auf Basis urspr. eingereichter Anmeldung Art.123(2) 2) in Verfahrenssprache, wenn diese bereits festgelegt und keine R.58-Mitt. ergangen R.3(2) ODER jede Sprache, wenn R.58-Mitt. ergangen (Behandlung als fristgebundenes Schriftstück) Art.14(4), R.6(2)	am AT ODER Nachreichen von sich aus			
Zusammenfassung [206] Art.78(1)e), Art.85 A-III,10	Art.90(3) iVm R.57 d)	1) Bezeichnung der Erfindung R.47(1) 2) Kurzfassung der Erfindung (techn. Gebiet; Aufgabe; Lösung; Verwendung) R.47(2) 3) max. 150 Wörter R.47(3) 4) ggf. Angabe einer zu veröff. Zeichnung R.47(4)	am AT		– Auswahl der Zeichnung vAw R.47(4), A-III,10.3	

[202] **weiterhin geprüft:** [1] Inanspruchnahme Ausstellungsprivileg und Ausstellungsbescheinigung vollständig [Art.55(1) b) iVm R.25, S.5]; [2] Angaben zu biologischem Material vollständig [R.31(1) c) und d)]; A-III,1.2, S.105].
[203] Prüfung ob Antrag Angaben nach R.40(2) enthält; Zustellanschrift kann zu Wohnsitz/Sitz des Anmelders [R.40 (c)] unterschiedlich sein [A-III, 4.2.1] UND Unterschrift aller Anmelder bzw. deren Vertreter [R.40(2)h].
[204] kann am AT (zunächst) formlos gestellt werden [A-III, 4.1]; Verwendung der neuesten Fassung von Form 1001 nicht zwingend.
[205] im Erteilungsantrag enthalten, unzulässig: [1] Fantasienamen, Eigennamen, Wort „Patent", [2] ungenauen Abkürzungen, wie „usw.", [3] Bezeichnungen wie „Verfahren, Vorrichtung, chem. Verbindung" ohne Zusatz, [4] Handels-, Markennamen; Prüfungsabteilung verantwortlich.
[206] **Zweck:** ausschließlich techn. Information; keine Grundlage für Änderungen von Ansprüchen/Beschreibung; kein StdT nach Art.54(3) [Art.85, R.87(5); T246/86]; **endgültiger Inhalt** und ggf. Zeichnung [R.47(4)] von Recherchenabteilung des EPA bestimmt, wird Anmelder mit ESR übermittelt [R.66].

	Mangel	Norm	Erfordernis	Frist	Nachfrist	Rechtsfolge	Rechtsbehelf

34	**Anmelde- und Recherchen-gebühr** entrichten
	
	Art.90(3) iVm **R.57e)** [ePa]
	
	Art.78(2) iVm **R.36(3)** [TA]
	
	A-III,13 [ePa]
	A-IV,1.4.1 [TA]
		R.17(2), R.38(1)	1) Anmeldegebühr [**130 €/270 €**] [207] Art.2(1) Nr.1 GebO
			2) Recherchengebühr [208] [**1.390 €**] Art.2(1) Nr.2 GebO
			3) *ggf.* Zusatzgeb. für TA ab 2. Generation (≠ 1. Teilanm.)
			    225 € (2. Generation)
			    455 € (3. Generation)
			    680 € (4. Generation)
			    910 € (5. Generation und jede weitere)
			    R.38(4) iVm ABl.2014, A22, Art.2(1) Nr.1b GebO
			4) *ggf.* Seitengebühr [bei > 35 Seiten **16 €/Seite**] [207], [209]
			    (Sequenzprotokoll und Erteilungsantrag zählen nicht)
			    R.38(2), Art.2(1) Nr.1a GebO
			5) *ggf.* Anspruchsgebühr [**250 €**/Anspruch > 15; **630 €**/Anspruch > 50]
			    R.45(1), Art.2(1) 15 GebO
				1 M nach AT der ePa
				R.38(1) [ePa]
				
				R.17(2) [ePa des Berechtigten]
				
				1 M nach AT der ePa
				BZW.
				1 M nach Einreichung des ersten Anspruchssatzes
				R.38(3) und **R.45(2)**
						– Anmeldung gilt als zurückgenommen und **R.112(1)**-Rechtsverlustmitt.
						Art.78(2) S.2, R.36(3) S.2 [TA]
						R.17(2) S.2 [Berechtigter]
						
						– Verzicht auf überschüssige Ansprüche und **R.112(1)**-Teilrechtsverlustmitt.
						Merkmale fallengelassener Ansprüche können nicht mehr in ePa aufgenommen werden [210]
							WB (+)
							Art.121(1), R.135(1)
							
							WE (–)
							J12/82
							
							J15/88

35	**Erfindernennung** [211] **Art.90(3)** iVm **R.57f** **Art.62** iVm **Art.81, R.19(1)** A-III,5		Anmelder = Erfinder Nennung auf EPA Form 1001, Feld 25 ausreichend ODER Anmelder ≠ Erfinder: gesondertes Schriftstück [Form 1002 empfohlen] unter Angabe von [1] Vornamen, [2] Zuname, [3] vollständiger Anschrift, [4] Rechterlangung [**Art.81**], [5] Unterschrift des Anmelders/Vertreters [212] **Art.81** iVm **R.19(1),** A-III,5	am ET der ePa **R.19(1)** BIS **16 M** nach ET/PT, aber spätestens bis Abschluss techn. Vorbereitung für Veröff. der ePa **R.60(1)**-Mitt. **Art.90(4)**	bei TA und Anmeldung durch Berechtigten binnen zu best. Frist ab R.60(2)-Mitt +10 Tage	Zurückweisung der ePa und R.112(1)-Rechtsverlustmitt. **Art.90(5), R.60(1)** oder **R.163(6)**	WB (+) **Art.121(1), R.135(1)** WE (–) **Art.122(4), R.136(3)**

[207] **30%-Ermäßigung** bei [1] Einreichung in zugelassener Nichtamtssprache [**Art.14(4)**], [2] auf Antrag [**R.6(6)**] für KMUs, nat. Personen und non-profit Organisationen mit Wohnsitz/Sitz in EPÜ-VStaat oder Staatsangehörige dieses EPÜ-VStaats [**R.6(3)/(4)**], Art.14(1) GebO; ABl.2014,A23] **ABER:** bei mehreren Anmeldern muss jeder Anmelder Erfordernisse erfüllen [**R.6(7)**]; bei falscher/fehlender Erklärung gilt ePa als zurückgenommen [**Art.78(2)**]; gilt auch für Bezugnahme auf Beschreibung und die Ansprüche nachgereicht werden [G6/91].

[208] **Rückerstattung:** 100% bei vollst. Verwertung und 25% bei teilweiser Verwertung früherer Recherchenergebnisse [Art.9(2) GebO; **S.221**].

[209] Berechnungsgrundlage sind die Seiten, die Formvorschriften von R.46/49 entsprechen; verändert sich Seitenanzahl in Folge einer Mängelbeseitigung, dient diese als Berechnungsgrundlage; bei Euro-PCT ist veröff. iPa-Fassung mit Art.19PCT-Änderungen maßgebend – **Sequenzprotokoll** zählt nicht, wenn im WIPO ST.25 [A-III,13.2].

[210] **ausgenommen:** Merkmale sind Beschreibung/Zeichnungen entnehmbar.

[211] **Erfindernennung** materielle Anspruch [**Art.62**] und formelles zur Einreichung der Erfindernennung [**R.19**]; Richtigkeit nicht geprüft [**R.19**]; **Verzicht** des Erfinders durch schriftl. Antrag beim EPA [**R.20(1), R.143(1)g** und **R.144 c)**], wodurch Veröffentlichung dieser Erfindernennung unterbleibt; **Korrekturen**: auf Antrag und nur mit Zustimmung des zu Unrecht benannten **R.21(1)**.

[212] alle Erfinder ≠ Anmelder erhalten Mitteilung über Benennung als Erfinder [**R.19(3)**], enthaltend [**R.19(4)**]: [1] Nummer der ePa, [2] AT der ePa oder bei Inanspruchnahme Prio; Tag, Staat, Aktenzeichen der früheren Anmeldung, [3] Name Anmelder, [4] Erfindungsbezeichnung, [5] benannte Vertragsstaaten, [6] ggf. Name Miterfinder.

Formalprüfung

Mangel	Norm	Erfordernis	Frist	Nachfrist	Rechtsfolge	Rechtsbehelf
Inanspruchnahme Prio [S.112]	Art.90(3) iVm R.57g)	1) Prioritätserklärung mit **[1]** früherer AT; **[2]** Anmeldestaat (PVÜ-/WTO-Mitglied); **[3]** Aktenzeichen [213] Art.88 iVm **R.52(1)**	am ET der ePa **ODER** 16 M nach frühesten beanspruchten PT, aber vor Abschluss techn. Vorbereitung für Veröff. [215] **R.52(2)**	»zu best Frist« ab **R.59-** Mitt.+10Tage	**+** AT der ePa ist PT der Erstanmeldung **UND** Recherchenergebnisse dieser vorlegen [**R.141(1), A-III,6.12**]	**WE (+)** Art.122(1), R.136(1)
		2) Einreichung einer beglaubigten Abschrift (=Prioritätsdokument/-unterlage/-beleg) der früheren Anmeldung [214] **R.53(1)**		[idR **2 M**] - verlängerbar -	**−** Prioritätsanspruch erlischt R.112(1)-Rechtsverlustmitt.	**WB (−)** Art.121(4), R.135(2)
Art.88 iVm R.52, R.53 A-III,6		3) *ggf.* Übersetzung der früheren Anmeldung einreichen **ODER** Erklärung darüber, dass ePa vollständige Übersetzung der früheren Anmeldung ist (vorzugsweise Form 1001) [216] **R.53(3)**, A-III,6.8.6	»jederzeit« **ODER** binnen *zu best. Frist* nach **R.53(3)-Mitt.**+10Tage		Art.90(5) S.2	
Vertretung [217]	Art.90(3) iVm R.57h)	Anmelder mit Sitz/Wohnsitz in Vertragsstaat kann *optional* 1) zugelassenen Vertreter [**Art.134(1)**], 2) Rechtsanwalt [**Art.134(8)**], 3) bevollmächtigten Angestellten [**Art.133(3)**] bestimmen **Art.133(1)**	am AT	2 M nach R.58-Mitt.+10Tage Art.90(4), R.58 S.1 - nicht verlängerbar	**−** Zurückweisung der Anmeldung mit **R.112(1)**-Rechtsverlustmitt. Art.90(5) vom Beteiligten vorgenommene Handlungen gelten als nicht erfolgt [218], **R.152(6)** **Tipp:** gibt es weitere Mängel neben Bestellung eines Vertreters, wird Anmelder ausnahmsweise in erster Mitt. nur darüber aufgefordert Vertreter zu bestellen, erst dann folgen weitere Mitt.	**WE (+)** Art.122(1), R.136(1) **WB (−)** Art.121(4), R.135(2) **Beschwerde (+)** Art.106
		Anmelder ohne Wohnsitz/Sitz in Vertragsstaat muss zugel. Vertreter [**Art.134(1)**] oder Rechtsanwalt [**Art.134(8)**] bestimmen *zwingend* **Art.133(2)**				
Art.133 A-III,2		Vollmachtsvorlage unterzeichnet & rechtzeitig eingereicht [**R.152**] [219] durch Vertreter oder Anmelder	»zu best. Frist« nach Auff.+10Tage **R.152(2)**		**−** vorgenommene Handlungen gelten als nicht erfüllt (ausgenommen Einreichung der ePa) **R.152(6)**	**WB (+)** Art.121(1), R.135(1) **WE (−)** Art.122(4), R.136(3)

[213] bei Einreichung mit der ePa: Prioerklärung auf Formblatt des Erteilungsantrages, dann genügen Angabe von Tag und Staat der früheren Anmeldung.

[214] **entfällt**, wenn frühere Anmeldung eine **[1]** ePa **ODER [2]** beim EPA eingereicht iPa → selbstständige, gebührenfreie zur Aktenahme (**R.53(2)** iVm ABl.2021,A83&84, A-III,6.7]; Papierform oder anderem Datenträger, erstellt von Behörde, bei der frühere Anmeldung eingereicht, mit Bescheinigung über **[1]** übereinstimmenden Inhalt und **[2]** AT der früheren Anmeldung; Übermittlung mittels digitalem Zugansservice (DAS) der WIPO mgl. [ABl.2019,A27].

[215] Berichtigung der Prioritätserklärung mögl., **16 M** nach frühesten beanspruchten Priotag bis max. **4 M** nach dem der ePa zuerkannten AT **R.52(3)**.

[216] **Erklärung unwirksam: [1]** vom Umfang sich unterscheidende Anspruchssätze **ODER** Beschreibungen; **[2]** erfolgte Streichungen/Hinzufügungen in der ePa [A-III, 6.8]; **[3]** Wortlaut der Erklärung abweichend von „vollständiger Übersetzung" **ODER** „wörtlicher Übersetzung" [F-VI, 3.4].

[217] Wurde kein Vertreter für Verfahren bestellt, sendet EPA alle Mitt./Auff. an Anmelder gegebenenfalls an dessen Zustellanschrift [ABl.2014,A99].

[218] **ausgenommen: [1]** Einreichung der ePa [T451/89]; **[2]** Einleitung der EP-Phase einer iPa, **[3]** Zahlung von Gebühren und **[4]** Bestellung eines Vertreters [A-VIII,1.7].

[219] Vollmachtsvorlage entfällt bei Bestimmung eines zugelassenen Vertreters. **Ausnahme: [1]** Vertreterwechsel durch den neuen Vertreter angezeigt oder **[2]** Anforderung durch EPA wg. besonderer Umstände (Zweifel über Vertretungsbefugnis) [**R.152(1)**] iVm BdP ABl.2007,53,128] **ODER [3]** Akteneinsicht vor Veröffentlichung der ePa [**Art.128(2)**; A-XI,2.5].

Teil D I – Übersicht zum EPÜ

	Mangel	Norm	Erfordernis	Frist	Nachfrist	Rechtsfolge	Rechtsbehelf
38	**Anmeldeunterlagen** [220] (nur formelle Mängel) Art.78(1)b) [Beschreibung]	Art.90(3) iVm R.57i)	1) Formerfordernisse, sofern für Ve-öff. [R.68(1)] nötig [221] R.49(2)-(9), (12) 2) keine anstoßerregenden Angaben (gegen öffentl Ord-nung/guten Sitten) Art.53a), R.48(1)a); A-III,8.1 3) keine herabsetzenden Äußerungen [222]	am ET der ePa	2 M ab R.58-Mitt. +10Tage	**Formmängel:** − Zurückweisung der Anmeldung UND R.112(1)-Rechtsverlustmitt. Art.90(5) **Unzulässige Angaben:** Keine Fristsetzung; Auslassen dieser Angaben bei Veröff. der ePa vAw, wobei Stelle und ausgelassene Wör-ter anzugeben sind R.48(2)/(3) Mitt. über ausgelassene Angaben an Anmelder	**WE (+) +275€** Art.122(1), R.136(1), Art.2(1)Nr.12 GebO WB (−) Art.121(4), R.135(2) Beschwerde (+) Art.106
39	**Zeichnungen** (nur formelle Mängel) Art.78(1)d) A-IX		1) Formerfordernisse von R.46 erfüllend [223] (schwarz/weiß Darstellungen mit klaren Konturen) [224] 2) keine Angaben, die gegen öffentliche Ordnung/guten Sitten verstoßen Art.53a), R.48(1)a); A-III,8.1 3) keine herabsetzenden Äußerungen [222]	am ET der ePa	Art.90(4), R.58 S.1 − nicht verlängerbar −		
40	**Bezeichnung der Erfindung** A-III,7	R.41(2)b	Insbesondere unzulässig sind ▪ Fantasienamen ▪ ungenaue Begriffe (z.B. „usw.") ▪ Handelsnamen/Marken		−−	− Veröff. der Bezeichnung in Groß-buchstaben in allen drei Amtsspra-chen (DE, EN, FR) R.143(1)(c) − Anpassung der Bezeichnung von Amts wegen ABl.1991,224 Mitt. über finale Fassung der Bezeich-nung an Anmelder	
41	**Sequenzprotokoll** [S.106] R.30 A-III,1.2, A-IV, 5	Art.90(3) iVm R.57j)	Angabe von Nukleotid- und Aminosäuresequenzen nach WIPO-Standard ST. 26 [225] als letzter Teil der ePa eine einzige Datei im XML-Format [226] R.30(1) iVm ABl.2021,A97	am AT [227] ODER 2 M nach AT gem. R.56(2)/(3) (Nach-reichen fehlender Teile) [228]	2 M nach Auff. +10Tage Art.90(4), R.30(3) S.2 UND 245 € Zuschlag Art.2 Nr.14a GebO	**+** Bestandteil der ePa **+** nach AT eingereichtes Sequenzpro-tokoll ist nicht Bestandteil der Be-schreibung − Zurückweisung der ePa und R.112(1)-Rechtsverlustmitt. Art.90(5), R.30(3) S.2	**WB (+) +275€** Art.121(1), R.135(1), Art.2(1) Nr.12 GebO WE (−) Art.122(4), R.136(3)

---

[220] Formerfordernisse finden auch Anwendung auf Unterlagen, die Anmeldung ersetzen, z.B. beglaubigte Abschriften bei Bezugnahme; Übersetzungen [R.50(1), A-III,3.2]; Änderungen; nach AT eingereichte Unterlagen [A-III,3.2.2]. **Achtung:** Möglichkeit der Rücknahme bei Festsetzung eines neuen AT, vgl. Eingangsprüfung und Unterlagen im Einspruchsverfahren [R.86].

[221] Eingangsstelle prüft keine inhaltlichen Mängel, die technisches Wissen erfordern, d.h. [1] Formalfragen nach R.49(10)-(11); [2] Form der Zeichnungen [R.46(2) i), j), f), h)]: Zuständigkeit Prüfungsstelle [R.10(1), A-III,3.2].

[222] ausgenommen: bloßer Vergleich mit StdT.

[223] tech. Inhalt bestimmt sich anhand urspr. eingereichter Zeichnungen (z.B. auch am AT eingereichte **Farbzeichnungen** [T1544/08]).

[224] **Fotos** in schwarz/weiß zulässig, wenn [1] wenn nicht zeichnerisch darstellbar und [2] unmittelbare Vervielfältigung möglich [A-IX,1.2].

[225] gilt nicht für Sequenzen, die bereits aus StdT bekannt [J8/11].

[226] Papierform, TXT-Format oder PDF-Format nicht erlaubt [ABl.2021,A97].

[227] nicht am AT eingereichtes Sequenzprotokoll ist nicht Bestandteil der ursprünglichen Offenbarung [R.30(2)].

[228] **R.30(2)** gilt dann nicht; führt das zur Änderung AT, ergeht ggf. notwendige **R.30(3)-Mitt.** erst nach Ablauf **1M**-Frist für Zurücknahme verspätet eingereichter Teile.

Formalprüfung

Mangel	Norm	Erfordernis	Frist	Nachfrist	Rechtsfolge	Rechtsbehelf
42	R.50(1)	**Anmeldeunterlagen** Jedes einzelne Dokument muss 1) vorgenannten Formvorschriften entsprechen (vorzugsweise maschinell erstellt/gedruckt **R.49(2)+(8)**; keine handschriftlichen Änderungen ABl.2013,603 [229]) **R.50(1)** 2) Unterschrift des Anmelders oder Vertreters aufweisen; ggf. auf gesondertem Begleitschreiben [230] (z. B. bei Einreichung Priobeleg, Erfindernennung]) **R.50(3)** 3) Einreichung: nur unmittel, per Post, Fax [231] oder elektronisch (OLF, Web-Einreichung oder O.-E. 2.0) 4) Sprache: nur Verfahrenssprache der ePa **Art.14(3), R.3(2)**; G4/08	**1 M** nach Mitt. +10Tage (bei fehlender Unterschrift)	**2 M** ab R.58-Mitt. +10Tage **Art.90(4), R.58 S.1** (Mitt. ergeht erst nach der 1M-Frist zur Zurücknahme nachgereichter Teile)	**+** Schriftstück behält urspr. ET **−** Zurückweisung der ePa und **R.112(1)**-Rechtsverlustmitt. **Art.90(5), R.30(3) S.2**	**WE (+) +275€** **Art.122(1), R.136(1)**, Art.2(1) Nr.12 GebO WB (−) **Art.121(4), R.135(2)**
nachgereichte Unterlagen						WB (+); WB (−)
(fristgebundene Schriftstücke)	R.50(2)	Jedes andere Schriftstück vorzugsweise 1) maschinell erstellt oder gedruckt **R.50(2)** 2) 2,5 cm breiter Rand 3) Unterschrift des Anmelders oder Vertreters aufweisen; ggf. auf gesondertem Begleitschreiben **R.50(3)** 4) Sprache: jede Amtssprache (DE/EN/FR) **Art.14(4), R.3(1)**	**1 M** ab Einreichung **R.6(2)**	abhängig vom Verfahren(sschritt) • Erteilungsverfahren (Fristverlängerung [**Rn.DI-102f.**]) • Einspruch [**Rn.DI-127f.**] • Beschränkungs-/Widerrufsverfahren [**Rn.DI-157**] • Einwendungen Dritter [**Rn.DI-239**] • Rechtsübergänge/Lizenzen [**Rn.DI-258f.**] – –	**−** Schriftstück gilt als nicht eingereicht **Art.14(4) S.3**	**WB (+)**; WB (−)
A-VIII, 2.5						

---

[229] **in der MV** sind handschriftliche Änderungen zur Erörterung akzeptabel; aber endgültige Entscheidung ergeht erst auf Basis nachgereichter, mängelfreier Schriftstücke iSv R.49(8) [E-II,8.7.1]; **Prüfungsverfahren:** Nachreichen binnen 2M nach Auff. – erfolgt keine Einreichung, gilt ePa als zurückgenommen – bei abweichenden Unterlagen erfolgt Wiederaufnahme des Prüfungsverfahrens [E-II,8.7.2]; **Einspruch:** Nachreichen binnen 3M-Frist zur Vornahme der Erfordernisse zur Aufrechterhaltung des Patents erforderlich [**R.82(2) S.3**; E-II,8.7.3; ABl.2016,A22].

[230] Für jede Akte muss gesondertes Begleitschreiben/Formblatt Form 1038 verwendet werden [A-VIII,3.1; ABl.1991,64].

[231] bei mangelnder Qualität ist 2M nach Auff.+10Tage Bestätigungsschreiben nachzureichen, sonst gilt Fax als nicht eingegangen [BdP ABl.2007S3,A.3].

EPÜ 2000

Artikel 55
Unschädliche Offenbarungen

(1) Für die Anwendung des Art. 54 bleibt eine Offenbarung der Erfindung außer Betracht, wenn sie nicht früher als sechs Monate vor Einreichung der europäischen Patentanmeldung erfolgt ist und unmittelbar oder mittelbar zurückgeht:
[...]
b) auf die Tatsache, dass der Anmelder oder sein Rechtsvorgänger die Erfindung auf amtlichen oder amtlich anerkannten Ausstellungen im Sinn des am 22. November 1928 in Paris unterzeichneten und zuletzt am 30. November 1972 revidierten Übereinkommens über internationale Ausstellungen zur Schau gestellt hat.

(2) Im Fall des Absatzes 1 b) ist Absatz 1 nur anzuwenden, wenn der Anmelder bei Einreichung der europäischen Patentanmeldung angibt, dass die Erfindung tatsächlich zur Schau gestellt worden ist, und innerhalb der Frist und unter den Bedingungen, die in der Ausführungsordnung vorgeschrieben sind, eine entsprechende Bescheinigung einreicht.

EPÜAO

Regel 25[33]
Ausstellungsbescheinigung

Anmelder muss innerhalb von vier Monaten nach Einreichung der europäischen Patentanmeldung die in Art. 55(2) genannte Bescheinigung einreichen, die
a) während der Ausstellung von der Stelle erteilt wird, die für den Schutz des gewerblichen Eigentums auf dieser Ausstellung zuständig ist;
b) bestätigt, dass die Erfindung dort tatsächlich ausgestellt worden ist;
c) den Tag der Eröffnung der Ausstellung angibt sowie, wenn die Erfindung erst nach diesem Tag offenbart wurde, den Tag der erstmaligen Offenbarung; und
d) als Anlage eine Darstellung der Erfindung umfasst, die mit einem Beglaubigungsvermerk der vorstehend genannten Stelle versehen ist.

[33] Siehe hierzu Entscheidungen der GBK G3/98, G2/99 (Anhang I).

Regel 31[41],[42]
Hinterlegung von biologischem Material

(1) Wird bei einer Erfindung biologisches Material verwendet oder bezieht sie sich auf biologisches Material, das der Öffentlichkeit nicht zugänglich ist und in der europäischen Patentanmeldung nicht so beschrieben werden kann, dass ein Fachmann die Erfindung danach ausführen kann, so gilt die Erfindung nur dann als gemäß Art. 83 offenbart, wenn
a) eine Probe des biologischen Materials spätestens am Anmeldetag bei einer anerkannten Hinterlegungsstelle unter denselben Bedingungen wie denen des Budapester Vertrags über die internationale Anerkennung der Hinterlegung von Mikroorganismen für die Zwecke von Patentverfahren vom 28. April 1977 hinterlegt worden ist,
b) die Anmeldung in der ursprünglich eingereichten Fassung die dem Anmelder zur Verfügung stehenden maßgeblichen Angaben über die Merkmale des biologischen Materials enthält,
c) die Hinterlegungsstelle und die Eingangsnummer des hinterlegten biologischen Materials in der Anmeldung angegeben sind und
d) falls das biologische Material nicht vom Anmelder hinterlegt wurde, Name und Anschrift des Hinterlegers in der Anmeldung angegeben sind und dem EPA durch Vorlage von Urkunden nachgewiesen wird, dass der Hinterleger den Anmelder ermächtigt hat, in der Anmeldung auf das hinterlegte biologische Material Bezug zu nehmen, und vorbehaltlos und unwiderruflich seine Zustimmung erteilt hat, dass das von ihm hinterlegte Material nach Maßgabe der R.33 der Öffentlichkeit zugänglich gemacht wird.

(2) Die in Absatz 1 c) und d) genannten Angaben können nachgereicht werden
a) innerhalb von sechzehn Monaten nach dem Anmeldetag oder, wenn eine Priorität in Anspruch genommen worden ist, nach dem Prioritätstag; die Frist gilt als eingehalten, wenn die Angaben bis zum Abschluss der technischen Vorbereitungen für die Veröffentlichung der europäischen Patentanmeldung mitgeteilt werden;
b) bis zum Tag der Einreichung eines Antrags nach Art. 93(1) b);
c) innerhalb eines Monats, nachdem das EPA dem Anmelder mitgeteilt hat, dass das Recht auf Akteneinsicht nach Art. 128(2) besteht.
Maßgebend ist die Frist, die zuerst abläuft. Die Mitteilung dieser Angaben gilt vorbehaltlos und unwiderruflich als Zustimmung des Anmelders, dass das von ihm hinterlegte biologische Material nach Maßgabe der R.33 der Öffentlichkeit zugänglich gemacht wird.

[41] Siehe hierzu die Mitteilung des EPA über Erfindungen, bei denen biologisches Material verwendet wird oder die sich auf biologisches Material beziehen (ABl. 2010, 498)
[42] Siehe hierzu Entscheidung der GBK G 2/93 (Anhang I).

Regel 32[43],[44]
Sachverständigenlösung

(1) Bis zum Abschluss der technischen Vorbereitungen für die Veröffentlichung der ePa der kann der Anmelder dem EPA mitteilen, dass
a) bis zu dem Tag, an dem der Hinweis auf die Erteilung des europäischen Patents bekannt gemacht wird, oder gegebenenfalls
b) für die Dauer von 20 Jahren ab dem AT der Anmeldung, falls die Anmeldung zurückgewiesen oder zurückgenommen wird oder als zurückgenommen gilt, der in F.33 bezeichnete Zugang nur durch Herausgabe einer Probe an einen vom Anmelder benannten unabhängigen Sachverständigen hergestellt wird.

(2) Als Sachverständiger kann jede natürliche Person benannt werden, sofern sie vom Präsidenten des EPA festgelegten Anforderungen und Verpflichtungen erfüllt.
Zusammen mit der Benennung ist eine Erklärung des Sachverständigen einzureichen, wonach er sich verpflichtet, die vorstehend genannten Anforderungen und Verpflichtungen zu erfüllen, und ihm keine Umstände bekannt sind, die geeignet wären, begründete Zweifel an seiner Unabhängigkeit und Eignung zur Ausübung seiner Funktion als Sachverständiger anderweitig entgegenstehen könnten.
Zusammen mit der Benennung ist ferner eine Erklärung des Sachverständigen einzureichen, in der er die in Regel 33 vorgesehenen Verpflichtungen gegenüber dem Anmelder bis zum Erlöschen des europäischen Patents in allen benannten Staaten oder – falls die Anmeldung zurückgewiesen oder zurückgenommen wird oder als zurückgenommen gilt – bis zu dem in Absatz 1 b) vorgesehenen Zeitpunkt eingeht, wobei der Antragsteller als Dritter anzusehen ist.

[43] Geändert durch Beschluss des Verwaltungsrats CA/D 3/17 vom 29.06.2017 (ABl. EPA 2017, A55), in Kraft getreten am 01.10.2017).
[44] Siehe hierzu der Mitt. des BdP des EPA, (ABl EPA 2017, A60).
Siehe hierzu die Mitt. des EPA über Erfindungen, bei denen biologisches Material verwendet wird oder die sich auf biologisches Material beziehen (ABl. EPA 2010, 498) und die Mitt. des EPA über die Änderung der R.32 und 33 EPÜ, (ABl EPA 2C17, A61).

Regel 33[45]
Zugang zu biologischem Material

(1) Vom Tag der Veröffentlichung der europäischen Patentanmeldung an ist das nach Maßgabe der R.31 hinterlegte biologische Material jedermann und vor diesem Tag demjenigen, der das Recht auf Akteneinsicht nach Art. 128(2) hat, auf Antrag zugänglich. Vorbehaltlich der R.32 wird der Zugang durch Herausgabe einer Probe des hinterlegten Materials an den Antragsteller hergestellt.

(2) Die Herausgabe erfolgt nur, wenn der Antragsteller sich gegenüber dem Anmelder oder Patentinhaber verpflichtet hat, das biologische Material oder davon abgeleitetes biologisches Material Dritten nicht zugänglich zu machen und es lediglich zu Versuchszwecken zu verwenden, bis die Patentanmeldung zurückgewiesen oder zurückgenommen wird oder als zurückgenommen gilt oder das europäische Patent in allen benannten Staaten erloschen ist, sofern der Anmelder oder Patentinhaber nicht ausdrücklich darauf verzichtet.
Die Verpflichtung, das biologische Material nur zu Versuchszwecken zu verwenden, ist hinfällig, soweit der Antragsteller dieses Material aufgrund einer Zwangslizenz verwendet. Unter Zwangslizenzen sind auch Amtslizenzen und Rechte zur Benutzung einer patentierten Erfindung im öffentlichen Interesse zu verstehen.

(3) Abgeleitetes biologisches Material im Sinne des Absatzes 2 ist jedes Material, das noch für die Ausführung der Erfindung wesentlichen Merkmale des hinterlegten Materials aufweist. Die in Absatz 2 vorgesehenen Verpflichtungen stehen einer für die Zwecke von Patentverfahren erforderlichen Hinterlegung eines abgeleiteten biologischen Materials nicht entgegen.

(4) Der in Absatz 1 vorgesehene Antrag ist beim EPA auf einem von diesem anerkannten Formblatt einzureichen. Das EPA bestätigt auf dem Formblatt, dass eine europäische Patentanmeldung eingereicht worden ist, die auf die Hinterlegung des biologischen Materials Bezug nimmt, und dass der Antragsteller oder der von ihm nach R. 32 benannte Sachverständige Anspruch auf Herausgabe einer Probe dieses Materials hat. Der Antrag ist auch nach Erteilung des europäischen Patents beim EPA einzureichen.

(5) Das EPA übermittelt der Hinterlegungsstelle und dem Anmelder oder Patentinhaber eine Kopie des Antrags mit der in Absatz 4 vorgesehenen Bestätigung.

(6) [46] Das EPA veröffentlicht in seinem Amtsblatt das Verzeichnis der Hinterlegungsstellen, die für die Anwendung der R.31, 33 und 34 anerkannt sind.

[45] Siehe hierzu die Mitt. des EPA über Erfindungen, bei denen biolog. Material verwendet wird oder die sich auf biolog. Material beziehen (ABl. 2010, 498)
[46] Geändert durch Beschluss des Verwaltungsrats CA/D 3/17 vom 29.06.2017 (ABl.2017, A55), in Kraft getreten am 01.10.2017. Siehe hierzu die Mitt. des EPA über die Änderung der Regeln 32 und 33 EPÜ, (ABl 2017, A61).

Regel 34[47]
Erneute Hinterlegung von biologischem Material

Ist nach R.31 hinterlegtes biolog. Material bei der anerkannten Hinterlegungsstelle nicht mehr zugänglich, so gilt die Unterbrechung der Zugänglichkeit als nicht eingetreten, wenn dieses Material bei einer anerkannten Hinterlegungsstelle unter denselben Bedingungen wie denen des Budapester Vertrags über die internationale Anerkennung der Hinterlegung von Mikroorganismen für die Zwecke von Patentverfahren vom 28. April 1977 erneut hinterlegt wird und dem EPA innerhalb von 4 M nach dem Tag der erneuten Hinterlegung eine Kopie der von der Hinterlegungsstelle ausgestellten Empfangsbescheinigung unter Angabe der Nummer der ePA oder des europäischen Patents übermittelt wird.

[47] Siehe hierzu die Mitt. des EPA über Erfindungen, bei denen biolog. Material verwendet wird oder die sich auf biolog. Material beziehen (ABl.2010,498)

Biologisches Material

R.31 bis R.34; ABl.2010,498; A-IV, 4, F-III,6

(=jedes Material, das genetische Informationen enthält und sich selbst reproduziert oder in einem biologischen System reproduziert werden kann, **R.26(3)**, F-III,6.1)

	Erklärung	Voraussetzung	Norm	Handlung	Frist	Rechtsfolge	Behelf
43	**Hinterlegung biologischen Materials** [232] A-IV,4.1, F-III,6.3	i) Erfindung verwendet oder bezieht sich auf biol. Material ii) dieses ist für Öffentlichkeit unzugänglich **R.31(1)**	**R.31(1)**	1) Hinterlegung biol. Materials bei anerkannter Hinterlegungsstelle [233] **R.31(1)(a)** 2) ePa enthält wesentliche Merkmale zu diesem biol. Material **R.31(1)(b)** 3) Erforderliche Angaben in ePa [234]: • Name der Hinterlegungsstelle [235], • Eingangsnummer der Hinterlegung [235], • Name + Anschrift des Hinterlegers und Urkundenvorlage als Beleg der Ermächtigung und Zustimmung des Hinterlegers am AT [236] **R.31(1)(c)&(d)**	spätestens am ET der ePa **R.31(1)(a)** a) **16 M** nach AT/frühestem PT der ePa ABER spätestens vor Abschluss techn. Vorbereitungen zur Veröff. der ePa b) am ET des Antrags auf vorzeitige Veröff. der ePa gem. R.93(1) c) **1 M** nach **R.128(2)**-Mitt. (Recht auf Akteneinsicht eines Dritten) **R.31(2)** - zuerst ablaufende -	+ ab Veröff. der ePa ist biol. Material für jeden zugänglich und vor Veröff. demjenigen der Akteneinsicht beantragt [Art.128(2)] **R.33(1)** − biol. Material gilt nicht als gem. Art. 83 offenbart F-III,6.3	WB (−) **R.135(2)** WE (−), Art.122 nicht anwendbar, da Offenbarungsmangel nicht durch WE heilbar G2/93, ABl.2010,498
44	**Herausgabe an Dritte** ABl.2010,498	Verpflichtung ggü. Anmelder/PI, biol. Material Dritten nicht zugänglich zu machen, bis ePa erledigt [237] **R.33(2)**	**R.33**	1) Antrag beim EPA durch Antragsteller (Form 1140) oder Sachverständigen (über Form 1142) **R.33(4) S.1** 2) Verpflichtungserklärung des Antragstellers (Form 1141, nur vom Antragsteller signiert)	jederzeit ab Veröff. der ePa bzw. vor Veröff. mittels Antrags auf Akteneinsicht (auch nach Patenterteilung) **R.33(1)** und **(4) S.3**	+ Antragsteller bzw. benannter Sachverständiger hat Anspruch auf Herausgabe **R.33(4) S.2** Antragskopie an Hinterlegungsstelle und Anmelder/PI **R.33(5)**	--
45	**Herausgabe nur an Sachverständige** [238] A-IV, 4.3	ePa noch nicht veröffentlicht	**R.32(1)**	schriftliche Erklärung durch Anmelder an EPA [239], dass Herausgabe biol. Materials nur an Sachverständigen erfolgt (vorzugsweise auf Form 1001): a) bis Veröff. des Erteilungshinweises der ePa b) für 20 Jahre ab AT der ePa, außer ePa hat sich erledigt. Benennung des Sachverständigen [238]	bis zum Abschluss techn. Vorbereitungen für Veröff. der ePa [239] **R.32(1)**	+ Herausgabe nur an vom Anmelder best. Sachverständigen [238] **R.32(2)** UND Hinweis auf Titelseite veröff. ePa − biol. Material ist jedermann zugänglich	--
46	**erneute Hinterlegung** A-IV,4.1.1	keine Zugänglichkeit urspr. hinterlegten biol. Materials (d.h. Material degeneriert ODER Hinterlegungsstelle nicht mehr qualifiziert)	**R.34**	1) erneute Hinterlegung bei anerkannter Hinterlegungsstelle [233] UND 2) Kopie der Empfangsbescheinigung an EPA mit Nummer der ePa oder EP-Patents	**3 M** nach Auff. durch Hinterlegungsstelle **Art.4(1)d) BudaV** ODER wenn keine Auff. durch Hinterlegungsstelle binnen 6 M, **3 M** nach Veröff. durch IB, dass Hinterlegungsstelle nicht mehr qualifiziert ist [240] **Art.4(1)e) BudaV** **4 M** nach erneuter Hinterlegung **R.34**	+ Unterbrechung der Zugänglichkeit gilt als nicht eingetreten **R.34** iVm **Art.4(1)d) BudaV**	--

---

[232] entfällt, wenn biol. Material in Beschreibung nacharbeitbar offenbart, d.h. erschöpfende Angaben zu wesentlichen Merkmalen (Klassifikation und morphologische Kennzeichen) [T2068/11].

[233] **Hinterlegungsstelle** muss im ABl. im Verzeichnis für Zwecke der R.31 bis 34 veröff. sein [**R.33(6)**]; für Jahr 2019: ABl.2019,A45]; **Umwandlung** spätestens am AT erforderlich, wenn ursp. Hinterlegung nicht nach BudaV erfolgte.

[234] entfällt bei ePa mit Bezugnahme, wenn biol. Material urspr. Offenbarung der R.31(1)b) und c) erfüllt; **Empfehlung:** Empfangsbescheinigung der Hinterlegungsstelle mit einreichen [ABl.2010,498].

[235] damit Daten, die nachgewiesen werden, zweifelsfrei zuordenbar sind, muss in ePa für biol. Material zumindest ein **Bezugszeichen** angegeben sein, das Hinterleger gem. **R.6.1(a) iv) BudaV** selbst zuteilt [G2/93].

[236] nur, wenn Hinterleger ≠ Anmelder [**R.31(1)d)**]; **ausreichend**, wenn Hinterleger einer von mehreren Anmeldern [ABl.2010,498]; **Euro-PCT**: Urkundenvorlage auch wenn Anmelder = Hinterleger der Euro-PCT-Anmeldung vor nicht EPA-Bestimmungsstaat (z.B. Erfinder in USA) ist, **Frist**: vor Abschluss techn. Vorbereitungen für internat. Veröff. beim IB [ABl.2010,498].

[237] ausgenommen [1] Anmelder/PI hat ausdrücklich darauf verzichtet [**R.33(2) Alt.2**] oder [2] Antragsteller darf biol. Material wegen Zwangslizenz verwenden [**R.33(2) S.2**].

[238] Sachverständiger = jede nat. Person mit Erfahrung bei Biotechnologie und erforderlichem Equipment, die unabhängig und unparteilich ist [**R.32(2)** iVm ABl.2017,A60].

[239] **Euro-PCT**: iPa **ist in** EPA-Amtssprache: Erklärung (Form PCT/RO/134) beim IB vor Abschluss techn. Vorbereitungen für internat. Veröff. [ABl.2010,498] ODER iPa **ist nicht in** EPA-Amtssprache: Erklärung an EPA bis Abschluss techn. Vorbereitungen für Veröff. der Übersetzung der iPa [**R.159(1) a)**].

[240] **Ausnahme**: 6 M-Frist richtet sich ab Veröff. durch EPA, wenn ursprüngliche Hinterlegungsstelle nicht nach BudaV, sondern vom EPA kraft eines zweiseitigen Vertrags anerkannt [A-IV,4.1.1].

Teil D I – Übersicht zum EPÜ

Sequenzprotokoll
(= standardisierte Darstellung von Nukleotid-/Aminosäuresequenzen als Bestandteil der Beschreibung)

	Angabe	Norm	Erfordernis	Frist	Nachfrist	Rechtsfolge	Eingangsstelle Art.90(1d), R.30 Rechtsbehelf
47	Angabe von **Nukleotid- und Aminosäuresequenzen** [241] A-IV,5, F-II,6	**R.30** ODER **R.163**	**Erfordernisse** 1) Angabe **aller** offenbarten Nukleotid-/Aminosäuresequenzen nach WIPO-Standard ST.26 [242] (als letzter Teil der Beschreibung) 2) eine einzige Datei im XML-Format [243] **nur bei Nachreichung** 3) **Gebühr** für verspätete Einreichung nach R.30(3)-Mitt. **[245 €]** R.30(3) iVm Art:(1) Nr.14a GebO 4) **Erklärung** darüber, dass Sequenzprotokoll keinen Gegenstand umfasst, der über den Inhalt der urspr. eingereichten Fassung hinausgeht BdP ABl.2011,372	am **AT** [244] ODER **2 M** nach Auff. +10Tage zur Mängelbeseitigung unter Angabe sämtlicher Einwände [J7/11] **R.30(3) S.2** oder **R.163(3)** ODER selbsttätig binnen **2 M** nach AT als Nachreichen fehlender Teile [245] **R.56(2)/(3), S.119** ABl.2011,372; G1/05]	nicht verlängerbar	**+** Veröff. im Format, in dem Seqprotokoll eingereicht [246] Nachreichen als fehlender Teil mit wirksamer Prio: AT bleibt erhalten **R.56(3)** **–** vollständige Mängelbeseitigung: AT bleibt erhalten, aber Sequenzprotokoll nicht Bestandteil der Beschreibung **R.30(2)** ODER kein/unzureichende Mängelbeseitigung: Zurückweisung der ePa durch Eingangsstelle (auch, wenn nachgereichtes Sequenzprotokoll weiterhin mängelbehaftet [247]) **R.30(3)** ODER Nachreichen als fehlender Teil ohne wirksame Prio: Verschiebung des AT, aber Seq-Protokoll ist Bestandteil der Beschreibung **R.56(2)**	**WB (+)** +255 €; **Art.121, R.135,** Art.2(1) Nr.12 GebO **WE (–)** **R.136(3)**
48	**Bezugnahme auf Datenbanksequenz** F-II,6.1	**Art.83** **J8/11**	1) Sequenz gehört zum StdT [248], 2) in öffentlich zugänglicher Datenbank auffindbar, 3) Angaben in ePa ▪ Datenbank-Zugangsnummer der Sequenz ▪ Versionsnummer der Datenbank	am AT	nicht verlängerbar	**–** Sequenz erfindungswesentlich: Einwand mangelnder Offenbarung	keiner

[241] **ePa mit Bezugnahme:** SeqProtokoll urspr. Anmeldung wird Bestandteil der ePa; ausgenommen **[1]** vollst. SeqProtokoll wurde urspr. nicht am AT eingereicht oder **[2]** Sequenz urspr. nur in Ansprüchen enthalten und Bezugnahme schließt Ansprüche nicht ein **(R.57c]**); aber Einreichen des SeqProtokolls und Erklärung erforderlich, außer urspr. Anmeldung ist ePa oder iPa mit Anmeldeamt EPA die an AT **R.30** bzw. **R.5(2)PCT** erfüllt [A-IV,5.2]; **Teilanmeldung** muss selbst **R.30**-Erfordernissen entsprechen [ABl.2011,372; G1/05], soll SeqProtokoll als Teil der Beschreibung dienen, muss es mit eingereicht werden, sofern keine Bezugnahme; wurde für Stammanmeldung SeqProtokoll im TXT-Format eingereicht, übernimmt EPA dies in Akte aber nur zur Recherche, nicht als Teil der Beschreibung [ABl.2021,A97] [A-IV,5.3].

[242] gilt nicht für Sequenzen, die bereits aus StdT bekannt [J8/11]

[243] Papierform, XML-Format und PDF-Format nicht erlaubt [ABl.2021,A97].

[244] nicht am AT eingereichtes Sequenzprotokoll ist nicht Bestandteil der ursprünglichen Offenbarung **(R.30(2)**).

[245] **R.30(2)** gilt nicht, wenn als fehlender Bestandteil iSv R.56 nachgereicht; führt das zur Änderung AT, ergeht ggf. notwendige **R.30(3)-Mitt.** erst nach Ablauf **1M**-Frist für Zurücknahme verspätet eingereichter Teile.

[246] Später, zum Zweck der Recherche eingereichte Seqprotokolle werden nicht veröff., da kein Teil der Beschreibung [ABl.2021,A97].

[247] bestehen weiterhin Mängel, ergeht keine neue R.30(3)-Auff. zur Mängelbeseitigung; ausgenommen, Anmelder wurde in erster Auff. nicht auf diese (bereits bestehenden) Mängel hingewiesen [J7/11].

[248] **Achtung:** bei Fragmenten/Varianten von Sequenzen aus StdT ist für diese Sequenzprotokoll nach WIPO ST.26 einzureichen [ABl.2021,A97].

Ausstellungsprivileg

Ausstellungsprivileg					Eingangsstelle Art.55 iVm R.25, G-V, 1
Antrag	Norm	zu erbringende Handlung	Frist	Nachfrist	Rechtsfolge	Rechtsbehelf

49		1) erst Zurschaustellung auf Ausstellung iSd Art.11 PVÜ über internationale Ausstellungen [249] durch denselben Erfinder oder Rechtsnachfolger				
		2) Einreichung ePa innerhalb 6 M nach Zurschaustellung				
		3) Angabe, dass die Erfindung auf dieser Ausstellung zur Schau gestellt worden ist. **Art.55(1)b), Art.55(2)**				
Inanspruchnahme **Ausstellungsprivileg**	**Art.55(1)b)** iVm **R.25** ABl.2011,324		**6 M** bis zur tatsächlichen Einreichung der ePa ab Offenbarung der Erfindung (nicht AT) [250] G3/98, G2/99	nicht verlängerbar	**+** diese Zurschaustellung ist unschädlich [251] **−** diese Zurschaustellung ist schädlich	--
		4) **Ausstellungsbescheinigung**, muss: a) während dieser Ausstellung von zuständiger Stelle ausgestellt worden sein, b) bestätigen, dass Erfindung tatsächlich ausgestellt, c) Eröffnungstag ODER tatsächlichen Offenbarungstag ausweisen, d) amtlich beglaubigte Erfindungsdarstellung enthalten **Art.55(2), R.25**	**4 M** nach ET der ePa **R.25** (ggf. Auff. an Anmelder zur Mängelbeseitigung binnen dieser 4M-Frist; A-IV,3.2)	keine	**+** diese Zurschaustellung ist unschädlich [251] **−** diese Zurschaustellung ist schädlich, **R.112(1)**-Rechtsverlust-Mitt. A-IV,3.2	**WB (+)** für Mängelbeseitigung; WE (−)
A-IV,3, G-V,4						

[249] **Veröffentlichung**: amtlich anerkannten Ausstellungen iSv PVÜ & **Art.55(1)b)** jährlich in April-Ausgabe des EP-Amtsblatts veröffentlicht; für das Jahr 2019: **[1]** XXII Triennale "Broken Nature: Design Takes on Human Survival (1.03.-01.09.2019, Mailand, IT), **[2]** "Grün leben, besser leben" (29.04.-07.10.2019, Beijing, CH), **[3]** Den Geist verbinden, die Zukunft bauen (20.10.2020-10.04.2021, Dubai, AE), **[4]** Expo 2021 – Grüne Wüste, bessere Umwelt (14.10.2021-17.03.2022, Doha, QA), **[5]** Floriade 2022 – Grüne Städte gestalten (14.10.2021-17.03.2022, Almere, NL) [ABl.2019, A45].

[250] keine „echte Frist" iSv EPÜ, Schließtag des EPA: Fällt der letzte Tag auf einen Schließtag des EPA, so verlängert sich die Frist nicht nach R.134.

[251] **ABER**: Das Ausstellungsprivileg begründet keine Ausstellungspriorität, so dass Offenbarungen im Zeitraum zwischen Ausstellung und Anmeldung schädlich sind [T382/07].

Teil D I – Übersicht zum EPÜ

EPÜ 2000

Artikel 62
Recht auf Erfindernennung
Der Erfinder hat gegenüber dem Anmelder oder Inhaber des europäischen Patents das Recht, vor dem EPA als Erfinder genannt zu werden.

Artikel 81
Erfindernennung
In der ePa ist der Erfinder zu nennen. Ist der Anmelder nicht oder nicht allein der Erfinder, so hat die Erfindernennung eine Erklärung darüber zu enthalten, wie der Anmelder das Recht auf das europäische Patent erlangt hat.

Artikel 90[87],[88]
Eingangs- und Formalprüfung
(1) Das EPA prüft nach Maßgabe der Ausführungsordnung, ob die Anmeldung den Erfordernissen für die Zuerkennung eines Anmeldetags genügt.
(2) Kann ein Anmeldetag nach der Prüfung nach Absatz 1 nicht zuerkannt werden, so wird die Anmeldung nicht als europäische Patentanmeldung behandelt.
(3) Ist der europäischen Patentanmeldung ein Anmeldetag zuerkannt worden, so prüft das EPA nach Maßgabe der Ausführungsordnung, ob den Erfordernissen der Art.14, 78, 81 und gegebenenfalls des Art.88(1) und des Art.133(2) sowie den weiteren in der Ausführungsordnung festgelegten Erfordernissen entsprochen worden ist.
(4) Stellt das EPA bei der Prüfung nach Absatz 1 oder 3 behebbare Mängel fest, so gibt es dem Anmelder Gelegenheit, diese Mängel zu beseitigen.
(5) Wird ein bei der Prüfung nach Absatz 3 festgestellter Mangel nicht beseitigt, so wird die europäische Patentanmeldung zurückgewiesen, sofern dieses Übereinkommen keine andere Rechtsfolge vorsieht. Betrifft der Mangel den Prioritätsanspruch, so erlischt der Prioritätsanspruch für die Anmeldung.

[87] Geändert durch die Akte zur Revision des EPÜ vom 29.11.2000.
[88] Siehe hierzu Stellungnahmen der GBK G 4/98, G 1/02 (Anhang I).

Artikel 129[152]
Regelmäßige Veröffentlichungen
Das EPA gibt regelmäßig folgende Veröffentlichungen heraus:
a) ein EP-Patentblatt, das die Angaben enthält, deren Veröffentlichung dieses Übereinkommen, die Ausführungsordnung oder der Pd EPA vorschreibt; [...]

[152] Geändert durch die Akte zur Revision des EPÜ vom 29.11.2000.

EPÜAO

Regel 19
Einreichung der Erfindernennung[29]
(1) Die Erfindernennung hat im Antrag auf Erteilung eines EP- Patents zu erfolgen. Ist jedoch der Anmelder nicht oder nicht allein der Erfinder, so ist die Erfindernennung in einem gesonderten Schriftstück einzureichen. Sie muss den Namen, die Vornamen, den Wohnsitzstaat und den Wohnort des Erfinders, die in Art. 81 genannte Erklärung und die Unterschrift des Anmelders oder Vertreters enthalten.
(2) Die Richtigkeit der Erfindernennung wird vom EPA nicht geprüft.

[29] Geändert durch BdV CA/D 11/20 vom 15.12.2020 (ABl. 2021,A3), in Kraft getreten am 01.04.2021. Siehe Mitt. des EPA vom 22.02.2021 (ABl. 2021,A12).

Regel 20
Bekanntmachung der Erfindernennung
(1) Der genannte Erfinder wird auf der veröffentlichten ePa und auf der europäischen Patentschrift vermerkt, sofern er dem EPA gegenüber nicht schriftlich auf das Recht verzichtet hat, als Erfinder bekannt gemacht zu werden.
(2) Absatz 1 ist anzuwenden, wenn ein Dritter beim EPA eine rechtskräftige Entscheidung einreicht, aus der hervorgeht, dass der Anmelder oder Inhaber eines europäischen Patents verpflichtet ist, ihn als Erfinder zu nennen.

Regel 21[29]
Berichtigung der Erfindernennung
(1) Eine unrichtige Erfindernennung wird nur auf Antrag und nur mit Zustimmung des zu Unrecht als Erfinder Genannten und, wenn der Antrag von einem Dritten eingereicht wird, mit Zustimmung des Anmelders oder Patentinhabers berichtigt. R.19 ist entsprechend anzuwenden.
(2) Ist eine unrichtige Erfindernennung in das EP-Register eingetragen oder im Europäischen Patentblatt bekannt gemacht worden, so wird auch deren Berichtigung oder Löschung darin eingetragen oder bekannt gemacht.

[29] Siehe BdP des EPA, ABl. EPA 2013, 600; 2013, 601.

Regel 60
Nachholung der Erfindernennung
(1) Ist die Erfindernennung nach R.19 nicht erfolgt, so teilt das EPA dem Anmelder mit, dass die europäische Patentanmeldung zurückgewiesen wird, wenn die Erfindernennung nicht innerhalb von 16M nach dem AT oder, wenn eine Priorität in Anspruch genommen worden ist, nach dem Prioritätstag nachgeholt wird; diese Frist gilt als eingehalten, wenn die Information vor Abschluss der technischen Vorbereitungen für die Veröffentlichung der ePa mitgeteilt wird.
(2) Ist in einer TA oder einer neuen Anmeldung nach Art.61(1) b) die Erfindernennung nach R.19 nicht erfolgt, so fordert das EPA den Anmelder auf, die Erfindernennung innerhalb einer zu bestimmenden Frist nachzuholen.

Regel 143[156]
Eintragungen in das Europäische Patentregister
(1) Im EP-Register werden folgende Angaben eingetragen:
a) Nummer der europäischen Patentanmeldung;
b) Anmeldetag der Anmeldung;
c) Bezeichnung der Erfindung;
d) Symbole der Klassifikation der Anmeldung;
e) die benannten Vertragsstaaten;
f) Angaben zur Person des Anmelders oder PI nach Maßgabe der R.41(2 c);
g) Name, Vornamen und Anschrift des vom Anmelder oder Patentinhaber genannten Erfinders, sofern er nicht nach Regel 20 Absatz 1 auf das Recht verzichtet hat, als Erfinder bekannt gemacht zu werden;
h) Angaben zur Person des Vertreters des Anmelders oder Patentinhabers nach Maßgabe der Regel 41 Absatz 2 d); im Fall mehrerer Vertreter nur die Angaben zur Person des zuerst genannten Vertreters, gefolgt von den Worten "und Partner" sowie im Fall eines Zusammenschlusses von Vertretern nach Regel 152 Absatz 11 nur Name und Anschrift des Zusammenschlusses;
i) Prioritätsangaben (Tag, Staat und Aktenzeichen der früheren Anmeldung);
j) im Fall der Teilung der ePa die Nummern aller Teilanmeldungen;
k) bei TA oder nach Art. 61(1 b) eingereichten neuen Anmeldungen die unter den Buchstaben a, b und i vorgesehenen Angaben für die frühere ePa;
l) Tag der VÖ der Anmeldung und gegebenenfalls Tag der gesonderten VÖ des ESR;
m) Tag der Stellung eines Prüfungsantrags;
n) Tag, an dem die Anmeldung zurückgewiesen oder zurückgenommen worden ist oder als zurückgenommen gilt;
o) Tag der Bekanntmachung des Hinweises auf die Erteilung des EP-Patents;
p) Tag des Erlöschens des EP-Patents in einem Vstaat während der Einspruchsfrist und gegebenenfalls bis zur rechtskräftigen Entscheidung über den Einspruch;
q) Tag der Einlegung des Einspruchs;
r) Tag und Art der Entscheidung über den Einspruch;
s) Tag der Aussetzung & der Fortsetzung des Verfahrens im Fall der R.14 & 78;
t) Tag der Unterbrechung & der Wiederaufnahme des Verfahrens im Fall der R.142;
u) Tag der Wiedereinsetzung in den vorigen Stand, sofern eine Eintragung nach den Buchstaben n oder r erfolgt ist;
v) die Einreichung eines Umwandlungsantrags nach Artikel 135 Absatz 3;
w) Rechte an der Anmeldung oder am EP-Patent und Rechte an diesen Rechten, soweit ihre Eintragung in dieser Ausführungsordnung vorgesehen ist;
x) Tag und Art der Entscheidung über den Antrag auf Beschränkung oder Widerruf des europäischen Patents;
y) Tag und Art der Entscheidung der GBK über den Antrag auf Überprüfung.
(2) [157]Der Präsident des EPA kann bestimmen, dass in das EP-Register andere als die in Absatz 1 vorgesehenen Angaben eingetragen werden.

[156] Siehe BdP des EPA vom 21.11.2013 über die Zuständigkeit der Rechtsabteilung (ABl. 2013, 600) und über die Wahrnehmung einzelner der Rechtsabteilung obliegender Geschäfte durch Bedienstete, die keine rechtskundigen Mitglieder sind (ABl. 2013, 601).
[157] Siehe BdP des EPA vom 15.07.2014 (ABl. 2014, A86).

Regel 144[150]
Von der Einsicht ausgeschlossene Aktenteile
Von der Akteneinsicht sind nach Art.128(4) folgende Aktenteile ausgeschlossen: [...]
c) die Erfindernennung, wenn der Erfinder nach R.20(1) auf das Recht verzichtet hat, als Erfinder bekannt gemacht zu werden;

[150] Siehe hierzu den BdP des EPA vom 12.07.2007, SA Nr. 3, ABl. 2007, J.3. und den BdP des EPA vom 20.07.2019 über die Online-Akteneinsicht in Schriftstücke aus der Akte, die das EPA als Anmeldeamt, ISA oder für die SISA bestimmte Behörde führt (ABl. 2019, A17).

J8/82

1. Nach R.19(1) EPÜ ist die Zustimmung des "zu Unrecht als Erfinder Genannten" zur Berichtigung einer Erfindernennung erforderlich. Ein bereits als Erfinder Genannter, dessen Name nicht aus der Erfindernennung gestrichen werden soll, ist kein "zu Unrecht Genannter" im Sinne dieser Regel; seine Zustimmung zur Aufnahme eines weiteren Erfinders in die Erfindernennung ist somit nicht erforderlich.

2. Wird ein Antrag auf Änderung der Erfindernennung zu einem Zeitpunkt gestellt, zu dem die Eingangsstelle noch für die Formalprüfung und die Veröffentlichung der europäischen Patentanmeldung zuständig ist, so hat die Eingangsstelle die Entscheidung über den Antrag zu treffen, und zwar auch dann noch, wenn die Zuständigkeit für die weitere Prüfung der Anmeldung bereits auf die Prüfungsabteilung übergegangen ist.

Erfindernennung

Art.62, Art.81 iVm **R.19-21**, A-III,5 — Eingangsstelle

	Antrag	Voraussetzung	Norm	Handlung	Frist	Nachfrist	Rechtsfolge	Rechtsbehelf
50	**Erfindernennung durch Anmelder** [252] A-III, 5.1	Anmelder = alleiniger Erfinder Anmelder ≠ Erfinder oder nicht alleiniger Erfinder	Art.62 iVm Art.81, R.19(1)	Nennung auf EPA Form 1001, Feld 22 **R.41(2)j]**, A-III,5.1 gesondertes Schriftstück [Form 1002 empfohlen] unter Angabe von [1] Name, [2] Erklärung zur Rechtserlangung [254] [Art.81], [4] Unterschrift des Anmelders/Vertreters **Art.81** iVm **R.19(1)**, A-III,5.1	am ET der ePa **R.19(1)** ODER 16 M nach AT oder PT, gesonderte R.60(1)-Mitt. (Frist ist unabhängig von Antrag auf vorzeitige Veröff., J1/10) **R.60(1)**	spätestens bis Abschluss techn. Vorbereitung für Veröff. **R.60(1)**	**+** Veröffentlichung der Erfinder auf ePa ODER EP-Patent **R.20(1)** MIND. EIN ERFINDER ≠ ANMELDER: benannte Erfinder erhalten Mitt. über Benennung als Erfinder [253] **R.19(3)** **−** ePa zurückgewiesen und R.112(1)-Rechtsverlustmitt. **Art.90(5) S.1**, **R.60(1)** oder **R.163(6)**	**WB (+)** Art.121(1), R.135(1) **WE (−)** Art.122(4), R.136(3)
51	**Verzicht** A-III, 5.2	Recht auf Erfindernennung	Art.62 iVm R.20(1)	schriftlicher Antrag des genannten Erfinders **R.20(1)**	vor Abschluss techn. Vorbereitung zur Veröff. der ePa	--	**+** keine Eintragung in PatReg und Patentblatt **R.143(1)g]** UND Erfindernennung und Verzichtserklärung von Akteneinsicht ausgeschlossen **Art.128(4)**, **R.144(c)**	--
52	**Gerichtliche Erfindernennung durch Dritten**	rechtskräftige Entscheidung als Nachweis für Recht auf Erfindernennung	Art.62 iVm R.20(2)	1) schriftlicher Antrag des berechtigten Dritten (Erfinder) und 2) Vorlage rechtskräftiger Entscheidung	»jederzeit« auch nach Verfahrensabschluss	--	**+** Veröff. dieser Erfindernennung auf ePa oder EP-Patent **R.20(2)**, **R.143(1)g]**, **Art.129a**	--
53	**Hinzufügen und Berichtigung** A-III, 5.6	unrichtige Erfindernennung	Art.62 iVm R.21	1) Berichtigungsantrag des Anmelders/PI oder eines Dritten [255] auf Änderung/Eintragung/Löschung Erfindernennung mit: ▪ Namen und Anschrift des Erfinders ▪ Erklärung über Rechtserlangung [259], **Art.81** ▪ Unterschrift Anmelders/PI oder Vertreters **R.19(1)** 2) Zustimmungserklärung des zu Unrecht genannten Erfinders [256] **R.21(1)**	»jederzeit« auch nach Verfahrensabschluss A-III,5.6	--	**+** Änderung/Eintragung/Löschung Erfindernennung im PatReg UND Veröff. dieser Erfindernennung auf ePa oder EP-Patent **R.21(2)** iVm **R.143(1)g]**, **Art.129a**	--
54	**Nachholen** A-III, 5.3	1) keine Erfindernennung gemäß R.19 2) R.60(1)-Mitt. des ePa	Art.81, R.19 iVm R.60	Antrag mit: ▪ Namen und Anschrift des Erfinders ▪ Erklärung über Rechtserlangung [259], **Art.81** ▪ Unterschrift Anmelders/PI oder Vertreters **R.19(1)**	16 M nach AT bzw. PT **R.60(1)** ODER für TA binnen zu best. Frist nach Mitt. +10Tage **R.60(2)**	nicht verlängerbar, da in **R.60** geregelte Frist	**−** Zurückweisung der ePa **Art.90(5) S.1**	**WB (+)**; WE (−)

---

[252] Erfindernennung ist materieller Anspruch [**Art.62**] und formelles zur Einreichung der Erfindernennung [**R.19**]; Richtigkeit nicht geprüft [**R.19(2)**]; **Verzicht** auf Erfindernennung durch schriftl. Antrag beim EPA [**R.20(1)**, **R.143(1)g** und **R.144c**]), wodurch Veröffentlichung dieser Erfindernennung unterbleibt; **Berichtigungen** auf Antrag mögl., aber nur mit Zustimmung des zu Unrecht benannten [**R.21(1)**].

[253] enthaltend [**R.19(3)**]: **[1]** Nummer der ePa, **[2]** AT der ePa oder bei Inanspruchnahme Prio: Tag, Staat, Aktenzeichen der früheren Anmeldung, **[3]** Name Anmelder, **[4]** Erfindungsbezeichnung, **[5]** benannte VStaaten, **[6]** ggf. Name Miterfinder; R.19(3)-Mitt. unterbleibt, wenn Erfinder ausdrücklich darauf verzichtet [ABl.1991,266; A-III,5.4].

[254] rechtsgeschäftliche Übertragung oder Erbfolge.

[255] Dritter braucht zusätzlich Zustimmung des Anmelders/PI [**R.19(1)**].

[256] entfällt, wenn **[1]** ein weiterer Miterfinder nur hinzugefügt wird [J8/82] oder **[2]** Falschnennung Fehler des Amts

Teil D I – Übersicht zum EPÜ

EPÜ 2000

Artikel 87 [81],[82]
Prioritätsrecht

(1) Jedermann, der in einem oder mit Wirkung für
a) einen Vertragsstaat der Pariser Verbandsübereinkunft zum Schutz des gewerblichen Eigentums oder
b) ein Mitglied der Welthandelsorganisation eine Anmeldung für ein Patent, ein Gebrauchszertifikat für ein Gebrauchsmuster oder ein Gebrauchszertifikat vorschriftsmäßig eingereicht hat, oder sein Rechtsnachfolger genießt für die Anmeldung derselben Erfindung zum europäischen Patent während einer Frist von zwölf Monaten nach dem Anmeldetag der ersten Anmeldung ein Prioritätsrecht.

(2) Als prioritätsbegründend wird jede Anmeldung anerkannt, der nach dem nationalen Recht des Staats, in dem die Anmeldung eingereicht worden ist, oder nach zwei- oder mehrseitigen Verträgen unter Einschluss dieses Übereinkommens die Bedeutung einer vorschriftsmäßigen nationalen Anmeldung zukommt.

(3) Unter vorschriftsmäßiger nationaler Anmeldung ist jede Anmeldung zu verstehen, die zur Festlegung des Tags ausreicht, an dem die Anmeldung eingereicht worden ist, wobei das spätere Schicksal der Anmeldung ohne Bedeutung ist.

(4) Als erste Anmeldung, von deren Einreichung an die Prioritätsfrist läuft, wird auch eine jüngere Anmeldung angesehen, die denselben Gegenstand betrifft wie eine erste ältere in demselben oder für denselben Staat eingereichte Anmeldung, sofern diese ältere Anmeldung bis zur Einreichung der jüngeren Anmeldung zurückgenommen, fallen gelassen oder zurückgewiesen worden ist, und zwar bevor sie öffentlich ausgelegt worden ist und ohne dass Rechte bestehen geblieben sind; ebenso wenig darf diese ältere Anmeldung schon Grundlage für die Inanspruchnahme des Prioritätsrechts gewesen sein. Die ältere Anmeldung kann in diesem Fall nicht mehr als Grundlage für die Inanspruchnahme des Prioritätsrechts dienen.

(5) Ist die erste Anmeldung bei einer nicht der Pariser Verbandsübereinkunft zum Schutz des gewerblichen Eigentums oder dem Übereinkommen zur Errichtung der Welthandelsorganisation unterliegenden Behörde für den gewerblichen Rechtsschutz eingereicht worden, so sind die Absätze 1 bis 4 anzuwenden, wenn diese Behörde nach einer Bekanntmachung des Präsidenten des EPA anerkennt, dass eine erste Anmeldung beim Europäischen Patentamt ein Prioritätsrecht unter Voraussetzungen und mit Wirkungen begründet, die denen der Pariser Verbandsübereinkunft vergleichbar sind.

[81] Geändert durch die Akte zur Revision des EPÜ vom 29.11.2000.
[82] Siehe hierzu Entscheidungen/Stellungnahmen GBK G3/93, G2/95, G2/98, G1/03, G2/03 (Anhang I).

Artikel 88 [83],[84]
Inanspruchnahme der Priorität

(1)[85] Der Anmelder, der die Priorität einer früheren Anmeldung in Anspruch nehmen will, hat eine Prioritätserklärung und weitere erforderliche Unterlagen nach Maßgabe der Ausführungsordnung einzureichen.

(2) Für eine europäische Patentanmeldung können mehrere Prioritäten in Anspruch genommen werden, selbst wenn sie aus verschiedenen Staaten stammen. Für einen Patentanspruch können mehrere Prioritäten in Anspruch genommen werden. Werden mehrere Prioritäten in Anspruch genommen, so beginnen Fristen, die vom Prioritätstag an laufen, vom frühesten Prioritätstag an zu laufen.

(3) Werden eine oder mehrere Prioritäten für die ePa in Anspruch genommen, umfasst das Prioritätsrecht nur die Merkmale der ePa, die in der Anmeldung oder den Anmeldungen enthalten sind, deren Priorität in Anspruch genommen worden ist.

(4) Sind bestimmte Merkmale der Erfindung, für die Prio. in Anspruch genommen wird, nicht in den in der früheren Anmeldung aufgestellten Patentansprüchen enthalten, so reicht es für die Gewährung der Prio.aus, dass die Gesamtheit der Anmeldungsunterlagen der früheren Anmeldung diese Merkmale deutlich offenbart.

[83] Geändert durch die Akte zur Revision des EPÜ vom 29.11.2000.
[84] Siehe hierzu Entscheidung/Stellungnahme GBK G3/93, G2/98 (Anhang I).
[85] Siehe BdP des EPA, S.Nr.3, ABl.2007, B.2 und den BdP des EPA, ABl. EPA 2012, 492

Artikel 89 [86]
Wirkung des Prioritätsrechts

Das Prioritätsrecht hat die Wirkung, dass für die Anwendung des Art.54(2) und (3) und des Art. 60(2) der Prioritätstag als Anmeldetag der ePa gilt.

[86] Siehe hierzu Entscheidungen/Stellungnahmen GBK G3/93, G2/98, G3/98, G2/99 (Anhang I).

EPÜAO

Regel 41 [60]
Erteilungsantrag

(2) Der Antrag muss enthalten [...]
g) fa ls die Priorität einer früheren Anmeldung in Anspruch genommen wird, eine entsprechende Erklärung, in der der Tag dieser Anmeldung und der Staat angegeben sind, in dem oder für den sie eingereicht worden ist; [...]

[60] Die aktualisierte Version des Formblatts wird regelmäßig auf der Internetseite des EPA veröffentlicht.

Regel 52
Prioritätserklärung

(1) Die in Art.88(1) genannte Prioritätserklärung besteht aus einer Erklärung über den Tag der früheren Anmeldung und den Vertragsstaat der Pariser Verbandsübereinkunft oder das Mitglied der Welthandelsorganisation, in dem oder für den sie eingereicht worden ist, sowie aus der Angabe des Aktenzeichens. Im Fall des Art.87(5) ist Satz 1 entsprechend anzuwenden.

(2) Die Prioritätserklärung soll bei Einreichung der europäischen Patentanmeldung abgegeben werden. Sie kann noch innerhalb von 16 Monaten nach dem frühesten beanspruchten Prioritätstag abgegeben werden.

(3) Der Anmelder kann die Prioritätserklärung innerhalb von 16 Monaten nach dem frühesten beanspruchten Prioritätstag berichtigen oder, wenn die Berichtigung zu einer Verschiebung des frühesten beanspruchten Prioritätstags führt, innerhalb von sechzehn Monaten ab dem berichtigten frühesten Prioritätstag, je nachdem, welche 16-M.frist früher abläuft, mit der Maßgabe, dass die Berichtigung bis zum Ablauf von vier Monaten nach dem der europäischen Patentanmeldung zuerkannten Anmeldetag eingereicht werden kann.

(4) Nach Einreichung eines Antrags nach Art.93(1) b) ist die Abgabe oder Berichtigung einer Prioritätserklärung jedoch nicht mehr möglich. [...]

Regel 53
Prioritätsunterlagen

(1) Ein Anmelder, der eine Prio. in Anspruch nimmt, hat innerhalb von sechzehn Monaten nach dem frühesten Prio.stag eine Abschrift der früheren Anmeldung einzureichen. Diese Abschrift und der Tag der Einreichung der früheren Anmeldung sind von der Behörde, bei der die Anmeldung eingereicht worden ist, zu beglaubigen.

(2) Die Abschrift der früheren Anmeldung gilt als ordnungsgemäß eingereicht, wenn eine dem EPA zugängliche Abschrift dieser Anmeldung [...] in die Akte der ePa aufzunehmen ist.

(3) Ist die frühere Anmeldung nicht in einer Amtssprache des EPA abgefasst und ist die Wirksamkeit des Prioritätsanspruchs für die Beurteilung der Patentierbarkeit der Erfindung relevant, so fordert das EPA den Anmelder oder Inhaber des EP-Patents auf, innerhalb einer zu bestimmenden Frist eine Übersetzung der Anmeldung in einer der Amtssprachen einzureichen. Statt der Übersetzung kann eine Erklärung vorgelegt werden, dass die ePa eine vollständige Übersetzung der früheren Anmeldung ist. Absatz 2 ist entsprechend anzuwenden. Wird eine angeforderte Übersetzung einer früheren Anmeldung nicht rechtzeitig eingereicht, so erlischt der Anspruch auf die Priorität dieser Anmeldung für die ePa oder das EP-Patent. Der Anmelder oder Inhaber des EP- Patents wird hiervon unterrichtet.

[72] Siehe BdP des EPA, SA, Nr. 3, ABl.2007, B.2. Siehe hierzu auch den BdP des EPA vom 31.03.2020 über die Einreichung von Prio. (ABl.2020, A57) und die Mitt. des EPA betreffend den Austausch von Prio.unterlagen über den digitalen Zugangsservice der WIPO (ABl.2019, A27).
[73] Geändert durch BdVCA/D 7/12 vom 27.06.2012, (ABl.2012, 442), in Kraft getreten am 01.04.2013. Siehe auch Mitteilung EPA, ABl.2013, 150.

Regel 54
Ausstellung von Prioritätsunterlagen

Auf Antrag stellt das EPA für den Anmelder eine beglaubigte Kopie der ePa (Prioritätsbeleg) aus. Der Präsident des EPA bestimmt die erforderlichen Bedingungen einschließlich der Form des Prioritätsbelegs und der Fälle, in denen eine Verwaltungsgebühr zu entrichten ist.

Regel 59
Mängel bei der Inanspruchnahme der Priorität

Ist das Aktenzeichen der früheren Anmeldung nach R.52(1) oder die Abschrift dieser Anmeldung nach R.53(1) nicht rechtzeitig eingereicht worden, so teilt das EPA dem Anmelder dies mit und fordert ihn auf, das Aktenzeichen oder die Abschrift innerhalb einer zu bestimmenden Frist einzureichen.

Rechtsprechung

G3/93	Veröffentlichung der ePa während Priofrist ist neuheitsschädlich, wenn Prioanspruch nicht rechtswirksam.
G2/98	Der beanspruchte Gegenstand muss aus prioritätsbegründenden Anmeldung unmittelbar und eindeutig entnehmbar sein.
T5/05	1. Nur Anmeldungen, die vom Rechtsvorgänger der ePa selbst oder seinem Rechtsvorgänger getätigt wurden, sind relevant für die Erfüllung des sich bei der prioritätsbegründenden Anmeldung um die erstmalige Anmeldung der betreffenden Erfindung durch den Anmelder der ePa oder seinen Rechtsvorgänger handeln muss. Anmeldungen verschiedener Anmelder stehen einander als StdT iSv Art.54(2) oder 54(3) gegenüber. 2. Weder dem EPÜ noch dem PVÜ ist zu entnehmen, dass es sich beim Prio.recht um eine Ausnahmeregelung handle, die deshalb eng auszulegen sei und damit nur eine einmalige Ausübung des Prio.rechtes für einen VStaat zulasse.

Prioritätsrecht

Wirkung: ePa steht für die Neuheitsprüfung [**Art.54(2)/(3)**] und Recht auf Patent [**Art.60(2)**] PT als AT zu; **materielle Prüfung** nur, wenn StdT zwischen PT und AT auftaucht [F-VI,2.1]. **Art.87** bis **89** iVm **R.52-54**, A-III,6 und F-VI

55 Wirksame Inanspruchnahme einer Priorität

Voraus-setzungen		
1)	Prioanmeldung ist Patent, GebrM ODER Gebrauchszertifikat mit Wirkung für PVÜ oder WTO [257]	**Art.87(1)**, A-III,6.2
2)	Prioanmeldung ist AT zuerkannt [258]	**Art.87(1)**
3)	Nachanmeldung binnen **12 M ab AT** Prioanmeldung	**Art.87(1)**
4)	Prioameldung ist „**erste Anmeldung der Erfindung**" [259] **Art.87(3)** und **Art.87(4)**, F-VI,1.4
5)	Nachanmeldung ist „**dieselbe Erfindung**" [260] **Art.87(1)** iVm **Art.88(4)**, G3/93, G2/98, G1/15
A-III,6	6) **selber Anmelder** [261] ODER Rechtsnachfolger (≠ Erfinderidentität) **Art.88(1)**, A-III,6.1, T5/05

Rechtsfolge		
	+ ePa steht für die Anwendung von Art.54(2)/(3) und Art.69(2) PT als AT zu	**Art.89**
F-VI, 1.2	**−** Prioritätsanspruch erlischt, wenn keine Prioerklärung eingereicht oder Mängel nicht beseitigt	**Art.90(5) S.2**

Rechtsbehelf		
A-III,6.6	WB (–)	**R.135(2), Art.121(4)**
	WE (+), da unmittelbarer Rechtsverlust bei Versäumnis (2 M ab Ablauf Priofrist)	**R.136(1)S.2**

56 mehrere Prioritäten (Teil- und Mehrfachprioritäten)

Anmelder können für eine ePa mehrere Prioritäten gleicher ODER verschiedener PVÜ/WTO-Staaten beanspruchen [**Art.88(2)**, T15/01, A-III,6.3], ausgenommen: Kettenprioritäten [T5/05].

Wirkung: Fristen bestimmen sich nach dem frühesten beanspruchten PT [**Art.88(2) S.3**];

Zeiträge: Werden für unterschiedliche Gegenstände unterschiedliche Prioansprüche geltend gemacht, so erhält jeder Gegenstand den PT der früheren Anmeldung, die diesen beinhaltet (also ggf. auch nur Zeitrang der ePa) [**Art.88(3)**, T828/93]. So stehen einem Anspruch unterschiedliche Zeiträge zu, wenn dieser mehrere Alternativen enthält [G2/98; T620/94].

Teilprioritäten: ein Teilgegenstand, der in Voranmeldung offenbart ist, erhält als Zeitrang den PT; wohingegen dem überschießenden Teil nur der AT der Nachanmeldung zusteht.

Mehrfachprioritäten: werden mehrere Prioritäten beansprucht, so kommt jedem Gegenstand der Nachanmeldung der Zeitrang der Voranmeldung zu, in der dieser das erste Mal offenbart ist.

Rechtsübergang und Prioritätsrecht

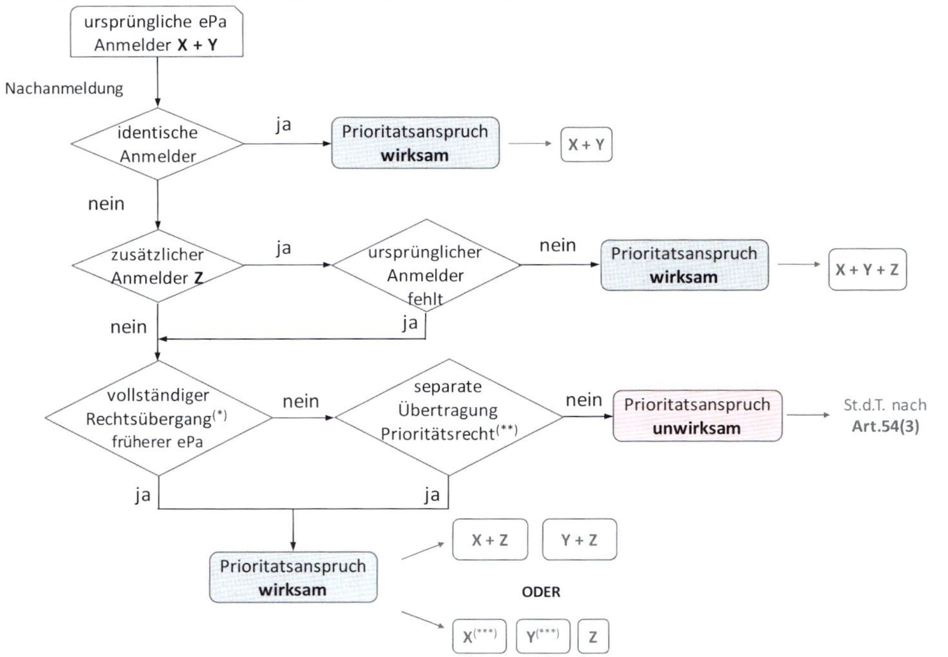

Fig. 6: Wirksamkeit des Prioanspruchs setzt Anmelderidentität oder wirksame Rechtsnachfolge vor Eintragung des Priorechts nach einschlägigen nat. Rechtsvorschriften voraus [A-III,6.1]:

(*) Rechtsübergang muss **[1]** 1 Tag vor Einreichung der Nachanmeldung erfolgen, **[2]** nach den einschlägigen nat. Rechtsvorschriften wirksam sein und bedarf formalen Nachweises [T1008/96, J19/87]; Nachweis über Rechtsübergang nachreichbar;

(**) Übertragung des Priorechts muss [T1056/01]: **[1]** 1 Tag vor Einreichung der Nachanmeldung erfolgen, bedarf formalen Nachweises [T493/06]; zB: Kopie Übertragungsvereinbarung [T493/06], eidesstattliche Versicherung [T970/93, T804/94, T143/00] ABER formale Vorauss. im EPÜ nicht geregelt [T62/05]

(***) nicht derselbe Anmelder [T788/05]

---

[257] **priobegründend:** nat. Anmeldung, ePa, iPa und US-provisional [ABl.1996,81]; **nicht priobegründend:** Prio aus Geschmacksmuster/Design/Modell [J15/80]; Ausstellungspriorität [T382/07].

[258] Schicksal prioritätsbegründeter Anmeldung nach ihrem AT bedeutungslos (z.B. zurückgenommen/zurückgewiesen/fallen gelassen) [**Art.87(3)**].

[259] **keine „erste Anmeldung":** noch frühere Anmeldung, die **[1]** für denselben Staat eingereicht wurde wie jüngere Anmeldung und **[2]** vor ihrer Veröff. und bis zur Einreichung der Nachanmeldung **aktiv zurückgenommen/zurückgewiesen/fallengelassen ohne Rechtsüberbleib** (bloße Bezugnahme auf frühere Anmeldung [R.40(1)c] zulässig) und **[3]** noch nicht für Inanspruchnahme einer Priorität diente [**Art.87(4)**, F-VI,1.4.1, T255/91]; **nicht priobegründend:** Anmeldungen, die bereits Prio begründet haben („Kettenprio"), US-continuation und US-continuation in part; **aber** US-provisional ist priobegründend [ABl.1996,81].

[260] Voraussetzung: **[1]** dieselbe Merkmalskombination muss für Fachmann unter Heranziehung allgem. Fachwissens unmittelbar und eindeutig aus früherer Anmeldung als Ganzes (nicht nur Ansprüchen) entnehmbar sein [G2/98]; **[2]** Priodokument muss **ausführbare Offenbarung** enthalten [T193/95]; urspr. nicht offenbarer **Disclaimer** ändert Prioritätsrecht nicht, wenn er keinen techn. Beitrag leistet [G1/03; G2/03; T175/03; RBK II.D.3.1.2].

[261] **mehrere Anmelder:** genügt, wenn ein Anmelder Anmelder/Rechtsnachfolger der früheren Anmeldung ist [A-III,6.1].

Inanspruchnahme einer Priorität
materielle Prüfung nur, wenn StdT zwischen PT und AT auftaucht [F-VI,2.1]

Eingangsstelle, R.57g)
Art.88 iVm **R.52, 53**

	Norm	zu erbringende Handlung	Frist	Nachfrist	Rechtsfolge	Rechtsbehelf
57	**Voraussetzung**	1. ePa noch nicht veröff. [**Art.93(1)**] und kein Antrag auf vorzeitige Veröff. gestellt [**Art.93(1) b)**] 2. bei ein oder mehreren Prioanmeldungen liegt frühestes PT **max. 12 M** vor AT [262] [**Art.87(1)** iVm **Art.88(2)**]	mit Einreichung ePa (vorzugsweise auf Erteilungsantrag [**R.41(2)g)**]) **R.52(2) S.1**		**+** AT ePa ist PT der Erstanmeldung	**WE (+)** Art. 122(1), R.136(1), F-VI, 3.6, S.Fehler! Textmarke nicht definiert.
58	**Berechtigter** A-III,6.1	selber Anmelder [264] oder Rechtsnachfolger [265] früherer Anmeldung			Anmelder ist zur Einreichung der **Rechercheergebnisse** der Prio-Anmeldung verpflichtet **R.141(1)**, S.115	**WB (−)** Art.121(4), R.135(2) ODER
59	**Prioritätserklärung** A-III, 6.5, F-VI,3.2	Prioritätserklärung [266] mit Angabe zu: i) **AT** früherer Anmeldung, ii) **Anmeldestaat** (PVÜ oder WTO), iii) **Aktenzeichen** [267] früherer Anmeldung **Art.88(1)**, **R.52(1)**	**16 M** nach frühesten PT; Frist endet frühestens **4 M** nach AT, R.52(3) **R.52(2) S.2**, F-VI,3.2 AUßER		**−** Prioritätsanspruch für eine ePa erlischt und **R.112(1)**-Rechtsverlustmitt.	**Berichtigung (+)** der Prioerklärung gem. R.52(3), S.121 ODER
60	**Abschrift** A-III,6.7, F-VI,3.3	beglaubigte **Abschrift** (Prioritätsdokument, -unterlage bzw. -beleg) früherer Anmeldung(en) [268] **Art.88(1), R.53(1)**	Antrag auf vorzeitige Veröff. bereits gestellt [263] Art.93(1) b), R.52(4), J6/91, J9/91, J11/92, J17/92, J11/92	zu best. Frist nach Auff +10Tage [idR **2 M**] verlängerbar **Art.90(4), R.59**	**UND** Zwischenliteratur wird StdT nach **Art.54(2)/(3)**	**Berichtigung (+)** der Prioerklärung gem. R.139, S.121
61	**Art der Einreichung** (Priobeleg) A-III, 6.7	nur auf Papier oder elektr. Datenträger (CD-ROM, DVD) ABl.2007S3,A3; **S.200** (nicht per Fax oder elektronisch [269]) **R.2(1)**				
62	**Sprache** A-III,6.8, F-VI,3.4	frühere Anmeldung(en) in EPA-Amtssprache (DE/EN/FR) SONST vollst. **Übersetzung** in eine Amtssprache **Art.88(1)** iVm **R.53(3)** ODER **Erklärung**, wonach ePa eine 1:1-Übersetzung der früheren Anmeldung ist [270] (vorzugsweise auf Form 1001) **R.53(3)**, A-III, 6.8.6	»jederzeit« freiwillig ODER „zu best. Frist" ab Art.53(3)-Mitt. +10Tage [271]	verlängerbar **R.132(2)**	**−** Prioritätsanspruch für eine ePa erlischt **UND** die Zwischenliteratur wird StdT nach **Art.54(2)/(3)** **R.53(3) S.4**	**WB (+)** [272] (ABER im Einspruchsverfahren unzulässig) Art.121, R.135, A-III,6.8.3 **WE (−)**

[262] bis **2 M** nach Ablauf 12M-Priofrist WE in Priofrist beantragbar [**R.136(1) S.2**, A-III,6.6]; **Beginn der Priofrist:** 1 Tag nach Anmeldetag (nicht am selben Tag) der jüngsten Erstanmeldung [**Art.4C**) PVÜ, A-III,6.1].

[263] Anmelder kann nur neue ePa einreichen und innerhalb 12M-Frist Prio der früheren Anmeldung beanspruchen.

[264] **Anmelderidentität:** alle ursprünglichen Anmelder/Rechtsnachfolger müssen (Mit-)Anmelder sein [T788/05; A-III,6.1].

[265] Rechtsübertragung der Anmeldung (und des Priorechts als solches) muss (spätestens) 1 Tag vor Einreichung der Nachanmeldung erfolgen **UND** nach den einschlägigen nat. Rechtsvorschriften wirksam sein [J19/87]. Nachweis über Rechtsübergang nachreichbar; **aber** durch EPÜ formal nicht geregelt; **mehrere Anmelder:** genügt, wenn ein Anmelder Anmelder/Rechtsnachfolger früherer Anmeldung ist [A-III,6.1].

[266] bei Einreichung mit der ePa: Prioerklärung auf Formblatt des Erteilungsantrages, dann genügen Angabe von Tag und Staat der früheren Anmeldung; nicht per Fax [ABl.2019,A18].

[267] Bei Angabe falscher Aktenzeichens, Berichtigung gem. R.139 jederzeit mögl.

[268] erstellt & beglaubigt von Behörde, bei der früheren Anm. eingereicht, mit Bescheinigung über [1] übereinstimmenden Inhalt und [2] AT der früheren Anmeldung; **Beibringung entfällt**, wenn frühere Patentanmeldung eine [1] ePa, [2] beim EPA eingereichte iPa, [3] CN-, JP-, KR-Patentanmeldung oder GebrM oder [4] US-Anmeldung oder US-provisional (Vereinbarung über Austausch von Unterlagen, ABl.2007,473) → selbstständige, gebührenfreie zur Aktennahme [**R.53(2)**,ABl.2021,83&A58 (für JP), A-III,6.7]; Übermittlung mittels digitalem Zugangsservice (DAS) der WIPO mgl. [ABl.2019,A27]; **Übersetzung/Erklärung** ist unabhängig davon dennoch einzureichen [ABl.2002,192].

[269] elektronische From zulässig, wenn [1] Abschrift von ausstellender Behörde digital signiert und [2] Signatur vom EPA anerkannt [BdP ABl.2021,A42, ABl.2018,A94].

[270] **Erklärung unwirksam:** wenn [1] Umfang der Ansprüche/Beschreibungen unterschiedlich; [2] Streichungen/Hinzufügungen in der ePa erfolgten bzw. Teilprios beansprucht [A-III,6.8.6]; [3] Mehrfachprios beansprucht oder [4] Wortlaut der Erklärung abweichend zu „vollständige Übersetzung" oder „wörtliche Übersetzung" [F-VI, 3.4]; **Heilung:** Nachreichen vollst. Übersetzung früherer Anmeldung(en) binnen Frist nach R.53(3) [A-III, 6.8.6].

[271] **Zeitpunkt:** [1] vor Sachprüfung mit R.69(1)/70a(1)-Mitt. als Erwiderung auf EESR oder mit R.70(2)-Mitt. (Frist: **6 M** nach Hinweis auf ESR) **ODER** [2] im Prüfungs-/Einspruchsverfahren (Frist: **4 M** ab R.53(3)-Mitt. +10Tage).

[272] **Einspruchsverfahren:** WB ausgeschlossen, da Art.121 nur für ePa anwendbar; WE ist allerdings möglich [A-III,6.8.3]; **mehrere Prioansprüche:** werden mehrere Übersetzungen von Prioritätsunterlagen angefordert, so ist pro Prioritätsunterlage eine WB-Gebühr nach R.135(1) und Art.2(1) Nr.12 GebO fällig.

Prioritätsrecht

Ändern · Berichtigen · Zurücknehmen (Prioritätserklärung)

63

Antrag	Voraussetzung	Norm	Erfordernisse	Frist	Nachfrist	Rechtsfolge
Prioritätserklärung [273] **Zuständigkeit:** Formalsachbearbeiter A-III,6.10 F-VI,3.5	*vor Veröffentlichung ePa:* 1) keine Veröffentlichung der ePa 2) kein Antrag auf vorzeitige Veröff. [Art.93(1)b] gestellt [274]	R.52(3) A-III,6.5 R.52(4)	schriftlicher Antrag auf: ▪ Hinzufügen, **R.52(2)** ▪ Berichtigung, **R.52(3)**	**16 M** ab frühestem PT **ODER** bei Berichtigung des PT **16 M** ab frühesten berichtigten PT; [**Mindestfrist: 4M** ab AT] **R.52(3)**; C-III,7; A-III, 6.3.1		Hinweis auf Berichtigung wird mit ePa veröff. [275] Rückwirkung: ändert sich früherer beanspruchter PT, wird **16 M**-Frist nach Art.88(2) und Veröff. der ePa **neu berechnet** [276] **ABER:** Rechtsverlust aufgrund einer bereits vor Berichtigung des PT verstrichenen Frist, wird nicht behoben
	1) keine Veröffentlichung der ePa 2) techn. Vorbereitung für Veröff. noch nicht abgeschlossen, so dass 3) Hinweis auf Berichtigung wird mit ePa veröff. [J3/82] [275]	R.139 S.1 [J8/80] RBK IV.A.8.2	schriftlicher Antrag [277] auf: ▪ Hinzufügen der Prio [J4/82] ▪ Berichtigen [J8/80; J14/82] (keine besonderen Beweise erforderlich [J9/91])	unverzüglich vor Veröff. der ePa [278] (vorzugsweise mind. 5 W vor Abschluss techn. Vorbereitung zur Veröff. der ePa)	--	
	nach Veröff. ePa nur, wenn aus dieser direkt ersichtlich: 1) offensichtliche Unstimmigkeit [J3/91; J6/91] [279] **ODER** Hinzufügen versehentlich vergessener Prio, wenn Öffentlichkeit anderweitig über volles Schutzbegehren informiert war [J11/92] 2) keine Interessenbeeinträchtigung Dritter [J2/92]	R.139 S.1 [J2/91] A-V,3 RBK IV.A.8.2	schriftlicher Antrag [277] auf: ▪ Hinzufügen der Prio [J11/92; J6/91] ▪ Berichtigung [J2/92; J6/91] **UND** Nachweis der Unrichtigkeit	unverzüglich auch nach Veröff.		+ Änderung des StdT ggü. dieser ePa **UND** ggf. Neubestimmung von Fristen, die sich ab PD bestimmen E-VIII,1.5

64

VERZICHTSERKLÄRUNG: Zurücknahme des Prioanspruchs durch »unterzeichneten«, »eindeutigen« und vorbehaltlosen Antrag; **Frist:** »jederzeit«, auch nach Veröff. der ePa [F-VI,3.5].

ERLÖSCHEN: wegen **[1]** Nichtangabe des AT oder Anmeldestaats der früheren Anmeldung [**R.52(1)**] **[2]** Nicht-/Falschangabe des AZ früherer Anmeldung [**R.52(1)**]; **[3]** Nichteinreichung beglaubigter Abschrift [**R.53(1)**]; **[4]** Nichteinreichung der Übersetzung/Erklärung zur früheren Anmeldung [**R.53(3)**].

WIRKUNG: entsprechender PT gilt nicht mehr; ändert sich hierdurch frühester beanspruchter PT, werden

Verzicht/Erlöschen des Prioritätsanspruchs

[1] laufende Fristen, die sich von diesem PT berechneten, werden neu berechnet [**Art.88(2)**; E-VIII,1.5; **S.230**] [276]
[2] rückwirkend gelten Dokumente im Priointervall als StdT gemäß Art.54(2)/(3) ggü dieser ePa;
[3] »**Versteinerungstheorie**«: Verzicht auf/Zurücknahme des/nachträglich unwirksamer Prioanspruch ändert nichts an der Wirkung dieser ePa als Art.54(3)-Dokument ggü. anderen Anmeldungen, wenn diese ePa veröff. wurde (Wirkung: *ex nunc*) [J5/81, G-IV,5.1.1].

BEACHTE: ein Rechtsverlust aufgrund dessen eine Frist bereits vor Verlust des PT abgelaufen ist, wird nicht behoben.

---

[273] Inanspruchnahme mehrerer Prioritäten gleicher **ODER** verschiedener PVÜ/WTO-Staaten möglich; Fristenberechnung vom frühesten beanspruchten PT [Art.88(2)].

[274] Anmelder kann nur neue ePa einreichen und innerhalb 12M-Frist Prio der früheren Anmeldung beanspruchen [F-VI,3.5].

[275] unterbleibt Hinweis, ist Berichtigung nur zulässig, wenn **[1]** keine Interessenbeeinträchtigung Dritter, weil **(i)** Unrichtigkeit offensichtlich [J8/80], **(ii)** lediglich weitere Prio hinzugefügt wird [J4/82] oder **(iii)** Öffentlichkeit anderweitig über volles Schutzbegehren informiert war [J14/82] oder **[2]** EPA zumindest teilw. verantwortlich, dass kein Priohinweis veröff. wurde [J12/80].

[276] **Fristen: [1]** Nachreichen der Erfindernennung [R.60], **[2]** Einreichung Prioerklärung und Priobelegs [R.52/53]; **[3]** Veröff. der ePa [**Art.93(1)a**]; **[4]** Hinterlegung biol. Materials [**R.31(1)**] **Ausnahme:** 18M-Veröffentlichungsfrist, wenn Verzichtserklärung nach Abschluss techn. Vorbereitungen zur Veröff. eingeht (idR 5 W vorher) [A-VI,1.1].

[277] **Bedingungen** [J7/90; J6/02]: **[1]** entschuldbares Versehen; **[2]** Beantragung ohne schuldhaftes Zögern; **[3]** Antrag so früh, dass keine Interessenschutz Dritter).

[278] damit ein Hinweis auf Berichtigung zusammen mit der ePa veröff. werden kann (als Interessenschutz Dritter).

[279] z.B.: **[1]** PT und AT liegen auffällig nah beieinander und Aktenzeichen der Erstanmeldung angegeben [J3/91]; **[2]** Anmeldung gibt fehlerhaften PT an, Priobeleg jedoch korrekten PT und Anmeldeamt zumindest teilw. für fehlerhafte Angabe verantwortlich [J2/92].

Teil D I – Übersicht zum EPÜ

Fallbeispiele

Checkliste

Voraussetzungen (Vss.):

Prioritätsrecht:
1. Prioanmeldung ist Patent, GebrM oder Gebrauchszertifikat mit Wirkung für PVÜ oder WTO
2. Prioanmeldung ist **AT zuerkannt**
3. Nachanmeldung binnen **12 M ab AT** Prioanmeldung
4. Prioanmeldung ist „**erste Anmeldung der Erfindung**"
5. Nachanmeldung ist „**dieselbe Erfindung**"
6. **Ausführbare Offenbarung** in Prioanmeldung — Art.87

Wer?
7. **selber(r) Anmelder** oder Rechtsnachfolger — Art.88(1)

Wann?
8. mit Einreichung ePa oder **16 M ab frühestem PT** (kein Antrag auf vorzeitige Veröff.; R.52(4)) — R.52(2)

Legende

- A : Merkmal A eines Erfindungsgegenstandes
- B : Merkmal B eines Erfindungsgegenstandes
- C : Merkmal C eines Erfindungsgegenstandes
- ePa-1 : EP-Nachanmeldung, die mindestens eine Prio beansprucht
- ePa-2 : EP-Nachanmeldung des Anmelders oder eines Driten
- P1/P2 : sind unabhängig voneinander (prioritätsbegründende) Erstanmeldungen in einem PVÜ- oder WTO-VStaat
- PA : Patentanspruch
- V : Veröffentlichung des Anmelders oder eines Dritten

Erklärung

Es ist davon auszugehen, dass die Nachanmeldung (ePa-1/2) binnen 12 M ab dem AT der Voranmeldung (ggf. +2 M bei erfolgreichem WE-Antrag) erfolgt, von derer die Prio beansprucht wird.

Unveränderter Anmeldegegenstand

(Diagramme: P1 → ePa-1, PA1: A+B — Prio wirksam)

(P1, P2 → ePa-2 mit StdT nach Art.54(3), Prio wirksam)

(P1, P2 → ePa-2, ePa-1 mit StdT nach Art.54(3), Prio wirksam / Prio unwirksam)

Mehrfachprioritäten

(P1, P2 → ePa-1, ePa-2; PA1: A+B+C, PA2: A+B+C; StdT nach Art.54(3); Prio nur wirksam für PA1)

(P1, P2 → ePa-1, ePa-2; PA1: A+B, PA2: A+B+C; StdT nach Art.54(3); Prio nur wirksam für PA1)

(P1, V, P2 → ePa-1; PA1: A+B, PA2: A+B+C; StdT nach Art.54(2) ggü PA2; Prio nur wirksam für PA1)

Teilprioritäten

(P1, V, P2 → ePa-1; PA1: A+B, PA2: A+B′, PA3: A+B″; StdT nach Art.54(2) ggü PA3)

(P1, P2, V → ePa-1; PA1: A+B, PA2: A+B′; StdT nach Art.54(2) ggü PA1; Prio nur wirksam für PA1 und PA2)

Hinzufügen eines Merkmals zum Gegenstand

(P1, V → ePa-1; PA1: A+B+C; StdT nach Art.54(2) ggü PA1; Prio unwirksam)

Prioritätsrecht

Recherchenergebnisse einreichen

	Norm	zu erbringende Handlung	Frist	Nachfrist	Rechtsfolge	Rechtsbehelf
Kopie der **Recherchenergebnisse** prioritätsbegründender Anmeldung	Art.87 iVm Art.124(2), R.141(1)	Für alle ePa und Euro-PCT muss eine Kopie des offiziellen Dokuments der Recherche der Behörde eingereicht werden, bei der die prioritätsbegründende Erstanmeldung eingereicht wurde [ABl.2009,585] [280] WICHTIG: • gilt auch für Prioansprüche, die später zurückgenommen, nach dem AT eingefügt oder berichtigt werden oder die erlöschen [A-III,6.12] • keine Übersetzung der Dokumente • keine Kopien der Dokumente [ABl.2010,410]	am AT der ePa/TA ODER Euro-PCT: mit Eintritt in die EP-Phase ODER unverzüglich, sobald Ergebnisse vorliegen	2 M nach R.70b(1)-Auff. +10Tage R.141(3); C-III,6	+ Berücksichtigung der Recherchenergebnisse im Erteilungsverfahren zur Akteneinnahme und über Akteneinsicht zugänglich **Rückzahlung der Recherchengebühr:** 100% bei vollst. Verwertung oder 25% bei teilw. Verwertung früherer Recherchenergebnisse [281] ABl.2019,A4 & A5 − ePa gilt als zurückgenommen und R.112(1)-Rechtsverlustmitt. **Art.124(2), R.70b(2)**	**Prüfungsabteilung** R.70b: C-II,5 **WB (+);** **WE (−)**
A-III,6.12; C-III,6						

[280] **entfällt:** wenn Recherchenergebnisse dem EPA zugänglich [R.141(2) iVm ABl.2010,600], dh Recherchenbericht vom EPA erstellt **[1]** ESR **[Art.92]**, **[2]** ISR **[Art.15(1) PCT]**, **[3]** WO-ISA **[Art.15(5) PCT]** oder **[4]** Recherchenbericht für nat. Behörde (BE, FR, GR, IT, LT, LU, MT, NL, SM, TR, CY); **selbstständige zur Aktennahme** [ABl.2021,A40], wenn prioritätsbegründende Erstanmeldung in DK, ES, JP, GB, USA, AT, KR, CH, CN, SE eingereicht [R.141(2) iVm ABl.2016,A19, ABl.2019,A55, ABl. 20121,A38, ABl. 2021,A39]; **Teilanmeldung**, bei der Recherchenergebnisse zur beanspruchten Priorität bereits in Bezug auf die Stammanmeldung eingereicht, muss Anmelder die Ergebnisse nicht erneut vorlegen [ABl.2010,410].

[281] **100%-Rückerstattung**, bei **[1]** Identität der Ansprüche oder **[2]** Ansprüche späterer Anmeldung lediglich beschränkt; **25%-Rückerstattung**, wenn **[1]** Ansprüche späterer Anmeldung breiter oder **[2]** Ansprüche durch ein ursprüngl. nicht offenbartes Merkmal beschränkt sind [ABl.2009,99]; **0%-Rückerstattung**, wenn **[1]** Anspruchsgegenstand auf andere Erfindung gerichtet oder **[2]** keine Prio beansprucht [ABl.2009,99].

EPÜ 2000

Artikel 123[143],[144]
Änderungen

(1) Die europäische Patentanmeldung oder das europäische Patent kann im Verfahren vor dem EPA nach Maßgabe der Ausführungsordnung geändert werden. In jedem Fall ist dem Anmelder zumindest einmal Gelegenheit zu geben, von sich aus die Anmeldung zu ändern.

(2) Die europäische Patentanmeldung und das europäische Patent dürfen nicht in der Weise geändert werden, dass ihr Gegenstand über den Inhalt der Anmeldung in der ursprünglich eingereichten Fassung hinausgeht.

(3) Das europäische Patent darf nicht in der Weise geändert werden, dass sein Schutzbereich erweitert wird.

[143] Geändert durch die Akte zur Revision EPÜ vom 29.11.2000.
[144] Siehe hierzu Entscheidungen der GBK G2/88, G3/89, G11/91, G1/93, G2/95, G2/98, G1/99, G1/03, G2/03, G1/05, G2/10, G3/14 (Anhang I).

EPÜAO

Regel 137[140],[141]
Änderung der europäischen Patentanmeldung

(1) Vor Erhalt des europäischen Recherchenberichts darf der Anmelder die Beschreibung, die Patentansprüche oder die Zeichnungen der europäischen Patentanmeldung nicht ändern, sofern nichts anderes bestimmt ist.

(2) Zusammen mit Stellungnahmen, Berichtigungen oder Änderungen, die in Erwiderung auf Mitteilungen des Europäischen Patentamts nach R.70a(1) oder (2) oder R.161(1) vorgenommen werden, kann der Anmelder von sich aus die Beschreibung, die Patentansprüche und die Zeichnungen ändern.

(3) Weitere Änderungen können nur mit Zustimmung der Prüfungsabteilung vorgenommen werden.

(4) Bei der Einreichung von Änderungen nach den Absätzen 1 bis 3 kennzeichnet der Anmelder diese und gibt ihre Grundlage in der ursprünglich eingereichten Fassung der Anmeldung an. Stellt die Prüfungsabteilung fest, dass eines dieser beiden Erfordernisse nicht erfüllt ist, so kann sie verlangen, dass dieser Mangel innerhalb einer Frist von einem Monat beseitigt wird.

(5) Geänderte Patentansprüche dürfen sich nicht auf nicht recherchierte Gegenstände beziehen, die mit der ursprünglich beanspruchten Erfindung oder Gruppe von Erfindungen nicht durch eine einzige allgemeine erfinderische Idee verbunden sind. Sie dürfen sich auch nicht auf gemäß R.62a oder R.63 nicht recherchierte Gegenstände beziehen.

[140] Siehe Stellungnahme/Entscheidung der GBK G3/89, G11/91 (Anhang I).
[141] Geändert durch BdV CA/D 3/09 vom 25.03.2009 (ABl.2009.299), in Kraft getreten am 01.04.2010.

Regel 138[142]
Unterschiedliche Patentansprüche, Beschreibungen und Zeichnungen für verschiedene Staaten

Wird dem EPA das Bestehen eines älteren Rechts nach Art.139(2) mitgeteilt, so kann die europäische Patentanmeldung oder das europäische Patent für diesen Staat oder diese Staaten unterschiedliche Patentansprüche und gegebenenfalls unterschiedliche Beschreibungen und Zeichnungen enthalten.

[142] Siehe hierzu Entscheidung der GBK G1/99 (Anhang I).

Regel 139[143]
Berichtigung von Mängeln in den beim EPA eingereichten Unterlagen

Sprachliche Fehler, Schreibfehler und Unrichtigkeiten in den beim EPA eingereichten Unterlagen können auf Antrag berichtigt werden. Betrifft der Antrag auf Berichtigung jedoch die Beschreibung, die Patentansprüche oder die Zeichnungen, so muss die Berichtigung derart offensichtlich sein, dass sofort erkennbar ist, dass nichts anderes beabsichtigt sein konnte als das, was als Berichtigung vorgeschlagen wird.

[143] Siehe hierzu Entscheidungen GBK G3/89, G11/91, G2/95, G1/12 (Anh. I).

Regel 140[144]
Berichtigung von Fehlern in Entscheidungen

In Entscheidungen des EPA können nur sprachliche Fehler, Schreibfehler und offenbare Unrichtigkeiten berichtigt werden.

[144] Siehe hierzu Entscheidungen der GBK G8/95, G1/10 (Anhang I).

Regel 159[166]
Das Europäische Patentamt als Bestimmungsamt oder ausgewähltes Amt – Erfordernisse für den Eintritt in die europäische Phase

(1) Für eine internationale Anmeldung nach Art.153 hat der Anmelder innerhalb von einunddreißig Monaten nach dem Anmeldetag oder, wenn eine Priorität in Anspruch genommen worden ist, nach dem Prioritätstag die folgenden Handlungen vorzunehmen: [...]
b) die Anmeldungsunterlagen anzugeben, die dem europäischen Erteilungsverfahren in der ursprünglich eingereichten oder in geänderter Fassung zugrunde zu legen sind; [...]

[166] Siehe hierzu die Mitteilung des EPA über den Antrag auf vorzeitige Bearbeitung (ABl.2013,156).

Regel 161[172]
Änderung der Anmeldung

(1) Ist das EPA für eine Euro-PCT-Anmeldung als Internationale Recherchenbehörde und, wenn ein Antrag nach Art.31 PCT gestellt wurde, auch als mit der internationalen vorläufigen Prüfung beauftragte Behörde tätig gewesen, so gibt es dem Anmelder Gelegenheit, zum schriftlichen Bescheid der Internationalen Recherchenbehörde oder zum internationalen vorläufigen Prüfungsbericht Stellung zu nehmen, und fordert ihn gegebenenfalls auf, innerhalb von sechs Monaten nach der entsprechenden Mitteilung die im schriftlichen Bescheid oder im internationalen vorläufigen Prüfungsbericht festgestellten Mängel zu beseitigen und die Beschreibung, die Patentansprüche und die Zeichnungen zu ändern. Hat das EPA einen ergänzenden internationalen Recherchenbericht erstellt, ergeht die Aufforderung gemäß R.45bis.7 e) PCT. Wenn der Anmelder einer Aufforderung nach Satz 1 oder Satz 2 nicht nachkommt noch zu ihr Stellung nimmt, gilt die Anmeldung als zurückgenommen.

(2) Erstellt das EPA einen ergänzenden europäischen Recherchenbericht zu einer Euro-PCT-Anmeldung, so kann die Anmeldung innerhalb von sechs Monaten nach einer entsprechenden Mitteilung an den Anmelder einmal geändert werden. Die geänderte Anmeldung wird der ergänzenden europäischen Recherche zugrunde gelegt.

[172] Geändert durch BdV CA/D 12/10 vom 26.10.2010 (ABl. EPA 2010, 634), in Kraft getreten am 01.05.2011. Siehe auch die Mitteilung des EPA, ABl.2010, 406.

Rechtsprechung

G12/91
Das Verfahren für den Erlaß einer Entscheidung im schriftlichen Verfahren ist mit dem Tag der Abgabe der Entscheidung durch die Formalprüfungsstelle der Abteilung an die interne Poststelle des EPA zum Zwecke der Zustellung abgeschlossen.

G2/95
Die vollständigen Unterlagen einer ePa, also Beschreibung, Patentansprüche und Zeichnungen, können nicht per Berichtigung nach R.139 durch andere Unterlagen ersetzt werden [...].

G1/10
Die R.140 nicht zur Berichtigung des Wortlauts eines Patents herangezogen werden kann, ist ein Antrag des Patentinhabers auf eine solche Berichtigung zu jedem Zeitpunkt unzulässig, also auch nach Einleitung des Einspruchsverfahrens.

T416/86
Der Ersatz eines offenbarten speziellen Merkmals durch einen umfassenden allgemeinen Ausdruck (hier: Ersatz der speziellen Strukturmerkmale einer Blende durch deren Funktion) stellt eine unter Art.123(2) fallende unzulässige Änderung dar, wenn über diesen allgemeinen Ausdruck implizit erstmals andere spezielle Merkmale als das offenbarte iVm dem Anmeldungsgegenstand gebracht werden.

T212/88
Die Berichtigung eines Fehlers in einer Entscheidung nach R.140 EPÜ ist rückwirkend.

J4/85
Berichtigungen nach R.139 sind rückwirkend [...], da bei Anwendung dieser Regel die Anmeldung so wiederhergestellt wird, wie sie am Anmeldetag gewesen wäre, wenn der Fehler nicht begangen worden wäre.

J3/91
Die zu einer Prioritätserklärung gehörenden Angaben (Tag und Aktenzeichen gemäß R.38(1)) können auch noch nach Veröffentlichung der ePa ohne einen entsprechenden Hinweis berichtigt werden, sofern die Interessen Dritter nicht verletzt werden (s. J4/82, ABl.1982, 385 und J3/82, ABl.1983,171). Die Interessen Dritter werden durch eine Berichtigung nicht verletzt, wenn die Unrichtigkeit der zur Prioerklärung gehörenden Angaben aus der veröffentlichten Patentanmeldung ohne weiteres ersichtlich ist ("offensichtliche Unstimmigkeit").

J42/92
Ein Antrag auf Berichtigung der Beschreibung oder Ansprüche nach R.139 kann nur während eines anhängigen Anmelde- oder Einspruchsverfahrens eingereicht werden.

Ändern und Berichtigen

Änderungen und Berichtigungen

Art.123 iVm R.137 bis 140, H-I bis VI

67 EPÜ unterscheidet zwischen **Änderungen** und **Berichtigungen**, wobei deren Zulässigkeit normativ wie folgt gestaffelt ist: [R.139, R.140, H-VI]

Art.123(3) > Art.14(2) > Art.123(2) > R.139

Änderung [R.137, H-I bis VI]

Basis für Änderung bilden Ansprüche, die Beschreibung, Zeichnungen, nachgereichte Teile und Bezugsdokumente u.a. [**S.50**]. Beachtlich ist, dass Änderungen gem. Art.123(2) nie über den Inhalt der ursprünglich eingereichten Anmeldefassung hinausgehen dürfen.

Beeinflussung des Schutzbereichs [S.40]

- **Beschränkung** – Aufnahme eines Merkmals/Begriffs (AB → ABC).
- **Erweiterung** – Streichung eines Merkmals/Begriffs (ABC → AB); selten durch Einfügen eines Merkmals.
- **Verallgemeinerung** – Ersetzen speziellen Begriffs/Merkmals A^1 durch übergeordnetes allgem. Merkmal A ($A^1 \to A$) [T416/86] ODER Streichung eines Merkmals (ABC → AB).
- **Zwischenverallgemeinerung** – Herausgreifen des generischen Merkmals C aus Offenbarungsgehalt der ePa auf Basis spezieller Merkmalskombination ABC^1

Berichtigung

Korrektur von (offensichtlichen) Fehlern. Bei der Berichtigung ist zu unterscheiden nach:

- beim EPA eingereichten Unterlagen (z.B. bibliografischen Daten, Beschreibung, Ansprüche, Zeichnungen) [R.139, A-V,3, H-VI,2],
- Fehler in Entscheidungen (bspw. Erteilungsbeschluss) [R.140, H-VI,3]
- Veröffentlichungs-, Formatierungs- bzw. redaktionelle Fehler (z.B. Druck der Patentschrift, Formatierung/redaktionellen Bearbeitung von Patentdokumenten) [R.139, H-VI,4].

Berichtigung nach R.139 [282]

nur Anmeldeunterlagen

Voraussetzung	1) anhängiges Verfahren [J42/92] 2) Feststellung eines offensichtlichen Fehlers (sprachliche Fehler, Schreibfehler, Prioritätserklärung, Benennung von (V-)Staaten, u.a.)
Handlung	Antrag [283] mit berichtigten Unterlagen [284] Grundlage: urspr. eingereichte Anmeldungsunterlagen UND ggf. nachgereichte fehlende Teile der Beschreibung/fehlender Zeichnungen [R.56] [285]
Frist	»jederzeit« ABER im Prüfungsverfahren [286] nur bis Abgabe Erteilungsbeschluss an interne Poststelle des EPA ODER bis Verkündung Erteilung in MV [G12/91, H-VI,2.1]
Rechtsfolge	**+** Berichtigung wirkt auf AT zurück UND stellt die ePa wie sie am AT gewesen wäre [J4/85] **−** Berichtigung wird nicht übernommen

Berichtigung nach R.140

nur Entscheidungen

Feststellung eines offensichtlichen Fehlers (nur sprachliche Fehler, Schreibfehler, offenbare Unrichtigkeiten)

begründeter Antrag ODER selbsttätig von Amts wegen

»jederzeit«

auch nach Erteilung

Wirkung: Ausfertigungsdatum der Entscheidung bleibt erhalten [T212/88], dh keine Verschiebung der Beschwerdefrist

Änderung im Verfahren

68

Stadium		Zulässigkeit
vor Erhalt EESR H-II,2.1	ePa:	keine Änderungen erlaubt [**R.137(1).**]
	iPa:	vor eESR (wenn nötig), dh nach Eintritt in EP-Phase gem. **R.159(1)b** [R.161(2)]
nach Erhalt EESR H-II,2.2	ePa:	freiwillige Änderung der Beschreibung, Ansprüchen und Zeichnungen in Erwiderung auf EESR [**R.137(2).**]
	iPa:	freiwillige Änderung der Beschreibung, Ansprüchen und Zeichnungen in Erwiderung auf WO-ISA/IPER/SISR, wenn diese vom EPA erstellt [**R.161(1)**]
nach Erhalt ersten Prüfbescheids		Nur noch mit Zustimmung des Prüfers [**R.137(3)**] Ausnahme: Uneinheitlichkeit, gem. **R.162(1)b** – einmalige
nach R.71(3)-Mitt. H-II,2.5		nur Änderungen, die die Vorbereitungen für die Patenterteilung nicht merklich verzögern, Ergebnisse bisherigen Verfahrens dürfen nicht wieder infrage gestellt werden [**R.137(3)**]
spätes Verfahrensstadium		nur mit berechtigtem Grund [H-II,2.4]
Einspruch H-II,3		Nur zum Ausräumen eines Einspruchsgrunds und Änderungen müssen durch Einspruchsgrund gem. **Art.100** bedingt sein
Beschränkungsverfahren		Änderung muss Beschränkung darstellen [H-II,4; D-X,4.8; D-X,10]

---

[282] **Zuständigkeit:** Formalsachbearbeiter, **Ausnahme:** Berichtigung in Beschreibung/Zeichnung/Ansprüchen [ABl.2014, A6]; vollst. Ersetzen von Unterlagen einer ePa ist unzulässig (G2/95).
[283] Änderung von Prioansprüchen unterliegt besonderen Vorschriften, speziell nach Veröffentlichung nur, wenn offensichtlich, dass Fehler vorliegt [J2/92, J3/91, J6/91 und J11/92, J7/94].
[284] bei elektron. Einreichung können berichtigte Unterlagen auch in anderem Format eingereicht werden, wenn Anmelder EPA mitteilt, wo entsprechende Software in zumutbarer Weise auffindbar [ABl.2007S3, A.5].
[285] ob sich durch R.56-Nachreichung AT geändert hat, ist dabei unerheblich [A-V,3]; keine Berücksichtigung von nachgereichten Ansprüchen auf eine R.58-Mitt. [A-V,3].
[286] Nach Erteilung keine Änderung gem. R.139 mehr möglich [G1/10].

EPÜ 2000

Artikel 88[83], [84]
Inanspruchnahme der Priorität

(1)[85] Der Anmelder, der die Priorität einer früheren Anmeldung in Anspruch nehmen will, hat eine Prioritätserklärung und weitere erforderliche Unterlagen nach Maßgabe der Ausführungsordnung einzureichen.

(2) Für eine europäische Patentanmeldung können mehrere Prioritäten in Anspruch genommen werden, selbst wenn sie aus verschiedenen Staaten stammen. Für einen Patentanspruch können mehrere Prioritäten in Anspruch genommen werden. Werden mehrere Prioritäten in Anspruch genommen, so beginnen Fristen, die vom Prioritätstag an laufen, vom frühesten Prioritätstag an zu laufen.

(3) Werden eine oder mehrere Prioritäten für die europäische Patentanmeldung in Anspruch genommen, so umfasst das Prioritätsrecht nur die Merkmale der europäischen Patentanmeldung, die in der Anmeldung oder den Anmeldungen enthalten sind, deren Priorität in Anspruch genommen worden ist.

(4) Sind bestimmte Merkmale der Erfindung, für die die Priorität in Anspruch genommen wird, nicht in den in der früheren Anmeldung aufgestellten Patentansprüchen enthalten, so reicht es für die Gewährung der Priorität aus, dass die Gesamtheit der Anmeldungsunterlagen der früheren Anmeldung diese Merkmale deutlich offenbart.

[83] Geändert durch die Akte zur Revision des EPÜ vom 29.11.2000.
[84] Siehe hierzu Entscheidungen/Stellungnahmen GBK G 3/93, G 2/98 (Anhang I).
[85] Siehe BdP des EPA, Sonderausgabe Nr. 3, ABl.2007, B.2 und den BdP des EPA, ABl.2012, 492.

Artikel 89[86]
Wirkung des Prioritätsrechts

Das Prioritätsrecht hat die Wirkung, dass für die Anwendung des Art.54(2) und (3) und des Art.60(2) der Prioritätstag als Anmeldetag der europäischen Patentanmeldung gilt.

[86] Siehe hierzu Entscheidungen/Stellungnahmen GBK G3/93, G2/98, G3/98, G2/99 (Anhang I).

EPÜAO

Regel 52
Prioritätserklärung

(1) Die in Art.88(1) genannte Prioritätserklärung besteht aus einer Erklärung über den Tag der früheren Anmeldung und den Vertragsstaat der Pariser Verbandsübereinkunft oder das Mitglied der Welthandelsorganisation, in dem oder für den sie eingereicht worden ist, sowie aus der Angabe des Aktenzeichens. Im Fall des Art.87(5) ist Satz 1 entsprechend anzuwenden.

(2) Die Prioritätserklärung soll bei Einreichung der europäischen Patentanmeldung abgegeben werden. Sie kann noch innerhalb von sechzehn Monaten nach dem frühesten beanspruchten Prioritätstag abgegeben werden. [...]

Regel 53
Prioritätsunterlagen

(1) Ein Anmelder, der eine Priorität in Anspruch nimmt, hat innerhalb von sechzehn Monaten nach dem frühesten Prioritätstag eine Abschrift der früheren Anmeldung einzureichen. Diese Abschrift und der Tag der Einreichung der früheren Anmeldung sind von der Behörde, bei der die Anmeldung eingereicht worden ist, zu beglaubigen.

(2)[72] Die Abschrift der früheren Anmeldung gilt als ordnungsgemäß eingereicht, wenn eine dem EPA zugängliche Abschrift dieser Anmeldung unter den vom Präsidenten des EPA festgelegten Bedingungen in die Akte der europäischen Patentanmeldung aufzunehmen ist.

(3)[73] Ist die frühere Anmeldung nicht in einer Amtssprache des EPA abgefasst und ist die Wirksamkeit des Prioritätsanspruchs für die Beurteilung der Patentierbarkeit der Erfindung relevant, so fordert das EPA den Anmelder oder den Inhaber des europäischen Patents auf, innerhalb einer zu bestimmenden Frist eine Übersetzung der Anmeldung in einer der Amtssprachen einzureichen. Statt der Übersetzung kann eine Erklärung vorgelegt werden, dass die europäische Patentanmeldung eine vollständige Übersetzung der früheren Anmeldung ist. Absatz 2 ist entsprechend anzuwenden. Wird eine angeforderte Übersetzung einer früheren Anmeldung nicht rechtzeitig eingereicht, so erlischt der Anspruch auf die Prio. dieser Anmeldung für die ePa oder das europäische Patent. Der Anmelder oder Inhaber des europäischen Patents wird hiervon unterrichtet.

[72] Siehe BdP des EPA, SA Nr. 3 ABl.2007, B.2. Siehe hierzu auch den BdP des EPA vom 31.03.2020 über die Einreichung von Prio. (ABl.2020, A57) und die Mitt. des EPA betreffend den Austausch von Prio.unterlagen über den digitalen Zugangsservice der WIPO (ABl.2019, A27).
[73] Geändert durch BdV CA/D 7/12 vom 27.06.2012, (ABl.2012, 442), in Kraft getreten am 01.04.2013. Siehe auch Mitteilung EPA, ABl.2013, 150.

Regel 56
Fehlende Teile der Beschreibung oder fehlende Zeichnungen

(1) Ergibt die Prüfung nach Art.90(1), dass Teile der Beschreibung oder Zeichnungen, auf die in der Beschreibung oder in den Patentansprüchen Bezug genommen wird, offensichtlich fehlen, so fordert das EPA den Anmelder auf, die fehlenden Teile innerhalb von zwei Monaten nachzureichen. Aus der Unterlassung einer solchen Aufforderung kann der Anmelder keine Ansprüche herleiten.

(2) Werden fehlende Teile der Beschreibung oder fehlende Zeichnungen nach dem Anmeldetag, jedoch innerhalb von zwei Monaten nach dem Anmeldetag oder, wenn eine Aufforderung nach Absatz 1 ergeht, innerhalb von zwei Monaten nach dieser Aufforderung nachgereicht, so wird der Anmeldetag auf den Tag der Einreichung der fehlenden Teile der Beschreibung oder der fehlenden Zeichnungen neu festgesetzt. Das EPA unterrichtet den Anmelder entsprechend.

(3) Werden die fehlenden Teile der Beschreibung oder die fehlenden Zeichnungen innerhalb der Frist nach Absatz 2 eingereicht und nimmt die Anmeldung die Priorität einer früheren Anmeldung in Anspruch, so bleibt als Anmeldetag der Tag, an dem die Erfordernisse der R.40(1) erfüllt waren, wenn die fehlenden Teile der Beschreibung oder fehlende Zeichnungen vollständig in der früheren Anmeldung enthalten sind, der Anmelder dies innerhalb der Frist nach Absatz 2 beantragt und Folgendes einreicht:
a) eine Abschrift der früheren Anmeldung, sofern eine solche Abschrift dem Europäischen Patentamt nicht nach R.53(2) zur Verfügung steht;
b) wenn diese nicht in einer Amtssprache des EPA abgefasst ist, eine Übersetzung dieser Anmeldung in einer dieser Sprachen, sofern eine solche Übersetzung dem EPA nicht nach R.53(3) zur Verfügung steht, und
c) eine Angabe, wo die fehlenden Teile der Beschreibung oder die fehlenden Zeichnungen in der früheren Anmeldung und gegebenenfalls in der Übersetzung vollständig enthalten sind.

(4) Wenn der Anmelder
a) die fehlenden Teile der Beschreibung oder die fehlenden Zeichnungen nicht innerhalb der Frist nach Absatz 1 oder 2 einreicht oder
b) nach Absatz 6 fehlende Teile der Beschreibung oder fehlende Zeichnungen, die gemäß Absatz 2 nachgereicht wurden, so gelten die in Absatz 1 genannten Bezugnahmen als gestrichen und die Einreichung der fehlenden Teile der Beschreibung oder der fehlenden Zeichnungen ist nicht erfolgt. Das EPA unterrichtet den Anmelder entsprechend.

(5) Erfüllt der Anmelder die in Absatz 3 a) bis c) genannten Erfordernisse nicht innerhalb der Frist nach Absatz 2, so wird der Anmeldetag auf den Tag der Einreichung der fehlenden Teile der Beschreibung oder der fehlenden Zeichnungen neu festgesetzt. Das EPA unterrichtet den Anmelder entsprechend.

(6) Innerhalb eines Monats nach der in Absatz 2 oder 5 letzter Satz genannten Mitteilung kann der Anmelder die eingereichten fehlenden Teile der Beschreibung oder fehlenden Zeichnungen zurücknehmen; in diesem Fall gilt die Neufestsetzung des Anmeldetags als nicht erfolgt. Das EPA unterrichtet den Anmelder.

Rechtsprechung

J27/10
Für die Entscheidung, ob ein Teil der Beschreibung fehlt, die Formulierung "Teile der Beschreibung ... offensichtlich fehlen" in R.56(1) S.1 genauso auszulegen wie "fehlende Teile der Beschreibung" in den weiteren Absätzen der R.56. Der Begriff "Beschreibung" in "fehlende Teile der Beschreibung" in R.56 bezieht sich auf die ursprünglich für die Zuerkennung eines Anmeldetags eingereichte Beschreibung, und nicht auf eine andere Beschreibung. Die unvollständige, ursprünglich eingereichte Beschreibung ist um die fehlenden Teile zu ergänzen, die dem bereits eingereichten Wortlaut der Beschreibung hinzuzufügen sind. Eine Auslegung der R.56 dahin gehend, dass die ursprünglich eingereichte Beschreibung ganz oder teilweise geändert, ersetzt oder gestrichen werden könnte, ist somit falsch. [RBK IV-A.5.4.2]

J4/12
Die Einreichung von Zeichnungen, bei denen die Reproduktion der Figuren von geringer visueller Qualität ist, kann nach R.56 EPÜ nicht behoben werden.

Ändern und Berichtigen

Nachreichen fehlender Teile
Art.90(1), (4) iVm **R.56**, A-II,5, RBK IV-A.5.4

Handlung	Voraussetzung	Norm	Handlung	Frist	Rechtsfolge	Nachfrist	Rechtsbehelf
Nachreichen fehlender Teile ohne Prio (A-II,5.3)	1. fehlende Teile in der Beschreibung oder den Zeichnungen 2. fehlen dieser Teile ist offensichtlich	**R.56(2)** [287]	Nachreichen fehlender Teile der Beschreibung (als Ganzes) zum Ergänzen ODER Zeichnungen (als Ganzes) zum Ergänzen ACHTUNG: ganz/teilweises Ändern, Ersetzen oder Streichen von (falschen) Teilen in ePa ist unzulässig [J27/10]	**2 M** nach R.56(1)-Auff. +10 Tage zur Nachreichung fehlender Teile	**+** nachgereichte Teile werden ePa hinzugefügt und ersetzen ggf. ursprüngliche Teile **ABER** Verschiebung des AT auf Tag der Nachreichung [289] **R.56(2)** **−** Bezugnahme auf fehlende Teile gem. R.56(1) gilt als gestrichen **UND** Einreichung als nicht erfolgt (R.112(1)-Mitt.) **R.56(4)** **ABER:** Veröffentlichung ePa in urspr. Fassung ohne physische Streichung der Bezugnahme		Zurücknahme nachgereichter Teile binnen **1 M** nach Auff. +10Tage **R.56(6)** iVm **R.56(4)b)** ODER WB (−) **Art.121(4)**, **R.135(2)**
Nachreichen fehlender Teile mit Prio (A-II,5.4)	ACHTUNG: bloße Unrichtigkeit in ePa ist kein fehlender Teil iSv R.56 J27/10 UND Zeichnung in schlechter visueller Qualität ist kein fehlender Teil iSv R.56 J12/14	**R.56(3)** [287]	1) Nachreichen von fehlenden Teilen der Beschreibung [288] ODER Zeichnungen zum Ergänzen ACHTUNG: ganz/teilweises Ändern, Ersetzen oder Streichen von Teilen in ePa ist unzulässig [J27/10] 2) wirksame Inanspruchnahme der Prio am AT [R.52(1)] ODER spätestens mit Nachreichen fehlender Teile [R.52(2)] [290] a) beglaubigter Abschrift Priounterlagen, **R.53(2)** b) ggf. Übersetzung in Amtssprache, **R.53(3)** c) Angabe, wo fehlende Teile vollständig enthalten sind **R.56(3)** iVm **Art.88(1)**, **R.52**, **R.53** 3) Antrag, dass nachgereichten Teilen die beanspruchte Prio zugrunde zu legen ist 4) nachgereichten Teile mit demselben Text bzw. Zeichnungen mit denselben Erläuterungen sind in Priodokument „vollständig enthalten"	**Art.90(1)** iVm **R.56(1)** ODER **2 M** nach AT von sich aus (letzte Möglichkeit fehlende Teile unter Erhalt des AT nachzureichen) **R.56(2)**S.1, 1.Alt.	**+** nachgereichte Teile werden ePa hinzugefügt und ersetzen ggf. Teile **ABER** AT bleibt erhalten **UND** PT gilt als AT **R.56(3)** und **Art.89** **−** verspätete Nachreichung: Bezugnahme auf fehlende Teile gilt als gestrichen **UND** Einreichung als nicht erfolgt (R.112(1)-Rechtsverlustmitt.) **ABER:** Veröffentlichung ePa in urspr. Fassung ohne physische Streichung der Bezugnahme **R.56(4)a)** ODER Verschiebung des AT auf Tag der Nachreichung, wenn Prio unwirksam beansprucht [289],BF **R.56(5)**	keine	WE (+) **Art.122**, **R.136** ODER Beschwerde (+) **Art.106** ODER Neueinreichung ePa (mit fehlenden Teilen ohne Prioanspruch, solange Erfindungsgegenstand nicht veröff.)

---

[287] R.56 ist **nicht anwendbar** auf eine vollst. fehlende Beschreibung (hier greift **R.40(1)c)** iVm **R.55**) ODER Ansprüche (weder auf unvollständig noch auf gar nicht eingereichte).

[288] Beschreibung umfasst auch Sequenzprotokolle [A-IV, 5.1].

[289] **Verhinderung Neufestsetzung AT** (bspw., wenn AT soweit verschoben, dass durch Überschreitung der 12M-Priofrist die Prio ungültig wird): **[1]** Zurücknahme „neuer" Teile innerhalb **1 M**+10Tage nach R.56(2)S.2/R.56(5)-Mitt. möglich [**R.56(6)**] oder **[2]** Einreichung neuer ePa mit fehlenden Teilen ohne Prioanspruch; **mangelnde Offenbarung:** zurückgenommene „neue" Teile gelten nicht mehr als Teil der ePa [A-II,5.4.2 und 5.5; C-III,1; H-VI,22], so dass infolge eines Art.83-Einwands die ePa zurückgewiesen werden kann [F-III,10]; **aber:** Prüfungsabteilung kann Feststellungen der Eingangsstelle überprüfen, **außer** Entscheidung einer BK ist ergangen [C-III, 1.1.1].

[290] Priorität muss nicht am AT beansprucht worden sein, aber unzulässig ist Inanspruchnahme der Prio erst nach Antrag auf Einbeziehung fehlender Teile [A-II,5.4.1].

EPÜ 2000

Artikel 14[11], [12]
Sprachen des Europäischen Patentamts, europäischer Patentanmeldungen und anderer Schriftstücke

(1) Die Amtssprachen des Europäischen Patentamts sind Deutsch, Englisch und Französisch.

(2) Eine europäische Patentanmeldung ist in einer Amtssprache einzureichen oder, wenn sie in einer anderen Sprache eingereicht wird, nach Maßgabe der Ausführungsordnung in eine Amtssprache zu übersetzen. Diese Übersetzung kann während des gesamten Verfahrens vor dem Europäischen Patentamt mit der Anmeldung in der ursprünglich eingereichten Fassung in Übereinstimmung gebracht werden. Wird eine vorgeschriebene Übersetzung nicht rechtzeitig eingereicht, so gilt die Anmeldung als zurückgenommen. [...]

[111] Geändert durch die Akte zur Revision des EPÜ vom 29.11.2000.
[12] Siehe hierzu Entscheidungen GBK G6/91, G2/95, G4/08 (Anhang I).

Artikel 70[63], [64]
Verbindliche Fassung einer europäischen Patentanmeldung oder eines europäischen Patents

(1) Der Wortlaut einer europäischen Patentanmeldung oder eines europäischen Patents in der Verfahrenssprache stellt in Verfahren vor dem Europäischen Patentamt sowie in jedem Vertragsstaat die verbindliche Fassung dar.

(2) Ist die europäische Patentanmeldung jedoch in einer Sprache eingereicht worden, die nicht Amtssprache des Europäischen Patentamts ist, so ist dieser Text die ursprünglich eingereichte Fassung der Anmeldung im Sinne dieses Übereinkommens. [...]

[63] Geändert durch die Akte zur Revision des EPÜ vom 29.11.2000.
[64] Siehe hierzu Entscheidungen GBK G1/10 (Anhang I).

Artikel 123[143], [144]
Änderungen

(1) Die europäische Patentanmeldung oder das europäische Patent kann im Verfahren vor dem Europäischen Patentamt nach Maßgabe der Ausführungsordnung geändert werden. In jedem Fall ist dem Anmelder zumindest einmal Gelegenheit zu geben, von sich aus die Anmeldung zu ändern.

(2) Die europäische Patentanmeldung und das europäische Patent dürfen nicht in der Weise geändert werden, dass ihr Gegenstand über den Inhalt der Anmeldung in der ursprünglich eingereichten Fassung hinausgeht. [...]

[143] Geändert durch die Akte zur Revision des EPÜ vom 29.11.2000.
[144] Siehe hierzu Entscheidungen der GBK G2/88, G3/89, G 11/91, G 1/93, G 2/95, G 2/98, G 1/99, G 1/03, G 2/03, G 1/05, G 2/10, G 3/14 (Anhang I).

EPÜAO

Regel 52
Prioritätserklärung

(1) Die in Art.88(1) genannte Prioritätserklärung besteht aus einer Erklärung über den Tag der früheren Anmeldung und den Vertragsstaat der Pariser Verbandsübereinkunft oder das Mitglied der Welthandelsorganisation, in dem oder für den sie eingereicht worden ist, sowie aus der Angabe des Aktenzeichens. Im Fall des Art.87(5) ist Satz 1 entsprechend anzuwenden.

(2) Die Prioritätserklärung soll bei Einreichung der europäischen Patentanmeldung abgegeben werden. Sie kann noch innerhalb von sechzehn Monaten nach dem frühesten beanspruchten Prioritätstag abgegeben werden.

(3) Der Anmelder kann die Prioritätserklärung innerhalb von sechzehn Monaten nach dem frühesten beanspruchten Prioritätstag berichtigen oder, wenn die Berichtigung zu einer Verschiebung des frühesten beanspruchten Prioritätstags führt, innerhalb von sechzehn Monaten ab dem berichtigten frühesten Prioritätstag, je nachdem, welche 16-Monatsfrist früher abläuft, mit der Maßgabe, dass die Berichtigung bis zum Ablauf von vier Monaten nach der europäischen Patentanmeldung zuerkannten Anmeldetag eingereicht werden kann.

(4) Nach Einreichung eines Antrags nach Art.93(1) b) ist die Abgabe oder Berichtigung einer Prioritätserklärung jedoch nicht mehr möglich.

(5) Die Angaben der Prioritätserklärung sind in der veröffentlichten europäischen Patentanmeldung und auf der europäischen Patentschrift zu vermerken.

Regel 124
Niederschrift über mündliche Verhandlungen und Beweisaufnahmen

[...] (4) Die Beteiligten erhalten eine Abschrift der Niederschrift.

Regel 139[143]
Berichtigung von Mängeln in den beim EPA eingereichten Unterlagen

Sprachliche Fehler, Schreibfehler und Unrichtigkeiten in den beim Europäischen Patentamt eingereichten Unterlagen können auf Antrag berichtigt werden. Betrifft der Antrag auf Berichtigung jedoch die Beschreibung, die Patentansprüche oder die Zeichnungen, so muss die Berichtigung derart offensichtlich sein, dass sofort erkennbar ist, dass nichts anderes beabsichtigt sein konnte als das, was als Berichtigung vorgeschlagen wird.

[-43] Siehe hierzu Entscheidungen der GBK G3/89, G 11/91, G2/95, G1/12 (Anhang I).

Regel 140[144]
Berichtigung von Fehlern in Entscheidungen

In Entscheidungen des Europäischen Patentamts können nur sprachliche Fehler, Schreibfehler und offenbare Unrichtigkeiten berichtigt werden.

[144] Siehe hierzu Entscheidungen der GBK G8/95, G1/10 (Anhang I).

Rechtsprechung

G3/89, G11/91
1. Eine Berichtigung der die Offenbarung betreffenden Teile einer ePa oder eines europäischen Patents (der Beschreibung, der Patentansprüche und der Zeichnungen) nach R.88 S.2 darf nur im Rahmen dessen erfolgen, was der Fachmann der Gesamtheit dieser Unterlagen in ihrer ursprünglich eingereichten Fassung unter Heranziehung des allgemeinen Fachwissens - objektiv und bezogen auf den Anmeldetag - unmittelbar und eindeutig entnehmen kann. Eine solche Berichtigung hat rein feststellenden Charakter und verstößt daher nicht gegen das Erweiterungsverbot nach Art.123(2).

2. Der Nachweis dessen, was am Anmeldetag allgemeines Fachwissen des Fachmanns war, kann im Rahmen eines zulässigen Berichtigungsantrags mit jedem geeigneten Beweismittel erbracht werden.

G8/95
Für eine Beschwerde gegen die Entscheidung einer Prüfungsabteilung, einen Antrag nach R.89 auf Berichtigung des Erteilungsbeschlusses zurückzuweisen, ist eine Technische BK zuständig.

T260/85
1. Für die Zwecke des Art.123(2) gehören Prioritätsunterlagen nicht zum "Inhalt der Anmeldung in der ursprünglich eingereichten Fassung", selbst wenn sie am selben Tag wie die europäische Patentanmeldung eingereicht worden sind.

2. Es ist nicht zulässig, aus einem unabhängigen Anspruch ein Merkmal zu streichen, das in der ursprünglich eingereichten Anmeldung durchweg als wesentliches Erfindungsmerkmal hingestellt worden ist, da dies gegen Art.123(2) verstoßen würde.

T389/86
Eine Beschwerde, die nach Verkündung einer Entscheidung in einer mündlichen Verhandlung, aber vor Zustellung der schriftlich begründeten Entscheidung eingelegt wird, wahrt die Frist nach Art.108 S.1.

J42/92
Ein Antrag nach R.88 EPÜ auf Änderungen der Beschreibung oder der Ansprüche kann nur während der Anhängigkeit oder des Einspruchsverfahrens eingereicht werden.

T850/95
I. Ein Erteilungsbeschluß enthält eine offenbare Unrichtigkeit im Sinne der R.89, wenn der für die Erteilung zugrundegelegte Text nicht der Text ist und offensichtlich auch nicht sein kann, der die tatsächliche Absicht der Prüfungsabteilung wiedergibt; der irrtümlich angegebene Text kann durch den Text ersetzt werden, den die Abteilung ihrem Beschluß tatsächlich zugrunde legen wollte.

II. Auf die Einreichung von Ersatzseiten für die gesamte Patentschrift ist möglichst zu verzichten, sofern nicht der Umfang der Änderungen dies unbedingt erforderlich macht.

T231/99
Die von Amts wegen erfolgte Berichtigung der Niederschrift einer mündlichen Verhandlung durch die Einspruchsabteilung kann nicht unmittelbar mit der Beschwerde angegriffen werden.

J12/80
1. Die Berichtigung von Unrichtigkeiten im Erteilungsantrag einer europäischen Patentanmeldung ist, wenn der Antrag auf Berichtigung unverzüglich gestellt wird, auch dann nicht ausgeschlossen, wenn die Anmeldung ohne die beantragte Berichtigung veröffentlicht wird, während eine Beschwerde gegen die Zurückweisung des Antrags anhängig ist.

2. Hat ein Dritter mit der Benutzung der Erfindung in der Zeit zwischen der Veröffentlichung der noch nicht berichtigten Anmeldung und der Veröffentlichung der Berichtigung begonnen, so muß die Entscheidung über seine Rechte den zuständigen nationalen Gerichten überlassen bleiben; das EPÜ enthält für solche Fälle keine ausdrücklichen Bestimmungen zum Schutz Dritter, wie sie ähnlich in Art.122(6) getroffen worden sind.

Ändern und Berichtigen

Berichtigungen von Fehlern (alphabetisch sortiert) — H-I bis H-VI

	Art	Voraussetzung	Norm	vorzunehmende Handlung	Frist	Zuständigkeit	Rechtsfolge	Behelf
71	**Ansprüchen nachreichen** A-III,15	keine Ansprüche am AT und keine R.58-Mitt.	A-III,15		von sich aus nach AT der ePa	Formalprüfung	+ Ansprüche zur ePa genommen und Recherche zugrunde gelegt [292] − R.58-Auff. zur Einreichung von Ansprüchen	WB (−) **R.135(2)** WE (+); Beschwerde (+)
		keine Ansprüche am AT und keine R.58-Mitt.	**R.50(1)** iVm **R.58**	nachreichen von Ansprüchen, die von der urspr. eingereichten Fassung gedeckt sind [291] **Art.123(2)**	2 M ab Mitt. +10 Tage **Art.90(4), R.58**	gesonderte Formalprüfung	+ Ansprüche zur ePa genommen und Recherche zugrunde gelegt [292] − ePa wird zurückgewiesen, R.111-Mitt. der Entscheidung **Art.90(5)**	
72	**Benennung VStaaten** RBK IV-A.7.3	1) Zurücknahme einer Benennung ist noch nicht offiziell bekanntgemacht 2) Irrtum ist ein entschuldbares Versehen 3) Berichtigungsantrag erfolgt ohne schuldhaftes Zögern; so dass 4) keine Interessenbeeinträchtigung Dritter J10/87, J17/99	**R.139 S.1**	schriftlicher Antrag auf Widerruf der Zurücknahme der Benennung eines VStaates [293] J12/80	»unverzüglich« so lange ein Verfahren vor EPA anhängig [295] J42/92	Formalprüfung	+ VStaat gilt weiterhin als ausgewählt	
73	**Beschreibung, Patentansprüche, Zeichnungen** BEACHTE: vollst. Ersetzen durch neue Unterlagen ist unzulässig [G2/95]	1) ESR erhalten **R.137(1)** 2) ePa ist anhängig 3) Änderungen dürfen nicht über Inhalt urspr. eingereichter Fassung hinausgehen **Art.123(2)**	**Art.123(1)** iVm **R.137(2)** A-V,2	Änderung [294] der Beschreibung, Zeichnung(en), Ansprüche nur auf Basis urspr. eingereichter Anmeldefassung [Rn.B-43] UND nur in Verfahrenssprache [R.3(2)]	»jederzeit« nach Erhalt des ESR so lange ePa anhängig ist **R.137(1)**	Erteilungs- und Anmeldebeschwerdeverfahren	+ geänderte Unterlagen liegen dem weiteren Verfahren zugrunde	
		1) **offensichtlich erkennbare Unrichtigkeit** 2) Berichtigung unmittelbar und eindeutig aus ursprünglich eingereichter Fassung iSv Art.70(1) bzw. (2) möglich G3/89	**R.139 S.2** G3/89; G11/91	• **Antrag** auf Berichtigung • Berichtigung erfolgt nur auf Basis urspr. eingereichter Anmeldefassung [S.50] UND mit Nachweis allgemeinen Fachwissens am AT [294] **Art.123(2), G11/91**	»jederzeit« so lange ein Verfahren vor EPA anhängig [295] J42/92	für jeweilige Verfahrensabschnitt zuständige Stelle	+ entsprechender Fehler wird berichtigt Hinweis auf ePa-Titelseite, wenn Berichtigungsantrag vor Veröff. der ePa eingeht	
	H-VI,2.2.1	rekonstruierbare, fehlende Teile	**R.139 S.2** J1/82				Rekonstruktion fehlender Teile	

[291] gesonderte Formalprüfung in Recherchenphase [B-XI,2.2]; Verfahren bei unzulässiger Änderung nach Art.123(2)/Art.76(1) [B-VIII,6]; ggf. ergeht R.63(1)-Mitt., dass eine Recherche nicht möglich ist.

[292] außer, nachgereichte Ansprüche verstoßen gegen Art.123(2) bzw. Art.76(1) [B-VIII,6]; Prüfung erfolgt durch Recherchenprüfer [B-XI,2.2].

[293] grds. gelten mit dem Erteilungsantrag einer ePa **alle** VStaaten als benannt [**Art.79(1)**]; **Zurücknahme** von VStaaten bis Erteilung des ePa jederzeit möglich [**Art.79(3)**].

[294] Prioritätsunterlagen nicht heranziehbar; im Gegensatz zu Nachreichen fehlender Teile (dh Beschreibung/Zeichnungen) iSv **R.56(3)** [T260/85]; vollst. Ersetzen durch neue Unterlagen ist unzulässig, da Berichtigung rein feststellenden Charakter hat [G2/95].

[295] im Prüfungsverfahren jedoch nur bis zur Abgabe des Erteilungsbeschlusses an interne EPA-Poststelle zur Zustellung an Anmelder [G12/91, H-VI,2.1; Datum "zur Poststelle am: [...]" ist auf Form2006A angegeben].

	Art	Voraussetzung	Norm	vorzunehmende Handlung	Frist	Zuständigkeit	Rechtsfolge	Behelf
74	**formal**	Entscheidungswortlaut [297] weicht offensichtlich von dem Gewollten des betreffenden Organs ab (sprachliche Fehler, Schreibfehler, offenbare Unrichtigkeiten) H-VI,3	**R.140**	begründeter Antrag **ODER** selbsttätig von Amts wegen	»unverzüglich«	Stelle, die Entscheidung erlassen hat	+ Wirkung *ex tunc* (Datum der Entscheidung bleibt erhalten) [298] T212/88 – begründete Entscheidung [299] T850/95	--
	Entscheidungen [296] **inhaltlich**	inhaltlicher Fehler in beschwerdefähiger End-/Zwischenentscheidung **Art.106(1)/(2)**	**Art.106, R.99**	Beschwerde mit: 1) Beschwerdeschrift 2) Beschwerdebegründung (4 M nach Zustellung angefochtener Entscheidung +10Tage) 3) Beschwerdegebühr	**2 M** nach Zustellung der begründeten Entscheidung +10Tage [300] **Art.108 S.1** **ODER** bei MV direkt nach Verkündung der Entscheidung T389/86	Beschwerdekammer	– Beschwerde wird als unzulässig verworfen ggf. gezahlte Beschwerdegebühr wird zurückerstattet **Art.101(1), T41/82** – Beschwerde gilt als nicht eingelegt **Art.108 S.2** G8/95	--
75	**Irrtümliche Zurücknahme** der ePa	1) keine offizielle Bekanntgabe 2) entschuldbares Versehen 3) keine wesentliche Verfahrensverzögerung 4) keine Interessenbeeinträchtigung Dritter J18/93 (ABl.1997,326); J17/96; J31/96	**R.139 S.1** [J:0/87; J10/08] RBK IV-B 3.8.2 J10/87	schriftlicher, begründeter Antrag [301] auf Widerruf der Zurücknahme	»unverzüglich« (vorzugsweise bis 5 W vor Abschluss techn. Vorbereitungen zur Veröff. der ePa)	zuständige Instanz	ePa bleibt anhängig	--
76	**Name des Anmelders**	1) offensichtlich irrtümliche Einreichung in fremden Namen; J7/80 2) genügend Beweise zur Stütze Antrags, die erlauben, Anmelderidentität festzustellen J18/93 (ABl.1997, 326); J17/96; J31/96	**R.139 S.1**	schriftlicher Berichtigungsantrag	»unverzüglich« J2/92	Formalsachbearbeiter	+ Rückwirkung auf den AT und stellt ePa so her, wie gewesen wäre, wenn der Fehler nicht unterlaufen wäre J3/91; ABl.1994,365; J2/92	--
77	**Prioritätserklärung vor** Veröffentlichung der ePa A-V,3	**Fall 1** keine Veröff. der ePa	**R.52(3)**	schriftlicher Antrag auf: • Hinzufügen, **R.52(2)** • Berichtigen, **R.52(3)**	**16 M** ab frühesten PT **ODER** bei Berichtigung des frühesten PT **16 M** ab berichtigtem PT; **ABER** max. **4 M** nach AT **R.52(3)**	Formalsachbearbeiter	Wirkung *ex tunc* – ändert sich frühreste beanspruchte Priotag, wird **16 M**-Frist nach Art.88(2) neu berechnet	--

---

[296] keine Änderung/Aufhebung von Entscheidungen [T212/88; T367/96; T425/97]; unzulässig für Änderung von Beschreibung/Ansprüchen/Zeichnungen von ePa oder Patent [G1/10].

[297] Unterlagen Erteilungsbeschlusses (Beschreibung/Ansprüchen/Zeichnungen) sind mit **R.71(5), 82(2), 95(3); G1/10**; **R.140** nicht korrigierbar, da Anmelder/PI zur Prüfung vorgeschlagener Unterlagen im Erteilungs-/Einspruchs-/Beschränkungsverfahren verpflichtet [**R.71(5), 82(2), 95(3); G1/10**]. **aber:** Berichtigung nach **R.139** dieser Unterlagen im Einspruch [H-II,3.2; **T657/11**] oder Beschränkungsverfahren [D-X, 4.3] auf Basis erteilten EP-Patents zulässig. **Fehler in Übersetzung der Ansprüche**: nicht mit R.140 korrigierbar, da Übersetzung nur der Information dient [**Art.14(6)**] und nicht Teil des Erteilungsbeschlusses [H-VI,3.4].

[298] bewirkt keine Verschiebung von Fristen (z.B. Beschwerdefrist).

[299] vorhergehende Mitt. der Gründe an Antragsteller [**Art.113(1)**].

[300] **Berichtigung Entscheidung** [**R.140**]: Wirkung *ex tunc*, d.h. Datum der Entscheidung bleibt erhalten und bewirkt keine Verschiebung Beschwerdefrist [**T212/88**]; Einreichung direkt nach MV noch vor Zustellung der schriftl. Entscheidung gilt als in der Frist gestellt [**T389/86**].

[301] Bedingungen [J7/90; ABl.1993,133; J6/02]: **[1]** entschuldbares Versehen; **[2]** Beantragung ohne schuldhaftes Zögern; **[3]** Antrag so frühzeitig, dass keine Interessenbeeinträchtigung Dritter.

Ändern und Berichtigen

78	**Prioritätserklärung nach** Veröffentlichung ePa A-V,3	R.139 S.1 [J3/82]	Fall 2: 1) keine Veröff. der ePa 2) techn. Vorbereitung für Veröff. noch nicht abgeschlossen	»unverzüglich« (vorzugsweise bis 5 W vor Abschluss techn. Vorbereitungen zur Veröff. ePa)	Formalsachbearbeiter	Wirkung *ex tunc* – ändert sich früheste beanspruchte Priotag, wird **16 M**-Frist nach Art.88(2) neu berechnet
			nur, wenn aus ePa dirket ersichtlich:			--
		R.139 S.1 [J9/91]	1) offensichtliche Unstimmigkeit [J3/91; J6/91] [302] **oder** Hinzufügen vergessener Prio, wenn Öffentlichkeit anderweitig über volles Schutzbegehren informiert [J11/92] **oder**	schriftlicher Antrag [301] auf: • Hinzufügen [J11/92; J4/82] • Berichtigung [J2/92; J6/91]	für jeweilige Verfahrensabschnitt zuständige Stelle	Änderung des Priotags *ex tunc*
		RBK IV.A.8.2.2	2) keine Interessenbeeinträchtigung Dritter J2/92 3) EPA zumindest teilw. für nichtveröff. Prio verantwortlich [J11/92; J12/80]			
79	**Kollision mit älteren nat. Rechten** A-III,11.2.4	Art.79(3)	Benennung des Vertragsstaats zurücknehmen	»jederzeit« bis zur Erteilung	Prüfungs- bzw. Einspruchsabteilung	--
		R.138	Bestehen älterer nat. Rechte in Vertragsstaat **Art.139(2)** 1) älteres nat. Recht mitteilen 2) unterschiedliche Ansprüche für verschiedene VStaaten	bei Einreichung ePa		
80	**Niederschrift einer MV** E-III,10.4	R.124 RBK III.B.3.3; III.B.7.10.3	Abschrift einer mangelhaften [303] Niederschrift über MV erhalten	»möglichst bald« nach Erhalt betreffender Niederschrift E-III,10.4	Prüfungs- bzw. Einspruchsabteilung	+ berichtigte Niederschrift zur MV − begründete Mitt. [304], warum Niederschrift unverändert T819/96
		R.124(4)	Berichtigungsantrag (begründet)			
81	**Übersetzungsfehler** A-VII,7	Art.14(2) S.2	1) ursprünglich eingereichte Fassung der ePa war in Nicht-Amtssprache [305] **[Art.70(2)]** 2) Übersetzung dieser Fassung iSv R.6(1) enthält Unrichtigkeit	Übereinstimmung in mit der urspr. eingereichten Fassung iSv Art.70(2) [306], [307]	für jeweilige Verfahrensabschnitt zuständige Stelle	Berichtigung der ePa oder EP-Patent (AUSNAHME: Berichtigung verstößt gegen Art.123(3))
82	**Veröffentlichungsfehler** H-VI,4	R.139 S.1 T150/89	Inhalt gedruckten EP-Patents unterscheidet sich offensichtlich von R.71(3)-Mitt.	»jederzeit« [308] während anhängigen Verfahren vor EPA	Formalsachbearbeiter ABl.2015,A104	Neuveröffentlichung des Patents [310] R.143(2) iVm ABl.2014, A86
		R.112(2)	Fehler im PatReg [Art.127] oder EP-Patentblatt [Art.129a]	»jederzeit«		
		R.140		**2 M** nach Mitt.		
		J1/11	Antrag auf Entscheidung [J1/11]			
			Berichtigungsantrag [J1/11]	»unverzüglich«		

[302] z.B.: **[1]** PT und AT liegen auffällig nah beieinander und AZ der Erstanmeldung angegeben [J3/91]; **[2]** ePa gibt fehlerhaften PT an, Priobeleg jedoch korrekten PT und Anmeldeamt zumindest teilw. für fehlerhafte Angabe verantwortlich [J3/91]; **[3]** "wesentliche" und "rechtserhebliche" Mängel sind bspw. Fehlen wesentlicher Anträge ODER ähnlich wichtiger verfahrensrechtlicher Erklärungen ODER nicht richtig Wiedergabe dessen [T231/99; T642/97; T819/96].
[303] "wesentliche" und "rechtserhebliche" Mängel sind bspw. Fehlen wesentlicher Anträge ODER ähnlich wichtiger verfahrensrechtlicher Erklärungen ODER nicht richtig Wiedergabe dessen [T231/99; T642/97; T819/96].
[304] diese Mitt. ist nicht beschwerdefähig [T1198/97; T1063/02].
[305] Basis für Korrektur gem. Art.70(2) ist **[1]** eingereichte ePa in Nichtamtssprache, **[2]** ePa mit Bezugnahme in Nichtamtssprache, **[3]** TA einer ePa in Nichtamtssprache ODER **[4]** PCT-Anmeldung in Nichtamtssprache [R.153(2)].
[306] Prioritätsunterlagen nicht heranziehbar; im Gegensatz zu Nachreichen fehlender Teile (Beschreibung/Zeichnungen) iSv R.56(3) [T260/85].
[307] Beglaubigung ist auf Verlangen des EPA binnen einer zu best. Frist [10 Tage] einzureichen, wenn ernsthafte Zweifel an Richtigkeit der Übersetzung bestehen. Ist Einreichung nicht rechtzeitig, so gilt Schriftstück als nicht eingereicht; WB (+); WE (-) [R.5; A-VII, 7] – Übersetzungen der Ansprüche wegen R.71(3)-Mitt. bedürfen keiner Beglaubigung.
[308] **Einspruchs(beschwerde)verfahren:** Korrektur des EP-Patents nur zulässig, wenn sie nicht gegen Art.123(3) verstößt (Erweiterung des Schutzbereichs) [A-VII,7].
[309] Bedingungen [J7/90; ABl.1993,133; J6/02]: **[1]** entschuldbares Versehen; **[2]** Beantragung ohne schuldhaftes Zögern; **[3]** Antrag so frühzeitig, dass keine Interessenbeeinträchtigung Dritter.
[310] verspätete Veröffentlichung des EP-Patents haben keinen Einfluss auf 9 M-Einspruchsfrist [T1644/10].

EPÜ

Artikel 92[90],[91]
Erstellung des europäischen Recherchenberichts

Das EPA erstellt und veröffentlicht nach Maßgabe der Ausführungsordnung einen europäischen Recherchenbericht zu der europäischen Patentanmeldung auf der Grundlage der Patentansprüche unter angemessener Berücksichtigung der Beschreibung und der vorhandenen Zeichnungen.

[89] Geändert durch die Akte zur Revision des EPÜ vom 29.11.2000.
[90] Siehe hierzu die Mitteilung des EPA über das Programm zur beschleunigten Bearbeitung europäischer Patentanmeldungen ("PACE"), ABl.2015, A93 und die Mitteilung des EPA über Möglichkeiten der Beschleunigung des europäischen Patenterteilungsverfahrens, ABl.2015, A94.

Artikel 94[94],[95]
Prüfung der europäischen Patentanmeldung

(1) Das EPA prüft nach Maßgabe der Ausführungsordnung auf Antrag, ob die europäische Patentanmeldung und die Erfindung, die sie zum Gegenstand hat, den Erfordernissen dieses Übereinkommens genügen. Der Antrag gilt erst als gestellt, wenn die Prüfungsgebühr entrichtet worden ist.[96]

(2) Wird ein Prüfungsantrag nicht rechtzeitig gestellt, so gilt die Anmeldung als zurückgenommen.

(3) Ergibt die Prüfung, dass die Anmeldung oder die Erfindung, die sie zum Gegenstand hat, den Erfordernissen dieses Übereinkommens nicht genügt, so fordert die Prüfungsabteilung den Anmelder so oft wie erforderlich auf, eine Stellungnahme einzureichen und, vorbehaltlich des Art.123(1), die Anmeldung zu ändern.

(4) Unterlässt es der Anmelder, auf eine Mitteilung der Prüfungsabteilung rechtzeitig zu antworten, so gilt die Anmeldung als zurückgenommen.

[94] Geändert durch die Akte zur Revision des EPÜ vom 29.11.2000.
[95] Siehe hierzu die Mitteilung des EPA über Möglichkeiten der Beschleunigung des europäischen Patenterteilungsverfahrens, ABl.2015, A94.
[96] Siehe hierzu Mitteilung des EPA, ABl.2016, A20.

EPÜAO

Regel 61[75]
Inhalt des europäischen Recherchenberichts

(1) Im europäischen Recherchenbericht werden die dem EPA zum Zeitpunkt der Erstellung des Berichts zur Verfügung stehenden Schriftstücke genannt, die zur Beurteilung der europäischen Patentanmeldung in Betracht gezogen werden können, ob die Erfindung, die Gegenstand der europäischen Patentanmeldung ist, neu ist und auf erfinderischer Tätigkeit beruht.

(2) Die Schriftstücke werden im Zusammenhang mit den Patentansprüchen aufgeführt, auf die sie sich beziehen. Gegebenenfalls werden die maßgeblichen Teile jedes Schriftstücks näher gekennzeichnet.

(3) Im europäischen Recherchenbericht ist zu unterscheiden zwischen Schriftstücken, die vor dem beanspruchten Prioritätstag, zwischen dem Prioritätstag und dem Anmeldetag und an oder nach dem Anmeldetag veröffentlicht worden sind.

(4) Schriftstücke, die sich auf eine vor dem Anmeldetag der europäischen Patentanmeldung der Öffentlichkeit zugänglich gemachte mündliche Beschreibung, Benutzung oder sonstige Offenbarung beziehen, werden in dem europäischen Recherchenbericht unter Angabe des Tags einer etwaigen Veröffentlichung des Schriftstücks und einer nicht schriftlichen Offenbarung genannt.

(5) Der europäische Recherchenbericht wird in der Verfahrenssprache abgefasst.

(6) Auf dem europäischen Recherchenbericht ist die Klassifikation des Gegenstands der europäischen Patentanmeldung nach der Internationalen Klassifikation anzugeben.

[75] Siehe hierzu die Mitteilung des EPA über den Anhang zum europäischen Recherchenbericht (ABl.1982, 448 ff.; 1984, 381; 1999, 90) und ABl.2015, A86: Pilotprogramm zu Recherchenstrategien.

Regel 62[76]
Erweiterter europäischer Recherchenbericht

(1) Zusammen mit dem europäischen Recherchenbericht ergeht eine Stellungnahme dazu, ob die Anmeldung und die Erfindung, die sie zum Gegenstand hat, die Erfordernisse dieses Übereinkommens zu erfüllen scheinen, sofern nicht eine Mitteilung nach R.71(1) oder (3) erlassen werden kann.

(2) Die Stellungnahme nach Absatz 1 wird nicht zusammen mit dem Rechercher cht veröffentlicht.

[76] Eingefügt durch BdV vom 09.12.2004 (ABl.2005, 5), in Kraft getreten am 01.07.2C05.

Regel 65
Übermittlung des europäischen Recherchenberichts

Der europäische Recherchenbericht wird unmittelbar nach seiner Erstellung dem Anmelder zusammen mit den Abschriften aller angeführten Schriftstücke übermittelt.

Regel 69[85]
Mitteilungen über die Veröffentlichung

(1) Das EPA teilt dem Anmelder den Tag mit, an dem im Europäischen Patentblatt auf die Veröffentlichung des europäischen Recherchenberichts hingewiesen wird, und weist ihn auf R.70(1), Art.94(2) und R.70a(1) hin.

(2) Ist in der Mitteilung nach Absatz 1 ein späterer Tag der Veröffentlichung angegeben als der tatsächliche Tag der Veröffentlichung, so ist für die Fristen nach R.70(1) und R.70a(1) der spätere Tag maßgebend, wenn der Fehler nicht ohne Weiteres erkennbar war.

[85] Geändert durch BdV CA/D 3/09 vom 25.03.2009 (ABl.2009,299), in Kraft getreten am 01.04.2010.

Regel 70
Prüfungsantrag

(1)[86] Der Anmelder kann bis zum Ablauf von sechs Monaten nach dem Tag, an dem im Europäischen Patentblatt auf die Veröffentlichung des europäischen Recherchenberichts hingewiesen worden ist, die Prüfung der europäischen Patentanmeldung beantragen. Der Antrag kann nicht zurückgenommen werden.

(2) Wird der Prüfungsantrag gestellt, bevor dem Anmelder der europäische Recherchenbericht übermittelt worden ist, so fordert das EPA den Anmelder auf, innerhalb einer zu bestimmenden Frist zu erklären, ob er die Anmeldung aufrechterhält, und gibt ihm Gelegenheit, zu dem Recherchenbericht Stellung zu nehmen und gegebenenfalls die Beschreibung, die Patentansprüche und die Zeichnungen zu ändern.

(3) Unterlässt es der Anmelder, auf die Aufforderung nach Absatz 2 rechtzeitig zu antworten, so gilt die Anmeldung als zurückgenommen.

[86] Siehe hierzu Mitteilung des EPA, ABl.2016, A20.

Regel 70a[87]
Erwiderung auf den erweiterten europäischen Recherchenbericht

(1) In der dem europäischen Recherchenbericht beiliegenden Stellungnahme gibt das EPA dem Anmelder Gelegenheit, zum erweiterten europäischen Recherchenbericht Stellung zu nehmen, und fordert ihn gegebenenfalls auf, innerhalb der in R.70(1) genannten Frist die Mängel zu beseitigen, die in der dem europäischen Recherchenbericht beiliegenden Stellungnahme festgestellt wurden, und die Beschreibung, die Patentansprüche und die Zeichnungen zu ändern.

(2) In dem in R.70(2) genannten Fall oder wenn ein ergänzender europäischer Recherchenbericht zu einer Euro-PCT-Anmeldung erstellt wird, gibt das EPA dem Anmelder Gelegenheit, zum erweiterten europäischen Recherchenbericht Stellung zu nehmen, und fordert ihn gegebenenfalls auf, innerhalb der Frist für die Absichtserklärung über die Aufrechterhaltung der Anmeldung die Mängel zu beseitigen, die in der dem europäischen Recherchenbericht beiliegenden Stellungnahme festgestellt wurden, und die Beschreibung, die Patentansprüche und die Zeichnungen zu ändern.

(3) Wenn der Anmelder einer Aufforderung nach Absatz 1 oder 2 weder nachkommt noch zu ihr Stellung nimmt, gilt die Anmeldung als zurückgenommen.

[87] Eingefügt durch BdV CA/D 3/09 vom 25.03.2009 (ABl.2009, 299), in Kraft getreten am 01.04.2010.

Regel 72
Erteilung des europäischen Patents an verschiedene Anmelder

Sind als Anmelder für verschiedene Vertragsstaaten verschiedene Personen in das Europäische Patentregister eingetragen, so erteilt das Europäische Patentamt das europäische Patent für jeden Vertragsstaat entsprechend.

Erteilungsverfahren

Recherche: Art.92 iVm R.61 bis 65, B-I bis XI und
Sachprüfung: Art.94 iVm R.70a bis 71a, C-I bis IX

83 Beim Erteilungsverfahren handelt es sich um ein ex parte Verfahren, d.h. neben dem Anmelder der ePa ist kein weiterer Beteiligter an dem Verfahren vor dem EPA involviert. Es besteht aus 2 Phasen [B-II, 1], der **Recherche** [B-I bis XI] und der **Sachprüfung** [C-I bis IX].

84 Recherche — Art.92 iVm R.61-65, B-I bis XI

Voraussetzung	anhängige ePa und alle Formalerfordernisse [S.99] erfüllt
Zuständigkeit	Recherchenabteilung Art.15b) iVm Art.17 [B-I,2]
Grundlage	Ansprüche der ePa in urspr. eingereichten Fassung [311] unter angemessener Berücksichtigung der Beschreibung/Zeichnung [B-III,3.1, Art.92, R.137(1)]
Prüfungsumfang	<ul><li>Internationale Patentklassifizierung – IPC [R.8]</li><li>**Ermittlung StdT** zur beanspruchter Erfindung [Art.17]</li><li>Ermittlung nicht recherchierbarer Gegenstände [R.63]</li><li>Prüfung Einheitlichkeit der Erfindung [Art.82, R.64]</li><li>Erstellung ESR [Art.92, R.61] oder eESR [Art.153(7)] zusammen mit Stellungnahme EESR [R.62] [312]</li><li>Erstellung der endgültigen Zusammenfassung [R.47 iVm R.66]</li><li>Erfindungsbezeichnung erstellen [A-III,7.2]</li></ul>

Sachprüfung

Die Sachprüfung beginnt erst nach wirksamer Stellung des Prüfungsantrags [C-II,1].
[Art.94 iVm R.70a-71a, C-I bis IX]

Voraussetzung	anhängige ePa, wirksamer Prüfungsantrag und (e)ESR erstellt
Zuständigkeit	Prüfungsabteilung, die für IPC-Klassifizierung zuständig Art.15c) iVm Art.18
Grundlage	Rechercheergebnisse und Anmeldung in urspr. eingereichten Fassung und ggf. Änderungen/Bemerkungen des Anmelders als Erwiderung auf EESR [R.70a, R.137(2)]]
Prüfungsumfang	sachliche Erfordernisse (Formerfordernisse Eingangsstelle und Formalsachbearbeiter)<ul><li>Patentierbarkeit [Art.52-57]</li><li>Einheitlichkeit [Art.82]</li><li>Offenbarung [Art.83]</li><li>Klarheit [Art.84]</li><li>Priorecht [Art.87]</li><li>Änderungen [Art.123]</li></ul>
Ergebnis	Erteilung/Zurückweisung der ePa Art.97(1)/(2)

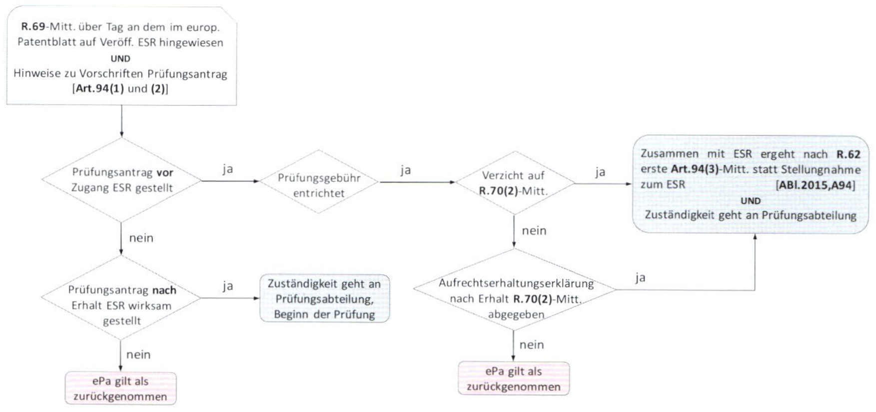

85 ESR oder eESR und Stellungnahme zum ESR/eESR werden dem Anmelder übermittelt [R.65, B-X,12]

86 Im (e)ESR werden die recherchierten Dokumente, nachfolgendem Schema kategorisiert [B-X,9.2], aufgeführt, wobei die vom jeweiligen Dokument betroffenen Ansprüche angegeben werden:

Kategorie	Bedeutung
X	Dokument, das für sich genommen Neuheit oder erfinderischen Tätigkeit des erfindungsgemäßen Gegenstandes vorwegnimmt [B-X,9.2.1]
Y	Dokument, das vor AT der ePa veröff. wurde und mit mindestens einem anderen Dokument derselben Kategorie erfinderischer Tätigkeit entgegensteht [B-X,9.2.1]
A	allgemeiner StdT, aber irrelevant für Neuheit und erfinderische Tätigkeit [B-X,9.2.2]
E	nat. oder reg. Patentdokument mit früherem AT oder PT als dem AT der recherchierten ePa (nicht dem PT), das aber nach dem AT veröffentlicht wurde und dessen Offenbarung neuheitsschädlich ggü der ePa wäre [Art.54(1), B-X,9.2.6]
D	in der Anmeldung selbst zitiertes Dokument [B-X,9.2.7]
T	Grundlegende Theorie oder Dokumente, die zeigen, dass Gedankengänge oder Sachverhalte, die der Erfindung zugrunde liegen, falsch sind [B-X,9.2.5]
L	aus anderen Gründen angeführtes Dokument [B-X,9.2.8]
O	Nicht schriftliche Offenbarung, z.B. Tagungsprotokolle [B-X,9.2.3]
P	Zwischenliteratur, Veröffentlichungstag des Dokuments liegt zwischen AT und beanspruchten (frühesten) PT der zu prüfenden ePa [B-X,9.2.4]

Fig. 7: Möglichkeiten zur Stellung eines Prüfungsantrages [S.130] – Sachprüfung.

[311] **Ausnahme**: ePa ist Euro-PCT-Anmeldung.
[312] ausgenommen: **unbedingter Prüfungsantrag** vor Erhalt des ESR mit explizitem Verzicht auf R.70(2)-Mitt. gestellt [S.130]; keine Veröff. zusammen mit ESR [R.62(2)].

EPÜ

Artikel 92[90], [91]
Erstellung des europäischen Recherchenberichts

Das EPA erstellt und veröffentlicht nach Maßgabe der Ausführungsordnung einen europäischen Recherchenbericht zu der europäischen Patentanmeldung auf der Grundlage der Patentansprüche unter angemessener Berücksichtigung der Beschreibung und der vorhandenen Zeichnungen.

[90] Geändert durch die Akte zur Revision des EPÜ vom 29.11.2000.
[91] Siehe hierzu die Mitteilung des EPA über das Programm zur beschleunigten Bearbeitung europäischer Patentanmeldungen ("PACE"), ABl.2015, A93 und die Mitteilung des EPA über Möglichkeiten der Beschleunigung des europäischen Patenterteilungsverfahrens, ABl.2015, A94.

Artikel 124[145]
Auskünfte über den Stand der Technik

(1) Das EPA kann nach Maßgabe der Ausführungsordnung den Anmelder auffordern, Auskünfte über den Stand der Technik zu erteilen, die in nationalen oder regionalen Patentverfahren in Betracht gezogen wurde und eine Erfindung betrifft, die Gegenstand der europäischen Patentanmeldung ist.
(2) Unterlässt es der Anmelder, auf eine Aufforderung nach Absatz 1 rechtzeitig zu antworten, so gilt die europäische Patentanmeldung als zurückgenommen.

[145] Geändert durch die Akte zur Revision des EPÜ vom 29.11.2000.

EPÜAO

Regel 62[77]
Erweiterter europäischer Recherchenbericht

(1) Zusammen mit dem europäischen Recherchenbericht ergeht eine Stellungnahme dazu, ob die Anmeldung und die Erfindung, die sie zum Gegenstand hat, die Erfordernisse dieses Übereinkommens zu erfüllen scheinen, sofern nicht eine Mitteilung nach R.71(1) oder (3) erlassen werden kann.
(2) Die Stellungnahme nach Absatz 1 wird nicht zusammen mit dem Recherchenbericht veröffentlicht.

[77] Eingefügt durch BdV vom 09.12.2004 (ABl.2005, 5), in Kraft getreten am 01.07.2005.

Regel 62a[73]
Anmeldungen mit mehreren unabhängigen Patentansprüchen

(1) Ist das EPA der Auffassung, dass die Patentansprüche in der ursprünglich eingereichten Fassung R.43(2) nicht entsprechen, so fordert es den Anmelder auf, innerhalb einer Frist von zwei Monaten die R.43(2) entsprechenden Patentansprüche anzugeben, auf deren Grundlage die Recherche durchzuführen ist. Teilt der Anmelder diese Angabe nicht rechtzeitig mit, so wird die Recherche auf der Grundlage des ersten Patentanspruchs in jeder Kategorie durchgeführt.
(2) Die Prüfungsabteilung fordert den Anmelder auf, die Patentansprüche auf den recherchierten Gegenstand zu beschränken, es sei denn, sie stellt fest, dass der Einwand nach Absatz 1 nicht gerechtfertigt war.

[73] Eingefügt durch BdV CA/D 3/09 vom 25.03.2009 (ABl.2009, 299), in Kraft getreten am 01.04.2010.

Rule 63[78]
Unvollständige Recherche

(1) Ist das EPA der Auffassung, dass die europäische Patentanmeldung diesem Übereinkommen so wenig entspricht, dass es unmöglich ist, auf der Grundlage des gesamten beanspruchten Gegenstands oder eines Teils desselben sinnvolle Ermittlungen über den Stand der Technik durchzuführen, so fordert es den Anmelder auf, innerhalb einer Frist von zwei Monaten eine Erklärung mit Angaben über den zu recherchierenden Gegenstand abzugeben.
(2) Wird die Erklärung nach Absatz 1 nicht rechtzeitig eingereicht oder reicht sie nicht aus, um den nach Absatz 1 festgestellten Mangel zu beseitigen, so stellt das Europäische Patentamt entweder in einer begründeten Erklärung fest, dass die europäische Patentanmeldung diesem Übereinkommen so wenig entspricht, dass es unmöglich ist, auf der Grundlage des gesamten beanspruchten Gegenstands oder eines Teils desselben sinnvolle Ermittlungen über den Stand der Technik durchzuführen, oder es erstellt, soweit dies durchführbar ist, einen teilweisen Recherchenbericht. Diese begründete Erklärung oder dieser teilweise Recherchenbericht gilt für das weitere Verfahren als europäischer Recherchenbericht.
(3) Wurde ein teilweiser Recherchenbericht erstellt, so fordert die Prüfungsabteilung den Anmelder auf, die Patentansprüche auf den recherchierten Gegenstand zu beschränken, es sei denn, sie stellt fest, dass der Einwand nach Absatz 1 nicht gerechtfertigt war.

[78] Geändert durch BdV CA/D 3/09 vom 25.03.2009 (ABl.2009, 299), in Kraft getreten am 01.04.2010.

Rule 64[79]
Europäischer Recherchenbericht bei mangelnder Einheitlichkeit

(1)[80] Entspricht die europäische Patentanmeldung nach Auffassung des Europäischen Patentamts nicht den Anforderungen an die Einheitlichkeit der Erfindung, so erstellt es einen teilweisen Recherchenbericht für die Teile der Anmeldung, die sich auf die in den Patentansprüchen zuerst erwähnte Erfindung oder Gruppe von Erfindungen im Sinne des Art.82 beziehen. Es teilt dem Anmelder mit, dass für jede weitere Erfindung innerhalb einer Frist von zwei Monaten eine weitere Recherchengebühr zu entrichten ist, wenn der europäische Recherchenbericht diese Erfindung erfassen soll. Der europäische Recherchenbericht wird für die Teile der Anmeldung erstellt, die sich auf die Erfindungen beziehen, für die Recherchengebühren entrichtet worden sind.
(2)[81] Eine nach Absatz 1 gezahlte Recherchengebühr wird zurückgezahlt, wenn der Anmelder dies im Verlauf der Prüfung der europäischen Patentanmeldung beantragt und die Prüfungsabteilung feststellt, dass die Mitteilung nach Absatz 1 nicht gerechtfertigt war.

[79] Siehe hierzu die Stellungnahme der GBK G2/92 (Anhang I).
[80] Geändert durch BdV CA/D 3/09 vom 25.03.2009 (ABl.2009, 299), in Kraft getreten am 01.04.2010.
[81] Siehe hierzu die Entscheidung der GBK G1/11 (Anhang I).

Regel 70b[88]
Anforderung einer Kopie der Rechercheergebnisse

(1) Stellt das EPA zum Zeitpunkt, an dem die Prüfungsabteilung zuständig wird, fest, dass die Kopie nach R.141(1) vom Anmelder nicht eingereicht worden ist und nicht nach R.141(2) als ordnungsgemäß eingereicht gilt, so fordert es den Anmelder auf, innerhalb einer Frist von zwei Monaten die Kopie einzureichen oder eine Erklärung abzugeben, dass ihm die Rechercheergebnisse nach R.141(1) nicht vorliegen.
(2) Unterlässt es der Anmelder, auf die Aufforderung nach Absatz 1 rechtzeitig zu antworten, so gilt die Patentanmeldung als zurückgenommen.

[88] Eingefügt durch BdV CA/D 18/09 vom 28.10.2009 (ABl.2009,585), in Kraft getreten am 01.01.2011. Siehe hierzu die Mitteilungen des EPA, ABl.2010,410 und 2015, A3

Rechtsprechung

G2/92 Ein Anmelder, der es bei einer uneinheitlichen Anmeldung unterlässt, auf eine Aufforderung der Rechercheabteilung nach R.46(1) weitere Recherchengebühren zu entrichten, kann diese Anmeldung nicht für einen Gegenstand weiterverfolgen, für den keine Recherchengebühren entrichtet wurden. Der Anmelder muss vielmehr eine Teilanmeldung für diesen Gegenstand einreichen, wenn er dafür weiterhin Schutz begehrt.

Erteilungsverfahren

Recherchenbericht – Einwände

Art.92 iVm R.62a bis 66

#	Einwand/Aufforderung	Norm	zu erbringende Handlung	Frist	Rechtsfolge	Nachfrist	Rechtsbehelf
87	**mehrere unabhängige Ansprüche** [313] B-VIII,4	Art.92 iVm R.62a	Erwiderung ggü Rechercheabteilung oder Prüfungsabteilung mit: a) Angabe derjenigen (unabhängigen) Ansprüche, für die eine Recherche durchgeführt werden soll ODER b) begründete Stellungnahme, dass Gegenstände nach R.43(2) [313] zulässig sind ODER c) Hauptantrag = vollst. Recherche und Hilfsantrag = zu recherchierende unabhängige Ansprüche ODER d) telefonische Rücksprache [314]	**2 M** ab Auff. +10Tage **R.62a(1) S.1** ACHTUNG: verspätet eingereichte Erwiderung wird für die Sachprüfung zur Akte gelegt. B-VIII,4.2.2	**+** Recherche auf Basis angegebener Ansprüche **−** unzureichende Erwiderung: Recherche nur für niedrigste Nummer angegebener unabhängiger Ansprüche und dessen direkt abhängiger Ansprüche ODER keine/verspätete Erwiderung: Recherche auf Grundlage des Hauptanspruchs in jeder Kategorie **R.62a(1) S.2** UND GGF. Auff. zur Beschränkung der Ansprüche auf recherchierte Gegenstände in ESOP, wenn EPA den Einwand nach **R.62a(1)** aufrechterhält. **R.62a(2)**	nicht verlängerbar, da in R.62a geregelte Frist	WB (−), weil ESR zusammen mit der ePa veröff. werden soll; **WE (+)** aus **R.136(3)**
88	**unvollständige Recherche** [315] wegen ■ unzureichender Offenbarung [Art.83] ■ mangelnder Klarheit [Art.84] ■ unzulässiger Änderung [Art.76(1) oder Art.123(2)] ■ Ausschluss von Patentierbarkeit [Art.52(2)/(3)] ■ Ausnahmen von Patentierbarkeit [Art.53; R.28] B-VIII,3	Art.92 iVm R.63(1)	Erwiderung des Anmelders mit: a) Angaben zum zu recherchierenden Gegenstand mit angepassten Ansprüchen [316] ODER b) lediglich begründetes Bestreiten ODER c) Argumente gegen Feststellung und hilfsweise angepasste Ansprüche [316] ODER d) telefonische Rücksprache [314]	**2 M** ab Auff. +10Tage zur Angabe des zu recherchierenden Gegenstandes **R.63(1)** ACHTUNG: verspätet eingereichte Erwiderung wird für die Sachprüfung zur Akte gelegt B-VIII,3.2.2	**+** Recherche wird durchgeführt **−** keine/verspätete/unzureichende Erwiderung: [317] EPA best zu recherchierenden Gegenstand selbst UND begründete R.63(2)-Erklärung des EPA über Unmöglichkeit einer sinnvollen Recherche zu ePa [318] ODER teilweiser ESR und Auff. zur Beschränkung der Ansprüche auf recherchierten Gegenstand in ESOP, **R.63(3)** **R.63(2)**	nicht verlängerbar, da in R.63 geregelte Frist	WB (−), weil ESR zusammen mit der ePa veröff. werden soll; **WE (+) ABl.2009,533**

[313] **Ausnahme**: Eine ePa darf nur in den nach R.43(2) genannten Fällen mehr als einen unabhängigen Anspruch derselben Kategorie beinhalten: **[1]** in Beziehung stehende Erzeugnisse; **[2]** Verschiedene Verwendungsmöglichkeiten; **[3]** Alternativlösungen für eine best. Aufgabe [**S.19**].

[314] nicht fristwahrend oder rechtsverbindlich, d.h. Frist zur Erwiderung läuft weiter; **Zweck**: Klärung formaler Fragen und der Optionen des Anmelders.

[315] R.63 gilt auch für: **[1]** Ansprüche in TA; **[2]** ePa, bei der die Ansprüche nach dem AT eingereicht wurden und die gegen Art.123(2) verstoßen; **[3]** Euro-PCT-Anmeldungen, für die geänderte Ansprüche für eESR (R.164(2)) eingereicht wurden, und die gegen Art.123(2) verstoßen. **Hintergrund**: für den Anmelder und jeden Dritten muss klar ersichtlich sein, was recherchiert wurde.

[316] neu formulierte Ansprüche auf R.63(1)-Mitt. gelten nicht als geänderte Ansprüche iSv R.137(1); Einführung dieser Ansprüche in Erteilungsverfahren erfolgt erst, wenn Anmelder auf R.70(1)-Mitt. zustimmt.

[317] verspätete Erwiderung für Sachprüfung zur Akte genommen.

[318] insbesondere bei Geschäftsmethoden [ABl.2007,592] oder, wenn Erfindungsgegenstand offensichtlich nur nichttechnische Merkmale [T1242/04] oder notorisch bekannte techn. Merkmale [T690/06] aufweist.

#	Einwand/Aufforderung	Norm	zu erbringende Handlung	Frist	Rechtsfolge	Nachfrist	Rechtsbehelf
89	**Uneinheitlichkeit** [319] nach Art.82 und R.44(1)/(2) B-VII; C-III,3; F-V	Art.92, R.64 oder R.164(1)/(2)	*Mindesterfordernis:* Angabe der zusätzlich zu recherchierenden Erfindung(en) nur anhand des Uneinheitlichkeitseinwandes **UND** ggf. Streichen restlicher Erfindungen von sich aus (sonst Auff. durch Prüfungsabteilung vor Beginn der Sachprüfung) **UND** weitere **Recherchengebühr** für jede zusätzlich zu recherchierende Erfindung [1.390 €] [320] Art.2(1) Nr.2 GebO **ABER** keine Erwiderung auf Einwände im Bescheid (bleibt unberücksichtigt, wenn dennoch eingereicht) ABl.2017,A20 *fakultativ:* Argumentation, dass: 1) Einheitlichkeitsmangel „a posteriori" 2) ähnliche erfind. Idee aller Erfindungen 3) für keine Erfindung ist Recherche in anderen Klassifikationseinheiten erforderlich 4) recherchierte Dokumente sind in ePa genannt B-VII,2.2, W19/89, T755/14 *Widerspruch:* begründeter Antrag auf **Rückzahlung** zusätzlicher Recherchengebühren (nur bezogen auf urspr. Uneinheitlichkeitseinwand) R.64(2) bzw. R.164(5); C-III,3.3	2 M ab R.64-Mitt. +10Tage R.64(1) S.2 während der Sachprüfung	**+** Recherche erfolgt für alle zusätzlich bezahlten Erfindungen R.64(1) S.3 Möglichkeit der Weiterverfolgung recherchierter Erfindung(en) im Erteilungsverfahren **−** Teilrecherchenbericht wird zum endgültigen Recherchenbericht **UND** nicht rech. Gegenstand nicht von Prüfungsabteilung geprüft, Weiterverfolgung als unabhängige Ansprüche unmöglich G2/92; F-V,6.2 bei **unklarer Erwiderung** d Anmelders, erfolgt Rückfrage vor Prüfungsbeginn T736/14, C-III,3.1 **finale Entscheidung** über Einheitlichkeit erfolgt durch Prüfungsabteilung T631/97, C-VII,3.1.1 **+** Rückzahlung zusätzlicher Recherchengebühr(en) in begründetem Fall R.64(2) bzw. R.164(5) **−** Zurückweisung des Erstattungsantrags durch Zwischenentscheidung C-III,3.3	nicht verlängerbar, da in R.64 geregelte Frist --	WB (−) R.135(2); WE (+) aus R.136(3); **Teilanmeldung (+)** G2/92; Art.76, R.36 gesonderte Beschwerde (+) Art.106(2)
	1) Teilrecherchenbericht 2) vorläufige Stellungnahme zur Patentierbarkeit der erstgenannten Erfindung 3) Auff. zur Zahlung weiterer Recherchengebühr(en) ABl.2017,A20	R.64(2) bzw. R.164(5) iVm Art.113(1)					
90	**telefonische/formlose Rücksprache** B-II,1.1	--	Rücksprache des Anmelders nur im Falle von a) Reaktion auf R.62a-Mitt. b) Reaktion auf R.63(1)-Mitt.	vor Ablauf der in Auff. gesetzten Frist [idR 2 M ab Auff. +10Tage]	**+** nicht rechtsverbindlich, d.h. Frist läuft fort **und** Prüfer erstellt Niederschrift; diese wird Anmelder zugestellt (ohne eine neue Frist auszulösen)	--	--
91	**fremde Recherchenergebnisse einreichen** [321] C-II,5, A-III,6.12	Art.124, R.141(1) iVm R.70b	Inanspruchnahme Prio: [322] Recherchenergebnisse anderer Patentbehörden der früheren Anmeldung einreichen [321] **ODER** Erklärung, dass Recherchenergebnisse nicht vorliegen	sobald Ergebnisse vorliegen **ODER** 2 M nach Auff. +10Tage R.70b(1) oder Art.124(1)	**+** Berücksichtigung im Erteilungsverfahren und zur Aktennahme und über Akteneinsicht zugänglich **−** ePa gilt als zurückgenommen R.70b(2) oder Art.124(1)	nicht verlängerbar, da in R.70b geregelte Frist	WB (+); WE (−)

[319] zunächst ergeht **teilweiser ESR**; außer, wenn vollst. Recherche für alle Erfindungen mit geringem zusätzlichen Zeit- und Kostenaufwand mögl. (z.B. mangelnde Einheitlichkeit a posteriori) – hierbei ergeht vollst. ESR ohne Auff. zur Zahlung weiterer Recherchengebühren – Einheitlichkeitseinwand besteht jedoch fort [B-VII,2.2].

[320] wird bei gleichzeitigem Widerspruch mit Antrag des Anmelders ggf. zurückgezahlt, wenn die Auff. zur Zahlung weiterer Recherchengebühr nicht gerechtfertigt war [R.64(2), R.164(1)/(2), C-III,3.3].

[321] entfällt, wenn [1] EPA Recherche der früheren Anmeldung [iSv Art.92, Art.15(1)PCT oder Art.15(5)PCT] erstellt hat oder [2] Erstanmeldung in DK, ES, AT, JP, GB, USA, KR, CH [R.141(2) iVm ABl.2016,A19, ABl 2019, A55&56].

[322] **Inanspruchnahme mehrerer Prioritäten:** Recherchenergebnisse für jede Prioritätsunterlage einreichen; Übersetzung nicht erforderlich [A-III,6.12; ABl.2010,410].

Erteilungsverfahren

Erweiterter europäischer Recherchenbericht (EESR) — R.62

92   EESR umfasst Recherchenbericht (ESR) [R.62(1) iVm R.61] und Stellungnahme zur Recherche (ESOP) [R.62(1)]

Recherchenbericht (ESR) — R.61

93   wird Anmelder [R.65] übermittelt und zusammen mit ePa [A1-Veröffentlichung; R.68(1) S.1] oder gesondert veröffentlicht [A3-Veröffentlichung; R.68(1) S.2] und umfasst:

Hauptblatt

94   enthält wichtigste Angaben der Recherche und ist bei allen Recherchen zu verwenden [B-X,3]

i)   **Nummer der ePa**,

ii)   offizielle **Klassifikation** der ePa [R.61(6) iVm R.8],
  - Kennzeichnung des techn. Gegenstands (ggf. mehrerer Gegenstände) aller beanspruchten Erfindungen [323] durch Zuweisung der entsprechenden IPC-Klassifikation

iii)   recherchierte **Sachgebiete**,

iv)   ermittelter **StdT** (systematisch geordnete Patentdokumente und Nichtpatentliteratur)
  - keine unveröffentlichten Patentanmeldungen
  - potentiell kollidierende veröff. Dokumente
  - Bücher/Zeitschriften: maßgebliche Teile und Titelblatt
  - Video-/Audioaufnahmen: Angabe der URL und Anhang als Screenshot [B-X,11.6]

v)   Datum des Recherchenberichts und Namen des Recherchenprüfers

Ergänzungsblatt A

95   enthält Informationen zur Veröff. der ePa [B-X,7]   **R.66**

i)   Genehmigung/Änderung der Zusammenfassung

ii)   Genehmigung/Änderung der Erfindungsbezeichnung   **R.41(2)b)**, A-III,7

iii)   Genehmigung/Änderung/Streichung der mit Zusammenfassung veröff. Zeichnung   **R.47(4)**

iv)   Übersetzung der Bezeichnung in andere zwei Amtssprache   **Art.14(7)a)**

Ergänzungsblatt B

96   Verwendung nur bei beschränkter Recherche, weil

i)   kostenpflichtige Ansprüche vorliegen, für die keine Anspruchsgebühr gezahlt   **R.45(3)**, B-III,3.4

ii)   mangelnde Einheitlichkeit   **R.64**, B-VII

iii)   mangelnde Klarheit (nur teilw. ESR oder vollst. durch No-Search Erklärung ersetzt)   **R.63**, B-VIII,3

iv)   mehrere unabhängige Ansprüche   **R.62a**, B-VIII,4

Stellungnahme zur Recherche (ESOP) — R.62(1)

wird nicht zusammen mit ePa veröffentlicht [R.62(2)] und umfasst:

Grundlage

EP-Anmeldung
- urspr. eingereichte ePa und deren Anspruchssatz [324]   **R.137(1)**
- nachgereichte fehlende Teile unter Erhalt des AT   **R.56(3); S.119**
- nachgereichter Anspruchssatz [325]   **R.58**

Euro-PCT-Anmeldung
- urspr. eingereichte ePa und deren Anspruchssatz,
- nachgereichte fehlende Teile unter Erhalt des AT   **R.20 PCT; S.265**
- geänderte Fassung in PCT-Phase,   **Art.19/34 PCT**
- geänderte Fassung (direkt) bei Eintritt in EP-Phase,   **R.159(1)b**
- Änderungen auf 161/162-Mitt.   **R.161**

B-XI,2

Begründung

a)   begründete Einwände
  - mangelnde Einheitlichkeit (*a priori* oder *a posteriori*)
  - mangelnde Offenbarung
  - mangelnde Klarheit und Stütze durch Beschreibung
  - mangelnde Neuheit
  - mangelnde erfind. Tätigkeit

b)   ggf. positive Erklärungen

c)   ggf. Unterbreitung von Vorschlägen – mögliche zulässige Änderung der Ansprüche (für Anmelder nicht verbindlich)

B-XI,3.2

keine Stellungnahme

ESOP entfällt, wenn Prüfungsantrag vor Erhalt des ESR gestellt und expliziter Verzicht auf R.70(2)-Mitt.

Sprache (ESR und ESOP)

Verfahrenssprache der ePa [R.61(5) iVm Art.14(3)]

---

[323]   bei Uneinheitlichkeit der Erfindung [Art.82].

[324]   ausgenommen gebührenpflichtige Ansprüche, für die keine Anspruchsgebühr bezahlt wurde und als zurückgenommen gelten [R.45(3) bzw R.162(4)]; B-III,3,4].

[325]   Recherchenabteilung prüft die Basis in den urspr. eingereichten Unterlagen [Art.123(2), R.137(4)]; B-XI,2.2].

Teil D I – Übersicht zum EPÜ

Sachprüfung (Eintrittsvoraussetzungen)
(= Prüfung der Beschreibung, Ansprüche, Zeichnung und Zusammenfassung auf materielle Erfordernisse des EPÜ)

Prüfungsabteilung, Art.18 iVm **R.10(2)** bis **(4)**
Art.94 iVm **R.70** bis **71a**; C-I bis IX

	Voraussetzung	Norm	zu erbringende Handlung	Frist	Nachfrist	Rechtsfolge	Rechtsbehelf
unbedingter Prüfungsantrag	ESR noch nicht erstellt **R.70(2)**	Art.94(1), R.70(2) iVm R.10(4) ABl.2010,352	Prüfungsantrag durch Zahlung der Prüfungsgebühr [**1.750 €**] wirksam stellen [326] Art.94(1) S.2 iVm Art.2(1), Nr.6 GebO UND expliziter Verzicht auf **R.70(2)**-Auff., um zu erklären, ob ePa aufrechterhalten [327] ABl.2010,352	mit Einreichung ePa (auf Form1001) ODER vor Erhalt des ESR	keine	(+) Aufrechtserhaltungserklärung gilt mit Zustellung ESR an Anmelder als abgegeben **DAHER** Prüfungsabteilung wird sofort nach Abschluss ESR zuständig und beginnt unmittelbar mit Sachprüfung **R.10(4)** UND anstelle des eESR ergeht gleich Art.94(3)-Mitt. (iVm **R.71(1)**) [328] **R.62(1)**, **ABl.2009,533**	**WB (+)** **+50% Zuschlag** [329] **R.135(1)**, Art.2(1) Nr.12 GebO **WE (–)** **Art.122(4), R.136(3)**
bedingter Prüfungsantrag	ESR noch nicht erstellt **R.70(2)**	Art.94(1), R.70(2) iVm R.10(3)	Prüfungsantrag durch Zahlung der Prüfungsgebühr [**1.750 €**] wirksam stellen [326] Art.94(1) S.2 iVm Art.2(1), Nr.6 GebO UND Absichtserklärung über Aufrechterhaltung der ePa als Antwort auf R.70(2)-Auff **R.70(2)**, C-II,1.1	binnen zu best. Frist nach R.70(2)-Auff +10Tage [idR **6 M**] C-II,1.1		(+) Prüfungsabteilung wird zuständig, aber erst nach Ablauf 6M-Frist beginnt Sachprüfung **R.10(3)** (–) ePa gilt als zurückgenommen, R.112(1)-Rechtsverlustmitt. und gezahlte Prüfungsgebühr wird zu 100% zurückgezahlt **R.70(3)**, Art.11a) GebO	
Regelfall C-II,1; C-VI,3	ESR erstellt und im Patentblatt veröff. [330] **R.70(1)**	Art.94(1), R.70(1) iVm R.10(2)	Prüfungsantrag durch Zahlung der Prüfungsgebühr [**1.750 €**] wirksam stellen [326] Art.2(1), Nr.6 GebO	bis **6 M** nach Tag an dem im EP-Patentblatt auf Veröff. ESR hingewiesen wurde [330] **Art.94(1)**, **R.70(1)** iVm **R.69(1)**	keine	(+) Prüfungsabteilung wird mit wirksamen Antrag zuständig **R.10(2)** (–) ePa gilt als zurückgenommen und R.112(1)-Rechtsverlustmitt. **Art.94(2)**	
Erwiderung auf EESR C-II,1; A-VI,2.1	1) bedingter Prüfungsantrag vor ESR gestellt **R.70a(2)** ODER 2) R.70(2)-Mitt. ergangen **R.70a(2)**	Art.92 iVm **R.70a**	Stellungnahme auf EESR und ggf. Mängelbeseitigung (nicht zwingend) **R.70a(2)** UND gilt gleichzeitig als Absichtserklärung über Aufrechterhaltung der ePa [327] **R.70(2)**	binnen zu best. Frist ab Auff. +10Tage [idR **6 M**] **R.70a(2), R.70(2), ABl.2009,533**	keine	(–) ePa gilt als zurückgenommen Anmelder wird entsprechend **R.112(1)** über Rechtsverlust unterrichtet **R.70a(3)**	**WB (+)** **+275€ Zuschlag** **R.135(1)**, Art.2(1) Nr.12 GebO **WE (–)** **Art.122(4), R.136(3)**
	Prüfungsantrag nach ESR gestellt **R.70a(1)**		Stellungnahme auf EESR und ggf. Mängelbeseitigung (nicht zwingend) **R.70a(1)**	bis **6 M** nach Veröff. ESR im EP-Patentblatt [R.68(1)] [330] **Art.94(1), R.70(1)**			

---

[326] Prüfungsantrag ist Bestandteil des verbindlichen Erteilungsantrags Form 1001 [**R.41(1)**], gilt aber erst mit Zahlung Prüfungsgebühr als wirksam gestellt; Zurücknahme des Prüfungsantrags nicht möglich [**R.70(1)**].

[327] bei Verzicht auf R.70(2)-Mitt. ergeht keine R.70a(2)-Mitt. zur Stellungnahme auf eESR sondern gleich Art.94(3)-Bescheid [ABl.2009,533, ABl.2015,A94.

[328] sind zu diesem Zeitpunkt alle Erteilungserfordernisse erfüllt, so ergeht R.71(3)-Mitt., aber Erteilungsbeschluss erfolgt erst, wenn kollidierende Anmeldungen gem. Art.54(3) recherchierbar waren [T1849/12; C-IV,7.1].

[329] Anspruch auf Rückzahlung der WB-Gebühr, wenn keine R.69(1)-Mitt. mit Hinweis auf R.70(1), Art.94(2) und R.70a(1) ergangen ist [**R.125(4)**].

[330] Hinweis auf Veröff. ESR durch R.69(1)-Mitt. der Eingangsstelle an Anmelder – bei irrtümlich falscher/keiner R.69(1)-Mitt. mit Angabe eines (späteren/keinem) Veröffentlichungstags, ist späterer Tag maßgebend für **Fristberechnung**: [1] Prüfungsantrag und [2] Erwiderung auf EESR [**R.59(2)**, A-VI,2.1]; **Fristbeginn** immer mittwochs [https://data.epo.org/publication-server/help_de.html].

Erteilungsverfahren

Sachprüfung (Ablauf)

Prüfungsabteilung, Art.18 iVm R.10(2) bis (4)

	Voraussetzung	Norm	zu erbringende Handlung	Frist	Nachfrist	Rechtsfolge	Rechtsbehelf
99 **Stellungnahme** zu Art. 94(3)-Mitt.	erster begründeter Prüfungsbescheid mit Auff. zur Stellungnahme (idR 3 M nach AT bei beschleunigter Prüfung) **R.71(2), ABl.2010,352**	**Art.94(3) iVm R.71(1)**	1) Beseitigung festgestellter Mängel in Beschreibung, Ansprüchen und Zeichnungen **nur einmal** [331] **Art.123(1) S.1, R.137(2)** 2) Kennzeichnung von Änderungen/Berichtigungen auf betreffende Seiten und Angabe deren Grundlage **R.137(4)** 3) keine handschriftlichen Änderungen in Schriftstücken [332] R.49(8) iVm R.50(1); ABl.2013,603 weitere Änderungen nur mit Zustimmung der Prüfungsabteilung **R.137(3)**	innerhalb zu best. Frist ab Mitt. +10Tage [idR 2 M-4 M]	verlängerbar auf Antrag **R.132(2)**	**+** alle Mängel beseitigt (ePa erfüllt alle Erfordernisse): R.71(3)-Mitt. ergeht **Art.97(1)** iVm **R.71(3), S.133** **−** ungenügende Mängelbeseitigung: erneute Auff. zur Stellungnahme; rechtliches Gehör [Art.113] **Art.94(3)** iVm **R.71(1)** keine/verspätete Stellungnahme: ePa gilt als zurückgenommen und R.112(1)-Rechtsverlustmitt. **Art.94(4)**	**WB (+)** +275 € Zuschlag **R.135(1)**, Art.2(1) Nr.12 **WE (−)**
100 **Ladung zur MV** [333] als erster Bescheid	mangelhafte Erwiderung des Anmelders auf EESR [334]	C-III,5	1) ausführliche Begründung des Prüfers zu allen Anträgen des Anmelders 2) keine neuen Einwände oder Dokumente vom Prüfer angeführt	mind. **6 M** nach Ladung zur MV [Mängelbeseitigung binnen Frist einreichbar,Art.106(1)]	--	**+** ernsthafte Mängelbeseitigung: MV wird abgesagt oder vertagt **−** Zurückweisung der ePa in MV	keine
101 **Interview** [335] (= telefonische oder persönliche Rücksprache) C-VII, 2	vom Prüfer für sachdienlich erachtet	C-VII,2.1	auf Antrag des Anmelders Anspruch auf Interview besteht nicht [T19/87] ODER auf Initiative des Prüfers	»jederzeit« während des Erteilungsverfahrens	--	Gültigkeit einer getroffenen Vereinbarung ist abhängig von übrigen Mitgliedern der Prüfungsabteilung [C-VII,2.4] nicht rechtsverbindlich - schriftliche Bestätigung durch Prüfer erforderlich	keine
102 **Fristverlängerung** E-VIII,1.6	1) Frist ist vom Amt gesetzt 2) Frist noch nicht abgelaufen	**R.132(2) S.2**	schriftlicher Antrag mit Begründung [336]	vor Ablauf einer zu best. Frist	--	**+** Fristverlängerung auf bis zu 6 M [337] **−** Ablehnung der Fristverlängerung [nicht beschwerdefähig, **137/89**]	**WB (+)** +275 € Zuschlag **R.135(1)**, Art.2(1)Nr.12 **WE (−)**

(Zeilen 99–100: *erster Prüfungsbescheid*; Zeilen 101–102: *Reaktion des Anmelders*)

! **Fristen:** ergeht in Sachprüfung eine 94(3)-Mitt. (sachl. Einwände) zusammen mit **formellem Einwand**, so ist die Frist zur Erwiderung auf Mitt. und zur Behebung formeller Mängel identisch → mind. 2M, max. 4M, Ausnahmefall: 6M [E-VIII,1.2].

[331] **Basis (S.50):** Beschreibung, Ansprüche, Zeichnungen; ausgenommen nicht recherchierte Gegenstände [R.137(5)], fallengelassene Gegenstände [T61/85] und nicht ausführbare Gegenstände [T81/87]; unzulässig sind Zusammenfassung [Art.85; G3/89], Priounterlagen [Art.123(2), H-IV,2.2.5, T260/85] oder Parallelanmeldungen [Art.123(2), J6/13].

[332] **Ausnahme:** graphische Symbole/Schriftzeichen und chemische/mathematische Formeln und **in der MV** sind handschriftliche Änderungen zur Erörterung akzeptabel; aber endgültige Entscheidung ergeht erst auf Basis nachgereichter, mängelfreier Schriftstücke iSv R.49(8) [E-III,8.7.1]; daher Nachreichen binnen 2M nach Auff. − erfolgt keine Nachreichung, gilt ePa als zurückgenommen − bei abweichenden Unterlagen erfolgt Wiederaufnahme des Prüfungsverfahrens [E-III,8.7.2].

[333] MV vor Prüfungsabteilung sollen nur per Videokonferenz erfolgen; Ausnahme: Vorliegen ernsthafter Gründe gegen Videokonferenz, bspw. Notwendigkeit unmittelbarer Beweisaufnahme [ABl.2020, A134].

[334] **zulässige Gründe:** [1] nur unwesentliche Änderung der Ansprüche oder [2] nicht alle Einwände der Stellungnahme zur Recherche ausgeräumt [C-III,5].

[335] nicht fristwahrend; Gründe: [1] Fehler in Mitt. des EPA oder Erwiderung des Anmelders; [2] Unklarheiten; [3] ePa eigentlich erteilungsreif; [4] nicht gewährbare Änderungen auf eine R.71(3)-Mitt.

[336] **Begründung entfällt** bei sachlichen Einwänden des jeweiligen Organs (d.h. wenn als Beleg umfangreiche Versuche durchzuführen sind) [E-VIII,1.6].

[337] **Verlängerung über 6 M** nur in Ausnahmefällen auf 8 M: [1] ernsthafte Erkrankung oder [2] umfangreiche Versuche [ABl.1989,180]; bei **laufenden Pace-Anträgen** nicht über 4 M verlängerbar, nur in besonders begründeten Fällen [ABl.2001,148]; Fristverlängerung ist **keine zusammengesetzte Frist**, sondern berechnet sich stets vom Fristbeginn der urspr. Frist (nicht vom Fristende der abgelaufenen).

EPÜ

Artikel 97[99],[100]
Erteilung oder Zurückweisung

(1) Ist die Prüfungsabteilung der Auffassung, dass die europäische Patentanmeldung und die Erfindung, die sie zum Gegenstand hat, den Erfordernissen dieses Übereinkommens genügen, so beschließt sie die Erteilung des europäischen Patents, sofern die in der Ausführungsordnung genannten Voraussetzungen erfüllt sind.

(2) Ist die Prüfungsabteilung der Auffassung, dass die europäische Patentanmeldung oder die Erfindung, die sie zum Gegenstand hat, den Erfordernissen dieses Übereinkommens nicht genügt, so weist sie die Anmeldung zurück, sofern dieses Übereinkommen keine andere Rechtsfolge vorsieht.

(3) Die Entscheidung über die Erteilung des europäischen Patents wird an dem Tag wirksam, an dem der Hinweis auf die Erteilung im Europäischen Patentblatt bekannt gemacht wird.

[99] Geändert durch die Akte zur Revision des EPÜ vom 29.11.2000.
[100] Siehe hierzu Entscheidungen der GBK G 10/93, G 1/10 (Anhang I)

EPÜAO

Regel 71[89],[90],[91]
Prüfungsverfahren

(1) In den Mitteilungen nach Art.94(3) fordert die Prüfungsabteilung den Anmelder gegebenenfalls auf, die festgestellten Mängel zu beseitigen und die Beschreibung, die Patentansprüche und die Zeichnungen innerhalb einer zu bestimmenden Frist zu ändern.

(2) Die Mitteilungen nach Art.94(3) sind zu begründen; dabei sollen alle Gründe zusammengefasst werden, die der Erteilung des europäischen Patents entgegenstehen.

(3)[92] Bevor die Prüfungsabteilung die Erteilung des europäischen Patents beschließt, teilt sie dem Anmelder die Fassung, in der sie das europäische Patent zu erteilen beabsichtigt, und, innerhalb der Frist nach Absatz 3 für die sechzehnten und jeden weiteren Patentanspruch Anspruchsgebühren zu entrichten, soweit diese nicht bereits nach R.45 oder R.162 entrichtet worden sind.

(4) Enthält die europäische Patentanmeldung mehr als fünfzehn Patentansprüche, so fordert die Prüfungsabteilung den Anmelder auf, innerhalb der Frist nach Absatz 3 für die sechzehnten und jeden weiteren Patentanspruch Anspruchsgebühren zu entrichten, soweit diese nicht bereits nach R.45 oder R.162 entrichtet worden sind.

(5) Wenn der Anmelder innerhalb der Frist nach Absatz 3 die Gebühren nach Absatz 3 und gegebenenfalls Absatz 4 entrichtet und die Übersetzungen nach Absatz 3 einreicht, gilt dies als Einverständnis mit der ihm nach Absatz 3 mitgeteilten Fassung und als Beleg für die Verifizierung der bibliografischen Daten.

(6) Wenn der Anmelder innerhalb der Frist nach Absatz 3 begründete Änderungen oder Berichtigungen in der ihm mitgeteilten Fassung beantragt oder an der letzten von ihm vorgelegten Fassung festhält, so erlässt die Prüfungsabteilung im Falle ihrer Zustimmung eine neue Mitteilung nach Absatz 3; andernfalls nimmt sie das Prüfungsverfahren wieder auf.

(7) Werden die Erteilungs- und Veröffentlichungsgebühr oder die Anspruchsgebühren nicht rechtzeitig entrichtet oder die Übersetzungen nicht rechtzeitig eingereicht, so gilt die europäische Patentanmeldung als zurückgenommen.

[89] Siehe hierzu GBK G10/93, G1/02, G1/10 (Anhang I).
[90] Absätze 3-7 geändert, Absätze 8-11 gestrichen und R.71a eingefügt durch BdV CA/D 2/10 vom 26.10.2010 (ABl.2010, 637), in Kraft getreten am 01.04.2012.
[91] Siehe hierzu die Mitteilung des EPA, ABl.2012, 52.
[92] Siehe hierzu Mitteilung des EPA über Möglichkeit des Verzichts auf das Recht, eine weitere Mitteilung nach R.71(3) EPÜ zu erhalten, ABl.2015, A52.

Regel 71a[33]
Abschluss des Erteilungsverfahrens

(1) Die Entscheidung über die Erteilung des europäischen Patents ergeht, wenn alle Gebühren entrichtet sind, eine Übersetzung der Patentansprüche in den beiden Amtssprachen des EPA eingereicht ist, die nicht die Verfahrenssprache sind, und Einverständnis mit der für die Erteilung vorgesehenen Fassung besteht. In der Entscheidung ist die ihr zugrunde liegende Fassung der europäischen Patentanmeldung anzugeben.

(2) Bis zur Entscheidung über die Erteilung des europäischen Patents kann die Prüfungsabteilung das Prüfungsverfahren jederzeit wieder aufnehmen.

(3) Wird die Benennungsgebühr nach der Mitteilung nach R.71(3) fällig, so wird der Hinweis auf die Erteilung des europäischen Patents erst bekannt gemacht, wenn die Benennungsgebühr entrichtet ist. Der Anmelder wird hiervon unterrichtet.

(4) Wird eine Jahresgebühr nach der Mitteilung nach R.71(3) und vor dem Tag der frühestmöglichen Bekanntmachung des Hinweises auf die Erteilung des europäischen Patents fällig, so wird der Hinweis erst bekannt gemacht, wenn die Jahresgebühr entrichtet ist. Der Anmelder wird hiervon unterrichtet.

(5) Hat der Anmelder auf eine Aufforderung nach R.71(3) hin die Erteilungs- und Veröffentlichungsgebühr oder die Anspruchsgebühren bereits entrichtet, so wird der entrichtete Betrag bei erneutem Ergehen einer solchen Aufforderung angerechnet.

(6) Wird die europäische Patentanmeldung zurückgewiesen oder vor der Zustellung der Entscheidung über die Erteilung eines europäischen Patents zurückgenommen oder gilt sie zu diesem Zeitpunkt als zurückgenommen, so wird die Erteilungs- und Veröffentlichungsgebühr zurückerstattet.

[93] Eingefügt durch BdV CA/D 2/10 vom 26.10.2010 (ABl.2010,637), in Kraft getreten am 01.04.2012. Siehe hierzu Mitteilung des EPA, ABl.2012, 52.

Rechtsprechung

G7/93
1. Einverständniserklärung des Anmelders nach R.51(4) EPÜ a.F. zu der ihm mitgeteilten Fassung des Patents wird nicht bindend, sobald Mitteilung gemäß R.51(6) EPÜ a.F. erlassen wurde. Nach einer solchen Mitteilung gemäß R.51(6) EPÜ a.F. hat die Prüfungsabteilung noch bis zum Erlaß eines Erteilungsbeschlusses ein Ermessen nach R.86(3) S.2 EPÜ a.F., eine Änderung der Anmeldung zuzulassen.

2. Bei der Ausübung dieses Ermessens nach Erlaß einer Mitteilung gemäß R.51(6) EPÜ a.F. muß die Prüfungsabteilung allen rechtserheblichen Faktoren Rechnung tragen. Sie muß insbesondere das Interesse des Anmelders an einem in allen benannten Staaten rechtsbeständigen Patent und das seitens des EPA bestehende Interesse, das Prüfungsverfahren durch Erlaß eines Erteilungsbeschlusses zum Abschluß zu bringen, berücksichtigen und gegeneinander abwägen. Da der Erlaß der Mitteilung nach R.51(6) EPÜ a.F. dem Zweck dient, das Erteilungsverfahren auf der Grundlage der zuvor gebilligten Fassung der Anmeldung abzuschließen, wird die Zulassung eines Änderungsantrags in diesem späten Stadium des Erteilungsverfahrens eher die Ausnahme als die Regel sein.

3. Vorbehalte nach Art.167(2) EPÜ sind keine Erfordernisse des EPÜ, die gemäß Art.96(2) EPÜ erfüllt werden müssen.

T1064/04 Die in G7/93 formulierten Grundsätze können generell auf neue Anträge angewendet werden, die in einem späten Verfahrensstadium eingereicht werden, nachdem der Anmelder bereits mindestens einmal Gelegenheit zur Änderung seiner Anmeldung hatte und die Prüfungsabteilung die Sachprüfung bereits abgeschlossen hat

Erteilungsverfahren

R.71(3)-Mitteilung

	Norm	zu erbringende Handlung	Frist	Nachfrist	Rechtsfolge	Rechtsbehelf
103 Erhalt einer R.71(3)-Mitteilung	**Art.97(1)** iVm **R.71(3)**	**Fall 1 (Einverständnis)** 1) Erteilungs- und Veröffentlichungsgebühr [**990 €**] [338] **R.71(3)**, Art.2(1) Nr.7 GebO 2) Übersetzung der Ansprüche in verbleibende zwei Amtssprachen, die nicht Verfahrenssprache entsprechend R.50(1)-Formerfordernissen (keine Qualitätsprüfung durch Prüfer, C-V,1.3) 3) etwaige Anspruchsgebühren [**250 €**/Anspruch > 15; **630 €**/Anspruch > 50] [339] **R.71(4)**, Art.2(1) Nr.15 GebO [340]			**+** Erteilungsbeschluss [341] Art.97(1) Bekanntmachung im EP-Patentregister **−** ePa gilt als zurückgenommen und R.112(1)-Rechtsverlustmitt. **R.71(7)** C-V,8	**WB (+)** bei Fristversäumnis oder Nichterfüllung + Zuschlag [**275€**]
		Fall 2 1) nur geringfügige »begründete« Änderungen/Berichtigungen der Anmeldeunterlagen einreichen 2) und ggf. Erfordernisse wie in Fall 1	**4 M** ab Mitt. +10Tage **R.71(3)**	nicht verlängerbar	**+** neue R.71(3)-Mitt., wenn Prüfungsabteilung Änderungen zustimmt **R.71(6)** **−** Wiederaufnahme des Prüfungsverfahrens **R.71(6)** iVm **R.71a(2)**	WE (−) **Art.122(4)**, **R.136(3)**
	C-V,1	**Fall 4** **Ablehnung** der mitgeteilten Fassung durch nicht rechtzeitige Zahlung Erteilungs- und Veröffentlichungsgebühr oder Einreichung der Übersetzung **R.71(7)**, C-V,3			**−** ePa gilt als zurückgenommen oder direkte Zurückweisung [**Art.97(2)**] mgl. **R.71(7)**	**Beschwerde (+)**
104 Änderungen nach Einverständniserklärung H-II,2.6	**R.137(3)** G7/93	1) Änderungsantrag 2) Änderung ist geringfügig bzw. aus wichtigem Grund (z.B.: geringfügige Änderungen oder gesonderter Anspruchssatz für VStaaten, für die ältere Rechte bestehen)	bis zur Abgabe des Erteilungsbeschlusses an EPA-Poststelle G12/91	keine	**+** Änderungen werden zugelassen **−** begründete Zurückweisung dedes Änderungsantrags	keiner

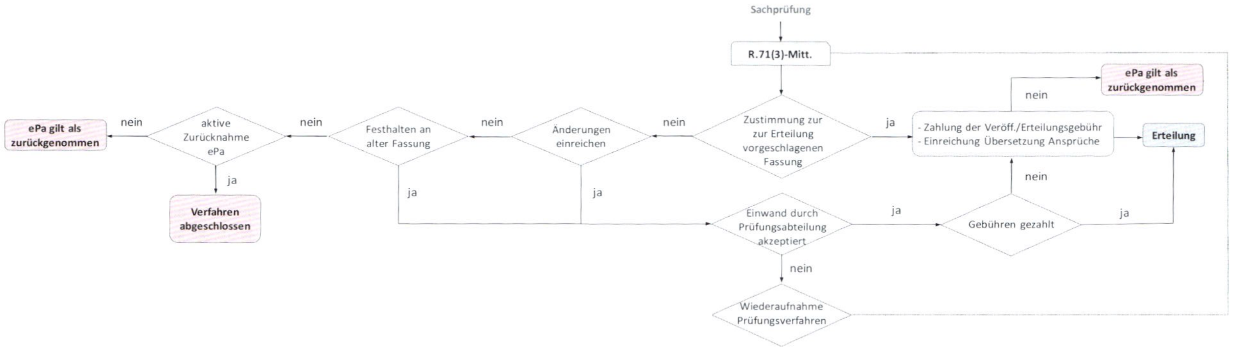

Fig. 8: Möglichkeiten auf R.71(3)-Mitteilung zu reagieren.

[338] **Jahresgebühr fällig** nach Zustellung von R.71(3)-Aufforderung UND vor Tag des Hinweises auf Erteilung EP-Patents, erfolgt Erteilung erst, wenn Jahresgebühr und ggf. Zuschlagsgebühr entrichtet wurden [C-V, 2].
[339] entfällt, wenn bereits auf R.45(1)-Mitt. oder R.162(1)/(2)-Mitt. entrichtet worden ist; **keine Rückerstattung,** wenn erteilbare Fassung weniger Ansprüche enthält als bei Einreichung nach R.45 oder R.162 [C-V,1.4].
[340] Entrichtung der vorgeschriebenen Gebühren UND Einreichung der Übersetzungen der Patentansprüche fingiert Einverständnis für Erteilung vorgesehenen EP-Fassung.
[341] **Voraussetzung:** bereits fällige Jahresgebühren [R.51(1); Art.141(2); **S.213**] und ggf. fällige Zuschlagsgebühren [**R.51(2)**] entrichtet.

EPÜ 2000

Artikel 59
Mehrere Anmelder

Die ePa kann auch von gemeinsamen Anmeldern oder von mehreren Anmeldern, die verschiedene Vertragsstaaten benennen, eingereicht werden.

Artikel 79[73]
Benennung der Vertragsstaaten

(1) Im Antrag auf Erteilung eines europäischen Patents gelten alle Vertragsstaaten als benannt, die diesem Übereinkommen bei Einreichung der europäischen Patentanmeldung angehören.

(2)[74] Für die Benennung eines Vertragsstaats kann eine Benennungsgebühr erhoben werden.

(3) Die Benennung eines Vertragsstaats kann bis zur Erteilung des europäischen Patents jederzeit zurückgenommen werden.

[73] Geändert durch die Akte zur Revision des EPÜ vom 29.11.2000.
[74] Siehe hierzu Stellungnahme der GBK G4/98 (Anhang I).

Artikel 86[80]
Jahresgebühren für die europäische Patentanmeldung

(1) Für die europäische Patentanmeldung sind nach Maßgabe der Ausführungsordnung Jahresgebühren an das Europäische Patentamt zu entrichten. Sie werden für das dritte und jedes weitere Jahr, gerechnet vom Anmeldetag an, geschuldet. Wird eine Jahresgebühr nicht rechtzeitig entrichtet, so gilt die Anmeldung als zurückgenommen.

(2) Die Verpflichtung zur Zahlung von Jahresgebühren endet mit der Zahlung der Jahresgebühr, die für das Jahr fällig ist, in dem der Hinweis auf die Erteilung des europäischen Patents im Europäischen Patentblatt bekannt gemacht wird.

[80] Geändert durch die Akte zur Revision des EPÜ vom 29.11.2000.

Artikel 97[99], [100]
Erteilung oder Zurückweisung

(1) Ist die Prüfungsabteilung der Auffassung, dass die europäische Patentanmeldung und die Erfindung, die sie zum Gegenstand hat, den Erfordernissen dieses Übereinkommens genügen, so beschließt sie die Erteilung des europäischen Patents, sofern die in der Ausführungsordnung genannten Voraussetzungen erfüllt sind.

(2) Ist die Prüfungsabteilung der Auffassung, dass die europäische Patentanmeldung oder die Erfindung, die sie zum Gegenstand hat, den Erfordernissen dieses Übereinkommens nicht genügt, so weist sie die Anmeldung zurück, sofern dieses Übereinkommen keine andere Rechtsfolge vorsieht.

(3) Die Entscheidung über die Erteilung des europäischen Patents wird an dem Tag wirksam, an dem der Hinweis auf die Erteilung im Europäischen Patentblatt bekannt gemacht wird.

[99] Geändert durch die Akte zur Revision des EPÜ vom 29.11.2000.
[100] Siehe hierzu Entscheidungen der GBK G 10/93, G 1/10 (Anhang I).

EPÜAO

Regel 51
Fälligkeit

[...]

(2)[70] Wird eine Jahresgebühr nicht bis zum Fälligkeitstag nach Absatz 1 entrichtet, so kann sie noch innerhalb von 6 M nach Fälligkeit entrichtet werden, sofern innerhalb dieser Frist eine Zuschlagsgebühr entrichtet wird. Die in Art.86(1) festgelegte Rechtsfolge tritt mit Ablauf der Sechsmonatsfrist ein. [...]

[70] Geändert durch Beschluss des Verwaltungsrats CA/D 17/16 vom 14.12.2016 (ABl. EPA 2016, A102), in Kraft getreten am 01.01.2017. Siehe auch Mitteilung des EPA, ABl. EPA 2016, A103.

Regel 71a[93]
Abschluss des Erteilungsverfahrens

(1) Die Entscheidung über die Erteilung des europäischen Patents ergeht, wenn alle Gebühren entrichtet sind, eine Übersetzung der Patentansprüche in den beiden Amtssprachen des EPA eingereicht ist, die nicht die Verfahrenssprache sind, und Einverständnis mit der für die Erteilung vorgesehenen Fassung besteht. In der Entscheidung ist die ihr zugrunde liegende Fassung der europäischen Patentanmeldung anzugeben.

(2) Bis zur Entscheidung über die Erteilung des europäischen Patents kann die Prüfungsabteilung das Prüfungsverfahren jederzeit wieder aufnehmen.

(3) Wird die Benennungsgebühr nach der Mitteilung nach R.71(3) fällig, so wird der Hinweis auf die Erteilung des europäischen Patents erst bekannt gemacht, wenn die Benennungsgebühr entrichtet ist. Der Anmelder wird hiervon unterrichtet.

(4) Wird eine Jahresgebühr nach der Mitteilung nach R.71(3) und vor dem Tag der frühestmöglichen Bekanntmachung des Hinweises auf die Erteilung des europäischen Patents fällig, so wird der Hinweis erst bekannt gemacht, wenn die Jahresgebühr entrichtet ist. Der Anmelder wird hiervon unterrichtet.

(5) Hat der Anmelder auf eine Aufforderung nach R.71(3) hin die Erteilungs- und Veröffentlichungsgebühr oder die Anspruchsgebühren bereits entrichtet, so wird der entrichtete Betrag bei erneutem Ergehen einer solchen Aufforderung angerechnet.

(6) Wird die europäische Patentanmeldung zurückgewiesen oder vor der Zustellung der Entscheidung über die Erteilung eines europäischen Patents zurückgenommen oder gilt sie zu diesem Zeitpunkt als zurückgenommen, so wird die Erteilungs- und Veröffentlichungsgebühr zurückerstattet.

[93] Eingefügt durch Beschluss des Verwaltungsrats CA/D 2/10 vom 26.10.2010 (ABl. EPA 2010, 637), in Kraft getreten am 01.04.2012. Siehe hierzu die Mitteilung des EPA, ABl. EPA 2012, 52

Regel 140[144]
Berichtigung von Fehlern in Entscheidungen

In Entscheidungen des EPA können nur sprachliche Fehler, Schreibfehler und offenbare Unrichtigkeiten berichtigt werden.

[144] Siehe hierzu Entscheidungen der GBK G8/95, G1/10 (Anhang I).

Rechtsprechung

G4/98
I. Unbeschadet des Art.67(4) EPÜ wird die Benennung eines VStaats des EPÜ in einer europäischen Patentanmeldung nicht rückwirkend wirkungslos und gilt nicht als nie erfolgt, wenn die entsprechende Benennungsgebühr nicht fristgerecht entrichtet worden ist.

II. Die Benennung eines VStaats gilt gemäß Art.91(4) EPÜ mit Ablauf der in Art.79(2) bzw. in R.15(2), 25(2) oder 107(1) EPÜ genannten Frist als zurückgenommen und nicht mit Ablauf der Nachfrist gemäß R.85a EPÜ.

T212/88 2. Die Berichtigung eines Fehlers in einer Entscheidung nach R.89 EPÜ ist rückwirkend.

J18/90 1. Die ausdrückliche Benennung eines neuen VStaats in einer europäischen Patentanmeldung kurze Zeit vor dem Inkrafttreten des EPÜ für diesen Staat kann zwar keine Verschiebung des Anmeldetags auf den Tag des Inkrafttretens rechtfertigen (vgl. J14/90, ABl.1992, 505). Jedoch kann eine solche ausdrückliche Benennung, nach Vergewisserung beim Anmelder, dahin ausgelegt werden, daß der Anmelder keinen früheren Anmeldetag wünscht als den Tag, an dem das EPÜ für den betreffenden Staat in Kraft tritt.

T850/95 Wird der Antrag auf Berichtigung abgelehnt, so muss diese Entscheidung begründet werden. Die Gründe müssen dem Antragsteller zuvor mitgeteilt worden sein (Art.113(1)).

Erteilungsverfahren

Erteilung und Zurückweisung

	Voraussetzung	Norm	zu erbringende Handlung	Frist	Nachfrist	Rechtsfolge	Rechtsbehelf
105 **Benennungsgebühr** C-V,2; S.141	Bennennungsgeb. wird nach R.71(3)-Mitt. fällig - Hinweis durch EPA -	**R.71a(3)**	1) Benennungsantrag mit Angabe der zu benennenden VStaaten [342] 2) Benennungsgebühr [**630 €**] [343] zahlen **Art.79(2)**, Art.2(1) Nr.3 GebO	bis **6 M** nach dem Tag, an dem im EP-Patentblatt auf Veröff. des ESR hingewiesen **R.39(1)**; **R.36(4)**; **R.17(3)**	keine	+ Erteilungsbeschluss und Hinweis auf Erteilung erst mit Zahlung der Bennennungsgeb. bzw. Jahresgeb.	**WB (+)**; WE (−)
106 **Jahresgebühr** A-X,5.2.4; S.215	Jahresgeb. wird nach R.71(3)-Mitt. UND vor Tag des Hinweises auf Erteilung fällig - Hinweis durch EPA -	**R.71a(4)**, **Art.86(1)**	Jahresgebühr **im Voraus** für drittes bzw. jedes folgende Jahr ab AT **Art.86(1) S.2**, Art.2(1) Nr.4 GebO	bereits **6 M** (für 3.Jahr) bzw. **3 M** (für 4.-20. Jahr) vor **Fälligkeit** (Fälligkeit = letzter Tag des Monats in dem der AT liegt)	Fälligkeit +**6 M** [344] +50% verspäteter Jahresgeb. [345] **R.51(2)**, Art.2(1) Nr.5 GebO	− ePa gilt als zurückgenommen R.112(1)-Rechtsverlustmitt.	**WE (+)** WB (−)
107 **Erteilung** C-V,1	R.71(3)-Mitt. an den Anmelder S.133	**Art.97(1)**	1) Entrichtung der Erteilungs- und Veröffentlichungsgebühr 2) Übersetzung der Ansprüche 3) etwaige Anspruchsgebühren [R.71a(4)] [346] 4) ggf. fällige Jahresgebühren [347] [R.71a(4), S.215] 5) ggf. Benennungsgebühr [R.71a(3), S.141]	4 M ab Mitt. +10Tage	--	+ Erteilung nach Beschluss **Art.97(1)**, **R.71a(1)** Bekanntmachung der Erteilung im Patentblatt (idR **4 W** nach Erteilungsbeschluss **Art.97(3)** − bei nicht rechtzeitiger Beibringung gilt ePa als zurückgenommen UND R.112(1)-Rechtsverlustmitt. **R.71(7)**	**WB (+)** bei Fristversäumnis ODER Nichterfüllung **+275€ Zuschlag** (einmalig für alle R.71(3)-Handlungen) C-V, 8 WE (−)
108 **Zurückweisung** [348] C-V,14	ePa erfüllt nicht EPÜ-Erfordernisse, aber mind. ein Art.94(3)-Bescheid ist ergangen [349]	**Art.97(2)**	1) Beschluss gem. Art.97(2) durch alle Mitglieder der Prüfungsabteilung 2) Zurückweisung muss »begründet« sein UND eine Rechtsbehelfsbelehrung nach R.111(2) enthalten[350] 3) schriftliche Zustellung zwingend	»jederzeit«, nach erster **Art.93(4)**-Mitt. C-III,4; E-VIII,4.1	--	+ ePa wird in ihrer Gesamtheit zurückgewiesen	**TA (+)** Art.76(1), R.36, S.95 **Beschwerde (+)** Art.106-108, S.163 **Umwandlung (+)** Art.135(1)b), S.189
109 **Berichtigung** von Fehlern in Entscheidung	Sachliche Fehler, Schreibfehler, Unrichtigkeit	**R.140**	Begründeter Antrag oder selbstständig vAw	unverzüglich	--	+ Wirkung ex tunc (Datum der Entscheidung bleibt erhalten) T212/88 − begründete Entscheidung T850/95	

[342] **mehrere Anmelder:** verschiedene Benennung der VStaaten zulässig [**Art.59**]; für TA oder neue Anmeldung durch Berechtigten gelten automatisch nur die benannten VStaaten der früher ePa als benannt [G4/98].

[343] Pauschalgebühr mit der alle EPÜ-VStaaten benannt sind [**Art.79(1)**]. Bis zur Erteilung des ePa kann die Benennung eines VStaates jederzeit zurückgenommen werden [A-III, 11].

[344] 6M-Frist beginnt mit letztem Tag des in R.52(1) benannten Monats, ungeachtet, ob an diesem Schließtag des EPA [**R.134(1)**] oder Störung der Post [**R.134(2),(4)**]; aber R.134 ist auf Fristende anwendbar – Berechnung Nachfrist: J4/91, A-X,5.2.4; **Hinweis:** Anmelder wird auf Möglichkeit nach R.51(2) iVm Art.2(1) Nr.5 GebO hingewiesen. Unterbleibt dieser Hinweis, kann Anmelder daraus keine Ansprüche herleiten [J12/84, J1/89].

[345] Zahlung unabhängig von Jahresgebühr zulässig, aber binnen 6M-Nachfrist [A-X,5.2.4].

[346] entfällt, wenn bereits auf R.45(1)-Mitt. oder R.162(1)/(2)-Mitt. entrichtet worden ist. Achtung: Bei **mehreren Anspruchssätzen** unterliegt nur der Satz der Gebührenpflicht nach R.45(1), R.162(1)/(2) oder R.71(4), der die meisten Patentansprüche enthält.

[347] **Jahresgebühr fällig** nach Zustellung von R.71(3)-Mitt. UND vor Tag des Hinweises auf Erteilung des EP-Patentes, erfolgt Erteilung erst, wenn Jahresgebühr und ggf. Zuschlagsgebühr entrichtet [**R.71a(4)**, C-V,2].

[348] ePa gilt nicht als zurückgewiesen, sondern [nur] als zurückgenommen, wenn [**1**] Antwort auf Mitt. der Prüfungsabteilung nicht rechtzeitig [**Art.94(4)**] oder [**2**] Erfordernisse nach R.71(3) nicht erfüllt sind [**R.71(7)**].

[349] zur Wahrung des rechtlichen Gehörs [**Art.113(1)**] muss der **Anmelder mind. einmal Gelegenheit** haben, sich zu äußern und Änderungen/Berichtigungen vorzunehmen [**Art.123(1)**, **R.137(2)**]; C-V,14.

[350] Kopie der Patentansprüche wird nicht mehr angehängt (Reduzierung des Papierverbrauches); Dokumente über Akteneinsicht zugänglich [ABl.2011,372].

EPÜ 2000

Artikel 3
Territoriale Wirkung

Die Erteilung eines europäischen Patents kann für einen oder mehrere Vertragsstaaten beantragt werden.

Artikel 14[11],[12]
Sprachen des Europäischen Patentamts, europäischer Patentanmeldungen und anderer Schriftstücke

[...] **(5)** Europäische Patentanmeldungen werden in der Verfahrenssprache veröffentlicht.

(6) Europäische Patentschriften werden in der Verfahrenssprache veröffentlicht und enthalten eine Übersetzung der Patentansprüche in den beiden anderen Amtssprachen des EPA. [...]

[11] Geändert durch die Akte zur Revision des EPÜ vom 29.11.2000
[12] Siehe hierzu Entscheidungen der GBK G 6/91, G 2/95, G 4/08 (Anhang I).

Artikel 59
Mehrere Anmelder

Die ePa kann auch von gemeinsamen Anmeldern oder von mehreren Anmeldern, die verschiedene Vertragsstaaten benennen, eingereicht werden.

Artikel 66[57]
Wirkung der europäischen Patentanmeldung als nationale Anmeldung

Eine europäische Patentanmeldung, der ein Anmeldetag zuerkannt worden ist, hat in den benannten Vertragsstaaten die Wirkung einer vorschriftsmäßigen nationalen Anmeldung, gegebenenfalls mit der für die europäische Patentanmeldung in Anspruch genommenen Priorität.

[57] Siehe hierzu Stellungnahme der GBK G4/98 (Anhang I).

Artikel 93[92],[93]
Veröffentlichung der europäischen Patentanmeldung

(1) Das EPA veröffentlicht die europäische Patentanmeldung so bald wie möglich
a) nach Ablauf von achtzehn Monaten nach dem Anmeldetag oder, wenn eine Priorität in Anspruch genommen worden ist, nach dem Prioritätstag oder
b) auf Antrag des Anmelders vor Ablauf dieser Frist.

(2) Die europäische Patentanmeldung wird gleichzeitig mit der europäischen Patentschrift veröffentlicht, wenn die Entscheidung über die Erteilung des Patents vor Ablauf der in Absatz 1 a) genannten Frist wirksam wird.

[92] Geändert durch die Akte zur Revision des EPÜ vom 29.11.2000.
[93] Siehe hierzu den BdP des EPA, Sonderausgabe Nr. 3, ABl.2007, D.3. Siehe hierzu Stellungnahme der GBK G 2/98 (Anhang I).

Artikel 98[101]
Veröffentlichung der europäischen Patentschrift

Das Europäische Patentamt veröffentlicht die europäische Patentschrift so bald wie möglich nach Bekanntmachung des Hinweises auf die Erteilung des europäischen Patents im Europäischen Patentblatt.

[101] Geändert durch die Akte zur Revision des EPÜ vom 29.11.2000.

Artikel 103[110]
Veröffentlichung einer neuen europäischen Patentschrift

Ist das europäische Patent nach Art.101 Absatz 3 a) in geänderter Fassung aufrechterhalten worden, so veröffentlicht das EPA eine neue europäische Patentschrift so bald wie möglich nach Bekanntmachung des Hinweises auf die Entscheidung über den Einspruch im Europäischen Patentblatt.

[110] Geändert durch die Akte zur Revision des EPÜ vom 29.11.2000.

Artikel 105c[117]
Veröffentlichung der geänderten europäischen Patentschrift

Ist das europäische Patent nach Art.105b(2) beschränkt worden, so veröffentlicht das EPA die geänderte europäische Patentschrift so bald wie möglich nach Bekanntmachung des Hinweises auf die Beschränkung im Europäischen Patentblatt.

[117] Geändert durch die Akte zur Revision des EPÜ vom 29.11.2000.

EPÜAO

Regel 67[82]
Technische Vorbereitungen für die Veröffentlichung

(1) Der Präsident des Europäischen Patentamts bestimmt, wann die technischen Vorbereitungen für die Veröffentlichung der europäischen Patentanmeldung als abgeschlossen gelten.

(2) Die Anmeldung wird nicht veröffentlicht, wenn sie vor Abschluss der technischen Vorbereitungen für die Veröffentlichung rechtskräftig zurückgewiesen oder zurückgenommen worden ist oder als zurückgenommen gilt.

[82] Siehe hierzu den BdP des EPA, Sonderausgabe Nr. 3, ABl.2007, D.1.

Regel 68[83]
Form der Veröffentlichung der europäischen Patentanmeldungen und europäischen Recherchenberichte

(1) Die Veröffentlichung der europäischen Patentanmeldung enthält die Beschreibung, die Patentansprüche und gegebenenfalls die Zeichnungen jeweils in der ursprünglich eingereichten Fassung sowie die Zusammenfassung oder, wenn diese Bestandteile der Anmeldung nicht in einer Amtssprache des Europäischen Patentamts eingereicht wurden, deren Übersetzung in die Verfahrenssprache und als Anlage den europäischen Recherchenbericht, sofern er vor Abschluss der technischen Vorbereitungen für die Veröffentlichung vorliegt. Wird der Recherchenbericht oder die Zusammenfassung nicht mit der Anmeldung veröffentlicht, so werden sie gesondert veröffentlicht.

(2) Der Präsident des Europäischen Patentamts bestimmt, in welcher Form die Anmeldungen veröffentlicht werden und welche Angaben sie enthalten. Das Gleiche gilt, wenn der europäische Recherchenbericht und die Zusammenfassung gesondert veröffentlicht werden.

(3) In der veröffentlichten Anmeldung werden die benannten Vertragsstaaten angegeben.

(4)[82] Wurden die Patentansprüche nicht am Anmeldetag eingereicht, wird dies bei der Veröffentlichung angegeben. Sind vor Abschluss der technischen Vorbereitungen für die Veröffentlichung der Anmeldung die Patentansprüche nach R.137(2) geändert worden, so werden neben den Patentansprüchen in der ursprünglich eingereichten Fassung auch die neuen oder geänderten Patentansprüche veröffentlicht.

[83] Siehe hierzu die BdP des EPA, SA Nr. 3, ABl. EPA 2007, D.3, D.4.
[84] Englische Fassung geändert durch Beschluss des Verwaltungsrats CA/D 4/08 vom 21.10.2008 (ABl. EPA 2008, 514), in Kraft getreten am 01.04.2009.

Regel 73[94]
Inhalt und Form der Patentschrift

(1) Die europäische Patentschrift enthält die Beschreibung, die Patentansprüche und gegebenenfalls die Zeichnungen. Außerdem wird darin die Frist für den Einspruch gegen das europäische Patent angegeben.

(2) Der Präsident des EPA bestimmt, in welcher Form die Patentschrift veröffentlicht wird und welche Angaben sie enthält.

(3) In der Patentschrift werden die benannten Vertragsstaaten angegeben.

[94] Siehe hierzu den BdP des EPA, Sonderausgabe Nr. 3, ABl.2007, D.3., D.4.

Regel 87
Inhalt und Form der neuen europäischen Patentschrift

Die neue europäische Patentschrift enthält die Beschreibung, Patentansprüche und Zeichnungen in der geänderten Fassung. R.73(2) und (3) und R.74 sind anzuwenden.

Regel 96
Inhalt und Form der geänderten europäischen Patentschrift

Die geänderte europäische Patentschrift enthält die Beschreibung, Patentansprüche und Zeichnungen in der geänderten Fassung. R.73(2) und (3) und R.74 sind anzuwenden.

Rechtsprechung

J11/80 Einer Erklärung, dass eine europäische Patentanmeldung zurückgenommen wird, sollte ohne Rückfrage nur dann stattgegeben werden, wenn die Erklärung keinerlei Vorbehalte enthält und eindeutig ist.

J5/81 1. R.48 EPÜ besagt nicht, daß das EPA rechtlich gehindert sei, die Veröffentlichung einer europäischen Patentanmeldung zu unterlassen, sobald die technischen Vorbereitungen für ihre Veröffentlichung als abgeschlossen gelten.

Veröffentlichung der ePa

Euro-PCT: intern. Veröffentlichung tritt an die Stelle der EP-Veröffentlichung [Art.11(3), Art.29(1),(2) PCT iVm Art.153(3),(4)]

Art.93, R.67 bis 69, A-VI,1

	Art	Voraussetzung	Norm	Handlung	Frist	Rechtsfolge	WICHTIG
110	**automatische Veröffentlichung** A-VI, 1	ePa noch anhängig und Ablauf von 18 M nach AT bzw. frühestem PT [351] **Art.93(1)a)**	Art.93(1)a) iVm R.67(1), R.68	Eintragung der ePa [Art.93] in EP-Patentregister nur in elektronischer Form [352]	18 M nach AT bzw. frühesten PT [351] **Art.93(1)a)**	1) Veröff. folgender Unterlagen [352] in Verfahrenssprache der ePa: a) urspr. eingereichte Beschreibung [353] inkl. nicht zurückgenommener, nachgereichter Teile nach **R.56** [A-II, 5.5] in Verfahrenssprache [Art.14(5)]	Mitteilung über Veröff. des ESR an Anmelder mit Hinweis auf 6M-Frist für Prüfungsantrag und Benennungsgebühr **R.69(1)/(2)**
111		1) Anmelde- und Recherchengebühr wirksam entrichtet, 2) keine Formmängel, 3) »unterzeichneter« Antrag des Anmelders **Art.93(1)b)** ODER Erteilung des EP-Patents vor Ablauf von 18 M **Art.93(2)**	Art.93(1)b) iVm R.68 Art.93(2) iVm R.68	Art.93(2), R.68(2) iVm BdP ABl.2007S3,D.3, ABl.2005,126 Eintragung der ePa [Art.93] bzw. Patentschrift [Art.98] in EP-Patentregister [352] **Art.93(2), Art.98**	vor **18 M** nach AT bzw. frühesten PT	b) Ansprüche [354] [Art.78(1)c), R.43] c) ggf. Zeichnungen [Art.78(1)e), R.46] d) als Erfinder genannte Personen [R.20] e) benannte VStaaten [355] [Art.79] f) Zusammenfassung [356] [Art.85, R.47] g) ggf. ESR [357] [Art.92, R.61] R.68 iVm Art.127, R.143, A-VI,1.3 2) ePa ist voller StdT nach **Art.54(2)** 3) Antrag auf Akteneinsicht durch jeden [358] **Art.128(3)** 4) **einstweiliger Schutz** in benannten VStaaten **Art.67**	Dokumentenartencodes **S.139** Berichtigungsantrag zu Veröff.-Fehlern jederzeit zulässig **R.140**, H-VI,4
112	**Aufschiebung der Veröffentlichung** A-VI, 1.1	■ Verzicht auf PT ODER ■ Berichtigung des PT [R.52(3)] ODER ■ Erlöschen der Prio [R.52(1) oder 53(3)]	A-VI, 1.1, F-VI, 3.5	Antrag auf Verzicht bzw. Berichtigung an EPA	vor Abschluss techn. Vorbereitung für Veröff. (**5 W** vorher) [359] **R.67(1)** iVm ABl.2006,406, ABl.200753,D1	Verschiebung der Veröf. auf AT oder späteren PT [erfolgt dennoch vorzeitige Veröff., so liegt kein offensichtlicher Missbrauch i.S.v. Art.55(1)(a) vor – T585/92]	--

---

[351] **Verzicht auf Prio oder Erlöschen des Prioanspruchs nach Art.90(5):** Veröffentlichung wird auf AT oder späteren PT verschoben, wenn [1] Zurücknahmeerklärung eingeht oder [2] Berichtigungsantrag eingeht oder [3] Erlöschen der Prio, bevor techn. Vorbereitungen zur Veröff. abgeschlossen sind [ABl.2007S3,D1; **Rn.DI-110,111**]; ansonsten reguläre Veröffentlichung mit Vermerk, dass auf Prio verzichtet/erloschen.

[352] erfolgt nur in elektronischer Form [**R.68(2)** iVm BdP ABl.2007S3,D3, ABl.2005,126]; Veröff. ePa/EP-Patent immer mittwochs 14:00 MEZ [https://data.epo.org/publication-server/] – fällt Veröff. auf Mittwoch, dann erfolgt diese **1 W** später [FAQ auf www.epo.org].

[353] EPA kann unzulässige Textstellen unter Angabe der Stelle und Wortanzahl bzw. Zeichnungen bei Veröff. auslassen ([1] Verstoß gegen öffentl. Ordnung, [2] gute Sitten, [3] herabsetzende Äußerungen ggü Patenten Dritter) [**R.48(3)**, A-III, 8.1-8.2]; **Sequenzprotokoll** als Teil der Beschreibung veröff. [ABl.2011,372].

[354] [1] urspr. eingereichte Fassung ODER nach AT nachgereichte Ansprüche [**R.68(4)S.1**] UND [2] ggf. vor Abschluss techn. Vorbereitungen für Veröff. geänderte Ansprüche nach **R.137(2)** [**R.68(4) S.2**, und A-III, 15].

[355] urspr. benannte VStaaten, wenn diese nicht bis Abschluss der techn. Vorber. zur Veröff. zurückgenommen; ePa vor 01. April 2009: ohne Angabe VStaaten, wenn Frist zur Zahlung Benennungsgeb. zum Zeitpunkt der Veröff. noch nicht abgelaufen [**R.39(1)**], benannte VStaaten dann später im PatReg ODER Patentblatt veröffentlicht [ABl.1997,479].

[356] urspr. eingereichte Fassung ODER wenn vorliegend von Recherchenabteilung festgelegte Fassung; liegt finale Fassung der Zusammenfassung noch nicht vor, wird ePa allein als A2-Schrift veröff. und Veröff. ESR erfolgt gesondert als A3-Schrift [**R.68(1) S.2**, B-X,7].

[357] EESR nicht zusammen mit ESR veröff., aber für Akteneinsicht zugänglich [**R.62(2)**]; liegt ESR noch nicht vor, wird ePa allein als A2-Schrift veröff. [**R.68(1)**, B-X,7].

[358] bei mikrobiologischem Material betreffender ePa kann Herausgabe eingeschränkt an Sachverständigen sein [**R.33(1) S.2** iVm **R.32(1)**]; Hinweis auf Deckblatt der ePa zwingend [ABl.2010,498].

[359] AT/PT + 18 M auf nächsten Mittwoch – 5 W; auch noch danach möglich [J5/81, A-VI,1.2]; tatsächlicher Abschluss techn. Vorbereitungen für Veröff. wird Anmelder unter Angabe des Veröfftages mitgeteilt [A-VI,1.1].

Teil D I – Übersicht zum EPÜ

Art	Voraussetzung	Norm	Handlung	Frist	Rechtsfolge	WICHTIG
113	**Verhinderung der Veröffentlichung** A-VI, 1.2	rechtskräftige Zurückweisung oder Zurücknahmefiktion [360] **ODER** Zurücknahme der ePa bzw. aller benannten VStaaten [362]	R.67(2)	nichts »unterzeichnete«, »eindeutige« und vorbehaltlose Verzichtserklärung [363] J11/80	vor Abschluss techn. Vorbereitung für Veröff. **(5 W vorher)** [361] R.67(1), ABl.2006,406, ABl.2007S3,D1	+ keine Veröffentlichung [360] **UND** Bearbeitung der ePa wird eingestellt R.67(2) ggf. ganz oder teilweise Rückzahlung bereits entrichteter Prüfungsgebühr Art.11 GebO, A-VI, 2.5	Zurücknahmeerklärung ist für Anmelder bindend

Veröffentlichung der europäischen Patentschrift

Art.98

Art	Voraussetzung	Norm	Handlung	Frist	Rechtsfolge	WICHTIG
114	Veröffentlichung nach **Patenterteilung** C-V,10	Entscheidung über Patenterteilung	**Art.98, R.73**	--	nach Hinweis auf Erteilung im EP-Patentblatt **Art.98**	1) Veröffentlichung [364] der Beschreibung, Zeichnungen in Verfahrenssprache **UND** Ansprüche in allen drei Amtssprachen als B1-Schrift **R.73(1) S.1, Art.14(6)** 2) Veröff. der Einspruchsfrist **R.73(1) S.2** 3) Angabe aller benannter VStaaten **R.73(3)** 4) Übermittlung der Patenturkunde an alle Anmelder **R.74**, C-V,12	formelle Vorschriften: Veröff. nur in elektr. Form mittels Veröffservers bei Schriften bis 400 Seiten; längere Schriften ggf. auf anderem geeigneten eletr. Medium **R.73(2)**, ABl.2007S3,D3
115	Veröffentlichung nach **Einspruch/EBV**	1) Zwischenentscheidung über Aufrechterhaltung des EP-Patents in geänderter Fassung **Art.101(3)(a), R.82(1)** 2) Einverständnis aller Beteiligter zur Zwischenentscheidung binnen 2 M ab R.82(1)-Mitt. +10Tage **R.82(1)**	**Art.103, R.87**	1) Veröffgebühr **[80€]** **R.82(2) S.2,** Art.2(1) Nr.8 GebO 2) Übersetzung neuer Ansprüche in alle EPA-Amtssprachen **R.82(2) S.2, Art.14(1)**	nach Hinweis auf Entscheidung über Einspruch im EP-Patentblatt **Art.103**	1) Veröffentlichung [365] geänderter Fassung der Beschreibung, Zeichnungen, Ansprüche in allen drei EPA-Amtssprachen als B2- bzw. B3-Schrift **R.87 S.1** [Einspruch] bzw. **R.96 S.1** [Beschränkung] iVm **Art.14(6)** 2) Angabe aller benannter VStaaten **R.87 S.2** [Einspruch] bzw. **R.96 S.2** [Beschränkung] iVm **R.73(3)** 3) Übermittlung der Patenturkunde an alle Anmelder **R.87 S.2** [Einspruch] bzw. **R.96 S.2** [Beschränkung] iVm **R.74**, ABl.2013,416; C-V,12	
116	Veröffentlichung nach **Beschränkung**	Beschluss über Beschränkung des EP-Patents **Art.105b(2), R.95(3)**	**Art.105c, R.96**	1) Veröffgebühr **[80€]** **R.95(3),** Art.2(1) Nr.8 GebO 2) Übersetzung beschränkter Ansprüche in alle EPA-Amtssprachen **R.95(3), Art.14(1)**	nach Hinweis auf Beschränkung im EP-Patentblatt **Art.105c**		

---

[360] Veröff. erfolgt dennoch, wenn bei Abschluss techn. Vorbereitung zur Veröff. **[1] R.112(2)**-Antrag auf Entscheidung anhängig [ABl.1990,455] oder **[2]** WE-Antrag anhängig [ABl.1990,455].
[361] AT/PT +18 M auf nächsten Mittwoch – 5 W; auch noch danach möglich [J5/81, A-VI,1.2]; tatsächlicher Abschluss techn. Vorbereitungen für Veröff. wird Anmelder unter Angabe des VeröffTages mitgeteilt [A-VI,1.1].
[362] keine Zurücknahme der ePa oder Benennung eines VStaats mgl., ab dem Tag, an dem Dritter eingeleitetes nat. Vindikationsverfahren **[R.14(1)]** nachweist bis zum Tag der Fortführung des Erteilungsverfahrens **[R.15]**.
[363] **zulässiger Bedingung:** Zurücknahme soll nur dann erfolgen, wenn Veröff. unterbleibt [A-VI,1.2]; **Verzichtserklärung unwirksam,** wenn Dritter nachweist, dass nat. Vindikationsverfahren nach **R.14(1)** eingeleitet ist bis zum Tag der Fortführung des Erteilungsverfahrens **[R.15]**.
[364] eventuelle Fehler haben keinen Einfluss, verbindliche Fassung ist die der Veröff. zugrunde gelegte; Fehlerkorrektur durch Amt mögl., durch Hinweis im Patentblatt und Herausgabe Korrigendums [ABl.2009, 598].
[365] nur in elektronischer Form bei Schriften bis 400 Seiten; längere Schriften ggf. auf anderem geeigneten eletr. Medium [**R.73(2)** iVm BdP ABl.2007S3,D3, ABl.2005,126]; Veröff. ePa/EP-Patent immer mittwochs 14:00 MEZ [https://data.epo.org/publication-server/] – fällt Veröff. auf Mittwoch, dann erfolgt diese **1 W** später.

117 Dokumentenartencodes

WIPO-Handbook on industrial property information and documentation (Seite 7.3.2.47)
WIPO ST.16

Code	Schriftart	Norm	Veröffentlichungsdetails
A0	bloßer Hinweis auf veröffentlichte Euro-PCT-Anmeldung		nur EP-Veröffentlichungsnummer für iPa vergeben (wenn iPa in EPA-Amtssprache vorliegt)
A1	Europäische Patentanmeldungen mit Recherchenbericht	Art.93, R.68(1) S.1	erste Veröffentlichungsstufe; ESR am Veröffentlichungstag verfügbar
A2	Europäische Patentanmeldungen ohne Recherchenbericht	Art.93, R.68(1) S.1	erste Veröffentlichungsstufe; ESR am Veröffentlichungstag nicht verfügbar
A3	Gesonderte Veröffentlichung des Europäischen Recherchenberichts	Art.93, R.68(1) S.2	erste Veröffentlichungsstufe
A4	Ergänzender Europäischer Recherchenbericht	Art.153(7)	erste Veröffentlichungsstufe
A8	Korrigierte Titelseite einer A-Schrift (nach WIPO ST.50)		A1- oder A2-Schrift
A9	Vollständig korrigierte A-Schrift (nach WIPO ST.50)		Korrigendum der A1, A2- oder A3-Schrift
B1	Europäische Patentschrift	Art.98, R.73	zweite Veröffentlichungsstufe; erteiltes Patent
B2	Neue, geänderte Europäische Patentschrift	Art.103, R.87	dritte Veröffentlichungsstufe; nach Einspruchsverfahren
B3	Europäische Patentschrift	Art.105c, R.96	nach Beschränkungsverfahren
B8	Korrigierte Titelseite einer B-Schrift (nach WIPO ST.50)		B1- oder B2-Schrift
B9	Vollständig korrigierte B-Schrift (nach WIPO ST.50)	H-VI,4	Korrigendum der B1- oder B2-Schrift
Ergänzungsblatt A	Ergänzungsblatt, unabhängig davon welche A-Schrift veröff. wird	B-X,7	Angabe von: i) Genehmigung oder Änderung der Zusammenfassung ii) Genehmigung oder Änderung der Bezeichnung iii) Genehmigung/Änderung/Streichung der für Zusammenfassung ausgewählte Figur iv) Übersetzung Bezeichnung in anderen Amtssprachen

Teil D I – Übersicht zum EPÜ

EPÜ 2000

Artikel 59
Mehrere Anmelder

Die ePa kann auch von gemeinsamen Anmeldern oder von mehreren Anmeldern, die verschiedene Vertragsstaaten benennen, eingereicht werden.

Artikel 79[73]
Benennung der Vertragsstaaten

(1) Im Antrag auf Erteilung eines europäischen Patents gelten alle Vertragsstaaten als benannt, die diesem Übereinkommen bei Einreichung der europäischen Patentanmeldung angehören.

(2)[74] Für die Benennung eines Vertragsstaats kann eine Benennungsgebühr erhoben werden.

(3) Die Benennung eines Vertragsstaats kann bis zur Erteilung des europäischen Patents jederzeit zurückgenommen werden.

[73] Geändert durch die Akte zur Revision des EPÜ vom 29.11.2000.
[74] Siehe hierzu Stellungnahme der GBK G4/98 (Anhang I).

EPÜAO

Regel 15[25]
Beschränkung von Zurücknahmen

Von der Tag an, an dem ein Dritter nachweist, dass er ein nationales Verfahren nach R.14(1) eingeleitet hat, bis zu dem Tag, an dem das Erteilungsverfahren fortgesetzt wird, darf weder die europäische Patentanmeldung noch die Benennung eines Vertragsstaats zurückgenommen werden.

[25] Siehe hierzu Entscheidung der GBK G 3/92 (Anhang I).

Regel 36[49]
Europäische Teilanmeldungen

(4)[53] Die Benennungsgebühr ist innerhalb von sechs Monaten nach dem Tag zu entrichten, an dem im Europäischen Patentblatt auf die Veröffentlichung des europäischen Recherchenberichts zu der Teilanmeldung hingewiesen worden ist. R.39 Absätze 2 und 3 ist anzuwenden.

[49] Siehe hierzu Entscheidungen der GBK G 1/05, G 1/06, G 1/09 (Anhang I)
[53] Geändert durch BdV CA/D 4/08 vom 21.10.2008 (ABl.2008,513), in Kraft getreten am 01.04.2009.

Regel 39[57]
Benennungsgebühren

(1) Die Benennungsgebühr ist innerhalb von sechs Monaten nach dem Tag zu entrichten, an dem im Europäischen Patentblatt auf die Veröffentlichung des europäischen Recherchenberichts hingewiesen worden ist.

(2)[58] Wird die Benennungsgebühr nicht rechtzeitig entrichtet oder wird die Benennung aller Vertragsstaaten zurückgenommen, so gilt die europäische Patentanmeldung als zurückgenommen.

(3) Unbeschadet der R.37(2) S.2 wird die Benennungsgebühr nicht zurückerstattet.

[57] Geändert durch BdV CA/D 4/08 vom 21.10.2008 (ABl.2008,513), in Kraft getreten am 01.04.2009.
[58] Siehe hierzu die Stellungnahme der GBK G4/98 (Anhang I).

Regel 159[166]
Das Europäische Patentamt als Bestimmungsamt oder ausgewähltes Amt – Erfordernisse für den Eintritt in die europäische Phase

(1) Für eine internationale Anmeldung nach Art.153 hat der Anmelder innerhalb von einunddreißig Monaten nach dem Anmeldetag oder, wenn eine Priorität in Anspruch genommen worden ist, nach dem Prioritätstag die folgenden Handlunge1 vorzunehmen: [...]

d)[168],[169] die Benennungsgebühr zu entrichten, wenn die Frist nach R.39(1) früher abläuft; [...]

[166] Siehe hierzu die Mitteilung des EPA über den Antrag auf vorzeitige Bearbeitung (ABl.2013,156).
[168] Siehe hierzu die Stellungnahme der GBK G4/98 (Anhang I).
[169] Geändert durch BdV CA/D 4/08 vom 21.10.2008 (ABl.2008,513), in Kraft getreten am 01.04.2009.

Regel 160[170]
Folgen der Nichterfüllung bestimmter Erfordernisse

(1) Wird die Übersetzung der internationalen Anmeldung nicht rechtzeitig eingereicht oder der Prüfungsantrag nicht rechtzeitig gestellt oder wird die Anmeldegebühr, die Recherchengebühr oder die Benennungsgebühr nicht rechtzeitig entrichtet, so gilt die europäische Patentanmeldung als zurückgenommen.

(2)[171] Stellt das EPA fest, dass die Anmeldung nach Absatz 1 als zurückgenommen gilt, so teilt es dies dem Anmelder mit. R.112 Absatz 2 ist entsprechend anzuwenden.

[170] Geändert durch Beschluss des Verwaltungsrats CA/D 4/08 vom 21.10.2008 (ABl. EPA 2008, 513), in Kraft getreten am 01.04.2009.
[171] Siehe hierzu die Stellungnahme der GBK G 4/98 (Anhang I).

Rechtsprechung

G4/98
I. Unbeschadet des Art.67(4) EPÜ wird die Benennung eines VStaats des EPÜ in einer europäischen Patentanmeldung nicht rückwirkend wirkungslos und gilt nicht als nie erfolgt, wenn die entsprechende Benennungsgebühr nicht fristgerecht entrichtet worden ist.

II. Die Benennung eines VStaats gilt gemäß Art.91(4) EPÜ mit Ablauf der in Art.79(2) bzw. in R.15(2), 25(2) oder 107(1) EPÜ genannten Frist als zurückgenommen und nicht mit Ablauf der Nachfrist gemäß R.85a EPÜ.

J18/90
1. Die ausdrückliche Benennung eines neuen VStaats in einer europäischen Patentanmeldung kurze Zeit vor dem Inkrafttreten des EPÜ für diesen Staat kann zwar keine Verschiebung des Anmeldetags auf den Tag des Inkrafttretens rechtfertigen (vgl. J14/90, ABl.1992, 505). Jedoch kann eine solche ausdrückliche Benennung, nach Vergewisserung beim Anmelder, dahin ausgelegt werden, daß der Anmelder keinen früheren Anmeldetag wünscht als den Tag, an dem das EPÜ für den betreffenden Staat in Kraft tritt.

Benennung von Vertrags-/Erstreckungs-/Validierungsstaaten

Grundsätzlich gelten alle am AT geltenden VStaaten (S.89) als benannt

Formalsachbearbeiter, **R.11(3)**, ABl.2014,A6; ABl.20145,A105
Art.79 iVm **R.39**, A-III,11 bis 12

	Antrag	Voraussetzung	Rechtsnorm	zu erbringende Handlung	Frist	Nachfrist	Rechtsfolge	Rechtsbehelf
118	**Benennung von Vertragsstaaten** [366] A-III,11.1	Vertragsstaat gehört dem EPÜ bei Einreichung der ePa/iPa an [367] **Art.79(1)**	**Art.79(2)** iVm **R.39(1)** Euro-PCT **R.159(1)d**	Benennungsantrag mit Angabe der zu benennenden VStaaten [368] [bevorzugt Erklärung auf Formblatt 1001, Feld 31] UND Benennungsgebühr [**630 €**] [369] zahlen **Art.79(2)**, Art.2(1) Nr.3 GebO	für ePa: bis **6 M** nach dem Tag, an dem im EP-Patentblatt auf die Veröff. des ESR hingewiesen **R.39(1)** [ePa] **R.36(4)** [TA] **R.17(3)** [Berechtigter] bzw. für Euro-PCT: **31 M** nach AT/PT oder **6 M** nach Veröffentlichungstag des ISR **R.39(1), R.159(1)d** - später ablaufende -	keine	**+** ePa hat in benannten VStaat Wirkung vorschriftsmäßiger nat. Anmeldung **Art.66** **−** ePa gilt als zurückgenommen, R.112(1)-Rechtsverlustmitt. [BF] **R.39(2), G4/98** A-III,11.3, **R.160(1)** [Euro-PCT]	**WB (+) 2 M** nach R.112(1)-Mitt. +10Tage **+50%** Zuschlag; **Art.121, R.135**, Art.2(1) Nr.12 GebO **WE (−)** **Art.122(4), R.136(3)**
119	**Erstreckung der ePa auf Nichtvertragsstaaten** A-III,12	Erstreckungsabkommen am AT der ePa in Kraft [370]	ABl.2009,603	Erstreckungsantrag [bevorzugt Erklärung auf Formblatt 1001, Feld 33.1] UND Erstreckungsgebühr für Erstreckungsstaat zahlen **Bosnien&Herzegowina: 102 €** [ABl.2004,619] **Montenegro: 102 €** [ABl.2010,10]		2 M nach Fristablauf **+50%** der Gebühr [51 € je Staat] ABl.2009,603 A-III,12.2	**+** Angabe Erstreckungsstaaten im EP-PatReg, PatBlatt und in veröff. Patentschrift **−** Erstreckungsantrag gilt als zurückgenommen, keine R.112(1)-Rechtsverlustmitt. ABl.1994,75, A-III,12.2	
120	**Validierung der ePa in Nichtvertragsstaaten** A-III,12	Validierungsabkommen am AT der ePa in Kraft [370]	ABl.2015,A19 Marokko: ABl.2016,A5	Validierungsantrag [bevorzugt Erklärung auf Formblatt 1001, Feld 33.2] UND Validierungsgebühr zahlen **Marokko: 240 €** [ABl.2015,A18, A20] **Republik Moldau: 200 €** [ABl.2015,A85] **Tunesien: 180 €** [ABl.2017, A85] **Kambodscha: 180 €** [ABl.2017, A16]		2 M nach Fristablauf **+50%** der Gebühr ABl.2015,A19 A-III,12.2	**+** Angabe Validierungsstaaten im EP-PatReg, PatBlatt und in veröff. Patentschrift **−** Validierungsantrag gilt als zurückgenommen, keine R.112(1)-Rechtsverlustmitt. ABl.2015,A19, A-III,12.2	
121	**Zurücknahme einzelner Benennungen/Erstreckungen/Validierungen** A-III,11.2.4	eingereichte und anhängige ePa	**Art.79(3)**	unterzeichnete, vorbehaltlose und eindeutige Zurücknahmeerklärung [J11/80] über Zurücknahme eines oder mehrerer benannter VStaaten	»jederzeit« [371] bis zur Patenterteilung (bei mehreren Anmeldern unabhängig voneinander) **Art.79(3)**	--	VStaat gilt als nicht ausgewählt [372] keine Rückerstattung bereits entrichteter Benennungsgeb. **R.39(3)**	Reaktivierung zurückgenommener Benennungen nicht möglich A-III,11.3.8

---

[366] Bei zwei oder mehr Anmeldern kann jeder Anmelder, unabhängig des anderen, verschiedene VStaaten benennen [**Art.59**, A-II,2].

[367] **Ausnahme:** Anmelder wünscht am Einreichetag der ePa und nach Bekanntgabe darüber, dass **EPÜ in neuem VStaates** in Kraft tritt, dass AT auf Tag des Inkrafttretens festgelegt wird [J18/90].

[368] mehrere Anmelder: verschiedene Benennung der VStaaten zulässig [**Art.59**]; für **TA oder neue Anmeldung durch Berechtigten** gelten automatisch nur noch die benannten VStaaten früherer ePa als benannt [G4/98].

[369] Benennungsgebühr ist eine **Pauschalgebühr**, mit der alle EPÜ-VStaaten benannt sind [**Art.79(1)**]. Bis zur Erteilung der ePa ist die Benennung eines VStaates jederzeit zurücknehmbar [A-III,11]. **keine Rückerstattung** von Benennungsgebühren bei Zurücknahme einer Benennung [**R.39(3)**]; Zurücknahme der Benennung gilt als Zurücknahme der ePa.

[370] **EURO-PCT-Anmeldungen:** [1] Erstreckungs-/Validierungsabkommen am AT in Kraft, [2] Erstreckungs-/Validierungsstaat ist am AT PCT-Mitglied und [3] Erstreckungs-/Validierungsstaat in iPa für nat. Patent bestimmt.

[371] außer wenn Dritter nachweist ein Verfahren auf Geltendmachung [**Art.61**] eingeleitet zu haben [**R.15**].

[372] Zurückname aller VStaaten gilt als Zurücknahme der ePa [G4/98]; verhindert Kollision von älteren nat. Rechten mit EP-Patent (Doppelschutzverbot **NatR X Ziffer 1**: BE, BG, CY, CZ, DE, EE, ES, FR, GB, GR, IE, IT, HR, LT, LU, MC, MT, NL, PT, RO, RS, SI, SK, SM, TR und alle Erstreckungsstaaten) [**Art.139(3)**].

Teil D I – Übersicht zum EPÜ

EPÜ 2000

Artikel 99[103], [104]
Einspruch

(1) Innerhalb von neun Monaten nach Bekanntmachung des Hinweises auf die Erteilung des europäischen Patents im Europäischen Patentblatt kann jedermann nach Maßgabe der Ausführungsordnung beim EPA gegen dieses Patent Einspruch einlegen. Der Einspruch gilt erst als eingelegt, wenn die Einspruchsgebühr entrichtet worden ist.

(2) Der Einspruch erfasst das europäische Patent für alle Vertragsstaaten, in denen es Wirkung hat.

(3) Am Einspruchsverfahren sind neben dem Patentinhaber die Einsprechenden beteiligt.

(4) Weist jemand nach, dass er in einem Vertragsstaat aufgrund einer rechtskräftigen Entscheidung anstelle des bisherigen Patentinhabers in das Patentregister dieses Staats eingetragen ist, so tritt er auf Antrag in Bezug auf diesen Staat an die Stelle des bisherigen Patentinhabers. Abweichend von Art.118 gelten der bisherige Patentinhaber und derjenige, der sein Recht geltend macht, nicht als gemeinsame Inhaber, es sei denn, dass beide dies verlangen.

[103] Geändert durch die Akte zur Revision des EPÜ vom 29.11.2000.
[104] Siehe hierzu Entscheidungen/Stellungnahmen GBK G4/88, G5/88, G7/88, G8/88, G10/91, G9/93, G1/95, G7/95, G3/97, G4/97, G3/99, G1/02, G2/04, G3/04 (Anhang I).

Artikel 100[105]
Einspruchsgründe

Der Einspruch kann nur darauf gestützt werden, dass
a) der Gegenstand des europäischen Patents nach den Art.52 bis 57 nicht patentierbar ist;
b) das europäische Patent die Erfindung nicht so deutlich und vollständig offenbart, dass ein Fachmann sie ausführen kann;
c) der Gegenstand des europäischen Patents über den Inhalt der Anmeldung in der ursprünglich eingereichten Fassung oder, wenn das Patent auf einer Teilanmeldung oder einer nach Art.61 eingereichten neuen Anmeldung beruht, über den Inhalt der früheren Anmeldung in der ursprünglich eingereichten Fassung hinausgeht.

[105] Siehe hierzu Entscheidungen/Stellungnahmen GBK G3/89, G10/91, G11/91, G1/95, G2/95, G7/95, G1/99, G3/04.

EPÜAO

Regel 22[30]
Eintragung von Rechtsübergängen

(1) Der Rechtsübergang einer europäischen Patentanmeldung wird auf Antrag eines Beteiligten in das Europäische Patentregister eingetragen, wenn er durch Vorlage von Dokumenten nachgewiesen wird.

(2) Der Antrag gilt erst als gestellt, wenn eine Verwaltungsgebühr entrichtet worden ist. Er kann nur zurückgewiesen werden, wenn die Erfordernisse des Absatzes 1 nicht erfüllt sind. [...]

[230] Siehe BdP des EPA, ABl.2013,600; 2013,601.

Rechtsprechung

T553/90 Legitimation des im Patentregister eingetragenen PI kann im Einspruchs-/Beschwerdeverfahren nicht infrage gestellt werden

T289/91
1. Die Zulässigkeit des Einspruchs ist als unverzichtbare prozessuale Voraussetzung der sachlichen Prüfung des Einspruchsvorbringens in jedem Verfahrensstadium, also auch im Beschwerdeverfahren, von Amts wegen zu prüfen.
2. Eine eidesstattliche Erklärung darüber, daß der Einsprechende im eigenen Namen handelt, darf nur dann gefordert werden, wenn konkrete Anhaltspunkte für ernsthafte Zweifel an der wahren Identität des Einsprechenden mitgeteilt werden. Ernsthafte Zweifel an der wahren Identität des Einsprechenden bestehen nicht schon dann, wenn ein persönliches oder wirtschaftliches Interesse des Einsprechenden am Patentgegenstand nicht offensichtlich ist (im Anschluß an T 635/88, ABl. 1993, 608, Nr. 2.2 der Gründe.)

T522/94
1. Die Zulässigkeit des Einspruchs ist in jeder Phase des Einspruchs- und des anschließenden Einspruchsbeschwerdeverfahrens von Amts wegen zu prüfen. Die Frage der Zulässigkeit kann und muß gegebenenfalls von der Kammer im Beschwerdeverfahren gestellt werden, selbst wenn sie dort erstmals aufgeworfen wird (T 289/91, ABl. 1994, 649; T 28/93, Nr. 2 der Entscheidungsgründe, nicht im ABl. veröffentlicht).
2. Die Zulässigkeit des Einspruchs muß anhand des Inhalts der Einspruchsschrift in der eingereichten Fassung unter Berücksichtigung etwaiger weiterer innerhalb der Einspruchsfrist eingereichter Unterlagen beurteilt werden, soweit sie die Zulässigkeit in Frage stellende Mängel beheben. Solche Mängel können nicht nach Ablauf der Einspruchsfrist beseitigt werden (R.56 (1), am Ende).
3. Anhand der Angaben in der Einspruchsschrift muß sich feststellen lassen, ob der "Fall" oder "ein Stand der Technik" der Öffentlichkeit durch schriftliche oder mündliche Beschreibung, durch Benutzung oder in sonstiger Weise zugänglich gemacht worden ist (Art. 54 (2)) und worin er besteht.
4. Damit ein Einspruch gemäß R.55 c) begründet ist, muß aus der Einspruchsschrift hervorgehen, "was" "wann" unter welchen Umständen - insbesondere "wem" - zugänglich gemacht worden ist.
5. Hauptzweck des Zulässigkeitserfordernisses ist es, dem Patentinhaber und der Einspruchsabteilung die Möglichkeit zu geben, den behaupteten Widerrufsgrund ohne eigene Ermittlungen zu prüfen.

T1178/04 Die Verpflichtung des Europäischen Patentamts, die Einspruchsentstellung in allen Stadien des Verfahrens von Amts wegen zu prüfen, bezieht sich nicht nur auf die Zulässigkeit des ursprünglichen Einspruchs, sondern auch auf die Rechtswirksamkeit einer angeblichen Übertragung der Einspruchsstellung auf einen neuen Beteiligten. Das Verbot der "reformatio in peius" findet bei der Ausübung dieser Verpflichtung keine Anwendung.

Regel 85
Rechtsübergang des europäischen Patents

R.22 ist auf einen Rechtsübergang des europäischen Patents während der Einspruchsfrist oder der Dauer des Einspruchsverfahrens anzuwenden.

G4/88 Ist beim EPA ein Einspruch anhängig, so kann er als zum Geschäftsbetrieb des Einsprechenden gehörend zusammen mit jenem Bereich dieses Geschäftsbetriebes an Dritte übertragen/ abgetreten werden, auf den sich der Einspruch bezieht.

G9/93 Der Einspruch des PI gegen sein eigenes europäisches Patent ist nicht zulässig (in Abkehr von der G1/84).

G3/97
G4/97
1a) Ein Einspruch ist nicht schon deswegen unzulässig, weil der als Einsprechender gem. R.55a) Genannte im Auftrag eines Dritten handelt.
1b) Ein solcher Einspruch ist aber dann unzulässig, wenn das Auftreten des Einsprechenden als mißbräuchliche Gesetzesumgehung anzusehen ist.
1c) Eine solche Gesetzesumgehung liegt vor, wenn
• der Einsprechende im Auftrag des PI handelt;
• der Einsprechende im Rahmen einer typischer Weise zugelassenen Vertretern zugeordneten Gesamttätigkeit im Auftrag eines Mandanten handelt, ohne hierfür die nach Art.134 erforderliche Qualifikation zu besitzen.
1d) Eine mißbräuchliche Gesetzesumgehung liegt dagegen nicht schon deswegen vor, weil
• ein zugelassener Vertreter in eigenem Namen für Mandanten handelt;
• Einsprechender mit Sitz/Wohnsitz in einem der Vsstaaten des EPÜ im Auftrag eines Dritten handelt, auf den diese Voraussetzung nicht zutrifft.

G2/04
Ia) Die Einsprechendenstellung ist nicht frei übertragbar.
Ib) Eine juristische Person, die bei Einlegung des Einspruchs eine Tochter derEinsprechenden war und die den Geschäftsbetrieb weiterführt, auf den sich das angefochtene Patent bezieht, kann nicht die Einsprechendenstellung erwerben, wenn ihre gesamten Aktien an eine andere Firma übertragen werden.
II. Wenn bei Einlegung einer Beschwerde aus berechtigtem Grund Rechtsunsicherheit darüber besteht, wie das Recht hinsichtlich der Frage des richtigen Verfahrensbeteiligten auszulegen ist, ist es legitim, dass die Beschwerde im Namen der Person eingelegt wird, die die handelnde Person nach ihrer Auslegung als richtigen Beteiligten betrachtet, und zugleich hilfsweise im Namen einer anderen Person, die nach einer anderen möglichen Auslegung ebenfalls als der richtige Verfahrensbeteiligte betrachtet werden könnte.

G1/13 Wird ein Einspruch von einem Unternehmen eingelegt, das später gemäß dem maßgeblichen nationalen Recht in jeder Hinsicht aufhört zu existieren, anschließend aber nach einer Vorschrift dieses Rechts wieder auflebt und als fortgeführt gilt, als hätte es nie aufgehört zu existieren, und treten all diese Ereignisse ein, bevor die Entscheidung der Einspruchsabteilung über die Aufrechterhaltung des angefochtenen Patents in geänderter Fassung rechtskräftig wird, so muss das EPA die Rückwirkung dieser Vorschrift des nationalen Rechts anerkennen und die Fortsetzung des Einspruchsverfahrens durch das wiederaufgelebte Unternehmen zulassen.

Einspruch

Einspruchsabteilung
Art.99 bis 105 iVm R.75 bis 89, D-I bis IX

122 Im Gegensatz zur Eingangsprüfung, Recherche oder Sachprüfung ist der Einspruch ein *inter partes* Verfahren zwischen **Einsprechendem** [Art.99(1)] und **PI** [Art.99(3)], dem die folgenden allgemein anerkannten Verfahrensgrundsätze zugrunde liegen:

1) Rechtliches Gehör [**Art.113(1)**],
2) Antragsbindung [**Art.113(2)**],
3) Amtsermittlungsgrundsatz [**Art.114(1)**], auch nach Erledigung des EP-Patents [**R.84(2)S.2**],
4) Recht auf MV [**Art.116(1), Art.117(1)a)**].

Damit ein Einspruch zulässig ist, müssen verschiedene Erfordernisse erfüllt sein; zu beachten ist, dass der Einspruch jederzeit während des Verfahrens zulässig sein muss, wobei seine Zulässigkeit – auch von Amts wegen – in jedem Verfahrensstadium überprüft werden kann [G1/13; G3/97; G4/97; T289/91; T522/94; T1178/04].

123 Einspruchsgründe S.63 Art.99(3)

a) Mangelnde Patentfähigkeit [**Art.100a)**] iVm **Art.52-57**
- keine Erfindung
- nicht patentierbar
- mangelnde Neuheit
- mangelnde erfinderische Tätigkeit
- keine gewerbliche Anwendbarkeit

b) Unzureichende Offenbarung [**Art.100b)**] iVm **Art.83**

c) Unzulässige Änderung [**Art.100c)**] iVm **Art.123(2)/Art.76(1)**

neue Einspruchsgründe müssen im Einspruch nicht berücksichtigt werden (in Beschwerde nur mit Zustimmung des PI) [G10/91]

Verfahrensbeteiligte

	Einsprechender	Patentinhaber [373]
Wer	jede nat./jur. Person	wie im Register eingetragen [**R.22**]
Änderung der Beteiligtenstellung	nicht frei übertragbar G2/04, ABl.2005,549	• Übertragung des Patents [**R.22, R.85**, T553/90] • Gesamtrechtsnachfolge: Tod/Verschmelzung [**R.84(2)**] • Nachweis der Nichtberechtigung [**Art.61(1)a), R.16(2)**]
Ausnahme	• Gesamtrechtsnachfolge: Übertragung mit Geschäftsbetrieb [G4/88] • Beitritt des vermeindlichen Patentverletzers [**Art.105**]	---

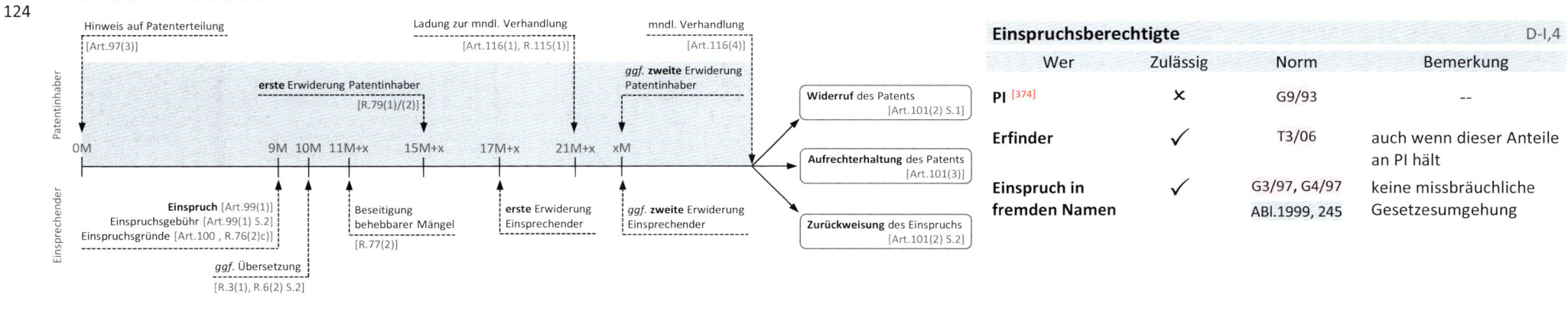

Einspruchsberechtigte D-I,4

Wer	Zulässig	Norm	Bemerkung
PI [374]	✗	G9/93	---
Erfinder	✓	T3/06	auch wenn dieser Anteile an PI hält
Einspruch in fremden Namen	✓	G3/97, G4/97 ABl.1999, 245	keine missbräuchliche Gesetzesumgehung

124 Fig.9: Schematischer Ablauf des erstinstanzlichen Einspruchs

Patentinhaber:
- Hinweis auf Patenterteilung [Art.97(3)] — 0M
- *ggf.* Übersetzung [R.3(1), R.6(2) S.2]
- **erste Erwiderung Patentinhaber** [R.79(1)/(2)] — 9M, 10M, 11M+x
- Beseitigung behebbarer Mängel [R.77(2)] — 15M+x
- Ladung zur mndl. Verhandlung [Art.116(1), R.115(1)] — 17M+x
- *ggf.* **zweite Erwiderung** Patentinhaber — 21M+x
- mndl. Verhandlung [Art.116(4)] — xM

Einsprechender:
- **Einspruch** [Art.99(1)]
- Einspruchsgebühr [Art.99(1) S.2]
- Einspruchsgründe [Art.100., R.76(2)c)]
- **erste Erwiderung Einsprechender**
- *ggf.* **zweite Erwiderung** Einsprechender

Ergebnisse:
- **Widerruf** des Patents [Art.101(2) S.1]
- **Aufrechterhaltung** des Patents [Art.101(3)]
- **Zurückweisung** des Einspruchs [Art.101(2) S.2]

---

[373] **Inhabergemeinschaft:** mehrere PI [**Art.59**] **ODER** verschiedene PI für verschiedene VStaaten gelten als gemeinsamer Inhaber [**Art.118**]; **außer:** Berechtigter tritt in einem VStaat an Stelle des PI [**Art.99(4), 61(1)a)**]; **Übertragung:** auch für nur einen Teil (oder ausgewählte VStaaten) mögl.

[374] Verhindert bewusste Beschränkung unter Vortäuschen der Rechtsbeständigkeit ggü Gerichten in nat. Verfahren (z.B. leichter Erhalt einstweiliger Verfügung); ABER PI hat generelle Mögl. der Beschränkung/Widerruf.

Teil D I – Übersicht zum EPÜ

EPÜ 2000

Artikel 99[103], [104]
Einspruch

(1) Innerhalb von neun Monaten nach Bekanntmachung des Hinweises auf die Erteilung des europäischen Patents im Europäischen Patentblatt kann jedermann nach Maßgabe der Ausführungsordnung beim EPA gegen dieses Patent Einspruch einlegen. Der Einspruch gilt erst als eingelegt, wenn die Einspruchsgebühr entrichtet worden ist.

(2) Der Einspruch erfasst das europäische Patent für alle Vertragsstaaten, in denen es Wirkung hat.

(3) Am Einspruchsverfahren sind neben dem Patentinhaber die Einsprechenden beteiligt.

(4) Weist jemand nach, dass er in einem Vertragsstaat aufgrund einer rechtskräftigen Entscheidung anstelle des bisherigen Patentinhabers in das Patentregister dieses Staats eingetragen ist, so tritt er auf Antrag in Bezug auf diesen Staat an die Stelle des bisherigen Patentinhabers. Abweichend von Art.118 gelten die bisherige Patentinhaber und derjenige, der sein Recht geltend macht, nicht als gemeinsame Inhaber, es sei denn, dass beide dies verlangen.

[103] Geändert durch die Akte zur Revision des EPÜ vom 29.11.2000.
[104] Siehe hierzu Entscheidungen/Stellungnahmen GBK G4/88, G5/88, G7/88, G8/88, G10/91, G9/93, G1/95, G7/95, G3/97, G4/97, G3/99, G1/02, G2/04, G3/04 (Anhang I).

EPÜAO

Regel 75
Verzicht oder Erlöschen des Patents

Einspruch kann auch eingelegt werden, wenn in allen benannten Vertragsstaaten auf das europäische Patent verzichtet worden ist oder das Patent in allen diesen Staaten erloschen ist.

Regel 76[96]
Form und Inhalt des Einspruchs

(1) Der Einspruch ist schriftlich einzulegen und zu begründen.

(2) Die Einspruchsschrift muss enthalten:
a) Angaben zur Person des Einsprechenden nach Maßgabe der R.41(2) c);
b) die Nummer des europäischen Patents, gegen das der Einspruch eingelegt wird, sowie den Namen des Patentinhabers und die Bezeichnung der Erfindung;
c) eine Erklärung darüber, in welchem Umfang gegen das europäische Patent Einspruch eingelegt und auf welche Einspruchsgründe der Einspruch gestützt wird, sowie die Angabe der zur Begründung vorgebrachten Tatsachen und Beweismittel;
d) falls ein Vertreter des Einsprechenden bestellt ist, Angaben zur Person nach Maßgabe der R.41(2) d).

(3) Die Vorschriften des Dritten Teils der Ausführungsordnung sind auf die Einspruchsschrift entsprechend anzuwenden.

[96] Siehe hierzu G9/91, G10/91, G1/95, G7/95, G4/97, G3/99, G1/04.

Regel 77[83]
Verwerfung des Einspruchs als unzulässig

(1)[84] Stellt die Einspruchsabteilung fest, dass der Einspruch Art.99(1) oder R.76(2) c) nicht entspricht oder das europäische Patent, gegen das der Einspruch eingelegt worden ist, nicht hinreichend bezeichnet ist, so verwirft sie den Einspruch als unzulässig, sofern die Mängel nicht bis zum Ablauf der Einspruchsfrist beseitigt worden sind.

(2) Stellt die Einspruchsabteilung fest, dass der Einspruch anderen als den in Absatz 1 bezeichneten Vorschriften nicht entspricht, so teilt sie dies dem Einsprechenden mit und fordert ihn auf, innerhalb einer ihr zu bestimmenden Frist die festgestellten Mängel zu beseitigen. Werden diese nicht rechtzeitig beseitigt, so verwirft die Einspruchsabteilung den Einspruch als unzulässig.

(3) Die Entscheidung, durch die ein Einspruch als unzulässig verworfen wird, wird dem Patentinhaber mit einer Abschrift des Einspruchs mitgeteilt.

[83] Siehe hierzu Entscheidungen der GBK G9/91, G10/91, G1/95, G7/95, G3/99, G1/02 (Anhang I).
[84] Englische Fassung geändert durch BdV CA/D 4/08 vom 21.10.2008 (ABl.2008, 513), in Kraft getreten am 01.04.2009.

Rechtsprechung

G1/86 Art.122 EPÜ ist nicht so auszulegen, dass er nur auf den Patentanmelder und den Patentinhaber anzuwenden ist. Ein Beschwerdeführer, der Einsprechender ist, kann nach Art.122 EPÜ wieder in den vorigen Stand eingesetzt werden, wenn er die Frist der Einreichung der Beschwerdebegründung versäumt hat.

G9/91 Die Befugnis einer Einspruchsabteilung oder Beschwerdekammer, gemäß den Art.101 und 102 EPÜ zu prüfen und zu entscheiden, ob ein europäisches Patent aufrechterhalten werden soll, hängt von dem Umfang ab, in dem gemäß R.55 c) EPÜ in der Einspruchsschrift gegen das Patent Einspruch eingelegt wird. Allerdings können Ansprüche, die von einem im Einspruchs- oder Beschwerdeverfahren vernichteten unabhängigen Anspruch abhängig sind, auch dann auf die Patentierbarkeit ihres Gegenstands geprüft werden, wenn dieser nicht ausdrücklich angefochten worden ist, sofern ihre Gültigkeit durch das bereits vorliegende Informationsmaterial prima facie in Frage gestellt wird.

G10/91 1. Einspruchsabteilung oder Beschwerdekammer ist nicht verpflichtet, über die in der Erklärung gem. R.55 c) angegebenen Einspruchsgründe hinaus alle in Art.100 genannten Einspruchsgründe zu überprüfen.

2. Grundsätzlich prüft die Einspruchsabteilung nur diejenigen Einspruchsgründe, die gemäß Art.99(1) in Verbindung mit R.55c) ordnungsgemäß vorgebracht und begründet worden sind. Ausnahmsweise kann die Einspruchsabteilung in Anwendung des Art.114(1) auch andere Einspruchsgründe prüfen, die prima facie der Aufrechterhaltung des europäischen Patents ganz oder teilweise entgegenzustehen scheinen.

3. Im Beschwerdeverfahren dürfen neue Einspruchsgründe nur mit dem Einverständnis des PI geprüft werden.

G3/99 I. Ein Einspruch, der von mehreren Personen gemeinsam eingelegt wird und ansonsten den Erfordernissen des Art.99 sowie R.1 und 55 genügt, ist zulässig, wenn nur eine Einspruchsgebühr entrichtet wird.

II. Besteht die Partei der Einsprechenden aus mehreren Personen, so muß eine Beschwerde von dem gemeinsamen Vertreter gem. R.100 eingelegt werden. Wird die Beschwerde von einer hierzu nicht berechtigten Person eingelegt, so betrachtet die Beschwerdekammer sie als nicht ordnungsgemäß unterzeichnet und fordert den gemeinsamen Vertreter daher auf, sie innerhalb einer bestimmten Frist zu unterzeichnen. Die nichtberechtigte Person, die die Beschwerde eingelegt hat, wird von dieser Aufforderung in Kenntnis gesetzt. Scheidet der bisherige gemeinsame Vertreter aus dem Verfahren aus, so ist gemäß R.100 ein neuer gemeinsamer Vertreter zu bestimmen.

III. Zur Wahrung der Rechte des Patentinhabers und im Interesse der Verfahrenseffizienz muß während des gesamten Verfahrens klar sein, wer der Gruppe der gemeinsamen Einsprechenden bzw. der gemeinsamen Beschwerdeführer angehört. Beabsichtigt einer der gemeinsamen Einsprechenden oder der gemeinsamen Beschwerdeführer (oder der gemeinsame Vertreter), sich aus dem Verfahren zurückzuziehen, so muß das EPA durch den gemeinsamen Vertreter bzw. durch einen nach R.100(1) bestimmten neuen gemeinsamen Vertreter entsprechend unterrichtet werden, damit der Rückzug aus dem Verfahren wirksam wird.

G3/14 Bei der Prüfung nach Art.101(3), ob das Patent in der geänderten Fassung den Erfordernissen des EPÜ genügt, können die Ansprüche des Patents nur auf die Erfordernisse des Art.84 geprüft werden, sofern – und dann auch nur soweit – diese Änderung einen Verstoß gegen Art.84 herbeiführt.

T1002/92 1. Im Verfahren vor den Einspruchsabteilungen sollten verspätet vorgebrachte Tatsachen, Beweismittel und diesbezügliche Argumente, die über die gem. R.55c) in der Einspruchsschrift zur Stützung der geltend gemachten Einspruchsgründe angegebenen "Tatsachen und Beweismittel" hinausgehen, nur in Ausnahmefällen zum Verfahren zugelassen werden, wenn prima facie triftige Gründe die Vermutung nahelegen, daß die verspätet eingereichten Unterlagen der Aufrechterhaltung des europäischen Patents entgegenstehen würden.

2. Im Verfahren vor den Beschwerdekammern sollten neue Tatsachen, Beweismittel und diesbezügliche Argumente, die über die gem. R.55c) in der Einspruchsschrift zur Stützung der geltend gemachten Einspruchsgründe angegebenen "Tatsachen und Beweismittel" hinausgehen, in pflichtgemäßer Ausübung des Ermessens der Kammer nur in ausgesprochenen Ausnahmefällen und nur dann zum Verfahren zugelassen werden, wenn die neuen Unterlagen prima facie insofern hochrelevant sind, als sie mit gutem Grund eine Änderung des Verfahrensausgangs erwarten lassen, also höchstwahrscheinlich das Aufrechterhalten des europäischen Patents entgegenstehen. Dabei sollten auch andere für den jeweiligen Fall relevante Faktoren berücksichtigt werden, insbesondere, ob - und mit welcher Begründung - der Patentinhaber den neuen Unterlagen die Zulässigkeit abspricht und inwieweit eine Zulassung zu verfahrensrechtlichen Komplikationen führen würde.

T1644/10 1. Der Beginn des Laufs der Einspruchsfrist ist nach dem Wortlaut des Art.99(1) 1973 ausschließlich davon abhängig, dass ein Europäisches Patent erteilt und der Hinweis auf die Erteilung im Europäischen Patentblatt veröffentlicht wurde, nicht aber davon, dass die Patentschrift veröffentlicht wurde.

2. Der im Europ. Patentblatt veröffentlichte Hinweis über die Herausgabe eines Korrigendums zur Patentschrift lässt weder eine erste noch eine "weitere" Einspruchsfrist beginnen, selbst wenn die korrigierte Patentschrift gegenüber der ursprünglich veröffentlichten Patentschrift einen breiteren Schutzbereich ausweist.

Einspruch

Einreichung eines Einspruches — Art.99 bis 100 iVm R.76(c), D-I bis IX

	Norm	zu erbringende Handlung	Frist	Nachfrist	Rechtsfolge	Rechtsbehelf
125 **Berechtigter** D-I, 4	Art.99(1)	»jedermann«[375] (aber nicht PI selbst) [Vertretungszwang, wenn kein (Wohn-)Sitz in EP-VStaat, Art.133(2)] G9/93	9 M nach Bekanntmachung des Hinweises auf Erteilung des EP-Patents [Art.97(3)][376] Art.99(1)	--	+ Einspruch wirksam gestellt	
126 **Anmeldeamt** D-III, 1	Art.99(1)	nur beim EPA in München, Den Haag oder Berlin [378]			− Einspruch gilt als nicht eingelegt; Gebühr wird ggf. zurückerstattet[377] Art.99(1), D-IV,1.4.1	**WB (–),** da Einsprechender kein Anmelder iSv Art.121
127 **Art der Einreichung** D-III, 3	R.2(1)	unmittelbar, per Post, per Fax oder elektronisch mittels OLF oder Online Einreichung 2.0 [ABl.2021,A42][379]				**WE (–),** da sich Art.122 nur auf Anmelder oder PI bezieht
128 **Erforderliche Angaben am Tag der Einreichung** D-III, 6	R.76(2)	1) »schriftlicher«, »begründeter«[380], »unterzeichneter«[381] Antrag [EPA Form 2300 nicht zwingend, ABl.2016, A42] a) Angaben zur einsprechenden Person [382] b) Patent-Nr. und Erfindungsbezeichnung, Name des PI und Bezeichnung c) Angaben zum Vertreter [383] d) Umfang des Einspruchs (= angegriffene Ansprüche)[384] UND mindestens ein Einspruchsgrund [380] [S.63] UND Angabe der Tatsachen & Beweismittel [385] 2) Einspruchsgebühr [840 €][386] Art.99(1), Art.2(1)Nr.10 GebO, D-III,2	auch nach Erlöschen des oder Verzicht auf EP-Patent in allen benannten VStaaten (aber nicht bei Widerruf, da Wirkung ex tunc) R.75 BEACHTE: verspätete Veröff. des EP-Patents und/oder Korrektur dieses haben keinen Einfluss auf 9 M-Frist T1644/10	R.77(2)-Mitt.+10Tage binnen „zu best. Frist"	− Einspruch wird als unzulässig verworfen; R.77(3)-Mitt. R.77 (2) − Einspruch wird als unzulässig verworfen R.77(1) − Einspruch gilt als nicht eingelegt Art.99(1), D-IV,1.2.1	G1/86
129 **Sprache** Einspruchsschrift D-III, 4	Art.14(3) iVm R.3(1)	jede Amtssprache (DE, EN, FR) Art.14(1), R.3(1) S.1 ODER zugelassene Nichtamtssprache Art.14(4) S.1 (hängt nur vom Sitz/Wohnsitz bzw. Staatsangehörigkeit des Einsprechenden ab, nicht von dessen Vertreter [T149/85])	ggf. Übersetzung in eine Amtssprache binnen **9 M**-Frist Art.14(4) S.2, R.3(1) S.2 ODER **1 M** nach ET Art.14(4) S.2, R.6(2) - später ablaufende -	keine	falsche Sprache: Schreiben gilt als nicht eingereicht Art.14(4) Rückzahlung der Einspruchsgeb. D-IV,1.4.1	--

---

[375] jede nat. oder jur. Person iSv Art.58 (z.B. „Strohmann" [G3/97], Vertreter); Erfinder [T3/06], Vertreter); **gemeinsamer Einspruch**: Einspruch von mehreren Personen gemeinsam einlegbar [G3/99], wobei Behandlung als Einzelperson, daher nur eine Gebühr [ABl.2002,347] UND ein gemeinsamer Vertreter [R.151(1) S.3]; **mehrere (selbstständige) Einsprechende**: Zulässigkeit und Begründetheit ist für jeden Einspruch unabhängig – **führt zu einem einzigen Einspruch** [T774/05].

[376] **Einspruch vor Hinweis auf Erteilung EP-Patent**: Mitt. von Formalsachbearbeiter, dass Einspruch nicht als Einspruch behandelt wird [D-IV,1.1.1]. Dieser Schriftsatz wird Teil der Akte, die zur Akteneinsicht nach Art.128(4) zur Verfügung steht, und wird als Einwendung Dritter nach Art.115 dem Anmelder bzw. PI mitgeteilt [E-VI,3]. Eine etwa gezahlte Einspruchsgebühr wird in diesem Fall zurückerstattet.

[377] **gilt Einspruch als nicht eingelegt**: eingereichte Dokumente zur Akte genommen, stehen bei Aktieneinsicht gemäß Art.128(4) zur Verfügung und werden als Einwendungen Dritter behandelt [D-IV,1.1.1].

[378] grds. auch bei nat. Behörde einreichbar; ABER keine Verpflichtung zur Weiterleitung an EPA; Fristversäumnis geht vollständig zu Lasten Einsprechenden – Einspruch gilt als nicht eingelegt.

[379] nur mit EPA-Software für OLF oder Online-Einreichung 2.0 [ABl.2021,A42] oder E-Mail [ABl.2006,610].

[380] BEACHTE: Bei Änderung der Ansprüche durch PI im Einspruch auf Basis eines Merkmals aus der Beschreibung kann (zusätzlich) auch noch der **Klarheitseinwand** Art.84 greifen [G3/14]. **Erweiterung des Einspruchs** durch Einsprechenden ODER EPA im Verfahren ist unzulässig [G9/91; D-V, 2.2], aber **Einspruchsabteilung prüft von Amts wegen [R.81(1) S.1, Art.114(1)]**, wenn andere Gründe *prima facie* der Aufrechterhaltung des Patents ganz oder teilweise entgegenstehen [G10/91]; insbesondere **[1]** Tatsachen aus dem ESR, **[2]** Einwendungen Dritter [R.114(1)].

[381] Paraphe genügt nicht [D-III,3.4]; **Fax**: bildliche Wiedergabe genügt; **OLF**: facsimile, text string oder enhanced electronic [ABl.2021,A42]; **Web-Einreichung/ Online-Einreichung 2.0**: facsimile oder text string [ABl.2021,A42].

[382] Einsprechendenstellung ist nicht übertragbar oder veräußerlich; aber ihr Übergang ist im Fall der Erbfolge und bei jeder Gesamtrechtsnachfolge (z.B. bei Verschmelzung jur. Personen) zuzulassen [G4/88]; EPA ist verpflichtet, Rechtswirksamkeit angeblicher Übertragung der Einsprechendenstellung auf neuen Beteiligten in allen Verfahrensstadien von Amts wegen zu prüfen [T1178/04].

[383] **Fehlende Vertretungsbefugnis**: Behandlung, wie bei fehlender Unterschrift [T665/89]. Nachholung oder Genehmigung durch Vertretungsbefugten innerhalb zu best. Frist nach R.50(3)-Mitt.+10Tage zulässig, da R.76(2)c) lediglich deren Angabe binnen 9M-Frist fordert [R.83 S.2; T538/89, D-IV,1.2.2.1, ABl.2016,A42]; **Neue Beweismittel** können im Verfahren nur vorgelegt werden, wenn *prima facie* relevant [T1002/92].

[384] Einspruchsabteilung ist in ihrer Prüfung auf den angegriffenen Umfang (angegebene Patentansprüche) beschränkt [R.3(3)]; Einspruch erfasst EP-Patent für alle benannten VStaaten [Art.99(2)].

[385] **Sprache**: Beweismittel in jeder Sprache einreichbar, aber EPA kann Übersetzung in eine Amtssprache verlangen [R.3(3)]; **Beweismittelvorlage** auch nach Einspruchsfrist idR 2M nach R.83-Auff.+10Tage zulässig, da R.76(2)c) lediglich deren Angabe binnen 9M-Frist fordert [J11/85].

[386] **gemeinsamer Einspruch**: Einspruchsgebühr nur einmal zu entrichten [G3/99]; **Bagatellbetrag**: <2% [T343/02] ODER Fehlbetrag bis 10% nach Auff. nachzahlbar.

EPÜAO

Regel 71[97]
Verwerfung des Einspruchs als unzulässig

(1)[98] Stellt die Einspruchsabteilung fest, dass der Einspruch Art.99(1) oder R.76(2) c) nicht entspricht oder nicht hinreichend bezeichnet ist, so verwirft sie den Einspruch als unzulässig, sofern die Mängel nicht bis zum Ablauf der Einspruchsfrist beseitigt worden sind.

(2) Stellt die Einspruchsabteilung fest, dass der Einspruch anderen als den in Absatz 1 bezeichneten Vorschriften nicht entspricht, so teilt sie dies dem Einsprechenden mit und fordert ihn auf, innerhalb einer zu bestimmenden Frist die festgestellten Mängel zu beseitigen. Werden diese nicht rechtzeitig beseitigt, so verwirft sie den Einspruch als unzulässig.

(3) Die Entscheidung, durch die ein Einspruch als unzulässig verworfen wird, wird dem Patentinhaber mit einer Abschrift des Einspruchs mitgeteilt.

[97] Siehe hierzu Entscheidungen der GBK G9/91, G10/91, G1/95, G7/95, G3/99, G1/02 (Anhang I).
[98] Englische Fassung geändert durch BdV CA/D 4/08 vom 21.10.2008. (ABl.2008, 513), in Kraft getreten am 01.04.2009.

Regel 83
Anforderung von Unterlagen

Unterlagen, die von einem an einem Einspruchsverfahren Beteiligten genannt werden, sind zusammen mit dem Einspruch oder dem schriftlichen Vorbringen einzureichen. Sind solche Unterlagen nicht beigefügt und werden sie nach Aufforderung durch das EPA nicht rechtzeitig nachgereicht, so braucht das EPA das darauf gestützte Vorbringen nicht zu berücksichtigen.

Regel 86[107]
Unterlagen im Einspruchsverfahren

Die Vorschriften des Dritten Teils der Ausführungsordnung sind auf die im Einspruchsverfahren eingereichten Unterlagen entsprechend anzuwenden.

[107] Siehe hierzu Entscheidung der GBK G1/91 (Anhang I).

Rechtsprechung

G1/86

Art.122 EPÜ ist nicht so auszulegen, dass er nur auf den Patentanmelder und den Patentinhaber anzuwenden ist. Ein Beschwerdeführer, der Einsprechende ist, kann nach Art.122 EPÜ wieder in den vorigen Stand eingesetzt werden, wenn er die Frist der Einreichung der Beschwerdebegründung versäumt hat.

G1/13

1. Wird ein Einspruch von einem Unternehmen eingelegt, das später gemäß dem maßgeblichen nationalen Recht in jeder Hinsicht aufhört zu existieren, anschließend aber nach einer Vorschrift dieses Rechts wiederauflebt und als fortgeführt gilt, als hätte es nie aufgehört zu existieren, und treten all diese Ereignisse ein, bevor die Entscheidung der Einspruchsabteilung über die Aufrechterhaltung des angefochtenen Patents in geänderter Fassung rechtskräftig wird, so muss das Europäische Patentamt die Rückwirkung dieser Vorschrift des nationalen Rechts anerkennen und die Fortsetzung des Einspruchsverfahrens durch das wiederaufgelebte Unternehmen zulassen.

2. Wird bei einer Sachlage gemäß Frage 1 im Namen des nicht mehr existierenden einsprechenden Unternehmens fristgerecht eine wirksame Beschwerde gegen die Entscheidung über die Aufrechterhaltung des europäischen Patents in geänderter Fassung eingelegt und erfolgt das – in Frage 1 beschriebene – rückwirkende Wiederaufleben dieses Unternehmens nach Einlegung der Beschwerde und nach Ablauf der Beschwerdefrist gemäß Art.108 EPÜ, so muss die Beschwerdekammer die Beschwerde als zulässig behandeln.

G3/97
G4/97

1 a: Ein Einspruch ist nicht schon deswegen unzulässig, weil der als Einsprechender gemäß R.55a) Genannte im Auftrag eines Dritten handelt.

1 b: Ein solcher Einspruch ist aber dann unzulässig, wenn das Auftreten des Einsprechenden als mißbräuchliche Gesetzesumgehung anzusehen ist.

1 c: Eine solche Gesetzesumgehung liegt insbesondere vor, wenn
- der Einsprechende im Auftrag des Patentinhabers handelt;
- der Einsprechende im Rahmen einer typischer Weise zugelassenen Vertretern zugeordneten Gesamttätigkeit im Auftrag eines Mandanten handelt, ohne hierfür die nach Art.134 erforderliche Qualifikation zu besitzen.

2. Ob eine mißbräuchliche Gesetzesumgehung vorliegt, ist unter Anwendung des Prinzips der freien Beweiswürdigung zu prüfen. Die Beweislast trägt, wer die Unzulässigkeit des Einspruchs geltend macht. Das Vorliegen einer mißbräuchlichen Gesetzesumgehung muß auf der Grundlage eines klaren und eindeutigen Beweises zur Überzeugung des entscheidenden Organs feststehen.

T222/85

1. Eine Mitteilung nach R.57(1), dass der Einspruch zulässig ist, ist keine Entscheidung der Einspruchsabteilung; die Absendung einer solchen Mitteilung steht einer späteren Verwerfung des Einspruchs als unzulässig nach R.56(1) nicht entgegen, etwa wenn die Zulässigkeit vom Patentinhaber im Einspruchsverfahren angefochten wird.

2. Das Erfordernis nach R.55(c), dass der Einspruch zur Begründung der vorgebrachten Tatsachen "die Angabe der zur Begründung vorgebrachten Tatsachen und Beweismittel" enthalten muss, ist nur erfüllt, wenn wenn sie vom Inhalt her geeignet ist, das Vorbringen des Einsprechenden objektiv verständlich zu machen.

T925/91

1. Mit der erstinstanzlichen Verwerfung eines Einspruchs als unzulässig ist das Einspruchsverfahren rechtlich abgeschlossen, ohne daß eine Entscheidung in der Sache ergeht. Eine Entscheidung, die einen Einspruch als unzulässig verwirft, ihn aber dennoch in der Sache prüft, ist mit dem obigen Verfahrensgrundsatz nicht vereinbar. 2. In einer Entscheidung über die Verwerfung eines Einspruchs als unzulässig enthaltene Bemerkungen zu Sachfragen sind nicht rechtswirksam. Selbst wenn sie irreführend sind, stellen sie keinen wesentlichen Verfahrensmangel dar, der eine Rückzahlung der Beschwerdegebühr rechtfertigt.

T289/91

1. Die Zulässigkeit des Einspruchs ist als unverzichtbare prozessuale Voraussetzung der sachlichen Prüfung des Einspruchsvorbringens in jedem Verfahrensstadium, also auch im Beschwerdeverfahren, von Amts wegen zu prüfen.

2. Eine eidesstattliche Erklärung darüber, daß der Einsprechende im eigenen Namen handelt, darf nur dann gefordert werden, wenn konkrete Anhaltspunkte für ernsthafte Zweifel an der wahren Identität des Einsprechenden mitgeteilt werden. Ernsthafte Zweifel an der wahren Identität des Einsprechenden bestehen nicht schon dann, wenn ein persönliches oder wirtschaftliches Interesse des Einsprechenden am Patentgegenstand nicht offensichtlich ist (im Anschluß an T 635/88, ABl. 1993, 608, Nr. 2.2 der Gründe).

T522/94

1. Die Zulässigkeit des Einspruchs ist in jeder Phase des Einspruchs- und des anschließenden Einspruchsbeschwerdeverfahrens von Amts wegen zu prüfen. Die Frage der Zulässigkeit kann und muß gegebenenfalls von der Kammer im Beschwerdeverfahren gestellt werden, selbst wenn sie dort erstmals aufgeworfen wird (T 289/91, ABl. 1994, 649; T 28/93).

2. Die Zulässigkeit des Einspruchs muß anhand des Inhalts der Einspruchsschrift in der eingereichten Fassung unter Berücksichtigung etwaiger weiterer innerhalb der Einspruchsfrist eingereichter Unterlagen beurteilt werden, soweit die Zulässigkeit in Frage stellende Mängel beheben. Solche Mängel können nicht nach Ablauf der Einspruchsfrist beseitigt werden (R. 56 (1).

3. Anhand der Angaben in der Einspruchsschrift muß sich feststellen lassen, ob der "Fall" oder "ein Stand der Technik" der Öffentlichkeit durch schriftliche oder mündliche Beschreibung, durch Benutzung oder in sonstiger Weise zugänglich gemacht worden ist (Art. 54 (2) EPÜ) und worin er besteht.

4. Damit ein Einspruch gemäß R.55c) begründet ist, muß aus der Einspruchsschrift hervorgehen, "was" "wann" unter welchen Umständen - insbesondere "wem" - zugänglich gemacht worden ist.

5. Hauptzweck des Zulässigkeitserfordernisses ist es, dem Patentinhaber und der Einspruchsabteilung die Möglichkeit zu geben, den behaupteten Widerrufsgrund ohne eigene Ermittlungen zu prüfen.

T1178/04

Die Verpflichtung des Europäischen Patentamts, die Einspruchsabteilung in allen Stadien des Verfahrens von Amts wegen zu prüfen, bezieht sich nicht nur auf die Zulässigkeit des ursprünglichen Einspruchs, sondern auch auf die Rechtswirksamkeit einer angeblichen Übertragung der Einsprechendenstellung auf einen neuen Beteiligten. Das Verbot der "reformatio in peius" findet bei der Ausübung dieser Verpflichtung keine Anwendung.

Einspruch

Formalprüfung des Einspruchs

ex parte Prüfung formeller Erfordernisse; **ABER** keine Bindung für Einspruchsabteilung – Prüfung jederzeit von Amts wegen mgl.

Formalsachbearbeiter [**R.11(2)**] iVm **ABl.2014,A6**
Art.99 bis **100** iVm **R.76(c)**

	Norm	Mangel	Frist	Nachfrist	Rechtsfolge	Rechtsbehelf
130	**Art.99(1)S.3** D-IV, 1.2.1	**Mängel, aufgrund deren der Einspruch als nicht eingelegt gilt** 1) keine Einspruchsgebühr, **Art.99(1)** 2) keine Unterschrift [**R.50(3)**] 3) fehlendes Fax-Bestätigungsschreiben, wenn per Fax eingereicht [**R.2(1)**, ABl.2019,A18] 4) keine Vollmacht des Vertreters oder Angestellten im Original vorgelegt (Fax oder PDF unzulässig) **R.152(1)-(3)**, **(6)**: BdP ABl.200753,L1 5) *ggf.* Übersetzung der Einspruchsschrift und Beweismittel in DE, EN, FR **R.3(1)** iVm **Art.14(4)**, **R.6(2)**		keine binnen „zu best. Frist" nach R.77(2)-Mitt. [+10Tage] [idR **2 M**] [388] (auch wenn 9M-Frist später abläuft) **9 M** nach Bekanntmachung des Hinweises auf Erteilung des EP-Patents **Art.99(1)**	– Einspruch gilt als nicht eingelegt **UND** Art.119-Mitt. an Einsprechenden **UND** Entscheidung nach **R.112(2)** beantragbar [387] vorgelegte Dokumente gelangen zur Akte; stehen zur Akteneinsicht für jedermann zur Verfügung [**Art.128(4)**] und gelten als Einwendungen Dritter **Art.115**, D-IV,1.4.1 **Rückzahlung der Einspruchsgebühr** G1/18	WB (–), da Einsprechender kein Anmelder iSv **Art.121**; WE (–), da sich Art.122 nur auf Anmelder oder PI bezieht G1/86 **Beschwerde (+)**
131	**R.77(1)**	**nicht mehr behebbare Mängel [R.77(1)]** 1) Einspruch nicht rechtzeitig eingereicht [**Art.99(1)**] 2) EP-Patent nicht hinreichend bezeichnet [**R.77(1)**] 3) Art und Umfang des Einspruchs fehlt [**R.76(2)c**] 4) keine Einspruchsgründe genannt [**R.76(2)c**], **R.83** 5) **fehlende Substantiierung aller Einspruchsgründe** keine/unzureichende Angabe der Beweismittel/ Tatsachen und Argumente [389] [**R.76(2)c**], **R.83**	ggf. Mitt. an Einsprechenden, wenn während 9M-Frist Mängel vorliegen D-IV,1.3	keine, da gesetzlich geregelte Frist Substantiierung mangelhaft: Mitt. an Einsprechenden und Auff. zur Stellungnahme R.83, D-IV,3	– Einspruch wird als unzulässig verworfen [387] (Entscheidung nach R.112(2)) [BF] **R.77(2)** Dieser Einsprechende ist am Verfahren nicht mehr beteiligt Beginn materiellrechtlicher Prüfung ist ausgeschlossen T925/91; D-IV,4	
	R.77(2) D-IV, 1.2.2	**Mängel, aufgrund deren der Einspruch als unzulässig verworfen wird** **behebbare Mängel [R.77(2)]** 1) Einsprechendenidentität fehlt (zB Name, Anschrift, Staat) [390] [**R.76(2)a**] 2) Nummer des EP-Patents oder Bezeichnung des Patentinhabers fehlt [**R.76(2)b**] 3) Angaben zum Vertreter [**R.76(2)d**] 4) kein Vertreter best. trotz Vertretungszwangs [**Art.134**] 5) fehlende Formerfordernis [**R.50(2)**, **R.86**]		binnen „zu best. Frist" nach R.77(2)-Mitt. +10Tage [idR **2 M**] [388] (auch wenn 9M-Frist später abläuft)	**keine Rückzahlung der Einspruchsgebühr** vorgelegten Dokumente gelangen zur Akte; stehen zur Akteneinsicht für jedermann zur Verfügung [**Art.128(4)**] und gelten als Einwendungen Dritter **Art.115**, D-IV,3 Information an Patentinhaber [**R.77(3)**]	

Zulässigkeit: Einspruch muss **jederzeit** während des Verfahrens zulässig sein, wobei seine Zulässigkeit – sogar von Amts wegen – in jedem Verfahrensstadium (auch im Beschwerdeverfahren) überprüft werden kann, so [G1/13; G3/97; G4/97; T289/91; T522/94; T1178/04].

[387] **Antrag auf Entscheidung [R.112(2)]** muss spätestens **2 M** nach Art.119-Mitt. +10Tage gestellt werden, sonst wird Verfahren abgeschlossen. Achtung: Wahrung rechtlichen Gehörs [**Art.113(1)**] UND Recht auf MV [**Art.116**].

[388] EPA ist zur R.77(2)-Mitt. verpflichtet, da dies gesetzlich vorgeschrieben ist [D-IV,1.3.3]. **Ausbleiben:** Sollte eine R.77(2)-Mitt. unterblieben, so kann die einsprechende Partei jederzeit auch nach Ablauf der **9 M**-Frist die fehlenden Angaben ohne Rechtsnachteil nachreichen.

[389] **Beweismittelvorlage** auch nach Einspruchsfrist von sich aus oder idR 2M nach R.83-Auff.+10Tage zulässig, da R.76(2)c) lediglich deren Angabe binnen 9M-Frist fordert [**R.83 S.2**; T538/89, D-IV,1.2.2.1]; aber: **hinreichende Angabe der Fundstelle** ist zwingend erforderlich (Bibliographie, ganzes Kapitel – T222/85; T545/91]; Beachte: **Substantiierung bei allgemeinem Fachwissen nicht erforderlich** [T534/98].

[390] Achtung: Einsprechender muss innerhalb der 9 M-Frist identifizierbar sein [T25/85; G3/97].

EPÜ 2000

Artikel 105[113][114]
Beitritt des vermeintlichen Patentverletzers

(1) Jeder Dritte kann nach Ablauf der Einspruchsfrist nach Maßgabe der EPÜAO dem Einspruchsverfahren beitreten, wenn er nachweist, dass
a) gegen ihn wegen Verletzung dieses Patents erhoben worden ist oder
b) er nach einer Aufforderung des Patentinhabers, eine angebliche Patentverletzung zu unterlassen, gegen diesen Klage auf Feststellung erhoben hat, dass er das Patent nicht verletze.

(2) Ein zulässiger Beitritt wird als Einspruch behandelt.

[113] Geändert durch die Akte zur Revision des EPÜ vom 29.11.2000.
[114] Siehe hierzu Entscheidungen der GBK G4/91, G1/94, G2/04, G3/04, G1/05 (Anhang I).

EPÜAO

Regel 79[100]
Vorbereitung der Einspruchsprüfung

(1) Die Einspruchsabteilung teilt dem PI den Einspruch mit und gibt ihm Gelegenheit, innerhalb einer zu bestimmenden Frist eine Stellungnahme einzureichen und gegebenenfalls die Beschreibung, die Patentansprüche und die Zeichnungen zu ändern.

(2) Sind mehrere Einsprüche eingelegt worden, so teilt die Einspruchsabteilung gleichzeitig mit der Mitteilung nach Absatz 1 die Einsprüche den übrigen Einsprechenden mit.

(3) Die Einspruchsabteilung teilt vom Patentinhaber eingereichte Stellungnahmen und Änderungen den übrigen Beteiligten mit und fordert sie auf, wenn sie dies für sachdienlich erachtet, sich innerhalb einer zu bestimmenden Frist hierzu zu äußern.

(4) Im Fall eines Beitritts nach Art.105 kann die Einspruchsabteilung von der Anwendung der Absätze 1 bis 3 absehen.

[100] Siehe hierzu Stellungnahme der GBK G1/02 (Anhang I).

Regel 81[102]
Prüfung des Einspruchs

(1)[103] Die Einspruchsabteilung prüft die Einspruchsgründe, die in der Erklärung des Einsprechenden nach R.76(2) c) geltend gemacht worden sind. Sie kann Einspruchsgründe, die vom Einsprechenden nicht geltend gemacht worden sind, von Amts wegen auch vom Einsprechenden nicht geltend gemachte Einspruchsgründe prüfen, wenn diese der Aufrechterhaltung des europäischen Patents entgegenstehen würden.

(2) Bescheide nach Art.101(1) S.2 und alle hierzu eingehenden Stellungnahmen werden den Beteiligten übersandt. Die Einspruchsabteilung fordert, wenn sie dies für sachdienlich erachtet, die Beteiligten auf, sich innerhalb einer zu bestimmenden Frist hierzu zu äußern.

(3) In den Bescheiden nach Art.101(1) S.2 wird dem Patentinhaber gegebenenfalls Gelegenheit gegeben, soweit erforderlich die Beschreibung, die Patentansprüche und die Zeichnungen zu ändern.

Die Bescheide sind soweit erforderlich zu begründen, wobei die Gründe zusammengefasst werden sollen, die der Aufrechterhaltung des europäischen Patents entgegenstehen.

[88] Siehe hierzu Entscheidungen der GBK G 9/92, G 1/99 (Anhang I).
[89] Siehe hierzu die Mitteilung des EPA über die Beschleunigung von Einspruchsverfahren (ABl.2008, 221)

Regel 84[106]
Fortsetzung des Einspruchsverfahrens von Amts wegen

(1) Hat der PI in allen benannten Vstaaten auf das europäische Patent verzichtet oder ist das Patent in allen diesen Staaten erloschen, so kann das Einspruchsverfahren fortgesetzt werden, wenn der Einsprechende dies innerhalb von zwei Monaten nach einer Mitteilung des EPAs über den Verzicht oder das Erlöschen beantragt.

(2) Stirbt ein Einsprechender oder verliert er seine Geschäftsfähigkeit, so kann das Einspruchsverfahren auch ohne die Beteiligung seiner Erben oder gesetzlichen Vertreter von Amts wegen fortgesetzt werden. Das Verfahren kann auch fortgesetzt werden, wenn der Einspruch zurückgenommen wird.

[106] Siehe hierzu Entscheidungen der GBK G4/88, G7/91, G8/91, G8/93, G3/99 (Anhang I).

Regel 89[108]
Beitritt des vermeintlichen Patentverletzers

(1) Der Beitritt ist innerhalb von drei Monaten nach dem Tag zu erklären, an dem eine nach Art.105 genannten Klagen erhoben worden ist.

(2) Der Beitritt ist schriftlich zu erklären und zu begründen; R.76 und 77 sind entsprechend anzuwenden. Der Beitritt gilt erst als erklärt, wenn die Einspruchsgebühr entrichtet worden ist.

[108] Siehe hierzu Entscheidungen der GBK G4/91, G1/94, G2/04, G3/04, G1/05 (Anhang I).

Rechtsprechung

G4/91
1. Der Beitritt des vermeintlichen Patentverletzers gemäß Art. 105 zum Einspruchsverfahren setzt voraus, daß ein Einspruchsverfahren zum Zeitpunkt der Einreichung der Beitrittserklärung anhängig ist.
2. Eine endgültige Entscheidung der Einspruchsabteilung über das Einspruchsbegehren ist als endgültige Entscheidung in dem Sinn anzusehen, daß danach die Einspruchsabteilung nicht mehr befugt ist, ihre Entscheidung zu ändern.
3. Das Verfahren vor einer Einspruchsabteilung wird mit dem Erlaß einer solchen endgültigen Entscheidung abgeschlossen, und zwar unabhängig davon, wann diese Entscheidung rechtskräftig wird.
4. Wird nach Erlaß einer abschließenden Entscheidung der Einspruchsabteilung von keinem der Beteiligten am Einspruchsverfahren Beschwerde eingelegt, so ist eine während der zweimonatigen Beschwerdefrist nach Art.108 eingereichte Beitrittserklärung wirkungslos.

G8/93
Mit dem Eingang der Erklärung der Rücknahme des Einspruchs des Einsprechenden, der einziger Beschwerdeführer ist, wird das Beschwerdeverfahren unmittelbar beendet, und zwar unabhängig davon, ob der PI der Beendigung des Beschwerdeverfahrens zustimmt, und zwar auch dann, wenn die Beschwerdekammer der Auffassung sein sollte, daß die Voraussetzungen für eine Aufrechterhaltung des Patents nach dem EPÜ nicht erfüllt sind.

G1/94
Beitritt des vermeintlichen Patentverletzers [Art.105] ist während eines anhängigen Beschwerdeverfahrens zulässig und kann auf jeden der in Art.100 genannten Einspruchsgründe gestützt werden.

G3/04
Nach Rücknahme der einzigen Beschwerde kann das Verfahren nicht mit einem während des Beschwerdeverfahrens Beigetretenen fortgesetzt werden.

T406/86
1. Im Einspruchs-(Beschwerde-)verfahren hat der PI keinen Rechtsanspruch auf Berücksichtigung von Änderungsvorschlägen. [...] Sie können abgelehnt werden, wenn die Änderungen weder sachdienlich, noch erforderlich sind.
2. Insbesondere können Änderungsvorschläge unberücksichtigt bleiben, wenn in einem späten Verfahrensstadium vorgebracht werden, d. h., wenn die Prüfung des Einspruchs bzw. der Beschwerde schon weitgehend abgeschlossen ist.

T197/88
1. Wird ein Einspruch nach Absendung der Mitteilung nach R.58(4) zurückgenommen, so sollte die Einspruchsabteilung grundsätzlich das Einspruchsverfahren im Interesse der Öffentlichkeit von Amts wegen fortsetzen (im Anschluss an T 156/84, ABl. 1988, 372).
2. Die Beschwerdegebühr muss zurückgezahlt werden, wenn einem Beteiligten keine Gelegenheit zur Stellungnahme gegeben worden ist und dies eine Verletzung des Art.113(1) gleichkommt.

T629/90
Anders als im Verfahren vor der Einspruchsabteilung, wo es nach R.60(2) eine Ermessensfrage ist, ob das Verfahren nach Zurücknahme des Einspruchs fortgesetzt werden soll oder nicht, hat im Beschwerdeverfahren die Zurücknahme des Einspruchs jedenfalls dann keine unmittelbare verfahrensrechtliche Bedeutung, wenn die Einspruchsabteilung das europäische Patent widerrufen hat. Vielmehr muß in diesem Fall die Beschwerdekammer die Entscheidung der Einspruchsabteilung von Amts wegen sachlich überprüfen und kann nur dann diese Entscheidung aufheben und das Patent aufrechterhalten, wenn es den Erfordernissen des EPÜ genügt. Bei dieser Prüfung durch die Kammer können auch Beweismittel, die von einer Einsprechenden oder der Zurücknahme des Einspruchs vorgebracht worden sind, herangezogen werden.

T296/93
Ausgangspunkt für die Berechnung der Dreimonatsfrist für den Beitritt nach Art.105(1) ist stets der Zeitpunkt der Erhebung der ersten Klage. Wurde zuerst von einem PI gegen einen vermeintlichen Patentverletzer eine Verletzungsklage eingeleitet, so findet Art.105(1)S.1 Anwendung, auch wenn letzterer daraufhin nach Art.105(1)S.2 bezüglich desselben Patents eine Klage auf gerichtliche Feststellung erhoben hat, daß er das Patent nicht verletze.

T631/94
Mit der Abgabe an die interne Poststelle des EPA ist eine im schriftlichen Verfahren ergangene Entscheidung über die Einstellung des Einspruchsverfahrens öffentlich existent und damit erlassen. [...]

Einspruch

Anträge – Einspruch

	Voraussetzung	Norm	Handlung	Zulässigkeit	Frist	Rechtsfolge	Behelf	WICHTIG
132	anhängiger Einspruch [391] **UND** Beitrittsfähigkeit des Dritten: a) rechtshängige Verletzungsklage gegen ihn (Zustellung einer EV genügt [T452/05]) **ODER** b) er hat eine negative Feststellungsklage erhoben [T392/97] **ACHTUNG:** Berechtigungsanfrage oder Abmahnung genügt nicht [T195/93]	G4/91 Art.105(1) iVm R.89 R.79(4) Art.105(1)	1) »schriftlich« und »begründete« Erklärung mit Nachweis der Klageerhebung gegen bzw. durch den Beitrittsbefähigten **Art.105(1), R.89(2) S.1** 2) nur beim EPA in München, Den Haag oder Berlin [392] **Art.99(1)** 3) Einspruchsgebühr **[840€]** **R.89(2)**, Art.2(1) Nr.10 GebO, **T27/92** **UND** 4) **Mindesterfordernisse** für Einspruch [393] **R.76(2), DI-127**	jeder Dritte	3 M ab erster Klageerhebung [394] **R.89(1)**	+ Beitritt zum Einspruch, in dem er sich zum Zeitpunkt des Beitritts befindet, und zwar einschließlich laufender Fristen T392/97, RBK IV-C,3.2.3 **UND** Beitretender erhält Status eines Einsprechenden **Art.105(2)** Beitretender erhält Mitt. über bisherigen Verfahrensgang [395] D-IV, 5.6 – Einspruch gilt als nicht eingelegt **UND** Gebühr wird ggf. zurückerstattet **Art.99(1);** A-X,10.1.1, D-VIII, 2.1	WB (–), da Beitretender kein Anmelder **Art.121** WE (–), da sich Art.122 nur auf Anmelder oder PI bezieht **G1/86**	Beitritt berechtigt zur selbständigen Beschwerde **G3/04** Beschwerdegebühr entfällt, wenn Beitritt erst in Beschwerde erfolgt **G3/04**
	Beitritt zum Einspruch **ACHTUNG:** spätere Zurücknahme des Einspruchs durch einzigen Einsprechenden hat keine Wirkung G3/04 D-VII,6							
133	**im Einspruch**: anhängiger Einspruch	RBK III.Q.3.2	»unterzeichnete«, »eindeutige« und vorbehaltlose Rücknahmeerklärung **ODER** keine Teilnahme an MV	Einsprechender	»jederzeit« während Einspruchs	Einsprechender verliert Status als aktiver Verfahrensbeteiligter T283/02 **ABER** Einspruch kann von Amts wegen fortgesetzt werden [396] **R.84(2) S.2** unmittelbare Beendigung G8/93; ABl.1994,887	–	Erklärung hat bindende Wirkung für Einsprechenden
	in der Beschwerde: anhängige Beschwerde nach Entscheidung im Einspruch	RBK III.Q.3.3		Beschwerdeführer				
	Rücknahme des Einspruchs			Beschwerdegegner	»jederzeit« während Beschwerde	Beschwerdegegner verliert Status als aktiver Verfahrensbeteiligter [397] **ABER** kein Einfluss auf Beschwerde T629/90, ABl.1992,654		

[391] auch nach Erlass einer Entscheidung in MV [T791/06] bzw. schriftlichen Verfahren [T631/94] ist Beitritt mgl.; aber: **Beitritt zwischen Einspruch und EBV wirkungslos**, wenn keine Beschwerde eingelegt [G4/91].

[392] auch bei nat. Behörde einreichbar; aber: keine Verpflichtung zur Weiterleitung.

[393] **[1]** Angaben zum Beitretenden, **[2]** Patent-Nr. und Erfindungsbezeichnung, **[3]** Name des PI, **[4]** Umfang des Einspruchs und Substantiierung mit Beweismitteln – **neue Einspruchsgründe zulässig** [G1/94], **[5]** Angaben zum Vertreter [D-VII, 6].

[394] Ausgangspunkt für Berechnung der 3M-Frist ist Datum der ersten Klageerhebung (egal ob durch PI oder vermeintlichen Verletzer) [T296/93]; Datum Klageerhebung ist Datum der Zustellung [T694/01; T452/05].

[395] R.79(1)/(3)-Schriftstücke; Bescheide der Einspruchsabteilung; R.81(2)-Stellungnahmen der Beteiligten.

[396] insbesondere, wenn **[1]** R.82(1)-Mitt. über Umfang geänderter Fassung bereits versandt [T197/88]; **[2]** nötige Ermittlungen für Entscheidung abgeschlossen sind oder ohne Mitwirken des Einsprechenden werden können; **[3]** PI bereits Änderungen nach Art.113(2) eingereicht hat [ABl.2016,A42].

[397] Beschwerdegegner ist in Sachfragen nicht mehr am Verfahren beteiligt, aber in Bezug auf Kostenverteilung bleibt er verfahrensbeteiligt [T789/89].

Teil D I – Übersicht zum EPÜ

	Antrag	Voraussetzung	Norm	Handlung	Zulässigkeit	Frist	Rechtsfolge	Behelf	WICHTIG
134	**beschleunigte Bearbeitung** [398] E-VIII,5	Verletzungsklage aus EP-Patent bei nat. Gericht eines EPÜ-VStaates D-VII,1.2	ABl.2008,221	Antrag eines Beteiligten (»schriftlich«, »begründet«) ODER Info des nat. Gerichts/zuständige Behörde	PI ODER Einsprechender	»jederzeit« nach Einspruchsfrist	+ beschleunigte Bearbeitung bei vollständig und rasch eingereichtem Antrag Fristverlängerungsgesuch nur in besonders begründeten Ausnahmefällen zulässig	--	auch bei möglicherweise unzulässigem Einspruch
135	**Entscheidung** über Rechtsverlust	R.112(1)-Rechtsverlustmitt. wegen Mängeln, aufgrund derer der Einspruch als nicht eingelegt gilt	R.112(2)	Antrag auf Überprüfung der Richtigkeit der R.112(1)-Rechtsve¨lustmitt.		2 M ab Mitt. +10Tage	Entscheidung des EPA [399] ODER Fortsetzung des Verfahrens	WE (+) in 2 M-Frist; WB (–)	
136	**mündliche Verhandlung**	zulässiges Einspruchsverfahren	Art.116(1)	Antrag eines Beteiligten oder vAw	PI ODER Einsprechender	»jederzeit« nach Einspruchsfrist	Terminierung einer MV mit ggf. mündlicher Beweisaufnahme R.117-120 ggf. Auff. zur Stellungnahme an Beteiligte binnen zu best Frist	--	Beweismittel so früh wie möglich vorlegen
137	**Vernehmen** von Zeugen oder Sachverständigen [400]	mündliche Verhandlung	R.117 S.2	Angabe zum Beweismittel: a) Zeuge b) Sachverständiger c) Augenschein			Beweisbeschluss zum Beweismittel mit Datum der Beweisaufnahme (mind. 2 M) E-IV,1.4	2 M ab Mitt. +10Tage	im Ermessen der Einspruchsabteilung
138	**Änderung Patentinhaber** [401]	rechtskräftige Entscheidung nat. Gerichts eines EP-Vertragsstaat	Art.99(4), Art.61(1)a)	Antrag des Berechtigten (»schriftlich«, »begründet«)	Berechtigter		Berechtigter tritt an Stelle des bisherigen PI nur in Bezug auf diesen EP-Vertragsstaat	--	*ggf.* getrennte Fortführung des Einspruchs [402] D-VII, 3.2
139	**Übermittlung von Patentdokumenten** [403]	zulässiger Einspruch ODER Stellungnahme darin	R.79(2)/(3) iVm ABl.2022,A28	Antrag oder über Online-Dienst „Register-Plus"					

Verhältnis zum Beschränkungs-/Widerrufverfahren

- anhängiges **Beschränkungsverfahren** durch wirksam eingelegten Einspruch **beendet**; Beschränkungsgebühr zurückgezahlt **[R.93(2)]**;
- anhängiges **Widerrufverfahren** durch wirksam eingelegten Einspruch **nicht beendet**; Einspruch nur fortgesetzt, wenn Widerruf zurückgenommen oder als nicht eingelegt gilt

[398] **generell:** Early Certainty from Opposition mit Ziel, Einspruch 15 M nach Ablauf der Einspruchsfrist abzuschließen [ABl. 2016, A43].

[399] nur, wenn Abteilung Auffassung des Antragstellers nicht teilt; beschwerdefähig; **Achtung:** vorgelegte Dokumente werden dennoch zur Akte genommen und stehen zur Akteneinsicht zur Verfügung [**Art.128(4)**]; Behandlung als Einwendungen Dritter [**Art.115**, D-V, 2.2]; Liegt **zulässiger weiterer Einspruch** vor, so wird Verfahren für diesen Dritten fortgeführt.

[400] nur zusammen mit Entscheidung anfechtbar; **Ausgenommen:** gesonderte Beschwerde zugelassen [E-X,3]; Beweisaufnahme kann per Videokonferenz erfolgen (Prüfungs- und Einspruchsabteilung) [ABl. 2020, A135].

[401] Rechtsabteilung zuständig.

[402] Einheit EP-Patents beeinträchtigt, wenn bisheriger PI und für einen bestimmten Vertragsstaat Berechtigter nicht als gemeinsame PI gelten [**Art.118**]. **Achtung:** Da von Beiden unterschiedliche Anträge gestellt werden können, ist unterschiedlicher Ausgang beider Einspruchsverfahren möglich [D-VII, 3.2].

[403] Im Register einsehbare Dokumente werden Parteien im Einspruchsverf. nicht automatisch übermittelt; Einspruchsschriften, Stellungnahmen, nicht digitalisierbare Medien ausgenommen [ABl. 2022, A28].

Einspruch

Verfahrensablauf - Einspruch

Einspruchsabteilung [Art.19(2)]
Art.101 iVm R.79 bis 81

	Handlung	Voraussetzung	Norm	Handlung	Frist	Nachfrist	Rechtsfolge	WICHTIG
140	**materiellrechtliche Prüfung** D-V	mindestens ein zulässiger Einspruch	Art.101(1), R.81(1)	Prüfung (ursprünglich) angeführter Einspruchsgründe/Beweismittel [404] R.81(1), D-V,2.2	nach Abschluss der Zulässigkeitsprüfung des Einspruchs [405] R.79	--	**+** Entscheidung	Prüfung zusätzlicher Gründe/Beweismittel nur, wenn *prima facie* relevant [406] S.153
141	**Stellungnahme PI** (Mitt. zur Kenntnisnahme oder R.79(1)-Auff. nach abgeschlossener Formalprüfung sind nur fakultativ) D-IV, 5.2	mindestens ein beim EPA eingegangener Einspruch	Art.101, R.79(1)	Stellungnahme UND *ggf.* Einreichung geänderter Unterlagen [407] R.80 UND/ODER Angabe von Mängeln aufgrund derer Einspruch als unzulässig gilt R.77(1)/(2); D-IV,5.5	ab Eingang Einspruchs aber spätestens **4 M** ab **R.79(1)**-Auff. +10Tage R.79(1), ABl.2016,A42	verlängerbar [408] R.132(2) E-VIII, 1.6	**+** bei Stellungnahme/Änderungen: informelle Mitt. an Einsprechenden und Prüfung ob Änderungen dem EPÜ entsprechen R.79(3); D-IV,5.3 bei Angabe von Mängeln: Auff. an Einsprechenden zur Stellungnahme binnen 2 M R.77(1)/(2); S.147 **−** Einleitung nächster Verfahrensstufe (*ggf.* Urteil)	*ggf.* keine Berücksichtigung T406/86
142	**Erwiderungen der Beteiligten** [407] D-IV, 5.4	Erwiderung Einsprechender (Replik): Stellungnahmen/Änderungen PI oder Bescheid des EPA	Art.101(1) S.2, R.81(2)/(3)	Stellungnahme des Beteiligten [ggf. Vorbringen neuer Tatsachen in Reaktion auf Vorbringen des PI]	**4 M** ab Mitt. +10Tage	verlängerbar R.132(2) E-VIII, 1.6	**−** Einleitung nächster Verfahrensstufe (*ggf.* Urteil)	--
		Erwiderung des PI (Duplik): Stellungnahme Einsprechender oder Bescheid des EPA	Art.101(1), R.79(3)/R.81(2)					
143	**Ladung zur mündlichen Verhandlung** [407]	Beteiligtenantrag ODER Amtsermessen	Art.116(1)	Ladungsbescheid der Einspruchsabteilung mit folgenden Angaben a) Termin b) erörterungsbedürftiger Punkte c) vorläufige, unverbindliche Auffassung der Einspruchsabteilung zum Sachvortrag und Zulässigkeit und evtl. Änderungen R.116(1)	mind. **2 M** [idR **6 M** nach Versenden der Ladung] R.115(1)	Terminänderung nur in begründeten Ausnahmefällen [409] ABl.2009,68	**+** Frist für Einreichung letzter Schriftsätze/Änderungen durch Beteiligte Frist: idR bis **2 M** vor MV (10Tages-Regel nach R.126(2) findet keine Anwendung) R.116(1) S.2, ABl.2016,A42	im Ermessen der Einspruchsabteilung

---

[404] Einspruchsabteilung prüft von Amts wegen (*ex officio*) [**Art.114**]; **aber:** Einspruchsabteilung ist in ihrer Prüfung auf den angegriffenen Umfang (=angegebene Patentansprüche) beschränkt.

[405] unabhängig von [**1**] Tod oder Geschäftsunfähigkeit des Einsprechenden oder ob [**2**] Einspruch zurückgenommen [**R.84(2)**].

[406] **Neue Beweismittel** können während Verfahren nur vorgelegt werden, wenn *prima facie* relevant [vgl. Relevanzprüfung in T1002/92].

[407] **Änderungen** der PatentS müssen während Einspruch veranlasst sein [**R.80**]; keine handschriftlichen Änderungen in Schriftstücken zulässig [**R.49(8)**, **R.50(1)** iVm **R.86**; ABl.2013, 603]; **Ausnahme:** graphische Symbole/Schriftzeichen und chemische/mathematische Formeln.

[408] nur in begründeten Ausnahmefällen [ABl.2016,A42].

[409] beispielsweise schwere Erkrankung, Todesfall in der Familie, Eheschließung.

Teil D I – Übersicht zum EPÜ

EPÜ 2000

Artikel 101[106],[107]
Prüfung des Einspruchs – Widerruf oder Aufrechterhaltung des europäischen Patents

(1) Ist der Einspruch zulässig, so prüft die Einspruchsabteilung nach Maßgabe der Ausführungsordnung, ob wenigstens ein Einspruchsgrund nach Art.100 der Aufrechterhaltung des europäischen Patents entgegensteht. Bei dieser Prüfung fordert die Einspruchsabteilung die Beteiligten so oft wie erforderlich auf, eine Stellungnahme zu ihren Bescheiden oder zu den Schriftsätzen anderer Beteiligter einzureichen.

(2) Ist die Einspruchsabteilung der Auffassung, dass wenigstens ein Einspruchsgrund der Aufrechterhaltung des europäischen Patents entgegensteht, so widerruft sie das Patent. Andernfalls weist sie den Einspruch zurück.

(3) Ist die Einspruchsabteilung der Auffassung, dass unter Berücksichtigung der vom Patentinhaber im Einspruchsverfahren vorgenommenen Änderungen das europäische Patent und die Erfindung, die es zum Gegenstand hat,
a) den Erfordernissen dieses Übereinkommens genügen, so beschließt sie die Aufrechterhaltung des Patents in geänderter Fassung, sofern die in der Ausführungsordnung genannten Voraussetzungen erfüllt sind;
b) den Erfordernissen dieses Übereinkommens nicht genügen, so widerruft sie das Patent.

[106] Geändert durch die Akte zur Revision des EPÜ vom 29.11.2000.

Artikel 103[1010]
Veröffentlichung einer neuen europäischen Patentschrift

Ist das europäische Patent nach Art.101(3) a) in geänderter Fassung aufrechterhalten worden, so veröffentlicht das EPA eine neue europäische Patentschrift so bald wie möglich nach Bekanntmachung des Hinweises auf die Entscheidung über den Einspruch im Europäischen Patentblatt.

[101] Siehe hierzu Entscheidung der GBK G1/99 (Anhang I).

EPÜAO

Regel 80[101]
Änderung des europäischen Patents

Unbeschadet der R.138 können die Beschreibung, die Patentansprüche und die Zeichnungen geändert werden, soweit die Änderungen durch einen Einspruchsgrund nach Art.100 veranlasst sind, auch wenn dieser vom Einsprechenden nicht geltend gemacht worden ist.

Regel 82[104]
Aufrechterhaltung des europäischen Patents in geändertem Umfang

(1) Bevor die Einspruchsabteilung die Aufrechterhaltung des europäischen Patents in geändertem Umfang beschließt, teilt sie den Beteiligten mit, in welcher Fassung sie das Patent aufrechtzuerhalten beabsichtigt, und fordert sie auf, innerhalb von zwei Monaten Stellung zu nehmen, wenn sie mit dieser Fassung nicht einverstanden sind.

(2)[105] Ist ein Beteiligter mit der von der Einspruchsabteilung mitgeteilten Fassung nicht einverstanden, so kann das Einspruchsverfahren fortgesetzt werden. Andernfalls fordert die Einspruchsabteilung den Patentinhaber nach Ablauf der Frist nach Absatz 1 auf, innerhalb einer Frist von drei Monaten die vorgeschriebene Gebühr zu entrichten und eine Übersetzung der geänderten Patent-

prüche in den Amtssprachen des Europäischen Patentamts einzureichen, die nicht die Verfahrenssprache sind. Wurden in der mündlichen Verhandlung Entscheidungen nach Art.106(2) oder Art.111(2) auf Schriftstücke gestützt, die nicht der R.49(8) entsprachen, so wird der Patentinhaber aufgefordert, die geänderte Fassung innerhalb der Dreimonatsfrist in einer Form einzureichen, die der R.49(8) entspricht.

(3) Werden die nach Absatz 2 erforderlichen Handlungen nicht rechtzeitig vorgenommen, so können sie noch innerhalb von zwei Monaten nach der Mitteilung über die Fristversäumung vorgenommen werden, sofern innerhalb dieser Frist eine Zuschlagsgebühr entrichtet wird. Andernfalls wird das Patent widerrufen.

(4) In der Entscheidung, durch die das europäische Patent in geändertem Umfang aufrechterhalten wird, ist die ihr zugrunde liegende Fassung des Patents anzugeben.

[104] Siehe hierzu Entscheidungen der GBK G1/88, G1/90 (Anhang I).
[105] Geändert durch BdV CA/D 9/15 vom 14.10.2015 (ABl.2015, A82), in Kraft getreten am 01.05.2016. Siehe Mitteilung des EPA, ABl.2016, A22.

Regel 86[197]
Unterlagen im Einspruchsverfahren

Die Vorschriften des Dritten Teils der Ausführungsordnung sind auf die im Einspruchsverfahren eingereichten Unterlagen entsprechend anzuwenden.

[107] Siehe hierzu Entscheidung der GBK G1/91 (Anhang I).

Regel 87
Inhalt und Form der neuen europäischen Patentschrift

Die neue europäische Patentschrift enthält die Beschreibung, Patentansprüche und Zeichnungen in der geänderten Fassung. R.73(2) und (3) und R.74 sind anzuwenden.

Regel 142[150]
Unterbrechung des Verfahrens

(1) Das Verfahren vor dem EPA wird unterbrochen: [...]
c) wenn der Vertreter des Anmelders oder Patentinhabers stirbt, seine Geschäftsfähigkeit verliert oder aufgrund eines gegen sein Vermögen gerichteten Verfahrens aus rechtlichen Gründen verhindert ist, das Verfahren fortzusetzen. [...] (3) Im Fall des Absatzes 1 c) wird das Verfahren wiederaufgenommen, wenn dem Europäischen Patentamt die Bestellung eines neuen Vertreters des Anmelders angezeigt wird oder das Amt den übrigen Beteiligten die Bestellung eines neuen Vertreters des Patentinhabers angezeigt hat. Hat das EPA drei Monate nach dem Beginn der Unterbrechung des Verfahrens noch keine Anzeige über die Bestellung eines neuen Vertreters erhalten, so teilt es dem Anmelder oder Patentinhaber mit:
a) im Fall des Art.133(2), dass die ePa als zurückgenommen gilt oder das europäische Patent widerrufen wird, wenn die Anzeige nicht innerhalb von zwei Monaten nach Zustellung dieser Mitteilung erfolgt, oder
b) andernfalls, dass das Verfahren ab der Zustellung dieser Mitteilung mit dem Anmelder oder Patentinhaber wiederaufgenommen wird.

[150] Siehe hierzu BdP des EPA, ABl.2013, 600.

Rechtsprechung

G1/88 — Die Beschwerde eines Einsprechenden ist nicht deswegen unzulässig, weil dieser es unterlassen hat, fristgerecht auf eine Aufforderung nach R.58(4) EPÜ zu der Fassung, in der das europäische Patent aufrechterhalten werden soll, Stellung zu nehmen.

G1/90 — Der Widerruf eines Patents nach Art.102(4) und (5) EPÜ ist in Form einer beschwerdefähigen Entscheidung (Art.106) auszusprechen.

G12/91 — Das Verfahren für den Erlass einer Entscheidung im schriftlichen Verfahren ist mit dem Tag der Abgabe der Entscheidung durch die Formalprüfungsstelle der Abteilung an die interne Poststelle des EPA zum Zweck der Zustellung abgeschlossen.

T73/84 — Erklärt der Inhaber eines europäischen Patents im Einspruchs- oder Beschwerdeverfahren, dass er der Aufrechterhaltung des Patents in der erteilten Fassung nicht zustimme und keine geänderte Fassung vorlegen werde, so ist das Patent zu widerrufen.

T186/84 — Beantragt der Patentinhaber im Einspruchsverfahren den Widerruf seines Patents, so ist dieses ohne Sachprüfung der Patenthinderungsgründe zu widerrufen.

T237/86 — Wird Beschwerdeführer und Beschwerdegegner der Widerruf des Patents wünschen, dann kann die Kammer von ihrer Befugnis nach Art.111(1) Gebrauch machen und das Patent widerrufen. Die Erklärung "Wir verzichten hiermit auf das obengenannte Patent" [...] kommt in diesem Fall einem Antrag auf Widerruf des Patents gleich.

T1685/07 — Neben dem Zeitpunkt der Antragsstellung ist dabei gerade auch von Bedeutung, ob die jeweilige Anspruchsfassungen „konvergierenden" oder „divergierenden", also den Gegenstand des unabhängigen Anspruchs eines Hauptantrags in eine Richtung bzw. in eine Richtung eines Erfindungsgedankens zunehmend einschränkend weiterentwickeln oder etwa durch Aufnahme jeweils verschiedener Merkmale unterschiedliche Weiterentwicklungen verfolgen.

Einspruch

Beendigung des Einspruchs [Art.19(2), Art.101, R.82]

Einspruchsabteilung

	Handlung	Voraussetzung	Norm	Handlung	Frist	Nachfrist	Rechtsfolge	Rechtsbehelf
144	**Widerruf** des Patents [410] D-VIII,1.2	• sachliche Gründe • kein Interesse des PI [411] • fehlender Vertreter nach Unterbrechung nach R.142(1)c)	**Art.101(2) S.1 Art.101(3)b)** **R.142(3)a)**	-- z.B. Antrag auf Widerruf [T186/84], Verzichtserklärung [T237/86], keine geänderte Fassung vorgelegt [T73/84] neue Vertretung benennen	mit Entscheidung 3 M ab Unterbrechung	-- 2 M ab Mitt.+10Tage	– Widerruf des Patents[BF] wirksam mit Abgabe an interne EPA-Poststelle **ODER** Verkündung Erteilung in MV G12/91, D-VI,7.1	**Beschwerde** (+) durch jeden beschwerten Beteiligten G1/90
145	**Zurückweisung** des Einspruchs D-VIII,1.3	Einspruchsgründe stehen Patent in unveränderter Form nicht entgegen	**Art.101(2) S.2**	--	mit Entscheidung	--	Zurückweisung Einspruchs[BF] wirksam mit Abgabe an interne EPA-Poststelle **ODER** Verkündung Erteilung in MV G12/91, D-VI,7.1	
146	**Aufrechterhaltung** des EP-Patents in geändertem Umfang [412] D-VI,7.2; D-VIII,1.4	1) keine Erweiterung des Schutzbereichs **Art.123(3)** 2) keine unzulässige Änderung **Art.123(2)** 3) Veranlassung der Änderung durch Einspruchsgrund **R.80** 4) formelle Erfordernisse • Kenntlichmachung der Änderungen [R.137(4)] • keine handschriftlichen Änderungen [413] [R.86, R.49(8) ABl.2016,A22] **Art.84** 5) Konvergenz der Anspruchsänderung [T1685/07] (= Gegenstand in einer Richtung zunehmend einschränkend weiterentwickelt)	**Art.101(3)a) iVm R.82**	**Schritt 1** 1) Einverständnis aller Beteiligten zur Zwischenentscheidung **2 M** ab R.82(1)-Mitt.+10Tage **Schritt 2** 2) Veröffentlichungsgebühr [80€] **UND** **R.82(2)S.2**, Art.2(1) Nr.8 GebO 3) Übersetzung neuer Ansprüche in alle Amtssprachen 4) formal korrekte, wörtliche Reproduktion geänderter Textstellen **Schritt 3** 5) Übersetzung vor den nat. Ämtern **Art.65(1), 70(3), (4)** iVm **NatR IV** **UND** 6) ggf. nat. Veröffentlichungsgebühr **Art.65(2), NatR IV** **UND** 7) nat. Jahresgebühren **NatR VI**	2 M ab Mitt.+10Tage **R.82(1)** 3 M ab Mitt.+10Tage **R.82(2) S.2** 3 M nach Hinweis auf Aufrechterhaltung in geänderter Fassung **Art.65(1)**	-- 2 M ab Mitt.+10Tage +Zuschlag [130 €] **R.82(3)**, Art.2(1) Nr.9 GebO siehe NatR	+ Auff. an PI gem. Schritt 2 – evtl. Fortsetzung des Einspruchs **R.82(2)** + **unanfechtbare Endentscheidung** – Beschränkung des Patentes mit Wirkung ab Hinweis im EP-Patentblatt [414] **Art.103, R.87** Beschränkung wirkt auf AT zurück (*ex tunc*) **Art.68** iVm **105b(2)** Veröff geänderter Beschreibung, Zeichnungen in Verfahrenssprache **UND** Ansprüche in allen drei EPA-Amtssprachen **Art.103, R.87 S.1, Art.14(6)**, D-VI,7 – Widerruf EP-Patent in Form einer **Endentscheidung**[BF] **R.82(3)S.2**	**Beschwerde** (+) G1/88 **WE** (+) **ODER** **Beschwerde** (+) durch beschwerten Beteiligten G1/90 siehe NatR

[410] Beschwerdefähiges Urteil; **Kosten:** jeder Beteiligte trägt die ihm erwachsenen Kosten selbst [**Art.104(1)**]. aber: Einspruchsabteilung kann **andere Kostenverteilung anordnen,** bspw. durch eine Beweisaufnahme, eine mündliche Verhandlung oder andere Umstände entstanden; Die Kostenverteilung wird in der Entscheidung über den Einspruch angeordnet und ist ein Teil der Hauptentscheidung.

[411] Erklärung des PI über Desinteresse am EP-Patent, wird unabhängig von Formulierung als Antrag auf Widerruf betrachtet [T237/86, D-VIII,1.2.5].

[412] Feststellungsurteil bedarf der Zustimmung der Beteiligten.

[413] **in der MV** nur zur Sachverhaltserörterung akzeptabel; Nachreichen R.49(8)-konformer Schriftstücke binnen 3M-Frist zur Vornahme der Erfordernisse in Schritt 2 bzw 2M-Nachfrist zwingend [**R.82(2) S.3**; E-III,8.7.3; ABl.2016,A22].

[414] Die Entscheidung über Einspruch erfasst das EP-Patent mit Wirkung für alle Vertragsstaaten, für die es erteilt worden ist [**Art.105b(3)**].

Teil D I – Übersicht zum EPÜ

EPÜ 2000	EPÜAO	Rechtsprechung

EPÜ 2000

Artikel 61[51],[52]
Anmeldung europäischer Patente durch Nichtberechtigte

(1) Wird durch rechtskräftige Entscheidung der Anspruch auf Erteilung des europäischen Patents einer Person zugesprochen, die nicht der Anmelder ist, so kann diese Person nach Maßgabe der Ausführungsordnung
a) die europäische Patentanmeldung anstelle des Anmelders als eigene Anmeldung weiterverfolgen,
b) eine neue ePa für dieselbe Erfindung einreichen oder
c) beantragen, dass die europäische Patentanmeldung zurückgewiesen wird.
(2) Auf eine nach Absatz 1 b) eingereichte neue europäische Patentanmeldung ist Art.76(1) entsprechend anzuwenden.

[51] Geändert durch die Akte zur Revision des EPÜ vom 29.11.2000.
[52] Siehe hierzu Entscheidung GBK G3/92 (Anhang I).

EPÜAO

Regel 78[99]
Verfahren bei mangelnder Berechtigung des Patentinhabers

(1) Weist ein Dritter dem Europäischen Patentamt während eines Einspruchsverfahrens oder während der Einspruchsfrist nach, dass er gegen den Inhaber des europäischen Patents ein Verfahren eingeleitet hat mit dem Ziel, eine Entscheidung im Sinne des Art.61(1) zu erwirken, so wird das Einspruchsverfahren ausgesetzt, es sei denn, der Dritte erklärt dem Europäischen Patentamt gegenüber schriftlich seine Zustimmung zur Fortsetzung des Verfahrens. Diese Zustimmung ist unwiderruflich. Das Verfahren wird jedoch erst ausgesetzt, wenn die Einspruchsabteilung den Einspruch für zulässig hält. R.14(2-4) ist entsprechend anzuwenden.
(2) Ist ein Dritter nach Art.99(4) in Bezug auf einen oder mehrere benannte Vertragsstaaten an die Stelle des bisherigen Patentinhabers getreten, so kann das im Einspruchsverfahren aufrechterhaltene europäische Patent für diesen Staat oder diese Staaten unterschiedliche Patentansprüche, Beschreibungen und Zeichnungen enthalten.

[85] Siehe hierzu Entscheidung der GBK G3/92 (Anhang I).

Regel 84[106]
Fortsetzung des Einspruchsverfahrens von Amts wegen

(1) Hat der PI in allen benannten Vstaaten auf das europäische Patent verzichtet oder ist das Patent in allen diesen Staaten erloschen, so kann das Einspruchsverfahren fortgesetzt werden, wenn der Einsprechende dies innerhalb von zwei Monaten nach einer Mitteilung des EPAs über den Verzicht oder das Erlöschen beantragt.
(2) Stirbt ein Einsprechender oder verliert er seine Geschäftsfähigkeit, so kann das Einspruchsverfahren auch ohne die Beteiligung seiner Erben oder gesetzlichen Vertreter von Amts wegen fortgesetzt werden. Das Verfahren kann auch fortgesetzt werden, wenn der Einspruch zurückgenommen wird.

[106] Siehe hierzu Entscheidungen der GBK G4/88, G7/91, G8/91, G8/93, G3/99 (Anhang I).

Regel 88
Kosten

(1) Die Kostenverteilung wird in der Entscheidung über den Einspruch angeordnet. Berücksichtigt werden nur die Kosten, die zur zweckentsprechenden Wahrung der Rechte notwendig waren. Zu den Kosten gehört die Vergütung für die Vertreter der Beteiligten.
(2) Die Einspruchsabteilung setzt auf Antrag den Betrag der Kosten fest, die aufgrund einer rechtskräftigen Entscheidung über deren Verteilung zu erstatten sind. Dem Antrag sind eine Kostenberechnung und die Belege beizufügen. Zur Festsetzung der Kosten genügt es, dass sie glaubhaft gemacht werden.
(3) Innerhalb eines Monats nach Mitteilung der Kostenfestsetzung nach **Absatz 2** kann eine Entscheidung der Einspruchsabteilung über die Kostenfestsetzung beantragt werden. Der Antrag ist schriftlich einzureichen und zu begründen. Er gilt erst als gestellt, wenn die vorgeschriebene Gebühr entrichtet worden is:.
(4) Über einen Antrag nach **Absatz 3** entscheidet die Einspruchsabteilung ohne mündliche Verhandlung.

Rechtsprechung

T146/82

1. Weist ein Dritter, der die Aussetzung des europäischen Patenterteilungsverfahrens nach R.13(1) begehrt, dem Europäischen Patentamt nach, dass er bei einem nationalen Gericht ein rechtserhebliches Verfahren eingeleitet hat, so muss die Aussetzung angeordnet werden, sofern die europäische Patentanmeldung nicht zurückgenommen worden ist oder als zurückgenommen gilt.
2. Setzt das Europäische Patentamt gemäß R.13(3) einen Zeitpunkt fest, zu dem es das europäische Patenterteilungsverfahren fortzusetzen beabsichtigt, so kann auf späteren Antrag des Anmelders oder des Dritten, der die Aussetzung beantragt hat, der Zeitpunkt geändert oder die Aussetzung des Verfahrens aufgehoben werden.

J38/92
J39/92

1. Ein Rechtsübergang der europäischen Patentanmeldung kann in das Europäische Patentregister aufgrund einer öffentlichen Urkunde gemäß R.20(1) nur eingetragen werden, wenn sich der Rechtsübergang aus der öffentlichen Urkunde unmittelbar ergibt.
2. Öffentliche Urkunden, die selbst einen Rechtsübergang nicht bezeugen, aus denen sich aber mittelbar ergibt, daß ein Rechtsübergang aufgrund einer anderen, nicht eingereichten Urkunde eingetreten ist, reichen für eine Umschreibung nach R.20 nicht aus.
3. Die Aussetzung eines Erteilungsverfahrens bewirkt, daß das Erteilungsverfahren unverändert in dem Rechtsstadium verbleibt, in dem es sich zum Zeitpunkt der Aussetzung befand.
4. Eine Kostenverteilung findet in Umschreibungsverfahren grundsätzlich nicht statt.

J28/94

Die aufschiebende Wirkung der Beschwerde verhindert den Eintritt der Rechtskraft der Entscheidung bis zum Abschluß des Beschwerdeverfahrens. Gerechtfertigt ist dies durch das Erfordernis zu verhindern, daß der Eintritt der Rechtskraft der Beschwerde gegenstandslos macht. Wenn also eine Entscheidung, mit der es abgelehnt wird, die Bekanntmachung des Hinweises auf die Erteilung eines Patents zu verschieben, Gegenstand einer Beschwerde ist, dann muß die Bekanntmachung bis zum Abschluß des Beschwerdeverfahrens aufgehalten werden. Wenn es sich, wie im vorliegenden Fall, aus sachlichen Gründen als unmöglich erweist, die Bekanntmachung zu verschieben, dann hat das EPA alle geeigneten Maßnahmen zu ergreifen, um die Öffentlichkeit über die Ungültigkeit des Hinweises auf die Erteilung zu unterrichten.

Einspruch

Beendigung des Einspruchs (Fortsetzung)

	Art	Antrag	Voraussetzung	Norm	Handlung	Zulässigkeit	Frist	Rechtsfolge	WICHTIG
147	Aussetzung des Einspruchs	Aussetzung [415]	1) Vindikationsverfahren gegen PI durch einen Dritten mit Ziel der Übertragung des EP-Patents (= Entscheidung i.S.d. **Art.61(1)**) 2) Einspruch wirksam eingelegt D-VII, 4	**Art.61(1), R.78(1)**	Antrag auf beschwerdefähige Entscheidung über Verfahrensaussetzung mit Nachweis	jeder Dritte	»jederzeit« nach Einspruchsfrist	Firsthemmung [416] und Verfahren verbleibt im gegenwärtigen Rechtsstadium [417] **R.14(4)** ODER Fortsetzung mit Zustimmung des Dritten **R.78(1)**	autom. Abbuchungsauftrag verliert Wirkung ABl.2014,24 Aussetzung wird im EP-PatReg eingetragen
		Verfahrensfortsetzung	rechtskräftige Entscheidung durch nat. Gericht ODER Ermessen der Rechtsabteilung	**R.14(2), 78(1)** **R.14(3), 78(1)**	»schriftlicher« und »begründeter« Antrag Festsetzung des Fortsetzungstags durch Rechtsabteilung	berechtigter Dritter Rechtsabteilung		Fortsetzungstag und Gründe werden den Beteiligten mitt.	
148		Antrag auf **Fortsetzung** des Einspruchs	1) PI verzichtet auf oder erlöschen des EP-Patent [418] ODER 2) begründetes Rechtsschutzinteresse [419]	**R.84(1)**	»schriftlicher« und »begründeter« Antrag des Einsprechenden	Einsprechender	**2 M** ab Mitt. +10Tage	− Verfahrenseinstellung	Verzicht/Erlöschen gilt nur *ex nunc*
149		**Verfahrenseinstellung** D-VIII, 2.5	**Verzichtserklärung** des PI [**Art.105a**] ODER Erlöschen des Patents (zB: Nichtzahlung Jahresgeb.)	**R.84(1)**	Gegenmaßnahme: Antrag auf Fortsetzung des Einspruchs durch Einsprechenden (begründetes Rechtsschutzinteresse [419]) ODER Verzichtserklärung PI ggü nat. Behörden aller benannter VStaaten	Patentinhaber	**2 M** nach Mitt.	+ Erlöschen des Patents Verfahrenseinstellung − Verfahrensfortsetzung	Fortsetzung auf Antrag des Einsprechenden möglich
			1) [Tod/Verlust Rechtsgeschäftsfähigkeit Einsprechender oder **Zurücknahme Einspruch**] 2) kein Anlass zur Fortsetzung von Amtswegen	**R.84(2)**	Zurücknahmeerklärung des Einsprechenden	Einsprechender	keine	+ Verfahrenseinstellung − Verfahrensfortsetzung	Fortsetzung von Amts wegen möglich

Veröffentlichung geänderter EP-Patentschrift Art.103

	Art	Voraussetzung	Norm	Handlung	Frist	Rechtsfolge
150	Veröffentlichung nach **Einspruch/EBV**	1) Zwischenentscheidung über Aufrechterhaltung des EP-Patents in geänderter Fassung Art.101(3)(a), R.82(1) 2) Einverständnis aller Beteiligter zur Zwischenentscheidung binnen 2 M ab R.82(1)-Mitt.+10Tage R.82(1)	**Art.103, R.87**	1) Veröffgebühr **[80€]** R.82(2) S.2, Art.2(1) Nr.8 GebO 2) Übersetzung neuer Ansprüche in alle EPÜ-Amtssprachen R.82(2) S.2, Art.14(1)	nach Hinweis auf Entscheidung über Einspruch im EP-Patentblatt Art.103	1) Veröff geänderter Fassung der Beschreibung, Zeichnungen in Verfahrenssprache UND Ansprüche in allen drei EPÜ-Amtssprachen R.87 S.1, Art.14(6) 2) Angabe aller benannter VStaaten R.87 S.2 iVm R.73(3) 3) Übermittlung der Patenturkunde an alle Anmelder R.87 S.2 iVm R.74, ABl.2013,416; C-V,12

---

[415] vorläufige Verfahrenshandlung zur unmittelbaren Wahrung möglicher Rechte Dritter [J28/94; J15/06]; **zuständiges Organ:** Rechtsabteilung [**Art.20** iVm ABl.2013,600].
[416] Hemmung aller laufenden Fristen (AUßER Zahlung Jahresgebühr, da auch von Drittem zahlbar) [**R.14(4)**] (d.h. nicht verstrichener Teil der Frist läuft ab Tag der Fortsetzung Erteilungsverfahrens weiter, beträgt aber mind. **2 M**, A-IV,2.2.4); **Fortsetzung Erteilungsverfahren:** [1] nach rechtskräftiger Entscheidung iSv **R.61(1)** (bei Entscheidung zugunsten Dritten, frühestens **3M** nach Rechtskraft, **außer** Dritter beantragt Fortsetzung) [**R.14(2)**] ODER [2] Anordnung durch Rechtsabteilung[BIF [**R.14(3)**, J33/03]; **Änderung Fortsetzungszeitpunkt** durch begründeten Antrag möglich [T146/82, ABl.1985,267].
[417] weder EPA noch Parteien können wirksam Rechtsakte vornehmen [J38/92; J39/92, ABl.1996,A86].
[418] Wirkung nur *ex nunc*.
[419] zB: nationale Verletzungsklage des PI.

EPÜ 2000

Artikel 104[111],[112]
Kosten

(1) Im Einspruchsverfahren trägt jeder Beteiligte die ihm erwachsenen Kosten selbst, soweit nicht die Einspruchsabteilung, wenn dies der Billigkeit entspricht, nach Maßgabe der Ausführungsordnung eine andere Verteilung der Kosten anordnet.

(2) Das Verfahren zur Kostenfestsetzung regelt die Ausführungsordnung.

(3) Jede unanfechtbare Entscheidung des Europäischen Patentamts über die Festsetzung der Kosten wird in jedem Vertragsstaat in Bezug auf die Vollstreckung wie ein rechtskräftiges Urteil eines Zivilgerichts des Staats behandelt, in dem die Vollstreckung stattfindet. Eine Überprüfung dieser Entscheidung darf sich lediglich auf ihre Echtheit beziehen.

[111] Geändert durch die Akte zur Revision des Europäischen Patentübereinkommens vom 29.11.2000.
[112] Siehe hierzu Entscheidung der GBK G3/99 (Anhang I).

Artikel 106[118],[119]
Beschwerdefähige Entscheidungen

(1) Die Entscheidungen der Eingangsstelle, der Prüfungsabteilungen, der Einspruchsabteilungen und der Rechtsabteilung sind mit der Beschwerde anfechtbar. Die Beschwerde hat aufschiebende Wirkung.

(2) Eine Entscheidung, die ein Verfahren gegenüber einem Beteiligten nicht abschließt, ist nur zusammen mit der Endentscheidung anfechtbar, sofern nicht in der Entscheidung die gesonderte Beschwerde zugelassen ist.

(3) Das Recht, Beschwerde gegen Entscheidungen über die Kostenverteilung oder Kostenfestsetzung im Einspruchsverfahren einzulegen, kann in der Ausführungsordnung eingeschränkt werden.

[118] Geändert durch die Akte zur Revision des EPÜ vom 29.11.2000.
[119] Siehe hierzu Entscheidungen/Stellungnahmen der GBK G 1/90, G 1/99, G 1/02, G 3/03 (Anhang I).

Artikel 119[137],[138]
Zustellung

Entscheidungen, Ladungen, Bescheide und Mitteilungen werden vom Europäischen Patentamt von Amts wegen nach Maßgabe der Ausführungsordnung zugestellt. Die Zustellungen können, soweit dies außergewöhnliche Umstände erfordern, durch Vermittlung der Zentralbehörden für den gewerblichen Rechtsschutz der Vertragsstaaten bewirkt werden.

[137] Geändert durch die Akte zur Revision des EPÜ vom 29.11.2000.
[138] Siehe den BdP des EPA über das Pilotprojekt zur Einführung neuer Einrichtungen zur elektronischen Nachrichtenübermittlung für Verfahren vor dem EPA, ABl.2015, A28. Siehe auch die Mitteilung des EPA über die Verwendung von Zustellanschriften, ABl.2014, A99.

EPÜAO

Regel 88
Kosten

(1) Die Kostenverteilung wird in der Entscheidung über den Einspruch angeordnet. Berücksichtigt werden nur die Kosten, die zur zweckentsprechenden Wahrung der Rechte notwendig waren. Zu den Kosten gehört die Vergütung für die Vertreter der Beteiligten.

(2) Die Einspruchsabteilung setzt auf Antrag den Betrag der Kosten fest, die aufgrund einer rechtskräftigen Entscheidung über deren Verteilung zu erstatten sind. Dem Antrag sind eine Kostenberechnung und die Belege beizufügen. Zur Festsetzung der Kosten genügt es, dass sie glaubhaft gemacht werden.

(3) Innerhalb eines Monats nach Mitteilung der Kostenfestsetzung nach Absatz 2 kann eine Entscheidung der Einspruchsabteilung über die Kostenfestsetzung beantragt werden. Der Antrag ist schriftlich einzureichen und zu begründen. Er gilt erst als gestellt, wenn die vorgeschriebene Gebühr entrichtet worden ist.

(4) Über einen Antrag nach Absatz 3 entscheidet die Einspruchsabteilung ohne mündliche Verhandlung.

Regel 97[111]
Kosten

(1) Die Verteilung der Kosten des Einspruchsverfahrens kann nicht einziger Gegenstand einer Beschwerde sein.

(2) Eine Entscheidung über die Festsetzung des Betrags der Kosten des Einspruchsverfahrens ist mit der Beschwerde nur anfechtbar, wenn der Betrag den der Beschwerdegebühr übersteigt.

[111] Siehe hierzu Entscheidung GBK G3/03 (Anhang I).

Rechtsprechung

T154/90 1. Wird eine Beschwerde betreffend den Widerruf eines Patents als unzulässig verworfen und ist kein anderer zulässiger Antrag vorhanden, so ist eine Beschwerde gegen die Kostenentscheidung unzulässig, wenn diese einziger Beschwerdegegenstand ist (Art.106(4) EPÜ).

2. Wurde in der angefochtenen Entscheidung jedoch die Zurücknahme des Antrags auf mündliche Verhandlung nicht berücksichtigt und lag ihr somit ein wesentlicher Verfahrensmangel zugrunde, so ist der Teil der angefochtenen Entscheidung, der sich auf die Kostenverteilung bezieht, aufzuheben.

T668/99 Angesichts des Umstandes, daß die Gemeinsamkeiten zwischen Beschwerde und Antrag auf Entscheidung durch die Einspruchsabteilung bei weitem überwiegen und somit die Position des einzigen Antragsstellers des einzigen Beschwerdeführers vergleichbar ist, ist die Kammer zu der Überzeugung gelangt, daß das Verbot der reformatio in peius auch für den Antrag gemäß Art.104(2) S.2 EPÜ zu gelten hat.

T1178/04 Was den Antrag der Patentinhaberin betrifft, DSM aus Billigkeitsgründen die Kosten des zurückverwiesenen Verfahrens aufzuerlegen, so ist die Kammer nicht befugt, dies für künftig anfallende Kosten anzuordnen.

Einspruch

Kostenverteilung — Einspruchsabteilung D-IX

Grundsatz: jeder Verfahrensbeteiligte hat seine eigenen Kosten zu tragen; ausgenommen, wenn dies **unbillig** ist [**Art.104(1)**]

	Antrag	Voraussetzung	Norm	Handlung	Frist	Rechtsfolge	Rechtsbehelf	WICHTIG
151 / Schritt 1	**Kostenauferlegung** (andere Kostenverteilung) D-IX,1	1) zu berücksichtigende Kosten entstanden; z.B.: ▪ Beweisaufnahme [420], ▪ MV, ▪ Beteiligtenaufwendung **R.88(1) S.2, 3** 2) Kosten ganz/teilw. durch Beteiligtenverhalten verursacht (Säumnis in MV oder verspätete bzw. unsachgemäße Angriffs-/Verteidigungsmittel [421])	**Art.104(1), R.88(1)**	»substantiierter« Kostenantrag eines Beteiligten ODER von Amts wegen, sofern Billigkeitsgründe erkennbar	vor Entscheidungsverkündung T212/88	**+** Kostenverteilung nach Billigkeit [421] wird in Entscheidung angeordnet [422] **Art.104(1), Alt.2, R.88(1)** **–** jeder Beteiligte hat seine eigenen Kosten zu tragen **Art.104(1), Alt.1**	Beschwerde (–) [423] **R.97(1)**	vollstreckbarer Titel ergeht erst mit Antrag auf Kostenfestsetzung
152 / Schritt 2	**Kostenfestsetzung** D-IX,2.1	rechtskräftige Entscheidung mit Kostenverteilung iSv **R.88(2)** (nach Ablauf der 2M-Beschwerdefrist)	**Art.104(2), R.88(2)**	1) »schriftlich« und »begründeter« Antrag mind. eines Beteiligten 2) Glaubhaftmachung 3) Kostenberechnung und Belege beifügen	—	Festsetzung des Kosten**betrags** durch Geschäftsstelle UND Mitt. über Kostenfestsetzung an Beteiligte **Art.119**	**WE (+)**, in Frist zur Stellung Antrags auf Kostenfestsetzung Beschwerde **(+)**, nur, wenn festgesetzter Betrag > Beschwerdegebühr **Art.106(1) iVm Art.106(3), R.97(2)** Antrag auf Entscheidung **(+)** **R.88(3)**	Kostenfestsetzung erwächst in Rechtskraft ohne Antrag auf Entscheidung [424]
153 / Schritt 3	**Entscheidung** über Kostenfestsetzung D-IX,1.2	Zustellung Mitt. zur Kostenfestsetzung	**Art.104(2), R.88(3)**	»schriftlich« und »begründeter« Antrag mind. eines Beteiligten UND Kostenfestsetzungsgebühr [80 €] **R.88(3)S.3**, Art.2(1) Nr.16 GebO	1 M nach Kostenmitt. +10Tage	**+** unanfechtbare Entscheidung [424] ergeht ohne MV **Art.104(3), R.88(4)** **–** Antrag gilt als nicht gestellt — Kostenfestsetzung nach R.88(2) erwächst in Rechtskraft [424]	WB (–) WE (+)	Verbot der reformatio in peius gilt wie in Beschwerde T668/99

---

[420] **Auslagen für Zeugen/Sachverständige** [**R.122(2)/(3)**]; Beurkundungsgebühren; schriftliche Erklärungen unter Eid.

[421] z.B.: bis zu 50% der gegnerischen Kosten bei Vorlage neuer Unterlagen nach Ablauf der 9M-Einspruchsfrist [T117/86] oder erst in EBV [T715/95].

[422] isolierte Entscheidung zulässig, wenn Einspruch und Beschwerde zurückgenommen [T85/84]; Entscheidung über Verteilung **zukünftiger Kosten** unzulässig [T1178/04].

[423] **ausgenommen:** in Zusammenhang mit Beschwerde gegen Entscheidung der Einspruchsabteilung oder Vorliegen wesentlicher Verfahrensmängel (z.B. Nichtberücksichtigung der Rücknahme der MV [T154/90]).

[424] rechtskräftiges Urteil, das in jedem VStaat vollstreckbar ist; nur Echtheitsprüfung durch nat. Behörden zulässig [**Art.104(3)**].

EPÜ 2000

Artikel 105a[115]
Antrag auf Beschränkung oder Widerruf

(1) Auf Antrag des Patentinhabers kann das europäische Patent widerrufen oder nach Maßgabe der Ausführungsordnung beschränkt werden. Der Antrag ist beim Europäischen Patentamt nach Maßgabe der Ausführungsordnung zu stellen. Er gilt erst als gestellt, wenn die Beschränkungs- oder Widerrufsgebühr entrichtet worden ist.

(2) Der Antrag kann nicht gestellt werden, solange ein Einspruchsverfahren in Bezug auf das europäische Patent anhängig ist.

[115] Eingefügt durch die Akte zur Revision des Europäischen Patentübereinkommens vom 29.11.2000.

Artikel 105b[116]
Beschränkung oder Widerruf des europäischen Patents

(1) Das Europäische Patentamt prüft, ob die in der Ausführungsordnung festgelegten Erfordernisse für eine Beschränkung oder den Widerruf des europäischen Patents erfüllt sind.

(2) Ist das Europäische Patentamt der Auffassung, dass der Antrag auf Beschränkung oder Widerruf des europäischen Patents diesen Erfordernissen genügt, so beschließt es nach Maßgabe der Ausführungsordnung die Beschränkung oder den Widerruf des europäischen Patents. Andernfalls weist es den Antrag zurück.

(3) Die Entscheidung über die Beschränkung oder den Widerruf erfasst das europäische Patent mit Wirkung für alle Vertragsstaaten, für die es erteilt worden ist. Sie wird an dem Tag wirksam, an dem der Hinweis auf die Entscheidung im Europäischen Patentblatt bekannt gemacht wird.

[116] Eingefügt durch die Akte zur Revision des Europäischen Patentübereinkommens vom 29.11.2000.

Artikel 105c[117]
Veröffentlichung der geänderten europäischen Patentschrift

Ist das europäische Patent nach Art.105b(2) beschränkt worden, so veröffentlicht das Europäische Patentamt die geänderte europäische Patentschrift so bald wie möglich nach Bekanntmachung des Hinweises auf die Beschränkung im Europäischen Patentblatt.

[117] Eingefügt durch die Akte zur Revision des Europäischen Patentübereinkommens vom 29.11.2000.

EPÜAO

Regel 90
Gegenstand des Verfahrens

Gegenstand des Beschränkungs- oder Widerrufsverfahrens nach Art.105a ist das europäische Patent in der erteilten oder im Einspruchs- oder Beschränkungsverfahren vor dem Europäischen Patentamt geänderten Fassung.

Regel 91
Zuständigkeit für das Verfahren

Über Anträge auf Beschränkung oder Widerruf nach Art.105a entscheidet die Prüfungsabteilung. Art.18(2) ist entsprechend anzuwenden.

Regel 92
Antragserfordernisse

(1)[109] Der Antrag auf Beschränkung oder Widerruf eines europäischen Patents ist schriftlich in einer der Amtssprachen des Europäischen Patentamts zu stellen. Er kann auch in einer Amtssprache eines Vertragsstaats eingereicht werden, sofern innerhalb der in R.6(2) genannten Frist eine Übersetzung in einer der Amtssprachen des Europäischen Patentamts vorgelegt wird. Die Vorschriften des Dritten Teils der Ausführungsordnung sind auf die im Beschränkungs- oder Widerrufsverfahren eingereichten Unterlagen entsprechend anzuwenden.

(2) Der Antrag muss enthalten:

a) Angaben zur Person des antragstellenden Patentinhabers (Antragsteller) nach Maßgabe der R.41(2) c) sowie die Angabe der Vertragsstaaten, für die der Antragsteller Inhaber des Patents ist;

b) d e Nummer des Patents, dessen Beschränkung oder Widerruf beantragt wird, und eine Liste der Vertragsstaaten, in denen es wirksam geworden ist;

c) gegebenenfalls Namen und Anschrift der Inhaber des Patents für die Vertragsstaaten, in denen der Antragsteller nicht Inhaber des Patents ist, sowie den Nachweis, dass der Antragsteller befugt ist, im Verfahren für sie zu handeln;

d) falls die Beschränkung des Patents beantragt wird, eine vollständige Fassung der geänderten Patentansprüche und gegebenenfalls der Beschreibung und Zeichnungen in der geänderten Fassung;

e) falls ein Vertreter des Antragstellers bestellt ist, Angaben zur Person nach Maßgabe der R.41(2) d).

[109] Geändert durch Beschluss des Verwaltungsrats CA/D 4/08 vom 21.10.2008 (AB . EPA 2008, 513), in Kraft getreten am 01.04.2009.

Regel 93
Vorrang des Einspruchsverfahrens

(1) Der Antrag auf Beschränkung oder Widerruf gilt als nicht eingereicht, wenn im Zeitpunkt der Antragstellung ein Einspruchsverfahren in Bezug auf das Patent anhängig ist.

(2) Ist im Zeitpunkt der Einlegung eines Einspruchs gegen ein europäisches Patent ein Beschränkungsverfahren in Bezug auf dieses Patent anhängig, so stellt die Prüfungsabteilung das Beschränkungsverfahren ein und ordnet die Rückzahlung der Beschränkungsgebühr an. Hat der Antragsteller die in R.95(3) S.1 genannte Gebühr bereits entrichtet, so wird deren Rückzahlung ebenfalls angeordnet.

Regel 94
Verwerfung des Antrags als unzulässig

Stellt die Prüfungsabteilung fest, dass der Antrag auf Beschränkung oder Widerruf des europäischen Patents nicht den Erfordernissen der R.92 entspricht, so fordert sie den Antragsteller auf, die festgestellten Mängel innerhalb einer zu bestimmenden Frist zu beseitigen. Werden die Mängel nicht rechtzeitig beseitigt, so verwirft sie den Antrag als unzulässig.

Regel 95
Entscheidung über den Antrag

(1) Ist ein Antrag auf Widerruf zulässig, so widerruft die Prüfungsabteilung das Patent und teilt dies dem Antragsteller mit.

(2) Ist ein Antrag auf Beschränkung zulässig, so prüft die Prüfungsabteilung, ob die geänderten Patentansprüche gegenüber den Ansprüchen in der erteilten oder im Einspruchs- oder Beschränkungsverfahren geänderten Fassung eine Beschränkung darstellen und den Art.84 und Art.123(2) und (3) genügen. Entspricht der Antrag nicht diesen Erfordernissen, so gibt die Prüfungsabteilung dem Antragsteller einmal Gelegenheit, die festgestellten Mängel zu beseitigen und die Patentansprüche und gegebenenfalls die Beschreibung und Zeichnungen innerhalb einer zu bestimmenden Frist zu ändern.

(3)[110] Ist einem Antrag auf Beschränkung nach Absatz 2 stattzugeben, so teilt die Prüfungsabteilung dies dem Antragsteller mit und fordert ihn auf, innerhalb einer Frist von drei Monaten die vorgeschriebene Gebühr zu entrichten und eine Übersetzung der geänderten Patentansprüche in den Amtssprachen des Europäischen Patentamts einzureichen, die nicht die Verfahrenssprache sind; R.82(3) S.1 ist entsprechend anzuwenden. Nimmt der Antragsteller diese Handlungen rechtzeitig vor, so beschränkt die Prüfungsabteilung das Patent.

(4) Unterlässt es der Antragsteller, auf die Mitteilung nach Absatz 2 rechtzeitig zu antworten, oder nimmt er nach Absatz 3 auf Beschränkung nicht stattgegeben werden, oder nimmt der Antragsteller die nach Absatz 3 erforderlichen Handlungen nicht rechtzeitig vor, so weist die Prüfungsabteilung den Antrag zurück.

[110] Geändert durch Beschluss des Verwaltungsrats CA/D 2/10 vom 26.10.2010 (ABl. EPA 2010, 637), in Kraft getreten am 01.04.2012.

Regel 96
Inhalt und Form der geänderten europäischen Patentschrift

Die geänderte europäische Patentschrift enthält die Beschreibung, Patentansprüche und Zeichnungen in der geänderten Fassung. R.73(2) und (3) und R.74 sind anzuwenden.

Beschränkungs-/ Widerspruchsverfahren

Beschränkung-/Widerrufsverfahren [425]

Formalprüfer Art.105a bis 105b iVm R.90 bis 96; D-X

		Norm	Erfordernis	Frist	Nachfrist	Rechtsfolge	Rechtsbehelf
154	**Voraussetzung**	D-X, 1	1) erteiltes Patent 2) kein anhängiges Einspruchsverfahren [Art.105a(2), R.93(1)]	»jederzeit« nach Erteilung/Einspruch/Erlöschen des EP-Patents	--	+ Antrag gilt als gestellt, Verfahren wird eröffnet − Antrag gilt als nicht gestellt **MIT** Art.119-Mitt. an Antragsteller Gebührenrückzahlung R.93(2)	
155	**Antragsberechtigt** D-X, 1	Art.105a(1)	Patentinhaber oder bestellter Vertreter [Art.133(2)] (Nachweis erforderlich, wenn Antragsteller nicht in allen betreffenden VStaaten alleiniger PI ist, R.92(2)c))				
156	**Anmeldeamt** D-X,2.1		nur beim EPA in München, Den Haag, Berlin [426]				
157	**Art der Einreichung**	R.2(1)	unmittelbare Übergabe, Post, Fax oder Online-Einreichung möglich [ABl.2009, 182]				
158	**Erfordernisse am ET** D-X,2.1	Art.105a(1) R.92	1) **schriftlicher Antrag** [427] muss enthalten [R.92(1)] i) Identität des Antragstellers nach R.41(2) c) [R.92(2)a] ii) VStaaten in denen Antragsteller PI ist [428] [R.92(2)a] iii) Nummer des EP-Patents [R.92(2)b] iv) VStaaten, in denen EP-Patent wirksam ist [429] [R.92(2)b] v) ggf. Berechtigungsnachweis für VStaaten in denen Antragsteller nicht PI [R.92(2)c] vi) bei Beschränkung: neue Fassung Patentansprüche und ggf. Beschreibungsanpassung [R.92(2)d] vii) Vertreterangaben nach R.41(2) d) [R.92(2)e)] [430] 2) **Beschränkungs- [1.245 €] oder Widerrufsgebühr [560 €]** Art.105a(1), Art.2(1) Nr.10a GebO, D-X,2.1	am ET keine	R.94-Auff. zur Mängelbeseitigung innerhalb „zu best. Frist" (idR **2 M**+10Tage)	+ Antrag zulässig − Antrag wird als unzulässig verworfen und Art.119-Mitt. an Antragsteller D-X,2.2 − Antrag gilt als nicht gestellt **MIT** Art.119-Mitt. an Antragsteller ggf. Gebührenrückzahlung	WB(−) WE(+) **Beschwerde (+)** Art.106(1) D-X, 2.2
159	**Sprache** D-X,2.1	R.92(1)	Amtssprache (DE/EN/FR) **ODER** zugelassene Nichtamtssprache Art.14(4)	ggf. Übersetzung **1 M** nach ET Art.14(4), R.6(2)	keine	− Antrag gilt als nicht gestellt **MIT** Art.119-Mitt. an Antragsteller ggf. Gebührenrückzahlung	--

Beschränkungsverfahren: unterschiedliche Anspruchssätze für verschiedene VStaaten [R.138, D-X,10.1] und/oder Auswahl einzelner VStaaten möglich, wenn unterschiedliche Patentansprüche für verschiedene VStaaten wg. ältere nationale Rechte [Art.139(2)] oder StdT nach Art.54(3) ODER durch teilweisen Rechtsübergang [Art.61, D-X,10.1].

---

[425] **Statthaftigkeit:** Einspruchsverfahren hat Vorrang, so dass nach Einlegung eines Einspruchs ein bereits anhängiges Beschränkungsverfahren eingestellt wird [Art.93(2)]; nur Widerrufsantrag geht vor.
Wirkung der Entscheidung: gilt bei Widerruf/Beschränkung des EP-Patents als von Anfang an eingetreten (ex tunc) [Art.68] **UND** für alle VStaaten [Art.105b(3)].
[426] **Einreichung bei nat. Behörde:** Weiterleitung nach Art.77 hat **keine rechtliche Wirkung**, **ABER:** entscheidet sich nat. Behörde zur Weiterleitung, so gilt TA erst am Eingangstag der Unterlagen beim EPA als eingereicht.
[427] Antragsteller kann Antrag auf Beschränkung/Widerruf jederzeit zurücknehmen, sofern der Antrag noch anhängig ist aber **keine Rückerstattung** der Beschränkungs- bzw. Widerrufsgebühr [D-X,9].
[428] Für VStaaten in denen **Antragsteller ≠ PI:** [1] Name und Anschrift des anderen PI und [2] Nachweis zur Handlungsbefugnis des Antragstellers [R.92(2)c)], auch für VStaaten in denen Patent erloschen, wegen Rückwirkung.
[429] Auch Angabe der Vertragsstaaten in denen Patent mittlerweile erloschen.
[430] gemeinsame Inhaber für gleiche oder unterschiedliche VStaaten gelten Vertretererfordernisse gem. R.151 (gemeinsame Vertretung).

materialrechtliche Prüfung

160 Widerrufsverfahren — Prüfungsabteilung, R.91 iVm Art.18(2)
D-X,3 und 4

Verfahren	Voraussetzung	Grundlage der Prüfung	Umfang der Prüfung	Änderungen der Ansprüche	Rechtsfolge
Widerrufs-verfahren D-X,3	zulässiger Antrag auf Widerruf	--	keine weitere Prüfung	--	**+** Widerruf des Patents für alle ausgewählten VStaaten
Beschränkungs-verfahren D-X,4	1) zulässiger Antrag auf Beschränkung (Hilfsantrag zulässig) 2) ggf. Begründung/Zweck der Beschränkung durch Antragstellung [431]	Patent in der erteilten Form ODER im Einspruchs- bzw. Beschränkungsverfahren geänderte letzte Fassung **R.90** Zuständigkeit: Prüfungsabteilung **R.95(2) S.1**	geänderte Ansprüche müssen: 1) Beschränkung darstellen **UND** 2) klar formuliert sein [**Art.84**] 3) keine unzulässigen Änderungen enthalten [**Art.123(2) & (3)**] **Hilfsantrag ist zulässig** keine Prüfung auf Neuheit oder erfind. Tätigkeit [G1/91]	zulässige Beschränkungen (Verkleinerung des Schutzbereiches): 1) Beschränkung des Hauptanspruchs 2) Beschränkung eines abhängigen Anspruchs <u>ACHTUNG</u>: bloße Klarstellung oder Korrektur offensichtlicher Unrichtigkeiten [**R.139**] gilt nicht als „Beschränkung"	**+** R.95(3)-Mitt. über Stattgabe [432] **−** einmalige R.95(2) S.2-Auff. zur Behebung sachlicher Mängel binnen zu best. Frist (idR **2 M**+10Tage) [433]

162 Verhältnis Beschränkungs-/Widerrufsverfahren zum Einspruchs(beschwerde-)verfahren
D-X,7, RBK IV.D.2

Antrag → Verfahren ↓	Einspruch(beschwerde-)verfahren	Beschränkung	Widerruf
Einspruchs-(beschwerde-)verfahren	--	**✗** Antrag gilt als nicht gestellt, Rückzahlung der Gebühr, **ABER**: ggf. entsprechende Änderungen im Rahmen des Einspruchs mögl. **Art.105a(2), R.93(1)**	**(✗)** Antrag gilt als nicht gestellt, Rückzahlung der Gebühr, **ABER**: Widerruf im Einspruch mögl. [434]
Beschränkung	**✓** Einstellung des Beschränkungsverfahrens und Rückzahlung Beschränkungsgebühr **R.93(2)**	--	**✗** aber nach Beendigung des Beschränkungsverfahrens mögl. D-X,11
Widerruf	**✗** Fortsetzung des Widerrufsverfahrens D-X,7.1	**✗** ausgenommen, wenn Widerruf unzulässig D-X,11	--

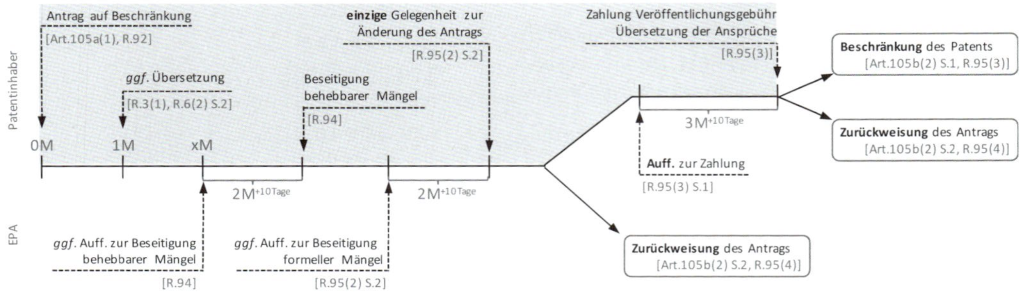

Fig. 10: Verfahrensablauf Beschränkung/Widerruf.

(Ablaufdiagramm: Patentinhaber stellt Antrag auf Beschränkung [Art.105a(1), R.92] bei 0M; ggf. Übersetzung [R.3(1), R.6(2) S.2] bis 1M; ggf. Auff. zur Beseitigung behebbarer Mängel [R.94] bis xM; einzige Gelegenheit zur Änderung des Antrags [R.95(2) S.2]; Beseitigung behebbarer Mängel [R.94] binnen 2M+10Tage; ggf. Auff. zur Beseitigung formeller Mängel [R.95(2) S.2] binnen 2M+10Tage; Zahlung Veröffentlichungsgebühr Übersetzung der Ansprüche [R.95(3)] → Beschränkung des Patents [Art.105b(2) S.1, R.95(3)] oder Zurückweisung des Antrags [Art.105b(2) S.2, R.95(4)]; Auff. zur Zahlung [R.95(3) S.1] 3M+10Tage → Zurückweisung des Antrags [Art.105b(2) S.2, R.95(4)])

---

[431] Kann bei Antragsstellung aber auch im Laufe des Verfahrens eingereicht werden; Zweck hat keinen Einfluss darauf ob Antrag stattzugeben ist; **Hilfsantrag zulässig**.

[432] Stattgabe = Genehmigung der eingereichten Fassung; Amt ist nicht zu Änderungen berechtigt.

[433] Wurden Mängel daraufhin nicht beseitigt und/oder neue Mängel geschaffen ergeht erneute R.95(2)-Mitt., gefolgt von Zurückweisung des Antrages; keine weiteren Änderungen erlaubt; MV muss stattgegeben werden, auch da ist bei bereits einmaliger Änderung keine erneute Änderung mögl.; **Einwendung Dritter**: kein Grund für weitere Änderungen durch Antragssteller [D-X,4.5].

[434] Erklärt PI im Einspruchs(beschwerde)verfahren, dass er Aufrechterhaltung des Patents in der erteilten Fassung nicht zustimme und keine geänderte Fassung vorlegen werde, so ist das Patent zu widerrufen keine geänderte [T73/84, T157/85, ABl.1985, 241].

Beschränkungs-/ Widerspruchsverfahren

Entscheidung

Prüfungsabteilung, **R.91** iVm **Art.18(2)**
D-X,3 und 4

	Antrag	Voraussetzung	Norm	zu erbringende Handlung	Frist	Nachfrist	Rechtsfolge	Wirkung	Rechtsbehelf
163	**Widerrufverfahren** D-X,3	zulässiger Antrag	**Art.105b(2), R.95(1)**	--	--	--	Widerruf des Patentes mit Wirkung ab Hinweis im EP-Patentblatt UND Mitt. an Anmelder	*ex tunc* [435] gültig in allen VStaaten **Art.68** iVm **105b(3)**	
164	**Beschränkungsverfahren** D-X,5	R.95(3)-Mitt.	**Art.105b(2), R.95(3)**	1) Zahlung Veröffentlichungsgebühr [**80 €**] R.95(3), Art.2(1) Nr.8 GebO UND 2) Übersetzung beschränkter Ansprüche in alle Amtssprachen 3) formal korekte, wörtliche Reproduktion geänderter Textstellen	**3 M** ab Mitt. +10Tage	**2 M** +Zuschlag [**130 €**] **R.82(3) S.1** iVm Art.2(1) Nr. 9 GebO	**+** Beschränkung des Patentes mit Wirkung ab Hinweis im EP-Patentblatt **Art.105b(2)** UND Veröff. [436] beschränkter Fassung der Beschreibung, Zeichnungen in Verfahrenssprache UND Ansprüche in allen drei EPA-Amtssprachen **Art.105c, R.96, Art.14(6)** UND Übermittlung der Patenturkunde an alle Anmelder R.96 S.2 iVm R.74, ABl.2013,416; C-V,12 **−** Antrag wird zurückgewiesen **Art.105b(2) S.2, R.95(4)**	*Ex tunc* [435] gültig für alle beantragten VStaaten **Art.68** iVm **105b(3)**	**WE (+)**, **Beschwerde (+)**

Unterschiedliche Anspruchssätze für verschiedene VStaaten

		Voraussetzung	Rechtsnorm	Handlung	bei Versäumnis	Rechtsfolge
165	**Beschränkung die zu unterschiedlichen Ansprüchen für verschiedene VStaaten führt** D-X,10.1	Auffinden und/oder Mitteilung über neuer älterer nat. Rechte bedingt nach **Art.54(3)**	**Art.105b(3)** iVm **R.138**	Einreichung unterschiedlicher Anspruchssätze UND Mitteilung an das EPA über das Bestehen älterer nationaler Rechte	Antrag ist zurückzuweisen **Art.105b(2) S.2**	unterschiedliche Ansprüche für verschiedene Vertragsstaaten
166	**Unterschiede bei den für verschiedene VStaaten erteilten Patentansprüchen** D-X,10.2	Beschränkungsverfahren liegen unterschiedliche Patentansprüche für verschiedene Vertragsstaaten zugrunde, wg. Bestehen älterer nationaler Rechte [**Art.54(3)**] ODER teilweisen Rechtsübergang [**Art.61**]		Änderungen		

---

[435] rückwirkend erlöschen Verbietungsrechte aus Patent [**Art.64**] und vorläufiger Schutz aus Patentanmeldung [**Art.67**].

[436] nur in elektronischer Form [R.96 iVm R.73(2) iVm BdP ABl.2007S3,D3, ABl.2005,126]; Veröff. ePa/EP-Patent immer mittwochs 14:00 MEZ [https://data.epo.org/publication-server/] – fällt Veröff. auf Mittwoch, dann erfolgt diese **1 W** später.

EPÜ 2000

Artikel 106 [118],[119]
Beschwerdefähige Entscheidungen

(1) Die Entscheidungen der Eingangsstelle, der Prüfungsabteilungen, der Einspruchsabteilung und der Rechtsabteilung sind mit der Beschwerde anfechtbar. Die Beschwerde hat aufschiebende Wirkung.

(2) Eine Entscheidung, die ein Verfahren gegenüber einem Beteiligten nicht abschließt, ist nur zusammen mit der Endentscheidung anfechtbar, sofern nicht in der Entscheidung die gesonderte Beschwerde zugelassen ist.

(3) Das Recht, Beschwerde gegen Entscheidungen über die Kostenverteilung oder Kostenfestsetzung im Einspruchsverfahren einzulegen, kann in der Ausführungsordnung eingeschränkt werden.

[118] Geändert durch die Akte zur Revision des EPÜ vom 29.11.2000.
[119] Siehe hierzu Entscheidungen/Stellungnahmen der GBK G 1/90, G 1/99, G 1/02, G 3/03 (Anhang I).

Artikel 109 [123]
Abhilfe

(1) Erachtet das Organ, dessen Entscheidung angefochten wird, die Beschwerde für zulässig und begründet, so hat es ihr abzuhelfen. Dies gilt nicht, wenn dem Beschwerdeführer ein anderer an dem Verfahren Beteiligter gegenübersteht.

(2) Wird der Beschwerde innerhalb von drei Monaten nach Eingang der Begründung nicht abgeholfen, so ist sie unverzüglich ohne sachliche Stellungnahme der Beschwerdekammer vorzulegen.

[123] Siehe hierzu Entscheidungen der GBK G3/03 (Anhang I).

Artikel 111 [126]
Entscheidung über die Beschwerde

(1) Nach der Prüfung, ob die Beschwerde begründet ist, entscheidet die Beschwerdekammer über die Beschwerde. Die Beschwerdekammer wird entweder im Rahmen der Zuständigkeit des Organs tätig, das die angefochtene Entscheidung erlassen hat, oder verweist die Angelegenheit zur weiteren Entscheidung an dieses Organ zurück.

(2) Verweist die Beschwerdekammer die Angelegenheit zur weiteren Entscheidung an das Organ zurück, das die angefochtene Entscheidung erlassen hat, so ist dieses Organ durch die rechtliche Beurteilung der Beschwerdekammer, die der Entscheidung zugrunde gelegt ist, gebunden, soweit der Tatbestand derselbe ist. Ist die angefochtene Entscheidung von der Eingangsstelle erlassen worden, so ist die Prüfungsabteilung ebenfalls an die rechtliche Beurteilung der Beschwerdekammer gebunden.

[126] Siehe hierzu Entscheidungen der GBK G9/92, G10/93, G3/03 (Anhang I).

Rechtsprechung

G1/95 Ist der Einspruch gegen ein Patent aufgrund der in Art.100a) genannten Einspruchsgründe eingelegt, aber nur mit mangelnder Neuheit und erfinderischer Tätigkeit substantiiert worden, so gilt der Einwand, daß der Gegenstand nach Art.52(1) und (2) nicht patentfähig ist, als neuer Einspruchsgrund und darf nicht ohne das Einverständnis des Patentinhabers in das Beschwerdeverfahren eingeführt werden.

G7/95 Ist gegen ein Patent gemäß Art.100a) mit der Begründung Einspruch eingelegt worden, daß die Patentansprüche gegenüber dem in der Einspruchsschrift angeführten Entgegenhaltungen keine erfinderische Tätigkeit aufweisen, so gilt ein auf die Art.52(1) und 54 gestützter Einwand wegen mangelnder Neuheit als neuer Einspruchsgrund und darf daher nicht ohne das Einverständnis des PI in das Beschwerdeverfahren eingeführt werden. Die Behauptung, daß die nächstliegende Entgegenhaltung für die Patentansprüche neuheitsschädlich ist, kann jedoch bei der Entscheidung über den Einspruchsgrund der mangelnden erfinderischen Tätigkeit geprüft werden.

T26/88 1. Wird die Frist zur Erfüllung der Anforderungen des Art.102(4),(5) nicht eingehalten, so wird das Patent sofort bei Ablauf der Frist von Rechts wegen automatisch widerrufen; für den Eintritt des Widerrufs bedarf es keiner Entscheidung.
2. Ein nach Ablauf dieser Frist ausgestelltes Schriftstück, in dem der Widerruf des Patents festgestellt wird, ist in diesem Zusammenhang nicht als Entscheidung im Sinne des Art.106(1) anzusehen, sondern als Mitteilung über den bereits eingetretenen Widerruf des Patents. Ein solches Schriftstück ist nicht beschwerdefähig.

T222/851. Eine Mitteilung nach R.57(1), dass der Einspruch zulässig ist, ist keine Entscheidung der Einspruchsabteilung; die Absendung einer solchen Mitteilung steht einer späteren Verwerfung des Einspruchs als unzulässig nach R.56(1) nicht entgegen, etwa wenn die Zulässigkeit vom Patentinhaber im Einspruchsverfahren angefochten wird.
2. Das Erfordernis nach R.55(c), dass die Einspruchsschrift unter anderem "die Angabe der zur Begründung vorgebrachten Tatsachen und Beweismittel" enthalten muss, ist nur erfüllt, wenn wenn sie vom Inhalt her geeignet ist, das Vorbringen des Einsprechenden objektiv verständlich zu machen.

T274/971. Wird ein Einspruchsgrund in der Einspruchsschrift substantiiert, aber anschließend im Verfahren vor der Einspruchsabteilung nicht aufrechterhalten (hier: Abgabe einer diesbezüglichen Erklärung des Einsprechenden in der mündlichen Verhandlung), so ist die Einspruchsabteilung nicht verpflichtet, diesen Einspruchsgrund weiter zu prüfen oder auf ihn in ihrer Entscheidung einzugehen, sofern er nicht so relevant ist, daß er der Aufrechterhaltung des Patents wahrscheinlich entgegensteht (im Anschluß an G 10/91).
2. Ein Einspruchsgrund, der in der Einspruchsschrift substantiiert, aber anschließend vor der Einspruchsabteilung nicht aufrechterhalten wird, ist für den Fall, daß er im Beschwerdeverfahren wiedereingeführt werden soll, kein "neuer Einspruchsgrund" im Sinne der Stellungnahme G 10/91 und kann folglich in Ausübung des Ermessens der BK ohne das Einverständnis des PI in das Beschwerdeverfahren wiedereingeführt werden.

G5/91 1. Obwohl sich Art.24 nur auf die Mitglieder der BK und der GBK bezieht, gilt das Gebot der Unparteilichkeit grundsätzlich auch für Bedienstete der erstinstanzlichen Organe des EPA, die an Entscheidungen mitwirken, die die Rechte eines Beteiligten berühren.
2. Im EPÜ gibt es keine Rechtsgrundlage für eine gesonderte Beschwerde gegen die Entscheidung ines Direktors eines erstinstanzlichen Organs wie z. B. einer Einspruchsabteilung, mit der die Ablehnung eines Mitglieds dieses Organs wegen Besorgnis der Befangenheit zurückgewiesen wird. Die Zusammensetzung der Einspruchsabteilung kann jedoch mit dieser Begründung im Wege einer Beschwerde gegen deren Endentscheidung oder gegen eine Zwischenentscheidung, in der nach Art. 106(3) die gesonderte Beschwerde zugelassen ist, angefochten werden.

G9/91 Die Befugnis einer Einspruchsabteilung oder einer BK, gemäß den Art.101 und 102 zu prüfen und zu entscheiden, ob ein europäisches Patent aufrechterhalten werden soll, hängt von dem Umfang ab, in dem gemäß R.55c) in der Einspruchsschrift gegen das Patent Einspruch eingelegt wird. Allerdings können Ansprüche, die von einem im Einspruchs- oder Beschwerdeverfahren vernichteten unabhängigen Anspruch abhängig sind, auch dann auf die Patentierbarkeit ihres Gegenstands geprüft werden, wenn dieser nicht ausdrücklich angefochten worden ist, sofern ihre Gültigkeit durch das bereits vorliegende Informationsmaterial prima facie in Frage gestellt wird.

G10/91 1. Eine Einspruchsabteilung oder eine BK ist nicht verpflichtet, über die in der Erklärung gemäß R.55c) angegebenen Einspruchsgründe hinaus alle in Art.100 genannten Einspruchsgründe zu überprüfen.
2. Grundsätzlich prüft die Einspruchsabteilung nur diejenigen Einspruchsgründe, die gemäß Art.99(1) in Verbindung mit R.55c) ordnungsgemäß vorgebracht und begründet worden sind. Ausnahmsweise kann die Einspruchsabteilung in Anwendung des Art.114(1) auch andere Einspruchsgründe prüfen, die prima facie der Aufrechterhaltung des europäischen Patents ganz oder teilweise entgegenzustehen scheinen.
3. Im Beschwerdeverfahren dürfen neue Einspruchsgründe nur mit dem Einverständnis des PI geprüft werden.

G4/93 I. Ist PI alleiniger Beschwerdeführer gegen Zwischenentscheidung über die Aufrechterhaltung des Patents in geändertem Umfang, so hat die BK weder Beschwerdeführer noch der nicht beschwerdeführende Einsprechende als Beteiligter nach Art.107 S.2 Fassung des Patents gemäß Zwischenentscheidung in Frage stellen.
II. Ist Einsprechender alleiniger Beschwerdeführer gegen Zwischenentscheidung über Aufrechterhaltung des Patents in geändertem Umfang, so ist PI darauf beschränkt, das Patent in der Fassung zu verteidigen. Änderungen, die PI als Beteiligter nach Art.107 S.2 vorschlägt, können von der Beschwerdekammer abgelehnt werden [...].

G10/93 In einem Verfahren über die Beschwerde gegen Entscheidung einer Prüfungsabteilung, mit der eine ePa zurückgewiesen worden ist, hat die BK die Befugnis zu überprüfen, ob die Anmeldung und die Erfindung, die sie zum Gegenstand hat, den Erfordernissen des EPÜ genügen. Dies gilt auch für Erfordernisse, die die Prüfungsabteilung im Prüfungsverfahren nicht in Betracht gezogen oder als erfüllt angesehen hat. Besteht Anlaß zur Annahme, daß ein solches Patentierungserfordernis nicht erfüllt sein könnte, so bezieht die BK diesen Grund in das Verfahren ein.

Beschwerde

Art.106 bis Art.112a iVm R.97 bis 103, E-XII

167 Beim Beschwerdeverfahren wird grundsätzlich zwischen einem **einseitigen** (*ex-parte*) und einem **zweiseitigen** (*inter-partes*) Beschwerdeverfahren unterschieden. Die Beschwerde dient der Feststellung, ob die Entscheidung des erstinstanzlichen Organs sachlich richtig war [T26/88]. Die Beschwerde hat aufschiebende Wirkung (**Suspensiveffekt**), d.h. der Eintritt der formellen Rechtskraft einer Entscheidung wird gehindert und die Entscheidung auf Grund derer Beschwerde eingelegt wurde, darf bis zur Beendigung der Beschwerde nicht vollzogen werden [**Art.106(1) S.2**, E-XII,1, RBK V.A.4].[437]

	Einseitiges Beschwerdeverfahren (ex parte) [RBK V.A.4.2.2]	Zweiseitiges Beschwerdeverfahren (inter partes) [RBK V.A.4.2.2]	Beispiele für **nicht beschwerdefähige Entscheidungen**
168 **Verfahrensgrundsätze**	<ul><li>Devolutiveffekt [RBK V.A.1.4]</li><li>Suspensiveffekt (Aufschiebende Wirkung) [**Art.106(1) S.2**]</li><li>Recht und Pflicht zur Abhilfe durch erstinstanzliches Organ, wenn Beschwerde zulässig und begründet ist [**Art.109(1)**]</li><li>Schlechterstellung des Beschwerdeführers ist möglich [G10/93]</li></ul>	<ul><li>Devolutiveffekt [RBK V.A.1.4]</li><li>Suspensiveffekt (Aufschiebende Wirkung) [**Art.106(1) S.2**]</li><li>Relevanzprüfung im Einspruchsbeschwerdeverfahren [G9/91; G10/91]</li><li>Verbot der reformatio in peius verhindert eine Schlechterstellung des einzigen Beschwerdeführers [G9/92; G4/93]</li><li>Mehrere Beschwerden gegen dieselbe Entscheidung werden in einem Verfahren behandelte [**Art.10(1)VOBK**]</li></ul>	<ul><li>R.112(1)-Mitt. [J13/83]; liegt ausschließlich R.112(1)-Rechtsverlust-Mitt. vor, muss zunächst Entscheidung nach R.112(2) beantragt werden [**Rn. DI-249**].</li><li>Prüfungsbescheide nach Art.94(3), R.71(2) [T5/81]</li><li>R.71(3)-Mitt. [T1182/04]</li><li>Ablehnung eines Fristverlängerungsgesuchs [J37/89]</li><li>Auff. zur Mängelbeseitigung beim Einspruch, **R.79(1)** [T222/85]</li><li>Zurückweisung eines Antrags auf Befangenheit, **Art.24(3)** [G5/91]</li><li>Niederschrift der MV [R.124, T838/92] oder eine von Amts wegen berichtigte Niederschrift der MV [T231/99]</li><li>Entscheidung der BK</li></ul>
169 **Beschwerdeberechtigter**	<ul><li>beschwerter Verfahrensbeteiligte</li></ul>	<ul><li>Hauptbeteiligte (PI oder Einsprechender)</li><li>dem Verfahren Beigetretener</li><li>Gesamt-/Sonderrechtsnachfolger</li></ul>	
170 **neue Tatsachen/Beweismittel**	neue Tatsachen mögl., auch Einwendungen Dritter [T667/92]	Grundsatz des erstinstanzlichen Vorbringens [G10/91]: keine neuen Beweismittel in Beschwerde (nur Überprüfung erster Instanz) **Ausnahme:** wenn *prima facie* relevant und mit Zustimmung des PI [G1/95; G7/95]. Keine neuen Tatsachen sind im Einspruch fallengelassene Einspruchsgründe, die in Beschwerde weitergeführt werden [T274/95].	
171 **Zurückverweisung**	im Ermessen der Beschwerdekammer [**Art.111(1) S.2, Alt.2**]	Bindungswirkung: bei Zurückverwisung nur im individuellen Fall [J27/94]	

---

[437] z.B.: Hinweis auf Erteilung des EP-Patents unterbleibt, wenn keine Zustimmung zu R.71(3)-Mitt., aber EP-Patent dennoch in dieser Fassung erteilt [J28/94].

EPÜ 2000

Artikel 107[120]
Beschwerdeberechtigte und Verfahrensbeteiligte

Jeder Verfahrensbeteiligte, der durch eine Entscheidung beschwert ist, kann Beschwerde einlegen. Die übrigen Verfahrensbeteiligten sind am Beschwerdeverfahren beteiligt.

[120] Siehe hierzu Entscheidungen der GBK G1/88, G2/91, G4/91, G9/92, G1/99, G3/99, G3/03, G2/04, G3/04, G1/12 (Anhang I).

Artikel 108[121],[122]
Frist und Form

Die Beschwerde ist nach Zustellung der Entscheidung innerhalb von zwei Monaten nach Zustellung der Entscheidung beim Europäischen Patentamt einzulegen. Die Beschwerde gilt erst als eingelegt, wenn die Beschwerdegebühr entrichtet worden ist. Innerhalb von vier Monaten nach Zustellung der Entscheidung ist die Beschwerde nach Maßgabe der Ausführungsordnung zu begründen.

[121] Geändert durch die Akte zur Revision des EPÜ vom 29.11.2000.
[122] Siehe hierzu Entscheidungen der GBK G1/86, G2/97, G1/99, G3/03, G2/04, G3/04, G1/12 (Anhang I).

Regel 97[111]
Beschwerde gegen Kostenverteilung und Kostenfestsetzung

(1) Die Verteilung der Kosten des Einspruchsverfahrens kann nicht einziger Gegenstand einer Beschwerde sein.

(2) Eine Entscheidung über die Festsetzung des Betrags der Kosten des Einspruchsverfahrens ist mit der Beschwerde nur anfechtbar, wenn der Betrag den der Beschwerdegebühr übersteigt.

[111] Siehe hierzu Entscheidungen der GBK G3/03 (Anhang I).

Regel 99[112]
Inhalt der Beschwerdeschrift und der Beschwerdebegründung

(1) Die Beschwerdeschrift muss enthalten:
a) den Namen und die Anschrift des Beschwerdeführers nach Maßgabe der R.41(2) c);
b) die Angabe der angefochtenen Entscheidung und
c) einen Antrag, in dem der Beschwerdegegenstand festgelegt wird.

(2) In der Beschwerdebegründung hat der Beschwerdeführer darzulegen, aus welchen Gründen die angefochtene Entscheidung aufzuheben ist oder in welchem Umfang sie abzuändern ist und auf welche Tatsachen und Beweismittel er seine Beschwerde stützt.

(3) Die Vorschriften des Dritten Teils der Ausführungsordnung sind auf die Beschwerdebegründung, die Beschwerdeschrift und die im Beschwerdeverfahren eingereichten Unterlagen entsprechend anzuwenden.

[112] Siehe hierzu Entscheidungen der GBK G9/92, G1/99, G1/12 (Anhang I).

Regel 10[115]
Verwerfung der Beschwerde als unzulässig

(1) Entspricht die Beschwerde nicht den Art.106 bis 108, R.97 oder R.99(1) b) oder c) oder (2), so verwirft die Beschwerdekammer sie als unzulässig, sofern die Mängel nicht vor Ablauf der Fristen nach Art.108 beseitigt worden sind.

(2) Stellt die Beschwerdekammer fest, dass die Beschwerde R.99(1) a) nicht entspricht, so teilt sie dies dem Beschwerdeführer mit & fordert ihn auf, innerhalb einer zu bestimmenden Frist die festgestellten Mängel zu beseitigen. Werden diese nicht rechtzeitig beseitigt, so verwirft die B.kammer die Beschwerde als unzulässig.

[115] Siehe hierzu Entscheidungen der GBK G 9/92, G 2/04, G1/12 (Anhang I).

Regel 103[120],[121]
Rückzahlung der Beschwerdegebühr

(1) Die Beschwerdegebühr wird in voller Höhe zurückgezahlt, wenn
a) der Beschwerde abgeholfen oder ihr durch die B.kammer stattgegeben wird & die Rückzahlung wegen eines wesentlichen Verfahrensmangels der Billigkeit entspricht,
b) die Beschwerde vor Einreichung der Beschwerdebegründung und vor Ablauf der Frist für deren Einreichung zurückgenommen wird.

(2) Die B.geb. wird in Höhe von 75 % zurückgezahlt, wenn die Beschwerde in Erwiderung auf eine Mitt. der B.kammer, durch die sie beabsichtigt, die inhaltliche Prüfung der Beschwerde aufzunehmen, innerhalb von 2M ab Zustellung dieser Mitt. zurückgenommen wird.

(3) Die B.gebühr wird in Höhe von 50 % zurückgezahlt, wenn die B. nach Ablauf der Frist nach 1b) zurückgenommen wird, vorausgesetzt, die Rücknahme erfolgt:
a) falls ein Termin für eine MV anberaumt wurde, innerhalb 1M ab Zustellung einer von der Beschwerdekammer zur Vorbereitung dieser MV erlassenen Mitteilung,
b) falls kein Termin für eine MV anberaumt wurde & die B.kammer den Beschwerdeführer zur Einreichung einer Stellungnahme aufgefordert hat, vor Ablauf der Frist zur Einreichung der Stellungnahme gesetzten Frist,
c) in allen anderen Fällen vor Erlass der Entscheidung.

(4) Die Beschwerdegebühr wird in Höhe von 25 % zurückgezahlt, wenn
a) die Beschwerde nach Ablauf der Frist nach 3a), aber vor Verkündung der Entscheidung in der MV zurückgenommen wird,
b) die Beschwerde nach Ablauf der Frist nach 3b), aber vor Erlass der Entscheidung zurückgenommen wird,
c) ein ... Antrag auf MV innerhalb 1M ab Zustellung einer von der B.kammer zur Vorbereitung der MV erlassenen Mitt. zurückgenommen wird & keine MV stattfindet.

[120] Siehe hierzu Entscheidung der GBK G3/03 (Anhang I).
[121] Geändert durch BdV CA/D 14/19 vom 12.12.2019 (ABl.2020,A5), in Kraft getreten am 01.04.2020.

Rechtsprechung

G1/86 Der Grundsatz von Treu und Glauben verpflichtet die BK nicht dazu, einen Beschwerdeführer auch dann darauf aufmerksam zu machen, daß eine Beschwerdegebühr noch aussteht, wenn er die Gebühr noch rechtzeitig entrichten könnte, und weder der Beschwerdeschrift noch irgendeinem anderen auf die Beschwerde bezüglichen Dokument zu entnehmen ist, daß die Frist für die Entrichtung der Gebühr ohne eine solche Mitteilung versehentlich versäumen würde.

G2/97 Art.122 ist nicht so auszulegen, daß er nur auf den Patentanmelder und den PI anzuwenden ist. Ein Beschwerdeführer, der Einsprechender ist, kann nach Art.122 wieder in den vorigen Stand Eingesetzt werden, wenn er die Frist zur Einreichung der Beschwerdebegründung versäumt hat.

T41/82 1. Die einschränkende Formulierung der R.67 ist eindeutig unvereinbar mit der Ansicht, es liege weitgehend im Ermessen der Beschwerdekammer, die Rückzahlung der Beschwerdegebühr anzuordnen.
2. Ist eine Beschwerde zurückgenommen worden, so kann die betreffende Beschwerdekammer in Ausübung ihrer ursprünglichen Zuständigkeit an sie gerichtete Anträge zu Fragen prüfen, die sich aus oder im Zusammenhang mit dem vorausgegangenen Beschwerdeverfahren ergeben.

T389/86 Eine Beschwerde, die nach Verkündung einer Entscheidung in einer mündlichen Verhandlung, aber vor Zustellung der schriftlich begründeten Entscheidung eingelegt wird, wahrt die Frist nach Art.108 S.1.

T212/88 1. Eine Entscheidung kann von der Stelle, die sie erlassen hat, nicht aufgehoben, sondern nur nach R.89 EPÜ berichtigt werden.
2. Die Berichtigung eines Fehlers in einer Entscheidung nach R.89 ist rückwirkend.
3. Alle Anträge von Beteiligten, einschließlich eines etwaigen Antrags auf Kostenverteilung, sind vor der Verkündung der Entscheidung am Ende der mündlichen Verhandlung zu stellen.

T210/89 1. Ein Einsprechender (Beschwerdeführer), der seine Wiedereinsetzung in den vorigen Stand nach Art.122(1) beantragt, kann sich nicht (in Anwendung des Art.125) auf den Grundsatz der "Gleichheit aller vor dem Gesetz" berufen, wenn aus verfahrensrechtlichen Gründen keine Beschwerde vorliegt; anders gelagert ist die Sache G1/86 (ABl.1987, 447). Ein Anspruch auf Wiedereinsetzung in den vorigen Stand nach Art.122(1) besteht nicht, wenn die Frist für die Einlegung einer Beschwerde (Art.108 S.1) versäumt wird.
2. Bei einem solchen Einsprechenden/Beschwerdeführer ist eine andere Rechtslage als bei demjenigen gegeben, dessen Beschwerde zwar vorliegt, dessen Beschwerdebegründung aber erst nach Ablauf der Frist eingereicht wird; vgl. G 1/86
3. Änderungen der Regeln des EPÜ gelten nicht rückwirkend (Grundsatz der Rechtssicherheit).
4. Ist die vom Präsidenten des EPA in seinem Beschluß (ABl. EPA 1987, 323*) gemäß R.36(5) festgesetzte Frist von zwei Wochen nicht eingehalten worden, so gilt die Beschwerde als nicht eingegangen.

T624/00 I. Einem Antrag auf Berichtigung einer beim EPA eingereichten Unterlage gemäß R.88 sollte in der Regel nicht stattgegeben werden, wenn die Berichtigung eine materielle Verletzung von Grundsätzen zur Folge hätte, die das grundlegende Rechtsgut der Rechtssicherheit im Verfahren verkörpern. Einer dieser Grundsätze besagt, daß ein zuständiges erstinstanzliches Organ des EPA nach Art.113(2) befugt ist, eine Entscheidung zu treffen, die das erstinstanzliche Verfahren auf der Grundlage der mutmaßlichen Schlußanträge der Beteiligten beendet; einem weiteren derartigen Anträge zufolge gilt ein Beteiligter durch eine solche Entscheidung, mit der seinem Schlußantrag stattgegeben wird, nicht als beschwert iSd Art.107. [...]

Beschwerde

Beschwerde - Antrag (formelle Erfordernisse)

Beschwerdekammer, R.21(1)
Art.106 bis 108 iVm R.97 oder 99, E-XII

		Norm	Erfordernis	Frist	Rechtsfolge	Rechtsbehelf
172	**Voraussetzungen**		beschwerdefähige Endentscheidung [438] der Eingangsstelle, Prüfungsabteilung, Einspruchsabteilung, Rechtsabteilung **Art.106(1)** ODER beschwerdefähige Zwischenentscheidung [439] **Art.106(2)**		− Beschwerde wird als unzulässig verworfen (Beschwerdegebühr wird nicht zurückgezahlt) T445/98	R.101(1)
173	**Antragsteller**		jeder beschwerte Verfahrensbeteiligte [441] **Art.107**, E-XII,5		--	
174	**Anmeldeamt**		beim EPA (nur München, Den Haag, Berlin) **R.99(3)** iVm **R.35(1)**	2 M nach Zustellung der begründeten Entscheidung+10Tage [440]	+ Beschwerdeführer hat selbstständige Beteiligtenstellung **und** übrige Beteiligte der Vorinstanz sind am Verfahren nur unselbstständig beteiligt [442], **Art.107 S.2**	
175	**Art der Einreichung**	R.2(1)	in Papierform per Post/Fax oder Online R.2(1), ABl.2007S3,7 bzw ABl.2021,A42	**Art.108 S.1**, G1/09 ABER		
176	**Erfordernisse** [443]		1) **Beschwerdeschrift** muss enthalten: a) Identität Beschwerdeführers → bei Mängeln R.101(2)-Auff. [Berichtigung der vollst. Identität mittels R.139 zulässig: G1/12] b) Angaben zur angefochtenen Entscheidung **R.99(1)** c) Antrag mit Beschwerdegegenstand	bei MV direkt ab Verkündung der Entscheidung mögl. T389/86	− Entspricht Beschwerde nicht Erfordernissen von **Art.106-108**, **R.97** ODER **R.99**, so verwirft Beschwerdekammer diese als **unzulässig** **R.101(1)** ggf. gezahlte Beschwerdegebühr zurückerstattet T41/82	WB (−); **WE (+)** nur für Anmelder/PI nicht Einsprechender T210/89
		Art.108 iVm R.99	2) **Beschwerdegebühr** [nat. Person: **2015€**; jur. Person: **2785€**] [445]		− Beschwerde gilt als nicht eingelegt und R.112(1)-Mitt. **Art.108 S.2** ggf. verspätet gezahlte Beschwerdegebühr wird zurückerstattet J2/78; J21/80; 24/87	
			Art.108 S.2 iVm Art.2(1) Nr.11 GebO			
			3) **Begründung** unter Angabe von: a) Aufhebungsgründen oder b) Abänderungsumfang c) Tatsachen und Beweismittel [446]	4 M nach Zustellung der angefochtenen Entscheidung+10Tage **Art.108 S.3**	− Beschwerde als unzulässig verworfen (Beschwerdegebühr wird nicht zurückgezahlt, T13/82, T89/84) **R.101(1)** **Art.108 S.3**	**WE (+)** für Anmelder/PI und Einsprechenden [G1/86]
177	**Sprache**	Art.14(3) iVm R.3(1)	jede Amtssprache (ausgenommen Änderungen) R.3(1)	ggf. Übersetzung in Amtssprache binnen 1 M nach ET Art.14(4), R.6(2)	− Beschwerde gilt als nicht eingelegt (Rückerstattung Beschwerdegebühr, T323/87) Art.14(4)	

[438] **Ausgenommen:** [1] Mitt. der Recherchenabteilung, [2] bloße Mitt. des EPA ODER [3] Kostenfestsetzung im Einspruch [Art.106, R.97(2)]; **Kostenverteilung** kann nicht einziger Beschwerdegegenstand sein [Art.106, R.97(1)].

[439] **Voraussetzung:** [1] gesonderte Beschwerde zugelassen (z.B. Zwischenentscheidung über Anerkennung Priorechts; Zulässigkeit Einspruch/Beschwerde [T10/82]; Aufrechterhaltung in geändertem Umfang [R.106(2), T247/85]) [Art.101(3)] UND [2] erste Zwischenentscheidung muss zusammen mit zweiter anfechtbar sein [T857/06].

[440] **Berichtigung Entscheidung** [R.140]: Wirkung ex tunc, d.h. Datum der Entscheidung bleibt erhalten und bewirkt keine Verschiebung Beschwerdefrist [T212/88].

[441] **Ausgenommen:** Verfahrensbeteiligter: Hauptantrag oder vorausgehende Hilfsanträge zurück und ist somit mit stattgegebenen Hilfsantrag einverstanden [T506/91; T824/00]; **Zustimmung** des Anmelders auf **R.71(3)**-Mitt. ist dieser nicht beschwert; **Einwendungen Dritter:** ein Dritter, der Einwendungen gem. **Art.115** erhebt, ist am vorinstanzlichen Verfahren nicht beteiligt.

[442] andere Beteiligte der Vorinstanz sind nur unselbstständig beteiligt, wenn sie keine Beschwerde einreichen (d.h. [1] kein Recht auf Verfahrensfortführung, wenn einziger Beschwerdeführer Beschwerde zurücknimmt [G2/91] UND [2] ist darauf beschränkt, die Entscheidung in der Fassung zu verteidigen, die die Abteilung erlassen hat [G9/92, G4/93].

[443] Beschwerdeschrift und Begründung müssen vom selben Verfahrensbeteiligten stammen [T298/97].

[444] bei Fehlen keine Hinweispflicht der Kammer [G2/97]. **Rückzahlung:** 100% bei [1] [Abhilfe ODER Stattgabe] UND wesentlicher Verfahrensmangel (d.h. Unbilligkeit, insbesondere wenn in der Entscheidung wesentliche Tatsachen oder Beweismittel unberücksichtigt blieben) [R.103(1)a)] oder [2] Zurücknahme Beschwerde vor Einreichung Beschwerdebegründung [R.103(1)b] ODER 50% bei Zurücknahme Beschwerde nach 4M-Frist für Beschwerdebegründung [R.103(2)]; **Achtung:** Gilt Beschwerde als nicht eingelegt, wird entrichtete Gebühr zurückgezahlt, erfolgt keine Rückzahlung [T15/01].

[445] **Ermäßigung:** [1] nat. Personen, [2] kleinen und mittleren Unternehmen, Organisationen ohne Gewinnerzielungsabsicht, Hochschulen und öffentlichen Forschungseinrichtungen auf **1950 €** [ABl.2018,A5].

[446] neue Tatsachen/Beweismittel nur zulässig, wenn [1] prima facie relevant und [2] im inter partes Verfahren mit Zustimmung des PI - Grundsatz des erstinstanzlichen Vorbringens [G10/91].

EPÜ 2000

Artikel 110[124],[125]
Prüfung der Beschwerde

Ist die Beschwerde zulässig, so prüft die Beschwerdekammer, ob die Beschwerde begründet ist. Die Prüfung der Beschwerde ist nach Maßgabe der Ausführungsordnung durchzuführen.

[124] Geändert durch die Akte zur Revision des EPÜ vom 29.11.2000.
[125] Siehe hierzu Entscheidungen/Stellungnahmen der GBK G 9/91, G 10/91, G 10/93, G 3/99 (Anhang I).

EPÜAO

Regel 98
Verzicht oder Erlöschen des Patents

Beschwerde gegen die Entscheidung einer Einspruchsabteilung kann auch eingelegt werden, wenn in allen benannten Vertragsstaaten auf das europäische Patent verzichtet worden ist oder das europäische Patent in allen diesen Staaten erloschen ist.

Regel 100[113]
Prüfung der Beschwerde

(1)[114] Die Vorschriften für das Verfahren vor dem Organ, das die mit der Beschwerde angefochtene Entscheidung erlassen hat, sind im Beschwerdeverfahren anzuwenden, sofern nichts anderes bestimmt ist.

(2) Bei der Prüfung der Beschwerde fordert die Beschwerdekammer die Beteiligten so oft wie erforderlich auf, innerhalb einer zu bestimmenden Frist eine Stellungnahme zu Mitteilungen der Beschwerdekammer oder zu den Stellungnahmen anderer Beteiligter einzureichen.

(3) Unterläßt es der Anmelder, auf eine Aufforderung nach Absatz 2 rechtzeitig zu antworten, so gilt die europäische Patentanmeldung als zurückgenommen, es sei denn, die angefochtene Entscheidung ist von der Rechtsabteilung erlassen worden.

[113] Siehe hierzu Entscheidungen der GBK G 7/91, G 8/91, G 9/91, G 10/91, G 9/92, G 8/93, G 10/93, G 6/95, G 1/99, G 3/99 (Anhang I).
[114] Siehe hierzu die Mitteilung des Vizepräsidenten GD 3 über die Beschleunigung des Beschwerdeverfahrens (ABl. EPA 2008, 220)

Regel 102[116]
Form der Entscheidung der Beschwerdekammer

Die Entscheidung ist von den Vorsitzenden der Beschwerdekammer und dem dafür zuständigen Bediensteten der Geschäftsstelle der Beschwerdekammer durch ihre Unterschrift oder andere geeignete Mittel als authentisch zu bestätigen.[117] Die Entscheidung enthält:
a) die Feststellung, daß sie von der Beschwerdekammer erlassen worden ist;
b) den Tag, an dem die Entscheidung erlassen worden ist;
c) die Namen des Vorsitzenden und der übrigen Mitglieder der Beschwerdekammer, die bei der Entscheidung mitgewirkt haben;
d) die Bezeichnung der Beteiligten und ihrer Vertreter;
e) die Anträge der Beteiligten;
f) eine kurze Darstellung des Sachverhalts;
g) die Entscheidungsgründe;
h) die Formel der Entscheidung, gegebenenfalls einschließlich der Entscheidung über die Kosten.

[116] Siehe hierzu Entscheidung der GBK G 1/05 (Anhang I).
[117] Siehe hierzu die Mitteilung des Vizepräsidenten GD 3 (ABl. EPA 2012, 14).

Rechtsprechung

G4/91
1. Der Beitritt des vermeintlichen Patentverletzers gemäß Art. 105 zum Einspruchsverfahren setzt voraus, daß ein Einspruchsverfahren zum Zeitpunkt der Einreichung der Beitrittserklärung anhängig ist.

2. Eine Entscheidung der Einspruchsabteilung über das Einspruchsbegehren ist als endgültige Entscheidung in dem Sinn anzusehen, daß das Einspruchsverfahren nicht mehr befugt ist, ihre Entscheidung zu ändern.

3. Das Verfahren vor einer Einspruchsabteilung wird mit dem Erlaß einer solchen endgültigen Entscheidung abgeschlossen, und zwar unabhängig davon, wann diese Entscheidung rechtskräftig wird.

4. Wird nach Erlaß einer abschließenden Entscheidung durch eine Einspruchsabteilung von keinem der Beteiligten am Einspruchsverfahren Beschwerde eingelegt, so ist eine während der zweimonatigen Beschwerdefrist nach Art.108 eingereichte Beitrittserklärung wirkungslos.

G7/91
Eine Beschwerdekammer kann, soweit es die durch die angefochtene Entscheidung der ersten Instanz entschiedenen Sachfragen angeht, das Beschwerdebeschwerdeverfahren nicht fortsetzen, nachdem der einzige Beschwerdeführer, der in erster Instanz Einsprechender war, seine Beschwerde zurückgenommen hat.

G8/91
Durch die Rücknahme der Beschwerde eines einzigen Beschwerdeführers, sei es im einseitigen oder zweiseitigen Verfahren, wird das Beschwerdeverfahren beendet, soweit es die durch die angefochtene Entscheidung der ersten Instanz entschiedenen Sachfragen angeht.

G8/93
Mit dem Eingang der Erklärung der Rücknahme des Einspruchs des Einsprechenden, der einziger Beschwerdeführer ist, wird das Beschwerdeverfahren unmittelbar beendet, und zwar unabhängig davon, ob der Patentinhaber der Beendigung des Beschwerdeverfahrens zustimmt, und zwar auch dann, wenn die Beschwerdekammer der Auffassung sein sollte, daß die Voraussetzungen für eine Aufrechterhaltung des Patents nach dem EPÜ nicht erfüllt sind.

G1/94
Ein Beitritt des vermeintlichen Patentverletzers nach Art.105 ist während eines anhängigen Beschwerdeverfahrens zulässig und kann auf jeden der in Art. 100 genannten Einspruchsgründe gestützt werden.

G3/03
I. Wird einer Beschwerde gemäß Art.109(1) abgeholfen, so ist das erstinstanzliche Organ, dessen Entscheidung mit der Beschwerde angefochten wurde, nicht dafür zuständig, einen Antrag des Beschwerdeführers auf Rückzahlung der Beschwerdegebühr zurückzuweisen.

II. Die Zuständigkeit für die Entscheidung über den Antrag liegt bei der Beschwerdekammer, die nach Art.21 in der Sache für die Beschwerde zuständig gewesen wäre, wenn ihr nicht abgeholfen worden wäre.

G3/04
Nach Rücknahme der einzigen Beschwerde kann das Verfahren nicht mit einem während des Beschwerdeverfahrens Beigetretenen fortgesetzt werden.

T139/87
1. Die Beschwerde eines europäischen Patentanmelders muß als begründet iSd Art.109(1) angesehen werden, wenn gleichzeitig Änderungen zur Anmeldung eingereicht werden, die die Einwände, auf die sich die angefochtene Entscheidung stützt, eindeutig gegenstandslos machen.

2. In diesem Fall muß das Organ, das die angefochtene Entscheidung getroffen hat, (entgegen den Prüfungsrichtlinien, Teil E, XI-7) der Beschwerde abhelfen. Andere Mängel, die nicht Gegenstand der angefochtenen Entscheidung waren, stehen der Abhilfe nicht entgegen.

T629/90
Anders als im Verfahren vor der Einspruchsabteilung, wo es nach R.60(2) eine Ermessensfrage ist, ob das Verfahren nach Zurücknahme des Einspruchs fortgesetzt werden soll oder nicht, hat im Beschwerdeverfahren die Zurücknahme des Einspruchs jedenfalls dann keine unmittelbare verfahrensrechtliche Bedeutung, wenn die Einspruchsabteilung das europäische Patent widerrufen hat. Vielmehr muß in diesem Fall die Beschwerdekammer die Entscheidung der Einspruchsabteilung von Amts wegen sachlich überprüfen und kann nur dann diese Entscheidung aufheben und das Patent aufrechterhalten, wenn es den Erfordernissen des EPÜ genügt. Bei dieser Prüfung durch die Kammer können auch Beweismittel, die von einer Einsprechenden vor der Zurücknahme des Einspruchs vorgebracht worden sind, herangezogen werden.

T939/95
Gemäß Art.109(2) ist eine Beschwerde, der innerhalb eines Monats nach Eingang der Beschwerdebegründung nicht abgeholfen wird, unverzüglich ohne sachliche Stellungnahme der BK vorzulegen. Die für den Fall zuständige Instanz ist deshalb aufgrund des Art.109(2) verpflichtet, vor Ablauf der Einmonatsfrist über die Abhilfe gesondert zu entscheiden, sobald sie erkennt, daß eine Entscheidung über etwaige weitere Streitfragen, die im Zuge der Beschwerde auftreten - z. B. die Rückzahlung der Beschwerdegebühr -, innerhalb dieser Frist nicht möglich ist.

T517/97
I. Läßt sich die genaue Uhrzeit feststellen, zu der eine Erklärung über die Rücknahme der Beschwerde am Eingangstag beim EPA eingegangen ist, so wird die Rücknahme der Beschwerde der Beschwerde genau zu diesem Zeitpunkt wirksam.

II. Werden eine Erklärung über die Rücknahme und eine Beitrittserklärung an ein und demselben Tag per Telefax eingereicht, so ist der chronologischen Reihenfolge dieser beiden Ereignisse Rechnung zu tragen, um eine wirksame Beitrittserklärung vorauszusetzt, daß das Beschwerdeverfahren bei ihrer Einreichung anhängig ist.

T778/06
Mit dem Ablauf der Dreimonatsfrist nach Art.109(2) endet die Zuständigkeit des Organs der ersten Instanz, dessen Entscheidung mit der Beschwerde angefochten wird. Danach ist die Abhilfe nicht mehr möglich.

Beschwerde

Materielrechtliche Prüfung der Beschwerde

Art der Prüfung	Norm	Voraussetzung	zu erbringende Handlung	Frist	Nachfrist	Rechtsfolge	Rechtsbehelf
178 **Abhilfe** ZUSTÄNDIGKEIT: erstinstanzliches Organ, dass Entscheidung getroffen	**Art.109** iVm **R.100** E-XII, 7	i) einseitiges Verfahren (*ex-parte*) **J18/08** AUSNAHME: Einspruchsbeschwerde, wenn alle Einsprüche zurückgenommen und PI Beschwerde eingelegt E-XII,7.1 ii) zulässige UND begründete Beschwerde **Art.109(1)**	Abhilfe zwingend, wenn: mit Beschwerde gleichzeitig Änderungen eingereicht, die Einwände eindeutig gegenstandslos machen **T139/87 (ABl.1990,68)**	**3 M** nach Eingang der Beschwerdebegründung [447] **Art.109(2)**	--	**+** Organ stellt die Entscheidung richtig; Vorlage vor Beschwerdekammer unnötig **R.109(1)** UND ggf. Rückzahlung Beschwerdegebühr [448] **Art.103(1)(a), S.223** UND angefochtene Entscheidung bleibt aufrechterhalten UND sofortige Vorlage an Beschwerdekammer ohne sachliche Stellungnahme **R.109(2), T939/95**	keine **T778/06** beschwerdefähig **Art.106(1)**
179 **Zulässigkeit** ZUSTÄNDIGKEIT: Beschwerdekammer	**Art.110** iVm **R.100**	zulässiger Antrag auf Beschwerde Vergleiche Einspruch, Normen der Vorinstanz analog anwendbar [S.147]	Stellungnahme zur Mitteilung der Beschwerdekammer ODER zur Stellungnahme anderer Beteiligte - so oft wie nötig -	zu best. Frist nach Auff. +10Tage **R.100(2)**	verlängerbar **R.132(2)**	**+** Entscheidung über Beschwerde oder Zurückverweis an erstinstanzliches Organ, dass Entscheidung erlassen hat **R.111** **−** einseitiges Verfahren: bei unterlassener Stellungnahme durch Anmelder gilt ePA als zurückgenommen [449] **R. 100(3)**	**WB (+)** **WE (−)**

---

[447] danach ist Abhilfe unmöglich [T778/06].

[448] **Voraussetzungen:** [1] wesentlicher Verfahrensmangel (z.B. Wiederaufnahme der Prüfung nach Abhilfe [T142/96]) und [2] Entscheidungsorgan erachtet Rückzahlung für billig [T939/95].

[449] Ausgenommen, wenn die Entscheidung von Rechtsabteilung stammt.

Teil D I – Übersicht zum EPÜ

Beendigung der Beschwerde

	Handlung	Voraussetzung	Norm	Handlung	Frist	Rechtsfolge
180	**finale** Entscheidung	Prüfung der Beschwerde auf Grundlage der Beschwerdebegründung	Art.111(1)	Erlass einer Entscheidung mit: 1) Datum, 2) Name der Beschwerdekammermitglieder, Verfahrensbeteiligtr/Vertreter 3) Antrag der Verfahrensbeteiligten, 4) Gründe/Sachverhalt darlegen, 5) ggf. Kostenverteilung **R.102**	---	**+** Entscheidung online öffentlich einsehbar; besondere Entscheidungen im Dezemberamtsblatt veröff.
181	**Zwischenentscheidung** *Entscheidungen [450]*					
182	**Zurückverweisung** an erstinstanzliches Organ E-XII, 9.1	im Ermessen der Beschwerdekammer, mgl Gründe: • Vorbringen neuer entscheidungserheblicher Tatsachen/Beweismittel, • neuer Sachverhalt, • umfangreiche Anspruchsänderung während Beschwerde, • materiallrechtliche Verletzung im erstinstanzl. Verfahren • Vorinstanz ist Hinweispflicht nicht nachgekommen	Art.111(2) Art.11 VOBK			**+** Aufhebung vorinstanzlicher Entscheidung und Zuständigkeit an erstinstanzliches Organ verwiesen ggf. Rückerstattung der Beschwerdegebühr ACHTUNG: Bindungswirkung: nur auf individuellen Fall [J27/94]
183	**Zurücknahme** der Beschwerde [451]	anhängige Beschwerde	RBK V.A.6.3	»unterzeichnete«, »eindeutige« und vorbehaltlose Rücknahmeerklärung durch (einziger) Beschwerdeführer (Erklärung hat bindende Wirkung für Einsprechenden) **ODER** keine Teilnahme des Beschwerdeführers an MV TEILZURÜCKNAHME ist zulässig, sofern betreffender Teil auf gesonderten Punkt gerichtet J19/82	»jederzeit« während Beschwerde	**+** Beschwerdeführer verliert Status als aktiver Verfahrensbeteiligter WEITERE BESCHWERDEFÜHRER: Verfahren wird fortgesetzt G7/91; G8/91; ABl.1993, 356, 357 ALLEINIGER BESCHWERDEFÜHRER: unmittelbare Beendigung des Beschwerdeverfahrens bezüglich der Sachfragen G2/91 ggf. Beigetretener kann Beschwerde nicht weiterführen G3/04 ausstehende Entscheidungen zu Anträgen auf Kostenverteilung [Art.104, T117/86] und Rückzahlung der Beschwerdegebühr [T12/86]
184	**Zurücknahme** des Einspruchs	anhängige Beschwerde	---	»unterzeichnete«, »eindeutige« und vorbehaltlose Rücknahmeerklärung durch (einzigen) Einsprechenden	»jederzeit« während Einspruchs	EINSPRECHENDER IST (EINZIGER) BESCHWERDEFÜHRER: unmittelbare Beendigung G8/93; ABl.1994,887 EINSPRECHENDER IST BESCHWERDEGEGNER: kein Einfluss auf Beshwerde [T629/90, ABl.1992,654]

[450] **Kosten:** jeder Beteiligte trägt die ihm erwachsenen Kosten selbst [**Art.104(1)**], **aber:** Einspruchsabteilung kann andere Kostenverteilung anordnen, bspw. durch eine Beweisaufnahme, eine mündliche Verhandlung oder andere Umstände entstanden; Die Kostenverteilung wird in der Entscheidung über den Einspruch angeordnet und ist ein Teil der Hauptentscheidung.

[451] Bedingte Zurücknahme nicht mögl. [T592/02].

Beschwerde

sonstige Anträge in Beschwerde

	Antrag	Voraussetzung	Norm	Handlung	Frist	Nachfrist	Rechtsfolge	WICHTIG
185	**Beitritt** des vermeintlichen Patentverletzers D-VII,6	anhängige Einspruchsbeschwerde [452] **UND** Dritter, der nachweist, dass: a) gegen ihn Verletzungsklage anhängig (oder Zustellung einer EV) **Art.105(1)** **ODER** b) negative Feststellungsklage erhoben [T392/97] ACHTUNG: Berechtigungsanfrage oder Abmahnung sind unzureichend T195/93	**Art.105 iVm R.89** G1/94	a) »schriftlich« und »begründete« Erklärung mit Nachweis durch jeden Dritten [453]: i) Beitrittsbegründung ii) Identität des „Verletzers" iii) Patent-Nr., Name des PI und Erfindungsbezeichnung iv) „Umfang" des Einspruchs, Einspruchsgründe und Angabe Tatsachen/Beweismittel v) ggf. Angaben zum Vertreter **R.89(2) S.1** iVm **R.76, 77** G4/91 **UND** b) nur beim EPA (München, Den Haag, Berlin) [454] **Art.108 S.1** **UND** c) Einspruchsgebühr [840 €] **R.89(2) S.2**, Art.2(1) Nr.10 GebO; T27/92 **ABER** **keine** Beschwerdegebühr **Art.107 S.2** iVm **Art.108 S.2** [G3/04; T144/95]	jederzeit binnen **3 M** nach Klageerhebung solange anhängiger Beschwerde [452] **R.89(1)** **ABER** nicht während **2M**-Beschwerdefrist	keine	**+ Beitritt wirksam** **R.89** **UND** Beitritt zur Beschwerde, in dem sie sich zum Zeitpunkt des Beitritts befindet T694/01 **ABER** **unselbstständige Beteiligtenstellung** [455] **Art.117 S.2**, G3/04	Rücknahme einziger Beschwerde beendet Verfahren G3/04
186	Antrag auf **Rückzahlung der Beschwerdegebühr** [456]		**R.103**	Antrag **zusammen** mit Beschwerdeantrag G3/03, E-XII,7.3	2 M nach Zustellung der Entscheidung +10Tage	--	– Antrag wird der Beschwerdekammer nicht vorgelegt	--
187	**mündlichen Verhandlung** [407]	Beteiligtenantrag ODER Amtsermessen **Art.116(1)**	**Art.116(4)** **R.116(1)**	**Ladungsbescheid** Beschwerdekammer mit Angabe erörterungsbedürftiger Punkte **R.116(1)**	mind. **2 M**	nicht verlängerbar	Frist für Einreichung letzter Schriftsätze/Änderungen First: idR bis **1 M** vor MV **R.116(1)S.2**	im Ermessen der Beschwerdekammer
188	**Beschleunigung** der Beschwerde E-VIII,6	berechtigtes Interesse der Beteiligten oder der Kammer	ABl.2008,220	»schriftlicher« Antrag unter Beifügung relevanter Unterlagen, um Dringlichkeit zu »begründen« [457]	zu Verfahrensbeginn **ODER** während Beschwerde	--	**+** Beschwerde mit Vorrang behandelt und/oder enge Fristen bis zur Endentscheidung	im Ermessen der Beschwerdekammer

[452] wird Beitritt am selben Tag wie Beschwerderücknahme per Fax erklärt, so ist zu prüfen, welches Ereignis zuerst eingetreten ist [T517/97]. Beitritt zwischen Instanzen ist unzulässig (d.h. binnen **2M**-Beschwerdefrist).
[453] Einsprechender, der Beschwerdefrist versäumt hat, kann EBV nicht nachträglich beitreten [T1038/00].
[454] auch bei nat. Behörde einreichbar; **aber:** keine Verpflichtung zur Weiterleitung.
[455] Vorbringen neuer Einspruchsgründe zulässig, aber Beschwerderücknahme durch einzigen Beschwerdeführer beendet Beschwerde [G3/04, ABl.2006,188].
[456] **Achtung:** Der Antrag auf Rückzahlung der Beschwerdegebühr wird Beschwerdekammer **nur** vorgelegt, wenn er zusammen mit der Beschwerde eingereicht wurde [G3/03 und T21/02]. **aber** Die Beschwerdegebühr ist auch dann zurückzuzahlen, wenn der Beschwerdeführer dies nicht ausdrücklich beantragt hat [G3/03].
[457] anhängige Verletzungsklage; Lizenzverhandlungen; anderer Einspruch, dessen Ausgang von Beschwerdeentscheidung abhängig.

EPÜ 2000

Artikel 112[127]
Entscheidung oder Stellungnahme der Großen Beschwerdekammer
(1) Zur Sicherung einer einheitlichen Rechtsanwendung oder wenn sich eine Rechtsfrage von grundsätzlicher Bedeutung stellt,
a) befasst die Beschwerdekammer, bei der ein Verfahren anhängig ist, von Amts wegen oder auf Antrag eines Beteiligten die Große Beschwerdekammer, wenn sie hierzu eine Entscheidung für erforderlich hält. Weist die Beschwerdekammer den Antrag zurück, so hat sie die Zurückweisung in der Endentscheidung zu begründen;
b) kann der Präsident des EPA der GBK eine Rechtsfrage vorlegen, wenn zwei Beschwerdekammern über diese Frage voneinander abweichende Entscheidungen getroffen haben.
(2) In den Fällen des Absatzes 1 a) sind die am Beschwerdeverfahren Beteiligten am Verfahren vor der Großen Beschwerdekammer beteiligt.
(3) Die in Absatz 1 a) vorgesehene Entscheidung der Großen Beschwerdekammer ist für die Entscheidung der Beschwerdekammer über die anhängige Beschwerde bindend.

[127] Siehe hierzu Entscheidungen/Stellungnahmen der Großen Beschwerdekammer G1/86, G2/88, G4/88, G5/88, G6/88, G7/88, G8/88, G1/90, G1/92, G3/95, G6/95, G2/97, G2/98, G3/98, G4/98, G1/99, G2/99, G3/99, G1/02, G1/03, G2/03, G3/03, G1/04, G2/04, G3/04, G1/05, G2/06, G3/08, G 1/12, G 1/14 (Anhang I).

Artikel 112a[128]
Antrag auf Überprüfung durch die Große Beschwerdekammer
(1) Jeder Beteiligte an einem Beschwerdeverfahren, der durch die Entscheidung einer Beschwerdekammer beschwert ist, kann einen Antrag auf Überprüfung der Entscheidung durch die GBK stellen.
(2) Der Antrag kann nur darauf gestützt werden, dass
a) ein Mitglied der Beschwerdekammer unter Verstoß gegen Art.24(1) oder trotz einer Ausschlussentscheidung nach Art.24(4) an der Entscheidung mitgewirkt hat;
b) der BK eine Person angehörte, die nicht zum BKmitglied ernannt war;
c) ein schwerwiegender Verstoß gegen Art.113 vorliegt;
d) das Beschwerdeverfahren mit einem sonstigen, in der Ausführungsordnung genannten schwerwiegenden Verfahrensmangel behaftet war oder
e) eine nach Maßgabe der Ausführungsordnung festgestellte Straftat die Entscheidung beeinflusst haben könnte.
(3) Der Antrag auf Überprüfung hat keine aufschiebende Wirkung.
(4) Der Antrag ist nach Maßgabe der Ausführungsordnung einzureichen und zu begründen. Wird der Antrag auf Absatz 2 a) bis d) gestützt, so ist er innerhalb von zwei Monaten nach Zustellung der Beschwerdekammerentscheidung zu stellen. Wird er auf Absatz 2 e) gestützt, so ist er innerhalb von zwei Monaten nach Feststellung der Straftat, spätestens aber fünf Jahre nach Zustellung der Beschwerdekammerentscheidung zu stellen. Der Überprüfungsantrag gilt erst als gestellt, wenn die vorgeschriebene Gebühr entrichtet worden ist.
(5) Die Große Beschwerdekammer prüft den Antrag nach Maßgabe der Ausführungsordnung. Ist der Antrag begründet, so hebt die Große Beschwerdekammer die Entscheidung auf und ordnet nach Maßgabe der Ausführungsordnung die Wiederaufnahme des Verfahrens vor den Beschwerdekammern an.
(6) Wer in einem benannten Vertragsstaat in gutem Glauben die Erfindung, die Gegenstand einer veröffentlichten europäischen Patentanmeldung oder eines europäischen Patents ist, in der Zeit zwischen dem Erlass der Beschwerdekammerentscheidung und der Bekanntmachung des Hinweises auf die Entscheidung der Großen Beschwerdekammer über den Überprüfungsantrag im Europäischen Patentblatt in Benutzung genommen oder wirkliche und ernsthafte Veranstaltungen zur Benutzung getroffen hat, darf die Benutzung in seinem Betrieb oder für die Bedürfnisse seines Betriebs unentgeltlich fortsetzen.

[126] Eingefügt durch die Akte zur Revision des EPÜ vom 29.11.2000.

EPÜAO

Regel 104
Weitere schwerwiegende Verfahrensmängel
Ein schwerwiegender Verfahrensmangel nach Art.112a(2) d) kann vorliegen, wenn die Beschwerdekammer
a) entgegen Art.116 eine vom Antragsteller beantragte mündliche Verhandlung nicht anberaumt hat oder
b) über die Beschwerde entschieden hat, ohne über einen hierfür relevanten Antrag zu entscheiden.

Regel 105
Straftaten
Ein Antrag auf Überprüfung kann auf Art.112a(2) e) gestützt werden, wenn die Straftat durch ein zuständiges Gericht oder eine zuständige Behörde rechtskräftig festgestellt worden ist; einer Verurteilung bedarf es nicht.

Regel 106
Rügepflicht
Ein Antrag nach Art.112a(2) a) bis d) ist nur zulässig, wenn der Verfahrensmangel während des Beschwerdeverfahrens beanstandet wurde und die Beschwerdekammer den Einwand zurückgewiesen hat, es sei denn, der Einwand konnte im Beschwerdeverfahren nicht erhoben werden.

Regel 107
Inhalt des Antrags auf Überprüfung
(1) Der Antrag muss enthalten:
a) Name und Anschrift des Antragstellers nach Maßgabe der R.41 (2) c);
b) die Angabe der zu überprüfenden Entscheidung.
(2) Im Antrag ist darzulegen, aus welchen Gründen die Entscheidung der Beschwerdekammer aufzuheben ist und auf welche Tatsachen und Beweismittel der Antrag gestützt wird.
(3) Die Vorschriften des Dritten Teils der Ausführungsordnung sind auf den Antrag auf Überprüfung und die im Verfahren eingereichten Unterlagen entsprechend anzuwenden.

Regel 108
Prüfung des Antrags
(1) Entspricht der Antrag nicht Art.112a(1), (2) oder (4), R.106 oder R.107(1) b) oder (2), so verwirft die Große Beschwerdekammer den Antrag als unzulässig, sofern die Mängel nicht vor Ablauf der nach Art.112a(4) maßgebenden Frist beseitigt worden sind.
(2) Stellt die Große Beschwerdekammer fest, dass der Antrag R.107(1) a) nicht entspricht, so teilt sie dies dem Antragsteller mit und fordert ihn auf, innerhalb einer zu bestimmenden Frist die festgestellten Mängel zu beseitigen. Werden diese nicht rechtzeitig beseitigt, so verwirft die Große Beschwerdekammer den Antrag als unzulässig.
(3) [120] Ist der Antrag begründet, so hebt die Große Beschwerdekammer die Entscheidung der Beschwerdekammer auf und ordnet die Wiedereröffnung des Verfahrens vor der nach R.12(4) zuständigen Beschwerdekammer an. Die Große Beschwerdekammer kann anordnen, dass Mitglieder der Beschwerdekammer, die an der aufgehobenen Entscheidung mitgewirkt haben, zu ersetzen sind.

[126] Geändert durch Artikel 2 des Beschlusses des Verwaltungsrats CA/D 6/16 vom 30.06.2016 (ABl. EPA 2016, A100), in Kraft getreten am 01.07.2016

Regel 109
Verfahren bei Anträgen auf Überprüfung
(1) In Verfahren nach Art.112a sind die Vorschriften für das Verfahren vor den Beschwerdekammern anzuwenden, sofern nichts anderes bestimmt ist. R.115(1) S.2, R.118(2) S.1 und R.132(2) sind nicht anzuwenden. Die GBK kann eine von R.4(1) S.1 abweichende Frist bestimmen.
(2) Die Große Beschwerdekammer
a) in der Besetzung mit zwei rechtskundigen und einem technisch vorgebildeten Mitglied prüft alle Anträge auf Überprüfung und verwirft offensichtlich unzulässige oder unbegründete Anträge; eine solche Entscheidung bedarf der Einstimmigkeit;
b) in der Besetzung mit vier rechtskundigen und einem technisch vorgebildeten Mitglied entscheidet, wenn der Antrag nicht nach Buchstabe a verworfen wurde.
(3) In der Besetzung nach Absatz 2 a) entscheidet die Große Beschwerdekammer ohne Mitwirkung anderer Beteiligter auf der Grundlage des Antrags.

Regel 110
Rückzahlung der Gebühr für einen Antrag auf Überprüfung
Die Große Beschwerdekammer ordnet die Rückzahlung der Gebühr für einen Antrag auf Überprüfung an, wenn das Verfahren vor den Beschwerdekammern wiedereröffnet wird.

Rechtsprechung

R5/08   R.107(2) bedingt einen Antrag unter Angabe der Gründe, warum die Entscheidung einer Beschwerdekammer aufgehoben

Große Beschwerdekammer

Große Beschwerdekammer, **Art.22**
Art.112 bzw. **Art.112a** iVm **R.104 bis 110**

	Antrag auf Überprüfung [Art.112a]	**Vorlagefrage**	
Zweck	Einzelfallgerechtigkeit (keine Rechtsfortbildung)	Wahrung der Rechtssicherheit und Fortbildung des Rechts **Art.112(1)**	189
Berechtigter	jeder beschwerte Verfahrensbeteiligte **Art.112(1)a)**	Beschwerdekammer, **Art.112(1)a)** ODER Präsident des EPA, **Art.112(1)b)**	190

Voraussetzung	1) Entscheidung der Beschwerdekammer
	2) **Überprüfungsgrund** liegt vor [**Art.112a(2)**]
	   a) BK-Mitglied wirkte trotz Befangenheit [**Art.24(1)**] oder Ausschlussentscheidung [**Art.24(4)**] an Entscheidung mit
	   b) fehlerhafte Besetzung der BK
	   c) Missachtung des rechtlichen Gehörs [**Art.113**]
	   d) schwerwiegender Verfahrensmangel [**R.104**]
	   e) Entscheidung der BK durch Straftat beeinflusst (z.B. Prozessbetrug, Falschaussage, gefälschte Dokumente) [458]
	3) Rüge des Verfahrensverstoßes im Beschwerdeverfahren [459] **R.106**
		für BK: Rechtsfrage, keine Tatsachenfragen (dh Vorfrage zu einer noch zu treffenden Entscheidung)
		  ■ Divergenz in der Rechtsprechung
		  ■ Parteiinteresse
		
		für Präsidenten: Divergenz in der Rechtsprechung [460]
			191
			
			192

Erforderliche Angaben	1) schriftlicher Überprüfungsantrag:
	   a) Identität des Antragsstellers → bei Mängeln R.108(2)-Auff.
	   b) Angabe der angefochtenen Entscheidung **R.107(1)**
	2) Substantiierung unter Angabe von
	   a) der Überprüfungsgründe nach Art.112a(2)
	   b) Tatsachen und Beweismittel **R.107(2), R5/08**
	3) **Antragsgebühr [3.115 €]** [461] **Art.112a(4)**, Art.2(1) Nr.11a GebO
		aktuelle Rechtsprechung	193

Frist	**2 M** nach Zustellung Beschwerdekammerentscheidung +10Tage für Überprüfungsgründe (a) bis (d) ODER **2 M** nach Feststellung der Straftat iSv Art.112a(2)e), spätestens **5 Jahre** nach Zustellung Beschwerdekammerentscheidung **Art.112a(4)**	jederzeit	194
Rechtsfolge	**+** Übergang in das Verfahren [**Art.17 VOGBK**] und aller Beteiligte des Beschwerdeverfahrens am Verfahren vor GBK beteiligt [**Art.112(2)**] **−** Verwerfung des Antrags als offensichtlich unzulässig oder unbegründet, einstimmige Entscheidung [**R.109(2)a)**]		195
Rechtsbehelf	WB (−), Art.121(4) WE (+), da unmittelbarer Rechtsverlust	--	196
Wirkung	Aussetzung betreffenden Prüfungs-/Einspruchsverfahren auf Antrag der Beteiligten oder vAw [E-VII, 3] und von Parallelverfahren, in denen sich dieselbe Rechtsfrage stellt	Aussetzung Beschwerdeverfahren und Parallelverfahren, in denen sich dieselbe Rechtsfrage stellt E-VII, 3	197
Verfahrensablauf	[1] Zusammensetzung der GBK bestimmt → [2] Berichterstatter bestimmt [**Art.5 VOGBK**] → [3] Veröff. im EP-Amtsblatt [**Art.10 VOGBK**] → [4] Mitteilung der Kammer [**Art.13 VOGBK**] → [5] ggf. mündliche Verhandlung [**Art.116(2)** iVm **Art.14 VOGBK**] → [6] Beratung und Abstimmung [**Art.16 VOGBK**]		198
Beendigung	Endentscheidung unter **+** Aufhebung vorinstanzlicher Entscheidung und Wiederaufnahme des Verfahrens [462] [**R.108(3)**] und Bindungswirkung ggü vorinstanzlicher BK [**Art.112(3), 111(2)**] und Rückerstattung Antragsgebühr **R.110** **−** Verwerfung als unzulässig oder unbegründet	Beschwerderücknahme führt zur Einstellung des Verfahrens vor GBK, wenn Vorlagefrage von BK	199

---

[458] Voraussetzung: Straftat rechtskräftig durch nat. Gericht oder zuständige Behörde festgestellt [R.105].
[459] explizit und getrennt vom übrigen Vorbringen [R4/08], bloßer Protest unzureichend [R2/11]; nach Entscheidung unzulässig [R10/08].
[460] Anregung durch Öffentlichkeit möglich.
[461] alleinige Entrichtung begründet für sich keinen zulässigen Überprüfungsantrag [Art.112a(4), R2/10].
[462] andere Besetzung vorinstanzlicher Beschwerdekammer kann angeordnet werden [R.108(3)], z.B. Befangenheit eines Mitglieds [R21/11, R15/11].

Teil D I – Übersicht zum EPÜ

EPÜ 2000

Artikel 116[133],[134]
Mündliche Verhandlung

(1) Eine mündliche Verhandlung findet entweder auf Antrag eines Beteiligten oder, sofern das Europäische Patentamt dies für sachdienlich erachtet, von Amts wegen statt. Das Europäische Patentamt kann jedoch einen Antrag auf erneute mündliche Verhandlung vor demselben Organ ablehnen, wenn die Parteien und der dem Verfahren zugrunde liegende Sachverhalt unverändert geblieben sind.

(2) Vor der Eingangsstelle findet eine mündliche Verhandlung auf Antrag des Anmelders nur statt, wenn die Eingangsstelle dies für sachdienlich erachtet oder beabsichtigt, die europäische Patentanmeldung zurückzuweisen.

(3) Die mündliche Verhandlung vor der Eingangsstelle, den Prüfungsabteilungen und der Rechtsabteilung ist nicht öffentlich.

(4) Die mündliche Verhandlung, einschließlich der Verkündung der Entscheidung, ist vor den Beschwerdekammern und der Großen Beschwerdekammer nach Veröffentlichung der europäischen Patentanmeldung sowie vor der Einspruchsabteilung öffentlich, sofern das angerufene Organ nicht in Fällen anderweitig entscheidet, in denen insbesondere für einen Verfahrensbeteiligten die Öffentlichkeit des Verfahrens schwerwiegende und ungerechtfertigte Nachteile zur Folge haben könnte.

[133] Siehe hierzu Entscheidungen GBK G2/94, G4/95 (Anhang I).
[134] Siehe die Informationen des EPA über die Durchführung von Rücksprachen und mündlichen Verhandlungen als Videokonferenz (ABl.2012,354). Siehe auch die Mitteilungen des Vizepräsidenten GD 3 (Sonderausgabe Nr. 3 ABl.2007,H.1, H.2 und H.3; ABl.2014,A21).

EPÜAO

Regel 4
Sprache im mündlichen Verfahren

(1) Jeder an einem mündlichen Verfahren vor dem EPA Beteiligte kann sich anstelle der Verfahrenssprache einer anderen Amtssprache des EPA bedienen, sofern er dies im EPA spätestens einen Monat vor dem angesetzten Termin mitgeteilt hat oder selbst für die Übersetzung in die Verfahrenssprache sorgt. Jeder Beteiligte kann sich einer Amtssprache eines VStaats bedienen, sofern er selbst für die Übersetzung in die Verfahrenssprache sorgt. Von diesen Vorschriften kann das EPA Ausnahmen zulassen.

(2) Die Bediensteten des EPA können sich im mündlichen Verfahren anstelle der Verfahrenssprache einer anderen Amtssprache des EPA bedienen.

(3) In der Beweisaufnahme können sich die zu vernehmenden Beteiligten, Zeugen oder Sachverständigen, die sich in einer Amtssprache des EPA oder eines VStaats nicht hinlänglich ausdrücken können, einer anderen Sprache bedienen. Erfolgt die Beweisaufnahme auf Antrag eines Beteiligten, die sie in einer anderen Sprache als der Verfahrenssprache abgeben, nur gehört, sofern dieser Beteiligte selbst für die Übersetzung in die Verfahrenssprache sorgt. Das EPA kann jedoch die Übersetzung in eine seiner anderen Amtssprachen zulassen.

(4) Mit Einverständnis aller Beteiligten und des Europäischen Patentamts kann jede Sprache verwendet werden.

(5) Das EPA übernimmt, soweit erforderlich, auf seine Kosten die Übersetzung in die Verfahrenssprache und gegebenenfalls in seine anderen Amtssprachen, sofern der Beteiligte nicht selbst für die Übersetzung zu sorgen hat.

(6) Erklärungen von Bediensteten des EPA, Beteiligten, Zeugen und Sachverständigen, die in einer Amtssprache des EPA abgegeben werden, werden in dieser Sprache in die Niederschrift aufgenommen. Erklärungen in einer anderen Sprache werden in der Amtssprache aufgenommen, in die sie übersetzt worden sind. Änderungen einer europäischen Patentanmeldung oder eines europäischen Patents werden in der Verfahrenssprache in die Niederschrift aufgenommen.

Regel 111[121]
Form der Entscheidungen

(1) Findet eine mündliche Verhandlung vor dem Europäischen Patentamt statt, so können die Entscheidungen verkündet werden. Später sind die Entscheidungen schriftlich abzufassen und den Beteiligten zuzustellen.

(2) Entscheidungen des Europäischen Patentamts, die mit der Beschwerde angefochten werden können, sind zu begründen und mit einem Hinweis darüber zu versehen, dass gegen die Entscheidung die Beschwerde statthaft ist, wobei die Beteiligten auf die Art.106 bis 108 aufmerksam zu machen sind, deren Wortlaut beizufügen ist. Die Beteiligten können aus der Unterlassung des Hinweises keine Ansprüche herleiten.

[121] Siehe hierzu Entscheidung der GBK G 12/91 (Anhang I).

Regel 115[124]
Ladung zur mündlichen Verhandlung

(1) Zur mündlichen Verhandlung nach Art.116 werden die Beteiligten unter Hinweis auf Absatz 2 geladen. Die Ladungsfrist beträgt mindestens zwei Monate, sofern die Beteiligten nicht mit einer kürzeren Frist einverstanden sind.

(2) Ist ein zu einer mündlichen Verhandlung ordnungsgemäß geladener Beteiligter vor dem Europäischen Patentamt nicht erschienen, so kann das Verfahren ohne ihn fortgesetzt werden.

[124] Siehe hierzu Entscheidung/Stellungnahme der GBK G 6/95, G 4/92 (Anhang I).

Regel 124
Niederschrift über mündliche Verhandlungen und Beweisaufnahmen

(1) Über eine MV oder Beweisaufnahme wird eine Niederschrift aufgenommen, die den wesentlichen Gang der MV oder Beweisaufnahme, die rechtserheblichen Erklärungen der Beteiligten, die Aussagen der Beteiligten, Zeugen oder Sachverständigen und das Ergebnis eines Augenscheins enthalten soll.

(2) Die Niederschrift über die Aussage eines Zeugen, Sachverständigen oder Beteiligten wird diesem vorgelesen, zur Durchsicht vorgelegt oder, wenn sie mit technischen Einrichtungen aufgezeichnet wurde, vorgespielt, sofern er nicht auf dieses Recht verzichtet.[...].

(3)[127] Die Niederschrift wird von dem Bediensteten, der für die Aufnahme zuständig ist, und, dem Bediensteten, der die MV oder Beweisaufnahme leitet, durch ihre Unterschrift oder andere geeignete Mittel als authentisch bestätigt.

(4) Die Beteiligten erhalten eine Abschrift der Niederschrift.

[127] Geändert durch BdV CA/D 6/14 vom 15.10.2014 (ABl. 2015, A17), in Kraft getreten am 01.04.2015. Siehe Mitteilung des EPA, ABl. 2015, A36.

Rechtsprechung

G2/94
1. Eine Entscheidung zuungunsten eines Beteiligten, der trotz ordnungsgemäßer Ladung der MV ferngeblieben ist, darf nicht auf erstmals in dieser MV vorgebrachte Tatsachen gestützt werden.

2. Unter den gleichen Umständen können neue Beweismittel nur berücksichtigt werden, wenn sie vorher angekündigt waren und lediglich die Behauptungen des Beteiligten bestätigen, der sich auf sie beruft, während neue Argumente grundsätzlich in der Begründung der Entscheidung aufgegriffen werden können.

G4/95
1. In der MV nach Art.116 im Rahmen des Einspruchs(beschwerde)verfahrens kann es einer Person, die den zugelassenen Vertreter eines Beteiligten begleitet, gestattet werden, außerhalb des Rahmens von Art.117 und über den umfassenden Vortrag des Falls des Beteiligten durch den zugelassenen Vertreter hinaus für diesen Beteiligten mündliche Ausführungen zu konkreten rechtlichen oder technischen Fragen zu machen.

2.a) Ein Rechtsanspruch auf solche mündlichen Ausführungen besteht nicht; sie dürfen nur mit Zustimmung des EPA und nach seinem Ermessen gemacht werden.

b) Das EPA hat bei der Ausübung seines Ermessens, mündliche Ausführungen durch Begleitpersonen im Einspruchs(beschwerde)verfahren zuzulassen, hauptsächlich die folgenden Kriterien zu berücksichtigen:

i) Der zugelassene Vertreter muß beantragen, daß diese mündlichen Ausführungen gemacht werden dürfen. Im Antrag sind der Name und die Qualifikation der Begleitperson anzugeben und der Gegenstand der beabsichtigten mündlichen Ausführungen zu nennen.

ii) Der Antrag ist so rechtzeitig vor der MV zu stellen, daß sich alle Gegenparteien auf die beabsichtigten mündlichen Ausführungen angemessen vorbereiten können.

iii) Ein Antrag, der erst kurz vor oder während der mündlichen Verhandlung gestellt wird, ist zurückzuweisen, sofern nicht außergewöhnliche Umstände vorliegen, es sei denn, alle Gegenparteien sind damit einverstanden, daß die beantragten mündlichen Ausführungen gemacht werden.

iv) Das EPA muß davon überzeugt sein, daß die Begleitperson mündlichen Ausführungen unter der ständigen Verantwortung und Aufsicht des zugelassenen Vertreters macht.

c) Für mündliche Ausführungen durch zugelassene Patentvertreter aus Ländern, die nicht VStaaten des EPÜ sind, gelten keine besonderen Kriterien.

T733/99 Falls Unterlagen in MV eingereicht werden, obliegt es der Einspruchsabteilung, dafür zu sorgen, dass die Erfordernisse, wie z. B. die maschinengeschriebene Form der Unterlagen, das Vorhandensein der Unterschrift und die Aufnahme in die Akte mit Eingangsdatum, erfüllt sind.

T3/10 Der Wert der MV liegt darin, dass im Ergebnis Fragen geklärt werden können und sich die Kammer letztlich davon überzeugen kann, dass die Position einer Patei die richtige ist, von deren schriftlichen Vorbringen alleine sie nicht so überzeugt war.

Mündliche Verhandlung 173

Mündliche Verhandlung (MV)
(förmliche Verhandlung im *inter-partes* oder *ex-parte*-Verfahren [T3/10] [463])

Jeweiliges Organ
Art.116 iVm R.4 und R.115 bis 124, E-III

WICHTIGES

		Norm	zu erbringende Handlung	Frist	Zulässigkeit	Rechtsfolge	WICHTIGES
Antrag	200 **Voraussetzungen** E-III,2	E-III,2	anhängiges Verfahren ohne ergangene Entscheidung in jedem Verfahrensabschnitt; im Prüfungsverfahren muss mind. ein sachlicher Bescheid nach **Art.94(3)** [464] ergehen C-III, 4	»jederzeit« vor Erlass einer Entscheidung (dh noch am Tag der Abgabe an EPA-Poststelle G12/91, J7/96)		Zuständiges Organ bestimmt Ladungsfrist; mind. **2 M** vor MV (außer Beteiligte stimmen früheren Termin zu) [idR **4 M**]	**nicht öffentlich** vor Eingangsstelle, Prüfungs- und Rechtsabteilung Art.116(3) **öffentlich** vor Einspruchsabteilung, BK, GBK [466] Art.116(4) E-III,8.1
	201 **Antragsteller** E-III,2	**Art.116(1), S.1**	jeder Verfahrensbeteiligte oder von Amts wegen				
	202 **Erfordernisse** E-III,2	**Art.116(1), 1.Alt R.115**	»schriftlicher« Antrag [467] nur von den Verfahrensbeteiligten Art.116(1)		Eingangsstelle [465]; Prüfungsabteilung (per Videokonferenz [ABl.2020,A134&A122]); Rechtsabteilung; Einspruchsverfahren (Pilotprojekt per Videokonferenz [ABl.2020,A121&A122, 2022,A43]); Einspruchsbeschwerde-; Beschränkungsverfahren	**R.115(1)**	
Verhandlung	203 **Änderungen in MV** E-III, 8.7	**R.50(1) iVm R.86, R.49(8)**	geänderter Unterlagen in MV grds. unterschrieben und nur gedruckt/maschinell erstellt [468] R.49(8), T733/99	--		**PI** muss es stets gestattet sein, neue Einwände durch geeignete Änderungen auszuräumen T273/04	Änderungen an Beschreibung oder Ansprüchen nur in Verfahrenssprache Art.14(3), R.3(2)
	204 **Ausführungen** in MV S.177	**G4/95**	Kriterien für Ausführungen einer Begleitperson [469]: 1) Beantragung durch zugelassenen Vertreter 2) rechtzeitige Antragsstellung 3) Angabe zur Qualifikation (EPA ist von der Sachdienlichkeit überzeugt) 4) Ständige Aufsicht und Verantwortung des Vertreters	»rechtzeitig« idR **1 M** vor MV		Ausführung gilt als Tatsache /Beweismittel ODER Argument G4/95	im Einspruchs- oder Einspruchsbeschwerdeverfahren besteht kein Rechtsanspruch auf mdl. Ausführungen durch Begleitperson G4/95; ABl.1996,412
	205 **Sprache** S.202	**R.4(1) S.1**	alternative Amtssprache als Verfahrenssprache angebbar	**1 M** vor MV		Sprache zulässig	Rn.DI-290
	206 **zulässige Hilfsmittel**	RBK III.C.7.4	Benutzung von Computern durch Beteiligte/Vertreter zulässig ABl.2015,72	»rechtzeitig«		Benutzung zulässig	Power-Point-Präsentationen, Flip-Charts zulässig, wenn vorher bereitgestellt
Abschluss	207 **Aufzeichnungen** E-III,10.1	E-III,10.1	Aufzeichnungen durch Beteiligte/Vertreter nur mit Erlaubnis der Kammer [**Art.116(3)/(4)** iVm ABl.2007,S3, 117]	während MV		Aufbewahrung bis Verfahrensabschluss	Aufzeichnung Videokonferenz unzulässig E-III,11.6
	208 **Entscheidung** E-III,9	**R.111**	Verkündung unter Hinweispflicht **R.111(1)** UND schriftliche Verkündung **R.111(2)**	während MV nach MV		Beschwerdefrist beginnt erst mit Zustellung schriftlicher Entscheidung	bei Entscheidungsverkündung muss keine Angabe zu Gründen und keine Rechtsmittelbelehrung erfolgen E-III,9

[463] **Wichtig:** EPA weist den Beteiligten nicht auf sein Recht einer MV hin; **Nichterscheinen:** ist ein Beteiligter nicht erschienen, wird grds. das Verfahren ohne ihn fortgeführt [**R.115(2)**]; **aber:** Entscheidung darf wg. **Art.113(1)** allerdings nicht auf neuen Tatsachen der MV gestützt sein [G4/92, ABl.2020,A124]; Prüfungsabt.: per Videokonferenz [ABl.2020,A134&A122], Einspruchsabt.: Pilotprojekt [ABl.2020,A121&122;2022,A43]; **[1]** Stellungnahmen zum EESR, ESOP oder im PCT-Verfahren (WO-ISA, SISR, IPER) **[2]** R.62a/63-Auff.; **[3]** R.137(4)-Mitt.; **[4]** R.164(2)(a)-Auff., **[5]** R.53(3)-Auff. zur Übersetzung des Priobelegs, **[6]** Art.124/R.141-Auff. über Auskünfte zum StdT [E-III,5.1].

[464] **kein erster sachlicher Bescheid iSv Art.94(3)** ist: **[1]** Stellungnahmen zum EESR, ESOP oder im PCT-Verfahren (WO-ISA, SISR, IPER) **[2]** R.62a/63-Auff.; **[3]** R.137(4)-Mitt.; **[4]** R.164(2)(a)-Auff., **[5]** R.53(3)-Auff. zur Übersetzung des Priobelegs, **[6]** Art.124/R.141-Auff. über Auskünfte zum StdT [E-III,5.1].

[465] nur, wenn die Eingangsstelle dies für sachdienlich erachtet, ODER beabsichtigt, die ePa zurückzuweisen [**Art.116(2)**].

[466] Inhalt gilt als StdT nach **Art.54(2)**; **Ausnahme:** wenn Öffentlichkeit für beteiligte Partei schwerwiegende/ungerechtfertigte Nachteile zur Folge haben könnte (z.B. Rechnungslegung, Betriebsgeheimnis) [E-III,8.1].

[467] **bedingter Antrag** ist nur hilfsweise für den Fall gestellt, dass dem Sachantrag nicht entsprochen wird; bei **unbedingtem Antrag** muss MV stattfinden, wenn Antrag nicht zurückgenommen wird [E-III,2].

[468] handschriftlichen Änderungen in Schriftstücken sind nur zur Sachverhaltserörterung akzeptabel; aber endgültige Entscheidung ergeht erst auf Basis nachgereichter, mängelfreier Schriftstücke iSv **R.49(8)** [E-III,8.7.1]; **Prüfungsverfahren:** Nachreichen binnen 2M nach Auff. – erfolgt keine Einreichung, gilt ePa als zurückgenommen – bei abweichenden Unterlagen erfolgt Wiederaufnahme des Prüfungsverfahrens [E-III,8.7.2]; **Einspruch:** Nachreichen binnen 3M-Frist bzw. 2M-Nachfrist zur Vornahme der Aufrechterhaltungserfordernisse des Patents zwingend – andernfalls erfolgt Widerruf des Patents [**R.82(2) S.3**; E-III,8.7.3; ABl.2016,A22].

[469] **Begleitperson:** Erfinder, techn. Sachverständiger, qualifizierter Dritter; **Achtung:** Beteiligte gelten nicht als Begleitperson [G4/95]; PI ist auch mit Vertreter ein Verfahrensbeteiligter und keine Begleitperson [T621/98].

Amtsblatt des EPA

ABl. 2020, A134

Beschluss des Präsidenten des EPA vom 17. Dezember 2020 über als Videokonferenz durchgeführte mündliche Verhandlungen vor Prüfungsabteilungen

Artikel 1
Als Videokonferenz durchgeführte MV vor Prüfungsabteilungen

(1) Mündliche Verhandlungen vor Prüfungsabteilungen sind als Videokonferenz durchzuführen.

(2) Ungeachtet des Absatzes 1 können mündliche Verhandlungen in den Räumlichkeiten des EPA durchgeführt werden, entweder auf Antrag des Anmelders oder auf Veranlassung der Prüfungsabteilung, wenn ernsthafte Gründe gegen eine Durchführung der mündlichen Verhandlung als Videokonferenz sprechen, insbesondere die Notwendigkeit einer unmittelbaren Beweisaufnahme. Wird ein Antrag auf mündliche Verhandlung in den Räumlichkeiten des Europäischen Patentamts abgelehnt, werden dem Anmelder die Gründe dafür mitgeteilt; eine solche Ablehnung ist nicht separat mit der Beschwerde anfechtbar.

(3) Eine als Videokonferenz durchgeführte mündliche Verhandlung und eine in den Räumlichkeiten des Europäischen Patentamts abgehaltene mündliche Verhandlung sind gleichwertig.

Artikel 5
Nichterscheinen in einer als Videokonferenz durchgeführten mündlichen Verhandlung

Nimmt ein Anmelder aus anderen Gründen als wegen technischer Probleme nicht per Fernverbindung an der als Videokonferenz durchgeführten mündlichen Verhandlung teil, so kann das Verfahren gemäß Regel 115 (2) EPÜ fortgesetzt werden. [...]

ABl. 2020, A122 (Auszüge)

Mitteilung des Europäischen Patentamts vom 10. November 2020 über die Durchführung von MV vor Prüfungs- und Einspruchsabteilungen sowie von Rücksprachen als Videokonferenz

1. Seit 1. April 2020 werden MV vor Prüfungsabteilungen als Videokonferenz durchgeführt. Ebenso können Rücksprachen im Prüfungsverfahren als Videokonferenz durchgeführt werden.

2. MV vor Prüfungs- und Einspruchsabteilungen finden im Rahmen eines am 4. Mai 2020 gestarteten Pilotprojekts ebenfalls als Videokonferenz statt. [...]

7. MV vor Prüfungs- und Einspruchsabteilungen können nur dann in den Räumlichkeiten des EPA durchgeführt werden, wenn ernsthafte Gründe gegen eine Durchführung als Videokonferenz sprechen. Dazu zählen insbesondere Gründe, die einen Teilnehmer der MV individuell betreffen (z. B. eine nachgewiesene Sehschwäche, aufgrund deren ein Vertreter die MV nicht auf dem Bildschirm verfolgen kann), sowie Gründe, die mit Art und Sachverhalt des Verfahrens zu tun haben (etwa die Vorführung oder Augenscheineinnahme eines Objekts, dessen haptische Merkmale essenziell sind, soweit dies nach Maßgabe der geltenden Bestimmungen möglich ist). Pauschale Einwände gegen die Zuverlässigkeit der Videokonferenztechnologie oder die Nichtverfügbarkeit einer Videokonferenzanlage gelten in der Regel nicht als ernsthafte Gründe.

Anträge auf Durchführung einer MV in den Räumlichkeiten des EPA

8. Ein Antrag auf Durchführung einer MV ausnahmsweise in den Räumlichkeiten des EPA sollte so früh wie möglich gestellt werden, vorzugsweise zusammen mit der Ladung zur MV. Ob einem Antrag auf Durchführung einer MV in den Räumlichkeiten des EPA stattgegeben wird, liegt im Ermessen der betreffenden Abteilung.

9. Kann dem Antrag auf MV in den Räumlichkeiten des EPA nicht stattgegeben werden und geht er nach der Ladung zur MV ein, so teilt die Abteilung den Beteiligten mit, dass die MV wie in der Ladung angegeben als Videokonferenz stattfindet, und begründet kurz, warum dem Antrag nicht stattgegeben werden kann. Geht der Antrag ein, bevor die Ladung ergangen ist, wird die Begründung der Ablehnung in der Anlage zur Ladung angegeben. In beiden Fällen kann eine Ablehnung nicht separat mit der Beschwerde angefochten werden.

10. Kann einem Antrag auf MV in den Räumlichkeiten des EPA stattgegeben werden und geht er ein, nachdem die Ladung zur MV als Videokonferenz ergangen ist, so wird den Beteiligten mitgeteilt, dass die MV wie beantragt in den Räumlichkeiten des EPA durchgeführt wird; der Termin der MV bleibt wenn möglich unverändert.

Status

11. Eine als Videokonferenz durchgeführte MV und eine in den Räumlichkeiten des EPA abgehaltene MV sind gleichwertig. Ein Antrag auf erneute MV vor demselben Organ kann somit (unabhängig davon, ob er sich auf eine Videokonferenz oder auf eine andere Form der Verhandlung bezieht) abgelehnt werden, wenn die Parteien und dem Verfahren zugrunde liegende Sachverhalt unverändert geblieben ist (Artikel 116 (1) EPÜ).

Fernverbindung von Mitgliedern einer Abteilung

16. Die Mitglieder der Abteilung können von unterschiedlichen Orten aus per Fernverbindung an der als Videokonferenz durchgeführten MV teilnehmen.

17. Den Teilnehmern wird die Fernteilnahme von Mitgliedern der Abteilung zu Beginn der MV nach dem Verbindungsaufbau und vor der offiziellen Eröffnung der MV mitgeteilt.

Teilnahme von Beteiligten und Vertretern von unterschiedlichen Orten aus

18. Einem Beteiligten und seinem Vertreter kann es gestattet werden, von unterschiedlichen Orten aus an der Videokonferenzverbindung teilzunehmen, sofern dies keine Auswirkung auf die Stabilität der Videokonferenzverbindung hat. Falls diese Absicht besteht, sollte sie so früh wie möglich mitgeteilt werden.

Aufzeichnungen

19. Von mündlichen Verhandlungen oder Rücksprachen, die als Videokonferenz durchgeführt werden, dürfen außer durch das EPA keinerlei Bild- oder Tonaufzeichnungen angefertigt und keine Weiterübertragungen vorgenommen werden.

Einreichung und Übermittlung von Unterlagen

20. In MV und Rücksprachen, die als Videokonferenz durchgeführt werden, sind Unterlagen per E-Mail einzureichen. Die betreffende Abteilung gibt den Beteiligten oder Vertretern die zu verwendende E-Mail-Adresse bekannt.

21. Von einem Beteiligten in einer MV im Einspruchsverfahren eingereichte E-Mails und Anhänge werden vom EPA an die anderen Beteiligten weitergeleitet, es sei denn, der betreffende Beteiligte hat sie bereits direkt an die von den anderen Beteiligten angegebene E-Mail-Adresse geschickt. Deshalb muss jeder Beteiligte dem Vorsitzenden der anderen Beteiligten zu Beginn der MV die E-Mail-Adresse übermitteln, unter der er die Kopien solcher Unterlagen erhalten möchte. Beteiligte und Vertreter müssen sicherstellen, dass sie Unterlagen, die an die von ihnen angegebene E-Mail-Adresse geschickt werden, unverzüglich zur Kenntnis nehmen können.

Technische Probleme

22. Wo technische Probleme ungeachtet der Bemühungen der Teilnehmer die Durchführung oder Fortsetzung der MV als Videokonferenz verhindern, ergeht eine neue Ladung zur MV. In der Regel wird die erneute MV als Videokonferenz durchgeführt, sofern nicht schwerwiegende Gründe dagegen sprechen.

Ausstattung und Kosten

23. Die Videokonferenzräume des EPA sind nur für den Gebrauch durch EPA-Bedienstete bestimmt.

24. Das EPA erhebt keine besondere Gebühr für die Durchführung von MV oder Rücksprachen als Videokonferenz. Die Teilnehmer tragen nur die Kosten für ihre Internetverbindung und die technischen Einrichtungen bzw. die Software bei ihnen.

Teilnahme von Mitgliedern der Öffentlichkeit an MV im Einspruchsverfahren

25. MV im Einspruchsverfahren sind öffentlich, sofern die Einspruchsabteilung nicht anderweitig entscheidet (Artikel 116 (4) EPÜ). Mitgliedern der Öffentlichkeit kann nach entsprechender Ankündigung ein Link für die Verbindung mit der Videokonferenz bereitgestellt werden. Alternativ können sie an einer als Videokonferenz durchgeführten, öffentlichen MV in einem besonderen Saal in den Räumlichkeiten des EPA teilnehmen. In welcher Art und Weise Mitglieder der Öffentlichkeit an einer als Videokonferenz durchgeführten MV teilnehmen können, wird auf der EPA-Website bekannt gegeben.

ABl. 2020, A121

Beschluss des Präsidenten des EPA vom 10. November 2020 über die Änderung und Verlängerung des Pilotprojekts zur Durchführung mündlicher Verhandlungen vor Einspruchsabteilungen als Videokonferenz

[...] **Artikel 2**
Als Videokonferenz durchgeführte MV vor Einspruchsabteilungen

1) Mündliche Verhandlungen vor Einspruchsabteilungen werden als Videokonferenz durchgeführt.

Artikel 5
Öffentlichkeit des Verfahrens

Mündliche Verhandlungen vor den Einspruchsabteilungen sind öffentlich. Mitglieder der Öffentlichkeit können eine als Videokonferenz durchgeführte mündliche Verhandlung entweder per Fernverbindung verfolgen, wenn sie dies vorab ankündigen, oder in den Räumlichkeiten des EPA, wie vom EPA bestimmt.

[...]

Mündliche Verhandlung

Mündliche Verhandlung (MV) als Videokonferenz [470]
(eine als Videokonferenz und eine in den Räumlichkeiten des EPA durchgeführte MV sind gleichwertig)

Art.116, E-III,11

		Eingangsstelle	Prüfungsabteilung	Einspruchsabteilung	Rechtsabteilung
209	Rechtsnorm	ABl.2021,49	ABl.2020,A122	ABl.2020,A121 & 122 ABl.2021,41	ABl.2021,50
210	Art	Verbindlich	Verbindlich seit 01. April 2020	Pilotprojekt, aktuell bis 31. 01 2022 [471]	Verbindlich
211	Abweichungen von MV	In Räumlichkeiten des EPA nur 1) auf Antrag eines Beteiligten [472] **ODER** 2) Veranlassung der Eingangsstelle	In Räumlichkeiten des EPA nur 1) auf Antrag eines Beteiligten [473]	In Räumlichkeiten des EPA nur 1) auf Antrag eines Beteiligten [473] **ODER** 2) Veranlassung der Einspruchsabteilung	In Räumlichkeiten des EPA nur 3) auf Antrag eines Beteiligten **ODER** Veranlassung der Eingangsstelle
212	Teilnahme der EPA Mitglieder	Von unterschiedlichen Orten aus per Fernverbindung mgl. Ort der Verhandlung = Ort, an dem Eingangsstelle konstituiert ist	Von unterschiedlichen Orten aus per Fernverbindung mgl.	Von unterschiedlichen Orten aus per Fernverbindung mgl. Ort der Verhandlung = Ort, an dem Einspruchsabteilung konstituiert ist	Von unterschiedlichen Orten aus per Fernverbindung mgl. Ort der Verhandlung = Ort, an dem Rechtsabteilung konstituiert ist
213	Teilnahme von Beteiligten	Anmelder und Vertreter von unterschiedlichen Ort aus per Fernverbindung mgl.	Begleiter, Beteiligter, Vertreter von unterschiedlichen Orten aus per Fernverbindung mgl., sofern Zahl der Teilnehmer Durchführung nicht beeinträchtigt		
214	Öffentlichkeit	-	-	Mitgliederder Öffentlichkeit per Fernverbindung oder in Räumlichkeiten des EPA Verhandlung verfolgen	-
215	Einreichen von Dokumenten während der MV	per Email als Anhang [474]		per E-Mail [475] als Anhang	per Email als Anhang [474]
216	Technisch Störungen		Neue Ladung zur MV ergeht nach Aktenlage ABl.2020,A124	per E-Mail [475] als Anhang [476]	
217	Nichterscheinen von Beteiligten	Verfahren wird gemäß R.115(2) fortgesetzt, wenn Nichtteilnahme verschuldet	1) Rücknahme des Antrages auf MV [477] 2) Antrag auf Entscheidung nach Aktenlage	Verfahren wird gemäß R.115 fortgesetzt, wenn Nichtteilnahme verschuldet	Verfahren wird gemäß R.115(2) fortgesetzt, wenn Nichtteilnahme verschuldet

[470] Bild- und Tonaufnahmen sowie Weiterübertragungen von MV als Videokonferenz sind verboten.

[471] Zustimmung der Beteiligten zur MV als Videokonferenz seit 04. Januar 2021 nicht mehr nötig [ABl.2020,A122].

[472] Nur aus wichtigem Grund; wird Antrag abgelehnt, ergeht Mitt. mit Begründung an Beteiligte; Entscheidung nicht beschwerdefähig.

[473] Antragstellung so früh wie möglich; **Vorliegen Ernsthafter Gründe**: individuelle Gründe der Teilnehmer (z.B.: Sehschwäche) ODER Gründe, die mit Art des Verfahrens zu tun haben (z.B. Vorführung eines Objektes); Einwände gegen die Videotechnologie ist kein Grund [ABl.2020,A122]; wird Antrag abgelehnt, ergeht Mitt. mit Begründung an Beteiligte; Entscheidung nicht beschwerdefähig [ABl.2020,A121].

[474] Geänderte Anmeldung-/ Patentunterlagen als Anhang als [1] PDF **ODER** [2] WIPO-Standard für elektron. Einreichung: während MV ODER innerhalb von EPA gesetzten Frist, bei Versäumnis gilt nichtlesbarer Teil als nicht eingegangen [ABl.2020,A71].

[475] Gilt auch für Vollmachten; bei **Unterschrifterfordernis**: in E-Mail oder auf eingereichten Unterlagen per Zeichenkette oder Faksimile-Unterschrift; Aufnahme zur Akteneinsicht zugänglich gemacht [ABl.2020,A71].

[476] Geänderte Anmeldung-/ Patentunterlagen als Anhang als [1] PDF **ODER** [2] WIPO-Standard für elektron. Einreichung: während MV ODER innerhalb von EPA gesetzten Frist, bei Versäumnis gilt nichtlesbarer Teil als nicht eingegangen.

[477] Antrag aud MV zurückgenommen oder gilt als zurückgenommen - Ermessen der Prüfungsabteilung abzusagen oder MV in Abwesenheit durchzuführen [EIII,8.3].

Anträge - MV

	Antrag	Voraussetzung	Rechtsnorm	zu erbringende Handlung	Frist	Nachfrist	Rechtsfolge	Zulässigkeit	Behelf
218	**Verlegung** der MV [478] E-III,7	Vorliegen schwerwiegender Gründe [479] Beteiligter, deren Anwesenheit in MV unerlässlich ist (Vertreter oder Zeuge)	ABl.2009,68 T178/03	1) »schriftlicher« Antrag, 2) »hinreichend substantiierte« Begründung der schwerwiegenden Gründe ABl.2009,68; T178/03	»jederzeit« **ABER:** sobald wie möglich	--	**+** zuständiges Organ bestimmt neue Ladungsfrist; mind. **2 M** vor MV (außer Beteiligte stimmen früheren Termin zu) R.115(1) iVm E-III,7.1.2	vor jedem Organ [480]	--
219	**alternative Amtssprache** als Verfahrenssprache [481] E-V,5	Antrag auf oder Ladung zur MV	R.4(1) S.1	Antrag durch Verfahrensbeteiligten **ODER** selbst für Übersetzung in Verfahrenssprache sorgen	mit Antrag auf MV **ODER** bis **1 M** vor MV	--	**+** Beteiligter darf gewählte Sprache sprechen und diese hören	stets	--
220	**Schriftsatz**	Ladung zur MV	D-VI, 3.2	Schriftsatz **ODER** zulässige Änderungen einreichen	i.d.R. bis **2 M** vor MV keine „echte" Frist	nicht verlängerbar [da keine Frist iSv R.132]	**–** Berücksichtigung liegt im Ermessen des EPA [482]		WB (–); WE (–)
221	**Niederschrift berichtigen** E-III,10.4	Abschrift einer mangelhaften [483] Niederschrift über MV erhalten R.124(4)	R.124 RBK III.C.7.10.3	Berichtigungsantrag (begründet)	„möglichst bald" nach Erhalt betreffender Niederschrift	keine	**+** berichtigte Niederschrift über MV **–** begründete Mitt. [484], warum Niederschrift unverändert T819/96	Prüfungs- bzw. Einspruchsabteilung	keine

---

[478] Verlegung der MV an anderen als den in der Ladung angegebenen Dienstort des EPA kann nicht stattgegeben werden [T1012/03].

[479] **schwerwiegende Gründe:** feststehende Ladung zu anderer Verhandlung; schwere Erkrankung; Todesfall in Familie; Eheschließung; staatlich verordnete Pflichten; feststehende Reisen/Urlaube [E-III,7.1.1]; **keine schwerwiegenden Gründe:** An-/Abreisen am WE, übermäßige Arbeitsbelastung, nachfolgende Ladung zu anderer Verhandlung [E-III,7.1.1].

[480] In Einspruchs(beschwerde)verfahren, insbesondere bei mehreren Einsprechenden, gelten strengere Maßstäbe [T1102/03].

[481] spricht ein am Verfahren Beteiligter die festgelegte Sprache nicht und bringt Einwände muss EPA auf eigene Kosten für Übersetzung sorgen.

[482] Achtung: **Unbeabsichtigtes Nichtberücksichtigen** von Schriftsätzen durch EPA stellt einen Verstoß gegen **Art.113(2)** dar (ist beschwerdefähig [T543/92; T89/94]).

[483] „wesentliche" und „rechtserhebliche" Mängel sind bspw. Fehlen wesentlicher Anträge **ODER** ähnlich wichtiger verfahrensrechtlicher Erklärungen **ODER** nicht richtig Wiedergabe dessen [T231/99; T642/97; T819/96]. [T1198/97; T1063/02].

[484] diese Mitt. ist nicht beschwerdefähig [T1198/97; T1063/02].

Mündliche Verhandlung

Beweisaufnahme

	Antrag	Voraussetzung	Norm	Handlung	Frist	Zulässig	Rechtsfolge	WICHTIGES
222	**Niederschrift der MV** E-III, 10	MV	R.124(1)	Niederschrift "wesentlicher" und "rechtserheblicher" Aspekte der MV a) relevanten Argumente der Beteiligten b) wesentliche Inhalt etwaiger neuer Beteiligtenanträge, c) Darstellung des Falles d) In Amtssprache gem. **Art.14(3)**	während MV	Bedienstete des EPA, idR Mitglieder des zuständigen Organs, z. B. der Prüfungs-/Einspruchsabteilung	alsbaldige Zustellung einer Abschrift an Beteiligte	Tonträgeraufnahmen ausschließlich durch Amtsangehörige mit Unterrichtung der Beteiligten ABl.1986, 63
223	Niederschrift über Aussage von Zeugen, Sachverständigen oder Beteiligten E-IIV, 1.7	Ladung zur Beweisaufnahme (mind. **2 M** im Voraus)	R.124(2)	Aufnahme aller wesentlichen Aussagen (fast wörtlich), ggfs. mittels Diktiergerät	während Beweisaufnahme			Teilnahme nicht geladener Beteiligter ist mgl. E-IV, 1.5

Vortragsberechtigter in der MV

	Wer	Norm	Voraussetzung	Wirkung	Sprache
224	**zugelassener Vertreter**	Art.134(1) & Art.134(8)	1) zugelassener Vertreter oder in VStaat zugelassener Rechtsanwalt Art.134(1), (8) 2) Vollmachtsvorlage [485] R.152(1), E-III, 8.3.1 G4/95	Verantwortlichkeit für alle Verfahrenshandlungen	grds. Verfahrenssprache **ABER**
225	**Verfahrensbeteiligter** (Anmelder/Inhaber/Geschäftsführer)	E-III, 8.5 T621/98	1) Sitz/Wohnsitz in Vertragsstaat R.133(1) 2) Vollmachtsvorlage [486] R.152(1), E-III, 8.3.1 T621/98	statusbedingt jederzeit zu Ausführungen in MV berechtigt	jede Sprache, mit Einverständnis aller Beteiligten und EPA Rn.DI-290
226	**Bevollmächtigter Angestellter** (Erfinder)	Art.133(3)	1) Sitz/Wohnsitz in Mitgliedsstaat Art.133(3), T298/97 2) Vollmachtsvorlage [486] R.152(1), E-III, 8.3.1	analog zum zugelassenen Vertreter	
227	**Begleitperson** (Zeugen, Sachverständiger, Junganwalt)	G2/94, G4/95	1) auf Antrag Beteiligter oder deren Vertreter vor MV innerhalb R.116-Frist **ODER** 2) bei verspäteter Antragstellung nach R.116-Frist Vorliegen außergewöhnlicher Umstände erforderlich oder alle Beteiligten sind damit einverstanden [487] 3) mit Angaben zur Person, Gegenstand der Ausführungen und seiner Qualifikation G4/95	Ausführungen nur unter ständiger Verantwortung und Aufsicht des Beteiligten oder dessen Vertreters	jede Sprache, wenn Antragsteller selbst für Übersetzung sorgt R.4(3)

Nichterscheinen eines Beteiligten/Vertreters [E-III, 8.3.3]

grds. Fortsetzung der MV ohne diesen [R.115(2)]. AUSGENOMMEN: Entscheidung fußt auf erstmals in MV vorgebrachter neuer Tatsachen/Beweismittel. Entscheidung fußt auf erstmals in MV vorgebrachter neuer Tatsachen/Beweismittel gelten nicht als neue Tatsachen/Beweismittel.

[485] Vollmachtsvorlage durch Vertreter oder Anmelder entfällt bei Bestimmung eines zugelassenen Vertreters. **Ausnahme:** [1] Vertreterwechsel durch neuen Vertreter angezeigt [R.152(8)] **ODER** [2] Anforderung durch EPA wg. besonderer Umstände (Zweifel über Vertretungsbefugnis) [R.152(1)] iVm BdP ABl.2007S3,128, L1].

[486] bei **Fehlen der Vollmacht** in MV, **2 M** für Nachreichen der Vollmacht [R.152(2)]; MV wird normal fortgesetzt, aber Entscheidung ergeht nur schriftlich, sobald fehlende Vollmacht nachgereicht [E-III,8.3.1].

[487] Ist keine Alternativbedingung erfüllt, so wird gestellter Antrag als verspätet vorgebrachte Tatsache, Beweismittel oder Änderung zurückgewiesen [E-III,8.5].

EPÜ 2000	EPÜAO	Rechtsprechung
Artikel 117[135][136] **Beweismittel und Beweisaufnahme** (1) In Verfahren vor dem EPA sind insbesondere folgende Beweismittel zulässig: a) Vernehmung der Beteiligten; b) Einholung von Auskünften; c) Vorlegung von Urkunden; d) Vernehmung von Zeugen; e) Begutachtung durch Sachverständige; f) Einnahme des Augenscheins; g) Abgabe einer schriftlichen Erklärung unter Eid. (2) Das Verfahren zur Durchführung der Beweisaufnahme regelt die Ausführungsordnung. [135] Geändert durch die Akte zur Revision des EPÜ vom 29.11.2000. [136] Siehe hierzu Entscheidungen/Stellungnahmen der GBK G 3/89, G 11/91, G 4/95 (Anhang I).		
	(2) Beteiligte, Zeugen und Sachverständige werden vor ihrer Vernehmung darauf hingewiesen, dass das EPA das zuständige Gericht in ihrem Wohnsitzstaat um Wiederholung der Vernehmung unter Eid oder in gleichermaßen verbindlicher Form ersuchen kann. (3) Die Beteiligten können an der Beweisaufnahme teilnehmen und sachdienliche Fragen an die vernommenen Personen richten. **Regel 121** **Beauftragung von Sachverständigen** (1) Das EPA entscheidet, in welcher Form das Gutachten des von ihm beauftragten Sachverständigen zu erstatten ist. [...] (3) Die Beteiligten erhalten eine Abschrift des schriftlichen Gutachtens. (4) Die Beteiligten können den Sachverständigen ablehnen. Über die Ablehnung entscheidet das Organ des EPA, das für die Beauftragung des Sachverständigen zuständig ist.	
EPÜAO		
Regel 117 **Entscheidung über eine Beweisaufnahme** Hält das Europäische Patentamt die Vernehmung von Beteiligten, Zeugen oder Sachverständigen oder eine Augenscheinseinnahme für erforderlich, so erlässt es eine entsprechende Entscheidung, in der das betreffende Beweismittel, die rechtserheblichen Tatsachen und Tag, Uhrzeit und Ort der Beweisaufnahme angegeben werden. Hat ein Beteiligter die Vernehmung von Zeugen oder Sachverständigen beantragt, so wird in der Entscheidung eine Frist bestimmt, in der der Antragsteller deren Namen und Anschrift mitteilen muss.		**G11/91** 1. Eine Berichtigung der die Offenbarung betreffenden Teile einer ePa oder eines europäischen Patents (der Beschreibung, der Patentansprüche und der Zeichnungen) nach R.88, S.2 darf nur im Rahmen dessen erfolgen, was der Fachmann der Gesamtheit dieser Unterlagen in ihrer ursprünglich eingereichten Fassung unter Heranziehung des allgemeinen Fachwissens - objektiv und bezogen auf den Anmeldetag - unmittelbar und eindeutig entnehmen kann. Eine solche Berichtigung hat rein feststellenden Charakter und verstößt daher nicht gegen das Erweiterungsverbot nach Art.123(2). 2. Der Nachweis dessen, was am Anmeldetag allgemeines Fachwissen des Fachmanns war, kann im Rahmen eines zulässigen Berichtigungsantrags mit jedem geeigneten Beweismittel erbracht werden.
Regel 118 **Ladung zur Vernehmung vor dem Europäischen Patentamt** (1) Die vor dem EPA zu vernehmenden Beteiligten, Zeugen oder Sachverständigen sind zu laden. (2) Die Frist zur Ladung von Beteiligten, Zeugen und Sachverständigen zur Beweisaufnahme beträgt mindestens zwei Monate, sofern diese nicht mit einer kürzeren Frist einverstanden sind. Die Ladung muss enthalten: a) einen Auszug aus der in Regel 117 genannten Entscheidung, aus der Tag, Uhrzeit und Ort der angeordneten Beweisaufnahme sowie die Tatsachen hervorgehen, über die die Beteiligten, Zeugen oder Sachverständigen vernommen werden sollen; b) die Namen der Beteiligten sowie die Rechte, die den Zeugen und Sachverständigen nach Regel 122 Absätze 2 bis 4 zustehen; c) einen Hinweis darauf, dass der Beteiligte, Zeuge oder Sachverständige seine Vernehmung durch ein zuständiges Gericht seines Wohnsitzstaats nach Regel 120 beantragen kann, sowie eine Aufforderung, dem Europäischen Patentamt innerhalb einer zu bestimmenden Frist mitzuteilen, ob er bereit ist, vor dem Europäischen Patentamt zu erscheinen.		**J11/88** 1. Ob eine Unterbrechung der Postzustellung oder eine daran anschließende Störung eine "allgemeine Unterbrechung" im Sinne der R.85(2) ist, ist eine Tatfrage, die anhand aller verfügbaren glaubwürdigen Informationen beantwortet werden muß. In Zweifelsfällen sollte das EPA gemäß Art.114(1) den Sachverhalt von Amts wegen ermitteln.
Regel 119 **Durchführung der Beweisaufnahme vor dem Europäischen Patentamt** (1) Die Prüfungsabteilung, die Einspruchsabteilung und die Beschwerdekammer können eines ihrer Mitglieder mit der Durchführung der Beweisaufnahme beauftragen.		**T760/89** 1. Dokumente, die im Einspruchsverfahren als Beweismittel eingereicht werden, und Schriftsätze, in denen auf sie Bezug genommen wird, verbleiben grundsätzlich bis zum Abschluß des Verfahrens und für mindestens weitere fünf Jahre in der Akte. 2. Nur in Ausnahmefällen und auf begründeten Antrag hin können als Beweismittel eingereichte Unterlagen außer acht gelassen und zurückgegeben werden. Eine solche Ausnahme liegt vor, wenn das Interesse der einreichenden Partei an der Außerachtlassung der Unterlagen und ihrer Rückgabe eindeutig Vorrang hat gegenüber dem Interesse anderer Beteiligter unter Verletzung einer Vertraulichkeitsvereinbarung eingereicht wurden, sie ferner auch nicht zum StdT gehörten, sondern es sich bei ihnen um in Entgegnung des Einspruchs vorgebrachte Aussagen Dritter handelt, und die übrigen Beteiligten den Antrag billigten. Dasselbe gilt für Schriftsätze, in denen auf solche Unterlagen Bezug genommen wird.
	Regel 122 **Kosten der Beweisaufnahme** (1) Das EPA kann die Beweisaufnahme davon abhängig machen, dass der Beteiligte, der sie beantragt hat, beim EPA einen Vorschuss hinterlegt, dessen Höhe im Wege einer Schätzung der voraussichtlichen Kosten bestimmt wird. (2) Zeugen oder Sachverständige, die vom EPA geladen worden sind und vor diesem erscheinen, haben Anspruch auf Erstattung angemessener Reise- und Aufenthaltskosten. Es kann ihnen ein Vorschuss auf diese Kosten gewährt werden. Satz 1 gilt auch für Personen, die ohne Ladung vor dem EPAerscheinen und als Zeugen oder Sachverständige vernommen werden. (3) Zeugen, denen nach Absatz 2 ein Erstattungsanspruch zusteht, haben Anspruch auf eine angemessene Entschädigung für Verdienstausfall; Sachverständige haben Anspruch auf Vergütung ihrer Tätigkeit. Diese Entschädigung oder Vergütung wird den Zeugen und Sachverständigen gezahlt, nachdem sie ihre Pflicht oder ihren Auftrag erfüllt haben. (4) Der Verwaltungsrat legt die Einzelheiten der Anwendung der Absätze 2 und 3 fest. Das EPA zahlt die nach den Absätzen 2 und 3 fälligen Beträge aus.	**T595/90** 1. Schriftsätze, die nach "Beendigung der sachlichen Debatte in der MV" eingereicht werden, werden von der Kammer nicht berücksichtigt, es sei denn, sie eröffnet die Debatte wieder. Eine solche Wiedereröffnung liegt im Ermessen der Kammer.
	Regel 124 **Niederschrift über mündliche Verhandlungen und Beweisaufnahmen** (1) Über die MV oder Beweisaufnahme wird eine Niederschrift aufgenommen, die den wesentlichen Gang der MV oder Beweisaufnahme, die rechtserheblichen Erklärungen der Beteiligten, die Aussagen der Beteiligten, Zeugen oder Sachverständigen und das Ergebnis eines Augenscheins enthalten soll. (2) Die Niederschrift über die Aussage eines Zeugen, Sachverständigen oder Beteiligten wird diesem vorgelesen, zur Durchsicht vorgelegt oder, wenn sie mit technischen Einrichtungen aufgezeichnet wurde, vorgespielt, sofern er nicht auf dieses Recht verzichtet. In der Niederschrift wird vermerkt, dass dies geschehen und die Niederschrift von der Person genehmigt ist, die ausgesagt hat. Wird die Niederschrift nicht genehmigt, so werden die Einwendungen vermerkt. Das Vorspielen der Niederschrift und die Genehmigung erübrigen sich, wenn die Aussage wörtlich und unmittelbar unter Verwendung von technischen Einrichtungen aufgezeichnet wurde. (3)[127] Die Niederschrift wird von dem Bediensteten, der für die Aufnahme zuständig ist, und von dem Bediensteten, der die MV oder Beweisaufnahme leitet, durch ihre Unterschrift oder andere geeignete Mittel als authentisch bestätigt. (4) Die Beteiligten erhalten eine Abschrift der Niederschrift. [127] Geä. durch Bd Verwaltungsrats CA/D 6/14 vom 15.10.2014 (ABl. EPA 2015, A17), in Kraft getreten am 01.04.2015. Siehe Mitt. des EPA, ABl. EPA 2015, A36.	**T472/92** 1. Bei allen in Art.100 aufgeführten Einspruchsgründen gilt zwar dasselbe Beweismaß (T270/90, ABl. 993, 725); dennoch hat der Einsprechende eine offenkundige Vorbenutzung lückenlos nachzuweisen, wenn praktisch alle Beweismittel dafür seiner Verfügungsmacht und seinem Wissen unterliegen. **T750/94** [...] Führt die Entscheidung über diese Frage zur Zurückweisung einer europäischen Anmeldung oder zum Widerruf eines europäischen Patents - z. B. wegen einer angeblichen Vorveröffentlichung oder Vorbenutzung -, so ist das vorliegende Beweismaterial sehr kritisch und genau zu prüfen. Dabei sollte nur zurückgewiesen und ein europäisches Patent nur widerrufen werden, wenn die Zurückweisungs- bzw. Widerrufsgründe voll und ganz bewiesen sind.

Beweismittel und -würdigung

Beweismittel und Beweiswürdigung   Art.117, E-IV,1

228 Prinzipiell müssen vorgebrachte Tatsachen nicht durch Beweismittel belegt werden. Vielmehr sind die Tatsachen zunächst als richtig zu unterstellen, es sei denn es besteht der begründete Zweifel an deren Richtigkeit, z.B. weil widersprüchliche Tatsachen vorgebracht wurden. Unabhängig davon, können zur Stützung behaupteter Tatsachen Verfahrensbeteiligte jederzeit im anhängigen Verfahren Beweismittel hervorbringen. **Reine Argumente** sind allerdings keine Beweismittel [T642/92].

Beweismittel   E-IV,1.2

229 Als Beweismittel können beispielsweise dienen:
- vorgelegte Unterlagen [**Art.117(1) c)**]
- Vernehmung von Beteiligten [**Art.117(1) a)**]
- Vernehmung von Zeugen [**Art.117(1) d)**]
- Schriftliche Erklärungen, abgegeben unter Eid [**Art.117(1) g)**] eingeholte Auskünfte [**Art.117(1) b)**]
- Begutachtung durch Sachverständige [**Art.117(1) e)**]
- Einnahme des Augenscheins [**Art.117(1) f)**]

Beweismittel wird zur Akte genommen, nur in Ausnahmefällen (z.B. Verletzung von Vertraulichkeitsvereinbarungen) werden beweismittel zurückgegeben. [T760/89]

Verspätet Vorgebrachte Beweismittel   E-VI,2 und E-III,8.6

Grundsätzlich muss verspätetes Vorbringen nicht berücksichtigt werden [**Art.114(2)**].

drei Kriterien zur Prüfung, ob Beweismittel noch berücksichtigt werden sind:

1) **Relevanzprüfung** (*prima facie*): Beurteilung der Bedeutung der Beweismittel für Entscheidung [T156/84]

   Verspätete Beweismittel müssen relevanter (dh gewichtiger oder überzeugender) sein als bereits vorliegende Beweismittel [T611/90; T1557/05]

   erfind. Tätigkeit:
   - verwandtes techn. Gebiet und Gegenstand für denselben/ähnlichen Zweck [T931/06]
   - beide Beteiligte betrachten es als nächstliegenden StdT [T1105/04]

   Einspruchsabteilung: *prima facie* triftige Gründe erforderlich, wonach verspätet eingereichte Unterlagen der Aufrechterhaltung des Patents entgegenstehen [T1002/92] Beschwerdekammer: noch restriktiver

2) **Stand des Verfahrens**, berücksichtigung der Verfahrensökonomie [T1883/12]
   - Vorrang von Art.114(1) vor Art.114(2)
   - Umfang der Unterlagen [T188/05]

3) **Grund für verspätetes Vorbringen**

   kein offensichtlicher Missbrauch des Verfahrensbeteiligten [T534/89].

Sind Beweismittel z.B. *prima facie* relevant, so müssen sie zugelassen werden, unabhängig vom Verfahrensstadium und den Gründen für das verspätete Hervorbringen (Grundlage: Ermittlung von Amtswegen [**Art.114(1)**] hat Vorrang vor Möglichkeit Tatsachen unberücksichtigt zu lassen [**Art.114(2)**]).

Letzte Möglichkeit zum Vorbringen

Schriftliches Verfahren: Tag, an dem die Entscheidung zum Zwecke der Zustellung an die interne Poststelle des EPA abgegeben wird [G12/91]

Mündliche Verhandlung: bis zur Verkündung der Entscheidung

Beurteilung von Beweismitteln   E-IV,4.3

230 Bei der Beurteilung der Beweismittel gilt der **Grundsatz der freien Beweiswürdigung**, d.h.
- Inhalt und Bedeutung des Beweismittels sind
- je nach Fall
- einzeln unter Berücksichtigung der speziellen Umstände (z.B. Ort, Zeit, Stellung des Zeugen etc.) zu beurteilen.

Grundsatz des Abwägens der Wahrscheinlichkeit Jedes Organ des EPA kann selbständig beurteilen, ob Beweismittel als wichtig oder unwichtig zu betrachten ist, d.h. Beweismittel wird danach beurteilt, ob es wahrscheinlich richtiger als anderes ist („hinreichende Gewissheit" [T100/97]).

Lückenloser Nachweis: Außerdem ist zu beachten, dass für schwerwiegendere Tatfragen auch stichhaltiges Beweismaterial vorgebracht werden muss („strenger Beweismaßstab") [T750/94].

Kosten der Beweisaufnahme

231 In Verfahren vor dem EPA trägt jeder Beteiligte grds. nur seine Kosten, ausgenommen eine abweichende Kostenverteilung entspricht der Billigkeit [**Art.104**, D-IX, 1.4])

Beweisaufnahme kann abhängig von der Hinterlegung eines Vorschusses an EPA gemacht werden (Schätzung der voraussichtlichen Kosten) [**R.122(1)**], nicht verbrauchter Rest wird zurückgezahlt.

Ansprüche der Zeugen und Sachverständigen:
1) Reise- und Aufenthaltskosten [**R.122(2)**];
2) Verdienstausfall, Vergütung [**R.122(3)**].

Teil D I – Übersicht zum EPÜ

Zulässige Beweismittel [488]
in jedem anhängigen Verfahren zur Stützung behaupteter Tatsachen
E-IV, 1.2

	Beweismittel	Rechtsnorm	Zulässigkeit [489]	Beweiskraft [489]	Form	Beispiele	Zweckdienlichkeit	Besonderheiten
232	**Beteiligtenvernahme** (≠Zeuge)	Art.117(1)a)		einzelfallabhängig	mündlich	▪ Vernahme vor dem EPA [R.118, 120] ▪ Vernahme durch ein Gericht [R.120(1)] ▪ durch EPA ersuchte Gerichtsvernahme		Ladung zur Vernehmung (mind. **2 M** vor MV) **R.118(1)/(2)**
233	**Urkunden** [491] (Dokumente; Veröffentlichung)	Art.117(1)c)			schriftlich, bildlich	alle schriftlichen Unterlagen: ▪ Zeitungs-/Zeitschriftenartikel ▪ Niederschriften MV ▪ Internet-Offenbarungen [492]	Beleg für/gegen Neuheit bzw. erfinderische Tätigkeit; offenkundige Vorbenutzung [490]	
234	**Zeugenvernahme** [493]	Art.117(1)d)		einzelfallabhängig	mündlich	Angestellte [T482/89], Kunden [T575/94]		wenn im nat. Recht nicht gegeben, tritt äquivalentes Instrument an dessen Stelle T338/95
235	**Erklärungen** unter Eid oder an eidesstatt (=Affidavit)	Art.117(1)g)	vor allen Organen des EPA	niedrig [494]	schriftlich	Vernahme durch ein Gericht unter Eid R.120(2)		
236	**Einholen von Auskünften**	Art.117(1)b)			schriftlich	▪ Auskünfte von behörden (z.B. StdT aus nat./reg. Patentverfahren) **Art.124, R.141** ▪ bei Verlag (z.B. über VeröffTag von Artikeln)		
237	**Sachverständigengutachten** [495] E-IV, 1.8	Art.117(1)e)			mündlich/ schriftlich	▪ vom EPA beauftragter Sachverständiger **R.121** ▪ von Beteiligten beauftragter Sachverständiger (Parteigutachten) E-IV,4.7		Ladung zur Vernehmung (mind. **2 M** vor MV) **R.118(1)/(2)**
238	**Augenschein**	Art.117(1)f)		hoch	körperlich	Modelle (Erzeugnis oder Verfahren) vorführen E-IV,1.11.1	Beleg technischer Effekte; Fragen zur Ausführbarkeit	

Grundsatz: in Form von Unterlagen eingereichte Beweismittel **verbleiben in Akte**. **Ausnahme:** eingereichte Beweismittel werden außer Acht gelassen und zurückgegeben, bei begründetem **[1]** Antrag eines Beteiligten **UND [2]** Vorliegen eines Ausnahmefalls: **(i)** Unterlagen unter Verletzung einer Vertraulichkeitsvereinbarung eingereicht, **(ii)** Aussagen Dritter und **(iii)** übrige Beteiligte billigen Antrag [T760/89].

[488] Tatsachenfragen sind auf Grundlage aller verfügbaren glaubwürdigen Informationen zu klären [J11/88, ABl.1989,433].
[489] **Zulässigkeit** = ob ein Beweismittel überhaupt in Betracht zu ziehen ist; **Beweiskraft** (Beweiswert) = ob das zu berücksichtigende Beweismittel die behaupteten Tatsachen hinreichend stützt.
[490] strengerer Beweismaßstab des „lückenlosen Nachweis", wenn Beweismittel für PI kaum oder gar nicht zugänglich [T472/92, ABl.1998, 161, T2010/08; RBK III.G.4.3]; Prospekte, öffentliche Poster.
[491] Alle Sprachen zulässig [R.3(3) S.1]; **aber:** EPA kann Übersetzung innerhalb zu best. Frist (verlängerbar – R.132) verlangen [R.3(3) S.2].
[492] kein strengerer Beweismaßstab [T286/10]; Inhalt/Datum von Online-Publikationen namhafter und vertrauenswürdiger Verleger iVm Belegen aus Internet Archiv mit hoher Reputation zulässig [T286/10].
[493] Ein Zeuge soll Tatsachen erhärten, die ihm persönlich bekannt sind [E-IV,1.2]. **Ansprüche der Zeugen und Sachverständigen: [1]** Reise- und Aufenthaltskosten [R.122(2)]; **[2]** Verdienstausfall, Vergütung [R.122(3)].
[494] bei Bestreiten durch Gegenseite erfolgt keine Berücksichtigung für Entscheidung; **ABER:** dennoch Ladung der Person, die Erklärung abgab, als Zeugen, wenn Beteiligte dies anbietet [E-IV,1.3].
[495] Anhörung nur unter besonderen Umständen, wenn Kammer sich außerstande sieht, über Fragen ohne technischen Beistand zu entscheiden. Wegen Befangenheitseinwand darf Kammer nicht aktiv Sachverständige suchen [T375/00].

Ausgewählte Beispiele von Beweismitteln [496]

	Beweismittel	Norm	Zulässigkeit [497]	Beweiskraft [489]	Form	Beispiele	Zweckdienlichkeit	Besonderheiten
239	**allgemeines Fachwissen** G-VII, 3.1			einzelfallabhängig	schriftlich, mündlich, bildlich	▪ (Übersichts-)Artikel in Fachzeitschriften T595/90, T309/88 ▪ Handbücher und Verweise darin T171/84, T206/83	zu allen Patentierbarkeitsfragen, z.B zur Neuheit, Ausführbarkeit; Berichtigung offensichtlicher Fehler [498]	Beleg nur bei Bestreiten erforderlich
240	**Modelle** E-IV,1.11	Art.117(1)f	Erteilungsverfahren, Einspruch, Beschwerde	hoch	körperlich	▪ Erzeugnis/Vorrichtung	▪ Nachweis der Patentierbarkeit (Beleg technischer Effekte; Fragen zur Ausführbarkeit) **[Art.52-57]** ▪ Veranschaulichung offenkundiger Vorbenutzung **[Art.54(2)]** **AUSGENOMMEN** ▪ nicht zur Offenbarung **[Art.83]** heranzuziehen, da nicht Teil der ePA	Augenscheinseinnahme des Modells auch außerhalb des ePA mgl. E-IV,1.11.2, ABl.2017,A6 Aufbewahrung des Modells möglich, wenn diese Entscheidung maßgebend beeinflussen E-IV,1.11.3
241	**Vergleichsversuche** mit Bericht	RBK I.D.10.9		einzelfallabhängig [499]	Daten	techn. Effekte **nur** ggü nächstliegendem StdT T197/86 (ABl.1989,371); T234/03	Nachweis der Patentierbarkeit (Beleg technischer Effekte; Fragen zur Ausführbarkeit) **[Art.52-57]**	auch verspätet vortragbar T2415/09; T712/97
242	**Videoaufnahmen** E-IV,1.12	Art.117(1)f	mündliche Verhandlung		bildlich, akustisch			Aufbewahrung, wenn Abteilung diese in Augenschein genommen E-IV,1.12.

243 **Verspätetes Vorbringen** - Kriterien zur Beurteilung

1. Relevanzprüfung [G9/91, G10/91, RBK IV.C.4]
   Relevanz des StdT ist wichtigstes Kriterium bei Entscheidung über Zulässigkeit [T156/84, ABl.1988, 372] – Vorrang von **Art.114(1)** vor **Art.114(2)**
   Einspruchsabteilung: *prima facie* triftige Gründe erforderlich, wonach verspätet eingereichte Unterlagen der Aufrechterhaltung des Patents entgegenstehen [T1002/92]; Beschwerdekammer: noch restriktiver
2. Grad der Verspätung – offensichtlich missbräuchlich des Beteiligten [T534/89]; Frage der Zugänglichkeit
3. Grad der Verspätung – Umfang der Unterlagen [T188/05]

---

[496] Tatsachenfragen sind auf Grundlage aller verfügbaren glaubwürdigen Informationen zu klären [J11/88, ABl.1989,433].
[497] **Zulässigkeit** = ob ein Beweismittel überhaupt in Betracht zu ziehen ist. **Beweiskraft** (Beweiswert) = ob das zu berücksichtigende Beweismittel die behaupteten Tatsachen hinreichend stützt.
[498] Berichtigungsantrag erforderlich [**R.139 S.1**: G11/91, ABl.1993, 125; G3/89, ABl.1993, 117].
[499] **Erfordernisse: [1]** Lehre des Streitpatents klar befolgt [T453/04] und **[2]** ggü nächstliegendem StdT und **[3]** im Idealfall durch Einsatz unabhängiger Personen.

Teil D I – Übersicht zum EPÜ

EPÜ 2000

Artikel 115 [131],[132]
Einwendungen Dritter

In Verfahren vor dem EPA kann nach VÖ der ePA jeder Dritte nach Maßgabe der AO Einwendungen gegen die Patentierbarkeit der Erfindung erheben, die Gegenstand der ePa oder des Patents ist. Der Dritte ist am Verfahren nicht beteiligt.

[131] Geändert durch die Akte zur Revision des EPÜ vom 29.11.2000.
[132] Siehe hierzu den BdP des EPA ABl. EPA 2011, 418 und die Mitt.des EPA, ABl. EPA 2017, A86.

Artikel 128 [150]
Akteneinsicht

(1) Einsicht in die Akten europäischer Patentanmeldungen, die noch nicht veröffentlicht worden sind, wird nur mit Zustimmung des Anmelders gewährt.

(2) Wer nachweist, dass der Anmelder sich ihm gegenüber auf seine europäische Patentanmeldung berufen hat, kann vor Veröffentlichung dieser Anmeldung und ohne Zustimmung des Anmelders Akteneinsicht verlangen.

(3) Nach Veröffentlichung einer europäischen Teilanmeldung oder einer nach Art.61(1) eingereichten neuen europäischen Patentanmeldung kann jedermann Einsicht in die Akten der früheren Anmeldung auch vor deren Veröffentlichung und ohne Zustimmung des Anmelders verlangen.

(4)[151] Nach Veröffentlichung der ePa wird vorbehaltlich der in der EPÜAO vorgeschriebenen Beschränkungen auf Antrag Einsicht in die Akten der Anmeldung und des darauf erteilten europäischen Patents gewährt.

(5) Das EPA kann die in der EPÜAO genannten Angaben bereits vor Veröffentlichung der ePa Dritten mitteilen oder veröffentlichen.

[150] Geändert durch die Akte zur Revision des EPÜ vom 29.11.2000.
[151] Siehe hierzu den BdP des EPA vom 12.07.2007 (SA Nr. 3 ABl. EPA 2007, J.3), den BdP des EPA vom 20.02.2019 über die Durchführung der Akteneinsicht (ABl.2019, A16) und den BdP des EPA vom 20.02.2019 über die Online-Akteneinsicht in Schriftstücke aus der Akte, die das EPA als RO, ISA oder für die ergänzende internationale Recherche bestimmte Behörde führt (ABl.2019, A17).

EPÜAO

Regel 3[3]
Sprache im schriftlichen Verfahren

[...] (3) Schriftliche Beweismittel, insbesondere Veröffentlichungen, können in jeder Sprache eingereicht werden. Das Europäische Patentamt kann jedoch verlangen, dass innerhalb einer zu bestimmenden Frist eine Übersetzung in einer seiner Amtssprachen eingereicht wird. Wird eine verlangte Übersetzung nicht rechtzeitig eingereicht, so braucht das Europäische Patentamt das betreffende Schriftstück nicht zu berücksichtigen.

[3] Siehe hierzu Entscheidungen GBK G3/99 (Anhang I).

Regel 114[108]
Einwendungen Dritter

(1) Einwendungen Dritter sind schriftlich in einer Amtssprache des Europäischen Patentamts einzureichen und zu begründen. R.3(3) ist anzuwenden.

(2) Die Einwendungen werden dem Anmelder oder Patentinhaber mitgeteilt, der dazu Stellung nehmen kann.

[108] Siehe hierzu BdP und die Mitteilung des EPA, ABl.2011,418, 420.

Rechtsprechung

G9/91

Die Befugnis einer Einspruchsabteilung oder einer Beschwerdekammer, gemäß den Art.101 und 102 zu prüfen und zu entscheiden, ob ein europäisches Patent aufrechterhalten werden soll, hängt von dem Umfang ab, in dem gemäß R.55c) in der Einspruchsschrift gegen das Patent Einspruch eingelegt wird. Allerdings können Ansprüche, die von einem im Einspruchs- oder Beschwerdeverfahren nichtteten unabhängigen Anspruch abhängig sind, auch dann auf die Patentierbarkeit ihres Gegenstands geprüft werden, wenn dieser nicht ausdrücklich angefochten worden ist, sofern ihre Gültigkeit durch das bereits vorliegende Informationsmaterial prima facie in Frage gestellt wird.

G12/91

Das Verfahren für den Erlaß einer Entscheidung im schriftlichen Verfahren ist mit dem Tag der Abgabe der Entscheidung durch die Formalprüfungsstelle der Abteilung an die interne Poststelle des EPA zum Zwecke der Zustellung abgeschlossen.

G7/93

1. Eine vom Anmelder nach R.51(4) abgegebene Einverständniserklärung mit der ihm mitgeteilten Fassung des Patents wird nicht bindend, sobald eine Mitteilung gemäß R.51(6) erlassen wurde. Nach einer solchen Mitteilung und bis zum Erlaß eines Erteilungsbeschlusses hat die Prüfungsabteilung nach R.86(3) S.2, eine Änderung der Anmeldung zuzulassen.[...]

G1/03

I. Die Änderung eines Anspruchs durch die Aufnahme eines Disclaimers kann deshalb nicht nach Art.123(2) abgelehnt werden, weil weder der Disclaimer noch der durch ihn aus dem beanspruchten Bereich ausgeschlossene Gegenstand aus der Anmeldung in der ursprünglich eingereichten Fassung herleitbar ist.

II. Die Zulässigkeit eines in der Anmeldung in der ursprünglich eingereichten Fassung nicht offenbarten Disclaimers ist nach folgenden Kriterien zu beurteilen:

II.1 Ein Disclaimer kann zulässig sein, wenn er dazu dient:
- die Neuheit wiederherzustellen, indem er einen Anspruch gegenüber einem Stand der Technik nach Art.54(3) und (4) abgrenzt;
- die Neuheit wiederherzustellen, indem er einen Anspruch gegenüber einer zufälligen Vorwegnahme nach Art.54(2) ab grenzt; eine Vorwegnahme ist zufällig, wenn sie so unerheblich für die beanspruchte Erfindung ist und so weit von ihr liegt, daß der Fachmann sie bei der Erfindung nicht berücksichtigt hätte; und
- einen Gegenstand auszuklammern, der nach den Art.52 bis 57 aus nichttechnischen Gründen vom Patentschutz ausgeschlossen ist.

II.2 Ein Disclaimer sollte nicht mehr ausschließen, als nötig ist, um die Neuheit wiederherzustellen oder einen Gegenstand auszuklammern, der aus nichttechnischen Gründen vom Patentschutz ausgeschlossen ist.

II.3 Ein Disclaimer, der für die Beurteilung der erfinderischen Tätigkeit oder der ausreichenden Offenbarung relevant ist oder wird, stellt eine nach Art.123(2) unzulässige Erweiterung dar.

II.4 Ein Anspruch, der einen Disclaimer enthält, muß die Erfordernisse der Klarheit und Knappheit nach Art.84 erfüllen.

T156/84

1. Der Grundsatz der Ermittlung von Amts wegen (Art.114(1)) hat Vorrang vor der dem EPA eingeräumten Befugnis, verspätet vorgebrachte Tatsachen und Beweismittel unberücksichtigt zu lassen. Dies ergibt sich aus der Verpflichtung des EPA gegenüber der Öffentlichkeit, keine Patente zu erteilen oder aufrechtzuerhalten, von denen es überzeugt ist, dass sie rechtlich keinen Bestand haben.

2. Das EPA muss die Relevanz von Entgegenhaltungen prüfen, die nachträglich in das Verfahren eingeführt werden, und den Beteiligten zumindest in seiner Entscheidung die Ergebnisse dieser Prüfung mitteilen. Eine endgültige Entscheidung über den Einspruch kann erst getroffen werden, wenn diese Prüfung durchgeführt worden ist.

3. Im Gegensatz zu rechtzeitig eingereichten vorgebrachten Entgegenhaltungen können verspätet eingereichte Unterlagen vom EPA ohne ausführliche Begründung als unerheblich bezeichnet werden.

4. Nachgereichte Unterlagen gelten nicht schon deshalb als verspätet eingereicht, weil sie nicht während der Einspruchsfrist eingereicht worden sind; hätten die nachgereichten Unterlagen bei sorgfältiger Vorbereitung des Einspruchsverfahrens eher ermittelt werden können, so muss der Einspruchsführer darlegen, weshalb er sie nicht früher erwähnt hat.

Ein Beitritt nach Art.105 ist nur im Einspruchsverfahren, nicht aber im Beschwerdeverfahren zulässig; Auslegung der Entscheidungen G 7/91 und G 8/91 (ABl. 1993, 356, 346), siehe auch T 27/92 (ABl. 1994, 853).

T390/90

Der Ermessensspielraum der Organe des EPA nach Art.114(2) soll gewährleisten, daß Verfahren im Interesse der Beteiligten, der breiten Öffentlichkeit wie auch des EPA rasch zum Abschluß gebracht werden können, und taktische Mißbräuche verhindern. Legt ein Beteiligter die für seine Sache relevanten Tatsachen, Beweismittel und Argumente ohne Angabe stichhaltiger Gründe nicht so frühzeitig und vollständig wie möglich vor und würde deren Zulassung zu einer übermäßigen Verzögerung des Verfahrens führen, so können die Beschwerdekammern diese Zulassung im Rahmen ihres Ermessensspielraums nach Art.114(2) durchaus zu Recht ablehnen (T 156/84, ABl. 1988, 372, eingeschränkt).

T951/91

Es liegt in der Verantwortung eines Dritten (**Art.115**), sicherzustellen, dass eingereichte Tatsachen und Beweismittel nicht nur missverständlich klar, sondern auch möglichst vollständig sind, damit sie von der prüfenden Instanz unmittelbar und ohne Zweifel oder Nachfragen bearbeitet werden können. Insbesondere, wenn dieser Dritte Dokumente in einer Nichtamtssprache des EPA sollte eine Übersetzung in eine Amtssprache des EPA beigelegt sein.

T189/92

Einwendungen Dritter [500]

Art.115, R.114, E-VI,3

Dritten stehen gegenüber Verfahrensbeteiligtem keine weitergehenden Rechte zu [T156/84]; d.h. selbe Kriterien bspw. für verspätetes Vorbringen [Art.114(2)]

	Norm	zu erbringende Handlung	Frist	Rechtsfolge	Rechtsbehelf
244 **Voraussetzung**		**jedes anhängige Verfahren** [501] vor dem EPA [T580/89]		+ **Beschleunigung:** Bemühung seitens EPA nächsten Verfahrensschritt binnen **3M** ab Eingang zu vollziehen [502]	E-VI,3
245 **Antragsberechtigter**	Art.115	**jeder Dritte** (nicht Anmelder, PI oder Verfahrensbeteiligte) [gilt auch für Einsprechende, der nicht am EBV teilnimmt, T811/90] AUCH **anonym** mgl. (d.h. nicht unterzeichnete Einwendung) Art.115 iVm ABl.2011, 420, RBK III.N.1.4 [505]		UND Mitt. an Anmelder der ePa bzw. PI mit **Möglichkeit zur Stellungnahme** [Stellungnahme kann für Entscheidung berücksichtigt werden, T390/07] **R.114(2)** UND Dritter ist **kein Verfahrensbeteiligter** [503] Art. 115 S.2 UND Einwendungen werden in öffentl. Teil der ePa/ EP-Patent aufgenommen [504] Art.128(4), A-XI,2.1 ABER	WB (–), da Dritter kein Anmelder ist
246 **zuständiges Amt**		direkt beim EPA	ab Veröffentlichung der ePa Art.115 iVm 93		WE (–), da sich Art.122 nur auf Anmelder oder PI bezieht G1/86
247 **Art der Einreichung**		»schriftlich« und »begründet« vorzugsweise über Online-Tool des EPA ABl.2011,418 und 420, T1336/09		ACHTUNG: Berücksichtigung nur bis zur Abgabe der Entscheidung an interne Poststelle [G7/93] ODER bei MV bis zum Ende der sachlichen Debatte [G12/91]	
248 **Erforderliche Angaben am ET**	R.114(1)	**Begründung,** nur gestützt auf materiellrechtl Erfordernisse [506]: a) Patentierbarkeit [Art.52-57] b) Klarheit [Art.84], c) ausreichende Offenbarung [Art.83] d) Uneinheitlichkeit [Art.82] e) unzulässige Änderungen [Art.76(1), 123(2)] Art.115 iVm ABl.2011,420; RBK III.N.1.5		Achtung: Berücksichtigung nicht zwingend; EPA entscheidet über Relevanz (=Amtsmaxime) **Art.114(1)** – Eingang nach Entscheidung in MV bzw. schriftl. Verfahren: Dokumente bleiben unbeachtet, aber Zuraktennahme G12/9 Verfahren nicht mehr anhängig: Dokumente bleiben unbeachtet und Aufnahme in unzugänglichen Aktenteil	G1/86 E-VI, 3
249 **Sprache**	R.114(1)	**Begründung:** jede Amtssprache (DE, EN, FR) nach Art.14(1) Art.114(1) R.3(3) S.1	Übersetzung nur bei Auff. +10Tage durch EPA binnen zu best. Frist R.3(3) S.2	– EPA braucht Schriftstück nicht zu berücksichtigen (Tatsachen/Beweismittel müssen klar und vollständig sein, T189/92] R.3(3) S.3	
	R.3(3)	**Beweismittel:** jede Sprache			E-VI,3

Einspruch als Einwendung Dritter: gilt Einspruch als unzulässig verworfen [R.77], werden vorgelegte Dokumente zum öffentl. Teil der Akte genommen und stehen zur Akteneinsicht für jedermann zur Verfügung [Art.128(4)]; Sie werden als Ein-wendungen Dritter behandelt [Art.115; D-IV,1.4.1 und D-IV,3]; selbiges gilt für **Beschwerde**!

! **anonyme Einwendungen:** im einseitigen Verfahren unstrittig zulässig, ABER für zweiseitiges Verfahren existieren konträre Meinung: nach G1/03 und G2/03 [ABl.2004,413 und 448] sind anonyme Einwendungen Dritter nicht zu berücksichtigen, da Kammer unter »schriftlicher« Einreichung ein Unterschriftenerfordernis sieht, dies solle verhindern, dass Verfahrensbeteiligte später neue Beweismittel einführen und/oder Verfahrenskosten sparen [RBK III.N.1.4].

[500] **keine Anhängigkeit:** bleiben unberücksichtigt und werden nur dem nichtöffentlichen Teil der Akte beigefügt [E-VI,3]; Einwendungen Dritter in der PCT-Phase werden für Euro-PCT-Anmeldung analog behandelt.
[501] Erteilungsverfahren, Beschränkungs-/Widerrufverfahren, Einspruchsverfahren (auch nach Ablauf Einspruchsfrist, T390/90), Beschwerdeverfahren [T390/90, G9/91 und RBK III.N.1.2].
[502] ausgenommen: **anonyme Einwendungen Dritter.**
[503] Dritten stehen gegenüber Verfahrensbeteiligtem keine weitergehenden Rechte zu [T951/91]; d.h. selbe Kriterien bspw. für verspätetes Vorbringen [Art.114(2)].
[504] Für jedermann über Akteneinsicht zugänglich [Art.128 iVm ABl.2011,420]; ausgenommen: nach Abschluss anhängiger Verfahren eingehende Einwendungen werden nur nichtöffentlichen Teil der Akte beigefügt [E-VI,3].
[505] **Zulässigkeit: nur im einseitigen Verfahren** [T1336/09]; im zweiseitigen Verfahren jedoch nicht zu berücksichtigen, da Unterschrift wg. des Schrifterfordernis nach R.114(1) erforderlich ist, um Dritten zu identifizieren [G1/03, G2/03 (ABl.2004,413 und 448); RBK III.N.1.4].
[506] **Substantiierung:** Tatsachen/Beweismittel müssen klar und vollständig sein[T908/95; T301/95]; Dritter unterliegt gleichen Beweismaßstäben [z.B. T908/95; T301/95].

EPÜ 2000

Artikel 121[140]
Weiterbehandlung der europäischen Patentanmeldung

(1) Hat der Anmelder eine gegenüber dem EPA einzuhaltende Frist versäumt, so kann er die Weiterbehandlung der ePa beantragen.

(2) Das EPA gibt dem Antrag statt, wenn die in der Ausführungsordnung festgelegten Erfordernisse erfüllt sind. Andernfalls weist es den Antrag zurück.

(3) Wird dem Antrag stattgegeben, so gelten die Rechtsfolgen der Fristversäumung als nicht eingetreten.

(4) Von der Weiterbehandlung ausgeschlossen sind die Fristen des Art.87(1), des Art.108 und des Art.112a(4) sowie die Fristen für den Antrag auf Weiterbehandlung und Wiedereinsetzung in den vorigen Stand. Die Ausführungsordnung kann weitere Fristen von der Weiterbehandlung ausnehmen.

[140] Geändert durch die Akte zur Revision des EPÜ vom 29.11.2000.

Artikel 122[141],[142]
Wiedereinsetzung in den vorigen Stand

(1) Der Anmelder oder PI, der trotz Beachtung aller nach den gegebenen Umständen gebotenen Sorgfalt verhindert worden ist, gegenüber dem EPA eine Frist einzuhalten, wird auf Antrag wieder in den vorigen Stand eingesetzt, wenn die Versäumung dieser Frist zur unmittelbaren Folge hat, dass die ePa oder der Antrag zurückgewiesen wird, die Anmeldung als zurückgenommen gilt, das europäische Patent widerrufen wird oder der Verlust eines sonstigen Rechts oder eines Rechtsmittels eintritt.

(2) Das EPA gibt dem Antrag statt, wenn die Voraussetzungen des Absatzes 1 und die weiteren, in der Ausführungsordnung festgelegten Erfordernisse erfüllt sind. Andernfalls weist es den Antrag zurück.

(3) Wird dem Antrag stattgegeben, so gelten die Rechtsfolgen der Fristversäumung als nicht eingetreten.

(4) Von der Wiedereinsetzung ausgeschlossen ist die Frist für den Antrag auf Wiedereinsetzung. Die Ausführungsordnung kann weitere Fristen von der Wiedereinsetzung ausnehmen.

(5) Wer in einem benannten Vertragsstaat in gutem Glauben die Erfindung, die Gegenstand einer veröffentlichten ePa oder eines europäischen Patents ist, in der Zeit zwischen dem Eintritt eines Rechtsverlusts nach Absatz 1 und der Bekanntmachung des Hinweises auf die Wiedereinsetzung im Europäischen Patentblatt in Benutzung genommen oder wirkliche und ernsthafte Veranstaltungen zur Benutzung getroffen hat, darf die Benutzung in seinem Betrieb oder für die Bedürfnisse seines Betriebs unentgeltlich fortsetzen.

(6) Dieser Artikel lässt das Recht eines VStaats unberührt, Wiedereinsetzung in Fristen zu gewähren, die in diesem Übereinkommen vorgesehen und den Behörden dieses Staats gegenüber einzuhalten sind.

[141] Geändert durch die Akte zur Revision des EPÜ vom 29.11.2000.
[142] Siehe hierzu Entscheidung der GBK G1/86 (Anhang I).

Artikel 135[164]
Umwandlungsantrag

(1) Die Zentralbehörde für den gewerblichen Rechtsschutz eines benannten VStaats leitet auf Antrag des Anmelders oder Inhabers eines europäischen Patents das Verfahren zur Erteilung eines nationalen Patents in den folgenden Fällen ein:

a) wenn die ePa nach Art.77(3) als zurückgenommen gilt;

b) in den sonstigen vom nationalen Recht vorgesehenen Fällen, in denen nach diesem Übereinkommen die europäische Patentanmeldung zurückgewiesen oder zurückgenommen worden ist oder als zurückgenommen gilt oder das europäische Patent widerrufen worden ist.

(2) Im Fall des Absatzes 1 a) ist der Umwandlungsantrag bei der Zentralbehörde für den gewerblichen Rechtsschutz zu stellen, bei der die ePa eingereicht worden ist. Diese Behörde leitet den Antrag vorbehaltlich der Vorschriften über die nationale Sicherheit unmittelbar an die Zentralbehörden der im Antrag bezeichneten VStaaten weiter.

(3) In den Fällen des Absatzes 1 b) ist der Umwandlungsantrag nach Maßgabe der Ausführungsordnung beim EPA zu stellen. Der Antrag gilt erst als gestellt, wenn die Umwandlungsgebühr entrichtet worden ist. Das Europäische Patentamt übermittelt den Umwandlungsantrag den Zentralbehörden für den gewerblichen Rechtsschutz der im Antrag bezeichneten Vertragsstaaten.

(4) Die in Art.66 genannte Wirkung der europäischen Patentanmeldung erlischt, wenn der Umwandlungsantrag nicht rechtzeitig übermittelt wird.

[164] Geändert durch die Akte zur Revision des EPÜ vom 29.11.2000.

EPÜAO

Regel 112[122]
Feststellung eines Rechtsverlusts

(1) Stellt das EPA fest, dass ein Rechtsverlust eingetreten ist, ohne dass eine Entscheidung über die Zurückweisung der ePa, die Erteilung, den Widerruf oder die Aufrechterhaltung des europäischen Patents oder über die Beweisaufnahme ergangen ist, so teilt es dies dem betroffenen Beteiligten mit.

(2) Ist der Beteiligte der Auffassung, dass die Feststellung des EPA nicht zutrifft, so kann er innerhalb von 2 M nach der Mitteilung nach Absatz 1 eine Entscheidung beantragen. Das EPA trifft eine solche Entscheidung nur dann, wenn es die Auffassung des Beteiligten nicht teilt; andernfalls unterrichtet es ihn.

[122] Siehe hierzu Entscheidungen der GBK G1/90, G2/97, G1/02 (Anhang I).

Regel 135
Weiterbehandlung

(1) Der Antrag auf WB nach Art.121(1) ist durch Entrichtung der vorgeschriebenen Gebühr innerhalb von zwei Monaten nach der Mitteilung über die Fristversäumung oder einen Rechtsverlust zu stellen. Die versäumte Handlung ist innerhalb der Antragsfrist nachzuholen.

(2) Von der WB ausgeschlossen sind die in Art.121(4) genannten Fristen sowie die Fristen nach R.6(1), R.16(1a), R.31(2), R.36(2), R.40(3), R.51(2) bis (5), R.52(2) und (3), R.55, 56, 58, 59, 62a, 63, 64, R.112(2) und R.164(1) und (2).

(3) Über den Antrag auf WB entscheidet das Organ, das über die versäumte Handlung zu entscheiden hat.

[139] Geändert durch BdV CA/D 17/13 vom 16.10.2013 (ABl.2013,503), in Kraft getreten am 01.11.2014. Siehe hierzu auch Mitteilung des EPA, ABl.2014,A70.

Regel 136
Wiedereinsetzung

(1) Der Antrag auf Wiedereinsetzung nach Art.122(1) ist innerhalb von zwei Monaten nach Wegfall des Hindernisses, spätestens jedoch innerhalb eines Jahres nach Ablauf der versäumten Frist schriftlich zu stellen. Wird Wiedereinsetzung in eine der Fristen nach Art.87(1) und Art.112a(4) beantragt, so ist der Antrag innerhalb von zwei Monaten nach Ablauf dieser Frist zu stellen. Der Antrag auf Wiedereinsetzung gilt erst als gestellt, wenn die vorgeschriebene Gebühr entrichtet worden ist.

(2) Der Antrag auf Wiedereinsetzung ist zu begründen, wobei die zur Begründung dienenden Tatsachen glaubhaft zu machen sind. Die versäumte Handlung ist innerhalb der nach Absatz 1 maßgeblichen Antragsfrist nachzuholen.

(3) Von der Wiedereinsetzung ausgeschlossen sind alle Fristen, für die Weiterbehandlung nach Art.21 beantragt werden kann, sowie die Frist für den Antrag auf Wiedereinsetzung in den vorigen Stand.

(4) Über den Antrag auf Wiedereinsetzung entscheidet das Organ, das über die versäumte Handlung zu entscheiden hat.

Regel 155
Einreichung und Übermittlung des Umwandlungsantrags

(1) Der Umwandlungsantrag nach Art.135(1) a) oder b) ist innerhalb von drei Monaten nach der Zurücknahme der europäischen Patentanmeldung oder der Mitteilung, dass die Anmeldung als zurückgenommen gilt, oder der Entscheidung über die Zurückweisung der Anmeldung oder den Widerruf des europäischen Patents einzureichen. Wird der Antrag nicht rechtzeitig eingereicht, so erlischt die in Art.66 vorgesehene Wirkung der ePa.

(2) Bei der Übermittlung des Umwandlungsantrags an die Zentralbehörden für den gewerblichen Rechtsschutz der darin bezeichneten Vertragsstaaten fügt die betreffende Zentralbehörde oder das Europäische Patentamt dem Antrag eine Kopie der Akte der europäischen Patentanmeldung oder des europäischen Patents bei.

(3)[163] Art.135(4) ist anzuwenden, wenn der Umwandlungsantrag nach Art.135(1) a) und 2 und 1 nicht vor Ablauf von zwanzig Monaten nach dem Anmeldetag oder, wenn eine Priorität in Anspruch genommen worden ist, nach dem Prioritätstag übermittelt wird.

[136] Englische Fassung geändert durch BdV CA/D 4/08 vom 21.10.2008 (ABl.2008,513), in Kraft getreten am 01.04.2009.

Regel 156
Unterrichtung der Öffentlichkeit bei Umwandlungen

(1) Die Unterlagen, die dem Umwandlungsantrag nach Regel 155 Absatz 2 beizufügen sind, sind der Öffentlichkeit von der Zentralbehörde für den gewerblichen Rechtsschutz unter den gleichen Voraussetzungen und im gleichen Umfang wie die Unterlagen eines nationalen Verfahrens zugänglich zu machen.

(2) Auf den Patentschriften der nationalen Patente, die aus der Umwandlung einer europäischen Patentanmeldung hervorgehen, ist diese Anmeldung anzugeben.

Rechtsprechung

G1/86 Art.122 EPÜ ist nicht so auszulegen, dass er nur auf den Patentanmelder und den Patentinhaber anzuwenden ist. Ein Beschwerdeführer, der Einsprechender ist, kann nach Art.122 EPÜ wieder in den vorigen Stand eingesetzt werden, wenn er die Frist der Einreichung der Beschwerdebegründung versäumt hat.

Rechtsbehelfe

Rechtsbehelfe (Weiterbehandlung · Wiedereinsetzung)

Zuständigkeit: Organ des betroffenen Verfahrensabschnitts
Art. 121 und **122**, **R.135** und **R.136**

Antrag	Voraussetzung	Norm	zu erbringende Handlung	Frist	Rechtsfolge	Nachfrist	Rechtsbehelf
250 Antrag auf **Weiterbehandlung**[507]	1) Anmelder hat 2) eine Frist ggü. dem EPA versäumt [R.132(1)] [508] 3) (Teil-)Rechtsverlust	**Art.121** iVm **R.135(1)**	1) WB-Antrag [509] 2) WB-Gebühr [275 € bzw 50% der Gebühr bei versäumter Gebührenzahlung] [510] **R.135(1) S.1**, Art.2(1) Nr.12 GebO 3) versäumte Handlung innerhalb Antragsfrist nachholen, **R.135(1) S.2**	ab Ablauf der versäumten Frist, auch vor Erhalt der R.112(1)-Rechtsverlustmitt. **BIS** 2 M nach Mitt. +10 Tage über Fristversäumnis oder Rechtsverlust **R.135(1) S.1**	+ Antrag wird stattgegeben **Art.121(2) S.1** zwischenzeitlich eingetretene Rechtsfolgen gelten als nicht eingetreten **Art.121(3)** − Zurückweisung des WB-Antrags[BF] und Rechtsfolge bleibt bestehen **Art.121(2) S.2**	keine	WB (−) **Art.121(4)** WE (+), da unmittelbarer Rechtsverlust bei Versäumnis J12/92
251 Weiterbenutzungsrecht	anders als bei WE existiert bei WB kein Weiterbenutzungsrecht für einen gutgläubigen Dritten						

E-VIII, 2

252 Von der Weiterbehandlung ausgeschlossene Fristen (alphabetisch)

nach Art.121(4)
- Antrag auf Beschwerdeüberprüfung [Art.112a(4)]
- Beschwerdefrist und Frist für Beschwerdebegründung [Art.108]
- Prioritätsfrist [Art.87(1)]
- Weiterbehandlung (WB) [Art.121]
- Wiedereinsetzung (WE) [Art.122]

nach R.135(2)
- Angabe der zu recherchierenden Ansprüche [R.62a]
- Angabe des zu recherchierenden Gegenstandes [R.63]
- Antrag auf Entscheidung [R.112(2)]
- Bezugnahme, ePa (beglaubigte Abschrift, Übersetzung) [R.40(3) S.1]
- Geltendmachung des Berechtigungsanspruchs nach Art.61(1) [R.16(1)a)]
- Hinterlegung biologischen Materials [R.31(2)]
- Inanspruchnahme der Prio (Angabe Aktenzeichen/Abschrift) [R.59]
- Jahresgebühr [R.51(2) bis (5)],
- Mängel in Eingangsprüfung gem. **R.55**:
  - fehlender Hinweis, dass ePa beantragt wird [R.40(1)a)]
  - fehlende Beschreibung/Bezugnahme [R.40(1)c)]
  - Aktenzeichen und Nummer früherer Anmeldung bei Bezugnahme und Hinweis, dass sie (Teile) der Beschreibung ersetzt [R.40(2)]
  - beglaubigte Abschrift und Übersetzung bei Bezugnahme [R.40(3)S.1]
- Nachreichen fehlender Teile [R.56]
- Mängel in Formalprüfung gem. **R.58**:
  - Übersetzung [R.57a)]
  - Erteilungsantrag R.41 entspricht [R.57b)]
  - Ansprüche/Bezugnahme vorhanden [R.57c)]
  - Zusammenfassung [R.57d)]
  - Vertretung [R.57h)]
  - Form Zeichnungen/Anmeldeunterlagen [R.57i)]
  - Prioritätserklärung und Berichtigung [R.52(2) und (3)]
  - Übersetzung gem. Art.14(2) [R.6(1)]
  - Übersetzung TA [R.36(2)]
- Zahlung weiterer Recherchengebühr bei mangelnder Einheitlichkeit [R.64 und R.164(1)/(2)]

---

[507] beschränkt auf Erteilungsverfahren und Erteilungsbeschwerdeverfahren; **Zuständigkeit:** Organ des Verfahrensabschnitts [R.135(3)].
[508] **Ausnahme: S.97 zu Art.121(4), R.135(2).**
[509] Antrag bedarf nicht der Schriftform; Antrag gilt bereits mit Zahlung der Weiterbehandlungsgebühr als gestellt [ABl.2007S5,216].
[510] **Rückzahlung** zusammen mit WB-Antrag beantragbar, wenn ein Fristverlängerungsgesuch [1] abgelehnt UND [2] dies zu Unrecht geschah; die Entscheidung ist beschwerdefähig [J37/89].

Rechtsbehelfe (Fortsetzung)

Organ des betroffenen Verfahrensabschnitts
Art. 121 und 122, R.135 und R.136

253

Antrag	Voraussetzung	Norm	zu erbringende Handlung	Frist	Rechtsfolge	Nachfrist	Rechtsbehelf
	1) Anmelder oder PI [512]		0) Hindernis trotz Beachtung aller nach den gegebenen Umständen gebotenen Sorgfalt liegt vor	2 M nach Wegfall des Hindernisses [516]	**+** zwischenzeitlich eingetretene Rechtsfolgen gelten als nicht eingetreten [517]		WB (−) **Art.121(4)**
	2) Fristversäumnis mit unmittelbarem Rechtsverlust [513] **Art.122(1)**		1) ausdrücklicher Antrag (schriftlich) **Art.122(3)**	**ABER** spätestens binnen **1 J** nach Fristablauf (Ausschlussfrist) **R.136(1) S.1**		keine	WE (−) **Art.122(4)**
Antrag auf **Wiedereinsetzung** [511]	3) Frist von WB ausgeschlossen **R.136(3)**	**Art.122 iVm R.136(1)**	2) WE-Gebühr innerhalb der Antragsfrist [685 €] **UND** ggf. fällige Jahresgebühr Art.2(1) Nr.13 GebO		**ABER** Weiterbenutzungsrecht desjenigen, der in VStaat bereits Benutzungshandlung aufgenommen hat **Art.122(5)**		Beschwerde (+)
	1) Anmelder oder PI		3) Nachholung der versäumten Handlung [514]	2 M nach entsprechendem Fristablauf [518]			
	2) versäumte Frist ist Priofrist [Art.87(1)] oder Antrag auf Überprüfung BK-Entscheidung [Art.112a(4)]	**R.136(1)**		**R.136(2) S.2**	**−** Zurückweisung des WE-Antrags^BF **UND** keine Rückerstattung der Wiedereinsetzungsgebühr		
			4) Begründung [515] **R.136(2) S.1**				
E-VIII, 3			5) Glaubhaftmachung der zur Begründung dienenden Tatsachen **R.136(1) S.2**		T1026/06		

254 Zahlungsunfähigkeit
A-X,8; RBK III.E.4.2.2

Stundung [J2/78] und **Verfahrenskostenhilfe** im EPÜ nicht vorgesehen, aber nat. Verfahrenskostenhilfe über nat. Behörden möglich [A-X, 8] - großzügige Gewährung der WE bei unverschuldeter finanzieller Schwierigkeit (z.B. Arbeitslosigkeit), vorausgesetzt: **[1]** völlige Zahlungsunfähigkeit aller Beteiligter, **[2]** Nachweis dazu, **[3]** Antragsteller daran unverschuldet, **[4]** Antragsteller oder Dritter im Namen dessen ernsthaft um finanzielle Unterstützung bemüht [J22/88; J6/14].

255 Weiterbenutzungsrecht

Dritter darf Erfindungsgegenstand weiterbenutzen, wenn **[1]** WE eine bereits veröff. ePa/EP-Patent betrifft, **[2]** Dritter zwischen Rechtsverlust und Bekanntmachung des Hinweises auf WE wirkliche und ernsthafte Veranstaltungen zur Benutzung getroffen hat und **[3]** Dritter gutgläubig war [Art.122(5)].

256 Von der Wiedereinsetzung ausgeschlossene Fristen (alphabetisch) E-VIII,3.1.1

- Frist zur Stellung des Antrags auf Wiedereinsetzung nach R.135(1)
- alle Fristen, für die Weiterbehandlung gem. Art.121 beantragt werden kann
- alle Fristen, deren Versäumung nicht zur unmittelbaren Folge hat, dass die ePa oder ein Anmeldung als zurückgewiesen wird, die Anmeldung als zurückgenommen gilt, das europäische Patent widerrufen wird oder der Verlust eines sonstigen Rechts oder Rechtsmittels eintritt (z.B. Einspruchsverfahren: WE des PIs in Fristen zur Stellungnahme zu den Schriftsätzen anderer Beteiligter/Bescheiden der Einspruchsabteilung) [E-VIII,3.1.1]

Fristen für die Wiedereinsetzung beantragt werden kann S.187

- Frist für den Antrag auf Weiterbehandlung
- Fristen, die von WB ausgeschlossen sind
- Priofrist gem. Art.87(1)
- Zahlungsfrist der Veröffentlichungsgeb. für neue EP-Patentschrift
- Frist zur Übersetzung geänderter Patentansprüche im Einspruchsverfahren [R.82(2)]
- Frist zur Antragstellung auf Entscheidung über Kostenfestsetzung im Einspruch [R.88(2)]
- Frist für Beschwerden von Anmeldern oder PI [Art.108]
- Frist zur Einreichung eines Antrags auf Überprüfung durch GBK [Art.112a(4)]

---

[511] **Ausgenommen: [1]** Frist zur WE; **[2]** alle Fristen, für die die WB beantragt werden kann und **[3]** alle Fristen zur Stellungnahme auf Mitteilung des EPA; **zuständiges Organ:** Organ des Verfahrensabschnitts [R.136(4)].

[512] **Ausnahme:** Frist zur Einreichung Beschwerdebegründung des Einsprechenden als Beschwerdeführer [G1/86].

[513] **unmittelbarer Rechtsverlust: [1]** ePa oder Antrag gilt als zurückgewiesen; **[2]** ePa gilt als zurückgenommen; **[3]** EP-Patent widerrufen; **[4]** Verlust sonstiger Rechte oder Rechtsmittel; **mittelbarer Rechtsverlust:** wenn noch kein Hinweis an Anmelder ergangen ist.

[514] bei WE in die Frist zur WB muss zusätzlich die versäumte Handlung der WB nachgeholt werden.

[515] Begründung immer innerhalb 2 M-Frist einzureichen, auch, wenn Jahresausschlussfrist bereits abgelaufen [J6/90].

[516] d.h. mit tatsächlicher Kenntnis; z.B. Mitt. des EPA, wobei tatsächliche Zustellung verbindlich ist (d.h. 10 Tages-Regel ist nicht anwendbar).

[517] **Weiterbenutzungsrecht:** hat sich versäumte Frist durch R.134 auf einen nachfolgenden Tag verlängert, so beginnt **2 M**-Frist erst ab diesem Tag; WE-Antrag innerhalb einer Fristverlängerung durch GBK [Art.122(5)]; nur zulässig für veröff. ePa [J5/79; ABl.1980,71].

[518] **erstreckte Frist:** hat sich versäumte Frist durch R.134 auf einen nachfolgenden Tag verlängert, so beginnt **2 M**-Frist erst ab diesem Tag; WE-Antrag innerhalb einer Fristverlängerung durch R.134 ist gegenstandslos **UND** Rückzahlung der WE-Gebühr [T192/84; ABl.1985,39; RBK III-E.5.5].

Rechtsbehelfe

Rechtsbehelfe (Antrag auf Entscheidung · Umwandlung)

	Antrag	Voraussetzung	Norm	zu erbringende Handlung	Frist	Rechtsfolge	Nachfrist	Rechtsbehelf
257	**Antrag auf Entscheidung** ZUSTÄNDIGKEIT: Organ des Verfahrensabschnittes E-VIII, 1.9.3	1) Anmelder hat 2) eine Frist versäumt (Rechtsverlust eingetreten) 3) R.112(1)-Mitt. über (Teil-)Rechtsverlust durch Formalsachbearbeiter [519] **Art.119, R.112(1)** iVm **J43/92**	**R.112(2)**	»schriftlicher« und »begründeter« Antrag des Anmelders auf Überprüfung der Richtigkeit der R.112(1)-Mitt.	**2 M** nach R.112(1)-Mitt. +10Tage **R.112(2)**	**+** Antwort des ePa binnen angemessener Frist J29/86 UND Fortsetzung des Verfahrens **R.112(2) S.2, Alt.2** **−** rechtsverbindliche Entscheidung **R.112(2) S.2, Alt.1** beschwerdefähig, **Art.106(1)**	keine	WB (−) **Art.121(4), R.135(2)** WE (+) Beschwerde (−)
258	**Umwandlung** in eine nationale Anmeldung A-IV, 6	Fall 1 1) ePa bei nat. Behörde eingereicht **Art.75(1)b** 2) verspätete/keine Weiterleitung dieser ePa an EPA binnen 14 M nach AT/PT [520] **Art.77(3), R.37(2)**	**Art.135(2)** iVm **R.155(1)**	1) **Umwandlungsantrag** des Anmelders mit Angabe der VStaaten, in denen Umwandlung gewünscht, **Art.135(1)** 2) bei nat. Zentralbehörde, wo ePa eingereicht, **Art.135(2)** [521] 3) nat. Gebühr und Übersetzung **Art.137(2)** iVm **NatR VII, Nr.2**	**3 M** nach Mitt über die Zurücknahmefiktion **R.155(1) S.1, Art.77(3)** ABER vor 20 M nach AT/PT der ePa **R.155(3)**	**+** Übermittlung des Antrags an nat. Zentralbehörden ausgewählter VStaaten **R.155(2)** ePa hat in ausgewählten VStaaten Wirkung nat. Anmeldung, dh AT/PT bleibt erhalten **Art.66** UND Umwandlungsantrag wird veröff. **R.156**	keine	WB (−) [523] WE (−) [524]
		Fall 2 1) ePa zurückgewiesen, zurückgenommen oder gilt als zurückgenommen 2) Vorliegen eines nat. Umwandlungsfalls [525] **Art.135(1) b)** iVm **NatR VII**	**Art.135(3)** iVm **R.155(1)**	1) **Umwandlungsantrag** durch Anmelder/PI mit Angabe der VStaaten, in denen Umwandlung gewünscht, **Art.135(1)** 2) beim EPA, **Art.135(3)** 3) **Umwandlungsgebühr** für jeden benannten VStaat an EPA [80 €] **Art.135(3)**, Art.2(1) Nr.14 GebO 4) nat. Gebühr und Übersetzung **Art.137(2)** iVm **NatR VII, Nr.2**	**3 M** nach der Zurücknahme ODER **3 M** nach Mitt über die Zurücknahmefiktion ODER **3 M** nach R.112(2)-Entscheidung über Zurückweisung **R.155(1) S.1**	**−** nach **Art.66** vorgesehene Wirkung der ePa erlischt [522] **Art.135(4), R.155(1) S.2**		WB (+) WE (−) **R.136(3)**

unklare Rechtslage: Antrag auf Entscheidung (R.112(2)) und hilfsweise Antrag auf WB [**Art.121**; S.Fehler! Textmarke nicht definiert.] bzw. WE [**Art.122**; S.Fehler! Textmarke nicht definiert.] (Rückerstattung WB-/WE-Gebühr, wenn R.112(1)-Rechtsverlustmitt. zu Unrecht ergangen) [A-IV,1.1.1, J14/94].

---

[519] lediglich Information über eingetretenen Rechtsverlust [J13/83].

[520] weil nach nat. Recht geheimhaltungsbedürftig [**Art.77(2)** iVm **NatR VII**] oder versehentlich ausgeblieben.

[521] **nat. Zentralbehörde** leitet Antrag binnen **20 M** ab AT/PT an benannte nat. Behörden weiter, wenn nach nat. Geheimschutzbestimmungen zulässig [**R.155(3)**].

[522] d.h. die ePa hat in den benannten VStaaten nicht mehr die Wirkung einer vorschriftsmäßigen nationalen Hinterlegung.

[523] da es keine ggü dem EPA einzuhaltende Frist ist.

[524] da EPÜ eine WE nur vorsieht, wenn der Anmelder und nicht die nat. Zentralbehörde eine Frist versäumt [J3/80].

[525] **Umwandlungsfälle:** [1] ePa in zugelassener Nichtamtssprache eingereicht, aber Übersetzung in Amtssprache nicht rechtzeitig nachgereicht [**Art.14(2)**]: AL, BG, CH/LI, CY, EE, ES, FI, GR, HR, HU, IT, LT, LV, MK, MT, PT, RO, RS, SI [**NatR VII, Nr.1**]; [2] stets in nat. GebrM: EE, ES, FI, GR, IT, PL, PT, SK und [3] in vorgenannten Fällen und/oder keine Weiterleitung an EPA [**Art.77(3)**]: AT, BG, CZ, DK, GR, RO, TR [**NatR VII, Nr.5**].

EPÜ 2000	EPÜAO	Rechtsprechung
Artikel 79[73] **Benennung der Vertragsstaaten** (1) Im Antrag auf Erteilung eines europäischen Patents gelten alle Vertragsstaaten als benannt, die diesem Übereinkommen bei Einreichung der europäischen Patentanmeldung angehören. (2)[74] Für die Benennung eines Vertragsstaats kann eine Benennungsgebühr erhoben werden. (3) Die Benennung eines Vertragsstaats kann bis zur Erteilung des europäischen Patents jederzeit zurückgenommen werden. [73] Geändert durch die Akte zur Revision des EPÜ vom 29.11.2000. [74] Siehe hierzu Stellungnahme der GBK G 4/98 (Anhang I).	**Regel 14**[24] **Aussetzung des Verfahrens** (1) Weist ein Dritter nach, dass er ein Verfahren gegen den Anmelder eingeleitet hat mit dem Ziel, eine Entscheidung im Sinne des Art.61(1) zu erwirken, so wird das Erteilungsverfahren ausgesetzt, es sei denn, der Dritte erklärt dem Europäischen Patentamt gegenüber schriftlich seine Zustimmung zur Fortsetzung des Verfahrens. Diese Zustimmung ist unwiderruflich. Das Erteilungsverfahren wird jedoch nicht vor Veröffentlichung der europäischen Patentanmeldung ausgesetzt. [...] [24] Siehe BdP des EPA, ABl. EPA 2013, 600.	T390/86 [...] **3.** Eine Entscheidung muß zumindest im Namen der für das Verfahren Verantwortlichen getroffen werden. J11/80 Einer Erklärung, dass eine europaeische Patentanmeldung zurueckgenommen wird, sollte ohne Rueckfrage nur dann stattgegeben werden, wenn die Erklaerung keinerlei Vorbehalte enthaelt und eindeutig ist. J5/81 **1.** R. 48 besagt nicht, daß das EPA rechtlich gehindert sei, die Veröffentlichung einer europäischen Patentanmeldung zu unterlassen, sobald die technischen Vorbereitungen für ihre Veröffentlichung als abgeschlossen gelten. **2.** Zur Beantwortung einer Rechtsfrage von grundsätzlicher Bedeutung braucht die Große Beschwerdekammer nicht befasst zu werden, wenn sich die Beschwerdekammer, bei der das Verfahren anhängig ist, in der Lage sieht, die Antwort zweifelsfrei aus dem Übereinkommen abzuleiten.
Artikel 105a[115] **Antrag auf Beschränkung oder Widerruf** (1) Auf Antrag des Patentinhabers kann das europäische Patent widerrufen oder durch Änderung der Patentansprüche beschränkt werden. Der Antrag ist beim Europäischen Patentamt nach Maßgabe der Ausführungsordnung zu stellen. Er gilt erst als gestellt, wenn die Beschränkungs- oder Widerrufsgebühr entrichtet worden ist. (2) Der Antrag kann nicht gestellt werden, solange ein Einspruchsverfahren in Bezug auf das europäische Patent anhängig ist. [115] Eingefügt durch die Akte zur Revision des EPÜ vom 29.11.2000.	**Regel 15**[25] **Beschränkung von Zurücknahmen** Von dem Tag an, an dem ein Dritter nachweist, dass er ein nationales Verfahren nach R.14(1) eingeleitet hat, bis zu dem Tag, an dem das Erteilungsverfahren fortgesetzt wird, darf weder die europäische Patentanmeldung noch die Benennung eines Vertragsstaats zurückgenommen werden. [25] Siehe hierzu Entscheidung der GBK G 3/92 (Anhang I).	J10/87 Einem nach Veröffentlichung der Patentanmeldung eingereichten Antrag auf Widerruf einer Zurücknahme der Benennung eines Vertragsstaates kann nach R.88 unter bestimmten Umständen stattgegeben werden, insbesondere wenn a) die Zurücknahme zu dem Zeitpunkt, zu dem ihr Widerruf beantragt wird, der Öffentlichkeit vom EPA noch nicht offiziell bekanntgegeben worden ist, b) die irrtümliche Zurücknahme einem entschuldbaren Versehen zuzuschreiben ist, c) die beantragte Berichtigung zu keiner wesentlichen Verzögerung des Verfahrens führt und d) das EPA zu der Überzeugung gelangt, daß die Interessen Dritter, die möglicherweise durch Akteneinsicht Kenntnis von der Zurücknahme erhalten haben, ausreichend geschützt sind.
Artikel 139[169] **Ältere Rechte und Rechte mit gleichem Anmelde- oder Prioritätstag** [...] **(3)** Jeder Vertragsstaat kann vorschreiben, ob und unter welchen Voraussetzungen eine Erfindung, die sowohl in einer europäischen Patentanmeldung oder einem europäischen Patent als auch in einer nationalen Patentanmeldung oder einem nationalen Patent mit gleichem Anmeldetag oder, wenn eine Priorität in Anspruch genommen worden ist, mit gleichem Prioritätstag offenbart ist, gleichzeitig durch europäische und nationale Anmeldungen oder Patente geschützt werden kann. [169] Siehe hierzu Entscheidungen der GBK G 1/03, G 2/03 (Anhang I).	**Regel 39**[57] **Benennungsgebühren** (3) Unbeschadet der R.37(2) S.2 wird die Benennungsgebühr nicht zurückerstattet. [57] Geändert durch BdV CA/D 4/08 vom 21.10.2008 (ABl. 2008, 513), in Kraft getreten am 01.04.2009. **Regel 84**[106] **Fortsetzung des Einspruchsverfahrens von Amts wegen** (1) Hat der Patentinhaber in allen benannten Vertragsstaaten auf das europäische Patent verzichtet oder ist das Patent in allen diesen Staaten erloschen, so kann das Einspruchsverfahren fortgesetzt werden, wenn der Einsprechende dies innerhalb von zwei Monaten nach einer Mitteilung des Europäischen Patentamts über den Verzicht oder das Erlöschen beantragt. [106] Siehe hierzu Entscheidungen der GBK G 4/88, G 7/91, G 8/91, G 8/93, G 3/99 (Anhang I).	J25/03 **I.** Die Eintragung der Zurücknahme einer Patentanmeldung in das europäische Patentregister gilt ebenso als öffentliche Bekanntmachung wie ihre Veröffentlichung im Europäischen Patentblatt. **II.** Ein Antrag auf Widerruf der Zurücknahme einer Patentanmeldung ist nicht mehr zulässig, wenn zu dem Zeitpunkt, zu dem er gestellt wird, im europäischen Patentregister bereits auf die Zurücknahme hingewiesen wurde und ein Dritter zum Zeitpunkt der offiziellen öffentlichen Bekanntmachung auch nach einer Akteneinsicht keinen Grund zu der Annahme gehabt hätte, dass die Zurücknahme ein Irrtum war und später widerrufen werden könnte.

Rechtsbehelfe

Rechtsverzicht (Zurücknahmen · Zurücknahmeerklärungen · Verzicht)

	Erklärung auf	Voraussetzung	Norm	Handlung	Frist	Rechtsfolge	Nachfrist	WICHTIG
259	**Zurücknahme der ePa** E-VIII,8.1		E-VII, 6.1	a) unterzeichnete, vorbehaltlose und eindeutige Zurücknahmeerklärung [527] J11/80, E-VIII,8.3 b) Zurücknahme aller benannten VStaaten [R.39(2)]		■ ePa gilt verbindlich als zurückgenommen [J25/03, J4/97, J10/87]; ■ verhindert Veröff. noch unveröff. ePa, ggf. auch nach Abschluss techn. Vorbereitungen zur Veröff. [J5/81] C-V,11	--	ggf. Rückerstattung der Prüfungsgebühr Art.11 GebO
260	**Zurücknahme einzelner Benennungen** E-VIII,8.1, A-III,11.3.8	eingereichte und anhängige ePa [526]	Art.79(3)	unterzeichnete, vorbehaltlose und eindeutige Zurücknahmeerklärung [J11/80] über Zurücknahme eines oder mehrerer benannter Vertragsstaaten E-VIII,8.3	»jederzeit« bis zur Erteilung der ePa [528]	VStaat gilt als nicht ausgewählt [529] keine Rückerstattung von wirksam entrichteten Benennungsgebühren R.39(3)	--	Reaktivierung zurückgenommener Benennungen nicht möglich A-III,11.3.8
261	**Zurücknahme des Erstreckungs- oder Validierungsantrags** A-III,12.3		A-III,12.3	unterzeichnete, vorbehaltlose und eindeutige Zurücknahmeerklärung [J11/80] über Zurücknahme des Erstreckungs- oder Validierungsantrags E-VIII,8.3		Erstreckungs- oder Validierungsstaaten gelten als nicht ausgewählt [529] keine Rückerstattung von wirksam entrichteten Gebühren R.39(3), A-III,12.3	--	
262	**Verzicht auf das Patent** E-VIII,8.4	erteiltes EP-Patent	Art.105a	Verzichtserklärung PI (= Antrag auf Widerruf) Art.105a	»jederzeit« außer im Einspruch [530]	Behandlung als Widerruf S.159	--	
	Verzicht auf Prio E-VIII,8.2	Details: **S.113**						
	automatische Zurücknahme der ePa	rechtskräftige Erledigung der ePa	divers	1) Handlungen nicht vorgenommen oder Gebühren nicht gezahlt; z.B.: ■ keine Benennungsgebühr, R.39(1) ■ keine Reaktion zu Art.94(3)-Bescheid, R.70(3) 2) kein Rechtsmittel (wirksam) eingelegt	--	ePa gilt verbindlich als zurückgenommen		

[526] **Zurückgewiesene ePa** kann noch innerhalb der Beschwerdefrist (**2 M** nach Mitt. +10Tage) zurückgenommen werden.

[527] „**bedingte" Zurücknahme**: Zurücknahmeerklärung kann an Bedingung geknüpft, dass **[1]** Veröffentlichung verhindert oder **[2]** Prüfungsgebühr zurückerstattet wird; **Bindungswirkung**: Anmelder ist an wirksame Zurücknahmeerklärung gebunden **[J25/03**; **J4/97**; **J10/87**, E-VIII,8.3].

[528] Unmöglichkeit der Zurücknahme, wenn nat. Verfahren nach **R.14(1)** eingeleitet ist bis zum Tag der Fortführung des Erteilungsverfahrens [**R.15**].

[529] verhindert Kollision von älteren nat. Rechten mit EP-Patent (Doppelschutzverbot **NatR X Ziffer 1**: BE, BG, CY, CZ, DE, EE, ES, FR, GB, GR, IE, IT, HR, LT, LU, MC, MT, NL, PT, RO, RS, SI, SK, SM, TR und alle Erstreckungsstaaten) [**Art.139(3)**].

[530] Verzicht während eines Einspruchs muss ggü nat. Behörden aller benannter VStaaten erfolgen [**R.84(1)**].

EPÜ 2000

Artikel 127[148], [149]
Europäisches Patentregister

Das EPA führt ein Europäisches Patentregister, in das die in der Ausführungsordnung genannten Angaben eingetragen werden. Vor Veröffentlichung der europäischen Patentanmeldung erfolgt keine Eintragung in das Europäische Patentregister. Jedermann kann in das Europäische Patentregister Einsicht nehmen.

[148] Geändert durch die Akte zur Revision des EPÜs vom 29.11.2000.
[149] Siehe hierzu die BdP des EPA, ABl. EPA 2009, 598; 2011, 110; 2014, A19.

Artikel 128[150]
Akteneinsicht

(1) Einsicht in die Akten europäischer Patentanmeldungen, die noch nicht veröffentlicht worden sind, wird nur mit Zustimmung des Anmelders gewährt.

(2) Wer nachweist, dass der Anmelder sich ihm gegenüber auf seine europäische Patentanmeldung berufen hat, kann vor Veröffentlichung dieser Anmeldung und ohne Zustimmung des Anmelders Akteneinsicht verlangen.

(3) Nach Veröffentlichung einer europäischen Teilanmeldung oder einer nach Art.61(1) eingereichten neuen europäischen Patentanmeldung kann jedermann Einsicht in die Akten der früheren Anmeldung auch vor deren Veröffentlichung und ohne Zustimmung des Anmelders verlangen.

(4)[151] Nach Veröffentlichung der europäischen Patentanmeldung wird vorbehaltlich der in der Ausführungsordnung vorgeschriebenen Beschränkungen auf Antrag Einsicht in die Akten der Anmeldung und des darauf erteilten europäischen Patents gewährt.

(5) Das EPA kann die in der Ausführungsordnung genannten Angaben bereits vor Veröffentlichung der europäischen Patentanmeldung Dritten mitteilen oder veröffentlichen.

[150] Geändert durch die Akte zur Revision des EPÜs vom 29.11.2000.
[151] Siehe hierzu den BdP des EPA vom 12.07.2007 (Sonderausgabe Nr. 3 ABl. EPA 2007, J.3), den BdP des EPA vom 20.02.2019 über die Durchführung der Akteneinsicht (ABl. EPA 2019, A16) und den BdP des EPA vom 20.02.2019 über die Online-Akteneinsicht in Schriftstücke aus der Akte, die das EPA als Anmeldeamt, Internationale Recherchenbehörde oder für die ergänzende internationale Recherche bestimmte Behörde führt (ABl. EPA 2019, A17).

Artikel 129[152]
Regelmäßige Veröffentlichungen

Das EPA gibt regelmäßig folgende Veröffentlichungen heraus:

a) ein Europäisches Patentblatt, das die Angaben enthält, deren Veröffentlichung dieses Übereinkommen, die Ausführungsordnung oder der Präsident des EPA vorschreibt;

b) ein Amtsblatt, das allgemeine Bekanntmachungen und Mitteilungen des Präsidenten des EPA sowie sonstige diese Übereinkommen und seine Anwendung betreffende Veröffentlichungen enthält.

[152] Geändert durch die Akte zur Revision des EPÜs vom 29.11.2000.

EPÜAO

Regel 144[150]
Von der Einsicht ausgeschlossene Aktenteile

Von der Akteneinsicht sind nach Art.128(4) folgende Aktenteile ausgeschlossen:

a) Unterlagen über die Frage der Ausschließung oder Ablehnung von Mitgliedern der Beschwerdekammern oder der Großen Beschwerdekammer;

b) Entwürfe zu Entscheidungen und Bescheiden sowie sonstige Schriftstücke, die der Vorbereitung von Entscheidungen und Bescheiden dienen und den Beteiligten nicht mitgeteilt werden;

c) die Erfindernennung, wenn der Erfinder nach R.20(1) auf das Recht verzichtet hat, als solcher bekannt gemacht zu werden;

d) andere Schriftstücke, die vom Präsidenten des EPA von der Einsicht ausgeschlossen werden, weil die Einsicht in diese Schriftstückbe nicht dem Zweck dient, die Öffentlichkeit über die europäische Patentanmeldung oder das europäische Patent zu unterrichten.

[150] Siehe hierzu den BdP des EPA vom 12.07.2007, Sonderausgabe Nr. 3, ABl. EPA 2007, J.3. und den BdP des EPA vom 20.07.2019 über die Online-Akteneinsicht in Schriftstücke aus der Akte, die das EPA als Anmeldeamt, Internationale Recherchenbehörde oder für die ergänzende internationale Recherche bestimmte Behörde führt (ABl. EPA 2019, A17).

Regel 145[151]
Durchführung der Akteneinsicht

(1) Die Einsicht in die Akten europäischer Patentanmeldungen und Patente wird in das Original oder in eine Kopie oder, wenn die Akten mittels anderer Medien gespeichert sind, in diese Medien gewährt.

(2) Der Präsident des EPA bestimmt die Bedingungen der Einsichtnahme einschließlich der Fälle, in denen eine Verwaltungsgebühr zu entrichten ist.

[151] Siehe hierzu den Beschluss des Präsidenten des EPA 20.02.2019 über die Durchführung der Akteneinsicht (ABl. EPA 2019, A16) und den Beschluss des Präsidenten des EPA vom 20.02.2019 über die Online-Akteneinsicht in Schriftstücke aus der Akte, die das EPA als Anmeldeamt, Internationale Recherchenbehörde oder für die ergänzende internationale Recherche bestimmte Behörde führt (ABl. EPA 2019, A17).

Regel 146
Auskunft aus den Akten

Das EPA kann vorbehaltlich der in Art.128(1) bis (4) und R.144 vorgesehenen Beschränkungen auf Antrag und gegen Entrichtung einer Verwaltungsgebühr Auskünfte aus den Akten europäischer Patentanmeldungen oder europäischer Patente erteilen. Das EPA kann jedoch verlangen, dass von der Möglichkeit der Akteneinsicht Gebrauch gemacht wird, wenn dies im Hinblick auf den Umfang der zu erteilenden Auskünfte zweckmäßig erscheint.

Rechtsprechung

J14/91

1. Eine Berufung auf eine europäische Patentanmeldung iSv Art.128(2) liegt jedenfalls auch dann vor, wenn sich die Berufung nach ihrem Wortlaut auf eine Erstanmeldung in einem Vertragsstaat bezieht, aber die europäische Nachanmeldung gleichzeitig erwähnt ist.

2. Besteht zwischen dem Anmelder und einem Dritten Streit über dessen Berechtigung zur Akteneinsicht nach Art.128 (2), so wird über diesen Streit zweckmäßigerweise in einer kurzfristig anberaumten mündlichen Verhandlung entschieden (vgl. Nr. 3 der Entscheidungsgründe).

3. In Fällen vorstehender Art kann die in R.71(2) vorgesehene Ladungsfrist verkürzt werden. Es genügt eine Frist, die den Beteiligten nach den Umständen des Falles eine ausreichende Vorbereitung erlaubt.

J5/81

1. R.48 besagt nicht, daß das EPA rechtlich gehindert sei, die Veröffentlichung einer europäischen Patentanmeldung zu unterlassen, sobald die technischen Vorbereitungen für ihre Veröffentlichung als abgeschlossen gelten.

2. Zur Beantwortung einer Rechtsfrage von grundsätzlicher Bedeutung braucht die Große Beschwerdekammer nicht befaßt zu werden, wenn sich die Beschwerdekammer, bei der das Verfahren anhängig ist, in der Lage sieht, die Antwort zweifelsfrei aus dem Übereinkommen abzuleiten.

Akteneinsicht

Art.128, A-XI

(Einsicht in alle Aktenteile des Prüfungs-/Einspruchs-/Beschwerdeverfahrens einschließlich Einwendungen Dritter)

	Art	Voraussetzung	Norm	Handlung	Frist	WICHTIGES	Rechtsfolge
263	**Akteneinsicht, generelle** A-XI, 2; ABl.2015,X.2	veröffentlichte ePa ODER EP-Patent [531]	Art.128(4), R.145(2) online	jedermann kostenlos über Online-Dienst Register Plus		Antrag auf Akteneinsicht Pflicht, bei umfangreichen Auskünften **R.146 S.2**	+ Online-Zugriff auf öffentlichen Teil der Akte [531] **R.145(2)** iVm ABl.2019,A16
	ohne Wissen Anmelder		Art.128(4), R.146 S.1 auf Antrag	1) Jedermann 2) formloser schriftl. Antrag ODER per Form 1159 bei EPA Annahmestelle [532] 3) ggf. Verwaltungsgebühr [**105 €**] **R.145(2)**, Art.3(1) GebO iVm ABl.2020,Z3 & ABl.2020,A6	»jederzeit«	Erstellung von Papierkopien muss ausdrücklich beantragt werden **R.146 S.2** Antrag zwingend, bei umfangreichen Dokumenten	+ Zustellung als Papierkopie [534] oder in elektronischer Form bei >100 S. **R.145(1)** Antrag gelangt nur in nichtöffentlichen Aktenteil A-XI,2.4
264	**geschützte Akteneinsicht** A-XI, 2.5	unveröffentlichte ePa ODER TA	Art.128(1)	schriftlicher Antrag des Anmelders ODER schriftlicher Antrag durch Dritten unter Vorlage der Anmelderzustimmung [535]	bis vor Veröffentlichung ePa	Dritter erhält erst nach Zustimmung durch Anmelder Einsicht	+ Online-Zugriff auf öffentlichen Teil der Akte mittels MyFiles **R.145(2)** iVm ABl.2012,22
	mit Wissen Anmelder		Art.128(2)	1) schriftlicher Antrag durch Dritten [536] 2) Nachweis, dass Anmelder der ePa sich auf Anmeldung des Dritten berufen hat [537]	(nicht **18 M** iSv Art.93(1) [J5/81])	Entscheidung über Einsichtnahme erst nach Anhörung des Anmelders (i.d.R. MV) [538] UND Anmelder hat Anspruch auf Nennung des Antragstellers	+ Online-Zugriff auf öffentlichen Teil der Akte − Antrag wird zurückgewiesen
265	**Antrag auf Ausstellung beglaubigter Kopie** A-XI, 5, ABl.2020,A7	Voraussetzung für Akteneinsicht gem. **Art.128(1)** bis **(4)** sind gegeben	R.146	1) schriftlicher Antrag eines Verfahrensbeteiligten (außer Probeleg nur Anmelder/Rechtsnachfolger) 2) Verwaltungsgebühr [**105 €**] Art.3(1) GebO iVm ABl.2020,Z3 & ABl.2020,A6	»jederzeit«	Zahlung anfallender Kosten, auch über laufendes Konto mgl.	+ beglaubigte Kopien der ePa, des EP-Patentes und von Aktenteilen

> **Ausschluss von der Akteneinsicht** betrifft nur ausgenommene Teile [**Art.128(4), R.144**: A-XI,2.3]:
> 1) Ausschluss/Ablehnung von Mitgliedern der GBK oder Beschwerdekammer   **R.144(a)**
> 2) Entwürfe/Schriftstücke, die zur Vorbereitung von Entscheidungen/Bescheiden dienen   **R.144(b)**
> 3) Erfindernennung, bei Verzicht nach R.20(1)   **R.144(c), Art.129(a)**
> 4) Andere Schriftstücke (bspw. PACE-Anträge, ärztliche Atteste) [BdP ABl.200753,J.3];   **R.144(d)**
> 5) Akten für IPER von Euro-PCT-Anmeldungen, bei denen EPA die IPEA und für die noch kein IPER erstellt
>   **Art.38(1)** PCT, **R.94** PCT, ABl.2003,382

[531] betrifft alle Aktenteile aus Prüfungs-, Einspruchs-, Beschwerdeverfahren; auch Einwendungen Dritter [**Art.115**], Prüfungs-/Recherchebeginn, Auff. nach R.63(1) und R.62a(1) und Stellungnahmen zur Recherche.
[532] Anträge per Fax oder Internet werden ohne Eingangsbestätigung bearbeitet [A-XI,2.2].
[533] nur bei Erstellung von Papierkopien bzw. Beglaubigung fällig [ABl.2019,A16]; gezahlte Gebühren werden nicht zurückgezahlt [A-XI,1]; Art/Höhe der Gebühr bestimmt Präsident [**R.145(2)**] iVm ABl.2019,A16].
[534] Beglaubigung auf Antrag [ABl.2015,X.2].
[535] Beantragt ein Dritter Akteneinsicht, ohne gleichzeitige Zustimmung des Anmelders, so gewährt das EPA erst nach Vorlage der Zustimmung Akteneinsicht.
[536] Verlangt zugelassener Vertreter für Dritten Akteneinsicht, muss dieser Name und Anschrift des Dritten angeben und Vollmacht einreichen [A-XI,2.5].
[537] Berufung auf eine ePa gilt auch dann als erfolgt, wenn sie sich auf eine Erstanmeldung in einem VStaat bezieht und die europäische Nachanmeldung gleichzeitig erwähnt wird [J14/91], Nachweis hierzu ist mit Antrag vorzulegen, ansonsten Auff. zum Nachweis binnen zu best. Frist zu bringen; bleibt Nachweis aus, wird Antrag zurückgewiesen.
[538] Widerspricht Anmelder der Akteneinsicht innerhalb vom EPA bestimmter Frist (idR **2 M**) und begründet seine Auffassung ergeht beschwerdefähige Entscheidung.

Teil D I – Übersicht zum EPÜ

EPÜ 2000	EPÜAO		Rechtsprechung
Artikel 71 **Übertragung und Bestellung von Rechten** Die europäische Patentanmeldung kann für einen oder mehrere der benannten Vertragsstaaten übertragen werden oder Gegenstand von Rechten sein.	**Regel 22**[30] **Eintragung von Rechtsübergängen** (1) Der Rechtsübergang einer europäischen Patentanmeldung wird auf Antrag eines Beteiligten in das Europäische Patentregister eingetragen, wenn er durch Vorlage von Dokumenten nachgewiesen wird. (2) Der Antrag gilt erst als gestellt, wenn eine Verwaltungsgebühr entrichtet worden ist. Er kann nur zurückgewiesen werden, wenn die Erfordernisse des Absatzes 1 nicht erfüllt sind. (3) Ein Rechtsübergang wird dem Europäischen Patentamt gegenüber erst und nur insoweit wirksam, als er ihm durch Vorlage von Dokumenten nach Absatz 1 nachgewiesen wird.	T553/90	Wird das europäische Patent während des Einspruchsverfahrens umgeschrieben, so tritt der neu im Patentregister eingetragene Patentinhaber sowohl im Einspruchs- als auch im Beschwerdeverfahren an die Stelle des bisherigen Patentinhabers. Seine Legitimation kann in diesen Verfahren nicht in Frage gestellt werden.
Artikel 72 **Rechtsgeschäftliche Übertragung** Die rechtsgeschäftliche Übertragung der europäischen Patentanmeldung muss schriftlich erfolgen und bedarf der Unterschrift der Vertragsparteien.		T19/97	Übertragung der Beteiligtenstellung ist in jeder Lage eines anhängigen Einspruchsbeschwerdeverfahrens zulässig, wenn sie zusammen mit der Übertragung des Geschäftsbetriebs oder Unternehmensteils erfolgt, in dessen Interesse die Beschwerde eingelegt worden ist.
Artikel 73 **Vertragliche Lizenzen** Eine europäische Patentanmeldung kann ganz oder teilweise Gegenstand von Lizenzen für alle oder einen Teil der Hoheitsgebiete der benannten Vertragsstaaten sein.	[30] Siehe BdP des EPA, ABl.2013, 600; 2013, 601.	T157/07	Die Beschwerde einer Beschwerdeführerin, deren Name vor Einlegung der Beschwerde geändert wurde, ohne dass die Namensänderung anzuzeigen, erfüllt die Erfordernisse der R.64a) 1973, sofern die Beschwerdeführerin identifizierbar ist.
Artikel 74 **Anwendbares Recht** Soweit dieses Übereinkommen nichts anderes bestimmt, unterliegt die europäische Patentanmeldung als Gegenstand des Vermögens in jedem benannten Vertragsstaat und mit Wirkung für diesen Staat dem Recht, das in diesem Staat für nationale Patentanmeldungen gilt.	**Regel 23**[31] **Eintragung von Lizenzen und anderen Rechten** (1) R.22(1) und (2) ist auf die Eintragung der Erteilung oder des Übergangs einer Lizenz, der Bestellung oder des Übergangs eines dinglichen Rechts an einer europäischen Patentanmeldung und von Zwangsvollstreckungsmaßnahmen in Bezug auf eine solche Anmeldung entsprechend anzuwenden. (2) Eintragungen nach Absatz 1 werden auf Antrag gelöscht, oder eine schriftliche Einwilligung des Rechtsinhabers in die Löschung der Eintragung beizufügen. **R.22(2)** ist entsprechend anzuwenden.	J17/91	Nach Patenterteilung und Erschöpfung aller Rechtsmittel (Einspruch/Beschwerde) ist keine Eintragung eines Rechtsübergangs/einer Lizenz möglich, da die diesbezügliche Zuständigkeit vom EPA auf die nationalen Ämter der im Erteilungsantrag benannten Vertragsstaaten übergegangen ist.
		J10/93	Auch wenn ePa als zurückgenommen gilt, kann Eintragung eines Rechtsübergangs erfolgen, wenn gleichzeitig ein WE-Antrag gestellt und alle Handlungen erbracht.
	[31] Siehe BdP des EPA, ABl.2013, 600.	J12/00	Vorlage von Dokumenten, die den Rechtsübergang belegen, erforderlich.
	Regel 24[32] **Besondere Angaben bei der Eintragung von Lizenzen** Eine Lizenz an einer europäischen Patentanmeldung wird eingetragen a) als ausschließliche Lizenz, wenn der Anmelder und der Lizenznehmer dies beantragen; b) als Unterlizenz, wenn sie von einem Lizenznehmer erteilt wird, dessen Lizenz im Europäischen Patentregister eingetragen ist. [32] Siehe BdP des EPA, ABl.2013, 600.		

Rechtsübergänge und Lizenzen – Eintragung ins PatReg
(gilt auch für Beschwerdeverfahren [R.100(1)])

Rechtsabteilung [Art.20(1), ABl.2013,600, E-XIV,2
Art.71 bis 74 iVm R.22-24, E-XIV

	Art	Norm	Voraussetzung	formelle Erfordernisse	Frist/Zulässigkeit	Nachfrist	Rechtsfolge
266	**Eintragung** von **Rechts-übergängen** der ePa & des EP-Patents [539, 540]	Art.71, 72 iVm R.22 bzw R.85	**Vss.:** Rechtsübergang für einen oder mehrere VStaat	1) schriftlicher **Antrag** eines am Rechtsübergang Beteiligten [544] Art.71 Alt.1 R.22(1) 2) **Verwaltungsgebühr** für jede Änderung [105 €] R.22(2), Art.3(1) GebO iVm ABl.2020,Z3 & ABl.2020,A6 3) **Nachweis** durch Vorlage eines Übertragungsvertrags [542] (förmlicher Urkundenbeweis oder andere amtliche Urkunden) R.22(3) iVm Art.72; J12/00	**Anmeldung:** »jederzeit« für lebende **ODER** reanimierbare ePa J10/93 **ODER** Patent: nur noch während 9M-Einspruchsfrist [Art.99] bzw. Einspruch/EBV selbst [543] R.85 iVm R.22		+ **Rechtsübergang:** neuer Rechtsinhaber ist ggü. EPA ab dem Tag legitimiert, an dem alle Erfordernisse erbracht [544] R.22(3) iVm Art.60(3) **Lizenz:** Eintragung bzw. Löschen der Lizenz R.23(1) bzw (2) UND Eintragung ins PatReg [540] Art.127, R.143(1) ABER nicht vor Veröff. der ePa Art.127 S.2
	E-IXV,3 & 4		anhängiges Verfahren J19/93 **ODER** binnen 9M-Einspruchsfrist R.85 iVm R.22 andernfalls gilt nur nat. Recht Art.2(2) iVm Art.74		binnen „zu best. Frist" +10Tage ab Auff. keine Neufestsetzung bei geringfügigen Mängeln		− Antrag gilt als nicht gestellt
267	**Eintragung/Löschung** von **Lizenzen** [545]	Art.71, 73 R.23 iVm R.22		1) ausschließliche Lizenz oder Unterlizenz für Teile/gesamte ePa für einen/mehrere VStaaten vergeben bzw. erloschen Art.71 Alt.1, 73 2) »schriftlicher« **Antrag** mit Zustimmung aller Anmelder [541] a) ausschließliche Lizenz: gemeinsamer Antrag durch Anmelder und Lizenznehmer b) Unterlizenz: Lizenz des Lizenznehmers, der Lizenz erteilt, muss im EP-PatReg eingetragen sein R.23(1), 22(1) iVm 24 3) **Verwaltungsgebühr** für jede Änderung [105 €] R.23(1), 22(2), Art.3(1) GebO iVm ABl.2020,Z3 & ABl.2020,A6 4) **Nachweis** durch Vorlage eines Lizenzsvertrags bzw. des Lizenzerlöschens R.23(1), 22(3) bzw. R.23(2)	»jederzeit« für ausschließliche Lizenzen oder Unterlizenzen ABER nur für anhängige ePa [546]		ACHTUNG: Legitimation des im PatReg eingetragenen PI kann im Einspruch/EBV nicht angezweifelt werden (Prozessführungsmacht Kraft Rechtsschein) T553/90, ABl.1993,666
	E-IXV,6.1 & 6.2						

! „bloße" **Namensänderung** kann »jederzeit« als Angabe zu einer nat./jur. Person des Anmelders in EP-PatReg eingetragen/nachgeholt werden (z.B. im Einspruch oder der Beschwerde), wenn keine Änderung der rechtlichen Identität des Unternehmens erfolgt [R.143(1) f), E-XIV,5]; Namensänderungen sind z.B. **[1]** Änderung der Rechtsform („Umfirmierung") [T157/07]; **[2]** Fusion mit einem anderen Unternehmen („Verschmelzung") [T19/97].

[539] Angleichung an R.92bis, 1b) PCT; Rechtsübergänge wirken **für einen oder mehrere VStaaten** [Art.71].
[540] **Rückumschreibung** vollzogener Umschreibung nicht ohne weiteres zulässig [J22/14]; bei **nachträglichem Bestreiten** des Rechtsübergangs, z.B. wg. Vorwurfs gefälschter Beweismittel oder entgegenstehender zivilrechtlicher Rechtslage, wird urspr. registerrechtliche status quo nicht wiederhergestellt, bis die entsprechende Rechtslage dem EPA eindeutig nachgewiesen, z.B. durch nat. Gerichtsurteil [E-XIV,3].
[541] **Unterschrift:** bei jur. Personen sind nur Personen zeichnungsberechtigt, die per Gesetz, Satzung oder besonderer Vollmacht dazu berechtigt sind [E-XIV,3]; Nachweis erst bei Auff. durch EPA erforderlich; Originalunterschrift oder pe qualifizierter elektronischer Signatur entsprechendEU) Nr. 910/2014 [(ABl.2021,A86].
[542] ′**Übertragungsvertrag**" muss schriftlich erfolgen, durch beide Vertragspartein unterzeichnet sein und getrennte Übertragungs- und Annahmeerklärung enthalten [Art.72 iVm J18/84]; **materiellrechtliche Wirksamkeit** ist vor EPA irrelevant und darf nur durch nat. Gerichte mittels Vindikationsklage nach Art.61(1), R.14 geprüft werden [J12/16].
[543] danach Eintragung von Rechtsübergängen nur noch nach nationalem Recht [J17/91].
[544] sind mehrere Umschreibungsanträge gestellt, gilt dies für denjenigen, der zuerst alle Erfordernisse erfüllt [J12/16]; keine Verschiebung bei geringfügigen Mängeln [J12/16]; keine schriftliche Einwilligung des Rechtsinhabers, **[1]** Antrag, **[2]** Nachweise ODER schriftliche Einwilligung des Rechtsinhabers, **[3]** Verwaltungsgeb. von **105 €** [R.23(2), E-XIV,6.2, ABl.2020,Z3 & ABl.2020,A6].
[545] **Löschung** eingetragener Lizenzen mögl., Erfordernisse: **[1]** Antrag, **[2]** Nachweis ODER schriftliche Einwilligung des Rechtsinhabers, **[3]** Verwaltungsgeb. von **105 €** [R.23(2), E-XIV,6.2, ABl.2020,Z3 & ABl.2020,A6].
[546] keine Eintragung von (ausschließlichen) Lizenzen für **bereits erteilte EP-Patente** in EP-PatReg, weil dann die diesbezügliche Zuständigkeit dem EPA entzogen ist [J17/91; ABl.1994,225; J19/91].

EPÜ 2000

Artikel 63[53]
Laufzeit des europäischen Patents

(1) Die Laufzeit des europäischen Patents beträgt zwanzig Jahre, gerechnet vom Anmeldetag an.

(2) Absatz 1 lässt das Recht eines VStaats unberührt, unter den gleichen Bedingungen, die für nationale Patente gelten, die Laufzeit eines europäischen Patents zu verlängern oder entsprechenden Schutz zu gewähren, der sich an den Ablauf der Laufzeit des Patents unmittelbar anschließt:
a) um einem Kriegsfall oder einer vergleichbaren Krisenlage dieses Staats Rechnung zu tragen;
b) wenn der Gegenstand des europäischen Patents ein Erzeugnis oder ein Verfahren zur Herstellung oder eine Verwendung eines Erzeugnisses ist, das vor seinem Inverkehrbringen in diesem Staat einem gesetzlich vorgeschriebenen behördlichen Genehmigungsverfahren unterliegt.

(3) Absatz 2 ist auch für die für eine Gruppe von Vertragsstaaten im Sinne des Artikels 142 gemeinsam erteilten europäischen Patente entsprechend anzuwenden.

(4) Ein Vertragsstaat, der eine Verlängerung der Laufzeit oder einen entsprechenden Schutz nach Absatz 2 b) vorsieht, kann aufgrund eines Abkommens mit der Organisation dem Europäischen Patentamt mit der Durchführung dieser Vorschriften verbundene Aufgaben übertragen.

[53] Geändert durch die Akte zur Revision von Artikel 63 EPÜ vom 17.12.1991, in Kraft getreten am 04.07.1997 (ABl. EPA 1992, 1 ff.).

Artikel 64[54]
Rechte aus dem europäischen Patent

(1) Das europäische Patent gewährt seinem Inhaber ab dem Tag der Bekanntmachung des Hinweises auf seine Erteilung im Europäischen Patentblatt in jedem Vertragsstaat, für den es erteilt ist, vorbehaltlich des Absatzes 2 dieselben Rechte, die ihm ein in diesem Staat erteiltes nationales Patent gewähren würde.

(2) Ist Gegenstand des europäischen Patents ein Verfahren, so erstreckt sich der Schutz auch auf die durch das Verfahren unmittelbar hergestellten Erzeugnisse.

(3) Eine Verletzung des europäischen Patents wird nach nationalem Recht behandelt.

[54] Siehe hierzu Entscheidungen der GBK G 2/88, G 1/98 (Anhang I).

Artikel 65[55],[56]
Übersetzung des europäischen Patents

(1) Jeder Vertragsstaat kann, wenn das vom Europäischen Patentamt erteilte, in geänderter Fassung aufrechterhaltene oder beschränkte europäische Patent nicht in einer seiner Amtssprachen abgefasst ist, vorschreiben, dass der Patentinhaber bei seiner Zentralbehörde für den gewerblichen Rechtsschutz eine Übersetzung des Patents in der erteilten, geänderten oder beschränkten Fassung nach seiner Wahl in einer seiner Amtssprachen oder, soweit dieser Staat die Verwendung einer bestimmten Amtssprache vorgeschrieben hat, in dieser Amtssprache einzureichen hat. Die Frist für die Einreichung der Übersetzung endet drei Monate, nachdem der Hinweis auf die Erteilung des europäischen Patents, seine Aufrechterhaltung in geänderter Fassung oder seine Beschränkung im Europäischen Patentblatt bekannt gemacht worden ist, sofern nicht der betreffende Staat eine längere Frist vorschreibt.

(2) Jeder Vertragsstaat, der eine Vorschrift nach Absatz 1 erlassen hat, kann vorschreiben, dass der Patentinhaber innerhalb einer von diesem Staat bestimmten Frist die Kosten für eine Veröffentlichung der Übersetzung ganz oder teilweise zu entrichten hat.

(3) Jeder Vertragsstaat kann vorschreiben, dass im Fall der Nichtbeachtung einer nach den Absätzen 1 und 2 erlassenen Vorschrift die Wirkungen des europäischen Patents in diesem Staat als von Anfang an nicht eingetreten gelten.

[55] Geändert durch die Akte zur Revision des EPÜ vom 29.11.2000.
[56] Siehe hierzu auch das Übereinkommen vom 17.10.2000 über die Anwendung des Art.65 (Londoner Übereinkommen, ABl. 2001, 549), in Kraft getreten am 01.05.2008 (ABl. 2008, 123) mit derzeit 21 VStaaten: AL,CH, DE, DK, FI, FR, GB, HR, HU, IE, IS, LI, LT, LU, LV, MC, MK, NL, NO, SI, SE.

Artikel 66[57]
Wirkung der europäischen Patentanmeldung als nationale Anmeldung

Eine europäische Patentanmeldung, deren Anmeldetag zuerkannt worden ist, hat in den benannten Vertragsstaaten die Wirkung einer vorschriftsmäßigen nationalen Anmeldung, gegebenenfalls mit der für die europäische Patentanmeldung in Anspruch genommenen Priorität.

[57] Siehe hierzu Stellungnahme der GBK G 4/98 (Anhang I).

Artikel 67[58],[59]
Rechte aus der europäischen Patentanmeldung nach Veröffentlichung

(1) Die ePa gewährt dem Anmelder vom Tag ihrer Veröff. an in den benannten Vertragsstaaten einstweilen den Schutz nach Art.64.

(2) Jeder VStaat kann vorsehen, dass die ePa nicht den Schutz nach Art.64 gewährt. Der Schutz, der mit der Veröff. der ePa verbunden ist, darf jedoch nicht geringer sein als der Schutz, der sich aufgrund des Rechts des betreffenden Staats aus der zwingend vorgeschriebenen Veröff. der ungeprüften nationalen Patentanmeldungen ergibt. Zumindest hat jeder VStaat vorzusehen, dass der Anmelder für die Zeit von der Veröffentlichung der ePa an von demjenigen, der die Erfindung in diesem VStaat unter Voraussetzungen benutzt hat, die nach nat. Recht im Fall der Verletzung eines nat. Patents sein Verschulden begründen würden, eine den Umständen nach angemessene Entschädigung verlangen kann.

(3) Jeder VStaat kann für den Fall, dass keine seiner Amtssprachen Verfahrenssprache ist, vorsehen, dass die einstweilige Schutz nach den Absätzen 1 und 2 erst von dem Tag an eintritt, an dem eine Übersetzung der Patentansprüche nach Wahl des Anmelders in einer Amtssprachen dieses Staats oder, soweit der betreffende Staat die Verwendung einer bestimmten Amtssprache vorgeschrieben hat, in dieser Amtssprache
a) der Öffentlichkeit nach den nationalen Recht vorgesehenen Voraussetzungen zugänglich gemacht worden ist oder
b) demjenigen übermittelt worden ist, der die Erfindung in diesem VStaat benutzt.

(4) Die in den Absätzen 1 und 2 vorgesehenen Wirkungen der ePa gelten als von Anfang an nicht eingetreten, wenn die ePa zurückgenommen worden ist, als zurückgenommen gilt oder rechtskräftig zurückgewiesen worden ist. Das Gleiche gilt für die Wirkungen der ePa in einem VStaat, dessen Benennung zurückgenommen worden ist oder als zurückgenommen gilt.

[58] Geändert durch die Akte zur Revision des EPÜ vom 29.11.2000.
[59] Siehe hierzu Stellungnahme der GBK G 4/98 (Anhang I).

Artikel 68[60]
Wirkung des Widerrufs oder der Beschränkung des europäischen Patents

Die in den Art. 64 und 67 vorgesehenen Wirkungen der europäischen Patentanmeldung und des darauf erteilten europäischen Patents gelten in dem Umfang, in dem das Patent im Einspruchs-, Beschränkungs- oder Nichtigkeitsverfahren widerrufen oder beschränkt worden ist, als von Anfang an nicht eingetreten.

[60] Geändert durch die Akte zur Revision des EPÜ vom 29.11.2000.

Artikel 69[61],[62]
Schutzbereich

(1) Der Schutzbereich des europäischen Patents und der europäischen Patentanmeldung wird durch die Patentansprüche bestimmt. Jedoch bestimmt das europäische Patent in seiner erteilten oder im Einspruchs-, Beschränkungs- oder Nichtigkeitsverfahren geänderten Fassung rückwirkend den Schutzbereich der Anmeldung, soweit deren Schutzbereich nicht erweitert wird.

(2) Für den Zeitraum bis zur Erteilung des europäischen Patents wird der Schutzbereich der europäischen Patentanmeldung durch die in der veröffentlichten Anmeldung enthaltenen Patentansprüche bestimmt. Jedoch bestimmt das europäische Patent in seiner erteilten oder im Einspruchs-, Beschränkungs- oder Nichtigkeitsverfahren geänderten Fassung rückwirkend den Schutzbereich der Anmeldung, soweit deren Schutzbereich nicht erweitert wird.

[61] Geändert durch die Akte zur Revision des EPÜ vom 29.11.2000. Das Protokoll über die Auslegung des Art.69 ist gemäß Art.164(1) Bestandteil des Übereinkommens.
[62] Siehe hierzu Entscheidungen der GBK G 2/88, G 6/88 (Anhang I).

Protokoll über die Auslegung des Artikels 69 EPÜ

vom 5. Oktober 1973
in der Fassung der Akte zur Revision des EPÜ vom 29. November 2000[1]

Artikel 1
Allgemeine Grundsätze

Art.69 ist nicht in der Weise auszulegen, dass unter dem Schutzbereich des EP-Patents der Schutzbereich zu verstehen ist, der sich aus dem genauen Wortlaut der Patentansprüche ergibt, und dass die Beschreibung sowie die Zeichnungen nur zur Behebung etwaiger Unklarheiten in den Patentansprüchen anzuwenden sind. Ebenso wenig ist Art.69 dahingehend auszulegen, dass die Patentansprüche lediglich als Richtlinie dienen und der Schutzbereich sich auch auf das erstreckt, was sich dem Fachmann nach Prüfung der Beschreibung und der Zeichnungen als Schutzbegehren des PI darstellt. Die Auslegung soll vielmehr zwischen diesen extremen Auffassungen liegen und einen angemessenen Schutz für den PI mit ausreichender Rechtssicherheit für Dritte verbinden.

Artikel 2
Äquivalente

Bei der Bestimmung des Schutzbereichs des europäischen Patents ist solchen Elementen gebührend Rechnung zu tragen, die Äquivalente der in den Patentansprüchen genannten Elemente sind.

[1] Die Neufassung des Protokolls, angenommen vom Verwaltungsrat der Europ. Patentorganisation durch Beschluss vom 28. Juni 2001 (siehe ABl. 2001, SA Nr. 4, S. 55), wurde nach Art.3(2) S.2 der Revisionsakte vom 29. November 2000 Bestandteil dieser Revisionsakte.

Rechte aus der Anmeldung / Patent

Rechte aus Anmeldung / Patent — Art. 63 bis 69

		Norm	Voraussetzung	Schutzweite	Schutzbereich	Schutzzeitraum
268	**Rechte aus ePa für benannte VStaaten** (einstweiliger Schutz)	Art.67	1) Veröff. der ePa, **Art.67(1), 93(1)** 2) anhängige ePa [547], **Art.67(4) S.1** 3) Benennung des EPÜ-VStaats wirksam [547], **Art.67(4) S.2** 4) ggf. Übersetzung der Ansprüche in nat. Amtssprache des VStaats [548], **Art.67(3) iVm NatR IIIB**	einstweiliger Schutz in allen benannten EPÜ-VStaaten bestimmt sich nach nat. Recht **Art.28 TRIPS iVm Art.67(1), Art.66,** NatR IIIA	auf mit der ePa veröff. Anspruchsfassung beschränkt [Beschreibung und Zeichnungen stützen die Ansprüche] **Art.69(1)/(2) S.1**	ab Veröff. der ePa **Art.67(1)** BIS zur Erteilung **Art.69(2) S.1** ODER Wegfall des Schutzes wegen rückwirkendem Untergang der ePa [547] **Art.67(4)**
269	**Recht aus iPa** (einstweiliger Schutz)	Art.29 PCT	1) Veröff. der iPa, **Art.29(1), 21(1) PCT iVm Art.153(6)** 2) anhängige iPa mit Bestimmung EP **Art.24(1) PCT** [alle EPÜ-VStaaten gelten autom als benannt, Art.79(1)] 3) ggf. Übersetzung der Ansprüche in nat. Amtssprache des VStaats [548] **Art.29(2) PCT, Art.67(3) iVm NatR IIIB**	einstweiliger Schutz in allen benannten oder ausgewählten PCT-VStaat (DO/EO) bestimmt sich nach nat. Recht **Art.29(1) PCT iVm Art.153(2), 67(1), Art.66,** NatR IIIA	auf geltende Ansprüche [549] beschränkt [Beschreibung und Zeichnungen stützen die Ansprüche] **Art.69(1)/(2) iVm Art.153(2)**	ab Veröff. der iPa, **Art.29(1) PCT iVm Art.153(2), Art.67(1)** BIS zum Eintritt in nat/reg Pahse vor DO oder EO **Art.22** bzw **Art.39 PCT** ODER Wegfall des Schutzes wegen rückwirkendem Untergang der iPa [550]
270	**Recht aus EP-Patent** (Verbietungsrecht)	Art.64	1) Beschluss der Patenterteilung, **Art.97(1)** 2) Veröff des Hinweises auf Patenterteilung im PatReg, **Art.98** 3) ggf. Übersetzung der Ansprüche oder Patentschrift in nat. Amtssprache des VStaats [551], **Art.65(1) iVm NatR IV**	Verbietungsrecht in jedem benannten EPÜ-VStaat nach nat. Recht, **Art.64(1), (3)**	auf erteilte Anspruchsfassung beschränkt [Beschreibung und Zeichnungen stützen die Ansprüche] **Art.69(1) iVm Auslegungsprot**	ab Hinweis auf Patenterteilung **Art.63(1)** BIS max. 20 Jahre ab AT [552] ODER zum Erlöschen oder (Teil)Verzicht [zB Nichtzahlung nat Jahresgebühren]
271	**Wirkung der Beschränkung** (Verbietungsrecht)	Art.64 iVm Art.68	▪ Aufrechterhaltung in geändertem Umfang nach Einspruch, **Art.101(3) a) iVm R.82(4)** ▪ wirksames Beschränkungsverfahren, **Art.105b(2), R.95(3)** ▪ Beschränkung im nat. Nichtigkeitsverfahren, **Art.138(1)**	beschränktes Verbietungsrecht in jedem benannten EPÜ-VStaat **Art.64(1) iVm Art.68**	auf beschränkte Anspruchsfassung begrenzt [Beschreibung und Zeichnungen stützen die Ansprüche] **Art.69(1)/(2) S.2**	rückwirkend ab Hinweis auf Patenterteilung **Art.68** BIS max. 20 Jahre ab AT [552] ODER zum Erlöschen oder (Teil)Verzicht [zB Nichtzahlung nat Jahresgebühren] **Art.63(1)**
272	**Wirkung des Widerrufs**	Art.68	▪ Widerruf nach Einspruch, **Art.101(2)/(3) b)** ▪ Widerruf in Widerrufsverfahren, **Art.105b(2) iVm R.95(1)** ▪ Widerruf im nat Nichtigkeitsverfahren, **Art.138(1)**	keine	keiner	keiner rückwirkend auf Zeitpunkt der Patenterteilung

[547] Zurücknahme, Zurücknahmefiktion, Zurückweisung; **Wirkung:** einstweiliger Schutz gilt als von Anfang an nicht eingetreten [**Art.67(4)**]; Zurücknahme der Benennung von VStaaten hat denselben rückwirkenden Effekt.

[548] **nat. Bekanntmachung durch:** [1] öffentliche Zugänglichkeit nach nat. Recht **ODER** [2] direkte Übermittlung an denjenigen, der Erfindung in dem VStaat benutzt [**Art.67(3)**].

[549] **Art.19-Änderungen**, die in EPA-Amtssprache eingereicht und zusammen mit iPa veröff werden, sind geltende Ansprüche und definieren **vorläufige Schutzwirkung** in benannten VStaaten [**S.281; Art.29, Art.11(3), (4) PCT**].

[550] z.B. Zurücknahme [**R.90bis.1 PCT**]; Rechtsverlust [**Art.24 PCT**].

[551] **Voraussetzungen:** [1] binnen 3 M nach Veröff. Hinweis auf Patenterteilung, Aufrechterhaltung oder Beschränkung [**Art.65(1) S.2**]; [2] ggf. Veröffentlichungsgebühr an nat. Amt [**Art.65(2) iVm Tabelle IV des NatR**].

[552] **Verlängerung** durch nat. Recht möglich: [1] Kriegsfall oder [2] für max. weitere 5J durch Antrag auf »Ergänzendes Schutzrechtszertifikat« für Arzneimittel/Pflanzenschutzmittel mit gültiger Genehmigung (=Zulassung) iVm **Verordnung (EG) Nr. 469/2009 über das ergänzende Schutzzertifikat für Arzneimittel** bzw. **Verordnung (EG) Nr. 610/96 über die Schaffung eines ergänzenden Schutzzertifikats für Pflanzenschutzmittel**].

EPÜ 2000

Artikel 61[51],[52]
Anmeldung europäischer Patente durch Nichtberechtigte

(1) Wird durch rechtskräftige Entscheidung der Anspruch auf Erteilung des europäischen Patents einer Person zugesprochen, die nicht der Anmelder ist, so kann diese Person nach Maßgabe der Ausführungsordnung
a) die europäische Patentanmeldung anstelle des Anmelders als eigene Anmeldung weiterverfolgen,
b) eine neue ePa für dieselbe Erfindung einreichen oder
c) beantragen, dass die europäische Patentanmeldung zurückgewiesen wird.
(2) Auf eine nach Absatz 1 b) eingereichte neue europäische Patentanmeldung ist Art.76(1) entsprechend anzuwenden.

[51] Geändert durch die Akte zur Revision des EPÜ vom 29.11.2000.
[52] Siehe hierzu Entscheidung GBK G3/92 (Anhang I).

EPÜAO

Regel 14[24]
Aussetzung des Verfahrens

(1) Weist ein Dritter nach, dass er ein Verfahren gegen den Anmelder eingeleitet hat mit dem Ziel, eine Entscheidung im Sinne des Art.61(1) zu erwirken, so wird das Erteilungsverfahren ausgesetzt, es sei denn, der Dritte erklärt dem Europäischen Patentamt gegenüber schriftlich seine Zustimmung zur Fortsetzung des Verfahrens. Diese Zustimmung ist unwiderruflich. Das Erteilungsverfahren wird jedoch nicht vor Veröffentlichung der europäischen Patentanmeldung ausgesetzt.

(2) Wird nachgewiesen, dass eine rechtskräftige Entscheidung im Sinne des Art.61(1) ergangen ist, so teilt das Europäische Patentamt dem Anmelder und gegebenenfalls den Beteiligten mit, dass das Erteilungsverfahren von dem in der Mitteilung genannten Tag an fortgesetzt wird, es sei denn, nach Art.61(1) b) ist eine neue europäische Patentanmeldung für alle benannten Vertragsstaaten eingereicht worden. Ist die Entscheidung zugunsten des Dritten ergangen, so darf das Verfahren frühestens drei Monate nach Eintritt der Rechtskraft dieser Entscheidung fortgesetzt werden, es sei denn, der Dritte beantragt die Fortsetzung.

(3) Bei der Aussetzung des Erteilungsverfahrens oder später kann das Europäische Patentamt einen Zeitpunkt festsetzen, zu dem es beabsichtigt, das Erteilungsverfahren ohne Rücksicht auf den Stand des nach Absatz 1 eingeleiteten nationalen Verfahrens fortzusetzen. Diesen Zeitpunkt teilt es den Dritten, dem Anmelder und gegebenenfalls den Beteiligten mit. Wird bis zu diesem Zeitpunkt nicht nachgewiesen, dass eine rechtskräftige Entscheidung ergangen ist, so kann das Europäische Patentamt das Verfahren fortsetzen.

(4) Alle am Tag der Aussetzung laufenden Fristen mit Ausnahme der Fristen zur Zahlung der Jahresgebühren werden durch die Aussetzung gehemmt. An dem Tag der Fortsetzung des Verfahrens beginnt der noch nicht verstrichene Teil einer Frist zu laufen. Die nach der Fortsetzung verbleibende Frist beträgt jedoch mindestens zwei Monate.

[24] Siehe Beschluss des Präsidenten des EPA, ABl.2013, 600.

Regel 15[25]
Beschränkung von Zurücknahmen

Von dem Tag an, an dem ein Dritter nachweist, dass er nach R.14(1) eingeleitet hat, bis zu dem Tag, an dem das Erteilungsverfahren fortgesetzt wird, darf weder die europäische Patentanmeldung noch die Benennung eines Vertragsstaats zurückgenommen werden.

[25] Siehe hierzu Entscheidung GBK G3/92 (Anhang I).

Regel 16
Verfahren nach Art.61(1)

(1) Eine Person, die Anspruch auf Erteilung eines europäischen Patents hat, kann von den Rechtsbehelfen nach Art.61(1) nur Gebrauch machen, wenn
a) sie dies innerhalb von drei Monaten nach Eintritt der Rechtskraft der Entscheidung tut, mit der ihr Anspruch anerkannt wird, und
b) das europäische Patent noch nicht erteilt worden ist.
(2) Diese Rechtsbehelfe gelten nur in Bezug auf in der europäischen Patentanmeldung benannte VStaaten, in denen die Entscheidung ergangen oder anerkannt worden ist oder aufgrund des Anerkennungsprotokolls anzuerkennen ist.

APro

Artikel 2
Der Anmelder, der seinen Wohnsitz oder Sitz in einem Vertragsstaat hat, ist vorbehaltlich der Art.4 und 5 vor den Gerichten dieses Vertragsstaats zu verklagen.

Artikel 3
Wenn der Anmelder seinen Wohnsitz oder Sitz außerhalb der Vertragsstaaten hat und die Person, die den Anspruch auf Erteilung des europäischen Patents geltend macht, ihren Wohnsitz oder Sitz in einem Vertragsstaat hat, sind vorbehaltlich der Art.4 und 5 die Gerichte des letztgenannten Staats ausschließlich zuständig.

Artikel 4
Ist der Gegenstand der europäischen Patentanmeldung eine Erfindung eines Arbeitnehmers, so sind vorbehaltlich Art.5 für einen Rechtsstreit zwischen dem Arbeitnehmer und dem Arbeitgeber ausschließlich die Gerichte des Vertragsstaats zuständig, nach dessen Recht sich das Recht auf das europäische Patent gemäß Art.60(1) S.2 des Übereinkommens bestimmt.

Artikel 5
(1) Haben die an einem Rechtsstreit über den Anspruch auf Erteilung eines europäischen Patents beteiligten Parteien durch eine schriftliche oder durch eine mündliche, schriftlich bestätigte Vereinbarung bestimmt, dass ein Gericht oder die Gerichte eines bestimmten Vertragsstaats über diesen Rechtsstreit entscheiden sollen, so sind dieses Gericht oder die Gerichte dieses Staats ausschließlich zuständig.
(2) Handelt es sich bei den Parteien um einen Arbeitnehmer und seinen Arbeitgeber, so ist Absatz 1 jedoch nur anzuwenden, soweit das für den Arbeitsvertrag maßgebliche nationale Recht eine solche Vereinbarung zulässt.

Artikel 6
In den nicht in den Art.2 bis 4 und in Art.5(1) geregelten Fällen sind die Gerichte der Bundesrepublik Deutschland ausschließlich zuständig.

Artikel 9
(1) Die in einem Vertragsstaat ergangenen rechtskräftigen Entscheidungen über den Anspruch auf Erteilung eines europäischen Patents für einzelne oder alle in der europäischen Patentanmeldung benannte Vertragsstaaten werden vorbehaltlich Art.11(2) in den anderen Vertragsstaaten anerkannt, ohne dass es hierfür eines besonderen Verfahrens bedarf.
(2) Die Zuständigkeit des Gerichts, dessen Entscheidung anerkannt werden soll, und die Gesetzmäßigkeit dieser Entscheidung dürfen nicht nachgeprüft werden.

Artikel 10
Art.9(1) ist nicht anzuwenden, wenn:
a) der Anmelder, der sich auf die Klage nicht eingelassen hat, nachweist, dass ihm das diesen Rechtsstreit einleitende Schriftstück nicht ordnungsgemäß oder nicht so rechtzeitig zugestellt worden ist, dass er sich verteidigen konnte;
b) der Anmelder nachweist, dass die Entscheidung mit einer anderen Entscheidung unvereinbar ist, die zwischen denselben Parteien in einem Vertragsstaat auf eine Klage hin ergangen ist, die früher eingereicht wurde als die Klage, die zu der anzuerkennenden Entscheidung geführt hat.

Rechtsprechung

G3/92
Wenn durch rechtskräftige Entscheidung eines nat. Gerichts der Anspruch auf Erteilung eines EP-Patents einer anderen Person als dem Anmelder zugesprochen wurde und diese andere Person unter Einhaltung der ausdrücklichen Erfordernisse des Art.61(1) eine neue ePa für dieselbe Erfindung einreicht, ist Zulassung dieser neuen Anmeldung nicht daran gebunden, daß zum Zeitpunkt ihrer Einreichung die ältere, widerrechtliche Anmeldung noch vor dem EPA anhängig ist.

T146/82
1. Weist ein Dritter, der die Aussetzung des europäischen Patenterteilungsverfahrens nach R.13(1) begehrt, dem EPA nach, dass er bei einem nat. Gericht ein rechtserhebliches Verfahren eingeleitet hat, so muss die Aussetzung angeordnet werden, sofern die ePa nicht zurückgenommen worden ist oder als zurückgenommen gilt.
2. Setzt das EPA gem. R.13(3) einen Zeitpunkt fest, zu dem es das europäische Patenterteilungsverfahren fortzusetzen beabsichtigt, so kann auf späteren Antrag des Anmelders oder des Dritten, der die Aussetzung beantragt hat, der Zeitpunkt geändert oder die Aussetzung des Verfahrens aufgehoben werden.
3. Die Aussetzung eines Erteilungsverfahrens bewirkt, daß das Erteilungsverfahren unverändert in dem Rechtsstadium verbleibt, in dem es sich zum Zeitpunkt der Aussetzung befand.

J38/92
Wenn eine Entscheidung, mit der es abgelehnt wird, die Bekanntmachung des Hinweises auf Erteilung eines Patents zu verschieben, Gegenstand einer Beschwerde ist, dann muß die Bekanntmachung bis zum Abschluß des Beschwerdeverfahrens aufgehalten werden.

J28/94
Wenn es sich aus sachlichen Gründen als unmöglich erweist, die Bekanntmachung zu verschieben, dann hat das EPA alle geeigneten Maßnahmen zu ergreifen, um die Öffentlichkeit über die Ungültigkeit des Hinweises auf die Erteilung zu unterrichten.

J7/96
Eine Entscheidung über die Erteilung des europäischen Patents wird an dem Tag wirksam, an dem im Europäischen Patentblatt auf Erteilung hingewiesen wird. Im dazwischenliegenden Zeitraum ist das Erteilungsverfahren noch immer vor dem EPA anhängig.

Anmeldung ePa durch Nichtberechtigten

Anmeldung europäischer Patente durch Nichtberechtigten

Rechtsabteilung [Art.20, BdP ABl.2013,600]
Art.61, A-IV.2

273 — ohne Titel

Antrag	Norm	Voraussetzungen	Frist	Handlungen	Rechtsfolge	Rechtsbehelf
Aussetzung des Erteilungsverfahrens [553] und Einspruchs	**Art.61(1)** iVm **R.14(1)** A-IV,2.2, D-VII,4.1 [Einspruch] Rn DI-366	1) Kläger (dh möglicher Anspruchsberechtigter) grds. Arbeitnehmer **Art.60(1)** Dritter 2) rechtshängige nat. Vindikationsklage gegen Anmelder auf Erteilung des EP-Patents iSd **Art.61(1)** im Vertragsstaat in dem Anmelder Sitz/Wohnsitz hat [554] **R.14(1)** iVm **Art.2–6 APro** 3) ePa anhängig **UND** noch nicht erteilt [T146/82]	während gesamten Erteilungsverfahrens [555] bis Hinweis auf Erteilung EP-Patent veröff. [J7/96] ABER nicht vor Veröffentlichung der ePa **R.14(1)**	1) **Erklärung** durch potentiell Berechtigten 2) **Nachweis** [556] rechtshängiger nat. Klage durch wahren Rechtsinhaber **R.14(1)** iVm APro 3) *ggf.* Zahlung von Jahresgebühren **R.14(4)**	+ Aussetzung Erteilungsverfahrens (bzw. Einspruchs **R.78(1)**) [557] UND aktuelles Rechtsstadium ist eingefroren, somit keine wirksame Rechtsakte möglich [558] J38/92, ABl.1996,A86 AUSSER potentiell berechtigter Dritter erteilt Zustimmung zur Fortsetzung des EP-Verfahrens **R.14(1)**	WB (−) **R.135(2)** WE (+)

274 — mit Titel

Antrag	Norm	Voraussetzungen	Frist	Handlungen	Rechtsfolge	Rechtsbehelf
Anmeldung durch Nichtberechtigten [559] A-IV,2.4	**Art.61(1)** iVm **R.16(1)**	1) Anspruchsberechtigter mit rechtskräftiger UND/ODER anerkannter Vindikationsentscheidung eines nat. Gerichts [560] **Art.61(1)** iVm APro 2) ePa noch nicht erteilt [561], [562] **R.16(1)**	3 M ab erfolgreicher Klage [562] ABER nur bis Veröff Hinweis auf Erteilung der ePa **R.16(1)** iVm **Art.97(3)**	Wahlmöglichkeit: [563] a) **Weiterverfolgen** als eigene ePa [564] b) **neue ePa** für dieselbe Erfindung einreichen [R.17; S.199] [565] c) **Zurückweisung** der ePa beantragen [566] **Art.61(1)**	+ Wahlmöglichkeit des Berechtigten besteht nur in Bezug auf in ePa benannte VStaaten, in denen Entscheidung ergangen und/oder anerkannt **R.16(2)** iVm **Art.9/10 APro**	WB (−) **R.135(2)** WE (+)

[553] Vorbeugende Maßnahme zur Wahrung Rechte Dritter mit unmittelbarer Wirkung [J28/94; J15/06]; **keine Anwendung** auf Verfahren vor Gerichten in Nichtvertragsstaaten die automatisch von allen Vertragsstaaten anerkannt sind (z.B. über New Yorker Abkommen zur Anerkennung von Schiedssprüchen 10.06.1958). AUSSER: ausländische Schiedssprüche, dung iSv R.61(1) (bei Entscheidung zugunsten Dritten, frühestens **3M** nach Rechtskraft) [R.14(2)] ODER [2] Anordnung durch Rechtsabteilung (Vermeidung von Verfahrensmissbrauch) **R.14(3)**].

[554] **Ausnahmen:** [1] Anmelder hat keinen Sitz/Wohnsitz in VStaat, dann Klage in dem VStaat, wo Kläger Sitz/Wohnsitz hat [**Art.3 APro**]; [2] für AN-/Arbeitgeberverhältnis gilt nach **Art.61(1)** der VStaat, wo AN hauptsächlich beschäftigt ist [**Art.4 APro**]; [3] vertragliche Vereinbarungen beider Parteien [**Art.5 APro**], [4] in sonstigen Fällen deutsche Gerichte (z.B. Anmelder und Kläger keinen Sitz/Wohnsitz in VStaat) [**Art.6 APro**].

[555] Im **EURO-PCT Verfahren** frühestens mit Ablauf der Frist zum Eintritt in EP-Phase [A-IV,2.2].

[556] Mit Eingang beim EPA (Zuständigkeit: Rechtsabteilung, [ABl.2013,600]) tritt Aussetzung in Kraft [J9/12]; Tag der Aussetzung und Fortsetzung werden ins Register eingetragen [R.143(1)].

[557] **Hemmung aller laufenden Fristen** (außer Zahlung Jahresgebühr) [**R.14(4)**] (d.h. nicht verstrichener Teil der Frist läuft erst ab Tag der Fortsetzung des Erteilungsverfahrens weiter, beträgt aber mind. **2 M**, A-IV,2.2.4); **Fortsetzung Erteilungsverfahren:** [1] nach rechtskräftiger Entscheidung iSv **R.61(1)** (bei Entscheidung zugunsten Dritten, frühestens **3M** nach Achtung: **autom. Abbuchungsauftrag** verliert Wirkung [ABl.2014,24]; **Fortsetzung Erteilungsverfahrens:** [1] nach rechtskräftiger Entscheidung iSv **R.61(1)** (bei Entscheidung zugunsten Dritten, frühestens **3M** nach Rechtskraft AUSSER Dritter beantragt Fortsetzung) [**R.14(2)**] ODER [2] Anordnung durch Rechtsabteilung **R.14(3)**, J33/03]; **Änderung Fortsetzungszeitpunkt** durch begründeten Antrag möglich [T146/82].

[558] (nichtberechtigter) Anmelder darf ePa ODER einzelne Benennungen nicht zurücknehmen **R.15** UND kein TA einreichen [J20/05; J19/12]; wahrer Berechtigter unter EPÜ gar keine Möglichkeit mehr, ein Recht zu erlangen → nur noch auf nationalem Wege.

[559] Ist EP-Patent bereits erteilt worden (und die Einspruchsfrist abgelaufen), hat wahrer Berechtigter unter EPÜ gar keine Möglichkeit mehr, ein Recht zu erlangen → nur noch auf nationalem Wege.

[560] **teilweiser Rechtsübergang** gem. R.18(1) für bestimmten Gegenstand der ePa auf Dritten mögl., dennoch gelten dafür Art.61 iVm R.16 und 17.

[561] Anerkennungsprotokoll (gem. R.164(1) Bestandteil des EPÜ) ist nur bis zur Erteilung der ePa anwendbar [**Art.1(1)** Anerkennungsprotokoll vom 5. Oktober 1973].

[562] gilt auch für ePa, die nicht mehr anhängig ist (d.h. zurückgenommen, zurückgewiesen oder als zurückgenommen gilt) [G3/92; C-IX,2.2].

[563] Ist ePa nicht mehr anhängig, weil zurückgenommen oder zurückgewiesen, Erteilungsverfahren wird fortgesetzt [A-IV, 2.4]; **unzulässig**, wenn Dritter nur für Teile einer ePa das Recht zuerkannt wurde [G3/92].

[564] Dritter tritt an Stelle des (nichtberechtigten Anmelders). Einreichung wie ePa, aber nicht bei nat. Behörde, folgende Vorschriften gelten entsprechend TA [Art.61(2), 76(1)]: [1] Zuerkennung AT/Priotag, [2] Angabe auf Erteilungsantrag, [3] Anmelde-, Recherche-, Benennungs-, Anspruchsgebühr, [4] Erfindernennung, [5] sprachliche Erfordernisse → frühere ePa gilt in entsprechenden VStaaten als zurückgenommen R.17(1); Ausnahme: **keine Jahresgebühren** für Erteilungsjahr und vorhergehende Jahre [**R.51(6)**, A-IV,2.5]; **Zeitrang**: selber AT wie alte ePa.

[565] **Erfordernisse:** Einreichung wie ePa, aber nicht bei nat. Behörde, folgende Vorschriften gelten entsprechend TA [Art.61(2), 76(1)]: [1] Zuerkennung AT/Priotag, [2] Angabe auf Erteilungsantrag, [3] Anmelde-, Recherche-, Benennungs-, Anspruchsgebühr, [4] Erfindernennung, [5] sprachliche Erfordernisse → frühere ePa gilt in entsprechenden VStaaten als zurückgenommen R.17(1); Ausnahme: **keine Jahresgebühren** für Erteilungsjahr und vorhergehende Jahre [**R.51(6)**, A-IV,2.5]; **Zeitrang**: selber AT wie alte ePa.

[566] Entscheidung mit Beschwerde anfechtbar [**R.106(1)**].

EPÜ 2000

Artikel 14[11],[12]
Sprachen des Europäischen Patentamts, europäischer Patentanmeldungen und anderer Schriftstücke

[...] **(2)** Eine europäische Patentanmeldung ist in einer Amtssprache einzureichen oder, wenn sie in einer anderen Amtssprache eingereicht wird, nach Maßgabe der Ausführungsordnung in eine Amtssprache zu übersetzen. Diese Übersetzung kann während des gesamten Verfahrens vor dem Europäischen Patentamt mit der Anmeldung in der ursprünglich eingereichten Fassung in Übereinstimmung gebracht werden. Wird eine vorgeschriebene Übersetzung nicht rechtzeitig eingereicht, so gilt die Anmeldung als zurückgenommen. [...]

[11] Geändert durch die Akte zur Revision des EPÜ vom 29.11.2000.
[12] Siehe hierzu Entscheidungen GBK G6/91, G2/95, G4/08 (Anhang I).

Artikel 61[51],[52]
Anmeldung europäischer Patente durch Nichtberechtigte

(1) Wird durch rechtskräftige Entscheidung der Anspruch auf Erteilung des europäischen Patents einer Person zugesprochen, die nicht der Anmelder ist, so kann diese Person nach Maßgabe der Ausführungsordnung
a) die europäische Patentanmeldung anstelle des Anmelders als eigene Anmeldung weiterverfolgen,
b) eine neue ePa für dieselbe Erfindung einreichen oder
c) beantragen, dass die europäische Patentanmeldung zurückgewiesen wird.

(2) Auf eine nach Absatz 1 b) eingereichte neue europäische Patentanmeldung ist Art.76(1) entsprechend anzuwenden.

[51] Geändert durch die Akte zur Revision des EPÜ vom 29.11.2000.
[52] Siehe hierzu Entscheidung GBK G3/92 (Anhang I).

Artikel 76[67],[68]
Europäische Teilanmeldung

(1) Eine europäische Teilanmeldung ist nach Maßgabe der Ausführungsordnung unmittelbar beim Europäischen Patentamt einzureichen. Sie kann nur für einen Gegenstand eingereicht werden, der nicht über den Inhalt der früheren Anmeldung in der ursprünglich eingereichten Fassung hinausgeht; soweit diesem Erfordernis entsprochen wird, gilt die Teilanmeldung als an dem Anmeldetag der früheren Anmeldung eingereicht und genießt deren Prioritätsrecht.

(2) In der europäischen Teilanmeldung gelten alle Vertragsstaaten als benannt, die bei Einreichung der Teilanmeldung auch in der früheren Anmeldung benannt sind.

[67] Geändert durch die Akte zur Revision des EPÜ vom 29.11.2000.
[68] Siehe hierzu die Stellungnahme/Entscheidung GBK G4/98, G1/05, G1/06.

EPÜAO

Regel 16
Verfahren nach Art.61(1)

(1) Eine Person, die den Anspruch auf Erteilung eines europäischen Patents hat, kann von den Rechtsbehelfen nach Art.61(1) nur Gebrauch machen, wenn
a) sie dies innerhalb von drei Monaten nach Eintritt der Rechtskraft der Entscheidung tut, mit der ihr Anspruch anerkannt wird, und
b) das europäische Patent noch nicht erteilt worden ist.

(2) Diese Rechtsbehelfe gelten nur in Bezug auf in der europäischen Patentanmeldung benannte VStaaten, in denen die Entscheidung ergangen oder anerkannt worden ist oder aufgrund des Anerkennungsprotokolls anzuerkennen ist.

Regel 17[26]
Einreichung einer neuen europäischen Patentanmeldung durch den Berechtigten

(1) Reicht die Person, der durch rechtskräftige Entscheidung der Anspruch auf Erteilung des europäischen Patents zugesprochen worden ist, nach Art.61(1) b) eine neue europäische Patentanmeldung ein, so gilt die ursprüngliche Anmeldung für die darin benannten Vertragsstaaten, in denen die Entscheidung ergangen oder anerkannt worden ist oder aufgrund des Anerkennungsprotokolls anzuerkennen ist, mit dem Tag der Einreichung der neuen Anmeldung als zurückgenommen.

(2) Für die neue Anmeldung sind innerhalb eines Monats nach ihrer Einreichung die Anmeldegebühr und die Recherchengebühr zu entrichten. Wird die Anmeldegebühr oder die Recherchengebühr nicht rechtzeitig entrichtet, so gilt die Anmeldung als zurückgenommen.

(3)[27] Die Benennungsgebühr ist innerhalb von sechs Monaten nach dem Tag zu entrichten, an dem im Europäischen Patentblatt auf die Veröffentlichung des europäischen Recherchenberichts zu der neuen Anmeldung hingewiesen worden ist. R.39(2) und (3) ist anzuwenden.

[26] Siehe hierzu Stellungnahme der GBK G 4/98 (Anhang I).
[27] Geändert durch BdV CA/D 4/08 vom 21.10.2008 (ABl. 2008, 513), in Kraft getreten am 01.04.2009.

Regel 18[28]
Teilweiser Übergang des Rechts auf das europäische Patent

(1) Ergibt sich aus einer rechtskräftigen Entscheidung, dass einem Dritten der Anspruch auf Erteilung eines europäischen Patents nur für einen Teil des in der ursprünglichen europäischen Patentanmeldung offenbarten Gegenstands zugesprochen worden ist, so sind für diesen Teil Art.61 und die R.16 und 17 anzuwenden.

(2) Soweit erforderlich hat die ursprüngliche europäische Patentanmeldung für die benannten Vertragsstaaten, in denen die Entscheidung ergangen oder anerkannt worden ist oder aufgrund des Anerkennungsprotokolls anzuerkennen ist und für die übrigen benannten Vertragsstaaten unterschiedliche Patentansprüche, Beschreibungen und Zeichnungen zu enthalten.

[28] Siehe hierzu Entscheidung der GBK G 3/92 (Anhang I).

Rechtsprechung

G3/92 Wenn durch rechtskräftige Entscheidung eines nationalen Gerichts der Anspruch auf Erteilung eines EP-Patents einer anderen Person als dem Anmelder zugesprochen worden ist und diese andere Person unter Einhaltung der ausdrücklichen Erfordernisse des Art.61(1) gem. Art.61(1)b) eine neue europäische Patentanmeldung für dieselbe Erfindung einreicht, ist die Zulassung dieser neuen Anmeldung nicht daran gebunden, daß zum Zeitpunkt ihrer Einreichung die ältere, widerrechtliche Anmeldung noch vor dem EPA anhängig ist.

G4/98 I. Unbeschadet des Art.67(4) wird die Benennung eines Vertragsstaats des EPÜ in einer europäischen Patentanmeldung nicht rückwirkend wirkungslos und gilt nicht als nie erfolgt, wenn die entsprechende Benennungsgebühr nicht fristgerecht entrichtet worden ist.
II. Die Benennung eines Vertragsstaats gilt gemäß Art.91(4) mit Ablauf der in Art.79(2) bzw. in R.15(2), 25(2) oder 107(1) genannten Frist als zurückgenommen und nicht mit Ablauf der Nachfrist gemäß R.85a EPÜ.

Einreichen einer neuen ePa durch Berechtigten

Einreichung einer neuen Anmeldung durch Berechtigten [Art.61(1)b]
Für nicht mehr anhängige ePa einzige Möglichkeit zur Weiterverfolgung [G3/92]

nur Rechtsabteilung [ABl.2013,600] analog TA Art.76, A-IV, 2

		Norm	zu erbringende Handlung	Frist	Rechtsfolgen	Nachfrist	Rechtsbehelf
275	**Voraussetzungen**	R.16	1) ePa noch nicht erteilt [567], [568] 2) Inhalt darf nicht über Inhalt der urspr. eingereichten Fassung hinausgehen (= „dieselbe Erfindung") **Art.76(1) S.2** iVm **Art.61(1) b)** [569]	**R.16(1)**	**+** neue ePa für den Teil, für den das Recht dem Dritten zuerkannt wurde (beachte Identität vs Teilidentität) [569] **UND** neue ePa erhält **AT/PT der alten ePa** [570] **Art.61(2)** iVm **Art.76(1) S.2** **UND** alle VStaaten der früheren ePa gelten als benannt (Nachbenennung nicht möglich (G4/98)) [571] **Art.76(2)** **UND** alte ePa gilt als zurückgenommen (wenn noch anhängig) **R.17(1)**; A-IV, 2.5 **Formalprüfung** analog einer TA [S.99]	keine	WB (−), **R.135(2)** WE (+) Umwandlung (+) **Art.135(1)b)** **ODER** Beschwerde (+) nach R.112(2)-Entscheidung **Art.106(1), R.112(2)**
276	**Anmelder** A-IV, 2.1	Art.61(1)	nur Berechtigter mit rechtskräftiger und/oder anerkannter Entscheidung eines nat. Gerichts in Vertragsstaat in dem Anmelder Sitz/Wohnsitz hat [573] (nicht Anmelder) **Art.61(1)** iVm **Art.2-6 APro**	3 M ab erfolgreicher Klage [568] **ABER** bis zur Veröff. des Hinweises auf Erteilung der ePa **R.16(1)** iVm **Art.97(3)**			
277	**Anmeldeamt** A-IV, 2.5	Art.61(2)	nur beim EPA (München, Den Haag, Berlin, nicht Wien) **Art.61(2)** iVm **Art.76(1) S.1, R.36(2)**				
278	**Art der Einreichung** A-III, 1, S.200	R.2(1)	in Papierform oder auf elektr. Datenträger: **R.35(1)** 1) **unmittelbar** (ET: Tag des Einwurfs/Tag der Übergabe) **R.2(1)** iVm ABl.1992,306 2) **per Post** (ET: Tag des Eingangs) **R.2(1)** iVm ABl.1992,306 3) per elektr. Nachrichtenübermittlung [574] (Fax [575] oder Online) (ET: Tag vollständiger Übermittlung) **R.2(1)** iVm ABl.2019,A18 bzw. ABl.2021,A42	am selben Tag **AUSSER** von selbst: Anmelderidentität **2 M nach ET**	keine Zulassung als „neue ePa", d.h. AT/PT der alten ePa nicht zuerkannt **R.112(1)-Mitt.** BF **UND** Rückzahlung bereits entrichteter Gebühren A-II, 4.1.4	2 M nach Auff. +10Tage	WB (−), da von **R.135(2)** ausgenommen WE (+) **R.58** iVm **R.57** Beschwerde (+) nach R.112(2)-Entscheidung **Art.106(1), R.112(2)**
279	**Erteilungsantrag**	Art.61(1) b) R.57	1) Erklärung, dass ePa eine neue ePa des Berechtigten ist 2) Nummer der früheren ePa 3) ggf. Bezugnahme auf frühere Anmeldung, **R.40(1)c), (2), (3)** 4) Vorlage der rechtskräftigen Entscheidung				
280	**Sprache** A-IV, 1.3.3, A-VII, 1.3	Art.76(1) R.36(2)	gleiche Verfahrenssprache wie frühere ePa **ODER** ursprüngliche Nichtamtssprache **Art.61(1) b)** iVm **Art.76(1) S.1, R.36(2)**	ggf. Übersetzung in Verfahrensspracheder urspr. ePa binnen **2 M nach ET** **Art.14(2)** iVm **R.36(2) S.2**	**−** Anmeldung gilt als zurückgenommen BF **UND** **R.112(1)**-Rechtsverlustmitt. **Art.90(5)** iVm **Art.14(2), R.112(1)**		

Formalprüfung analog einer TA [S.99]

---

[567] Anerkennungsprotokoll (gem. Art. 164(1) Bestandteil des EPÜ) ist nur bis zur Erteilung anwendbar [**Art.1(1)** Anerkennungsprotokoll vom 5. Oktober 1973].

[568] gilt auch für ePa, die nicht mehr anhängig sind (d.h. zurückgenommen, zurückgewiesen oder als zurückgenommen gelten) [G3/92; C-IX, 2.2].

[569] **teilweiser Rechtsübergang**: Verfahren nach Art.61(1) iVm R.16, 17 ist nur für Teile einer ePa anwendbar, für die Dritten das Recht zuerkannt wurde [R.18(1), C-IX, 2.3]; »Überschuss« kann früherer Anmelder weiterverfolgen [A-IV,2.7].

[570] Verkürzung der Höchstlaufzeit der neuen ePa; Zwischenveröffentlichungen gehören nicht zum StdT [A-IV,2.5]; **Benennungsgebühr** [**630€**, GebO Art.2(1)Nr.3] binnen 6 M ab Veröff. des ISR zur neuen Anmeldung im EP-Patentblatt [**R.17(3)**] iVm **R.39(2)+(3)**].

[571] ausgenommen VStaaten in denen Dritten Recht auf Patent nicht zugesprochen [A-IV,2.5]; Weiterführung der ePa im Namen des früheren Anmelders in verbleibenden VStaaten [**R.18(1)**; A-IV,2.5].

[572] nur für die VStaaten in denen Dritten Recht auf Patent zugesprochen [A-IV,2.5].

[573] **Ausnahmen**: **[1]** Anmelder keinen Sitz/Wohnsitz im Vertragsstaat, dann Klage im Vertragsstaat, in dem Kläger Sitz/Wohnsitz hat [**Art.3 APro**]; **[2]** für Arbeitnehmer/Arbeitgeberverhältnis gilt Art.61(1) [**Art.4 APro**]; **[3]** Vereinbarungen beider Parteien [**Art.5 APro**], **[4]** in sonstigen Fällen deutsche Gerichte [**Art.6 APro**].

[574] **unzulässig**: Email, Diskette, Teletex, Telegramm, Fernschreiben o.ä. [ABl.2012, 348].

[575] **mangelhafte Qualität**: innerhalb **2 M** +10Tage nach Mitt. ist Bestätigungsschreiben nachzureichen, sonst gilt Fax als nicht eingegangen [**R.2(1)** iVm **Art.7** in ABl.2019,A18, A-VIII, 2.5].

Teil D I – Übersicht zum EPÜ

Arten der Einreichung — R.2(1)

#	Art der Einreichung	Rechtsnorm	EP-/PCT-Anmeldung	nachgereichte Unterlagen [R.50]	Videokonferenz [R.50]	Sequenz-protokoll	Einspruch einlegen	Einwendungen Dritter	Abbuchungs-auftrag	Eingangstag	WICHTIG
281	**unmittelbare Übergabe** A-II, 1.1	**R.2(1), Alt.1**	✓ Annahmestellen des EPA **ODER** bei einer nat. Zentralbehörde oder beim PIZ [576] **Art.75(1)**	✓	✗ aber: ggf. Bestätigungsschreiben für per Fax/Email eingereichte Unterlagen	✗	✓	✓		Tag des Einwurfs bzw. Tag der Übergabe [ABl.1992,306]	automatischer 24h-Briefkasten: München, Berlin Pförtner: Den Haag
282	**Post** [577] A-II, 1.1	**R.2(1), Alt.2** **Art.75(1)**	✓ Annahmestellen des EPA **ODER** bei nat. Zentralbehörde [576]	✓	✓	✗	✓	✓		Tag des Eingangs ABl.2007S3,A3	München, Den Haag, Berlin (nicht bei Dienststelle Wien) ABl.2007 S3,5
283	**Fax** [578] A-II, 1.2	**R.2(1), Alt.3 iVm** ABl.2007S3, A3	✓ [579] Annahmestellen des EPA **ODER** bei nat. Zentralbehörde [576] **Art.75(1)**	✓ außer Vollmachten und Priobelege ABl.2007S3,A3	✓	✗	✓	✓	✗	Tag vollständiger Übermittlung ABl.2007S3,A3	bei mangelhafter Qualität ist **2 M**[+10Tage] nach Auff. Bestätigungsschreiben nachzureichen, sonst gilt Fax nicht eingegangen R.2(1), A-VIII, 2.5 ABl.200753,A3
284	**Online** A-II, 1.3	**R.2(1), Alt.3 iVm** ABl.2021,A42	✓ direkt beim EPA **ODER** bei einer nat. Zentralbehörde [576]	✓ Erteilungs-, Einspruchs-, Beschränkungs- UND Besschwerdeverfahren **AUßER** Priobelege [580]	✗	✓ zwingend WIPO-Standard ST.26; nur im XML-Format ABl.2021,A97	✓ OLF oder Online-Einreichung 2.0 ABl.2021,A42	✓ mit tpo.epo.org ABl.2011,420	✓ OLF, Onlineein-reichung 2.0, ePCT	Tag vollständiger Übermittlung ABl.2021,A42 iVm ABl.2014,A97	Software für Online-Einreichung (ABl.2021,A42) ODER PaT-rAS (ABl.2015,A26)
285	**elektronischer Datenträger**			✗ ABl.2000,458	✗	✗	--	--	✗	--	nur per CD-R, DVD-R oder DVR+R ABl.2007S3.A.5
286	**E-Mail** [581] A-II, 1.4	C-VII, 2.6 ABl.2000,458	✗ ABl.2000,458	✗ ABl.2000,458	✓ [582] AUßER Vollmachten ABl.2012,348	✗	✗	✗	✗	--	Ausnahmen: ▪ Terminvereinbarung ▪ kurz vor mndl. Verhandlung
287	**telegraphisch oder fernschriftlich** [581]	ABl.2000,458	✗	✗	✗	✗	✗	✗	✗	--	--

Behörde (EPA **ODER** die zuständige nat. Behörde) **muss** dem Anmelder „unverzüglich" den ordnungsgemäßen Empfang bestätigen, wobei die Empfangsbescheinigung den Tag des Eingangs der Unterlagen enthält. Unvollständig übermittelte Dokumente gelten als **nicht eingereicht.**

[576] Einige EPÜ-Vertragsstaaten verlangen nach nat. Recht, dass eine ePa beim nat. Amt einzureichen ist, z.B. BG, FR, GR, IT, PL, PT, SE, ES, HU, CY [Art.75(2), NatR II Ziffern 2 und 5].
[577] **Allgemein anerkannte Postdiensteanbieter:** Chronopost, DHL, Federal Express, flexpress, TNT, SkyNet, UPS und Transworld; ABER nur Schriftstücke als Einschreiben oder gleichwertiger Form [ABl.2015,A29].
[578] Keine Verpflichtung zur Überprüfung eingereichter Unterlagen auf Mängel [ABl.200753,7].
[579] Bei Einreichung einer iPa per Fax, sind die formgerechten Anmeldeunterlagen und der Antrag (Form PCT/RO/101) gleichzeitig per Post nachzuschicken [Art.2 ABl.2007S3, 007].
[580] Authentizität der in Beschwerdeverfahren eingereichten Unterlagen ist durch eine fortgeschrittene elektronische Signatur („enhanced electronic signature") zu bestätigen [ABl.2021,A42].
[581] E-Mail, Telegramm o.ä. haben im EP-Verfahren keine Rechtskraft, dh keine Verfahrenshandlungen wirksam vornehmbar und somit keine Fristen gewährbar; E-Mail-Adresse für EPA: **info@epo.org** [ABl.2006,610a]. **Nachreichen:** grds. sind zur Bestätigung keine Unterlagen auf Papier nachzureichen, außer, der Anmelder wird während der Videokonferenz dazu aufgefordert, **Frist: 2 M**; kommt Anmelder Auff. nicht rechtzeitig nach, so gelten Unterlagen als nicht eingegangen.
[582] **geänderte Unterlagen** iSv R.50(1) nach WIPO-Standards nur im PDF-Format; **Unterschrift** iSv R.50(3) kann eine Zeichenkette ODER Faksmile-Unterschrift sein.

Arten der Einreichung

Online-Einreichung

	Software für Online-Einreichung (OLF)	MyEPO Portfolio	Dienst zur Web-Einreichung	Online-Einreichung 2.0
Rechtsnorm	R.2(1) iVm ABl.2021,A42 & ABl.2019,A94	R.2(1) iVm ABl.2022,A51 & 52	R.2(1) iVm ABl.2021,A42	R.2(1) iVm ABl.2021,A42 & ABl.2021,A21
Voraussetzung	1) aktivierte Smartcard 2) (EPA)-Software[583] und OLF-Zertifikat	1) aktivierte Smartcard 2) Zugang MyEPO-Bereich EPA-Webseite	vorherige Registrierung auf EPA-Webseite	1) aktivierte Smartcard 2) EPA ausgestelltes Zertifikat
Eingangstag	Tag vollständiger Übermittlung	Tag vollständiger Übermittlung	Tag vollständiger Übermittlung	Tag vollständiger Übermittlung
Zulässiges	<ul><li>Anmeldungen: ePa (Form 1001); Euro-PCT (Form 1200); iPa (Form PCT/RO/101) auch bei nat. Ämtern - einschließlich nat. Verfahren und Einreichung beim IB</li><li>Verfahrenshandlungen: Einspruch (Form 2300) EP-Validierung einschließlich Zahlung Validierungsgebühr</li><li>Nachreichen von Unterlagen für **alle** EP-Verfahren (Form 1038)</li><li>**Prioritätsunterlagen** [nur mit digitaler Signatur ausstellender Behörde]</li><li>Nachreichen von Unterlagen im PCT-Verfahren</li><li>Abbuchungsaufträge vom lauf. Konto</li></ul>	<ul><li>Erwiderung auf 71(3) Mitt., einschließlich etwaiger Anträge auf Berichtigung bibliografischer Daten</li><li>Antrag auf Weiterbehandlung vor oder nach Erlass einer Mitt. über den Rechtsverlust nach Ablauf der Frist für die Erwiderung auf R.71(3)-Mitt.</li><li>Erwiderung auf Mitt. der Prüfungsabteilung in Bezug auf Anträge auf Berichtigung oder Änderung der in der R.71(3)- Mitt genannten bibliografischen Daten oder in Bezug auf mögliche Unstimmigkeiten in der auf die R.71(3)-Mitt. hin eingereichten Übersetzung der Ansprüche</li><li>nur oben genannte Anträge oder schrittweise in MyEPO freigeschaltene Funktionen</li></ul>	<ul><li>Anmeldungen: ePa (Form 1001); Euro-PCT (Form 1200); iPa (Form PCT/RO/101); keine Einreichung bei nat. Ämtern</li><li>Nachreichen von Unterlagen **nur** für Anmelde-, Recherchen- und Prüfungsverfahren (Form 1038)</li><li>Nachreichen von Unterlagen im PCT-Verfahren wenn (EPA RO/ISA/IPEA)</li><li>Prioritätsbelege, Prioritätsunterlagen</li><li>Vollmachten</li><li>Dokumente für/in Einsprüchen</li><li>Widerspruch-/Beschränkungsverfahren</li><li>Dokumente für/in Beschwerden</li><li>Dokumente für/in GBK-Verfahren</li><li>Abbuchungsaufträge vom lauf. Konto</li></ul>	<ul><li>alle Funktionen von CMS in verbesserter Form</li><li>zusätzliche Integration von ePCT</li></ul>
Unzulässiges (Dokumente gelten als nicht eingegangen; Absender wir unverzüglich informiert - wenn ermittelbar)				
Format der Unterlagen	nur PDF oder XML SeqProt nur im XML-Format [ABl.2021,A97]	Begleitunterlagen nur PDF oder TIFF-Format	nur PDF	nur PDF oder XML
Unterschrift R.50(3)	»facsimile signature«, »text string signature« ODER »enhanced electronic signature«	authentifizierte Unterlagen entsprechen den rechtlichen Erfordernissen	»facsimile signature« ODER »text string signature«	»facsimile signature« ODER »text string signature«
Rechtsfolge	sofortiger Eingang sofortige Eingangsbestätigung	sofortiger Eingang sofortige Eingangsbestätigung	sofortiger Eingang sofortige Eingangsbestätigung	sofortige Zahlung sofortige Eingangsbestätigung
Bestätigungsschreiben in Papierform	elektr. Datenträger benötigt Anschreiben in Papierform (Anmelder, Zustellanschrift)	nicht erforderlich	nicht erforderlich	nicht erforderlich

R.2(1), Alt.3 iVm ABl.2021,A42

[583] z.B. epoline ®.

Teil D I – Übersicht zum EPÜ

Spracherfordernisse

#	Bestimmung	zugelassene Sprachen	Rechtsnorm	weitere Handlung	Frist		Rechtsfolge	Nachfrist	Rechtsbehelf
289	**Einreichung ePA** A-VII, 1	in jeder Sprache [Art.14(2)]	R.6(1)	ggf. Übersetzung in eine Amtssprache (DE/EN/FR) [584]	2 M nach AT	+	gewählte Amtssprache wird Verfahrenssprache; keine Änderung im Verfahren zulässig (Verfahrenssprache best. anhand von Beschreibung und Ansprüchen, nicht Zeichnungen [J7/80]) Art.14(3), G4/08	2 M ab R.58-Mitt.+10Tage	WB(−) WE(+)
290	**Einreichung ePa mit Bezugnahme** A-VII, 1	Sprache der früheren Anmeldung ODER Amtssprache	R.40(3)	ggf. Übersetzung in Verfahrenssprache [584]	2 M nach AT Art.14(2)				
291	**Einreichung TA oder Anmeldung nach Art.61** A-VII, 1.3, A-IV, 1.3.3	Sprache der Stammanmeldung ODER Verfahrenssprache der Stammanmeldung	R.36(2)	ggf. Übersetzung in Verfahrenssprache der Stammanmeldung [586]	2 M nach Einreichung TA	−	ePa gilt als zurückgenommen, R.112(1)-Rechtsverlustmitt. Art.14(3), G4/08		
292	**Prioritätsunterlagen** A-III, 6.8 F-VI, 3.4 D-VII, 2	a) jede Amtssprache (DE/EN/FR) ODER b) jede Sprache	R.53	keine ggf. Übersetzung in eine Amtssprache (DE, EN, FR), unabhängig von Verfahrenssprache [586] ODER Erklärung darüber, dass ePa vollständige Übersetzung der früheren Anmeldung R.53(3)	– »jederzeit« freiwillig ODER »zu best. Frist« nach Auff.+10Tage R.53(3) S.1	−	Anspruch auf Priorität dieser Anmeldung erlischt R.53(3) S.4 Zwischendokument gilt als StdT **aber:** PT bleibt ggü. anderen Anmeldungen für Art.54(3), wenn diese ePa veröff. wurde F-VI,3.4	verlängerbar	WB (+) ABER im Einspruchsverfahren unzulässig [585] Art.121/R.135 WE (−)
293	**Beweismittel, Veröffentlichungen**	in jeder Sprache	R.3(3)	ggf. Übersetzung in eine Amtssprache (DE, EN, FR), unabhängig von Verfahrenssprache [586]	»zu best. Frist« nach Auff.+10Tage R.3(3) S.2, A-VII,3.4	+ −	Berücksichtigung Schriftstück nicht zwingend Berücksichtigung des Schriftstücks durch EPA R.3(3) S.3	--	--
294	**Änderungen** Ansprüche/ Beschreibung/Zeichnung	nur Verfahrenssprache der ePa Art.14(3), G4/08	R.3(2)	--	--		--	--	--
295	**Einwendungen Dritter** nach Veröffentlichung E-VI,3	jede Amtssprache (DE/EN/FR) R.114(1), ABl.2011,420; E-VI,3	Art.115	ggf. Übersetzung in eine Amtssprache (DE, EN, FR), unabhängig von Verfahrenssprache [586]	»zu best. Frist« nach Auff.+10Tage A-VII, 3.5	−	Einwendungen in anderen Sprachen gelten als nicht eingegangen	--	--
296	**Einspruch** D-IV, 1.2.1	in Amtssprache (DE/EN/FR) Art.14(1), R.3(1) S.1 ODER „zugelassene Nichtamtssprache" Art.14(4) S.1	R.6(2)	ggf. Übersetzung der in R.76(2)c) genannten Angaben in eine Amtssprache (DE, EN, FR) [586]	9 M-Einspruchsfrist ODER 1 M nach ET Antrag - später ablaufende -	−	Einspruch gilt als nicht eingelegt (G6/91 und T193/87)	--	WB (−), WE (−)

[584] Wortlaut ePa in Amtssprache ist „**verbindliche Fassung**" [Art.70(1)]; geforderte Übersetzung Ansprüche [Art.14(6)] dient nur zur Unterrichtung; EPA unterstellt zunächst immer, dass nach Art.14(2)/Art.40(3) eingereichte Übersetzung nicht über ursprüngl. eingereichte Fassung hinausgeht [R.7]; Fehler in Übersetzung jederzeit bis Erteilung und während Einspruchsverfahren korrigierbar, wenn nicht gegen Art.123(3) verstoßen.

[585] werden mehrere Übersetzungen von Prioritätsunterlagen angefordert > für jede Weiterbehandlungsgebühr nach R.135(1) und Art.2(1) Nr.12 GebO fällig.

[586] Beglaubigung ist auf Verlangen des EPA binnen einer zu best. Frist+10Tage einzureichen, wenn ernsthafte Zweifel an Richtigkeit der Übersetzung bestehen. Ist Einreichung nicht rechtzeitig, so gilt Schriftstück als nicht eingereicht; WB (+); WE (−); R.5; A-VII,7] – Übersetzungen der Ansprüche wegen R.71(3)-Mitt. bedürfen keiner Beglaubigung.

Spracherfordernisse

297 – schriftliches Verfahren [587]

	Beteiligter			
a)	jede Amtssprache (DE/EN/FR) [588] **Art.14(1), R.3(1)**	keine	–	
	ODER			
b)	zugelassene Nichtamtssprache eines Vertragsstaats in dem andere Sprache als DE/EN/FR Amtssprache ist [588] **UND** in dem Beteiligter: natürl./jur. Person Sitz/ Wohnsitz hat **Art.14(4) S.1** **ODER** Angehöriger eines solchen Vertragsstaats mit Wohnsitz im Ausland ist.	Übersetzung in eine Amtssprache des EPA, unabhängig von Verfahrenssprache **Art.14(4) S.2, R.3(1) S.2**	**1 M** nach Einreichung Schriftstück **R.6(2)** **ODER** noch binnen Einspruchs- bzw. Beschwerdefrist	– Schriftstück gilt als nicht eingereicht [589] **Art.14(4) S.3** **UND** Unterrichtung der Person, die Schriftstück eingereicht hat **UND** Zuraktennahme & Zugänglichmachung Öffentlichkeit gem. Art.128(4)	**WB (+)**, da von R.135(2) nicht ausgeschlossen **WE (–)**

Organe				
ausschließlich Verfahrenssprache iSv Art.14(3), keine andere Amtssprache zulässig **G4/08**		--	--	--

A-VII, 2

298 – mündliches Verfahren [590]

	Beteiligter			
a)	grds. Verfahrenssprache **Art.14(1), R.4(1) S.2 Alt.1**			
	ODER			
b)	andere Amtssprache (DE, EN, FR) [591] **R.4(1) S.1 Alt.2**	Vorabmitteilung an EPA **ODER** Anmelder sorgt selbst für Übersetzung in Verfahrenssprache	bis **1 M** vor MV	+ Beteiligter darf gewählte Sprache sprechen und diese hören (und im Fall (b) Übersetzung auf Kosten EPA [R.4(5)]); aber Anspruch des Beteiligten besteht nicht [T774/05]	--
	ODER			
c)	zugelassene Nicht-Amtssprache eines Vertragsstaats (anders als DE/EN/FR) **R.4(1) S.2**	Anmelder muss selbst für Übersetzung in Verfahrenssprache sorgen [592]	keine (aber rechtzeitig vor MV, damit für Dolmetscheranlage gesorgt werden kann)		
	ODER			
d)	jede andere Sprache **R.4(4)**	Einverständnis EPA und aller Beteiligte, aber Anmelder muss selbst für Übersetzung in Verfahrenssprache sorgen			

Organe				
jede Amtssprache (DE/EN/FR) [593] **R.4(2), E-V,5**	bei Verwendung nur einer Amtssprache begründeter Hinweis an Beteiligte erforderlich	--	– Übersetzung auf Kosten EPA, wenn Beteiligte diese Sprache nicht beherrschen	--

E-V

Beglaubigung von Übersetzungen: Bei ernsthaften Zweifeln darüber, dass eingereichte Übersetzung nicht mit Urtext übereinstimmt, kann EPA Beglaubigung der Übersetzung binnen »zu best. Frist« verlangen. Bei nicht rechtzeitiger Einreichung gilt Schriftstück als nicht eingegangen, WB nach **Art.121/R.135** möglich. **R.5**

---

[587] Bei Beschwerde, Einspruch, Überprüfungsantrag gem. **Art.112a**: Übersetzungsfrist **1 M** nach Einreichung Schriftstück ODER bis Ende **Einspruchs-/Beschwerdefrist bzw Frist für Überprüfungsantrag,** wenn diese später abläuft; in jedem Fall Unterrichtung Anmelder/Patentinhaber über Eingang des Schriftstücks [A-VII,3.2].

[588] **Ausnahme:** unzulässig für Änderungen der ePa oder EP-Patents – hier nur Verfahrenssprache zulässig [A-VII,3.1].

[589] Bei Schriftstücken im Zusammenhang mit Fristwahrenden Verfahrenshandlungen, beispielsweise Erfindernennung beglaubigte Abschrift früheren ePa bei Prioinanspruchnahme: Schriftstück wird in Akte aufgenommen sofern Aktennummer angegeben und Verfahrenshandlung anerkannt, weiterer Inhalt des Schriftstückes bleibt unberücksichtigt.

[590] **Niederschriften** während mündl. Verfahren in Verfahrenssprache aufgenommen, Vorauss.: Zustimmung aller Beteiligten und EPA sorgt für Übersetzung in Verfahrenssprache [E-V,6].

[591] gewünschte Sprache muss vorher angegeben werden, Beteiligter hat das Recht in dieser Sprache zu sprechen und diese zu hören; nicht aber eine Sprache zu sprechen und andere zu hören [T774/05].

[592] EPA kann Ausnahmen zulassen **[R.4(1) S.3 und (5)]**, bspw. kann Übersetzung in eine Richtung vereinbart werden.

[593] liegen stichhaltige Gründe vor, kann von Amtssprache abgewichen werden, dann müssen Beteiligte davon unterrichtet werden und EPA trägt Kosten der Übersetzung [E-V,5].

Teil D I – Übersicht zum EPÜ

EPÜ 2000

Artikel 133[154],[155]
Allgemeine Grundsätze der Vertretung

(1) Vorbehaltlich des Absatzes 2 ist niemand verpflichtet, sich in den durch dieses Übereinkommen geschaffenen Verfahren durch einen zugelassenen Vertreter vertreten zu lassen.

(2) Natürliche oder juristische Personen, die weder Wohnsitz noch Sitz in einem Vertragsstaat haben, müssen in jedem durch dieses Übereinkommen geschaffenen Verfahren durch einen zugelassenen Vertreter vertreten sein und Handlungen mit Ausnahme der Einreichung einer europäischen Patentanmeldung durch ihn vornehmen; in der Ausführungsordnung können weitere Ausnahmen zugelassen werden.

(3) Natürliche oder juristische Personen mit Wohnsitz oder Sitz in einem Vertragsstaat können in jedem durch dieses Übereinkommen geschaffenen Verfahren durch einen ihrer Angestellten handeln, der kein zugelassener Vertreter zu sein braucht, aber ein Vollmacht nach Maßgabe der Ausführungsordnung bedarf. In der Ausführungsordnung kann vorgeschrieben werden, ob und unter welchen Voraussetzungen Angestellte einer juristischen Person für andere juristische Personen mit Sitz in einem Vertragsstaat, die mit ihr wirtschaftlich verbunden sind, handeln können.

(4) In der Ausführungsordnung können Vorschriften über die gemeinsame Vertretung mehrerer Beteiligter, die gemeinsam handeln, vorgesehen werden.

[154] Geändert durch die Akte zur Revision des EPÜ vom 29.11.2000.
[155] Siehe hierzu Entscheidungen der GBK G2/94, G4/95, G3/99 (Anhang I).

Artikel 134[156],[157]
Vertretung vor dem Europäischen Patentamt

(1) Die Vertretung natürlicher oder juristischer Personen in den durch dieses Übereinkommen geschaffenen Verfahren kann nur durch zugelassene Vertreter wahrgenommen werden, die in einer beim EPA zu diesem Zweck geführten Liste eingetragen sind.

(2) Jede natürliche Person, die

a) die Staatsangehörigkeit eines Vertragsstaats besitzt,

b) ihren Geschäftssitz oder Arbeitsplatz in einem Vertragsstaat hat und

c)[158] die europäische Eignungsprüfung bestanden hat,

kann in die Liste der zugelassenen Vertreter eingetragen werden.

(3) Während eines Zeitraums von einem Jahr ab dem Zeitpunkt, zu dem der Beitritt eines Staats zu diesem Übereinkommen wirksam wird, kann die Eintragung in diese Liste auch von jeder natürlichen Person beantragt werden, die

a) die Staatsangehörigkeit eines Vertragsstaats besitzt,

b) ihren Geschäftssitz oder Arbeitsplatz in dem Staat hat, der dem Übereinkommen beigetreten ist, und

c) befugt ist, natürliche oder juristische Personen auf dem Gebiet des Patentwesens vor der Zentralbehörde für den gewerblichen Rechtsschutz dieses Staats zu vertreten. Unterliegt diese Befugnis nicht dem Erfordernis einer besonderen beruflichen Befähigung, so muss die Person diese Vertretung in diesem Staat mindestens fünf Jahre lang regelmäßig ausgeübt haben.

(4) Die Eintragung erfolgt aufgrund eines Antrags, dem die Bescheinigungen beizufügen sind, aus denen sich ergibt, dass die in Absatz 2 oder 3 genannten Voraussetzungen erfüllt sind.

(5) Die Personen, die in der Liste der zugelassenen Vertreter eingetragen sind, sind berechtigt, in den durch dieses Übereinkommen geschaffenen Verfahren aufzutreten.

(6) Jede Person, die in der Liste der zugelassenen Vertreter eingetragen ist, ist berechtigt, zur Ausübung ihrer Tätigkeit als zugelassener Vertreter einen Geschäftssitz in jedem Vertragsstaat zu begründen, in dem die durch dieses Übereinkommen beigefügten Zentralisierungsprotokolls geschaffen worden sind. Die Behörden dieses Staats können dieses Berechtigung nur im Einzelfall in Anwendung der zum Schutz der öffentlichen Sicherheit und Ordnung erlassenen Rechtsvorschriften entziehen. Vor einer solchen Maßnahme ist der Präsident des EPA zu hören.

(7)[159] Der Präsident des EPA kann Befreiung erteilen:

a) in besonders gelagerten Fällen von der Voraussetzung nach Absatz 2 a) oder Absatz 3 a);

b) von der Voraussetzung nach Absatz 3 c) Satz 2, wenn der Antragsteller nachweist, dass er die erforderliche Befähigung auf andere Weise erworben hat.

(8) Die Vertretung in den durch dieses Übereinkommen geschaffenen Verfahren kann in der Weise von einem zugelassenen Vertreter auch von jedem Rechtsanwalt, der in einem Vertragsstaat zugelassen ist und seinen Geschäftssitz in diesem Staat hat, in dem Umfang wahrgenommen werden, in dem er in diesem Staat die Vertretung auf dem Gebiet des Patentwesens ausüben kann. Absatz 6 ist entsprechend anzuwenden.

[156] Geändert durch die Akte zur Revision des EPÜ vom 29.11.2000.
[157] Siehe hierzu BdP ABl.2013, 600; sowie die Mitteilung des EPA, ABl.2015, A55. Siehe hierzu Entscheidungen GBK G2/94, G4/95, G3/99, G2/04 (Anhang I).
[158] Siehe hierzu Beschluss des Verwaltungsrats CA/D 26/08 vom 10.12.2008 zur Änderung der Vorschriften über die europäische Eignungsprüfung für die beim EPA zugelassenen Vertreter, in Kraft getreten am 01.01.2009 (ABl.2009, 9 und Beilage zum ABl.12/2011).
[159] Siehe hierzu den BdP betreffend die Übertragung dieser Entscheidungsbefugnis (ABl.2012, 13).

EPÜAO

Regel 151[154]
Bestellung eines gemeinsamen Vertreters

(1) Wird eine europäische Patentanmeldung von mehreren Personen eingereicht und ist im Antrag auf Erteilung eines europäischen Patents kein gemeinsamer Vertreter bezeichnet, so gilt der im Antrag als Erster genannte Anmelder als gemeinsamer Vertreter. Ist einer der Anmelder jedoch verpflichtet, einen zugelassenen Vertreter zu bestellen, so gilt dieser Vertreter als gemeinsamer Vertreter, sofern nicht der im Antrag als Erster genannte Anmelder einen zugelassenen Vertreter bestellt hat. Entsprechendes gilt für gemeinsame Patentinhaber und mehrere Personen, die gemeinsam Einspruch einlegen oder den Beitritt erklären.

(2) Geht die europäische Patentanmeldung auf mehrere Personen über und haben diese Personen keinen gemeinsamen Vertreter bezeichnet, so ist Absatz 1 entsprechend anzuwenden. Ist eine entsprechende Anwendung nicht möglich, so fordert das EPA die genannten Personen auf, innerhalb einer zu bestimmenden Frist einen gemeinsamen Vertreter zu bestellen. Wird dieser Aufforderung nicht entsprochen, so bestimmt das EPA den gemeinsamen Vertreter.

[154] Siehe hierzu Entscheidung der GBK G3/99 (Anhang I).

Regel 152
Vollmacht

(1)[155] Der Präsident des EPA bestimmt, in welchen Fällen die Vertreter vor dem EPA eine unterzeichnete Vollmacht einzureichen haben.

(2) Versäumt es ein Vertreter, eine solche Vollmacht einzureichen, so fordert ihn das EPA auf, dies innerhalb einer zu bestimmenden Frist nachzuholen. Die Vollmacht kann sich auf eine oder mehrere europäische Patentanmeldungen oder europäische Patente erstrecken und ist in der entsprechenden Stückzahl einzureichen.

(3) Ist den Erfordernissen des Art.133(2) nicht entsprochen, so wird für die Bestellung eines Vertreters und die Einreichung der Vollmacht dieselbe Frist gesetzt.

(4)[156] Die Beteiligten können allgemeine Vollmachten einreichen, die einen Vertreter zur Vertretung in allen Patentangelegenheiten bevollmächtigen. Die allgemeine Vollmacht braucht nur in einem Stück eingereicht zu werden.

(5) Der Präsident des EPA kann Form und Inhalt

a) einer Vollmacht, die die Vertretung von Personen im Sinne des Art.133(2) betrifft, und

b) einer allgemeinen Vollmacht bestimmen.

(6) Wird eine vorgeschriebene Vollmacht nicht rechtzeitig eingereicht, so gelten unbeschadet anderer in diesem Übereinkommen vorgesehener Rechtsfolgen die Handlungen des Vertreters mit Ausnahme der Einreichung einer europäischen Patentanmeldung als nicht erfolgt.

(7) Die Absätze 2 und 4 sind auf den Widerruf von Vollmachten anzuwenden.

(8) Ein Vertreter gilt so lange als bevollmächtigt, bis das Erlöschen seiner Vollmacht dem EPA angezeigt worden ist.

(9) Sofern die Vollmacht nichts anderes bestimmt, erlischt sie gegenüber dem EPA nicht mit dem Tod des Vollmachtgebers.

(10) Hat ein Beteiligter mehrere Vertreter bestellt, so sind diese ungeachtet einer abweichenden Bestimmung in der Anzeige über ihre Bestellung oder in der Vollmacht berechtigt, sowohl gemeinschaftlich als auch einzeln zu handeln.

(11)[158] Die Bevollmächtigung eines Zusammenschlusses von Vertretern gilt als Bevollmächtigung für jeden Vertreter, der den Nachweis erbringt, dass er in diesem Zusammenschluss tätig ist.

[155] Siehe hierzu BdP, Sonderausgabe Nr. 3 ABl.2007, L.1. Siehe auch den BdP (ABl.2012, 352).
[156] Siehe hierzu BdP, ABl.2013, 600.
[157] Siehe hierzu Mitteilung des EPA, ABl.2013, 535, Abschnitt II.
[158] Siehe zu den Beschluss des Verwaltungsrats CA/D 9/13 vom 16.10.2013, ABl.2013, 500, und die Mitteilung des EPA, ABl.2013, 535, Abschnitt I. Siehe hierzu BdP, ABl.2013, 600.

Rechtsprechung

J17/98   I. Die Einreichung einer allgemeinen Vollmacht ohne zusätzliche Angaben zu einem bestimmten Fall bedeutet nicht, daß ein zugelassener Vertreter bestellt worden ist.

T451/89   Art.133(2) sieht vor, dass natürliche oder juristische Personen, die weder Wohnsitz oder Geschäftssitz in einem VStaaten haben, durch einen zugelassenen Vertreter vertreten sein müssen und über ihn in allen Verfahren dieses Übereinkommens handeln müssen, außer bei Einreichung einer europäischen Patentanmeldung; die Ausführungsordnung kann weitere Ausnahmen zulassen.

Vertretung

Art.133, A-VIII,1

bei widersprüchlichen Angaben zwischen Beteiligten und deren Vertreter erfolgt Information des jeweils anderen durch EPA

	Wer	Norm	Voraussetzung	Handlung	Frist	Rechtsfolge	Nachfrist	Behelf
299	**Beteiligter** selbst A-VIII,1.1	Art.133(1)	alle Beteiligten mit Sitz/Wohnsitz in einem VStaat	keine (Organe von jur. Person nach Handelsrecht zeichnungsberechtigt)	—			
300	**zugelassener Vertreter** [594; 595] A-VIII,1.1	Art.133(1) *optional*	alle Beteiligte mit Sitz/Wohnsitz in einem VStaat	1) Anzeige über Bestellung zugelassenen Vertreters oder in VStaat zugelassenen Rechtsanwalts [596] **Art.134(1), (8)**	sofort ODER innerhalb zu best. Frist ab Auff. +10Tage [598] **R.152(2)**	+ Zustellung von Schriftstücken erfolgt nur an Vertreter **R.130(1)** Berechtigung zur Vornahme aller Handlungen und Handlungen ggü. Vertreter wirken auf Anmelder Eintragung in EP-PatReg **R.143(1) h)**	verlängerbar **R.132**	**WB (+)** bei R.50(3)-Auff. +10Tage **WE (+)**
		Art.133(2) *zwingend*	zumindest ein Beteiligter **ohne** Sitz/Wohnsitz in einem VStaat [599] **R.151(1) S.2**	2) Vollmachtsvorlage [597] als unterzeichnetes Original durch Vertreter oder Anmelder **R.152(1) iVm BdP ABl.2007S3,L.1**				
301	**Angestellte** eines Beteiligten [594] A-VIII,1.2	Art.133(3)	1) alle Beteiligte **mit** Sitz/Wohnsitz in einem VStaat **UND** 2) Angestellter dieses Beteiligten [600] **mit** Sitz/Wohnsitz in VStaat	1) Anzeige [596] der Bestellung eines Angestellten **Art.133(3)** 2) Vollmachtsvorlage [597] als Original durch Vertreter oder Anmelder **R.152(1) iVm BdP ABl.2007S3,L.1**	innerhalb zu best. Frist ab Auff. +10Tage [598] **R.152(2)**	− vom Beteiligten vorgenommene Handlung gilt als nicht erfolgt [599] **R.152(6)** ABER Auff. zur Vertreterbestimmung		
302	**gemeinsamer Vertreter** [601] (Gesamtvollmacht) A-VIII,1.3	Art.133(4) iVm **R.151**	mehrere Anmelder/ PI / Personen, die gemeinsam ePa einreichen, Einspruch oder Antrag auf Beitritt einlegen **R.151(1)** ODER ePa/EP-Patent/Einspruchsbeteiligung geht auf mehrere Personen über **R.151(2)**	1) Anzeige Vertreterbestellung [596] 2) Vollmachtsvorlage [597] als Original und durch jeden Anmelder bzw. dessen Vertreter unterzeichnet **R.152(1) iVm BdP ABl.2007S3,L.1**	innerhalb zu best. Frist ab Auff. +10Tage [598] **R.152(2)**	+ Zustellung von Schriftstücken erfolgt nur an Vertreter **R.130(1)** UND Eintragung in EP-PatReg **R.143(1) h)** − EPA bestimmt Vertreter [601] **R.151(1) bzw. (2)**	verlängerbar **R.132**	

!

Einzelvollmacht – EPA Form 1003 [A-VIII,1.5]: Vollmacht berechtigt zur Vertretung einer/mehrerer Anmeldungen/Patente/Einsprüche [**R.152(2) S.2**], auch durch Anmelder einreichbar [A-VIII,1.5].

allgemeine Vollmacht – EPA Form 1004 [A-VIII,1.6]: Vollmacht berechtigt zur Vertretung eines Beteiligten in allen Patentangelegenheiten; gilt für **spätere Anmeldungen/Verfahren** aber nicht als autom. Vertreterbestellung, daher später immer gesonderte Mitteilung ans EPA unter Verweis auf allgemeine Vollmacht zwingend [J17/98].

Erlöschen: Vollmacht gültig bis ihr Erlöschen dem EPA angezeigt wird; erlischt nicht autom. mit Tod des Vollmachtgebers, wenn nicht anderes bestimmt [**R.152(8) und (9)**, A-VIII,1.5].

- Beteiligter kann dennoch unmittelbar gegenüber EPA handeln, bei widersprüchlichen Angaben durch Beteiligten und Vertreter werden beide davon jeweils in Kenntnis gesetzt [A-VIII,1.2].
- Zugelassener Vertreter ist beim EPA gelistet, Staatsangehöriger eines VStaats mit Arbeitsplatz in einem VStaat, der EQE-bestanden [**Art.134(1),(2)**]; auch jeder **Rechtsanwalt**, der Vertretung auf dem Gebiert des Patentwesens ausüben kann mit Geschäftssitz und Zulassung in einem VStaat kann Vertreter sein [**R.134(8)**]; Rechtsanwälte müssen immer unterzeichnete Vollmacht einreichen [A-VIII,1.5].
- **Anzeige ggü EPA:** [1] sofort oder auf Anmeldeantrag (Form 1001) ODER [2] jederzeit mit Form 1003 oder formlos.
- **Vollmachtsvorlage entfällt** bei Bestellung zugelassener Vertreter. **Ausnahme:** [1] Vertreterwechsel durch neuen Vertreter angezeigt [**R.152(8)**] ODER [2] Anforderung durch EPA wg. besonderer Umstände (z.B. Zweifel über Vertretungsbefugnis) [**R.152(1) iVm BdP ABl.2007S3,L.1** oder **Art.128(2)**, A-XI,2.5]; **Vertreterwechsel:** hat bisheriger Vertreter das Erlöschen seiner Vollmacht dem EPA nicht angezeigt, so hat neuer Vertreter mit Anzeige über seine Vertreterbestellung Einzelvollmacht (im Original zusammen mit Kopie) oder einen Hinweis auf eine registrierte allgemeine Vollmacht einzureichen [T267/08].
- Wurde **kein Vertreter** für Verfahren bestellt, sendet EPA alle Mitt./Auff. an Anmelder gegebenenfalls an dessen Zustellanschrift [ABl.2014,A99].
- **ausgenommen:** [1] Einreichung der ePa [T451/89, A-VIII,1.1], aber Auff. durch Eingangsstelle zur Bestimmung eines Vertreters [R.57(h) iVm R.58]; [2] Einleitung der EP-Phase einer iPa [E-IX,2.3.1], [3] Zahlung von Gebühren **UND** [4] Bestellung eines Vertreters [A-VIII,1.7]; **fristgebundene Schriftstücke:** Behandlung, als fehle Unterschrift [G3/99], Nachholung oder Genehmigung durch Vertretungsbefugten binnen zu best. Frist nach R.50(3)-Mitt. +10Tage, wodurch Schriftstück den urspr. ET beibehält [G3/99].
- **unzulässig:** Handlungen eines Angestellten für die Tochter-/Muttergesellschaft [T298/97].
- Ist **kein gemeinsamer Vertreter** benannt, ist Erstgenannter im Antrag gemeinsamer Vertreter; außer ein Beteiligter ist verpflichtet zugelassenen Vertreter zu bestellen, so ist dieser Vertreter auch gemeinsamer Vertreter [**R.151(1)**].

EPÜ 2000

Artikel 62
Recht auf Erfindernennung

Der Erfinder hat gegenüber dem Anmelder oder Inhaber des europäischen Patents das Recht, vor dem Europäischen Patentamt als Erfinder genannt zu werden.

Artikel 133[154],[155]
Allgemeine Grundsätze der Vertretung

(1) Vorbehaltlich des Absatzes 2 ist niemand verpflichtet, sich in den durch dieses Übereinkommen geschaffenen Verfahren durch einen zugelassenen Vertreter vertreten zu lassen.

(2) Natürliche oder juristische Personen, die weder Wohnsitz noch Sitz in einem Vertragsstaat haben, müssen in jedem durch dieses Übereinkommen geschaffenen Verfahren durch einen zugelassenen Vertreter vertreten sein und Handlungen mit Ausnahme der Einreichung einer europäischen Patentanmeldung durch ihn vornehmen; in der Ausführungsordnung können weitere Ausnahmen zugelassen werden.

(3) Natürliche oder juristische Personen mit Wohnsitz oder Sitz in einem Vertragsstaat können in jedem durch dieses Übereinkommen geschaffenen Verfahren durch einen ihrer Angestellten handeln, der kein zugelassener Vertreter zu sein braucht, aber einer Vollmacht nach Maßgabe der Ausführungsordnung bedarf. In der Ausführungsordnung kann vorgeschrieben werden, ob und unter welchen Voraussetzungen Angestellte einer juristischen Person für andere juristische Personen mit Sitz in einem Vertragsstaat, die mit ihr wirtschaftlich verbunden sind, handeln können.

(4) In der Ausführungsordnung können Vorschriften über die gemeinsame Vertretung mehrerer Beteiligter, die gemeinsam handeln, vorgesehen werden.

[154] Geändert durch die Akte zur Revision des EPÜ vom 29.11.2000.
[155] Siehe hierzu Entscheidungen der GBK G2/94, G4/95, G3/99 (Anhang I).

EPÜAO

Regel 19
Einreichung der Erfindernennung[29]

(1) Die Erfindernennung hat im Antrag auf Erteilung eines europäischen Patents zu erfolgen. Ist jedoch der Anmelder nicht oder nicht allein der Erfinder, so ist die Erfindernennung in einem gesonderten Schriftstück einzureichen. Sie muss den Namen, die Vornamen, den Wohnsitzstaat und den Wohnort des Erfinders, die in Artikel 81 genannte Erklärung und die Unterschrift des Anmelders oder Vertreters enthalten.

(2) Die Richtigkeit der Erfindernennung wird vom EPA nicht geprüft.

[29] Geändert durch Beschluss des Verwaltungsrats CA/D 11/20 (Artikel 1) vom 15.12.2020 (ABl. EPA 2021, A3), in Kraft getreten am 01.04.2021. Siehe Mitteilung des EPA vom 22.02.2021 (ABl. EPA 2021, A12).

Regel 41[60]
Erteilungsantrag

[...] (2) Der Antrag muss enthalten:
h) die Unterschrift des Anmelders oder Vertreters; [...]

[60] Die aktualisierte Version des Formblatts wird regelmäßig auf der Internetseite des EPA veröffentlicht.

Regel 50[68]
Nachgereichte Unterlagen

(1) Die R.42, 43 und 46 bis 49 sind auf Schriftstücke, die die Unterlagen der europäischen Patentanmeldung ersetzen, anzuwenden. R.49(2) bis (12) ist ferner auf die in R.71 genannten Übersetzungen der Patentansprüche anzuwenden.

(2) Alle anderen Schriftstücke, die nicht zu den Unterlagen der Anmeldung zählen, sollen mit Maschine geschrieben oder gedruckt sein. Auf jedem Blatt ist links ein etwa 2,5 cm breiter Rand freizulassen.

(3) Nach Einreichung der Anmeldung eingereichte Schriftstücke sind zu unterzeichnen, soweit es sich nicht um Anlagen handelt. Ist ein Schriftstück nicht unterzeichnet worden, so fordert das EPA den Beteiligten auf, das Schriftstück innerhalb einer zu bestimmenden Frist zu unterzeichnen. Wird das Schriftstück rechtzeitig unterzeichnet, so behält es den ursprünglichen Tag des Eingangs, andernfalls gilt das Schriftstück als nicht eingereicht.

[68] Siehe hierzu die BdP des EPA, SA Nr. 3, ABl.2007,A.3; siehe Mitteilung des EPA, ABl.2013,603. Siehe hierzu Entscheidung der GBK G3/99.

Regel 76[96]
Form und Inhalt des Einspruchs

(1) Der Einspruch ist schriftlich einzulegen und zu begründen.

(2) Die Einspruchsschrift muss enthalten:
a) Angaben zur Person des Einsprechenden nach Maßgabe der R.41(2) c);
b) die Nummer des europäischen Patents, gegen das der Einspruch eingelegt wird, sowie den Namen des Patentinhabers und die Bezeichnung der Erfindung;
c) eine Erklärung darüber, in welchem Umfang gegen das europäische Patent Einspruch eingelegt und auf welche Einspruchsgründe der Einspruch gestützt wird, sowie die Angabe der zur Begründung vorgebrachten Tatsachen und Beweismittel;
d) falls ein Vertreter des Einsprechenden bestellt ist, Angaben zur Person nach Maßgabe der R.41(2) d).

(3) Die Vorschriften des Dritten Teils der Ausführungsordnung sind auf die Einspruchsschrift entsprechend anzuwenden.

[96] Siehe hierzu Entscheidungen der GBK G9/91, G10/91, G1/95, G7/95, G4/97, G3/99, G1/04 (Anhang I).

Amtsblatt EPA

ABl.2019,A18
Beschluss des Präsidenten des EPA vom 20 Februar 2019 über die Einreichung von Patentanmeldungen und anderen Unterlagen durch Telefax

Artikel 4
Unterschrift

Bei Einreichung durch Telefax ist gemäß R.2 (2) EPÜ die bildliche Wiedergabe der Unterschrift der handelnden Person auf dem Telefax zur Bestätigung der Authentizität des Schriftstücks ausreichend. Aus der Unterzeichnung muss der Name und die Stellung der handelnden Person eindeutig hervorgehen.

ABl.2021,A42
Beschluss des Präsidenten des Europäischen Patentamts vom 13. Mai 2021 über die elektronische Einreichung von Unterlagen

Artikel 12
Unterschrift

(1) Soweit die eingereichten Unterlagen zu unterzeichnen sind, kann dies mittels Faksimile-Signatur ("facsimile signature") oder mittels alphanumerischer Signatur ("text string signature") erfolgen. Wenn OLF verwendet wird, kann die Unterzeichnung auch mittels fortgeschrittener elektronischer Signatur erfolgen.

(2) Eine Faksimile-Signatur ist die bildliche Wiedergabe der Unterschrift der handelnden Person.

(3) Eine alphanumerische Signatur ist eine Kette von Zeichen, vor und hinter der ein Schrägstrich (/) steht und die vom Unterzeichner zum Nachweis seiner Identität sowie seiner Unterzeichnungsabsicht gewählt worden ist.

(4) Eine fortgeschrittene elektronische Signatur ist eine vom EPA herausgegebene oder anerkannte und mit Zertifikaten gemäß Art.7(1) dieses Beschlusses bestätigte elektronische Signatur.

Unterschriftenerfordernisse

A-VIII, 3

Unterschrift durch Nichtberechtigten gilt als fehlende Unterschrift; Handlung gilt als nicht vorgenommen [T665/89]

	Dokument	Norm	Wer	Formerfordernis	Frist	Nachfrist	Rechtsfolge	Rechtsbehelf
303	**Erteilungsantrag** (Einreichung ePa) A-III, 4.2.2	**R.41(2)h)**	jeder Anmelder, jeder Vertreter, gem. R.151(1) S1. als Vertreter bestimmter Anmelder [602] A-VIII, 3.4	■ bei eletron. Einreichung: Faksimileabbildung der Unterschrift, Zeichenkette, fortgeschrittene elektronische Signatur zulässig ABl.2021,A42, Art.10	am ET	»jederzeit« **ODER** 2 M nach **R.58**-Mitt. +10Tage	− ePa wird zurückgewiesen Art.90(5)	**WE (+)** WB (−)
304	**nachgereichte** (fehlende) **Unterlagen** [603] A-VIII, 3.1	**R.50(3)S.1**	jeder berechtigte Anmelder [604] jeder Vertreter, gem. R.151(1) S1. als Vertreter bestimmter Anmelder	■ Fax: bildliche Wiedergabe ausreichend ■ Name und Stellung der Prerson müssen ersichtlich sein [BdP ABl.2007S3,A.3] ■ bei eletron. Einreichung mit EPA-Software: facsimile signature, text string signature, enhanced electronic signature zulässig [ABl.2021,A42] ■ bei Online-Einreichung: facsimile signature, text string signature zulässig [ABl.2021,A42] A-VIII, 3.3	am ET	binnen zu best Frist nach **R.50(3)**-Mitt. +10Tage [idR **2 M**]	**+** (neues) Schriftstück behält Tag des Einganges **UND** ersetzt ggf. Altes; Anmeldetag bleibt erhalten − Schriftstück gilt als nicht eingereicht	**WB (+)**
305	**Einspruch** D-III, 3.4	**R.76(3)**	berechtigter Einsprechender [604] und sein Vertreter	■ Paraphe (gekürzter Namenszug, z.B. Anfangsbuchstaben) nicht ausreichend ■ bei eletron. Einreichung mit EPA-Software: facsimile signature, text string signature, enhanced electronic signature zulässig [ABl.2009, 182] ■ bei Online-Einreichung: facsimile signature, text string signature zulässig [ABl.2021,A42] ■ Fax: bildliche wiedergabe ausreichend	am ET	zu bestimmende Frist nach **Auff.** +10Tage (durch Formalsachbearbeiter)	**+** Einspruch behält Tag des Eingangs − Schriftstück gilt als nicht eingegangen	--
306	**Unterlagen der ePa** z.B. Erfindernennung A-VIII, 3.2	gem. **Art.62** iVm **R.19**	jeder berechtigte Anmelder [604] jeder Vertreter gem. R.151(1) S1. als Vertreter bestimmter Anmelder	■ bei eletron. Einreichung: Faksimileabbildung der Unterschrift, Zeichenkette, fortgeschrittene elektronische Signatur zulässig ABl.2021,A42, Art.10	am ET	**16 M** ab AT/(frühestem) PT (spätestens vor Abschluss der techn. Vorbereitungen für Veröff.)	− Anmeldung wird zurückgewiesen **UND** Mitt. an Anmelder A-III, 5.5	--
307	**Vertretervollmacht** A-VIII, 1.5	gem. **Art.133** iVm **R.152(1)**	jeder Anmelder [602]	■ bei eletron. Einreichung: Faksimileabbildung der Unterschrift, Zeichenkette, fortgeschrittene elektronische Signatur zulässig ABl.2021,A42, Art.10	-	**2 M** nach Auff. +10Tage	− alle [605] vom Vertreter vorgenommenen Handlungen gelten als nicht erfolgt **UND** Mitt. an Beteiligte A-VIII, 1.7	--

[602] auch Art.133(2)-Anmelder ohne Sitz/Wohnsitz in VStaat [A-VIII,1.5]; **Anmeldergemeinschaft:** erfordert Unterschrift aller, auch wenn ein Anmelder als gemeinsamer Vertreter gem. **R.151(1)S.1** gilt [A-VIII, 3.4].
[603] Anlagen müssen nicht unterzeichnet werden.
[604] **Voraussetzungen: [1]** Sitz/Wohnsitz in VStaat **UND [2]** vertretungsbefugter Mitarbeiter (d.h. nach nat. Handelsrecht zeichnungsberechtigter).
[605] **ausgenommen: [1]** Einreichen einer ePa, **[2]** Einleiten der EURO-PCT Phase [A-VIII, 1.7, E-IX, 2.3].

Teil D I – Übersicht zum EPÜ

EPÜ 2000

Artikel 51[37]
Gebühren

(1) Das EPA kann Gebühren für die nach diesem Übereinkommen durchgeführten amtlichen Aufgaben und Verfahren erheben.

(2) Fristen für die Entrichtung von Gebühren, die nicht bereits im Übereinkommen bestimmt sind, werden in der Ausführungsordnung festgelegt.

(3) Sieht die EPÜAO vor, dass eine Gebühr zu entrichten ist, so werden dort auch die Rechtsfolgen ihrer nicht rechtzeitigen Entrichtung festgelegt.

(4) Die Gebührenordnung bestimmt insbesondere die Höhe der Gebühren und die Art und Weise, wie sie zu entrichten sind.

[37] Geändert durch die Akte zur Revision des EPÜ vom 29.11.2000.

GebO

Artikel 1
Allgemeines

Nach den Vorschriften dieser Gebührenordnung werden erhoben:
a) die gemäß dem Übereinkommen und seiner Ausführungsordnung an das EPA (nachstehend Amt genannt) zu entrichtenden Gebühren sowie die Gebühren und Auslagen, die der Präsident des Amts aufgrund des Art.3(1) festsetzt;
b) die Gebühren und Auslagen nach dem [...] (PCT), deren Höhe vom Amt festgesetzt werden kann.

Artikel 3
Vom P. des Amts festgesetzte Gebühren, Auslagen und Verkaufspreise

(1) Der Präsident des Amts setzt die Gebühren und Auslagen in der Ausführungsordnung genannten Verwaltungsgebühren und, soweit erforderlich, die Gebühren und Auslagen für andere als in Art.2 genannte Amtshandlungen des Amts fest.

(2) Der Präsident des Amts setzt ferner die Verkaufspreise der in den Art.93, 98, 103 und 129 des Übereinkommens genannten Veröffentlichungen fest.

(3) Die in Art.2 vorgesehenen und die nach (1) festgesetzten Gebühren und Auslagen werden im Abl. und auf der Website des EPA veröffentlicht.

Artikel 4
Fälligkeit der Gebühren

(1) Gebühren, deren Fälligkeit sich nicht aus den Vorschriften des Übereinkommens oder des PCT oder der dazugehörigen AO ergibt, werden mit dem Eingang des Antrags auf Vornahme der gebührenpflichtigen Amtshandlung fällig.

(2) Der Präsident des Amts kann davon absehen, Amtshandlungen im Sinn des Absatzes 1 von der vorherigen Zahlung der entsprechenden Gebühr abhängig zu machen.

Artikel 5[3]
Entrichtung der Gebühren

(1)[39] Die an das Amt zu zahlenden Gebühren sind durch Einzahlung oder Überweisung auf ein Bankkonto des Amts in Euro zu entrichten.

(2)[40] Der Präsident des Amts kann zulassen, dass die Gebühren auf andere Art als in Absatz 1 vorgesehen entrichtet werden.

[38] Geä. durch Bd Verwaltungsrats CA/D 17/07 vom 25.10.2007 (ABl. EPA 2007, 533), insb. durch dessen Artikel 1 Nr. 2; in Kraft getreten am 01.04.2008.
[39] Siehe Mitt. des EPA vom 13.07.2021 über die Erweiterung der Funktionen der Zentralen Gebzahlung (ABl.2021,A61) & Mitt. des EPA vom 02.03.2022 über die Erweiterung der Funktionen der Zentralen Gebzahlung (ABl.2022,A25). Siehe Mitt des EPA vom 20.08.2019 über die Verfahren zur Gebrückerstattung (ABl.2019,A82).
[40] Siehe die Vorschriften über das laufende Konto in der ab 01.10.2019 geltenden Fassung (Z4, ABl.2019), den BdP vom 04.06.2020 über die Änderung von Anhang A.1 & A.2 zu den VLK (ABl.2020,A77) & Mitt des EPA vom 04.06.2020 über Änderungen der Geb.zahlung über das automatische Abbuchungsverfahren (ABl. EPA 2020, A78), BdP vom 18.03.2021 über die Änderung der VLK & von Anhang A.1 zu den VLK – Vorschriften über das automatische Abbuchungsverfahren (VAA) (ABl.2021,A26) & BdP vom 13.07.2021 über die Änderung der VLK (ABl.2021,A60). Siehe BdP vom 22.08.2017 (ABl.2017,A72) & Mitt des EPA vom 16.02.2022 (ABl.2022,A18) über die Zahlung von Geb per Kreditkarte.

Artikel 6
Angaben über die Zahlung

(1) Jede Zahlung muss den Einzahler bezeichnen & notwendigen Angaben enthalten, die es Amt ermöglichen, Zweck der Zahlung ohne Weiteres zu erkennen.

(2) Ist der Zweck der Zahlung nicht ohne Weiteres erkennbar, so fordert das Amt den Einzahler auf, innerhalb einer vom Amt zu bestimmenden Frist diesen Zweck schriftlich mitzuteilen. Kommt der Einzahler der Aufforderung nicht rechtzeitig nach, so gilt die Zahlung als nicht erfolgt.

Artikel 7[39]
Maßgebender Zahlungstag

(1) Als Tag des Eingangs einer Zahlung beim Amt gilt der Tag, an dem der eingezahlte oder überwiesene Betrag auf einem Bankkonto des Amts tatsächlich gutgeschrieben wird.

(2) Lässt der Präsident des Amts gemäß Art.5(1) vorgesehen entrichtet werden, so bestimmt er auch den Tag, an dem diese Zahlung als eingegangen gilt.

(3) Gilt eine Gebührenzahlung gemäß den Absätzen 1 und 2 erst nach Ablauf der Frist als eingegangen, innerhalb der sie hätte erfolgen müssen, so gilt diese Frist als eingehalten, wenn dem Amt nachgewiesen wird, dass der Einzahler
i) die Zahlung des Betrags bei einem Bankinstitut veranlasst hat oder
ii) einen Auftrag zur Überweisung des zu entrichtenden Betrags einem Bankinstitut formgerecht erteilt hat.

(4) Das Amt kann den Einzahler auffordern, innerhalb einer vom Amt zu bestimmenden Frist den Nachweis über den Zeitpunkt der Vornahme einer der Handlungen nach Abs 3 zu erbringen. Kommt der Einzahler dieser Aufforderung nicht nach oder ist der Nachweis ungenügend, so gilt die Zahlungsfrist als versäumt.

[38] Geändert durch Bd Verwaltungsrats CA/D12/19 vom 12.12.2019 (ABl.2020, A3), insbesondere durch dessen Artikel 2; in Kraft getreten am 01.04.2020.

Artikel 8[40]
Nicht ausreichender Gebührenbetrag

Eine Zahlungsfrist gilt grundsätzlich nur dann als eingehalten, wenn der volle Gebührenbetrag rechtzeitig gezahlt worden ist. Ist nicht die volle Gebühr entrichtet worden, so wird der gezahlte Betrag nach dem Fristablauf zurückerstattet. Das Amt kann jedoch, soweit die laufende Frist es erlaubt, dem Einzahler die Gelegenheit geben, den fehlenden Betrag nachzuzahlen. Es kann ferner, wenn dies der Billigkeit entspricht, geringfügige Fehlbeträge der zu entrichtenden Gebühr ohne Rechtsnachteil für den Einzahler unberücksichtigt lassen.

[40] Geändert durch Beschluss des Verwaltungsrats CA/D 5/08 vom 09.12.2008 (ABl. EPA 2009, 7), in Kraft getreten am 01.04.2009.

Artikel 9
Rückerstattung von Recherchengebühren

(1) Die für eine ESR/eESR entrichtete Rech.geb. wird in voller Höhe zurückerstattet, wenn die ePa zu einem Zeitpunkt zurückgenommen/zurückgewiesen wird/als zurückgenommen gilt, in dem das Amt mit der Erstellung des Rech.berichts noch nicht begonnen hat.

(2) Wird der ESR auf einen früheren Recherchenbericht gestützt, den das Amt für eine Patentanmeldung, deren Priorität beansprucht wird, oder für eine frühere Anmeldung im Sinn des Art.76 oder der R.17 des Übereinkommens erstellt hat, so erstattet das Amt gemäß einem Beschluss seines Präsidenten dem Anmelder einen Betrag zurück, dessen Höhe von der Art der früheren Recherche und dem Umfang abhängt, in dem sich das Amt bei der Durchführung der späteren Recherche auf den früheren Recherchenbericht stützen kann.

Artikel 11
Rückerstattung der Prüfungsgebühr

Die Prüfungsgebühr nach Art.94(1) des Übereinkommens wird
a) in voller Höhe zurückerstattet, wenn die europäische Patentanmeldung zurückgenommen oder zurückgewiesen wird oder als zurückgenommen gilt, bevor die Sachprüfung begonnen hat;
b) zu 50 % zurückerstattet, wenn die europäische Patentanmeldung zurückgenommen wird, nachdem die Sachprüfung begonnen hat und
- bevor die Frist für die Erwiderung auf die erste von der Prüfungsabteilung selbst erlassene Aufforderung nach Art.94(3) des Übereinkommens abgelaufen ist oder,
- falls die Prüfungsabteilung keine solche Aufforderung erlassen hat, vor dem Datum der Mitteilung nach R.71(3) des Übereinkommens

Artikel 12
Rückerstattung von Bagatellbeträgen

Zu viel gezahlte Gebührenbeträge werden nicht zurückerstattet, wenn es sich um Bagatellbeträge handelt und der Verfahrensbeteiligte die Rückerstattung nicht ausdrücklich beantragt hat. Der Präsident des Amts bestimmt, bis zu welcher Höhe ein Betrag als Bagatellbetrag anzusehen ist.

Artikel 13
Beendigung von Zahlungsverpflichtungen

(1) Ansprüche der Organisation auf Zahlung von Gebühren an das EPA erlöschen nach vier Jahren nach Ablauf des Kalenderjahrs, in dem die Gebühr fällig geworden ist.

(2) Ansprüche gegen die Organisation auf Rückerstattung von Gebühren oder von Geldbeträgen, die bei der Entrichtung einer Gebühr zu viel gezahlt worden sind, durch das EPA erlöschen nach vier Jahren nach Ablauf des Kalenderjahres, in dem der Anspruch entstanden ist.

(3) Die in den Absätzen 1 und 2 vorgesehene Frist wird im Fall des Absatzes 1 durch eine schriftliche Auff. zur Zahlung der Gebühr und im Fall des Absatzes 2 durch eine schriftliche Geltendmachung des Anspruchs unterbrochen. Diese Frist beginnt mit der Unterbrechung erneut zu laufen und endet spätestens sechs Jahre nach Ablauf des Jahres, in dem sie ursprünglich zu laufen begonnen hat, es sei denn, dass der Anspruch gerichtlich geltend gemacht worden ist; in diesem Fall endet die Frist frühestens im Jahr nach der Rechtskraft der Entscheidung.

(4) Der P. [...]kann davon absehen, geschuldete Geldbeträge beizutreiben, wenn der beizutreibende Betrag geringfügig oder die Beitreibung zu ungewiss ist.

Artikel 14
Gebührenermäßigung

(1) Die in R.6(3) des Übereinkommens vorgesehene Ermäßigung beträgt 30 % der Anmeldegebühr bzw. der Prüfungsgebühr.

(2) Hat das EPA einen ISR erstellt, so wird die Prüfungsgebühr um 75 % ermäßigt. Wurde der Bericht nach Art.34.3c)PCT für bestimmte Teile der iPa erstellt, so wird die Prüfungsgebühr nicht ermäßigt, wenn sich die Prüfung auf einen nicht im Bericht behandelten Gegenstand erstreckt.

Gebühren

Art.51, A-X

308 Währung

Für ePas, EP-Patente und die Wirksamkeit von Rechtsbehelfen sind verschiedene Gebühren zu entrichten. Alle an das EPA zu zahlenden Gebühren sind in **Euro (€)** zu entrichten, ebenso müssen alle Abbuchungsaufträge in Euro angegeben sein. Art.5(1) GebO, Nr.3 VLK; A-X,3

309 Fälligkeit

Gebühren sind nicht zu einem beliebigen Zeitpunkt zahlbar. Erst ab Fälligkeit ist eine Gebührenzahlung wirksam. Die Fälligkeit bezeichnet den ersten Tag, an dem eine Zahlung wirksam erfolgen kann, vorher ist keine wirksame Gebührenentrichtung mögl. [609] A-X, 5.1.1

310 Gebührenhöhe

Höhe zu entrichtender Gebühr richtet sich nach der maßgeblichen Gebührenhöhe **am Zahltag**, nicht am Fälligkeitstag [BdV Abl.1992,344]. Jedoch ist die vorzeitige, wirksame Entrichtung von Gebühren (z.B. um Gebühren zu sparen) nur in Ausnahmefällen möglich. [610] A-X, 5.1.2

Gebührenanpassung erfolgt beim EPA alle 2 Jahre mit Wirkung zum 1. April eines geraden Jahres (aktuell: **Zusatzpublikation 3 Abl.2020**).

Fig. 11: Fälligkeit von Gebühren während des Verfahrens (ohne Sonderfälle)

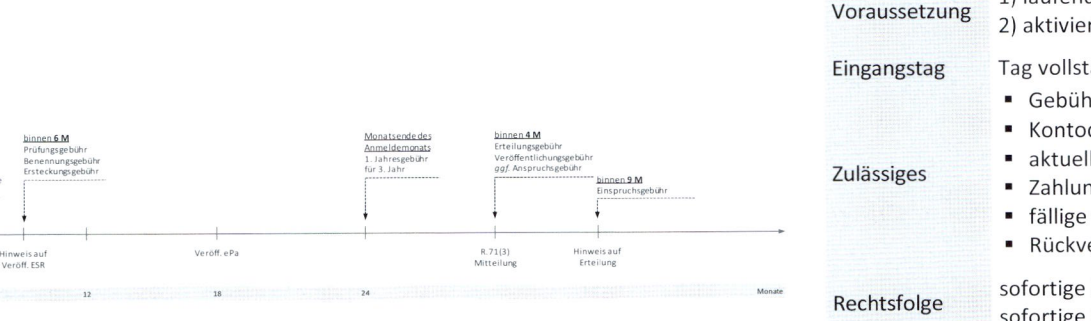

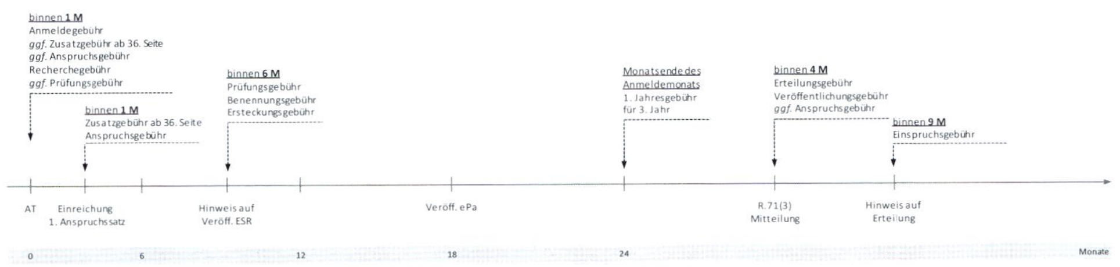

Zahlungszweck

Konkretisierung von Gebührenart und betreffendem Verfahren auch nach Zahlungsfrist zulässig [T19/96]. Erkennbar fehlerhafte Zweckangabe ist unschädlich, wenn gewollter Zweck durch EPA eindeutig ermittelbar [T16/84]. Bei uneindeutiger Zweckangabe wird Einzahler aufgefordert binnen zu best. Frist Zahlungszweck schriftlich mitzuteilen. Kommt er Auff. +10Tage nach, bleibt Zahltag erhalten Art.6(2) GebO, A-X,7

10-Tage-Sicherheitsregel [610]

Kann Einzahler nachweisen, dass eine Zahlung vor Fristablauf veranlasst [606] wurde, gilt Frist als eingehalten, auch wenn tatsächliche Gutschrift auf Bankkonto beim EPA erst nach Fristablauf eingeht [A-X,6.2]. Bei Zahlung binnen 9 Tagen vor Fristablauf wird zudem eine Zusatzgebühr fällig (10% der betreffenden Gebühr; max. 150 €). Art.7(3) und (4) GebO

Wirksame Zahlung

- Gutschrift des vollen Betrags auf Bankkonto des Beteiligten/Vertreters [Art.7(1) GebO] [608],
- Nachzahlung/Berichtigung von Fehlbeträgen ist auch nach R.139 nicht mögl. (gilt auch für Abbuchungsaufträge [T170/83, Nr.8, Art.8 GebO] [607]
- **Rückzahlung** von unwirksam bzw. ohne Rechtsgrund gezahlter Gebühren [A-X,10.1] [608]

Online-Gebührenzahlung (Zentrale Gebührenzahlung) Abl.2022,A25

Voraussetzung	1) laufendes Konto beim EPA 2) aktivierte Smartcard inkl. Software
Eingangstag	Tag vollständiger Übermittlung
Zulässiges	▪ Gebühren entrichten (Einzel- und Sammelzahlung) ▪ Kontodaten (z.B. Kontoauszüge) abrufen ▪ aktuelle Gebührenbeträge einsehen ▪ Zahlung jederzeit (rund um die Uhr) ▪ fällige Gebühren bis zu 40 Tage im Voraus einsehnbar ▪ Rückverfolgung von Transaktionen
Rechtsfolge	sofortige Zahlung sofortige Eingangsbestätigung
Sonstiges	sofortige Bestätigung des Eingangs des Abbuchungsauftrages

---

[606] **[1]** Zahlung bei Bankinstitut veranlasst, **[2]** Auftrag zur Überweisung beim Bankinstitut formgerecht erteilt oder **[3]** Abbuchungsauftragen vom laufenden Konto an Postamt übergeben [A-X,6.2.1].

[607] Geringfügige Fehlbeträge können vom EPA ohne Rechtsfolge gebilligt werden [Art.8 GebO].

[608] automatische Rückzahlung erst ab 16 € [Art.12 GebO iVm Abl.2020,A17] auf laufendes Konto oder wenn nicht vorhanden per Scheck an betreffenden Beteiligten bzw. dessen Vertreter; aber nicht an zahlende Dritte (Ausnahme: Gebühr für Akteneinsicht).

[609] **Ausnahme: [1]** Jahresgebühr (bereits **6M** für 3. Jahr bzw. **3M** für 4. Bis 20. Jahr vor Fälligkeit) und **[2]** freiwillig gezahlte Gebühren auf R.71(3)-Mitt. obwohl auch Änderungen/Berichtigungen eingereicht werden; Anrechnung auf spätere R.71(3)-Mitt.; ggf. Rückerstattung der (zu viel) gezahlten Gebühren (Erteilungs-, Veröffentlichungs- und Anspruchsgebühr).

[610] **Ausnahme: Endnote 609**; 10-Tage-Sicherheitsregel greift nicht um Zahlung vor Inkrafttreten einer Gebührenerhöhung zu rechtfertigen [J18/85].

Teil D I – Übersicht zum EPÜ

Gebühren – Gebührenordnung – ePa [611]
für ePa, TA, Anmeldung gem. Art.61(1)b)
(wirksame Zahlung durch jedermann, A-X,1)   GebO, ABl.2022,Z2

	Gebühr	Norm	Bemessung		Gebühr	Frist	Nachfrist	Rechtsfolge	Rechtsbehelf
311	**Anmeldegebühr** [612] A-X,5.2.1, A-III,13	Art.78(2) iVm R.38	▪ Einreichung ePa **online** ▪ Einreichung ePa **nicht online** R.38(1), Art. 2(1) Nr.1 GebO, A-III, 13.1	Online Papier	130 € 270 €	1 M nach ET der ePa R.38(1) (ePa) R.36(3) (TA) R.17(2) (durch Berechtigten) R.159(1) (Euro-PCT)			**WB (+)** Art.121(1), R.135(1) **WE (–)** Art.122(4), R.136(3)
			Zusatzgebühr Teilanmeldung ab zweiten Generation TA, steigend bis fünfte Generation, danach gleichbleibend R.38(4), Art. 2(1) Nr.1b GebO, A-IV,1.4.1.1	2. Generation: 3. Generation: 4. Generation: 5. Generation:	225 € 455 € 680 € 910 €				

			Zusatzgebühr ab 36. Seite (Seitengebühr) [613]
			    Seitenzahl Beschreibung
			+ Seitenzahl Zeichnungen
			+ Seitenzahl Ansprüche
			+ 1 Seite Zusammenfassung
			– 35 Seiten
			= Gesamtzahl gebührenpflichtiger Seiten
			    (nur an Anmeldesprache bemessen)
			OHNE: Erteilungsantrag und Sequenzprotokoll, wenn im WIPO ST.25
			R.38(2), Art.2(1) Nr.1a GebO, ABl.2009,118, A-III, 13.2
					16 €/Seite ab 36. Seite	1 M nach Einreichung ePa
						ODER
						1 M nach Einreichung des ersten Anspruchssatzes [615]
						ODER
						1 M nach Einreichung beglaubigte Abschrift früherer Anmeldung [Art.40(3)]
						- später ablaufende-
						R.38(3)
							–	ePa gilt als zurückgenommen und R.112-Rechtsverlustmitt.
								Art.78(2) S.2
									Umwandlung (–), für EE, HU, IT, LV
									Art.77(3),
									NatR VII

312	**Recherchengebühr** A-X,5.2.1, A-III,13		ePa vor dem 01. Juli 2005 ePa ab dem 01. Juli 2005 Art.2(1) Nr.2 GebO		950 € 1.390 €	1 M nach Einreichung ePa R.38(1), R.36(3) R.17(2), A-X,5.2.1			
313	**Anspruchsgebühr** R.45(1) R.71(4) A-X,5.2.5, A-III, 9		ePA ab dem 01. April 2009 [614] ▪ ab 16. bis 50. Anspruch Anspruchsgebühr ▪ ab 51. Anspruch erhöhte anspruchsgebühr Art.2(1) Nr.15 GebO, ABl.2009,118		250 € 630 €	1 M nach Einreichung ersten Anspruchssatzes [615] A-X,5.2.5 BZW 4 M ab R.71(3)-Mitt. [618] R.71(4)	1 M ab Mitt. +10Tage [616] nicht verlängerbar R.45(2) nicht verlängerbar	– gilt als Verzicht auf nicht bezahlten Ansprüche [617] und R.112(1)-Mitt. R.45(3)	**WB (+);** WE (–)

[611] **geringfügiger Fehlbetrag:** Gebühr gilt als rechtzeitig entrichtet UND Frist als gewahrt [Art.8 S.4 GebO], aber unverzügliche Zahlung nach Fälligkeitstag/Auff.; **Bagatellbetrag: [1]** unerwartete Bankspesen (<2%) [T343/02] ODER **[2]** Fehlbetrag von ca. 10% [T130/82; J11/85].

[612] **30%-Ermäßigung:** Einreichung in Nichtamtssprache für KMUs, nat. Personen, non-profit Organisationen mit Wohnsitz/Sitz in EPÜ-VStaat ODER Staatsangehörige dieses EPÜ-VStaats [Art.14(4), R.6(3) iVm Art.14(1) GebO, S.217].

[613] **Berechnungsgrundlage** sind die Seiten, die Formvorschriften von R.46/49 entsprechen; **Gültigkeit:** Anmeldungen ab 01.April 2009 [ABl.2009,118, ABl.2009,338].

[614] enthält Anmeldung mehrere Anspruchssätze gilt Anzahl der meisten Ansprüche [A-III,9].

[615] **mögl. Zeitpunkte der Anspruchseinreichung: [1]** am ET (zusammen mit) der ePa; **[2]** nach AT, vor Erhalt der R.58.-Mitt.; **[3]** nach Erhalt der R.58.-Mitt (**2M**).

[616] bei **Anmeldung mit Bezugnahme** auf frühere Anmeldung, bei der Ansprüche der früheren Anmeldung die Ansprüche der neuen Anmeldung ersetzen, ergeht R.45(2)-Mitt. erst, wenn Anmelder (innerhalb **2M** ab AT) Abschrift der früheren Anmeldung eingereicht hat, erst dann Gebührenberechnung durch EPA mögl. [A-III,9].

[617] fallen durch Nichtzahlung von Gebühren Patentansprüche weg und hat der reduzierte Anspruchssatz weniger Ansprüche als ein anderer Anspruchssatz, so wird auch der andere Anspruchssatz auf die Anzahl der reduzierten Anspruchssatzes reduziert [J8/84]; Anmelder entscheidet welchen gebührenpflichtigen Ansprüche gezahlt werden [J15/88]; Merkmale eines durch R.45(3) weggefallenen Anspruches, die nicht in Beschreibung/Zeichnung zu finden sind, können nicht wieder eingeführt werden [J15/88].

[618] **Veränderte Anspruchszahl bei Erteilung: [1]** weniger als 1. Anspruchssatz → keine Rückerstattung; **[2]** mehr als 1. Anspruchssatz → Zahlung der noch nicht entrichteten Ansprüche [R.71(4)] [A-X,7.3.2].

Gebühren

	Gebühr	Norm	Bemessung	Gebühr	Frist	Nachfrist	Rechtsfolge	Rechtsbehelf
314	**Benennungsgebühr** A-III,11	**Art.79(2) iVm R.39**	ePa ab dem 01. April 2009 ■ pauschale Benennungsgebühr mit der alle EPÜ-Staaten umfasst sind [619] Art.2(1) Nr.3 GebO, A-III, 11.2	630 €	**6 M** ab Hinweis auf Veröff des ESR **R.39(1)** (ePa) **R.36(4)** (TA) **R.17(3)** (durch Berechtigten) A-X,5.2.2 **ODER** jederzeit vor Fälligkeit [620]	---	– ePa gilt als zurückgenommen; R.112(1)-Rechtsverlustmitt. [621] ,[622] **R.39(2)**	**WB (+)** [623]
315	**Erstreckungs-/Validierungsgebühr** [624] A-III,12.2		Entrichtung einer Gebühr je ■ Erstreckungsstaat Bosnien (BA) und Monenegro (ME) [BA: ABl.2004, 619; ME: ABl.2010,10] ■ Validierungsstaat Marokko (MA) [ABl.2015, A20] Republik Moldau (MD) [ABl.2015,A85] Tunesien (TN) [ABl.2017, A85] Kambodscha (KH) [ABl.2018, A16]	je **102 €** **240 €** **200 €** **180 €** **180 €**	**6 M** nach Hinweis auf Veröff. ESR A-X,5.2.2	**2 M** nach Ablauf Grundfrist [625] **ODER** **2 M** ab R.112(1)-Mitt. +10Tage bei nach Nichtzahlung Benennungsgebühr ABl.2009,603 **+50% Zuschlag** [625]	– Antrag auf Erstreckung gilt als zurückgenommen – keine R.112(1)-Rechtsverlustmitt.	WE (−) [625] WB (−) [625]
316	**Prüfungsgebühr** [626] A-X,5.2.2	**Art.94(1)**	ePa vor dem 01. Juli 2005 ePa ab dem 01. Juli 2005 Art.2(1) Nr.6 GebO	**1.955 €** **1.705 €**	bei Einreichung der ePa **ODER** mit Eingang des Prüfungsantrages (Form 1001) **ABER** bis spätestens **6 M** Hinweis auf Veröff. des ESR **R.70(1)**, A-X,5.2.2	---	– ePa gilt als zurückgenommen; R.112(1)-Rechtsverlustmitt. **Art.94(2)**	**WB(+)** +50% der Prüfungsgebühr

[619] **Benennung von Staaten** kann bis zur Erteilung der ePa jederzeit zurückgenommen werden (R.79(3)), außer Verfahren ist ausgesetzt [R.15]; Gebühr bleibt unverändert; Ausgenommen EPÜ-VStaaten können nicht wieder reaktiviert werden; Angabe „Benennungsgebühr" genügt als Zahlungszweck gem. Art.6(1) GebO.

[620] gilt nur als wirksam entrichtet, wenn gezahlte Gebühr am Fälligkeitstag der dann geltenden Gebührenhöhe entspricht [A-X,5.2.2].

[621] Rechtsverlust tritt mit Ablauf der Frist nach R.39(1) ein, nicht nach Fristablauf für WB [G4/98].

[622] Rechtsverlust tritt mit Ablauf der Frist nach R.39(1) ein, nicht nach Fristablauf für WB [G4/98].

[623] ePa vor dem 01. April 2009: Zahlung Benennungsgebühr innerhalb der Frist für WB ohne Zusatzbeitrag, entscheidet Anmelder nach Aufforderung (nach Art.6(2) S.1 GebO) für welche Vertragsstaaten Benennungsgebühr inkl. Weiterbehandlungsgebühr gilt [J23/82].

[624] Antrag auf Erstreckung kann jederzeit zurückgenommen werden

[625] **Zuschlag pro Erstreckungsstaat**: 51€ [BA: ABl.2004, 619; ME: ABl.2010,10]; **Validierungsstaat** MA: 120€ [[ABl.2015, A20]; MD: 100€ [ABl.2015,A85]; TN: 90€ [ABl.2017, A85]; KH: 90€ [ABl.2018, A16].

[626] **30%-Ermäßigung**: Einreichung in Nichtamtssprache für KMUs, nat. Personen, non-profit Organisation mit Wohnsitz/Sitz in EPÜ-VStaat oder Staatsangehörige dieses EPÜ-VStaats [**Art.14(4)**, **R.6(3)** iVm Art.14(1) GebO].

Teil D I – Übersicht zum EPÜ

	Gebühr	Norm	Bemessung	Gebühr	Frist	Nachfrist	Rechtsfolge	Rechtsbehelf
317	**Erteilungs- und Veröffentlichungsgebühr** A-X, 5.2.3, C-V, 1.2	**R.71(3)**	Zahlung der Erteilung-/Veröffentlichungsgebühr an EPA nach Erhalt **R.71(3)-Mitt.** für ab 1. April 2009 eingereichte ePa Art. 2(1) Nr. 7 GebO	990 €	4 M ab **R.71(3)**-Mitt.[+10Tage], nicht verlängerbar **R.71(3)** A-X, 5.2.3	--	**+** gilt als Einverständnis mit übermittelten Fassung der erteilbaren ePa **R.71(5)** **−** ePa gilt als zurückgenommen; R.112(1)-Rechtsverlustmitt. **R.71(7)**	**WB (+)**
318	**Jahresgebühr** S. 215 A-X, 5.2.4	**Art.86(1)** iVm **R.51(1)**	Zahlung der Jahresgebühren an EPA, erstmalig für 3. Jahr bis zu dem Jahr in dem Hinweis auf Erteilung der ePa bekannt gemacht wird (für jeweils kommendes Jahr im Voraus) **Art.86(2)**, Art. 2(1) Nr. 4 GebO	3. Jahr: 505 € 4. Jahr: 630 € 5. Jahr: 880 € 6. Jahr: 1.125 € 7. Jahr: 1.245 € 8. Jahr: 1.370 € 9. Jahr: 1.495 € ab 10. Jahr: 1.690 €	ab **6 M** (für 3.Jahr) bzw. **3 M** (für 4.-20.Jahr) vor **Fälligkeit** [627] [Fälligkeit = letzter Tag des Monats in dem der AT liegt] **R.51(1)**, A-X, 5.2.4	**6 M** nach Fälligkeit + Zuschlagsgeb. (50% verspätet gezahlter Jahresgeb.) [628] Art. 2(1) Nr. 5 GebO **R.51(2)**	**−** ePa gilt als zurückgenommen; R.112(1)-Rechtsverlustmitt. **Art.86(1)**	**WB (−)** **WE (+)**
319	**Einspruchsgebühr** [629] A-X, 5.2.6, D-III, 2	**Art.99(1)**	Zahlung der Einspruchsgebühren an EPA Art. 2(1) Nr. 10 GebO	840 €	**9 M** ab Hinweis Erteilung ePa in europ. Patentblatt A-X, 5.2.6	–	**−** Einspruch gilt als nicht eingelegt D-IV, 1.2.1	**WB (−)** **WE (−)**
320	**Beschwerdegebühr** A-X, 5.2.6, E-XII	**Art.108**	Zahlung der Beschwerdegebühren an EPA Art. 2(1) Nr. 11 GebO	nat. Person: 2.015 € jur. Person: 2.785 €	**2 M**[+10Tage] ab Zustellung der angefochtenen Entscheidung A-X, 5.2.6	–	**−** Beschwerde gilt als nicht eingelegt; R.112(1)-Mitt.	**WE (+)**
321	**Weiterbehandlungsgebühr** E-VIII, 2	**Art.121** iVm **R.135(1)**	bei verspäteter Gebührenzahlung bei verspäteter Handlung nach **R.71(3)** ansonsten Art. 2(1) Nr. 12 GebO	50% betreff. Geb. 275 € 275 €	erst **2 M** ab Mitt.[+10Tage] des drohenden Rechtsverlustes	-	**−** Antrag zurückgewiesen	**WE (+)**
322	**Wiedereinsetzungsgebühr** E-VIII, 3	**Art.122** iVm **R.136(1)**	Zahlung der Wiedereinsetzungsgebühren an EPA Art. 2(1) Nr. 13 GebO	685 €	**2 M** ab Wegfall des Hindernisses ABER spätestens innerhalb **1 J** nach Fristablauf	-	**+** zwischenzeitlich eingetretene Rechtsfolgen gelten als nicht eingetreten **−** Antrag zurückgewiesen	**WB (−)** **WE (−)** **Beschwerde (+)**
323	**Veröffentlichungsgeb.** bei Patentaufrechterhaltung in geändertem Umfang **R.82(2)** & **R.95(3)**	**Art.101(3) a)**, **Art.103**	Zahlung an EPA Art. 2(1) Nr. 8 GebO	80 €	**3 M** ab Mitt.[+10Tage] **R.82(2)**	**2 M** ab Mitt.[+10Tage] + 125 € Zuschlag Art. 2(1) Nr. 9 GebO	**−** Widerruf des Patents per Entscheidung **G1/90**	**WB (−)**; **WE (+)**

---

[627] Achtung: bei Zahlung vor Fälligkeit gilt dennoch nur Gebührenhöhe zum Zeitpunkt der Fälligkeit.

[628] 6M-Frist beginnt mit letztem Tag des in R.52(1) benannten Monats, ungeachtet, ob an diesem Schließtag des EPA [**R.134(1)**] oder Störung der Post [**R.134(2),(4)**]; aber R.134 ist auf Fristende anwenbar – Berechnung Nachfrist: **J4/91**, A-X, 5.2.4.

[629] **mehrere gemeinsame Einsprechende**: eine Einspruchgebühr genügt [**G3/99**].

Gebühren

#	Gebühr	Norm	Bemessung	Gebühr	Frist	Nachfrist	Rechtsfolge	Rechtsbehelf
324	**Beschränkungsgebühr** D-X	A.105a(1)	Zahlung der Beschränkungsgebühren an EPA Art.2(1) Nr.10a GebO	1.245 €	»jederzeit« nach Erteilung/Einspruch/Erlöschen des Patentes A-X,5.2.6	--	– Antrag gilt als nicht gestellt, Art.119-Mitt. an Antragsteller	--
325	**Widerrufsgebühr** D-X		Zahlung der Widerrufsgebühren an EPA Art.2(1) Nr.10a GebO	560 €				
326	**Antrag auf Überprüfung durch GBK**	A.112a(4)	Zahlung der Gebühr für Überprüfungsantrag Art.2(1) Nr.11a GebO	3.115 €	2 M nach Zustellung der Beschwerdekammerentscheidung ODER 2 M nach Feststellung der Straftat bis max. 5 J nach Zustellung der Beschwerdekammerentscheidung Art.112a(4)	--	– ePa wird zurückgewiesen	--
327	**Sequenzprotokoll verspätet eingereicht**	R.30(3)	Zahlung der Gebühr für verspätete Einreichung eines SeqProt an EPA Art.2(1) Nr.14a GebO	245 €	2 M +10Tage nach Auff.	verlängerbar	– ePa wird zurückgewiesen R.30(3) S.2	WB(+) WE(−)
328	**Umwandlungsgebühr** NatR VII, 233	Art.135(3) Art.140	Zahlung der Umwandlungsgebühren an EPA Art.2(1) Nr.14 GebO	80 €	3 M ab Zurücknahme ODER nach Mitt. über 'fiktive' Zurücknahme ODER nach Entscheidung über Zurückweisung	--	– nach **Art.66** vorgesehene Wirkung ePa erlischt	WB(−)
329	**Zuschlagsgebühr**	R.82(3) R.95(3)	für die verspätete Vornahme von Handlungen zur Aufrechterhaltung des EP-Patents in geändertem Umfang Art.2(1) Nr.9 GebO	130 €	2 M +10Tage nach Mitt. Zahlung unabhängig von Grundgebühr zulässig	--	– Patent wird widerrufen	--
		R.51(2)	verspätete Zahlung einer Jahresgebühr Art.2(1) Nr.5 GebO	50% der verspäteten Jahresgebühr	6 M nach Fälligkeit der betreffenden Jahresgeb.	--	– ePa gilt als zurückgenommen	WB (−) **WE (+)**
330	**Kostenfestsetzungsgebühr** D-IX,2	Art.88(3)	Antrag gegen Kostenfestsetzung der Einspruchsabteilung Art.2(1) Nr.16 GebO	80 €	1 M +10Tage nach Mitt. über Kostenfestsetzung	--	– Antrag gilt als nicht gestellt	WB (−) **WE (+)**
331	**Beweissicherungsgebühr** E-IV,2.2	Art.117 iVm R.123(3)	Antrag zur Sicherung eines Beweises und Zahlung der Gebühr Art.2(1) Nr.17 GebO	80 €		--	– Antrag gilt als nicht gestellt	--
332	**Gebühr für technisches Gutachten** E-XIII	Art.25	Nichtigkeitsklage oder Verletzungsklage vor nat. Gericht; Zahlung der Gebühren für techn. Gutachten an EPA Art.2(1) Nr.20 GebO	4.175 €	»jederzeit« mit Antrag	--	– Gutachten wird nicht erstellt	--

EPÜ 2000

Artikel 86[80]
Jahresgebühren für die europäische Patentanmeldung

(1) Für die europäische Patentanmeldung sind nach Maßgabe der Ausführungsordnung Jahresgebühren an das Europäische Patentamt zu entrichten. Sie werden für das dritte und jedes weitere Jahr, gerechnet vom Anmeldetag an, geschuldet. Wird eine Jahresgebühr nicht rechtzeitig entrichtet, so gilt die Anmeldung als zurückgenommen.

(2) Die Verpflichtung zur Zahlung von Jahresgebühren endet mit der Zahlung der Jahresgebühr, die für das Jahr fällig ist, in dem der Hinweis auf die Erteilung des europäischen Patents im Europäischen Patentblatt bekannt gemacht wird.

[80] Geändert durch die Akte zur Revision des EPÜ vom 29.11.2000.

Artikel 141[171]
Jahresgebühren für das europäische Patent

(1) Jahresgebühren für das europäische Patent können nur für die Jahre erhoben werden, die sich an das in Art. 86(2) genannte Jahr anschließen.

(2) Werden Jahresgebühren für das europäische Patent innerhalb von zwei Monaten nach der Bekanntmachung des Hinweises auf die Erteilung des europäischen Patents im Europäischen Patentblatt fällig, so gelten diese Jahresgebühren als wirksam entrichtet, wenn sie innerhalb der genannten Frist gezahlt werden. Eine nach nationalem Recht vorgesehene Zuschlagsgebühr wird nicht erhoben.

[171] Geändert durch die Akte zur Revision des EPÜ vom 29.11.2000.

EPÜAO

Regel 51
Fälligkeit

(1)[69] Die Jahresgebühren für die europäische Patentanmeldung sind jeweils für das kommende Jahr am letzten Tag des Monats fällig, der durch seine Benennung dem Monat entspricht, in den der Anmeldetag für diese Anmeldung fällt. Die Jahresgebühr für das dritte Jahr kann frühestens sechs Monate vor ihrer Fälligkeit wirksam entrichtet werden. Alle anderen Jahresgebühren können frühestens drei Monate vor ihrer Fälligkeit wirksam entrichtet werden.

(2)[70] Wird eine Jahresgebühr nicht bis zum Fälligkeitstag nach Absatz 1 entrichtet, so kann sie noch innerhalb von 6 Monaten nach Fälligkeit entrichtet werden, sofern innerhalb dieser Frist eine Zuschlagsgebühr entrichtet wird. Die in Art. 86(1) festgelegte Rechtsfolge tritt mit Ablauf der Sechsmonatsfrist ein.

(3) Jahresgebühren, die für eine frühere Patentanmeldung am Tag der Einreichung einer Teilanmeldung fällig geworden sind, sind auch für die Teilanmeldung zu entrichten und werden mit deren Einreichung fällig. Diese Gebühren und eine Jahresgebühr, die bis zum Ablauf von vier Monaten nach Einreichung der Teilanmeldung fällig wird, können innerhalb dieser Frist ohne Zuschlagsgebühr entrichtet werden. Absatz 2 ist anzuwenden.

(4) Hatte eine Fristversäumung zur Folge, dass eine europäische Patentanmeldung zurückgewiesen wurde oder als zurückgenommen galt, und wurde der Anmelder nach Art. 122 wieder in den vorigen Stand eingesetzt, so

a) wird eine Jahresgebühr, die nach Absatz 1 im Zeitraum ab dem Tag, an dem der Rechtsverlust eintrat, bis einschließlich zum Tag der Zustellung der Entscheidung über die Wiedereinsetzung fällig geworden wäre, erst an letzterem Tag fällig.
Diese Gebühr und eine Jahresgebühr, die innerhalb von vier Monaten nach dem letzteren Tag fällig wird, können noch innerhalb von vier Monaten nach dem letzteren Tag ohne Zuschlagsgebühr entrichtet werden. Absatz 2 ist anzuwenden.

b) kann eine Jahresgebühr, die an dem Tag, an dem der Rechtsverlust eintrat, bereits fällig war, ohne dass jedoch die Frist nach Absatz 2 abgelaufen war, noch innerhalb von sechs Monaten nach der Zustellung der Entscheidung über die Wiedereinsetzung entrichtet werden, sofern innerhalb dieser Frist auch die Zuschlagsgebühr nach Absatz 2 entrichtet wird.

(5) Ordnet die Große Beschwerdekammer nach Art.112a(5) S.2 die Wiederaufnahme des Verfahrens vor der Beschwerdekammer an,

a) wird eine Jahresgebühr, die nach Absatz 1 im Zeitraum ab dem Tag, an dem die mit dem Antrag auf Überprüfung angefochtene Entscheidung der Beschwerdekammer erging, bis einschließlich zum Tag der Zustellung der Entscheidung der Großen Beschwerdekammer über die Wiederaufnahme des Verfahrens fällig geworden wäre, erst an letzterem Tag fällig.
Diese Gebühr und eine Jahresgebühr, die innerhalb von vier Monaten nach dem letzteren Tag fällig wird, können noch innerhalb von vier Monaten nach dem letzteren Tag ohne Zuschlagsgebühr entrichtet werden. Absatz 2 ist anzuwenden.

b) kann eine Jahresgebühr, die an dem Tag, an dem die Entscheidung der Beschwerdekammer erging, bereits fällig war, ohne dass jedoch die Frist nach Absatz 2 abgelaufen war, noch innerhalb von sechs Monaten nach dem Tag der Zustellung der Entscheidung der Großen Beschwerdekammer über die Wiederaufnahme des Verfahrens entrichtet werden, sofern innerhalb dieser Frist auch die Zuschlagsgebühr nach Absatz 2 entrichtet wird.

(6) Für eine nach Art. 61 (1) b) eingereichte neue europäische Patentanmeldung sind Jahresgebühren für das Jahr, in dem diese Anmeldung eingereicht worden ist, und für vorhergehende Jahre nicht zu entrichten.

[59] Geändert durch Bd Verwaltungsrats CA/D 13/17 vom 13.12.2017 (ABl. 2018, A2), in Kraft getreten am 01.04.2018.
[60] Geändert durch Bd Verwaltungsrats CA/D 17/16 vom 14.12.2016 (ABl. 2016, A102), in Kraft getreten am 01.01.2017. Siehe auch Mitt. des EPA, ABl. 2016, A103

Regel 159[166]
Erfordernisse für den Eintritt in die europäische Phase

(1) Für eine internationale Anmeldung hat der Anmelder innerhalb von einunddreißig Monaten nach dem Anmeldetag oder, wenn eine Priorität in Anspruch genommen worden ist, nach dem Prioritätstag die folgenden Handlungen vorzunehmen:
[...]
g) die Jahresgebühr für das dritte Jahr nach Art. 86(1) zu entrichten, wenn diese Gebühr nach R.51(1) früher fällig wird;

[166] Siehe hierzu die Mitteilung des EPA über den Antrag auf vorzeitige Bearbeitung (ABl.2013, 156).

Rechtsprechung

J 12/84

1. Der Anmelder hat dafür zu sorgen, dass die Jahresgebühren für europäische Patentanmeldungen rechtzeitig gezahlt werden, und zwar unabhängig davon, ob er das Schreiben erhalten hat, mit dem das EPA die Anmelder nach Ablauf der Zahlungsfrist nach R.37(1) (unverbindlich) darauf aufmerksam macht, dass die Gebühr nach Art. 86(2) unter Zahlung einer Zuschlagsgebühr noch rechtswirksam gezahlt werden kann.

2. Ein Anmelder, der sich nur auf das obengenannte Schreiben des EPA verlässt, kann in die Frist nach Art.86(2) nicht wiedereingesetzt werden.

J 1/89

1.1. Der Vertrauensschutz, der das Verfahren zwischen EPA und Anmelder beherrscht (J 2/87 ABl. 1988, 330 und J 3/87 ABl. 1989, 3) gilt auch gegenüber freiwilligen Serviceleistungen des EPA, wenn diese nicht so abgefaßt sind, daß Mißverständnisse bei einem vernünftigen Adressaten ausgeschlossen sind.

1.2. Ein Anmelder kann nicht darauf vertrauen, daß ihm bestimmte freiwillige Serviceleistungen des EPA (hier: Hinweise auf die Fälligkeit von Jahresgebühren) regelmäßig zugestellt werden und kann daher keine Ansprüche daraus herleiten, wenn sie nicht erfolgen (Bestätigung von J 12/84 ABl. 1985, 108); erhält der Anmelder aber eine freiwillige Serviceleistung, so kann er auf deren Richtigkeit und Vollständigkeit vertrauen.

1.3. Zahlt ein Anmelder Jahresgebühren im Einklang mit einem mißverständlichen Hinweis über die Fälligkeit der Jahresgebühren, so ist er so zu behandeln, als ob er die Jahresgebühr rechtzeitig entrichtet hätte.

J 4/91

2. Verschiebt sich der Beginn der regionalen (europäischen) Phase auf den Zeitpunkt des Ablaufes des 30. Monats ab dem Anmeldedatum der internationalen Anmeldung, so wird die Jahresgebühr für das dritte Patentjahr erst mit Ablauf des 30. Monats, d. h. am letzten Tag der 30-Monatsfrist fällig (Art.40 PCT; Art.150(2) S.3). (Neue Rechtslage ab 1.6.1991 (R.104(1)(e)). Dieser verschobene Fälligkeitstag ist für die Berechnung der Nachfrist zur Zahlung der Jahresgebühr mit Zuschlag maßgebend.

2. R5/80 über „Berechnung von zusammengesetzten Fristen" ist auf Beginn der Nachfrist nach Art.86(2) nicht anzuwenden. Dies bedeutet, dass diese Frist auch dann am letzten Tag des in R.37(1) S.1 EPÜ1973

Gebühren

Jahresgebühren

Gebührenhöhe richtet sich nach maßgeblicher Gebührenhöhe am Zahltag, nicht am Fälligkeitstag [BdV ABl.1992,344];

Art.86(1) iVm **R.51**

	Jahresgebühr	Rechtsnorm	zu erbringende Handlung	Fälligkeit	Nachfrist	Rechtsfolge	Rechtsbehelf
333	**Jahresgebühren** für **ePa** [630] *A-X,5.2.4*	**R.51(1)** Art.2(1) Nr.4 GebO	Jahresgebühr im **Voraus** für drittes bzw. jedes folgende Jahr ab AT **Art.86(1) S.2** Ausnahme: entfallen für neue ePa durch Berechtigten iSv **Art.61(1) b)** für Jahr der Einreichung und vorhergehende Jahre **R.51(6)**	ab **6 M** (für 3.a) bzw. **3 M** (für 4.-20.a) vor **Fälligkeit** (= letzter Tag des Monats, in dem AT liegt) [631] **R.51(1)**, ABl.2018,A2	Fälligkeit **+6 M** [632] +50% verspäteter Jahresgeb. [633] **R.51(2)**, Art.2(1) Nr.5 GebO		
334	nachträglich Jahresgebühren für **EP-Teilanmeldungen** *A-IV,1.4.3*	**R.51(3)** Art.2(1) Nr.4 GebO	1) (alle) Jahresgebühren für drittes bzw. jedes folgende Jahr früherer Stammanmeldung **R.51(3) S.1, Art.76(1)** 2) ggf. weitere Jahresgeb., die binnen 4 M nach Einreichung der TA fällig wird **R.51(3) S.2**	mit Einreichung TA ODER binnen **4 M** nach ET der TA	**6 M** nach ET der TA [632] +50% verspäteter Jahresgeb. [633] **R.51(2)**, Art.2(1) Nr.5 GebO	– verspätete Zahlung: Anmeldung gilt als zurückgenommen und R.112(1)-Rechtsverlustmitt. **Art.86(1) S.3** – vorzeitige Zahlung: Zahlung vor 3M-Vorfälligkeitszeitraum ist unwirksam *A-X,5.2.4*	
335	Jahresgebühren bei erfolgreicher **Wiedereinsetzung** nach Art.122	**R.51(4)** Art.2(1) Nr.4 GebO	a) während WE-verfahrens fällig gewordene Jahresgebühr(en) und weitere Jahresgeb., die binnen 4 M nach WE fällig wird **R.51(4)a** b) bereits bei Rechtsverlust fällige Jahresgeb., wobei R.51(2)-Nachfrist noch nicht abgelaufen war **R.51(4)b**	**4 M** ab Zustellung der Entscheidung+10Tage über WE **6 M** ab Zustellung der Entscheidung+10Tage über verspäteter Jahresgeb.	**6 M** ab Entscheidung+10Tage [632] +50% verspäteter Jahresgeb. [633] **R.51(2)**, Art.2(1) Nr.5 GebO keine	jeweils erfolgt Rückerstattung der Jahresgebühr(en)	**WE (+)** in Nachfrist [634]; WB (–) **R.135(2)**
336	**Wiederaufnahme des Beschwerdeverfahrens** nach erfolgreicher Überprüfung durch GBK **Art.112a(5) S.2**	**R.51(5)** Art.2(1) Nr.4 GebO	a) während Überprüfungsverfahrens fällig gewordene Jahresgebühr(en) und Jahresgebühr, die binnen 4 M nach GBK-Entscheidung fällig wird **R.51(5)a** b) Jahresgebühr, die bereits bei Entscheidung der Beschwerdekammer fällig war, wobei R.51(2)-Nachfrist noch nicht abgelaufen war **R.51(5)b**	**4 M** ab Zustellung der Entscheidung+10Tage über Verfahrenswiederaufnahme **6 M** ab Zustellung der Entscheidung+10Tage über verspäteter Jahresgeb.	**6 M** ab Entscheidung+10Tage [632] +50% verspäteter Jahresgeb. [633] **R.51(2)**, Art.2(1) Nr.5 GebO keine		
337	Fälligkeit der dritten Jahresgebühr bei **Euro-PCT**	**R.159(1) g)** Art.2(1) Nr.4 GebO	*regulär*: 1) regulärer Eintritt in EP-Phase 31 M nach AD bzw. frühestem PD der iPa **Art.22(1)** oder **39(1)b) PCT** iVm **R.159(1)** 2) Jahresgebühr für 3. Jahr [505 €] *vorzeitig*: 1) ausdrücklicher Antrag auf vorzeitige Bearbeitung **Art.23(2)** oder **40(2) PCT** 2) ggf. Jahresgebühr für 3. Jahr, wenn diese bereits fällig ist	31 M nach AD bzw. (frühestem) PD der iPa ODER regulär bei Fälligkeit nach **R.51(1)** - später ablaufende - mit Antrag auf vorzeitige Bearbeitung, wenn diese bereits fällig **R.159(1)g)** iVm **R.51(1)** SONST regulär bei Fälligkeit nach **R.51(1)**	Fälligkeit **+6 M** [632] +50% verspäteter Jahresgeb. [633] **R.51(2)** iVm J1/89 Fälligkeit **+6 M** [632] +50% verspäteter Jahresgeb. [633] **R.51(2)**, Art.2(1) Nr.5 GebO	Antrag auf vorzeitige Bearbeitung wird (erst) mit Zahlung der Jahresgebühr und erfüllten Erfordernissen nach R.159 wirksam	
338	Entrichtung der Jahresgebühr im **Jahr der Erteilung**	**Art.141(2)** Art.2(1) Nr.4 GebO	Zahlung der Jahresgebühr, die für das EP-Patent binnen **2 M** nach Erteilung fällig werden an nat. Ämter	**2 M** nach Hinweis auf Erteilung EP-Patents im EP-PatRegister	siehe nat. Normen	– siehe nat. Normen	siehe nat. Normen

Erteilungsverfahren: 333, 334, 335, 336
Euro-PCT: 337
Erteilung: 338

[630] neue ePa durch Berechtigten iSv **Art.61(1) b)**: keine Jahresgebühren für Jahr der Einreichung und vorhergehende Jahre [**R.51(6)**].

[631] **Gebührenhöhe** richtet sich nach maßgeblicher Gebührenhöhe am Zahltag, nicht am Fälligkeitstag [BdV ABl.1992,344]; **Achtung**: Wird eine Jahresgebühr nach einer R.71(3)-Mitt. **aber** vor dem Tag des frühestmöglichen Datums auf Hinweis der Bekanntmachung auf Erteilung fällig, so wird Hinweis erst bekannt gemacht, wenn die dem EPA zustehende Jahresgebühr entrichtet wurde [**R.71a(4)**].

[632] 6M-Frist beginnt mit letztem Tag des in R.52(1) benannten Monats, ungeachtet, ob an diesem Schließtag des EPA [**R.134(1)**] oder Störung der Post [**R.134(2),(4)**]; aber R.134 ist auf Fristende anwendbar – Berechnung Nachfrist: J4/91, A-X,5.2.4; **Hinweis**: Anmelder wird auf Möglichkeit nach **R.51(2)** iVm Art.2(1) Nr.5 GebO hingewiesen. Unterbleibt dieser Hinweis, kann Anmelder daraus keine Ansprüche herleiten [J12/84, J1/89].

[633] Zahlung unabhängig von fälliger Jahresgebühr zulässig, aber binnen 6M-Nachfrist [A-X,5.2.4].

[634] 1J-Ausschlussfrist nach R.136(1) S.2 beginnt erst nach Ablauf der 6M-Nachfrist von R.51(2).

VLK [Abl.2019,Z4 & Abl.2020,A77]

1. Allgemeine Bestimmungen

Nach Artikel 5 (2) der Gebührenordnung (GebO) stellt das EPA interessierten natürlichen oder juristischen Personen sowie Gesellschaften, die nach dem für sie maßgebenden Recht einer gleichgestellt sind, laufende Konten für die Entrichtung der an das EPA zu zahlenden Gebühren zur Verfügung. Die laufenden Konten werden am Sitz des EPA in München ausschließlich in Euro geführt.

2. Formvorschriften für die Eröffnung eines laufenden Kontos

2.1 Zur Eröffnung eines laufenden Kontos muss ein Antrag gestellt werden, in dem der künftige Kontoinhaber alle zweckdienlichen Angaben zu seiner Person, seinem Beruf und seiner Anschrift mitteilt. [...]

3. Auffüllungen, Rückzahlungen und Überweisungen zwischen laufenden Konten

3.1 Nach Eröffnung des laufenden Kontos wird dem Kontoinhaber die Nr. des Kontos mitgeteilt. Er hat dann eine erste Zahlung zu leisten, die er entsprechend seinen Bedürfnissen und mit Rücksicht darauf bestimmt, in welchen Abständen er das Konto aufzufüllen beabsichtigt, sodass eine ausreichende Deckung des laufenden Kontos sichergestellt ist.

3.3 Rückzahlungen vom laufenden Konto sind aus verschiedenen Gründen möglich, wie z. B. Auflösung des laufenden Kontos oder Beendigung der Tätigkeit als zugelassener Vertreter vor dem EPA.

3.4 Rückzahlungen vom laufenden Konto können nur an den Kontoinhaber erfolgen. Dazu muss ein unterzeichneter begründeter Antrag mit allen für die Überweisung erforderlichen Angaben zur Bankverbindung eingereicht werden. Das EPA kann weitere Nachweise zur Bestätigung verlangen, dass die die Rückzahlung beantragende Person bevollmächtigt ist, im Namen des Kontoinhabers zu handeln, und dass das angegebene Bankkonto dem Inhaber des laufenden Kontos gehört.

4. Funktionieren des laufenden Kontos

4.1 Der Kontoinhaber hat dafür zu sorgen, dass auf dem Konto stets eine ausreichende Deckung vorhanden ist. Art.7(1) GebO, die 10-Tage-Sicherheitsregel nach Art.7(3) a) und b) zweiter Halbsatz GebO sowie Art.7(4) GebO sind auf Zahlungen zur Auffüllung des laufenden Kontos entsprechend anzuwenden.

4.2 Über die Online-Gebührenzahlung können Kontoinhaber ihre offenen Abbuchungsaufträge, ihren Zahlungsplan und die Kontobewegungen einsehen, Kontoauszüge herunterladen und Kontostand überwachen. Darüber hinaus erhält der Kontoinhaber nach Abschluss des Geschäftsjahres per Post eine Saldenbestätigung mit dem Abschlusssaldo des laufenden Kontos. Werden Fehler festgestellt, so muss der Kontoinhaber dies dem EPA unverzüglich mitteilen. Das EPA überprüft diese Angaben und nimmt erforderliche Korrekturen rückwirkend zum ursprünglichen maßgebenden Zahlungstag vor.

5. Belastung des laufenden Kontos

Das laufende Konto kann vorbehaltlich der Nummer 9 nur mit Beträgen für Gebühren belastet werden, die in Verbindung mit europäischen und PCT-Verfahren an das EPA zu entrichten sind.

5.1. Arten von Abbuchungsaufträgen und zulässige Wege der Einreichung

5.1.1 Die Belastung des laufenden Kontos erfolgt ausschließlich auf der Grundlage eines vom Kontoinhaber oder vom bevollmächtigten Vertreter unterzeichneten elektronischen Abbuchungsauftrags. Die Unterschrift kann mittels alphanumerischer Signatur, Faksimile-Signatur sowie unter Verwendung einer fortgeschrittenen elektronischen Signatur erfolgen oder, wenn die Zahlung über die Online-Gebührenzahlung im Rahmen der Online-Dienste erfolgt, durch Authentifizierung per Smartcard.

Beim Abbuchungsauftrag kann es sich handeln um:
- einen Abbuchungsauftrag, d. h. einen Einzel- oder einen Sammelabbuchungsauftrag oder
- einen automatischen Abbuchungsauftrag für eine bestimmte europäische oder internationale Patentanmeldung, mit dem das EPA zur automatischen Abbuchung von anfallenden Verfahrensgebühren ermächtigt wird.

5.1.2 Der Abbuchungsauftrag ist in einem elektronisch verarbeitbaren Format (XML) auf einem der folgenden Wege einzureichen:
- über die Online-Einreichung des EPA oder das Case-Management-System (CMS) des EPA mit den Formblättern EPA 1001E, 1200E, 2300E oder 1038E;
- über die Online-Einreichung des EPA, das CMS oder ePCT unter Nutzung der Funktion der PCT-Gebührenberechnung und -zahlung;
- über die Online-Gebührenzahlung im Rahmen der Online-Dienste.

5.1.3 Abbuchungsaufträge, die auf anderem Weg, z. B. auf Papier, per Fax, über die Webseite oder in einem anderen Format, etwa als PDF-Anhang oder über das Anmerkungsfeld der Online-Formblätter eingereicht werden, sind ungültig und werden daher nicht ausgeführt. Das EPA teilt dies dem Verfahrensbeteiligten als Serviceleistung mit. Die Rechtsfolge der Einreichung eines ungültigen Abbuchungsauftrags ist unter Nummer 5.4.2 dargelegt.

5.2 Reihenfolge der Bearbeitung von Abbuchungsaufträgen

5.2.1 Abbuchungsaufträge, die am selben Tag eingehen oder ausgeführt werden sollen, werden vom EPA in der folgenden Reihenfolge bearbeitet:
a) automatische Abbuchungsaufträge;
b) alle weiteren Abbuchungsaufträge.

5.2.2 Reicht das Guthaben des laufenden Kontos am Tag des Eingangs eines Abbuchungsauftrags bzw. an dem gemäß Nr. 5.4.1 (2) angegebenen Tag nicht für alle Gebühren aus, die für eine Anmeldung eingegangen sind (Fehlbetrag), so werden die Gebühren in aufsteigender Reihenfolge der Gebührencodes abgebucht, solange das Guthaben ausreicht. Kann ein Abbuchungsauftrag wegen eines Fehlbetrags nicht vollständig ausgeführt werden, wird kein weiterer Abbuchungsauftrag bearbeitet, bis das Konto entsprechend aufgefüllt ist. Der Kontoinhaber wird per E-Mail oder Post entsprechend unterrichtet.

5.2.3 Nach der Auffüllung bearbeitet das EPA alle noch ausstehenden Abbuchungsaufträge in der Reihenfolge der maßgebenden Zahlungstags bzw. des Eingangs und der unter Nr. 5.2.1 und Nr. 5.2.2 angegebenen Reihenfolge. Ausstehende Zahlungen gelten als an dem Tag erfolgt, an dem das laufende Konto entsprechend aufgefüllt worden ist.

5.2.4 In der Regel werden Abbuchungsaufträge vom EPA innerhalb von 2 Arbeitstagen nach dem angegebenen Zahlungstag oder bei automatisch abzubuchenden Gebühren beim Eingang des Abbuchungsauftrags ausgeführt. Inhaber laufender Konten sollten dafür sorgen, dass ihr Konto stets für sämtliche eingereichten Abbuchungsaufträge ausreichend gedeckt ist.

5.3 Validierung und Zurückweisung von Zahlungen bei der Online-Zahlung

5.3.1 In einem Sammel- oder Einzelabbuchungsauftrag enthaltene Aufträge betreffend
i) die Zahlung von JG oder Jahresgebühren für endgültig abgeschlossene ePA o. erteilte Patente,
ii) die doppelte Zahlung von Gebühren mit Ausnahme der A.3 zu den VLK angegebenen oder
iii) die Zahlung von Gebühren für einen Rechtsübergang in Bezug auf endgültig abgeschlossene ePA

werden automatisch zurückgewiesen.

5.3.2 Für die oben genannten Zwecke gilt eine ePA als endgültig abgeschlossen, wenn der Rechtsverlust oder die Zurückweisung der Anmeldung rechtskräftig geworden ist, d. h. insbesondere wenn

i) die Anmeldung zurückgenommen wird, als zurückgenommen gilt oder zurückgewiesen wird und kein Rechtsmittel eingelegt wurde, mit Ausnahme eines Antrags auf Wiedereinsetzung in den vorigen Stand,
ii) die Entscheidung über das Rechtsmittel negativ ist und keine Beschwerde eingelegt wurde oder
iii) die Entscheidung über die Beschwerde negativ ist oder die Beschwerde zurückgenommen wird.

5.4 Zahlungstag

5.4.1 Sofern am Eingangstag des Abbuchungsauftrags beim EPA eine ausreichende Deckung auf dem Konto vorhanden ist, gilt der Tag der Zahlung als an diesem Tag erfolgt. Im Abbuchungsauftrag kann aber angegeben werden, dass ein Zahlungsauftrag zu einem späteren Termin als dem Eingangstag ausgeführt werden soll. In diesem Fall gilt die Zahlung als an dem angegebenen Ausführungstermin erfolgt. Zahlungsaufträge mit späterem Ausführungstermin können bis zu 40 Tage nach dem Eingangstag ausgeführt werden.

5.4.2 Wird ein Abbuchungsauftrag auf einem nicht zulässigen Einreichungsweg oder in einem ungültigen Format eingereicht, so gilt der Eingangstag nicht als Zahlungstag. Wenn dies bedeutet, dass eine Frist zur Entrichtung einer Gebühr abgelaufen ist, kann der Verfahrensbeteiligte eines der nach dem EPÜ oder dem PCT zur Verfügung stehenden Rechtsmittel nutzen.

5.5 Nichtverfügbarkeit der zulässigen elektronischen Einreichungswege für Abbuchungsaufträge

Endet eine Zahlungsfrist an einem Tag, an dem einer der zulässigen Einreichungswege für Abbuchungsaufträge gemäß Nr. 5.1.2 beim EPA nicht verfügbar ist, so verlängert sich die Zahlungsfrist bis zum nächstfolgenden Tag, an dem alle für die betreffende Anmeldungsart vorgesehenen Wege wieder zur Verfügung stehen. Bei einer allgemeinen Nichtverfügbarkeit elektronischer Kommunikationsdienste oder einer ähnlichen Ursache im Sinne der R.134(5) EPÜ oder der R.82^{quater}.1 PCT verlängern sich die Zahlungsfristen gemäß diesen Bestimmungen.

5.6 Einreichung nach Art.75(1) b) EPÜ bei einer zuständigen nationalen Behörde

5.6.1 Wird die europäische Patentanmeldung nach Art.75 (1) b) EPÜ bei einer zuständigen nationalen Behörde eingereicht, so kann auf einem dem Abbuchungsauftrag der Anmeldung beigefügt werden, wobei das obligatorische Formblatt 1020 zu verwenden ist.

5.6.2 Geht ein gemäß Nr. 5.6.1 erteilter Abbuchungsauftrag erst nach Ablauf der für die Entrichtung der Gebühren vorgesehenen Frist beim EPA ein, so gilt diese Frist als eingehalten, wenn der Nachweis vorliegt, dass der Abbuchungsauftrag bei der zuständigen Behörde des Vertragsstaats gleichzeitig mit der Anmeldung bei der zuständigen Behörde erbracht wird, dass der Abbuchungsauftrag eingereicht worden ist, sofern zum Zeitpunkt des Fristablaufs eine ausreichende Deckung auf dem Konto vorhanden war.

5.6.3 Geht ein gemäß Nr. 5.6.1 erteilter Abbuchungsauftrag (Formblatt 1020) vor dem Tag bei der zuständigen nationalen Behörde ein, so gilt, im Falle einer Erhöhung der in Art.2 GebO festgelegten Gebührenbeträge wirksam wird, und geht der Auftrag beim EPA jedoch erst an oder nach diesem Tag ein, so gilt der Tag des Eingangs des Auftrags bei der zuständigen nationalen Behörde als eingegangen, sofern an diesem Tag eine ausreichende Deckung auf dem Konto vorhanden war.

5.6.4 Für internationale Anmeldungen, die gemäß Art.151 S.2 EPÜ und Art.75(2) b) EPÜ über ein nationales Amt eines EPÜ-Vertragsstaats beim EPA als Anmeldeamt eingereicht werden, finden die Nrn.5.6.1 und 5.6.2 entsprechend Anwendung.

6. Widerruf eines Abbuchungsauftrags

6.1 Ein Abbuchungsauftrag kann durch eine unterzeichnete schriftliche Mitteilung des Einzahlers ganz oder teilweise widerrufen werden, die als E-Mail-Anhang an support@epo.org geschickt wird [...].

7. Automatisches Abbuchungsverfahren

Das Amt bietet Inhabern eines laufenden Kontos die Möglichkeit, durch einen automatischen Abbuchungsauftrag automatische Abbuchungen zu veranlassen. Die Bedingungen für dieses Verfahren, insbesondere die Verfahrens- und Gebührenarten, für die das automatische Abbuchungsverfahren zugelassen ist, sind in den Vorschriften für die automatische Abbuchungsverfahren (VAA) festgelegt.

Gebühren

Möglichkeiten der Einzahlung · Stundung
wirksame Zahlung an EPA durch jedermann möglich, A-X,1

	Art	Rechtsnorm	Handlung	Maßgabe	maßgebender Zahlungstag	Nachfrist	Rechtsfolge	Rückzahlung
339	**Einzahlung/Überweisung** auf Bankkonto des EPA A-X,2	Art.5(1) GebO ABl.2017,A100	1) Gebührenzahlung in Euro 2) Angabe des Zahlungszweckes [635]	Gebühr ist fällig	= Tag der tatsächlichen Gutschrift des vollst. Betrags auf EPA-Konto [636],[637] Art.7(1) GebO			Beteiligten/ Vertreter [638] A-X,10.4
	Kreditkartenzahlung (seit 1.12.2017) Tageslimit: 10.000 Euro	Art.5(2) GebO ABl.2017,A72 ABl.2022,A18	1) Zahlung nur online via EPA-Dienst für Gebührenzahlung nur in Euro 2) akzeptierte Kreditkarte [Mastercard, Visa, American Express]		= Tag, an dem Transaktion genehmigt [tatsächliche Gutschrift auf EPA-Konto egal] Art.7(2) GebO, ABl.2017,A72			
340	**Laufendes Konto** beim EPA in München A-X,2 A-X,4.2	Art.5(2) GebO ABl.4/2014 ABl.2020,A78	**Auffüllung des laufenden Kontos** [639] Einzahlung zur Kontodeckung in Euro [641], Betrag frei wählbar [bei Kontoeröffnung verpflichtend] **Nr.3 VLK** Gebührenzahlung nur durch vom Kontoinhaber (Anmelder/PI/Vertreter) unterzeichneten elektronischen Abbuchungsauftrag [642] unter Angabe des Zahlungszwecks [eindeutig] [635],[643] **Nr.5.1.1 VLK** [als Einzel- oder Sammelauftrag für ein oder mehrere ePa zulässig]	elektron. Einreichung nur via OLF, Onl.-E. 2.0 oder Online-Gebührenzahlung [640] **Nr.5.1.2 VLK** Währung Konto grundsätzlich in Euro geführt [641] **Nr.1 VLK**	= Tag der Gutschrift auf EPA-Konto Art.7(2) GebO + ausreichende Deckung: ET des Abbuchungsauftrags beim EPA bzw. angegebener Buchungstag [644],[637] Art.7(2) GebO, **Nr.5.4.1 VLK** − unzureichende Deckung: Abbuchungsauftrag wird nicht ausgeführt [645] **Nr.5.2 VLK**	keine	+ wirksame Entrichtung der Gebühr − Gebühr nicht wirksam entrichtet	nur auf laufendes Konto des Kontoinhabers **3.4 VLK** A-X,10.4
341	**automatisches Abbuchungsverfahren** [647] vom laufenden Konto [647] A-X,4.3	**Nr.8 VLK** ABl.4/2014, A.1 und A.2	unterzeichneter Auftrag des Anmelders/PI oder dessen Vertreters per OLF oder Online-E. 2.0 [Einschränkung auf bestimmte Gebührenarten unzulässig] **Nr.1 VAA**	1) gedecktes laufendes Konto beim EPA 2) kein Fall von Wirkungsverlust [646]	= letzter Tag der Zahlungsfrist oder gem. Sonderfall nach **Nr. 6 VAA** [S.213] Achtung: bei WE/WB werden Gebühren auch automatisch abgebucht, auch wenn Rechtsbehelf nicht gewollt		+ autom. Abbuchung aller Gebühren entsprechend Verfahrensstand [647]	
342	**Umbuchung einer Rückzahlung** A-X,2 & 10.4	Art.5(2) GebO	schriftlicher Antrag auf Umbuchung einer Zahlung	ausstehende Rückzahlung und fällige Gebühr	= Tag des Eingangs Umbuchungsauftrag		+ Umbuchung	

i unzulässig: Zahlung **in bar** oder per **Scheck** [mit Wirkung vom 1. April 2008 abgeschafft; ABl.2007,533 und 626]

---

[635] Konkretisierung von Gebührenart und betreffendem Verfahren auch nach Zahlungsfrist zulässig [T19/96]. Erkennbar fehlerhafte Zweckangabe ist unschädlich, wenn gewollter Zweck durch EPA eindeutig ermittelbar [T16/84].
[636] Achtung: **bloße „Wertstellung"** der Bank des Einzahlers ist unzureichend [ABl.1997,215].
[637] **10-Tage-Sicherheitsregel**: Geht Abbuchungsauftrag nach Fristablauf bei Bank/EPA ein, so gilt Frist als eingehalten, wenn EPA nachgewiesen wird, dass Einzahler **[1]** Abbuchungsauftrag fristgemäß veranlasst und ausreichende Kontodeckung zum Zeitpunkt des Fristablaufs, und **[2]** Zuschlagsgebühr iHv 10% der Gebühr[en], höchstens jedoch 150 €, entrichtet; Zuschlagsgebühr entfällt, wenn Zahlung mind. 10 T vor Fristablauf veranlasst wurde [Art.7 GebO, **4.1 VLK**].
[638] autom. **Rückzahlung** (ab 16€) auf laufende Konto oder ein Bankkonto [A-X,10.3] an Verfahrensbeteiligte/Vertreter, nicht an zahlende Dritte (außer: Zahlungszweck nicht erkennbar; Gebühr für Akteneinsicht) [A-X,10.4].
[639] **Auffüllen des laufenden Kontos** durch Jedermann möglich [**3.2 VLK**]; **Rückzahlung** auf Antrag nur an Kontoinhaber [**3.4 VLK**].
[640] zwingend EPA-Form 1001E, 1200E, 2300E, 1038E; **anderes Format** ist unzulässig (z.B. Papier, Fax, PDF, Web-Einreichung) [**5.1.3 VLK**]; **Verlängerung der Zahlungsfrist**, wenn elektron. Zahlungsdienste nicht verfügbar [**5.5 VLK**, R.134(1)].
[641] Andere Währungen akzeptiert, wenn frei konvertierbar, nach aktuellem Wechselkurs wird Euro-Betrag gutgeschrieben [**3.2 VLK**, A-X,4.2.2].
[642] **Widerruf**: Zurücknahme des Abbuchungsauftrags ganz oder teilw. durch schriftlich, unterzeichnete Mitt. des Kontoinhabers per E-Mail oder Online-Kontaktformular [**Nr.6.1 VLK**]; aber nur bis zum ET des Abbuchungsauftrags zulässig [**6.2 VLK**].
[643] Unrichtige Angaben führen dennoch zur Abbuchung, sofern aus Abbuchung, sofern vom Auftraggeber Gewollte erkennbar ist [T152/82].
[644] ausreichende Kontodeckung zwingend [**4.1 VLK**]; bei **Online-Einreichung/-Gebührenzahlung** des EPA kann später Ausführungstermin angegeben werden, bis 40 T nach ET; dieser ist dann maßgebender Zahltag [**5.2.4 VLK**].
[645] **Erhalt des Zahlungstages** (bei noch laufender Frist): **[1]** Mitt. an Kontoinhaber durch EPA per Post, Fax **ODER** E-Mail **[2]** Auffüllen des laufenden Kontos innerh. der Zahlungsfrist [**5.2.4 VLK**].
[646] Fälle: **(a)** Patenterteilung, **(b)** rechtskräftige Erledigung der ePa, **(c)** Rechtsübergang, **(d)** Vertretungsniederlegung, **(e)** Aussetzung/Unterbrechung des Verfahrens, **(f)** Ende des Beschränkungs-/Widerrufsverfahrens [**Nr.13 VAA**].
[647] ausgenommen: Einspruchsgebühr; Umwandlungsgebühr [**Art.135(3); 140**]; Kostenfestsetzungsgebühr [**R.88(3)**]; Beweissicherungsgebühr [**R.123(3)**]; techn. Gutachten [**Art.25**]; Verwaltungs- und VeröffGebühren [Art.3 GebO].

EPÜ 2000

Artikel 14[11], [12]
Sprachen des Europäischen Patentamts, europäischer Patentanmeldungen und anderer Schriftstücke

[...] **(4)** Natürliche oder juristische Personen mit Wohnsitz oder Sitz in einem Vstaat, in dem eine andere Sprache als DE, EN oder FR Amtssprache ist, und die Angehörigen dieses Staats mit Wohnsitz im Ausland können auch fristgebundene Schriftstücke in einer Amtssprache dieses Vstaats einreichen. Sie müssen jedoch nach Maßgabe der AO eine Übersetzung in einer Amtssprache des Europäischen Patentamts einreichen. Wird ein Schriftstück, das nicht zu den Unterlagen der europäischen Patentanmeldung gehört, nicht in der vorgeschriebenen Sprache eingereicht oder wird eine vorgeschriebene Übersetzung nicht rechtzeitig eingereicht, so gilt das Schriftstück als nicht eingereicht. [...]

[11] Geändert durch Akte zur Revision des EPÜ vom 29.11.2000.
[12] Siehe hierzu Entscheidungen GBK G6/91, G2/95, G4/08 (Anhang I).

Artikel 153[180]
Das Europäische Patentamt als Bestimmungsamt oder ausgewähltes Amt

[...] **(7)**[181] Zu jeder Euro-PCT-Anmeldung nach Absatz 5 wird ein ergänzender europäischer Recherchenbericht erstellt. Der Verwaltungsrat kann beschließen, dass auf einen ergänzenden Recherchenbericht verzichtet oder die Recherchengebühr herabgesetzt wird.

[180] Siehe hierzu Entscheidung der GBK G 4/08 (Anhang I).
[181] Siehe hierzu den Bd Verwaltungsrats CA/D 11/09 vom 28.10.2009 (ABl. 2009, 594) über den Verzicht auf die ergänzende europäische Recherche bei Vorliegen eines vom EPA erstellten internationalen Recherchenberichts. Siehe hierzu den Bd Verwaltungsrats CA/D 8/15 vom 16.12.2015 (ABl.2016, A2) zur Herabsetzung der Gebühr für die ergänzende europäische Recherche, wenn der ISR oder der ergänzende internationale Recherchenbericht vom Österreichischen Patentamt, vom Finnischen Patent- und Registrieramt, vom Schwedischen Patent- und Registrieramt, vom Spanischen Patent- und Markenamt, vom Nordischen Patentinstitut oder vom Visegrad-Patentinstitut erstellt worden ist; dieser Beschluss gilt für iPas, die einschließlich 31.03.2020 eingereicht werden, und für die der ISR oder der ergänzende internationale Recherchenbericht vom Türkischen Patent- und Markenamt erstellt worden ist, wenn die Gebühr für eine ergänzende europäische Recherche ab dem 1. Juli 2017 entrichtet wird. Siehe hierzu den Bd Verwaltungsrats CA/D 16/17 vom 13.12.2017 (ABl.2018, A3) zur Aufhebung des Bd Verwaltungsrats CA/D 10/05 (ABl.2005, 548) betreffend Fälle, in denen die Gebühr für die ergänzende europäische Recherche herabgesetzt wird. Ab dem 1. April 2018 wird die Recherchengebühr für die ergänzende europäische Recherche für iPa nicht mehr herabgesetzt, wenn das Patent- und Markenamt der Vereinigten Staaten (USPTO), das Japanische Patentamt, der Föderale Dienst für geistiges Eigentum, Patente und Marken (Russische Föderation), das Australische Patentamt, das Staatliche Amt für geistiges Eigentum der Volksrepublik China (SIPO) oder das Koreanische Amt für geistiges Eigentum ISA war.

EPÜAO

Regel 6[4]
Einreichung von Übersetzungen und Gebührenermäßigung

(1) Eine Übersetzung nach Art.14(2) ist innerhalb von zwei Monaten nach Einreichung der europäischen Patentanmeldung einzureichen.

(2) Eine Übersetzung nach Art.14(4) ist innerhalb eines Monats nach Einreichung des Schriftstücks einzureichen. Dies gilt auch für Anträge nach Art.105a. Ist das Schriftstück ein Einspruch, eine Beschwerdeschrift, eine Beschwerdebegründung oder ein Antrag auf Überprüfung, so kann die Übersetzung innerhalb der Einspruchs- oder Beschwerdefrist, der Frist für die Einreichung der Beschwerdebegründung oder der Frist für die Stellung des Überprüfungsantrags eingereicht werden, wenn die entsprechende Frist später abläuft.

(3)[5] Reicht eine in Art.14(4) genannte Person eine ePa oder einen Prüfungsantrag in einer dort zugelassenen Sprache ein, so wird die Anmeldegebühr bzw. die Prüfungsgebühr nach Maßgabe der GebO ermäßigt.

(4) Die in Absatz 3 genannte Ermäßigung gilt für
a) kleine und mittlere Unternehmen,
b) natürliche Personen oder
c) Organisationen ohne Gewinnerzielungsabsicht, Hochschulen oder öffentliche Forschungseinrichtungen.

(5) Für die Zwecke des Absatzes 4 a) findet die Empfehlung 2003/361/EG der Kommission vom 6. Mai 2003 betreffend die Definition der Kleinstunternehmen sowie der kleinen und mittleren Unternehmen in der Fassung Anwendung, in der sie im Amtsblatt der Europäischen Union L 124 vom 20. Mai 2003, S. 36, veröffentlicht wurde.

(6) Ein Anmelder, der die in Absatz 3 genannte Gebührenermäßigung in Anspruch nehmen möchte, muss erklären, dass er eine Einheit oder eine natürliche Person im Sinne von Absatz 4 ist. Bestehen begründete Zweifel an der Richtigkeit dieser Erklärung, so kann das Amt Nachweise verlangen.

(7) Im Falle mehrerer Anmelder muss jeder Anmelder eine Einheit oder eine natürliche Person im Sinne von Absatz 4 sein.

[4] Absatz 3 geändert und Absätze 4-7 eingefügt durch Beschluss des Verwaltungsrats CA/D 19/13 vom 13.12.2013 (ABl.2014,A4), in Kraft getreten am 01.04.2014. Siehe hierzu auch Mitteilung des EPA, ABl.2014,A23.
[5] Siehe hierzu Entscheidung der GBK G 6/91 (Anhang I).

Regel 71a[79]
Abschluss des Erteilungsverfahrens

[...] **(5)** Hat der Anmelder auf eine Aufforderung nach **R.71(3)** hin die Erteilungs- und Veröffentlichungsgebühr oder die Anspruchsgebühren bereits entrichtet, so wird der entrichtete Betrag bei erneutem Ergehen einer solchen Aufforderung angerechnet. [...]

[79] Eingefügt durch BdV CA/D 2/10 vom 26.10.2010 (ABl. 2010, 637), in Kraft getreten am 01.04.2012. Siehe hierzu die Mitteilung des EPA, ABl. 2012, 52.

GebO

Artikel 14
Gebührenermäßigung

(1)[29] Die in R.6(3) des Übereinkommens vorgesehene Ermäßigung beträgt 30 % der Anmeldegebühr bzw. der Prüfungsgebühr.

(2) Hat das Europäische Patentamt einen ergänzenden internationalen vorläufigen Prüfungsbericht erstellt, so wird die Prüfungsgebühr um 50 % ermäßigt. Wurde der Bericht nach Art.34.3 c) PCT für bestimmte Teile der internationalen Anmeldung erstellt, so wird die Prüfungsgebühr nicht ermäßigt, wenn sich die Prüfung auf einen nicht im Bericht behandelten Gegenstand erstreckt.

Rechtsprechung

G6/91 1. Die in Art.14(2) genannten Personen erwerben den Anspruch auf Gebührenermäßigung nach R6(3), wenn sie das wesentliche Schriftstück der ersten Verfahrenshandlung im Anmelde-, Prüfungs-, Einspruchs- oder Beschwerdeverfahren in einer Amtssprache des betreffenden Staats, die nicht Deutsch, Englisch oder Französisch ist, einreichen und die erforderliche Übersetzung frühestens zum selben Zeitpunkt liefern.

2. Für den Anspruch auf Ermäßigung der Beschwerdegebühr genügt es, wenn die Beschwerdeschrift als das wesentliche Schriftstück der ersten Handlung im Beschwerdeverfahren in einer Amtssprache eines Vertragsstaats eingereicht wird, die nicht Amtssprache des EPA ist, auch wenn später Schriftstücke, etwa die Beschwerdebegründung, nur in einer Amtssprache des Europäischen Patentamts eingereicht werden.

J4/88 1. Für die Zwecke des Art.14(2) S.1 und der R.6(3) (Gebührenermäßigung) genügt es, wenn die Beschreibung und die Patentansprüche in einer Amtssprache eines Vertragsstaats eingereicht werden, die nicht Deutsch, Englisch oder Französisch ist; wenn andere Teile der europäischen Patent anmeldung nur in einer Amtssprache des EPA eingereicht werden, ist dies hierfür unerheblich (im Anschluß an die Entscheidung der Juristischen Beschwerdekammer J 7/80, ABl. 1981, 137).

2. Macht der Anmelder von der durch Art.14(2) eröffneten Möglichkeit Gebrauch, so werden sowohl die Anmelde- als auch die Prüfungsgebühr ermäßigt (R.6(3)).

Gebühren

Antrag auf Gebührenermäßigung
(alle Voraussetzungen müssen spätestens am Tag des Fristablaufs erfüllt sein)

Art.14 GebO

ermäßigte Gebühr	Norm	Voraussetzung	vorzunehmende Handlung	Frist	Rechtsfolge	Rechtsbehelf
Anmeldegebühr und/oder **Prüfungsgebühr** *Sprachenprivileg* A-X,9.2	Art.14(2)/(4), R.6(3) Art.14(1)GebO ABl.2014,A23	1) ursprünglich eingereichte **Anmeldefassung**[648] **oder Prüfungsantrag** in zugelassener Nichtamtssprache des EPÜ-VStaats des Anmelders • neue ePa • ePa mit Bezugnahme • TA, wenn in derselben Nichtamtssprache eingereicht wie Stammanmeldung **R.6(3)** 2) alle Anmelder sind natürl./jur. Personen mit Sitz/Wohnsitz in EPÜ-VStaat in dem andere Sprache als DE/EN/FR Amtssprache ist **Art.14(4), R.6(3)** ODER Angehörige eines solchen EPÜ-VStaats mit Wohnsitz im Ausland 3) alle Anmelder sind KMU, natürl. Person ODER gemeinnützige Einrichtung, Uni/öffentliche Forschungseinrichtung [649] **R.6(4)/(7), ABl.2014,A23, A-X,9.2.1**	i) R.6(6)-Erklärung/Antrag [650] auf Ermäßigung mit Angabe zu allen Anmeldern, dass diese natürl./jur. Person gem. **R.6(4)** [649] **R.6(6)** UND ii) Übersetzung ePa in Amtssprache (DE/EN/FR) **Art.14(2) S.1** BZW Übersetzung Prüfungsantrag in Amtssprache (DE/EN/FR) **Art.14(4) S.2**	spätestens zum Zeitpunkt der Zahlung der (ermäßigten) Anmelde- ODER Prüfungsgebühr zeitgleich mit jeweiliger Übersetzung **G6/91** ABER **2 M** nach Einreichung ePa [R.6(1)] bzw. **1 M** nach ET des Prüfungsantrags [R.6(2)]	+ 30% Ermäßigung der Anmelde- (mit Seiten- und Zusatzgebühr für TA) bzw. Prüfungsgebühr [651] Art.14(1) GebO stichprobenhafte Kontrolle auf Richtigkeit vAw ➡ bei Falschangabe − Gebühren gelten als nicht entrichtet **und** ePa gilt als zurückgenommen R.112(1)-Rechtsverlustmitt. ABl.2014,A23 − ePa gilt als zurückgenommen **Art.14(2) S.3**	**WB (+)** +275 € Zuschlag; **R.112(2)-Antrag (+)**; **Art.13**, ABl.2014,A23 **WE (−)** WB (−), da von R.135 ausgeschlossen **WE (+)**
Prüfungsgebühr für Euro-PCT A-X,9.3.2	Art.14(2) GebO	EPA hat für iPa vorläufigen IPER erstellt UND EPA ist als DO bestimmt (d.h. Eintritt in EP-Phase) Art.14(2) GebO	Eintritt iPa in EP-Phase	31 M nach AT bzw. PD der iPa	+ 75% Ermäßigung der Prüfungsgebühr [651] Art.14(2)GebO	n.d.
Recherchengebühr für eESR *Sonderermäßigung* A-X,9.3.1	**Art.153(7)**	iPa, bei der AT, ES, FI, SE, TR, XN (=Nordisches Patentinstitut) oder XV (=Visegrad) ISA/SISA war ABl.2018,A5,Art.2			+ einmalige Ermäßigung um 1185 € [652] ABl.2022, A2	

343

344

345

[648] ein wesentliches Schriftstück der Anmeldefassung (d.h. Beschreibung) ist ausreichend [G6/91, J4/88, A-X,9.2.2]; gilt auch für ePa mit Bezugnahme.
[649] nachträgliche Statusänderung hat keine Rückwirkung auf gewährte Gebührenermäßigungen, die berechtigt waren [ABl.2014,A23, Art.10].
[650] durch: **[1]** Kreuz auf Erteilungsantrag (Form1001), **[2]** Kreuz auf Form1200 für Eintritt in EP-Phase, **[3]** separat mit Form1011 ODER **[4]** formfrei [ABl.2014,A23,Art.5].
[651] bei Euro-PCT zusätzliche Ermäßigung nach Sprachregelung zulässig, dann zunächst 75%, anschließend 30% ermäßigt (= 82,5% Ermäßigung der vollen Gebühr > 17,5% der vollen Geb. sind zu entrichten) [A-X,9.3.2].
[652] **unzulässig:** für **[1]** weitere Recherchengebühr wegen Uneinheitlichkeit [**R.164(1)**] ODER **[2]** wenn andere Behörde ISA/SISA war [ABl.2012,212].

Antrag auf Gebührenanrechnung

Antrag	Voraussetzung	Norm	Handlung	Frist	Rechtsfolge	R.71a(5), A-X, 11, C-V, 4.2 Rückerstattung
346 **Erteilungs- und Veröffentlichungsgebühr** UND/ODER **Anspruchsgebühr**	Zahlung der Erteilungs- und Veröffentlichungs- ODER Anspruchsgebühr aufgrund einer ersten **R.71(3)-Mitt.**[653] obwohl daraufhin: a) Änderungen/Berichtigungen beantragt ODER b) Prüfungsverfahren wieder aufgenommen wurde UND Erhalt einer zweiten **R.71(3)-Mitt.**	R.71a(5)	Anrechnung der gezahlten Gebühr auf den Betrag der bereits gezahlten Summe der gleichen Gebühr.[654] UND ggf. Zahlung des Differenzbetrags zur bereits gezahlten Summe [655]	4 M nach zweiter R.71(3)-Mitt.	+ Gebühr wirksam entrichtet	zu viel gezahlte Differenzbeträge ODER gezahlter Gesamtbetrag wenn ePa zwischenzeitlich zurückgenommen wird, als zurückgenommen gilt oder zurückgewiesen wird

Berechnung der neuen Anspruchsgebühr nach zweiter R.71(3)-Mitt.

Anzahl der Ansprüche nach zweiter R.71(3)-Mitt.
- 15
- Anzahl bereits gezahlter Ansprüche (nach AT **UND**/**ODER** erster R.71(3)-Mitt.)

= **neue Anzahl gebührenpflichtiger Ansprüche**

Gezahlte Anspruchsgebühr
- Neue Anspruchsgebühr

= **Differenzbetrag**

---

[653] Eventuell auf erste **R.71(3)-Mitt.** Gezahlte Weiterbehandlungsgebühr wird nicht auf eventuell später erhöhte Gebühren oder erneute Weiterbehandlngsgebühren.

[654] Anrechnung von Anspruchsgebühren und Erteilungs-/Veröffentlichungsgebühren erfolgt getrennt.

[655] Bei beispielsweise zwischenzeitlicher Erhöhung der jeweiligen Gebühr oder Änderung der letztendlichen Seitenzahl bzw. Anzahl der Ansprüche.

VAA [ABl.2019,Z4 & ABl.2020,A77]

1. Automatisches Abbuchungsverfahren

1.1 Das laufende Konto kann gegen Vorlage eines vom Kontoinhaber oder in seinem Namen unterzeichneten automatischen Abbuchungsauftrags für eine bestimmte europäische oder iPa belastet werden (automatisches Abbuchungsverfahren). Durch die Erteilung eines automatischen Abbuchungsauftrags ermächtigt der Kontoinhaber das EPA zur automatischen Abbuchung von im Verfahren anfallenden Gebühren.

1.2 Der automatische Abbuchungsauftrag ist in einem elektronisch verarbeitbaren Format (XML) auf einem der folgenden Wege einzureichen:

– für ePA oder EP-Patente und für iP vor dem EPA als Bestimmungsamt oder ausgewähltem Amt: über die Online-Einreichung oder das Case-Management-System (CMS) des EPA mit den Formblättern EPA 1001E, 1200E oder 1038E oder über die Online-Gebührenzahlung im Rahmen der Online-Dienste;

– für iPa vor dem EPA als Anmeldeamt, ISA oder mit der IPEA beauftragter Behörde: über die Online-Einreichung des EPA oder PCT-SAFE, die Online-Gebührenzahlung im Rahmen der Online-Dienste, das CMS oder ePCT unter Nutzung der Funktion PCT-Gebührenberechnung und -zahlung.

2. Zugelassene Verfahrensarten

2.1 Das automatische Abbuchungsverfahren ist für alle europäischen und PCT-Verfahren vor dem EPA zugelassen, soweit sie nicht gemäß Nr. 2.4 ausdrücklich ausgenommen sind.

2.4 Für iPa vor dem EPA als für die SIS bestimmte Behörde steht das automatische Abbuchungsverfahren nicht zur Verfügung.

3. Zugelassene Gebührenarten

3.1 Vorbehaltlich der Nr. 3.2 ist das automatische Abbuchungsverfahren für alle im europäischen und im PCT-Verfahren anfallenden Geb. sowie für folgende vom Präsidenten des EPA gemäß Art.3GebO festgesetzten Geb. zugelassen: [...]

3.2 Für folgende Gebührenarten steht das automatische Abbuchungsverfahren nicht zur Verfügung:

a) alle vom P. des Amts gemäß Art.3 GebO festgesetzten Geb., Auslagen und Verkaufspreise, soweit sie nicht in Nr. 3.1 ausdrücklich genannt sind;
b) alle nicht vom Anmelder oder Patentinhaber zu entrichtenden Gebühren, insbesondere die Einspruchsgebühr;
c) die Umwandlungsgeb. (Art. 135 (3) und 140 EPÜ),
d) die Kostenfestsetzungsgebühr (R. 88 (3) EPÜ),
e) die Beweissicherungsgebühr (R. 123 (3) EPÜ);
f) die Gebühr für ein technisches Gutachten (Art. 25 EPÜ),
g) die Gebühr für die ergänzende internationale Recherche (R. 45bis.3 a) PCT),
h) die Überprüfungsgebühr für eine SIS (R. 45bis.6 c) PCT),
i) die Bearbeitungsgebühr für die ergänzende Recherche (R. 45bis.2 PCT),
j) die Gebühr für die verspätete Zahlung in Bezug auf eine ergänzende internationale Recherche (R. 45bis.4 c) PCT).

4. Automatische Abbuchung von Gebühren

4.1 Beginnend mit dem Tag des Eingangs des automatischen Abbuchungsauftrags bucht EPA dieses, dem jeweiligen Verfahrensstand entsprechend, alle vom automatischen Abbuchungsverfahren erfassten Geb.arten in dem betreffenden Abbuchungsauftrag bezeichneten Verfahrens unter Zuerkennung eines rechtzeitigen Zahlungstags vom laufenden Konto des Kontoinhabers ab, sofern sie ab dem Tag des Eingangs des Auftrags zu entrichten sind und soweit auf dem Konto eine ausreichende Deckung vorhanden ist. Die Geb, die in den nächsten 40 Tagen abgebucht werden, werden in der Online-Gebührenzahlung auf der Seite Zahlungsplan angezeigt.

5. Maßgebender Zahlungstag

5.1 Für die Zwecke des Art.7(2) GebO gelten im automatischen Abbuchungsverfahren Zahlungen in europäischen und in PCT-Verfahren als eingegangen:

a) am letzten Tag der für die Entrichtung der jeweiligen Gebühr geltenden Frist (außer in den unter b) bis f) und in Nummer 5.2 genannten Fällen);

b) am letzten Tag der Nachfrist für die Zahlung einer Gebühr und einer etwaigen zusätzlichen Gebühr, Zuschlagsgebühr oder Gebühr für verspätete Zahlung (außer in den unter f) zweiter und dritter Spiegelstrich genannten Fällen) bei

– Geb., für die im Falle ihrer verspäteten Entrichtung die Entrichtung mit einer zusätzlichen Geb., Zuschlagsgeb. oder Geb. für verspätete Zahlung möglich ist;

c) am Tag des Eingangs des jeweiligen (Verfahrens-)Antrags bei

– Geb. für eine iPa, die am Tag des Antrags auf vorzeitige Bearbeitung nach Artikel 23 (2) oder 40 (2) PCT fällig werden, vorausgesetzt, die in Artikel 20 PCT genannten Unterlagen stehen dem EPA zur Verfügung,

– der Prüfungsgeb., wenn der Anmelder auf das Recht auf eine Aufforderung nach R.70(2) verzichtet oder eine beschleunigte Prüfung nach dem PACE-Programm beantragt hat,

– der Wiedereinsetzungs-, Beschränkungs- oder Widerrufsgebühr, Beschwerdegebühr und Gebühr für den Antrag auf Überprüfung,

– der Gebühr für die Wiederherstellung des Prioritätsrechts (R. 58 PCT, R. 158 (2) EPÜ) und der Bearbeitungsgebühr (R. 57 PCT).

– den Verwaltungsgebühren gemäß Nummer 3.1 a) und b);

d) am Tag des Eingangs der Übersetzung der Ansprüche bei – der Erteilungs- und Veröffentlichungsgebühr8 für die europäische Patentschrift (R.71(3));

– der Anspruchsgebühr (R. 71 (4) EPÜ),

– der VÖgeb. für eine neue europäische Patentschrift (R.82(2) bzw. 95(3)),

e) am Tag ihrer Fälligkeit bei

– den Jahresgebühren (R. 51 (1) EPÜ ggf. in Verbindung mit R.159 (1) g) EPÜ);

f) am Tag des Eingangs des automatischen Abbuchungsauftrags bei

– der Wiedereinsetzungs-, Beschränkungs- o. Widerrufsgeb., Beschwerdegeb. & Geb. für den Antrag auf Überprüfung, wenn der Abbuchungsauftrag nach Stellung des Antrags auf Wiedereinsetzung, Beschränkung oder Widerruf eingeht,

– den nach den Regeln 14.1, 15.3 und 16.1 f) PCT fälligen Gebühren, wenn er Abbuchungsauftrag nach Ablauf der Frist zur Zahlung dieser Gebühren eingeht, aber vor Versand der Aufforderung nach Regel 16bis.1 a) PCT zur Entrichtung dieser Gebühren mit einer Gebühr für verspätete Zahlung (R. 16bis.2 PCT),

– den nach den Regeln 57.3 und 58.1 b) PCT fälligen Gebühren, wenn der Abbuchungsauftrag nach Ablauf der Frist zur Zahlung dieser Gebühren eingeht, aber vor Versand der Aufforderung nach Regel 58bis.1 a) PCT zur Entrichtung dieser Gebühren mit einer Gebühr für verspätete Zahlung (R. 58bis.2 PCT),

– der Gebühr für die Wiederherstellung des Prioritätsrechts (R. 26bis.3 d) PCT), wenn der Abbuchungsauftrag nach Einreichung des Antrags eingeht.

5.2 Für die Zwecke des Art.7(2)GebO gilt die Weiterbeh.geb. als eingegangen:

a) am letzten Tag der Frist für den Antrag auf Weiterbehandlung:

– wenn es sich bei der vers. Handl. um die Nichtentrichtung einer Geb. handelt,

– wenn bis zum Ablauf der maßgebenden Frist mehr als eine Handlung versäumt wurde, wobei mindestens eine die Nichtentrichtung einer Gebühr und die Nichtvornahme einer Verfahrenshandlung ist und vorbehaltlich der Vornahme dieser Verfahrenshandlung; die Gebühr, deren Nichtentrichtung die versäumte Handlung war, gilt als am selben Tag wie die entsprechende Weiterbehandlungsgebühr eingegangen; [...]

7. Auffüllung des laufenden Kontos nach Mitteilung des Fehlbetrags

Wird das laufende Konto so aufgefüllt, dass alle Geb. entrichtet werden können, bucht das EPA alle Gebühren automatisch ab. Die Zahlung gilt als an dem Tag erfolgt, an dem das laufende Konto entsprechend aufgefüllt worden ist.

8. Änderungsbuchung; Berichtigungsbuchung

8.1 Werden dem EPA nach der tatsächlichen Ausführung der Abbuchung Änderungen der gebührenrechtlich relevanten Grundlagen für die Abbuchung bekannt, die dem EPA oder gegebenenfalls der zuständigen nationalen Behörde (vgl. Nr. 5.6 VLK) vor dem maßgebenden Zahlungstag zugegangen sind, so führt das EPA gegebenenfalls eine Änderungsbuchung mit Wirkung für den ursprünglichen maßgebenden Zahlungstag durch.

8.2 Stellt das EPA Unrichtigkeiten bei der Ausführung des automatischen Abbuchungsauftrags fest, so führt es eine entsprechende Berichtigungsbuchung mit Wirkung für den ursprünglichen maßgebenden Zahlungstag durch.

9. Entrichtung einer Gebühr über einen anderen Zahlungsweg

Wird eine Gebühr im Einzelfall vor ihrem maßgebenden Zahlungstag gesondert über einen anderen zugelassenen Zahlungsweg entrichtet, so führt das EPA den automatischen Abbuchungsauftrag in Bezug auf diese Gebühr nicht aus, sofern die Zahlung mindestens vier Tage vor dem maßgebenden Zahlungstag eingeht. Nummer 5.2.5 VLK gilt entsprechend.

10. Widerruf des automatischen Abbuchungsauftrags

10.1 Der automatische Abbuchungsauftrag muss über die Online-Gebührenzahlung im Rahmen der Online-Dienste widerrufen werden. Er kann nur für das gesamte Verfahren widerrufen werden. Ein Widerruf der Abbuchung von Gebühren, deren maßgebender Zahlungstag vor dem Eingangstag des Widerrufs liegt, ist ausgeschlossen.

Die Nummern 5.1.3 und 5.4.2 VLK gelten entsprechend.

10.2 Ein aus dem Verfahren für eine bestimmte Anmeldung ausscheidender Beteiligter oder Vertreter muss den automatischen Abbuchungsauftrag ausdrücklich wie in Nummer 10.1 beschrieben widerrufen. Anderenfalls bucht das EPA weiterhin automatisch Gebühren von dem jeweiligen laufenden Konto ab.

10.3 Das EPA behält sich vor, einen automatischen Abbuchungsauftrag von Amts wegen zu widerrufen, wenn das Verfahren auf unzulässige Weise eingesetzt wird und insbesondere wenn die in Nummer 4.1 VLK aufgeführten Bedingungen für das Funktionieren des laufenden Kontos nicht erfüllt werden.

11. Beendigung des automatischen Abbuchungsverfahrens

11.1 Der automat. Abbuchungsa. verliert seine Wirkung mit dem Tag, an dem

a) die Erteilung des EP-Patents wirksam wird, sofern kein Einspruch eingelegt wird; wird gegen das erteilte EP-Patent Einspruch eingelegt, so wird der automat. Abbuchungsauftrag des PI erneut wirksam, bis das Einspruchs-, Einspruchsbeschwerde- oder Überprüfungsverfahren rechtskräftig erledigt ist.

b) die europäische oder internationale Patentanmeldung zurückgenommen worden ist oder rechtskräftig als zurückgewiesen gilt oder an dem die europäische Patentanmeldung rechtskräftig zurückgewiesen worden ist;

c) die Aussetzung des Verfahrens nach Regel 14 EPÜ wirksam wird;

d) die Unterbrechung des Verfahrens nach Regel 142 EPÜ wirksam wird;

e) EP-Patent, für das der automatische Abbuchungsauftrag erteilt worden war, endgültig abgeschlossen ist;

f) der Antrag auf internationale vorläufige Prüfung zurückgenommen wird (R. 90bis.4 PCT) oder als zurückgenommen gilt.

11.2 In anderen als in den in Nummer 11.1 genannten Fällen verliert der automatische Abbuchungsauftrag seine Wirkung ab dem Zeitpunkt, an dem das PCT-Verfahren vor dem EPA beendet ist.

EPÜ 2000

Artikel 14[11], [12]
Sprachen des Europäischen Patentamts, europäischer Patentanmeldungen und anderer Schriftstücke

(1) Die Amtssprachen des Europäischen Patentamts sind Deutsch, Englisch und Französisch.

(2) Eine europäische Patentanmeldung ist in einer Amtssprache einzureichen oder, wenn sie in einer anderen Sprache eingereicht wird, nach Maßgabe der Ausführungsordnung in eine Amtssprache zu übersetzen. Diese Übersetzung kann während des gesamten Verfahrens vor dem Europäischen Patentamt mit der Anmeldung in der ursprünglich eingereichten Fassung in Übereinstimmung gebracht werden. Wird eine vorgeschriebene Übersetzung nicht rechtzeitig eingereicht, so gilt die Anmeldung als zurückgenommen.

(3) Die Amtssprache des Europäischen Patentamts, in der die europäische Patentanmeldung eingereicht oder in die sie übersetzt worden ist, ist in allen Verfahren vor dem Europäischen Patentamt als Verfahrenssprache zu verwenden, soweit die Ausführungsordnung nichts anderes bestimmt. [...]

[11] Geändert durch Akte zur Revision des EPÜ vom 29.11.2000.
[12] Siehe hierzu Entscheidungen GBK G6/91, G2/95, G4/08 (Anhang I).

Artikel 125[146]
Heranziehung allgemeiner Grundsätze

Soweit dieses Übereinkommen Vorschriften über das Verfahren nicht enthält, berücksichtigt das Europäische Patentamt die in den Vertragsstaaten im Allgemeinen anerkannten Grundsätze des Verfahrensrechts.

[146] Siehe hierzu Entscheidungen der GBK G1/99, G3/04 (Anhang I).

Regel 37
Übermittlung europäischer Patentanmeldungen

[...] **(2)** Eine europäische Patentanmeldung, die dem Europäischen Patentamt nicht innerhalb von vierzehn Monaten nach ihrer Einreichung oder, wenn eine Priorität in Anspruch genommen worden ist, nach dem Prioritätstag zugeht, gilt als zurückgenommen. Für diese Anmeldung bereits entrichtete Gebühren werden zurückerstattet.

Regel 71a[89] [90] [91]
Abschluss des Erteilungsverfahrens

[...]

(6) Wird die europäische Patentanmeldung zurückgewiesen oder vor der Zustellung der Entscheidung über die Erteilung eines europäischen Patents zurückgenommen oder gilt sie zu diesem Zeitpunkt als zurückgenommen, so wird die Erteilungs- und Veröffentlichungsgebühr zurückerstattet.

[89] Siehe hierzu Entscheidungen der GBK G 10/93, G 1/02, G 1/10 (Anhang I).
[90] Absätze 3-7 geändert, Absätze 8-11 gestrichen und Regel 71a eingefügt durch Beschluss des Verwaltungsrats CA/D 2/10 vom 26.10.2010 (ABl. EPA 2010, 637), in Kraft getreten am 01.04.2012
[91] Siehe hierzu die Mitteilung des EPA, ABl. EPA 2012, 52

Staat gestellt worden ist, als von vornherein gegenstandslos anzusehen, auch wenn die Nichteinhaltung der Frist auf andere Ursachen als die Unterbrechung der Postzustellung zurückzuführen ist. Es kann daher festgestellt werden, daß kein Rechtsverlust eingetreten ist; die Wiedereinsetzungsgebühr kann zurückgezahlt werden.

...es kann nicht bestritten werden, dass ein Kausalzusammenhang zwischen dem verletzten Recht des Beschwerdeführers auf Anhörung und der Notwendigkeit, Beschwerde einzulegen besteht, so dass die Rückzahlung der Beschwerdegebühr somit der Billigkeit entspricht. — T1198/97

Außerhalb des Anwendungsbereichs von R.67 kommt eine Rückzahlung der Beschwerdegebühr in Betracht, wenn die Einlegung der Beschwerde durch eine Verletzung des Grundsatzes des Vertrauensschutzes durch die Prüfungsabteilung verursacht worden ist (im Anschluss an J30/94 und J38/97). — T308/05

Rückzahlung der Beschwerdegebühren nach doppelter Beschwerde – abgelehnt — T1284/09

Wurde ein rechtzeitiges Fristgesuch nach R.84 S.2 abgelehnt und ist der Anmelder der Auffassung, daß dies zu Unrecht geschah, so muß er einen infolge der Ablehnung eintretenden Rechtsverlust zunächst durch einen Antrag auf Weiterbehandlung nach Art.121 überwinden. Dabei kann er die Rückzahlung der Weiterbehandlungsgebühr beantragen. Über diesen Nebenantrag ist im Rahmen der Endentscheidung zu befinden. Die Entscheidung über den Nebenantrag kann nach Art.106(3) zusammen mit der Endentscheidung der Beschwerde angefochten werden. Die Beschwerde kann sich auch auf eine Anfechtung der Entscheidung über den Nebenantrag beschränken. — J37/89

Werden Änderungen nach R.71(4) beantragt, steht für die "für die Erteilung vorgesehene Fassung" erst fest, nachdem die Prüfungsabteilung den Änderungen zugestimmt hat, bzw. der Anmelder sich mit den weiteren/neuen Vorschlägen der Prüfungsabteilung einverstanden erklärt hat. Erst dann kann festgestellt werden, wie viele Ansprüche die "für die Erteilung vorgesehene Fassung" enthält und damit auch die Zahl der fällig werdenden Anspruchsgebühren bestimmt werden. — J6/12

Regel 103[120],[121]
Rückzahlung der Beschwerdegebühr

(1) Die Beschwerdegebühr wird in voller Höhe zurückgezahlt, wenn
a) der Beschwerde abgeholfen oder ihr durch die Beschwerdekammer stattgegeben wird und die Rückzahlung wegen eines wesentlichen Verfahrensmangels der Billigkeit entspricht oder
b) die Beschwerde vor Einreichung der Beschwerdebegründung und vor Ablauf der Frist für deren Einreichung zurückgenommen wird.

(2) Die B.geb. wird in Höhe von 75 % zurückgezahlt, wenn die Beschwerde vor Ablauf der in einer Mitt. der B.kammer, dass sie beabsichtigt, die inhaltliche Erwiderung auf eine Mitt. der B.kammer aufzunehmen, innerhalb von 2M ab Zustellung dieser Mitt. zurückgenommen wird.

(3) Die Beschwerdegebühr wird in Höhe von 50 % zurückgezahlt, wenn die Beschwerde nach Ablauf der Frist nach 1b) zurückgenommen wird, vorausgesetzt, die Rücknahme erfolgt:
a) falls ein Termin für eine MV anberaumt wurde, innerhalb 1M ab Zustellung einer von der B.kammer zur Vorbereitung dieser MV erlassenen Mitteilung,
b) falls kein Termin für eine MV anberaumt wurde & die B.kammer den Beschwerdeführer in einer Mitt. zur Einreichung einer Stellungnahme aufgefordert hat, vor Ablauf der von der B.kammer für die Stellungnahme gesetzten Frist,
c) in allen anderen Fällen vor Ablauf der Frist für Erlass der Entscheidung.

(4) Die Beschwerdegebühr wird in Höhe von 25 % zurückgezahlt, wenn
a) die Beschwerde nach Ablauf der Frist nach 3a), aber vor Verkündung der Entscheidung in der MV zurückgenommen wird,
b) die Beschwerde nach Ablauf der Frist nach 3b), aber vor Erlass der Entscheidung zurückgenommen wird,
c) ein ... Antrag auf MV innerhalb 1M ab Zustellung einer von der B.kammer zur Vorbereitung der MV erlassenen Mitt. zurückgenommen wird & keine MV stattfindet.

[120] Siehe hierzu Entscheidung der GBK G 3/03 (Anhang I).
[121] Geändert durch BdV CA/D 14/19 vom 12.12.2019 (ABl.2020,A5), in Kraft getreten am 01.04.2020.

Rechtsprechung

G3/03 — Wird einer Beschwerde gemäß Art.109(1) abgeholfen, so ist das erstinstanzliche Organ, dessen Entscheidung mit der Beschwerde angefochten wurde, nicht dafür zuständig, einen Antrag des Beschwerdeführers auf Rückzahlung der Beschwerdegebühr zurückzuweisen.
I. Die Zuständigkeit für die Entscheidung über den Antrag liegt bei der BK, die nach Art.21 in der Sache für die Beschwerde zuständig gewesen wäre, wenn ihr nicht abgeholfen worden wäre.

T13/82 — 3. Ist eine Beschwerde allein deswegen als unzulässig zu verwerfen, weil die Beschwerdebegründung nicht rechtzeitig eingereicht wurde, so wird die Beschwerdegebühr nicht zurückgezahlt.

T192/84 — Verlängert der Präsident des EPA die Fristen, die in einem Zeitraum abgelaufen wären, in dem die Postzustellung in einem Vertragsstaat allgemein unterbrochen war (R.85(2)), so ist ein anhängiger Antrag auf Wiedereinsetzung in die in diesem Zeitraum vermeintlich verlorenen Rechte, der von einem Vertreter mit Geschäftssitz in diesem

Gebühren

Rückerstattung von EPA-Gebühren [656]
(alphabetisch sortiert)

A-X,10

	Gebühr	Voraussetzung	Norm	Erfordernisse	Rückerstattung	Frist	Rechtsbehelf
347	**Anmeldegebühr** A-X,10.1.1	keine Weiterleitung der Anmeldung durch nat. Behörde **Art.77**	**R.37(2) S.2**	ePa gilt als zurückgenommen	100% aller bereits entrichteten Gebühren [657]	**14 M** nach ET bei nat. Behörde bzw. PT	
348	**Anspruchsgebühren** R.45(1)/R.162(1)	1) Anspruchsgebühren nach Erhalt R.71(4)-Auff. bereits entrichtet 2) »begründete« Änderung/Berichtigung der "für Erteilung vorgesehenen Fassung" **R.71(6)**	**J6/12**	Minderung der Zahl der Ansprüche nach Erhalt R.71(3)/(4)-Mitt. **R.71(6)**	autom. Rückerzahlung "zu viel gezahlter" Anspruchsgebühren [658]	**4 M** nach Mitt.	Beschwerde (+)
349	**Bagatellbeträge** A-X,10.1.3	zu viel gezahlter Betrag (max. 16 €)	Art.12 GebO ABl.2020,A17	Antrag auf Rückerstattung	Rückerstattung	--	
350	**Benennungsgebühr** (Erstreckungsgebühr)	keine Weiterleitung der Anmeldung durch nat. Behörde **Art.77**, A-X,10.1.1	**R.37(2) S.2**	ePa gilt als zurückgenommen	100% Rückerstattung	**14 M** nach ET bei nat. Behörde bzw. PT	
		ePa erlischt vor Veröff. des ESR	**R.39(3)**	Zurücknahmeerklärung oder ePa gilt als zurückgenommen	100% aller bereits entrichteten Gebühren [657]		

[656] **Rückzahlungsempfänger:** nur Beteiligter oder sein Vertreter; unmittelbare Rückerstattung an Einzahler (abweichend von Beteiligten) erfolgt nur, wenn kein Zahlungszweck erkennbar UND Einzahler nach Auff. diesen Zweck nicht rechtzeitig mitteilt [Art.6(2) GebO; A-X,10.4]; als Rückzahlungsempfänger auch laufendes Konto eines Dritten angebbar [ABl.2019, A26]; **Rückzahlungsart:** Kreditierung des laufenden Kontos oder per Banküberweisung (kein Scheck mehr) [A-X,10.3; ABl.2019, A26]; **Bagatellbeträge** (max. 16€) werden nur auf Beteiligtenantrag zurückgezahlt [Art.12GebO, BdP ABl.2020, A17].

[657] umfasst Anmeldegebühr, Recherchengebühr, Benennungsgebühr und ggf. Anspruchs- und Prüfungsgebühr [A-X,10.1.1].

[658] „zu viel gezahlte" Anspruchsgebühren wurden somit ohne Rechtsgrund entrichtet [J6/12].

Teil D I – Übersicht zum EPÜ

351

Gebühr	Voraussetzung	Norm	Erfordernisse	Rückerstattung	Frist	Rechtsbehelf
	fehlender Rechtsgrund	Art.125	Beschwerde gilt als nicht eingelegt **ODER** irrtümliche Zahlung **ODER** zu hoher Betrag entrichtet [T1284/09]	100% Rückerstattung	--	
	Abhilfe [**Art.109**] **ODER** Stattgabe **UND** Vorliegen eines wesentlichen Verfahrensmangels	R.103(1) a)	Antrag auf Rückerstattung [660] zusammen mit Beschwerdeantrag gestellt [G3/03; J32/95]	100% Rückerstattung [661]		
	Zurücknahme der Beschwerde vor Einreichung Beschwerdebegründung **UND** vor Ablauf Frist für deren Einreichung [**R.108 S.2**]	R.103(1) b)		100% Rückerstattung	bis **4 M** nach Zustellung beschwerdefähiger Entscheidung	
	Zurücknahme der Beschwerde **2 M** nach Zustellung Mitteilung über Beginn der inhaltlichen Prüfung der Beschwerde	R.103(2)		75% Rückerstattung	bis **2 M** nach Mitt. über Beginn Prüfung	
Beschwerdegebühr [659] ZUSTÄNDIGKEIT: (i) bei Abhilfe, Organ dessen Entscheidung angefochten wurde sonst (ii) zuständige Beschwerdekammer [G3/03]	Zurücknahme der Beschwerde nach Einreichung Beschwerdebegründung **UND** nach Ablauf der Frist für deren Einreichung [**R.108 S.2**]: a) MV bereits anberaumt, dann bis **1 M** ab Zustellung der Ladung zur MV b) MV noch nicht anberaumt, aber Aufforderung an Beschwerdeführung mit Bitte um Stellungnahme ergangen, dann vor Ablauf der Frist für jene Stellungnahme c) vor Erlass der Entscheidung	R. 103(3)	Zurücknahmeerklärung	50% Rückerstattung		
	a) Zurücknahme der Beschwerde nach Ablauf der **1 M- Frist** ab Zustellung der Ladung zur MV [**R.103(3)a)**] b) Zurücknahme der Beschwerde nach Ablauf der Frist zur Stellungnahme durch Beschwerdeführen [**R.103(3)b)**] aber vor Erlass einer Entscheidung c) Zurücknahme eines Antrages auf MV bis **1 M** nach Zustellung einer Mitteilung zur Vorbereitung der MV **UND** keine MV stattfindet	R. 103(4)		25% Rückerstattung		
Abl.2020, A5						

[659] **keine Rückzahlung**, wenn [1] eingelegte Beschwerde unzulässig [T445/98], keine beschwerdefähige Entscheidung J15/01] oder [2] Beschwerdebegründung nicht oder verspätet eingereicht [T13/82].
[660] Vorlage an BK, wenn Abhilfe ohne Rückerstattung [G3/03]; Antrag auf Rückerstattung nicht zwingend [J7/82; T271/85], **ABER:** bei Abhilf ohne Rückzahlung der Beschwerdegebühr erfolgt keine Vorlage an BK [T21/02].
[661] Rückerstattung gerechtfertigt, wenn [1] Kausalzusammenhang zwischen wesentlichem Verfahrensmangel und Einlegung der Beschwerde erforderlich [T1198/97 und T1101/92] oder [2] Verletzung des Vertrauensschutzgrundsatzes (d.h. Beschwerde ist aus objektiv Gründen überflüssigen; bspw. Fehler des Amts) [T308/05]; **beschränkte Stattgabe:** Rückerstattung statthaft [J18/84].

Gebühren

	Gebühr	Voraussetzung	Norm	Erfordernisse	Rückerstattung	Frist	Rechtsbehelf
352	**Einspruchsgebühr** Art.99(1), Art.2(1)Nr.10 GebO ZUSTÄNDIGKEIT: Formalsachbearbeiter D-IV,1.4.1	Einspruch gilt als nicht eingelegt D-IV,1.2.1	–	i) keine Unterschrift [**R.50(3)**] ii) Fehlendes Fax-Bestätigungsschreiben [**R.2(1)**] iii) keine Vollmacht Vertreters oder Angestellten im Original (Fax oder pdf unzulässig) [**R.152(1)**] iv) keine Übersetzung der Einspruchsschrift und Beweismittel [**R.3(1)** iVm **Art.14(4), R.6(2)**]	100% Rückerstattung	**9 M** ab Bekanntmachung Hinweis auf Erteilung	
353	**Erteilungs-/Veröffentlichungsgebühr** R.71(3), Art.2(1) Nr.7/8GebO A-X,10.2.7	Zurückweisung ePa [**Art.97(2)**]		keine	100% Rückerstattung bei Zurückweisung der ePa erst nach Ende der **ungenutzten** Beschwerdefrist	bis zur Zustellung der Erteilung	
		Zurücknahme der ePa vor Zustellung der Erteilung [**Art.97(1)**]	**R.71a(6)**	Zurücknahmeerklärung			
		ePa gilt als zurückgenommen [**R.71(7)**]		fehlende Anspruchsgebühr und/oder Übersetzung innerhalb R.71(3)-Frist [662]		**4 M** ab Mitt. [10 Tage]	
354	**Jahresgebühr**		A-X,10.1.1	1) mehr als 3 M vor Fälligkeit [**R.51(1) S.2**] gezahlte Jahresgebühr [663] [A-X,5.2.4] 2) ePa bereits erloschen – Zahlung ohne Rechtsgrund [A-X,10.1.1] 3) Jahresgebühr binnen 3M-Vorauszahlungsfrist [**R.51(1)**] gezahlt, aber ePa erlischt binnen dieser Frist [J4/86], 4) nach Patenterteilung fällig gewordene Jahresgebühr fälschlich an EPA entrichtet [**Art.86(2)**, A-X,5.2.4]	100% Rückerstattung		
355	**ohne Rechtsgrund**	Zahlung ohne Rechtsgrund, d.h. 1) kein(e) anhängige(s) ePa oder Verfahren (verspätete Zahlung) 2) vorzeitige Zahlung 3) kein Bagatellbetrag (15€, Art.12GebO)	A-X,10.1.1	Beispiele: ▪ irrtümliche Zahlung (falsche(s) ePa/Verfahren; Doppelzahlung [T1284/09])	100% Rückerstattung		
356	**Prüfungsgebühr** [664] Art.94(1), Art.2(1) Nr.6 GebO A-X,10.2.3, A-VI,2.2, A-VI,2.5	1) Erledigung der ePa vor Beginn der Sachprüfung [665]	**Art.11a) GebO**		100% Rückerstattung		
		2) Sachprüfung hat begonnen (idR direkt nach, aber spätestens 6 M nach Veröff. des ESR) aber Zurücknahme der ePa binnen Frist der ersten Art.94(3)-Auff. bzw. vor Erhalt der R.71(3)-Mitt., wenn letztere erste Mitt. der Sachprüfung	**Art.11b) GebO** ABl.2013,153 J25/10; J9/10	Zurücknahmeerklärung der ePa [666] ODER ePa gilt als zurückgenommen (z.B. wg. Nichtzahlung Prüfungsgebühr/Benennungsgebühr)	50% Rückerstattung ABl.2016,A49		Beschwerde (+) **Art.106(2)**

[662] **ausgenommen:** Anmelder unterbreitet während R.71(3)-Frist neue Änderungen [C-V,4].
[663] **ausgenommen,** Zahlung erfolgt kurz vor zulässigem 3M-Vorauszahlungstermin [A-X,5.2.4]; Wirksamkeit tritt aber erst mit ersten Tag des Vorauszahlungstermins ein.
[664] **PACE-Antrag:** wurde PACE-Antrag gestellt, erfolgt Rückzahlung Prüfungsgebühr ggf. nur zu 75%, wenn ePa zurückgenommen.
[665] diese Behauptung des EPA muss auf Tatsachen gestützt sein [J25/10, J9/10; ABl.2013,153] (aber z.B. durch Akteneinsicht überprüfbar).
[666] **bedingte Zurücknahme,** wenn unklar ob Sachprüfung bereits begonnen hat kann Zurücknahme an Gebührenrückerstattung geknüpft werden [A-VI,2.5].

Teil D I – Übersicht zum EPÜ

	Gebühr	Voraussetzung	Norm	Erfordernisse	Rückerstattung	Frist	Rechtsbehelf
357	**Recherchengebühr** R.17(2), R.36(3), R.38(1) A-X,10.2.1	1) Erledigung der ePa vor Beginn der Recherche [667]	Art.9(1) GebO ABl.2013,153 J25/10; J9/10	Zurücknahmeerklärung der ePa ODER ePa gilt als zurückgenommen [Art.90(3)]	100% Rückerstattung		Beschwerde (+) Art.106(2)
		2) Berücksichtigung früherer Rechercheergebnisse [668]	Art.9(2) GebO	a) selber/gleicher Erfindungsgegenstand (z.B. TA) ABl.2009,99 b) ggf. Inanspruchnahme Prio [Art.88]	100% bei vollst. Verwertung ODER 25% bei teilweiser Verwertung früherer Rechercheergebnisse [669] ABl.2019,A4		
358	**Recherchengebühr, weitere** Zuständigkeit: Prüfungsabteilung A-X,10.2.2; C-III,3.3	mangelnde Einheitlichkeit und Auff. zur Zahlung weiterer Recherchengebühr(en) R.64(1) ODER R.164(1)/(2)	R.64(2), R.164(5)	i) Angabe zu recherchierender Erfindung ii) Zahlung zusätzlicher Recherchengebühr unter Widerspruch iii) »begründeter« Antrag auf Rückzahlung UND Prüfungsabteilung stimmt diesem Erstattungsantrag teilweise oder vollst. zu	teilweise oder vollst. Rückzahlung zusätzlicher Recherchengebühren	**2 M** nach Auff.	Beschwerde (+) Art.106(2)/(3)
359	**Weiterbehandlungsgebühr** Art.121(2), R.135(1)	keine Fristverlängerung gewährt trotz rechtzeitig gestellten Antrags E-VIII,2	J37/89	i) WB-Antrag ii) Antrag auf Rückzahlung der WB-Gebühr	100% Rückerstattung		Beschwerde (+) [670] Art.106(3)

---

[667] diese Behauptung des EPA muss auf Tatsachen gestützt sein [J25/10, J9/10; ABl.2013,153] (aber z.B. durch Akteneinsicht überprüfbar).

[668] **frühere Rechercheergebnisse:** wenn EPA bereits Recherchenbericht erstellt hat für [1] ePa, die Prio beansprucht; [2] TA [Art.76] ODER [3] Neuanmeldung durch Berechtigten [R.17].

[669] **100%-Rückerstattung**, bei [1] Identität der Ansprüche oder (ii) Ansprüche späterer Anmeldung beschränkt; **25%-Rückerstattung**, wenn [1] Ansprüche späterer Anmeldung breiter ODER [2] Ansprüche durch ein ursprüngl. nicht offenbartes Merkmal beschränkt sind [ABl.2009,99]; **0%-Rückerstattung**, wenn [1] Anspruchsgegenstand auf andere Erfindung gerichtet ODER [2] keine Prio beansprucht.

[670] Entscheidung über Ablehnung kann fallabhängig entweder mit Endentscheidung ODER gesondert mit Beschwerde angefochten werden [J37/89].

Gebühren

Nr.	Gebühr	Rechtsgrundlage	Situation	Rechtsfolge	Anmerkung
360	**Widerrufs-/Beschränkungsgebühr** D-X,2.1	R.93(1)	Antrag gilt als nicht gestellt	--	--
		Art.125	anhängiges Einspruchsverfahren keine Übersetzung eingereicht	100% Rückerstattung	**1 M** nach ET des Antrags während anhängigen Verfahrens
		R.93(2)	Einstellung des Beschränkungsverfahrens		
		Art.14(4), R.6(2)	Einlegung eines Einspruchs während anhängigen Beschränkungsverfahrens		
		Art.105a(2)			--
361	**Wiedereinsetzungsgebühr** Art.122(2), R.136(1) RBK III.E.9	T192/84 ABl.1985,39	WE-Antrag innerhalb einer Fristverlängerung [R.134] gestellt	Rückerstattung der WE-Gebühr	--
		T1198/03	WE-Gebühr ohne rechtlichen Grund entrichtet		
		T971/06	an eine Bedingung geknüpfter WE-Antrag [671]		
		T46/07	Fehler des Amts		
			nach Fristablauf gezahlte WE-Gebühr		
362	**Verspätet gezahlte Gebühren** A-X,10.1.2	--	nach Fälligkeit entrichtete Gebühr (d.h. ohne Rechtsgrund)	100% Rückerstattung [672]	
			ePa gilt als zurückgenommen/zurückgewiesen		
363	**Zusatzgebühr (Seitengebühr)** Art.2(1) Nr.1a GebO	--	Anmeldeunterlagen enthalten mehr als 35 Seiten	keine	
			Verringerung der Seitenzahl		

---

[671] z.B. bei fehlerhafter Zurückweisung der ePa im Erteilungsverfahren [T971/06].

[672] **ausgenommen:** ein wirksamer WB-Antrag liegt vor (d.h. WB-Gebühr wurde gezahlt) [A-X,10.1.2].

EPÜ 2000

Artikel 119[137], [138]
Zustellung

Entscheidungen, Ladungen, Bescheide und Mitteilungen werden vom EPA von Amts wegen nach Maßgabe der Ausführungsordnung zugestellt. [...]

[137] Geändert durch die Akte zur Revision des EPÜ vom 29.11.2000.
[138] Siehe den BdP des EPA über das Pilotprojekt zur Einführung neuer Einrichtungen zur elektronischen Nachrichtenübermittlung für Verfahren vor dem Europäischen Patentamt, ABl.2015, A28. Siehe auch die Mitteilung des Europäischen Patentamts über die Verwendung von Zustellanschriften, ABl.2014, A99.

Artikel 120[139]
Fristen

In der Ausführungsordnung werden bestimmt:
a) die Fristen, die in Verfahren vor dem EPA einzuhalten und nicht bereits im Übereinkommen festgelegt sind;
b) die Art der Berechnung der Fristen sowie die Voraussetzungen, unter denen Fristen verlängert werden können;
c) die Mindest- und die Höchstdauer der vom EPA zu bestimmenden Fristen.

[139] Geändert durch die Akte zur Revision des EPÜ vom 29.11.2000.

EPÜAO

Regel 126[129]
Zustellung durch Postdienste

(1)[130] Entscheidungen, durch die eine Beschwerdefrist oder die Frist für einen Antrag auf Überprüfung in Lauf gesetzt wird, Ladungen und andere vom Präsidenten des EPA bestimmte Schriftstücke werden durch eingeschriebenen Brief mit Rückschein oder gleichwertigem Beleg zugestellt. Alle anderen Zustellungen durch Postdienste erfolgen mittels eingeschriebenen Briefs.[131]
(2) Bei der Zustellung gemäß Absatz 1 gilt der Brief mit dem zehnten Tag nach der Übergabe an den Postdiensteanbieter als zugestellt, es sei denn, er ist nicht oder an einem späteren Tag zugegangen; im Zweifel hat das Europäische Patentamt den Zugang des Schriftstücks und gegebenenfalls den Tag des Zugangs nachzuweisen.
(3) Die Zustellung gemäß Absatz 1 gilt auch dann als bewirkt, wenn die Annahme des Briefs verweigert wird. [...]

[129] Geändert durch BdV CA/D 6/14 vom 15.10.2014 (ABl.2015, A17), in Kraft getreten am 01.04.2015. Siehe Mitteilung des EPA, ABl.2015, A36.
[130] Siehe hierzu Entscheidung der GBK G 1/14 (Anhang I)
[131] Siehe auch die Mitteilung des EPA über die Verwendung von Zustellanschriften, ABl.2014, A99.

Regel 127[132]
Zustellung durch Einrichtungen zur elektronischen Nachrichtenübermittlung

(1) Die Zustellung kann durch Einrichtungen zur elektronischen Nachrichtenübermittlung bewirkt werden, [...].
(2) Bei der Zustellung durch Einrichtungen zur elektronischen Nachrichtenübermittlung gilt das elektronische Dokument mit dem zehnten Tag nach seiner Übermittlung als zugestellt, es sei denn, es ist nicht oder an einem späteren Tag zugegangen; im Zweifel hat das EPA den Zugang des elektronischen Dokuments und gegebenenfalls den Tag des Zugangs nachzuweisen.

[116] Geändert durch BdV CA/D 6/14 vom 15.10.2014 (ABl.2015, A17), in Kraft getreten am 01.04.2015. Siehe Mitt. des EPA, ABl.2015, A36. Siehe hierzu den BdP EPA über das Pilotprojekt zur Einführung neuer Einrichtungen zur elektronischen Nachrichtenübermittlung für Verfahren vor dem EPA, ABl.2015, A28.

Regel 128
Zustellung durch unmittelbare Übergabe

Die Zustellung kann in den Dienstgebäuden des EPA durch unmittelbare Übergabe des Schriftstücks an den Empfänger bewirkt werden, der dabei den Empfang zu bescheinigen hat. Die Zustellung gilt auch dann als bewirkt, wenn der Empfänger die Annahme des Schriftstücks oder die Bescheinigung des Empfangs verweigert.

Regel 129
Öffentliche Zustellung

(1)[133] Kann die Anschrift des Empfängers nicht festgestellt werden oder war die Zustellung nach R.126(1) auch nach einem zweiten Versuch unmöglich, so wird öffentliche Bekanntmachung zugestellt.
(2)[134] Der Präsident des EPA bestimmt, in welcher Weise die öffentliche Bekanntmachung erfolgt und wann die Frist von einem Monat zu laufen beginnt, nach deren Ablauf das Schriftstück als zugestellt gilt.

[133] Deutsche Fassung des Absatzes 1 geändert durch Beschluss des Verwaltungsrats CA/D 6/14 vom 15.10.2014 (ABl.2015, A17), in Kraft getreten am 01.04.2015.
[134] Siehe hierzu den BdP des EPA, Sonderausgabe Nr. 3, ABl. EPA 2007, K.1.

Regel 130
Zustellung an Vertreter

(1) Ist ein Vertreter bestellt worden, so werden die Zustellungen an den Vertreter gerichtet.
(2) Sind mehrere Vertreter für einen Beteiligten bestellt, so genügt die Zustellung an einen von ihnen.
(3) Haben mehrere Beteiligte einen gemeinsamen Vertreter, so genügt die Zustellung an den gemeinsamen Vertreter.

Regel 131
Berechnung der Fristen

(1) Fristen werden nach vollen Tagen, Wochen, Monaten oder Jahren berechnet.
(2) Bei der Fristberechnung wird mit dem Tag begonnen, der auf den Tag folgt, an dem das Ereignis eingetreten ist, aufgrund dessen der Fristbeginn festgelegt wird; dieses Ereignis kann eine Handlung oder der Ablauf einer früheren Frist sein. [...]
(3) Ist als Frist ein Jahr oder eine Anzahl von Jahren bestimmt, so endet die Frist in dem maßgeblichen folgenden Jahr in dem Monat und an dem Tag, der durch seine Benennung dem Monat und durch seine Zahl dem Tag entspricht, an dem das Ereignis eingetreten ist; hat der betreffende nachfolgende Monat keinen Tag mit der entsprechenden Zahl, so läuft die Frist am letzten Tag dieses Monats ab.
(4) Ist als Frist ein Monat oder eine Anzahl von Monaten bestimmt, so endet die Frist in dem maßgeblichen folgenden Monat an dem Tag, der durch seine Zahl dem Tag entspricht, an dem das Ereignis eingetreten ist; hat der betreffende nachfolgende Monat keinen Tag mit der entsprechenden Zahl, so läuft die Frist am letzten Tag dieses Monats ab.
(5) Ist als Frist eine Woche oder eine Anzahl von Wochen bestimmt, so endet die Frist in der maßgeblichen Woche an dem Tag, der durch seine Benennung dem Tag entspricht, an dem das Ereignis eingetreten ist.

Regel 132
Vom Europäischen Patentamt bestimmte Fristen

(1) Nimmt das Übereinkommen oder diese Ausführungsordnung auf eine "zu bestimmende Frist" Bezug, so wird diese Frist vom EPA bestimmt. (2)[118] Der Präsident des EPA bestimmt, in welcher Weise die öffentliche Bekanntmachung erfolgt und wann die Frist von einem Monat zu laufen beginnt, nach deren Ablauf das Schriftstück als zugestellt gilt.

Regel 133[135]
Verspäteter Zugang von Schriftstücken

(1)[136] Ein beim EPA verspätet eingegangenes Schriftstück gilt als rechtzeitig eingegangen, wenn es nach Maßgabe der vom Präsidenten des EPA festgelegten Bedingungen rechtzeitig vor Ablauf der Frist bei einem anerkannten Postdiensteanbieter aufgegeben wurde, es sei denn, das Schriftstück ist später als drei Monate nach Ablauf der Frist eingegangen. [...]

[135] Siehe hierzu den BdP des EPA, ABl.2015, A29.
[136] Geändert durch BdV CA/D 6/14 vom 15.10.2014 (ABl.2015, A17), in Kraft getreten am 01.04.2015.

Regel 134[140]
Verlängerung von Fristen

(1)[141] Läuft eine Frist an einem Tag ab, an dem eine der Annahmestellen des EPAs nach R.35(1) zur Entgegennahme von Schriftstücken nicht geöffnet ist oder an dem die Post aus anderen als den in Absatz 2 genannten Gründen dort nicht zugestellt wird, so erstreckt sich die Frist auf den nächstfolgenden Tag, an dem alle Annahmestellen zur Entgegennahme von Schriftstücken geöffnet sind und an dem die Post zugestellt wird. Satz 1 ist entsprechend anzuwenden, wenn Schriftstücke, die durch vom P. des EPA gemäß R.2(1) zugelassene Einrichtungen zur elektronischen Nachrichtenübermittlung eingereicht werden, nicht entgegengenommen werden können
(2) Läuft eine Frist an einem Tag ab, an dem die Zustellung oder Übermittlung der Post in einem Vstaat allgemein gestört war, so erstreckt sich die Frist für Beteiligte, die in diesem Staat ihren Wohnsitz oder Sitz haben oder einen Vertreter mit Geschäftssitz in diesem Staat bestellt haben, auf den ersten Tag nach Beendigung der Störung. [...]
(4) Der Tag des Beginns und des Endes einer Störung nach Absatz 2 wird vom Europäischen Patentamt bekannt gemacht.
(5) Unbeschadet der Absätze 1 bis 4 kann jeder Beteiligte nachweisen, dass an einem der letzten zehn Tage vor Ablauf einer Frist die Zustellung oder Übermittlung der Post [..] durch ein außerordentliches Ereignis wie eine Naturkatastrophe, einen Krieg, eine Störung der öffentlichen Ordnung, einen allgemeinen Ausfall einer vom P. des EPA gemäß R.2(1) zugelassenen Einrichtungen zur elektronischen Nachrichtenübermittlung oder durch ähnliche Ursachen gestört war. Ist dieser Nachweis für das Europäische Patentamt überzeugend, so gilt ein verspätet eingegangenes Schriftstück als rechtzeitig eingegangen, sofern der Versand spätestens am 5. Tag nach Ende der Störung vorgenommen wurde.

[140] Absätze 1 und 5 geändert durch Bd Verwaltungsrats CA/D 6/14 vom 15.10.2014 (ABl.2015, A17), in Kraft getreten am 01.04.2015. Siehe Mitt. des EPA, ABl.2015, A36.
[141] Siehe hierzu die Übersicht über die Tage, an denen die Annahmestellen des EPA und die nationalen Patentbehörden der EPÜ-Vertragsstaaten im Jahr 2020 geschlossen sind (ABl. 2020, A7 und A56).
Siehe hierzu die MitteiMitt.lung des EPA vom 18.01.2018 über nach dem EPÜ und dem PCT zur Verfügung stehende Absicherungen bei Nichtverfügbarkeit von Einrichtungen zur elektronischen Nachrichtenübermittlung (ABl. 2018, A25).

Fristen

(=**Zeitraum** von festgelegter Dauer, ausgehend von einem Ereignis und in dem eine Handlung ggü. dem EPA vorzunehmen ist, um wirksam zu sein [J24/03].   **Art.120** iVm **R.131 bis 134**

364 Das EPÜ unterscheidet zwei unterschiedlichen **Fristarten**:

a) **gesetzliche Fristen**, dh im EPÜ verankerte Frist (nicht verlängerbar)

b) **Amtsfristen** („Bescheidfristen") [**R.132(1)**], dh vom EPA festgelegte »zu best. Frist«;
   2 - 6 Monate   E-VIII,1.2, [**R.132(2)**]
   verlängerbar [673]   E-VIII,1.6, [**R.132(2)**]

Fristende ist letzter Tag zur wirksamen Vornahme dieser Handlung immer 24:00 Uhr des berechneten Tages und bestimmt sich nach jeweiliger Fristart (kleineste Einheit für Fristenberechnung ist **1 Tag**). Das EPÜ unterscheidet zwischen:

a) Jahresfristen [**R.131(3)**],
b) Monatsfristen (Normalfall) [**R.131(4)**],
c) Wochenfristen [**R.131(5)**].

365 **Fristberechnung**   E-VIII,1.6

gesetzliche Fristen		Amtsfristen	
Fristbeginn	[**R.131(2)**]	Fristbeginn (Datum auf Mitt.)	[**R.131(2)**]
+ gesetzliche Frist		+ 10 Tage ODER	[**R.126(2)**]
+ automatische Verlängerung		späterer Tag der Zustellung	
wegen Schließtagen	[**R.134(1)**]	+ vom Amt bestimmte Frist	
= **Fristende**		+ automatische Verlängerung	
		wegen Schließtagen	[**R.134(1)**]
		= **Fristende**	

366 Fristbeginn immer 0:00 am Tag nach dem fristauslösenden Ereigniss [675] [**R.131(2)**, G6/91]. Während die meisten fristauslösenden Ereignisse an feste Tage gebunden sind, muss bei der Zustellung [**Art.119**] der Zustellzeitpunkt beachtet werden.

Zustellungsarten:

a) per Post nur durch eingeschriebenen Brief [**R.125(2)(a)** iVm **R.126**, ABl.2019,A57],
b) elektronische Nachrichtenübermittlung [676] [**R.125(2)(b)** iVm **R.127**],
   Pilotprojekt elektronische Postbox [ABl.2015,A28],
c) unmittelbare Übergabe [676] [**R.125(2)(c)** iVm **R.128**]
d) Öffentliche Zustellung [676] [**R.125(2)(d)** iVm **R.129**]

„**10-Tage-Zustellungsfiktion**": für Zustellungen per Post oder elektron. Postbox gilt [**R.126(1)**]:

- Sendung des EPA gilt am 10. Tag nach Übergabe an Postdiensteanbieter als zugestellt
- erfolgt tatsächliche Zustellung **nach dem 10. Tag**, so ist dieser spätere Tag der Zustellung der Zustelltag [**R.126(2)**] [677]

Fristverlängerung

Verlängerung auf Antrag [673], gilt nur für Amtsfristen [J47/92]   **R.132(2) S.2**

1) schriftlicher Antrag mit Begründung [674],
2) vor Fristablauf.

Fristverlängerung stellt keine zusammengesetzte Frist dar, sondern berechnet sich stets vom Fristbeginn der urspr. Frist (nicht vom Fristende der abgelaufenen) [J37/89]

Ablehnung des Fristverlängerungsgesuchs ist nicht beschwerdefähig [J47/92]

ODER

Automatische Fristverlängerung, gilt für gesetzliche Fristen und Amtsfristen, bei   **R.134**

1) **Schließtag des EPA** (Wochenenden und Feiertage), wobei es genügt, dass eine Dienststelle des EPA (Berlin, Den Haag oder München) geschlossen hat.   **R.134(1)**
2) **Allgemeine Störung** in VStaat, wegen allgemeiner Poststörungen bspw. durch Naturkatastrophen oder Krieg keine Zustellung möglich war.   **R.134(2)**

nat. Feiertag führt nicht zur Fristverlängerung [J5/98]

Verspäteter Zugang beim EPA oder nat. Behörde   E-VIII,1.7

verspätet eingegangene Schriftstücke gelten als fristgerecht eingegangen, wenn diese:

1) 5 Tage vor Fristende als Einschreiben aufgegeben (außerhalb Europas per Luftpost),
2) bei einem anerkannten Postdienstanbieter [678] aufgegeben,
3) Zugang beim EPA oder nat. Behörde erfolgt < 3M nach Fristablauf
                                                                 R.133(1)/(2), BdP ABl.2015,A29

Achtung: tatsächlicher Tag des Eingangs beim EPA gilt als ET dieses Schriftstücks

---

[673] **Verlängerung über 6 M** nur in Ausnahmefällen auf 8 M: [1] ernsthafte Erkrankung oder [2] umfangreiche Versuche [ABl.1989,180]; bei laufenden **PACE-Anträgen** nicht über 4 M verlängerbar, nur in ganz begründeten Fällen [ABl.2001,148].
[674] **Begründung entfällt** bei sachlichen Einwänden des jeweiligen Organs (d.h. wenn als Beleg umfangreiche Versuche durchzuführen sind) [E-VIII,1.6].
[675] ggf. wird vom EPA über Eintritt des Ereignisses per Mitt. informiert, handelt es sich um eine gesetzliche Frist, gilt dennoch Tag des Eintritts des Ereignisses als Fristbeginn und nicht Datum der Mitteilung über dieses.
[676] **Zustellungszeitpunkt**: Zustellung gilt als am Tag der Übermittlung als erfolgt und löst die Frist aus; ausgenommen elektron. Postbox [ABl.2015,A28].
[677] Beweislast liegt beim EPA (Einschreiben mit Unterschrift) [**R.125(4)**; J18/05, T529/09, T1535/10].
[678] **Allgemein anerkannte Postdiensteanbieter**: Chronopost, DHL, Federal Express, flexpress, TNT, SkyNet, UPS und Transworld [BdP ABl.2015,A29].

Teil D I – Übersicht zum EPÜ

Fristauslösende Ereignisse / Fristenkalkulator

Handlung	Norm	Frist	Nachfrist	Jan x	Feb x	Mär x	Apr x	Mai x	Jun x	Jul x	Aug x	Sep x	Okt x	Nov x	Dez x	Rn.
Einreichung ePA, TA																
Anmeldegebühr	Art.78(2) R.38(1)	1 M nach ET	keine		Feb x	Mär x	Apr x	Mai x	Jun x	Jul x	Aug x	Sep x	Okt x	Nov x	Dez x	DI-34
Recherchengebühr					Feb x	Mär x	Apr x	Mai x	Jun x	Jul x	Aug x	Sep x	Okt x	Nov x	Dez x	Jan x
Seitengebühr	Art.78(2) R.38(2)	1 M nach Einreichung Anspruchssatz ODER beglaubigte Abschrift	keine		Feb x	Mär x	Apr x	Mai x	Jun x	Jul x	Aug x	Sep x	Okt x	Nov x	Dez x	Jan x
Übersetzung	Art.14(2) R.6(1)	2 M nach ET	2 M ab Auff. +10Tage	Mär x	Apr x	Mai x	Jun x	Jul x	Aug x	Sep x	Okt x	Nov x	Dez x	Jan (x+1)	Feb (x+1)	DI-26
Anspruchsgebühr	R.45(2)	1 M ab ET erster Anspruchssatz	1 M ab Mitt. +10Tage	Feb x	Mär x	Apr x	Mai x	Jun x	Jul x	Aug x	Sep x	Okt x	Nov x	Dez x	Jan x	DI-34
Ausstellungsbescheinigung	Art.55(1)b R.25	4 M nach ET		Mai x	Jun x	Jul x	Aug x	Sep x	Okt x	Nov x	Dez x	Jan (x+1)	Feb (x+1)	Mär (x+1)	Apr (x+1)	DI-49
Nachreichen fehlender Teile ohne Prio	R.56(2)	2 M nach R.56(1)-Auff. +10Tage ODER von selbst	keine	Mär x	Apr x	Mai x	Jun x	Jul x	Aug x	Sep x	Okt x	Nov x	Dez x	Jan (x+1)	Feb (x+1)	DI-69
Anmelderidentität	Art.86 R.41(2)c	2 M nach ET, von selbst	2 M nach R.55-Mitt. +10Tage	Mär x	Apr x	Mai x	Jun x	Jul x	Aug x	Sep x	Okt x	Nov x	Dez x	Jan (x+1)	Feb (x+1)	DI-37
Erfindernennung	Art.90(3) R.57f	am AT	16 M nach AT bzw. PT	Mai (x+1)	Jun (x+1)	Jul (x+1)	Aug (x+1)	Sep (x+1)	Okt (x+1)	Nov (x+1)	Dez (x+1)	Jan (x+2)	Feb (x+2)	Mär (x+2)	Apr (x+2)	DI-50
Hinterlegung biologischen Materials	R.31(2)	16 M nach AT/PT	spätestens vor Abschluss techn. Vorbereitungen zur Veröff.	Mai (x+1)	Jun (x+1)	Jul (x+1)	Aug (x+1)	Sep (x+1)	Okt (x+1)	Nov (x+1)	Dez (x+1)	Jan (x+2)	Feb (x+2)	Mär (x+2)	Apr (x+2)	DI-43
Sequenzprotokoll	R.30(2)	am AT	2 M ab Auff. +10Tage	Mär x	Apr x	Mai x	Jun x	Jul x	Aug x	Sep x	Okt x	Nov x	Dez x	Jan (x+1)	Feb (x+1)	DI-47
Anmeldetag (AT)																
Jahresgebühr	Art.86 R.51	ab 6 M (für 1. JG bzw. 3 M (für 2.-18. JG) vor Fälligkeit	6 M nach Fälligkeit	Jul x	Aug (x+1)	Sep (x+1)	Okt (x+1)	Nov (x+1)	Dez (x+1)	Jan (x+1)	Feb (x+1)	Mär (x+1)	Apr (x+1)	Mai (x+1)	Jun (x+1)	DI-323
Veröffentlichung	Art.93(1)a	18 M nach AT/PT	keine	Jul (x+1)	Aug (x+1)	Sep (x+1)	Okt (x+1)	Nov (x+1)	Dez (x+1)	Jan (x+2)	Feb (x+2)	Mär (x+2)	Apr (x+2)	Mai (x+2)	Jun (x+2)	DI-109

Fristen   231

	ausgelöste Frist, alphabetisch	Norm	Frist	Nachfrist	Jan x	Feb x	Mär x	Apr x	Mai x	Jun x	Jul x	Aug x	Sep x	Okt x	Nov x	Dez x	Rn.
Priorität	Prioritätsfrist	Art.87(1)	**12 M** ab PT	keine	Jan (x+1)	Feb (x+1)	Mär (x+1)	Apr (x+1)	Mai (x+1)	Jun (x+1)	Jul (x+1)	Aug (x+1)	Sep (x+1)	Okt (x+1)	Nov (x+1)	Dez (x+1)	DI-57
	Prioerklärung	Art.88(1) R.52(2)	am ET	**16 M** nach frühesten PT	Mai (x+1)	Jun (x+1)	Jul (x+1)	Aug (x+1)	Sep (x+1)	Okt (x+1)	Nov (x+1)	Dez (x+1)	Jan (x+2)	Feb (x+2)	Mär (x+2)	Apr (x+2)	DI-59
	Prioritätsbeleg	R.53(1)															
Veröffentlichung ESR	Prüfungsantrag und -gebühr	Art.94(1), R.70(1)			Jul x	Aug x	Sep x	Okt x	Nov x	Dez x	Jan (x+1)	Feb (x+1)	Mär (x+1)	Apr (x+1)	Mai (x+1)	Jun (x+1)	DI-96
	Benennungs-/ Erstreckungs-/ Validierungs-gebühr	Art.79(2) R.39(1) R.17(3)/ R.36(4)	**6 M** nach Veröff. ESR	keine **2 M** nach Fristablauf	Jul x	Aug x	Sep x	Okt x	Nov x	Dez x	Jan (x+1)	Feb (x+1)	Mär (x+1)	Apr (x+1)	Mai (x+1)	Jun (x+1)	DI-117
	Stellungnahme auf EESR	R.70a(1)		keine	Jul x	Aug x	Sep x	Okt x	Nov x	Dez x	Jan (x+1)	Feb (x+1)	Mär (x+1)	Apr (x+1)	Mai (x+1)	Jun (x+1)	DI-97
	Einwendungen Dritter	Art.115	jederzeit	keine	-	-	-	-	-	-	-	-	-	-	-	-	DI-234
R.71(3)-Mitteilung	Erteilungs-/ Veröffentlichungsgebühr	R.71(3) S.2	**4 M** ab Mitt. +10 Tage	keine	Mai x	Jun x	Jul x	Aug x	Sep x	Okt x	Nov x	Dez x	Jan (x+1)	Feb (x+1)	Mär (x+1)	Apr (x+1)	DI-102
	Übersetzung Ansprüche				Mai x	Jun x	Jul x	Aug x	Sep x	Okt x	Nov x	Dez x	Jan (x+1)	Feb (x+1)	Mär (x+1)	Apr (x+1)	
	Anspruchsgebühr	R.71(4)			Mai x	Jun x	Jul x	Aug x	Sep x	Okt x	Nov x	Dez x	Jan (x+1)	Feb (x+1)	Mär (x+1)	Apr (x+1)	DI-102
Veröff. Erteilung	Einspruch	Art.99	**9 M** ab Erteilungshinweis	keine	Okt x	Nov x	Dez x	Jan (x+1)	Feb (x+1)	Mär (x+1)	Apr (x+1)	Mai (x+1)	Jun (x+1)	Jul (x+1)	Aug (x+1)	Sep (x+1)	DI-124
	Übersetzung der Patentschrift	Art.65 NatR IV, 4	mind **3 M** ab Erteilungshinweis	siehe nat. NatR IV, 4	Apr x	Mai x	Jun x	Jul x	Aug x	Sep x	Okt x	Nov x	Dez x	Jan (x+1)	Feb (x+1)	Mär (x+1)	DI-401

EPÜ 2000

Artikel 20[19]
Rechtsabteilung

(1) Die Rechtsabteilung ist zuständig für Entscheidungen über Eintragungen in und Löschungen aus dem Europäischen Patentregister sowie für Entscheidungen über Eintragungen in der Liste der zugelassenen Vertreter.

(2) Entscheidungen der Rechtsabteilung werden von einem rechtskundigen Mitglied getroffen.

[19] Siehe BdP des EPA, ABl.2013, 600; 2013, 601.

Artikel 61[51], [52]
Anmeldung europäischer Patente durch Nichtberechtigte

(1) Wird durch rechtskräftige Entscheidung der Anspruch auf Erteilung des europäischen Patents einer Person zugesprochen, die nicht der Anmelder ist, so kann diese Person nach Maßgabe der Ausführungsordnung
a) die europäische Patentanmeldung anstelle des Anmelders als eigene Anmeldung weiterverfolgen,
b) eine neue europäische Patentanmeldung für dieselbe Erfindung einreichen oder
c) beantragen, dass die europäische Patentanmeldung zurückgewiesen wird.

(2) Auf eine nach Absatz 1 b) eingereichte neue europäische Patentanmeldung ist Art.76(1) entsprechend anzuwenden.

[51] Geändert durch die Akte zur Revision des EPÜ vom 29.11.2000.
[52] Siehe hierzu Entscheidung GBK G3/92 (Anhang I).

EPÜAO

Regel 14[24]
Aussetzung des Verfahrens

(1) Weist ein Dritter nach, dass er ein Verfahren gegen den Anmelder eingeleitet hat mit dem Ziel, eine Entscheidung im Sinne des Art.61(1) zu erwirken, so wird das Erteilungsverfahren ausgesetzt, es sei denn, der Dritte erklärt dem Europäischen Patentamt gegenüber schriftlich seine Zustimmung zur Fortsetzung des Verfahrens. Diese Zustimmung ist unwiderruflich. Das Erteilungsverfahren wird jedoch nicht vor Veröffentlichung der europäischen Patentanmeldung ausgesetzt.

(2) Wird nachgewiesen, dass eine rechtskräftige Entscheidung im Sinne des Art.61(1) ergangen ist, so teilt das Europäische Patentamt dem Anmelder und gegebenenfalls den Beteiligten mit, dass das Erteilungsverfahren von dem in der Mitteilung genannten Tag an fortgesetzt wird, es sei denn, nach Art.61(1) b) ist eine neue europäische Patentanmeldung für alle benannten Vertragsstaaten eingereicht worden. Ist die Entscheidung zugunsten des Dritten ergangen, so darf das Verfahren frühestens drei Monate nach Eintritt der Rechtskraft dieser Entscheidung fortgesetzt werden, es sei denn, der Dritte beantragt die Fortsetzung.

(3) Bei der Aussetzung des Erteilungsverfahrens oder später kann das EPA einen Zeitpunkt festsetzen, zu dem es beabsichtigt, das Erteilungsverfahren ohne Rücksicht auf den Stand des nach Absatz 1 eingeleiteten nationalen Verfahrens fortzusetzen. Diesen Zeitpunkt teilt es dem Dritten, dem Anmelder und gegebenenfalls den Beteiligten mit. Wird bis zu diesem Zeitpunkt nicht nachgewiesen, dass eine rechtskräftige Entscheidung ergangen ist, so kann das EPA das Verfahren fortsetzen.

(4) Alle am Tag der Aussetzung laufenden Fristen mit Ausnahme der Fristen zur Zahlung der Jahresgebühren werden durch die Aussetzung gehemmt. An dem Tag der Fortsetzung des Verfahrens beginnt der noch nicht verstrichene Teil der Frist zu laufen. Die nach der Fortsetzung verbleibende Frist beträgt jedoch mindestens zwei Monate.

[24] Siehe BdP des EPA, ABl.2013, 600.

Regel 142[150]
Unterbrechung des Verfahrens

(1) Das Verfahren vor dem Europäischen Patentamt wird unterbrochen:
a) im Fall des Todes oder der fehlenden Geschäftsfähigkeit des Anmelders oder Patentinhabers oder der Person, die nach dem Heimatrecht des Anmelders oder Patentinhabers zu dessen Vertretung berechtigt ist. Solange die genannten Ereignisse die Vertretungsbefugnis eines nach Art.134 bestellten Vertreters nicht berühren, tritt eine Unterbrechung des Verfahrens jedoch nur auf Antrag dieses Vertreters ein;
b) wenn der Anmelder oder Patentinhaber aufgrund eines gegen sein Vermögen gerichteten Verfahrens aus rechtlichen Gründen verhindert ist, das Verfahren fortzusetzen;
c) wenn der Vertreter des Anmelders oder Patentinhabers stirbt, seine Geschäftsfähigkeit verliert oder aufgrund eines gegen sein Vermögen gerichteten Verfahrens aus rechtlichen Gründen verhindert ist, das Verfahren fortzusetzen.

(2)[151] Wird dem Europäischen Patentamt bekannt, wer in den Fällen des Absatzes 1 a) oder b) berechtigt ist, das Verfahren fortzusetzen, so teilt es dieser Person und gegebenenfalls den übrigen Beteiligten mit, dass das Verfahren nach Ablauf einer zu bestimmenden Frist wiederaufgenommen wird. Wenn dem Europäischen Patentamt drei Jahre nach Bekanntmachung des Tags der Unterbrechung im Europäischen Patentblatt nicht bekannt geworden ist, wer berechtigt ist, das Verfahren fortzusetzen, kann es einen Zeitpunkt festsetzen, zu dem es beabsichtigt, das Verfahren von Amts wegen wiederaufzunehmen.

(3) Im Fall des Absatzes 1 c) wird das Verfahren wiederaufgenommen, wenn dem Europäischen Patentamt die Bestellung eines neuen Vertreters des Anmelders angezeigt wird oder das Amt den übrigen Beteiligten die Bestellung eines neuen Vertreters des Patentinhabers angezeigt hat. Hat das Europäische Patentamt drei Monate nach dem Beginn der Unterbrechung des Verfahrens noch keine Anzeige über die Bestellung eines neuen Vertreters erhalten, so teilt es dem Anmelder oder Patentinhaber mit:
a) im Fall des Art.133(2), dass die europäische Patentanmeldung als zurückgenommen gilt oder das europäische Patent widerrufen wird, wenn die Anzeige nicht innerhalb von zwei Monaten nach Zustellung dieser Mitteilung erfolgt, oder
b) andernfalls, dass das Verfahren ab der Zustellung dieser Mitteilung mit dem Anmelder oder Patentinhaber wiederaufgenommen wird.

(4) Die am Tag der Unterbrechung laufenden Fristen, mit Ausnahme der Frist zur Stellung des Prüfungsantrags und der Frist für die Entrichtung der Jahresgebühren, beginnen an dem Tag von Neuem zu laufen, an dem das Verfahren wiederaufgenommen wird. Liegt dieser Tag später als zwei Monate vor Ablauf der Frist zur Stellung des Prüfungsantrags, so kann ein Prüfungsantrag noch innerhalb von zwei Monaten nach diesem Tag gestellt werden.

[150] Siehe BdP des EPA, ABl.2013, 600.
[151] Geändert durch B.d.V. CA/D 2/20 vom 27.03.2020 (ABl.2020, A36), in Kraft getreten am 01.07.2020. Siehe Mitt. EPA vom 29.05.2020 (ABl. EPA 2020, A76).

Rechtssprechung

J7/83 — Unterbrechung Erteilungsverfahrens aufgrund gerichtlichen Vergleichsverfahrens hemmt Ablauf der in Art.94(2) a.F. EPÜ festgesetzten Frist für Entrichtung der Prüfungsgebühr bis zu dem Zeitpunkt der Wiederaufnahme des Erteilungsverfahrens.

J902/87 — R.90(4) a.F. EPÜ ist dahingehend auszulegen, dass Zahlungstag für während der Geschäftsunfähigkeit Anmelders oder seines Vertreters fällig gewordenen Jahresgebühren auf den Zeitpunkt der Wiederaufnahme des Verfahrens verschoben wird.

J903/87 — Eine kurz gefasste ärztliche Bescheinigung, aus der zwar hervorgeht, dass sich der Anmelder in einem Zustand physischer und psychischer Erschöpfung und Depression befunden habe, genügt nicht, um die Geschäftsunfähigkeit des Beschwerdeführers im Sinne der R.90(1) a) a.F. EPÜ 1973 festzustellen.

J38/92 — Die Aussetzung eines Erteilungsverfahrens bewirkt, dass das Erteilungsverfahren unverändert in dem Rechtsstadium verbleibt, in dem es sich zum Zeitpunkt der Aussetzung befand.

J49/92 — Fehlende Geschäftsfähigkeit einer Person, die nicht als zulässiger Vertreter vor dem Amt handelt, ist anhand der nationalen Rechtsordnung festzustellen, der diese Person untersteht;
kein Anhaltspunkt für fehlende Geschäftsfähigkeit ist z. B. ein ärztliches Attest

J5/99 — Bei Prüfungen sind alle einschlägigen, zuverlässigen Informationen heranzuziehen und sorgfältig abzuwägen. Unverzichtbar ist ferner ein zuverlässiges medizinisches Gutachten, das möglichst alle entscheidungserheblichen Tatsachen in Betracht zieht.

J33/03 — Die Kammer ist weder zuständig noch in der Lage zu entscheiden, welchem Beteiligten die europäische Patentanmeldung möglicherweise zusteht, geschweige denn, welcher Ausgang des Vindikationsverfahrens der wahrscheinlichere sei.

Fristen

Unterbrechung — R.142, R.14(1)

	Antrag	Voraussetzung	Norm	Erfordernis	Zuständigkeit	Frist	Rechtsfolge	Wiederaufnahme
373	**Antrag auf Unterbrechung** (wegen Anmelder/PI)	a) Tod/fehlende Geschäftsfähigkeit des Anmelders/PI oder der nach nat. Recht zur Vertretung berechtigten Person	R.142	Antrag des nach Art.134 bestellten Vertreters mit Nachweis [679] **R.142(1)a) S.2**			+ Verfahrensunterbrechung mit ET des Antrags [680] UND Unterbrechung aller Fristen [681]	mit Anzeige des Berechtigten erfolgt Verfahrenswiederaufnahme durch EPA binnen zu best Frist ODER wenn Berechtigter nicht bekannt: Festsetzung des Zeitpunktes zur Wiederaufnahme des Verfahrens von Amts wegen (nach 3 Jahren nach Bekanntmachung des Tags der Unterbrechung im EP-Blatt) **R.142(2)** UND am Tag der Unterbrechung laufende Fristen beginnen von neuem [Fehler! Textmarke nicht definiert.] **R.142(4)**, E-VII,1.5
		b) Insolvenz des Anmelders/PI		Antrag mit Nachweis [682], dass Geschäftsunfähigkeit von Dauer	Rechtsabteilung **Art.20(1)**, ABl.2013,600	»jederzeit« solange Frist noch nicht abgelaufen		
		ODER						
	(wegen Vertreter) E-VII, 1	c) Tod, Geschäftsunfähigkeit oder Insolvenz des Vertreters					+ Unterbrechung aller Fristen [Fehler! Textmarke nicht definiert.]	a) mit Anzeige neuen Vertreters ODER b) ab Mitt. des EPA an alle Verfahrensbeteiligte [683] **R.142(3)b)**

---

[679] **kein Nachweis:** fehlendes ärztliches Attest [J903/97; J49/92] oder kurz gefasstes ärztliches Attest ohne Angabe zu Schwere und Dauer [J902/87].

[680] **Schriftstücke vom EPA** die während Unterbrechung zugestellt werden, sind gegenstandslos und müssen neu versandt werden [E-VII,1.4]; Tag der Unterbrechung und Wiederaufnahme werden in EP-PatReg eingetragen.

[681] gilt auch für WE-Fristen (insbesondere Ausschlussfrist von **1 J**) [R.136(1); J902/87]; **Ausnahme:** [1] Frist zur Stellung Prüfungsantrag (d.h. laufende Frist ist ausgesetzt [J7/83] und nicht verstrichener Teil der Frist läuft ab Tag der Fortsetzungs weiter, beträgt aber mind. **2 M** [R.142(4)S.2]) UND [2] Frist für Entrichtung Jahresgebühren (d.h. Fälligkeitstag verschiebt sich auf Fortsetzungstag [R.142(4), J902/87]) [E-VII,1.5].

[682] **Nachweis:** zuverlässiges medizinisches Gutachten [J5/99].

[683] **Wiederaufnahme vAw:** erfolgt binnen 3 M ab Beginn der Unterbrechung keine Anzeige neuen Vertreters, ergeht Mitt. an Verfahrensbeteiligten, dass [1] Verfahren mit Zustellung der Mitt. wiederaufgenommen wird oder [2] **bei Vertreterzwang** iSv Art.133(2) binnen 2 M ab Auff.[+10Tage] Vertreterbestellung erfolgen muss; unterbleibt Vertreterbestellung, gilt ePa als zurückgenommen/EP-Patent als widerrufen [R.142(3)a)].

Teil D I – Übersicht zum EPÜ

EPÜ 2000	EPÜAO	Rechtsprechung
Artikel 20[19] **Rechtsabteilung** (1) Die Rechtsabteilung ist zuständig für Entscheidungen über Eintragungen und Löschungen im Europäischen Patentregister sowie für Entscheidungen über Eintragungen und Löschungen in der Liste der zugelassenen Vertreter. (2) Entscheidungen der Rechtsabteilung werden von einem rechtskundigen Mitglied getroffen. [19] Siehe BdP des EPA, ABl.2013, 600, 601.	**Regel 14**[24] **Aussetzung des Verfahrens** (1) Weist ein Dritter nach, dass er in einem Verfahren gegen den Anmelder eingeleitet hat mit dem Ziel, eine Entscheidung im Sinne des Art.61(1) zu erwirken, so wird das Erteilungsverfahren ausgesetzt, es sei denn, der Dritte erklärt dem Europäischen Patentamt gegenüber schriftlich seine Zustimmung zur Fortsetzung des Verfahrens. Diese Zustimmung ist unwiderruflich. Das Erteilungsverfahren wird jedoch nicht vor Veröffentlichung der europäischen Patentanmeldung ausgesetzt.	J38/92 — Die Aussetzung eines Erteilungsverfahrens bewirkt, dass das Erteilungsverfahren unverändert in dem Rechtsstadium verbleibt, in dem es sich zum Zeitpunkt der Aussetzung befand. sobald die Bedingungen gemäß R.13 EPÜ a.F. erfüllt sind, muss das EPA von Amts wegen das Erteilungsverfahren aussetzen, ohne dass dem Patentanmelder rechtliches Gehör gewährt oder eine förmliche Entscheidung getroffen werden muss.
Artikel 61[51],[52] **Anmeldung europäischer Patente durch Nichtberechtigte** (1) Wird durch eine rechtskräftige Entscheidung der Anspruch auf Erteilung des europäischen Patents einer Person zugesprochen, die nicht der Anmelder ist, so kann diese Person nach Maßgabe der Ausführungsordnung a) die europäische Patentanmeldung anstelle des Anmelders als eigene Anmeldung weiterverfolgen, b) eine neue europäische Patentanmeldung für dieselbe Erfindung einreichen oder c) beantragen, dass die europäische Patentanmeldung zurückgewiesen wird. (2) Auf eine nach Absatz 1 b) eingereichte neue europäische Patentanmeldung ist Art.76(1) entsprechend anzuwenden. [51] Geändert durch die Akte zur Revision des EPÜ vom 29.11.2000. [52] Siehe hierzu Entscheidung GBK G3/92 (Anhang I).	(2) Wird nachgewiesen, dass eine rechtskräftige Entscheidung im Sinne des Art.61(1) ergangen ist, so teilt das Europäische Patentamt dem Anmelder und gegebenenfalls den Beteiligten mit, dass das Erteilungsverfahren von dem in der Mitteilung genannten Tag an fortgesetzt wird, es sei denn, nach Art.61(1) b) ist eine neue europäische Patentanmeldung für alle benannten Vertragsstaaten eingereicht worden. Ist die Entscheidung zugunsten des Dritten ergangen, so darf das Verfahren frühestens drei Monate nach Eintritt der Rechtskraft dieser Entscheidung fortgesetzt werden, es sei denn, der Dritte beantragt die Fortsetzung. (3) Bei der Aussetzung des Erteilungsverfahrens oder später kann das EPA einen Zeitpunkt festsetzen, zu dem es beabsichtigt, das Erteilungsverfahren ohne Rücksicht auf den Stand des nach Absatz 1 eingeleiteten nationalen Verfahrens fortzusetzen. Diesen Zeitpunkt teilt es dem Dritten, dem Anmelder und gegebenenfalls den Beteiligten mit. Wird bis zu diesem Zeitpunkt nicht nachgewiesen, dass eine rechtskräftige Entscheidung ergangen ist, so kann das EPA das Verfahren fortsetzen. (4) Alle am Tag der Aussetzung laufenden Fristen mit Ausnahme der Fristen zur Zahlung der Jahresgebühren werden durch die Aussetzung gehemmt. An dem Tag der Fortsetzung des Verfahrens beginnt der noch nicht verstrichene Teil einer Frist zu laufen. Die nach der Fortsetzung verbleibende Frist beträgt jedoch mindestens zwei Monate. [24] Siehe BdP des EPA, ABl.2013, 600.	J28/94 — Eine Entscheidung der Prüfungsabteilung über die Erteilung des europäischen Patents (Art.97(2) EPÜ) wird nicht vor Abschluss des Entscheidungsfindungsprozesses in schriftlichen Verfahren vor der Prüfungsabteilung, sondern an dem Tag wirksam, an dem im Europäischen Patentblatt auf die Erteilung hingewiesen wird (Art.97 (4) EPÜ). In dem dazwischenliegenden Zeitraum ist das Erteilungsverfahren noch immer vor dem EPA anhängig, so dass ein Antrag auf Aussetzung des Verfahrens nach R.13 EPÜ a.F. zulässig ist. J7/96 — Die Kammer ist weder zuständig noch in der Lage zu entscheiden, welchem Beteiligten das Europäische Patentanmeldung möglicherweise zusteht, geschweige denn, welcher Ausgang des Vindikationsverfahrens der wahrscheinlichere sei. J33/03 — 1. Weist ein Dritter, der die Aussetzung des europäischen Patenterteilungsverfahrens nach R.13(1) EPÜ a.F. begehrt, dem EPA nach, dass er bei einem nationalen Gericht ein rechtserhebliches Verfahren eingeleitet hat, so muss die Aussetzung angeordnet werden, sofern die europäische Patentanmeldung nicht zurückgenommen worden ist oder als zurückgenommen gilt. 2. Setzt das EPA gemäß R.13(3) EPÜ a.F. einen Zeitpunkt fest, zu dem es das europäische Patenterteilungsverfahren fortzusetzen beabsichtigt, so kann auf späteren Antrag des Anmelders oder des Dritten, der die Aussetzung beantragt hat, der Zeitpunkt geändert oder die Aussetzung des Verfahrens aufgehoben werden. T146/82
Artikel 112[127] **Entscheidung oder Stellungnahme der Großen Beschwerdekammer** (1) Zur Sicherung einer einheitlichen Rechtsanwendung oder wenn sich eine Rechtsfrage von grundsätzlicher Bedeutung stellt, a) befasst die Beschwerdekammer, bei der ein Verfahren anhängig ist, von Amts wegen oder auf Antrag eines Beteiligten die Große Beschwerdekammer, wenn sie hierzu eine Entscheidung für erforderlich hält. Weist die Beschwerdekammer den Antrag zurück, so hat sie die Zurückweisung in der Endentscheidung zu begründen; b) kann der Präsident des Europäischen Patentamts der Großen Beschwerdekammer eine Rechtsfrage vorlegen, wenn zwei Beschwerdekammern über diese Frage voneinander abweichende Entscheidungen getroffen haben. (2) In den Fällen des Absatzes 1a) sind die am Beschwerdeverfahren Beteiligten am Verfahren vor der Großen Beschwerdekammer beteiligt. (3) Die in Absatz 1a) vorgesehene Entscheidung der Großen Beschwerdekammer ist für die Entscheidung der Beschwerdekammer über die anhängige Beschwerde bindend. [127] Siehe hierzu Entscheidungen/Stellungnahmen der GBK G1/86, G2/88, G4/88, G5/88, G6/88, G7/88, G8/88, G1/90, G1/92, G3/95, G6/95, G2/97, G2/98, G3/98, G4/98, G1/99, G2/99, G3/99, G1/02, G1/03, G3/03, G3/03, G1/04, G2/04, G3/04, G1/05, G2/06, G3/08, G1/12, G1/14 (Anhang I).	**Regel 78**[99] **Verfahren bei mangelnder Berechtigung des Patentinhabers** (1) Weist ein Dritter dem Europäischen Patentamt während eines Einspruchsverfahrens oder während der Einspruchsfrist nach, dass er gegen den Inhaber des europäischen Patents ein Verfahren eingeleitet hat mit dem Ziel, eine Entscheidung im Sinne des Art.61(1) zu erwirken, so wird das Einspruchsverfahren ausgesetzt, es sei denn, der Dritte erklärt dem Europäischen Patentamt gegenüber schriftlich seine Zustimmung zur Fortsetzung des Verfahrens. Diese Zustimmung ist unwiderruflich. Das Verfahren wird jedoch erst ausgesetzt, wenn die Einspruchsabteilung den Einspruch für zulässig hält. R.14(2) bis (4) ist entsprechend anzuwenden. (3) Ist ein Dritter nach Art.99(4) in Bezug auf einen oder mehrere benannte Vertragsstaaten an die Stelle des bisherigen Patentinhabers getreten, so kann das im Einspruchsverfahren aufrechterhaltene europäische Patent für diesen Staat oder diese Staaten unterschiedliche Patentansprüche, Beschreibungen und Zeichnungen enthalten. [99] Siehe hierzu Entscheidung der GBK G 3/92 (Anhang I).	T166/84[99] — Wenn eine Entscheidung der Prüfungsabteilung ausschließlich vom Ausgang des Verfahrens vor der Großen Beschwerdekammer zu einer Rechtsfrage oder Rechtsfrage nach Art.112 abhängt - und dies ist der Prüfungsabteilung bekannt -, muss die weitere Prüfung der Anmeldung bis zur Entscheidung durch das GBK ausgesetzt werden.

Fristen

Aussetzung (des Erteilungs- oder Einspruchsverfahrens) — Art.61, R.14(1), A-IV,2.2; E-VI,2/3

374

Fall 1 (Vindikationsklage)

	Voraussetzung	Norm	Handlungen	Frist	Rechtsfolge	Fortsetzung	Rechtsbehelf
1a)	**anhängige ePa** (noch nicht erteilt) **R.14(1), T146/82** ODER **zulässiger Einspruch** oder EBV (notfalls muss Dritter Einspruch einlegen) **R.78(1) S.2**		**Antrag** des angeblich Berechtigten [689] **Nachweis** anerkennungsfähiger nat. Klage durch den Berechtigten [684] (z.B. durch gerichtliche Bestätigung) Erteilung: **R.14(1)** iVm APro Einspruch: **R.78(1)** iVm APro	während **Erteilungsverfahrens** ab Veröff. der ePa [685] bis Hinweis auf Erteilung EP-Patent veröff. [J7/96] **R.14(1)** ODER während Einspruchsfrist oder im Einspruch/EBV **R.78(1)**	**keine Anhörung** des Anmelders/PI J28/94 Verfahrensaussetzung und **Hemmung aller laufend. Fristen** [686] (aktuelles Rechtsstadium wird eingefroren, sodass keine wirksamen Rechtsakte vornehmbar [687]) J38/92 AUSSER potentiell berechtigter Dritter erteilt schriftliche Zustimmung zur Fortsetzung EP-Verfahrens [unwiderruflich] **R.14(1), T146/82** Eintragung im EP-PatReg **R.143(1)s** autom **Abbuchungsauftrag** ist wirkungslos [erneuter Auftrag nach Fortsetzung erforderlich] Z4 ABl.2014,13,24	**Verfahrensfortsetzung** bei 1) rechtskräftiger Entscheidung iSv R.61(1) [688] **R.14(2)** ODER 2) Anordnung durch Rechtsabteilung unter Interessenabwägung BF (Vermeidung von Verfahrensmissbrauch) **R.14(3), J33/03** **verbleibende Fristteile laufen weiter** ab Tag der Verfahrensfortsetzung, betragen aber mind. **2 M** [A-IV,2.2.4]	WB (–) WE (+) Beschwerde gegen Fortsetzung
2a)	**nat. Vindikationsverfahren** auf Erteilung/Übertragung des EP-Patents eingeleitet (= Klageverfahren iSd Art.61(1) [z.B. Arbeitnehmer, Art.60(1)]	**Art.61, R.14(1)**					
2b)	durch den angeblich Berechtigten [689] gegen den Anmelder der ePa oder PI						
2c)	**in dem EPÜ-VStaat** [690], wo Anmelder/PI seinen Sitz/Wohnsitz hat [691] **R.14(1), 78(1), Art.164(1)** iVm **Art.2-6APro**						

Zuständigkeit: Rechtsabteilung [Art.20(1), ABl.2013,600]

375

Fall 2 (GBK)

	Voraussetzung	Norm	Handlungen	Frist	Rechtsfolge	Fortsetzung	Rechtsbehelf
1)	anhängige Vorlagefrage bei GBK **Art.112**	E-VII,3	Aussetzung durch Prüfungs- bzw. Einspruchsabteilung ODER auf Antrag eines Verfahrensbeteiligten	»jederzeit«	**+ Unterbrechung aller Fristen** [692] evtl. PACE-Antrag ist wirkungslos ODER – Entscheidung auf Grundlage bestehender Praxis [693]	unmittelbar nach Entscheidung der GBK zur Vorlagefrage	--
2)	Verfahrensausgang ist völlig von Antwort der GBK abhängig **T166/84**						

Zuständigkeit: Einspruchs- oder Prüfungsabteilung [E-VI,3]

---

[684] Mit Eingang beim EPA (Zuständigkeit: Rechtsabteilung, [ABl.2013,600]) tritt Aussetzung in Kraft [J9/12]; Anforderungen an [R.143(1)].

[685] Im **EURO-PCT Verfahren** frühestens mit Ablauf der Frist zum Eintritt in EP-Phase [A-IV,2.2].

[686] außer: Frist zur Zahlung der **Jahresgebühr**, da auch von Drittem zahlbar [**R.14(4)**]; **Hemmung** = nicht verstrichener Teil der Frist läuft erst ab Tag der Fortsetzung des Verfahrens weiter, beträgt aber mind. 2 M [A-IV,2.2.4].

[687] (nichtberechtigter) Anmelder darf [1] ePa oder Benennung einzelner VStaaten nicht zurücknehmen [R.15], [2] keine TA einreichen [J20/05; J9/12], [3] keine Umschreibung im Register vornehmen [J17/12].

[688] bei Entscheidung zugunsten des Dritten: Verfahrensfortsetzung frühestens **3M** nach Rechtskraft, außer berechtigter Dritter beantragt vorzeitige Fortsetzung.

[689] **Identität:** Person, die Aussetzungsantrag stellt und die Vindikationsklage eingeleitet hat, müssen identisch sein [J15/13].

[690] Vorbeugende Maßnahme zur Wahrung von Rechten Dritter mit unmittelbarer Wirkung [J28/94; J15/06]; **keine Anwendung** auf Verfahren vor Gerichten in Nichtvertragsstaaten [J6/03], AUSSER: ausländische Schiedssprüche, die automatisch von allen VStaaten anerkannt sind (z.B. über New Yorker Abkommen zur Anerkennung von Schiedssprüchen 10.06.1958).

[691] **Ausnahmen:** [1] Anmelder hat keinen Sitz/Wohnsitz in EPÜ-VStaat, dann Klage in dem VStaat, wo Kläger Sitz/Wohnsitz hat [**Art.3 APro**]; [2] für AN-/Arbeitgeberverhältnis gilt nach **Art.61(1)** der VStaat, wo AN hauptsächlich beschäftigt ist [**Art.4 APro**]; [3] vertragliche Vereinbarungen beider Parteien [**Art.5 APro**]; [4] in sonstigen Fällen deutsche Gerichte (z.B. Anmelder und Kläger keinen Sitz/Wohnsitz in VStaat) [**Art.6 APro**].

[692] gilt auch für WE-Fristen (insbesondere Ausschlussfrist von **1 J**) [R.136(1); J902/87]; **Ausnahme:** [1] Frist zur Stellung Prüfungsantrag (d.h. laufende Frist ist ausgesetzt [J7/83] und nicht verstrichener Teil der Frist läuft ab Tag der Fortsetzung weiter, beträgt aber mind. **2 M** [R.142(4)S.2]) UND [2] Frist für Entrichtung Jahresgebühren (d.h. Fälligkeitstag verschiebt sich auf Fortsetzungstag [**R.142(4), J902/87**]) [E-VII,1.5].

[693] hängt eine Entscheidung völlig von Entscheidung einer vorgelegten Rechtsfrage ab, muss ausgesetzt werden. Unterlassung ist ein **wesentlicher Verfahrensfehler** iSv R.103(1)(a) [T166/84].

Teil D I – Übersicht zum EPÜ

Beschleunigung des Verfahrens

	Antrag	Voraussetzung	Norm	vorzunehmende Handlung	Frist	Rechtsfolge	Wichtig
376	"Early Certainty from Search" (**ECfS**) E-VIII,4.1	anhängige ePa, die keine Prio beansprucht (="EP-Erstanmeldung")	C-I,2	Erklärung des Anmelders, dass spätere Prioerklärung nicht beabsichtigt	automatisch ab Einreichung (AT)	• max. **6 M** bis Erstellung ESR • PACE-Antrag kommt in nichtöffentlichen Aktenteil BdP ABl.2007 S3,J.3	AUSNAHME: bei Mitt. nach R.62a, R.63 oder R.64 kann der ESR erst nach Erwiderung des Anmelders oder Fristablauf erfolgen
377	**PACE-Antrag** [694] (= Antrag auf beschleunigte Recherche) E-VIII,4.1	1) anhängige ePa 2) Vorliegen vollständiger Anmeldeunterlagen (d.h. Übersetzung, Zeichnungen, Sequenzprotokoll)	ABl.2015,A93	nur »online« Antrag mittels Form 1005 (für jede Verfahrensphase separat)	»jederzeit« [695]		
378	**PACE-Antrag** [694] (= Antrag auf beschleunigte Prüfung) E-VIII,4.2	1) anhängige ePa 2) Zuständigkeit bereits auf Prüfungsabteilung übergegangen [R.10(2), (3)]	ABl.2015,A93	nur »online« Antrag mittels Form 1005 (für jede Verfahrensphase separat)	»jederzeit«, ab Zuständigkeit Prüfungsabteilung [696]	+ max. **3 M** bis zum nächsten Bescheid: a) nach Erwiderung nach R.70a bzw. R.161(1) ODER b) nach PACE-Antrag PACE-Antrag in nichtöffentlichen Aktenteil Art.128(4), R.144 d) iVm BdP ABl.2007 S3,J.3 keine Bearbeitung unter PACE	unwiderruflicher **Ausschluss**, bei: • Zurücknahme PACE-Antrag • Fristverlängerungsgesuch • Erledigung der ePa **Aussetzung** PACE bei ausstehender Jahresgebühr **Rückzahlung** Prüfungsgebühr ggf. nur zu 75%, wenn ePa zurückgenommen Art.11 GebO
379	**Verzicht** auf R.70(2)-Mitt. C-VI,3	anhängige ePa		1) »vorbehaltloser« Antrag auf Prüfung 2) Verzicht auf R.70(2)-Mitt.	vor Erhalt Recherchenbericht	mit Recherchenbericht ergeht mit Stellungnahme gem. R.62 direkt der erste Prüfbescheid gem. Art.94(3) iVm R.71(1) bzw. gem. R.71(3) [697] **UND** Aufrechterhaltungserklärung gilt mit Zugang ESR als erfolgt	--

[694] auch für **EURO-PCT-Anmeldung** mögl.; Antrag umfasst automatisch Formalprüfung, ergänzende Recherche und Erteilungsverfahren.
[695] **keine Bearbeitung unter "PACE"**: bei ePa, die unter Bezugnahme auf frühere Anmeldung gemäß **R.40(1)(c)**, (2) eingereicht, ODER bei ePa, für die fehlende Teile der Beschreibung/Zeichnungen gemäß **R.56** nachgereicht.
[696] vorzugsweise mit Einreichung der ePa und Stellung eines unbedingten Prüfungsantrags (d.h. auf **R.70(2)-Mitt.** verzichtet) ODER nach Erhalt des EESR zusammen mit einer Erwiderung.
[697] **R.71(3)**-Mitt. ergeht frühestens, wenn Recherche von **R.54(3)**-Dokumenten mögl. war [C-VI,3].

Fristen

	Antrag	Voraussetzung	Norm	vorzunehmende Handlung	Frist	Rechtsfolge	Wichtig
380	Antrag auf beschleunigte Bearbeitung des **Einspruchs** E-VIII,5	anhängige Verletzungsklage bei nat. Gericht eines VStaates	ABl.2008,221	»schriftlicher« und »begründeter« Antrag eines Beteiligten	»jederzeit«	**+** Beschleunigung des Verfahrens	EPA beschleunigt Verfahren auch vAw, wenn es von nat. Gericht/zuständiger Behörde eines VStaats über anhängige Verletzungsklage informiert
381	Antrag auf Beschleunigung der **Beschwerde** E-VIII,6	berechtigtes Interesse [698] der Beteiligten oder der Kammer	ABl.2008,220	1) »schriftlicher« Antrag eines Beteiligten oder nat. Gerichts eines VStaats 2) Beifügen relevanter Unterlagen zur Begründung der Dringlichkeit [698]	zu Beginn **ODER** während Beschwerde	**+** Beschleunigung des Verfahrens	EPA beschleunigt Verfahren auch vAw, wenn aufschiebende Wirkung der Beschwerde [**Art.106(1)**] nachteilig für Verfahren
382	**Einwendungen Dritter** [699] (=*Amicus Curi Curiae*) E-VI,3	ePa veröffentlicht [**Art.93**] **UND** keine anonyme Einwendung	**Art.115** iVm **R.114**	schriftlich in einer Amtssprache des EPA und »begründet« **R.114(1)** vorzugsweise online ABl.2011,418 und 420	»jederzeit« [700]	▪ Automatische Weiterleitung an Anmelder/PI **MIT** Äußerung und Hinweisen des zust. Organs ▪ **keine** Verfahrensbeteiligung, keine Info über Verfahrensfortgang oder Anhörung ▪ Beschleunigung des Verfahrens (**3 M** bis nächsten Schritt)	1) Einreichung auch anonym möglich [701] ABl.2011, 420 2) keine Unterschrift erforderlich ABl.2011, 418
383	**Anfrage zum Bearbeitungsstand von Akten**	erstinstanzl. Verfahren Verfahrensbeteiligter	ABl.2016,A66	Online mit EPA Form 1012	»jederzeit«	**+** umgehende Empfangsbestätigung Antrag und Antwort in öff. Aktenteil	bei ausstehende Jahresgebühr verschiebt sich Antwort des EPA auf Datum nach wirksamer Zahlung

---

[698] anhängige/drohende Verletzungsklage; Lizenzverhandlungen; anderer Einspruch, dessen Ausgang von Beschwerdeentscheidung abhängig.
[699] **Zulässigkeit:** in alle Verfahren des EPA (Prüfungs-, Einspruchs-, Einspruchsbeschwerde-, Beschwerde-, Beschränkungsverfahren).
[700] vorzugsweise nicht erst kurz vor einer Entscheidung, da dann ggf. keine Berücksichtigung mehr.
[701] Da bei anonymen Einwendungen keine **R.50(3)**-Auff. zugestellt werden kann, bleibt das Dokument notwendigerweise nicht unterzeichnet **UND** gilt daher als nicht eingereicht. Im Einspruch sind anonyme Einwendungen Dritter daher von Amtswegen nicht zu berücksichtigen, sie können aber von einer Partei übernommen werden [G1/03 **und** G2/03 [ABl.2004, 413 und 448]].

Fristenberechnung - allgemein

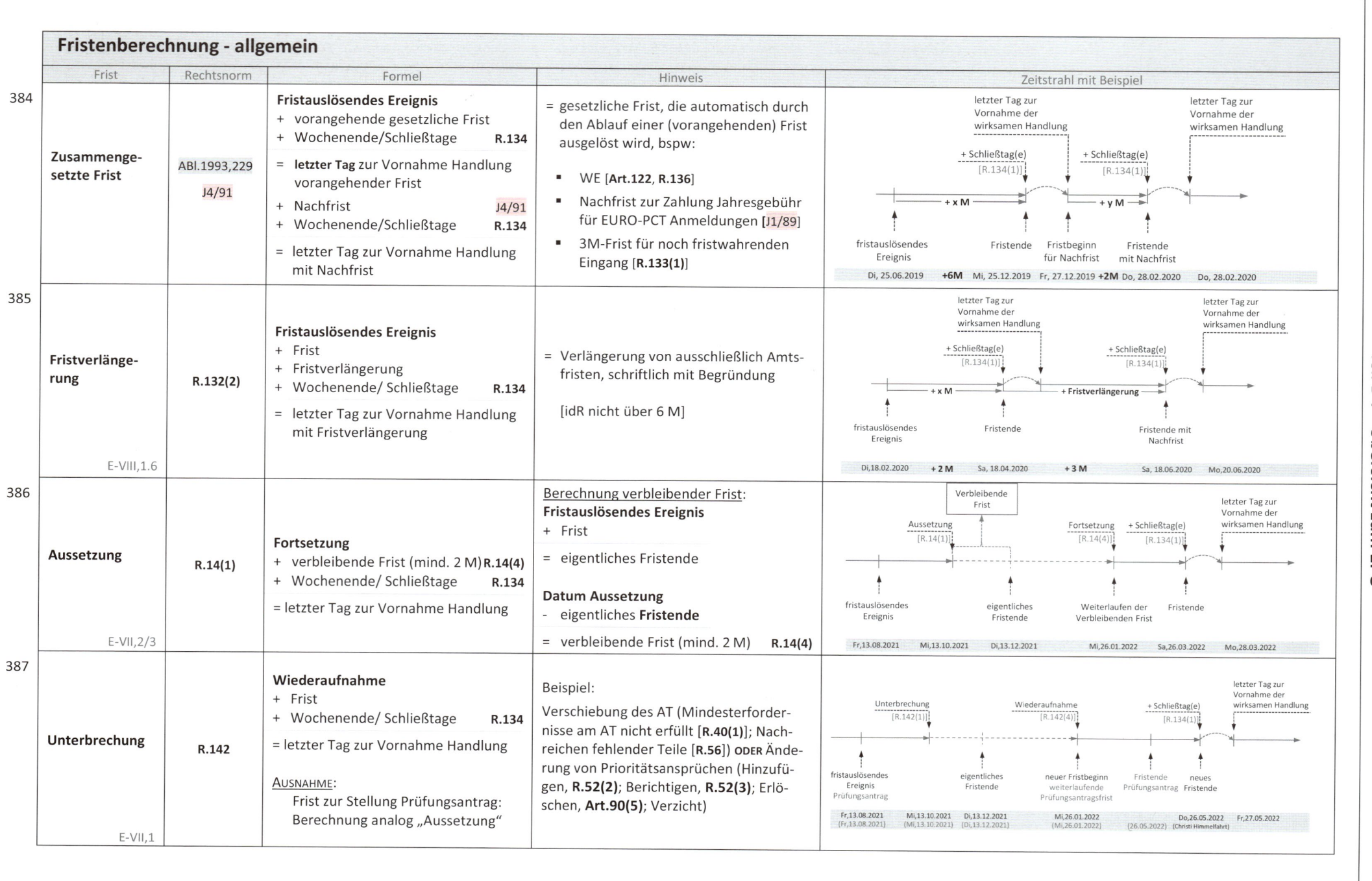

	Frist	Rechtsnorm	Formel	Hinweis
384	**Zusammengesetzte Frist**	ABl.1993,229 J4/91	**Fristauslösendes Ereignis** + vorangehende gesetzliche Frist **R.134** + Wochenende/Schließtage = **letzter Tag zur Vornahme Handlung** vorangehender Frist + Nachfrist J4/91 + Wochenende/Schließtage **R.134** = letzter Tag zur Vornahme Handlung mit Nachfrist	= gesetzliche Frist, die automatisch durch den Ablauf einer (vorangehenden) Frist ausgelöst wird, bspw: • WE [**Art.122, R.136**] • Nachfrist zur Zahlung Jahresgebühr für EURO-PCT Anmeldungen [J1/89] • 3M-Frist für noch fristwahrenden Eingang [**R.133(1)**]
385	**Fristverlängerung** E-VIII,1.6	R.132(2)	**Fristauslösendes Ereignis** + Frist + Fristverlängerung + Wochenende/ Schließtage **R.134** = letzter Tag zur Vornahme Handlung mit Fristverlängerung	= Verlängerung von ausschließlich Amtsfristen, schriftlich mit Begründung [idR nicht über 6 M]
386	**Aussetzung** E-VII,2/3	R.14(1)	**Fortsetzung** + verbleibende Frist (mind. 2 M) **R.14(4)** + Wochenende/ Schließtage **R.134** = letzter Tag zur Vornahme Handlung	Berechnung verbleibender Frist: **Fristauslösendes Ereignis** + Frist = eigentliches Fristende **Datum Aussetzung** − eigentliches **Fristende** = verbleibende Frist (mind. 2 M) **R.14(4)**
387	**Unterbrechung** E-VII,1	R.142	**Wiederaufnahme** + Frist + Wochenende/ Schließtage **R.134** = letzter Tag zur Vornahme Handlung AUSNAHME: Frist zur Stellung Prüfungsantrag: Berechnung analog „Aussetzung"	Beispiel: Verschiebung des AT (Mindesterfordernisse am AT nicht erfüllt [**R.40(1)**]; Nachreichen fehlender Teile [**R.56**]) ODER Änderung von Prioritätsansprüchen (Hinzufügen, **R.52(2)**; Berichtigen, **R.52(3)**; Erlöschen, **Art.90(5)**; Verzicht)

Fristen

Fristenberechnung - Jahresgebühren — Art.86 iVm R.51

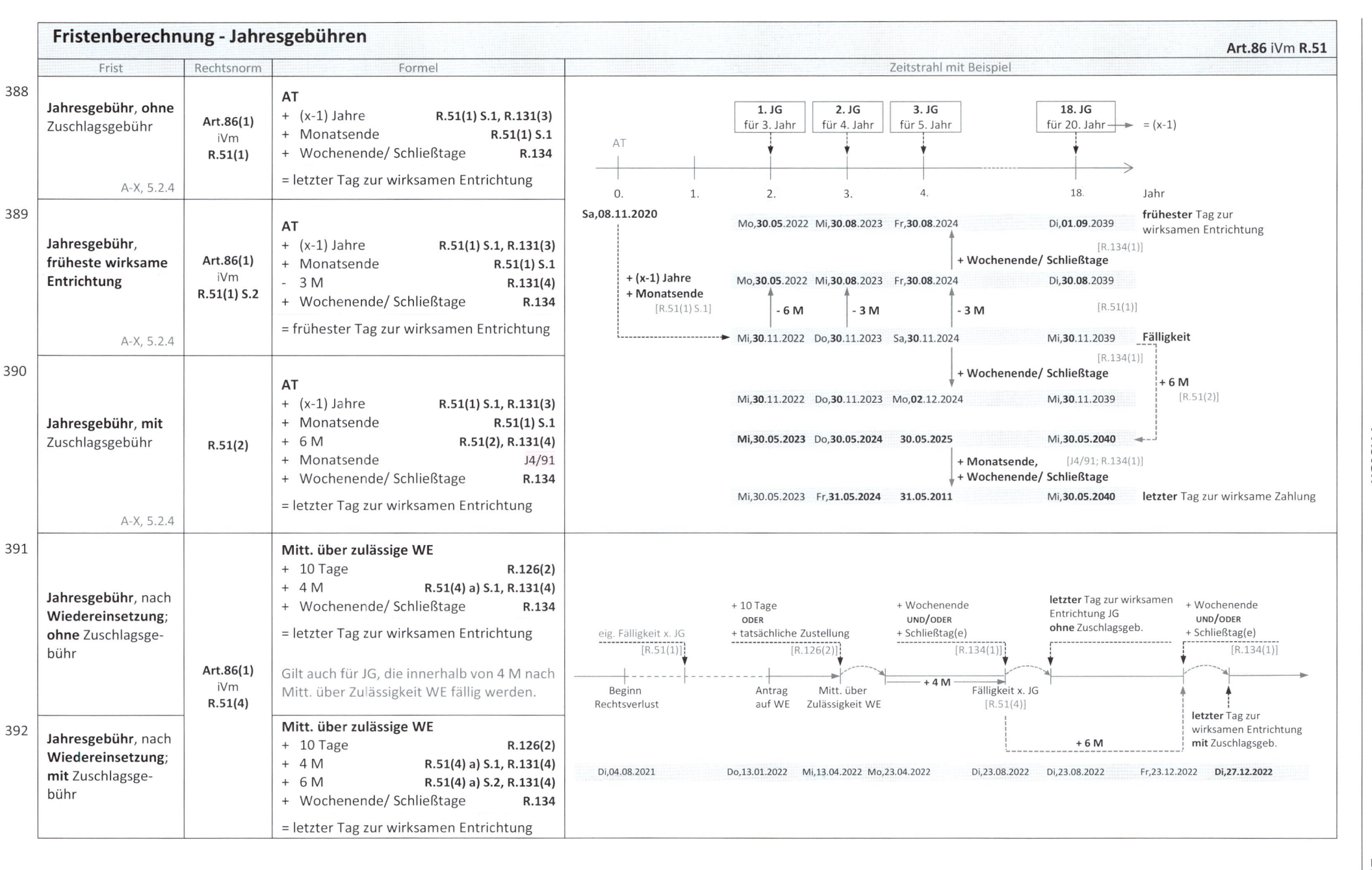

	Frist	Rechtsnorm	Formel	Zeitstrahl mit Beispiel
388	**Jahresgebühr, ohne** Zuschlagsgebühr A-X, 5.2.4	Art.86(1) iVm R.51(1)	**AT** + (x-1) Jahre R.51(1) S.1, R.131(3) + Monatsende R.51(1) S.1 + Wochenende/ Schließtage R.134 = letzter Tag zur wirksamen Entrichtung	Zeitstrahl: AT Sa,08.11.2020 → 1.JG für 3. Jahr (Mo,30.05.2022; Fr,30.08.2024), 2.JG für 4. Jahr (Mi,30.08.2023), 3.JG für 5. Jahr (Fr,30.08.2024), ..., 18.JG für 20. Jahr (Di,01.09.2039); = (x-1) Jahr; **frühester Tag zur wirksamen Entrichtung** + Wochenende/ Schließtage [R.134(1)]
389	**Jahresgebühr, früheste wirksame Entrichtung** A-X, 5.2.4	Art.86(1) iVm R.51(1) S.2	**AT** + (x-1) Jahre R.51(1) S.1, R.131(3) + Monatsende R.51(1) S.1 – 3 M R.131(4) + Wochenende/ Schließtage R.134 = frühester Tag zur wirksamen Entrichtung	Mo,30.05.2022; Mi,30.08.2023; Fr,30.08.2024; Di,30.08.2039 [R.51(1)] – 3 M Mi,30.11.2022 Do,30.11.2023 Sa,30.11.2024 **Fälligkeit** Mi,30.11.2039 [R.134(1)]
390	**Jahresgebühr, mit** Zuschlagsgebühr A-X, 5.2.4	R.51(2)	**AT** + (x-1) Jahre R.51(1) S.1, R.131(3) + Monatsende R.51(1) S.1 + 6 M R.51(2), R.131(4) + Monatsende J4/91 + Wochenende/ Schließtage R.134 = letzter Tag zur wirksamen Entrichtung	+ 6 M [R.51(2)] Mi,30.11.2022 Do,30.11.2023 Mo,02.12.2024 Mi,30.05.2040 + Monatsende, + Wochenende/ Schließtage [J4/91; R.134(1)] Mi,30.05.2023 30.05.2025 Mi,30.05.2040 Mi,30.05.2023 Fr,31.05.2024 31.05.2011 **letzter Tag zur wirksame Zahlung**
391	**Jahresgebühr, nach Wiedereinsetzung; ohne** Zuschlagsgebühr	Art.86(1) iVm R.51(4)	**Mitt. über zulässige WE** + 10 Tage R.126(2) + 4 M R.51(4) a) S.1, R.131(4) + Wochenende/ Schließtage R.134 = letzter Tag zur wirksamen Entrichtung Gilt auch für JG, die innerhalb von 4 M nach Mitt. über Zulässigkeit WE fällig werden.	eig. Fälligkeit x.JG [R.51(1)] Beginn Rechtsverlust → Antrag auf WE → + 10 Tage ODER + tatsächliche Zustellung [R.126(2)] → Mitt. über Zulässigkeit WE Di,04.08.2021 Do,13.01.2022 Mi,13.04.2022 Mo,23.04.2022 Fälligkeit x.JG [R.51(4)] → + 4 M → **letzter Tag zur wirksamen Entrichtung JG ohne Zuschlagsgeb.** [R.134(1)] + Wochenende UND/ODER + Schließtag(e) Di,23.08.2022
392	**Jahresgebühr, nach Wiedereinsetzung; mit** Zuschlagsgebühr	Art.86(1) iVm R.51(4)	**Mitt. über zulässige WE** + 10 Tage R.126(2) + 4 M R.51(4) a) S.1, R.131(4) + 6 M R.51(4) a) S.2, R.131(4) + Wochenende/ Schließtage R.134 = letzter Tag zur wirksamen Entrichtung	Di,23.08.2022 + 6 M → Fr,23.12.2022 **letzter Tag zur wirksamen Entrichtung mit Zuschlagsgeb.** Di,27.12.2022 [R.134(1)] + Wochenende UND/ODER + Schließtag(e)

Frist	Rechtsnorm	Formel	Zeitstrahl mit Beispiel

393

Jahresgebühr, im Jahr der Erteilung
(Fälligkeit verschiebt sich)

Art.86(2) UND Art.141(2)

A-X, 5.2.4

1) Hinweis auf Erteilung liegt **vor Beginn des neuen Patentjahres**
Fälligkeit JG wie gewohnt berechnen
ABER
JG nicht mehr an EPA zu entrichten; *ggf.* bereits entrichtete JG werden zurück gezahlt

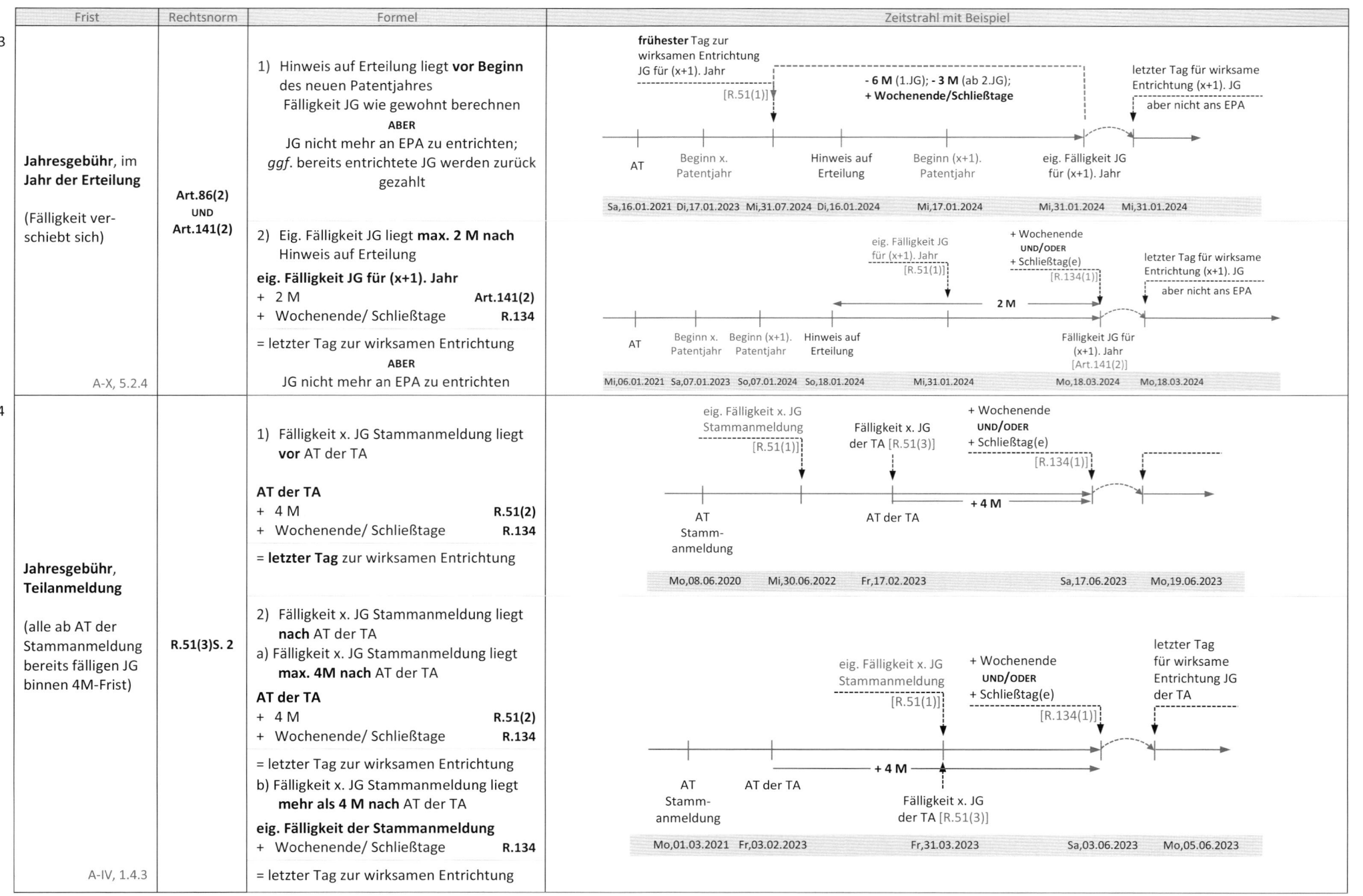

2) Eig. Fälligkeit JG liegt **max. 2 M nach** Hinweis auf Erteilung
eig. Fälligkeit JG für (x+1). Jahr   Art.141(2)
+ 2 M
+ Wochenende/ Schließtage   R.134
= letzter Tag zur wirksamen Entrichtung
ABER
JG nicht mehr an EPA zu entrichten

Beispiel 1:
- AT Sa,16.01.2021
- Beginn x. Patentjahr Di,17.01.2023
- Hinweis auf Erteilung Di,16.01.2024
- Beginn (x+1). Patentjahr Mi,17.01.2024
- eig. Fälligkeit JG für (x+1). Jahr [R.51(1)] Mi,31.01.2024
- frühester Tag zur wirksamen Entrichtung JG für (x+1). Jahr [R.51(1)]: −6 M (1.JG); −3 M (ab 2.JG); + Wochenende/Schließtage
- letzter Tag für wirksame Entrichtung (x+1). JG aber nicht ans EPA: Mi,31.01.2024

Beispiel 2:
- AT Mi,06.01.2021
- Beginn x. Patentjahr Sa,07.01.2023
- eig. Fälligkeit JG für (x+1). Jahr [R.51(1)] So,07.01.2024
- Hinweis auf Erteilung So,18.01.2024
- Beginn (x+1). Patentjahr Mi,31.01.2024
- + Wochenende UND/ODER + Schließtag(e) [R.134(1)]
- + 2 M
- Fällligkeit JG für (x+1). Jahr [Art.141(2)] Mo,18.03.2024
- letzter Tag für wirksame Entrichtung (x+1). JG aber nicht ans EPA: Mo,18.03.2024

394

Jahresgebühr, Teilanmeldung
(alle ab AT der Stammanmeldung bereits fälligen JG binnen 4M-Frist)

R.51(3)S. 2

A-IV, 1.4.3

1) Fälligkeit x. JG Stammanmeldung liegt **vor AT der TA**
AT der TA
+ 4 M
+ Wochenende/ Schließtage   R.134
= **letzter Tag** zur wirksamen Entrichtung

2) Fälligkeit x. JG Stammanmeldung liegt **nach AT der TA**
a) Fälligkeit x. JG Stammanmeldung liegt **max. 4M nach** AT der TA
AT der TA
+ 4 M   R.51(2)
+ Wochenende/ Schließtage   R.134
= letzter Tag zur wirksamen Entrichtung
b) Fälligkeit x. JG Stammanmeldung liegt **mehr als 4 M nach** AT der TA
eig. Fälligkeit der Stammanmeldung
+ Wochenende/ Schließtage   R.134
= letzter Tag zur wirksamen Entrichtung

Beispiel 1:
- AT Stammanmeldung Mo,08.06.2020
- eig. Fälligkeit x. JG Stammanmeldung [R.51(1)] Mi,30.06.2022
- AT der TA Fr,17.02.2023
- Fälligkeit x. JG der TA [R.51(3)] Sa,17.06.2023
- + Wochenende UND/ODER + Schließtag(e) [R.134(1)]
- + 4 M
- letzter Tag für wirksame Entrichtung JG der TA: Mo,19.06.2023

Beispiel 2:
- AT Stammanmeldung Mo,01.03.2021
- AT der TA Fr,03.02.2023
- eig. Fälligkeit x. JG Stammanmeldung [R.51(1)] Fr,31.03.2023
- + 4 M
- Fälligkeit x. JG der TA [R.51(3)] Sa,03.06.2023
- + Wochenende UND/ODER + Schließtag(e) [R.134(1)]
- letzter Tag für wirksame Entrichtung JG der TA: Mo,05.06.2023

Fristen

395

Frist	Rechtsnorm	Formel	Zeitstrahl mit Beispiel
Euro-PCT Jahresgebühr, erste	R.159(1)g) UND Art.86(1) iVm R.51(4)	**Fall 1:** eig. Fälligkeit 1. JG [702] liegt **vor** Eintritt in EP-Phase **AD/(frühester) PD** + 31 M + Wochenende/ Schließtage **R.134** = letzter Tag zur wirksamen Entrichtung mit Zuschlagsgebühr: **Eintritt EP-Phase** + 6 M + Wochenende/ Schließtage **R.134** = letzter Tag zur wirksamen Entrichtung **Fall 2:** eig. Fälligkeit 1. JG [702] liegt **nach** Eintritt in EP-Phase **AD/(frühester) PD** + 24 M (auf Monatsende) + Wochenende/ Schließtage **R.134** = letzter Tag zur wirksamen Entrichtung mit Zuschlagsgebühr: **Fälligkeit 1. JG** + 24 M (auf Monatsende) + Wochenende/ Schließtage **R.134** = **letzter Tag** zur wirksamen Entrichtung	**Fall 1:** frühester Priotag: Sa,18.07.2020 — AD: Fr,11.09.2020 + 2 Jahre + Monatsende → eig. Fälligkeit 1. JG [R.51(1)]: Fr,30.09.2022 + 31 M → + Wochenende UND/ODER + Schließtag(e) [R.134(1)] Fälligkeit 1. JG: Di,28.02.2023 — Eintritt in EP-Phase: Di,28.02.2023 letzter Tag für wirksame Entrichtung JG + 6 M → + Wochenende UND/ODER + Schließtag(e) [R.134(1)] Mo,28.08.2023 letzter Tag für wirksame Entrichtung JG + **Zuschlagsgebühr**: Mo,28.08.2023 **Fall 2:** frühester Priotag: Fr,31.07.2020 — AD: Di,20.07.2021 + 2 Jahre + Monatsende + 31 M Eintritt in EP-Phase: Di,28.02.2023 + Wochenende UND/ODER + Schließtag(e) [R.134(1)] letzter Tag für wirksame Entrichtung JG Fälligkeit 1. JG [R.51(1)]: Mo,31.07.2023 + 6 M → + Wochenende UND/ODER + Schließtag(e) [R.134(1)] Fälligkeit 1. JG + **Zuschlagsgebühr** [R.51(2)]: Mi,31.01.2024 letzter Tag für wirksame Entrichtung JG + **Zuschlagsgebühr**: Mi,31.01.2024
A-X, 5.2.4			

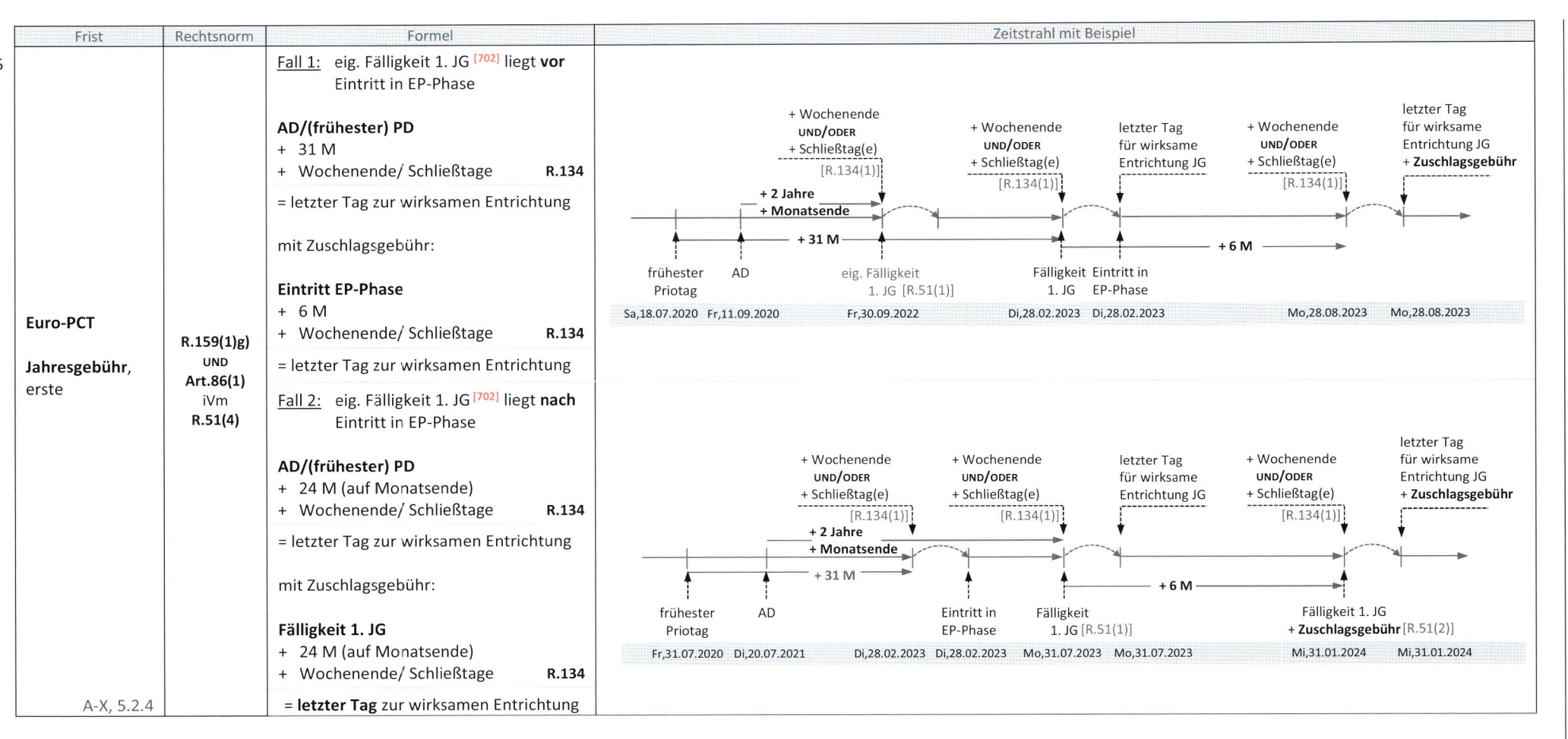

[702] 1. Jahresgebühr (JG) ist Gebühr für das 3. Jahr der Anmeldung ab AT.

Fristenberechnung - Veröffentlichung

Art.93 iVm R.67

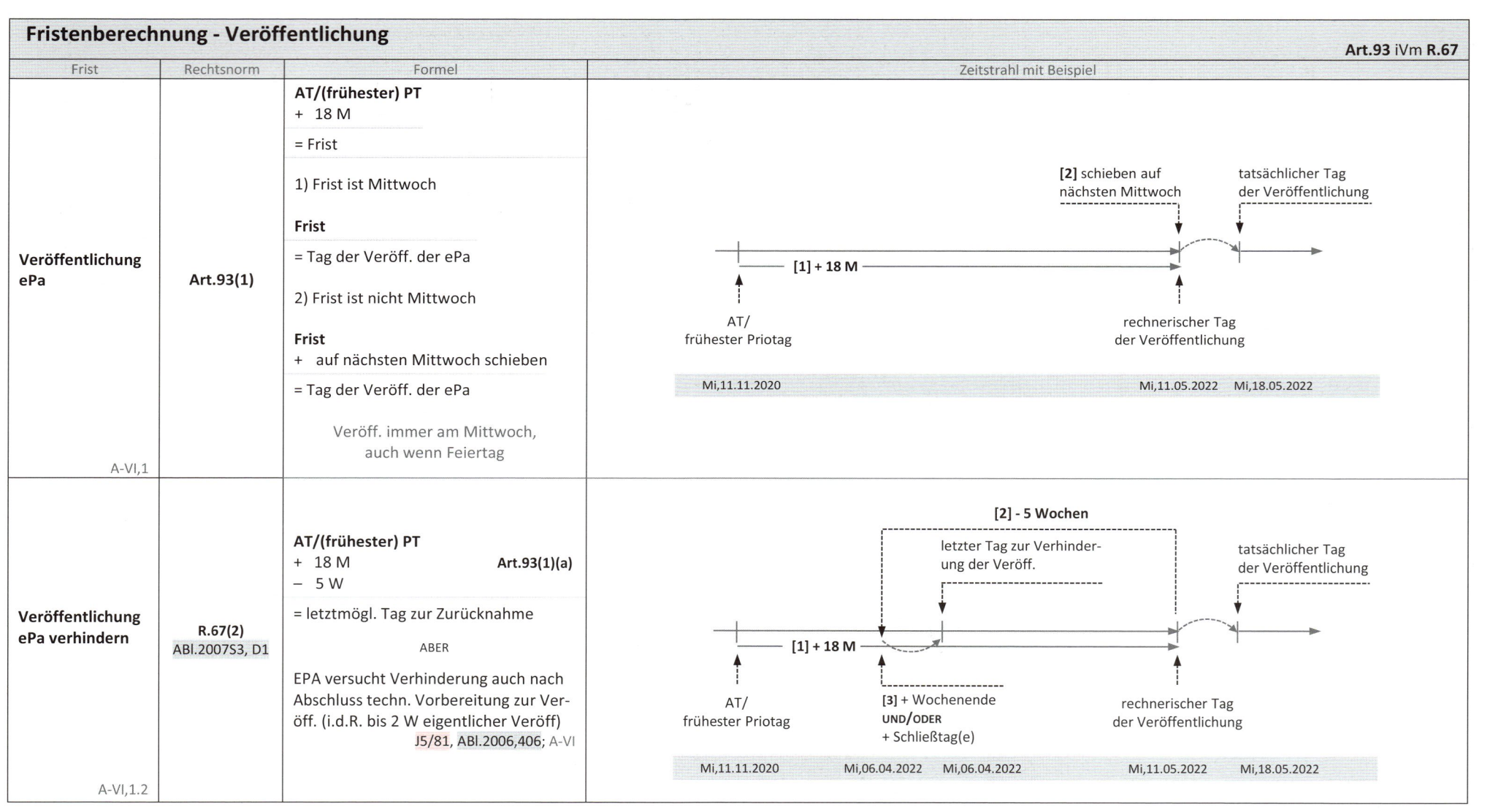

Frist	Rechtsnorm	Formel	Zeitstrahl mit Beispiel
Veröffentlichung ePa A-VI,1	Art.93(1)	AT/(frühester) PT + 18 M = Frist 1) Frist ist Mittwoch **Frist** = Tag der Veröff. der ePa 2) Frist ist nicht Mittwoch **Frist** + auf nächsten Mittwoch schieben = Tag der Veröff. der ePa Veröff. immer am Mittwoch, auch wenn Feiertag	AT/frühester Priotag — [1] + 18 M → rechnerischer Tag der Veröffentlichung — [2] schieben auf nächsten Mittwoch → tatsächlicher Tag der Veröffentlichung Mi,11.11.2020 Mi,11.05.2022 Mi,18.05.2022
Veröffentlichung ePa verhindern A-VI,1.2	R.67(2) ABl.2007S3, D1	AT/(frühester) PT + 18 M Art.93(1)(a) − 5 W = letztmögl. Tag zur Zurücknahme ABER EPA versucht Verhinderung auch nach Abschluss techn. Vorbereitung zur Veröff. (i.d.R. bis 2 W eigentlicher Veröff) J5/81, ABl.2006,406; A-VI	AT/frühester Priotag — [1] + 18 M → rechnerischer Tag der Veröffentlichung — [2] − 5 Wochen → letzter Tag zur Verhinderung der Veröff. — [3] + Wochenende UND/ODER + Schließtag(e) Mi,11.11.2020 Mi,06.04.2022 Mi,06.04.2022 Mi,11.05.2022 Mi,18.05.2022

Kalender

2022

Januar
KW	Mo	Di	Mi	Do	Fr	Sa	So
						1	2
01	3	4	5	6	7	8	9
02	10	11	12	13	14	15	16
03	17	18	19	20	21	22	23
04	24	25	26	27	28	29	30
05	31						

Februar
KW	Mo	Di	Mi	Do	Fr	Sa	So
06		1	2	3	4	5	6
07	7	8	9	10	11	12	13
08	14	15	16	17	18	19	20
09	21	22	23	24	25	26	27

März
KW	Mo	Di	Mi	Do	Fr	Sa	So
09		1	2	3	4	5	6
10	7	8	9	10	11	12	13
11	14	15	16	17	18	19	20
12	21	22	23	24	25	26	27
13	28	29	30				

April
KW	Mo	Di	Mi	Do	Fr	Sa	So
13					1	2	3
14	4	5	6	7	8	9	10
15	11	12	13	14	15	16	17
16	18	19	20	21	22	23	24
17	25	26	27	28	29	30	

Mai
KW	Mo	Di	Mi	Do	Fr	Sa	So
17							1
18	2	3	4	5	6	7	8
19	9	10	11	12	13	14	15
20	16	17	18	19	20	21	22
21	23	24	25	26	27	28	29
22	30	31					

Juni
KW	Mo	Di	Mi	Do	Fr	Sa	So
22			1	2	3	4	5
23	6	7	8	9	10	11	12
24	13	14	15	16	17	18	19
25	20	21	22	23	24	25	26
26	27	28	29	30			

Juli
KW	Mo	Di	Mi	Do	Fr	Sa	So
26					1	2	3
27	4	5	6	7	8	9	10
28	11	12	13	14	15	16	17
29	18	19	20	21	22	23	24
30	25	26	27	28	29	30	31

August
KW	Mo	Di	Mi	Do	Fr	Sa	So
31	1	2	3	4	5	6	7
32	8	9	10	11	12	13	14
33	15	16	17	18	19	20	21
34	22	23	24	25	26	27	28
35	29	30	31				

September
KW	Mo	Di	Mi	Do	Fr	Sa	So
35				1	2	3	4
36	5	6	7	8	9	10	11
37	12	13	14	15	16	17	18
38	19	20	21	22	23	24	25
39	26	27	28	29	30		

Oktober
KW	Mo	Di	Mi	Do	Fr	Sa	So
39						1	2
40	3	4	5	6	7	8	9
41	10	11	12	13	14	15	16
42	17	18	19	20	21	22	23
43	24	25	26	27	28	29	30
44	31						

November
KW	Mo	Di	Mi	Do	Fr	Sa	So
44		1	2	3	4	5	6
45	7	8	9	10	11	12	13
46	14	15	16	17	18	19	20
47	21	22	23	24	25	26	27
48	28	29	30				

Dezember
KW	Mo	Di	Mi	Do	Fr	Sa	So
48				1	2	3	4
49	5	6	7	8	9	10	11
50	12	13	14	15	16	17	18
51	19	20	21	22	23	24	25
52	26	27	28	29	30	31	

2023

Januar
KW	Mo	Di	Mi	Do	Fr	Sa	So
							1
01	2	3	4	5	6	7	8
02	9	10	11	12	13	14	15
03	16	17	18	19	20	21	22
04	23	24	25	26	27	28	29
05	30	31					

Februar
KW	Mo	Di	Mi	Do	Fr	Sa	So
05			1	2	3	4	5
06	6	7	8	9	10	11	12
07	13	14	15	16	17	18	19
08	20	21	22	23	24	25	26
09	27	28					

März
KW	Mo	Di	Mi	Do	Fr	Sa	So
09			1	2	3	4	5
10	6	7	8	9	10	11	12
11	13	14	15	16	17	18	19
12	20	21	22	23	24	25	26
13	27	28	29	30	31		

April
KW	Mo	Di	Mi	Do	Fr	Sa	So
13						1	2
14	3	4	5	6	7	8	9
15	10	11	12	13	14	15	16
16	17	18	19	20	21	22	23
17	24	25	26	27	28	29	30

Mai
KW	Mo	Di	Mi	Do	Fr	Sa	So
18	1	2	3	4	5	6	7
19	8	9	10	11	12	13	14
20	15	16	17	18	19	20	21
21	22	23	24	25	26	27	28
22	29	30	31				

Juni
KW	Mo	Di	Mi	Do	Fr	Sa	So
22				1	2	3	4
23	5	6	7	8	9	10	11
24	12	13	14	15	16	17	18
25	19	20	21	22	23	24	25
26	26	27	28	29	30		

Juli
KW	Mo	Di	Mi	Do	Fr	Sa	So
26						1	2
27	3	4	5	6	7	8	9
28	10	11	12	13	14	15	16
29	17	18	19	20	21	22	23
30	24	25	26	27	28	29	30
31	31						

August
KW	Mo	Di	Mi	Do	Fr	Sa	So
31		1	2	3	4	5	6
32	7	8	9	10	11	12	13
33	14	15	16	17	18	19	20
34	21	22	23	24	25	26	27
35	28	29	30	31			

September
KW	Mo	Di	Mi	Do	Fr	Sa	So
35					1	2	3
36	4	5	6	7	8	9	10
37	11	12	13	14	15	16	17
38	18	19	20	21	22	23	24
39	25	26	27	28	29	30	

Oktober
KW	Mo	Di	Mi	Do	Fr	Sa	So
39							1
40	2	3	4	5	6	7	8
41	9	10	11	12	13	14	15
42	16	17	18	19	20	21	22
43	23	24	25	26	27	28	29
44	30	31					

November
KW	Mo	Di	Mi	Do	Fr	Sa	So
44			1	2	3	4	5
45	6	7	8	9	10	11	12
46	13	14	15	16	17	18	19
47	20	21	22	23	24	25	26
48	27	28	29	30			

Dezember
KW	Mo	Di	Mi	Do	Fr	Sa	So
48					1	2	3
49	4	5	6	7	8	9	10
50	11	12	13	14	15	16	17
51	18	19	20	21	22	23	24
52	25	26	27	28	29	30	31

Feiertage und Brückentage des EPA

Teil D I – Übersicht zum EPÜ

EPÜ 2000

Artikel 15[13]
Organe im Verfahren

Im Europäischen Patentamt werden für die Durchführung der in diesem Übereinkommen vorgesehenen Verfahren gebildet:
a) eine Eingangsstelle;
b) Recherchenabteilungen;
c) Prüfungsabteilungen;
d) Einspruchsabteilungen;
e) eine Rechtsabteilung;
f) Beschwerdekammern;
g) eine Große Beschwerdekammer.

[13] Siehe hierzu Stellungnahme der GBK G1/02 (Anhang I).

Artikel 16[14]
Eingangsstelle

Die Eingangsstelle ist für die Eingangs- und Formalprüfung ePas zuständig.

[14] Eingefügt durch die Akte zur Revision des EPÜ vom 29.11.2000.

Artikel 17[15]
Recherchenabteilungen

Die Recherchenabteilungen sind für die Erstellung europäischer Recherchenberichte zuständig.

[15] Eingefügt durch die Akte zur Revision des EPÜ vom 29.11.2000.

Artikel 18[16]
Prüfungsabteilungen

(1) Die Prüfungsabteilungen sind für die Prüfung ePas zuständig.

(2)[17] Eine Prüfungsabteilung setzt sich aus drei technisch vorgebildeten Prüfern zusammen. Bis zum Erlass der Entscheidung über die europäische Patentanmeldung wird jedoch in der Regel ein Mitglied der Prüfungsabteilung mit der Bearbeitung der Anmeldung beauftragt. Die mündliche Verhandlung findet vor der Prüfungsabteilung selbst statt. Hält es die Prüfungsabteilung nach Art der Entscheidung für erforderlich, so wird sie durch einen rechtskundigen Prüfer ergänzt. Bei Stimmengleichheit gibt die Stimme des Vorsitzenden der Prüfungsabteilung den Ausschlag.

[16] Geändert durch die Akte zur Revision des EPA vom 29.11.2000.
[17] Siehe hierzu Stellungnahme der GBK G 1/02 (Anhang I).

EPÜAO

Regel 9
Verwaltungsmäßige Gliederung des Europäischen Patentamts

(1)[6] Das Europäische Patentamt wird verwaltungsmäßig in Generaldirektionen untergliedert, denen die in Artikel 15 Buchstaben a bis e genannten Organe, die für Rechtsfragen und die für die innere Verwaltung des Amts geschaffenen Dienststellen zugeordnet werden.

(2) Jede Generaldirektion wird von einem Vizepräsidenten geleitet. Der Verwaltungsrat entscheidet nach Anhörung des Präsidenten des Europäischen Patentamts über die Zuweisung eines Vizepräsidenten an eine Generaldirektion.

[6] Absätze 1 geändert durch Beschluss des Verwaltungsrats CA/D 6/16 vom 30.06.2016 (ABl. EPA 2016, A100), in Kraft getreten am 01.07.2016

Regel 10
Zuständigkeit der Eingangsstelle und der Prüfungsabteilung

(1) Die Eingangsstelle ist so lange für die Eingangs- und Formalprüfung einer europäischen Patentanmeldung zuständig, bis die Prüfungsabteilung für die Prüfung der europäischen Patentanmeldung nach Art.94(1) zuständig wird.

(2) Vorbehaltlich der Absätze 3 und 4 ist die Prüfungsabteilung ab dem Zeitpunkt für die Prüfung einer europäischen Patentanmeldung nach Art.94(1) zuständig, an dem ein Prüfungsantrag gestellt wird.

(3) Wird ein Prüfungsantrag gestellt, bevor dem Anmelder der ESR übermittelt wurde, so ist die Prüfungsabteilung vorbehaltlich des Absatzes 4 ab dem Zeitpunkt zuständig, an dem die Erklärung nach R.70(2) beim EPA eingeht.

(4) Wird ein Prüfungsantrag gestellt, bevor dem Anmelder der europäische Recherchenbericht übermittelt wurde, und hat der Anmelder auf das Recht nach R.70(2) verzichtet, so ist die Prüfungsabteilung ab dem Zeitpunkt zuständig, an dem der Recherchenbericht dem Anmelder übermittelt wird.

Regel 11[7]
Geschäftsverteilung für die erste Instanz

(1) Die technisch vorgebildeten Prüfer, die in Recherchen-, Prüfungs- oder Einspruchsabteilungen tätig sind, werden Direktionen zugewiesen. Auf diese Direktionen verteilt der Präsident des Europäischen Patentamts die Geschäfte in Anwendung der Internationalen Klassifikation.

(2)[8] Der Präsident des Europäischen Patentamts kann der Eingangsstelle, den Recherchen-, Prüfungs- und Einspruchsabteilungen sowie der Rechtsabteilung über die Zuständigkeit hinaus, die ihnen durch das Übereinkommen zugewiesen ist, weitere Aufgaben übertragen.

(3)[9] Der Präsident des Europäischen Patentamts kann mit der Wahrnehmung von den Recherchen-, Prüfungs- oder Einspruchsabteilungen obliegenden Geschäften, die technisch oder rechtlich keine Schwierigkeiten bereiten, auch Bedienstete betrauen, die keine technisch vorgebildeten oder rechtskundigen Prüfer sind.

[6] Siehe hierzu Stellungnahme der GBK G 1/02 (Anhang I).
[7] Siehe BdP des EPA, ABl. 2013, 600.
[8] Siehe BdP des EPA, ABl. 2014, A6, ABl. 2015, A104 sowie Mitteilung des EPA, ABl. 2014, A32.

Rechtsprechung

T714/92 — Änderung in der Zusammensetzung der Prüfungsabteilung ohne Dokumentation in öffentlich zugänglichem Aktenteil ist ein wesentlicher Verfahrensmangel; getroffene Entscheidungen *ex tunc* unwirksam.

- Formalsachbearbeiter
- Prüfer
- technisches Mitglied
- rechtskundiges Mitglied

Verfahrensabschnitte und Organe des EPA

Art.15 bis 23, R.9 bis 11

Verfahrensabschnitt	Zuständigkeit	Zusammensetzung	Aufgabe	Prüfungsgrundlage	Dauer	formelle Erfordernisse	Rechtsfolge
Eingangs- und Formalprüfung (A-II bzw A-III)	Eingangsstelle **Art.15a) iVm Art.16**	ein Formalsachbearbeiter; kein technisch vorgebildeter oder rechtskundiger Prüfer **R.11(3), ABl.2014,A6**	**Eingangsprüfung Art.90(1) iVm Art.80, R.40** **Formalprüfung** • Amtssprache **Art.14** • formelle Erfordernisse ePa **Art.78** • Erfindernennung **Art.81** • Vertretung **Art.133**	eingereichte Unterlagen für Zuerkennung des AT **Art.80 iVm R. 40(1)** eingereichte Unterlagen	bis Prüfungsabteilung für Prüfung nach Art.94(1) zuständig **R.10(1)** A-VI, 2.4	a) Hinweis auf Beantragung ePa (Erteilungsantrag; Form 1001) b) Angaben zur Anmelderidentität c) Beschreibung oder Bezugnahme auf frühere Anmeldung; **ABER** nicht Ansprüche	**+** AT zuerkannt **–** kein AT
Recherche (B-I,2)	Recherchenabteilung **Art.15b) iVm Art.17**	mind. ein technisch vorgebildetes Mitglied [703]; »Prüfer« ist das mit der Recherche beauftragte Mitglied [704]	• Internationale Patentklassifizierung – IPC **R.8** • Ermittlung SdT für beanspruchte Erfindung **Art.17** • Ermittlung nicht recherchierbarer Gegenstände **R.63** • Prüfung der Einheitlichkeit **Art.82, R.64** • Erstellung ESR Art.92, R.61 zusammen mit EESR R.62 • Erstellung der endgültigen Zusammenfassung **R.47 iVm R.66** • Erfindungsbezeichnung A-III,7.2	Ansprüche einer Anmeldung in ursprgl. eingereichten Fassung [705] unter angemessener Berücksichtigung Beschreibung/Zeichnung **Art.92, R.137(1)**	parallel zur Formalprüfung bis Erstellung und Veröff. ESR	Recherche erfolgt in München, Berlin, Den Haag und ggf. nat. Patentämtern **Zentr. Prot. IV(2) und V**	
Sachprüfung (C-I,1, C-VII,1)	Prüfungsabteilung **Art.15c) iVm Art.18**	drei technisch vorgebildete Mitglieder; »Prüfer« ist das mit Sachprüfung beauftragte Mitglied [706]; ggf. durch 1 rechtskundiges Mitglied erweiterbar [707] **Art.18(2)**	**Sachprüfung ePa** **Art.94(1)** • Patentierbarkeit **Art.52-57** • Einheitlichkeit **Art.82** • Offenbarung **Art.83** • Klarheit **Art.84** • Priorrecht **Art.87** • Änderungen **Art.123** **Beschränkung/Widerruf** **Art.105a**	Rechercheergebnisse	grds. nach Stellung des Prüfungsantrags [708] **R.10(2)**	ePa muss die Erfordernisse des EPÜ erfüllen	Erteilung/Zurückweisung der ePa **Art.97(1)/(2)**

---

[703] **mehrere Prüfer zuständig: [1]** Erfindung verlangt Recherche in weit entfernten Sachgebieten; **[2]** mangelnde Einheitlichkeit mit mehreren Gegenständen auf verschiedenen technischen Gebieten.

[704] ist in aller Regel auch das erste Mitglied der Prüfungsabteilung zur Beschleunigung des Erteilungsverfahrens – vgl. „BEST"-Verfahren (Zusammenführung von Recherche und Sachprüfung) – mit EPÜ 2000 wurde geographische Zuordnung von Eingangs- und Rechercheabteilung nach Den Haag aus **Art.16** bzw. **Art.17** gestrichen.

[705] **Ausnahme:** Euro-PCT, zu der Änderungen bei Eintritt in die EP-Phase eingereicht werden können [**R.161**].

[706] Prüfer in der Regel der Recherchenprüfer; bei Stimmengleichheit Stimme des Vorsitzenden ausschlaggebend.

[707] erforderlich bei: **[1]** Beweisaufnahme [**Art.117**, E-III]: Zeugenvernahme, **[2]** Beweismittelfragen zu offenkundiger Vorbenutzung oder Internetzitation [**R.10(3)/(4)**].

[708] **Ausnahme:** Prüfungsantrag gestellt vor Übermittlung ESR an dem Anmelder [C-VIII,7].

EPÜ 2000

Artikel 19[18]
Einspruchsabteilungen

(1) Die Einspruchsabteilungen sind für die Prüfung von Einsprüchen gegen ePas zuständig.

(2) Eine Einspruchsabteilung setzt sich aus drei technisch vorgebildeten Prüfern zusammen, von denen mindestens zwei nicht in dem Verfahren zur Erteilung des europäischen Patents mitgewirkt haben dürfen, gegen das sich der Einspruch richtet. Ein Prüfer, der in dem Verfahren zur Erteilung des europäischen Patents mitgewirkt hat, kann nicht den Vorsitz führen. Bis zum Erlass der Entscheidung über den Einspruch kann die Einspruchsabteilung eines ihrer Mitglieder mit der Bearbeitung des Einspruchs beauftragen. Die mündliche Verhandlung findet vor der Einspruchsabteilung selbst statt. Hält es die Einspruchsabteilung nach Art der Entscheidung für erforderlich, so wird sie durch einen rechtskundigen Prüfer ergänzt, der in dem Verfahren zur Erteilung des Patents nicht mitgewirkt haben darf. Bei Stimmengleichheit gibt die Stimme des Vorsitzenden der Einspruchsabteilung den Ausschlag.

[18] Siehe hierzu Entscheidung/Stellungnahme GBK G 5/91, G 1/02 (Anhang I).

Artikel 20[19]
Rechtsabteilung

(1) Die Rechtsabteilung ist zuständig für Entscheidungen über Eintragungen und Löschungen im Europäischen Patentregister sowie für Entscheidungen über Eintragungen und Löschungen in der Liste der zugelassenen Vertreter.

(2) Entscheidungen der Rechtsabteilung werden von einem rechtskundigen Mitglied getroffen.

[19] Siehe hierzu die Beschlüsse des Präsidenten des EPA, ABl. EPA 2013, 600; 2013 601.

Artikel 21[20],[21]
Beschwerdekammern

(1) Die Beschwerdekammern sind für die Prüfung von Beschwerden gegen Entscheidungen der Eingangsstelle, der Prüfungsabteilungen, der Einspruchsabteilungen und der Rechtsabteilung zuständig.

(2) Bei Beschwerden gegen die Entscheidung der Eingangsstelle oder der Rechtsabteilung setzt sich eine Beschwerdekammer aus drei rechtskundigen Mitgliedern zusammen.

(3) Bei Beschwerden gegen die Entscheidung einer Prüfungsabteilung setzt sich eine Beschwerdekammer zusammen aus:

a) zwei technisch vorgebildeten Mitgliedern und einem rechtskundigen Mitglied, wenn die Entscheidung die Zurückweisung einer europäischen Patentanmeldung oder die Erteilung, die Beschränkung oder den Widerruf eines europäischen Patents betrifft und von einer aus weniger als vier Mitgliedern bestehenden Prüfungsabteilung gefasst worden ist;

b) drei technisch vorgebildeten und zwei rechtskundigen Mitgliedern, wenn die Entscheidung von einer aus vier Mitgliedern bestehenden Prüfungsabteilung gefasst worden ist oder die Beschwerdekammer der Meinung ist, dass es die Art der Entscheidung erfordert;

c) drei rechtskundigen Mitgliedern in allen anderen Fällen.

(4) Bei Beschwerden gegen die Entscheidung einer Einspruchsabteilung setzt sich eine Beschwerdekammer zusammen aus:

a) zwei technisch vorgebildeten Mitgliedern und einem rechtskundigen Mitglied, wenn die Entscheidung von einer aus drei Mitgliedern bestehenden Einspruchsabteilung gefasst worden ist;

b) drei technisch vorgebildeten und zwei rechtskundigen Mitgliedern, wenn die Entscheidung von einer aus vier Mitgliedern bestehenden Einspruchsabteilung gefasst worden ist oder die Beschwerdekammer der Meinung ist, dass es die Art der Beschwerde erfordert.

[20] Geändert durch die Akte zur Revision des EPÜ vom 29.11.2000.
[21] Siehe hierzu Entscheidungen/Stellungnahmen der GBK **G 2/90, G 8/95, G 1/02, G 3/03, G 1/11** (Anhang I).

Artikel 22[22]
Große Beschwerdekammer

(1) Die Große Beschwerdekammer ist zuständig für:

a) Entscheidungen über Rechtsfragen, die ihr von den Beschwerdekammern nach Art.112 vorgelegt werden;

b) die Abgabe von Stellungnahmen zu Rechtsfragen, die ihr vom Präsidenten des EPA nach Art.112 vorgelegt werden;

c) Entscheidungen über Anträge auf Überprüfung von Beschwerdekammerentscheidungen nach Art.112a.

(2) In Verfahren nach Absatz 1 a) und b) setzt sich die Große Beschwerdekammer aus fünf rechtskundigen und zwei technisch vorgebildeten Mitgliedern zusammen. In Verfahren nach Absatz 1 c) setzt sich die Große Beschwerdekammer nach Maßgabe der Ausführungsordnung aus drei oder fünf Mitgliedern zusammen. In allen Verfahren führt ein rechtskundiges Mitglied den Vorsitz.

[22] Geändert durch die Akte zur Revision des EPÜ vom 29.11.2000.

Artikel 23[23]
Unabhängigkeit der Mitglieder der Kammern

(1) Die Mitglieder der Großen Beschwerdekammer und der Beschwerdekammern werden für einen Zeitraum von fünf Jahren ernannt und können während dieses Zeitraums ihres Amtes nicht enthoben werden, es sei denn, dass schwerwiegende Gründe vorliegen und der Verwaltungsrat auf Vorschlag der Großen Beschwerdekammer einen entsprechenden Beschluss fasst. Unbeschadet des Satzes 1 endet die Amtszeit der Mitglieder der Kammern mit der Entlassung aus dem Dienst auf ihren Antrag oder mit Versetzung in den Ruhestand nach Maßgabe des Statuts der Beamten des Europäischen Patentamts.

(2) Die Mitglieder der Kammern dürfen nicht der Eingangsstelle, den Prüfungsabteilungen, den Einspruchsabteilungen oder der Rechtsabteilung angehören.

(3)[24] Die Mitglieder der Kammern sind bei ihren Entscheidungen an Weisungen nicht gebunden und nur diesem Übereinkommen unterworfen.

(4)[25] Die Verfahrensordnungen der Beschwerdekammern und der Großen Beschwerdekammer werden nach Maßgabe der Ausführungsordnung erlassen. Sie bedürfen der Genehmigung des Verwaltungsrats.

[23] Geändert durch die Akte zur Revision des EPÜ vom 29.11.2000.
[24] Siehe hierzu Entscheidung der GBK G 2/06 (Anhang I).
[25] Siehe hierzu Verfahrensordnung der Beschwerdekammern, letzte Änderung genehmigt durch Bd Verwaltungsrats (CA/D 35/07) vom 25.10.2007 (ABl.2007, 536) und die Verfahrensordnung der GBK, letzte Änderung genehmigt durch Bd Verwaltungsrats CA/D 3/15 vom 25.03.2015 (ABl.2015, A35). Siehe hierzu Entscheidung der GBK G 6/95 (Anhang I).

EPÜ 2000

Regel 13[21],[22],[23]
Geschäftsverteilungsplan für die Große Beschwerdekammer

Vor Beginn eines jeden Geschäftsjahres bestimmen die nach Art.11(3) ernannten Mitglieder der GBK die ständigen Mitglieder der GBK und ihre Vertreter in Verfahren nach Art.22(1) a) und b) sowie die ständigen Mitglieder und ihre Vertreter in Verfahren nach Art.22(1) c). Zur Beschlussfähigkeit ist die Anwesenheit von mindestens fünf Mitgliedern erforderlich, unter denen sich der Vorsitzende der GBK oder sein Vertreter befinden muss; bei Stimmengleichheit gibt die Stimme des Vorsitzenden oder seines Vertreters den Ausschlag. Stimmenthaltung gilt nicht als Stimmabgabe.

[21] Geändert durch Bd Verwaltungsrats CA/D 6/16 vom 30.06.2016 (ABl.2016, A100), in Kraft getreten am 01.07.2016.
[22] Siehe hierzu den Geschäftsverteilungsplan der GBK für das Jahr 2016 (Zusatzpublikation 1, ABl.2016, 2 ff)
[23] Siehe den Beschluss der GBK vom 12.11.2007 über die Übertragung von Aufgaben auf die Geschäftsstelle der GBK (Beilage zum ABl. EPA 1/2008, 34)

Rechtsprechung

T390/86 [...] 3. Eine Entscheidung muß zumindest im Namen der für das Verfahren bestimmten Mitglieder schriftlich abgefaßt sein und deren Auffassung wiedergeben; sie muß ferner mit Unterschriften versehen sein, die dies belegen.

4a) Die schriftliche Begründung einer in einer mündlichen Verhandlung verkündeten Entscheidung kann nur von den Mitgliedern des Spruchkörpers unterzeichnet sein, die an der mündlichen Verhandlung teilgenommen haben. Das gilt auch dann, wenn zwischen der mündlichen und der schriftlichen Entscheidung ein Verfahren nach R.58(4) stattgefunden hat.

4b) Ist von der Einspruchsabteilung in der mündlichen Verhandlung eine endgültige Sachentscheidung getroffen worden und wird die spätere schriftliche Entscheidung, mit der die mündliche Entscheidung begründet wird, von Personen unterzeichnet, mit denen die Einspruchsabteilung in der mündlichen Verhandlung nicht besetzt war, so ist die Entscheidung ungültig.

Formalsachbearbeiter	technisches Mitglied
Prüfer	rechtskundiges Mitglied

Verfahrensabschnitte und Organe des EPA

Verfahrensabschnitt	Zuständigkeit	Zusammensetzung	Aufgabe	Prüfungsgrundlage	Dauer	formelle Erfordernisse	Rechtsfolge
402	Eingangsstelle D-IV,1.1	ein Formalsachbearbeiter	Mängelprüfung des Einspruchs und ggf. Auff. zur Mängelbeseitigung R.11(3) iVm BdP ABl.2014,A6	Einspruch			+ Vorlage an Einspruchsabteilung
Einspruch	Einspruchsabteilung [709] Art.19(1), D-IV,4	3 technische Mitglieder [710] ggf. durch 1 rechtskundiges Mitglied erweiterbar Art.19(2)	• Prüfung auf ausreichende Substantiierung Art.99(1), R.76(2) c) • Prüfung von Einsprüchen • Entscheidung über Kostenfestsetzung • Nebenverfahren (z.B. WE-Anträge)	Anträge des PI [711] Art.113(3); III,I-2	nach Abschluss Formalprüfung	• Einspruch innerhalb 9M-Frist wirksam eingelegt Art.99(1) • Schriftlichkeit (keine Mehrstücke) R.50(3) S.1 • Unterzeichnung R.76(2) • formelle Angaben	Entscheidung Art.101
403	Eingangs-/Rechtsbeschwerde Art.21(3)c	3 rechtskundige Mitglieder Art.21(3)	Überprüfung von Entscheidungen Eingangsstelle, Rechtsabteilung Art.21(1) iVm Art.21(3)c			Freie Entscheidungsgewalt: keine Bindung an Weisungen und nur dem EPÜ unterworfen, Art.23(3)	
	Beschwerden gegen Beschränkung/Widerruf Art.21(3)a	a) 2 technische Mitglieder & 1 rechtskundiges Mitglied b) 3 technische und 2 juristische Mitglieder Art.21(4)	Überprüfung von Entscheidungen, die Beschränkung/Widerruf von EP-Patenten betreffen	Entscheidung der Vorinstanz und Anträge der Beteiligten			Entscheidung gemäß Art.101 ODER Zurückverweisen an Vorinstanz Art.111(1)
	Beschwerden gegen Prüfungsabteilung Art.21(3)a/b		Überprüfung von Entscheidungen, die die Zurückweisung/Erteilung von EP-Patenten betreffen				
Beschwerde	Einspruchsbeschwerde Art.21(4)	3 technische und 2 juristische Mitglieder	Überprüfung von Entscheidungen der Einspruchsabteilung				
	Formalprüfung	1 technisches und 2 juristische Mitglieder R.109(2)a	Prüfung der Zulässigkeit des Antrages	a) Vorlagefragen der Beschwerdekammer b) Vorlagefragen des Präsidenten c) Anträge nach Art.112a Art.22(1)			
	Antragsprüfung	1 technisches und 4 juristische Mitglieder R.109(2)b	materiellrechtliche Prüfung der Vorlagefrage bzw des Antrags				
	Große Beschwerdekammer						
404 **Sonstiges** [712]; [713]	Rechtsabteilung	1 rechtskundiges Mitglied Art.20(2)	1) Änderungen im Vertreterregister [721] 2) Eintragung/Löschung im PatReg [722] BdP ABl.2015,XIII.1				

Achtung: Endgültige Entscheidung muss von den Mitgliedern unterschrieben sein, die diese getroffen haben [T390/86].

[709] kein ständiges Organ des EPA;
[710] nur ein Mitglied darf aus früherer Prüfungsabteilung stammen; ABER nicht Vorsitzender [Art.19(2)].
[711] bindend in durch PI vorgegebenen Reihenfolge [T169/96, T911/06].
[712] Liste zugelassener Vertreter [Art.134(1) bis (7)] iVm R.154]; Zusammenschlüsse [Art.152(11)]; Rechtsanwälte [Art.134(8)]; allgem. Vollmachten [Art.133(3) S.1 iVm R.152(4)/(5)].
[713] Vindikationsverfahren [Art.61(1)a]; Art.99(4)]; Unterbrechung/Wiederaufnahme von Verfahren [R.142]; Lizenzen [Art.71, 73, 74]; Rechtsübergänge/Namensänderung [R.22; R.85]; Berichtigung Erfindernennung [R.21].

EPÜ 2000

Artikel 24[26]
Ausschließung und Ablehnung

(1) Die Mitglieder der Beschwerdekammern und der Großen Beschwerdekammer dürfen nicht an der Erledigung einer Sache mitwirken, an der sie ein persönliches Interesse haben, in der sie vorher als Vertreter eines Beteiligten tätig gewesen sind oder an deren abschließender Entscheidung in der Vorinstanz sie mitgewirkt haben.

(2) Glaubt ein Mitglied einer Beschwerdekammer oder der Großen Beschwerdekammer aus einem der in Absatz 1 genannten Gründe oder aus einem sonstigen Grund an einem Verfahren nicht mitwirken zu können, so teilt es dies der Kammer mit.

(3) Die Mitglieder der Beschwerdekammern oder der Großen Beschwerdekammer können von jedem Beteiligten aus einem der in Absatz 1 genannten Gründe oder wegen Besorgnis der Befangenheit abgelehnt werden. Die Ablehnung ist nicht zulässig, wenn der Beteiligte Verfahrenshandlungen vorgenommen hat, obwohl er bereits den Ablehnungsgrund kannte. Die Ablehnung kann nicht mit der Staatsangehörigkeit der Mitglieder begründet werden.

(4) Die Beschwerdekammern und die Große Beschwerdekammer entscheiden in den Fällen der Absätze 2 und 3 ohne Mitwirkung des betroffenen Mitglieds. Bei dieser Entscheidung wird das abgelehnte Mitglied durch seinen Vertreter ersetzt.

[26] Siehe hierzu Entscheidungen der GBK G5/91, G1/05, G2/08 vom 15.06.2009, G3/08 vom 16.10.2009 (Anhang I).

VOBK

Artikel 3
Ausschließung und Ablehnung

(1) Das Verfahren nach Art.24(4) EPÜ ist auch anzuwenden, wenn die Kammer von einem möglichen Ausschließungsgrund auf andere Weise als von dem Mitglied oder einem Beteiligten Kenntnis erhält.

(2) Das betroffene Mitglied wird aufgefordert, sich zu dem Ausschließungsgrund zu äußern.

(3) Vor der Entscheidung über die Ausschließung des Mitglieds wird das Verfahren in der Sache nicht weitergeführt.

Artikel 4
Kontrolle des Verfahrens

(1) Der Vorsitzende bestimmt für jede Beschwerde ein Mitglied der Kammer oder sich selbst für die Prüfung, ob die Beschwerde zulässig ist.

(2) Der Vorsitzende oder ein von ihm bestimmtes Mitglied stellt sicher, dass die Beteiligten diese Verfahrensordnung und die Anweisungen der Kammer befolgen und schlägt hierfür geeignete Maßnahmen vor.

Rechtsprechung

G5/91
(1) Art.24 auch auf erstinstanzliches Verfahren (Prüfungs-, Einspruchsabteilung) anwendbar
(2) gesonderte Beschwerde nach **Art.106(1)** über Entscheidung zu Art.24 ist zulässig [ABl.1992,617].

G1/05
BK zur Entscheidung nach einheitlich angewandten Kriterien verpflichtet; willkürliche Entscheidung unzulässig; folgerichtig darf niemand, der aus guten Gründen der Befangenheit verdächtigt wird, über Angelegenheit entscheiden.

G2/08
Unterscheidung zwischen »Ausschlussgründen«, denen von Amts wegen nachzugehen ist und die von jedermann (Beteiligter oder Dritter) geltend gemacht werden können [Art.24(1)] UND »Ablehnungsgründen«, die nur von Verfahrensbeteiligten geltend gemacht werden können; Beweislast liegt beim Beteiligten [Art.24(3)].

T143/91
Befangenheit eines Mitglieds der Einspruchsabteilung verneint, da nur behauptet, aber nicht substantiiert vorgetragen.

T843/91
1. Aus dem Wortlaut des Artikels 24 EPÜ und verfahrensrechtlichen Überlegungen ergibt sich, daß Mitglieder einer Beschwerdekammer nur im Rahmen einer vor dieser Kammer anhängigen Beschwerde abgelehnt werden können.
2. Artikel 24 (3) EPÜ bestimmt, daß "die Mitglieder" der Beschwerdekammern von jedem Beteiligten abgelehnt werden können. Daraus folgt, daß die Mitglieder der Kammer einzeln oder gemeinsam abgelehnt werden können.
3. Die Beschwerdekammern sind die letzte Instanz; ihre Entscheidungen werden sofort rechtskräftig und bewirken den Abschluß des Beschwerdeverfahrens.
4. Befangenheit liegt dann vor, wenn eine Partei im Verfahren bewußt begünstigt wird, indem ihr Rechte eingeräumt werden, die ihr nicht zustehen, oder wenn der anderen Partei absichtlich mißachtet werden.
5. Nach Erlaß der Entscheidung sind die Kammern nicht befugt, abgesehen von der schriftlichen Abfassung der Entscheidung (und von Regel 88 EPÜ) noch weitere Schritte zu veranlassen. Für alle weiteren Schritte, die sich aus der Entscheidung ergeben, ist die interne Verwaltung des EPA zuständig.

T951/91
Der Ermessensspielraum der Organe des EPA nach Art.114(2) soll gewährleisten, daß Verfahren im Interesse der Beteiligten, der breiten Öffentlichkeit wie auch des EPA rasch zum Abschluß gebracht werden können, und taktische Mißbräuche verhindern. Legt ein Beteiligter die für seine Sache relevanten Tatsachen, Beweismittel und Argumente ohne Angabe stichhaltiger Gründe nicht so frühzeitig und vollständig wie möglich vor und würde deren Zulassung zu einer übermäßigen Verzögerung des Verfahrens führen, so können die Beschwerdekammern diese Zulassung im Rahmen ihres Ermessensspielraums nach Art.114(2) durchaus zu Recht ablehnen (T 156/84, ABl.1988, 372, eingeschränkt).

T1028/96
Kammer in der ursprünglichen Besetzung, d. h. mit dem (den) abgelehnten Mitglied(ern), ist für Prüfung der Zulässigkeit einer Ablehnung nach Art.24(1) oder 24(3) im Hinblick auf die Einleitung des Verfahrens nach Art.24(4) zuständig.

T190/03
»mögliche« Befangenheit wird durch zwei Prüfungen bestimmt: »subjektive« Prüfung und »objektive« Prüfung [ABl.2006,502].

T433/93
1. Will eine Einspruchsabteilung von Amts wegen oder auf Antrag eines Einsprechenden zusätzlich zu dem oder den in der Einspruchsschrift substantiierten Gründen einen neuen Einspruchsgrund in das Verfahren einführen, so muß der Patentinhaber (in der Regel schriftlich) nicht nur von dem neuen Einspruchsgrund (d. h. von der neuen Rechtsgrundlage für den Einspruch) unterrichtet werden, sondern auch von den wesentlichen rechtlichen und faktischen Gründen zur Untermauerung (d. h. Substantiierung), das Patent in seinem Rechtsbestand gefährden und zum Widerruf führen könnten. Danach muß der Patentinhaber ausreichend Gelegenheit erhalten, sich zu dem neuen Grund und seiner Substantiierung zu äußern.
2. Ist eine Entscheidung eines erstinstanzlichen Organs mit einem wesentlichen Verfahrensmangel behaftet, so ist sie auf Antrag eines Beteiligten aufzuheben. Hat ein Beteiligter triftige Gründe für die Befürchtung, daß die Einspruchsabteilung in derselben Besetzung von ihrer früheren Entscheidung beeinflußt und somit befangen wäre, so muß die Sache auf Antrag dieses Beteiligten vor einer anders besetzten Einspruchsabteilung erneut verhandelt werden.

J15/04
Selbstablehnung setzt lediglich Verfahren nach Art.24(4) EPÜ 1973 in Gang, ohne die zu treffende Entscheidung vorwegzunehmen. Selbstablehnungserklärung bewirkt somit nicht automatisch endgültige Ausschließung des Mitglieds aus Verfahren.

Befangenheit [714]

405 Ablehnung seitens Verfahrensbeteiligten

	Zulässigkeit	Norm	Voraussetzung	vorzunehmende Handlung	Frist	Rechtsfolge	Rechtsbehelf Art.24
1. Instanz	Prüfungsabteilung; Einspruchsabteilung Art.24(3) iVm **G5/91**	Art.24(3)	**Ausschlussgrund:** [715] ▪ persönliches Interesse des Mitglieds ▪ Mitwirkung in Vorinstanz Art.24(3) Alt.1 iVm Art.24(1) **ODER** **Ablehnungsgrund:** [716] ▪ »objektive« und »triftige« Besorgnis der Befangenheit Art.24(3) Alt.2, G5/91	»begründeter« Antrag eines Beteiligten durch Tatsachen/ Beweismittel gestützt **UND** keine weiteren Verfahrenshandlungen Art.24(3)S.1 und Art.24(3)S.2	»sofort« ▪ nach Bekanntgabe der Mitglieder ▪ mit Einlegen der Beschwerde **ABER** anhängiges Verfahren T843/91	**Verfahrensgang** 1) Zulässigkeitsprüfung [717] 2) Befangenheitsprüfung [718] T190/03,ABl.2006,502 3) Verfahrensaussetzung ABl.2007,536, A.3(3) 4) **Entscheidung** ohne Mitwirkung betroffenen Mitglieds **ABER** mit Vertreter Art.24(4)	(gesonderte) Beschwerde (+) Art.106(1)/(2) + vorinstanzliche Entscheidung i.d.R. nichtig Antrag auf Überprüfung durch GBK in Beschwerde Art.112a(2)(a), R.106; R4/08 + Aufhebung vorinstanzlicher Entscheidung **UND** Ersetzen des Mitglieds Art.112a(5)S.2 iVm R.108(3)S.2
2. Instanz	Beschwerdekammer; GBK	Art.24(3)				Verfahrensfortsetzung ABl.2007,536, A.3(3) + abgelehntes Mitglied durch Vertreter ersetz	erstinstanzlich: (gesonderte) Beschwerde Art.106(1)/(2) **ODER** bei Beschwerde: Überprüfung durch GBK Art.112a(2)(a)

406 Selbstablehnung [719]

	Zulässigkeit	Norm	Voraussetzung	vorzunehmende Handlung	Frist		
	Prüfungsabteilung; Einspruchsabteilung; Beschwerdekammer; GBK	Art.24(2)	**Ausschlussgrund:** [715] ▪ persönliches Interesse des Mitglieds ▪ Mitwirkung in Vorinstanz Art.24(1)	Mitglied unterrichtet Abteilung Art.24(2), 2.HS	»sofort« nach Bewusstwerden eines Ausschlussgrundes		

407 andere Mitglieder

		Norm	Voraussetzung	vorzunehmende Handlung			
	Beschwerdekammer	Art.3(1) VOBK		Untersuchung von Amts wegen innerhalb Kammer Art.24(1)			
	GBK	Art.4(1) VGBK					

408 Gründe

		zulässig	unzulässig
Ausschluss	persönliches Interesse des Mitglieds Art.24(1) Alt.1	▪ früheres tätig sein bei einem Beteiligten [T143/91]; ▪ Bewerbung bzw. Stellenannahme bei beteiligter Firma [T900/02]; ▪ Familienangehöriger als Partner/Anwalt in beteiligter Kanzlei [G1/05]	▪ ggü Beteiligten abweichende Ansichten des Prüfers [T261/88];
	Mitwirkung in Vorinstanz Art.24(1) Alt.2	▪ Einspruchsbeschwerdeverfahren und Erteilungsbeschwerdeverfahren behandeln im Wesentlichen dieselben Fragen [T1028/96]	▪ bloße Befassung in Vorinstanz [R12/09]; ▪ Befassung mit TA zur Stammanmeldung [J15/04]
Ablehnung	**409** objektiv berechtigte Besorgnis Art.24(3) Alt.2	▪ Anschein Befangenheit genügt [G1/05 iVm EGMR – Piersack./. Belgien (1982)]; ▪ »triftige« oder »verständliche Gründe« [T190/03; T261/88, T433/93, T1028/96]; ▪ Partei wird bewusst begünstigt, indem Rechte, die ihr nicht zustehen, eingeräumt oder wenn Rechte anderer Partei absichtlich missachtet werden [T843/91; T261/88]	▪ Vertrauen der Kammer/Abteilung in schlüssige und offensichtlich nicht falsche Argumentation eines Beteiligten [T951/91] ▪ subjektive Eindrücke oder allgemeine Verdächtigungen, weil Mitglied seine Gründe äußert [T190/03]

---

[714] **Achtung:** von Amtseinsicht ausgeschlossen [**R.144a**]; allgemeiner Rechtsgrundsatz: Unparteilichkeit und Recht der Beteiligten auf faires Verfahren gem. Art.6(1) EMRK.

[715] von Amts wegen zu prüfen und/oder von jedermann (Beteiligter ODER Dritter) geltend zu machen [G2/08].

[716] nur durch Beteiligten vortragbar; Antrag **Dritter** zur Befangenheit wegen »Ablehnungsgrund« hat nicht dieselbe Wirkung wie eines Beteiligten [G2/08], **ABER:** kann zur Überprüfung durch andere Mitglieder führen.

[717] **sachlich:** durch Kammer in der ursprünglichen Besetzung [T1028/96]; **formal:** »möglicher« Ausschlussgrund muss [1] substantiiert sein, [2] ständige Rechtsprechung berücksichtigen **UND** [3] nicht böswillig (bspw. rufschädigend oder verfahrensverschleppend).

[718] zweistufige Prüfung: [1] »subjektive« Prüfung = Frage nach tatsächlicher Befangenheit eines Mitglieds (persönliches Interesse/Abneigung gegen Beteiligten) **UND** [2] »objektive« Prüfung = Frage ob fallbezogener Anlass (bestimmten Handlung des Mitglieds) zu objektiv berechtigter Besorgnis der Befangenheit führt [T190/03, ABl.2006,502]. Gründe sollten i.d.R. akzeptiert werden [J15/04].

[719] bewirkt nicht automatisch endgültige Ausschließung aus Verfahren, **aber**: Gründe sollten i.d.R. akzeptiert werden [J15/04].

Nationale Erfordernisse bei Einreichung und Eintritt in nat. Phase vor den Vertragsstaaten

VStaat	Einreichung bei nat. Anmeldeamt NatR Tabelle II	zugelassener Inlandsvertreter erforderlich NatR Tabelle III.B	verbindliche Fassung der ePa Art.70 iVm NatR Tabelle V Ziff.2	Fortsetzung aufgenommener Benutzungshandlung nach Art.70(4)b)	Doppelpatentschutz Art.139(3) & 140 iVm NatR Tabelle X
AL	nur nat. Sicherheit, wenn Sitz/Wohnsitz in AL	Ja, wenn kein Sitz/Wohnsitz in AL	**Übersetzung**, falls Schutzbereich enger als EP-Verfahrenssprache außer: Nichtigkeitsverfahren	Ja	Nein
AT	./.	Ja, außer Sitz/Wohnsitz in EWR	**Übersetzung**, falls Schutzbereich enger als EP-Verfahrenssprache	Ja	nicht ausgeschlossen
BE	nur nat. Sicherheit, wenn Sitz/Wohnsitz in BE	**Ja**, wenn kein Sitz/Wohnsitz in BE **oder** durch Angestellten, wenn Sitz/Wohnsitz in EU	Verfahrenssprache	./.	Nein
BG	nur nat. Sicherheit, wenn Sitz/Wohnsitz in BG	Ja, wenn kein Sitz/Wohnsitz in BG	**Übersetzung**, falls Schutzbereich enger als EP-Verfahrenssprache	Ja	Nein
CH	./.	./.	./.	./.	Nein
CY	nur Erstanmeldung, wenn Sitz/Wohnsitz in CY	Ja, wenn kein Sitz/Wohnsitz in CY	**Übersetzung**, falls Schutzbereich enger als EP-Verfahrenssprache	Ja	Nein
CZ	Staatsgeheimnis	Ja, wenn kein Sitz/Wohnsitz in EU aber: Wohnsitzangabe erforderlich		Ja	Nein
DE	Staatsgeheimnis	Nein	Verfahrenssprache	Nein	Nein
DK	nur nat. Sicherheit, wenn Sitz/Wohnsitz in DK	Nein	wenn EP-Verfahrenssprache ≠ Übersetzung nur übereinstimmende Gegenstände	Ja	nicht ausgeschlossen
EE	--	**Nein**, aber empfohlen		Ja	Nein
ES	nur Erstanmeldung, wenn Sitz/Wohnsitz in ES	**Nein**, wenn Sitz/Wohnsitz in EU	**Übersetzung**, falls Schutzbereich enger als EP-Verfahrenssprache	Ja	Nein
FI	nur nat. Sicherheit, wenn Sitz/Wohnsitz in FI	Nein		Ja	nicht ausgeschlossen
FR	nur Erstanmeldung, wenn Sitz/Wohnsitz in FR	**Nein**, aber inländische Zustellanschrift	nur EP-Verfahrenssprache	Ja	Nein
GB	nur nat. Sicherheit, wenn Wohnsitz in GB	Nein	**Übersetzung** falls Schutzbereich enger als EP-Verfahrenssprache	Ja	Nein
GR	nur Erstanmeldung, wenn Staatsangehörigkeit in GR	Ja, wenn kein Sitz/Wohnsitz in GR	**Übersetzung**, falls Schutzbereich enger als EP-Verfahrenssprache	Ja	Nein
HR	nur nat. Sicherheit	Nein		Ja	Nein
HU	nur Erstanmeldung, wenn Staatsangehöriger/ Sitz/Wohnsitz in HU	Ja, wenn kein Sitz/Wohnsitz in EWR	**Übersetzung**, falls Schutzbereich enger als EP-Verfahrenssprache außer: Nichtigkeitsverfahren	Ja	nicht ausgeschlossen
IE	--	**Nein**, aber empfohlen		Ja	Nein
IS	--	Ja, wenn kein Sitz/Wohnsitz in IS aber: EWR-Vertreter genügt	**Übersetzung**, falls Schutzbereich enger als EP-Verfahrenssprache	Ja	nicht ausgeschlossen
IT	nur Erstanmeldung, wenn Sitz/Wohnsitz in IT	**Nein**, aber inländische Zustellanschrift		Ja	Nein
LI	./.	./.	./.	./.	Nein
LT	Staats-/Berufsgeheimnis	Ja, wenn kein Sitz/Wohnsitz in LT		Ja	Nein
LU	nur nat. Sicherheit	Nein		Ja	Nein
LV	./.	Ja, wenn kein Sitz/Wohnsitz in LV		Ja	Nein
MC	./.	Nein		Ja	Nein
MK	nur nat. Sicherheit	Ja, ausländische Anmelder		Ja	Nein
MT	nur Erstanmeldung, wenn für nat. Sicherheit	Nein	**Übersetzung**, falls Schutzbereich enger als EP-Verfahrenssprache	Ja	Nein
NL	Staatsgeheimnis	Nein		Ja	Nein
NO	nur nat. Sicherheit	Nein		Ja	nicht ausgeschlossen
PL	nur Erstanmeldung, wenn Staatsangehöriger/ Sitz/Wohnsitz in PL	Ja, wenn kein Sitz/Wohnsitz in PL		Ja	nicht ausgeschlossen
PT	nur Erstanmeldung, wenn Sitz/Wohnsitz in PT	**Nein**, aber Beglaubigung der Übersetzung		Ja	Nein
RO	nur nat. Sicherheit	Ja, wenn kein Sitz/Wohnsitz in RO	**Übersetzung**, falls Schutzbereich enger als EP-Verfahrenssprache	Ja	Nein
RS	./.	./.	**Übersetzung**, falls Schutzbereich enger als EP-Verfahrenssprache außer: Nichtigkeitsverfahren	Ja	Nein
SE	nur nat. Sicherheit, wenn Sitz/Wohnsitz in SE	Nein	**Übersetzung** und EP-Verfahrenssprache, wenn übereinstimmend	Ja	nicht ausgeschlossen
SI	./.	Nein		Ja	Nein
SK	nur nat. Sicherheit, wenn Staatsangehöriger/ Sitz/Wohnsitz in SK	Ja, wenn kein Sitz/Wohnsitz in SK	**Übersetzung**, falls Schutzbereich enger als EP-Verfahrenssprache	Ja	Nein
SM	--	Ja, wenn kein Sitz/Wohnsitz in SM mit Wohnsitzangabe		Ja	Nein
TR	nur nat. Sicherheit	Ja, wenn kein Sitz/Wohnsitz in TR		Ja	Nein

Nationale Erfordernisse

VStaat	Londoner Abkommen Art.65	Übersetzung NatR IV Nr. 2	Frist NatR IV Nr.4	Gebühr NatR IV Nr.5	Nachfrist/Rechtsbehelf NatR VI Nr.5	Berichtigung a) zulässig? b) gebührenpflichtig? NatR IV Nr.8
AL	ja	Anspr. in AL; PatentS in EN	3 M nach Veröff. Hinweis auf Erteilung EP-Patent	10.000 ALL	Ja (1 M Nachfrist)	a) Ja; b) 2.000 ALL
AT	nein	PatentS in DE		186 € und 135 € pro 15 Seiten ≥16 Seiten	Ja (2 M nach Wegfall Hindernis)	a) Ja; b) Ja, wie in NatR IV Nr.5
BE	nein	keine [720]	./.	./.	./.	./.
BG	nein	PatentS in BG	3 M nach Veröff. [721]	50 BGN + 80 BGN + 10 BGN >10 Seiten	Ja (3 M nach Wegfall Hindernis)	a) Ja; b) Ja, wie in NatR IV Nr.5
CH	ja	Nein	./.	./.	./.	./.
CY	nein	PatentS in GR	3 M nach Veröff. Hinweis auf Erteilung EP-Patent	100 €	Ja (12 M nach Nachfrist)	a) Ja; b) 100 €
CZ	nein	PatentS in CZ		2.000 CZK	nein	a) Ja; b) 100 CZK
DE	ja	Nein	./.	./.	Ja (2 M nach Wegfall Hindernis)	./.
DK	ja	Anspr. in DK; PatentS in DK/EN	3 M nach Veröff. Hinweis auf Erteilung EP-Patent	2.000 DKK		a) Ja; b) 2.000 DKK
EE	nein	PatentS in EE		45 €		a) Ja; b) 45 €
ES	nein	PatentS in ES		324 €; 1 M nach Übersetzung	Ja (6 M nach Veröff. Patenterlöschen)	a) Ja; b) 324 €
FI	ja	Anspr. in FI; PatentS in FI/EN		500 € [Papier] 400 € [elektr.]	Ja (2 M nach Wegfall Hindernis)	a) Ja; b) 500 €/400 € [elektr.]
FR	ja	Nein	./.	./.	./.	./.
GB	ja	Nein	./.	./.	Ja (13 M nach Nachfrist)	a) Ja; b) Nein
GR	nein	PatentS in GR	3 M nach Veröff. Hinweis auf Erteilung EP-Patent	350 €	nein	a) Ja; b) Nein
HR	ja	Anspr. in HR; PatentS in EN		Ja	Ja (3 M nach Wegfall Hindernis)	a) Ja; b) Ja
HU	ja	Anspr. in HU; PatentS in HU/EN		23.500 HUF und 3.500 HUF ≥6 Seiten	nein (aber Antrag auf Wiederherstellung)	a) Ja; b) Ja, wie in NatR IV Nr.5
IE	ja	Nein	./.	./.	Ja (2 J nach Patenterlöschen)	./.
IS	ja	Anspr. in IS; PatentS in IS/EN	4 M nach Veröff. [721]	27.000 ISK	Ja (2 M nach Wegfall Hindernis)	a) Ja; b) 27.000 ISK
IT	nein	PatentS in IT	3 M nach Veröff. [721]	Nein		a) Ja; b) Nein
LI	ja	Nein	./.	./.		./.
LT	ja	Anspr. in LT	3 M nach Veröff. [721]	46 € und 14 € pro Anspt. ≥16 Anspr.		a) Ja; b) Ja, wie in NatR IV Nr.5
LU	ja	Nein	./.	./.	./.	./.
LV	ja	Anspr. in LV	3 M nach Veröff. [721]	50 € [Papier] 40 € [elektr.]	Ja (2 M nach Wegfall Hindernis)	a) Ja; b) Ja, wie in NatR IV Nr.5
MC	ja	Nein	./.	./.	nein	./.
MK	ja	Anspr. in MK	3 M nach Veröff. Hinweis auf Erteilung EP-Patent	3.000 MKD	Ja (3 M nach Wegfall Hindernis)	a) Ja; b) 3.000 MKD
MT	nein	PatentS in EN		./.	Ja (2 M nach Wegfall Hindernis)	a) Ja; b) Ja
NL	ja	Anspr. in NL; PatentS in NL/EN		25 €	Ja (2 M nach Wegfall Hindernis; max. 1J)	a) Ja; b) Ja, 25 €)
NO	ja	Anspr. in NO; PatentS in NO/EN		5.500 NOK	Ja (2 M nach Wegfall Hindernis; max. 6M)	a) Ja; b) 1.200 NOK + 250 NOK/Seite ab 15 S.
PL	nein	PatentS in PL		90 PLN + 10 PLN pro Seite > 10 S.	nein	a) Ja; b) Ja, wie in NatR IV Nr.5
PT	nein	PatentS in PT		52,28 € [online] 104,57 € [Papier]	Ja (1 M Nachfrist)	a) Ja; b) 26,15 € [online], 52,28 € [Papier]
RO	nein	PatentS in RO		100 € und 5 € pro Seite >20 S.	Ja (3 M Nachfrist)	a) Ja; b) 20 €
RS	nein	PatentS in RS		ja	Ja (3 M nach Wegfall Hindernis)	a) Ja; b) Ja
SE	ja	Anspr. in SE; PatentS in SE/EN		1.400 SEK + 175 SEK pro Seite > 8 S.	Ja (2 M nach Wegfall Hindernis)	a) Ja [722]; b) Ja, wie NatR IV Nr.5a)
SI	ja	Anspr. in SI		100 €	Ja (3 M nach Wegfall Hindernis)	a) Ja; b) 60 €
SK	nein	PatentS in SK		116 €	Ja (3 M Nachfrist)	a) Ja; b) 116 €
SM	nein	Beschr. und Anspr. in IT	6 M nach Veröff.	100 € + 10 € pro Seite > 20 S.		a) Ja; b) Nein
TR	nein	PatentS in TR	3 M nach Veröff. [721]	1575 TRY [Papier] 1050 TRY [online]	Ja (3 M Nachfrist)	a) Ja; b) 330 TRY [online], 495 TRY [Papier]

[720] für Patente in EN vor 1.1.2017 muss Übersetzung in DE/FR/NL eingereicht werden [Abl.2016,A99].
[721] nach Veröffentlichung des Hinweises auf Erteilung EP-Patent.
[722] nur für Patente, deren Hinweises auf Erteilung im EP-Patent vor 1.7.2014 erfolgte.

Teil D II
Übersicht zum PCT
Ablauf · Gebühren · Fristen

Übersicht Europäische Anmeldung · PCT-Anmeldung

		Europäische Anmeldung (ePA)	Internationale Anmeldung (PCT-Anmeldung, iPA)
1	Gesetzliche Grundlage		Vertrag über die internationale Zusammenarbeit auf dem Gebiet des Patentwesens EN: Patent Cooperation Treaty (PCT)
2	generelle Zuständigkeit		World Intellectual Property Organisation (WIPO) Sitz: Genf (Schweiz)
3	Staaten		152 Vertragsstaaten
4	Verfahrensschritte	**Kapitel I** Einreichung und Eingangsprüfung [S.256] Internationale Recherche (EN: International Search, IS) [S.266] Ergänzende Internationale Recherche (EN: Supplementary International Search, SIS)	**Kapitel II** Internationale Vorläufige Prüfung (EN: International Preliminary Examination, IPE) [S.277]
5	Zeitraum		30 bis 31 Monate ab AT bzw. frühestem PT
6	Resultat	Internationaler Vorläufiger Bericht zur Patentfähigkeit (*engl.* International Preliminary Report on Patentability, IPRP) ergeht, Eintritt in nationale/regionale Phase **UND** Beginn des dortigen Prüfungsverfahrens	
7	Verfahrensablauf	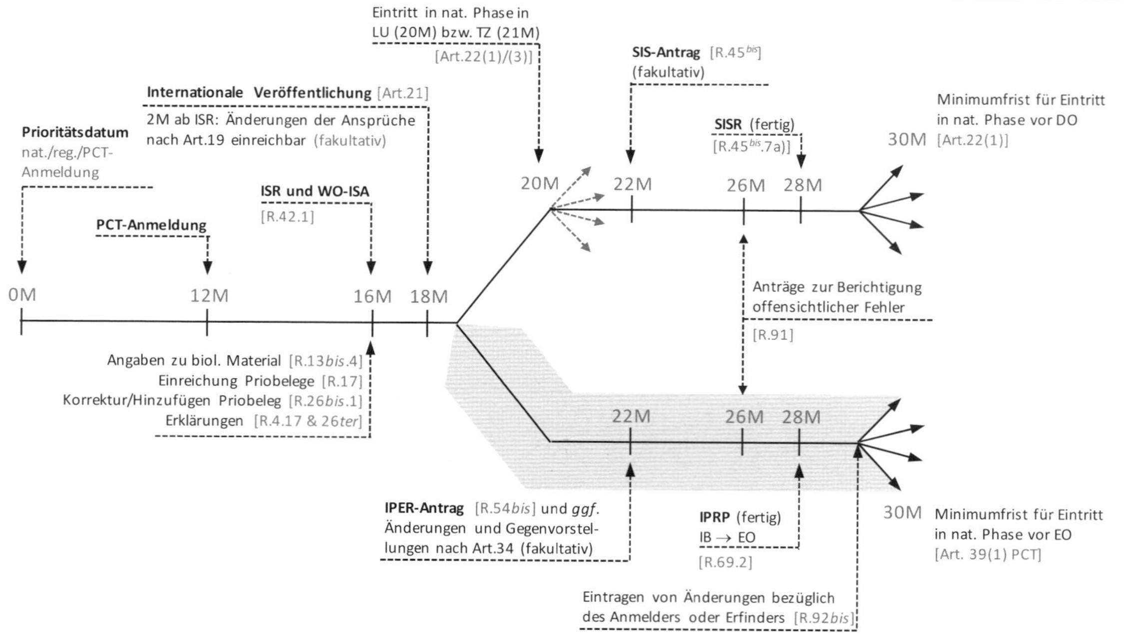	

Fig.3: Verfahrensablauf im PCT.

Verfahrensablauf PCT

Verlauf des PCT-Verfahrens

8 Das PCT-Verfahren gliedert sich in das obligatorische **Kapitel I** (Einreichung der iPa beim RO und Recherche der iPa durch die (S)ISA (Kapitel I); vorläufige Prüfung der iPa durch die IPEA (Kapitel II)) und ist dem Eintritt in der nat./reg. Phase vor den Bestimmungsämtern (DO) bzw. ausgewählten Ämtern (EO) nach Ablauf von 30/31 M nach dem PD der iPa vorgeschaltet.

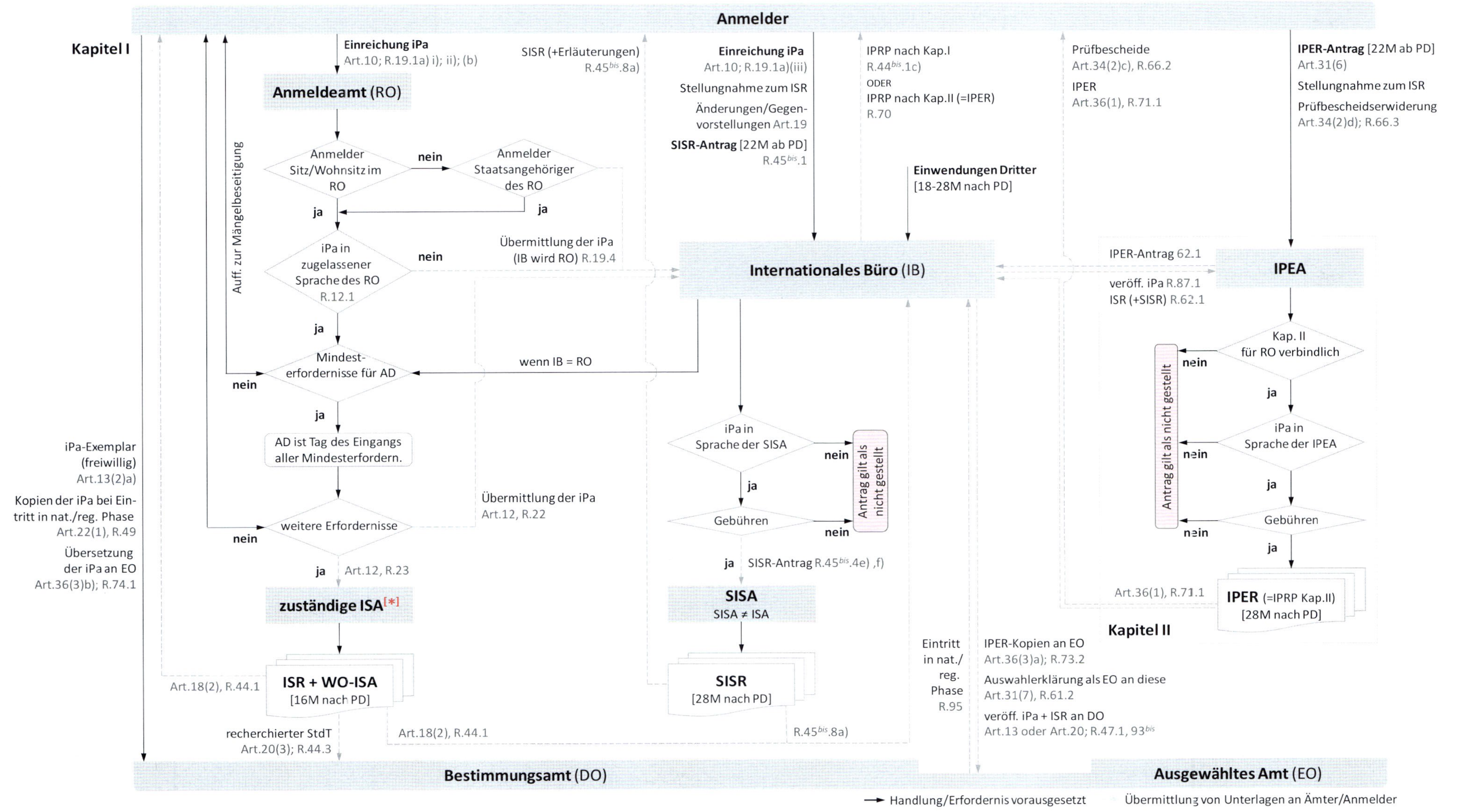

Fig. 1: Verlauf des PCT-Verfahrens ab Einreichung der iPa beim RO, Recherche durch die (S)ISA (Kapitel I); vorläufige Prüfung der iPa durch die IPEA (Kapitel II) und Einleitung der nat./reg. Phase vor DO/EO

*[1] RO hat nur eine ISA best: diese ist ISA; [2] RO hat mehrere ISA best: Wahlrecht des Anmelders ISA best; [3] IB ist RO: ISA best sich nach nat./reg. Amt, das bei Einreichung der iPa eigentlich zuständig wäre.

→ Handlung/Erfordernis vorausgesetzt ⇢ Übermittlung von Unterlagen an Ämter/Anmelder

Teil D II – Übersicht zum PCT

Einreichung einer iPa

Einreichung von TA ist im PCT **nicht** vorgesehen. TA mit einer PCT-Stammanmeldung kann beim EPA nur eingereicht werden, wenn Stammanmeldung wirksam in die EP-Phase eingetreten.

Anmeldeamt (RO) – Art.9 bis 11 PCT

	Norm	zu erbringende Handlung	Frist	Nachfrist	Rechtsfolge	Rechtsbehelf
9 **Anmelder** 5.020-5.022	**Art.11(1) i)** iVm **Art.9**, **R.18 PCT**	jede nat. oder jur. Person mit Sitz/Wohnsitz in **ODER** Staatsangehörigkeit eines PCT-VStaates [723] **ODER** dessen Anwalt/Vertreter [724] **Art.9(1), R.18.1 PCT** iVm **Art.2 PVÜ**			+ **internationales AD** wird zuerkannt **Art.11(1), R.20.2a) PCT**	Antrag auf Nachprüfung durch DO [S.287] **Art.25 PCT**
10 **Art der Einreichung** 5.015, 11.067ff.	**R.3.1 R.11.9** iVm **R.92.4 PCT**	1) in Papierform: unmittelbar [ABl.2017,A11] oder per Post [ABl.2007S3,A.2] 2) per Telefax [725] [**R.92.4 PCT**; ABl.2019,A18] 3) elektronische Form [726] via „ePCT" [**R.89bis.1 PCT**, ABl.2021,A42] (EPA: via Online-Einreichung 2.0, OLF, oder Web-Einreichung)	2 M nach Auff. zur Mängelbeseitigung ODER 2 M nach AD von selbst		Begründung einer **PVÜ-Priorität Art.11(4) PCT** ABl.2019,A19 automatische Empfangsbestätigung − kein internationales AD zuerkannt und Mitt. an Anmelder und IB **R.20.4 PCT** UND Rückerstattung bereits entrichteter Gebühren **R.15.4, R.16.2 PCT** ABER Mängelbeseitigung bei R.20.3-Auff. durch Nachreichen möglich, als AD wird Tag des Eingangs zuerkannt **Art.11(2)b) PCT** iVm **R.20.3 PCT**	
11 **Erforderliche Angaben am AT** 6.005	**Art.3(2)** iVm **Art.11(1) iii), R.20 PCT**	Mindesterfordernisse für Zuerkennung eines AD nach **Art.11(1) iii) PCT**: a) **PCT-Antrag** (= Gesuch auf Behandlung als iPa) nur unter Verwendung von Form PCT/RO/101 **Art.4(1)i), R.3, 4.1a) PCT** b) Bestimmung mindestens eines VStaats [727] **Art.4(1)ii), R.4.9 PCT** c) Angaben zum Anmelder (Unterschrift nicht erforderlich) **Art.4(1)iii), R.4.5a) PCT** d) Beschreibung und *ggf.* Zeichnungen [728] (keine Erfindungsbezeichnung oder Zusammenfassung) **Art.5, 7 PCT** e) mind. ein Anspruch **Art.6, R.6 PCT**	**Art.11(2)a)** iVm **R.20.3 PCT** 6.025 ABER Tag des Eingangs der Richtigstellung gilt als AD **Art.11(2)b), R.20.3b) i) PCT**	am ET		
12 **Anmeldeamt** 5.008-5.009	**Art. 2 xv) Art.10 PCT** iVm **R.19.1 PCT**	Einreichung wahlweise bei: i) nat. Amt des PCT-VStaates in dem Anmelder Sitz/Wohnsitz **ODER** ii) nat. Amt des PCT-VStaates von dem Anmelder Staatsangehöriger ist **ODER R.19.1a) PCT** iii) IB iv) zwischenstaatliche Organisation für Anmelder mit Sitz/Wohnsitz oder angehörig in einem dieser VStaaten [EPA: München, Den Haag, Berlin [730]] **R.19.1b) PCT** iVm **Art.151, R.157(1)**, ABl.2014,A33			**Übermittlung** der iPa an IB durch „unzuständiges RO" und **IB wird RO R.19.4b) PCT Rn.DII-21** Frist zur **Gebührenrückzahlung** richtet sich nach tatsächlichem Eingang der iPa beim IB **R.19.4c) PCT**	
		Sprache: nachfolgende Änderungen/Berichtigungen der iPa müssen in urspr. Anmeldesprache erfolgen **R.12.2 PCT** − Einreichung in **nicht zugelassener Sprache** der RO führt nicht zum Verlust des AD, sondern gilt als für IB entgegengenommen **R.19.4a) und b) PCT** UND ggf. Gebührenrückzahlung [729] **R.19.4a) PCT**, 6.035				
13 **Sprache** 6.006, 5.013	**Art.11(1) ii), Art.3(4) i), R.12.1 PCT**	zumindest Beschreibung und Ansprüche in zugelassener Sprache des RO [IB: akzeptiert jede Sprache; EPA: Amtssprache DE/EN/FR, Art.14(1), R.3, R.157(2)] **Art.3(4)(i), R.12.1a)** iVm **Art.11(1)ii), R.20.1c) PCT**, Annex C				

[723] **mehrere Anmelder:** zumindest ein Anmelder hat Staatsangehörigkeit bzw Sitz/Wohnsitz in einem PCT-VStaat [**Art.9(1), R.18.3 PCT**]; für verschiedene PCT-VStaaten verschiedene Anmelder bestimmbar [**R.4.5d) PCT**]; **Mängel bei Sitz/Staatsangehörigkeit:** vor USPTO als RO keine Berichtigung mögl. [6.036]; **Rechtsübergang:** Anmeldererfordernis nach Art.9 PCT gilt nur am ET der iPa; iPa kann jederzeit auf andere Person übertragen werden, die weder Sitz/Wohnsitz noch Staatsangehörigkeit in einem PCT-VStaats hat [PCT-NL 1/2009].

[724] **Vertreter** kann mit Anmeldeantrag bestellt werden, muss aber vor dem RO vertretungsbefugt sein und ist damit automatisch vor IB, zuständigem (S)ISA und IPEA vertretungsbefugt [**Art.49 PCT, R.90.1a) PCT**]; **Vertretungszwang:** sieht nat. Recht des RO für best. Fälle Vertretungszwang vor, muss Vertreter bestellt werden (EPA: zumindest ein Anmelder hat keinen Sitz/Wohnsitz in EPÜ-VStaat [**Art.133(2)**]) [**Art.27(7) PCT**].

[725] keine **Vollmachten und Probelege** [ABl.2019,A18]; Übersendung der Telefax-Kopie per Post („**Bestätigungsschreiben**") an EPA als RO binnen 14 T zwingend erforderlich [**R.92.4d) PCT**] iVm ABl.2019,A18], **ABER:** Nachfrist von 2M nach Auff. +10Tage. **Rechtsfolge:** bei Nichterfüllung gilt iPa als zurückgenommen [**R.92.4 e) PCT**] iVm **R.2(1)**, A-VIII, 2.5; ABl.2019,A18].

[726] ggf. Gebührenermäßigung möglich; EPA akzeptiert seit 01.April 2007 keine Einreichung im EASY-PCT-Format, iPa wird im EPA im Fall als Papieranmeldung behandelt [ABl.2007,58].

[727] Formblatt PCT/RO/101 bewirkt automatische Bestimmung aller PCT-VStaaten für jede Schutzart (Patent, GebrM, Gebrauchszert.), wobei **DE, JP, KR von Bestimmung ausnehmbar** sind [**R.4.9b) PCT**]; **Achtung:** Ausschluss einzelner PCT-VStaaten ist **unwiderruflich** und bedarf außer für VStaaten mit Doppelpatentierungsverbot (DE, JP, KR) einer gesonderten Rücknahmeerklärung [**R.90bis.2 PCT**].

[728] vorzugsweise in schwarz/weiß; Farbzeichnungen und Fotos zulässig; zur Veröff. der iPa kann Anmelder selbst oder nach Auff. schwarz/weiße Zeichnungen nachreichen oder IB wandelt diese um [PCT-NL 3/2011].

[729] bereits gezahlte Gebühren werde nicht ans IB übermittelt, sondern müssen erneut an IB gezahlt werden: **1M** ab Eingang beim IB [**R.19.4c) PCT**; 6.034].

[730] **Beachte:** Einige EPÜ-VStaaten verlangen nach nat. Recht, dass eine iPa (auch PCT und EP) bei nat. Amt einzureichen ist - BG, FR, GR, IT, PL, PT, SE, ES, HU, CY [**Art.75(2)**, NatR II Ziffern 2 und 5]; Weiterleitung an EPA bis spätestens 2 Wo. vor Ablauf von 13 M nach Einreichung oder frühestem PD [**R.157(3)**].

Einreichen einer iPa

	weitere Erfordernisse				Anmeldeamt (RO)	
	Handlung	Rechtsnorm	Erfordernis	Frist	Nachfrist	Rechtsfolge	Rechtsbehelf
14	**Gebühren** (wirksame Entrichtung von jedermann, d.h. Anmelder, Vertreter, Dritte)	Art.3(4) iv), R.14.1 PCT	**Übermittlungsgebühr** an das RO (von RO bestimmt) für Annahme der iPa und deren Übermittlung an IB bzw. ISA [IB: 100 CHF; EPA: 140 €, R.157(4), Art.2(1) Nr.18 GebO]	**1 M** ab Eingang der iPa beim zuständigen RO [nicht vom AD berechnen] **R.14.1c)/15.3/16.1f) PCT** 5.191, 5.185	**1 M** ab Auff. **R.16bis.1a) PCT** UND + 50% Zuschlag der Gebühr an RO (aber mind. in Höhe der Übermittlungsgebühr) [731] **R.16bis.2 PCT**	+ AD bleibt erhalten − iPa gilt als zurückgenommen und Art.14(3)-Mitt **Art.14(3)a), R.16bis.1 c), R.29.1 PCT**	**Maßnahmen des RO (+)** [EPA: WB (+); WE (−)] **R.29 PCT**
		Art.3(4) iv), R.15.2 PCT R.27.1	**Int. Anmeldegebühr** [732], [733] und **Seitengebühr** [734] ab 31. Blatt (= Seite, da einseitig) an das RO zugunsten IB erhoben [1330 CHF + 15 CHF pro Seite ab 31. Seite; R.96.1 PCT, Nr.1 GebO]	bei **Übermittlung der iPa** an IB durch "unzuständiges RO", erfolgt Fristberechnung ab Eingang beim IB R.19.4b), c) PCT		Wirkung der iPa als nat. Hinterlegung erlischt für DO/EO **Art.24(1)ii)PCT**	Nachprüfung durch DO **Art.25 PCT, S.287**
	Annex C, D	Art.3(4) iv), R.16 PCT R.27.1	**Recherchengebühr** [735] an das RO für ISA erhoben (von RO bestimmt) [EPA: 1775 €, Art.2(1) Nr.2 GebO] **R.16.1b) PCT**, Annex D				
15	**Erfindernennung**	Art.4(1) v) iVm R.4.1a) iv) PCT	Name und Anschrift des Erfinders (sind USA als DO vorgesehen, muss Erfinder = Anmelder) ACHTUNG: bei Nicht- oder Falschnennung Rechtsverlust beim Eintritt in die nat. Phase PCT-VStaaten drohen (z.B. USA) **Art.22(1) iVm Art.24(1) iii) PCT**	vor Ablauf **30 M**-Frist ab PD **Art.4(1) v) PCT**	**2 M** ab Auff. +10 Tage Eintritt in EP-Phase mit R.163(1)	− Angaben müssen bei Eintritt in EP-Phase mit R.159(1)-Frist erfolgen	WB (+)
16	**Sequenzprotokoll für Nucleotid- und Aminosäuresequenzen** 5.099-5.108 7.005-7.013	R.5.2a) PCT	Sequenzprotokoll im WIPO-Standard ST.25 5.099 iVm ST.25, Annex C **nur** in elektronischer Form (CD-ROM, CD-R, DVD+R, DVD-R) **R.13ter.1a) PCT**, Annex C [EPA: ABl.2007 53.A.5] freier Text in Sprache der Beschreibung **R.5.2b) PCT** SeqProt bleibt bei Berechnung Seitenzahl unberücksichtigt	am Tag der Einreichung	festges. Frist nach Auff. **R.13ter.1a)/b) PCT**, 7.010 +Zuschlag [EPA: 255 €] **R.13ter.1c)**	− kein Bestandteil der iPa und keine Berücksichtigung für ISR **R.13ter.1d) PCT**, 7.010	*ggf.* Nachreichen für IPER (Chap.II) **Art.34 PCT**
17	**Bestimmung von VStaaten** 5.052-5.055	Art.4(1) ii)	mind. ein PCT-VStaat bestimmt [736] mit PCT-Antrag gelten automatisch alle PCT-VStaaten als bestimmt **Art.11(11) iii) b), R.4.9a) i) PCT** DE, JP und KR sind wegen nat. **Zurücknahmefiktion** [737] von automat. Bestimmung ausnehmbar (Feld V PCT-Antrag) **R.4.9b) PCT**	mit Eingang PCT-Antrag		+ im best. VStaaten ist Schutzerlangung für alle Schutzrechte mögl. **R.4.9a) ii) PCT** − iPa gilt als zurückgenomm.	

---

[731] Zuschlag entfällt, wenn Zahlung der Gebühr vor Absenden oder Zustellung der Zahlungsauff. [**R.16bis.1 d)/e) PCT**].

[732] Zu zahlen ist nur der zu dem Zeitpunkt des Eingangs geltende Betrag – nachträgliche Änderungen nach R.20 bzw. R.26.1 PCT, die Änderung der Seitenzahl zur Folge haben können, haben keine Auswirkung [**R.15.3 S.2 PCT**].

[733] **Rückerstattung** in Fällen nach R.15.4 PCT; **90% Ermäßigung**, wenn (a) Anmeldung beim EPA und jeder Anmelder (b) nat. Person mit Staatsangehörigkeit UND Sitz/Wohnsitz in Entwicklungsland [**R.96.1 Nr.5 PCT**; 5.188]. **Ermäßigung:** [1] um 100 CHF bzw. 200 CHF, wenn Antrag oder [2] um 300 CHF, wenn Antrag, Beschreibung, Ansprüche und Zusammenfassung in elektr. Form und zeichenkodiert [R.96 PCT]; **90% Ermäßigung**, wenn (a) Anmeldung beim EPA und jeder Anmelder (b) nat. Person mit Staatsangehörigkeit und Wohnsitz in VStaat mit BIP < 25.000 USD (für EP = AL, BG, CY, CZ, EE, GR, HU, HR, LT, LV, MK, MT, PL, PT, RO, RS, SI, SK, TR und BA, ME und MA, MD) ODER (c) nat./jur. Person mit Staatsangehörigkeit UND Sitz/Wohnsitz in Entwicklungsland [**R.96.1 Nr.5 PCT**, 5.188].

[734] **Berechnung** ab Tag des Eingangs (ET), auch wenn zu dem Tag keine Ansprüche eingereicht werden; führen nachträgliche Änderungen nach R.20 bzw. R.26.1 PCT zur Erhöhung der Seitenzahl, muss keine erhöhte Zuschlagsgebühr pro weiterhin anfallendem Blatt gezahlt werden.

[735] **Rückerstattung** in Fällen von R.16.2 PCT (keine vorschriftsmäßige Hinterlegung oder iPa gilt als zurückgenommen) ODER R.16.3 iVm R.41 PCT (teilweise Rückerstattung bei Berücksichtigung einer früheren Recherche); **75% Ermäßigung**, wenn (i) Recherche vor EPA, AT oder ES und (ii) jeder Anmelder nat. Person mit Staatsangehörigkeit UND Wohnsitz in nicht-VStaat des EPÜ und mit niedrigem/mittlerem Einkommen oder Staat gem. R.18 PCT (MA, MD, TN, KH) [ABl.2020,A4 & ABl.2021,A58, 5.190] oder wenn (EPA=ISA) ISR gestützt auf frühere Recherche mit schriftl. Bescheid [1] für ESR, [2] SISR oder [3] SISR gestützt auf frühere Recherche mit schriftl. Bescheid [1] für ESR, [2] ISR, [3] SISR oder [4] von nat Amt (BE, CY, FR, GB, IT, LT, LU, LV, MC, MT, NL, SM, TR) ganz oder teilweise (25%) [ABl.2022,A8].

[736] verschiedene Anmelder können unterschiedliche PCT-VStaaten bestimmen [**R.4.5d) PCT**].

[737] nach nat. Recht führt Nachanmeldung für diesen VStaat unter Prioinanspruchnahme einer früheren nat. Anmeldung in diesem VStaat zur automatischen Zurücknahme der früheren nat. Anmeldung.

Teil D II – Übersicht zum PCT

weitere Erfordernisse (Übersetzung)

Handlung	Rechtsnorm	Erfordernis	Frist	Nachfrist	Rechtsfolge	Anmeldeamt (RO) Rechtsbehelf
18 **Übersetzung** von Zeichnungen und Zusammenfassung 6.018	Art.3(4) i), R.12.1, R.26.3^{ter} PCT	1) Zusammenfasssung und/oder Beschriftung der Zeichnungen in anderer Sprache als Beschreibung/Ansprüche eingereicht **R.26.3^{ter}a)PCT** AUSSER 2) Übersetzung in VeröffSprache bei RO einreichen **R. 26.3^{ter}a)i), R.12.3a) PCT** Übersetzung der iPa in Recherchensprache erforderlich **R. 26.3^{ter}a)ii), R.12.4a) PCT** Zusammenfasssung und/oder Beschriftung der Zeichnungen in VeröffSprache eingereicht **R.12.4 PCT**	mind. **2 M** ab Auff. zur Mängelbeseitigung **R.26.3^{ter}c)** iVm **R.26.1/2 PCT**	verlängerbar **R.26.3^{ter}c)** iVm **R.26.2 S.2 PCT**	**–** iPa gilt als zurückgenommen und Rechtsverlustmitt. durch das RO **R.26.3^{ter}c) iVm R.26.5, 29.1 PCT**	Nachprüfung durch DO **Art.25 PCT,** S.287
19 **Übersetzung** für Recherche 6.014-6017	**R.12.3 PCT**	1) iPa urspr. in keiner vom ISA zugelassenen Sprache 2) Übersetzung in eine Sprache beim RO einreichen, die zugleich i) zugelassene Sprache der ISA [EPA als ISA erkennt als Recherchensprache DE/EN/FR und NL (**nur** wenn RO nat. Amt in NL/BE war, ABl.2014,A117)] ii) VeröffSprache des PCT (Arabisch, CN, DE, EN, FR, JP, KR, PT, RU, ES) iii) zugelassene Sprache des RO [**R.12.1a) PCT**] [738] **R.12.3a) PCT**	**1 M** ab dem Eingang der iPa beim „zuständigen" RO [739] **R.12.3a) PCT**	**1 M** ab Auff. ODER **2 M** nach Eingang der iPa beim „zuständigen" RO - später ablaufende - **R.12.3c) ii) PCT** +25% AnmGeb. an RO **R.12.3e) PCT** **Notfrist:** spätestens binnen 15 M ab PD, aber vor Rechtsverlustmitt. **R.12.3d) S.2 PCT**	**–** iPa gilt als zurückgenommen und Rechtsverlustmitt. durch das RO (Übersetzung ist rechtzeitig, wenn sie vor Rechtsverlustmitt. und binnen 15 M ab PD eingeht) **R.12.3d) iVm R.29.1 PCT**	--
20 **Übersetzung** für Veröff. 6.020-6023	**R.12.4 PCT**	1) iPa urspr. nicht in VeröffSprache eingereicht (Arabisch, CN, DE, EN, FR, JP, KR, PT, RU, ES) 2) Übersetzung in VeröffSprache bei RO einreichen (nicht anwendbar für Anmeldeantrag oder Sequenzprotokoll) (Veröffentlichungssprache EPA ist DE/EN/FR [ABl.2010,304]) **R.12.4a) iVm R.48.3a) PCT**, Annex C	**14 M** ab PD **R.12.4a) PCT**	**16 M** ab PD nach Auff. **R.12.4c)/e) PCT** +25% AnmGeb. an RO **R.12.4a) PCT** **Notfrist:** spätestens binnen 17 M ab PD, aber vor Rechtsverlustmitt. **R.12.4d) S.2 PCT**	**+** iPa wird in dieser VeröffSprache veröff. **R.48.3b) PCT** VeröffSprache ≠ EN: ISR bzw No-Search-Erklärung, Titel, Zusammenfassung und dazugehörige Zeichnung in EN + VeröffSprache veröff. **R.48.3c) PCT** **–** iPa gilt als zurückgenommen und Rechtsverlustmitt. durch das RO **R.12.4d) iVm R.29.1 PCT**	--

[738] entfällt, wenn iPa urspr. in VeröffSprache des PCT eingereicht [**R.12.3a) iii) PCT**].

[739] bei **Übermittlung der iPa an IB** durch „unzuständiges RO", erfolgt Fristberechnung ab Eingang beim IB.

Einreichen einer iPa

Weiterleitung der iPa — Anmeldeamt RO — Art.12 iVm R.21-23 PCT

	Voraussetzung	Norm	Handlung	Frist	Nachfrist	Rechtsfolge	Rechtsbehelf
21 **Übermittlung „Aktenexemplar" an IB** 6.057–6.058	1) iPa bei nat. Amt **ODER** zwischenstaatl. Organisation als RO eingereicht 2) Mindesterfordernisse nach Art.11(1) PCT erfüllt (Zuerkennung eines AD) 3) keine nat. Sicherheitsbedenken des RO	**Art.12 iVm R.22 PCT**	1) Mitt. des internationalen Aktenzeichens und AD an IB und Anmelder durch RO **R.20.2b) PCT** 2) Weiterleitung iPa durch dieses nat. Amt oder zwischenstaatliche Organisation an IB (kein gesonderter Antrag des Anmelders erforderlich)	binnen **13 M** ab PD **R.22.1a) PCT** ABER spätestens bis zur Auff. des RO durch IB (**14 M** ab PD) **R.22.1b) und c) PCT**	binnen **3 M** nach Auff. des RO durch IB zur Übermittlung der iPa **Art.12(3), R.22.3 PCT**	**+** Übermittlung der iPa („Aktenexemplar") an IB durch RO **Art.12(1), R.22.1a) PCT** Mitt. über Eingang der iPa an Anmelder, RO und ISA durch IB **R.24.1a) PCT** **–** nach Ablauf der **14M-Frist**: Mitt. des IB an Anmelder und RO, dass iPa noch nicht eingegangen **R.22.1c) PCT** nach Ablauf der **17M-Frist**: [740] iPa gilt als zurückgenommen **Art.12(3) PCT** Wirkung der iPa als nat. Hinterlegung erlischt für alle DO/EO **Art.24(1)ii) PCT** bereits entrichtete Gebühren werden zurückgezahlt	**Interimslösung:** Antrag des Anmelders beim RO **R.22.1d) PCT**
			Antrag des Anmelders beim RO zur Beglaubigung einer Kopie der iPa und Übermittlung dieser an IB (kostenlos) **R.22.1d) PCT**	nach Ablauf von **14 M** ab PD **R.22.1c) PCT** ABER binnen **3 M** nach Auff. des RO durch IB zur Übermittlung der iPa **Art.12(3), R.22.3 PCT**	keine	**+** Übermittlung der beglaubigten Kopie der iPa an IB durch RO, die bis zur Übermittlung der iPa als Aktenexemplar gilt (Interimslösung) **R.22.1f) PCT** **–** Ablehnung des Antrags, weil: • zu beglaubigende Kopie ≠ eingereichte iPa • nat. Sicherheitsbedenken des RO • Aktenexemplar bereits übermittelt **R.22.1e) PCT**	Nachprüfung durch Bestimmungsämter **Art.25, R.51 PCT**, S. 287 **ODER** Neueinreichung
22 **Übermittlung „Recherchenexemplar" an ISA** 6.059	1) Recherchengebühr bezahlt **R.23.1a)/b) PCT** 2) ggf. Übersetzung iPa in zulässige Amtssprache der ISA **R.23.1b) iVm R.12.3 PCT**	**Art.12(1) iVm R.23 PCT**	Weiterleitung iPa durch RO an ISA **Art.12(1), R.23.1a)/b) PCT** ggf. Weiterleitung Sequenzprotokoll durch RO an ISA **R.23.1c) PCT**	binnen **13 M** ab PD **R.22.1a) PCT**	keine	**+** Übermittlung der iPa („Recherchenexemplar") an zuständige ISA durch RO **Art.12(1) iVm Art.16 PCT** Mitt. über Eingang der iPa an Anmelder, IB und RO durch ISA **R.25.1 PCT**	--

[740] Mitt. über Verspätung an Anmelder, RO, ISA durch IB [**R.24.2c) PCT**].

Teil D II – Übersicht zum PCT

Mängelbeseitigung (weitere Formerfordernisse)
Antrag und Mängelbeseitigung sind gebührenfrei [6.053]

Anmeldeamt (RO) — Art.14(1) iVm R.26 PCT 6.024 ff.

	Mangel	Norm	Handlung	Frist	Nachfrist	Rechtsfolge	Rechtsbehelf
23	**unberechtigter Anmelder** vor dem ausgewählten RO [741] 6.035, 6.036	Art.11(1)(i), R.19.4(a)ii) PCT iVm R.4.5 PCT	**Voraussetzung:** zumindest ein Anmelder hat Staatsangehörigkeit bzw Wohnsitz/Sitz in einem PCT-VStaat [741] Art.9(1), R.18.3 PCT Staatenübersicht. **Heilung:** Nachweis, dass Anmelder am Tag der Einreichung berechtigt war vor jeweiligem RO anzumelden VV329	2 M ab Auff. zur Mängelbeseitigung [742] Art.11(2)(a)ii) PCT R.20.3(a)i) PCT	--	**+ Nachweis der Anmelderberechtigung** wird als Änderung iSv Art.14.1(a)ii), R.4.5 PCT gesehen und AD bleibt erhalten 6.037 **in sonstigen Fällen** bekommt iPa Tag an dem alle Mängel beseitigt sind als AD Art.11(2)(b), R.20.3b) PCT	Nachprüfung durch Bestimmungsämter Art.25, R.51 PCT, S.287 ODER Neueinreichung
24	**fehlender Hinweis**, dass Anmeldung als iPa behandelt werden soll	Art.11(1)(iii)a) PCT	Hinweis nachreichen			**–** Anmeldung wird nicht als iPa behandelt, Rechtsverlustmitt. an Anmelder Art.14(4), R.20.4 PCT	
25	kein **PCT-Vertragsstaat** bestimmt	Art.11(1)(iii)b) PCT	mind einenen PCT-VStaat bestimmen (Form PCT/RO/101 bewirkt autom Bestimmung aller PCT-VStaaten für jede Schutzart)			**UND** **Rückerstattung** bereits entrichteter Gebühren R.15.4, R.16.2 PCT	
26	fehlende **Anmelderidentität**	Art.11(1)(iii)c), R.20.1b) PCT	**Name** mind eines Anmelders genügt, um daraus die Identität festzustellen				
27	keine **Beschreibung** 6.025 (ii)	Art.11(1)(iii)d) PCT	Nachreichen der ganzen Beschreibung und/oder mind. eines Anspruchs	2 M ab Eingang beim RO R.20.7(a)ii) 6.029		**+** Beschreibung(steile)/Anspruch nachgereicht: iPa erhält Tag, an dem Beschreibung(steile), Anspruch eingehen als AD Art.11(2)b), R.20.3(b)(i), 20.5(c) PCT **fehlende Zeichnungen nachgereicht:** iPa erhält Tag, an dem Zeichnungen eingehen bzw. alle fehlenden (Bestand)Teile nachgereicht wurden als AD Art.11(2), R.20.5b) bzw. c) PCT **–** Anmeldung wird nicht als iPa behandelt, Rechtsverlustmitt. an Anmelder Art.14(4), R.20.4 PCT	Einbeziehung durch Verweis R.4.18 PCT; S.265 ODER Neueinreichung
	kein Anspruch	Art.11(1)(iii)e) PCT		2 M ab Auff. zur Mängelbeseitigung R.20.7(a)ii) 6.029			
	fehlende **Zeichnung** 6.025 (ii)	Art.14(2), R.20.5 PCT	fehlende Zeichnungen nachreichen			**fehlende Zeichnungen nicht nachgereicht:** Bezugnahmen bleiben unberücksichtigt Art.14(2) PCT	

Eingangsprüfung – ohne Erhalt des AD [6.025]

[741] **Rechtsübergang:** Anmeldererfordernis nach Art.9 PCT gilt nur am ET der iPa; iPa kann jederzeit auf andere Person übertragen werden, die weder Sitz/Wohnsitz noch Staatsangehörigkeit in einem PCT-VStaats hat [PCT-NL 1/2009]; **Mängel bei Sitz/Staatsangehörigkeit:** vor USPTO als RO ist keine Berichtigung mögl. [6.036].

[742] USPTO wird bei Mangel hinsichtlich „unberechtigter Anmelder vorm ausgewählten RO" keine Auff. senden, sondern direkt an IB weiterleiten [6.036].

Mängelbeseitigung

	Mangel	Norm	Handlung	Frist	Nachfrist	Rechtsfolge	Rechtsbehelf
28	**Anmeldesprache** nicht von RO nach R.12.1 PCT zugelassen 6.013 ff., 6.034 Annex C	Art.11(1)(ii), R.19.4(a)(ii) PCT	ggf. **Übermittlungsgebühr** an das „falsche" RO für Annahme der iPa und deren Übermittlung an IB (Gebühr wird von RO bestimmt) [EPA: 140 €, R.157(4), Art.2(1) Nr.18 GebO]	1 M ab Eingang der Anmeldung beim „falschen" RO R.14.1(c) PCT		+ iPa gilt als durch das „falsche" RO für IB (als zuständiges RO) entgegengenommen **R.19.4a), 19.1a)iii PCT** **RO übermittelt** Anmeldung selbständig an IB und iPa behält als AD den Tag des Eingangs beim „falschen" RO [744] **R.19.4(b) PCT** **1M-Frist zur Zahlung** der Übermittlungs-, Anmelde- und Recherchegebühr richtet sich nach Eingang beim IB **R.19.4b), c) PCT**	
29	**Fehlende Zuständigkeit des Anmeldeamts (RO)** [745] 6.035	Art.11(1)(ii), R.19.4a)(i) PCT					
30	**fehlende Unterschrift** [746] (**fehlende Vertretung** gilt als fehlende Unterschrift, Art.49 PCT)	Art.14(1)(a)(i) PCT VV316	Unterschrift nachholen [746] oder Vollmachtsvorlage des Anwalts R.4.1(d) PCT, R.4.15 PCT			+ AD bleibt erhalten **unterbleibt Auff. zur Mängelbeseitigung** der Erfindungsbezeichnung bzw Zusammenfassung durch RO, erstellt ISA diese R.37.2 oder R.38.2 PCT – iPa gilt als zurückgenommen und Rechtsverlustmitt. an Anmelder und IB durch RO Art.14(1)(b), R.26.5 iVm R.29 PCT Wirkung der iPa als nat. Hinterlegung erlischt für DO/EO **UND** Rückerstattung bereits entrichteter Gebühren **R.15.4, R.16.2 PCT**	Antrag auf Nachprüfung durch DO Art.25, R.51 PCT, S.287 WB vor nat/reg Amt (+) Art.24(2), 48(2), R.82bis PCT
31	**unzureichende Anmelderangaben** [746]	Art.14(1)(a)(ii) PCT	Angabe **aller** Anmelder nachholen [746]: Name, Adresse, Staatsangehörigkeit R.4.4 und 4.5 PCT	2 M ab Auff. zur Mängelbeseitigung [749]	»jederzeit« verlängerbar [747] R.26.2 PCT		WE (+) [R.82quart PCT];
32	**fehlende Erfindungsbezeichnung**	Art.14(1)(a)(iii) PCT	Bezeichnung angeben R.4.3 PCT	Art.14(1)(b), R.26.1/2 PCT			neue iPa oder ePa einreichen
33	**fehlende Zusammenfassung** [748] 5.164	Art.14(1)(a)(iv) PCT	Zusammenfassung nachreichen (50-150 Wörter, wenn in EN) R.8 PCT		6.037		
	Formerfordernisse [749] • Figuren fehlerhaft [R.11.10-13 PCT] • anstoßerregende Angaben [R.9 PCT] • Terminologie und Zeichen [R.10 PCT]		Mangel beseitigen ggf unter Einreichen von Ersatzblättern [743] R.11 PCT				
34	**biologisches Material** 11.078 Annex L	R.13bis PCT	Angabe von 1) Name/Anschrift Hinterlegungsstelle 2) Datum der Hinterlegung 3) Eingangsnummer R.13bis.3a) PCT	16 M ab (frühestem) PD R.13bis.4a) PCT 11.080	spätestens vor Abschluss techn. Vorbereitungen zur Veröff.	+ Bezugnahme auf biolog. Material – Konsequenzen gem. nationalem Recht 11.081	WE (+) Art.48(2) PCT, Art.122, T227/97

Formalprüfung – unter Erhalt des AD [6.032] [743]

[743] »schriftliche« Stellungnahme, Mängelbeseitigung nach R.26.1 PCT UND ggf. »**Ersatzblatt**«: ist ein während PCT-Phase eingereichtes Blatt, welches von dem ursprünglich (oder früher) eingereichten Blatt abweicht, indem es folgendes enthält: **[1]** Berichtigung(en) formeller Mängel [R.26 PCT], **[2]** Berichtigung(en) offensichtlicher Fehler [R.91 PCT]; **[3]** Änderung(en) der Ansprüche [Art.19 PCT]; **[4]** Änderung(en) der Beschreibung, Ansprüche und Zeichnungen [Art.34 PCT]; **[5]** Änderung(en) bestimmter Angaben im Antrag hinsichtlich Anmelder, Erfinder oder Anwälte [R.92bis PCT].

[744] 1M-Frist zur Zahlung der int. Anmelde-/Übermittlungs-/Recherchegebühr berechnet sich ab tatsächlichen Eingang der iPa beim IB [R.19.4(c) PCT]; wurden Gebühren bereits an RO gezahlt, werden diese zurückerstattet und sind erneut zu begleichen, dann an IB [6.035].

[745] **zulässiges RO:** **[1]** nat. Amt des PCT-VStaates in dem mind ein Anmelder Sitz/Wohnsitz oder Staatsangehörigkeit hat, **[2]** zwischenstaatliche Organisation, der dieser PCT-VStaat angehört (z.B. EPA, EAPO) ODER **[3]** IB [R.19.1/2 PCT]. **mehrere Anmelder:** grundsätzlich Unterschrift aller Anmelder erforderlich [R.4.15 PCT], aber Anmelderangaben UND **Unterschrift eines Anmelders genügt** [R.26.2bis PCT] (wobei DO/EO fehlende Unterschriften nachfordern [R.51bis.1a)vi PCT]) ODER **Unterschrift des »Anwalts«**, sofern gesonderte Vollmachtsvorlage mit Unterschrift aller Anmelder an RO erfolgt; außer RO verzichtet auf gesonderte Vollmachtsvorlage [R.90.4d), 90.5c) PCT], 5.089].

[746] gebührenfrei beim RO auf Antrag oder vAw [6.037].

[747] dient nur der techn. Information; dient nicht zur Bestimmung des Schutzbereichs [Art.3(3) PCT] und gehört nicht zum offenbarungsgehalt.

[748] Auff. zur Beseitigung von Formmängeln der iPa durch RO erfolgt nicht, wenn Form der eingereichten Unterlagen oder deren Übersetzung [R.12.3/4 PCT] für Veröff. und Vervielfältigung ausreichend ist [**R.26.3ter PCT**].

Teil D II – Übersicht zum PCT

35 Berichtigung offensichtlicher Fehler (unter Erhalt des AD)

Mangel	Norm	Handlung	Frist	Nachfrist	Rechtsfolge	Rechtsbehelf
Berichtigung offensichtlicher Fehler	R.91 PCT	1) Fehler ist **offensichtlich** in Schriftstücken, Ansprüchen, Beschreibung, Zeichnungen (außer Zusammenfassung) **R.91.1a), b) PCT** 2) schriftlicher Antrag bei örtlich zuständiger Behörde [750] **R.91.1a) PCT** 3) **Ersatzblätter** mit Berichtigung(en) [751] (entfällt bei Berichtigung des Antrags) 4) **Begleitschreiben** unter Angabe der Unterschiede zw. Ersatzblatt und zu ersetzendem Blatt **R.26.4 PCT** unzulässig für fehlende Teile oder Seiten, Fehler in Zusammenfassung, Fehler im Priodatum **R.91.1g) PCT** **Sprache:** VeröffSprache UND Übersetzungssprache der iPa **R.55.3 iVm R.12.2a) PCT**	26 M ab frühestem PD **R.91.2 PCT** ODER ab Auff. durch RO, ISA, IPEA, IP **R.91.1h) PCT**		**+ Zustimmung** [752] durch örtlich zuständige Behörde [750] nach Formalprüfung, wodurch Berichtigung wirksam wird **R.91.1b), 91.3 PCT** **Veröffentlichung** bewilligter Berichtigungsanträge durch IB binnen 18 M nach PD [753] **R.48.2a)vii) PCT** Berichtigungen werden DO/EO zugestellt **R.70.2e), 70.16 PCT, VV413 [für EO]** **− Verweigerung** durch örtlich zuständige Behörde [750] **91.3a) PCT** **Veröffentlichung** abgelehnter Berichtigungsanträge nur auf Antrag des Anmelders zur Veröff des Berichtigungsantrags beim IB [754] **R.91.3d) PCT**	Nachprüfung durch und Gelegenheit zur Berichtigung durch das DO in nat. Phase

Eine Mängelbeseitigung oder Berichtigung muss stets gegenüber der zuständigen Behörde erfolgen und bedarf deren Zustimmung:

- **RO:** Fehler im Anmeldeantrag nach **R.20** bzw. **26 PCT**
- **ISA/SISA:** mangelnde Einheitlichkeit [Art.17(3) PCT]; Fehler in Beschreibung, Ansprüche, Zeichnungen → **ISA**; [3] Änderung(en) der Ansprüche nach **Art.19** und **34 PCT**
- **IPEA:** Fehler in Beschreibung, Ansprüche, Zeichnungen und Änderungen nach **Art.19** und **34 PCT**
- **IB:** Fehler in nicht oben genannten bei ihm eingereichten Schriftstücken

Führt eine Änderung nach R.26.1 PCT zu einer **Erhöhung der Seitenzahl** (z.B. durch Vergrößerung der Zeichnungen), muss keine zusätzliche Zuschlagsgebühr pro anfallendem Blatt gezahlt werden.

---

[750] **zuständige Behörden [91.1b)PCT]:** **[1]** Fehler im Anmeldeantrag → **RO**; **[2]** Fehler in Beschreibung, Ansprüchen, Zeichnungen → **ISA**; **[3]** Fehler in Beschreibung, Ansprüche, Zeichnungen und Änderungen nach Art.19 bzw 34 PCT für Erstellung des IPER → **IPEA**; **[4]** sonstige Schriftstücke → dort, wo dieses Schriftstück eingereicht wurde.

[751] **Ersatzblatt** ist ein während der PCT-Phase eingereichtes Blatt, welches von dem ursprünglich (oder früher) eingereichten Blatt abweicht indem es folgendes enthält: **[1]** Berichtigung(en) eines formeller Mängel [**R.26 PCT**], **[2]** Berichtigung(en) offensichtlicher Fehler [**R.91 PCT**]; **[3]** Änderung(en) der Ansprüche [**Art.19 PCT**]; **[4]** Änderung(en) der Beschreibung, Ansprüche und Zeichnungen [**Art.34 PCT**]; **[5]** Änderung(en) bestimmter Angaben im Antrag hinsichtlich Anmelder, Erfinder oder Anwälte [**R.92bis PCT**].

[752] Berichtigungsantrag bedarf unverzüglicher Zustimmung oder Verweigerung durch zuständige Behörde mittels R.91.3a)-Mitt. an den Anmelder [**R.91.3a) PCT**].

[753] wenn Abschluss techn Vorbereitungen zur Veröff bereits abgeschlossen, erfolgt nachträglich Veröff durch IB [**R.48.2j) PCT**].

[754] **Gebühr:** 50 CHF für erstes + 12 CHF für jedes weitere Blatt [Annex B2 (IB)]; **Frist:** 2 M nach Verweigerung durch zuständige Behörde [R.91.3d) PCT]; ist Antrag fristgemäß, aber **nach Abschluss techn Vorbereitungen zur Veröff** (idR. 15 Tage vorher) eingegangen, so wird Berichtigungsantrag UND jede Begründung/Stellungnahme unverzüglich nach Erhalt eines Veröffentlichungsantrags veröff UND Titelseite der iPa wird neu veröff [**R.48.2k) PCT**].

Priorität

	Handlung	Rechtsnorm	Voraussetzung / zu erbringende Handlung	Frist	Gebühr	Rechtsfolge	Nachfrist	Rechtsbehelf
36	**Prioritätsrecht** 5.007, 5.057-5.071, 6.038-6.044	Art.4 PVÜ	1) Prioanmeldung ist Patent, GebrM oder Gebrauchszertifikat mit Wirkung für PVÜ ODER WTO **Art.8, R.4.10a) PCT, Art.4A(1) PVÜ** 2) zuerkannter Anmeldetag **Art.4A(2), (3) PVÜ** 3) gleiche(r) Anmelder ODER dessen Rechtsnachfolger [755] **Art.8(1), (2) a) PCT, Art.4A(1) PVÜ** 4) Nachanmeldung binnen 12 M nach AD der Prioanmeldung [756] **Art.8(2)a) PCT iVm Art.4C(1) PVÜ R.2.4, Art.8(2)a) PCT iVm Art.4C(1) PVÜ** 5) „dieselbe Erfindung" **Art.8(1)(2) a) PCT, Art.4C(4) PVÜ** 6) Prioanmeldung ist „erste Anmeldung der Erfindung" [757] **Art.4C(2) PVÜ**	12 M ab frühestem PT [756] **Art.4C (1) PVÜ iVm R.2.4, R.80.5 PCT**	n.d.	**+** Prioritätsanspruch besteht	keine	**WE (+), 2 M** während PCT-Phase vor RO **R.26bis.3 PCT** ODER **WE (+)** in nat. Phase vor DO **R.49ter.2 PCT**
37	wirksamer **Prioritätsanspruch**	**Art.8(1)PCT, R.4.10 PCT**	Prioritätserklärung für PVÜ- ODER TRIPS-Anmeldungen mit i) früherem Anmeldetag; ii) Aktenzeichen; iii) Anmeldeamt	am ET mit Anmeldeantrag		**+** zur Berechnung von Fristen gilt im PCT-Verfahren der (früheste) beanspruchte PD **Art.2(xi) PCT** bei Änderung: Neuberechnung	bei Mängeln: **R.26bis.2(a) PCT-Auff.** zur Berichtigung → **R.26bis.1(e) PCT**-Antrag auf Veröff. binnen **30 M** ab PD	**WB (+);** WE (−), da noch kein Rechtsverlust
		Art.8(1) PCT iVm R.17.1 PCT	Priobeleg (beglaubigte Abschrift der früheren Anmeldung) von dem Amt wo frühere Anmeldung eingereicht a) direkt beim RO ODER IB (nicht per Fax oder Online) ODER b) Weiterleitung an IB beantragen, wenn RO Erstanmeldeamt [758] 5.070	16 M ab frühestem beanspruchten PD **R.17.1 PCT**	50 € Ausstell. einer beglaub. Kopie vom EPA **R.17.1 PCT iVm R.21.2PCT**			
38	**Hinzufügen/Berichtigen der Prioritätserklärung** 6.038-44	**R.26bis.1a) PCT**	Antrag auf Änderung beim RO ODER IB kann erfolgen durch: ▪ Hinzufügen fehlender Priorität ▪ Berichtigen des „falschen" PD oder von fehlenden Angaben (Datum, AZ, Land), PD liegt über 12 M vor intern. AD ▪ Berichtigen aller Angaben nach R.4.10 PCT zulässig **R.26bis.1b) PCT** 2) kein Antrag auf vorzeitige Veröff. (außer: Zurücknahme des Veröff.-Antrags erfolgt vor Abschluss techn. Vorbereitung zur Veröff.)	16 M ab PD ODER 16 M ab berichtigtem/hinzugefügtem PD [759] zuerst ablaufende aber spätestens 4 M nach AD	--	**+** Prioanspruch gilt für PCT-Verfahren als nicht erhoben **R.26bis.2(b) PCT** **−** DO kann Prioanspruch unberücksichtigt lassen, **ABER** muss Nachfrist zur Mängelbeseitigung gewähren **R.17.1(c) PCT**	Berichtigung offensichtlicher Fehler **R.91.1(g)(iv) PCT**
39	**Wiederherstellung** des Prioritätsrechts [757] bzw. **R.49ter.2 PCT** 5.063-69	**R.26bis.3 PCT**	1) **Antrag** beim RO unter Berücksichtigung des entsprechenden Wiederherstellungskriteriums [760] **R.26bis.3a) PCT** 2) **Begründung** unter Tatsachenvorlage **R.26bis.3b) ii) PCT** 3) Inanspruchnahme der Prio **R.26bis.3c) iVm R.26bis.1a) PCT** 4) Zahlung Wiedereinsetzungsgebühr an RO **R.26bis.3d) PCT**	2 M nach Ablauf der Priofrist **R.26bis.3e) PCT**	vgl. Annex C für jeweiliges Amt **R.26bis.3d) PCT**	Wiederherstellung oder Ablehnung [761] Mitt. an Anmelder und IB **R.26bis.3h) PCT**	binnen angem. Frist ggf. nach Auff. zum Nachreichen von Tatsachen **R.26bis.3 f) und g) PCT**	WE-Antrag in Priofrist beim DO/EO **R.49ter PCT**

[755] **Rechtsübertragung** der Anmeldung (oder Prioritätsrechts als solches) muss vor ODER (spätestens) am Tag der Einreichung der Nachanmeldung erfolgen UND nach einschlägigen nat. Rechtsvorschriften wirksam sein.

[756] fällt Fristende auf Feiertag/Schließtag des RO, so erstreckt sich Priofrist auf nächsten Werktag [**Art.47(1)** iVm **R.2.4(b), R.80.5 PCT**].

[757] Das spätere Schicksal der prioritätsbegründenden Anmeldung ist ohne Bedeutung; die Anmeldung kann zum Beispiel in der Folge zurückgenommen oder zurückgewiesen werden [**Art.4C(4) PCT**].

[758] Folgen der nichterfüllten Weiterleitung für EP-Phase: [1] kein Rechtsverlust, daher [2] Beginn der Sachprüfung, **ABER:** keine Erteilung des EP-Patents bis zur Vorlage des Priobelegs; ggf. Auff. durch EPA [E-VIII,2.3.5].

[759] Berichtigungen, die beim RO ODER beim IB eingehen, bevor die Priorität für nichtig erklärt wird, gelten als rechtzeitig eingegangen, solange sie nicht später als 1 M nach Ablauf der Frist eingegangen sind (**R.26bis.2(b)**).

[760] während internationaler Phase vor dem DO (**R.26bis.3 PCT**) ODER während nationaler Phase vor dem DO (**R.49ter.2 b) PCT**); **Wiederherstellungskriterien:** „trotz Beachtung der gebotenen Sorgfalt" (**R.26bis.3 a) i) PCT,** bspw. EPA E-VIII,2.3.5) ODER „unbeabsichtigtes Versäumnis" (**R.26bis.3 a) ii) PCT**, bspw. USA). Achtung: **negativer Entscheid des RO** ist nicht bindend für DO.

[761] **Bindungswirkung:** Wiederherstellung „trotz Beachtung gebotener Sorgfalt" entfaltet Wirkung vor allen DOs/EOs (**R.49ter.1a) PCT**); Wiederherstellung wegen „unbeabsichtigtem Versäumnis" nur vor DOs/EOs (**R.49ter.1d) PCT**); Antragsüberprüfung nur bei berechtigten Zweifeln zulässig (**R.49ter.1d) PCT**); **keine Bindungswirkung** des DO/EO, wenn RO Wiederherstellungsantrag abgelehnt (**R.49ter.1e) PCT**).

Nachreichen wesentlicher Bestandteile/fehlender Teile oder Einbeziehung durch Verweis
Beseitigung von Mängeln iSv Art.11(1) iii) d) und e), R.20.3 PCT — R.20 PCT

Voraussetzungen

40 für das wirksame Einbeziehen von fehlender Bestandteile/Teile durch Verweis

iSv **R.4.18** iVm **R.20.3a) ii)** ODER **R.20.5a) ii)**

1) Priorität muss am AD beansprucht worden sein [**R.4.18 PCT**]
2) Prioritätsanmeldung fehlende Bestandteil oder Teil enthält [**R. 20.6(b) PCT**]
3) Erklärung über die (bedingte) Einbeziehung durch Verweis im Anmeldeantrag enthalten [**R.4.18 PCT**]
4) fristgerechte »schriftliche« Bestätigung der Einbeziehung durch Verweis [**R.20.6 und 20.7 PCT**]

Ausführungsordnung zum Vertrag über die Internationale Zusammenarbeit (PCT)

Regel 4
Der Antrag (Inhalt)

[...] **4.18** Erklärung über die Einbeziehung durch Verweis Beansprucht die internationale Anmeldung zu dem Zeitpunkt, an dem ein oder mehrere in Art.11(1) iii) PCT genannte Bestandteile erstmals beim Anmeldeamt eingegangen sind, die Priorität einer früheren Anmeldung, so kann der Antrag eine Erklärung des Inhalts enthalten, daß, wenn ein in Art.11(1) iii) Buchstabe o oder e genannter Bestandteil der iPA oder ein Teil der Beschreibung, der Ansprüche, oder der Zeichnungen, auf den in R.20.5 PCT a Bezug genommen wird, nicht in sonstiger Weise in der iPa, aber vollständig in der früheren Anmeldung enthalten ist, dieser Bestandteil oder Teil, vorbehaltlich einer Bestätigung gemäß R.20.6PCT, durch Verweis in die iPA, für die Zwecke der R.20.6 PCT, einbezogen ist. Eine solche Erklärung kann, falls sie zu diesem Zeitpunkt nicht im Antrag enthalten war, dem Antrag hinzugefügt werden, wenn und nur wenn sie in sonstiger Weise in der iPa enthalten war oder zusammen mit der iPa zu diesem Zeitpunkt eingereicht wurde. [...]

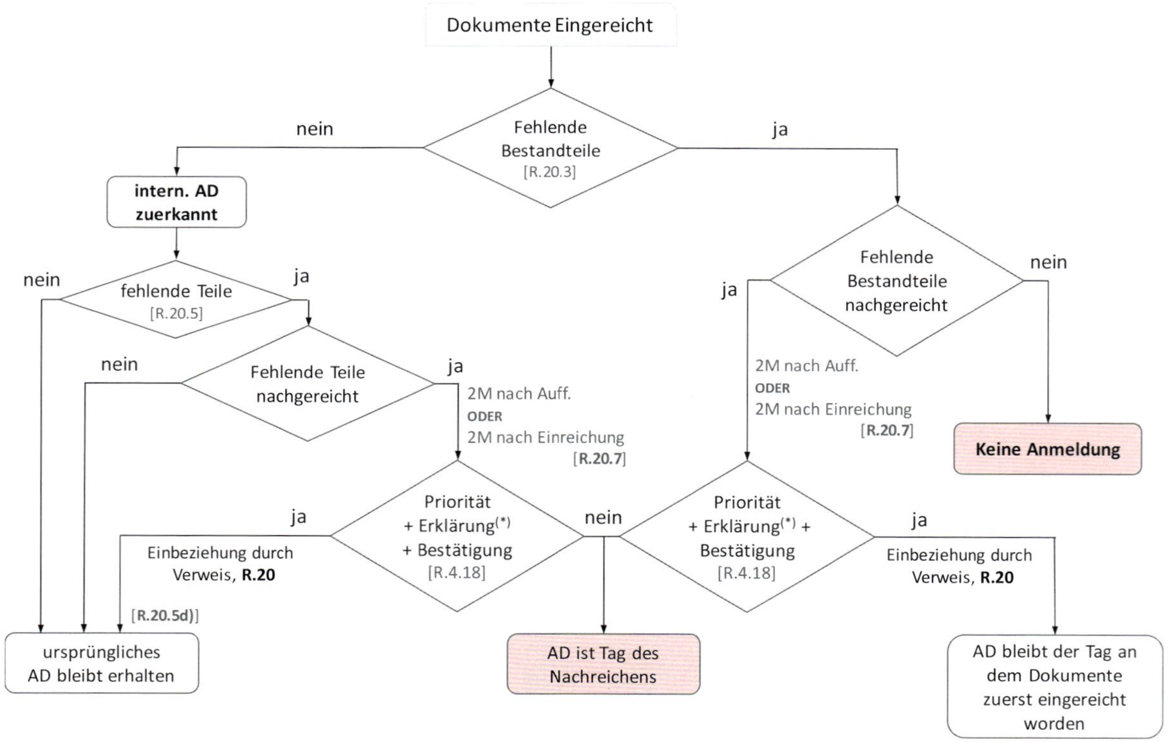

Fig.11: Möglichkeiten zum Nachreichen fehlender Teile im PCT.
Bestandteil = Beschreibung oder Ansprüche im Ganzen
Teil = Teil der Beschreibung, Teil der Ansprüche oder Zeichnungen im Ganzen oder Teile davon
(*) Priorität muss am AD beansprucht worden sein

Nachreichen fehlender Teile

Nachreichen fehlender Teile / Einbeziehung durch Verweis

	Handlung	Voraussetzung	Rechtsnorm	Erfordernis	Frist	Rechtsfolge	Anmeldeamt (RO) Rechtsbehelf
41	**wesentlicher Bestandteile** fehlt *(Nachreichen ohne Verweis)*	Mängel nach **Art.11(1) iii) d) oder e) PCT**: Fehlen der ganzen Beschreibung ODER fehlen aller Ansprüche	**Art.11(2) R.20.3a)(i) PCT**	Nachreichen fehlender Beschreibung bzw. mind. eines Anspruchs (Aufnahme nachgereichter Blätter nicht durch Verweis bestätigt, DII-43)		**+** Verschiebung des AD auf ET des fehlenden Bestandteils **Art.11(2)(b), R.20.3b) i) PCT** **−** iPa wird kein AD zuerkannt **Art.14(4), R.20.4 i) PCT**	**Neueinreichung** der iPa (+)
42	**fehlender Teile** *(Nachreichen ohne Verweis)*	Fehlen von Teilen der Beschreibung, Teilen der Ansprüche und/oder einzelner oder aller Zeichnungen (außer Zusammenfassung)	**R.20.5a) i) PCT**	Nachreichen fehlender Teile (Aufnahme nachgereichter Blätter nicht durch Verweis bestätigt, DII-44)	2 M ab Auff. zur Mängelbeseitigung **R.20.3a), 20.7 PCT**	**+** Verschiebung des AD auf ET des fehlenden Teils **Art.11(2), R.20.5c) PCT** **−** AT bleibt erhalten fehlende Zeichnungen nicht nachgereicht: Bezugnahmen bleiben unberücksichtigt **Art.14(2) PCT**	Rücknahme nachgereichter Teile binnen **1 M** nach Mitt., so bleibt AD erhalten **R.20.5e) PCT**
43	**wesentlicher Bestandteile** fehlt *(Einbeziehung mit Verweis)*	zur Mängelbeseitigung nach Art.11(1) iii) PCT kann sich der Anmelder auf eine frühere prioritätsbegründende Anmeldung beziehen, wenn ▪ Priorität am ET der iPa beansprucht worden ist, **R.4.18 PCT** [762] ▪ Prioranmeldung enthält fehlende Bestandteil ODER Teil, **R.20.6(b) PCT** ▪ **Erklärung** über die (bedingte) Einbeziehung durch Verweis im Anmeldeantrag enthalten, **R.4.18 PCT** ▪ fristgerechte schriftliche Bestätigung der Einbeziehung durch Verweis, **R.20.6 und 20.7 PCT**	**R.4.18 iVm R.20.3a) ii) PCT**	»schriftliche« Bestätigung unter Einreichung von 1) fehlenden Blättern 2) Kopie der Voranmeldung, falls Priobeleg noch nicht eingereicht 3) *ggf.* Übersetzung Priobeleg in Sprache der iPa 4) Angaben dazu, wo fehlende Teile im Priobeleg (und *ggf.* in Übersetzung) enthalten sind **20.6a) PCT**	2 M nach Einreichung der iPa von sich aus **R.20.7 PCT**	**+** AD bleibt erhalten [763] **R.20.6b), 20.3b) ii) PCT** Fall 1: Mängel beim Nachreichen: AD verschiebt sich auf ET des fehlenden Bestandteils **R.20.6c), 20.3b) i) PCT** Fall 2: keine Reaktion des Anmelders: iPa wird kein AD zuerkannt **Art.14(4), R.20.4 i) PCT**	Fall 1: Rücknahme nachgereichter Teile binnen **1 M** ab Mitt., so bleibt AD erhalten **R.20.5e) PCT** Fall 2: **Neueinreichung** der iPa (+)
44	**fehlender Teile** *(Einbeziehung mit Verweis)*		**R.4.18 iVm R.20.5a) ii) PCT**	**Achtung:** ganz/teilweises Ändern, Hinzufügen, Ersetzen oder Streichen von (falschen) Teilen in iPa anhand der Prioranmeldung ist unzulässig		**+** AD bleibt erhalten [763] **R.20.6b), 20.5d) PCT** AD verschiebt sich auf ET des fehlenden Teils bzw. alle fehlenden Teile nachgereicht wurden **R.20.6c), 20.5b) bzw c) PCT**	Rücknahme nachgereichter Teile binnen **1 M** nach Mitt., so bleibt AD erhalten **R.20.5 e) PCT**
45	**Sprache**	urspr. Sprache der iPa ODER Sprache der Übersetzung für Recherche **[R.12.3 PCT]** bzw. Veröff. der iPa **[R.12.4 PCT]**	**R.12.1^bis PCT**	urspr. Sprache der iPa ODER Sprache der Übersetzung für Recherche **[R.12.3 PCT]** bzw. Veröff. der iPa **[R.12.4 PCT]**		--	--

---

[762] Priorität muss am ET der iPa im oder mit Anmeldeantrag beansprucht worden sein; **Ausnahme:** Beschreibung der iPa enthält ausdrücklichen Querverweis zum Priodokument (z.B. Formulierung „*durch Verweis einbezogen*") **[R.4.18 S.2 PCT]**.

[763] DO kann, in beschränktem Maß, die vom RO zugelassene »Einbeziehung durch Verweis« überprüfen **[R.82ter.1b) PCT]**. **Achtung:** einige RO und DO haben Erklärungen über die Unvereinbarkeit der neuen Regel mit ihrem nat. Recht (Vorbehalte) abgegeben **[R.20.8(a)/(b) PCT**; BE, CU, CZ, DE, ID, IT, KR, MX].

Teil D II – Übersicht zum PCT

Internationale Recherche und ISR

Internationale Recherchebehörde (ISA) [764] **Art.17 PCT**

zuständige Recherchebehörde (ISA) richtet sich nach Anmeldeamt (RO) Staatenübersicht

	Handlung	Norm	Aufgabe (sachliche Zuständigkeit)	örtliche Zuständigkeit	Frist	Nachfrist	Rechtsfolge
46		**Art.18(1) PCT; R.43 PCT**	▪ Prüfung der **Einheitlichkeit** [R.40, R.13.1 PCT], ▪ Prüfung **Erfindungsbezeichnung** [R.37 PCT] UND **Zusammenfassung** [R.38 PCT] MÄNGEL: bei fehlender/mangelhafter Bezeichnung und/oder Zusammenfassung [R.8 PCT] erstellt ISA diese **R.37.2 oder R.38.2 PCT** ▪ **Recherche** beanspruchter Erfindung auf Grundlage der Ansprüche mit Beschreibung/Zeichnung [Art.15(3), R.33.3 PCT] zur **Ermittlung des relevanten StdT** [Art.15(2) PCT] **R.15(1) PCT** ▪ Zustimmung zu Berichtigung offensichtlicher Fehler ▪ **Erstellung ISR** [R.42, 43 PCT] **UND/ODER** erklärt, dass kein ISR erstellt wird [Art.17(2) PCT] [767] ▪ **Erstellung WO-ISA** [R.43bis PCT] (=unverbindlicher und vorläufiger Bescheid zu Neuheit, erfinderischer Tätigkeit, gewerblicher Anwendbarkeit)	**Zuständigkeit** ist abhängig vom RO 1) für RO nur eine ISA bestimmt: [765] dann nur diese **Art.16(2)** iVm **R.35.1 PCT**; Annex C ODER 2) für RO mehrere ISA bestimmt: [764] Wahlmöglichkeit für Anmelder durch schriftliche Erklärung [R.4.14bis PCT] **Art.16(2)** iVm **R.35.2 PCT**; Annex C Staatenübersicht ODER 3) IB als RO: nat. (oder reg.) Amt, das bei Hinterlegung iSv R.19.1/.2 PCT eigentlich zuständig gewesen wäre [765] **Art.16(2)** iVm **R.35.3a) PCT**; Annex C	**3 M** ab Eingang des Recherchenexemplars bei ISA von RO [766] (idR 16 M ab PD) R.23.1a), 22.1a) PCT ODER **9 M** ab PD - später ablaufende - **Art.18(1), R.42.1 PCT**		**Erstellung des ISR** muss enthalten: 1) allgemeine Daten (AZ/Anmelder/AD) 2) tatsächliches ISR-Erstellungsdatum 3) IPC-Klassifikation 5) recherchierte Dokumente 7) ggf. Einheitlichkeitseinwände **R.43 PCT** UND **WO-ISA** (=unverbindlicher und vorläufiger Bescheid zu Neuheit, erfinderischer Tätigkeit, gewerblicher Anwendbarkeit) **R.43bis.1 PCT** **Sprache:** ISR und WO-ISA in Veröffentlichungssprache oder Übersetzungssprache für ISA **R.12.4** iVm **R.43.4, 43bis.1b) PCT** ggf. Übersetzung in EN durch IB (wenn nicht in EN abgefasst) **R.45.1 PCT** UND Übermittlung an Anmelder und IB **Art.18(2) PCT, R.44.1 PCT** ISR wird durch IB veröff. und eine Kopie an jedes DO übermittelt **Art.20.1 und 21(3) PCT**
47	**Übermittlung ISR und WO-ISA an Anmelder** — ODER — **Erklärung**, dass keine (vollständige) Recherche durchführbar	**Art.17(2)a) PCT**	▪ iPa betrifft Gegenstand, für den keine Recherche durchzuführen ist [768] ODER ▪ sinnvolle Recherche nicht mgl. **Art.17(2)a)i),ii) PCT**				**No-Search-Erklärung** der ISA und Recherche unterbleibt [769] **Art.17(2)a) PCT** UND **WO-ISA** (siehe oben) **R.43bis PCT** – iPa gilt als zurückgenommen und Rechtsverlustmitt. durch RO **R.12.3d) PCT**
48	**Sprache der iPa**	**Art.16(1) PCT, R.12.3 PCT**	zugelassene Sprache der ISA [770] Annex A		**1 M** ab Eingang der iPa beim „zuständigen" RO **R.12.3a) PCT**	DII-49	

---

[764] derzeit **wählbare Recherchebehörden** (ISA): AT, AU, BR, CA, CL, CN, EG, EP, ES, FI, IL, IN, JP, KR, RU, SE, SG, UA, US, XN, XV Staatenübersicht; **Achtung:** EPA hat keine anderen ISA bestimmt.

[765] EPA = ISA, wenn **[1]** Anmelder Staatsangehörigkeit oder Sitz/Wohnsitz in EPÜ-VStaat oder **[2]** eigentlich zuständiges RO iSv. R.19.1/19.2 PCT das EPA als ISA bestimmt hat [Art.152 iVm ABl.2007,617].

[766] Übersendung des Recherchenexemplars an ISA durch RO erfolgt zeitgleich mit Übersendung des Aktenexemplars an IB binnen 13 M ab PD **[R.23.1a), 22.1a) PCT; S.255]**.

[767] **Zuständigkeit:** Für Entscheidungen über solche iPa ist Prüfungsabteilung zuständig.

[768] welche Gegenstände ISA nicht recherchiert siehe R.39.1 PCT iVm Annex D; für EPA: Geschäftsmethoden

[769] ggf. findet teilweise Recherche statt, wenn Mängel nicht alle Ansprüche betreffen **[Art.17b) PCT]**.

[770] **EPA = ISA:** DE, EN, FR **[Art.152 EPÜ]** oder, wenn iPa in NL eingreicht in Holländisch [Annex A]; wurde iPa in EPA-Amtssprache eingereicht oder veröff, so ist **keine Änderung der Sprache** zulässig **[G4/08]**.

Internationale Recherche und ISR

Internationale Recherche – weitere Erfordernisse und Anträge

	Handlung	Voraussetzung	Rechtsnorm	zu erbringende Handlung	Frist	Rechtsfolge	Rechtsbehelf
49	**Übersetzung** für Recherche 6.014–6.017	iPa urspr. in keiner von ISA zugelassenen Sprache	**R.12.3 PCT**	Übersetzung in eine Sprache, die zugleich i) zugelassene Sprache der ISA [EPA als ISA erkennt als Recherchensprache DE/EN/FR und NL (**nur** wenn RO nat. Amt in NL/BE war, ABl.2014,A117)] ii) Veröffsprache des PCT [Arabisch, CN, DE, EN, FR, JP, KR, PT, RU, ES] iii) zugelassene Sprache des RO [**R.12.1a) PCT**] [771] **R.12.3a) PCT**, Annex D	**1 M** ab Eingang der iPa beim „zuständigen" RO **R.12.3a) PCT** Nachfrist: **1 M** ab Auff. ODER **2 M** nach Eingang der iPa beim RO – später ablaufende – **R.12.3c) ii) PCT** +25% AnmGeb. an RO **R.12.3e) PCT**	– iPa gilt als zurückgenommen und Rechtsverlustmitt. durch RO (Übersetzung ist rechtzeitig, wenn sie vor Rechtsverlustmitt. und binnen 15 M ab PD eingeht) **R.12.3d) PCT**	--

50	**Berücksichtigung früherer Recherchenergebnisse** durch ISA
	
	5.072–5.073D
		auf Antrag
		1) **Recherche zu früherer Anmeldung**
		2) Angaben im Anmeldeantrag (bei RO)
		  a) früherem Recherchamt,
		  b) betreffende Anmeldung
		  c) ggf. Erklärung, dass iPa gleichen Gegenstand umfasst wie frühere Anmeldung **R.4.12 PCT**
		ODER
		automatisch
		1) iPa beansprucht **Prio** früherer Anmeldung(en)
		2) frühere Recherchenergebnisse für RO oder ISA zugänglich R.23bis.2a)/c) oder R.23bis.2d) PCT
			R.4.12 iVm R.41.1 PCT
			
			R.41.2 PCT
				a) Kopie früherer Recherchenergebnisse beim RO einreichen [772] **R.12bis.1a) PCT**
				b) bei ISA einzureichen [772]:
				  ▪ Kopie früherer Anmeldung
				  ▪ ggf. Übersetzung der Anmeldung und Ergebnisse in zugelassener ISA-Sprache
				  ▪ zitierter StdT **R.12bis.1b) PCT**
				keine
				(autom Übermittlung früherer Recherchenergebnisse an ISA [773])
					am AT zusammen mit Anmeldeantrag
					
					binnen angemessener Frist ab Auff.
					
					R.12bis.2 PCT
					
					so schnell wie möglich
						+ Übermittlung früherer Recherchenergebnisse an ISA durch RO [773] **R.23bis.1a) bzw .2a)PCT**
						Recherchenergebnisse werden für ISR berücksichtigt **R.41.1 bzw R.41.2 PCT**, 7.002A
						ggf. teilw. Rückerstattung der Recherchengebühr, wenn frühere Ergebnisse ganz/teilw. verwertbar **R.16.3 iVm R.41.1 PCT**	

51	**„PCT-Direkt-Schreiben"** mit informeller Stellungnahme RL/PCT B-IV,1.2	**zwingend** 1) EPA = ISA (unabhängig vom RO) 2) iPa beansprucht Prio früher vom EPA recherchierter Anmeldung [774] **Rückzahlung** 3) Prioanspruch wirksam 4) EPA kann früheren Recherchebericht vollst oder teilw verwerten	ABl.2017,A21 **R.16.3 PCT iVm ABl.2014,A30**	1) „PCT-Direkt-Schreiben" mit informeller Stellungnahme [775] beim EPA 2) Kennzeichnung etwaiger Änderungen ggü. früherer Anmeldung 3) Hinweis auf Schreiben im Anmeldeantrag an RO (Form PCT/RO/101)	am AD zusammen mit Anmeldeantrag	+ EPA als ISA berücksichtigt Stellungnahme bei Erstellung ISR und WO-ISA Veröff. PCT-Direkt-Schreiben über PATENTSCOPE + 25% oder 100% Rückzahlung intern. Recherchengebühr, wenn frühere Ergebnisse teilw./ganz verwertbar	keine

---

[771] entfällt, wenn iPa urspr. in Veröffsprache des PCT eingereicht [**R.12.3a) iii) PCT**].

[772] entfällt, wenn **[1]** frühere Recherche bereits von zuständiger ISA erstellt [**R.12bis.1c**) bzw **R.12bis.2b) PCT**] oder wenn **[2]** Recherchenergebnisse des Anmelders vorm RO: DE, FI, SE [R.23bis.2b) PCT] oder, **[2]** weil dies ohne Anmelderzustimmung mit nat Recht unvereinbar: AU, CH, CZ, FI, HU, IL, JP, NO, SE, SG, US (**R.23bis.2e) PCT**); aber **gesonderter Antrag des Anmelders** auf Berücksichtigung früherer Recherchenergebnisse beim RO stets möglich [**R.4.12, 41.1 PCT**].

[773] keine autom. Übermittlung von Recherchenergebnissen zu früherer Anmeldung **[1]** bei Ablehnungsantrag des Anmelders vorm RO: DE, FI, SE [R.23bis.2b) PCT] oder, **[2]** weil dies ohne Anmelderzustimmung mit nat Recht unvereinbar: AU, CH, CZ, FI, HU, IL, JP, NO, SE, SG, US (**R.23bis.2e) PCT**); aber **gesonderter Antrag des Anmelders** auf Berücksichtigung früherer Recherchenergebnisse beim RO stets möglich [**R.4.12, 41.1 PCT**].

[774] EPA erstellt nationale Recherchen für BE, CY, FR, GR, IT, LT, LU, MT, NL, SM, TR [**Zentr.Prot. I(1)b**]; B-II,4,6].

[775] Argumente zur Patentierbarkeit und Erläuterungen zu etwaigen Änderungen, um erhobene Einwände zu früherer Recherche auszuräumen.

Teil D II – Übersicht zum PCT

Internationale Recherche – Einwände [776]

Für iPa gelten vor dem EPA als RO, (S)ISA, IPEA die Artikel/Regeln des PCT und ergänzend die Vorschriften des EPÜ – bei entgegenstehenden Vorschriften ist PCT maßgebend [Art.150(2)].

Art.17 iVm R.40 PCT

52	**Grundlage des ISR**	<ul><li>urspr. eingereichte iPa und deren Anspruchssatz [Art.15(3) PCT], einschließlich Sequenzprotokoll [R.5.2, 13ter.1 PCT]</li><li>nachgereichte fehlende (Bestand-)Teile [R.20.3/5 PCT; S.264]</li><li>Berichtigungen offensichtlicher Fehler [R.91 PCT]</li><li>keine Änderungen, z.B. der Ansprüche nach Art.19 PCT oder der Ansprüche/Beschreibung/Zeichnungen nach Art.34 PCT</li></ul>
53	**Relevanter StdT**	<ul><li>nur schriftl. Offenbarung vor AD bzw. frühestem PD (+ 2 M wegen Wiederherstellung Priorechts) [Art.15(2)/(4), R.33.1a) PCT, beachte auch Art.33(2)/(3), R.64.1a)+b) PCT für IPER]</li><li>kein StdT ist mündl. Offenbarung, (offenkundige Vor-)Benutzung, Ausstellung oder andere nicht-schriftliche Offenbarung [777], werden im ISR aber gesondert aufgeführt, sofern schriftl. Beleg vorliegt [R.33.1b) und R.43bis.1b), 70.9 PCT, beachte auch R.64.3, R.70.9 PCT für IPER]</li><li>kein StdT sind nachveröffentl. Anmeldungen/Patente [R.33.1c) PCT], werden im ISR gesondert aufgeführt [R.43bis.1b), 70.10 PCT]</li><li>Recherche erstreckt sich auf **alle techn. Gebiete** [R.33.2a)–c) PCT] und berücksichtigt auch **äquivalente Gegenstände** [R.33.2d) PCT]</li></ul>

	Einwand	Mangel	Rechtsnorm	zu erbringende Handlung	Frist	Rechtsfolge	Rechtsbehelf
54	**Sequenzprotokoll** fehlerhaft/mangelhaft	iPa offenbart Nucleotid- und Aminosäuresequenzen ABER 1) Sequenzprotokoll fehlt bzw unvollständig **R.5.2 PCT** ODER 2) Sequenzprotokoll nicht in elektronischer Form **R.13ter PCT**	R.13ter(1)/(2) PCT	a) Sequenzprotokoll im WIPO-Standard ST.26 und in elektronischer Form [EPA: XML-Format] **R.13ter a) PCT** iVm Annex C b) Verspätungsgebühr zugunsten ISA [EPA: +245 € Zuschlag] **R.13ter c) PCT** iVm Annex C	R.13ter(1)/(2) PCT-Auff. [EPA: 1 M ab Auff. ABl.2021,A97 & ABl.2022,A60]	Fall 1: Erklärung, dass Recherche unmöglich **Art.17(2)a)iii), R.13ter d) PCT** Fall 2: unvollständige Recherche und Erklärung, dass zu Teilen sinnvolle Recherche unmöglich **Art.17(2)b), R.13ter d) PCT**	--
55	**nicht zu recherchierende Gegenstände**	keine Rechercheplicht zu Gegenständen den auf folgendem Gebiet i) bloße Theorien, ii) bloße Pflanzensorten/Tierarten und zugehörige Züchtungsverfahren, iii) bloße Geschäftsmethoden, iv) Medizinverfahren am lebenden Körper, v) bloße Informationswiedergabe, vi) bloße Computerprogramme **R.39.1 PCT**	Art.17(2)a)i), R.39.1 PCT			Fall 1 – einzelne ausgeschlossene Gegenstände: unvollständiger ISR **Art.17(2)b) PCT** Fall 2 – alle Gegenstände ausgeschlossen: keine Recherche und begründete No-Search-Erklärung **Art.17(2)a) PCT** kein Einfluss auf die Gültigkeit der iPa 7.013	--
56	**mangelnde Klarheit**	<ul><li>mangelnde Offenbarung [Art.5 PCT]</li><li>mangelnde Klarheit [Art.6 PCT] (z.B. perpetuum mobile)</li></ul>	Art.17(2)a)(ii) PCT	informelle Klarstellung des Anmelders an ISA per Fax [Form PCT/ISA/207] oder Telefon	binnen angemessener Frist nach Auff. [idR 2 W] (vor Erstellung unvollst. ISR oder No-Search-Erklärung)	+ ISR und WO-ISA unter Berücksichtigung der Stellungnahme [778] – keine/unzureichende Erwiderung: unvollständiger ISR [Art.17(2)b) PCT] oder No-Search-Erklärung [Art.17(2)a) PCT] kein Einfluss auf Gültigkeit der iPa, 7.013	--
57	**mangelnde Knappheit** „komplexe Anmeldung" **Art.6 PCT**	<ul><li>zu viele Ansprüche [779] [R.6.1a) PCT]</li><li>mehrfach abhängige Ansprüche [gilt ggf als Verstoß gegen nat Recht der ISA] **R.6.4a) PCT, 5.113**</li></ul>					

---

[776] **Ermäßigung:** Die in der europäischen Phase fällige Prüfungsgebühr ermäßigt sich um 50%, wenn das EPA als IPEA tätig wird [Art.14(2) GebO].

[777] **USA:** hier gilt Neuheitsschonfrist; **EPA:** gilt nur für PCT-Phase; in EP-Phase gelten Maßstäbe des EPÜ, dh **StdT ist alles**, was der Öffentlichkeit vor AT bzw PT zugänglich gemacht worden ist [Art.54]; Ausnahmen siehe Art.55.

[778] gilt auch, wenn Klarstellung des Anmelders verspätet eingeht aber vor Erstellung ISR.

[779] mangelnde Klarheit wegen mehrerer unabhängiger Ansprüche, da grds. nur ein Anspruch pro Kategorie im WO-ISA ausführlich behandelt werden soll.

Internationale Recherche und ISR

Einwand	Mangel	Rechtsnorm	zu erbringende Handlung	Frist	Rechtsfolge	Rechtsbehelf
58						keine
Uneinheitlichkeit Annex D 7.015-7.021	1) mangelnde Einheitlichkeit (keine einzige allgem erfind Idee) **Art.3(4)(iii), R.13.1 PCT** Uneinheitlichkeit „a posteriori": Rechercherergebnisse und Uneinheitlichkeitsgründe müssen in Art.17(3)-Auff. mitgeteilt werden W9/86, G1/89	**Art.17(3)a) PCT iVm R.40.1 PCT**	*zusätzliche Recherchengeb.* 1) Zahlung zusätzlicher Recherchengebühr an ISA [EPA: 1775 €] [780] **Art.17(3)a), R.40.2a), b) PCT** [EPÜ: Art.152, R.158(1)] 2) Angabe weiterer zu recherchierender Erfindung (nur anhand der im Bescheid aufgeführten Gruppen) W18/06 keine Erwiderung oder Änderungen auf Einwände im Bescheid ABl.2017,A20	1 M ab Auff. **R.40.1(ii) PCT**	+ ISR/WO-ISA für jede bezahlte Erfindung − für nicht bezahlte Erfindung(en) wird kein ISR/WO-ISA erstellt Konsequenzen für Verfahren vor EPA: ▪ kein IPER für nichtrecherchierte Gegenstände möglich **R.66e) PCT** ▪ Beschränkung oder Zahlung weiterer Recherchengeb. bei Eintritt in EP-Phase 2 M ab Auff.[+10Tage] **R.164**	
	2) Auff. zur Zahlung zusätzl. Recherchengebühr durch ISA R.40.1 PCT, G2/89		*Widerspruch (fakultativ)* 3) ggf. unter **Widerspruch** [781] mit nachvollziehbarer Begründung, warum Erfindung einheitlich **R.40.2c) PCT, W16/92** 4) Widerspruchsgebühr an ISA [EPA: 935 €; R.158(3), Art.2(1) Nr.21 GebO] **R.40.2c)/e) PCT**, Annex D	1 M ab Auff. **R.40.1(ii) PCT** verspäteter Widerspruch muss dennoch berücksichtigt werden, W20/01	+ völlig begründet: vollst. Rückzahlung betreffender zusätzlicher Recherchengebühr [782] und Widerspruchsgebühr **R.40.2c) S.2 PCT, R.40.2e) S.3 PCT**, VV403 ODER teilw. begründet: nur teilw. Rückzahlung zusätzlicher Recherchengebühren **R.40.2c) S.2 PCT** − Widerspruch gilt als nicht erhoben **R.40.2e) S.2 PCT**	**nat. Maßnahmen (+)** [EPA: WE (+), Art.122, W4/87] **Art.48(2) PCT**
	3) Uneinheitlichkeitsgründe müssen mitgeteilt und begründet werden W3/94		*fakultativ* 5) ggf. Antrag bei ISA auf **Übermittlung** des Widerspruchs mit Entscheidung an DO 6) Übersetzung des Widerspruchs und Entscheidung an DO mit Einleiten der nat/reg Phase **R.40.2c) PCT**	nach Entscheidung binnen 30/31-Frist nach Art.22(1) PCT	+ Übermittlung des Widerspruchs/ Entscheidung mit ISR an DO R.40.2b) iVm Art.20(1), R.47 PCT	

---

[780] **75% Ermäßigung**, wenn **jeder Anmelder** nat. Person mit Staatsangehörigkeit und Wohnsitz in Nicht-EPÜ-VStaat, der am AD im Verzeichnis der Weltbank mit niedrigem/mittlerem Einkommen oder Staat gem. R.18 PCT (MA, MD, TN, KH) [ABl.2020,A4 & ABl.2021,A58, 5.190].

[781] WE (−) [W3/93]; WE (+), wenn Begründung für Widerspruch nach R.40.2 c) PCT verspätet eingereicht worden ist [**Art.122** iVm **Art.48(2) PCT** anwendbar] [W4/87].

[782] **Rückzahlung** nach R.40.2c) PCT möglich, wenn [1] Anmelder Recherchengebühr unter Widerspruch zahlt **UND** [2] Aufforderung zur Zahlung der weiteren Recherchengebühr nicht gerechtfertigt war [ABl.2010,322].

Reaktion des Anmelders auf ISR

	Handlung	Voraussetzung	Rechtsnorm	zu erbringende Handlung	Frist	Rechtsfolge	Rechtsbehelf
59	**Informelle Stellungnahme auf WO-ISA** [783] 7.030	ISR und WO-ISA wurden an IB durch ISA übermittelt Art.19(1) PCT	PCT-NL 4/2015	bloße formelle Stellungnahme in Sprache der internationalen Veröff oder in Englisch an IB **Sprache:** EN, FR oder VeröffSprache der iPa **R.92.2d) PCT,** VV104	binnen internationaler Phase - **30 M** ab AD/frühestem PD (vorzugsweise **28 M**)	**+** Veröff. über PATENTSCOPE, Übermittlung mit IPRP (Kap I) an DO [784], keine Übermittlung an IPEA **−** gelangen nur in nichtöffentlichen Aktenteil und keine Übermittlung an DO	--
60	**Änderung der Ansprüche** S.285, 9.004-9.011		Art.19, R.46.1 PCT	Änderung der Ansprüche **(einmalig)** und Erklärung über Grundlage in urspr. eingereichter iPa direkt an IB oder IPEA (nicht an RO oder ISA) **R.46.2** [an IB], **46.4, 46.5 PCT** **Sprache:** VeröffSprache der iPa oder EN **R.46.3, R.12.3 PCT**	binnen **2 M** ab Erhalt des ISR oder **16 M** nach frühestem PD - spätere Frist - **R.46.1 PCT** bis vor Abschluss techn. Vorber. für Veröff.	**+** Veröff. durch IB als Teil der iPa zusammen mit urspr. Ansprüchen 18 M nach PD **48.2a)vi) PCT** Basis für Erstellung des IPER (außer, Änderung wird zurückgenommen) **R.62, 70.2a) PCT**	--

Internationaler vorläufiger Bericht zur Patentfähigkeit (IPRP) [785]

IPRP hat keine rechtlich bindende Wirkung, lediglich Information für nat./reg. Ämter

	Handlung	Voraussetzung	Rechtsnorm	Handlung	Frist	Rechtsfolge	Rechtsbehelf
61	**IPRP nach Kapitel I auf Basis des WO-ISA** **R.44bis.1a) PCT**	1) ISR ODER No-Search-Erklärung [Art.17(2) PCT] und WO-ISA liegen dem IB vor R.44.1 PCT 2) kein IPER Antrag gestellt 3) DO verlangt Übersetzung, da IPRP nicht in Amtssprache des DO	R.44bisPCT	1) **IB erstellt IPRP nach Kapitel I:** IPRP ist inhaltlich gleich zum WO-ISA [Art.19-Änderungen bleiben unberücksichtigt] R.44bis.1a) PCT 2) **Übermittlung** des IPRP an Anmelder R.44bis.1c) PCT 3) **Übermittlung** des IPRP an DO durch IB [mit inform. Stellungnahmen des Anmelders zum ISR/WO-ISA, PCT-NL 4/2015] R.44bis.2 iVm R.93bis.1 PCT 4) **Übersetzung** des IPRP ins Englische durch IB, wenn DO dies verlangt R.44bis.3a) und b) PCT	**regulärer Eintritt in reg/nat Pahse:** ▪ IPRP: **30 M** nach PD an DO und unverzüglich nach Erstellung an Anmelder ▪ Übersetzung: **30 M** nach PD an DO und Anmelder R.44bis.3c) und R.44bis.1c) PCT ODER **Antrag auf vorzeitige Bearbeitung:** ▪ IPRP: unverzüglich an DO und Anmelder Art.23(2) iVm R.44bis.2 PCT ▪ Übersetzung: **2 M** nach Anforderung durch DO an DO und Anmelder R.44bis.3 PCT	**+** WO-ISA wird zum IPRP Kapitel I Veröff des IPRP auf PATENTSCOPE	--
62	**Stellungnahme** zur Übersetzung des IPRP nach Kapitel I	**Übersetzung** des IPRP ins EN durch IB mit zum Übersenden an DO R.44bis.3a), b) PCT		1) **Stellungnahme** zu vermeintlichen Fehlern in der Übersetzung des IPRP 2) **Übermittlung** der Stellungnahme an IB und alle DO R.44bis.4 PCT	unverzüglich nach Erhalt der Übersetzung des IPRP nach Kap.I	**+** Übermittlung der Stellungnahme an DO R.44bis.4 PCT	**Stellungnahme** zur Übersetzung des IPRP R.44bis.4 PCT

(Bescheid der ISA)

[783] wird von IB veröffentlicht aber nicht an IPEA übermittelt [**Art.30 PCT**].
[784] außer IPER-Antrag wurde gestellt; **IB-Praxis:** Übermittlung in jeder Sprache an DO (7.030).
[785] IPRP hat keine rechtlich bindende Wirkung, lediglich Information für nat./reg. Ämter.

Veröffentlichung

Kapitell I + II
Art.21 und R.48, R.90bis PCT

vollständig in elektronischer Form über PATENTSCOPE [R.48.1 PCT iVm VV406, 9.022] immer donnerstags [PCT-NL 12/2014] [788]

	Aktion	Voraussetzung	Rechtsnorm	Handlung	Frist	Rechtsfolge
63	**Veröffentlichung** vollständig elektronisch über PATENTSCOPE abrufbar [9.022]	Anmeldung liegt in einer **Veröffentlichungssprache** vor [Arabisch, CN, DE, EN, FR, JP, KR, PR, RU, ES] [786] **Art.21(4), R.48.3(a) PCT** **UND** Erfindungsbezeichnung, Zusammenfassung und ISR **ODER** Erklärung nach Art.17(2) a) PCT immer zusätzlich in Englisch [787] **Art.21(3), R.48.3(c) PCT**	Art.21(2)(a) PCT iVm **R.48 PCT**	keine	**18 M** nach AD bzw. frühestem PD durch das IB [788] **Art.21(2)(a) PCT**	Veröff. folgender Unterlagen [789] durch IB **in Veröffsprache**: i) Bezeichnung ii) Beschreibung (außer sittenwidrige Begriffe [789], Art.21(6) PCT) iii) Ansprüche iv) Zeichnungen v) ISR ohne WO-ISA **ODER** No-Search-Erklärung [Art.17(2)a) PCT] (auch in EN, R.48.3(c), R.45.1 PCT) vi) zulässige Änderungen der Ansprüche nach Art.19(1) PCT vii) Berichtigungsantrag offensichtlicher Fehler [R.91 PCT] viii) Angaben zu hinterlegtem biol. Material (inkl. Wiederherstellung der Prio) ix) Prioritätsansprüche **Art.21(1), (3)** iVm **R.48 PCT**, VV406 **R.34.1(b)(ii) PCT**
64	**Vorzeitige** Veröff.		Art.21(2)(b) PCT iVm **R.48.4(a) PCT**	1) »unterzeichneter« Antrag des Anmelders **beim IB** 2) **Veröffentlichungsgebühr** [CHF 200] an IB Annex B2/IB	vor Ablauf von **18 M** nach AD bzw. frühestem PD **Art.21(2)(b) PCT**	iPa zählt ab internat. Veröff. zum StdT
			R.26bis.1 PCT	1) Antrag auf Hinzufügen/Berichtigen eines Prioanspruchs beim RO oder IB 2) **Gebühr**: 50 CHF für erstes + 12 CHF für jedes weitere Blatt an IB Annex B2/IB	**16 M** ab neuem bzw. berichtigtem PD, aber spätestens **4 M** nach AD **R.26bis.1a) PCT**, DII-38	
65	**Aufschiebung** der Veröff.	Zurücknahme des frühesten Prioanspruchs (Prioritätsverzicht)	**R.90bis.3d)/e) PCT**	»schriftliche« **UND** »unterzeichnete« Verzichtserklärung [791] an IB, RO oder IPEA mit Form PCT/IB/372 (maßgebend ist tatsächlicher Eingang beim IB; Weiterleitung an IB, wenn bei RO/IPEA eingereicht) **R.90bis.3c) PCT**	Eingang beim IB binnen **18 M** ab AD bzw. frühestem PD, aber vor Abschluss techn. Vorbereitungen für Veröff.	Verschiebung der Veröff. gemäß AT oder späterem PD Neuberechnung aller noch nicht abgelaufenen Fristen auf Grundlage verbleibender PD oder AD [792] **R.90bis.3d) PCT** Priobeleg zur prioritätsbegründenden Voranmeldung wird nicht veröff. (auch nicht auf Antrag eines Dritten) PCT-NL 07/2007
66	**Verhinderung** der Veröff.	Zurücknahme der iPa **ODER** einziges DO ist USA (da nur diese Erklärungen nach Art.64(3)a) PCT abgegeben)	**R.90bis.1c) PCT**	Zurücknahmeerklärung [703] an IB, RO oder IPEA mit Form PCT/IB/372 **R.90bis.1 a) und b) PCT**	idR **15 Tage** vorher PCT-NL 11/2003	keine Veröff. **UND** weitere Bearbeitung der iPa wird eingestellt **Art.21(5)** iVm **R.90bis.1c) PCT**
67	**Ändern/Hinzufügen eines Prioanspruchs**	16M-Frist zur **Änderung** des Prioanspruchs ist abgelaufen **R.26bis.1 PCT**, DII-38	**R.26bis.2e) PCT**	1) Antrag des Anmelders auf Veröff der „richtigen" Priorität beim IB 2) **Gebühr**: 50 CHF für erstes + 12 CHF für jedes weitere Blatt an IB VV113, Annex B2/IB	innerhalb **30 M** ab PD **ABER** nach der Frist gemäß **R.26bis.1 PCT** **R.26bis.2e) PCT**	Priobeleg zur („richtigen") prioritätsbegründenden Voranmeldung wird trotz Fristablaufs zur Änderung/Berichtigung veröff. oder durch IB [Art.21(6) PCT]; diese Daten sind auch von Akteneinsicht ausgenommen [R.94.1e) PCT]. PCT-NL 07/2007
68	**Verweigerte** Berichtigung offensichtlicher Fehler *(nach Veröffentlichung)*	1) Berichtigung offensichtlicher Fehler bis binnen 26 M ab PD, **R.91.2 PCT** 2) Verweigerung durch zuständige Behörde	**R.91.3d) PCT**	1) Antrag des Anmelders beim IB 2) **Gebühr**: 50 CHF für erstes + 12 CHF für jedes weitere Blatt an IB Annex B2/IB	**2 M** nach Verweigerung durch zuständige Behörde **R.91.3d)**	Veröffentlichung des R.91-Antrags und Verweigerungsgründe durch IB

[786] **Übersetzung**: erfolgte bereits eine Übersetzung der ePa in eine Veröffsprache zum Zwecke der Recherche [R.12.3 PCT] oder Veröff. [R.12.4 PCT], wird iPa in dieser veröff. [R.48.3(b) PCT].
[787] liegt keine Übersetzung in EN vom Anmelder vor, erfolgt diese durch IB [R.48.3(c) S.2 PCT].
[788] Veröff. erfolgt üblicherweise **am ersten Donnerstag nach Ablauf der 18M-Frist**; wenn an diesem Tag Schließtag des IB, so erfolgt Veröff am Vortag (Mittwoch); Änderung des Veröfftermins wird im PCT-NL veröff [PCT-NL 12/14].
[789] ausgenommen von Veröff.: **sittenwidrige, sensible persönliche und wirtschaftl. Daten** auf Antrag des Anmelders [R.48(l-n), R.9 PCT] oder durch IB [Art.21(6) PCT]; diese Daten sind auch von Akteneinsicht ausgenommen [R.94.1e) PCT].
[790] **keine Gebühr**, wenn ISR oder No-Search-Erklärung nach Art.17(2)a) vorliegt [R.48.4a) PCT].
[791] Unterschrift aller Anmelder **ODER** deren gemeinsamer Anwalt (d.h. von allen Anmelder durch Unterschrift bevollmächtigt) **ODER** vom bestellten gemeinsamen Vertreter; Unterschrift des fiktiven Vertreters genügt nicht [R.90bis.5 PCT].
[792] **neu berechnete Fristen: [1]** 18M-Frist für internat. Veröffentlichung; **[2]** 22M-Frist für SIS-Antrag; **[3]** 22M-Frist für IPER-Antrag; **[4]** Eintritt in nat. Phase.

Nach-/Zusatzveröffentlichungen

gebührenfrei

		Publikationskennzahlen
69	• geänderte Ansprüche nach Art.19 und ggf. Erklärung dazu [R.48.2f) PCT]	A1 iPA mit ISR
	• Erklärungen zu Erfindern/Rechtsnachfolgern [R.4.17 iVm R.48.2a)(x) PCT]	A2 iPa ohne ISR **ODER** mit Erklärung nach Art.17(2) a) PCT
	• Angaben über hinterlegtes biologisches Material [R.13bis iVm R.48.2a)(viii) PCT]	A3 ISR mit überarbeitetem Deckblatt der iPa
	• Angaben über Anträge auf Wiederherstellung des Prioritätsrechts [R.26bis.3 iVm R.48.2a)(xi) PCT]	A4 Überarbeitete Ansprüche und/oder Erklärung nach Art.19 PCT mit überarbeitetem Deckblatt der iPa
	• nach Veröff. eingegangene/bewilligte Berichtigung offensichtlicher Fehler [R.91.1 iVm R.48.2(i)PCT, PCT-NL 11/2007]	
	• Angaben über als nicht erhoben geltende Prioritätsansprüche [R.26bis.2d) iVm R.48.2b)(vi) PCT]	A8 neue iPa mit korrigierten bibliographischen Daten

gebührenpflichtig

	• verweigerter Antrag auf Berichtigung offensichtlicher Fehler [R.91.3d) PCT]	A9 neue iPa oder ISR mit Korrekturen, Änderungen oder Ergänzungen
	• nach Fristablauf [R.26bis.1(a)] gestellter **Antrag auf Berichtigung/Hinzufügung eines Prioanspruchs** [R.26bis.2(e) PCT]	

Rechtsübergänge und Lizenzen

Kapitel I + II
R.92bis PCT

	Handlung	Voraussetzung	Norm	Handlung	Frist	Rechtsfolge
70	Änderung in der Person des Anmelders	1) **fehlerhafte Angaben** zum Anmelder [z.B. Namens- und Adressänderung, Ändern Sitz/Wohnsitz u. Staatsangehörigkeit, Ändern des Vertreters] **ODER** 2) **Rechtsübergänge** [793] [z.B. Umschreibung, Hinzufügen, Streichen]	R.92bis.1(a)(i) PCT	1) schriftlicher Antrag **beim RO oder IB** [794] (Beachte: Wirkung erst bei Eingang IB, da dieses Änderung einträgt; RO muss Antrag an IB weiterleiten) 2) *ggf.* Nachweis für Rechtsübergang, wenn **Umschreibung durch neuen Anmelder** oder dessen Anwalt R.90.3 PCT, 11.021 **nat/reg Amt** kann Nachweis verlangen Art.27, R.51.bis PCT, 11.021	binnen **30 M** ab AD bzw. frühestem PD [794] R.92bis.1(b) PCT (danach nur noch beim nat. Amt zulässig)	**WICHTIG** **+** Löschen/Ändern der jeweiligen Angabe durch IB R.92bis.1 PCT **UND** Eintragung neuer Angabe ins Register (Patentscope) und Info an alle DO R.92bis.1(a) PCT Abschn.422(a)(iii) **ABER** während PCT-Phase ist idR kein Nachweis der (zu registrierenden) Änderung erforderlich DO/EO kann bei Eintritt in nat. Phase Nachweise verlangen (z.B. Abtretungsurkunde)
	11.018-11.022					
71	Erfindernennung berichtigen	1) **Hinzufügen/Berichtigen** eines Erfinders 2) **Streichen** unrichtiger Erfindernennung	R.92bis.1(a)(ii) PCT	Berichtigungsantrag beim RO oder IB [795] durch Anmelder oder einen Dritten [795] auf Änderung/Eintragen/Löschen Erfindernennung mit: • Namen und Anschrift des Erfinders • Erklärung über Rechtserlangung • Unterschrift des Anmelders/Vertreters keine Zustimmungserklärung des zu Unrecht genannten Erfinders erforderlich		**–** Eintragen/Ändern nur noch bei nat/reg Amt mögl. **UND** Erfindernennung nur noch mit Zustimmung des falschen Erfinders
	11.020					

---

[793] [1] Wenn ein Antrag auf Eintragung einer Änderung von einer noch nicht im Anmeldeantrag genannten Person ("neuer Anmelder") ohne schriftliche Zustimmung des "alten" Anmelders gestellt wird, muss Abtretungsurkunde oder ähnlicher Nachweis beigefügt werden. [2] Wird Antrag vom Anwalt des neuen Anmelders gestellt, muss eine von diesem neuen Anmelder unterzeichnete Vollmacht beigefügt werden.
[794] **Praxistipp:** unmittelbare Einreichung beim IB (via ePCT) und nicht beim RO, da Wirkung erst bei Eingang IB eintritt, denn IB trägt Änderung ein; RO muss Antrag an IB weiterleiten.
[795] Dritter (z.B. rechtmäßiger Erfinder) benötigt zusätzlich noch Zustimmung des Anmelders [R.19(1) PCT].

Ergänzende Internationale Recherche und SISR

Kapitel I
R.45bis PCT, 8.001–8.053

Ergänzende internationale Recherche und SISA
mit SIS-Antrag wird nur eine Erfindung recherchiert, die im ISR angegeben ist [796]; für weitere Erfindung(en), kann separater SISR beantragt werden

		Norm	zu erbringende Handlung	Frist	Nachfrist	Rechtsfolge	Rechtsbehelf
72	**Voraussetzung**	R.45bis.9b) PCT	SISA war nicht ISA isV Art.16(1) PCT			+ IB übermittelt nach Erhalt des ISR oder 17 M nach PD folgende Unterlagen an SISA: [früher ablaufende Frist] • SISR-Antrag • iPa, wie urspr. eingereicht und deren Übersetzung • Sequenzprotokoll • ISR und WO/ISA • Uneinheitlichkeitseinwand der ISA 45bis.4e) PCT SISA beginnt mit Erstellung des SISR und WO/SISA R.45bis.5a) PCT – **Antrag gilt als nicht gestellt;** Rechtsverlustmitt an Anmelder R.45bis.1e) und 45bis.4d) PCT	**ACHTUNG** • SISA recherchiert **nur eine Erfindung** – keine zusätzlichen Recherchengeb für weitere Erfindung zahlbar • Generell wird zuerst genannte Erfindung recherchiert • SISA muss **Uneinheitlichkeitseinwand** der ISA nicht folgen • **Grundlage für SISR ist** urspr. eingereichte Anmeldung; keine Berücksichtigung von Änderungen nach Art.19 u/o 34 PCT R.45bis.5b) PCT
73	**Antragsteller**	R.45bis.1a) PCT	Anmelder oder sein Vertreter [797]				
74	**Anmeldeamt** 8.008	R.45bis.1b) PCT	beim IB				
75	**SIS-Antrag** [798] LF-PCT, 273 ff. 8.006–8.027	R.45bis.1 PCT	Prüfungsantrag (nur Form PCT/IB/375) muss enthalten: 1) Anmelderidentität und Vertretung [797] R.45bis.1b) i) PCT 2) gewünschte Recherchenbehörde [799] R.45bis.1b) ii) PCT 3) ggf. Übersetzung in Amtssprache des SISA R.45bis.1b) iii) PCT 4) ggf. **Angabe der zu recherchierenden Ansprüche** [796] (bei mangelnder Einheitlichkeit im ISR) R.45bis.1d) PCT 5) Sequenzprotokoll in TXT-Format [800] R.13ter, 45bis.1c) ii) PCT	»jederzeit« vor Ablauf von 22 M nach AD bzw. frühestem PD R.45bis.1 a) PCT	1 M ab Auff. zur Mängelbeseitigung durch IB R.45bis.4 a) PCT		
76	**Sprache** 8.009–8.010	R.92.2(d) PCT R.45bis.1b)iii) R.45bis.1c)j) PCT	Antrag: EN oder FR (da beim IB zu stellen) Anmeldung: zugelassene Sprache der SISA Annex SISA				
77	**Gebühren** 8.029–8.032	R.45bis.2a) PCT R.45bis.3a) PCT	Bearbeitungsgebühr [801] direkt an und zugunsten IB [CHF 200] R.45bis.2, 96.1 PCT, Nr.2 GebO Recherchengebühr direkt an IB zugunsten SISA [EPA: 1.775 €; Art.2(1) Nr.3GebO] R.45bis.3 PCT, Annex SISA	1 M nach Einreichung des SIS-Antrags ODER binnen 22 M ab frühestem PD	1 M ab Auff. zur Gebührenzahlung durch IB +50% Bearbeitungsgeb. an IB R.45bis.4 b)/c) PCT	Rückzahlung der Bearbeitungsgeb. [nur wenn noch keine Übermittlung des SISR-Antrags durch IB an SISA] R.45bis.2d) PCT	
78	**Uneinheitlichkeit im ISR**	R.45bis.1d) PCT	bei Uneinheitlichkeit im ISR, ist Angabe des zu recherchierenden Gegenstands erforderlich [796] [EPA nach ABl.2010,320;322] SISA nicht an Uneinheitlichkeitseinwand der ISA gebunden PCT-NL9/2016	nur mit SIS-Antrag	—	Angaben werden nicht berücksichtigt	Überprüfungsverfahren R.45bis.6c) PCT, DII-79

---

[796] SISA recherchiert **nur eine Erfindung** – keine zusätzlichen Recherchengebühren zahlbar; Anmelder kann Rechercheggegenstand auf **eine von ISA ermittelte Erfindung** beschränken (nicht zwangsweise recherchiert) [R.45bis.1d) PCT], allerdings besteht keine Verpflichtung der SISA, von ISA nicht recherchierte Gegenstände zu recherchieren, aber EPA =SISA folgt dem Anmelderantrag [ABl.2010,316]; **Grundlage der Recherche** ist nur urspr. eingereichte Anmeldung; Änderungen nach Art.19 PCT UND/ODER Art.34 PCT werden nicht berücksichtigt [R.45bis.5b) PCT], ausgenommen Berichtigung offensichtlicher Fehler [R.91 PCT].

[797] **Vollmachtsvorlage:** EPA als RO (und als ISA, SISA oder IPEA) verzichtet auf Vorlage einer Vollmacht für die wirksame Bestellung eines gemeinsamen Anwalts oder Vertreters [R.90.4d) PCT UND ABl.2010, 335].
Ausnahme: **keine Anwendung** auf einen Angestellten [Art.133(3)] oder Rechtsanwalt [Art.134(8)], wenn diese Person nicht auch ein zugelassener Vertreter ist.

[798] Achtung: SIS wird **nur für ursprüngliche Fassung de iPa** durchgeführt – Änderungen nach Art.19 ODER R.34 PCT ODER informelle Stellungnahme werden nicht berücksichtigt [R.45bis.5b) PCT]; SISA beginnt mit der SIS unmittelbar nach Antragstellung ODER spätestens 22 M ab Prioritätstag [R.45bis.5 a) PCT]; **fertiger SIS** vor Ablauf von 28 M nach Antragstellung [R.45bis.7a) PCT].

[799] mehrere unterschiedliche SISA gleichzeitig wählbar; **derzeit wählbare Recherchenbehörden (SISA):** AT, EP, FI, RU, SE, SG, TR, UA, XN und XV [Annex SISA; Staatenübersicht]; Beachte: Wenn **EPA als SISA tätig** [nach ABl.2010,304 mögl.], entfällt ergänzender EP-Recherchenbericht iSv Art.153(7) EPÜ UND der Anmelder wird vor Eintritt in die EP-Phase durch eine R.161-Mitteilung aufgefordert Mängel zu beseitigen.

[800] folgende SISA akzeptieren **nur elektronische Form:** AT, EP, FI, RU, SE, SG, TR, UA, XN und XV [Annex SISA].

[801] **90% Ermäßigung,** wenn **alle Anmelder** [1] nat. Person mit Staatsangehörigkeit UND Wohnsitz in VStaat mit BIP < 25.000 USD (für EP = AL, BG, CY, CZ, EE, GR, HU, HR, LT, LV, MK, MT, PL, PT, RO, RS, SI, SK, TR und BA, ME und MA, MD) ODER [2] nat./jur. Person mit Staatsangehörigkeit UND Sitz/Wohnsitz in Entwicklungsland [R.96.1 Nr.5 PCT].

Ergänzende internationale Recherche - Anträge

	Antrag	Voraussetzung	Norm	zu erbringende Handlung	Frist	Rechtsfolge	Rechtsbehelf
79	Überprüfungsverfahren 11.058-11.059	1) Einwand der SISA wegen: **Uneinheitlichkeit** [802] **R.45bis.6a) PCT**; **nicht zu recherchierende Ansprüche** [803] EPA: keine Recherche zu Geschäftsmethoden **Unklarheiten** [804] **R.45bis.6f)..5h) PCT** 2) SISA hat SISR auf die Haupterfindung beschränkt (=in Ansprüchen zuerst genannte Erfindung) **R.45bis.6a)i) PCT** 3) Uneinheitlichkeitsgründe müssen mitgeteilt und begründet werden **R.45bis.6a)ii) PCT**	**R.45bis.6 PCT** ABl.2010,320	Schritt 1: 1) Antrag beim SISA auf Überprüfung mit begründetem **Widerspruch** [keine Änderungen] **R.45bis.6c) PCT** 2) **Überprüfungsgebühr** [805] [EPÜ: 935 €; Art.2(1) Nr.22 GebO] **R.45bis.6c) PCT** Schritt 2: 3) Antrag beim SISA auf **Übermittlung** des Überprüfungsantrags mit Entscheidung an DO **R.45bis.6e) PCT** 4) Übersetzung des SISR und der iPa an DO mit Einleiten der nat/reg Phase **R.45bis.6e) PCT**	1 M nach Zustellung des SISR **R.45bis.6c) PCT** nach Entscheidung Überprüfungsverf. binnen 30/31-Frist nach Art.22(1) PCT	**+** Widerspruch vollst begründet: SISR wird für alle Teile der iPa erstellt und Rückzahlung der Überprüfungsgebühr **R.45bis.6d)iii) PCT** **−** völl/teilw begründet: SISR bleibt unverändert [806] **R.45bis.6d)i) und (ii) PCT** **+** Übermittlung des Überprüfungsantrags mit SISR an DO R.45bis.8b) iVm Art.20(1),R.47 PCT	während nat/reg Phase vor DO **heilbar**
80	**Zurücknahme des SISR-Antrags**	SISR-Antrag wirksam gestellt **R.45bis.1 bis 3 PCT; S.273**	**R.90bis.3 PCT**	unterzeichnete, vorbehaltlose und eindeutige Zurücknahmeerklärung [870] an IB oder SISA **R.90bis.3 PCT**	»jederzeit« vor Übermittlung des SISR an Anmelder **R.90bis.3bis a), R.45bis.8a) PCT**	**+** keine SISR-Erstellung und ggf. Rückzahlung der Bearbeitungsgebühr [807] **R.45bis.2d) PCT**	keiner

[802] Gründe: **[1]** Feststellung durch SISA selbst **[R.45bis.6a) PCT]**, **[2]** Feststellung durch ISA im ISR **[R.45bis.5b) PCT]**; **keine weitere Recherchengebühren** zahlbar, um die Durchführung weiterer Recherchen zu erreichen.
[803] keine Recherche zu **vom Patentschutz ausgenommener Erfindung** (z.B. medizinische Verfahren, bloße Geschäftsmethoden, bloße Computerprogramme, bloße Theorien), wenn gewählte SISA dies erklärt hat **[Art.17(2), R.39.1 PCT]**.
[804] keine Recherche bei **mangelnder Klarheit/Knappheit** (z.B. mangelnde Offenbarung **[Art.5 PCT]**, mangelnde Klarheit wegen mehrerer unabhängiger Ansprüche **[Art.6 PCT]** oder zu vieler Ansprüche) **[Art.17(2)a)(ii) PCT]**.
[805] **revidierter SISR**, wenn die Überprüfungsstelle den Einwand wegen mangelnder Einheitlichkeit als (teilweise) gerechtfertigt erachtet **[R.45bis.6 d) PCT]**.
[806] Überprüfungsgebühr wird nur zurückerstattet, wenn SISA feststellt, dass Widerspruch in vollumfänglich begründet ist **[R.45bis.6d)(iii) PCT]**.
[807] nur wenn noch keine Übermittlung des SISR-Antrags durch IB an SISA.

Ergänzende Internationale Recherche und SISR

Ergänzende internationale Recherche (SISR) und deren Stellungnahme WO/SISA

Vorteile	Recherche für einen Gegenstand, der nicht von ISA recherchiert wurde	**keine Recherche möglich**	R.39 PCT
81	Recherche von nachveröffentlichten StdT	• nicht zu recherchierende Gegenstände	
	SISA darf nicht ISA sein, wodurch	• mangelnde Klarheit	
	• andere Patentierbarkeitsvoraussetzungen geprüft werden	• mangelnde Knappheit	R.43bis.6 PCT
	• in einer anderen Sprache recherchiert werden kann	**Uneinheitlichkeit**	R.43bis.1a)(i) PCT
	mehrere SIS können parallel beantragt werden	**mangelnde Patentfähigkeit**	
		• Neuheit (anhand schriftlichem StdT)	
Grundlage des SISR	**nur eine Erfindung** [808] der iPa und nur anhand	• mangelnde erfind. Tätigkeit	
	• urspr. eingereichte iPa und deren Anspruchssatz R.43bis.5b) PCT	• mangelnde gewerbl Anwendbarkeit	
B-XI,2	• Sequenzprotokoll [809] R.43bis.1c), 13ter.1 PCT	**Formelle Mängel** der Ansprüche/Beschreibung/Ansprüche	
	• nachgereichte fehlende (Bestand-)Teile R.20.3/5 PCT	**sonstige Mängel**	
	• Berichtigung offensichtlicher Fehler R.91 PCT	**Einwände und Stellungnahmen**	
	• **keine Änderungen** nach Art.19 oder Art.34 [810]		
	Vorteile einer SIS		
	• anderer, als im ISR berücksichtigter Gegenstand kann recherchiert werden		
	• anderes Amt kann zur Erstellung des SISA bestimmt werden und somit kann		
	• ggf. kann in einer anderen Sprache recherchiert werden (ggf. Amt/Sprache vorausschauend hinsichtlich späterer Nationalisierung/Regionalisierung wählen)		
	• nachveröffentlichter SdT kann recherchiert werden		
	• mehrere SIS können beantragt werden		

[808] keine zusätzlichen Recherchengebühren zahlbar; Anmelder kann Recherchegegenstand auf **eine von ISA ermittelte Erfindung** beschränken (nicht zwangsweise recherchiert) [**R.45bis.1d) PCT**], allerdings besteht keine Verpflichtung der SISA, von ISA nicht recherchierte Gegenstände zu recherchieren, aber EPA folgt dem Anmelderantrag [ABl.2010,316]; **Grundlage der Recherche** ist nur urspr. eingereichte Anmeldung; Änderungen nach Art.19 PCT UND/ODER Art.34 PCT werden nicht berücksichtigt [**R.45bis.5b) PCT**].

[809] folgende SISA akzeptieren **nur elektronische Form**: AT, EP, FI, RU, SE, SG, TR, UA, XN und XV [Annex SISA].

[810] Art.19-Änderungen werden im schriftlichen Ver; Art.34-Änderungen setzen IPER-Antrag voraus und können nur dafür Gegenstand sein [**Art.34 PCT**].

Teil D II – Übersicht zum PCT

Einleitung der nationalen Phase vor dem Bestimmungsamt (DO)
Details zum Eintritt in EP-Phase

Kapitel I
Art.22 iVm R.49-52bis PCT

	Voraussetzung	Rechtsnorm	Erfordernisse	Frist	Nachfrist	Rechtsfolgen	Rechtsbehelf
82	**Berechtigter**		Anmelder [811] oder dessen Vertreter				
83	**Art der Einreichung**		schriftlicher Antrag beim DO [Verwendung nat. Formblatts nicht verpflichtend] **S.290** **R.49.4 PCT**			+ Beginn der nat./reg. Prüfungsphase der iPa vor diesem DO	**WE (+)** beim DO [814] binnen 2 M ab Wegfall des Hindernisses oder 12 M nach 30/31M-Frist gem. Art. 22 PCT **R.49.6 PCT; DIII-15**
84	**Mindesterfordernisse** [811]	Art.22 PCT	1) **Kopie** [815] und **Übersetzung** [816] der iPa in eine nat. Amtssprache des DO **Art.22(1); R.49.1(i), 49.2 PCT**; nat. Kapitel	**30 M** ab frühestem PD [812] **Art.22(1) PCT** ODER spätere nat. Frist des DO [813] [EPA: 31 M ab PD, R.159(1)] **Art.22(3); R.50.1a) PCT** Staatenübersicht ODER **vorzeitige Bearbeitung** vor dem DO auf ausdrücklichen Antrag des Anmelders **Art.23(2) PCT**	keine	– iPa gilt als zurückgenommen und Wirkung als nat. Hinterlegung für dieses DO [Art.11(3) PCT] erlischt [EPA: Rücknahmefiktion, R.160] **Art.24(1)(iii) PCT** fehlt Übersetzung von Art.19-Änderungen, so kann diese unberücksichtigt bleiben **R.49.5c) PCT** fehlt Übersetzung der Zusammenfassung oder nachgereichter Bezugnahme auf hinterlegtes biol. Material [R.13bis.4 PCT] ergeht Auff. zum Nachreichen durch DO **R.49.5h) PCT**	**Entschuldigung** der Fristüberschreitung **R.82^{quater}.1c) PCT** **Nachprüfung** durch DO Art.24(2), 48(2), R.82bis PCT **S.287**
			2) geänderte Ansprüche nach ISR [Art.19 PCT], nachgereichte Bezugnahme auf hinterlegtes biol. Material [R.13bis.4 PCT] und je deren Übersetzung **R.49.3; R.49.5a)(ii) PCT**				
			3) Zahlung nat. **Gebühren** [beachte nat. Ermäßigung] **Art.22(1), R.49.1(ii) PCT**; nat. Kapitel				
			4) ggf. Erfindernennung **R.51bis.1a) PCT**				
			5) Antrag auf **Wiederherstellung des Priorechts** [817] **R.49ter PCT; DIII-15**				
			6) Angabe der angestrebten **Schutzrechtsart(en)** (Patent, GebrM, GebrZert, Teilfortsetzung) **R.49bis, Art.43 oder Art.44 PCT**				
85	**weitere nat. Erfordernisse** (falls noch nicht in PCT-Phase erfolgt)	Art.27 PCT	• Erfinderidentität [R.4.17(i) PCT] • Nachweis der Anmelderberechtigung [R.4.17(iii)] • Nachweis unschädlicher Offenbarung [R.4.17(v)] • Bestimmung eines Vertreters • Beglaubigung der Übersetzung der iPa • Übersetzung des Priobelegs **Art.27, R.51bis PCT**; nat. Kapitel		mind. 2 M ab Auff. R.51bis.3 PCT	– nat. Kapitel	– nat. Kapitel
86	**Änderungen der iPa** (freiwillig/verpflichtend)	Art.28 PCT	Änderung der Ansprüche, Beschreibung und Zeichnungen in Amtssprache des DO [818] **Art.28, R.52 PCT; S.285**	mind. **1 M** ab wirksamen Eintritt in nat./reg. Phase **Art.28(1), R.52.1 PCT**	nat. Kapitel	+ Änderungen dienen als Basis für nat./reg. Prüfung	--

---

[811] Anmelder kann Mindesterfordernisse auch **ohne Anwalt** (wirksam) vornehmen, jedoch kann durch DO für Folgeverfahren Bestellung eines Vertreters binnen Frist verlangt werden [**R.51bis.3b), Art.27(7) PCT**].

[812] außer LU, TZ und UG, für die 30M-Frist unvereinbar mit nat. Recht, hier muss Eintritt bereits 20M nach PD erfolgen [Frist: Staatenübersicht].

[813] Frist ist nicht immer identisch zu Eintritt vor diesem Amt als DO [Staatenübersicht]; **Firstverkürzung** durch IB wird erst 3 M nach Veröff. durch IB wirksam [**R.50.1 c) PCT**].

[814] nicht zulässig für CA, CN, DE, IN, KR, LV, MX, NZ, PH, PL [**R.49.6f) PCT**; Staatenübersicht].

[815] entfällt, wenn bereits durch IB an DO übermittelt [**Art.20, R.47, R.93bis PCT**]; **Übermittlung** durch IB erfolgt nicht vor Veröff. der iPa, außer Anmelder beantragt vorzeitige Bearbeitung vor dem DO [**Art.23(2), R.47.4 PCT**].

[816] entfällt, wenn iPa in Amtssprache des DO eingereicht/veröff.; **Umfang:** urspr. eingereichte Beschreibung, Titel, Ansprüche, Zeichnungen, Zusammenfassung und ggf. des Anmeldeantrags mit Erklärungen [**R.49.5a), b) PCT**].

[817] entfällt, wenn RO das Priorecht nach einem nat. Wiederherstellungskriterium des DO bereits wiederhergestellt hat, außer es bestehen berechtigte Zweifel [**R.49ter.1 PCT**].

[818] Änderungen dürfen nicht über **Offenbarungsgehalt** der iPa hinausgehen [**Art.28(2) PCT**] und müssen nat. Erfordernissen genügen [**Art.28(3) PCT**].

Internationale vorläufige Prüfung und IPER

Internationale vorläufige Prüfung
Kapitel II
Art.31 bis 36 iVm R.53 und R.66 PCT, Annex E

nur für EOs, die bereits als DO benannt und für die Kapitel II verbindlich ist – ggf. **aufschiebende Wirkung** für Eintritt in nat/reg Phase vor einigen EO, Staatenübersicht

		Norm	zu erbringende Handlung	Frist	Nachfrist	Rechtsfolge	Rechtsbehelf
87	**Voraussetzung**	R.69.1(a)iii) PCT	ISR ODER No-Search-Erklärung [Art.17(2) PCT] und WO-ISA liegt vor			+ EOs werden durch IB über Benennung informiert Art.31(7), R.61.2 PCT	
88	**Berechtigter** 10.004, 10.017	Art.31(2), R.54 PCT	1) mind. ein Anmelder hat [Wohnsitz/Sitz oder Staatsangehörigkeit in PCT-VStaat, für den Kapitel II verbindlich][820] 2) iPa wurde bei einem RO eingereicht, für das Kapitel II verbindlich Art.31(2) iVm R.54.2			**Prüfungsbeginn** frühestens nach R.54bis-Fristablauf zur Stellung des IPER-Antrags[819] R.69.1 PCT	**WB (+);** **WE (+)**, wenn EPA = IPEA J06/79
89	**Antragsamt** 10.006-10.009	Art.31(6), R.59 PCT	direkt bei einer IPEA, die vom RO für IPER-Erstellung benannt ist [821] [EPA als IPEA, wenn ISR von EP, AT, ES, FI, SE, TR, XN, XV erstellt; ABl.2014,A117] Art.31(6), R.59.1a) PCT, Annex E; Staatenübersicht	3 M nach Übermittlung ISR und WO-ISA oder No-Search-Erklärung nach Art.17(2) PCT		**fertiger IPER:** i) binnen 28 M nach PD; ii) 6 M nach IPER-Antrag; iii) 6 M nach Eingang der Übersetzung [R.55 PCT] - später ablaufende - Art.31(1), R.69.2 PCT	Rücknahme des IPER-Antrags für einzelne/alle EO R.90bis.4 PCT
90	**IPER-Antrag** IPER wird nur für im ISR recherchierte Ansprüche erstellt R.66.1 PCT 10.012-10.013	Art.31(3)/(4) iVm R.53 PCT	Formblatt (Form PCT/IPEA/401) muss enthalten: 1) ein IPER-Gesuch R.53.3 PCT 2) Anmelder- und ggf. Vertreteridentität R.53.4/.5 PCT 3) Angabe der EOs Art.31(4), R.53.7 PCT 4) *ggf.* **Angabe und Erklärung zu Änderungen** der: R.53.9 PCT • Ansprüche nach Art.19 PCT oder • Ansprüche/Beschreibung/Zeichnungen n. Art.34(2) PCT R.53.8, R.90.3 PCT 5) Unterschrift eines Anmelders/Anwalts	22 M ab frühesten PD - später ablaufende - Art.35(1), R.54bis.1a) PCT	mind. 1 M ab Auff. zur Mängelbeseitigung; verlängerbar R.60.1 PCT, DII-93	**Antrag gilt als nicht gestellt:** – Nichtberechtigung [R.54.4] – Fristablauf [R.54bis.1 b)] – falsche Sprache [R.55.2d) S.2] – fehlende Gebühr [R.58bis.1b)]	
91	**Sprache** 10.011	Art.31(3), R.55 PCT	**Antrag:** zugelassene Sprache der IPEA [EPA als IPEA akzeptiert DE/EN/FR] R.55.1 S.2 PCT, Annex E **Anmeldung und Änderungen:** zugelassene Sprache der IPEA [824] [EPA als IPEA akzeptiert DE/EN/FR][825] R.55.2 bzw. 55.3 PCT, Annex E	**Übersetzung** mit IPER-Antrag R.55.2a) bzw. 55.3a) PCT	**Übersetzung** mind. 1 M ab Auff.; verlängerbar R.55.2c) bzw 55.3c) PCT	JEWEILS Rechtsverlustmitt. vom IPEA R.61.1b) PCT UND Gebührenrückzahlung auf Antrag des Anmelders R.57.4, 58.3 PCT, VV613	**WB (+);** WE (+) nach R.49.6 PCT
92	**Gebühren** 10.035-10.043	Art.31(5), R.57.1 PCT	Bearbeitungsgebühr an IPEA zugunsten IB [CHF 200][826] R.57.2a), 96.1 PCT, Nr.3 GebO; Annex E	1 M ab Eingang des IPER-Antrags bei IPEA ODER binnen 22 M nach PD - später ablaufende - R.57.3, 58.1b) PCT	1 M ab Auff. (+50% der betreffenden Gebühr, max. doppelte Bearbeitungsgebühr R.58bis PCT		**WB (+):** WE (–)
		Art.31(5), R.58 PCT	IPER-Gebühr an das IPEA zugunsten IPEA [EPA: 1.830 €][827] R.58.1 PCT, Annex E iVm R.158(2)				

[819] **Prüfungsaufschub** bei explizitem Hinweis des Anmelders, dass Art.19-Änderungen oder Art.34(2)-Änderungen eingereicht werden [R.69.2d)/e) PCT]; **früherer Beginn** auf expliziten Antrag des Anmelders möglich. [R.69.1 PCT: 10.051].

[820] **mehrere Anmelder:** Daten mind. eines Anmelders genügen [R.60.1a-bis) PCT]; **Unterschrift:** (i) mind. eines Anmelders [R.53.8 iVm R.60.1a^{ter}) PCT], (ii) des Anwalts oder (iii) gemeinsamen Vertreters genügt [10.031].

[821] **Übermittlung:** IPER-Antrag bei IB, RO oder nicht zuständigem IPEA eingereicht, so erfolgt Weiterleitung über IB an zuständige IPEA [R.54.3, 59.3c)(i) PCT, 10.007] oder sind **mehrere IPEA zuständig**, so ergeht Auff. an Anmelder, IPEA auszuwählen [R.59.3c) ii) PCT, 10.007], **wirksames Eingangsdatum** ist vom IB, RO oder nicht zuständigem IPEA vermerktes Datum [R.59.3e) PCT].

[822] autom. sind **alle DOs**, die bereits benannt sind und für die Kapitel II verbindlich ist, benannt [R.53.7 PCT]. **Nachbestimmung** weiterer EOs direkt beim IB mögl. [Art.31(6)b) PCT], muss sich aber auf EOs beziehen, die bereits DO sind.

[823] Änderungen und/oder Gegendarstellungen nach Art.34 PCT sollten mit IPER-Antrag innerhalb der Nachfrist (1 M) eingereicht werden [R.69.8 a) PCT]; EPA als IPEA akzeptiert **keine Hilfsanträge** (hilfsweise Prüfung). **Offenbarungsgehalt** der iPa in ursprüngl. Fassung hinausgehen UND müssen im Begleitschreiben deutlich gemacht werden [R.55.1/.2/.3 PCT].

[824] grundsätzlich sind IPER-Antrag, iPa und Änderungen in urspr. Sprache der iPa bzw deren PCT-Veröffsprache einzureichen, außer diese sind keine zugelassene Amtssprache der IPEA (Vereinbarung EPO-WIPO, ABl.2010, 304).

[825] **Übersetzung entfällt beim EPA**, wenn iPa ursprünglich auf Niederländisch und beim niederländischen oder belgischen Patentamt eingereicht wurde.

[826] **90% Ermäßigung,** wenn jeder Anmelder (a) nat. Person mit Staatsangehörigkeit UND Wohnsitz in VStaat mit BIP < 25.000 USD (für EP = AL, BG, CY, CZ, EE, GR, HU, HR, LT, LV, MK, MT, PL, PT, RO, RS, SI, SK, TR und BA, ME und MA, MD) ODER (b) nat./jur. Person mit Staatsangehörigkeit UND Sitz/Wohnsitz in Entwicklungsland [R.96.1 Nr.5 PCT iVm Annex E; 5.188].

[827] **75% Ermäßigung,** wenn (i) Recherche von AT oder EPA und (iii) jeder Anmelder eine nat. Person, die weder Staatsangehörigkeit noch Wohnsitz in VStaat des EPÜ UND mit niedrigem/mittlerem Einkommen oder nat./jur. Anmelder aus Staat gem. R.18 PCT (MA, MD, TN, KH) [ABl.2020,A4 & ABl.2021,A58, 5.190].

Internationale Vorläufige Prüfung - Mängelbeseitigung

Kapitel II

	Mangel	Rechtsnorm	Voraussetzung	Handlung	Frist	Rechtsfolge	Rechtsbehelf
Mängel im IPER-Antrag nach R.60.1 PCT	unzureichende Angaben zum **Anmelder** (Angabe eines berechtigten Anmelders genügt)	R.60.1b), R.53.4 PCT	Auff. zur Mängelbeseitigung durch IPEA [828]	entsprechende Mängelbeseitigung gemäß R.60.1 PCT	angemessene Frist ab Auff. (mind. **1 M**); verlängerbar **R.60.1a) PCT**	**+ falsche/keine Kennzeichnung der iPa:** ED des IPER-Antrags wird auf Tag der Mängelbeseitigung verschoben **R.60.1b) HS.2 PCT** **sonstige Mängel:** urspr. ET des IPER-Antrags bleibt best. (ohne nachteilige Konsequenzen behebbar) **R.60.1b) HS.1 PCT** **−** Antrag gilt als nicht gestellt und Rechtsverlustmitt. vom IPEA (aufschiebende Wirkung für Eintritt in nat/reg Phase kann verloren gehen) **R.60.1c) iVm 61.1b) PCT** UND Gebührenrückzahlung auf Antrag des Anmelders **R.57.4, 58.3 PCT, VV613**	Neueinreichen des IPER-Antrags Entschuldigen wg. Störung im Postdienst (+) **R.82 PCT** Entschuldigen wg. höherer Gewalt (+) **R.82quater PCT**
	unzureichende Angaben zum **Vertreter** (Anwalt oder gemeinsamer Vertreter)	R.60.1b), R.53.5 PCT					
	iPa nicht hinreichend gekennzeichnet (intern. Anmeldenummer, AD oder Titel fehlt)	R.60.1b), R.53.2a)(iii), 53.6 PCT					
	Fehlende **Unterschrift** (Unterschrift eines Anmelders genügt) **R.60.1ater) PCT**	R.53.8, 60.1b), 60.1ater) PCT					
	Form des IPER-Antrags (Formblatt PCT/IPEA/401 ist verbindlich)	R.53.1 PCT					
	falsche **Sprache** des IPER-Antrags (zugelassene Sprache der IPEA und Veröff-sprache des PCT, R.55.1, 55.2a) PCT)	R.55.1 PCT					
	keine/unzureichende **Angabe der EOs** (automatisch sind alle DOs, für die Kapitel II verbindlich ist, benannt [R.53.7 PCT])	R.53.7 PCT					
	fehlende **Antragsberechtigung**	R.61.1b), R.54.2 PCT	1) (mutmaßlich) kein Anmelder zur Antragsstellung berechtigt **R.54.4 PCT** 2) Rechtsverlustmitt. von IPEA **R.61.1b) PCT**	**Nachweis** der Berechtigung zur Antragsstellung im Eingangszeitpunkt des IPER-Antrags vorlegen VV614	--	**+** urspr. ET des IPER-Antrags bleibt best. (ohne nachteilige Konsequenzen behebbar) VV614 **−** Antrag gilt als nicht gestellt und Rechtsverlustmitt. vom IPEA **R.61.1b) PCT** UND Gebührenrückzahlung auf Antrag des Anmelders **R.57.4, 58.3 PCT, VV613**	
	fehlende **Übersetzung der iPa** in eine Amtssprache der IPEA	R.55.2c) PCT	Übersetzung der iPa in Sprache, die zugelassene Sprache der IPEA und Veröffsprache des PCT ist [EPA = IPEA akzeptiert DE/EN/FR]	Übersetzung der iPa in Amtssprache der IPEA nachreichen **R.55.2c) PCT**	mind. 1 M ab Auff.; verlängerbar **R.55.2c) PCT**		
	ausstehende Gebührenzahlung	R.58bis.1 PCT	1) ausstehende IPER-Gebühr bzw. Bearbeitungsgebühr 2) Antragsfrist läuft noch	Nachzahlung der Gebühr(en) +50% der jeweiligen Gebühr [max. doppelte Bearbeitungsgeb.]	mind. 1 M ab Auff. **R.58bis.1a) PCT**		
sonstige Mängel	**unzuständige IPEA** [829]	R.59.3 PCT	IPER-Antrag bei unzuständiger IPEA, beim RO oder IB gestellt **R.59.3a) bzw. b) PCT**	ggf. Auswahl der IPEA, wenn mehrere IPEAs zuständig sind **R.59.3c)(ii) PCT**		Weiterleiten des IPER-Antrags direkt oder über IB an zuständige IPEA **R.59.3c) bis f) PCT**	
	fehlende **Änderungen** bzw. Gegenvorstellungen	R.60.1g) PCT	Art.34-Änderungen und/oder Gegenvorstellungen im Antrag angekündigt, aber nicht mit IPER-Antrag eingereicht	Nachreichen der Art.34-Änderungen und/oder Gegenvorstellungen	angemessene Frist ab Auff. **R.60.1g) PCT**	**Prüfungsbeginn** erst nach Eingang der Änderungen oder nach Ablauf der Frist **R.60.1g), 69.1e) PCT**	

[828] stellt das IB (nach Antragsübermittlung durch IPEA, R.61.1a) PCT) den Mangel fest, so unterrichtet dieses das IPEA, das seinerseits den Mangel nach dem R.61.1-Mängelbeseitigungsverfahren dem Anmelder mitteilt.
[829] **direkte Übermittlung** an IPEA, wenn nur eine IPEA zuständig ist [**R.59.3c)(i) PCT**] oder **Rückfrage** an Anmelder, wenn mehrere IPEA zuständig sind und Weiterleitung an dessen ausgewählte IPEA [**R.59.3c)(ii), 59.3d) PCT**]; Übermittlung des IPER-Antrags an zuständige IPEA über IB [**R.59.3PCT**], wobei das ED bestehen bleibt [**R.59.3e) PCT**].

Internationale vorläufige Prüfung und IPER

Verfahren und Anträge vor IPEA — Kapitel II
Art.34, R.66 PCT

EPA: kein IPER für Ansprüche, für die kein ISR erstellt wurde

#	Handlung	Voraussetzung	Rechtsnorm	Handlung	Frist	Rechtsfolge
96	**Änderungen der iPa**	**einmalige Änderung** der Ansprüche in Reaktion auf ISR/WO-ISA **Art.19 PCT**	Art.19, R.66.1c) PCT	**Änderungen** und **Art.19-Erklärung** zu Auswirkungen der Änderungen beim IB einreichen (autom Weiterleitung an IPEA durch IB)	binnen **2 M** ab Erhalt ISR oder **16 M** ab PD - später ablaufende - **R.46.1 S.1 PCT**	**+** Grundlage für Erstellung des IPER (es sei denn, sie werden im IPER-Verfahren durch weitere Änderungen ersetzt) **R.66.1b) bis d), R.70.2a) PCT**
		mehrfache Änderung der Ansprüche/Beschreibung/Zeichnungen **R.66.1b), d) PCT**	Art.34(2)b), R.66.1b), d) PCT	**Änderungen mit Begleitschreiben** zu deren Basis und Erklärung zu Auswirkungen der Änderungen an IPEA **R.66.8 PCT, S.285** Sprache: Sprache der iPa/Übersetzung für IPER **R.12.2a), R.55.3 PCT**	zusammen mit IPER-Antrag oder mit Erwiderung WO/IPEA **DII-90 oder 98/99**	**−** Änderungen werden für IPER nicht berücksichtigt **R.66.4bis PCT** [sonstige Mägel] **R.55.3c) PCT** [falsche Sprache]
97	**zusätzliche Recherche ("Top-up Search")**	1) Gegenstände wurden **von ISA recherchiert R.66.1(e) PCT** 2) kein Einwand durch IPEA hinsichtlich: Uneinheitlichkeit [DII-104] **nicht zu prüfende Gegenstände** [830] Unklarheiten [831][DII-103]	R.66.1ter PCT ABl.2014,A57	kein Antrag erforderlich abschließende Recherche durch IPEA vor Prüfungsbeginn nach relevanten StdT (insbesondere Zwischenveröff.) auf Basis eingereichter Unterlagen/Änderungen für IPER-Erstellung [bei Uneinheitlichkeit, ergeht erst Nachzahlungsauff.]	idR vor Prüfungsbeginn	**+** Angabe ermittelter Dokumente im IPER **R.70.7 PCT** **−** Feststellung, dass für alle oder best. Ansprüche kein zusätzliche Recherche durchgeführt wurde **R.66.1ter S.2, R.70.2f) PCT, ABl.2014,A57**
98	**Erwiderung auf den ersten Schriftlichen Bescheid** [832] ("WO/IPEA") 10.064-10.066	begründeter erster WO/IPEA, dass kein **IPER erstellt oder negativ** ausfallen wird mit folgenden Einwänden: • nicht recherchierte Gegenstände oder Unklarheiten DII-103 • mangelnde Neuheit, erfind. Tätigkeit oder gewerbl. Anwendbarkeit • formelle/inhaltliche Mängel der iPa • unzulässige Änderungen der iPa • mangelnde Offenbarung • SeqProt erlaubt keine sinnvolle Recherche **R.66.2 PCT**		1) **schriftliche Stellungnahme** an IPEA: Änderungen der Ansprüche, Beschreibung und Zeichnungen nach R.34(2) UND/ODER Gegenvorstellungen direkt an IPEA **Art.34(2)a)/d), R.66.3 a) iVm R.66.5 PCT** 2) unter Beachtung der Formerfordernisse: Ersatzblatt für jede Änderung und **Begleitschreiben** mit Änderungsbasis in urspr. eingereichter iPa und Erklärung zu Auswirkungen der Änderungen **R.66.8 PCT** 3) Sprache: **Änderungen** in Sprache/Übersetzung der iPa **R.12.2a), 55.3 PCT Schriftstücke** zugelassene IPEA-Amtssprache (EPA: Amtssprache des EPA, ABl.1993,540) **R.92.2(a) und (b), R.55.3 PCT**	mind **1 bis 2 M** ab Bescheid [EPA: idR 2 M ab Bescheid] **R.66.2d) PCT** verlängerbar, sofern vor Ablauf von **25 M** ab PT **R.66.2e) PCT ABl.2011,532**	**−** verspätete Stellungnahme: ggf. keine Berücksichtigung der Änderungen bzw Gegenvorstellungen für IPER **R.66.4bis PCT**
99	**Erwiderung auf den zweiten Schriftlichen Bescheid** [832]	trotz Vorlage von Änderungen/Gegenvorstellungen bestehen **weiterhin Einwände** zweiter schriftlicher Bescheid der IPEA (keine Beantragung erforderlich) **R.66.4 a) iVm R.66.2 PCT**	Art.34(2)c), R.66.4b) PCT ABl.2011,532		**2 M** ab Bescheid [bei Zustimmung des Anmelders nur 1 M] **R.66.4a), 66.2d) PCT**	
	ODER					
100	**Antrag auf formlose Rücksprache/Anhörung**	1) erster WO/IPEA ergangen 2) Änderungen der Ansprüche, Beschreibung und Zeichnungen nach **R.34(2)** bzw. Gegenvorstellungen eingereicht	Art.34(2)a) PCT iVm R.66.6 PCT	schriftlicher Antrag auf formlose telefonische oder schriftliche Rücksprache bzw mündl. Anhörung	vor dem zweiten schriftlichen Bescheid	**+** Niederschrift wird Anmelder zugestellt **UND** es ergeht kein zweiter WO/IPEA (Anmelder kann binnen 2 M ein zweites Mal Änderungen/Gegenvorstellungen einreichen)

[830] keine Recherche zu Erfindung, die **von Prüfung ausgenommen** (z.B.medizinische Verfahren, bloße Geschäftsmethoden, bloße Computerprogramme, bloße Theorien), wenn gewählte IPEA dies erklärt hat [**Art.34(4)a)(i), R.67.1 PCT**].
[831] keine Recherche bei **mangelnder Klarheit/Knappheit** (z.B. mangelnde Offenbarung) [**Art.5 PCT**], mangelnde Klarheit wegen mehrerer unabhängiger Ansprüche [**Art.6 PCT**] oder zu vieler Ansprüche) [**Art. 34(4)a)(ii) PCT**].
[832] entfällt, wenn IPEA keine Einwände erhebt hinsichtlich: mangelnder Neuheit, erfind. Tätigkeit, gewerblicher Anwendbarkeit, nicht zu prüfender Gegenstände, Unklarheiten, etc. [**Art.34(2)c) PCT**]; wenn **EPA = ISA**, so gilt WO-ISA als erster WO/IPEA [**R.66.1bis a) PCT, ABl.2011,532**].

Teil D II – Übersicht zum PCT

Verfahren und Anträge vor IPEA (Fortsetzung)

101 Zurücknahme des IPER-Antrags oder einer Auswahlerklärung

Handlung	Voraussetzung	Rechtsnorm	Handlung	Frist	Rechtsfolge
Zurücknahme des IPER-Antrags oder einer Auswahlerklärung	IPER-Antrag wirksam gestellt	Art.37, R.90bis.4 PCT	unterzeichnete, vorbehaltlose und eindeutige Zurücknahmeerklärung [833] an IB [834] R.90bis.4 a) und b) PCT	»jederzeit« binnen **30 M** nach frühestem PD R.90bis.4 a)	+ Zurücknahme IPER-Antrag oder alle EO: IPEA-Verfahren wird eingestellt [835] Art.37(2)/(4), R.90bis.6c) PCT UND ggf. Rückzahlung der IPER-Gebühr [836] Zurücknahme für einzelne EO: iPa gilt für das EO als zurückgenommen [837] Art.37(4)a) PCT

11.060-11.061

Einwände der IPEA

Einwand	Voraussetzung	Rechtsnorm	Handlung	Frist	Rechtsfolge
102 mangelnde Patentfähigkeit	▪ Neuheit bemängelt [Art.33(2), R.64 PCT] ▪ erfind. Tätigkeit bemängelt [Art.33(3), R.65] ▪ gewerbl. Anwendbarkeit bemängelt	Art.33(1)-(4), R.64, 65 PCT	siehe Verfahrensgang vor IPEA DII.98-99 über den Änderungen/Gegenvorstellungen/informelle Klarstellungen vor IPER-Erstellung mögl		+ IPER mit positiver Stellungnahme [direkte und schnelle Erteilung ist zu erwarten] – IPER mit negativer Stellungnahme Art.35(2), R.70.6-.10 PCT
nicht zu prüfende Gegenstände	keine Prüfungspflicht zu Gegenständen auf folgendem Gebiet: i) bloße Theorien ii) bloße Pflanzensorten/Tierarten und zugehörige Züchtungsverfahren iii) bloße Geschäftsmethoden iv) Medizinverfahren am lebenden Körper v) bloße Informationswiedergabe vi) bloße Computerprogramme R.67.1 PCT	Art.34(4)a)ii, R.67.1 PCT	**EPA = IPEA** Szenario 1: EPA = ISA und hatte Einwände (WO-ISA gilt als erster WO/IPEA; R.66.1bisa), ABl.2011,532) 1) Anmelder hat mit IPER-Antrag Änderungen/ Gegenvorstellungen eingereicht, Art.34(2) PCT 2) dennoch bestehen Einwände (IPER würde negativ ausfallen bzw gar nicht erstellt) 3) EPA erlässt nur „zweiten" WO/IPEA 4) **Erwiderung** auf diesen Bescheid DII.99 Szenario 2: EPA ≠ ISA und hat als IPEA Einwände (IPER würde negativ ausfallen bzw gar nicht erstellt) 1) EPA erlässt ersten WO/IPEA 2) **fundierte Erwiderung** auf Bescheid DII.98 3) bestehen dennoch Einwände erlässt EPA zweiten WO/IPEA 4) **fundierte Erwiderung** auf Bescheid DII.99	mind 1 bis 2 M ab Bescheid [EPA: idR 2 M ab Bescheid] R.66.2d) PCT **verlängerbar**, sofern vor Ablauf von **25 M** ab PT R.66.2e) PCT ABl.2011,532	+ IPER wird unter Berücksichtigung der Erwiderung erstellt – Fall 1: einzelne Gegenstände ausgeschlossen Prüfung nur für Ansprüche, die auf zulässige Ansprüche gerichtet sind unter Angabe der Gründe Art.34(4)b), 35(3)b), R.70.12 PCT Fall 2: alle Gegenstände ausgeschlossen keine Prüfung zur Patentierbarkeit unter Angabe der Gründe Art.34(4)a), 35(3)a), R.70.12 PCT
103 mangelnde Klarheit/ Knappheit	▪ mangelnde Offenbarung [Art.5 PCT] ▪ mangelnde Klarheit [Art.6 PCT] (z.B. perpetuum mobile) ▪ fehlende Knappheit [Art.6, R.6.1a) PCT] ▪ zu viele Ansprüche [R.6.1a) PCT] ▪ mehrfach abhängige Ansprüche [Art.6.4a)] (gilt ggf als Verstoß gegen nat Recht der IPEA)				

---

[833] **Unterschrift**: wirksame Zurücknahme bedarf wahlweise Unterschrift [1] aller Anmelder oder [2] des (bestellten) gemeinsamen Vertreters unter gesonderter Vollmachtsvorlage [R.90.4e) PCT] ODER des bestellten Anwalts unter gesonderter Vollmachtsvorlage [R.90.4 c) PCT].

[834] **Erklärung an IPEA**: erfolgt Zurücknahmeerklärung an IPEA, so wird der ET vermerkt und Erklärung an IB weitergeleitet, aber Eingang beim IPEA gilt als ET beim IB [R.90bis.5 PCT].

[835] **keine Wirkung** der Zurücknahme für die EO, wenn nat/reg Bearbeitung [Art.23(2) bzw Art.40(2) PCT] dort bereits begonnen hat [R.90bis.6a) PCT] oder wenn Zurücknahme **vor Ablauf der 30/31M-Frist** erfolgt [Art.37(4)b) PCT].

[836] **100% Erstattung**, wenn EPA = IPEA und Zurücknahme des IPER-Antrags vor Prüfungsbeginn erfolgt [ABl.2017,A28].

[837] **Rücknahmefiktion tritt nicht ein**, wenn vor Ablauf der 30/31M-Frist für Eintritt in nat/reg Phase beim jeweiligen EO [1] ein iPa-Exemplar und deren Übersetzung in eine Amtssprache des EO eingereicht und [2] alle nationalen Gebühren gezahlt werden [Art.37(4)b), R.90bis.7 PCT]; kein PCT-VStaat hat Vorbehalte zu dieser Ausnahme nach Art.37(4)b), R.90bis.7 PCT hat.

Einwände der IPEA (Fortsetzung)

	Handlung	Voraussetzung	Rechtsnorm	Handlung	Frist	Rechtsfolge
104	1) **Uneinheitlichkeit** festgestellt [838] (dh keine einzige allgem erfind Idee) **Art.3(4)(iii), R.13.1 PCT** Uneinheitlichkeitseinwand hat vor oder mit erstem schriftlichen Bescheid zu ergehen **W3/03**			**Option 1:** Einschränkung auf zu prüfende Ansprüche [839] (Bestimmung einer „Hauptfindung") **Art.34(3)a) PCT** keine Erwiderung zu oder Änderungen wegen Einwänden im Bescheid ABl.2017,A20	1 M ab Auff. **R.68.2(iii) PCT**	**+** IPEA prüft nur Hauptfindung [840] und führt nur dazu zusätzliche Recherche durch **R.66.1ter PCT** ausgeschlossene Teile können vor EO als zurückgenommen gelten [841] **Art.34(3)b)** **–** IPEA prüft und recherchiert nur, was diese als Hauptfindung [840] betrachtet UND ausgeschlossene Teile können vor EO als zurückgenommen gelten [841] **Art.34(3)c), R.68.4, 68.5 PCT**
	2) Auff. zur Einschränkung auf zu prüfende Ansprüche und/oder Zahlung zusätzl. Prüfungsgebühr an IPEA **Art.34(3)a), R.68.2 PCT, G1/89**		**Art.34(3)a) PCT iVm R.68.2 PCT R.68.3 PCT**	— ODER — **Option 2:** 1) Angabe weiterer zu prüfender Erfindung [839] 2) **Zahlung zusätzlicher Prüfungsgebühr** für jede weitere zu prüfende Erfindung an IPEA [EPÜ: 1.830 €, R.158(2), Art.2(1) Nr.19 GebO] **Art.34(3)a), R.68.3a), b) PCT iVm Annex E** 3) *ggf.* **unter Widerspruch** mit nachvollziehbarer Begründung, warum Erfindung einheitlich **R.68.3c) PCT, W16/92** 4) Widerspruchsgebühr an IPEA [EPÜ: 935 €; R.158(3), Art.2(1) Nr.21 GebO] **R.68.3e) PCT**	1 M ab Auff. **R.68.2(v) PCT** verspäteter Widerspruch muss dennoch berücksichtigt werden, **W20/01**	**+** IPEA prüft alle bezahlten Erfindungen und führt nur dazu zusätzliche Recherche durch **R.66.1ter PCT** Widerspruch völlig begründet: vollst. Rückzahlung aller Gebühren **R.68.3c) Alt.1 und 68.3e) PCT** Widerspruch teilw. begründet: nur Rückzahlung der jeweiligen Prüfungsgeb. **R.68.3c) Alt.2 PCT** **–** IPEA prüft nur Hauptfindung [840] und für andere Teile erfolgt ggf. keine Prüfung und führt nur dazu zusätzliche Recherche durch **Art.34(3)c) iVm Art.34(3)c), R.68.5 PCT**.
	Uneinheitlichkeit [838] der Erfindung vor dem IPEA	Uneinheitlichkeit „a posteriori": vor R.68.2-Auff. muss ein erster schriftlicher Bescheid nach R.66 PCT ergehen und Anmelderreaktion darauf ist abzuwarten **W6/99**				
		3) Angabe möglicher gewährbarer Einschränkungen durch IPEA **R.68.2i) PCT**				
		4) Uneinheitlichkeitsgründe müssen mitgeteilt und begründet werden **R.68.2ii) PCT, W3/94**				
10.072–10.073						

---

[838] **Entscheidung der ISA** zur Einheitlichkeit ist für EPA als IPEA nicht bindend [G2/89].

[839] ausgewählte Gegenstände müssen **von ISA recherchiert** worden sein [R.66.1(e) PCT].

[840] kann sich bei Einschränkung der zu prüfenden Ansprüche ändern; bestehen Zweifel hinsichtlich der „Hauptfindung", wird die in den Ansprüchen **zuerst genannte Erfindung** geprüft [R.68.4 iVm **Art.34(3)c), R.68.5 PCT**].

[841] während nat/reg Phase vor EO durch Zahlung zusätzlicher Prüfungsgebühren **heilbar** [**Art.34(3)b)** bzw. **Art.34(3)c) PCT**].

IPER
als vorläufiges nicht bindendes Gutachten

105

Grundlage des IPER	• keine Hilfsanträge	
	• urspr. eingereichte Originalunterlagen der iPa	**R.66.1a) PCT**
	• nachgereichte fehlende (Bestand-)Teile	**R.20.3/5**
	• Sequenzprotokoll [842]	**R.13ter.3 PCT**
	• Änderungen der Ansprüche nach Art.19 PCT, sofern nicht durch Art.34-Änderungen ersetzt oder	**R.66.1c) PCT**
	• letzten Änderungen der Ansprüche/Beschreibung/Zeichnungen nach Art.34 PCT	**Art.34(2),b), R.66.1b), d), 70.2 PCT**
	• Berichtigung offensichtlicher Fehler	**R.91 PCT**
	• Recherchergebnisse	
	• Ergebnisse der zusätzlichen Recherche	**R.66.1ter PCT**
Einwände und Stellungnahmen	• keine Recherche möglich	
	• nicht recherchierbare Gegenstände	
	• mangelnde Klarheit	
	• mangelnde Knappheit	
	• Uneinheitlichkeit	**R.43bis.6 PCT**
	• mangelnde Patentfähigkeit	**R.43bis.1a)(i) PCT**
	• Neuheit (anhand schriftlichem StdT)	
	• mangelnde erfind. Tätigkeit	
	• mangelnde gewerbl Anwendbarkeit	
	• Formelle Mängel der Ansprüche/Beschreibung/Ansprüche	
	• sonstige Mängel	
Ergebnis	positive Bewertung (nur kleine oder keine Beanstandungen):	
	▪ **PPH:** beschleunigtes Verfahren mgl.	
	▪ **EPA = IPEA:** beschleunigte Erteilung vor EPA mgl.	
	negative Bewertung = bestehende Einwände hinsichtlich:	
	▪ mangelnder Neuheit, erfind. Tätigkeit	
	▪ größere Klarheitseinwände	

---

[842] sofern dieses spätestens nach Auff. der ISA [**R.13ter.1 PCT**] bei ISA in elektronischer Form eingereicht wurde [**R.13ter.2 PCT**].

Einleiten der nationalen Phase vor dem ausgewählten Amt (EO)

Kapitell II — Art.39 PCT

Einleitung der nationalen Phase vor dem ausgewählten Amt (EO)
Details zum Eintritt in EP-Phase s.Fehler! Textmarke nicht definiert.

	Voraussetzung	Rechtsnorm	Erfordernisse	Frist	Nachfrist	Rechtsfolgen	Rechtsbehelf
106	Voraussetzung		1) wirksamer IPER-Antrag [Art.31; Erfordernisse S.277] 2) besagter VStaat als EO ausgewählt [Art.39(1) PCT]	3 M ab Übermittlung ISR bzw. Art.17(2)-Erklärung oder 22 M ab frühestem PD Art.35(1), R.54bis.1a) PCT	mind. 1 M ab Auff. R.60.1 PCT	+ Verfahren nach Kap.II ist anzuwenden − IPER-Antrag gilt als nicht gestellt	WB (+); WE (+), wenn IPER beim EPA beantragt [J06/79]
107	Berechtigter		Anmelder [843] oder dessen Vertreter Art.39(1) PCT; S.290				
108	Art der Einreichung		schriftlicher Antrag beim EO [nat. Formblatts nicht verpflichtend] R.76.5 iVm R.49.4 PCT			+ Beginn der nat./reg. Prüfungsphase der iPa vor diesem EO	WE (+) beim EO [845]
109	Mindesterfordernisse [843]	Art.39 PCT	1) Kopie [846] und **Übersetzung** [847] der iPa in eine nat. Amtssprache des EO R.76.5 iVm R.49.1(i), 49.2 PCT 2) **Anlagen des IPER** und deren Übersetzung [848] • geänderte Ansprüche/Beschreibung/Zeichnungen vor IPEA Art.34(2)b), R.66.8 PCT • geänderte Ansprüche nach ISR Art.19 PCT • Berichtigung offensichtlicher Fehler Art.36(2)b), R.74, R.70.16 PCT 3) Übersetzung des **Priobelegs** R.76.4 PCT 4) Zahlung nat. **Gebühren** R.76.5 iVm R.49.1(ii) PCT 5) Angabe der angestrebten **Schutzrechtsart(en)** [Patent, GebrM, GebrZert, Teilfortsetzung, etc.] R.76.5 iVm R.49bis, Art.43 PCT 6) Antrag auf **Wiederherstellung des Priorechts** [849] R.76.5 iVm R.49ter PCT, DIII-15	30 M ab frühestem PD Art.39(1)a) PCT ODER spätere nat. Frist des EO [844] [EPA: 31 M ab PD, R.159(1)] Art.39(1)b); R.77.1a) PCT Staatenübersicht ODER **vorzeitige Bearbeitung** vor dem EO auf ausdrücklichen Antrag des Anmelders Art.40(2) PCT	keine	− iPa gilt als zurückgenommen und Wirkung als nat. Hinterlegung für dieses EO [Art.11(3) PCT] erlischt [EPA: Rücknahmefiktion, R.160] Art.39(2) PCT; VV112 − fehlt Übersetzung von Art.19-Änderungen, kann diese unberücksichtigt bleiben R.76.5, 49.5c) PCT − fehlt Übersetzung der Zusammenfassung oder nachgereichter Bezugnahme auf hinterlegtes biol. Material [R.13bis.4 PCT] ergeht Auff. zum Nachreichen durch EO R.76.5, 49.5h) PCT	binnen 2 M ab Wegfall des Hindernisses oder 12 M ab 30/31M-Frist gem. Art.22 PCT R.76.5, 49.6 PCT; S.287 Art.48(2), R.82bis.2 PCT Entschuldigung der Fristüberschreitung R.82quater.1 PCT Nachprüfung durch EO Art. 39(3) iVm 24(2), 48(2), R.82bis PCT; S.287
110	weitere nat. Erfordernisse	R.76.5 iVm Art.27 PCT	siehe Rn.DII-85 R.76.5 iVm Art.27, R.51bis PCT; nat. Kapitel		mind. 2 M ab Auff. R.51bis.3 PCT	− nat. Kapitel	− nat. Kapitel
111	Änderungen der iPa (freiwillig/verpflichtend)	Art.41 PCT	Änderung der Ansprüche, Beschreibung und Zeichnungen in Amtssprache des EO [850] Art.41, R.78 PCT; S.285	mind **1 M** ab wirksamen Eintritt in nat./reg. Phase Art.41(1), R.78.1 PCT		+ Änderungen dienen als Basis für nat./reg. Prüfung	−−

---

[843] Anmelder kann Mindesterfordernisse auch **ohne Anwalt** (wirksam) vornehmen, jedoch kann durch EO für Folgeverfahren Bestellung eines Vertreters binnen Frist verlangt werden [**R.51bis.3b), Art.27(7) PCT**].

[844] Frist ist nicht immer identisch zu Eintritt vor diesem Amt als DO [Staatenübersicht]; **Firstverkürzung** durch EO wird erst 3 M nach Veröff. durch IB wirksam [**R.77.1c) PCT**].

[845] nicht zulässig für CA, CN, DE, IN, KR, LV, MX, NZ, PH, PL [**R.76.5 iVm R.49.6f) PCT**; Staatenübersicht].

[846] entfällt, wenn bereits durch IB an EO übermittelt [**R.76.5 iVm Art.20, R.47 PCT**]; Übermittlung durch IB erfolgt nicht vor Veröff. der iPa, außer Anmelder beantragt vorzeitige Bearbeitung vor dem EO [**Art.40(2), R.47.4 PCT**].

[847] entfällt, wenn iPa in Amtssprache des DO eingereicht oder veröff.; **Übersetzungsumfang**: urspr. eingereichte Beschreibung, Titel, Ansprüche, Zeichnungen, Zusammenfassung und ggf. des Anmeldeantrags mit Erklärungen [**R.76.5 iVm 49.5a), b) PCT**]; Übersetzung des **Sequenzprotokolls** entfällt, wenn R.12.1 PCT konform und dessen Text in urspr. Beschreibung enthalten ist [**R.5.2b), R.49.5a bis) PCT**].

[848] entfällt für Ersatzblätter, die ihrerseits während des Verfahrens ersetzt wurden [**R.70.16 PCT**]; **Übersetzung entfällt**, wenn Anlagen (Ersatzblätter) in Amtssprache des EO abgefasst [**R.74.1a) PCT**].

[849] entfällt, wenn RO das Priorechts wiederhergestellt hat, außer es bestehen berechtigte Zweifel [**R.49ter.1 PCT**].

[850] Änderungen dürfen nicht über **Offenbarungsgehalt** der iPa hinausgehen [**Art.41(2) PCT**] und müssen nat. Erfordernissen genügen [**Art.41(3) PCT**].

Internationaler vorläufiger Bericht zur Patentfähigkeit (IPRP) [851]

	Handlung	Voraussetzung	Rechtsnorm	Handlung	Frist	Rechtsfolge	WICHTIG
112	**IPRP nach Kapitel I** auf Basis des WO-ISA (Bescheid der ISA) R.43bis.1a) PCT	1) ISR ODER eine No-Search-Erklärung nach **Art.17(2) PCT** liegt vor UND 2) kein Antrag auf SIS oder IPE gestellt	R.43^{bis}PCT	WO-ISA wird Anmelder UND IB zusammen mit ISR übermittelt	3 M nach Erhalt der Recherchenkopie ODER 9 M nach PD – später ablaufende – R.42.1 PCT	**+** WO-ISA wird zu IPRP	»fakultative« Möglichkeit informeller Stellungnahme an IB UND IB übermittelt die Stellungnahme 1) zusammen mit WO-ISA in Originalsprache veröffentlicht 2) zusammen mit dem IPRP an DO übermittelt
113	**IPRP nach Kapitel I** auf Basis des WO-SISA (Bescheid der SISA) R.45bis.7e) PCT	1) SIS wurde erstellt UND 2) Anmelder hat keinen Antrag auf internationale vorläufige Prüfung (IPE) gestellt R.44bis.1PCT	R.44^{bis}PCT	IPRP und entsprechende Übersetzungen werden: 1) DO übermittelt [R.44bis.2/3 PCT] 2) öffentlich zugänglich gemacht, ABER nicht veröff., wie PCT-Anmeldung und ISR	nicht vor Ablauf von **30 M** (idR. 28 M) R.44bis.2a)PCT ABER Stellt Anmelder beim DO einen Antrag auf „vorzeitige Prüfung" [**Art.23(2) PCT**], wird IPRP auf Antrag des Anmelders oder DO unverzüglich übermittelt [R.44bis.2b) PCT]	**+** SIS wird zu IPRP	immer unverbindliches Gutachten der Prüfungsbehörde
114	**IPRP nach Kapitel II** auf Basis des WO-IPEA (Bescheid der IPEA)	IPER wurde erstellt	R.70 PCT	IPER wird Anmlder und IB übermittelt R.71.1 PCT	**28 M** ab PD ODER 6 M ab Zeitpunkt gem. **R.69.1** PCT (alle Erfordernisse zur Erstellung IPER erfüllt) ODER 6 M ab Eingang der Übersetzung gem. **R.55** PCT – später ablaufende – R.69.2 PCT	**+** IPE wird zu IPRP	

[851] IPRP hat keine rechtlich bindende Wirkung, lediglich Information für nat./reg. Ämter.

Änderungen im PCT-Verfahren

Änderung und Berichtigung im PCT-Verfahren

	Kapitel I [Art.19 PCT iVm R.46 PCT]	Kapitel II [Art.34(2)b) PCT iVm R.53.9 und 66.3 PCT]	Änderungen bei Eintritt in nat. Phase [Art.28/Art.41 iVm R.52/78 PCT]	Berichtigung offensichtlicher Fehler [R.91 PCT]
115 Auswirkung vor	allen DO	allen ausgewählten nat. Ämtern (EO)	allen nat. Ämtern (EO/DO)	allen Behörden/Ämtern
116 zulässige Änderung/ Berichtigung	nur Ansprüche (einmal) Art.19(1) PCT	Ansprüche, Beschreibung, Zeichnungen Art.34(2) b) iVm R.66.5 PCT	Ansprüche, Beschreibung, Zeichnungen Art.28(1) PCT [DO], Art.41.1 [EO]	Schriftstücke, Ansprüche, Beschreibung, Zeichnungen (nicht Zusammenfassung) R.91.1b) PCT
117 unzulässig Anpassung	fehlende Teile, Beschreibung, Zeichnungen, Zusammenfassung	fehlende Teile, Zusammenfassung	fehlende Teile, Zusammenfassung	fehlende Teile, Zusammenfassung, Fehler in Art.19-Änderungen für IPER, Fehler in Prio R.91.1g) PCT
118 Erfordernisse	1) **Ersatzblätter** mit vollst. Anspruchsatz und ggf. Übersetzung in Veröff.-Sprache R.46.5 PCT, 9.004 2) **Begleitschreiben** mit Änderungsbasis in urspr. eingereichter iPa [EN/FR] R.46.5b) PCT 3) **Erklärung nach Art.19** zu Auswirkungen der Änderungen [max. 500 Wörter] Art.19(1), R.46.4 PCT	1) IPER-Antrag R.66.1 PCT 2) Ersatzblatt für jede Änderung und **Begleitschreiben** mit Änderungsbasis in urspr. eingereichter iPa und Erklärung zu Auswirkungen der Änderungen R.66.8 PCT	vgl. nat. Erfordernisse [EPA: 6M ab R.161/162-Mitt.] Annex SUMMARY	1) Fehler ist offensichtlich 2) **Ersatzblätter** mit Berichtigung(en) 3) **Begleitschreiben** mit Erklärung zu vorgenommenen Berichtigung R.26.4 PCT 4) **Zustimmung** der örtlich zuständigen Behörde erforderlich (bei Verweigerung wird Berichtigungsantrag auf Anmelderantrag beim IB veröff[852]) R.91.1 b), 91.3 PCT
119 örtliche Zuständigkeit	direkt beim IB (vorzugsweise per ePCT) aber nicht bei RO oder ISA R.46.2 PCT ABER direkt an IPEA bei bereits gestelltem IPE-Antrag R.62.2 PCT	direkt bei IPEA Art.34(2)a) PCT	direkt beim nat. Amt Art.28(1) PCT Art.41.1 PCT	i) Fehler im **Anmeldeantrag** → beim RO ii) Beschreibung/Anspr./Zeichnungen → ISA iii) bei **IPER-Antrag** → alle Änderungen bei IPEA iv) sonstige Schriftstücke → dort, wo Schriftstück eingereicht wurde R.91.1b) PCT
120 Frist	binnen **2 M** nach Erhalt ISR oder **16 M** ab PD - später ablaufende - R.46.1 S.1 PCT bis zum Abschluss techn. Vorber. zur Veröff. 9.004	vorzugsweise mit IPER [R.53.9c) PCT] oder bereits vor IPER-Antrag [R.54bis.1a) PCT] weitere Änderungen binnen angemessener Frist [idR **1 bis 3 M**] auf schriftl. Bescheide R.66.2 d), R.66.4 b) PCT	idR **1 M** nach Eintritt in nat. Phase [dh ab Datum der Erfüllung aller Erfordernisse für Eintritt in nat. Phase] Art.28.1 iVm R.52.1 PCT [DO] Art.41.1 iVm R.78.1 PCT [EO]	auf Antrag des Anmelders binnen **26 M** ab PD R.91.1a) PCT, iVm R.91.2 PCT ODER ab Auff. durch RO, ISA, IPEA, IP R.91.1h) PCT
121 Sprache	Veröffsprache der iPa	Veröffsprache der iPa oder bei Übersetzung in dieser Sprache R.55.3 iVm R.12.2a) PCT	gemäß nat. Recht [EPA: keine Änderung Verfahrenssprache; G4/08]	Veröffsprache UND Übersetzungssprache der iPa R.55.3 iVm R.12.2a) PCT
122 Prüfungsumfang	Formalprüfung durch IB	Formal-/Sachprüfung durch IPEA Art.34(2)b) S.2 PCT	Formal-/Sachprüfung durch nat. Amt	Formalprüfung durch zuständige Behörde R.91.3a) PCT
123 Veröffentlichung	als Teil der iPa zusammen mit urspr. Ansprüchen nach **18 M** durch IB veröffentlicht R.48.2a)(vi) und f) PCT direkte Auswirkung auf **vorläufige Schutzwirkung** in benannten VStaaten Art.29 iVm Art.11(3), (4) PCT	sind zwischen IPEA und Anmelder vertraulich und werden erst nach **30 M** veröffentlicht	gelangen zur Einsichtnahme in die Akte	alle **bewilligten Berichtigungen** werden durch IB binnen **18 M** nach PD [R.48.2a)vii) PCT] ODER wenn Abschluss techn Vorbereitungen bereits erfolgt, nachträglich [R.48.2i) PCT] veröff ODER bei **Verweigerung** auf Antrag[852] des Anmelders unter Gebührenzahlung vor IB R.91.3d) PCT
124 Grundlage für	Erstellung IPER (es sei denn, sie werden zurückgezogen) R.62, 70.2 a) PCT	Erstellung IPER (es sei denn, sie werden im IPER-Verfahren ersetzt) R.70.2 a) PCT	DO/EO (Berechnung Anspruchsgebühren für nat. Phase, nach Anzahl gültiger Ansprüche zum Zeitpunkt des Eintritts in nat. Phase)	Berichtigungen werden DO und EO zugestellt R.70.2e), 70.16 PCT, VV413

[852] **Frist:** 2 M nach Verweigerung durch zuständige Behörde [R.91.3d) PCT]; **Gebühr:** 50 CHF für erstes + 12 CHF für jedes weitere Blatt [Annex B2 (IB)].

Teil D II – Übersicht zum PCT

Allgemeine Vorschriften des PCT — Kapitel I + II

	Handlung	Voraussetzung	Rechtsnorm	Handlung	Frist	Rechtsfolge	WICHTIGES
125	**Einwendungen Dritter** (seit 1. Juli 2012)	▪ Veröff. der iPa ▪ **keine anonymen** Einwendungen [853]	VV802–805 LF-PCT, 367 11.109 RL/PCT E-I	1) Einreichen via Online System **beim IB** (ePCT oder PATENTSCOPE integriert) 2) nur auf **Neuheit und/oder erfind Tätigkeit** beschränkt (Formalprüfung durch IB) **mind ein Verweis** auf Dokument mit Veröfftag oder AD der iPa vor AD der iPa [854] 3) in einer **Veröffentlichungssprache** (Arabisch, CN, DE, EN, FR, JP, KR, PT, RU, ES) 4) kein missbräuchliches Verhalten des Dritten **nur eine Einwendung** des Dritten pro iPa zulässig; keine spätere Änderung/Zurücknahme mögl. VV801b(iii), (iv)	ab Veröff. der iPa bis **28 M nach PD** VV802(a)(ii)	**+** Benachrichtigung des Anmelders [855] Übermittlung an (S)ISA und IPEA [856] unverzügliche Veröff. über PATENTSCOPE [857] (= Akteneinsicht nach R.94.1 PCT) **–** Einwendungen gelten als nicht eingereicht, Mitt an Dritten durch IB	Übermittlung **an alle DOs/EOs** nach Ablauf von 30 M ab PD [keine Pflicht zum Berücksichtigen der Einwendungen durch DO/EO] VV805(b)
126	Fakultative **Erklärungen während PCT-Verfahren**		R.4.17 PCT iVm R.51bis.1 PCT	i) **Erfinderidentität** R.4.17(i), 51bis.1(a)i) PCT ii) **Recht des Anmelders**, ein Patent zu beantragen oder erteilt zu bekommen R.4.17(ii), 51bis.1(a)ii) PCT iii) **Recht des Anmelders**, die Priorität einer Voranmeldung in Anspruch zu nehmen R.4.17(iii), 51bis.1(a)iii) PCT iv) **Erfindererklärung** vom Erfinder unterschrieben (nur, wenn US als DO/EO) R.4.17(iv), 51bis.1(a)iv) PCT v) **Unschädliche Offenbarungen** oder Ausnahmen von der Neuheitsschädlichkeit R.4.17(v), 51bis.1(a)v) PCT	als Teil des Anmeldeantrags **ODER** **16 M ab PD** (fakultativ) spätestens vor Abschluss techn. Vorbereitungen zur Veröff.	Erklärungen und Berichtigungen werden: ▪ mit vollem Wortlaut veröff. [R.48.2(a)x PCT] ▪ auf Titelseite der veröff. iPa erwähnt [R.48.2(b)iv) PCT] **+** DOs dürfen keine Unterlagen oder Nachweise hinsichtlich dieses Sachverhalts verlangen, **AUßER** das DO hat Grund, an der Richtigkeit der Erklärung zu zweifeln **UND/ODER** Erklärung hinsichtlich unschädlicher Offenbarungen oder Ausnahmen von der Neuheitsschädlichkeit ist erforderlich	Möglichkeit, best. Erfordernisse der nat. Phase bereits während der PCT-Phase zu erfüllen [R.51bis.2 PCT]
127	**Berichtigung** fakultativer Erklärungen		R.26ter.1 PCT	Hinzufügen oder Berichtigen von Erklärungen	**16 M ab PD** (ggf. R.26ter.2 PCT-Auff. durch RO oder IB)	**+** Beschleunigte Prüfung in nat. Phase	

---

[853] aber Angabe des Dritten möglich, dass keine Weitergabe der Identität an Anmelder oder Öffentlichkeit.
[854] angeführter StdT in jeder Sprache zulässig [VV802].
[855] **Erwiderung** durch Anmelder vorzugsweise in EN, FR oder VeröffSprache der iPa bis **30 M** ab PD, entweder **[1]** direkt an Dritte durch e-PCT, oder **[2]** an das IB; Veröff. via PATENTSCOPE.
[856] ausgenommen ISR, SISR oder IPER sind bereits erstellt und beim IB eingegangen; **Sprache:** sind Einwendungen und/oder Dokumente nicht in Amtssprache der (S)ISA oder IPEA, ergeht Auff. zum Nachreichen einer Übersetzung; aber Dokumente sind auch bei fehlender Übersetzung zu berücksichtigen.
[857] ausgenommen vom Dritten übermittelte Dokumente zum StdT.

Rechtsbehelfe

Kapitel I + II

Rechtsbehelfe (Wirkung auf Bestimmungsämter oder ausgewählte Ämter)

	Antrag	Voraussetzung	Norm	zu erbringende Handlung	Frist	Nachfrist	Rechtsfolge	Rechtsbehelf
128	**Nachprüfung durch Bestimmungsämter** (Aufrechterhaltung als nat. Anmeldung) Zuständigkeit: nat. Behörde [EPA: Prüfungsabteilung, R.159(2)]	ein Rechtsverlust liegt vor: a) kein internat. AD zuerkannt **Art.25(1)a), Art.24(2) PCT** b) iPA gilt als zurückgenommen [858] **Art.25(1)a), R.29 PCT** c) Bestimmung eines PCT-VStaats gilt als zurückgenommen **Art.25(1)b), Art.14(3)b) PCT** UND **Verschulden des Rechtsverlusts liegt beim RO oder IB** **Art.25(2)a) PCT** E-IX, 2.9	**Art.25 PCT iVm R.51 PCT**	»schriftlicher« Antrag beim IB unter Vorlage der Kopie der Rechtsverlustmitt. **Art.25(1)a), R.51.2 PCT** UND Zahlung nationaler Gebühren an DO [EPA: Anmeldegebühr [online: 130€/Papier: 270€], R.159(1) c), Art.2(1) Nr.1 GebO] **Art.25(2)a) PCT** UND ggf. Übersetzung der iPa in Amtssprache des DO [EPA: DE/EN/FR, R.159(1) a)] **Art.25(2)a) PCT** UND restliche nat. Handlungen für wirksamen Eintritt in nat/reg Phase vor DO [EPA: alle R.159(1)-Erfordernisse]	2 M ab Mitt. des Rechtsverlusts **Art.25(1)c), R.51.1 und R.51.3 PCT**	mind. 2 M ab Auff. zur Mängelbeseitigung durch DO **R.51bis.3 PCT**	+ Einleitung reg./nat. Phase [859]; Überprüfung durch das DO/EO UND Wirkung als vorschriftsmäße reg/nat Hinterlegung nach Art.11(3) PCT bleibt erhalten **Art.24(2), 39(3) PCT** UND Recherche und Prüfung wie bei nat. Anmeldung − Wirkung der iPa als nat. Hinterlegung erlischt für DO/EO	WB- oder WE-Antrag nach nat. Recht **Art.48(2), R.82bis PCT** Neuanmeldung
129	**Entschuldigung von Fristüberschreitungen** vor nat. Ämtern (DO/EO) 6.056	1) Frist überschritten [860] [Art.48(2) PCT] 2) drohender Rechtsverlust, weil: ▪ iPa oder Bestimmung eines DO zurückgenommen [R.90bis.1,2 PCT] ▪ iPa gilt als zurückgenommen [858] **Art.24(1) PCT** ▪ nat. Phase nicht rechtzeitig eingeleitet [Art.24(1)iii), 39(2) PCT] **Art.24(1) PCT** 3) **Verschulden des Rechtsverlusts liegt beim Anmelder** 4) VStaat sieht Rechtsbehelf zur Entschuldigung vor [EPÜ: WB und WE]	**Art.24(2) iVm Art.48(2) PCT R.82bis PCT**	1) erforderliche Handlungen beim IB: Antrag auf Übersendung von Kopien jedes Schriftstücks der Akte der iPa an DO/EO **Art.25(1), R.51.1 PCT** 2) erforderliche Handlung beim DO/EO: **Antrag auf Nachprüfung** durch Anmelder bei jedem DO/EO separat **Art.25(2)a) iVm R.51 PCT, Rn.DII-126** Antrag auf **nat. Rechtsbehelf** [EPÜ: WB = Art.121; WE = Art.122]	2 M ab Mitt. des Rechtsverlusts **Art.25(1)c), R.51.1 und R.51.3 PCT** Frist best sich nach nat. Recht [EPA: J19/16]		+ iPa bleibt nach nat/reg Recht aufrechterhalten **Art.24(2), Art.48(2)b), Art.11(3) PCT** Anmeldung wird nach nat. Recht weiter behandelt − Wirkung der iPa als nat. Anmeldung endet für DO/EO	Neuanmeldung
130	**Wiedereinsetzung** [861] vor nat. Ämtern (DO/EO)	1) Anmelder hat 2) 30M-Frist zum **Eintritt in nat/reg Phase** vor DE/EO versäumt 3) Handlungen nach Art.22 PCT bzw. Art.39(1) nicht vorgenommen	**R.49.6 PCT**	1) WE-Antrag beim DO/EO stellen [861] 2) Handlungen nach **Art.22PCT** vornehmen (Übermittlung der iPa und ggf. Übersetzung an Bestimmungsamt) 3) ggf. Gebühr gem. nat. Vorschriften [EPA: WE-Gebühr 685 €, Art.2(1) Nr.13 GebO]	2 M ab Wegfall des Hindernisses ODER 12 M nach 30/31M-Frist gem. Art.22 PCT -zuerst ablaufende-	ggf. späterer Zeitpunkt nach nat. Recht	+ Wiedereinsetzung in versäumte Frsit	EPA: alternativ WB-Antrag

[858] **Fälle:** [1] Aktenexemplar der iPa wurde vom RO nicht an IB übermittelt [**Art.12(3), R.24.2c) PCT**], [2] Mangel bei Einreichung der iPa [**Art.14(4), R.20.4(i) PCT, S.242**] oder in Anmeldeunterlagen [**Art.14(3)b) PCT, S.246**], [3] Nichtzahlung von Gebühren [**Art.14(3)a) PCT, Rn.DII-6**].

[859] **Beginn reg./nat. Phase:** [1] sofort oder [2] auf Antrag beginnt reg./nat. Phase erst nach 30 M [**R.159(2)**].

[860] Frist bedeutet: [1] Frist des PCT, [2] vom RO, (S)ISA, IPEA, IB gesetzte Frist oder [3] Frist des DO oder EO zur Vornahme nat/reg Handlungen [**R.82bis.1 PCT**]; **keine Anwendung auf:** [1] 12M-Prioritätsfrist, weil diese nicht im PCT festgelegt ist, sondern in **Art.4C) PVÜ** [**Art.8 PCT**] (hier Antrag auf Wiederherstellung des Prioritätsrechts zulässig [**R.26bis.3/R.49ter PCT**, ABl.2010,251]) und [2] 30M-Frist zum Eintritt in nat./reg [**Art.22(1)** und **39(2) PCT**].

[861] beachte **Unvereinbarkeit mit nat/reg Recht:** CA, CN, DE, IN, KR, LV, MX, NZ, PH, PL [**R.49.6f) PCT**, Staatenübersicht].

Teil D II – Übersicht zum PCT

131 — Berichtigung von Fehlern des RO/IB

Antrag		Voraussetzung	Norm	zu erbringende Handlung	Frist	Nachfrist	Rechtsfolge	Rechtsbehelf
Berichtigung von Fehlern des RO/IB	Fall 1	1) Fehler des RO oder IB 2) falsches AD oder PD wegen **angeblicher Mängel** [862] [Art.14 PCT] oder **Mängeln im Prioanspruch** R.26bis.2/3 PCT	R.82ter.1a) PCT	1) **Antrag** auf Berichtigung an RO/EO 2) hinreichender **Nachweis**, dass Amtsfehler vorliegt	bei Eintritt in nat. Phase	keine	**+** DO/EO berichtigt Fehler und muss iPA so behandeln, als wäre dieser das berichtigte PD zuerkannt	--
	Fall 2	1) Fehler des RO oder IB 2) Verschiebung des AD wegen Einbeziehung „**fehlender Teile/Bestandteile**" durch Verweis R.4.18, R.20.6 PCT, S.265	R.82ter.1b) PCT 6.012				**–** (späterer) Tag an dem der fehlende Bestandteil/Teil nachgereicht bleibt AD R.82ter.1c) PCT	Antrag auf Verzicht nachgereichter Teile in nat. Phase R.82ter.1d) PCT

6.029

Rechtsbehelfe (Wirkung auf PCT-Phase) — Kapitel I + II

Antrag	Voraussetzung	Norm	zu erbringende Handlung	Frist	Nachfrist	Rechtsfolge	Rechtsbehelf
132 Störung im Postdienst vor RO, (S)ISA, IPEA, IB 11.063-11.064	1) verspäteter/kein Eingang eines Schriftstücks beim zuständigen Amt 2) **Frist des PCT** [863] überschritten 3) Grund: Störung im Postdienst wg. höherer Gewalt [864]	Art.48(1) PCT iVm R.82 PCT	**Nachweis**, dass verlorengegangenes Schriftstück 1) 5 T vor Fristablauf zur Post gegeben (Transport per Luftpost oder als Einschreiben mit normaler Post) R.82.1a) PCT 2) mit nat./reg. anerkanntem Übermittlungsdienst [865] versandt R.82.1d) PCT 3) identisch mit neuem Schriftstück R.82.1b) PCT	1 M nach Feststellung der Verzögerung/Verlust durch Beteiligten, aber spätestens **6 M** nach Ablauf der versäumten Frist R.82.1 c) PCT ABER binnen **30 M** nach PD Art.22/Art.39 PCT	keine	**+** Verzögerung wird entschuldigt zwischenzeitlich eingetretene Rechtsfolgen gelten als nicht eingetreten Art.48(2) PCT	--
133 Wiedereinsetzung vor RO, (S)ISA, IPEA, IB Fristüberschreitung wg. höherer Gewalt 11.065-11.065A	1) Anmelder hat 2) **Frist des PCT** [863] überschritten 3) Grund: höhere Gewalt [866] am Sitz/Wohnsitz des Beteiligten (Anmelder oder dessen Vertreter) R.82^{quater}.1(a) PCT	Art.48(1) PCT iVm R.82^{quater} PCT	1) **Nachholen** versäumter Handlung binnen Antragsfrist 2) **WE-Antrag** an RO/(S)ISA/IPEA/IB 3) **Nachweis** und Glaubhaftmachung mit zur Begründung dienenden Beweismitteln (z.B. Erklärungen der nat/reg Patentbehörde, des Internet- oder Stromanbieters, Zeitungsartikel)	schnellstmöglich **6 M** nach Ablauf der versäumten Frist R.82^{quater}.1 b) PCT ABER binnen 30 M nach PD Art.22/Art.39 PCT	keine	**+** wird von allen DO oder EO akzeptiert, solange Eintritt in nat./reg. Phase noch nicht erfolgt R.82^{quater}.1 c) PCT **–** keine Berücksichtigung, wenn Entschuldigung nach **30M**-Frist bereits vor DO/EO erfolgt	--

---

[862] **Mängel nach Art.14 PCT**: i) keine Unterschrift, ii) Anmelderidentität, iii) mangelnde Formerfordernisse.

[863] **keine Anwendung auf: [1]** 12M-Priofrist, weil diese nicht im PCT festgelegt ist, sondern in **Art.4C) PVÜ** [Art.8 PCT] (hier Antrag ist auf Wiederherstellung des Priorechts zulässig [R.26bis.3/R.49ter PCT, ABl.2010,251]) und **[2]** 30M-Frist zum Eintritt in nat./reg vor DO bzw EO [Art.22(1) bzw 39(1) PCT].

[864] **Grund:** z.B. Streik des Postdienstes [11.063].

[865] Allgemein anerkannte **Postdiensteanbieter des EPÜ**: Chronopost, DHL, Federal Express, flexpress, TNT, SkyNet, UPS und Transworld [ABl.2015,A29].

[866] höhere Gewalt: **allgemeiner Ausfall elektr. Kommunikationsdienste** (Ausfall ist unvorhersehbar und keine anderen Kommunikationsmittel verfügbar [VV 111]), Krieg, Revolution, Störung öffentlicher Ordnung, Streik, Naturkatastrophe oder **ähnliches** (z.B. organisatorische Probleme, plötzliche schwere Krankheit, Bankenschließung oder Verbot grenzüberschreitender Zahlungen) [R.82^{quater}.1(a) PCT].

Rechtsbehelfe

Rechtsverzicht (Zurücknahmen · Zurücknahmeerklärungen · Verzicht)

	Erklärung auf	Voraussetzung	Norm	Handlung	Frist	Rechtsfolge	Nachfrist
134	Zurücknahme der iPa 11.048	eingereichte und anhängige iPa	R.90bis.1 PCT	unterzeichnete Zurücknahmeerklärung [870] an IB, RO oder IPEA mit Form PCT/IB/372 (maßgebend ist tatsächlicher Eingang beim IB; Weiterleitung an IB, wenn bei RO/IPEA eingereicht) R.90bis.1 a) und b) PCT	»jederzeit« binnen **30 M** nach frühestem PD R.90bis.1 a) PCT	**+** Einstellung der internationalen Bearbeitung [867] und Wirkung der iPa als nat. Hinterlegung erlischt in allen DO/EO Art.24(1)i)PCT, R.90bis.6 b) PCT UND Verhinderung der Veröff, wenn binnen **18 M** nach AD vor Abschluss techn. Vorbereitungen für Veröff. [868] Art.21(5), R.90bis.1 c) PCT	
135	Zurücknahme einzelner Bestimmungsstaaten (DO) 11.050–11.055		R.90bis.2 PCT	unterzeichnete Zurücknahmeerklärung [870] an IB, RO oder IPEA (maßgebend ist tatsächlicher Eingang beim IB; Weiterleitung an IB, wenn bei RO/IPEA eingereicht) R.90bis.2 d) PCT	»jederzeit« binnen **30 M** nach frühestem PD R.90bis.2 a) PCT	**+** Bestimmung des DO gestrichen [869], [867] und Wirkung der iPa als nat. Hinterlegung erlischt für DO/EO Art.24(1)i)PCT UND Veröff der Bestimmung unterbleibt, wenn binnen **18 M** nach AD vor Abschluss techn. Vorbereitungen für Veröff. R.90bis.2 e) PCT	
136	Zurücknahme des Prioanspruchs 11.056–11.057	Priorität beansprucht	R.90bis.3 PCT	Zurücknahme eines Prioanspruchs [Art.8(1) PCT] durch unterzeichnete Zurücknahmeerklärung [870] an IB, RO oder IPEA (maßgebend ist tatsächlicher Eingang beim IB; Weiterleitung an IB, wenn bei RO/IPEA eingereicht)	»jederzeit« binnen **30 M** nach frühestem PD R.90bis.3 a) PCT	**+** Priorität gilt als zurückgenommen; ggf. **Neuberechnung aller noch nicht abgelaufenen Fristen** auf Basis verbleibender PD oder AD [871], [867] R.90bis.3d) PCT ggf. Aufschiebung der Veröff., wenn binnen **18 M** nach AD, aber vor Abschluss techn. Vorbereitung zur Veröff. R.90bis.3e) PCT	keine
137	Zurücknahme des SISR-Antrags 11.058–11.059	SISR-Antrag wirksam gestellt	R.90bis.3bis PCT	unterzeichnete, vorbehaltlose und eindeutige Zurücknahmeerklärung [870] an IB oder SISA	»jederzeit« vor Übermittlung des SISR an Anmelder R.90bis.3^{bis}a), 45bis.8a)	**+** kein SISR-Erstellung und ggf. Rückzahlung der Gebühren [872] **−** Übermittlung des SISR an EO	
138	Zurücknahme des IPER-Antrags oder einzelner Auswahlerklärungen 11.060–11.061	IPER-Antrag wirksam gestellt	Art.37, R.90bis.4 PCT	unterzeichnete, vorbehaltlose und eindeutige Zurücknahmeerklärung [870] an IB [873] R.90bis.4 a) und b) PCT	»jederzeit« binnen **30 M** nach frühestem PD R.90bis.4 a) PCT	Zurücknahme IPER-Antrag oder alle EO: IPEA-Verfahren wird eingestellt [867] und ggf. Rückzahlung der IPER-Gebüh Art.37(2)/(4), R.90bis.6c) PCT Zurücknahme für einzelne EO: iPa gilt für das EO als zurückgenommen [874] Art.37(4a) PCT	

---

[867] **keine Wirkung** der Zurücknahme für ein DO/EO, wenn Bearbeitung oder Prüfung nach Art.23(2) oder Art.40(2) PCT dort bereits begonnen hat [R.90bis.6a) PCT].

[868] 15 T vor Publikation [9.013] idR wöchentlich am Donnerstag [PCT-NL 11/2003].

[869] Zurücknahme aller Bestimmungsstaaten gilt als Zurücknahme der iPa [R.90bis.2 c) PCT].

[870] **Unterschrift:** wirksame Zurücknahme bedarf wahlweise Unterschrift [1] aller Anmelder ODER [2] des (bestellten) gemeinsamen Vertreters unter gesonderter Vollmachtsvorlage [R.90.4e) PCT] ODER des bestellten Anwalts unter gesonderter Vollmachtsvorlage [R.90.4e) PCT]; Unterschrift des „fiktiven gemeinsamen Vertreters" genügt nicht [R.90bis.5 PCT].

[871] **neu berechnete Fristen:** [1] 18M-Frist für internat. Veröff. (außer techn. Vorbereitungen bereits abgeschlossen – i.d.R. 15 T vorher [R.90bis.3(e) iVm Art.21(2)(a) PCT]); [2] 22M-Frist für SIS-Antrag; [3] 22M-Frist für IPER; [4] 30M-Frist für Eintritt in nat. Phase.

[872] nur wenn noch keine Übermittlung des SISR-Antrags an SISA.

[873] **Erklärung an IPEA:** erfolgt Erklärung an IPEA, so wird der ET vermerkt und Erklärung an IB weitergeleitet, aber Eingang beim IPEA gilt als ET beim IB [R.90bis.4 c) PCT].

[874] **Rücknahmefiktion tritt nicht ein**, wenn vor Ablauf der 30/31M-Frist für Eintritt in nat/reg Phase beim jeweiligen EO [1] ein iPa-Exemplar und deren Übersetzung in eine Amtssprache des EO eingereicht und [2] alle nationalen Gebühren gezahlt werden [Art.37(4)b), R.90bis.7 PCT]; kein PCT-VStaat hat Vorbehalte zu dieser Ausnahme nach Art.37(4)b), R.90bis.7 PCT hat.

Teil D II – Übersicht zum PCT

Vertretung im PCT-Verfahren

Kapitel I + II

EPÜ: hat ein Anmelder keinen Sitz/Wohnsitz in EPÜ-VStaat, muss vor EPA als RO, (S)ISA, IPEA ein Vertreter bestellt werden [Art.27(7) PCT iVm Art.133(2)]

EPÜ: hat ein Anmelder keinen Sitz/Wohnsitz in EPÜ-VStaat [Art.27(7) PCT iVm Art.133(2)]

	bestellter »gemeinsamer Vertreter«	Anwalt des »gemeinsamen Vertreters«	bestellter »gemeinsamer Anwalt«	»fiktiver gemeinsamer Vertreter«
139 schematische Darstellung	Anmelder A ← Anmelder B, Anmelder C	Anmelder A → Anwalt X; Anmelder B, Anmelder C	Anmelder A, Anmelder B, Anmelder C → Anwalt X	Anmelder A, Anmelder B, Anmelder C (Vertretungs- und Handlungsberechtigter)
140 Rechtsnorm	R.2.2^{bis}; R.90.2 a) PCT	R.2.2^{bis}, R.90.2 a) iVm Art.49 R.2.2, R.90.1 PCT	Art.49, R.2.2, R.90.1 PCT	R.90.2 b) PCT
141 Voraussetzung	Anmelder A hat Staatsangehörigkeit oder Sitz/Wohnsitz in einem PCT-VStaat **Art.9(1), R.18.1 PCT** iVm **Art.2 PVÜ**	Anmelder A hat Staatsangehörigkeit oder Sitz/Wohnsitz in einem PCT-VStaat UND Anwalt ist jeder, der nach nat. Recht gemäß dem jeweiligen Verfahrensschritt vor dem RO, (S)ISA bzw IPEA auftreten darf [875] **Art.49, R.2.2, R.90.1a)-c) PCT**, S.291	Anwalt ist jeder, der nach nat. Recht gemäß dem jeweiligen Verfahrensschritt vor dem RO, (S)ISA bzw IPEA auftreten darf [875] **Art.49, R.2.2, R.90.1a)-c) PCT**, S.291	automatisch gilt der im PCT-Anmeldeantrag zuerst genannte Anmelder, der zugleich 1) Staatsangehöriger eines PCT-VStaates ODER dort seinen Sitz/Wohnsitz hat UND 2) vor dem RO nach R.19.1 zur Einreichung einer iPa berechtigt ist [878]
				1) weder gemeinsamer Anwalt noch gemeinsamer Vertreter bestellt 2) mind. ein Anmelder hat Sitz/Wohnsitz ODER Staatsangehörigkeit in einem PCT-VStaat
142 Bestellung	1) Anmelder B und C bestellen A als »gemeinsamen Vertreter« durch Unterschrift aller [876] 2) Vollmachtsvorlage bei RO, (S)ISA, IPEA oder IB [877] **R.90.4a) bzw. 90.5 PCT** / **R.90.4b)/R.90.5b) PCT**	1) Anmelder B und C bestellen A als »gemeinsamen Vertreter« durch Unterschrift aller **R.2.2^{bis}, 90.2a) PCT** 2) »Anwalt« ist von Anmelder A durch Unterschrift bestellt [876] 3) Vollmachtsvorlage bei RO, (S)ISA, IPEA oder IB [877] **R.90.4a) bzw. 90.5 PCT** / **R.90.4b)/R.90.5b) PCT**	1) »Anwalt« ist von allen Anmeldern durch Unterschrift aller bestellt [876] 2) Vollmachtsvorlage bei RO, (S)ISA, IPEA oder IB [877] **R.90.4 bzw. 90.5 PCT** / **R.90.4b)/R.90.5b) PCT**	—
143 Wirkung	Anmelder A ist berechtigt, in seinem Namen mit Wirkung für alle Anmelder alle Handlungen vorzunehmen **R.90.3(a) PCT**	Anwalt X ist berechtigt, im Namen des gemeinsamen Vertreters mit Wirkung für alle Anmelder alle Handlungen vorzunehmen **R.90.3(c) PCT**	Anwalt X ist berechtigt, im Namen des gemeinsamen Vertreters mit Wirkung für alle Anmelder alle Handlungen vorzunehmen **R.90.3(a) PCT**	Anmelder A bzw. nur von A bestellter Anwalt X [879] ist berechtigt mit Wirkung für jeden alle Handlungen vorzunehmen **R.90.3(c) PCT**
144 unerlaubte Handlungen	Zurücknahme von iPa, Bestimmungen, Prioerklärung, SIS-Antrag oder IPER-Antrag [S.289] nur unter gesonderter Vollmachtsvorlage mit Unterschrift aller Anmelder [R.90.4e)/90.5d) PCT] **R.90.3(c)** iVm **R.90bis.5 PCT**			
145 Widerruf und Verzicht **146**	▪ **ausdrücklicher Widerruf** der Vertreterbestellung durch Auftraggeber/Rechtsnachfolger; gilt auch als Widerruf der Bestellung eines Unteranwalts [R.90.6a) PCT]; **Nachweis der Anwaltsberechtigung** ggü IB, (S)ISA, IPEA bei Auff durch dieses Amt [R.83.1/2 PCT]. ▪ **Neubestellung** eines Anwalts/gemeinsamen Vertreters durch Unterschrift aller Anmelder/deren Rechtsnachfolger [880] [R.90.6b) bzw c) PCT] Vorlage der Kopie einer allgem. Vollmacht für alle iPa des Anmelders beim RO bzw. IPEA [R.90.5 PCT]. ▪ **eigene Verzichtserklärung** durch bestellten Anwalt/gemeinsamen Vertreter durch eine von ihm unterzeichnete Mitteilung [R.90.6d) PCT]			
147 Vertreterwechsel 11.018-11.022	**Antrag:** schriftlich an IB oder RO durch Anmelder oder deren Rechtsnachfolger oder neuen Vertreter [R.92bis.1a)ii) PCT] unter gesonderter Vollmachtsvorlage [EPA: **ABl.2010, 335**]; **Frist:** vor Ablauf von 30 M nach PD [R.92bis.1b) PCT]; **Wirkung:** Bestellung eines neuen Anwalts [R.90.6b) PCT] oder neuen gemeinsamen Vertreters [R.90.6c) PCT] oder neuen Rechtsnachfolge UND/ODER Vollmachtsvorlage mit Unterschrift aller Anmelder erforderlich, wenn diese noch nicht vorliegen [11.021].			

[875] Anwalt, der vor RO vertretungsbefugt, ist **automatisch vertretungsbefugt** vor IB, (S)ISA, IPEA [**Art.49, R.83.1^{bis}, R.90.1a)** PCT]; **Nachweis der Anwaltsberechtigung** ggü IB, (S)ISA, IPEA bei Auff durch dieses Amt [**R.83.1/2 PCT**].

[876] **Bestellung:** [1] direkt im Anmeldeantrag bzw. IPER-Antrag, [2] durch gesonderte Vollmacht für **eine** iPa [**R.90.4a) PCT**] ODER [3] Vorlage der Kopie einer allgem. Vollmacht für alle iPa des Anmelders beim RO bzw. IPEA [**R.90.5 PCT**].

[877] **entfällt**, wenn [1] Bestellung direkt im Anmeldeantrag oder IPER-Antrag durch Unterschrift aller Anmelder erfolgt [**R.90.4a) PCT**] ODER [2] RO, (S)ISA bzw IPEA auf Vollmachtsvorlage verzichten [**R.90.4d)/R.90.5c) PCT**, Annex C, D, SISA, E], so z.B. EPA ABl.2010, 335.

[878] **zulässiges RO:** [1] nat. Amt des PCT-VStaates in dem Anmelder Sitz/Wohnsitz oder Staatsangehörigkeit hat, [2] zwischenstaatliche Organisation, dem dieser PCT-VStaat angehört (z.B. EPA, EAPO) ODER [3] IB [**R.19.1 PCT**].

[879] »Anwalt« iSd PCT ist jede Person, die nach nat. Recht iSv. Art.49 PCT (iVm Art.134 EPÜ) befugt ist, vor dem EPA als RO, (S)ISA und/oder IPEA aufzutreten → R.90.1 b) und c) PCT.

[880] Nachweis der Rechtsnachfolge UND/ODER Vollmachtsvorlage mit Unterschrift aller Anmelder erforderlich, wenn diese noch nicht vorliegen [11.021].

Vertretung

Vertretungsbefugnis
Wer kann als Vertreter bzw. Anwalt bestellt werden

	zuständiges Amt	Norm	Voraussetzung	Handlung	Vollmachtsvorlage
148	**RO** Anmeldeamt 5.041-5.051 11.001	Art.27(7) PCT R.51bis.1b) R.90.1a) PCT	jeder, der vor nat./reg. Amt vertretungsbefugt, in dem mind. ein Anmelder ansässig oder Staatsangehöriger ist (automatische Vertretungsbefugnis vor IB, ISA, SISA, IPEA) **R.83.1 PCT** **Vertretungszwang:** nat. Recht des RO bestimmt, ob der Anmelder einen Vertreter/Anwalt bestellen muss [EPA: Vertretungszwang, wenn ein Anmelder keinen Wohnsitz/Sitz in EPÜ-VStaat, Art.133(2), 134(1)] **Art.27(7), R.51bis.1b), Annex C**	Box No. IV in PCT/RO/101 von Anmelder unterzeichnet [881] ODER separate, vom Anmelder unterzeichnete Vollmacht mit Name, Adresse (gem. 5.025, 5.028), optional Tel.nummer/Email/Faxnummer des Vertreters	**gesonderte Vollmacht** an RO/IB bzw. ISA, SISA oder IPEA [882] **R.90.4a)/b) PCT** ODER **allgemeine Vollmacht** an RO bzw. ISA, SISA oder IPEA hinterlegt, muss diese als Kopie stets beim jeweiligen Amt erneut vorgelegt werden **R.90.5a) ii) PCT** ODER Untervollmacht **R.90.1d) PCT**
149	**ISA** mit internat Recherche beauftragte Behörde 11.001-11.002		Vertretungsbefugnis vorm zuständigen RO [R.90.1a) PCT] ODER Vertretungsbefugnis vorm ISA [R.90.1b) PCT]	Bestellung als Vertreter vorm RO ODER Bestellung zur Vertretung vorm ISA **[R.90.1b) PCT]**	
150	**SISA** mit ergänzender internat Recherche beauftragte Behörde 8.018-8.022	Art.49 R.90.1 PCT	Vertretungsbefugnis vorm zuständigen RO [R.90.1a) PCT] ODER Vertretungsbefugnis vorm SISA [R.90.1b-*bis*) PCT]	Bestellung als Vertreter vorm RO ODER Vertreterbestellung vorm SISA in Box No. III des SIS-Antrags **R.90.1b-*bis*) PCT**	
151	**IPEA** mit internat Prüfung beauftragte Behörde 10.020		Vertretungsbefugnis vorm zuständigen RO [R.90.1a) PCT] ODER Vertretungsbefugnis vorm IPEA [R.90.1c) PCT]	Bestellung als Vertreter vorm RO ODER Vertreterbestellung vorm IPEA in Box No. III des IPER-Antrags **R.90.1c) PCT**	
152	**IB** Internationales Büro 5.041-5.042, 11.002	Art.49, R.83.1 PCT	jeder, der vor nat./reg. Amt vertretungsbefugt, in dem mind. ein Anmelder ansässig oder Staatsangehöriger ist **R.83.1, 90.1a) PCT**	Bestellung als Vertreter vorm RO	

	Erfordernisse	Einreichung der Anmeldung - RO	IPEA	Zurücknahmeerklärungen
153	**Unterschrift**	grunds. Unterschrift aller Anmelder **R.4.15 a) PCT** ABER Unterschrift mind eines Anmelders genügt [883] **R.26.2^{bis}a) PCT** bei bestelltem Vertreter genügt Vertreterhandlung (keine Anmelderunterschrift erforderlich) **R.90.3a) PCT**	grds. Unterschrift aller Anmelder **R.53.2 b), R.53.8 PCT** ABER Unterschrift mind eines Anmelders wird akzeptiert **R.60.1a^{ter}) PCT** ABER bei bestelltem Vertreter genügt Vertreterhandlung (keine Anmelderunterschrift erforderlich) **R.90.3a) PCT**	während internationalen Phase: Unterschrift aller Anmelder zwingend **R.90bis.5 PCT**
154	**Vollmacht** [884]	**gesonderte Vollmacht** [R.90.4] oder **allgemein Vollmacht** [R.90.5] mit Unterschrift aller Anmelder an RO oder IB bzw an zuständige (S)ISA, IPEA **R.90.4b), 90.5b) PCT** AUßER RO, (S)ISA bzw IPEA verzichtet auf gesonderte Vollmachtsvorlage **R.90.4d)/90.5c) PCT** (EPA: keine Vollmacht erforderlich R.90.4d)/90.5c) PCT iVm ABl.2010,335)		bei Zurücknahme durch Vertreter Vollmacht notwendig [885] **R.90.4 e) PCT**

[881] **Anmeldergemeinschaft:** Unterschrift aller Anmelder notwendig **(R.90.4a) PCT]**.
[882] **entfällt**, wenn [1] Bestellung direkt im Anmeldeantrag oder IPER-Antrag durch Unterschrift aller Anmelder erfolgt [**R.90.4 a) PCT**] ODER [2] RO, (S)ISA oder IPEA auf Vollmachtsvorlage verzichten [**R.90.4d)/R.90.5c) PCT**], Annex C, D, SISA, E], z.B. EPA **ABl.2010, 335**.
[883] Nachreichung aller Unterschriften in der nat. Phase vor den DO.
[884] fehlt die Unterschrift auf der Vollmacht, gilt diese bis zur Mangelbehebung als nicht erteilt **[R.90.4 c) PCT]**.
[885] entfällt, wenn Vertreter (Anwalt) vom Anmelder durch unterzeichnung des Anmeldeantrags oder des IPER-Antrags bestellt wurde.

Teil D II – Übersicht zum PCT

Gebührenzahlung und Rückerstattung

Bei Gebührenänderung ist der zum Zeitpunkt des Zahlungseingangs geltende Betrag maßgebend [R.15.3, R.16.1f PCT]

	Art	Rechtsnorm	Handlung	Gebühr	Frist	Rechtsfolge	Nachfrist	Rechtsbehelf	Rückzahlung R.96 PCT
155	**Übermittlungsgebühr** 5.184 (i)	Art.3(4) iv), R.14 PCT	Zahlung an RO (Höhe von RO bestimmt)	140 € (andere Form, wenn EPA = RO) Annex C	1 M ab dem (tatsächlichen) Eingang der **iPa beim RO** R.14.1c)/15.3/16.1f) PCT 5.191, 5.185 Ausnahme: Fall von R.19.4, Berechnung vom Eingang beim IB Annex C	+ AD bleibt erhalten – iPa gilt als zurückgenommen Art.14(3) PCT 5.195	1 M ab Mitt. von RO + Zuschlagsgeb. (50% des Fehlbetrages [886]) R.16bis 1 PCT 5.193	WB (+); WE (−)	✗ 5.197 ✓ [889] 5.197
156	**Internationale Anmeldegebühr** [887] 5.184 (ii)	Art.3(4) iv), R.15.2 PCT	Zahlung an das RO für IB erhoben [888] UND **Seitengebühr** ab 31. Blatt (= Seite, da einseitig)	1305 € +15 € ab 31. Seite/Seite (wenn EPA=RO) Annex C					
	Recherchengebühr [890] 5.184 (iii)	Art.3(4) iv), R.16 PCT	Zahlung an das RO für ISA erhoben	1.775 € (wenn EPA=RO) Annex D					✓ [891] 5.198
157	**zusätzliche Recherchengebühr** 7.016	Art.17.3(a), R.40 PCT	Zahlung zusätzlicher Recherchengebühr, bei nachf. Mitt. über mangelnde Einheitlichkeit der Erfindung an ISA R.40.2(b) PCT	von ISA festgelegt	1 M ab Mitt. durch ISA R.40.1(ii) PCT	+ Recherche zusätzlicher Inhalte – zusätzlichen Inhalte werden nicht recherchiert 7.021			✓ [892]
158	**Widerspruchsgebühr**, bei Auff. zur Zahlung **zusätzlicher Recherchegebühren** 7.019	R.40.2(e) PCT	Widerspruch gegen Mitt. über mangelnde Einheitlichkeit der Erfindung einlegen UND Gebührenzahlung an ISA	935 € (wenn EPA = ISA) 7.016 Annex D Art.2(1) 21GebO	1 M ab Mitt. durch ISA R.40.1(iii) PCT	+ Widerspruch wirksam eingelegt – Widerspruch gilt als nicht erhoben	–	–	✓
159	**Gebühr** für verspätete Einreichung der **Übersetzung zur Recherche**	R.12.3(e) PCT	Übersetzung nicht innerhalb **1 M** nach Eingang iPa AD eingereicht R.12.3(a) PCT	25 % der int. Anmeldegebühr (ohne Seitengebührzuschlag) zu Gunsten RO 6.017	1 M ab Mitt. von RO ODER 2 M nach Eingang iPa beim RO –später ablaufende– 6.015	+ Übersetzung gilt als eingegangen – iPa gilt als zurückgenommen; Mitt. an Anmelder	Zahlung, die vor der Rechtsverlustmitt. aber binnen **15 M** ab Priotag eingeht, wird als wirksam erstattet betrachtet 6.016	–	✗

(Anmeldung und Recherche)

---

[886] Zusatzgebühr beträgt mindestens Höhe der Übermittlungsgebühr, übersteigt aber nicht Höhe der internationalen Anmeldegebühr.

[887] Zu zahlen ist nur der zur zum Zeitpunkt des Eingangs geltende Betrag – nachträgliche Änderungen nach R.20 bzw. R.26.1 PCT, die Änderung der Seitenzahl zur Folge haben können, haben keine Auswirkung [R.15.3 S.2 PCT].

[888] **Ermäßigung:** [1] um 98 € bzw. 196 €, wenn Antrag in elektr. Form ODER [2] um 294 €, wenn Antrag, Beschreibung, Ansprüche und Zusammenfassung in elektr. Form und zeichenkodiert [R.96 PCT]; **90% Ermäßigung**, wenn jeder Anmelder (a) nat. Person mit Staatsangehörigkeit UND Wohnsitz in VStaat mit BIP < 25.000 USD (für EP = AL, BG, CY, CZ, EE, GR, HU, HR, LT, LV, MK, MT, PL, PT, RO, RS, SI, SK, TR und BA, ME und MA, MD) ODER (b) nat./jur. Person mit Staatsangehörigkeit UND Sitz/Wohnsitz in Entwicklungsland [R.96.1 Nr.5 PCT; 5.188].

[889] **vollständig**, wenn [1] kein AD zuerkannt [Art.11(1) PCT], [2] iPa aufgrund nat. Sicherheit nicht als solche behandelt wird, [3] iPa zurückgenommen wird/als zurückgenommen gilt vor Übermittlung an das IB [R.15.4 PCT].

[890] **Rückerstattung** Fälle nach R.16.2 PCT (keine vorschriftsmäßige Hinterlegung oder als zurückgenommen gilt) ODER R.16.3 iVm R.41 PCT (teilweise Rückerstattung bei Berücksichtigung früherer Recherche); **75% Ermäßigung**, wenn (i) Recherche vor AT, EPA und ES und (ii) jeder Anmelder nat. Person mit Staatsangehörigkeit UND Wohnsitz in Staat der nicht VStaat des EPÜ und mit niedrigem/mittlerem Einkommen [5.190] oder wenn (EPA=ISA) ISR gestützt auf frühere Recherche mit schriftl. Bescheid [1] für ESR, [2] ISR, [3] SISR oder [4] von nat Amt (BE, CY, FR, GB, IT, LT, LU, LV, MC, MT, NL, SM, TR) ganz oder teilweise (25%) [ABl.2022,A8].

[891] **vollständig** [R.16.2 PCT], wenn [1] kein AD zuerkannt [Art.11(1) PCT], [2] iPa aufgrund nat. Sicherheit nicht als solche behandelt wird, [3] iPa zurückgenommen wird/a s zurückgenommen gilt vor Beginn der int. Recherche durch ISA; **teilweise** [R.16.3 PCT]: Anmelder stellt Antrag auf Berücksichtigung früherer Recherche [R.4.12 PCT] und ISA kann diese Rechercheergebnisse berücksichtigen [R.41.1 PCT].

[892] **Rückerstattung** ganz oder teilweise bei erfolgreichem Widerspruch gegen Einwendung der Uneinheitlichkeit der Erfindung [R.40.2(c) PCT, ABl.2010, 322].

Gebühren

160	**Gebühr** für verspätete Einreichung der **Übersetzung zur Veröffentlichung**	**R.12.4(c)PCT**	Übersetzung nicht innerhalb **14 M** nach Priotag eingereicht	**25 % der int. Anmeldegebühr** (ohne Seitengebührzuschlag) zu Gunsten RO **R.12.4(e) PCT** 6.023	Mitt. zur Einreichung bis **16 M** nach Priotag **R.12.4(a) PCT**	+ Übersetzung gilt als eingegangen − iPa gilt als zurückgenommen; Mitt. an Anmelder **R.12.4(d) PCT** 6.022	**ABER** Zahlung, die vor der Rechtsverlustmitt. aber binnen **17 M** ab PD eingeht, wird als wirksam erstattet betrachtet	✗
161	**Gebühr für vorzeitige Veröffentlichung** 9.014	**Art.21.2(b), R.48.4 PCT**	Antrag auf vorzeitige Veröffentlichung aber Fehlen von: a) Internat. Recherchenbericht **UND/ODER** b) Erklärung nach **Art.17.2PCT**	**200 CHF** an IB Section 113(a)	Antrag vor Ablauf **18 M** nach Priotag stellbar	+ Veröff. sobald Gebühr gezahlt wurde **R.48.4(b) PCT** − keine vorzeitige Veröff.	--	✗
162	Veröffentlichungsgebühr für Antrag auf **Berichtigung/Hinzufügen Prioritätsanspruches nach Fristablauf** 6.044	**R.26bis.2(e) PCT**	Berichtigung/Hinzufügen Prioritätsbeleg nach Ablauf der Frist (**16 M** ab frühesten (berichtigten) Priotag)	**50 CHF** an IB (**+ 15 CHF/Blatt** ab 2. Blatt) Section 113(c) [893]	Antrag nach Ablauf der **R.26bis.1PCT-Frist bis Ablauf** von **30 M** nach Priotag stellbar	+ Veröff. der neuen Angabe	--	✗
163	Veröffentlichungsgebühr bei **verweigerter Berichtigung offensichtlicher Fehler** 11.043	**R.91.3(d) PCT**	Antrag auf Veröffentlichung der Ablehnung eines Antrages zur Korrektur offensichtlicher Fehler	**50 CHF** an IB (**+ 15 CHF/Blatt** ab 2. Blatt) Section 113(b)	**2 M** nach Ablehnung eines Antrages zur Korrektur offensichtlicher Fehler	+ Veröff. der neuen Angabe	--	✗
164	Gebühr für **verspätete Einreichung** eines **Sequenzprotokolls** [894] 7.010	**R.13ter.1 PCT**	Einreichung eines Sequenzprotokolls gem. der formellen Vorschriften 5.099	**240€** (wenn EPA=ISA) von ISA festgelegt aber **nicht mehr als 25%** der internat. Anmeldegebühr	zu bestimmende Frist gem. Mitt. von ISA	+ Recherche uneingeschränkt mgl. − Recherche wird eingeschränkt 7.013	--	✗
165	Wiederherstellung des Prioritätsrechts durch das **RO**	**R.26bis.3 d) PCT**	Antrag auf Wiederherstellung des Priorechts an RO und Wiedereinsetzungsgebühr an RO **Rn.DII-39**	**665 €** (wenn EPA=RO) Annex C	**2 M** nach Ablauf Priofrist	+ Wiederherstellung oder Ablehnung		✗
166	Wiederherstellung des Prioritätsrechts durch das **DO**	**R.49ter.2 b) iii) PCT**	Antrag auf Wiederherstellung des Priorechts an DO und Wiedereinsetzungsgebühr an DO **Rn.DIII-15**		**1 M** nach Ablauf der **30/31 M** internat. Phase			✗

[893] Administrative Instructions under the Patent Cooperation Treaty.
[894] Gebühr ist auch für SIS [**R.45bis.5c PCT**] und IPE [**R.13ter.2 PCT**] anzuwenden.

	Art	Rechtsnorm	Handlung	Gebühr	Frist	Rechtsfolge	Nachfrist	Behelf	Rückzahlung
167	Bearbeitungsgebühr für ergänzende internationale Recherche 8.030, 8.032	R.45bis.2 PCT	Gebührenzahlung an IB zu Gunsten des IB	200 CHF vom IB erhoben	1 M nach Eingang Antrag auf SIS beim IB R.45bis.2c) PCT R.45bis.3c) PCT	+ Recherche wird durchgeführt − Antrag auf SIS gilt als nicht gestellt; Mitt. an Anmelder R.45bis.4d) PCT	1 M nach Mitt. vom IB +50% der Bearbeitungsgebühr (zugunsten IB; **100 CHF** wenn EPA = SISA) R.45bis.4b/c PCT Annex SISA	--	100% bei Zurücknahme oder Antrag als zurückgenommen gilt bevor Unterlagen gem. R.45bis.4i-iv an SISA oder als nicht gestellt gilt (R.45bis.1e) bzw. R.45bis.4d) PCT R.45bis.2d) PCT R.45bis.3d)+e) PCT
168	Gebühr für ergänzende internationale Recherche 8.032 SIS	R.45bis.3 PCT	Gebührenzahlung an IB zu Gunsten des SISA	1775 € vom IB erhoben					
169	Überprüfungsgebühr 8.045	R.45bis.6c PCT	Mitteilung gem. R.45bis.6a(ii) UND Antrag auf Überprüfung der Auffassung gem. der Mitteilung (Einheitlichkeit)	910 € (wenn EPA=SISA) an SISA Annex SISA	1 M nach R.45bis.6a(ii) PCT-Mitt.	+ Auffassung der Mitt. wird geprüft − keine Überprüfung R.45bis.6d) PCT			X
170	Bearbeitungsgebühr für vorläufige Prüfung [895] 10.035 ff.	R.57 PCT	Gebührenzahlung an IPEA zu Gunsten des IB	183 € (wenn EPA=IPEA) Annex E	1 M nach Antragsstellung ODER 22 M nach (frühestem) PT [896] - später ablaufende- R.57.3a) PCT R.58.1b) PCT	+ vorläufige int. Prüfung − Antrag gilt als nicht gestellt [897] R.58.1b) PCT	1 M nach Mitt. durch IPEA; ggf. +50% der Bearbeitungsgebühr (zugunsten IPEA) R.58.^{bis}1a) PCT R.58.^{bis}2) PCT		100%, wenn Antrag vor Zugang bei IPEA zurückgenommen wird oder als nicht gestellt gilt R.57.4 PCT 100% bei Zurücknahme vor Prüfungsbeginn R.58.3 PCT, (EPA: ABl.2014,A117 ABl.2017,A28)
171	IPER-Gebühr [898] 10.035 ff	R.58 PCT	Gebührenzahlung an IPEA zu Gunsten des IPEA	1.830 € (wenn EPA=IPEA) Annex E					
172	Zusatzgebühr bei mangelnder Einheitlichkeit IPE	Art.34(3)a) R.68.3 PCT	Gebührenzahlung an IPEA zu Gunsten des IPEA (ggf. Zahlung unter Widerspruch + Widerspruchsgebühr)	875€ (wenn EPA=IPEA) Annex E R.68.3e) PCT	1 M nach Mitt. R.68.2iii) PCT	+ vorläufige int. Prüfung − zusätzlicher Gegenstand wird nicht geprüft			X

[895] **90% ERMÄSSIGUNG**, wenn jeder Anmelder (a) nat. Person mit Staatsangehörigkeit UND Wohnsitz in VStaat mit BIP < 25.000 USD (für EP = AL, BG, CY, CZ, EE, GR, HU, LT, LV, MK, MT, PL, PT, RO, RS, SI, SK, TR und BA, ME und MA, MD) ODER (b) nat./jur. Person mit Staatsangehörigkeit UND Sitz/Wohnsitz in Entwicklungsland [R.96.1 Nr.5 PCT iVm Annex E; 5.188].

[896] Bei Antragseinreichung gem. R.59.3PCT (bei einer anderen Behörde), Fristenberechnung ab dem dortigen Eingangstag [R.57.3b)PCT] ODER bei gewünschtem gleichzeitigem Beginn von vorläufiger Prüfung und int. Recherche, dann Zahlung innerhalb **1 M** nach Auff. durch Behörde [R.57.3c)PCT].

[897] geht Betrag noch ein bevor Antrag als nicht gestellt erklärt wird, gilt Gebühr als wirksam entrichtet [R.58bis.1d) PCT].

[898] **75% ERMÄSSIGUNG**, wenn (i) Recherche von AT oder EPA und (ii) jeder Anmelder eine nat. Person, die weder Staatsangehörigkeit noch Wohnsitz in VStaat des EPÜ UND mit niedrigem/mittlerem Einkommen [5.190].

Gebühren

Rückerstattung von PCT-Gebühren [899]

	Gebühr	Voraussetzung	Norm	Erfordernisse	Rückerstattung	Frist
173	internationale Anmeldegebühr **R.15.1 PCT**	i) iPa kein AD zuerkannt [**Art.11(1) PCT**] ii) Rechtsverlust bevor iPa an IB übermittelt [**Art.12(1), (3) PCT**] iii) Geheimpatent wg. nat. Sicherheit [**Art.27(8)**]	**R.15.4 PCT**		100% Rückerstattung	
174	internationale Recherchengebühr (**ISR**) **Art.15(1), R.16.1 PCT**	i) iPa kein AD zuerkannt [**Art.11(1)**] ii) Rechtsverlust bevor iPa in Zuständigkeit der ISA übergeht [**Art.12(1)**] iii) Geheimpatent wg. nat. Sicherheit [**Art.27(8)**]	**R.16.2 PCT**		100% Rückerstattung	
		iv) Rechercheergebnisse anderer	**R.16.3, R.41.1 PCT**	Antrag auf Berücksichtigung früherer Rechercheergebnisse	100% bei vollständiger Verwertung früherer Rechercheergebnisse 25% bei teilweiser Verwertung früherer Rechercheergebnisse BdP ABl.2014,A30 teilweise **Art.16(3)(b) PCT** iVm **Anhang C**	
175	internationale Recherchengebühr (**ISR**), weitere	mangelnde Einheitlichkeit und Auff. zur Zahlung weiterer Recherchengebühr(en) **R.17(3) a) PCT**	**R.40.2 PCT**	Widerspruch und Widerspruchsgebühr **R.40.2 PCT**	teilweise oder vollst. Rückzahlung zusätzlicher Recherchengebühren UND Rückzahlung der Widerspruchsgebühr	
176	Bearbeitungsgebühr für ergänzende internationale Recherche – **SIS** 8.032	wenn iPa vor Übermittlung der Unterlagen gem. R. 45bis.4 e) i-iv) PCT an SISA zurückgenommen wird, als zurückgenommen gilt ODER wenn Antrag zurückgenommen wird oder als nicht gestellt gilt	**R.45bis.2 d) PCT**	keine	100% Rückerstattung von IB	
	Gebühr für ergänzende internationale Recherche – **SIS** 8.032	Antrag gilt gem. R.45bis.5 PCT als nicht gestellt bevor SIS begonnen hat	**R.45bis.3 d) PCT** **R.45bis.3 e) PCT**	Bedingungen nach den anwendbaren Vereinbarungen nach Art.16(3)b)	von SISA, Höhe gem. den Bedingungen nach den anwendbaren Vereinbarungen nach Art.16(3)b)	
177	Gebühr für internationale vorläufige Prüfung (**IPEA**)	mangelnde Einheitlichkeit	**R.68.3 PCT**	1) Angabe weiterer Erfindungen 2) Zahlung zusätzlicher Prüfungsgebühr 3) unter Widerspruch mit Widerspruchsgebühr, **R.68.3c)**	teilweise oder vollst. Rückzahlung zusätzlicher Gebühren	**1 M** nach Auff. **R.68.2 iii) PCT**
178	Bearbeitungsgebühr für internationale vorläufige Prüfung - **IPE** **R.57.1 PCT**			Zurücknahmeerklärung an IB/RO/IPEA **R.90bis.1(b) PCT**	siehe Anhang E **R.58.3PCT**	
		i) IPER-Antrag vor Weiterleitung an IB zurückgenommen ii) IPER-Antrag gilt als nicht gestellt wg.: • fehlender Berechtigung [**R.54.2** iVm **R.54.4 PCT**] • Fristversäumnis [**R.54bis.1**]	**R.57.4 PCT**	keine	100% Rückerstattung	30 M ab PD

[899] **Rückzahlungsempfänger:** betreffender Beteiligter oder sein Vertreter; unmittelbare Rückerstattung an Einzahler erfolgt nur, wenn kein Zahlungszweck erkennbar **und** Einzahler nach Auff. diesen Zweck nicht rechtzeitig mitteilt [Art.6(2) GebO; A-X.10.4]; als Rückzahlungsempfänger auch laufendes Konto eines Dritten angebbar [ABl.2019, A26]; **Rückzahlungsart:** Kreditierung des laufenden Kontos oder per Banküberweisung (kein Scheck mehr) [A-X.10.3; ABl.2019, A26]; **Bagatellbeträge** (max. 16€) werden nur auf Beteiligtenantrag zurückgezahlt [Art.12GebO, BdP ABl.2020,A17].

Fristen

Art. 47 und **48 PCT** iVmR.79 bis 83 PCT

179 Jeder internationalen Anmeldung (iPa) wird ein Prioritätstag (PD) mit der Einreichung zuerkannt, wenn die dafür notwendigen Voraussetzungen [S.256] erfüllt sind.

Der PD gemäß **Art.2(xi)PCT** ist im PCT-Verfahren entweder:

- das Anmeldedatum der frühesten Anmeldung, deren Priorität gemäß **Art.8 PCT** in Anspruch genommen wurde oder
- der Tag, der der iPa als internationales Anmeldedatum (AD) zuerkannt wurde, wenn keine Priorität beansprucht wird.

Auch im PCT-Verfahren gibt es gesetzliche Fristen und Amtsfrist.

a) **gesetzliche Fristen**
   im PCT verankerte Frist; nicht verlängerbar

b) **Amtsfristen** („Bescheidfristen") [**R.80 PCT**]
   vom jeweiligen Amt festgelegte Frist

Besonderheiten im PCT-Verfahren

180
- die für die Fristenberechnung maßgebliche Zeitrechnung sind die christliche Zeitrechnung und der gregorianische Kalender [**R.79 PCT**]
- **Fristbeginn** ist das Datum am Ort des fristauslösenden Ereignisses,
- **Fristende** ist das Datum des Ortes, an dem die Handlung (Einreichung Schriftstück; Gebührenzahlung) vollzogen werden muss [**R.80.4 PCT**]

Zustellung (Absendefiktion)

181 Die vom Amt gesetzten Fristen werden ab Absendetag berechnet. **R.80.6 PCT**
(Anders als beim EP-Verfahren, gibt es im PCT-Verfahren keine 10-Tage-Regel, auch nicht, wenn das EPA das zuständige Amt in einem Verfahrensschritt ist.)

Es gilt die „**7-Tage-Regel**":
Bei einem Schriftstück, dass später als 7 Tage nach dem Absendedatum bei dem Anmelder eintrifft, wird die Frist um die über 7 Tage hinausgehenden Tage verlängert.

Verspäteter Zugang bei Behörden

182 **5-Tage-Regel** **R.82.1** iVm **Art.48 PCT**
Wurde ein Schriftstück an das Amt nachweislich mindestens 5 Kalendertage vor Ablauf der Frist abgesendet, gilt das Schriftstück trotz verspätetem Eingehen als rechtzeitig eingegangen.
Ausnahme: Regelung gilt nicht für Priofrist, da diese eine Frist des PVÜ ist.

Fristverlängerung

Automatische Verlängerung des Fristenendes auf den nächstfolgenden Werktag erfolgt, wenn

- Amt/Organisation für Publikumsverkehr am Tag des Fristendes geschlossen hat,
- am Tag des Fristendes Postsendungen am Ort des Amtes/der Organisation nicht zugestellt werden,
- Fristende auf einen offiziellen Feiertag fällt [**R.80.5 PCT**] – gilt auch für Priofrist [**R.2.4b) PCT**].

Fristversäumnis

Ursprüngliche Frist versäumt
Dokumente bzw. Zahlungen, die eingehen [1] nach Ablauf der ursprünglichen Frist, aber [2] vor Absenden der Aufforderung zum Nachholen der Frist, gelten als innerhalb der ursprünglichen Frist eingereicht

In einer Aufforderung gesetzte Frist versäumt
Die in einer Aufforderung gesetzte Frist gilt auch noch als eingehalten, wenn die versäumte Handlung und ggf. die Zahlung der Zuschlagsgebühr erfolgt [1] innerhalb der in der Auff. gesetzten Frist und [2] nach Ablauf der gesetzten Frist, aber bevor die zuständige Behörde die nächste Amtshandlung ausführt (bspw. Zurücknahmeerklärung).

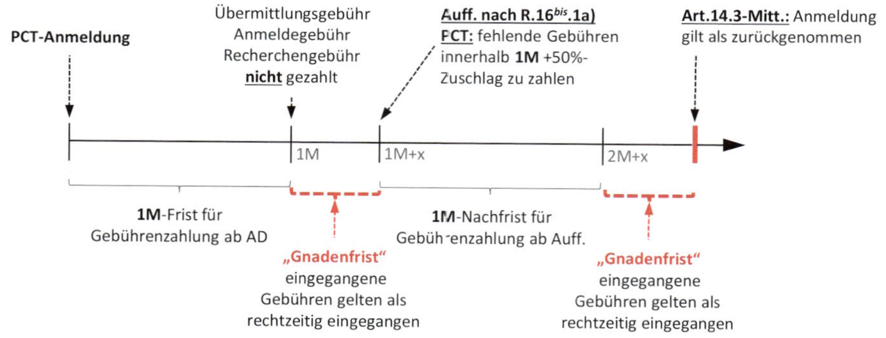

Art.14.3-Mitt.: Anmeldung gilt als zurückgenommen

Auff. nach R.16bis.1a)
PCT: fehlende Gebühren innerhalb 1M +50%-Zuschlag zu zahlen

PCT-Anmeldung
Übermittlungsgebühr
Anmeldegebühr
Recherchengebühr
nicht gezahlt

1M-Frist für Gebührenzahlung ab AD
1M-Nachfrist für Gebührenzahlung ab Auff.

„Gnadenfrist"
eingegangene Gebühren gelten als rechtzeitig eingegangen

„Gnadenfrist"
eingegangene Gebühren gelten als rechtzeitig eingegangen

Fig.12: Gnadenfrist im PCT.

Rechenhilfe für Fristen länger als ein Jahr

12 = 1 + 0   22 = 1 + 10
16 = 1 + 4   24 = 2 + 0
18 = 1 + 6   26 = 2 + 2
19 = 1 + 7   30 = 2 + 6
20 = 1 + 8   31 = 2 + 7

(Monate = Jahre + Restmonate)

Fristenberechnung - Veröffentlichung

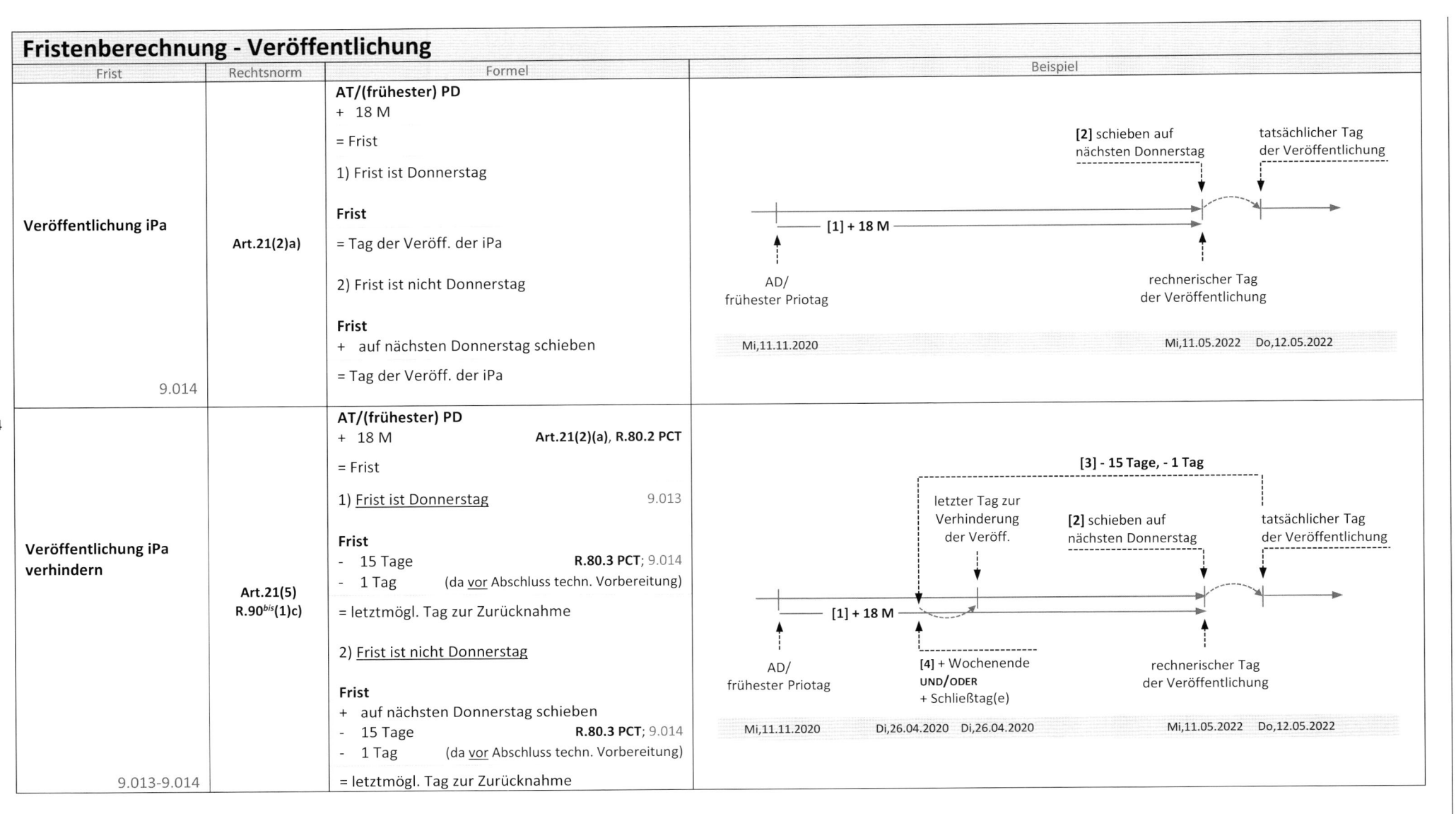

	Frist	Rechtsnorm	Formel	Beispiel
183	**Veröffentlichung iPa**	Art.21(2)a)	**AT/(frühester) PD** + 18 M = Frist 1) Frist ist Donnerstag **Frist** = Tag der Veröff. der iPa 2) Frist ist nicht Donnerstag **Frist** + auf nächsten Donnerstag schieben = Tag der Veröff. der iPa	AD/frühester Priotag — [1] + 18 M — rechnerischer Tag der Veröffentlichung — [2] schieben auf nächsten Donnerstag — tatsächlicher Tag der Veröffentlichung Mi,11.11.2020 Mi,11.05.2022 Do,12.05.2022
	9.014			
184	**Veröffentlichung iPa verhindern**	Art.21(5) R.90bis(1)c)	**AT/(frühester) PD** + 18 M **Art.21(2)(a), R.80.2 PCT** = Frist 1) Frist ist Donnerstag 9.013 **Frist** - 15 Tage **R.80.3 PCT**; 9.014 - 1 Tag (da <u>vor</u> Abschluss techn. Vorbereitung) = letztmögl. Tag zur Zurücknahme 2) Frist ist nicht Donnerstag **Frist** + auf nächsten Donnerstag schieben - 15 Tage **R.80.3 PCT**; 9.014 - 1 Tag (da <u>vor</u> Abschluss techn. Vorbereitung) = letztmögl. Tag zur Zurücknahme	AD/frühester Priotag — [1] + 18 M — letzter Tag zur Verhinderung der Veröff. — [4] + Wochenende UND/ODER + Schließtag(e) — [3] - 15 Tage, - 1 Tag — [2] schieben auf nächsten Donnerstag — rechnerischer Tag der Veröffentlichung — tatsächlicher Tag der Veröffentlichung Mi,11.11.2020 Di,26.04.2020 Di,26.04.2020 Mi,11.05.2022 Do,12.05.2022
	9.013-9.014			

Teil D III
Übersicht zum Euro-PCT
Ablauf · Gebühren · Fristen

Teil D III – Übersicht zum EURO-PCT

EPÜ 2000

Artikel 153[180]
Das Europäische Patentamt als Bestimmungsamt oder ausgewähltes Amt

(1) Das EPA ist

a) Bestimmungsamt für jeden in der internationalen Anmeldung bestimmten Vertragsstaat dieses Übereinkommens, für den der PCT in Kraft ist und für den der Anmelder ein europäisches Patent begehrt, und

b) ausgewähltes Amt, wenn der Anmelder einen nach Buchstabe a bestimmten Staat ausgewählt hat.

(2) Eine internationale Anmeldung, für die das EPA Bestimmungsamt oder ausgewähltes Amt ist und der ein internationaler Anmeldetag zuerkannt worden ist, hat die Wirkung einer vorschriftsmäßigen europäischen Anmeldung (Euro-PCT-Anmeldung).

(3) Die internationale Veröffentlichung einer Euro-PCT-Anmeldung in einer Amtssprache des EPA tritt an die Stelle der Veröffentlichung der europäischen Patentanmeldung und wird im Europäischen Patentblatt bekannt gemacht.

(4) Ist die Euro-PCT-Anmeldung in einer anderen Sprache veröffentlicht, so ist beim EPA eine Übersetzung in einer seiner Amtssprachen einzureichen, die von ihm veröffentlicht wird. Vorbehaltlich des Art.67(3) tritt der einstweilige Schutz nach Art.67(1) und (2) erst vom Tag dieser Veröffentlichung an ein.

(5) Die Euro-PCT-Anmeldung wird als europäische Patentanmeldung behandelt und gilt als Stand der Technik nach Art.54(3), wenn die in Absatz 3 oder 4 und in der Ausführungsordnung festgelegten Erfordernisse erfüllt sind.

(6) Der zu einer Euro-PCT-Anmeldung erstellte internationale Recherchenbericht oder die ihn ersetzende Erklärung und deren internationale Veröffentlichung treten an die Stelle des europäischen Recherchenberichts und des Hinweises auf dessen Veröffentlichung im Europäischen Patentblatt.

(7)[181] Zu jeder Euro-PCT-Anmeldung nach Absatz 5 wird ein ergänzender europäischer Recherchenbericht erstellt. Der Verwaltungsrat kann beschließen, dass auf einen ergänzenden Recherchenbericht verzichtet oder die Recherchengebühr herabgesetzt wird.

[180] Siehe hierzu Entscheidung GBK G4/08 (Anhang I).
[181] Siehe hierzu den BdVs CA/D 11/09 vom 28.10.2009 (ABl.2009,594) über den Verzicht auf die eESR bei Vorliegen eines vom EPA erstellten ISR oder SISR.

Siehe hierzu den BdVs CA/D 8/15 vom 16.12.2015 (ABl.2016,A2) zur Herabsetzung der Gebühr für die eESR, wenn der ISR oder der SISR vom Österreichischen Patentamt, vom Finnischen Patent- und Registrieramt, vom Schwedischen Patent- und Registrieramt, vom Spanischen Patent- und Markenamt, vom Nordischen Patentinstitut oder vom Visegrad-Patentinstitut erstellt worden ist; dieser Beschluss gilt für iPa, die bis einschließlich 31.03.2020 eingereicht werden, wenn die Gebühr für eine ergänzende europäische Recherche ab dem 01.07.2016 entrichtet wird.
Siehe hierzu den BdVs CA/D 9/17 vom 28.06.2017 (ABl.2017,A57) zur Herabsetzung der Gebühr für die eESR, wenn der ISR oder der SISR vom Türkischen Patent- und Markenamt erstellt worden ist; dieser Beschluss gilt für iPa, die ab dem 08.03.2017 bis einschließlich 31.03.2020 eingereicht werden, & für die der ISR oder der SISR vom Türkischen Patent- & Markenamt erstellt worden ist, wenn die Gebühr für eine eESR ab dem 1. Juli 2017 entrichtet wird.
Siehe hierzu den BdVs CA/D 16/17 vom 13.12.2017 (ABl.2018,A3) zur Aufhebung des BdVs CA/D 10/05 (ABl.2005,548) betreffend Fälle, in denen die Gebühr für die eESR herabgesetzt wird. Ab dem 1. April 2018 wird die Recherchengebühr für die eESR für iPa nicht mehr herabgesetzt, wenn das Patent- und Markenamt der Vereinigten Staaten (USPTO), das Japanische Patentamt, der Föderale Dienst für geistiges Eigentum, Patente und Marken (Russische Föderation), das Australische Patentamt, das Staatliche Amt für geistiges Eigentum der Volksrepublik China (SIPO) oder das Koreanische Amt für geistiges Eigentum ISA war.

EPÜAO

Regel 159[148]
Das Europäische Patentamt als Bestimmungsamt oder ausgewähltes Amt – Erfordernisse für den Eintritt in die europäische Phase

(1) Für eine iPa hat der Anmelder innerhalb von einunddreißig Monaten nach dem AT oder, wenn eine Priorität in Anspruch genommen worden ist, nach dem Priotag die folgenden Handlungen vorzunehmen:

a)[149] die gegebenenfalls nach Art.153(4) erforderliche Übersetzung der internationalen Anmeldung einzureichen;

b) die Anmeldungsunterlagen anzugeben, die dem europäischen Erteilungsverfahren in der ursprünglich eingereichten oder in geänderter Fassung zugrunde zu legen sind;

c) die Anmeldegebühr nach Art.78(2) zu entrichten;

d)[150],[151] die Benennungsgebühr zu entrichten, wenn die Frist nach R.39(1) früher abläuft;

e) die Recherchengebühr zu entrichten, wenn ein ergänzender europäischer Recherchenbericht erstellt werden muss;

f) den Prüfungsantrag nach Art.94 zu stellen, wenn die Frist nach R.70(1) früher abläuft;

g) die Jahresgebühr für das dritte Jahr nach Art.86(1) zu entrichten, wenn diese Gebühr nach R.51(1) früher fällig wird;

h) gegebenenfalls die Ausstellungsbescheinigung nach Art.55(2) und R.25 einzureichen.

(2) Für Entscheidungen des Europäischen Patentamts nach Art.25(2) a) PCT sind die Prüfungsabteilungen zuständig.

[148] Siehe hierzu die Mitteilung des EPA über den Antrag auf vorzeitige Bearbeitung (ABl.2013, 156).
[149] Siehe hierzu die Entscheidung der GBK G4/08 (Anhang I).
[150] Siehe hierzu die Stellungnahme der GBK G4/98 (Anhang I).
[151] Geändert durch BdV CA/D 4/08 vom 21.10.2008 (ABl.2008, 513), in Kraft getreten am 01.04.2009.

Regel 160[152]
Folgen der Nichterfüllung bestimmter Erfordernisse

(1) Wird die Übersetzung der iPA nicht rechtzeitig eingereicht oder wird die Anmeldegebühr oder die Recherchengebühr nicht rechtzeitig entrichtet, oder wird die Benennungsgebühr nicht rechtzeitig entrichtet, so gilt die europäische Patentanmeldung als zurückgenommen.

(2)[153] Stellt das EPA fest, dass die Anmeldung nach (1) als zurückgenommen gilt, so teilt es dies dem Anmelder mit. R.112(2) ist entsprechend anzuwenden.

[152] Geändert durch BdV CA/D 4/08 vom 21.10.2008 (ABl.2008, 513), in Kraft getreten am 01.04.2009.
[153] Siehe hierzu die Stellungnahme der GBK G4/98 (Anhang I).

Regel 163
Prüfung bestimmter Formerfordernisse durch das Europäische Patentamt

(1) Sind die Angaben über den Erfinder nach R.19(1) nicht innerhalb der Frist nach R.159(1) mitgeteilt worden, so fordert das Europäische Patentamt den Anmelder auf, die Angaben innerhalb von zwei Monaten zu machen.

(2)[179] Wird die Priorität einer früheren Anmeldung in Anspruch genommen und ist das Aktenzeichen der früheren Anmeldung oder deren Abschrift nach R.52(1) und R.53 nicht innerhalb der Frist nach R.159(1) eingereicht worden, so fordert das EPA den Anmelder auf, das Aktenzeichen oder die Abschrift innerhalb von 2M einzureichen. R.53(2) ist anzuwenden.

(3)[180] Liegt bei Ablauf der in R.159(1) genannten Frist ein dem Standard der Verwaltungsvorschriften zum PCT entsprechendes Sequenzprotokoll nicht vor, so wird der Anmelder aufgefordert, innerhalb von 2M ein Sequenzprotokoll einzureichen, das den vom Präsidenten des EPA erlassenen Vorschriften entspricht. R.30(2) & (3) ist entsprechend anzuwenden.

(4) Liegt bei Ablauf der in R.159(1) genannten Frist die Anschrift, die S.angehörigkeit oder der Wohnsitz bzw. Sitz eines Anmelders nicht vor, so fordert das EPA den Anmelder auf, diese Angaben innerhalb von 2M nachzureichen.

(5) Sind bei Ablauf der in R.159(1) genannten Frist die Erfordernisse nach Art.133(2) nicht erfüllt, so fordert das EPA den Anmelder auf, innerhalb von zwei Monaten einen zugelassenen Vertreter zu bestellen.

(6) Werden die in den Absätzen 1, 4 und 5 genannten Mängel nicht rechtzeitig beseitigt, so wird die europäische Patentanmeldung zurückgewiesen. Wird die in Absatz 2 genannte Mängel nicht rechtzeitig beseitigt, so geht das Prioritätsrecht für die Anmeldung verloren.

[179] Geändert durch Bd Verwaltungsrats CA/D 4/08 vom 21.10.2008 (ABl.2008, 513), in Kraft getreten am 01.04.2009. Siehe hierzu auch den Beschluss des Präsidenten des EPA über die Einreichung von Prioritätsunterlagen (ABl.2020, A57) und die Mitteilung des EPA betreffend den Austausch von Prioritätsunterlagen über den digitalen Zugangsservice der WIPO (ABl.2019, A26)
[180] Siehe hierzu den BdP des EPA, ABl.2011, 372, sowie die Mitteilung des EPA, ABl.2013, 542.

Regel 165
Die Euro-PCT-Anmeldung als kollidierende Anmeldung nach Art.54(3)

Eine Euro-PCT-Anmeldung gilt als Stand der Technik nach Art.54(3), wenn die in Art.153(3) oder (4) festgelegten Voraussetzungen erfüllt sind und die Anmeldegebühr nach R.159(1) c) entrichtet worden ist.

Rechtsprechung

J1/89

2. Verschiebt sich der Beginn der regionalen (europäischen) Phase auf den Zeitpunkt des Ablaufes der 30. Monate ab dem Anmeldedatum der internationalen Anmeldung, so wird die Jahresgebühr für das dritte Patentjahr erst mit Ablauf des 30. Monats, d. h. am letzten Tag der 30-Monatsfrist fällig (Art.40 PCT; Art.150 (2) S.3 EPÜ). (Neue Rechtslage ab 1.6.1991 (R.104(1) (e) EPÜ). Dieser verschobene Fälligkeitstag ist für die Berechnung der Nachfrist zur Zahlung der Jahresgebühr mit Zuschlag maßgebend.

G4/08

Frage 1: Wenn eine iPA nach dem PCT in einer Amtssprache des EPA eingereicht und veröffentlicht wurde, ist es nichtmöglich, beim Eintritt in die EP-Phase eine Übersetzung der Anmeldung in eine der beiden anderen Amtssprachen einzureichen.

Eintritt in die EP-Phase

EPA = „Bestimmungsamt", wenn in PCT-Phase kein IPER beantragt (Kapitel I PCT) [Art.22 PCT]
EPA = „ausgewähltes Amt", wenn in PCT-Phase IPER beantragt (Kapitel II PCT) [Art.39, R.76.5 ii) PCT]

Art.153 iVm R.159, E-VIII,2.1

		Norm	zu erbringende Handlung	Frist	Nachfrist	Rechtsfolge	Rechtsbehelf
1	Voraussetzungen (Schutzerlangung)		1) EPÜ-VStaat gehört dem EPÜ bei Einreichung der iPa an [900] **Art.79(1)**				
			2) iPa oder (automatische) Bestimmung für EPÜ nicht zurückgenommen **R.90bis.1; R.90bis.2 PCT**			+ ab Tag aller Erfordernisse: ePa hat Wirkung einer ordnungsgemäßen nat. Hinterlegung	
2	Berechtigter		Anmelder [905] oder dessen Vertreter [906]				
3	Anmeldeamt	ABl.2017,A11	beim EPA (München, Den Haag, Berlin; nicht Wien) (nicht IB oder nat. Behörde eines EPÜ-VStaats)			Einreichung von TA mögl.	WB (+), 2 M ab R.160(2)-Mitt. $^{+10Tage}$ (+Zuschlag [904]) **Art.121, R.135**
4	Art der Einreichung		»schriftlicher« **Antrag** (EPA Form 1200 empfohlen, aber nicht verpflichtend [R.49.4 PCT]) a) in Papierform b) per Fax c) Online (OLF, Online-Einreichung 2.0 oder Web-Einreichung) ABl.2017,A11 & ABl.2021,A42	binnen **31 M** nach AD bzw. frühestem PD der iPa **Art.22(1), (3) oder 39(1)b) PCT** iVm **R.159(1)** ODER	keine	UND gewählte Amtssprache wird Verfahrenssprache [902] **Art.14(3) iVm Art.70(1) & (2)** UND EPA erlässt **R.161/162**-Mitt. [903]	WE (−), außer Rechtsverlustmitt. bezieht sich auf Handlung iSv **Art.22 PCT**, dh „nur" auf nicht rechtzeitig entrichtete Übersetzung ODER Anmeldegeb. **Art.22, R.49.6 PCT, iVm Art.122, R.136**
5	Mindesterfordernisse	**Art.153** iVm **R.159** UND **Art.27** iVm **R.51bis PCT**	1) Angabe der EP-Anmeldenummer (wenn nicht bekannt, Angabe PCT-Aktenzeichens/VeröffNummer) 2) Vornahme aller Handlungen nach R.159(1) (ACHTUNG: keine Gebührenzahlung über automatischen Buchungsauftrag, da Buchung erst a letztem Tag 31M-Frist erfolgt)	mit Antrag auf vorzeitige Bearbeitung [901] **Art.23(2) oder 40(2) PCT**		− ePa gilt als zurückgenommen und Wirkung der iPa als nat. Hinterlegung erlischt für DO/EO **Art.24(1)i)PCT, R.160(1)** UND Rechtsverlustmitteilung ^{BF} **R.112(1), 160(2)**	
6	Sprache	**Art.14, R.3**	**Anmeldung**: jede Amtssprache des EPA (DE, EN, FR) [außer iPa wurde in Amtssprache des EPA veröff, so ist diese Sprache in EP-Phase Verfahrenssprache; keine Änderung der Verfahrenssprache bei/nach Eintritt in EP-Phase zulässig [G4/08]] **Art.153(4), 14(2)** **Änderungen**: nur Verfahrenssprache der Euro-PCTa **Art.14(3), R.3(2), G4/08** **Schriftverkehr**: jede Amtssprache des EPA (DE, EN, FR) unabhängig von Sprache der Euro-PCTa **Art.14(1), R.3(1)**				

[900] ausgenommen: Anmelder wünscht am Tag der Einreichung und nach Bekanntgabe des Inkrafttretens des EPÜ in **neuem VStaates**, dass AT auf Tag des Inkrafttretens festgelegt wird [J18/90].

[901] **Vorteil**: ab wirksamer Antragstellung wird iPa als EURO-PCT-Anmeldung behandelt, die in EP-Phase eingetreten ist: z.B. Einreichung TA mögl.; spätere Rücknahme gem. R.90^{bis}PCT wirkungslos für EP.

[902] beachte: Wurde iPa von WIPO in Amtssprache des EPA veröff, so ist diese Sprache in EP-Phase Verfahrenssprache; **keine Änderung der Verfahrenssprache** bei/nach Eintritt in EP-Phase zulässig [G4/08].

[903] Verzicht durch ausdrückliche Erklärung (Form 1200, Feld 6.4) zulässig, wenn vorzeitig Erwiderung auf R.161(1)-Mitt. eingereicht und ggf. Anspruchsgeb. entrichtet.

[904] verspätete Gebühren: 50% Zuschlag; alle anderen Fälle: 275€ [Art.2(1) Nr. 12 GebO].

[905] Einleitung EP-Phase (bzw einzelne R.159-Erfordernisse) kann binnen 31M-Frist stets ohne Vertreter erolgen [E-IX,2.3.1]; **Vertretungszwang** für Anmelder ohne Sitz/Wohnsitz in EPÜ-VStaat nach fristgerechtem Eintritt in EP-Phase, d.h. Vertretung zur Vornahme aller weiteren Handlungen erforderlich [Art.133(2); S.201]; **Gebühreneinzahlung** durch jedermann zulässig [A-X,1].

[906] nicht vorm EPA vertretungsberechtigter Anwalt PCT-Phase darf Eintritt in EP-Phase nicht vornehmen [**Art.27(7) PCT**, E-VIII,2.3.1]; Ausnahme Gebührenzahlung [A-X,1].

Teil D III – Übersicht zum EURO-PCT

Mindesterfordernisse
(EPA als Bestimmungsamt oder ausgewähltes Amt) — Art.153 iVm R.159, E-VIII,2.1

	Norm	zu erbringende Handlung	Frist	Nachfrist	Rechtsfolge	Rechtsbehelf
a)	Art.153 iVm R.159 UND Art.27 iVm R.51bis PCT	ggf. **Übersetzung** in eine Amtssprache (DE, EN, FR) [908] Art.153(4) iVm Art.27, R.51bis.1c) PCT ggf. Übersetzung geänderter Ansprüche und Erklärungen nach Art.19 und Art.34 PCT R.49.5a), c), c^bis) PCT ggf. Übersetzung veröffentlichter Berichtigungsanträge nach Art.91.3d) PCT R.49.5a) PCT	binnen **31 M** nach AD bzw. frühestem PD der iPa Art.22(1), (3) oder **39(1)b) PCT** iVm **R.159(1)**		+ ab Tag aller Erfordernisse: ePa hat Wirkung einer ordnungsgemäßen nat. Hinterlegung UND gewählte Amtssprache wird Verfahrenssprache [908]	**WB (+)**, **2 M** ab R.160(2)-Mitt. +10Tage (+Zuschlag) [911] Art.121, **R.135**
b)		**Angabe der Anmeldeunterlagen**, die zu prüfen sind (dh urspr. Fassung iSv Art.70 oder geänderte Fassung Art.19/34 PCT)	ODER mit Antrag auf vorzeitige Bearbeitung [907], Art.23(2) oder 40(2) PCT S.305	keine		**WE (–)**, außer Rechtsverlustmitt. bezieht sich auf Handlung iSv Art.22 PCT, dh „nur" auf nicht rechtzeitig entrichtete Übersetzung ODER Anmeldegeb. Art.22, R.49.6 PCT, iVm Art.122, R.136
c)	**Mindesterfordernisse** automatischer Eintritt, wenn EP benannt	**Anmeldegebühr** [Papier 270 €/online 130 €] [909], ggf. Seitengebühr [16 €/Seite ab 36. Seite], Art.78(2), R.38, Art.2(1) Nr.1 bzw 1a GebO, ABl.2009,118, 383				
e)		ggf. **Recherchengebühr** für eESR [1390 €] [910] Art.153(7), Art.2(1) Nr.2 GebO				
h)		ggf. **Ausstellungsbescheinigung** Art.55(2), R.25				
d)	Antrag auf vorzeitige Bearbeitung [907] [S.305]	ggf. **Benennungsgebühr** [630 €] [912] (wirkt nur für VStaaten, die im PCT-Antrag bestimmt waren) zzgl. Erstreckungs- und Validierungsgebühr [913]	**31 M** nach AD bzw. frühestem PD der iPa ODER **6 M** nach Veröff. ISR bzw. No-Search-Erklärung [Art.17(2)PCT] - später ablaufende - [912]		ePa gilt als zurückgenommen R.160(1) UND Rechtsverlustmitt [BF] R.112(1), 160(2)	
f)		ggf. **Prüfungsantrag** UND **Prüfungsgebühr** [909, 912, 914] [1955 €, wenn EPA=(S)ISA; 1750 €, wenn EPA≠(S)ISA] Art.94(1), Art.2(1) Nr.6 GebO				
g)		ggf. **Jahresgebühr** für das 3. Jahr ab AD der iPa [505 €] [912] Art.86(1), Art.2(1) Nr.4 GebO; S.239	**31 M** nach AD bzw. PD der iPa ODER regulär entsprechend **R.51(1)**	**6 M** nach Fälligkeit (+50% Zuschlag) R.51(2) iVm J1/89	– ePa gilt als zurückgenommen Art.86(1) S.2	**WE (+)**; WB (–) Art.121, **R.135(2)**

Vorteil: ab wirksamer Antragstellung wird iPa als EURO-PCT-Anmeldung behandelt, die in EP-Phase eingetreten ist: z.B. Einreichung TA mögl.; spätere Rücknahme gem. R.90bis PCT wirkungslos für EP.

Beachte: Wurde iPa von WIPO in Amtssprache des EPA veröff, so ist diese Sprache in EP-Phase Verfahrenssprache; keine Änderung der Verfahrenssprache bei/nach Eintritt in EP-Phase zulässig [G4/08].

[907]
[908]
[909] **30%-Ermäßigung:** bei Einreichung in einer Nichtamtssprache für KMUs, nat. Personen und non-profit Organisationen mit Wohnsitz/Sitz in EPÜ-VStaats [**Art.14(4), R.6(3)** iVm **Art.14(1)** GebO (ABl.2014,A23)]; **Seitengebühr** berechnet sich auf Basis veröff. iPa (Sprache ist irrelevant); bei Änderungen der Beschreibung/Ansprüche/Zeichnungen basierend auf EPA-Verfahrenssprache.
[910] keine Geb. UND kein eESR, wenn EPA=(S)ISA war [ABl.2009,594]: **Ermäßigungen:** [1] war Behörde von AU, CN, JP, KR, RU, US oder CA ISA und Anmeldung vor 01.07.2020 - 950 € Recherchegebühr; [2] war Behörde von AT, ES, FI, SE, TR, XN, XV (S)ISA und Anmeldung nach 01.07.2020 bis 31.03.2024 eingereicht – Recherchegebühr 205 € [ABl.2022,A28], aber bei Erfüllung der Voraussetzungen wird **Ermäßigung immer nur einmal gewährt**.
[911] verspätete Gebühren: 50% Zuschlag; alle anderen Fälle: 275€ [Art.2(1) Nr. 12 GebO].
[912] bei Antrag auf **vorzeitige Bearbeitung** hängt Verpflichtung zur Erfüllung dieser Erfordernisse vom Zeitpunkt der Antragstellung ab, d.h. prüfe, ob die Frist für die entsprechende Rechtshandlung an diesem Tag bereits abgelaufen ist; So müssen [1] der Prüfungsantrag, die Prüfungs- und [2] die Benennungsgebühr erst innerhalb von **6 M** nach dem Tag der Veröffentlichung des ISR entrichtet werden.
[913] Erstreckungs- und Validierungsgebühr noch innerhalb einer Nachfrist von **2 M** mit 50%-Zuschlag zahlbar [A-III,12.2].
[914] **75%-Ermäßigung:** wenn EPA=IPEA und Anmelder erlangt in EP-Phase Schutz für Erfindung, die Prüfungsgegenstand des IPER war [Art.14(2) GebO, ABl.2022,A28]; **30%-Ermäßigung** zusätzlich möglich.

Eintritt in die EP-Phase

weitere Erfordernisse

	Erfordernis	Norm	erforderliche Handlung	Frist	Nachfrist	Rechtsfolge	Rechtsbehelf
8	**Anspruchsgebühr** E-VIII, 2.1.3	**R.162(1)/(2)**	Euro-PCT-Anmeldung mit mehr als 15 Ansprüchen [**250 €**/Anspruch > 15 bzw. **630 €**/Anspruch > 50] **R.162(1)/(2)**, Art.2(1) Nr.15 GebO **Berechnungsgrundlage:** ▪ Ansprüchen bei Eintritt in EP-Phase [**R.162(1)**] bzw. ▪ Ansprüche in Erwiderung auf R.161/162-Mitt. [**R.162(2)**] - später eingereichten -		**6 M** nach R.161/162-Mitt.[+10 Tage] [915] **R.162(2)**	– gilt als Verzicht auf „über-schüssige" Ansprüche **R.162(4)** RÜCKZAHLUNG von Gebühren, die mit Eintritt in EP-Phase gezahlt wurden, aber in Erwiderung auf R.161/162-Mitt. hin fällige Gebühren überstei-gen [**R.162(3)**]	**WB (+)** +50% Zuschlag Art.2(1) Nr.12GebO **WE (−)**
9	**Erfinderbenennung** Art.4(1) v) PCT, E-VIII, 2.3.4	**R.163(1)** iVm **Art.22(1) PCT** und **R.51bis PCT**	Angabe von 1) Vornamen, 2) Zuname, 3) vollständige An-schrift, 4) Rechterlangung [**Art.81**], 5) Unterschrift des Anmel-ders/Vertreters [916] **R.19(1)**, A-III,5		**2 M** nach **R.163(1)**-Auff.[+10Tage]	– Zurückweisung der ePa[BF] **R.163(6) S.1**	
10	**Priounterlagen** E-VIII, 2.3.5	**R.163(2)**	i) Einreichung **beglaubigter Abschrift** oder AZ der früheren Anmeldung [917] **R.17.1/2 PCT, R.53** ii) ggf. **Übersetzung** der früheren Anmeldung(en) in EPA-Amtssprache **R.51bis.1e) PCT iVm R.53(3)**	**31 M** nach AD bzw. frühestem PD der iPa **Art.22(1), (3) oder 39(1)b) PCT iVm R.159(1)**	**2 M** nach **R.163(2)**-Auff. +10Tage **R.17.1c)PCT iVm R.163(2)**	– Verlust des Prioritätsrechts **R.163(6) S.2**	**WB (+)** +Zuschlag [275 €] **Art.121, R.135**, Art.2(1) Nr.12GebO
11	**Sequenzprotokoll** (WIPO ST.26) E-VIII, 2.4.2	**R.5.2, R.13ter.3PCT** iVm **R.163(3)** und **30(3)**	Angabe von **Nukleotid- und Aminosäuresequenzen** nach WIPO-Standard ST.26 [918] Erfindungsbezeichnung als letzter Teil der ePa nur elektronische Form im TXT-Format [919] BdP ABl.2011,372, ABl.2021,A97		**2 M** nach **R.163(3)**-Auff. +10Tage +Zuschlag [**245 €**] bei Nachreichung eines PCT-konformen SeqPro-tokolls im WIPO-ST.25 **R.163(3)** iVm **R.30(3)**, Art.2(1) Nr.14a GebO	– Zurückweisung der ePa[BF] **R.30(3) S.2**	**WE (−)**
12	**Anmelderidentität** E-VIII, 2.3.1	**R.163(4)**	Anschrift, Sitz/Wohnsitz, Staatsangehörigkeit		**2 M** nach **R.163(4)**-Auff.[+10Tage]	– Zurückweisung der ePa[BF] **R.163(6) S.1**	

Zahlungen an EPA können von jedermann geleistet werden [A-X, 1].

[915] Bei Einreichung neuer Ansprüche innerhalb **6 M**, erfolgt Neukalkulation der Anspruchsgebühr [**R.162(2) S.2**]. **Beachte:** Frist nach R.162(2) und R.161 sind identisch und werden mit gemeinsamer Mitt. ausgelöst.

[916] alle Erfinder ≠ Anmelder erhalten Mitteilung über Erfinderbenennung [**R.19 (3)**], enthaltend [**R.19 (4)**]: [1] Nummer der ePa, [2] AT der ePa oder bei Inanspruchnahme Prio; Tag, Staat, Aktenzeichen der früheren Anmeldung, [3] Name Anmelder, [4] Erfindungsbezeichnung, [5] benannte Vertragsstaaten, [6] ggf. Name Miterfinder.

[917] in Papierform oder auf anderem Datenträger und von der Behörde erstellt, bei der früheren Anmeldung eingereicht, mit Bescheinigung über [1] übereinstimmenden Inhalt und [2] AT der früheren Anmeldung; **beglaubigte Abschrift entfällt**, wenn frühere Patentanmeldung eine i) ePa ODER ii) beim EPA eingereichte iPa → selbstständige, gebührenfreie zur Aktennahme [**R.53(2)** iVm ABl.2021,A83&84]; Übermittlung mittels digitalem Zugansservice (DAS) der WIPO mgl. (ABl.2019,A27).

[918] gilt nicht für Sequenzen, die bereits aus StdT bekannt [J8/11].

[919] Papierform, TXT-, PDF-Format nicht erlaubt [ABl.2021,A97].

Teil D III – Übersicht zum EURO-PCT

weitere Erfordernisse (Fortsetzung)

	Erfordernis	Norm	erforderliche Handlung	Frist	Nachfrist	Rechtsfolge	Rechtsbehelf
13	**Vertretung** [920] Art.134	R.163(5) iVm R.51bis.1b) PCT und Art.27.7 PCT	Anmelder **mit Sitz/Wohnsitz** in EPÜ-VStaat kann (optional): 1) zugel. Vertreter [Art.134(1)] oder 2) Rechtsanwalt [Art.134(8)] oder 3) bevollmächtigten Angestellten [Art.133(3)], bestimmen unter Vollmachtsvorlage [R.152] [921] Art.133(1) — Anmelder **ohne Wohnsitz/Sitz** in EPÜ-VStaat muss (zwingend): 1) zugel. Vertreter [Art.134(1)] ODER 2) Rechtsanwalt [Art.134(8)] bestimmen unter Vollmachtsvorlage [R.152] [921] Art.133(2)		2 M nach R.163(5)-Mitt. +10Tage (bis zur wirksamen Vertreterbestellung gelten Handlungen als nicht vorgenommen)	**+** Eintragung des Vertreters in EP-PatReg **−** Zurückweisung der ePa und R.112(1)-Rechtsverlustmitt.BF R.163(6) S.1	**WB (+)** +275€ Zuschlag Art.121, R.135, Art.2(1) Nr.12GebO WE (−)
14	**Auskünfte zum SdT** [922] A-III, 6.12	Art.124, R.70b, R.141(1)	1) Priorrecht beansprucht 2) Kopie der Rechercheergebnisse zur Prioanmeldung einreichen WICHTIG: • gilt auch für Prioansprüche, die später zurückgenommen, nach dem AT hinzugefügt oder berichtigt werden oder die erlöschen [A-III,6.12] • keine Übersetzung der Dokumente • keine Kopien der Dokumente [ABl.2010,410]	31 M nach AD bzw. frühestem PD der iPa Art.22(1), (3) oder 39(1)b) PCT iVm R.159(1)	2 M nach R.70b(1)-Auff. +10Tage R.141(3)	**+** Berücksichtigung der Rechercherergebnisse im Erteilungsverfahren Zur Akteneinsicht und über Akteneinsicht zugänglich Art.124(2), R.70b(2) **−** ePa gilt als zurückgenommen und R.112(1)-Rechtsverlustmitt.	**WB (+);** WE (−)
15	**Wiedereinsetzungsantrag in Priofrist** [923]	R.136(1) iVm R.49ter.2 PCT	1) Hindernis trotz Beachtung aller nach den Umständen gebotenen Sorgfalt 2) schriftlicher **WE-Antrag** beim EPA 3) **Begründung** unter Tatsachenvorlage 4) Zahlung WE-Gebühr **[685 €]** R.49ter.2a)-d) PCT iVm R.136(1), Art.2 Nr.13 GebO		1 M ab Eintritt in EP-Phase R.49ter.2b)i) PCT	**+** Euro-PCT erhält PT als wirksames Datum **−** Euro-PCT erhält AT als wirksames Datum	WB (−) WE (−) Beschwerde (+)

E-VIII, 2.3ff.

[920] **erneute Bestimmung** des Vertreters bei Eintritt in EP-Phase erforderlich; außer Vertretung in PCT-Phase (EPA=RO, (S)ISA oder IPEA) erstreckt sich auf EP-Phase; **Vertreterzwang** für Anmelder ohne Sitz/Wohnsitz in EPÜ-VStaat [Art.133(2)]. Wurde kein Vertreter für EP-Phase bestellt, sendet EPA alle Mitt./Auff. an Anmelder gegebenenfalls an dessen Zustellanschrift [ABl.2014,A99]; wurde Vertreter für PCT-Phase bestimmt, ist dieser nicht automatisch in nat. Phase vertretungsbefugt, nat. Bestimmungen gelten [für EPA: **R.133/134**]; **Ausnahme:** Einleitung EP-Phase (bzw einzelne R.159-Erfordernisse) kann ohne Vertreter erfolgen.

[921] Vollmachtsvorlage entfällt bei Bestimmung eines zugelassenen Vertreters oder Vollmacht in PCT-Phase (EPA=RO, (S)ISA oder IPEA) erstreckt sich auf EP-Phase. **Ausnahme:** [1] Vertreterwechsel durch neuen Vertreter angezeigt ODER [2] Anforderung durch EPA wg. Zweifel über Vertretungsbefugnis [R.152(1) iVm BdP ABl.2007S3,128,L.1] ODER [3] Akteneinsicht vor Veröffentlichung der ePa beantragt [Art.128(2)]: A-XI,2.5].

[922] entfällt, wenn bereits Recherche zu Prioanmeldung durch: [1] EPA für ePa und Anmeldungen in BE, CY, FR, GR, IT, LT, LU, MT, NL, SM, TR [ABl.2010, 600, A-III, 6.12] ODER [2] AU, DK, ES, JP, KR, UK, US, CH [ABl.2016,A19, ABl.2019,A55&56].

[923] entfällt, wenn Antrag auf Wiederherstellung des Priorechts unter dem Kriterium „**trotz Beachtung der gebotenen Sorgfalt**" [R.26bis.3a) i) PCT] bereits in PCT-Phase gewährt [R.49ter.1 PCT]; **erneuter Antrag** zulässig, wenn entsprechender Antrag in PCT-Phase abgelehnt wurde.

Beschleunigung des Verfahrens

	Erfordernis	Norm	erforderliche Handlung	Frist	Nachfrist	Rechtsfolge	Rechtsbehelf
16	dritte Jahresgebühr bei **Euro-PCT**	R.159 (1) g)	Zahlung der dritten Jahresgebühr **[505 €]** Art.2(1) Nr.4 GebO	31 M nach AD/(frühestem) PD der iPA ODER bei Fälligkeit gem. **R.51**	6 M ab Eintritt in EP-Phase +50% Zuschlag **R.51(2)**, J1/89	**+** Gebühr wirksam entrichtet **−** Anmeldung gilt als zurückgenommen	**WE (+)**; WB (−) vgl. R.135(2)
17	**Eintragung** von **Rechts-übergängen** [924, 925] E-XIII,3	Art.72 iVm R.22(1)	1) »schriftlicher« **Antrag** und durch die Vertragsparteien »unterschrieben« **Art.72** 2) **Nachweis** durch Vorlage eines Übertragungsvertrags [926] (förmlicher Urkundenbeweis oder andere amtliche Urkunden ODER einseitige Erklärung des alten Rechtsinhabers, sofern der Antrag vom neuen Rechtsinhaber gestellt wurde) **R.22(1)**, J12/00 3) **Verwaltungsgebühr [105 €]** für jede Änderung **R.22(2)**, Art.3(1) GebO iVm ABl.2020,Z3 & ABl.2020,A6	jederzeit für lebende ODER reanimierbare ePa J10/93 dh ab wirksamen Eintritt in EP-Phase	keine	**+** Eintragung ins EP-PatReg (Eintragung auch wenn z.B. nur ein VStaat betroffen: Rechtsübergang: Art.71 iVm **R.22** Art.127, R.143(1) **−** Antrag gilt als nicht gestellt	

Beschleunigung der EP-Phase
E-VIII, 2.3ff.

	Erfordernis	Norm	erforderliche Handlung	Frist	Nachfrist	Rechtsfolge	Rechtsbehelf
18	**Vorzeitiger Eintritt in EP-Phase** spätere Rücknahme gem. R.90bisPCT im PCT-Verfahren ohne Auswirkung auf Verfahren in EP-Phase E-VIII, 2.8 LF-PCT, E-I	Art.23(2) bzw Art.40(2) PCT iVm R.159(1)	1) »schriftlicher«, **ausdrücklicher Antrag** auf vorgezogene Bearbeitung vor Ablauf der 31 M-Frist (beachte Feld 12 in EPA Form 1200; ABl.2017,A74) 2) Vornahme aller Erfordernisse nach R.159(1) [927] (Gebührenzahlung auch über autom. Buchungsauftrag zahlbar, wenn EPA festestellen kann, ob Seitengebühr fällig ist, d.h. [1] iPA bereits veröff. oder [2] EPA = RO, (S)ISA oder IPEA) **S.302** 3) hat IB dem EPA als DO/EO noch keine Kopien der iPA, ISR und WO-ISA übermittelt, kann Anmelder beim IB Antrag stellen (keine Pflicht; EPA kümmert sich selbst) **Art.20, R.44bis.2b), 47.4 PCT** [EPA = DO] **Art.36(3)a), R.61.2d), 73.2b) PCT** [EPA = EO]	jederzeit vor Ablauf von 31 M nach AD bzw. frühestem PD **Art.23(2)** bzw **40(2) PCT**	keine	**+** ab Tag aller Erfordernisse: Anmeldung wird as Euro-PCT behandelt und hat in EPÜ-VStaaten Wirkung einer ordnungsgemäßen nat. Hinterlegung Teilanmeldungen einreichbar UND gewählte Amtssprache wird Verfahrenssprache [928] **fristgebunden**; **keine Änderung der Verfahrenssprache** bei/nach Eintritt in EP-Phase zulässig [G4/08]. **Art.14(3)** iVm **Art.70(1) & (2)** EPA erlässt **R.161/162**-Mitt. [929] **−** EPA beginnt erst nach 31M-Frist mit Bearbeitung	Neueinreichung des Antrags

[924] Angleichung an R.92bis.1b) PCT; Rechtsübergänge wirken für einen ODER mehrere VStaaten [**Art.71**].

[925] **Achtung:** Wird ein Rechtsübergang vom ursprünglich eingetragenen Anmelder nachträglich bestritten, z.B. wg. Vorwurfs gefälschter Beweismittel oder entgegenstehender zivilrechtlicher Rechtslage, wird der ursprüngliche registerrechtliche *Status quo* wiederhergestellt, bis die entsprechende Rechtslage dem EPA eindeutig offenbart wurde, z.B. durch ein nationales Gerichtsurteil.

[926] "**Übertragungsvertrag**" muss schriftlich erfolgen und eine getrennte Übertragungs- und Annahmeerklärung enthalten [**Art.72** iVm J18/84].

[927] **immer:** Anmeldegeb + Seitengeb; iPa-Übersetzung; Angabe der Anmeldeunterlagen; Recherchengeb; Jahresgeb; Prüfungsgeb; [Anspruchsgebühren erst mit R.162(2)-Frist fällig].

[928] **Beachte:** Wurde iPa von WIPO in Amtssprache des EPA veröff, so ist diese Sprache in EP-Phase Verfahrenssprache; **keine Änderung der Verfahrenssprache** bei/nach Eintritt in EP-Phase zulässig [G4/08].

[929] Verzicht durch ausdrückliche Erklärung (Form 1200, Feld 6.4) zulässig, wenn vorzeitig Erwiderung auf R.161(1)-Mitt. eingereicht und ggf. Anspruchsgeb. entrichtet.

EPÜ 2000

Artikel 153[178]
Das Europäische Patentamt als Bestimmungsamt oder ausgewähltes Amt

(1) Das EPA ist

a) Bestimmungsamt für jeden in der internationalen Anmeldung bestimmten Vertragsstaat dieses Übereinkommens, für den der PCT in Kraft ist und für den der Anmelder ein europäisches Patent begehrt, und

b) ausgewähltes Amt, wenn der Anmelder einen nach Buchstabe a bestimmten Staat ausgewählt hat.

(2) Eine internationale Anmeldung, für die das EPA Bestimmungsamt oder ausgewähltes Amt ist und der ein internationaler Anmeldetag zuerkannt worden ist, hat die Wirkung einer vorschriftsmäßigen europäischen Anmeldung (Euro-PCT-Anmeldung).

(3) Die internationale Veröffentlichung einer Euro-PCT-Anmeldung in einer Amtssprache des EPA tritt an die Stelle der Veröffentlichung der europäischen Patentanmeldung und wird im Europäischen Patentblatt bekannt gemacht.

(4) Ist die Euro-PCT-Anmeldung in einer anderen Sprache veröffentlicht, so ist beim EPA eine Übersetzung in einer seiner Amtssprachen einzureichen, die von ihm veröffentlicht wird. Vorbehaltlich des Art.67(3) tritt der einstweilige Schutz nach Art.67(1) und (2) erst vom Tag dieser Veröffentlichung an ein.

(5) Die Euro-PCT-Anmeldung wird als europäische Patentanmeldung behandelt und gilt als Stand der Technik nach Art.54(3), wenn die in Absatz 3 oder 4 und in der Ausführungsordnung festgelegten Erfordernisse erfüllt sind.

(6) Der zu einer Euro-PCT-Anmeldung erstellte internationale Recherchenbericht oder die ihn ersetzende Erklärung und deren internationale Veröffentlichung treten an die Stelle des europäischen Recherchenberichts und des Hinweises auf dessen Veröffentlichung im Europäischen Patentblatt.

(7)[179] Zu jeder Euro-PCT-Anmeldung nach Absatz 5 wird ein ergänzender europäischer Recherchenbericht erstellt. Der Verwaltungsrat kann beschließen, dass auf einen ergänzenden Recherchenbericht verzichtet oder die Recherchengebühr herabgesetzt wird.

[178] Siehe hierzu Entscheidung GBK G4/08 (Anhang I).
[179] Siehe hierzu den BdV CA/D 10/05 vom 27.10.2005 (ABl.2005, 548) über die Herabsetzung der Gebühr für die ergänzende europäische Recherche zu internationalen Anmeldungen, für die der internationale Recherchenbericht vom Patent- und Markenamt der Vereinigten Staaten, vom japanischen Patentamt, vom Amt für geistiges Eigentum der Republik Korea, vom Chinesischen Amt für geistiges Eigentum, vom Föderalen Dienst für geistiges Eigentum, Patente und Marken (Russische Föderation) oder vom australischen Patentamt erstellt wird (anwendbar auf ab dem 01.07.2005 eingereichte internationale Anmeldungen). Siehe hierzu den Beschluss des Verwaltungsrats CA/D 11/09 vom 28.10.2009 (ABl.2009, 594) über den Verzicht auf die ergänzende europäische Recherche bei Vorliegen eines vom EPA erstellten internationalen Recherchenberichts oder ergänzenden internationalen Recherchenberichts.
Siehe hierzu den BdV CA/D 14/13 vom 13.12.2013 (ABl.2014, A5) zur Änderung des Artikels 2 der Gebührenordnung und zur Anpassung des Betrags der Herabsetzung der Gebühr für die ergänzende europäische Recherche, wenn ein vom Finnischen Patent- und Registrieramt, vom Österreichischen Patentamt, vom Schwedischen Patent- und Registrieramt, vom Spanischen Patent- und Markenamt oder vom Nordischen Patentinstitut erstellter internationaler Recherchenbericht oder ergänzender internationaler Recherchenbericht vorliegt (anwendbar auf internationale Anmeldungen, die bis einschließlich 30.06.2016 eingereicht werden).

EPÜAO

Regel 161[154]
Änderung der Anmeldung

(1) Ist das EPA für eine Euro-PCT-Anmeldung als Internationale Recherchenbehörde und, wenn ein Antrag nach Art.31 PCT gestellt wurde, auch als mit der internationalen vorläufigen Prüfung beauftragte Behörde tätig gewesen, so gibt es dem Anmelder Gelegenheit, zum schriftlichen Bescheid der Internationalen Recherchenbehörde oder zum internationalen vorläufigen Prüfungsbericht Stellung zu nehmen, und fordert ihn gegebenenfalls auf, innerhalb von sechs Monaten nach der entsprechenden Mitteilung die im schriftlichen Bescheid oder im internationalen vorläufigen Prüfungsbericht festgestellten Mängel zu beseitigen und die Beschreibung, die Patentansprüche und die Zeichnungen zu ändern. Hat das EPA einen ergänzenden internationalen Recherchenbericht erstellt, ergeht die Aufforderung gemäß Satz 1 in Bezug auf die Erläuterungen nach Maßgabe der R.45bis.7 e) PCT. Wenn der Anmelder einer Aufforderung nach Satz 1 oder Satz 2 weder nachkommt noch zu ihr Stellung nimmt, gilt die Anmeldung als zurückgenommen.

(2) Erstellt das Europäische Patentamt einen ergänzenden europäischen Recherchenbericht zu einer Euro-PCT-Anmeldung, so kann die Anmeldung innerhalb von sechs Monaten nach der entsprechenden Mitteilung an den Anmelder einmal geändert werden. Die geänderte Anmeldung wird der ergänzenden europäischen Recherche zugrunde gelegt.

[154] Geändert durch BdV CA/D 12/10 vom 26.10.2010 (ABl.2010, 634), in Kraft getreten am 01.05.2011. Siehe auch die Mitteilung des EPA, ABl.2010, 406.

Regel 162[155]
Gebührenpflichtige Patentansprüche

(1) Enthalten die Anmeldungsunterlagen, die dem europäischen Erteilungsverfahren zugrunde zu legen sind, mehr als fünfzehn Ansprüche, so sind für den sechzehnten und jeden weiteren Anspruch innerhalb der Frist nach R.159(1) Anspruchsgebühren nach Maßgabe der Gebührenordnung zu entrichten.

(2) Werden die Anspruchsgebühren nicht rechtzeitig entrichtet, so können sie noch innerhalb von sechs Monaten nach einer Mitteilung über die Fristversäumung entrichtet werden. Werden innerhalb dieser Frist geänderte Ansprüche eingereicht, so werden die Anspruchsgebühren auf der Grundlage der geänderten Ansprüche berechnet.

(3) Anspruchsgebühren, die innerhalb der Frist nach Absatz 1 entrichtet werden und die nach Absatz 2 Satz 2 fälligen Gebühren übersteigen, werden zurückerstattet.

(4) Wird eine Anspruchsgebühr nicht rechtzeitig entrichtet, so gilt dies als Verzicht auf den entsprechenden Patentanspruch.

[155] Geändert durch BdV CA/D 12/10 vom 26.10.2010 (ABl.2010, 634), in Kraft getreten am 01.05. 2011.

Regel 164[158]
Einheitlichkeit der Erfindung und weitere Recherchen

(1) Ist das EPA der Auffassung, dass die Anmeldungsunterlagen, die der ergänzenden europäischen Recherche zugrunde zu legen sind, den Anforderungen an die Einheitlichkeit der Erfindung nicht entsprechen, so

a) erstellt es einen teilweisen ergänzenden Recherchenbericht für die Teile der Anmeldung, die sich auf die zuerst in den Patentansprüchen erwähnte Erfindung oder Gruppe von Erfindungen im Sinne des Art.82 beziehen;

b) teilt es dem Anmelder mit, dass für jede weitere Erfindung innerhalb einer Frist von zwei Monaten eine weitere Recherchengebühr zu entrichten ist, wenn der ergänzende europäische Recherchenbericht diese Erfindung erfassen soll; und

c) erstellt es den ergänzenden europäischen Recherchenbericht für die Teile der Anmeldung, die sich auf die Erfindungen beziehen, für die Recherchengebühren entrichtet worden sind.

(2) Wird auf den ergänzenden europäischen Recherchenbericht verzichtet und ist die Prüfungsabteilung der Auffassung, dass in den Anmeldungsunterlagen, die der Prüfung zugrunde zu legen sind, eine Erfindung oder eine Gruppe von Erfindungen im Sinne des Art.82 beansprucht wird, zu der das EPA in seiner Eigenschaft als Internationale Recherchenbehörde oder als für die ergänzende internationale Recherche bestimmte Behörde keine Recherche durchgeführt hat, so

a) teilt sie die Prüfungsabteilung dem Anmelder mit, dass für solche Erfindungen, für die innerhalb einer Frist von zwei Monaten eine Recherchengebühr entrichtet wird, eine Recherche durchgeführt wird,

b) übermittelt sie die Ergebnisse einer nach Buchstabe a durchgeführten Recherche zusammen mit

- einer Mitteilung nach Art.94(3) und R.71(1) und (2), in der dem Anmelder die Möglichkeit gegeben wird, zu diesen Ergebnissen Stellung zu nehmen und die Beschreibung, die Patentansprüche und die Zeichnungen zu ändern, oder
- einer Mitteilung nach R.71(3)

und

c) fordert sie gegebenenfalls den Anmelder in der Mitteilung nach Buchstabe b auf, die Anmeldung auf eine Erfindung oder Gruppe von Erfindungen im Sinne des Art.82 zu beschränken, für die ein Recherchenbericht vom EPA in seiner Eigenschaft als Internationale Recherchenbehörde oder als für die ergänzende internationale Recherche bestimmte Behörde erstellt wurde oder für die eine Recherche nach dem Verfahren gemäß Buchstabe a durchgeführt wurde.

(3) Im Verfahren nach Absatz 2 a) sind die R.62a und 63 entsprechend anzuwenden.

(4) Die R.62 und 70(2) finden keine Anwendung auf die Ergebnisse von Recherchen, die nach Absatz 2 durchgeführt wurden.

(5) Eine nach Absatz 1 oder 2 gezahlte Recherchengebühr wird zurückgezahlt, wenn der Anmelder dies beantragt und die Prüfungsabteilung feststellt, dass die Mitteilung nach Absatz 1 b) oder Absatz 2 a) nicht gerechtfertigt war.

[158] Geändert durch BdV CA/D 17/13 vom 16.10.2013 (ABl. EPA 2013, 503), in Kraft getreten am 01.11.2014.
Siehe hierzu auch Mitteilung des EPA, ABl. EPA 2014, A70.

Beschleunigung des Verfahrens

Beschleunigung der EP-Phase (Fortsetzung)

	Antrag	Voraussetzung	Norm	vorzunehmende Handlung	Frist	Rechtsfolge	Wichtig
19	**PACE-Antrag** (Antrag auf beschleunigte Bearbeitung) E-VII,4		ABl.2015,A93	1) Erfordernisse nach R. 159 erfüllt **S.302** 2) »schriftlicher« Antrag mit Form 1005 ohne Begründung [930]	mit Eintritt in EP-Phase [931]	+ nächster Verfahrensschritt durch die Prüfungsabteilung erfolgt binnen 3 M nach Antragseingang	bei Verzicht auf R.161/162-Mitt. beginnt Recherche/Prüfung sofort Rn.DIII-20 PACE-Antrag nur einmal in jeder Verfahrensphase stellbar
20	**Verzicht auf R.161/162-Mitt.** E-VIII,3	anhängige PCT-Anmeldung mit EPA als Bestimmungsamt	ABl.2015,A49	1) ausdrückliche Verzichtserklärung (Formblatt 1200, Feld 6.4) 2) Erfordernisse **R.161/162** erfüllt a) ggf. Anspruchsgebühren zahlen b) Erwiderung nach R.161(1) einreichen	vor Ablauf **31M**-Frist für Eintritt in EP-Phase ODER spätestens mit Eintritt in EP-Phase	+ direkter Beginn mit der Recherche ODER Prüfung − R.161/162-Mitt. ergeht und Beginn Recherche erst nach Ablauf **6M**-Frist [932]	ABHILFE: ergeht **R.161/162**-Mitt., kann »formloser« Antrag gestellt werden, dass vor Ablauf **6M**-Frist mit Recherche/Prüfung begonnen wird
21	**PPH** (Patent Prosecution Highway)	mind. ein patentierbarer/zulässiger Anspruch vor PPH-Partneramt UND ePa für die PPH beantragt, muss denselben frühesten PT bzw. AT haben, wie korrespondierende ePa bzw. Euro-PCTanmeldung **AUF BASIS VON** Fall 1: WO-ISA ODER IPER erstellt von PPH-Partneramt [933] ODER Fall 2: nationaler Bescheid von PPH-Partneramt [933], der für nat. Anmeldung oder iPa in nat. Phase erstellt	ABl.2016,A44 iVm ABl für jeweiliges PPH-Partneramt	**vor später prüfendem PPH-Amt (OLE)** 1) PPH-Antrag (EPA Form 1009) 2) Anspruchskorrespondenzerklärung 3) Kopie aller Amtsbescheide des früher prüfenden PPH-Amts (OEE) oder letztes PCT-Arbeitsergebnis (in einer EPA-Amtssprache) 4) patentierbare/gewährbare Ansprüche der OEE-Anmeldung 5) alle Veröff. aus Bescheiden im Verfahren vor OEE	»jederzeit«	+ Stattgabe und beschleunigte Bearbeitung, Behandlung der Anmeldung wie unter PACE − einmalige Möglichkeit formale Mängel zu beseitigen; dann Anmeldung aus PPH genommen	PPH kann unter allen PPH-Partnerämtern [933] gestellt werden, dabei ist Amt welches als ISA oder IPEA tätig war das OEE (office of earlier examination), Amt vor dem PPH beantragt wird das OLE (office of later examination)

ID	VStaat	Norm		ID	VStaat	Norm		ID	VStaat	Norm
AU	Australien (IPA)	ABl.2022,A58		EU	Europ. Vstaaten (EPA)	ABl.2019,A106		MY	Malaysia (MyIPO)	ABl.2020,A82
CA	Kanada (CIPO)	ABl.2017,A137		JP	Japan (JPO)	ABl.2019,A106		PH	Philippinen (IPOPHL)	ABl.2020,A83
CO	Kolumbien (SIC)	ABl.2019,A78		KR	Korea (KIPO)	ABl.2019,A106		RU	Russland (ROSPATENT)	ABl.2022,A45
IL	Israel (ILPO)	ABl.2020,A125		CN	Volksrepublik China (SIPO)	ABl.2019,A106		SG	Singapur (IPOS)	ABl.2017,A138
MX	Mexiko (IMPI)	ABl.2020,A21		US	Vereinigte Staaten (USPTO)	ABl.2019,A106		BR	Brasilien (INPI)	ABl.2019,A95
PE	Peru (INDECOPI)	ABl.2019,A107		EA	Eurasische Vstaaten (EAPO)	ABl.2022,A44		AE	Saudi Arabien (SIAP)	ABl.2022,AA59

---

[930] In Abhängigkeit vom Zeitpunkt des Antrags und gemachter Angaben im Formblatt betrifft PACE die Erstellung des eESR und/oder die Sachprüfung.

[931] ausgenommen: Euro-PCT, für die **eESR erfolgen muss**, ist beschleunigte Prüfung nur mit Abgabe einer Aufrechterhaltungserklärung beantragbar [**R.70(2)** und **R.79a(2)**].

[932] Gilt auch, wenn PACE-Antrag gestellt.

[933] „IP5" umfasst EPA, KIPO, SIPO, JPO oder USPTO, aktuell bis 5.1.2023; bilaterale PPH-Pilotprogramme mit Kanada, Israel, Mexiko und Singapur (alle aktuell unbegrenzt) eingeleitet; Russland und EAPO (aktuell ausgesetzt); Australien, Kolumbien, Malaysia und Philippinen (alle aktuell unbegrenzt), Peru (aktuell bis 1.1.2023), Brasilien (aktuell bis 30.11.2024), Saudi Arabien (aktuell bis 30. Juni 2025).

308 Teil D III – Übersicht zum EURO-PCT

Das Euro-PCT-Verfahren vor dem EPA als DO (Kapitel I PCT) oder EO (Kapitel II PCT)

Zuständigkeit: Prüfungsabteilung

Zuständigkeit: Recherchenabteilung

Eintritt in EP-Phase

EPA war ISA, SISA oder IPEA [R.161(1)EPÜ]

→ Ja: → ABl.2009, 594

Änderungen/Stellungnahme [Art.28, 41, R.52.2, 78.1 PCT]

→ Nein → Art.153(7) EPÜ

Änderungen/Stellungnahme [Art.28, 41, R.52.2, 78.1 PCT]

unbedingter Prüfungsantrag (*) + Anspruchsgebühr [R.162(1) EPÜ]

Ja → Prüfung beginnt sofort

Nein → R.161(2)/162(2)-Mitt. EPA Form 1226**C** fakultativ → Prüfung beginnt erst 6 M nach Mitt. → Änderungen/Stellungnahme +Anspruchsgeb.

Einheitlichkeit Art.82, R.164(1)

Ja → eESR und ESOP [Art.153(7), R.161(2), 164(1)c]   ≠ erstem Art.94(3)-Bescheid

Nein → teilweiser eESR [Art.153(7), R.161(2),164(1)a]
- weitere Recherchengebühr [R.164(1)b]
- Beschränkung [G 2/92]

2 M ab Mitt. +10Tage

positiver WO-ISA, SISR, IPER

Ja → unbedingter Prüfungsantrag (*) + Anspruchsgebühr [R.162(1) EPÜ]
  Ja → Prüfung beginnt sofort
  Nein → R.161(1)/162(2)-Mitt. EPA Form 1226**B** fakultativ → Prüfung beginnt erst 6 M nach Mitt. → Änderungen/Stellungnahme +Anspruchsgeb.

Nein → R.161(1)/162(2)-Mitt. EPA Form 1226**A** verpflichtend → Änderungen/Stellungnahme +Anspruchsgeb.
  Nein → ePa gilt als zurückgenommen
  Ja →

Art.94(3)- oder R.71(3)-Mitt. [R.164(2) b), ABl.2014,A70]

Ja/Nein

2 M ab Mitt. +10Tage
- weitere Recherchengebühr [R.164(2)a]
- Beschränkung [R.164(2)c); G 2/92]

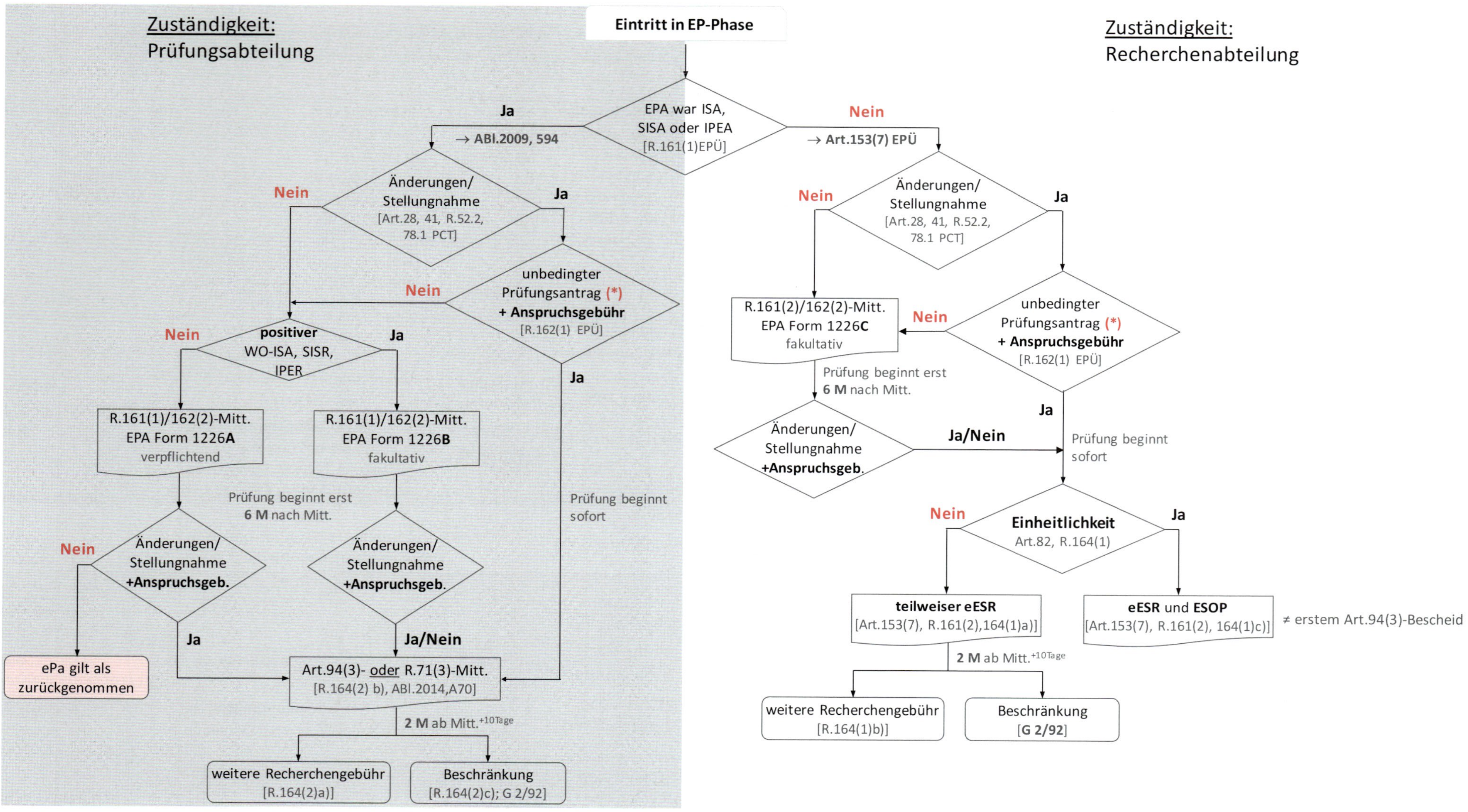

Fig.13: Verfahren bei Eintritt in die EP-Phase.
(*) ausdrücklicher Verzicht auf R.161(1)/(2)-Mitt.

Ergänzende Europäische Recherche

Ergänzende europäische Recherche [934]
kein eESR, wenn EPA=(S)ISA [ABl.2009,594] oder iPa vor 1. Juli 2005 eingereicht [ABl.2012,212 und 219]

Art.153(7) iVm R.164

	Aufforderung	Norm	vorzunehmende Handlung	Frist	Nachfrist	Rechtsfolge	Rechtsbehelf
23		Art.28, 41, R.52.1, 78.1 PCT	**freiwillig**: a) Stellungnahme auf WO-ISA, IPER oder SISR, b) Beseitigung festgestellter Mängel und c) ggf. Änderung von Ansprüchen, Beschreibung und Zeichnung [937]	von sich aus mit Eintritt in EP-Phase		– keine	--
	Änderungen/Stellung-nahme auf WO-ISA, IPER oder SISR [935-936]	EPA = ISA/SISA R.161(1)	**Fall 1**: negativer WO-ISA, SISR und/oder IPER (EPA Form 1226A) a) Stellungnahme auf WO-ISA, IPER oder SISR, b) Beseitigung festgestellter Mängel und c) ggf. Änderung von Ansprüchen, Beschreibung und Zeichnung [938] R.161(1) iVm R.137(2) d) **Sprache** der Euro-PCTa Art.14(3), R.3(2)		6 M nach R.161/162-Mitt. +10Tage	+ Art.94(3)-Bescheid wird auf Basis der Stellungnahme/Änderungen erstellt aber kein eESR wird erstellt [ABl.2009,594] – Anmeldung gilt als zurückgenommen und R.112(1)-Rechtsverlustmitt. R.161(1) S.3	**WB (+)**, R.112(2)-Ent-scheidung
			Fall 2: positiver WO-ISA, SISR und/oder IPER (EPA Form 1226B) Stellungnahme/Änderungen wie unter Fall 1 sind **freiwillig**	6 M nach R.161/162-Mitt. +10Tage	nicht verlängerbar	+ Art.94(3)-Bescheid wird auf Basis der Stellungnahme/Änderungen erstellt aber kein eESR wird erstellt [ABl.2009,594] – Art.94(3)-Bescheid auf Basis der urspr. Ansprüche bzw. letzten Änderungen	--
		EPA ≠ ISA/SISA R.161(2)	**Fall 3**: EPA ≠ ISA/SISA eESR wird erstellt (EPA Form 1226C) Stellungnahme/Änderungen wie unter Fall 1 sind **freiwillig** ABl.2010,406			+ eESR wird auf Basis der Stellungnahme/ Änderungen erstellt – eESR auf Basis der urspr. Ansprüche bzw. letzten Änderungen	--
	E-VIII 3.1 ff.						
24	**Anspruchsgebühren**	R.162(1)	Anspruchsgebühren bei mehr als 15 Patentansprüchen auf Basis des geänderten Anspruchssatzes [250 €/Anspruch > 15 bzw. 630 €/Anspruch > 50] R.162(1), Art.2(1) Nr.15 GebO	31 M nach AT ODER PD Art.22(1), (3) und 39(1) PCT	6 M nach R.161/162-Mitt. +10Tage [939] R.162(2)	– Verzicht auf entsprechenden Patentan-spruch R.162(4)	--
	E-VIII, 2.1.3						
25	**Erwiderung** auf eESR	R.70a(2) ABl.2009,533	Stellungnahme auf eESR UND ggf. Mängelbeseitigung in Beschreibung, Zeichnungen, Ansprüchen	innerh. zu best. Frist ab Auff. +10Tage [idR 6 M] R.70(2),	keine	– ePa gilt als zurückgenommen und R.112(1)-Rechtsverlustmitt. R.70a(3)	**WB(+)** +275€ Zuschlag

[934] **Verzicht auf R.161(2)/162-Mitt.**: Soll direkt (vor Ablauf der 6 M-Frist) mit der ergänzenden EP-Recherche begonnen werden, muss ausdrücklich auf die R.161(2)/162-Mitt. verzichtet UND zusätzlich etwaige fällige Anspruchs-gebühren bereits entrichtet werden [ABl.2010, 352 und ABl.2011, 354] UND bei Eintritt in die EP-Phase bereits auf den WO-ISA bzw. den IPER oder SISR geantwortet (falls erforderlich) worden sein.

[935] **Achtung**: War EPA nicht ISA, muss zur Anmeldung nach R.161(2) ein ergänzender europäischer Recherchenbericht erstellt werden, wonach der Anmelder **6 M** für eine Erwiderung hat.

[936] **Beschleunigte Bearbeitung** der Euro-PCT (ergänzende EP-Recherche oder Prüfung) vor dem EPA (vor **6 M**); **Achtung**: ausdrücklicher Verzicht auf eine Mitt nach R.161(1) ODER (2) UND R.162, etwaige Anspruchsgebühren entrichten und ggf. Erwiderung nach R.161(1), da bei Euro-PCT mit der Bearbeitung der Anmeldung sonst erst nach Ablauf der **6 M** begonnen wird, selbst wenn ein PACE-Antrag gestellt wurde [ABl.2010,352 und ABl.2011,354], E-VII, 3.2].

[937] wurde iPa vom IB in EPA-Amtssprache veröff, so ist diese Sprache in EP-Phase Verfahrenssprache; **keine Änderung der Verfahrenssprache** bei/nach Eintritt in EP-Phase zulässig [G4/08].

[938] **Achtung**: Ändert der Anmelder entsprechend einer **R.161-Mitt**. die Anmeldung, so „verbraucht" er damit sein Recht der einmaligen Änderung nach R.137(2).

[939] Bei Einreichung neuer Ansprüche binnen **6 M**, erfolgt Neukalkulation der Anspruchsgebühr [R.162(2) S.2]. **Beachte**: Frist nach R.162(2) und R.161 sind identisch und werden mit gemeinsamer Mitt. ausgelöst.

Umfang der ergänzenden europäischen Recherche [940]

Art.153(7) iVm R.164

ursprüngliche ISA	eESR	vorzunehmende Handlung	Ermäßigung [941]	Frist	Rechtsfolge	Rechtsbehelf
iPa eingereicht vor 01.07.2005						
ISA = EPA, AT, SE oder ES	kein eESR wird erstellt	Keine Recherchengebühr fällig	-	-	-	-
		Prüfungsgebühr zahlen **[1955 €]** Art.2(1) Nr.6 GebO	EPA = IPEA, dann Ermäßigung der Prüfungsgebühr um 75% **[475 €]** Art.14(2) GebO	**31 M ab AD/(frühestem) PT** ODER **6 M nach Hinweis auf ISR R.70(1)** - später ablaufende -	Anmeldung gilt als zurückgenommen und R.112(1)-Rechtsverlustmitt. an Anmelder **R.160(1)/(2), R.112(1)**	WB (+) **Art.121/R.135** Antrag auf Entscheidung **R.112(2)**
ISA = AU, CN, JP, KR, RU, US oder CA	eESR wird erstellt	Recherchengebühr zahlen **[950 €]** Art.2(1) Nr.2 GebO	-	**31 M ab AD oder (frühestem) PT**	-	-
		Prüfungsgebühr zahlen **[1955 €]** Art.2(1) Nr.6 GebO	-	**31 M ab AD/(frühestem) PT** ODER **6 M nach Hinweis auf ISR R.70(1)** - später ablaufende -		
iPa eingereicht nach 01.07.2005						
ISA (SISA) = EPA	kein eESR wird erstellt	Keine Recherchengebühr fällig	-	-	-	-
		Prüfungsgebühr zahlen **[1955 €]** Art.2(1) Nr.6 GebO	EPA = IPEA, dann Ermäßigung der Prüfungsgebühr um 75% **[475 €]** Art.14(2) GebO	**31 M ab AD/(frühestem) PT** ODER **6 M nach Hinweis auf ISR R.70(1)** - später ablaufende -		
ISA (SISA) = AT, ES, FI, SE, TR, XN, XV und eingereicht bis 31.03.2024	eESR erstellt & Stellungnahme gemäß R.62 (1)	Recherchengebühr zahlen **[200 €]** Art.2(1) Nr.6 GebO	Ermäßigung um 1150 €	**31 M ab AD/(frühestem) PT**	-	-
		Prüfungsgebühr zahlen **[1750 €]** Art.2(1) Nr.6 GebO	EPA = IPEA, dann Ermäßigung der Prüfungsgebühr um 75% **[425 €]** Art.14(2) GebO	**31 M ab AD/(frühestem) PT** ODER **6 M nach Hinweis auf ISR R.70(1)** - später ablaufende -	Anmeldung gilt als zurückgenommen und R.112(1)-Rechtsverlustmitt. an Anmelder **R.160(1)/(2), R.112(1)**	WB (+) **Art.121/R.135** Antrag auf Entscheidung **R.112(2)**
ISA = AU, CN, JP, KR, RU, US, BR, CA, CL, EG, IL, IN, PH, SG, UA	eESR erstellt & Stellungnahme gemäß R.62 (1)	Recherchengebühr zahlen **[1390 €]**	-	**31 M ab AD/(frühestem) PT**	-	-
		Prüfungsgebühr zahlen **[1750 €]**	-	**31 M ab AD/(frühestem) PT** ODER **6 M nach Hinweis auf ISR R.70(1)** - später ablaufende -		

[940] Ob eESR für EURO-PCT Anmeldung erstellt wird & wie hoch Gebührensind, hängt davon ab, welche Behörde ISA war [ABl.2022,A28].

[941] **Prüfungsgebühr**: 75% Ermäßigung gelten für IPER nach R.70PCT; erstellt EPA IPER nach Art.34(3)c)PCT für bestimmte Teile der iPa, so gilt Ermäßigung nur, wenn die Prüfung auch für diesen Gegenstand erfolgen soll [ABl.2022,A28]; **Recherchegebühr**: Keine Ermäßigung mehr, wenn Behörde in AU, BR, Ca, CL, CN, EG, IL, IN, JP, KR, PH, RU, SG, UA oder US ISA war [ABl.2018,A3].

Ergänzende Europäische Recherche

Uneinheitlichkeit bei Eintritt in EURO-PCT – Phase — R.164

	Norm	Voraussetzung	zu erbringende Handlung	Frist	Nachfrist	Rechtsfolge	Rechtsbehelf
27	**EPA ≠ (S)ISA und ergänzender ESR wird erstellt** [942] R.164(1) ABl.2014,A70 Zuständigkeit: Rechercheabteilung C-III,3	1) Erhalt Teilrechercheberichts für erstgenannte Erfindung (Recherche nur für erste Erfindung) **R.164(1)a** 2) ohne Stellungnahme zur Recherche gemäß R.62 3) Auff. zur Zahlung weiterer Recherchengebühr(en) **R.164(1)b**	Angabe zusätzlich zu recherchierender Erfindung(en) anhand des Uneinheitlichkeitseinwandes (Hilfsanträge bleiben hierbei unberücksichtigt) UND ggf. Streichung restlicher Erfindung(en) von sich aus (sonst Auff. durch Prüfungsabteilung vor Beginn der Sachprüfung) UND	2 M nach Auff. +10Tage ABl.2014,A70, Nr.9	keine	**+** Recherche erfolgt für alle zusätzlich bezahlten Erfindungen und Erhalt Rechercheberichten und Stellungnahme gemäß R.62 **R.164(1)c**, B-VII, 2.3 Möglichkeit der Weiterverfolgung recherchierter Erfindungen im Erteilungsverfahren **−** Teilrecherchenbericht wird zum endgültigen Recherchenbericht UND gilt als Verzicht auf weitere Ansprüche UND Auff. zur Beschränkung auf eine Erfindung (keine Weiterverfolgung im Erteilungsverfahren) G2/92; F-V,11.1	WB (−) Art.121(4), R.135(2) WE (+) R.136(3) TA (+) Art.76, R.3; G2/92
28	**EPA = (S)ISA und KEIN ergänzender ESR wird erstellt** [944] R.164(2) ABl.2014,A70 Zuständigkeit: Prüfungsabteilung C-III,2.1 F-V,13.1	1) Prüfungsabteilung beginnt nach R.161/162-Fristablauf mit Sachprüfung 2) Feststellung der Uneinheitlichkeit oder Anmeldeunterlagen enthalten nichtrecherchierte Gegenstände [945] 3) Auff. zur Zahlung weiterer Recherchengebühr(en) [946] **R.164(2)a**	für jede zusätzliche Erfindung Zahlung weiterer Recherchegebühr [1.390 €] [943] Art.2(1) Nr.2 GebO ODER TA für andere Gegenstände einreichen (vorausgesetzt, ePa ist noch anhängig) **Art.76, R.36(1)**, C-III, 3.2	2 M nach Auff. +10Tage ABl.2014,A70, Nr.14		**+** Recherche erfolgt für alle zusätzlich bezahlten Erfindungen und Erhalt Rechercheergebnisse mit Art.94(3)-Mitt. (+ R.71(1)/(2) oder R.71(3)) UND Auff. zur Beschränkung auf eine recherchierte Erfindung UND Einwand einsehbar im EP Register **−** Art.94(3) Mitt. ergeht mit Auff. zur Beschränkung auf eine recherchierte Erfindung **R.164(2)b)+c)**	
29	**Aufforderung zur Beschränkung auf eine einzige Erfindung** Einwand nach R.137(5) (s. C-III,2.3 und H-II, 6) Art.94(3), R.164(2) c)	1) EPA = (S)ISA 2) Anmeldung enthält weiterhin mehrere uneinheitliche Gegenstände 3) R.164(2)b)-Mitt. des EPA ergangen	Auswahl einer im (S)ISR oder EP-Recherche recherchierten Erfindung UND Streichung anderer Erfindungen UND ggf. ein/mehrere TA einreichen **R.164(2)c); G2/92**, C-III, 3.1.1	2 M nach Mitt. +10Tage **R.164(2)b**	nicht verlängerbar	**+** Beschränkung gilt als Verzicht auf weitere Ansprüche (keine Weiterverfolgung ausgeschlossener Ansprüche im Erteilungsverfahren) Recht zur selbstständigen Änderung der ePa endet R.137(1)	WE(−) WB(+) TA (+) Art.76, R.3; G2/92

[942] EPA kann aber IPEA gewesen sein.
[943] ggf. unter gleichzeitigem, begründetem **Widerspruch** mit Antrag auf Rückzahlung [**R.164(5)**], C-III,3.3]; Rückzahlung, wenn Auff. zur Zahlung weiterer Recherchengebühr zum Erstellungszeitpunkt ungerechtfertigt war.
[944] **Auch kein ESR wenn:** für Anmeldungen eingereicht vor 01.Juli 2005, bei denen span., schwed. oder österr. Amt ISA war [B-II,4.3.1, ABl.1979,248; ABl.1995,511; ABl.2012,212 und 219].
[945] **mögliche Gründe:** Neue Ansprüche nach R.161/162 Mitt. eingereicht, die sich auf **nichtrecherchierte Gegenstände** beziehen, zu der kein (S)ISR durchgeführt wurde (was erlaubt ist – R.137(5)) [ABl.2014,A70].
[946] Mitt. ergeht auch, wenn EPA als SISA bereits gemäß R.45^{bis}6 PCT mangelnde Einheitlichkeit festgestellt hat.

Gebühren - EURO-PCT

E-VIII,2.1.3

	Art	Rechtsnorm	Handlung	Gebühr	Frist	Nachfrist	Rechtsfolge	Rechtsbehelf
30	Anmeldegebühr	R.159(1)c	**Zusatzgebühr** ab 36. Seite (Seitengebühr) [947] **Seitenzahl** iPa in urspr. eingereichter Fassung (dh Seitenzahl Beschreibung ohne Sequenzprotokoll, Zeichnungen) + Seitenzahl Zusammenfassung + Seitenzahl. Ansprüche bei EP-Eintritt: • urspr. eingereichte Ansprüche, wenn diese unverändert oder • während PCT-Phase geänderte Ansprüche [R.19PCT] oder • neue Ansprüche − 35 Seiten (gebührenfrei) = Gesamtzahl gebührenpflichtiger Seiten OHNE: Erteilungsantrag und Sequenzprotokoll **Art.78(2)**, A-III,13.2	130 € (online) 270 € (andere) Art.2(1) Nr.1 GebO	31 M ab AD oder (frühestem) Priotag	--	Anmeldung gilt als zurückgenommen und R.112(1)-Rechtsverlust-mitt. an Anmelder **R.160(1)/(2), R.112(1)**	WB (+) **Art.121, R.135** WE(+) R.49.6 PCT iVm **Art.122** Antrag auf Entscheidung **R.112(2)**
31	Benennungsgebühr		pauschale Benennungsgebühr mit der alle EPÜ-Staaten umfasst sind [948]	630 € Art.2(1) Nr.3 GebO	31 M ab AD oder (frühestem) Priotag **ODER** 6 M nach Hinweis auf ISR **R.39(1)** - später ablaufende -	keine		WB (+), 2 M nach R.112(1)-Mitt. +10Tage +50% Zuschlag **Art.121, R.135** WE(−) **Art.122(4), R.136(3)**
32	Erstreckungs-/Validierungsgebühr	R.159(1)d	eine Gebühr je Erstreckungsstaat • Bosnien-Herzegowina (BA) • Montenegro (ME) eine Gebühr je Validierungsstaat • Marokko (MA) • Republik Moldau (MD)	je 102 € 240 € 200 €		2 M nach Fristablauf +50% Zuschlag ABl.2009,603 2 M nach Fristablauf +50% Zuschlag ABl.2015,A19	Antrag auf Erstreckung/Validierung gilt als zurückgenommen **UND** Mitt. über (Teil-)Rechtsverlust an Anmelder **R.160(1)/(2), R.112(1)**	Antrag auf Entscheidung **R.112(2)**
33	Anspruchsgebühren E-VIII, 2.1.3	R.162(1)/(2)	Anspruchsgebühren bei mehr als 15 Patentansprüchen; **Berechnungsgrundlage:** [949] • Ansprüchen bei Eintritt in EP-Phase **R.162(1)** • Ansprüche in Erwiderung auf R.161/162-Mitt. **R.162(2)** - später eingereichten -	ab 16. Anspruch: 250 €/Anspruch ab 51. Anspruch: 630 €/Anspruch Art.2(1) Nr.15 GebO	31 M ab AD oder (frühestem) PT	6 M nach R.161/162-Mitt. +10Tage [950] **R.162(2)**	Verzicht auf Ansprüche (Merkmale fallengelassener Anspr. ohne Stütze in Beschreibung/Zeichnungen sind verloren) **R.162(4)**	WB (+) **Art.121, R.135** WE (−) **Art.122, R.136**

[947] **Gültigkeit:** Anmeldungen ab 01.April 2009 [ABl.2009,118 + ABl.2009,338].

[948] **Benennung von Staaten** kann bis zur Erteilung der ePa jederzeit zurückgenommen werden [R.79(3)], außer Verfahren ist ausgesetzt [R.15]; Gebühr bleibt unverändert; Ausgenommene Staaten können nicht wieder reaktiviert werden; Angabe „Benennungsgebühr" genügt als Zahlungszweck gem. Art.6(1) GebO.

[949] **Rückzahlung** von Anspruchsgebühren, die mit Eintritt in EP-Phase gezahlt wurden, aber in Erwiderung auf R.161/162-Mitt. hin fällige Gebühren überschreiten [R.162(2) S.2]. **Beachte:** Frist nach R.162(2) und R.161 sind identisch und werden **mit einer Mitt. ausgelöst**.

[950] Bei Einreichung neuer Ansprüche innerhalb **6 M**, erfolgt Neukalkulation der Anspruchsgebühr [R.162(3)].

Gebühren

	Art	Rechtsnorm	Handlung	Gebühr	Frist	Nachfrist	Rechtsfolge	Rechtsbehelf
34	**Recherchegebühr** [951] für EESR	R.159(1)e)	ISA = AU, CN, JP, KR, RU, US, BR, CA, CL, EG, IL, IN, PH, SG, UA UND iPa nach 01.07.2005 eingereicht	**1390 €** Art.2(1) Nr.2 GebO	31 M ab AD oder (frühestem) PT	–		WB (+) **Art.121/R.135**
			ISA = AU, CN, JP, KR, RU, US oder CA UND iPa vor 01.07.2005 eingereicht	**950 €** Art.2(1) Nr.2 GebO			Anmedlung gilt als zurückgenommen und R.112(1)-Rechtsverlustmitt. an Anmelder R.160(1)/(2), R.112(1)	Antrag auf Entscheidung R.112(2)
			ISA (SISA) = AT, ES, FI, SE, TR, XN, XV UND iPa nach 01.07.2005 bis 31.03.2024	**200 €** Art.2(1) Nr.2 GebO				
35	**Prüfungsgebühr** [952]	R.159(1)f)	ISA = EPA [953] ODER ISA = AU, CN, JP, KR, RU, US oder CA und iPa eingereicht vor 01.07.2005	**1955 €**, Art.2(1) Nr.6 GebO	31 M ab AD oder (frühestem) Priotag ODER 6 M nach Hinweis auf ISR R.70(1) - später ablaufende -			
			ISA ≠ EPA UND iPa nach 01.07.2005 eingereicht [954]	**1750 €** Art.2(1) Nr.6 GebO				
36	**erste Jahresgebühr für das 3. Jahr**	R.159(1)g)		**505 €** Art.2(1) Nr.4 GebO	31 M ab AD oder (frühestem) Priotag ODER bei Fälligkeit gem. R.51(1) - später ablaufende -	6 M ab Eintritt in EP-Phase ODER 6 M ab Fälligkeit gem. R.51		WE (+) **Art.122/R.136** Antrag auf Entscheidung **R.112(2)**

[951] **Rückzahlung:** [1] 100% bei Rechtsverlust vor Recherchenbeginn [Art.9(1) GebO]; [2] teilweise wenn EPA den ISR oder SISR erstellt hat, aber abhängig vom Umfang deren Verwertbarkeit [Art.9(2) GebO, ABl.2019,A4]. **Ermäßigung:** 75%, wenn Antrag auf ISR, SISR oder IPER eingereicht wird von [1] nat. Person mit Staatsangehörigkeit und Wohnsitz in nicht-Vstaat des EPÜ und Weltbank Staat als staat mit niedrigem Einkommen oder mit mittlerem Einkommen im unteren Bereich einstuft oder [2] nat./ jur. Person mit Staatsangehörigkeit und Wohnsitz in Marokko (MA), Republik Moldau (MD), Tunesien (TN) oder Kambodscha (KH) [ABl.2021,A58].

[952] **Rückzahlung: 100%** bei Rechtsverlust bevor ePa in Zuständigkeit Prüfungsabteilung übergeht; **75%** wenn Prüfungsabteilung zuständig aber Prüfung noch nicht begonnen [Art.11 GebO]; **Ermäßigung:** 75%, wenn Antrag auf ISR, SISR oder IPER eingereicht wird von [1] nat. Person mit Staatsangehörigkeit und Wohnsitz in nicht-Vstaat des EPÜ und Weltbank Staat als staat mit niedrigem Einkommen oder mit mittlerem Einkommen im unteren Bereich einstuft oder [2] nat./ jur. Person mit Staatsangehörigkeit und Wohnsitz in Marokko (MA), Republik Moldau (MD), Tunesien (TN) oder Kambodscha (KH) [ABl.2021,A58].

[953] erstellte EPA zusätzlich IPER gemäß R.70PCT, ermäßigt sich Prüfungsgebühr von 1955 € um 75% auf 488,75 €; erstellt EPA IPER nach Art.34(3)cPCT für bestimmte Teile der iPa, so gilt Ermäßigung nur, wenn die Prüfung auch für diesen Gegenstand erfolgen soll [ABl.2022,A28].

[954] ISA (SISA) = AT, ES, FI, SE, TR, XN, XV und eingereicht bis 31.03.2024 UND EPA hat IPER erstellt, dann Ermäßigung der Prüfungsgebühr um 75% auf 437,50 €, erstellt EPA IPER nach Art.34(3)c)PCT für bestimmte Teile der iPa, so gilt Ermäßigung nur, wenn die Prüfung auch für diesen Gegenstand erfolgen soll [ABl.2022,A28].

Formulierungsvorschlag

(die grau kursiven Textpassagen in eckiger Klammer sind durch entsprechende Fakten zu ersetzen)

Abkürzungen

verwendete Abkürzungen

ABl.	...	Amtsblatt des EPA
Anspr. X	...	Anspruch X
AT	...	Anmeldetag
iSv	...	im Sinne von
iVm	...	in Verbindung mit
PT	...	Prioritätstag
RBK	...	Rechtsprechung der Beschwerdekammer des EPA
RiLi	...	Richtlinien für die Prüfung im EPA
SP	...	Streitpatent
veröff.	...	veröffentlicht
VT	...	Veröffentlichungstag
(n)StdT	...	(nächstliegender) Stand der Technik

Artikel und Regeln ohne nähere Gesetzesangabe sind solche des EPÜ 2000.

Patentsituation

Offenbarung

Patentsituation bezüglich [*A+B+C*]

Die Merkmalskombination [*A+B+C*] ist

a) ausschließlich in [*Anmeldung 1*] mit AT vom TT.MM.JJJJ offenbart [und beansprucht]. Weder [*Anmeldung 2*] noch [*Anmeldung 3*] offenbaren diese Merkmalskombination. Somit ist [*Anmeldung 1*] die erste Anmeldung, die [*A+B+C*] offenbart.

b) in [*Anmeldung 1*] und [*Anmeldung 2*] offenbart. Allerdings ist [*Anmeldung 1*] mit AT vom TT.MM.JJJJ die erste Anmeldung.

ODER

[*Anmeldung 1*] mit AT vom TT.MM.JJJJ ist die erste Anmeldung, die den [*Gegenstand 1*] betrifft.

Priorität

[*EP-Anmeldung 1*] wurde vom selben Anmelder wie [*Anmeldung 1*] am TT.MM.JJJJ und somit innerhalb des Prioritätsjahres eingereicht. [*EP-Anmeldung 1*] betrifft denselben Gegenstand wie [*Anmeldung 1*]. Somit beansprucht [*EP-Anmeldung 1*] wirksam die Priorität von [*Anmeldung 1*].

ODER

wurde vom

anderer Anmelder

[*EP/PCT-Anmeldung 1*] wurde am TT.MM.JJJJ und somit innerhalb des Prioritätsjahres eingereicht. [*EP/PCT-Anmeldung 1*] betrifft denselben Gegenstand wie [*Anmeldung 1*]. Zwar wurde [*EP/PCT-Anmeldung 1*] nicht vom selben Anmelder eingereicht wie [*Anmeldung 1*], jedoch hat [*Anmelder 1*] sein Recht an der Anmeldung/Prioritätsrecht vor dem AT von [*EP/PCT-Anmeldung 1*] (scheinbar wirksam) auf [*Anmelder 2*] übertragen. Somit beansprucht [*EP/PCT-Anmeldung 1*] wirksam die Priorität von [*Anmeldung 1*].

ODER

anderer Gegenstand

[*EP-Anmeldung 1*] wurde zwar vom selben Anmelder wie [*Anmeldung 1*] am TT.MM.JJJJ und somit innerhalb des Prioritätsjahres eingereicht. Da [*Anmeldung 1*] jedoch kein [*Erzeugnis/Verfahren/Verwendung von ...*] mit der Merkmalskombination [*A+B+D*] offenbart, genießt der darauf gerichtete Anspr. 1 von [*EP-Anmeldung 1*] nicht die Priorität von [*Anmeldung 1*]. Dem Gegensatnd von Anspr. 1 von [*EP-Anmeldung 1*] kommt daher nur deren AT als wirksames Datum zu.

ODER

[*PCT-Anmeldung 2*] wurde am TT.MM.JJJJ und somit vor [*EP-Anmeldung 1*] eingereicht. [*PCT-Anmeldung 2*] offenbart die Kombination [*A+B+D*]. Sollte [*PCT-Anmeldung 2*] wirksam in die EP-Phase eintreten, stellt diese gegenüber Anspr. 1 von [*EP-Anmeldung 1*] einen neuheitsschädlichen St.d.T. nach Art.54(3) dar.

ODER

Formulierungsvorschlag 315

entgegenstehender StdT

[*Anmeldung 2*] wurde am TT.MM.JJJJ und somit vor [*EP-Anmeldung 1*] eingereicht. [*Anmeldung 2*] offenbart die Kombination [*A+B+D*]. Als nationale Anmeldung stellt [*Anmeldung 2*] gegenüber [*EP-Anmeldung 1*] jedoch keinen neuheitsschädlichen St.d.T. dar. Die Prioritätsfrist für [*Anmeldung 2*] läuft erst zum TT.MM.JJJJ ab, so dass Nachanmeldungen (z.B. Auslandsanmeldungen, PCT-Anmeldungen mit Bennenung EP) noch möglich sind.

Es existiert kein neuheitsschädlicher St.d.T. ggü. dem Gegenstand A+B+C der [*Anmeldung 1*].

Die Merkmalskombination M+A+B+C bewirkt eine Verringerung/Verbesserung von ... der Maschine. Dies war nicht naheliegend. Der Gegenstand ist auch erfinderisch ggü. dem vorliegenden St.d.T.

Fazit Die [*Anmeldung*] wird für A+B+C nach gegebener Situation erteilt werden.

Nachanmeldungen Die Prioritätsfrist läuft erst zum TT.MM.JJJJ ab, so dass Nachanmeldungen (z.B. Auslandsanmeldungen, PCT-Anmeldungen) noch möglich sind.

Vertriebsfreiheit/Verbietungsrechte

Vertriebsfreiheit/Verbietungsrechte

potentielle Schutzrechte

Nach derzeitigem Stand [*und vorausgesetzt, dass PCT-X wirksam in die EP-Phase eintritt*] werden voraussichtlich Schutzrechte für folgende Merkmalskombinationen erteilt:

a) [*A+B*] in [*EP-Anmeldung 1*] für die [*Firma 1*],

b) [*A+B+C*] in [*EP-Anmeldung 2*] für die [*Firma 2*]

Somit kann [*Firma 1*] [*Firma 2*] die Herstellung, die Benutzung, den Import und den Vertrieb des Gegenstandes A+B in alle(n) benannten Vertragsstaaten des EPÜ untersagen.

Im Fall der Erteilung von [PCT-Anmeldung 1] ist Firma 1 in der Lage, Firma 2 die Herstellung, die Benutzung, den Import und den Vertrieb des Gegenstandes A+B in alle(n) PCT Vertragsstaaten, in denen diese die nat./reg. Phase einleiten, zu untersagen.

[*Firma 2*] sollte außerhalb Europas berechtigt sein, den Gegenstand [*A+B*] zu benutzen, da.

Gefahren:

- **mangelnde Patentfähigkeit** (z.B. Neuheit, erfind. Tätigkeit, Ausführbarkeit)
- **Prioprobleme:** Problematisch könnte allerdings sein, ob PCT-X die Priorität wirksam beansprucht. PCT-X wurde zwar für denselben Gegenstand und vom selben Anmelder eingereicht, allerdings ist fraglich, ob dies binnen der Prioritätsfrist erfolgte. Der TT.MM.JJJJ ist ein [*Schließtag des EPA*], weswegen sich die Frist auf den TT.MM.JJJJ verschiebt. Folglich ist die Priorität wirksam beansprucht.

Verbesserungsmöglichkeit

- **Verfahren beschleunigen** (im Erteilungsverfahren oder im Einspruch)
- **Neuanmeldung** mit/ohne Priorität
- **Teilanmeldung**

  Um unsere Position zu stärken, besteht die Möglichkeit eine Teilanmeldung aus [*EP-X*] abzuleiten, die auf den Gegenstand [*A+B+C*] gerichtet ist, einen Zeitrang vor [*EP-Y*] aufweist und nach derzeitigem Stand schnell erteilt werden kann.

- **PCT/EP-Nachanmeldung**

  Die Prioritätsfrist läuft erst zum TT.MM.JJJJ ab, so dass Nachanmeldungen (bspw. Auslandsanmeldungen, PCT-Anmeldungen) noch möglich sind.

- **Rechtsbehelf** einlegen (WE, WB, Beschwerde)

  Es sollte zwingend die Weiterbehandlung/Wiedereinsetzung für EP-X beantragt werden. Hierfür müssen bis zum TT.MM.JJJJ folgende Erfordernisse erfüllt werden:

  - [*Erfordernis 1*]
  - [*Erfordernis 2*]

Abwehrmöglichkeit	• Schutzrechtsübertragung durch Kauf oder Vindikationsklage
	• **Kreuzlizenzierung**
	Für den Gegenstand/die Merkmalskombination [A+B+C] bietet sich eine Kreuzlizenz an, wobei [Anmelder 1] die stärkere/schlechtere Verhandlungsposition haben wird (nach Abschluss aller Verfahren). Damit könnte [Anmelder 1] den Gegenstand [A+B+C] vertreiben und auch [Anmelder 2] dürfte diesen vertreiben.
	[Anmelder 1] könnte eine
	• Vorzeitige Veröffentlichung (**einstweiliger Schutz**)
	• Gegnerische Schutzrechte angreifen (**Einspruch/nat. Nichtigkeitsklage**)
	Gegen EP-X sollte bis zum TT.MM.JJJJ Einspruch eingereicht werden, wobei geltend gemacht werden sollte, dass
	   • der Anspruchsgegenstand nicht neu/erfinderisch ist, da [...]
	   • der Anspruchsgegenstand nicht über die gesamte Breite ausführbar ist, da [...]
	• **Einwendungen Dritter** im Erteilungs-/Einspruchsverfahren
	Dem EPA sollte über Einwendungen Dritter mitgeteilt werden, dass
	   • Priorität nicht wirksam beansprucht wurde
	   • der Gegenstand [A+B+C] durch [Dokument] neuheitsschädlich vorweggenommen wird
	   •
	• Gegnerische Angriffe vermeiden durch **Widerruf/Beschränkung** des Patents
	Um Kosten im Zusammenhang mit einem Einspruch oder nat. Nichtigkeitsverfahren zu sparen, könnte für EP-X nach dessen Erteilung ein Beschränkungs-/Widerrufsverfahren eingeleitet werden. Somit kann der Anspruch, der auf den Gegenstand [A+B+C] gerichtet ist und wegen [...] ungültig ist, gestrichen werden.
	• **nationale Verletzungsklage**

Rechtssituation	Nach derzeitigem Stand (und vorausgesetzt, dass PCT-X wirksam in die EP-Phase eintritt) werden für die folgenden Anmeldungen Patente erteilt

Nützliches für die Vorbereitung auf die Europäische Eignungsprüfung

Matrix · Timeline · Übungspapier

Amtsblatt des EPA

Abl.2019,A57
Mitteilung des Europäischen Patentamts vom 16. Juni 2019 über die Umsetzung der geänderten Regel 126 (1) EPÜ
[…]1. Die geänderte Regel 126 (1) EPÜ tritt am 1. November 2019 in Kraft. Ab diesem Stichtag erfolgen alle Zustellungen durch Postdienste nur noch durch ein-geschriebenen Brief. Dies gilt insbesondere für Entscheidungen, durch die eineBeschwerdefrist oder die Frist für einen Antrag auf Überprüfung in Lauf gesetzt wird, sowie für Ladungen. Mitteilungen und Bescheide, durch die keine Frist in Lauf gesetzt wird oder die keine Zustellung nach dem EPÜ oder nach einer Verfügung des Präsidenten des EPA erfordern, werden weiterhin mit gewöhnlicher Post verschickt. […]
3. Im Falle von Entscheidungen, durch die eine Beschwerdefrist in Lauf gesetzt wird, sowie von Ladungen wird das EPA bei der Zustellung durch eingeschriebenen Brief die Empfangsbescheinigung (EPAForm 2936) beifügen.
4. Zustellungen der Beschwerdekammern, die Entscheidungen, Ladungen und Mitteilungen über formale Mängel oder über einen Rechtsverlust sowie sonstige Dokumente betreffen, die eine Beschwerdekammer im konkreten Fall bestimmen kann, erfolgen ebenfalls durch eingeschriebenen Brief unter Beifügung der entsprechenden Empfangsbescheinigung. Dasselbe gilt für Zustellungen von der Großen Beschwerdekammer. […]

Abl.2019,A26
Mitteilung desEuropäischen Patentamts vom 20.August 2019 über die geänderten Verfahren zur Gebührenrückerstattung
[…] I. Rückerstattungen auf ein laufendes Konto beim EPA
a) Erstattungsempfänger
Das EPA nimmt Gebührenrückerstattungen grundsätzlich auf dasjenige laufende Konto vor, das der Verfahrensbeteiligte in seinen Rückerstattungsanweisungen genannt hat.2Verfahrensbeteiligte können somit auch das laufende Konto eines Dritten angeben. Im Fall einer Diskrepanz zwischen dem Namen des Kontoinhabers und der angegebenen Kontonummer hat die Kontonummer Vorrang Das EPA nimmt die Anweisungen grundsätzlich in die Akte auf und befolgt sie so lange, bis sie von den Beteiligten aktualisiert werden. Die Beteiligten sollten daher sicherstellen, dass dem EPA stets klare und aktuelle Rückerstattungsanweisungen vorliegen. […]
c) Gültigkeit der Rückerstattungsanweisungen
Rückerstattungsanweisungen, die für eine internationale Anmeldung vor dem EPA als Anmeldeamt oder als interna-tionaler Behörde nach dem PCT einge-reicht werden, gelten nur für Rücker-stattungen in der internationalen Phase. Damit Rückerstattungen in der euro-päischen Phase auf dasselbe laufende Konto überwiesen werden, müssen die Beteiligten neue Anweisungen erteilen, vorzugsweise mittels EPAForm1200E. […]
Werden mit einem Antrag auf Eintragung eines Vertreterwechsels oder eines Rechtsübergangs keine neuen Rückerstattungsanweisungen erteilt, überprüft das EPA, nachdem es den Antrag bearbeitet hat, die Gültigkeit der Rückerstattungsanweisungen in der Akte. Bei internationalen Anmeldungen vor dem EPA als Anmeldeamt oder internationaler Behörde nach dem PCT nimmt das Amt diese Überprüfung vor, sobald es vom IB über einen Vertreterwechsel oder einen Rechtsübergang informiert wurde. Aus Gründen der Rechtssicherheit löscht das EPA von Amts wegen alle Anweisungen zur Vornahme von Rückerstattungen auf das laufende Konto eines Anmelders oder Vertreters, der aus dem Verfahren ausgeschieden ist. Ebenso löscht das EPA alle Anweisungen eines aus dem Verfahren ausgeschiedenen Anmelders oder Vertreters betreffend Rückerstat-tungen auf das laufende Konto von Dritten. […]

Abl.2022,A28
Mitteilung des Europäischen Patentamts vom 21. März 2022 über Recherchen- und Prüfungs gebühren
[…]c) Ein ergänzender europäischer Recherchenbericht einschließlich einer Stellungnahme nach R.62 EPÜ wird zu einer iPa erstellt,
die vom 1. Juli 2005 bis einschließlich 31. März 2024 eingereicht wird -und für die
das Österreichische Patentamt,
das Spanische Patent- und Markenamt,
das Schwedische Patent- und Registrieramt,
das Türkische Patent- und Markenamt,
das Nordische Patentinstitut oder
das Visegrad-Patentinstitut
Internationale Recherchenbehörde oder eine für die ergänzende internationale Recherche bestimmte Behörde war.

Die Gebühr für die ergänzende Recherche ist um 1 185 EUR herabgesetzt und beträgt daher 205 EUR.
Die Prüfungsgebühr beläuft sich nach der GebO 2020 auf 1 750 EUR.

d) Die Gebühr für die ergänzende europäische Recherche ist **nicht reduziert**, wenn
das Australische Patentamt,
das Brasilianische Nationale Institut für geistiges Eigentum,
das Kanadische Amt für geistiges Eigentum,
das Nationale Institut für gewerbliches Eigentum von Chile,
die Chinesische Nationalbehörde für geistiges Eigentum (CNIPA),
das Ägyptische Patentamt,
das Patentamt von Israel,
das Indische Patentamt,
das Japanische Patentamt,
das Koreanische Amt für geistiges Eigentum,
das Amt für geistiges Eigentum der Philippinen,
der Föderale Dienst für geistiges Eigentum, Patente und Marken (Russische Föderation),
das Amt für geistiges Eigentum von Singapur,
der Staatliche Dienst für geistiges Eigentum der Ukraine oder
das Patent- und Markenamt der Vereinigten Staaten (USPTO)
Internationale Recherchenbehörde war.

- Wurde die iPa vor dem 1. Juli 2005 eingereicht, beträgt die Gebühr nach der GebO 2022 für die ergänzende europäische Recherche 950 EUR. Die Prüfungsgebühr beträgt 1 955 EUR.

- Wurde die iPa ab dem 1. Juli 2005 eingereicht, beträgt die Gebühr für die ergänzende europäische Recherche 1 390 EUR.
Die Prüfungsgebühr beträgt 1 750 EUR. […]

Abl.2018,A27
Mitteilung des Europäischen Patentamts vom 16. März 2018 über die Schließung der Poststelle am Hauptsitz in München
Die Poststelle am Hauptsitz des Europäischen Patentamtes in München (Isargebäude, Bob-van-Benthem-Platz 1) wird zum 1. April 2018 geschlossen. In der Zollstraße, München, bleiben die Schalterdienste für persönliche Zustellungen während der angegebenenÖff-nungszeiten bestehen.

Abl.2018,A17
Mitteilung des Europäischen Patentamts vom 30. Januar 2018 über Änderungen bei den Einreichungsmöglichkeiten für europäische und internationale Patent-anmeldungen in Belgien
1. Mit Schreiben vom 8. Dezember 2017 unterrichtete das belgische Amt für geistiges Eigentum (OPRI) das Europäische Patentamt (EPA) über Änderungen im belgischen Patentrecht. Ab 1. April 2018 wird das OPRI nicht mehr als Anmeldeamt nach dem PCT tätig sein und grundsätzlich keine europäischen Patentanmeldungen nach Art.75(1)b) EPÜ mehr annehmen. Europäische Patentanmeldungen und internationale Anmeldungen können folglich nicht mehr beim OPRI eingereicht werden; ausgenommen sind Anmeldungen, die, wie nachstehend erläutert, aus Gründen der Landesverteidigung oder der nationalen Sicherheit zwingend beim OPRI einzureichen sind. […]

Abl.2018,A5
Mitteilung des EPA vom 18. Dezember 2017 über die ermäßigte Beschwerdegebühr (Artikel 108 EPÜ) für eine Beschwerde, die von einer natürlichen Person oder einer in Regel 6 (4) EPÜ genannten Einheit eingelegt wird
1. Mit Beschluss vom 13. Dezember 2017 (CA/D 17/17) hat der Verwaltungsrat der Europäischen Patentorganisation Artikel 2 (1) Nr. 11 der GebO geändert, um eine ermäßigte Beschwerdegebühr (Artikel 108 EPÜ) für Beschwerden einzuführen, die von natürlichen Personen und von in Regel 6 (4) EPÜ genannten Einheiten, d. h. von kleinen und mittleren Unternehmen, Organisationen ohne Gewinnerzielungsabsicht, Hochschulen und öffentlichen Forschungseinrichtungen, eingelegt werden.
2. Diese Änderung tritt am 1. April 2018 in Kraft und gilt für alle Beschwerden, die ab diesem Tag eingelegt werden. Die vorliegende Mitteilung gibt Aufschluss über die Anspruchskriterien für die ermäßigte Gebühr und über das neue Verfahren. […]

Abl.2022,A18
Mitteilung des Europäischen Patentamts vom 16. Februar 2022 über die Zahlung von Gebühren per Kreditkarte
Durch BdP des EPA vom 22. August 2017 über die Zahlung von Gebühren per Kreditkarte (nachstehend: "der Beschluss") hat das EPA eine neue Möglichkeit der Gebührenzahlung eingeführt. […]
3. Derzeit akzeptiert das EPA folgende Kreditkarten: American Express, Mastercard und Visa. Das Amt trägt alle mit der Transaktion verbundenen Kosten es sei denn, die Verwendung der Kreditkarte entspricht nicht den geltenden Vorschriften des EPA für Kreditkartenzahlungen. […]
Das Tageslimit für Kreditkartenzahlungen wird auf 10 000 EUR pro Zahler festgelegt. Die Verwendung mehrerer Kreditkarten ist erlaubt, sofern das Tageslimit nicht überschritten wird.

EPA Timeline

Aktuelles aus dem Europäischen Patentamt ab 2016

Auf der EPA Timeline sind die wichtigsten Amtsblätter mit Hinweisen auf Neuerungen/ Änderungen im EPA nach deren Inkrafttreten chronologisiert. Die durchgestrichenen Abl. wurden zwischenzeitlich bereits durch neue Abl. ersetzt, sind der vollständigkeit halber aber nicht aus der Timeline entfernt wurden. Der Prüfungsstoff für die EQE umfasst nur diejenigen Rechtstexte, die am 31. Oktober des der Prüfung vorangehenden Jahres in Kraft waren [Abl.2017,A88].

● **November 2022**
Einfügung einer Regel 56a und Änderung der Regeln 56 und 135, sowie des Art. 2 der GebO
ABl.2022,A3

Juli 2022 ●
Verlängerung des PPH zwischen EPA und dem Australische Patentamt (IPA) auf unbestimmte Zeit
ABl.2022,A58

PPH zwischen EPA und der Saudische Behörde für geistiges Eigentum (SAIP) bis 30. Juni 2025
ABl.2022,A59

Neuregelungen zum Einreichen von Sequenzprotokollen
ABl.2021,A97 (ersetzt ABl.2013,542) & ABl.2022,A60

● **Juni 2022**
Verlängerung Pilotprojekt Einspruchsverhandlungen per Videokonferenz bis 31. Dezember 2022
ABl.2022,A43

Mai 2022 ●
Regelungen zum Zugang von Stellungnahmen von Beteiligten/ Dritten im Einspruchsverfahren
ABl.2022,A28

● **April 2022**
Neuregelung der Rückerstattung von Recherchegebühren gemäß Artikel 9 (2) der Gebührenordnung
ABl.2022,A8

Regelungen zur Zahlung per Kreditkarte beim EPA
ABl.2022,A18

Zentrale Gebührenzahlung wird aufgenommen
ABl.2022,A25

Aussetzung des PPH zwischen dem EPA und dem Eurasischen Patentamt
ABl.2022,A44

Aussetzung des PPH zwischen dem EPA und dem Föderalen Dienst für geistiges Eigentum
ABl.2022,A45

Februar 2022 ●
Verlängerung Pilotprojekt Einspruchsverhandlungen per Videokonferenz bis 31. Mai 2022
ABl.2021,A93, verlängert ABl.2022,A43

● **Januar 2022**
Neuregelungen über die Einreichung elektronischer Unterlagen
ABl.2021,A42

EPA-Timeline

Abschaltung des EPA-Dienstes für die neue Online-Einrichung (CMS)
ABl.2021,A43

Beschluss über die Einreichung von Prioritätsunlagen und den Austausch von Prioritätsunlagen zwischen dem EPA und dem US-Patent- und Markenamt, dem Koreanischen Amt für geistiges Eigentum und der Chinesischen Nationalbehörde für geistiges Eigentum
ABl.2021,A83 & 84

JAHRESBEGINN 2022

November 2021
Geänderte Regel 143 EPÜ
ABl.2021,A3 & A12

Unterschriften auf Dokumenten als Nachweis zur Stützung von Anträgen auf Eintragung von Rechtsübergängen und Lizenzen oder anderer Rehte auch per qualifizierter elektronischer Signatur möglich
ABl.2021,A86

Oktober 2021
~~Regelungen zur Zahlung per Kreditkarte beim EPA~~
~~ABl.2021,A73~~, ersetzt durch ABl.2022,A18

September 2021
Verlängerung Pilotprojekt Einspruchsverhandlungen per Videokonferenz bis 31. Januar 2022
ABl.2021,A41, verlängert ABl.2021, A93

Juli 2021
Recherchenergebniss von Erstanmeldungen in China werden für EP-Nachanmeldungen automatisch in Akte aufgenommen
ABl.2021,A38

Recherchenergebniss von Erstanmeldungen in China werden für EP-Nachanmeldungen automatisch in Akte aufgenommen
ABl.2021,A39

Ermäßigung der Gebühren für die ISR und die IPER zugunsten Staatsangehöriger bestimmter Staaten (aktuelle Liste)
ABl.2021,A58

April 2021
Geänderte Regel 19 EPÜ
ABl.2021,A3 & A12

~~Neuregelungen über die Einreichung elektronischer Unterlagen~~
~~ABl.2021,A20~~, ersetzt durch ~~ABl.2021,A42~~

Februar 2021
Zurükweisungsbescheiden im Prüfungsverfahren wird keine Kopie der Patentansprüche mehr angehängt; Dokumente über Akteneinsicht zugänglich
ABl.2020,A133

06. Januar 2021
Verlängerung des PPH mit Israel (ILPO) auf unbestimmte Zeit
ABl.2020,A125

Verlängerung PPH mit Kanada (CIPO)
ABl.2020,A137

EPA-Timeline

Verlängerung PPH mit Singapur (IPOS)
ABl.2020,A138

● **04. Januar 2021**

Verlängerung Pilotprojekt MV im Einspruchsverfahren
(bis 15. September 2021)
ABl.2020, A121 & A122

MV vor Prüfungsabteilung per Videokonferenz
ABl.2020, A134

Regelungen zur Beweisaufnahme bei MV vor Prüfungs- und Einspruchsabteilungen per Videokonferenz
ABl.2020, A135

Januar 2021 ●
Änderung der Regel 117 und 118 EPÜ
ABl.2020,A123

JAHRESBEGINN 2021

● **Dezember 2020**

EPA-Software für die Online-Einreichung (OLF) nur noch mittels Version 5.12 (Build 5.0.12.176) oder einer späteren Version möglich
ABl.2020,A105

Neuregelung bei Nichterscheinen in mündlichen Verhandlungen im Prüfungsverfahren
ABl.2020,A124

November 2020 ●
Neue Regelung zur Absicherungen bei Nichtverfügbarkeit von Einrichtungen zur elektronischen Nachrichtenübermittlung
ABl.2020,A120

● **Oktober 2020**

Verlängerung des PPH mit EAPO (Eurasische Patentorganisation) auf unbestimmte Zeit
ABl.2020,A114

~~Im Einspruchsverfahren werden Parteien nur noch Einspruchsschriften und Stellungnahmen und alle nicht in Register aufnehmbare Dokumente übersendet~~
~~ABl.2020,A106~~, ersetzt durch ABl.2022,A28

September 2020 ●
~~Beginn Pilotprojekt zur Übermittlung von Mitteilung der Prüfstelle per E-Mail~~
~~ABl.2020,A89 & ABl.2020,A90~~
Ende des Pilotprojektes zur Übermittlung von Mitteilung der Prüfstelle per E-Mail am 31. August 2021
ABl.2021,A67

● **Juli 2020**

~~Regelungen zur Zahlung per Kreditkarte beim EPA~~
~~ABl.2020,A62,~~ ersetzt durch ABl.2021,A73

Verlängerung des PPH mit IPOPHL (Amt für Geistiges Eigentum der Philippinen) auf unbestimmte Zeit
ABl.2020,A83

Verlängerung des PPH mit MyIPO (Malaysische Behörde für Geistiges Eigentum) auf unbestimmte Zeit
ABl.2020, A82

EPA-Timeline

Änderung der Regel 142 EPÜ
ABl.2020, A36 & A76

Neuregelung Einreichung von Priounterlagen
ABl.2020, A57

Austausch von Prioritätsunterlagen zwischen EPA und Japanischen Patentamt
ABl.2020, A58

Anmeldung von iPas beim EPA als RO mittels PCT-SAFE nicht mehr möglich
ABl.2020, A59

Abschaffung des Rechts auf Verzicht auf weitere R.71(3)-Mitt. zur Verfahrensbeschleunigung
ABl.2020, A73

Änderung von Anhang A.1 zu den Vorschriften über das laufende Konto (VLK) – Vorschriften über das automatische Abbuchungsverfahren (VAA) und Anhang A.2 zu den VLK
ABl. 2020, A77

● **14. Mai 2020**

Regelung zur Einreichung von Unterlagen bei telefonischen Rücksprachen und als Videokonferenz durchgeführten Rücksprachen
ABl.2020, A71 & A72

● **Mai 2020**

~~Beginn Pilotprojekt MV im Einspruchsverfahren (bis 01. April 2021)~~
~~ABl.2020, A41 & 42,~~ ersetzt durch ABl.2020, & A121 A122

Beginn Pilotprojekt für die Online Einreichung 2.0
ABl.2020, A44 & 45

● **April 2020**

Änderung Regel 103 EPÜ; Rückzahlung der Beschwerdegebühr
ABl.2020, A5

Bagatelbetrag auf 16 Euro festgesetzt
ABl.2020, A17

Neue Gebührenordnung
ABl.2020, A3 & Zusatzpublikation A3

Neue Recherchen- und Prüfungsgebühren
ABl.2020, A30

~~Ermäßigung der Gebühren für die ISR und die IPER zugunsten Staatsangehöriger bestimmter Staaten~~
~~ABl.2020, A91~~, ersetzt durch ABl.2021, A58

Neuer Prozess zur elektronische Authentifizierung von Entscheidungen
ABl.2020, A37

~~MV vor Prüfungsabteilung per Videokonferenz mgl.~~
~~ABl.2020, A39,~~ ersetzt durch ABl.2020, A134

● **Februar 2020**

Einstellung des EPA FORM 2919 - Mittleitung über Beginn der Sachprüfung
Abl.2019, A104

EPA-Timeline

Verlängerung PPH zwischen EPA und ROSPATENT
Abl.2020, A11

● **05. Januar 2020 2020**
Verlängerung des IP5-PPH-Pilotprogramm (bis 5. Januar 2023)
ABl.2019,A106

● **06. Januar 2020**
Verlängerung des PPH zwischen EPA und Mexiko (IMPI)
ABl.2020,A21

● **Januar 2020**
San Marino nimmt keine ePa und iPa mehr entgegen
Abl.2019,A96

PPH zwischen EPA und Peru (INDECOPI) (bis 01. Januar 2023)
Abl.2019,A107

Hinweise bzgl. Verfahren mit GB nach Austritt aus EU
Abl.2020,A19

JAHRESBEGINN 2020

● **Dezember 2019**
Verlängerung PPH mit Brasilien (INPI) (bis 30. November 2024)
Abl.2019, A95

● **4. November 2019**
~~EPA-Software für die Online-Einreichung nur noch mittels Version 5.10 (Build 5.0.10.160) oder einer späteren Version möglich~~
~~Abl.2019, A64,~~ ersetzt durch ABl.2020,A105

● **November 2019**
Änderung der R.126 EPÜ - alle Zustellungen durch Postdienste nur noch durch eingeschriebenen Brief
Abl.2019,A31 & Abl.2019,A57

● **15. Oktober 2019**
Aufhebung der Beschränkungen bei Kapitaltransfers aus Griechenland
Abl.2019,A88

● **Oktober 2019**
Geändertes Verfahren zur Gebührenrückerstattung
Abl.2019,A82

Verlängerung des PPH mit Kolumbien (SIC)
Abl.2019,A78

● **August 2019**
Befreiung von der Einreichung einer Kopie der Recherchenergebnisse für Anmeldungen, die die Priorität einer in der Schweiz eingereichten Erstanmeldung in Anspruch nehmen (gilt für alle Anmeldungen, für die bei in Kraft treten noch keine Regel 70b (1) EPÜ Mitt. Ergangen ist) (Automatische zur Aktennahme galt bereits bei Inanspruchnahme der Priorität einer Erstanmeldung in Dänemark, Österreich, Japan, der Republik Korea, Spanien, dem Vereinigten Königreich oder den USA)
Abl. 2019, A55 & 56

EPA-Timeline

● **Juli 2019**
Änderung von Anhang A.1 zu den VLK – Vorschriften über das automatische Abbuchungsverfahren (VAA) und Anhang A.2 zu den VLK – Hinweise des EPA zum automatischen Abbuchungsverfahren
Abl. 2019, A46

~~Verlängerung des PPh-Pilotprogramms mit dem IPA (Australisches Patentamt) um 3 Jahre bis zum 30. Juni 2022~~
~~Abl.2019,A58~~, ersetzt durch Abl.2022,A58

● **April 2019**
Neuregelung der Rückerstattung von Recherchengebühren gemäß Art.9(2) GebO
Abl.2019,A4

~~Neuregelung der Rückerstattung der internationalen Recherchengebühr durch das EPA als Internationale Recherchenbehörde~~
~~Abl.2019,A5~~, ersetzt durch Abl.2022,A8

Änderung des Artikels 2 der Gebührenordnung - Anmeldegebühr für ePa, die nicht online eingereicht wird auf 250 Euro
Abl.2019,A6

Neufestsetzung der Gebühren und Auslagen des EPA
Abl.2019,A14

Änderung der Verwaltungsgebühren des EPa & zugehörigere Beschlüsse des Präsidenten
Abl.2019,A15

Durchführung der Akteneinsicht
Abl.2019,A16

Online Akteneinsicht in Schriftstücke aus der Akte, die das EPA als RO, ISA oder SISA führt
Abl.2019,A17

Einreichung von Patentanmeldungen und anderen Unterlagen durch Telefax
Abl.2019,A18

Änderung der Vorschriften über das laufende Konto (VLK), insbesondere Ausweitung der Validierungsfunktion auf andere Kategorien von Sammelzahlungen; Klärung der Reihenfolge der Bearbeitung von Abbuchungsaufträgen (automatische Abbuchungsaufträge zuerst bearbeitet)
Abl.2019, A20 & A21

~~Neuregelung des Verfahrens zur Gebührenrückerstattung, insbesondere Einstellung der Rückerstattung per Scheck (jetzt per banküberweisung); Rückerstattung auch an Dritte mgl., wenn in Rückerstattungsanweisungen angegeben~~
~~Abl.2019,A26~~, ersetzt durch Abl.2019,A27

Austausch von Prioritätsunterlagen über den digitalen Zugangsservice der WIPO (DAS) für ePas und iPas, die beim EPA als Anmeldeamt eingereicht wurden, möglich
Abl.2019,A27

● **Februar 2019**
Bescheinigung des Empfangs internationaler Anmeldungen bei Online-Einreichung beim EPA – sofortige elektronische bestätigung bei der Übertragung
Abl.2019,A19

● **Januar 2019**
Annahme von in DE oder FR verfasster iPas zur Teilnehme am Pilotprojekt der IP5 (ABl. 2018, A47) durch das EPa als Haupt-ISA
Abl.2018,A95

JAHRESBEGINN 2019

EPA-Timeline

● Dezember 2018

Einreichung elektronische Prioritätsunterlagen zu ePas und iPas in der europäischen Phase mittels OLF oder CMS möglich; in der internationalen Phase nach dem PCT mittels ePCT
~~Abl.2018,A93&94~~ , ABl.2018,A93 ersetzt durch ABl.2021, A20

Monaco ist kein PCT-Anmeldeamt (RO) mehr
Abl.2018, A105

November 2018 ●

Zur Aktennahme von Priounterlagen mittels des digitalen Zugangsservice der WIPO (DAS) unter Verwendung des angegebenen Zugangscodes auf Antrag
~~Abl.2018,A78&79, ersetzt durch ABl.2019,A27, ersetzt durch ABl.2020,A57,~~ ersetzt durch ABl.2021,A83

● Juli 2018

Beginn der operativen Phase des IP5-Pilotprojekts zur Zusammenarbeit bei der PCT-Recherche und -Prüfung
ABl.2018, A47

~~Bagatellbetrag auf 15 € festgesetzt
ACHTUNG: ersetzt wird damit folgender Beschluss:
Sonderausgabe Nr. 3, ABl. EPA 2007, M.3
Art.12 GebO iVm ABl.2018, A37~~, ersetzt durch ABl.2020, A17

Juni 2018 ●

~~Neuer Beschluss über die Einreichung elektronischer Unterlagen
ACHTUNG: folgende Beschlüsse treten damit außer Kraft:
ABl.2015, A91 – elektronische Einreichung von Unterlagen
ABl.2015, A27 – Einreichung von Unterlagen mittels des Case-Management-System
ABl.2014, A98 – Einreichung von Unterlagen mittels des EPA-Dienstes zur Web-Einreichung
ABl.2018, A45 & ABl.2018, A46~~, ersetzt durch ABl.2021, A20

● April 2018

Änderung von R.51(1) EPÜ: Verlängerung der „Vorfrist" zur Zahlung der Jahresgebühr für das 3. Jahr (6 M vor Fälligkeit)
ABl.2018, A2

Keine herabgesetzte Recherchengebühr für ergänzende Europäische Recherche, bei Vorliegen eines ISR von Ämtern folgender PCT-Staaten: USA, Japan, Korea, China, Russland, Australien (Übergangsregelung beachten: binnen 6M ab in Kraft treten ist Nachzahlung der fehlenden Recherchengebühr nach Mitt. durch EPA möglich)
ABl.2018, A3 & ABl.2018, A26

Änderung von Art.2 und 14 GebO: neues Gebührenverzeichnis und 75%-Ermäßigung der Prüfungsgebühr, wenn EPA einen IPER erstellt
ABl.2018, A4 & ABl.2018, A26

Ermäßigung der Beschwerdegebühr für nat. Personen und für in R.6(4) EPÜ genannte Einheiten möglich
ABl.2018, A5

Belgisches Amt (OPRI) ist kein Anmeldeamt für Europäische Patentanmeldungen mehr
ABl.2018, A17

Schließung der Poststelle am Hauptsitz des EPA in München
ABl.2018, A27

~~Neue Gebührenordnung
ABl.2018, A32 & Zusatzpublikation A2~~

EPA-Timeline

März 2018
Kambodscha ist Validierungsstaat
ABl.2018, A16

~~Neue Regelung zur Absicherungen bei Nichtverfügbarkeit von Einrichtungen zur elektronischen Nachrichtenübermittlung~~
~~ABl.2018, A25,~~ ersetzt durch ABl.2020,A120

06. Januar 2018
~~Verlängerung PPH mit Kanada (CIPO)~~
~~ABl.2017,A107,~~ ersetzt durch ABl.2020,A137

~~Verlängerung PPH mit Israel (ILPO)~~
~~ABl.2017,A108,~~ ersetzt durch ABl.2020,A125

~~Verlängerung PPH mit Mexiko (IMPI)~~
~~ABl.2017,A109,~~ ersetzt durch ABl.2020,A21

Verlängerung PPH mit Singapur (IPOS)
ABl.2017,A110, ersetzt durch ABl.2020,A138

Januar 2018
Informationsblatt zur Recherchenstrategie mit zusätzlichen Infos zu allen EPA-Recherchen wird dauerhafter Dienst des EPA
ABl.2017,A106

JAHRESBEGINN 2018

Dezember 2017
Möglichkeit der Zahlung per Kreditkarte beim EPA
ABl.2017,A72 & ~~ABl.2017,A73,~~ erstetzt durch ABl.2020,A62

Tunesien ist Validierungsstaat
ABl.2017,A84 & ABl.2017,A85

~~Neue Rückerstattungsbeträge der Recherchengebühr, wenn sich der Recherchenbericht auf einen vom EPA erstellten früheren Recherchenbericht stützt~~
~~ABl.2017,A94~~ ersetzt durch ABl.2019,A4

~~Neue Rückerstattungsbeträge der Internationalen Recherchengebühr, wenn sich der ISR auf einen vom EPA erstellten früheren Recherchenbericht stützt~~
~~ABl.2017,A95~~ ersetzt durch ABl.2019,A5

PPH zwischen Brasilien (INPI) und EPA
~~ABl.2017,A96~~ ersetzt durch ABl.2019,A95

Neue Hinweise zur Zahlung von Gebühren per Banküberweisung
ABl.2017,A100

Oktober 2017
Änderung von R.32 und R.33 EPÜ
Herausgabe von Proben biologischen Materials an Sachverständige
ABl.2017,A55 & ABl.2017,A61

Verbindliche Anforderungen und Verpflichtungen für Sachverständige gemäß R.32 EPÜ
ABl.2017,A55

PPH mit EAPO (Eurasisches Patentamt)
~~ABl.2017,A77~~ ersetzt durch ABl.2020,A

EPA-Timeline

● **September 2017**

~~Elektronische Einreichung nur noch mittels Software Version 5.09 (Build 5.0.9.148) oder einer späteren Version der EPA-Software ABl.2017,A59~~ ersetzt durch ABl.2020,A114

Juli 2017 ●

Äderung von R.27 und R.28 EPÜ, Kein Patentschutz für Tiere und Pflanze, die durch im Wesentlichen biologische Verfahren gewonnen wurden
ABl.2017,A56

Automatische Zurückweisung von in Sammelaufträgen enthaltene Zahlung von Jahresgebühren und Gebühren für Rechtsübergängen für "endgültig abgeschlossene Anmeldungen" – Aufnahme einer neuen Bestimmung 6.9 VLK in die Vorschriften über das laufende Konto (VLK)
ABl.2017,A44 & ABl.2017,A45

PPH mit MyIPO (Malaysische Behörde für Geistiges Eigentum)
~~ABl.2017,A67~~; ersetzt durch Abl.2020, A82

PPH mit IPOPHL (Amt für Geistiges Eigentum der Philippinen)
~~ABl.2017,A47~~; ersetzt durch ABl.2020,A83

Gebührenermäßigung für ergänzende europäische Recherche um 1110€ bei Vorliegen eines vom Türkischen Patent- und Markenamt erstellten internationalen oder ergänzenden internationalen Recherchenberichts
ABl.2017,A57

● **April 2017**

Abschaffung des automatischen Briefkastens am Hauptsitz des EPA Isargebäude, München
ABl.2017,A11

Abgabe einer vorläufigen Stellungnahme zu einer Teilrecherche
ABl.2017,A20

Bezugnahme des Prüfers auf PCT-Direktschreiben möglich
ABl.2017,A21

100% Rückerstattung der IPR-Gebühr, wenn Antrag auf IPR oder die internationale Anmeldung vor Beginn der IPR zurückgenommen wurde
ABl.2017,A28

Februar 2017 ●

PPH mit ROSPATENT (Föderale Dienst für geistiges Eigentum)
~~ABl.2017,A5~~, ersetzt durch ABl.2020,A11

● **06. Januar 2017**

~~Verlängerung des IP5-PPH-Pilotprogramm (bis 5. Januar 2020)
ABl.2016,A106~~ ersetzt durch ABl.2019,A106

Januar 2017 ●

Belgien verzichtet auf Übersetzungserfordernisse gemäß Art.65 EPÜ für in Englisch erteilte Patente
ABl.2016,A99

Änderung von R.51 und R.162 EPÜ, betreffend die Zahlung von Jahres- und Anspruchsgebühren
ABl.2016,A102 iVm ABl.2016,A103

Verlängerung des Pilotprojektes zur Recherchestrategie

EPA-Timeline

ABl.2017,A3

JAHRESBEGINN 2017

● **Dezember 2016**

Aussetzung aller Verfahren vor den Prüfungs- und Einspruchsabteilungen des EPA, bei denen die Entscheidung völlig von der Patentierbarkeit von Pflanzen oder Tieren abhängt
ABl.2016,A104

08. Dezember 2016
Beitritt von Kambodscha (KH) zum PCT
ABl.2016,A82

November 2016 ●

Neuregelungen zur Rückerstattung der Prüfungsgebühr (geänderte Art.11 GebO)
ABl.2016,A49

Neuregelungen zur Behandlung von Anfragen zum Bearbeitungsstand von Akten
ABl.2016,A66

Neufassung der Richtlinien zur Prüfung im EPA
ABl.2016,A76

Neufassung der Richtlinien für die Recherche und Prüfung im EPA als PCT-Behörde ("PCT-EPA-Richtlinien")
ABl.2016,A77

Online-Einreichung (ePCT-Dienst) nutzbar für: Schriftstücke, die mit internationalen Anmeldungen im Zusammenhang stehen (R.89bis.2 PCT), Antrag nach Kapitel II PCT und Gebührenzahlungen für diesen Antrag
ABl.2016,A78

Änderung der Nummern 5.3 und 7 der Vorschriften über das laufende Konto (VLK), betreffend Abbuchungsreihenfolge bei Fehlbetrag und Rücknahme von Abbuchungsaufträgen per Email und Fax
ABl.2016,A83 iVm ABl.2016,A84

Änderung der R.147 (1) bis (3) EPÜ, betreffend Praxis der elektronischen Datenspeicherung im EPA
ABl.2016,A90

● **Oktober 2016**

PPH zwischen Kolumbien (SIC) und EPA
ABl.2016,A75 ersetzt durch ABl.2019,A78

September 2016 ●

09. September 2016
Beitritt von Kuweit (KW) zum PCT
ABl.2016,A65

23. September 2016
Beitritt von Dschibuti (DJ) zum PCT
ABl.2016,A72

● **Juli 2016**

Ermäßigung der Gebühr für ergänzende europäische Recherche um 1100 €, wenn (S)ISR vom Österreichischen Patentamt oder gemäß dem Zentralisierungsprotokoll vom Finnischen Patent- und Registrieramt, vom Schwedischen Patent- und Registrieramt, vom Spanischen Patent- und Markenamt, vom Nordischen Patentinstitut oder vom Visegrad-Patentinstitut erstellt wurde

EPA-Timeline

ABl.2016,A2 iVM Korrigendum ABl.2016,A55

Neuregelungen zum Einspruchsverfahren
ABl.2016,A42 iVm Regelungen zum gestrafften Einspruchsverfahren
ABl.2016,A43

PPH zwischen Australien (IPA) und EPA
~~ABl.2016,A54~~ ersetzt durch ABl.2019,A58

Juni 2016 ●

Einreichung einer Kopie der Recherchenergebnisse entfällt für europäische Anmeldung, die Priotität einer spanischen Erstanmeldung beansprucht
ABl.2016,A18

Neues Formblatt für Antrag auf PPH
ABl.2016,A44

● **Mai 2016**

Änderung der R.82 EPÜ, betreffend Formerfordernisse der Unterlagen bei mündlicher Verhandlung im Einspruchsverfahren
ABl.2016,A22

April 2016 ●

Änderung der Nummer 5.3 der Vorschriften über das laufende Konto (VLK), betrifft Regelungen zur Bearbeitungsreihenfolge von Abbuchungsaufträgen
ABl.2016,A14

Änderung des Anhangs C der Vereinbarung zwischen dem EPA und der WIPO (Kosten und Gebühren)
ABl.2016,A30

● **Januar 2016**

Überarbeitete Ausführungen zum PACE-Programm
ABl.2015,A93

JAHRESBEGINN 2016

Konfliktmatrix

Die Konfliktmatrix ist hilfreich zur Analyse von Patentsituationen generell, insbesondere für den zweiten Teil des D-Teils der EQE.

Nutzungshinweise zur Konfliktmatrix

Es empfiehlt sich, die Konfliktmatrix ins DIN A3-Format zu vergrößern.

Schritt 1: Schreiben Sie sich zunächst alle relevanten Daten aus dem Mandantenbrief auf einem Extrablatt heraus (ohne ihn zuvor zu lesen!) und übertragen Sie diese in chronologischer Reihenfolge anschließend in die Matrix (*vgl.* Spalte 2 „Datum").

Schritt 2: Lesen Sie den Mandantenbrief und übertragen Sie dabei die Hinweise aus dem Mandantenbrief wie folgt in die Matrix:

1) Ordnen Sie jedem der relevanten Daten in der Matrix das entsprechende Ereignis zu (*vgl.* Spalte 3 „Ereignis");

2) Stellen Sie zwischen den relevanten Daten Querbezüge dar, z.B. Prioansprüche, Veröffentlichungen u.a. (*vgl.* Spalte 1 „Prio/Veröff.")

3) Übertragen sie aus dem Mandantenbrief stichwortartig alle Hinweise zu Erfindungsgegenständen, z.B. welche Merkmale und Merkmalskombinationen sind in den Dokumenten explizit genannt (✓) und welche explizit nicht (✗) (*vgl.* Spalte 4 „Erfindungsgegenstand"). Hierbei empfiehlt es sich, mit zwei Farben zu arbeiten, da Sie Merkmale, die ausdrücklich in einem Dokument genannt sind, die z.B. Fragen hinsichtlich der Patentierbarkeit aufwerfen, hervorheben können (A - angemeldet, E - erteilt, P - Priorität, V - veröffentlicht).

Außerdem können weitere Hinweise, z.B. auf Merkmalskombinationen, auf die Ansprüche gerichtet sind, wesentliche Merkmale einzelner Erfindungsgegenstände, notwendige Rechtsbehelfe, falls eine Frist bereits abgelaufen ist und erforderliche Übersetzungen, beispielsweise durch Einkreisen, vermerkt werden.

4) Falls sich während des Lesens zu diskutierende Fragen oder Lösungsansätze aufwerfen, so tragen Sie diese entsprechend in die Matrix ein (*vgl.* Spalte 5 „Bemerkungen"); diese helfen Ihnen Probleme aufzufinden, die Sie in Ihrer Stellungnahme auf den Mandantenbrief ansprechen sollten.

5) Es empfielt sich die relevanten Daten der Mandantenseite und/ oder der Gegenseite (verschieden-)farbig zu markieren.

Schritt 3: Leiten Sie aus der Matrix die entsprechenden Hinweise und Handlungen ab, die Sie Ihrem Mandanten für das weitere Vorgehen empfehlen (*vgl.* Spalte 6 „Handlungen").

Beispielhaft ist hier die ausgefüllte Matrix zum D-II-Prüfungsteil der EQE 2016 abgebildet

Prio/Veröff.	Datum	Ereignis	A+B	A+B¹	A+B²	A+X	P+G	relevanter StdT	Bemerkung	Handlung
	2010	Dokument D (Veröff)	✗	✗	✗	V			prima facie neuheitsschädlich für A+X	
	Mai 2012	EP1-BC (erteilt)	✗	✗	✗	E		Dokument D	**Einspruch** wegen mangelnder Neuheit durch SA	
	10.06.2013	FR-SA (AT)				A		--		
Zurücknahme	Aug.2013	FR1-SA (Zurücknahme)				(A)		--	ohne Rechte **Art.87(4)**	
Prio	01.08.2014	CH-BC (AT)	A		A			--		
	12.12.2014	FR-SA (AT)	A	A	A	A		Dokument D EP1-BC, CH-BC	Problem der Ausführbarkeit von A + B ohne X [004]	
Prio		FR2-SA (AT)				A		FR1-SA	1. Anmeldung für G	
	03.08.2015	PCT-BC (eingereicht)	P		P	A		FR2-SA	Prioproblem? **Art.87(1)** Ausführbarkeit von A + B	
	14.12.2015	PCT-SA (eingereicht)	P	P	P	P	A	Dokument D EP1-BC	Prioproblem? **Art.87(1)**	Prio von FR2-SA beanspruchen binnen 16 M
Veröff	30.12.2015	Entscheidung Einspruch								**Beschwerde** 2 M⁺¹⁰Tage **Begründung** 4 M⁺¹⁰Tage
Zustellung	05.01.2016	Eingang Entscheidung								
	11.02.2016	PCT-BC (Veröff)	V		V	V		FR2-SA	Einstweiliger Schutz	**Einwendungen Dritter** zur mangelnd. Ausführbarkeit
		Beschwerde in NL							Sprache Beschwerde? keine Begründung	**Beschwerdebegründung** gestützt auf Dokument D
Heute	*01.03.2016									

▼ Zeit

Konfliktmatrix

Konfliktmatrix zur Beurteilung von Patentsituationen

Prio/Veröff.	Datum	Ereignis	Erfindungsgegenstand	relevanter StdT	Bemerkung	Handlung

Quelle: Verfahrenspraxis EPÜ und PCT; Gruner/ Großmann, Carl Heymanns Verlag

→ Zeit

A … angemeldet; **E** … erteilt; **P** … Priorität; **V** … veröff.

Konfliktmatrix

Vorschriften über die EEP für zugelassene Vertreter
[Abl.2019, Zusatzpublikation 2]

Artikel 12
Prüfungssprachen

(1) Die Prüfungsaufgaben werden in den drei Amtssprachen des EPA erstellt, und die Bewerber erhalten sie in allen drei Sprachen.

(2) Die Arbeiten der Bewerber sind in einer der drei Amtssprachen des EPA anzufertigen [...].

Artikel 13
Prüfungsstoff

In der Prüfung muss ein Bewerber Folgendes nachweisen:
(1) umfassende Kenntnisse
a) des EP-Patentrechts nach dem EPÜ sowie des Gemeinschaftspatentrechts;
b) der Pariser Verbandsübereinkunft (Artikel 1 - Squater und Artikel 11);
c) des PCTs;
d) aller Entscheidungen der Großen Beschwerdekammer und der in den ABVEP genannten Rechtsprechung des EPA und

(2) allgemeine Kenntnisse des nationalen Rechts
a) der Vertragsstaaten, soweit dieses ePas und Patente betrifft;
b) der Vereinigten Staaten von Amerika und Japans, soweit dieses für Verfahren vor dem EPA von Bedeutung ist.

Artikel 14
Bestehen der Prüfung

(1) Vorbehaltlich des Absatzes 2 hat ein Bewerber die Prüfung bestanden, wenn er für jede Prüfungsaufgabe eine ausreichende Bewertung erzielt oder wenn er die im ABVEP für die einzelnen Prüfungsaufgaben geforderten Mindestnoten erreicht. [...]

Artikel 16
Wiederholung der Prüfung

(1) Ein Bewerber, der die Prüfung nicht besteht, darf nur die ungenügende Arbeit bzw. die ungenügenden Arbeiten wiederholen. [...]

Artikel 18
Bekanntmachung der Prüfung

Die Prüfung wird im Amtsblatt des EPA bekannt gemacht; aus dieser Bekanntmachung gehen die jeweiligen Termine, die Fristen für die Anmeldung zur Prüfung sowie die beizubringenden Unterlagen hervor.

Artikel 19
Schriftwechsel

[...] (2) Das Sekretariat unterrichtet die Bewerber schriftlich über die Zulassung ihrer Registrierung oder Anmeldung zur Prüfung. Im Falle einer Ablehnung ergeht eine begründete Entscheidung.

(3) Die zur Prüfung zugelassenen Bewerber werden schriftlich über den Tag, die Uhrzeit und den Ort der Prüfung unterrichtet. Informationen zu diesen Vorschriften, den ABVEP und sonstigen vom Aufsichtsrat für relevant erachteten Materialien werden den Bewerbern zugänglich gemacht.

Artikel 20
Prüfung an verschiedenen Orten

Wird die Prüfung an verschiedenen Orten abgehalten, so wird sie gleichzeitig und anhand derselben Unterlagen durchgeführt.

Artikel 22
Ergebnisse der Prüfung

(1) Eine Liste der Bewerber, die die Prüfung bestanden haben, wird im Amtsblatt des EPA veröffentlicht [...].

Artikel 24
Beschwerde

(1) Beschwerde kann gegen Entscheidungen der Prüfungskommission und des Sekretariats eingelegt werden, die den Beschwerdeführer beschweren, sofern diese Vorschriften oder eine bei ihrer Durchführung anzuwendende Bestimmung verletzt wurden.

(2) Die Beschwerde einschließlich der Beschwerdebegründung ist innerhalb eines Monats nach Zustellung der angefochtenen Entscheidung schriftlich beim Sekretariat einzulegen. Die Beschwerde gilt erst als eingelegt, wenn die gemäß Art.17 festgesetzte Beschwerdegebühr innerhalb der genannten Frist von einem Monat entrichtet worden ist. [...]

(5) Durch das Einlegen der Beschwerde wird die angefochtene Entscheidung nicht ausgesetzt.

Ausführungsbestimmungen zu den Vorschriften über die EEP

Regel 2
Prüfungsstoff

Der Prüfungsstoff [...] umfasst nur diejenigen in Art.13 (1) a) bis c) VEP genannten Rechtstexte, die am 31. Oktober des EPA im Sinne des Art.13 (1) d) VEP gilt die Rechtsprechung, die in der jeweils letzten Ausgabe des Buches "Rechtsprechung der Beschwerdekammern des Europäischen Patentamts" (nachstehend: Rechtsprechungsbuch), in etwaigen Sonderausgaben des Amtsblatts zur Rechtsprechung nach der letzten Ausgabe des Rechtsprechungsbuchs sowie bis zum 31. Oktober des der Prüfung vorangehenden Jahres im Amtsblatt veröff. wurde.

Regel 3
Bewertung

Bei der Bewertung der Arbeiten sollten die Mitglieder der Prüfungsausschüsse berücksichtigen, dass die Bewerber ihre Arbeiten vielleicht unter ihrer Muttersprache geschrieben haben. Grammatik- oder Stilfehler sind daher bei der Bewertung außer Acht zu lassen.

Regel 6
Noten/Bestehen der Vorprüfung und der Prüfung

(1) Jede Arbeit ist vom betreffenden Prüfungsausschuss unter Zugrundelegung einer Punkteskala von null bis 100 zu bewerten.

(2) In Bezug auf die in Regel 10 definierte Vorprüfung gilt:
a) Für eine Arbeit, die mit 70 oder mehr Punkten bewertet wurde, ist die Note BESTANDEN zu vergeben.
b) Für eine Arbeit, die mit weniger als 70 Punkten bewertet wurde, ist die Note NICHT BESTANDEN zu vergeben.

(3) In Bezug auf die in Regel 21 definierte Prüfung gilt:
a) Für eine Arbeit, die mit 50 oder mehr Punkten bewertet wurde, ist die Note BESTANDEN zu vergeben.
b) Für eine Arbeit, die mit weniger als 45 Punkten bewertet wurde, ist die Note NICHT BESTANDEN zu vergeben.

c) Für eine Arbeit, die mit mindestens 45 Punkten, aber weniger als 50 Punkten bewertet wurde, ist die Note NICHT BESTANDEN MIT AUSGLEICHSMÖGLICHKEIT zu vergeben.

(4) Unabhängig von den in der Vorprüfung erzielten Bewertungen und Noten und vorbehaltlich des Artikels 14 (2) VEP hat ein Bewerber die Prüfung bestanden, wenn er alle Prüfungsaufgaben absolviert hat und die folgenden Bedingungen sämtlich erfüllt:
a) Er hat für keine der Prüfungsaufgaben [...] NICHT BESTANDEN erhalten.
b) Er hat für mindestens zwei Prüfungsaufgaben BESTANDEN erhalten.
c) Er hat für die vier Prüfungsaufgaben zusammen mindestens 200 Punkte erhalten. [...]

Regel 22
Allgemeine Anweisungen für die Anfertigung der Arbeiten

(1) Es wird davon ausgegangen, dass die Bewerber zumindest mit den folgenden Texten vertraut sind, und zwar in der Fassung, die am 31. Oktober des der Vorprüfung oder Prüfung vorangehenden Jahres gilt:
a) EPÜ,
b) Ausführungsordnung zum EPÜ,
c) Protokoll über die Zentralisierung des europäischen Patentsystems und seine Einführung (Zentralisierungsprotokoll),
d) Protokoll über die gerichtliche Zuständigkeit und die Anerkennung von Entscheidungen über den Anspruch auf Erteilung eines europäischen Patents (Anerkennungsprotokoll),
e) Gebührenordnung,
f) Mitteilung des Präsidenten des EPA über das laufende Konto,
g) PCT,
h) Ausführungsordnung zum PCT,
i) Pariser Verbandsübereinkunft zum Schutz des gewerblichen Eigentums,
j) Liste der Vertragsstaaten des EPÜ und der Vertragsparteien des PCT,
k) Durchführungsvorschriften zum EPÜ,
l) Nationales Recht zum EPÜ,
m) Richtlinien für die Prüfung im EPA,
n) Inhalt der Amtsblätter des EPA,
o) Richtlinien für die Recherche und Prüfung im EPA als PCT-Behörde. [...]

Anweisungen an die Bewerber für den Ablauf der EEP

5. Den Bewerbern wird empfohlen, zur Vorprüfung oder Hauptprüfung jegliche Bücher und Unterlagen mitzubringen, die sie für die Beantwortung der Prüfungsaufgaben als nützlich erachten.

9. Es ist den Bewerbern nicht gestattet:
a) elektronische Geräte - mit Ausnahme einer analogen Armbanduhr ohne Zusatzfunktionen [...] mitzubringen; [...]
b) Scheren mit einer Klinge länger als 6 cm (gemessen ab dem Scharnier) mitzubringen; [...]
c) Hefter oder sonstige Materialien zu verwenden, durch die andere Bewerber gestört werden könnten;
d) ihrer Arbeit vorbereitete Unterlagen (z. B. ein Abkürzungsverzeichnis und/oder einen Zeitstrahl) beizufügen;
e) Blätter ihrer Prüfungsantwort zusammenzukleben oder zusammenzuheften; [...]

Checkliste für die Europäische Eignungsprüfung[955]

Übersicht über Dinge, die man zu den einzelnen Prüfungsaufgaben mitnehmen sollte.

	Pre-EQE	A-Teil	B-Teil	C-Teil	D-Teil
Literatur[956]	☐ EPÜ, inkl. Gebührenordnung ☐ Richtlinien zur Prüfung im EPA ☐ Nationales Recht zum EPÜ ☐ Der Weg zum europäischen Patent – Leitfaden für Anmelder ☐ Euro-PCT-Leitfaden: PCT-Verfahren im EPA ☐ PCT ☐ PCT-Applicants Guide + Annexe[957] ☐ Euro-PCT-Leitfaden: PCT-Verfahren im EPA ☐ Verfahrenspraxis EPÜ & PCT ☐ ggf. eigene Ausarbeitungen	☐ EPÜ ☐ Richtlinien zur Prüfung im EPA ☐ Verfahrenspraxis EPÜ & PCT ☐ Formulierungsvorschläge ☐ ggf. eigene Ausarbeitungen	☐ EPÜ ☐ Richtlinien zur Prüfung im EPA ☐ Verfahrenspraxis EPÜ & PCT ☐ ggf. eigene Ausarbeitungen	☐ EPÜ ☐ Richtlinien zur Prüfung im EPA ☐ PCT ☐ PCT-Applicants Guide + Annexe ☐ Verfahrenspraxis EPÜ & PCT ☐ ggf. eigene Ausarbeitungen	☐ EPÜ, inkl. Gebührenordnung ☐ Richtlinien zur Prüfung im EPA ☐ Durchführungsvorschriften zum EPÜ ☐ Nationales Recht zum EPÜ ☐ Der Weg zum europäischen Patent – Leitfaden für Anmelder ☐ Rechtssprechung der Beschwerdekammern des EPA ☐ PCT ☐ PCT-Applicants Guide + Annexe ☐ Euro-PCT-Leitfaden: PCT-Verfahren im EPA ☐ Prüfung im EPA als PCT-Behörde ☐ Verfahrenspraxis EPÜ & PCT ☐ ggf. eigene Ausarbeitungen
Büromaterialien	☐ mind. 2 Bleistifte ☐ Radiergummi ☐ Spitzer ☐ Textmarker ☐ Heftschienen[958] ☐ Klammerentferner	☐ Textmarker ☐ Heftschienen ☐ Klammerentferner ☐ Schere (max. 6 cm Klinge) ☐ Klebestift und Klebeband ☐ mehrere Kugelschreiber/ Füller (nur blau oder schwarz) ☐ Formulierungsvorschläge	☐ Textmarker ☐ Heftschienen ☐ Klammerentferner ☐ Schere (max. 6 cm) ☐ Klebestift und Klebeband ☐ mehrere Kugelschreiber/ Füller (nur blau oder schwarz) ☐ Formulierungsvorschläge	☐ Textmarker ☐ Heftschienen ☐ Klammerentferner ☐ Schere (max. 6 cm) ☐ Klebestift und Klebeband ☐ mehrere Kugelschreiber/ Füller (nur blau oder schwarz) ☐ Matrix zur Zeitrangbestimmung ☐ Analyseblatt ☐ Formulierungsvorschläge ☐ Vorlage zum Ausfüllen des Einspruchsformblattes	☐ Textmarker ☐ Heftschienen ☐ Klammerentferner ☐ Schere (max. 6 cm) ☐ Klebestift und Klebeband ☐ mehrere Kugelschreiber/ Füller (nur blau oder schwarz) ☐ Konfliktmatrix ☐ Formulierungsvorschläge
Sonstiges	☐ Ladung zur Prüfung ☐ Sitzplatznummer ☐ Personalausweis ☐ analoge Uhr ☐ Essen/ Trinken	☐ Ladung zur Prüfung ☐ Sitzplatznummer ☐ Personalausweis ☐ analoge Uhr ☐ Essen/ Trinken	☐ Ladung zur Prüfung ☐ Sitzplatznummer ☐ Personalausweis ☐ analoge Uhr ☐ Essen/ Trinken	☐ Ladung zur Prüfung ☐ Sitzplatznummer ☐ Personalausweis ☐ analoge Uhr ☐ Essen/ Trinken	☐ Ladung zur Prüfung ☐ Sitzplatznummer ☐ Personalausweis ☐ analoge Uhr ☐ Essen/ Trinken

[955] Diese Zusammenstellung ist nicht abschließend und keine rechtsverbindliche Darstellung, dh nicht aufgenommene Dinge können ggf. dennoch in der Prüfung benötigt werden. Die Liste beruht auf Erfahrungen mehrerer Prüflinge und kann individuell ergänzt werden.

[956] Es empfielt sich alle EPA Rechtstexte aktuell von der Webseite des EPA zu laden mit Stand vom Oktober des Vorjahres der jeweiligen EQE [Abl.2017,A88]: https://www.epo.org/law-practice/legal-texts_de.html.

[957] Eine Version für EQE-Teilnemer ist auf der Webseite der WIPO abrufbar: https://www.wipo.int/pct/en/eqe/index.html.

[958] Locher sind zur EQE nicht zugelassen.

Staatenübersicht (internationale Verträge)

AP	...	Afrikanische regionale Organisation für geistiges Eigentum (ARIPO)
BudaV	...	Budapester Vertrag über die Hinterlegung von Mikroorganismen für Patentverfahren
EA	...	Eurasisches Patentorganisation (EAPO)
EP	...	Europäisches Patentamt (EPA)

IPEA	...	mit der internationalen vorläufigen Prüfung beauftragte Behörde
ISA	...	Internationale Recherchenbehörde
OA	...	Afrikanische Organisation für geistiges Eigentum (OAPI)
SISA	...	mit der ergänzenden internationalen Recherche beauftragte Behörde

Code	Name des Staates	VStaat zwischenstaatl. Organisation	PCT (152)	Sprache der IPa	zuständige ISA[1]; SISA[2] und IPEA[1] PCT ApplG Annex C	Kapitel I (Art.22 PCT) nat. Annex	Kapitel II (Art.39(1) PCT) nat. Annex	PCT-Vorbehalte, Erklärungen, Mitteilungen und Unvereinbarkeiten	PVÜ (177)	WHO (164)	BudaV (80)	Code
AD	Andorra								+	--	--	AD
AE	Vereinigte Arabische Emirate		10.3.1999	alle	IB[3]	30	30		+	+	--	AE
AF	Afghanistan		17.3.2000	--		--	--		+	+	--	AF
AG	Antigua und Barbuda		17.3.2000	--	n.d.	30	30		+	+	--	AG
AL	Albanien	EP	4.10.1995	AL, EN	EP	31	31		+	+	+	AL
AM	Armenien	EA	25.12.1991	EN	EP[4], RU	31	31		+	+	+	AM
AO	Angola		27.12.2007	alle	IB[3]	30	30		+	+	--	AO
AP	ARIPO Patent			EN	AT, EP, SE	31	31					AP
AR	Argentinien								+	+	--	AR
AT	Österreich	EP	23.4.1979	DE, EN, FR	EP	30	30		+	+	+	AT
AU	Australien		31.3.1980	EN, alle	AU, KR	31	31		+	+	+	AU
AZ	Aserbaidschan	EA	25.12.1995	AZ, EN, RU	EP[4], RU	30	31		+	+	+	AZ
BA	Bosnien und Herzegowina		7.9.1996	EN	EP	34	34		+	--	--	BA
BB	Barbados		12.3.1985	alle	IB[3]	30	30		+	+	+	BB
BD	Bangladesch								+	+	--	BD
BE	Belgien[5],[11]	EP	14.12.1981	DE, EN, FR	EP			akzeptiert als RO keine Einbeziehung nachgereichter Teile durch Verweis [R.20.8a) PCT] akzeptiert keine Wiederherstellung des Priorechts durch RO [R.26bis.3j) PCT]	+	+	+	BE
BF	Burkina Faso[11]	OA	21.3.1989	EN, FR	AT, EP[6], RU, SE	--	--		+	+	--	BF
BG	Bulgarien	EP	21.5.1984	BG, EN, RU	EP, RU	31	31		+	+	+	BG
BH	Bahrain		18.3.2007	Arabisch, EN	AT, EP[7], US[4]	30	30		+	+	+	BH
BJ	Benin[11]	OA	26.3.1987	EN, FR	AT, EP[6], RU, SE	--	--		+	+	--	BJ

Staatenübersicht

Code	Name des Staates	VStaat zwischenstaatl. Organisation	PCT (152)	Sprache der iPa	zuständige ISA[1]; SISA[2] und IPEA[1]	Kapitel I (Art.22 PCT)	Kapitel II (Art.39(1) PCT)	PCT-Vorbehalte, Erklärungen, Mitteilungen und Unvereinbarkeiten	PVÜ (177)	WHO (164)	BudaV (80)	Code
BN	Brunei Darussalam		24.7.2012	EN	AU, EP[4], JP[4], SG[4]	30	30		+	+	+	BN
BO	Bolivien		–	–	–	–	–		+	+	–	BO
BR	Brasilien		9.4.1978	EN, ES, PT	AT, EP[6], BR, SE, US[4]	30	30	akzeptiert keine Wiederherstellung des Priorechts durch RO [R.26bis.3j) PCT]	+	+	–	BR
BS	Bahamas		–	–	–	–	–		+	–	–	BS
BW	Botswana	AP	30.10.2003	EN	EP	31	31		+	+	–	BW
BY	Weißrussland (Belarus)	EA	25.12.1991	EN, RU	EP, RU	31	31		+	–	–	BY
BZ	Belize		17.6.2000	EN	CA, EP	30	30		+	+	–	BZ
CA	Kanada		2.1.1990	EN, FR	CA	30 (42[8])	30 (42[8])	keine WE in versäumte Frist zur Vornahme von Handlungen nach Art.22 PCT zum Eintritt in nat. Phase [R.49.6f) PCT] akzeptiert keine Wiederherstellung des Priorechts durch RO oder DO [49ter.1g); 49ter.2h) PCT]	+	+	+	CA
CD	Demokratische Republik Kongo		–	–	–	–	–		+	+	–	CD
CF	Zentralafrikanische Republik[11]	OA	24.1.1978	EN, FR	AT, EP[6], RU, SE	–	–		+	+	–	CF
CG	Kongo[11]	OA	24.1.1978	EN, FR	AT, EP[6], RU, SE	–	–		+	+	–	CG
CH	Schweiz	EP	24.1.1978	DE, EN, FR	EP	30	30		+	+	+	CH
CI	Côte d'Ivoire[11]	OA	30.4.1991	EN, FR	AT, EP[6], RU, SE	–	–		+	+	–	CI
CL	Chile		2.6.2009	ES	EP[9], KR, CL, ES, US	30	30		+	+	+	CL
CM	Kamerun[11]	OA	24.1.1978	EN, FR	AT, EP[6], RU, SE	–	–		+	+	–	CM
CN	China		1.1.1994	CN, EN	CN	30 (32[8])	30 (32[8])	akzeptiert als DO keine Einbeziehung nachgereichter Teile durch Verweis [R.20.8b) PCT] keine WE in versäumte Frist zur Vornahme von Handlungen nach Art.22 PCT zum Eintritt in nat. Phase [R.49.6f) PCT] akzeptiert keine Wiederherstellung des Priorechts durch RO oder DO [49ter.1g); 49ter.2h) PCT]	+	+	+	CN
CO	Kolumbien		28.2.2001	ES	AT, EP[10], RU, BR, CL[4], ES	31	31	akzeptiert keine Wiederherstellung des Priorechts durch RO oder DO [R.26bis.3); 49ter.2h) PCT]	+	+	+	CO
CR	Costa Rica		3.8.1999	ES	EP[9], CL[4], ES	31	31		+	+	+	CR
CU	Kuba		16.7.1996	ES	AT, EP[10], RU, BR, CL[4], ES	30	30	akzeptiert als RO bzw DO keine Einbeziehung nachgereichter Teile durch Verweis [R.20.8a) bzw. R.20.8b) PCT] akzeptiert keine Wiederherstellung des Priorechts durch RO oder DO [R.26bis.3); 49ter.1g); 49ter.2h) PCT]	+	+	+	CU
CY	Zypern[11]	EP	1.4.1998	DE, EN, FR, GR	EP	–	–		+	+	–	CY

Staatenübersicht

Code	Name des Staates	VStaat zwischenstaatl. Organisation	PCT-VStaat (152)	Sprache der iPa	zuständige ISA[1]; SISA[2] und IPEA[1]	Kapitel I (Art.22 PCT)	Kapitel II (Art.39(1) PCT)	PCT-Vorbehalte, Erklärungen, Mitteilungen und Unvereinbarkeiten	PVÜ (177)	WHO (164)	BudaV (80)	Code
CZ	Tschechien	EP, XV	1.1.1993	CZ, DE, EN, FR	EP, XV	31	31	akzeptiert als RO bzw DO keine Einbeziehung nachgereichter Teile durch Verweis [R.20.8a) bzw. R.20.8b) PCT] akzeptiert keine Wiederherstellung des Priorechts durch RO oder DO [R.26bis.3)]; 49ter.1g); 49ter.2h) PCT]	+	+	+	CZ
DE	Deutschland	EP	24.1.1978	DE	EP	30	30	Staat ist wegen **nat. Zurücknahmefiktion** von automatischer Bestimmung im Antrag explizit ausnehmbar [R.4.9b) PCT] akzeptiert als RO bzw DO keine Einbeziehung nachgereichter Teile durch Verweis [R.20.8a) bzw. R.20.8b) PCT] akzeptiert keine Wiederherstellung des Priorechts durch RO oder DO [R.26bis.3)]; 49ter.1g); 49ter.2h) PCT] keine WE in versäumte Frist zur Vornahme von Handlungen nach Art.22 PCT zum Eintritt in nat. Phase [R.49.6f) PCT]	+	+	+	DE
DJ	Dschibuti		23.9.2016	Arab, EN, FR	AT, EG, EP[7]	30	30		+	+	--	DJ
DK	Dänemark	EP	1.12.1978	DE, DK, EN, FR, IS, NO, SE	EP, XN, SE	31	31		+	+	+	DK
DM	Dominica		7.8.1999	n.d.	n.d.	30	30		+	+	--	DM
DO	Dominikanische Republik		28.5.2007	n.d.	EP[10], CL[4], ES, US[4]	30	30		+	+	--	DO
DZ	Algerien		8.3.2000	Arabisch, FR	AT, EP	31	31		+	+	--	DZ
EA	Eurasische Patentorganisation			EN, RU	RU	31	31	akzeptiert keine Wiederherstellung des Priorechts durch RO oder DO [R.26bis.3)]; 49ter.1g); 49ter.2h) PCT]	--	--	--	EA
EC	Ecuador		7.5.2001	ES	EP[10], CL, ES	31	31		+	+	--	EC
EE	Estland	EP	24.8.1994	DE, EN	EP	31	31		+	+	+	EE
EG	Ägypten		6.9.2003	Arabisch, EN	AT, EG, EP[7], US[4]	30	30		+	+	--	EG
EP	Europäisches Patentamt			DE, EN, FR	EP	31	31	WO-ISA, der nicht vom EPA als ISA erstellt wurde [R.43bis.1 PCT], gilt nicht als Erstbescheid bei Erstellung des IPER durch das EPA [R.66.1^{bis}b) PCT, PCT-NL 1/2004]	--	--	--	EP
ES	Spanien	EP	16.11.1989	ES	EP, ES	30	30		+	+	+	ES
FI	Finnland	EP	1.10.1980	EN, FI, SE	EP, FI, SE	31	31		+	+	+	FI
FJ	Fidschi					--	--		--	+	--	FJ
FR	Frankreich[11]	EP	25.2.1978	FR	EP	--	--		+	+	+	FR
GA	Gabun[11]	OA	24.1.1978	EN, FR	AT, EP[6], RU, SE	--	--		+	+	--	GA
GB	Großbritannien	EP	24.1.1978	EN, wallisisch	EP	31	31		+	+	+	GB
GD	Grenada		22.9.1998	n.d.	n.d.	30	30		+	+	--	GD
GE	Georgien		25.12.1991	EN, GE, RU	AT, EP[7], RU, IL[4], US[4]	31	31		+	+	+	GE

Staatenübersicht

Code	Name des Staates	VStaat zwischenstaatl. Organisation	PCT-VStaat (152)	Sprache der IPa	zuständige ISA[1]; SISA[2] und IPEA[1]	Kapitel I (Art.22 PCT)	Kapitel II (Art.39(1) PCT)	PCT-Vorbehalte, Erklärungen, Mitteilungen und Unvereinbarkeiten	PVÜ (177)	WHO (164)	BudaV (80)	Code
GH	Ghana	AP	26.2.1997	EN	AU, AT, EP[6], CN[4], SE	30	30		+	+	–	GH
GM	Gambia	AP	9.12.1997	EN	AT, EP, SE	30	31		+	+	–	GM
GN	Guinea[11]	OA	27.5.1991	EN, FR	AT, EP[6], RU, SE	–	–		+	+	–	GN
GQ	Äquatorialguinea[11]	OA	17.7.2001	EN, FR	AT, EP[6], RU, SE	–	–		+	–	–	GQ
GR	Griechenland[11]	EP	9.10.1990	DE, EN, FR	EP	–	–		+	+	+	GR
GT	Guatemala		14.10.2006	ES	AT, EP[10], BR, CL[4], ES, US	30	30		+	+	+	GT
GW	Guinea-Bissau[11]	OA	12.12.1997	EN, FR	AT, EP[6], RU, SE	–	–		+	+	–	GW
HK	Hongkong		–	–	–	–	–		–	+	–	HK
HN	Honduras		20.6.2006	ES	EP, ES	30	30		+	+	+	HN
HR	Kroatien	EP	1.7.1998	HR, EN	EP	31	31		+	+	+	HR
HT	Haiti		–	–	–	–	–		+	+	–	HT
HU	Ungarn	EP, XV	27.6.1980	DE, EN, FR, HU	EP, XV	31	31		+	+	+	HU
ID	Indonesien		5.9.1997	EN	AU, EP[4], RU, SG[4], JP, KR	31	31	akzeptiert als RO bzw DO keine Einbeziehung nachgereichter Teile durch Verweis [R.20.8a) bzw. R.20.8b) PCT]	+	+	–	ID
IE	Irland[11]	EP	1.8.1992	EN	EP	–	–	akzeptiert keine Wiederherstellung des Priorrechts durch RO oder DO [R.26bis.3]); 49ter.1g); 49ter.2h) PCT]	+	+	+	IE
IL	Israel		1.6.1996	EN	EP[4], IL[4], US[4]	30	30		+	+	+	IL
IN	Indien		7.12.1998	EN, Hindi	AU, AT, EP[6], IN, CN[4], SE, US[4]	31	31	akzeptiert als RO keine Einbeziehung nachgereichter Teile durch Verweis [R.20.8a) PCT] keine WE in versäumte Frist zur Vornahme von Handlungen nach Art.22 PCT zum Eintritt in nat. Phase [R.49.6f) PCT]	x	+	+	IN
IQ	Irak		–	–	–	–	–		+	–	–	IQ
IR	Iran (Islamische Republik)		4.10.2013	EN	EP[4], RU, IN, CN[4]	30	30		+	–	–	IR
IS	Island	EP; XN	23.3.1995	DK, EN, NO, SE	EP, SE, XN	31	31		+	+	+	IS
IT	Italien[11]	EP	28.3.1985	DE, EN, FR, IT	EP	–	–	akzeptiert keine Wiederherstellung des Priorrechts durch RO oder DO [R.26bis.3]); 49ter.1g); 49ter.2h) PCT]	+	+	+	IT
JO	Jordanien		9.6.2017	Arabisch, EN	AU, AT, EP[7]	30	30		+	+	+	JO
JP	Japan		1.10.1978	EN, JP	EP[4],[12], JP[4], SG[4]	30	30	Staat ist wegen nat. Zurücknahmefiktion von automatischer Bestimmung im Antrag explizit ausnehmbar [R.4.9b) PCT]	+	+	+	JP

Staatenübersicht

Code	Name des Staates	VStaat zwischenstaatl. Organisation	PCT-VStaat (152)	Sprache der iPa	zuständige ISA[1]; SISA[2] und IPEA[1]	Kapitel I (Art.22 PCT)	Kapitel II (Art.39(1) PCT)	PCT-Vorbehalte, Erklärungen, Mitteilungen und Unvereinbarkeiten	PVÜ (177)	WHO (164)	BudaV (80)	Code
JM	Jamaika		--	--	--	--	--		+	+	--	JM
KE	Kenia	AP	8.6.1994	EN	AU, AT, EP[6], CN[4], SE	30	30		+	+	--	KE
KG	Kirgisistan	EA	25.12.1991	EN, RU	EP[3], RU	31	31		+	+	+	KG
KH	Kambodscha		8.12.2016	EN, Khmer	EP[4], JP[4], SG[4]	30	30		+	+	--	KH
KM	Komoren[11]	OA	3.4.005	EN, FR	AT, EP[6], RU, SE	--	--		+	--	--	KM
KN	St. Kitts und Nevis		27.10.2005	n.d.	n.d.	30	30		+	+	--	KN
KP	Demokratische Volksrepublik, Nordkorea		8.7.1980	EN,FR,KR,RU	AU, RU, CN[4]	30	30		+	--	+	KP
KR	Republik Korea, Südkorea		10.8.1984	EN, JP, KR	AU, AT, JP[4],[13], KR	31	31	Staat ist wegen nat. Zurücknahmefiktion von automatischer Bestimmung im Antrag explizit ausnehmbar [R.4.9b] PCT] akzeptiert als RO bzw DO keine Einbeziehung nachgereichter Teile durch Verweis [R.20.8a) bzw. R.20.8b) PCT] akzeptiert keine Wiederherstellung des Priorechts durch RO oder DO [R.26bis.3j); 49ter.1g); 49ter.2h) PCT] keine WE in versäumte Frist zur Vornahme von Handlungen nach Art.22 PCT zum Eintritt in nat. Phase [R.49.6f) PCT]	+	+	+	KR
KW	Kuwait		9.9.2016	alle	IB[3]	30	30		+	+	--	KW
KZ	Kasachstan	EA	25.12.1991	EN, RU	EP[4], RU	31	31		+	+	+	KZ
LA	Laos		14.6.2006	alle	IB[3]	30	30		+	+	--	LA
LB	Libanon		--	--	--	--	--		+	--	--	LB
LC	Saint Lucia		30.8.1996	alle	IB[3]	30	30		+	+	--	LC
LI	Liechtenstein	EP	19.3.1980	DE, EN, FR	EP	--	--		+	+	+	LI
LK	Sri Lanka		26.2.1982	alle	IB[3]	30	30		+	+	--	LK
LR	Liberia	AP	27.8.1994	EN	AU, AT, EP[6], CN[4], SE	30	31		+	+	--	LR
LS	Lesotho	AP	21.10.1995	EN	AT, EP	30	31		+	+	--	LS
LT	Litauen[11]	EP	5.7.1994	LT, EN, RU	EP[14], RU, XV	--	--	akzeptiert keine Wiederherstellung des Priorechts durch RO [49ter.1g) PCT]	+	+	+	LT
LU	Luxemburg	EP	30.4.1978	DE, FR	EP	20	30		+	+	+	LU
LV	Lettland[11]	EP	7.9.1993	DE, EN, FR, LV, RU	EP[4], RU	--	--	keine WE in versäumte Frist zur Vornahme von Handlungen nach Art.22 PCT zum Eintritt in nat. Phase [R.49.6f) PCT]	+	+	+	LV
LY	Libyen		15.9.2005	Arabisch, EN	AT, EP	30	30		+	--	--	LY
MA	Marokko		8.10.1999	FR	AT, EP[6], RU, SE	31	31		+	+	+	MA

Staatenübersicht

Code	Name des Staates	VStaat zwischenstaatl. Organisation	PCT-VStaat (152)	Sprache der iPa	zuständige ISA[1], SISA[2] und IPEA[1]	Kapitel I (Art.22 PCT)	Kapitel II (Art.39(1) PCT)	PCT-Vorbehalte, Erklärungen, Mitteilungen und Unvereinbarkeiten	PVÜ (177)	WHO (164)	BudaV (80)	Code
MC	Monaco[11]	EP	22.6.1979	FR	EP	--	--		+	--	+	MC
MD	Republik Moldau		25.12.1991	DE,EN,FR,RU	EP[4], RU	31	31		+	+	+	MD
ME	Montenegro		3.6.2006	EN, ME	EP	30	30		+	+	+	ME
MG	Madagaskar		24.1.1978	alle	IB[3]	30	30		+	+	--	MG
MK	Ehemalige jugoslawische Republik Mazedonien	EP	10.8.1995	EN	EP	31	31		+	+	+	MK
ML	Mali[11]	OA	19.10.1984	EN, FR	AT, EP[6], RU, SE	--	--		+	+	--	ML
MM	Myanmar		--	--	--	--	--		--	+	--	MM
MN	Mongolei		27.5.1991	EN, RU	EP[4], RU, KR	31	31		+	+	--	MN
MO	Macao		--	--	--	--	--		--	+	--	MO
MR	Mauretanien[11]	OA	13.4.1983	EN, FR	AT, EP[6], RU, SE	--	--		+	+	--	MR
MT	Malta[11]	EP	1.3.007	EN	EP	--	--		+	+	--	MT
MU	Mauritius		--	--	--	--	--		+	+	--	MU
MV	Malediven		--	--	--	--	--		--	+	--	MV
MW	Malawi	AP	24.1.1978	EN	EP	30	30		+	+	--	MW
MX	Mexiko		1.1.1995	ES	AT, EP[15], SG[4], KR, CL[4], ES, SE, US[4]	30	30	akzeptiert als RO bzw DO keine Einbeziehung nachgereichter Teile durch Verweis [R.20.8a) bzw. R.20.8b) PCT] akzeptiert keine Wiederherstellung des Priorechts durch RO oder DO [49ter.1g); 49ter.2h) PCT] keine WE in versäumte Frist zur Vornahme von Handlungen nach Art.22 PCT zum Eintritt in nat. Phase [R.49.6f) PCT]	+	+	+	MX
MY	Malaysia		16.8.2006	EN	AU, EP[4], JP[4], KR	30	30		+	+	--	MY
MZ	Mosambik	AP	18.5.2000	EN	AT, EP, SE	31	31		+	+	--	MZ
NA	Namibia	AP	1.1.2004	EN	AT, EP, SE	31	31		+	+	--	NA
NE	Niger[11]	OA	21.3.1993	EN, FR	AT, EP[6], RU, SE	--	--		+	+	--	NE
NG	Nigeria		8.5.2005	alle	IB[3]	30	30		+	+	--	NG
NI	Nicaragua		6.3.2003	ES	EP, ES	30	30		+	+	+	NI
NL	Niederlande[5],[11]	EP	10.7.1979	NL,DE,EN,FR	EP	--	--		+	+	+	NL
NO	Norwegen	EP; XN	1.1.1980	EN, NO	EP, SE, XN	31	31	akzeptiert keine Wiederherstellung des Priorechts durch RO oder DO [R.26bis.3j); 49ter.1g); 49ter.2h) PCT]	+	+	+	NO
NP	Nepal		--	--	--	--	--		+	+	--	NP

Staatenübersicht

Code	Name des Staates	VStaat zwischenstaatl. Organisation	PCT-VStaat (152)	Sprache der iPa	zuständige ISA[1], SISA[2] und IPEA[1]	Kapitel I (Art.22 PCT)	Kapitel II (Art.39(1) PCT)	PCT-Vorbehalte, Erklärungen, Mitteilungen und Unvereinbarkeiten	PVÜ (177)	WHO (164)	BudaV (80)	Code
NZ	Neuseeland		1.12.1992	EN	AU, EP[4], KR, US[4]	31	31	keine WE in versäumte Frist zur Vornahme von Handlungen nach Art.22 PCT zum Eintritt in nat. Phase [R.49.6f) PCT]	+	+	–	NZ
OA	OAPI Patent			EN, FR	AT, EP[6], RU, SE	30	30		+	+	–	OA
OM	Oman		26.10.2001	Arabisch, EN	AU, AT, EG, EP[7], US[4]	30	30		+	+	+	OM
PA	Panama		7.9.2012	ES	EP[9], BR, CL[4], ES, US[4]	30	30		+	+	+	PA
PE	Peru		6.6.2009	ES	AT, EP[10], KR, BR, CL[4], ES, US[4]	30	30		+	+	+	PE
PG	Papua-Neuguinea		14.6.2003	EN	AU	31	31		+	+	–	PG
PH	Philippinen		17.8.2001	EN, PH	AU, EP[4], JP[4], KR, US[4]	30 (31[8])	30 (31[8])	akzeptiert keine Wiederherstellung des Priorechts durch RO oder DO [R.26bis-3)]; 49ter.1g); 49ter.2h) PCT] keine WE in versäumte Frist zur Vornahme von Handlungen nach Art.22 PCT zum Eintritt in nat. Phase [R.49.6f) PCT]	+	+	+	PH
PK	Pakistan					–	–		+	+	–	PK
PL	Polen	EP; XV	25.12.1990	DE, EN, FR, PO	EP, XV	30	30	keine WE in versäumte Frist zur Vornahme von Handlungen nach Art.22 PCT zum Eintritt in nat. Phase [R.49.6f) PCT]	+	+	+	PL
PT	Portugal	EP	24.11.1992	DE,EN,FR,PT	EP	30	30		+	+	+	PT
PY	Paraguay					–	–		+	+	–	PY
QA	Katar		3.8.2011	Arabisch, EN	EG, EP[4], US[4]	30	30		+	+	+	QA
RO	Rumänien	EP	23.7.1979	DE, EN, FR, RO, RU	EP[4], RU	30	30		+	+	+	RO
RS	Serbien	EP	1.2.1997	EN	EP	30	30		+	–	+	RS
RU	Russische Föderation	EA	29.3.1978	EN, RU	EP[4], RU	31	31		+	+	+	RU
RW	Ruanda	AP	31.8.2011	n.d.	n.d.	30	30		+	+	–	RW
SA	Saudi-Arabien		3.8.2013	Arabisch, EN	CA[4], EG, EP[4], KR, RU	30	30		+	+	–	SA
SB	Salomonen					–	–		–	+	–	SB
SC	Seychellen		7.11.2002	EN	EP	31	31		+	+	–	SC
SD	Sudan	AP	16.4.1984	Arabisch, EN	EG, EP[4]	30	30		+	–	–	SD
SE	Schweden	EP; XN	17.5.1978	DK, EN, FI, NO, SE	EP, SE, XN	31	31		+	+	+	SE
SG	Singapur		23.2.1995	CN, EN	AU, AT, EP[7], SG[4], JP[4], KR	30	30		+	+	+	SG
SI	Slowenien [11]	EP	1.3.1994	DE, EN, FR, SI	EP	–	–		+	+	+	SI
SK	Slowakei	EP; XV	1.1.1993	DE, EN, FR, SK	EP, XV	31	31		+	+	+	SK

Staatenübersicht

Code	Name des Staates	VStaat zwischenstaatl. Organisation	PCT-VStaat (152)	Sprache der iPa	zuständige ISA[1]; SISA[2] und IPEA[1]	Kapitel I (Art.22 PCT)	Kapitel II (Art.39(1) PCT)	PCT-Vorbehalte, Erklärungen, Mitteilungen und Unvereinbarkeiten	PVÜ (177)	WHO (164)	BudaV (80)	Code
SL	Sierra Leone	AP	17.6.1997	EN	AT, EP, SE	31	31		+	+	–	SL
SM	San Marino	EP	14.12.2004	EN, FR, IT, ES	EP	31	31		+	–	–	SM
SN	Senegal[11]	OA	24.1.1978	EN, FR	AT, EP[6], RU, SE	–	–		+	+	+	SN
SR	Surinam			–	–	–	–		+	+	–	SR
ST	São Tomé und Príncipe	AP	3.7.2008	EN	AT, EP, SE	30	30		+	–	–	ST
SV	El Salvador		17.8.2006	ES	EP[10], CL[4], ES	30	30		+	+	+	SV
SY	Arabische Republik Syrien		26.6.2003	Arab, EN, FR	AT, EG, EP[7], RU	31	31		+	–	–	SY
SZ	Swasiland[11]	AP	20.9.1994	EN	AT, EP, SE	–	–		+	+	–	SZ
TD	Tschad[11]	OA	24.1.1978	EN, FR	AT, EP[6], RU, SE	–	–		+	+	+	TD
TG	Togo[11]	OA	24.1.1978	EN, FR	AT, EP[6], RU, SE	–	–		+	+	–	TG
TH	Thailand		24.12.2009	EN, Thai	AU, EP[4], SG, JP[4], KR, CN[4], US[4]	30	30		+	+	–	TH
TJ	Tadschikistan	EA	25.12.1991	EN, RU	EP[4], RU	30	31		+	+	+	TJ
TM	Turkmenistan	EA	25.12.1991	EN, RU	EP[4], RU	30	31		+	+	–	TM
TN	Tunesien		10.12.2001	Arab, EN, FR	EP	30	30		+	+	+	TN
TO	Tonga			–	–	–	–		+	+	–	TO
TR	Türkei	EP	1.1.1996	DE, EN, FR, TR	EP, TR	30 (33[8])	30 (33[8])	akzeptiert als DO keine Einbeziehung nachgereichter Teile durch Verweis [R.20.8b) PCT]; akzeptiert keine Wiederherstellung des Priorechts durch RO oder DO [R.49ter.1g); 49ter.2h) PCT]	+	+	+	TR
TT	Trinidad und Tobago		10.3.1994	EN	AT, CL, EP[6], SE, US	30	31		+	+	+	TT
TW	Taiwan			–	–	–	–		–	+	–	TW
TZ	Tansania	AP	14.9.1999	EN	AT, EP, SE	21	31		+	+	–	TZ
UA	Ukraine		25.12.1991	EN, RU	EP[4], RU, UA	31	31		+	+	+	UA
UG	Uganda	AP	9.2.1995	EN	AT, EP, SE	21	31		+	+	–	UG
US	USA / Vereinigte Staaten		24.1.1978	EN	AU[4], EP[4], RU, SG[4], IL[4], JP[4], KR, US	30	30	internat. Veröff. der iPa nicht erforderlich [Art.64(3)a) PCT]; iPa, die außerhalb dieses Staats eingereicht ist, gilt vor ihrer Veröff. **nicht als voller StdT** [Art.64(4)a) PCT]	+	+	+	US
UY	Uruguay			–	–	–	–		+	+	–	UY
UZ	Usbekistan		25.12.1991	EN, RU	EP[4], RU	31	31		+	–	+	UZ
VC	St. Vincent und die Grenadinen		6.8.2002	alle	IB[3]	31	31		+	+	–	VC

Staatenübersicht

Code	Name des Staates	VStaat zwischenstaatl. Organisation	PCT-VStaat (152)	Sprache der iPa	zuständige ISA[1], SISA[2] und IPEA[1]	Kapitel I (Art.22 PCT)	Kapitel II (Art.39(1) PCT)	PCT-Vorbehalte, Erklärungen, Mitteilungen und Unvereinbarkeiten	PVÜ (177)	WHO (164)	BudaV (80)	Code
VN	Vietnam		10.3.1993	EN	AT, AU, EP[6], RU, SG[4], JP[4], KR, SE	31	31		+	+	--	VN
VU	Venezuela		--	--	--	--	--		--	+	--	VU
WS	Samoa		--	--	--	--	--		+	+	--	WS
XN	Nordisches Patentinstitut								+	+		XN
XV	Visegrad Patentinstitut								+	+		XV
YE	Jemen		--	--	--	--	--		+	+	--	YE
ZA	Südafrika		16.3.999	EN	AU, AT, EP[7], US[4]	31	31		+	+	+	ZA
ZM	Sambia	AP	15.11.2001	EN	AT, SE	30	30		+	+	--	ZM
ZW	Simbabwe	AP	11.6.1997	EN	AU, AT, EP[7], RU, CN[4]	30	31		+	+	--	ZW

[1] derzeit wählbar: AT, AU, BR, CA, CL, CN, EG, EP, ES, FI, IL, IN, JP, KR, RU, SE, SG, TR, UA, US, XN, XV (Stand: 1. Januar 2018)
[2] derzeit wählbar: AT, EP, FI, RU, SE, SG, TR, UA, XN, XV (Stand 30. August 2017).
[3] alle derzeit wählbaren (S)ISA und IPEA: AT, AU, BR, CA, CL, CN, EG, EP, ES, FI, IL, IN, JP, KR, RU, SE, SG, TR, UA, US, XN, XV (Stand: 1. Januar 2018; PCT-NL 1/2018) aber abhängig von ISA.
[4] nur IPEA, wenn ISR von diesem Amt erstellt [Annex C dieses VStaats].
[5] Einreichen einer ePa oder iPa nicht bei nat. Behörde, sondern nur beim EPA direkt zulässig [NatR II, Ziffer 2]; für BE gilt dies seit 1.4.2018 [ABl.2018,A17]; ausgenommen ePa ist erkennbar geheimhaltungsbedürftig.
[6] nur IPEA, wenn ISR vom EPA, AT oder SE erstellt.
[7] nur IPEA, wenn ISR vom EPA oder AT erstellt.
[8] bei Zahlung einer Zusatzgebühr für späteren Eintritt.
[9] nur IPEA, wenn ISR vom EPA oder ES erstellt.
[10] nur IPEA, wenn ISR vom EPA, AT oder ES erstellt.
[11] Staaten, die nicht direkt über PCT-Verfahren zugänglich sind, sondern nur über zwischenstaatliche Organisation [Art.45(2) PCT iVm Annex B].
[12] nur ISA, wenn iPa in Englisch eingereicht (R.12.3 PCT nicht anwendbar).
[13] nur ISA, wenn iPa auf Japanisch eingereicht.
[14] nur IPEA, wenn ISR vom EPA oder XV erstellt.
[15] nur IPEA, wenn ISR vom EPA, AT, ES oder SE erstellt.

Glossar

Fachbegriff	Erklärung
Abhilfe	Erledigung der Beschwerde iSd Beschwerdebegehrens
Abschluss techn. Vorbereitung für die Veröff.	siehe **Veröffentlichung**
Alternativlösungen (Anspruchsformulierung)	unterschiedliche oder sogar sich gegenseitig ausschließende Möglichkeiten zur Lösung einer best. Aufgabe [R.43(2) c), T56/01] **Voraussetzung:** es ist nicht möglich oder nicht praktisch diese Alternativen in einem einzigen Anspruch wiederzugeben [T56/01]
Anhängigkeit (einer Anmeldung)	Anmeldungen sind ab (wirksamen) AT bis zur Erteilung anhängig, d.h. bis 1 Tag vor, aber nicht mehr am Tag, an dem auf ihre Erteilung im EP-Patentblatt hingewiesen wird [ABl.2002,112]; evtl. **Feiertag** ist irrelevant [J18/04] **keine Anhängikeit** bei Aussetzung des Verfahrens gem. R.14(1) wegen Anmeldung durch Nichtberechtigte Bei Zurückweisung der ePa: <ul><li>bis zum Ablauf der (unbenutzten) Beschwerdefrist (**2 M** ab Zustellung d. Entscheidung, Art.108) [G1/09]</li><li>nach eingelegter Beschwerde noch bis Ablauf der 2M-Frist für Beschwerdebegründung, auch wenn keine Begründung folgt [J23/13]</li><li>während Beschwerdeverfahrens [J24/03]</li></ul> Bei Zurücknahme und Zurücknahmefiktion der ePa: <ul><li>bis zum letzten Tag einer laufenden **Frist** [J4/11]</li><li>bis zum Zeitpunkt der **Zurücknahme** der ePa [J20/12]</li><li>binnen **6 M**-Nachfrist zur Zahlung der Jahresgebühr [R.51(2)]</li></ul> Wiederaufleben der ePa nach Rücknahmefiktion: <ul><li>ab erfolgreicher WB oder WE (aber nicht im Zeitraum zwischen Fristablauf/Rechtsverlust und Stellung eines WB/WE-Antrags [J4/11])</li><li>nach erfolgreicher Beschwerde [J4/11]</li></ul> Teilanmeldung: Einreichen nach Erteilung der Stammanmeldung nicht durch WE heilbar [J24/03, A-IV,1, G1/09] **Rechtverlust:** gilt ePa als zurückgenommen, ist ePa im Zeitraum zwischen Fristablauf/Rechtsverlust und Stellung eines WB/WE-Antrag nicht anhängig [J4/11] **Änderungen/Berichtigungen:** nur bis zur Abgabe des Erteilungsbeschlusses an interne EPA-Poststelle oder bis zur Verkündung der Erteilung in MV [G12/91]
Anhängigkeit (eines Verfahren)	Verfahren ist nur bis zur Abgabe der Entscheidung an die interne Poststelle des EPA ODER bei MV, bis zur Urteilsverkündung in der MV anhängig. ePa, deren **Verfahren nach R.14(1) ausgesetzt** ist, gilt als nicht anhängig, da R.14(1) *lex specialis* in Bezug auf R.36(1) [J20/05 und G1/09, Nr. 3.2.5.]
Anmeldetag (AT)	AT einer ePa ist der Tag, an dem die in der EPÜAO festgelegten Erfordernisse erfüllt sind [Art.80]: a) Hinweis auf Beantragung einer ePa b) Angaben zur Anmelderidentität c) Beschreibung ODER Bezugnahme auf frühere Anmeldung R.40(1) und Art.5 PLT AT und ET (Tag der Einreichung) sind nicht gleichbedeutend, sind am ET nicht alle oben genannten Erfordernisse erfüllt, wird ggf. ein späterer AT (als der ET) zuerkannt (bevorzugt der Tag an dem alle Erfordernisse erfüllt sind).
Anspruch	Teil einer Patentanmeldung oder einer Patentschrift, der anhand technischer Merkmale den Gegenstand angibt, für den Schutz begehrt wird [Art.69(1) S.1 bzw. Art.6 PCT] Auslegung erfolgt unter Zuhilfenahme des Fachmanns unter Heranziehen der Beschreibung und Zeichnungen [Art.69(1) S.2, Art.164(1) iVm Protokoll über die Auslegung des Art.69]. unlogische oder technisch unsinnige Auslegungen sind zu vermeiden [T190/99]
Anwalt	Person, die befugt ist, vor nat. Amt oder PCT-Behörde aufzutreten und zur Handlung im Namen des Anmelders bestellt werden kann. **gemeinsamer Anwalt:** Anwalt, der alle Anmelder bezüglich einer iPa vertritt.

Glossar

Äquivalente	Merkmale, die der Fachmann automatisch mitliest; bleibt bei der Beurteilung der Neuheit unberücksichtigt; nur maßgebend für Bewertung erfind. Tätigkeit [T517/90]
Argument	Ausführungen zur Untermauerung von Tatsachen und Rechtsgründen unter Anwendung des Rechts [G4/92].
Ausführungsform	spezifische Offenbarung (weitere Einzelheiten) der Erfindung, die durch alle wesentlichen Merkmale im unabhängigen Anspruch definiert ist.
benannte VStaaten	VStaaten des EPÜ, in denen für eine Erfindung Schutz begehrt wird.
Beschreibung	Teil einer Patentanmeldung oder einer Patentschrift und umfasst [R.42(1)]: a) das techn. Gebiet der Erfindung b) StdT, von dem Anmelder Kenntnis hat c) „subjektive" techn. Aufgabe der Erfindung d) ggf Kurzbeschreibung der Zeichnungen e) wenigstens ein ausführbarer Weg der Erfindung (Ausführungsbeispiel).
Beschwer	Entscheidung entspricht gänzlich oder nur teilweise dem Hauptantrag des Verfahrensbeteiligten [T234/86]
Bezugsdokument	Dokument, dessen Lehre durch ausdrücklichen Verweis auf genauere Informationen zu bestimmten Merkmalen, ganz oder teilweise Bestandteil des verweisenden „Hauptdokumentes" und somit StdT ist.
Biologisches Material	jedes Material, das genetische Informationen enthält und sich selbst reproduzieren kann oder in einem biologischen System reproduzierbar ist (z.B. Viren, Bakteriophagen, Plasmide, Vektoren oder freie DNA oder RNA) [R.26(3), G-II, 5.1] **aureichende Offenbarung** iSv Art.83, wenn: 1) erschöpfende Angaben zu wesentlichen Merkmalen in urspr. Fassung der ePa enthalten (insbesondere Klassifikation des biol. Materials (=Taxonomie) und wichtigste Unterschiede ggü. bekanntem biol. Material durch morphologische und biochemische Kennzeichen), oder 2) Hinterlegung bei Hinterlegungsstelle für Kulturen.
Biotechnologie	Nutzung biologischer Systeme oder lebender Organismen bzw. ihrer Bestandteile oder Erzeugnisse für spezifische gewerbliche Verfahren oder Fertigungsprozesse [R.26-29; ABl.1999,101]
Biotechnologische Erfindung	Erfindungen auf Basis eines Erzeugnisses, das aus biologischem Material besteht oder enthält, ODER eines Verfahrens, mit dem biologisches Material hergestellt, bearbeitet oder verwendet wird [R.26(2), G-II, 5.1]
Computerimplementierte Erfindungen (CIE)	Erfindungen, zu deren Ausführung eine programmierbare Vorrichtung eingesetzt wird, wobei mind. ein Merkmal ganz/teilweise durch diese realisiert wird. [ABl.2007,594] **Voraussetzung:** [1] physikalische Hardwareveränderung, [2] tatsächliche Ausführung von Schritten UND [3] Beitrag zur Lösung konkreter technische Aufgabe
Doppelpatentierung	Für ein und denselben Anmelder sind für eine Erfindung (mit dem gleichen AT) nicht zwei EP-Patente erteilbar, da dies nicht dem Interesse des Anmelders entspricht [G1/05, G1/06]. Änderungen in TA werden regelmäßig beanstandet und zurückgewiesen, wenn daraus derselbe Gegenstand resultiert wie in anhängiger Stammanmeldung oder erteiltem Stammpatent [Art.97(2) iVm Art.125, G1/05, G1/06]. **Ausnahme:** [1] nur teilweises Überschneiden von Anspruchsgegenständen einer TAs und der anhängigen Stammanmeldung und [2] Nachanmeldung die die Priorität einer bereits erteilten ePa für dieselben Benennungsstaaten beansprucht [T1423/07] **Doppelschutzverbot:** jeder VStaat kann vorschreiben ob und unter welchen Voraussetzungen verschiedene Schutzrechte für dieselbe Erfindung gleichzeitig ihre Wirkung entfalten können [Art.139(3) & 140 iVm NatR X]
Europäisches Klassifikationssystem (ECLA)	Patentklassifikationssystem, das auf der Internationalen Patentklassifikation (IPC) beruht, angepasst vom EPA
Einreichung	Tag an der eine ePa beim EPA hinterlegt wird, ggf. gleichbedeutend mit dem Anmeldetag, wenn alle Erfordernisse zur Festlegung eines AT an diesem Tag erfüllt sind (**Anmeldetag**)
Entscheidung	Begründete und abschließende Wahl zwischen mehreren rechtlich zulässigen Alternativen [T934/91, ABl.1994,184] und durch die Beschwerde anfechtbar [RBK V.A.2.2.2]
erfinderische Tätigkeit	Voraussetzung für die Patentfähigkeit [Art.52(1) iVm Art.56]. Nach EPÜ gilt eine Erfindung als auf einer erfinderischen Tätigkeit beruhend, wenn sie sich für den Fachmann nicht in naheliegender Weise aus StdT ergibt.
Erfindung	Erzeugnisse, Vorrichtungen oder Verfahren bzw. deren Verwendung. Voraussetzung für Patentfähigkeit: Neuheit [Art.54]; erfind. Tätigkeit [Art.56]; gewerblich anwendbar [Art.57]

Glossar

Erfordernisse des EPÜ	Gesamtheit aller materiellen und formellen Erfordernisse zur Erlangung eines EP-Patents die im EPÜ und der EPÜAO kodifiziert sind **Materielle Erfornernisse:**<ul><li>Patentierbarkeit [Art.52-57]</li><li>Einheitlichkeit [Art.82]</li><li>ausreichende Offenbarung [Art.83]</li><li>Klarheit [Art.84]</li><li>Priorecht [Art.87-89]</li><li>Zulässigkeit von Änderungen [Art.123(2)/(3)] und Berichtigungen [R.139, 140]</li></ul>**Formelle Erfordernisse:** dient zur Feststellung und Durchsetzung des materiellen Rechts [Art.75-86]
ergänzende europäische Recherche (eESR)	Recherche durch EPA zu Euro-PCT-Anmeldung in region. Phase, für die EPA nicht ISA/SISA ODER SE, AU, ES nicht ISA war [Art.153(7)].
Erledigung	Tritt ein, wenn bestimmte rechtliche Erfordernisse (z.B. Entrichtung Gebühr) nicht erbracht und ePa als zurückgenommen oder zurückgewiesen oder als zurückgenommen gilt.
erloschenes Patent	Patent, das in einem Staat oder Rechtssystem keine rechtliche Wirkung mehr hat, weil bestimmten rechtlichen Erfordernissen (z.B. Entrichtung Jahresgebühr) nicht erfüllt wurden.
Erstreckungsstaat	Staaten, für die Erstreckungsabkommen mit EPO in Kraft getreten ist: Bosnien Herzigovina (BA, seit 01.Dezember 2004) und Montenegro (ME, 01. März 2010)
erweiterter europäischer Recherchenbericht (EESR)	zweiteilige Mitteilung der Recherchenabteilung, der Recherchenbericht (bzw. die ihn ersetzende Erklärung, dass keine Recherche durchführbar) und die Stellungnahme zur Recherche (ESOP) umfasst [R.62].
europäische Recherche	Recherche des EPA zu europäischer Patentanmeldung [Art.92, R.61-66]
Euro-PCT-Anmeldung	ePa, die in europäisches Verfahren über eine iPa eingetreten ist. Eine solche Anmeldung steht einer vorschriftsmäßigen europäischen Patentanmeldung gleich [Art.153(2)].
ex parte	einseitiges Verfahren (Prüfungsverfahren, Anmelderbeschwerde)
Fachmann („skilled person")	Der Begriff des Fachmanns umfasst einen erfahrenen Mann der Praxis, der über durchschnittliche Kenntnisses und Fähigkeiten verfügt und der darüber unterrichtet ist, was zu einem bestimmten Zeitpunkt zum allgemein üblichen Wissensstand auf dem betreffenden technischen Gebiet gehört (Durchschnittsfachmann). Es ist auch zu unterstellen, dass er zu allem, was zum Stand der Technik gehört, insbesondere den im Recherchenbericht angegebenen Dokumenten, Zugang hatte und über die normalen Mittel und Fähigkeiten für routinemäßige Arbeiten und Versuche verfügte [G-VII, 3]. Der Fachmann hat **stets denselben Wissensstand**.<ul><li>erfinderische Tätigkeit [**Art.56**]</li><li>Ausführbarkeit [**Art.83**, T60/89]</li><li>Änderungen der Anmeldung [**Art.123(2)** iVm G3/10]</li><li>Berichtigung offensichtlicher Fehler [**R.139** iVm G3/89]</li></ul>
Fachwissen, allgemeines	kann aus verschiedenen Quellen entstehen; hängt nicht zwangsläufig davon ab, dass ein bestimmtes Dokument zu einem bestimmten Zeitpunkt veröffentlicht wurde [G-VII, 3.1] Beleg nur bei Bestreiten erforderlich [G-IV, 2]
Fälligkeit	erster Tag, an dem eine Zahlung wirksam vorgenommen werden kann [A-X,5.1.1] Höhe der Gebühr richtet nach Höhe am Zahltag [A-X, 5.1.2]
Fiktion	tatsächliche und rechtliche Umstände werden als gegeben behandelt, obwohl sie in Wirklichkeit nicht vorliegen z.B. Zustellungsfiktion [R.126(2)]; Fiktion der rechtzeitigen Entrichtung von Gebühren [Art.7(3)/(4) GebO], Rücknahmefiktion der ePa
frühere Anmeldung	Stammanmeldung, auf die sich beispielsweise TA (inhaltlich) bezieht
Gebrauchsmuster (GebrM)	(ungeprüftes) Schutzrecht, das in verschiedenen Ländern für technische Neuerungen gewährt wird [**Art.140**]
Gegenstand	Gesamtheit der Merkmale eines Patentanspruchs, auch Anspruchsgegenstand.
Generaldirektion (GD)	EPA ist in fünf Generaldirektionen aufgeteilt: GD 1 Operative Tätigkeit, GD 2 Operative Unterstützung, GD 3 Beschwerde, GD 4 Verwaltung und GD 5 Recht/Internationale Angelegenheiten.

Glossar

Gewährbarkeit („Admissibility")	gewährbar ist ein Anspruchssatz, wenn er vollständig den Erfordernissen von **Art.123(2)**, **Art.84**, **R.137(5)** und gegebenenfalls **R.139** genügt [H-II, 2.7.2] Anwendbar im: Prüfungsverfahren [T153/85], Einspruchsverfahren [T98/96] Verspätet eingereichte Änderungen müssen **eindeutig** gewährbar sein, d.h. wenn sie **[1]** den oben genannten Erfordernissen entsprechen, **[2]** eine konvergente Weiterentwicklung des Anspruchsgegenstandes darstellen und **[3]** der Anspruchsgegenstand eindeutig neu ist [T1273/04]
Gewerbe	„Gewerbe" iSv Art.57 ist weit auszulegen und erstreckt sich auf jegliche fortgesetzte, selbständige und auf finanziellen (kommerziellen) Gewinn ausgerichtete Tätigkeiten von Unternehmen im Bereich der Herstellung, Extraktion oder Verarbeitung [T144/83].
guter Glaube (Vertrauensschutz)	rechtliche Grundlage für Anwendung im EPÜ durch Wiener Übereinkommen über das Recht der Verträge [Art.125 iVm G5/88]
Internationale Patentklassifikation (IPC)	international anerkanntes Patentklassifikationssystem, nach dem Patentanmeldungen klassifiziert werden
internationaler Recherchenbericht (ISR)	Bericht der ISA, der maßgeblichen StdT für den beanspruchten Gegenstand einer Patentanmeldung enthält [**R.43 PCT**].
inter partes	Zweiseitiges (streitiges) Verfahren (Einspruch, EBV)
Jahresgebühren A-X, 5.2.4	Gebühren für die Aufrechterhaltung einer Anmeldung/eines Patents. Nach Erteilung der ePa sind diese an die nat. Patentämter der VStaaten zu entrichten, in denen ePa validiert wurde.
Klarheit F-IV, 4.1, **Art.84**	inhaltliche Bedeutung eines Anspruchs sollte für Fachmann schon aus Wortlaut des Anspruchs allein klar hervorgehen allerdings kann dieBeschreibung zur Stütze der Ansprüche herangezogen werden; Unklarheit in den Ansprüchen kann **[1]** zu einem Einwand wegen mangelnder Offenbarung [**Art.83**] und **[2]** zur Aufforderung zur Angabe des zu recherchierenden Gegenstandes führen
Kleine und mittler Unternehmen (KMU) A-X, 9.2.1	1) jede jur. Person, die wirtschaftliche Aktivitäten verfolgt, 2) weniger als 250 Mitarbeiter, 3) Jahresumsatz $\leq$ 50 Mio.€; Jahresbilanzsumme $\leq$ 43 Mio.€, 4) nicht mehr als 25% des Kapitals wird direkt oder indirekt von einer anderen Firma gehalten. [Definition nach Empfehlung der Europ. Kommission 2003/361/EG]
Kreuzlizensierung („Cross-Licensing")	- zwischen zwei Parteien getroffene wechselseitige Nutzungsvereinbarung (entgeltlich oder unentgeltlich) über einzelne voneinander unabhängige oder abhängige Patente, wobei der Lizenzgeber zugleich Lizenznehmer ist - Vermeidung von Patentstreitigkeiten und/oder für Unternehmenskooperationen, um eine gemeinsame Wissensbasis aufzubauen
Laufzeit	Maximale Dauer der Gültigkeit eines Patents. Laufzeit von EP-Patenten ist 20 Jahre [**Art.63**]
Lizenz	Vertragliche Vereinbarung, mit der eine Partei die schriftliche Genehmigung zur Nutzung eines geistigen Eigentumsrechts erhält, das einer anderen Person/einem anderen Unternehmen gehört, die/das die Nutzungsbedingungen festlegt. Eine Patentlizenz stellt keine Übertragung des Patents dar. Auf Antrag sind Erteilung, Übergang oder Erlöschen einer Lizenz in EP-PatReg eintragbar [**R.23**]
maßgeblicher Zeitpunkt	Bei der Neuheitsprüfung ist Offenbarungsgehalt eines früheren Dokuments so auszulegen, wie es der Fachmann zum Zeitpunkt seiner Entstehung verstanden hat. [G-VI,3] Veröffentlichungsdatum [bei Art.54(2)-Dokument] bzw. Prioritätstag [bei Art.54(3)-Dokument]
Mangel	Nicht oder nur teilweise Erfüllen eines formellen oder materiellen Erfordernisses.
Mikrobiol. Verfahren	jedes Verfahren, bei dem mikrobiologisches Material verwendet, ein Eingriff in mikrobiologisches Material durchgeführt oder mikrobiologisches Material hervorgebracht wird [**R.26(6)**, G-II, 5.2]
naheliegende Erfindung	Eine Erfindung ist naheliegend, wenn sie sich für einen Durchschnittsfachmann in dem betreffenden techn. Gebiet ohne Weiteres aus den öffentlich zugänglichen Informationen (StdT) ableiten kann. Mangelnde Patentfähigkeit nach Art.56
Nanotechnologie	Wissenschaft von der Konzeption, Fertigung und Nutzung von Strukturen und Vorrichtungen, die eine oder mehrere Komponenten im Größenbereich von 100 Nanometern und kleiner umfassen.
nationale Anmeldung	Bei einem nationalen Patentamt nach dem jeweiligen nationalen Verfahren eingereichte Patentanmeldung.

Glossar

Neuheit	Voraussetzung für die Patentfähigkeit einer Erfindung. Diese gilt als neu, wenn sie nicht zum StdT gehört, d.h. wenn sie nicht vor dem AT der Patentanmeldung der Öffentlichkeit durch schriftliche oder mündliche Beschreibung, durch Benutzung oder in sonstiger Weise zugänglich gemacht wurde [Art.54(1)/(2)]
Nichtamtssprache	jede beliebige Sprache, ausgenommen DE/EN/FR
Nichtamtssprache, zugelassene	Amtssprache eines VStaates in dem eine andere Sprache als DE/EN/FR Amtssprache ist
Nichtberechtigter	wer nicht der Erfinder oder dessen Rechtsnachfolger ist [Art.60(1)]
Öffentliche Forschungseinrichtung A-X, 9.2.1	jede jur. Person deren primärer Zweck auf die Durchführung von Grundlagenforschung und die diese Ergebnisse über Lehre, Veröffentlichung oder Transfer zugänglich macht und sämtliche Einnahmen reinvestiert
ohne Rechtsgrund	Zahlung an EPA erfolgte ohne rechtlichen Grund, d.h. 1) kein(e) anhängige(s) ePa oder Verfahren (verspätete Zahlung) 2) vorzeitige Zahlung (vor Fälligkeit) 3) kein Bagatellbetrag (16€, Art.12GebO, ABl.2020, A17) Rechtsfolge: EPA ist zur (automatischen) Rückzahlung verpflichtet
Organisation ohne Gewinnerzielungsabsicht A-X, 9.2.1	Organisation, denen die Erwirtschaftung von Einnahmen, Gewinnen oder anderen finanziellen Vorteilen zu eigenen Zwecken untersagt ist
Patent-Pool	Vereinbarung über die wechselseitige Nutzung mehrerer Patente (auf demselben techn Gebiet), die zu einem Bündel zusammengefasst sind, wobei die Patente häufig von verschiedenen PI stammen. **Potential:** innovationsfördernd, wenn [1] Pool-Mitglieder verstärkt forschen, um ihre Position in dem Pool zu stärken oder [2] Nichtmitglieder des Pools gezwungen sind eine aggresivere Anmeldestrategie einzugehen. **Gefahren:** [1] Ausnutzung der Vormachtstellung durch Pool-Mitglieder; [2] ggf. qualitativ minderwertiger Anmeldungen, wenn Innovations- und Anmeldestrategie zu aggresiv verfolgt wird
Pflanzensorte	jede pflanzliche Gesamtheit innerhalb eines einzigen botanischen Taxons der untersten bekannten Rangstufe [R.26(4)]
Prioritätsrecht	Recht, für dieselbe Erfindung spätere Anmeldungen bei anderem oder demselben Patentamt einzureichen. Gültig für einen Zeitraum von 12 Monaten ab dem Tag der Einreichung der Erstanmeldung dieser Erfindung. Der Tag der Erstanmeldung wird Prioritätstag genannt.
Prioritätstag (PT)	AT früherer Patentanmeldung für dieselbe Erfindung

reformatio in peius	= Verschlechterung der Position eines Beteiligten durch abgeänderte Entscheidung in Überprüfungsinstanz
	
	 Ex-parte-Verfahren: kein Verbot der reformatio in peius; Einbeziehung von neuen, amtsseitigen Gründen (dh durch Beschwerdekammer selbst) zulässig [G10/93];
	
	 Inter-partes-Verfahren: grundsätzich kein Verbot der reformatio in peius
	 außer Verbot der reformatio in peius für alleinigen Beschwerdeführer (strenge **Bindung an die Anträge**)
	     a) alleiniger Beschwerdeführer im EBV;
	     b) Rechtsbehelf gegen die Kostenfestsetzung im Einspruch bzw EBV [R.88(2)S.2; T668/99];

Sachverständiger	Sachverständiger dienen zum Nachweis der allgemeinen Kenntnisse und Überlegungen eines Fachmanns auf fraglichen technischen Gebieten.
Sachverständiger, mikrobiologischer	Empfangsberechtigter für mikrobiologisches Material, d.h. jede nat. Person, die vom Anmelder best. oder vom EPA anerkannt ist [R.32(2)]; Verzeichnis vom EPA anerkannter Sachverständiger unter Angabe wesentlicher Einzelheiten zur Person und Tätigkeitsbereich wird regelmäßig im Amtsblatt veröff. [R.33(6); ABl.1992, 470 iVm ABl.2017,A35]
Sequenzprotokoll	Teil der Beschreibung, der [1)] Nukleotid-/Aminosäuresequenzen auflistet und [2)] im WIPO-Standard ST.25 unter Verwendung fester Begriffe abzufassen ist (aktuelle Fassung ist auf WIPO-Website einsehbar) – wird bei Berechnung der Seitengebühr nicht berücksichtigt [ABl.2021,A97]
Singling out	Wahlloses Herausgreifen von ursprünglich nicht offenbarter Merkmalskombinationen aus mindestens zwei Listen einer gewissen Länge stellt eine unzulässige Änderung dar [**Art.123(2)**, T727/00, T686/99].
Stand der Technik (StdT)	öffentlich zugänglichen Informationen zu allen techn. Gebieten, Den StdT bilden dokumentarische Quellen, wie Patente und Veröffentlichungen, sowie nicht-dokumentarische Quellen, wie bereits bekannte oder öffentlich vorbenutzte Gegenstände,

	Maßstab für Neuheit und erf. Tätigkeit
Substantiierung	Detailiertheit mit der ein Vortrag unter Angabe der zur Begründung vorgebrachten Tatsachen und Beweismitteln erfolgt
System	Aus mehreren Komponenten zusammengesetztes Ganzes, wobei die einzelnen Komponenten derart in einem funktionellen Zusammenhang zueinander stehen, dass sie als eine aufgaben-, sinn- oder zweckgebundene Einheit angesehen werden können.
Tatsache	grds. nur bloße Behauptung von Ereignissen oder Umständen ohne Betrachtung der rechtlichen Auswirkung, die ggf. durch Beweismittelvorlage zu belegen ist [T604/01, T926/07]. Vorlage von Beweismitteln entfällt, wenn über Tatsachen kein Zweifel besteht, sie in sich nicht widersprüchlich sind oder kein Widerspruch erhoben wird.
Technische (Anmeldungs-) Unterlagen	Beschreibung, Patentansprüche, Zeichnungen, Zusammenfassung bei elektronischer Einreichung können Unterlagen gleichzeitig auch in anderem Format eingereicht werden, wenn Anmelder EPA mitteilt, wo entsprechende Software in zumutbarer Weise auffindbar [ABl.2007S3, A.5]
Teilanmeldung	ePa, die sich auf eine frühere Anmeldung (Stammanmeldung) bezieht; Teilanmeldung erhält gleichen AT bzw. gleiches Priorecht wie Stammanmeldung
Therapie	Therapie ist die Behandlung einer Krankheit im Allgemeinen oder Heilbehandlung im engeren Sinne und dient der Linderung der Schmerz- und Leidenssymptome oder der prophylaktischen Behandlung [T144/83]
Universität A-X, 9.2.1	jede klassische Hochschule als Institution für höhere Bildung und Forschung
Untervollmacht	Bevollmächtigung einer anderen Person (Unterbevollmächtigter) durch den bestellten Vertreter EPÜ: Untervollmacht an einen Dritten, der selbst kein zugelassener Vertreter, ist unzulässig [T227/92]
Urkunde(n)	alle schriftlichen Unterlagen, die gedanklichen Inhalt durch Schriftzeichen/Zeichnungen verkörpern, also auch öffentliche Druckschriften [T314/90] UND dienen als Beweis für [1] den Umfang der Zugänglichkeit einer Information und [2] deren Zeitpunkt [T795/93].
ursprünglich eingereichte Fassung Art.70(2)	Offenbarungsgehalt der ePa am AT Ist ePa in Nichtamtssprache eingereicht worden, so ist dieser Text die urspr. eingereichte Fassung der ePa. relevant für: Neuheit iSv Art.54(3); Offenbarung iSv Art.84; Änderungen iSv Art.123(2)
verbindliche Fassung Art.70(1)	Wortlaut einer ePa bzw. EP-Patents in Verfahrenssprache und ggf. Übersetzung der ursprünglich eingereichten ePa
Verfahrenssprache	Amtssprache des EPA (deutsch, englisch, französisch), in der ePa eingereicht wurde oder in die ePa später übersetzt wurde [A-VII,2, **Art.14(3)**], Änderungen der ePa müssen in Amtssprache erfolgen [R.3(2)], auch später eingereichte Ansprüche schriftl. Verkehr der Organe des EPA ausschließlich in Verfahrenssprache [G4/08]
Veröffentlichung, Abschluss der techn. Vorbereitung für die	**EPA:** 5 W vor Ende der 18 M-Frist [ABl.2007S3, D1], idR wöchentlich am Mittwoch **PCT:** 15 T vor Publikation [9.013] idR wöchentlich am Donnerstag [PCT-NL 11/2003] tatsächliche Abschluss techn. Vorbereitungen für Veröffentlichung wird Anmelder unter Angabe von Veröffentlichungsnummer und vorgesehenem Veröffentlichungstag mitgeteilt
Vertragsstaat	Staaten, die das EPÜ ratifiziert haben und somit Mitgliedstaaten der Europäischen Patentorganisation sind
Verweis zwischen Dokumenten	Offenbarung einer Vorveröffentlichung („Hauptdokument") umfasst durch ausdrücklichen Verweis ganz oder teilweise eine andere Veröffentlichung („Bezugsdokument").
Vollmacht, allgemeine	ein von allen Anmeldern unterzeichnetes Schriftstück, das getrennt von einem Antrag eingereicht wird und mit dem ein Anwalt/Vertreter zur Vornahme aller Handlungen für alle Anmeldung befugt wird **Vollmachtsvorlage:** EPÜ: entfällt für zugelassene Vertreter; nur in Ausnahmefällen [BdP ABl.2007S3,L.1] oder bei Akteneinsicht vor Veröffentlichung der ePa [**Art.128(2)**]; A-XI,2.5]; PCT: beim RO [**R.90.5 b) PCT**], ausgenommen: Anwalt ist ausschließlich vor ISA, SISA oder IPEA bestellt
Vollmacht, gesonderte	ein von allen Anmeldern unterzeichnetes Schriftstück, das getrennt von einem Antrag eingereicht und mit dem ein Anwalt/Vertreter zur Vornahme von Handlungen für eine bestimmte Anmeldung befugt wird. **Vollmachtsvorlage:**

Glossar

	PCT: beim RO oder IB [R.90.4 b) PCT], ausgenommen: Anwalt ist ausschließlich vor ISA, SISA oder IPEA bestellt.
Welthandelsorganisation (World Trade Organisation; WTO)	Internationale Organisation mit Sitz im Genf zur Regelung von Handles- und Wirtschaftsbeziehungen aktuell 161 Mitgliedsstaaten, dazu zählen auch zwischenstaatliche Organisationen und Regionen mit besonderem Status wie das separate Zollgebiet Taiwan, Penghu, Kinmen und Matsu [A-III,6.2]
wesentliche Merkmale	Merkmale, die zur Erzielung einer technischen Wirkung unerlässlich sind, so dass die objektiv technische Aufgabe gelöst wird [F-IV,4.5.2, G-VII, 5.2]. Zwingender Bestandteil des unabhängigen Patentanspruchs [T32/82]
Zeichnungen A-IX und A-II,5.3	Einzelne nummerische Abbildung (bildliche Darstellung) der Erfindung in einer Patentanmeldung oder Patentschrift. Formerfordernisse richten sich nach R.46
Züchtungsverfahren	Ist ein im Wesentlichen biologisches Verfahren zur Züchtung von Pflanzen/Tieren, dass vollständig auf natürlichen Phänomenen, wie Kreuzung oder Selektion beruht, ist von Patierbarkeit ausgeschlossen [R.26(5)].
Zugänglichkeit, biologisches Material	1) Material muss lebensfähig sein UND 2) bei anerkannten, nach dem Budapester Vertrag [Art.4(1)d)] bzw. nach zweiseitigen Verträgen mit dem EPA qualifizieten Hinterlegungsstelle hinterlegt sein [A-IV, 4.1.1]
zugelassener Vertreter	Person, die befugt ist, Anmelder und andere Parteien vor dem EPA zu vertreten. Die Person muss die Staatsangehörigkeit eines EPA-VStaats besitzen, ihren Geschäftssitz oder Arbeitsplatz in einem EPA-VStaat haben und entweder die europäische Eignungsprüfung bestanden haben oder, im Falle eines neuen VStaats, die Befugnis haben, Personen vor deren nat. Patentamt zu vertreten. [Art.134(1)-(6)]
Zulässigkeit von Beweismitteln	Zulässigkeit ist die Frage danach, ob ein Beweismittel überhaupt in Betracht zu ziehen ist.
Zulässigkeit von Änderungen („Allowability") H-IV, 1	(Sachlich) zulässig ist eine Änderung der Anmeldung oder Patentschrift, wenn sie allen Erfordernissen des EPÜ genügt [B-XI, 3.6], d.h. wenn der über die geänderten Ansprüche neu definierte Gegenstand [T1273/04]: 1) nach **Art.123(2)**, **Art.84**, **R.137(5)** und ggf. **R.139** eindeutig gewährbar ist (in das Verfahren eingeführt werden sollte), 2) eine konvergente Weiterentwicklung des Gegenstands ist, der die Grundlage des bisherigen Prüfungsverfahrens gebildet hat, 3) nach **Art.83** ausführbar offenbart ist, 4) nach **Art.54** eindeutig neu ist und 5) nach **Art. 56** eine erfinderische Tätigkeit aufweist.
Zurückweisung C-V,14	Beschluss, ein Patent nicht zu erteilen, weil die Anmeldung nicht die Erfordernisse des EPÜ erfüllt [**Art.97(2)**]
Zurückgenommen, gilt als	durch Fristversäumnis, ab Ablauf der Frist gilt Anmeldung als zurückgenommen, beispielsweise: Anmeldegebühr [Art.78(2)], Jahresgebühr [Art.86(1)], Erteilungs- und Veröffentlichungsgebühr oder Anspruchsgebühr nicht rechtzeitig gezahlt oder Übersetzung nicht rechtzeitig eingereicht [**Art.71(7)**] **Rechtsfolge:** Rechtsverlustmitteilung nach R.112(1), **Rechtsbehelf:** WB/WE **Achtung:** Zeit zwischen Fristablauf und Stellung Antrag z.B. zur WB/WE ist ePa nicht anhängig [J4/11, Nr. 21]
Zusammenfassung F-II, 2.3	Kurzer Abriss einer Patentanmeldung oder einer Patentschrift. Formerfordernisse richten sich nach **R.47** i) Bezeichnung der Erfindung, ii) techn. Gebiet der Erfindung, iii) Kurzfassung der Offenbarung, iv) darf keine Behauptungen über angebliche Vorzüge oder den angeblichen Wert der Erfindung oder über deren theoretische Anwendungsmöglichkeit enthalten, v) max. 150 Wörter ggf eine Abbildung, die veröff. werden soll; Entgültige Fassung der Zusammenfassung obliegt dem EPA [**R.66**]
Zustellungsfiktion	gem.R.126(2) gilt eine Zustellung vom EPA mit dem 10. Tag nach der Übergabe an den Postdiensteanbieter als an den Empfänger zugestellt (**10-Tage-Regel**) ausgenommen WE-Frist, bei der Zeitpunkt des tatsächlichen Zugangs maßgebend [Art.122 iVm R.136(1), J7/82] [RBK II.E.4.1.1]

in Anlehnung an das Glossar des EPA: www.epo.org/service-support/glossary_de.html

Konkordanzliste EPÜ – PCT

Stichwort(alphabetisch)	EPÜ	EPÜAO	PCT	AO zum PCT	sonstiges
Anmeldegebühr	Art.78(2)	R.38(1)	Art.3(4) iv)	R.15; R.27.1	A-III,13; A-X,5.2.1
Akteneinsicht	Art.128(2)			R.94	A-XI, RBK III.M.1
Akteneinsicht, vor Veröffentlichung	Art.128(1)		Art.30		A-XI,2.5
Änderung, Einschränkung	Art.123(2)		Art.19(2), 34(2)b)		H-IV
Änderung, Prüfungsverfahren		R.137(3)	Art.34(2) b)	R.66.3 a), R.66.4, R.66.4^{bis}	H-IV,4.2
Änderung, vor Recherche		R.137(1)	Art.19(1)		A-V,2.1; H-II,2.1
Änderung, nach Recherche		R.137(2)	Art.19(1)		B-XI,8
Angaben, unzulässige		R.48		R.9.1 i), ii), iii), iv)	A-III,8
Anmeldeamt	Art.75(1)	R.35(1)	Art.2xv); 10	R.19.1	A-II,1
Anmelder	Art.58		Art.9(1)	R.18.1	A-II,2
Anmelder, mehrere	Art.59		Art.9(1)	R.18.3	A-II,2
Anmelderidentität	Art.86	R.41(2)c)	Art.9 & 11(1)iii)c)	R.4.1a)iii)	A-III,4.2.1
Anmeldeunterlagen, einheitliche Terminologie		R.49(11)		R.10.2	F-II,4.11
Anmeldeunterlagen, SI-Einheiten		R.49(10)		R.10.1 a), b), d), e)	F-II,4.13, F-II, Anlage 2 1.1
Anmeldeunterlagen, Zeichnungen		R.49 (9)		R.11.10	A-IX
Anmeldung übersetzen	Art.14(2)	R.6(1)		R.12.3; R.12.4	A-III,14
Anmeldung, weiterleiten	Art.77(1)	R.37(1)	Art.12	R.19.4	A-II,1.7
Berichtigung offensichtlicher Fehler		R.139		R.91	H-IV,2
Beschreibung, Inhalt		R.42(1) a) - f)		R.5.1 a) i) - vi)	F-II,4
Beschreibung, Reihenfolge		R.42(2)		R.5.1 b)	
Biologisches Material		R.30 bis R.34		R.13bis	A-IV,4, F-III,6
Einbeziehung fehlender Teile durch Verweis		R.56(3)		R.4.18 iVm R.20.3a) ii) oder R.20.5a) ii)	A-II,5.4
Einheitlichkeit	Art.82	R.44		R.13.1-3	B-III,3.12, B-XI,5, F-V, RBK II.B
Einreichung, Art		R.2(1)	Art.11(1) ii)	R.3.1 R.11.9 PCT	A-II,1
Erfinderische Tätigkeit	Art.52(1) iVm 56		Art.33(1) iVm Art.33(3)		G-VII
Erfindernennung	Art.81	R.19(1), R.41(2) j)	Art.4(1) v)	R.4.1a) iv)	A-III
Erfindernennung, berichtigen	Art.62	R.21		R.92bis.1(1)(ii)	A-III,5.6
Erteilungsantrag, Inhalt	Art.90(3)	R.57 b)	Art.14(1)v)	R.3 und R.4	A-III,4
Gebrauchsmuster		R.140		R.6.5	
Gewerbliche Anwendbarkeit	Art.52(1) iVm 57		Art.33(1) iVm Art.33(4)		G-III
Klarheit, Patentansprüche	Art.84		Art.6		F-IV
Mehrfachprioritäten	Art.88(2)/(3)		Art.8	R.4.10	F-VI,1.5

Mindesterfordernisse für AT	Art.80 und 90	R.40(1)	Art.3(2) iVm Art.11(1) iii)	R.20 PCT	A-II,4.1
Nachprüfung durch nat. Ämter	Art.135	R.155(1)	Art.25	R.51	A-IV,6
Nachreichen fehlender Teile (mit Priorität)		R.56(3)		R.4.18 iVm R.20.3a) ii) oder R.20.5a) ii)	A-II,5.4
Nachreichen fehlender Teile (ohne Priorität)		R.56(2)		R.20.3a) i) oder R.20.5a) ii)	A-II,5.3
Neuheit	Art.52(1) iVm 54(1)		Art.33(1) iVm Art.33(2)		G-VI
Offenbarung	Art.83	R.42(1) e)	Art.5		F-III
Patentanspruch, Klarheit	Art.84		Art.6		F-IV
Patentanspruch, abhängiger		R.43(4)		R.6.4 a), b), c); R.13.4	F-IV,3.4
Patentanspruch, Anzahl		R.43(5)		R.6.1 a), b); R.13.4	F-IV,5
Patentanspruch, Bezug auf beschreibung		R.43(6)		R.6.2 a)	B-III,3.2.1; F-IV,4.17
Patentanspruch, Bezugszeichen		R.43(7)		R.6.2 b)	F-IV,4.19
Patentanspruch, Schutzbegehren		R.43(1)		R.6.3 a)	F-IV,2.1
Patentanspruch, zweiteiliger		R.43(1) a), b)		R.6.3 b) i), ii)	F-IV,2.3.2
Patentierbarkeit, Ausnahme: menschlicher Körper	Art.53 c)			R.39.1 iv), R.67.1 iv)	G-II,4.2
Patentierbarkeit, Ausnahme: Öffentliche Ordnung	Art.53 a)			R.9.1 i), ii)	G-II,4.1
Patentierbarkeit, Ausnahme: Tierrassen/Pflanzensorten	Art.53 b)			R.39.1 ii), R.67.1 ii)	G-II,5.4
Patentierbarkeit, Ausschluss: Computerprogramme	Art.52(2) c)			R.39.1 vi) R.67.1 vi)	G-II,3.6
Patentierbarkeit, Ausschluss: Entdeckungen	Art.52(2) a)			R.39.1 i), R.67.1 i)	G-II,3.1
Patentierbarkeit, Ausschluss: Geschäftsmethoden	Art.52(2) c)			R.39.1 iii) R.67.1 iii)	G-II,3.5
Patentierbarkeit, Ausschluss: Informationswiedergabe	Art.52(2) d)			R.39.1 v) R.67.1 v)	G-II,3.7
Patentierbare Erfindungen	Art.52(2)/(3)			R.39.1, R.67.1	G-II
Priorität, Inanspruchnahme	Art.88		Art.8	R.4.10	A-VI,1.3
Prioritätsanspruch ändern		R.52(2), R.52(3)		R.26bis.1 bzw R.48.2a) vii)	A-II,6.5.2
Prioritätsanspruch mehrere	Art.88(2)/(3)		Art.8	R.4.10	A-III,6.3; F-VI,1.5
Prioritätsanspruch zurücknehmen				R.90bis.3	F-VI,3.5
Prioritätsbeleg	Art.88(1)	R.53(1)	Art.8(1)	R.17.1	A-III,6.7
Prioritätserklärung	Art.88(1)	R.52(1)	Art.8(1)	R.4.10	A-III,6.5
Prioritätserklärung, berichtigen/hinzufügen	Art.88(1)	R.52(2), R.52(3)		R.26bis.1a) bzw R.48.2a) vii)	A-III,6.5
Prioritätsfrist	Art.87(1)		Art.8	R.2.4	A-III,6.6
Prioritätsfrist, Wiedereinsetzung	Art.122(1)	R.136(1)		R.26bis.3 bzw.	F-VI,3.6

				R.49ter.2	
Prioritätsrecht	Art.87		Art.8		A-III,6
Prioritätsrecht, Wirkung	Art.89			R.65.2	
Prüfungsantrag/-gebühr	Art.94(1)	R.70(1)	Art.35(1)	R.54bis.1 a)	C-II,1
Recherche, schriftlicher Bescheid		R.62		R.43bis	B-VIII,3
Recherchenbericht	Art.92	R.61	Art.18(1)	R.43	B-II,4
Rechercheergebnisse, einreichen	Art.124(1)	R.141		R.4.12; 41	A-III,6.12
Recherchengebühr	Art.78(2)	R.17(2), R.38(1) R.36(3) [TA] R.159(1)e) [Euro-PCT]	Art.3(4) iv),	R.16; R.27.1	A-III,13; A-X,5.2.1
Recherchengebühr, zusätzliche		R.64(1)/(2)	Art.17(3)a)	R.40.1	B-VII,1.2
Rechte aus dem Patent, ab Veröffentlichung	Art.67(1), (2)		Art.29(1)		NatR III.A
Rechte aus dem Patent, ab vorliegender Übersetzung	Art.67(3)		Art.29(2)		NatR III.B
Schutzbereich	Art.69		Art.29(1)/(2)		H-IV,3.3
Seitengebühr	Art.78(2)	R.38(2)	Art.3(4) iv	R.15	A-III,13.2
Sequenzprotokoll		R.30 - 34		R.5.2a), 13bis	A-IV,5; E-VIII,2.4.2
Sequenzprotokoll, nachreichen		R.30(3)		R.13ter(1)/(2)	A-IV,5.1
Sprache, Anmeldung	Art.14(2)		Art.3(4) i), Art.11(1)ii)	R.12.1a)	A-VII,1
Stand der Technik	Art.54(2)			R.64.1 und 2, R.33.1 a), b), c)	G-IV
Stand der Technik, mündlich	Art.54(2)			R.64.2, R.33.1 b)	G-IV,7.3
Stand der Technik, nachveröffentlicht	Art.54(3)			R.64.3, R.70.10	G-IV,5.1
Übersetzung, Anmeldung	Art.14(2)	R.6(1)		R.12.3; R.12.4	A-III,14
Übermittlung von nat. Zentralbehörde	Art.77	R.37	Art.12(1)		A-II,3.2
Umwandlungsantrag	Art.135; 137	R.155	Art.12	R.51	A-IV,6
Unschädliche Offenbarung	Art.55		Art.27(5)/(6)	R.4.17v), R.51bis.1a)v)	G-V
Veröffentlichung der Anmeldung	Art.93(1) a)	R.67(1), R.68	Art.21(2)(a)	R.48	A-VI,1
Veröff. der Anmeldung, verhindern		R.67(2)	Art.21(5)	R.90bis.1c)	A-VI,1.2
Veröff. der Anmeldung, vorzeitig	Art.93(1) b)	R.68	Art.21(2)(b)	R.48.4(a)	A-VI,1.1
Vertreter, gemeinsamer	Art.133(4)	R.151(1)		R.90.2	A-VIII,1.3
Vertreter, Vollmacht	Art.134	R.152		R.90.4 bis 90.6	A-VIII,1.5
Vertretung	Art.133	R.152		R.90	A-VIII,1
Vertretung durch zugelassene Vertreter	Art.133, 134	R.154	Art.49	R.90.1	A-VIII,1.1
Weiterleitung von nat. Zentralbehörde	Art.77	R.37	Art.12(1)		A-II,3.2
Wiederherstellung des Prioitätsrechts	Art.122(1)	R.136(1)		R.26bis.3 bzw. R.49ter.2	F-VI,3.6
Zeichnungen		R.46(2) j)		R.11.11	A-IX
Zeichnungen, Bezugszeichen		R.46(2) i)		R.11.13 l), m)	F-IV,4.19

Artikel- und Regelverzeichnis

Das Artikel- und Regelverzeichnis gewährt einen schnellen Zugriff auf den Volltext der aktuellen Artikel und Regeln des EPÜ.

Artikel	Artikelbezeichnung	Seite
Art.3	Territoriale Wirkung	136
Art.14	Sprachen des EPA, europäischer Patentanmeldungen und anderer Schriftstücke	92, 94, 120, 136, 198, 218, 222, 90
Art.15	Organe im Verfahren	244
Art.16	Eingangsstelle	244
Art.17	Recherchenabteilung	244
Art.18	Prüfungsabteilung	244
Art.19	Einspruchsabteilung	246
Art.20	Rechtsabteilung	232, 234, 246
Art.21	Beschwerdekammer	246
Art.22	Große Beschwerdekammer	246
Art.23	Unabhängigkeit der Mitglieder der Kammer	246
Art.24	Ausschließung und Ablehnung	248
Art.51	Gebühren	208
Art.52	Patentierbare Erfindungen	2
Art.53	Ausnahmen von der Patentierbarkeit	2, 16
Art.54	Neuheit	4
Art.55	Unschädliche Offenbarungen	4, 104
Art.56	Erfinderische Tätigkeit	10
Art.57	Gewerbliche Anwendbarkeit	10
Art.58	Recht zur Anmeldung europäischer Patente	90
Art.59	Mehrere Anmelder	134, 136, 140
Art.61	Anmeldung europäischer Patente durch Nichtberechtigte	52, 196, 198, 233, 234
Art.62	Recht auf Erfindernennung	108, 206
Art.63	Laufzeit des europäischen Patents	194
Art.64	Rechte aus dem europäischen Patent	194
Art.65	Übersetzung des europäischen Patents	194
Art.66	Wirkung der europäischen Patentanmeldung als nationale Anmeldung	136, 194
Art.67	Rechte aus der europäischen Patentanmeldung nach Veröffentlichung	194
Art.68	Wirkung des Widerrufs oder der Beschränkung des europäischen Patents	194
Art.69	Schutzbereich	16, 194
Art.70	Verbindliche Fassung einer europäischen Patentanmeldung oder eines europäischen Patents	90, 120
Art.71	Übertragung und Bestellung von Rechten	192
Art.72	Rechtsgeschäftliche Übertragung	192
Art.73	Vertragliche Lizenzen	192
Art.74	Anwendbares Recht	192
Art.75	Einreichung der europäischen Patentanmeldung	90, 92, 96
Art.76	Europäische Teilanmeldung	94, 198
Art.77	Weiterleitung europäischer Patentanmeldungen	96
Art.78	Erfordernisse der europäischen Patentanmeldung	32, 98
Art.79	Benennung der Vertragsstaaten	40, 140, 188
Art.80	Anmeldetag	90, 92, 96
Art.81	Erfindernennung	108
Art.82	Einheitlichkeit der Erfindung	10, 16
Art.83	Offenbarung der Erfindung	10, 16
Art.84	Patentansprüche	10, 16, 32
Art.85	Zusammenfassung	32
Art.86	Jahresgebühren für die europäische Patentanmeldung	134, 214
Art.87	Prioritätsrecht	110
Art.88	Inanspruchnahme der Priorität	110, 118
Art.89	Wirkung des Prioritätsrechts	110, 118

Art. 90	Eingangs- und Formalprüfung	90, 92, 96, 98, 108, 118
Art. 91	(gestrichen)	
Art. 92	Erstellung des europäischen Recherchenberichts	124, 126
Art. 93	Veröffentlichung der europäischen Patentanmeldung	136
Art. 94	Prüfung der europäischen Patentanmeldung	124
Art. 97	Erteilung oder Zurückweisung	132, 134
Art. 98	Veröffentlichung der europäischen Patentschrift	136
Art. 99	Einspruch	142, 144
Art. 100	Einspruchsgründe	62, 142
Art. 101	Prüfung des Einspruchs – Widerruf oder Aufrechterhaltung des europäischen Patents	152
Art. 102	(gestrichen)	
Art. 103	Veröffentlichung einer neuen europäischen Patentschrift	136, 152
Art. 104	Kosten	156
Art. 105	Beitritt des vermeintlichen Patentverletzers	148
Art. 105a	Antrag auf Beschränkung oder Widerruf	158, 188
Art. 105b	Beschränkung oder Widerruf des europäischen Patents	158
Art. 105c	Veröffentlichung der geänderten europäischen Patentschrift	138, 158
Art. 106	Beschwerdefähige Entscheidungen	156, 162
Art. 107	Beschwerdeberechtigte und Verfahrensbeteiligte	164
Art. 108	Frist und Form	164
Art. 109	Abhilfe	162
Art. 110	Prüfung der Beschwerde	166
Art. 111	Entscheidung über die Beschwerde	162
Art. 112	Entscheidung oder Stellungnahme der Großen Beschwerdekammer	170, 234
Art. 112a	Antrag auf Überprüfung durch die Große Beschwerdekammer	170
Art. 115	Einwendungen Dritter	182
Art. 116	Mündliche Verhandlung	172
Art. 117	Beweismittel und Beweisaufnahme	62, 178
Art. 119	Zustellung	156, 228
Art. 120	Fristen	228
Art. 121	Weiterbehandlung der europäischen Patentanmeldung	184
Art. 122	Wiedereinsetzung in den vorigen Stand	184
Art. 123	Änderungen	74, 116, 120
Art. 124	Auskünfte über den Stand der Technik	126
Art. 125	Heranziehung allgemeiner Grundsätze	222
Art. 127	Europäisches Patentregister	190
Art. 128	Akteneinsicht	182, 190
Art. 129	Regelmäßige Veröffentlichungen	108, 190
Art. 133	Allgemeine Grundsätze der Vertretung	204, 206
Art. 134	Institut der beim Europäischen Patentamt zugelassenen Vertreter	204
Art. 135	Umwandlungsantrag	96, 184
Art. 139	Ältere Rechte und Rechte mit gleichem Anmelde- oder Prioritätstag	188
Art. 141	Jahresgebühren für das europäische Patent	214
Art. 153	Das Europäische Patentamt als Bestimmungsamt oder ausgewähltes Amt	218, 300, 306

Artikel- und Regelverzeichnis

Regel	Regelbezeichnung	Seite
R.1	Schriftliches Verfahren	90, 92
R.2	Einreichung von Unterlagen; Formvorschriften	90, 92, 94
R.3	Sprache im schriftlichen Verfahren	90, 92, 182
R.4	Sprache im mündlichen Verfahren	172
R.6	Einreichung von Übersetzungen und Gebührenermäßigung	218
R.9	Verwaltungsmäßige Gliederung des Europäischen Patentamts	244
R.10	Zuständigkeit der Eingangsstelle und der Prüfungsabteilung	244
R.11	Geschäftsverteilung für die erste Instanz	244
R.13	Geschäftsverteilungsplan für die Große Beschwerdekammer und Erlass ihrer Verfahrensordnung	246
R.14	Aussetzung des Verfahrens	188, 196, 232, 234
R.15	Beschränkung von Zurücknahmen	140, 188, 196
R.16	Verfahren nach Artikel 61 Absatz 1	196
R.17	Einreichung einer neuen europäischen Patentanmeldung durch den Berechtigten	198
R.18	Teilweiser Übergang des Rechts auf das europäische Patent	198
R.19	Einreichung der Erfindernennung	108, 206
R.20	Bekanntmachung der Erfindernennung	108
R.21	Berichtigung der Erfindernennung	108
R.22	Eintragung von Rechtsübergängen	142, 192
R.23	Eintragung von Lizenzen und anderen Rechten	192
R.24	Besondere Angaben bei der Eintragung von Lizenzen	192
R.25	Ausstellungsbescheinigung	4, 104
R.26	Allgemeines und Begriffsbestimmungen	2
R.27	Patentierbare biotechnologische Erfindungen	2
R.28	Ausnahmen von der Patentierbarkeit	2
R.29	Der menschliche Körper und seine Bestandteile	2
R.30	Erfordernisse europäischer Patentanmeldungen betreffend Nucleotid- und Aminosäuresequenzen	32, 98
R.31	Hinterlegung von biologischem Material	104
R.32	Sachverständigenlösung	104
R.33	Zugang zu biologischem Material	104
R.34	Erneute Hinterlegung von biologischem Material	104
R.35	Allgemeine Vorschriften	96
R.36	Europäische Teilanmeldungen	94, 140
R.37	Übermittlung europäischer Patentanmeldungen	96, 222
R.38	Anmeldegebühr und Recherchengebühr	98
R.39	Benennungsgebühren	140, 188
R.40	Anmeldetag	90, 92, 96
R.41	Erteilungsantrag	32, 98, 110, 206
R.42	Inhalt der Beschreibung	32
R.43	Form und Inhalt der Patentansprüche	10, 16, 32
R.44	Einheitlichkeit der Erfindung	10, 16
R.45	Gebührenpflichtige Patentansprüche	98
R.46	Form der Zeichnungen	32
R.47	Form und Inhalt der Zusammenfassung	32
R.50	Nachgereichte Unterlagen	206
R.51	Fälligkeit	134, 214
R.52	Prioritätserklärung	110, 118, 120
R.53	Prioritätsunterlagen	110
R.54	Ausstellung von Prioritätsunterlagen	110
R.55	Eingangsprüfung	96
R.56	Fehlende Teile der Beschreibung oder fehlende Zeichnungen	96, 118
R.57	Formalprüfung	98
R.58	Beseitigung von Mängeln in den Anmeldungsunterlagen	98
R.59	Mängel bei der Inanspruchnahme der Priorität	110
R.60	Nachholung der Erfindernennung	108
R.61	Inhalt des europäischen Recherchenberichts	124

R.62	Erweiterter europäischer Recherchenbericht		124, 126
R.62a	Anmeldungen mit mehreren unabhängigen Patentansprüchen		126
R.63	Unvollständige Recherche		126
R.64	Europäischer Recherchenbericht bei mangelnder Einheitlichkeit		126
R.65	Übermittlung des europäischen Recherchenberichts		125
R.67	Technische Vorbereitungen für die Veröffentlichung		136
R.68	Form der Veröff der europäischen Patentanmeldungen und europäischen Recherchenberichte		136
R.69	Mitteilungen über die Veröffentlichung		124
R.70	Prüfungsantrag		124
R.70a	Erwiderung auf den erweiterten europäischen Recherchenbericht		124
R.70b	Anforderung einer Kopie der Rechercheergebnisse		124
R.71	Prüfungsverfahren		132
R.71a	Abschluss des Erteilungsverfahrens		132, 134, 218, 222
R.72	Erteilung des europäischen Patents an verschiedene Anmelder		124
R.73	Inhalt und Form der Patentschrift		136
R.75	Verzicht oder Löschen des Patents		144
R.76	Form und Inhalt des Einspruchs		62, 144, 206
R.77	Verwerfung des Einspruchs als unzulässig		144, 146
R.78	Verfahren bei mangelnder Berechtigung des Patentinhabers		154, 236
R.79	Vorbereitung der Einspruchsprüfung		148
R.80	Änderung des europäischen Patents		74, 152
R.81	Prüfung des Einspruchs		148
R.82	Aufrechterhaltung des europäischen Patents in geändertem Umfang		152
R.83	Anforderung von Unterlagen		146
R.84	Fortsetzung des Einspruchsverfahrens von Amts wegen		148, 154, 188
R.85	Rechtsübergang des europäischen Patents		142
R.86	Unterlagen im Einspruchsverfahren		146, 152
R.87	Inhalt und Form der neuen europäischen Patentschrift		136, 152
R.88	Kosten		154, 156
R.89	Beitritt des vermeintlichen Patentverletzers		148
R.90	Gegenstand des Verfahrens		158
R.91	Zuständigkeit für das Verfahren		158
R.92	Antragserfordernisse		158
R.93	Vorrang des Einspruchsverfahrens		158
R.94	Verwerfung des Antrags als unzulässig		158
R.95	Entscheidung über den Antrag		158
R.96	Inhalt und Form der geänderten europäischen Patentschrift		136, 158
R.97	Beschwerde gegen Kostenverteilung und Kostenfestsetzung		156, 164
R.98	Verzicht oder Erlöschen des Patents		166
R.99	Inhalt der Beschwerdeschrift und der Beschwerdebegründung		164
R.100	Prüfung der Beschwerde		166
R.101	Verwerfung der Beschwerde als unzulässig		164
R.102	Form der Entscheidung der Beschwerdekammer		166
R.103	Rückzahlung der Beschwerdegebühr		164, 220
R.104	Weitere schwerwiegende Verfahrensmängel		170
R.105	Straftaten		170
R.106	Rügepflicht		170
R.107	Inhalt des Antrags auf Überprüfung		170
R.108	Prüfung des Antrags		170
R.109	Verfahren bei Anträgen auf Überprüfung		170
R.110	Rückzahlung der Gebühr für einen Antrag auf Überprüfung		170
R.111	Form der Entscheidungen		172
R.112	Feststellung eines Rechtsverlusts		184
R.114	Einwendungen Dritter		182
R.115	Ladung zur mündlichen Verhandlung		172
R.117	Entscheidung über eine Beweisaufnahme		178
R.118	Ladung zur Vernehmung vor dem Europäischen Patentamt		178
R.119	Durchführung der Beweisaufnahme vor dem Europäischen Patentamt		178

R.121	Beauftragung von Sachverständigen	178
R.122	Kosten der Beweisaufnahme	178
R.124	Niederschrift über mündliche Verhandlungen und Beweisaufnahmen	120, 172, 178
R.126	Zustellung durch Postdienste	228
R.127	Zustellung durch Einrichtungen zur elektronischen Nachrichtenübermittlung	228
R.128	Zustellung durch unmittelbare Übergabe	228
R.129	Öffentliche Zustellung	228
R.130	Zustellung an Vertreter	228
R.131	Berechnung der Fristen	228
R.132	Vom Europäischen Patentamt bestimmte Fristen	228
R.133	Verspäteter Zugang von Schriftstücken	228
R.134	Verlängerung von Fristen	228
R.135	Weiterbehandlung	184
R.136	Wiedereinsetzung	184
R.137	Änderung der europäischen Patentanmeldung	116
R.138	Unterschiedliche Patentansprüche, Beschreibungen und Zeichnungen für verschiedene Staaten	116
R.139	Berichtigung von Mängeln in den beim Europäischen Patentamt eingereichten Unterlagen	116, 120
R.140	Berichtigung von Fehlern in Entscheidungen	116, 120, 134
R.142	Unterbrechung des Verfahrens	152, 232
R.143	Eintragungen in das Europäische Patentregister	108
R.144	Von der Einsicht ausgeschlossene Aktenteile	108, 190
R.145	Durchführung der Akteneinsicht	190
R.146	Auskunft aus den Akten	190
R.151	Bestellung eines gemeinsamen Vertreters	204
R.152	Vollmacht	204
R.155	Einreichung und Übermittlung des Umwandlungsantrags	184
R.156	Unterrichtung der Öffentlichkeit bei Umwandlungen	184
R.159	Das EPA als Bestimmungsamt oder ausgewähltes Amt Erfordernisse für den Eintritt in die europäische Phase	116, 140, 214, 300
R.160	Folgen der Nichterfüllung bestimmter Erfordernisse	140, 300
R.161	Änderung der Anmeldung	116, 306
R.162	Gebührenpflichtige Patentansprüche	306
R.163	Prüfung bestimmter Formerfordernisse durch das Europäische Patentamt	300
R.164	Einheitlichkeit der Erfindung und weitere Recherchen	36
R.165	Die Euro-PCT-Anmeldung als kollidierende Anmeldung nach Artikel 54 Absatz 3	300

Stichwortverzeichnis

A: Anspruchssatz **B:** Bescheidserwiderung **C:** Einspruch
DI: EPÜ **DII:** PCT **DIII:** EURO-PCT

A

Abhilfe G-1
Abschluss der technischen Vorbereitungen zur Veröffentlichung G-2
Abschrift, beglaubigte
    Bezugnahme, einreichen ePa mit ~ DI-19
    Prioritätsbeleg DI-60, DII-37
Akteneinsicht
    ~ als Stand der Technik A-13
    Generelle ~ DI-263
    Geschützte ~ DI-264
Alternativlösung
    Erfinderische Tätigkeit B-16
    mehrere unabhängige Ansprüche A-94
    Zeitrang C-17
Alternativlösungen G-3
Analogieverfahren
    Erfinderische Tätigkeit B-18
Analyse/Auslegung der Ansprüche
    Allgemeines C-32
    Merkmal, fakultatives C-35
    Relative Begriffe C-33
    Unechter abhängiger Anspruch C-34
Änderung DI-67
    ~ der Anmeldeunterlagen B-38
    ~ der Ansprüche B-54, B-58
    ~ der Anspruchskategorie B-55
    ~ der Beschreibung B-44
    ~ nach Verfahrensabschnitt DI-68
    ~durch Patentinhaber C-63
    Basis für ~ B-43
    Eintritt in EP-Phase DII-115
    Erfordernisse, formelle B-40
    Gegenstände, nicht recherchiert B-57
    Gewährbarkeit B-41
    Kapitel I, PCT DII-115
    Kapitel II, PCT DII-115
    Merkmalsverschiebung im Anspruch B-56
    Recht auf ~ B-39
    Zeichnungen B-53

    Zulässigkeit B-42
Änderungen, unzulässige
    Prüfungsumfang im Verfahren A-169
    Verstoß gegen Art.123(2) C-37
    Verstoß gegen Art.76(2) C-38
Änderungen, Zulässigkeit G-85
Angestellter, bevollmächtigter DI-226
Anhängigkeit einer Anmeldung G-4
Anhängigkeit eines Verfahrens G-5
Anmeldeberechtigter
    Einreichung einer iPa DII-9
Anmeldetag G-6
Anmeldung G-7
    Formulierungsvorschlag A-171
Anmeldung, ePa DI-1
    ~ durch Berechtigten DI-275
    Einreichung DI-8
    Einreichung mit Bezugnahme DI-13
    Einreichung Teilanmeldung DI-19
    Verfahrensablauf, allgemein DI-8
    Weiterleitung von nat. Zentralbehörde ... DI-27
Anmeldung, frühere G-32
Anmeldung, iPa DII-1
    Anmeldeberechtigter DII-9
    Anmeldeort DII-12
    Art der Einreichung DII-10
    Bestimmung DII-17
    Einreichung DII-9
    Erfindernennung DII-15
    Gebühren DII-14
    Mindesterfordernisse für AT DII-11
    Sequenzprotokoll DII-16
    Sprache DII-13
    Übersetzung für Recherche DII-19
    Übersetzung für Veröffentlichung DII-20
Anspruch G-8
Anspruch, Patentanspruch
    Änderung B-58
    Anspruchsformulierungen, DOs & DON´Ts A-124
    Anspruchskategorien A-88
    Erfinderische Tätigkeit B-17
    Kategoriewechsel im Einspruch C-68

Stichwortverzeichnis

Patentschrift, Aufbau A-166
Ansprüche, Patentansprüche
    Art und Form A-83
Anspruchsformulierungen, DOs & DON´Ts
    Alternativen A-124, A-124
    Ansprüche DOs & DON´Ts A-124
    aufgabenhafte Merkmal A-125
    Bezugnahme auf andere Dokumente A-127
    Bezugnahme auf Beschreibung/ Zeichnungen ... A-126
    Bezugszeichen A-128
    Disclaimer A-129
    Effekt, zu erzielender A-155
    Erzeugnismerkmal im Verfahrensanspruch A-130
    Fantasiebegriff A-132
    geschlossene Formulierung A-134
    Marken A-134
    Markush-ähnlich A-138
    Markush-Gruppe A-137
    Means-plus-Function A-139
    Merkmale, fakultative A-131
    Merkmale, funktionelle A-133
    Merkmale, implizite A-133
    Merkmale, negative A-141
    Merkmale, notorisch bekannte A-142
    Merkmale, positive A-145
    Merkmale, unlogische A-151
    Merkmale, unwesentliche A-150
    Merkmale, Verfahrens~ im Vorrichtungsa. A-152
    Merkmale, wesentliche A-153
    Messmethoden A-140
    offene Fomulierungen A-143
    Parameter A-144
    Programmlisten A-146
    Räumliche Anordnung A-147
    relative Begriffe A-148
    unbestimmte Formulierungen A-149
    Wort 19
    Zweckangaben A-156
Anspruchskategorien
    Erzeugnisse A-88
    Kombinationen unabhängiger Ansprüche A-91
    Schutzbereich A-90
    Verfahren A-89
    verschiedene Verwendung eines Erzeugnisses A-93
    Wechsel B-64
    Wechsel nach Erteilung C-68
Anspruchskategorien, spezielle A-95
    Ästhetische Formschöpfung A-95
    Behandlung, nicht medizinisch A-114
    Behandlungsverfahren A-113
    Computerimplementierte Erfindungen A-108
    Diagnostizierverfahren A-116
    Durchgriffsanspruch A-96
    Entdeckungen A-97
    Erste medizinische Indikation A-117
    Geschäftliche Tätigkeit A-98
    Informationswiedergabe A-99
    Kit-of-Parts A-100
    Legierungen A-101
    Mathematische Methoden A-102
    medizinische und biotechnologische ~ A-113
    Omnibus-Anspruch A-103
    Process-limited-by-Product A-104
    Product-by-Process A-105
    Screeningverfahren A-122
    Swiss-Type-Claim A-123
    System A-106
    Verwendung, chirurgische A-115
    Zweite medizinische Indikation A-118
    Zweite nicht medizinische Verwendung A-107
Anspruchssätze, unterschiedliche ~ für verschiedene Vstaaten
    Beschränkungen DI-165
    Unterschiede DI-166
Antragsteller, bevollmächtigter DI-301
Art und Form der Ansprüche
    abhängiger Anspruch A-85
    mehrfach abhängiger Anspruch A-86
    unabhängiger Anspruch A-83
    unabhängiger Anspruch mit Bezugnahme A-84
Art und Form der Ansprüche: A-87
Arzneimittel
    Erste medizinische Indikation A-117
    mehrere unabhängige Ansprüche A-92
    Patientengruppe, andere A-121
    Zweite medizinische Indikation A-118
Aufgabe, technische
    ~ im Einspruch C-60
    Abhängiger Anspruch B-17
    Änderung in Beschreibung B-52
    Erfinderische Tätigkeit B-19
    Problem Solution Approach B-15
Aufgabe-Lösungs-Ansatz .... siehe Problem-Solution-Approach
Ausführbarkeit .... siehe Offenbarung
Ausführbarkeit des StdT
    Chemische Verbindung A-45
    Voraussetzung A-44
    Zweite medizinische Indikation A-46
Ausnahme von der Patentierbarkeit A-5, C-42
Ausschluss von der Patentierbarkeit A-4, C-41
Aussetzung DI-374

Ausstellung

    Ausstellungsbescheinigung DI-49

    Ausstellungspriorität A-11, DI-49

    Ausstellungsprivileg A-11, DI-49

Ausstellungsprivileg

    Inanspruchnahme DI-49

Auswahlerfindung

    ~ aus Parameterbereich A-58, B-5, B-65

    Definition B-21

    Parameterbereich, Neuformulierung....................B-66

    Zwei-Listen-Prinzip.................................... B-5, B-67

Automatisches Abbuchungsverfahren.................DI-341

B

Bearbeitungsgebühr

    SIS.. DII-77

Begleitperson **DI-227**

Behandlungsverfahren..**A-113**

Beitritt

    ~ zum Einspruch DI-132

    ~ zur Beschwerde DI-185

Benennung von Staaten

    Erstreckungsstaaten DI-119

    Validierungsstaaten DI-120

    Vertragsstaaten... DI-118

    Zurücknahme DI-121

Benennungsbegühr

    bei R.71(3)-Mitteilung...................................... DI-105

Berechtigte, einreichen gem. Art.61(1)b

    Anmeldeberechtigter.. DI-276

    Anmeldeort.. DI-277

    Art der Einreichung DI-278

    Erteilungsantrag... DI-279

    Sprache DI-280

    Voraussetzung.. DI-275

Bereich, Parameter

    Anspruchsformulierungen, DOs & DON´Ts A-144

    Auswahlerfindung A-58, B-5

    geschlossener ~.. A-134

Berichtigung **DI-67, DI-73**

    ~ offensichtlicher Fehler in der Beschreibung.......B-46

    ~ von Entscheidungen DI-67

    Ältere nationale Rechte DI-79

    Anmeldername DI-76

    Anspruch, Patentanspruch............................... DI-73

    Ansprüche nachreichen DI-71

    Beschreibung DI-73

    Entscheidungen.. DI-74

    Niederschrift einer MV..................................... DI-80

    Offensichtlicher Fehler DI-67, DII-35, DII-115

    Offensichtlicher Fehler nach Veröffentlichung ...DII-68

    Prioritätserklärung, nach Veröffentlichung ePa...DI-78

    Prioritätserklärung, vor Veröffentlichung ePa DI-77

    Übersetzungsfehler..DI-81

    Veröffentlichungsfehler.....................................DI-82

    Vertragsstaaten benennen DI-72

    Zeichnungen DI-73

    Zurücknahme ePa, irrtümlich DI-75

Bescheiderwiderung

    Formulierungsvorschlag.....................................B-70

Beschleunigung des Verfahrens

    Anfrage Bearbeitungsstand Akte DI-383

    Beschwerde, Antrag auf beschleunigte Bearb...DI-381

    Early Certainty from Search (ECfs)....................DI-376

    Einspruch, Antrag auf beschleunigte Bearb......DI-380

    Einwendungen Dritter DI-382

    EP-Phase DIII-18

    PACE-Antrag, Prüfungsverfahren.....................DI-378

    PACE-Antrag, Recherche DI-377

    Verzicht auf R.70(2)-Mitt. DI-379

Beschränkungsverfahren

    Anmeldeort...DI-156

    Antragsberechtigter...DI-155

    Art der Einreichung DI-157

    Beschränkung, Wirkung der ~.........................DI-271

    Entscheidung DI-164

    Erfordernisse am Tag der Einreichung.............DI-158

    materiellrechtliche Prüfung DI-161

    Sprache...DI-159

    Verhältnis zum Einspruchsverfahren DI-162

    Voraussetzung DI-154

Beschreibung **B-44, G-10**

    ~ der technischen Wirkung B-49

    alphabetisch..B-44

    Beispiel hinzufügen B-45

    Berichtigung offensichtlicher Fehler B-46

    Bezeichnung..B-47

    Bezugsdokument B-48

    Einfügen neuer Seiten...B-51

    Nachtrag von Stand der Technik.........................B-50

    technische Aufgabe B-52

Beschwer **G-11**

Beschwerde **DI-167**

    Beschwerdeberechtigter DI-169

    Reformatio in peius DI-168

    Tatsachen/Beweismittel DI-170

    Verfahrensgrundsätze DI-168

    Zurückverweisung..DI-171

Beschwerde, Anträge

    Anmeldeort..DI-174

Antragsteller DI-173
Art der Einreichung DI-175
Beitritt eines vermeindlichen Patentverletzers . DI-185
Beschleunigung der Beschwerde DI-188
Erfordernisse DI-176
Mündliche Verhandlung DI-187
Rückzahlung der Beschwerdegebühr DI-186
Sprache DI-177
Voraussetzung DI-172

Beschwerde, Beendigung

Entscheidung, finale ~ DI-180
Zurücknahme der Beschwerde DI-183
Zurücknahme des Einspruchs DI-184
Zurückverweisung DI-182
Zwischenentscheidung DI-181

Beschwerde, materiellrechtliche Prüfung

Abhilfe DI-178
Zulässigkeit DI-179

Beurteilung von ~

Beweisaufnahme DI-231

Beweisaufnahme

Kosten DI-231

Beweislast

Klarheit B-35
Mündliche Offenbarung A-25
Neuheit A-6, B-4
Offenbarung, Ausführbarkeit A-63
offensichtlicher Mißbrauch A-11
Öffentliche Zugänglichmachung A-40

Beweismittel DI-228, G-84

Beurteilung von ~ DI-230
Einspruch C-6
Kosten DI-231
Nichtberücksichtigung C-8
Sprache C-8
Verspätetes Vorbringen DI-229, DI-243

Beweismittel, ausgewählte Beispiele

als Beweismittel DI-239
Fachwissen, allgemeines DI-239
Modelle DI-240
Vergleichsversuche mit Bericht DI-241
Videoaufnahme DI-242

Beweismittel, zulässige

Augenschein DI-238
Auskünfte einholen DI-236
Beteiligtenvernahme DI-232
Erklärungen DI-235
Sachverständigengutachten DI-237
Urkunden DI-233
Zeugenvernahme DI-234

Bezugnahme, einreichen ePa mit ~

Anmeldeberechtigter DI-16
Anmeldeort DI-17
Art der Einreichung DI-18
Mindesterfordernisse für AT DI-19
Sprache DI-20
Voraussetzung DI-15

Bezugsdokument

~ als Stand der Technik A-14
Offenbarung, Ausführbarkeit A-65

Biologisches Material G-12

~ als Stand der Technik A-15
Angaben im PCT DII-34
Herausgabe an Dritte DI-44
Herausgabe an Sachverständige DI-45
Hinterlegung DI-43
Hinterlegung ~ A-66
Hinterlegung, erneute DI-46

Biotechnologie G-13

C

Computergestützte Anspruchskategorien

Benutzeroberflächen A-110
Computergestützte Informationswiedergabe A-109
Computerimplementierte Erfindungen A-108
Daten- und Signalstruktur A-111
Mathematische Methode zur Datenverarbeitung A-112

Computerimplementierte Erfindungen A-108, G-14

D

Diagnostizierverfahren A-116

Disclaimer

~ als Stand der Technik A-16
~ nicht offenbarte B-6
~ nicht offenbarte B-69
~ nicht offenbarte C-25
~ offenbarte C-25
~ offenbarte B-6
Anspruchsformulierungen, DOs & DON´Ts A-129

Doppelpatentierung G-15

Doppelschutzverbot G-16

Dritte, Einwendungen .... siehe Einwendungen Dritter

Durchgriffsanspruch A-96

E

Effekt, technischer .... siehe Wirkung, technische
Eingangsprüfung
    Mängelbehebung DI-28
    Nachreichen fehlender Teile DI-29
Einheitlichkeit
    Alternativen A-82
    Ansprüche A-77
    Endprodukte A-81
    Prüfungsumfang im Verfahren A-169
    Recherche, während A-79
    Sachprüfung, während A-80
    Uneinheitlichkeit, a posteriori A-78
    Uneinheitlichkeit, a priori A-78
    Verwendung A-89
    Voraussetzungen A-76
    Zwischenprodukte A-81
Einleitung der nationalen Phase vor dem DO
    Änderung der iPa DII-86
    Art der Einreichung DII-83
    Berechtigter DII-82
    Mindesterfordernisse DII-84
    weitere nat. Erfordernisse DII-85
Einleitung der nationalen Phase vor dem EO
    Änderungen der iPa DII-111
    Art der Einreichung DII-108
    Berechtigter DII-107
    Mindesterfordernisse DII-109
    Voraussetzungen DII-106
    weitere nat. Erfordernisse DII-110
Einreichung G-18
Einreichung einer ePa
    Anmeldeberechtigter DI-10
    Anmeldeort DI-11
    Art der Einreichung DI-12
    Mindesterfordernisse für AT DI-13
    Sprache DI-14
Einreichung, Arten der
    Datenträger, elektronische DI-285
    E-Mail DI-286
    Fax DI-283
    Fernschriftlich DI-287
    Online DI-284
    Post DI-282
    Telegraphisch DI-287
    unmittelbare Übergabe DI-281
Einspruch DI-122
    Änderungen durch PI C-63
    Berechtigter DI-125
    Beweismittel C-6
    Einspruchsgründe C-3, DI-123
    Einspruchsgründe, keine C-4
    Einspruchsgründe, neue C-5
    Erfinderische Tätigkeit C-57
    Erwiderung Beteiligter DI-142
    Formulierungsvorschlag C-74
    Klarheitseinwand C-40
    Ladung zur MV DI-143
    Materiellrechtliche Prüfung DI-140
    Prüfungsumfang C-14
    Stellungnahme PI DI-141
    Übersicht DI-124
    Verfahrensbeteiligte DI-123
Einspruch, Anträge
    Beitritt zum Einspruch DI-132
    Beschleunigte Bearbeitung DI-134
    Mündliche Verhandlung DI-136
    Patentdokumente, Übermittlung von ~ DI-139
    Patentinhaber, Änderung des ~ DI-138
    Rechtsverlust, Entscheidung über ~ DI-135
    Rücknahme des Einspruchs DI-133
    Vernehmen von Zeugen/Sachverständigen DI-137
Einspruch, Beendigung
    Aufrechterhaltung des EP-Patentes in geändertem
        Umfang DI-146
    Entscheidung über Kostenfestsetzung DI-153
    Fortsetzung des Einspruchs DI-148
    Kostenauferlegung DI-151
    Kostenfestsetzung DI-152
    Verfahrensaussetzung DI-147
    Verfahrenseinstellung DI-149
    Veröffentlichung geändertes EP-Patent DI-150
    Widerruf des Patents DI-144
    Zurückweisung des Einspruchs DI-145
Einspruch, einreichen C-1
    ~ durch Einsprechenden C-11
    ~ durch Patentinhaber C-12
    Anmeldeort DI-126
    Art der Einreichung DI-127
    Berechtigter DI-125
    Erforderliche Angaben am Tag der Einreichung DI-128
    Erforderliche Angaben am Tag der Einreichung C-1
    Gewährbarkeit C-13
    Prüfungsumfang C-14
    Sprache DI-129
    Subtantiierung, ausreichende C-9
    Subtantiierung, unzureichende C-10
    Umfang des Einspruchs C-2
Einspruch, Formalprüfung

Mängel auf grund derer Einspruch als unzulässig verworfen wird DI-131

Mängel aufgrund derer Einspruch als nicht eingelegt gilt DI-130

Einstweiliger Schutz

EP-Anmeldung DI-268

PCT-Anmeldung DI-269

Eintritt in die EP-Phase

Anmeldeberechtigter DIII-12

Anmeldeort DIII-3

Anspruchsgebühr DIII-8

Art der Einreichung DIII-4

Auskunft zum Stand der Technik DIII-14

Berechtigter DIII-2

Entragung von Rechtsübergängen DIII-17

Erfindernennung DIII-9

Handlungen gem. R.159(1) DIII-1

Jahresgebühr, dritte DIII-16

Mindesterfordernisse, allgemein DIII-5

Mindesterfordernisse, detailliert DIII-7

PACE-Antrag DIII-19

PPH DIII-21

Prioritätsunterlagen DIII-10

Sequenzprotokoll DIII-11

Sprache DIII-6

Übersicht DIII-22

Vertretung DIII-13

Verzicht auf R.161/162-Mitt. DIII-20

Voraussetzungen DIII-1

Vorzeitiger Eintritt, Antrag auf DIII-18

Wiedereinsetzung in Prioritätsfrist DIII-15

Einwendungen Dritter DI-244, DII-125

Anmeldeort DI-246

Antragberechtigter DI-245

Art der Einreichung DI-247

Beschleunigung des Verfahrens DI-382

Erforderliche Angaben DI-248

Sprache DI-249

Voraussetzungen DI-244

Email

~ als Internet-Offenbarung A-22

E-Mail

Art der Einreichung DI-286

Entscheidung **G-19**

~ über Kostenfestsetzung DI-153

Antrag auf Entscheidung DI-257

Berichtigung DI-64

Beschwerde DI-180

beschwerdefähige Entscheidungen DI-172

Einspruch DI-144

Erteilungsverfahren DI-107

Mündliche Verhandlung DI-208

nicht beschwerdefähige Entscheidung DI-168

Widerrufsverfahren DI-163

EPÜ

Erstreckungsstaaten des ~ DI-9

Validierungsstaaten des ~ DI-9

Vertragsstaaten des ~ DI-9

Erfinderische Tätigkeit **G-20**

~ im Einspruch C-57

Alternative Lösung A-56

Alternativlösung B-16

Analogieverfahren B-18

Äquivalente A-57

Aufgabe-Lösungs-Ansatz B-15

Aufgabenerfindung B-20

Auswahlerfindung A-58, B-21

Chemische Erfindungen B-22

Could would approach B-15

Could-would-approach C-61

Durchprobieren A-50

Fachmann A-51, B-23

Indizien, negative ~ A-54

Indizien, sekundäre ~ A-53

Kombinationserfindung B-24

MAßstab zur Beurteilung A-49

Mosaikartige Dokumentenkombination C-61

nächstliegender Stand der Technik C-58

Naheliegen A-48

Nicht-Fachmann A-52

Prüfungsumfang im Verfahren A-169

Recherchenbericht, Einwand zur ~ B-15

Team von Fachleuten B-23

technische Aufgabe B-19

Technische Aufgabe C-60

Technische Wirkung C-59

Teilaufgabe B-25

Vergleichsversuche A-55, B-26

Voraussetzungen A-47

Wirkung, technische B-27

Zwischenprodukt A-59

Erfindernennung

~ durch Anmeldeberechtigten DI-50

~ durch Dritte DI-52

Berichtigung DI-53, DII-71

Einreichung iPa DII-15

Eintragung DII-70

Eintritt in die EP-Phase DIII-9

Formalprüfung DI-35

Nachholen DI-54

Verzicht DI-51

Erfindung **G-21**

Ergänzende Europäische Recherche G-22
    Anspruchsgebühren DIII-24
    Aufforderung zur Beschränkung auf eine einzige Erfindung DIII-29
    EPA ≠ (S)ISA und ergänzender ESR wird erstellt DIII-27
    EPA = (S)ISA & ergänzender ESR nicht erstellt .. DIII-28
    Erwiderung eESR DIII-25
    Stellungnahme auf IPRP DIII-23
    Übersicht DIII-22
    Umfang DIII-26

Ergänzende Internationale Recherche (SIS)
    Anmeldeberechtigter DII-73
    Anmeldeort DII-74
    Antrag DII-75
    Gebühren DII-77
    Mangelnde Einheitlichkeit DII-78
    Sprache DII-76
    Stellungnahme WO/SISA DII-81
    Überprüfungsverfahren DII-79
    Voraussetzung DII-72
    Zurücknahme des SISR-Antrages DII-80

Erkläungen
    Berichtigung fakultativer ~ DII-127
    Fakultative DII-126

Erledigung G-23
erloschenes Patent G-24
Ermäßigung .... siehe Gebürenermäßigung
Erste medizinische Indikation A-117
Erstreckungsstaat G-25
Erstreckungsstaaten des EPÜ DI-9
Erteilungsverfahren DI-83
    Merkmalsverschiebung nach Erteilung C-73
    Wechsel der Anspruchskategorie nach Erteilung .. C-68

Erweiterter Europäischer Recherchenbericht (EESR)
    Ergänzungsblatt A DI-95
    Ergänzungsblatt B DI-96
    Hauptblatt DI-94
    Stellungnahme zur Recherche (ESOP) DI-93
    Umfang DI-92

Erzeugnis
    ~ als Stand der Technik A-29

europäische Recherche G-26
Europäische Recherche
    Rechercheergebnisse prioritätsbegründender Anmeldung DI-66

Europäisches Klassifikationssystem (ECLA) G-17
Euro-PCT Anmeldung G-27

F

Fachmann G-28
    Definition A-51, B-23
    Offenbarung, Ausführbarkeit A-67
    Team von ~ A-51

Fachwissen G-29
Fachwissen, allgemeines
    ~ als Stand der Technik A-17
    als Beweismittel DI-239
    im Einspruch C-46

Fachwissen, notorisches ~
    ~ als Stand der Technik A-18

Fälligkeit G-30
Fassung, ursprünglich eingereichte G-71
Fassung, verbindliche G-73
Fehler im Dokument
    ~ als Stand der Technik A-19

Fiktion G-31
Firmenunterlagen
    ~ als Stand der Technik A-20

Formalprüfung
    Anmeldegebühr DI-34
    Anmeldeunterlagen DI-38
    Anspruch, Patentanspruch DI-32
    Bezeichnung der Erfindung DI-40
    Erfindernennung DI-35
    Erteilungsantrag DI-31
    Nachgereichte Unterlagen DI-42
    Priorität, Inanspruchnahme DI-36
    Recherchengebühr DI-34
    Sequenzprotokoll DI-41
    Sprache DI-30
    Vertretung DI-37
    Zeichnungen DI-39
    Zusammenfassung DI-33

Formulierungsvorschlag
    Anmeldung A-171
    Ansprüche DOs & DON´Ts A-124
    Anspruchskategorien, allgemein A-88
    Anspruchskategorien, spezielle A-95
    Bescheidserwiederung B-70
    D-Teil DIII-37
    Einspruch C-74

Fortsetzung
    ~ des Einspruchs DI-148
    ~ des Erteilungsverfahrens DI-273

Fristen
    5-Tage-Regel DII-182
    Amtsfrist DI-364

Besonderheiten im PCT DII-180
Definition DI-364
Fristbeginn DI-366
Fristenauslösende Ereignisse DI-367
Fristenberechnung DI-365, DI-367
Fristverlängerung DI-365
Fristverlängerung, automatische ~ DI-366
Gesetzliche Frist DI-364
Internationales Verfahren (PCT) DII-179
Verspäteter Zugang bei Behörde DII-182
Zustellfiktion DI-366
Zustellung DII-181

Fristenberechnung
Anmeldetag DI-368
Aussetzung DI-386
Erteilung DI-372
EURO-PCT Jahresgebühr, erste DI-395
Fristverlängerung DI-385
Jahresgebühr im Erteilungsjahr DI-393
Jahresgebühr nach Wiedereinsetzung, mit
    Zuschlagsgebühr DI-392
Jahresgebühr nach Wiedereinsetzung, ohne
    Zuschlagsgebühr DI-391
Jahresgebühr ohne Zuschlagsgebühr DI-388
Jahresgebühr, früheste wirksame Entrichtung . DI-389
Jahresgebühr, mit Zuschlagsgebühr DI-390
Jahresgebühr, Teilanmeldung DI-394
Priorität DI-369
R.71(3)-Mitt. DI-371
Unterbrechung DI-387
Veröffentlichung der Anmeldung DII-183
Veröffentlichung ESR DI-370
Veröffentlichung, ePa DI-396
Veröffentlichung, ePa verhindern DI-397
Veröffentlichungder Anmeldung verhindern .. DII-184
Zusammengesetze Fristen DI-384

G

Gebrauchsmuster G-33
~ als Stand der Technik A-21
Gebühren **DI-308**
Anmeldegebühr DI-311, DIII-30
Anspruchsgebühr DI-313, DIII-33
Bearbeitungsgebühr, IPE DII-170
Bearbeitungsgebühr, SIS DII-167
Benennungsgebühr DI-314, DIII-31
Beschränkungsgebühr DI-324
Beschwerdegebühr DI-320
Beweissicherungsgebühr DI-331
eESR, Gebühr für ~ DI-345
Einspruchsgebühr DI-319
Ergänzende Internationale Rech.geb., SIS DII-168
Erstreckungsgebühr DI-315, DIII-32
Erteilungsgebühr DI-317
Fälligkeit DI-309
Gebühr für IPE DII-171
Gebührenhöhe DI-310
Internationale Recherchengebühr DII-156
Internationale Recherchengeb., zusätzliche DII-157
IPE DII-92
Jahresgebühr DI-318
Jahresgebühr, dritte DIII-36
Kostenfestsetzungsgebühr DI-330
Laufendes Konto, automat. Abbuchung vom ~ . DI-341
Mangelnde Einheitlichkeit DII-172
Prüfungsgebühr DI-316, DIII-35
Prüfungsgebühr bei Eintritt in EP-Phase DI-344
Recherchengebühr DI-312
Recherchengebühr EESR DIII-34
Sequenzprotokoll, nachgereichtes DII-164
Squenzprotokoll, Geb. für verspät. Einreichung DI-327
Technisches Gutachten, Gebühr für ~ DI-332
Übermittlungsgebühr DII-155
Überprüfung, Gebühr für Antrag auf ~ DI-326
Überprüfungsgebühr DII-169
Umbuchung einer Rückzahlung DI-342
Umwandlungsgebühr DI-328
Validierungsgebühr DIII-32
Veröffentlichungsgebühr DI-317
Veröffentlichungsgebühr bei Aufrechterhaltung im
    geänderten Umfang DI-323
Veröffentlichungsgebühr, Änderung
    Prioritätserklärung DII-162
Veröffentlichungsgeb., Offensichtlicher Fehler DII-163
Verspätete Einreichung der Übersetzung zur
    Recherche DII-159
Verspätete Einreichung der Übersetzung zur
    Veröffentlichung DII-160
Vorzeitige Veröffentlichung DII-161
Währung DI-308
Weiterbehandlungsgebühr DI-321
Widerrufsgebühr DI-325
Widerspruchsgebühr DII-158
Wiedereinsetzungsgebühr DI-322
Wiederherstellung des Priorechts durch DO DII-166
Wiederherstellung des Priorechts durch RO DII-165
Zuschlagsgebühr für verpätete Vornahme von
    Handlungen DI-329
Gebührenanrechnung, Antrag auf ~
Anspruchsgebühr DI-346
Erteilungsgebühr DI-346

Veröffentlichungsgebühr DI-346

Gebührenermäßigung

    Anmeldegebühr, Sprachenprivileg DI-343

    Bearbeitungsgebühr DII-77

    Internationale Anmeldegebühr DII-155

    Internationale Recherchengebühr DII-156

    IPER-Gebühr DII-92

    Mängel nach R.60.1PCT DII-93

    PCT DII-14

Gebührenermäßigung, EURO-PCT

    Prüfungsgebühr DIII-35, DIII-1

    Recherchengebühr DIII-1, DIII-34

Gebührenrückerstattung

    Anmeldegebühr DI-347

    Anspruchsgebühren DI-348

    Bagatellbeträge DI-349

    Bearbeitungsgebühr IPEA DII-178

    Benennungsgebühr DI-350

    Beschränkungsgebühr DI-360

    Beschwerdegebühr DI-351

    Einspruchsgebühr DI-352

    Ergänzende Internationale Recherchengebühr, SISDII-176

    Erteilungsgebühr DI-353

    Gebühr für IPE DII-177

    Internationale Anmeldegebühr DII-173

    Internationale Recherchengebühr (ISR) DII-174

    Internationale Recherchengebühr, zusätzliche DII-175

    Jahresgebühr DI-354

    Prüfungsgebühr DI-356

    Recherchengebühr DI-357

    Recherchengebühr, weitere DI-358

    Veröffetnlichungsgebühr DI-353

    Verspätet gezahlte Gebühr DI-362

    Weiterbehandlungsgebühr DI-359

    Widerrufsgebühr DI-360

    Wiedereinsetzungsgebühr DI-361

    Zahlung ohne Rechtsgrund DI-355

    Zusatzgebühr, Seitengebühr DI-363

Gegenstand G-34

Gegenstand des Vermögens, ePa als ~

    Lizenzen, Eintragung von ~ DI-267

    Rechtsübergang, Eintragung von ~ DI-266

Geheimhaltungsvereinbarung

    Ausstellungsprivileg .... A-XE

    Mündliche Offenbarung A-25

    Offenkundige Vorbenutzung A-26

    Offensichtlicher Missbrauch A-11

    Unschädliche Offenbarung A-11

Generaldirektion G-35

Geschäftliche Tätigkeit A-98

Gewährbarkeit G-36

Gewerbliche Anwendbarkeit

    ~ im Einspruch C-62

    Grundprinzip A-60

    Prüfungsumfang im Verfahren A-169

    Voraussetzungen A-61

Große Beschwerdekammer, Antrag auf Überprüfung

    Beendigung DI-199

    Berechtigter DI-190

    Erforderliche Angaben DI-193

    Frist DI-194

    Rechtsbehelf DI-196

    Rechtsfolge DI-195

    Verfahrensablauf DI-198

    Voraussetzung DI-191

    Wirkung DI-197

    Zweck DI-189

Große Beschwerdekammer, Vorlagefrage

    Berechtigter DI-190

    Erforderliche Angaben DI-193

    Frist DI-194

    Rechtsfolge DI-195

    Voraussetzung DI-191

    Zweck DI-189

Guter Glaube G-37

H

Hemmung laufender Fristen DI-27, DI-273

Herstellungsverfahren A-89

Hinterlegung biologischen Materials DI-43, DII-34

I

Inanspruchnahme

    Ausstellungsprivileg DI-49

    Priorität DI-57, DI-36

Internationale Patentklassifiktion (IPC) G-38

Internationale Recherche (IS)

    Änderung der Ansprüche DII-60

    Berücksichtigung anderer Rechercheergebn. DII-50

    Erklärung über unvollständige Recherche DII-47

    Grundlage des ISR DII-52

    Informelle Stellungnahme DII-59

    ISR und WO-ISA DII-46

    Klarheit, mangelnde DII-56

    Mehrere unabhängige Ansprüche DII-57

    Nicht recherchierte Gegenstände DII-55

    PCT Direkt Schreiben DII-51

Relevanter Stand der Technik DII-53
Sequenzprotokoll, mangehaftes ~ DII-54
Sprache DII-48
Übersetzung für Recherche............................... DII-49
Uneinheitlichkeit.. DII-58

Internationale Vorläufige Prüfung (IPE)
Änderung der iPa DII-96
Anmeldeberechtigter DII-88
Anmeldeort DII-89
Antrag DII-90
Antrag auf Anhörung... DII-100
Einheitlichkeit, mangelnde................................ DII-104
Einwände und Stellungsnahme......................... DII-105
Erwiederung des ersten Bescheids DII-98
Erwiederung des zweiten Bescheids DII-99
Gebühren DII-92
Grundlage des IPER DII-105
Klarheit, mangelnde.. DII-103
Mängel im Antrag DII-93
Patentfähigkeit, mangelnde.............................. DII-102
Recherche, zusätzliche DII-97
Sprache DII-91
Voraussetzung... DII-87
Zrrücknahme des Antrages DII-101

Internationaler Recherchenbericht G-39

Internationaler vorläufiger Bericht zur Patentfähigkeit (IPRP)
~ auf Basis des WO-IPEA DII-114
~ auf Basis des WO-ISA DII-112
~ auf Basis des WO-SISA................................ DII-113
nach Kapitel I... DII-61
Stellungnahme... DII-62

Internationaler vorläufiger Bericht zur Patentfähigkeit (IPRP):..DII-112

Internet-Offenbarung
~ als Stand der Technik A-22

J

Jahresgebühr G-40
Jahresgebühren
ePa DI-333
Erteilungsjahr... DI-338
EURO-PCT, dritte ~ DI-337
Laufendes Konto, Abbuchung vom ~ DI-340
Teilanmeldung DI-334
Wiederaufnahme des Beschwerdeverfahrens.. DI-336
Wiedereinsetzung, bei ~ DI-335

K

Kalender
2018...DI-398
Kit-of-Parts A-100
Klarheit.. G-41
Ansprüche, Form und Inhalt A-71
Anspruchskategorien A-72
Anzahl der Ansprüche.......................................A-73
Beweislast..B-35
Klarheitseinwand B-34
Reihenfolge der Ansprüche A-74
Stütze durch Beschreibung A-75
Voraussetzungen A-70

Klarheitseinwand
~ bei Recherche DI-88
~ im Einspruch C-40
~ im Erteilungsverfahren B-34
Einwände, begründet...B-35
Einwände, unzulässige......................................B-34

Klarstellung
~ der technischen Wirkung B-49
~ im Beschränkungsverfahren DI-161

Klinische Studie
~ als Stand der Technik A-24

KMU G-42
Kombinationserfindung A-48, B-24
Kopie, Antrag auf Ausstellung einer ~ DI-265
Kosten
Einspruch DI-152
Kostenfestsetzungsgebühr DI-330

Kreuzlizensierung... G-43

L

Ladungsfrist
Mündliche Verhandlung DI-200
Verlegung der MV..DI-218

Laufzeit.. G-44
Laufzeit eines EP-Patent.. DI-5
Lizenz... G-45
asschließliche ~...DI-267
Eintragung ins Patentregister DI-267

M

Mandantenbrief, Analyse des ~............................A-170
Mangel G-47

Mängel
　Anmeldung DII-23
　Anmeldung bei Eingangsprüfung DI-28
　Anmeldung bei Formalprüfung DI-30
　Einspruch DI-130
　IPER-Antrag DII-98

Maßgeblicher Zeitpunkt G-46

Medikament
　Erste medizinische Indikation A-117
　mehrere unabhängige Ansprüche A-92
　Patientengruppe, andere A-121
　Zweite medizinische Indikation A-118

Medizinische Verfahren
　Ausnahme von der Patentierbarkeit A-5
　Behandlungsverfahren A-113
　Formulierungsvorschlag A-113

Medizinisches Verfahren
　Ausnahme von der Patentierbarkeit C-42

Mehrfachpriorität C-30

Mißbrauch
　Offensichtlicher A-11

Möglichkeiten der Einzahlung
　Einzahlung auf Bankkonto des EPA DI-339

Mündliche Offenbarung
　~ als Stand der Technik A-25

Mündliche Verhandlung
　Änderungen DI-203
　Antragsteller DI-201
　Aufzeichnungen DI-207
　Ausführungen DI-204
　Entscheidungen DI-208
　Erfordernisse DI-202
　Hilfsmittel, zulässige DI-206
　Sprache DI-205
　Videokonferenz DI-209
　Voraussetzungen DI-200

Mündliche Verhandlung, Anträge
　Amtssprachen, alternative DI-219
　Niederschrift berichtigen DI-221
　Schriftsatz DI-220
　Verlegung der MV DI-218

Mündliche Verhandlung, Beweisaufnahme
　Niederschrift DI-222
　Niederschrift über Aussage von
　　Zeugen/Sachverständige DI-223

Mündliche Verhandlung, Vortragsberechtigte
　Angestellter, bevollmächtigter DI-226
　Begleitperson DI-227
　Verfahrensbeteiligter DI-225
　Vertreter, zugelassener DI-224

N

Nachreichen fehlender Teile
　~ mit Priorität DI-70
　~ ohne Priorität DI-69
　Einbeziehung durch Verweis DII-43
　Einbeziehung ohne Verweis DII-42
　Nachreichen DII-41
　Sprache DII-45
　Voraussetzungen DII-40

Naheliegende Erfindung G-48
Nanotechnologie G-49
Nationale Anmeldung G-50
Nationale Erfordernisse
　Doppeltpatentschutz DI-410
　Inlandsvertreter DI-410
　Übersetzungserfordernis DI-411
　Verbindliche Fassung DI-410

Neuheit G-51
　Allgemeines Fachwissen C-46
　Auswahlerfindung B-5, C-44
　Beweislast A-6, B-4
　Bezugsdokument C-47
　Disclaimer B-6
　Mangelnde ~ C-43
　Merkmal, funktionelles C-48
　Merkmale, inhärente B-7
　Offenbarungstest C-24
　Parameter C-51
　Product-by-Process B-8, C-52
　Recherchenbericht, Einwand zur ~ B-4
　Reinheitsgrad B-9
　Stand der Technik A-7
　Stand der Technik nach Art.54(2) A-8
　Stand der Technik nach Art.54(3) A-9
　Teilanmeldung, giftige C-54
　unschädliche Offenbarung A-11
　Voraussetzung B-4
　Vorurteil, technisches B-10
　Whole content Grundsatz B-4
　Zahlen-/Maßangaben B-11
　Zusammenfassung B-12
　Zusammensetzungen B-13
　Zweckangaben B-14
　Zwischenveröfftlichter StdT A-10

Neuheitstest B-42
Nichtamtssprache G-52
Nichtamtssprache, zugelassene G-53
Nichtberechtigte
　Einspruch DI-147

Nichtberechtigte, Anmeldung durch ~
    Anmeldung, mit Titel......................... DI-274
    Aussetzung des Erteilungsverf., ohne Titel DI-273
Nichtberechtigter.. G-54
Norm
    ~ als Stand der Technik A-31
Nukleotid-/Aminosäuresequenzen DI-47

O

Offenbarung
    Beweislast B-28
    Bezugsdokument..B-30
    Durchgriffsanspruch.....................................B-31
    implizite ~... A-23
    mangelnde ~ B-28
    Rückbezüge in Ansprüchen B-32
    unzulässige Einwände B-29
    Zeichnungen...B-33
Offenbarung, Ausführbarkeit
    Ausführbarkeit, mangelnde C-39
    Beweislast A-64
    Bezugsdokument.................................. A-65
    Biologisches Material A-66
    Fachmann.. A-67
    Fehler A-68
    Gelegentliches Misslingen...................C-39
    Herumexperimentieren C-39
    Maßstab zur Beurteilung......................... A-63
    Prüfungsumfang im Verfahren........................... A-169
    Stand der Technik A-7
    Test C-24
    Varinten, nicht ausführbare ~ A-69
    Voraussetzungen................................... A-62
Offenbarung, implizite ~
    ~ als Stand der Technik A-23
Offenbarungstest..C-24
Offenkundige Vorbenutzung G-55
Offensichtliche Fehler
    Berichtigung nach Veröffentlichung DII-68
Offensichtlicher Fehler
    Berichtigung DII-115
Öffentliche Forschungseinrichtung......................... G-56
Öffentliche Zugänglichmachung
    Beweislast A-40
    Geheimhaltungspflicht.......................... A-43
    Öffentlichkeit A-42
    Vertraulichkeitsvereinbarung A-43
    Zugänglichmachung A-41
Online-Einreichung DI-288

Organe des EPA
    Beschwerde DI-403
    Eingangsprüfung..DI-399
    Einspruch DI-402
    Formalprüfung..DI-399
    Gründe..DI-408
    Mitglieder, andere DI-407
    Recherche DI-400
    Rechtsabteilung DI-404
    Sachprüfung...DI-401
    Selbstablehnung DI-406
    Verfahrensbveteiligte DI-405
Organisation ohne Gewinnerzielungsabsicht.......... G-57

P

Patent
    ~ als Stand der Technik A-27
Patent Pooling G-58
Patentanspruch .... siehe Anspruch
Patentierbarkeit A-1
    Absolute Schutzhindernisse.....................A-2
    Ausnahmen..A-5
    Ausschluss...A-4
    Erfinderische Tätigkeit A-47
    Neuheit A-6
    Relative Schutzhindernisse A-2
    weitere Erfordernisse A-3
Patentschrift, Aufbau..A-157
Patientengruppe, andere A-121
PCT
    Änderungen und Berichtigung.........................DII-116
    Einbeziehung durch Verweis.............................DII-43
    Einwendungen Dritter DII-125
    Erklärungen...DII-127
    Gebühren und Rückerstattung DII-155
    Internationale Anmeldung.................................DII-9
    Internationale Recherche DII-47
    IPER...DII-88
    IPRP...DII-112
    ISR und WO-ISA..DII-46
    Mängelbeseitigung DII-23
    Nachreichen fehlender Teile...........................DII-41
    Priorität...DII-36
    Rechtsbehelfe..DII-132
    SIS DII-72
    Veröffentlichung...DII-64
    Vertretung DII-139
    Wiederherstellung des Prioritätsrechts.............DII-39
Priorität G-59

Ausstellungspriorität A-11, A-11
Erlöschen des Prioritätsanspruchs DI-64
Fallbeispiele DI-65
Inanspruchnahme der ~ DI-55, DII-37
Mehrfachpriorität C-30, DI-56
Teilpriorität C-30
Teilpriorität DI-56
Verzicht auf ~ DI-64

Priorität, Inanspruchnahme
Berechtigter DI-58
Formalprüfung DI-36
Prioritätserklärung DI-59
Voraussetzung DI-57

Prioritätsbeleg
Abschrift, beglaubigte DI-60, DII-37
Art der Einreichung DI-61
Sprache DI-62
Übersetzung DI-62

Prioritätsdokument
~ als Stand der Technik A-28

Prioritätserklärung
Ändern/Berichtigen DI-63, DII-38
Ändern/Berichtigen nach Veröffentlichung DII-67
Angaben in der ~ DI-59, DII-37
Eintritt in die EP-Phase DIII-10

Prioritätsrecht DI-55, DII-36
Übertragung des ~ DI-55
Wiederherstellung DII-39
Wirkung des ~ C-20

Prioritätsrecht, Wirksamkeit C-21
Anmelderidendität C-23
Disclaimer C-25
Genus zu Spezies-Änderung C-26
Identität der Erfindung C-24
Merkmale, unwesentliche C-31
Merkmalskombinationen C-28
Offenbarungstest C-24
Prioritätsfrist C-22
Spezies zu Genus-Änderung C-27
Teilanmeldung C-29
Teilpriorität C-30
Voranmeldung, Ort der ~ C-21
Voraussetzungen C-20
Wesentlichkeitstest C-24
Whole-Content-Approach C-24
Zeitrang der Ansprüche C-15

Prioritätstag G-60
Problem Solution Approach B-15
Problem Solution Approach: B-25
Process-limited-by-Product A-104
Product-by-Process A-105

Neuheit C-52
Produkt
~ als Stand der Technik A-29
Produktdatenblatt
~ als Stand der Technik A-20
Prüfungsumfang
Einspruch C-14
Prüfungsumfang im Verfahren A-169

Q

Querverweis zwischen Dokumenten
~ als Stand der Technik A-30

R

R.71(3)-Mitt.
Änderung nach Einverständniserklärung DI-104
Benennungsbegühr DI-105
Jahresgebühr DI-106
Recherche
Umfang DI-84
Voraussetzung DI-84
Recherchenbericht B-1
Ansprüche, mehrere unabhängige DI-87
Einheitlichekeit, mangelnde DI-89
Kategorien von Dokumenten im ~ B-2, DI-86
Klarheit, mangelnde DI-88
Rechercheergebnisse nachrreichen DI-91
Telefonische Rücksprache DI-90
unvollständige Recherche DI-88
Recherchenbericht, Einwand B-3
~ zur Erfinderische Tätigkeit B-15
~ zur Neuheit B-4
Merkmale, inharente B-7
Product-by-Process B-8
Reinheitsgrad B-9
Vorurteil, technisches B-10
Zahlen-/Maßangaben B-11
Zusammenfassung B-12
Zusammensetzungen B-13
Zweckangaben B-14
Recht auf das Patent DI-7
Rechte aus der Anmeldung
Beschränkung, Wirkung der ~ DI-271
Rechte aus ePa DI-268
Rechte aus EP-Patent DI-270
Rechte aus iPa DI-269
Widerruf, Wirkung des ~ DI-272

Rechtsbehelf
    Antrag auf Entscheidung DI-257
    Entschuldigung von Fristenüberschreitung DII-129
    Fehler durch RO/IB DII-131
    Nachprüfung durch Bestimmungsamt DII-128
    Störung im Postdienst DII-132
    Umwandlung DI-258
    Weiterbehandlung DI-250
    Weiterbehnadlung, ausgeschlossene Fristen ... DI-252
    Wiedereinsetzung DI-253, DII-130
    Wiedereinsetzung, ausgeschlossene Fristen DI-256
    Wiedereinsetzung, höhere Gewalt DII-133
    Zahlungsunfähigkeit DI-254

Rechtsübergang, Eintragung ins Patentregister DI-266

Rechtsverzicht
    Verzicht auf das Patent DI-262
    Zurücknahme der Anmeldung DI-259, DII-134
    Zurücknahme der Prioritäterklärung DII-136
    Zurücknahme des Ersteckungs-/Validierungsantrages
        .... DI-261
    Zurücknahme einzelner Benennungen DI-260, DII-135
    Zurücknahme IPER-Antrag DII-138
    Zurücknahme SIS-Antrag DII-137

Reformatio in peius in Beschwerde DI-168

Rückerstattung .... siehe Gebührenrückerstattung

Rückerstattung von Gebühren .... siehe Gebührenrückerstattung

S

Sachprüfung
    Art.94-Mitt, Stellungnahme DI-99
    Erteilung DI-107
    Erwiderung EESR DI-98
    Fehlerberichtigung in Entscheidung DI-109
    Fristverlängerung DI-102
    Ladung zur MV DI-100
    Prüfungsantrag stellen DI-97
    R.71(3)-Mitt DI-103
    Rücksprache mit dem Prüfer DI-101
    Zurückweisung DI-108

Sachverständiger G-61

Sachverständiger, mikrobiologischer G-62

Schriftlicher Bescheid
    ~ der IPEA DII-99
    ~ der IPEA als IPRP DII-115
    ~ der ISA als IPRP DII-115
    ~ der SISA als IPRP DII-115

Schutzbereich
    Änderung der Ansprüche B-58, DI-67

    Anspruchskategorien A-90
    EP-Patent DI-270
    Patentanmeldung DI-268

Screeningverfahren A-122

Seitengebühr DI-363, DI-363, DI-34, DIII-32

Sequenzprotokoll DI-47
    Bezug auf Datenbankensequenz DI-48
    Einreichung iPa DII-16
    Eintritt in die EP-Phase DIII-11
    Patentschrift, Aufbau A-167

Singling out G-63

SISA - Recherchenbehörde DII-76

Sprache
    Anmeldung, iPa DII-28, DII-13
    Beschränkungsverfahren DI-159
    Beschwerde, Anträge DI-177
    Bezugnahme, einreichen ePa mit ~ DI-20
    Einspruch, einreichen DI-129
    Einwendungen Dritter DI-249
    EPÜ DI-14
    Formalprüfung DI-30
    Mündliche Verhandlung DI-205
    Nichtberechtigte, Anmeldung durch ~ DI-280
    Priorität, Inanspruchnahme DI-62
    Teilanmeldung, einreichen DI-26
    Widerrufsverfahren DI-159

Spracherfordernisse
    Anmeldung nach Art.61 .... DI-291
    Beschreibung, Änderungen DI-294
    Beweismittel DI-293
    Bezugnahme, Einreichung ePa mit ~ DI-290
    Einreichung ePa DI-289
    Einspruch DI-296
    Einwendungen Dritter DI-295
    Prioritätsunterlagen DI-292
    Teilanmeldung DI-291
    Verfahren, mündliches DI-298
    Verfahren, schriftliches DI-297
    Zeichnungen, Änderungen DI-294

Stand der Technik G-64
    ~ nach Art.54(2) A-8
    ~ nach Art.54(3) A-9
    Bestimmung des ~ B-15
    Definition A-7
    Patentschrift, Aufbau A-159
    Quellen, alphabetisch sortiert A-12
    Technisches Gebiet A-158

Standards
    ~ als Stand der Technik A-31

Störung im Postdienst DI-366
    PCT DII-132

Swiss-Type-Claim	A-123
System	G-65
System, Anspruchskategorie	A-106

T

Tatsache	G-66
Technische (Anmelde-)unterlagen	G-67
Teilanmeldung	G-68
Inanspruchnahme der Priorität	C-29
Zeitrang der Ansprüche	C-19
Teilanmeldung, einreichen	
Anmeldeberechtigter	DI-22
Anmeldeort	DI-23
Art der Einreichung	DI-24
Mindesterfordernisse für AT	DI-25
Sprache	DI-26
Voraussetzung	DI-21
Teilaufgabe	B-25
Teilpriorität	C-30
Telefonische Rücksprache	
Erteilungsverfahren	DI-101
IPEA	DII-100
Recherchenabteilung	DI-87
Therapie	G-69

U

Übersetzung	
iPa für Recherche	DII-19
iPa für Veröffentlichung	DII-20
Zeichnungen	DII-18
Zusammenfassung	DII-18
Umfang	
~ des Einspruchs	C-2
Umwandlung	
Antrag	DI-258
Gebühr	DI-328
Unabhängige Ansprüche	
Kombination, zulässige	A-91
Recherchenbericht	DI-87
Uneinheitlichkeit	
~ vor der ISA	DII-58
Einwand, in Recherche	B-37
Einwand, in Sachprüfung	B-36
Ergänzender ESR	DIII-27
Widerspruch vor EPA	DI-358, DI-89
Widerspruch vor IPEA	DII-104
Widerspruch vor ISA	DII-58

Unentrinnbare Falle	C-66
Universität	G-72
unschädliche Offenbarung	A-11
Unschädliche Offenbarung	A-11
Ausstellungsprivileg	DI-49
Unterbrechung	DI-373
Unterschriftenerfordernisse	DII-153
Einreichung ePa	DI-303
Einspruch	DI-305
Erteilungsantrag	DI-303
Nachreichen (fehlender) Unterlagen	DI-304
Unterlagen der ePa	DI-306
Vertretervollmacht	DI-307
Unzulässige Erweiterung	
Prüfungsumfang im Verfahren	A-169
Urkunde(n)	G-70
Urkunden	
~ als Stand der Technik	A-32

V

Validierungsstaaten des EPÜ	DI-9
Verbietungsrecht aus EP-Patent	DI-270
Verfahrensablauf, allgemein	
ePa	DI-8
iPa DI-8	
Verfahrenssprache	G-74
Vergleichsversuche	A-55, B-26
Verhandlung	siehe Mündliche Verhandlung
Verkauf	
~ als Stand der Technik	A-33
Verlauf des PCT-Verfahrens	DII-8
Veröffentlichung	G-76
Aufschiebung der Veröffentlichung	DI-112, DII-65
Automatische Veröffentlichung	DI-110, DII-63
Verhinderung der Veröffentlichung	DI-113, DII-66
Vorzeitige Veröffentlichung	DI-111, DII-64
Veröffentlichung des EP-Patents	
Veröffentlichung nach Beschränkung	DI-116
Veröffentlichung nach Einspruch	DI-115
Veröffentlichung nach Erteilung	DI-114
Veröffentlichungscodes	DI-117, DII-69
Verspäteter Zugang	DI-366
Verspätetes Vorbringen	
~ durch Patentinhaber	C-67
Beweismittel	DI-243
Einspruch	DI-229
Vertragsstaaten	G-9, G-75
Vertragsstaaten des EPÜ	DI-9
Vertreter, zugelassener	G-83

Vertreterung vorm EPA
    Angestellter, bevollmächtigter DI-301
    Beteiligter DI-299
    Vertreter, gemeinsamer DI-302
    Vertreter, zugelassener DI-300

Vertretung
    ~ vor IB DII-152
    ~ vor IPEA DII-151
    ~ vor ISA DII-149
    ~ vor RO DII-148
    ~ vor SISA DII-150
    Anwalt der gemeinsamen Vertreters DII-139
    Anwalt des gemeinsamen Vertreters DII-139
    Bestellter gemeinsamer Anwalt DII-139
    Bestellter gemeinsamer Vertreter DII-139
    Fiktiver gemeinsamer Vertreter DII-139
    Formalprüfung DI-37
    Vertreterwechsel DII-147
    Vollmacht DII-154

Verzicht auf
    ~ Ansprüche bei mangelnder Einheitlichkeit A-80
    ~ Ansprüche bei Uneinheitlichkeit DI-89
    ~ auf das Prioritätsrecht DI-64
    ~ das Patent DI-262
    ~ die Anmeldung DI-259, DII-134
    ~ Erfindernennung DI-51
    ~ R.161/162-Mitteilung DIII-20
    ~ R.70(2)-Aufforderung DI-97
    ~ R.71(3)-Mitteilung DI-103

Videokonferenz
    ~ im Einspruchsverfahren DI-209
    ~ im Prüfverfahren DI-209
    ~ vor Eingangsstelle DI-209
    ~ vor Rechtsabteilung DI-209

Vollmacht, allgemeine G-77
Vollmacht, gesonderte G-78

Vorbenutzung, offenkundige
    ~ als Stand der Technik A-26

Vorläufiger Schutz
    EP-Anmeldung DI-268
    PCT-Anmeldung DI-269

W

Weiterbehandlung DI-250
    Ausgeschlossene Fristen DI-252
    Ausschluss der ~ DI-252
    Weiterbenutzungsrecht DI-251

Weiterbenutzungsrecht
    Weiterbehandlung DI-251

    Wiedereinsetzung DI-255

Weiterleitung der ePa von Zentralbehörde DI-27

Weiterleitung der iPa
    Übermittlung Aktenexemplar an IB DII-21
    Übermittlung Recherchenexemplar an ISA DII-22

Welthandelsorganisation G-79

Werbeprospekt
    ~ als Stand der Technik A-34

Wesentliches Merkmal G-80
Wesentlichkeitstest B-42, C-24
Whole-Content-Approach B-4, C-24

Widerrufsverfahren
    Anmeldeort DI-156
    Antragsberechtigter DI-155
    Art der Einreichung DI-157
    Entscheidung DI-163
    Erfordernisse am Tag der Einreichung DI-158
    materiellrechtliche Prüfung DI-160
    Sprache DI-159
    Voraussetzung DI-154
    Widerruf, Wirkung des ~ DI-272

Widerrufsverfahren DI-162

Widerspruch bei Uneiheitlichkeit
    ~ vor dem IPEA DII-104

Widerspruch bei Uneinheitlichkeit
    ~ vor dem EPA DI-89
    ~ vor dem EPA DI-358
    EURO-PCT DIII-27

Wiedereinsetzung
    Ausgeschlossene Fristen DI-256
    Ausschluss der ~ DI-256
    Weiterbenutzungsrecht DI-255

Wiedereinsetzung DI-253

Wirkung
    ~ der Beschränkung DI-271
    ~ der Vertretung im PCT DII-143
    ~ des Prioritätsrechts DI-55
    ~ des Prioritätsrechts C-20
    ~ des Verzichts DI-64
    ~ des Widerrufs DI-272
    ~ mehrerer Prioritäten DI-56

Wirkung, technische
    Auswahlerfindung B-21
    Klarstellung der ~ B-49
    Synergieeffekt B-24
    technische Aufgabe B-19
    Teilaufgabe B-25
    Vergleichsversuche B-26, DI-241

Wissenschaftlicher Arbeit
    ~ als Stand der Technik A-35

Z

Zahlungsunfähigkeit DI-254
Zeichnungen G-81
    ~ als Stand der Technik A-36
    Änderung B-53
    farbige ~ B-43
    Offenbarung..B-33
    Patentschrift, Aufbau A-166
Zeitrang
    Mehrfachprioritäten C-18
Zeitrang der Ansprüche
    Alternativlösung..C-17
    Ermittlung des relevanten StdT.......................C-15
    Mehrfachprioritäten C-18
    Teilanmeldung C-19
    Unzulässige Erweiterung.................................C-16
Zufällige Offenbarung
    ~ als Stand der Technik A-37
Zugang...DI-366
Zugänglichkeit G-82
Zugelassener Vertreter DI-300
Zurückgenommen, gilt als G-87
Zurücknahme
    ~ der Anmeldung.................DI-259, DII-135
    ~ der Beschwerde DI-183
    ~ der Prioritätserklärung................................. DI-64
    ~ des Einspruchs.. DI-133
    ~ des Einspruchs in Beschwerde DI-184
    ~ einzelner Benennungen DI-260, DII-135

    ~ Erstreckungs-/ Validierungsantrag.................DI-261
    Benennung von Staaten.......................................DI-121
    IPER-Antrag...DII-138
    irrtümliche ~ der Anmeldung..............................DI-75
    SIS-Antrag...DII-137
Zurückweisung.. G-86
Zurückzahlung .... siehe Gebührenrückerstattung
Zusammenfassung G-88
    ~ als Stand der Technik A-38
    Patentschrift, Aufbau..A-168
Zusammengesetzte Frist DI-384
Zusatzgebühr
    Mangelnde Einheitlichkeit DII-175
    Seitengebühr DI-311, DI-363, DI-34, DIII-30
    Teilanmeldung DI-311
Zusatzveröffentlichung DII-69
Zustellungsfiktion G-89
Zwangsläufiges Ergebnis
    ~ als Stand der Technik A-39
Zwei-Listen-Prinzip
    Auswahlerfindung.................................B-67, B-5
Zweite medizinische Indikation............................A-118
    Darreichungsform..A-119
    Dosieranleitung..A-120
    Patientengruppe, andere....................................A-121
Zweite nicht medizinische Verwendung A-107
Zwischenentscheidung
    Berichtigung...DI-64
    Beschwerde DI-181
    Einspruch DI-146
Zwischenverallgemeinerung B-62